麦读
MyRead

走向上的路　追求正义与智慧

— 《中华人民共和国法律注释书系列》 —

作者简介 |

许胜锋，广东陆丰人，吉林大学法学博士，北京市中伦律师事务所高级合伙人、破产重组业务负责人。现担任中国贸促会联合国贸法会观察员专家团破产法组成员、中国人民大学破产法研究中心研究员、广东省法学会破产法学研究会副会长等职务。持续多年被国际权威法律评价机构 Chambers & Partners 评为破产重组领域第一级别领军律师，获 2020 年度 Benchmark Litigation "中国律师" 奖，2020 年《国际金融法律评论》首届 IFLR1000 中国奖年度最佳破产重整律师。曾数次受邀参加最高人民法院组织召开的破产法司法解释起草座谈会。

专注于破产重组业务领域 20 余载，曾牵头主办众多具有全国影响力的重大、复杂破产案件。其中，中核钛白（002145.SZ）、中华自行车（000017.SZ）和安溪铁观音集团等多宗重整案入选最高人民法院发布的全国法院十大破产典型案例；辽宁辉山乳业系列公司合并重整案获评 AsiaLaw2020 年度交易大奖、《商法》2020 年度杰出交易大奖。

曾主编《破产法信札》《人民法院审理企业破产案件裁判规则解析》《困境企业的退出与再生之路——破产清算与重整实务研究》等图书，参编、参著图书多部，并在《中国审判》《中国律师》《法律适用》《中国政法大学学报》等刊物发表多篇专业论文。

中华人民共和国法律注释书系列

TREATISES ON THE LAWS OF
THE PEOPLE'S REPUBLIC OF CHINA

企业破产法
注 释 书

［第二版］

许胜锋 编著

CORPORATE

BANKRUPTCY

LAW

TREATISE

中国民主法制出版社
全国百佳图书出版单位

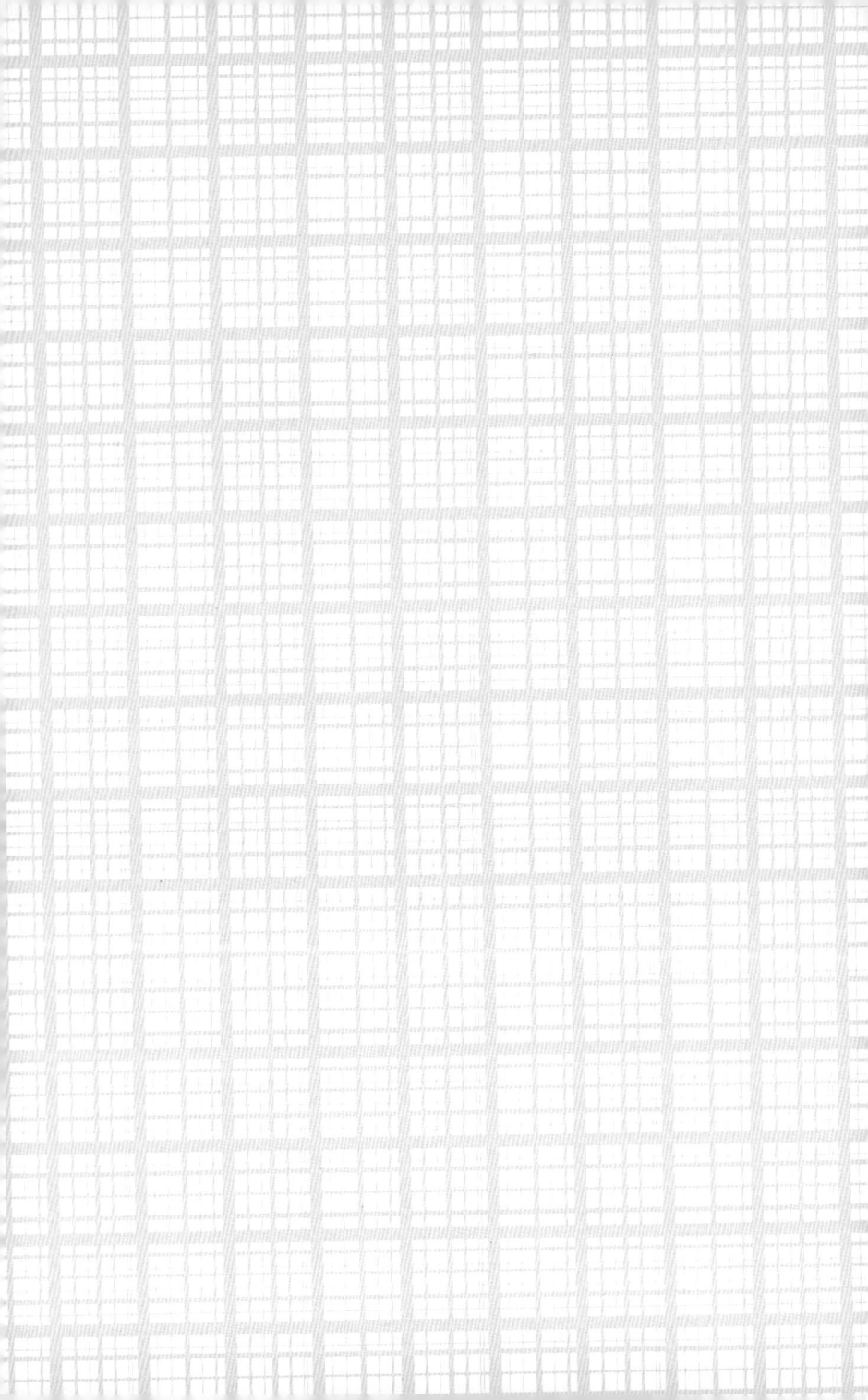

再版说明

2020 年 5 月,本书第一版作为麦读出品的"中华人民共和国法律注释书系列"之一有幸得以与读者见面。自本书上市以来,深受破产法实务领域从业人员的好评,成为他们工作和学习中的手边书、案头书。为使本书能够与时俱进,更好地满足广大读者的需求,我在第一版的基础上认真作了修订工作,于三年后推出了本书的第二版。

本次修订在体例上保持不变,仍然坚持以《企业破产法》为主干,以其他法律法规、司法解释、案例、实务观点等客观注解材料为配套,并通过实务问题予以连结,在为读者提供体系化研习工具的同时,省却他们的检索之苦和时间耗费。

本次修订在内容上主要是根据这三年破产法立法、司法的实践发展,对相关法律文件、案例、实务观点等予以增删改,具体修订情况说明如下:

一、关于法律文件

1. 与《民法典》相关。本书第一版出版时,《民法典》未公布施行。2020 年 5 月 28 日,《民法典》由第十三届全国人民代表大会第三次会议通过,自 2021 年 1 月 1 日起施行。在《民法典》通过后施行前,最高人民法院对标该法典,专门部署开展了司法解释全面清理工作。经清理后,废止了 116 件司法解释及相关规范性文件,修改了 111 件司法解释,新制定了 6 件司法解释(时间效力、婚姻家庭编、继承编、物权编、建设工程施工合同、担保制度),上述废止、修改决定以及新制定的司法解释均自 2021 年 1 月 1 日起施行。《民法典》及相关司法解释和规范性司法文件的颁布、修改和废止,直接或间接涉及破产债权、破产财产等破产法实体问题,影响到对《企业破产法》的准确理解与适用,对此,我进行了全面梳理,删除了第一版中摘录的《民法总则》《合同法》《物权法》《侵权责任法》《担保法》《担保法解释》等失效文件,增加了《民法典》以及修改的、新制定的司法解释(如《民法典担保制度解释》),并根据新规定修改、补充、完善了法律条文对应的要点注释内容。

2. 与《民事诉讼法》相关。2021 年 12 月 24 日,第十三届全国人民代表大会常务委员会第三十二次会议通过了《全国人民代表大会常务委员会关于修改〈中华人民共和国民事诉讼法〉的决定》,自 2022 年 1 月 1 日起施行。2022 年 4 月 1 日,最高人民法院公布了《最高人民法院关于修改〈最高人民法院关于适用《中华人民共和国民事诉讼法》的解释〉的决定》,自 2022 年 4 月 10 日起施行。虽然此次《民事诉讼法》及《民事诉讼法解释》的修改与破产实务关涉不大,但也存在相应法律文件的替换以及大量的涉法条文序数新旧提示说明等工作。

3. 与个人破产相关。2020 年 10 月 11 日,中共中央办公厅、国务院办公厅授权深圳率先探索完善个人破产制度。2020 年 8 月 26 日,深圳市第六届人民代表大会常务委员会第四十四次会议通过了中国首部个人破产法规——《深圳经济特区个人破产条例》。据悉,《企业破产法》(修改)已列入《十三届全国人大常委会立法规划》,属于《全国人大常委会 2023 年度立法工作计划》预备审议项目。相信个人破产制度经探索完善后,能够在立法修改方面体现试点地区取得的宝贵经验。对此,本次修订对广东、浙江等地方出台的与个人破产相关的文件予以适时收录。

4. 其他。2021 年 5 月 11 日,最高人民法院发布了《关于开展认可和协助香港特别行政区破产程序试点工作的意见》(法发〔2021〕15 号),指定上海市、福建省厦门市、广东省深圳市人民法院开展认可和协助香港特别行政区破产程序的试点工作。2022 年 3 月 31 日,上海证券交易所发布《上海证券交易所上市公司自律监管指引第 13 号——破产重整等事项》、深圳证券交易所发布《深圳证券交易所上市公司自律监管指引第 14 号——破产重整等事项》,在监管层面对上市公司破产重整过程中的停复牌规则、信息披露规则、内幕交易防控机制、除权(息)原则等内容进行了完善和细化。本次修订对上述文件予以收录。

二、关于案例

在本书第一版出版后,最高人民法院先后发布了一系列与《企业破产法》实施有关的指导性案例、公报案例、裁判案例、公布案例,均具有极强的指导价值或指引意义。(1)2021年9月14日,最高人民法院将"江苏省纺织工业(集团)进出口有限公司及其五家子公司实质合并破产重整案"等3个案例(指导案例163—165号),作为第29批指导性案例发布。上述案例对明确关联企业实质合并破产重整的条件、人民法院裁定企业实质合并破产重整后对各关联企业债权债务的处理等法律适用问题具有指导意义。(2)2021年4月28日,为优化营商环境,最高人民法院发布十大典型破产案例,引导各地法院立足司法审判职能,采取切实有效措施推动破产案件依法公平高效审理。(3)2022年1月29日,最高人民法院公布了2021年全国法院十大商事案件,其中与破产相关的有"梁某某个人破产重整案""海航集团有限公司等321家公司实质合并重整案""北大方正集团有限公司等五家公司实质合并重整案"。(4)2023年1月19日,最高人民法院公布了2022年全国法院十大商事案件,其中与破产相关的有"深圳市衣文米果食品科技有限公司与讷河新恒阳生化制品有限公司破产债权确认纠纷案""隆鑫系十七家公司重整案"。上述案例的密集发布,需要本书在与案例有关的栏目中进行大量的增补,故本次再版增加了近50件最高人民法院指导性案例、公报案例、裁判案例、公布案例,同时也删除了个别因立法修改而不再具有指导和参考价值的案例。

三、关于实务观点和编者说明

因立法修改而导致《企业破产法》部分条文在适用时需根据最新的法律、司法解释等相关规定进行理解,本次再版根据最高人民法院法官撰写的相关实务文章对参考观点部分进行了更新和增补。此外,在本书第一版出版后,我国关于跨境破产、个人破产、预重整、上市公司重整以及房地产企业破产等方面均有了新的探索和实践,本次再版在编者说明部分对上述问题进行了相应阐释和说明。

本次再版,衷心感谢我团队合伙人李成文、张生、庞晓春、王海军、胡迪、许展诚以及邓莉、赵越超、毕滢、邱泽铃、汪洋等律师在参与资料整理、素材提供、编辑核校等创作工作方面的辛勤付出,感谢王硕、舒金旭、李宾宾、刘宁、刘松鹭、姚艺等律师在为本书编写方面所作出的贡献。当然,本书的再版亦离不开"麦读 My Read"的曾健主编、孙振宇编辑和中国民主法制出版社法律分社陈曦社长以及张雅淇编辑的大力帮助,在此一并予以致谢。

2023 年 7 月

第一版序言

一

　　破产法是市场经济最为重要的基础法律之一,亦被称为市场经济之"宪法"。市场经济的基本规律是公平竞争、优胜劣汰,破产法对实现这一市场竞争机制具有关键性作用。凡市场经济之法治国家,无不将破产法视为衡量市场经济法制与营商环境是否完善之标志。

　　2006年颁布的现行《企业破产法》的实施并非一帆风顺。由于破产法特别是其实施配套社会法律制度不健全,加之受旧观念等方面的影响,最初全国法院受理破产案件的数量曾一度呈持续下降趋势。近些年来,以习近平同志为核心的党中央高度重视破产在市场经济中的重要作用。2013年《中共中央关于全面深化改革若干重大问题的决定》指出,要"健全优胜劣汰市场化退出机制,完善企业破产制度";2018年中央全面深化改革委员会审议通过《加快完善市场主体退出制度改革方案》,完善了市场主体退出制度供给的顶层设计。在党中央的重视与部署下,《企业破产法》的实施有了重大改观,破产案件受理数量出现较大幅度上升,案件的办理质量也得到大幅提升。随之,我国在优化企业破产法治环境方面取得了明显进展,在世界银行2020年的营商环境报告中,中国的总体排名跃居第31位,其中办理破产情况排名第51位。

　　《企业破产法》实施以来,最高人民法院始终坚持市场化、法治化工作方向,适时公布破产法司法解释和司法文件,解决人民法院审理破产案件中出现的新情况、新问题。特别是在2015年底中央提出处置"僵尸企业"、推进供给侧结构性改革以来,司法解释和司法文件的制定工作走上了快车道。2016年发布《最高人民法院关于破产案件立案受理有关问题的通知》,解决破产案件受理难问题;发布《最高人民法院关于在中级人民法院设立清算与破产审判庭的工作方案》,建立专业化审判组织(2019年1月14日,全国首家独立运作的破产法庭——深圳破产法庭正式揭牌成立。此后,北京破产法庭、上海破产法庭、天津破产法庭、广州破产法庭、温州破产法庭、重庆破产法庭、杭州破产法庭等相继成立);发布《最高人民法院关于企业破产案件信息公开的规定(试行)》《企业破产案件法官工作平台使用办法(试行)》《企业破产案件破产管理人工作平台使用办法(试行)》,加强破产案件信息公开和信息化建设。2017年发布《最高人民法院关于执行案件移送破产审查若干问题的指导意见》,落实执行转破产制度。2018年发布《全国法院破产审判工作会议纪要》,为破产审判工作的顺利进行提供系统可资指导与参照的规范。2019年发布《最高人民法院关于适用〈中华人民共和国企业破产法〉若干问题的规定(三)》,针对债权人权利的行使与合法利益的保护问题作出专门规定;发布《全国法院民商事审判工作会议纪要》,专章对破产案件的审理作出进一步具体规定。

二

随着最高人民法院公布的司法解释和司法文件、受理的破产案件的逐步增多,要想实现通过破产审判为产权保护、"僵尸企业"清理、规范企业市场退出以及优化营商环境等工作提供司法保障的目标,就必须对《企业破产法》及相关司法解释和文件等有正确的理解与适用。为此,具有丰富破产实践经验以及良好理论素养的许胜锋律师专门编著了《企业破产法注释书》一书,以期为法官、律师、管理人等破产职业共同体的破产实务操作提供有益参考。

不同于学界侧重以学说、理论注释法典,本书对于《企业破产法》的注释,更加侧重于用实务素材注释条文规定,具体来说,主要内容包括以下几个部分:

一是条文要点注释。主要是明晰法律、司法解释、司法文件的条文主旨。为保证释义内容的权威性,立法条文的注释主要是摘选全国人大常委会法制工作委员会编写的《中华人民共和国企业破产法释义》;司法解释、司法文件的注释主要是摘选最高人民法院民事审判第二庭编写的理解与适用图书以及最高人民法院法官撰写的理解与适用文章。在编写时注重主旨归纳,主要解决明晰规定内容的问题。

二是相关规定。主要包括与条文内容有关的相关立法、行政法规、司法解释、司法文件、请示答复、部门规章及规范性文件,分类的标准是文件的性质与效力层次。其中,相关立法是指与注释条文相关的法律规定,既包括《企业破产法》本身其他条文的规定,也包括其他法律与之有关的规定;行政法规是指国务院制定的法规中与之相关的规定;司法解释是指最高人民法院作出的解释、规定、批复等;司法文件是指最高人民法院作出的通知、意见等;请示答复是指最高人民法院针对破产个案问题对地方高级法院请示问题的答复意见;部门规章及规范性文件是指国务院部委颁行的规范文件中与之相关的规定。

三是参考观点。主要包括最高人民法院法官撰写的与企业破产相关的实务著作和文章。这些著述反映了最高人民法院法官对一些企业破产法律问题的研究情况和倾向性意见,虽然是以个人的名义发表,从学理上来说属于学理解释,但也无疑颇具价值,故作为参考观点供读者借鉴。

四是典型案例。为了保证案例的权威性以及裁判要旨的指导与参考价值,本部分的案例主要包括最高人民法院指导性案例、公报案例、裁判案例、公布案例,以充分体现最高人民法院的裁判观点。另外,出于释明需要,也选取了部分地方法院的典型案例。为保证权威性,这些案例要么刊登在最高人民法院刊物上,要么被地方高院评为典型案例。为了方便读者阅读,编者对案例进行了结构化处理,主要分为案情简介、裁判要点、案例来源三个部分。当然,为保持个别案例的原貌,也保留了其原始结构。

五是编者说明。由编者对一些裁判规则所涉观点的变更与沿革进行解说,或进行进一步的学理解读,或对法律依据的变化情况进行说明。这是本书最具特色和价值的部分。许胜锋律师对《企业破产法》实施中的前沿、疑难问题,特别是对实务中关切的上市公司重整、房地产公司破产、关联企业合并破产、预重整等一系列热点问题进行了较为深入的探析并提出了有建设性的观点。

三

通览全书,我认为,这是一部好的破产法工具书,作者在每一个法条之下,全面裁剪资料并以之体系化,着实令人颇感欣喜。从整体上看,本书具有全面、权威、精准、时新四个特点。所谓"全面";就是基本囊括了现行关于《企业破产法》的所有规范性文件,并按照不同效力层次进行了归纳整理。所谓"权威",就是书中的要点释义来自制定机关,收集的案例大部分来自最高人民法院,具有很高的指导与参考意义。所谓"精准",就是无论是结构的编排、内容的选取,还是对某些问题的说明,都与要注释的条文密切相关,有的放矢,确保理解与适用的准确性。所谓"时新",就是对已经失效的内容予以排除,只选取有效的文件和资料。

2018 年 9 月,《十三届全国人大常委会立法规划》正式公布,《企业破产法》(修改)列入第二类立法项目,属于"需要抓紧工作、条件成熟时提请审议的法律草案",由全国人大财经委牵头。这是《企业破产法》颁布十多年之后,正式纳入立法修改的规划。在《企业破产法》即将进行修订之际,书中如果还能够对法律法规的得失正误、修改完善再作出评判,则会进一步提升其价值。不过也不能指望作者"毕其功于一役",期待作者今后能够为我们带来更多的研究成果。

我国《企业破产法》的实施时日尚短,然"路漫漫其修远兮",吾辈必将"上下而求索"。破产法理论与实务的发展、进步需要依靠大家的共同努力。相信本书将会有助于读者特别是办理破产案件的法官、律师、管理人等快速查阅和应用相关规定和资料,从而准确理解与适用《企业破产法》。因此,我非常乐意为之作序并推荐给大家。

中国人民大学法学院教授、博士生导师

中国人民大学破产法研究中心主任

北京市破产法学会会长

2020 年 4 月于北京

凡　例

一、法律、司法解释、司法文件条文下的要点注释、参考观点、相关案例、编者说明等部分涉及的法律名称使用简称,省略"中华人民共和国"字样,加书名号。例如,《中华人民共和国企业破产法》简称《企业破产法》。

法律、行政法规、司法解释、司法文件、请示答复、部门规章及规范性文件条文中的法律名称与正式文本一致。

二、正文涉及的条文序数,与正式文本一致。例如,《企业破产法》第一条、《全国法院破产审判工作会议纪要》第 1 条。为方便检索查阅,书眉涉及的条文序数使用阿拉伯数字。例如,《企业破产法》第 1 条。

三、相关立法栏目中选取的法律,未经修改的,标明通过和施行日期;经修改的,标明最后一次修正或修订的日期。例如,《中华人民共和国企业破产法》(2006 年 8 月 27 日第十届全国人民代表大会常务委员会第二十三次会议通过,2007 年 6 月 1 日);《中华人民共和国公司法》(2018 年 10 月 26 日第十三届全国人民代表大会常务委员会第六次会议第四次修正)。

司法解释、司法文件、请示答复、部门规章及规范性文件栏目下选取的规定,一般标明文号和施行日期;无文号的,一般标明施行日期;无施行日期的,一般标明发布日期或通过日期。例如,《最高人民法院关于适用〈中华人民共和国企业破产法〉若干问题的规定(一)》(法释〔2011〕22 号,2011 年 9 月 26 日)。

四、附录中涉及的法律名称及条文序号,与正式文本一致。

五、要点注释、参考观点、相关案例、编者说明等栏目下多次出现的司法解释和司法文件使用简称,具体如下:

1.《企业破产法解释一》,即《最高人民法院关于适用〈中华人民共和国企业破产法〉若干问题的规定(一)》,法释〔2011〕22 号。

2.《企业破产法解释二》,即《最高人民法院关于适用〈中华人民共和国企业破产法〉若干问题的规定(二)》,法释〔2013〕22 号;法释〔2020〕18 号修正。

3.《企业破产法解释三》，即《最高人民法院关于适用〈中华人民共和国企业破产法〉若干问题的规定(三)》，法释〔2019〕3 号；法释〔2020〕18 号修正。

4.《审理破产案件若干规定》，即《最高人民法院关于审理企业破产案件若干问题的规定》，法释〔2002〕23 号。

5.《企业破产法施行时尚未审结案件若干规定》，即《最高人民法院关于〈中华人民共和国企业破产法〉施行时尚未审结的企业破产案件适用法律若干问题的规定》，法释〔2007〕10 号。

6.《指定管理人规定》，即《最高人民法院关于审理企业破产案件指定管理人的规定》，法释〔2007〕8 号。

7.《管理人报酬规定》，即《最高人民法院关于审理企业破产案件确定管理人报酬的规定》，法释〔2007〕9 号。

8.《下落不明或财产状况不清的债务人破产清算的批复》，即《最高人民法院关于债权人对人员下落不明或者财产状况不清的债务人申请破产清算案件如何处理的批复》，法释〔2008〕10 号。

9.《民事诉讼法解释》，即《最高人民法院关于适用〈中华人民共和国民事诉讼法〉的解释》，法释〔2015〕5 号；法释〔2022〕11 号第二次修正。

10.《公司法解释三》，即《最高人民法院关于适用〈中华人民共和国公司法〉若干问题的规定(三)》，法释〔2011〕3 号；法释〔2020〕18 号第二次修正。

11.《九民会议纪要》，即《全国法院民商事审判工作会议纪要》，法〔2019〕254 号。

12.《破产审判会议纪要》，即《全国法院破产审判工作会议纪要》，法〔2018〕53 号。

13.《审理上市公司破产重整座谈会纪要》，即《最高人民法院关于审理上市公司破产重整案件工作座谈会纪要》，法〔2012〕261 号。

14.《执转破指导意见》，即《最高人民法院关于执行案件移送破产审查若干问题的指导意见》，法发〔2017〕2 号。

15.《破产案件立案受理通知》，即《最高人民法院关于破产案件立案受理有关问题的通知》，法明传〔2016〕469 号。

16.《设立清算与破产审判庭工作方案》，即《最高人民法院关于在中级人民法院设立清算与破产审判庭的工作方案》，法〔2016〕209 号。

17.《提供司法保障若干意见》，即《最高人民法院关于正确审理企业破

产案件为维护市场经济秩序提供司法保障若干问题的意见》，法发〔2009〕
36号。

18.《民法典担保制度解释》，即《最高人民法院关于适用〈中华人民共和国民法典〉有关担保制度的解释》，法释〔2020〕28号。

目　　录

第一章　总　则

第一条　【立法目的】为规范企业破产程序，公平清理债权债务，保护债权人和债务人的合法权益，维护社会主义市场经济秩序，制定本法。

【立法·要点注释】

制定本法的目的有四个：规范企业破产程序、公平清理债权债务、保护债权人和债务人的合法权益、维护社会主义市场经济秩序。需要指出的是，本法在保护债权人合法权益的同时，也注重保护债务人的合法权益。

【司法文件】

1.《最高人民法院关于为加快建设全国统一大市场提供司法服务和保障的意见》（法发〔2022〕22 号，2022 年 7 月 14 日）

6. 完善市场主体救治和退出机制。坚持破产审判市场化、法治化、专业化、信息化方向，依法稳妥审理破产案件，促进企业优胜劣汰。坚持精准识别、分类施策，对陷入财务困境但仍具有发展前景和挽救价值的企业，积极适用破产重整、破产和解程序，促进生产要素优化组合和企业转型升级，让企业重新焕发生机活力，让市场资源配置更加高效。积极推动完善破产法制及配套机制建设，完善执行与破产工作有序衔接机制，推动企业破产法修改和个人破产立法，推动成立破产管理人协会和设立破产费用专项基金，推进建立常态化"府院联动"协调机制。

2.《最高人民法院关于印发〈全国法院民商事审判工作会议纪要〉的通知》（法〔2019〕254 号，2019 年 11 月 8 日）

十、关于破产纠纷案件的审理

会议认为，审理好破产案件对于推动高质量发展、深化供给侧结构性改革、营造稳定公平透明可预期的营商环境，具有十分重要的意义。要继续深入推进破产审判工作的市场化、法治化、专业化、信息化，充分发挥破产审判公平清理债权债务、促进优胜劣汰、优化资源配置、维护市场经济秩序等重要功能。一是要继续加大对破产保护理念的宣传和落实，及时发挥破产重整制度的积极拯救功能,通过平衡债权人、债务人、出资人、员工等利害关系人的利益,实现社会整体价值最大化;注重发挥和解程序简便快速清理债权债务关系的功能,鼓励当事人通过和解程序或者达成自行和解的方式实现各方利益共赢;积极推进清算程序中的企业整体处置方式,有效维护企业营运价值和职工就业。二是要推进不符合国家产业政策、丧失经营价值的企业主体尽快从市场退出,通过依法简化破产清算程序流程加快对"僵尸企业"的清理。三是要注重提升破产制度实施的经济效益,降低破产程序运行的时间和成本,有效维护企业营运价值,最大程度发挥各类要素和资源潜力,减少企业破产给社会经济造成的损害。四是要积极稳妥进行实践探索,加强理论研究,分步骤、有重点地推进建立自然人破产制度,进一步推动健全市场主体退出制度。

3.《最高人民法院印发〈关于为改善营商环境提供司法保障的若干意见〉的通知》(法发〔2017〕23 号,2017 年 8 月 7 日)

四、加强破产制度机制建设,完善社会主义市场主体救治和退出机制

15. 完善破产程序启动机制和破产企业识别机制,切实解决破产案件立案难问题。按照法律及司法解释的相关规定,及时受理符合立案条件的破产案件,不得在法定条件之外设置附加条件。全力推进执行案件移送破产审查工作,实现"能够执行的依法执行,整体执行不能符合破产法定条件的依法破产"的良性工作格局。积极探索根据破产案件的难易程度进行繁简分流,推动建立简捷高效的快速审理机制,尝试将部分事实清楚、债权债务关系清晰或者"无产可破"的案件,纳入快速审理范围。

16. 推动完善破产重整、和解制度,促进有价值的危困企业再生。引导破产程序各方充分认识破产重整、和解制度在挽救危困企业方面的重要作用。坚持市场化导向开展破产重整工作,更加重视营业整合和资产重组,严格依法适用强制批准权,以实现重整制度的核心价值和制度目标。积极推动构建庭外兼并重组与庭内破产程序的相互衔接机制,加强对预重整制度的探索研究。研究制定关于破产重整制度的司法解释。

17. 严厉打击各类"逃废债"行为,切实维护市场主体合法权益。严厉打击恶意逃废债务行为,依法适用破产程序中的关联企业合并破产、行使破产撤销权和取回权等手段,查找和追回债务人财产。加大对隐匿、故意销毁会计凭证、会计账簿、财务会计报告等犯罪行为的刑事处罚力度。

18. 协调完善破产配套制度,提升破产法治水平。推动设立破产费用专

项基金,为"无产可破"案件提供费用支持。将破产审判工作纳入社会信用体系整体建设,对失信主体加大惩戒力度。推动制定针对破产企业豁免债务、财产处置等环节的税收优惠法律法规,切实减轻破产企业税费负担。协调解决重整或和解成功企业的信用修复问题,促进企业重返市场。推进府院联动破产工作统一协调机制,统筹推进破产程序中的业务协调、信息提供、维护稳定等工作。积极协调政府运用财政奖补资金或设立专项基金,妥善处理职工安置和利益保障问题。

19. 加强破产审判组织和破产管理人队伍的专业化建设,促进破产审判整体工作水平的持续提升。持续推进破产审判庭室的设立与建设工作,提升破产审判组织和人员的专业化水平。研究制定关于破产管理人的相关司法解释,加快破产管理人职业化建设。切实完善破产审判绩效考核等相关配套机制,提高破产审判工作效能。

4.《最高人民法院关于依法开展破产案件审理积极稳妥推进破产企业救治和清算工作的通知》(法〔2016〕169号,2016年5月6日)

一、深刻认识依法开展破产案件审理、积极稳妥推进破产企业救治和清算工作的重要意义。社会主义市场主体救治和退出机制是否建立,是衡量社会主义市场经济体制完善的标志之一。依法开展破产案件审理、积极稳妥推进破产企业救治和清算工作,既是供给侧结构性改革的客观需要,又是提升市场主体竞争力的客观需要,也是建立完善社会主义市场主体救治和退出机制的客观需要。各级人民法院要深刻认识破产案件审理对优化资源配置、规范市场秩序的重要意义,推动破产案件审理工作常态化、规范化、法治化。对符合破产受理条件但仍可能适应市场需要的企业,要运用破产和解和破产重整的方式进行救治,使其能够通过救治重返市场;对救治无效或者根本不能适应市场需要的企业,要进行破产清算,促进及时退出市场。依法开展破产案件审理,是解决执行难的重要途径。对执行中符合《企业破产法》规定的破产条件的企业,要依法启动破产程序,通过破产和解化解一批、破产重整处置一批、破产清算清除一批,使企业破产制度成为解决执行难的配套制度。

5.《最高人民法院关于正确审理企业破产案件为维护市场经济秩序提供司法保障若干问题的意见》(法发〔2009〕36号,2009年6月12日)

1. 人民法院要正确认识企业破产法保障债权公平有序受偿、完善优胜劣汰的竞争机制、优化社会资源配置、调整社会产业结构、拯救危困企业的作用,依法受理审理企业破产清算、重整、和解案件,综合利用企业破产法的多种程序,充分发挥其对市场经济的调整作用,建立企业法人规范退出市场的良性运行机制,努力推动经济社会又好又快发展。

17. 人民法院要充分认识破产程序和执行程序的不同功能定位,充分发挥企业破产法公平保护全体债权人的作用。破产程序是对债务人全部财产进行的概括执行,注重对所有债权的公平受偿,具有对一般债务清偿程序的排他性。因此,人民法院受理破产申请后,对债务人财产所采取的所有保全措施和执行程序都应解除和中止,相关债务在破产清算程序中一并公平清偿。

【请示答复】

《最高人民法院对潘定心提出的建立和实施个人破产制度建议的答复》
(2017 年 6 月 15 日)

潘定心先生:

您好! 建议收悉。经研究,答复如下:

建立和实施个人破产制度,有利于陷入严重财务困境的个人或家庭,依法通过个人破产程序,免除一定的债务,使其能够重新通过努力实现正常的生产和生活。因而,个人破产制度对陷入严重财务困境的个人或者家庭有较为重要的保护作用。但是,个人破产制度涉及到个人信用体系的建立与完善以及商业银行的商业化或者市场化的进一步发展等诸多因素。同时,实施个人破产制度需要全国人民代表大会或其常委会予以立法。我们相信,随着中国特色的社会主义市场经济制度的发展与完善,全国人民代表大会或其常委会在总结《中华人民共和国企业破产法》实施的经验的基础上将适时制定个人破产法。最高人民法院一定积极配合国家有关部门的工作,推动个人破产制度的实施。

感谢您对人民法院工作的支持!

【部门规章及规范性文件】

1.《国务院办公厅关于印发全国深化"放管服"改革优化营商环境电视电

话会议重点任务分工方案的通知》(国办发〔2019〕39 号,2019 年 8 月 1 日)

(八)进一步完善市场主体退出机制,促进优胜劣汰。(发展改革委牵头,国务院相关部门及各地区按职责分工负责)

具体措施:

1. 2019 年 8 月底前推动各地建成企业注销网上服务专区,实现企业注销"一网"服务。推行税务注销分类处理,大幅简化社保、商务、海关等注销手续,压缩企业注销时间。推进企业简易注销登记试点,对于被终止简易注销登记的企业,允许其符合条件后再次依程序申请简易注销。(市场监管总局牵头,人力资源社会保障部、商务部、海关总署、税务总局等国务院相关部门及各地区按职责分工负责)

2. 推动各地研究建立办理破产工作统一协调机制,统筹推进破产程序中的业务协调、信息共享等工作。研究建立自然人破产制度,重点解决企业破产产生的自然人连带责任担保债务问题。(发展改革委牵头,国务院相关部门及各地区按职责分工负责)

2.《国家发展改革委、最高人民法院、工业和信息化部、民政部、司法部、财政部、人力资源社会保障部、人民银行、国资委、税务总局、市场监管总局、银保监会、证监会关于印发〈加快完善市场主体退出制度改革方案〉的通知》(发改财金〔2019〕1104 号,2019 年 6 月 22 日)

二、规范市场主体退出方式

(二)建立健全破产退出渠道。在进一步完善企业破产制度的基础上,研究建立非营利法人、非法人组织、个体工商户、自然人等市场主体的破产制度,扩大破产制度覆盖面,畅通存在债权债务关系的市场主体退出渠道。

四、完善破产法律制度

市场主体达到法定破产条件,应当依法通过破产程序进行清理,或推动利益相关方庭外协议重组,以尽快盘活存量资产,释放资源要素。对陷入财务困境但仍具有经营价值和再生希望的企业,支持债权人、债务人及利益相关方利用破产重整或庭外协议重组等方式,推动企业债务、股权结构和业务重组,恢复生产经营。对丧失经营价值和再生无望的企业,要及时通过破产程序实现市场出清。

(一)完善企业破产制度

完善企业破产启动与审理程序。完善破产程序启动制度,厘清政府、法院、债务人、债权人和破产管理人在破产程序中的权利义务。企业符合破产条件时,应依法及时启动破产程序,不得设定超出法律规定的条件和程序。研究规定企业和企业高级管理人员等相关责任主体在企业陷入财务困境时负有及时申请破产清算或重整义务的必要性和可行性。总结执行转破产实践经验,明确执行转破产制度的法律地位。完善破产程序中债权清偿顺位规则。建立破产简易审理程序,实行破产案件繁简分流。完善跨境破产和关联企业破产规则,推动解决跨境破产、复杂主体破产难题。完善破产企业有关人员法律责任制度,严厉打击恶意逃废债等违法违规行为。(最高人民法院、国家发展改革委、司法部、中国银保监会等按职责分工负责)

研究建立预重整和庭外重组制度。完善金融机构债权人委员会制度,明确金融机构债权人委员会制度和庭内债权人委员会制度的程序转换和决议效力认可机制。研究建立预重整制度,实现庭外重组制度、预重整制度与破产重整制度的有效衔接,强化庭外重组的公信力和约束力,明确预重整的法律地位和制度内容。(最高人民法院、国家发展改革委、司法部、中国人民银行、中国银保监会、中国证监会等按职责分工负责)

完善企业破产重整制度。倡导积极重建的破产重整理念,切实解决企业破产污名化问题,充分利用破产重整制度促进企业重组重生。细化完善重整程序实施规则,明确强制批准重整计划的审查标准和法律依据,规范法院对重整计划的强制批准权。完善重整程序中的分组表决机制。优化管理人制度和管理模式,明确管理人与债务人、债权人之间的权利界限,合理发挥债务人在重整程序中的作用。建立吸收具备专业资质能力的人员参与重整企业经营管理的机制,促进重整企业保持经营价值。(最高人民法院、国家发展改革委、司法部、中国人民银行、中国银保监会、中国证监会等按职责分工负责)

(二)分步推进建立自然人破产制度

研究建立个人破产制度,重点解决企业破产产生的自然人连带责任担保债务问题。明确自然人因担保等原因而承担与生产经营活动相关的负债可依法合理免责。逐步推进建立自然人符合条件的消费负债可依法合理免责,最终建立全面的个人破产制度。(国家发展改革委、司法部、中国人民银行、中国银保监会等按职责分工负责)

(三)加强司法与行政协调配合

完善司法与行政协调机制。地方各级人民政府应积极支持陷入财务困境、符合破产条件的企业进行重整或破产清算。鼓励地方各级人民政府建立常态化的司法与行政协调机制，依法发挥政府在企业破产程序中的作用，协调解决破产过程中维护社会稳定、经费保障、信用修复、企业注销等问题，同时避免对破产司法事务的不当干预。（各地方人民政府负责）

明确政府部门破产行政管理职能。在总结完善司法与行政协调机制实践经验的基础上，进一步明确政府部门承担破产管理人监督管理、政府各相关部门协调、债权人利益保护、特殊破产案件清算以及防范恶意逃废债等破产行政管理职责。（各地方人民政府负责）

（四）加强司法能力及中介机构建设

加强破产审判能力建设。深化破产审判机制改革，根据各地审判实践需要，在条件成熟的中级人民法院积极推动组建破产案件专业审判团队，优化破产案件专业审判团队的职责和内部管理体系。加强对破产审判专业人员的培训和专业队伍的建设，完善对破产审判法官的考核机制。（各省级人民政府、最高人民法院等按职责分工负责）

大力培育破产管理人队伍。进一步细化完善管理人职责，明确管理人履职过程中发现恶意逃废债等违法行为时依法提请法院移送侦查的职责，进一步优化破产管理人名册制度、管理人选任机制和管理人报酬制度，积极开展管理人履职能力培训工作，支持和推动管理人行业自律组织建设，强化对管理人的履职考核和动态监督管理，督促管理人提高责任意识和履职能力。（国家发展改革委、最高人民法院等按职责分工负责）

五、完善特殊类型市场主体退出和特定领域退出制度

（二）完善国有企业退出机制

推动国有"僵尸企业"破产退出。对符合破产等退出条件的国有企业，各相关方不得以任何方式阻碍其退出，防止形成"僵尸企业"。不得通过违规提供政府补贴、贷款等方式维系"僵尸企业"生存，有效解决国有"僵尸企业"不愿退出的问题。国有企业退出时，金融机构等债权人不得要求政府承担超出出资额之外的债务清偿责任。（各地方人民政府、最高人民法院、国家发展改革委、财政部、中国人民银行、国务院国资委、中国银保监会等按职责分工负责）

完善特殊类型国有企业退出制度。针对全民所有制企业、厂办集体企业存在的出资人已注销、工商登记出资人与实际控制人不符、账务账册资料严重缺失等问题，明确市场退出相关规定，加快推动符合条件企业退出市场，必

要时通过强制清算等方式实行强制退出。(国务院国资委、国家发展改革委牵头,有关部门按职责分工负责)

(三)健全非营利法人和非法人组织等退出机制

进一步细化非营利法人、非法人组织解散清算制度,推动非营利法人、非法人组织及时注销。参考企业法人破产制度,推动建立非营利法人、农民专业合作社、合伙企业等非法人组织破产制度。(最高人民法院、市场监管总局、民政部等按职责分工负责)

八、完善市场主体退出配套政策

(一)完善信用记录与信用修复制度

完善重整企业信用修复机制。进一步健全和完善相关制度,使重整成功的企业不再被纳入金融、税务、市场监管、司法等系统的黑名单,实现企业信用重建。(国家发展改革委、中国人民银行牵头负责,最高人民法院、市场监管总局、税务总局等按职责分工负责)

(二)完善市场主体退出相关财政税收政策

优化企业破产重整税收政策环境。梳理企业破产重整税收支持政策,做好政策宣传解读工作,落实好亏损弥补和特殊性税务处理等税收政策,为企业破产重整营造良好环境。(财政部牵头,税务总局按职责分工负责)

探索研究破产经费筹措机制。鼓励有条件的地方探索建立破产经费筹措机制,对破产财产不足以支付破产费用的市场主体,可通过筹措经费帮助支付有关费用。(各地方人民政府牵头负责)

【参考观点】

一、规范企业破产程序

当债务人丧失清偿能力时,仅靠原有民法债权制度和民事诉讼与执行制度已不能顺利解决债务清偿等问题。破产程序作为民事诉讼法上的一种非讼程序,其程序的开始、进行和终结等关键程序和重大事项,与民事诉讼法上的诉讼程序不同,并且破产案件涉及面广,债权人人数众多,破产财产状态复杂,处理破产案件需要的时间长、任务重,因此需要对程序进行规范,以保证破产法律制度价值的顺利实现。

二、公平清理债权债务

破产程序是对债务人全部财产进行的概括执行,注重所有债权的公平受偿,具有对一般债务清偿程序的排他性。① 破产程序对债权人公平利益的保护体现在两个方面:第一,所有债权人均有参与破产程序的权利以及获得公平参加破产程序的机会;第二,保障所有债权人公平利益的核心内容是同类性质的债权获得同一顺位的清偿,同一清偿顺位的债权人,根据其享有的债权数额,获得同一比例的清偿。②

三、保护债权人和债务人的合法权益

在破产程序中保护债权人的利益,是指保护全体债权人的利益,而不是个别债权人的利益。《企业破产法》通过设置管理人制度对即将退市的市场主体,进行一场彻底的、自出生至死亡整个存续过程的大检验,以便其依法退出市场。在这个大检验的过程中,其最直接的目的是最大化发现债务人财产、最大化保护债权人利益。③

同时,《企业破产法》设立和解程序和重整程序,其重点是通过债权人适当放弃利益,给债务人提供喘息与暂缓的机会,促使债务人经济复苏,以减少采用破产清算方式带来的消极后果。因此,破产法律制度要成为破产事件更完善的制度,在保护全体债权人利益的同时,应当兼顾债务人的利益,尽力挽救已经达到破产界限的企业,避免破产清算。④

四、维护社会主义市场经济秩序

社会主义市场主体的救治机制和正常退出机制是社会主义市场经济体制的重要一环,建立和完善破产制度就是要建立社会主义市场主体的救治机制和正常退出机制。⑤《提供司法保障若干意见》指出,“人民法院要正确认识企业破产法保障债权公平有序受偿、完善优胜劣汰的竞争机制、优化社会资源配置、调整社会产业结构、拯救危困企业的作用,依法受理审理企业破产清算、重整、和解案件,综合利用企业破产法的多种程序,充分发挥其对市场

---

①　参见《最高人民法院关于正确审理企业破产案件为维护市场经济秩序提供司法保障若干问题的意见》第17条。

②　参见王东敏:《新破产法疑难解读与实务操作》,法律出版社2007年版,第14~15页。

③　参见杜万华主编:《最高人民法院企业破产与公司清算案件审判指导》,中国法制出版社2017年版,第370页。

④　参见王东敏:《新破产法疑难解读与实务操作》,法律出版社2007年版,第15~16页。

⑤　参见杜万华:《在青岛破产审判工作调研座谈会上的讲话》(2016年9月3日),载杜万华主编:《最高人民法院企业破产与公司清算案件审判指导》,中国法制出版社2017年版,第435页。

经济的调整作用,建立企业法人规范退出市场的良性运行机制,努力推动经济社会又好又快发展"。

五、关于本法在营造公平法治营商环境方面的重要作用

营商环境是一个国家和地区的重要软实力,也是核心竞争力。优化营商环境就是解放生产力、提高竞争力。党的十八大以来,习近平同志为核心的党中央高度重视优化营商环境工作。习近平总书记指出,营商环境就像空气,只有空气清新了才能吸引更多投资,所以要创造更具吸引力的营商环境。建立法治化的营商环境,需要破除各类要素流动壁垒,促进正向激励和优胜劣汰。人民法院要通过加强破产审判,依法处置"僵尸企业",进一步发挥破产在优化营商环境、深化供给侧结构性改革中的积极作用。具体应从以下几个方面着手,推进破产审判制度机制建设,不断完善市场主体救治和退出机制:一是继续推动破产案件依法受理,二是继续规范破产案件审理,三是继续推进破产审判专业化建设,四是继续推进破产审判的信息化应用,五是继续完善破产审判的工作机制。① 为深入学习习近平新时代中国特色社会主义思想,全面贯彻党的十九大和十九届二中、三中全会精神,畅通市场主体退出渠道,降低市场主体退出成本,激发市场主体竞争活力,完善优胜劣汰的市场机制,推动经济高质量发展,经国务院同意,国家发展改革委、最高人民法院、工业和信息化部、民政部、司法部、财政部、人力资源社会保障部、人民银行、国资委、税务总局、市场监管总局、银保监会、证监会等 13 部门联合发布《关于印发〈加快完善市场主体退出制度改革方案〉的通知》,该通知明确了我国市场主体退出制度改革的指导思想、基本原则和总体目标,提出了完善各类退出方式的制度建设任务以及相关的权益保障机制和配套政策,对于促进市场主体优胜劣汰、推动经济高质量发展和建设现代化市场经济体系都具有十分重要的意义。

编者说明

破产法是市场经济法律体系中的一项基础性法律制度。党的二十大报告指出,高质量发展是全面建设社会主义现代化国家的首要任务,要坚持以推动高质

---

① 参见最高人民法院审判委员会专职委员刘贵祥于 2019 年 3 月 28 日在"最高人民法院关于优化营商环境两个司法解释新闻发布会"上的讲话,载最高人民法院网,http://www.court.gov.cn,2019 年 9 月 11 日最后访问。

量发展为主题,加快建设现代化经济体系,完善产权保护、市场准入、公平竞争、社会信用等市场经济基础制度,优化营商环境。世界银行营商环境评估体系中,"办理破产"指标是其评估体系中的十个指标之一,其下设两项子指标——回收率和破产框架力度指数。破产程序的时间、成本和结果都是影响回收率的变量,其中"破产程序的结果"即债务人企业是否会继续经营对回收率的影响最大。破产框架力度指数则包括启动程序指数、债务人资产管理指数、重整程序指数、债权人参与指数四项内容。根据该指标,在破产案件的办理过程中,应注意通过提高办案效率、通过重整程序实现企业再生等方式促进良好营商环境的形成。

第二条　【适用范围与破产原因】 企业法人不能清偿到期债务,并且资产不足以清偿全部债务或者明显缺乏清偿能力的,依照本法规定清理债务。

企业法人有前款规定情形,或者有明显丧失清偿能力可能的,可以依照本法规定进行重整。

【立法·要点注释】

本法适用于企业法人。此外,除取得企业法人资格的企业外,其他形式的非法人类经济组织,如合伙企业、民办学校以及农民专业合作社等,属于破产清算的,亦可参照适用本法规定的程序。

本条规定的破产原因,包括两种情况:企业法人不能清偿到期债务并且资产不足以清偿全部债务,企业法人不能清偿到期债务并且明显缺乏清偿能力。同时,依照本条规定,企业法人除具有本条第一款规定的破产原因时可以依照本法规定进行重整外,企业法人有明显丧失清偿能力可能的,也可以依照本法规定进行重整。

【相关立法】

1.《中华人民共和国企业破产法》(2006 年 8 月 27 日第十届全国人民代表大会常务委员会第二十三次会议通过,2007 年 6 月 1 日)

第七条　债务人有本法第二条规定的情形,可以向人民法院提出重整、和解或者破产清算申请。

债务人不能清偿到期债务,债权人可以向人民法院提出对债务人进行重整或者破产清算的申请。

企业法人已解散但未清算或者未清算完毕,资产不足以清偿债务的,依法负有清算责任的人应当向人民法院申请破产清算。

第一百三十四条 商业银行、证券公司、保险公司等金融机构有本法第二条规定情形的,国务院金融监督管理机构可以向人民法院提出对该金融机构进行重整或者破产清算的申请。国务院金融监督管理机构依法对出现重大经营风险的金融机构采取接管、托管等措施的,可以向人民法院申请中止以该金融机构为被告或者被执行人的民事诉讼程序或者执行程序。

金融机构实施破产的,国务院可以依据本法和其他有关法律的规定制定实施办法。

第一百三十五条 其他法律规定企业法人以外的组织的清算,属于破产清算的,参照适用本法规定的程序。

2.《中华人民共和国公司法》(2018 年 10 月 26 日第十三届全国人民代表大会常务委员会第六次会议第四次修正)

第一百八十七条 清算组在清理公司财产、编制资产负债表和财产清单后,发现公司财产不足清偿债务的,应当依法向人民法院申请宣告破产。

公司经人民法院裁定宣告破产后,清算组应当将清算事务移交给人民法院。

3.《中华人民共和国民办教育促进法》(2018 年 12 月 29 日第十三届全国人民代表大会常务委员会第七次会议第三次修正)

第五十八条 民办学校终止时,应当依法进行财务清算。

民办学校自己要求终止的,由民办学校组织清算;被审批机关依法撤销的,由审批机关组织清算;因资不抵债无法继续办学而被终止的,由人民法院组织清算。

4.《中华人民共和国农民专业合作社法》(2017 年 12 月 27 日第十二届全国人民代表大会常务委员会第三十一次会议修订)

第五十二条 清算组负责制定包括清偿农民专业合作社员工的工资及社会保险费用,清偿所欠税款和其他各项债务,以及分配剩余财产在内的清算方案,经成员大会通过或者申请人民法院确认后实施。

清算组发现农民专业合作社的财产不足以清偿债务的,应当依法向人民法院申请破产。

5.《中华人民共和国商业银行法》(2015 年 8 月 29 日第十二届全国人民代表大会常务委员会第十六次会议第二次修正)

第七十一条　商业银行不能支付到期债务,经国务院银行业监督管理机构同意,由人民法院依法宣告其破产。商业银行被宣告破产的,由人民法院组织国务院银行业监督管理机构等有关部门和有关人员成立清算组,进行清算。

商业银行破产清算时,在支付清算费用、所欠职工工资和劳动保险费用后,应当优先支付个人储蓄存款的本金和利息。

6.《中华人民共和国保险法》(2015 年 4 月 24 日第十二届全国人民代表大会常务委员会第十四次会议第三次修正)

第九十条　保险公司有《中华人民共和国企业破产法》第二条规定情形的,经国务院保险监督管理机构同意,保险公司或者其债权人可以依法向人民法院申请重整、和解或者破产清算;国务院保险监督管理机构也可以依法向人民法院申请对该保险公司进行重整或者破产清算。

第一百四十八条　被整顿、被接管的保险公司有《中华人民共和国企业破产法》第二条规定情形的,国务院保险监督管理机构可以依法向人民法院申请对该保险公司进行重整或者破产清算。

7.《中华人民共和国合伙企业法》(2006 年 8 月 27 日第十届全国人民代表大会常务委员会第二十三次会议修订)

第九十二条　合伙企业不能清偿到期债务的,债权人可以依法向人民法院提出破产清算申请,也可以要求普通合伙人清偿。

合伙企业依法被宣告破产的,普通合伙人对合伙企业债务仍应承担无限连带责任。

【行政法规】

《证券公司风险处置条例》(2008 年 4 月 23 日中华人民共和国国务院令

第 523 号公布,2016 年 2 月 6 日修订)

第三十七条 证券公司被依法撤销、关闭时,有《企业破产法》第二条规定情形的,行政清理工作完成后,国务院证券监督管理机构或者其委托的行政清理组依照《企业破产法》的有关规定,可以向人民法院申请对被撤销、关闭证券公司进行破产清算。

第三十八条 证券公司有《企业破产法》第二条规定情形的,国务院证券监督管理机构可以直接向人民法院申请对该证券公司进行重整。

证券公司或者其债权人依照《企业破产法》的有关规定,可以向人民法院提出对证券公司进行破产清算或者重整的申请,但应当依照《证券法》第一百二十九条①的规定报经国务院证券监督管理机构批准。

【地方性法规】

《深圳经济特区个人破产条例》(2020 年 8 月 26 日深圳市第六届人民代表大会常务委员会第四十四次会议通过,2021 年 3 月 1 日)

第二条 在深圳经济特区居住,且参加深圳社会保险连续满三年的自然人,因生产经营、生活消费导致丧失清偿债务能力或者资产不足以清偿全部债务的,可以依照本条例进行破产清算、重整或者和解。

【司法解释】

1.《最高人民法院关于适用〈中华人民共和国企业破产法〉若干问题的规定(一)》(法释〔2011〕22 号,2011 年 9 月 26 日)

第一条 债务人不能清偿到期债务并且具有下列情形之一的,人民法院应当认定其具备破产原因:

(一)资产不足以清偿全部债务;

(二)明显缺乏清偿能力。

相关当事人以对债务人的债务负有连带责任的人未丧失清偿能力为由,主张债务人不具备破产原因的,人民法院应不予支持。

第二条 下列情形同时存在的,人民法院应当认定债务人不能清偿到期

---

① 因立法修订,现本条对应《证券法》第一百二十二条。——编者注

债务：

　　(一)债权债务关系依法成立；

　　(二)债务履行期限已经届满；

　　(三)债务人未完全清偿债务。

【要点注释】

　　根据《企业破产法解释一》第二条的相关规定,认定不能清偿到期债务应当同时具备三个方面:一是债权债务关系依法成立。该情况如债务人不否认或者无正当理由否认债权债务关系,或者债务已经生效法律文书确定。二是债务人不能清偿的是已到偿还期限的债务。如债权人在债务到期前认为债务人到期后将无法偿还,不能视为不能清偿。三是债务人未清偿债务的状态客观存在。不能清偿到期债务是破产原因的主要依据。[①]

　　第三条　债务人的资产负债表,或者审计报告、资产评估报告等显示其全部资产不足以偿付全部负债的,人民法院应当认定债务人资产不足以清偿全部债务,但有相反证据足以证明债务人资产能够偿付全部负债的除外。

　　第四条　债务人账面资产虽大于负债,但存在下列情形之一的,人民法院应当认定其明显缺乏清偿能力:

　　(一)因资金严重不足或者财产不能变现等原因,无法清偿债务；

　　(二)法定代表人下落不明且无其他人员负责管理财产,无法清偿债务；

　　(三)经人民法院强制执行,无法清偿债务；

　　(四)长期亏损且经营扭亏困难,无法清偿债务；

　　(五)导致债务人丧失清偿能力的其他情形。

【要点注释】

　　《企业破产法解释一》从审判实务的角度列举规定了"明显缺乏清偿能力"的几种主要情形,从而减轻破产原因认定上的困难,推进破产程序的有效运行。[②]

---

　　① 参见最高人民法院民事审判第二庭编著:《最高人民法院关于企业破产法司法解释理解与适用——破产法解释(一)·破产法解释(二)》,人民法院出版社 2017 年版,第 61 页。

　　② 参见最高人民法院民事审判第二庭编著:《最高人民法院关于企业破产法司法解释理解与适用——破产法解释(一)·破产法解释(二)》,人民法院出版社 2017 年版,第 74 页。

第五条 企业法人已解散但未清算或者未在合理期限内清算完毕,债权人申请债务人破产清算的,除债务人在法定异议期限内举证证明其未出现破产原因外,人民法院应当受理。

第六条 债权人申请债务人破产的,应当提交债务人不能清偿到期债务的有关证据。债务人对债权人的申请未在法定期限内向人民法院提出异议,或者异议不成立的,人民法院应当依法裁定受理破产申请。

受理破产申请后,人民法院应当责令债务人依法提交其财产状况说明、债务清册、债权清册、财务会计报告等有关材料,债务人拒不提交的,人民法院可以对债务人的直接责任人员采取罚款等强制措施。

2.《最高人民法院关于个人独资企业清算是否可以参照适用企业破产法规定的破产清算程序的批复》(法释〔2012〕16 号,2012 年 12 月 18 日)

贵州省高级人民法院:

你院《关于个人独资企业清算是否可以参照适用破产清算程序的请示》(〔2012〕黔高研请字第 2 号)收悉。经研究,批复如下:

根据《中华人民共和国企业破产法》第一百三十五条的规定,在个人独资企业不能清偿到期债务,并且资产不足以清偿全部债务或者明显缺乏清偿能力的情况下,可以参照适用企业破产法规定的破产清算程序进行清算。

根据《中华人民共和国个人独资企业法》第三十一条的规定,人民法院参照适用破产清算程序裁定终结个人独资企业的清算程序后,个人独资企业的债权人仍然可以就其未获清偿的部分向投资人主张权利。

3.《最高人民法院关于对因资不抵债无法继续办学被终止的民办学校如何组织清算问题的批复》(法释〔2010〕20 号,2010 年 12 月 31 日;法释〔2020〕18 号修正,2021 年 1 月 1 日)

贵州省高级人民法院:

你院《关于遵义县中山中学被终止后人民法院如何受理"组织清算"的请示》(〔2010〕黔高研请字第 1 号)收悉。经研究,答复如下:

依照《中华人民共和国民办教育促进法》第十条批准设立的民办学校因资不抵债无法继续办学被终止,当事人依照《中华人民共和国民办教育促进法》第五十八条第二款规定向人民法院申请清算的,人民法院应当依法受理。人民法院组织民办学校破产清算,参照适用《中华人民共和国企业破产法》规定的程序,并依照《中华人民共和国民办教育促进法》第五十九条规定的顺序清偿。

【司法文件】

1.《最高人民法院关于印发〈全国法院破产审判工作会议纪要〉的通知》(法〔2018〕53 号,2018 年 3 月 4 日)

14. 重整企业的识别审查。破产重整的对象应当是具有挽救价值和可能的困境企业;对于僵尸企业,应通过破产清算,果断实现市场出清。人民法院在审查重整申请时,根据债务人的资产状况、技术工艺、生产销售、行业前景等因素,能够认定债务人明显不具备重整价值以及拯救可能性的,应裁定不予受理。

2.《最高人民法院关于正确审理企业破产案件为维护市场经济秩序提供司法保障若干问题的意见》(法发〔2009〕36 号,2009 年 6 月 12 日)

1. 人民法院要正确认识企业破产法保障债权公平有序受偿、完善优胜劣汰的竞争机制、优化社会资源配置、调整社会产业结构、拯救危困企业的作用,依法受理审理企业破产清算、重整、和解案件,综合利用企业破产法的多种程序,充分发挥其对市场经济的调整作用,建立企业法人规范退出市场的良性运行机制,努力推动经济社会又好又快发展。

2. 为保障国家产业结构调整政策的落实,对于已经出现破产原因的企业,人民法院要依法受理符合条件的破产清算申请,通过破产清算程序使其从市场中有序退出。对于虽有借破产逃废债务可能但符合破产清算申请受理条件的非诚信企业,也要将其纳入到法定的破产清算程序中,通过撤销和否定其不当处置财产行为,以及追究出资人等相关主体责任的方式,使其借破产逃废债务的目的落空,剥夺其市场主体资格。对债权人申请债务人破产清算的,人民法院审查的重点是债务人是否不能清偿到期债务,而不能以债权人无法提交债务人财产状况说明等为由,不受理债权人的申请。

3. 对于虽然已经出现破产原因或者有明显丧失清偿能力可能,但符合国家产业结构调整政策、仍具发展前景的企业,人民法院要充分发挥破产重整和破产和解程序的作用,对其进行积极有效的挽救。破产重整和和解制度,为尚有挽救希望的危困企业提供了避免破产清算死亡、获得再生的机会,

有利于债务人及其债权人、出资人、职工、关联企业等各方主体实现共赢,有利于社会资源的充分利用。努力推动企业重整和和解成功,促进就业、优化资源配置、减少企业破产给社会带来的不利影响,是人民法院审理企业破产案件的重要目标之一,也是人民法院商事审判工作服务于保增长、保民生、保稳定大局的必然要求。

【请示答复】

《最高人民法院关于农村合作基金会是否具备破产主体资格的复函》(法民二〔2002〕第 27 号,2002 年 7 月 16 日)

重庆市高级人民法院:

据中国银行反映亦经重庆市南岸区人民法院证实,该院于 2001 年 7 月 10 日受理了重庆市南岸区长生桥农村合作基金会破产一案,并于同年 7 月 23 日裁定该基金会破产还债,该案目前仍在审理中。

本院认为,农村合作基金会是设置在社区内不以营利为目的的资金互助组织,经依法核准登记,即取得社会团体法人资格。鉴于现有法律、法规尚无将农村合作基金会登记为企业法人的规定,因此农村合作基金会不能以资不抵债的企业法人向人民法院申请破产。为了有效防范和化解金融风险,保持农村经济和社会的稳定,各地政府正在根据国务院确定的统一部署、分别处理、风险自担、稳步推进的原则,对农村合作基金会进行全面清理整顿。人民法院不应受理农村合作基金会的破产案件。你院应依法督促重庆市南岸区人民法院立即撤销其受理的重庆市南岸区长生桥农村合作基金会破产案。并告知该基金会的清偿机构可以向有管辖权的人民法院提起诉讼,主张该基金会的合法债权。

请按以上意见迅速办理,并将结果书面报告我院。

【参考观点】

破产原因,指认定债务人丧失清偿能力,当事人得以提出破产申请,法院据以启动破产程序的法律事实,即引起破产程序发生的原因。破产原因不仅是破产清算程序开始的原因,而且也是和解与重整程序开始的原因。重整程序开始的原因较破产清算、和解程序更为宽松,不仅在破产原因已经发生时可以申请重整,在企业法人有明显丧失清偿能力可能时,即有发生破产原因的可能的,就可以依法申请进行重整。① 但是,《破产审判会议纪要》第 14 条规定,人民法院在审查重整申请时,根据债务人的资产状况、技术工艺、生产销售、行业前景等因素,能够认定债务人明显不具备重整价值以及拯救可能性的,应裁定不予受理。

一、不能清偿到期债务的认定

不能清偿到期债务,是指债务人对请求偿还的到期债务因丧失清偿能力而无法偿还的客观情况。② 通常,采用概括主义立法方式的国家往往以不能清偿作为对自然人、法人普遍适用的一般破产原因,而以资不抵债作为对资合法人、清算中法人、遗产等特定主体的特殊破产原因,同时立法规定对停止支付可以推定为不能清偿,以解决债权人申请破产时的举证责任问题。③

二、资产不足以清偿全部债务的认定

在破产法理论上,资不抵债是指债务人的资产不足以清偿全部债务,即"消极财产(债务)的估价总额超过了积极财产(资产)的估价总额的客观状况",在国外亦称为债务超过。司法实践中,由于债权人对债务人的资产负债情况很难作出完整、正确的评价,并提供相应证据证明,所以资不抵债作为特殊破产原因,主要适用于债务人主动申请破产的情况。债务人自愿申请破产时一般应提供其已经无力清偿到期债务、资不抵债的证明。④

三、明显缺乏清偿能力的认定

所谓"明显缺乏清偿能力",实际上是推定债务人发生破产原因的破产申请理由,在与"不能清偿到期债务"连用时,其实质作用与停止支付相同。

---

① 参见最高人民法院民事审判第二庭编著:《最高人民法院关于企业破产法司法解释理解与适用——破产法解释(一)·破产法解释(二)》,人民法院出版社 2017 年版,第 37 页。

② 参见最高人民法院民事审判第二庭编著:《最高人民法院关于企业破产法司法解释理解与适用——破产法解释(一)·破产法解释(二)》,人民法院出版社 2017 年版,第 54 页。

③ 参见最高人民法院民事审判第二庭编著:《最高人民法院关于企业破产法司法解释理解与适用——破产法解释(一)·破产法解释(二)》,人民法院出版社 2017 年版,第 55 页。

④ 参见最高人民法院民事审判第二庭编著:《最高人民法院关于企业破产法司法解释理解与适用——破产法解释(一)·破产法解释(二)》,人民法院出版社 2017 年版,第 65~66 页。

具体情形包括:(1)因资金严重不足或者财产不能变现等原因,无法清偿债务;(2)法定代表人下落不明且无其他人员负责管理财产,无法清偿债务;(3)经法院强制执行,无法清偿债务;(4)长期亏损且经营扭亏困难,无法清偿债务;(5)导致债务人丧失清偿能力的其他情形。

四、有明显丧失清偿能力可能的认定

本条第二款是关于债务人重整原因的特殊规定。债务人的重整能力比破产能力的条件宽,重整程序申请的实质要件比较宽松,达到破产界限时可以开始重整程序;没有达到破产界限,但有明显丧失清偿能力可能的,也可以开始重整程序。由于重整的目的是挽救破产企业,所以对濒临破产界限的企业,安排提前进入司法程序的机会,使企业在经济状况尚未完全恶化的情况下,即通过重整程序获得司法保护,以促成其经济复苏。①

五、债权人申请破产时破产原因的审查

破产原因不仅仅是当事人提出破产申请的标准,也是法院审查是否启动破产程序的标准。破产原因与破产申请的原因之所以需要存在一定区别,主要是为了保障债权人的破产申请权。由于债权人对债务人丧失清偿能力的客观事实往往难以举证证明,所以各国破产法通常规定,债权人提出破产申请的原因,是法律规定的可以对债务人存在破产原因作出推定的事实与行为。

【最高人民法院裁判案例】

1. 刘木辉、龚秀英与江西亚细亚气门芯制造有限公司破产清算纠纷案

[最高人民法院(2017)最高法民再284号]

——债权人向人民法院提出破产申请时,只需证明债务人不能清偿到期债务即可。在债权人申请债务人破产的情形下,不能清偿到期债务既是债权人提出破产申请的条件,也是债务人存在破产原因的推定依据。

【案情简介】

2016年7月25日,刘木辉、龚秀英向南昌市中级人民法院申请对江西亚细亚气门芯制造有限公司(以下简称亚细亚公司)破产清算,一审法院认为,

---

① 参见王东敏:《新破产法疑难解读与实务操作》,法律出版社2007年版,第44页。

刘木辉、龚秀英提交的证据不足以证明亚细亚公司不能清偿到期债务并且资产不足以清偿全部债务或者明显缺乏清偿能力,故裁定不予受理刘木辉、龚秀英的破产申请。刘木辉、龚秀英不服一审裁定,向江西省高级人民法院提起上诉,二审法院认为,刘木辉、龚秀英仅凭执行分配方案中关于无其他财产可供执行的事实主张债务人亚细亚公司不能清偿到期债务并且资产不足以清偿全部债务或者明显缺乏清偿能力的证据尚不充分,一审法院认定债权人提交的证据不足以证明达到了破产条件并无不当,故裁定驳回上诉,维持原裁定。刘木辉、龚秀英不服二审裁定,向最高人民法院申请再审,最高人民法院作出(2017)最高法民申 1420 号民事裁定书,提审本案。

【裁判要点】

债权人向人民法院提出破产申请时,只需证明债务人不能清偿到期债务即可。此时,根据《企业破产法》第十条第一款以及《企业破产法解释一》第六条“债务人对债权人的申请未在法定期限内向人民法院提出异议,或者异议不成立的,人民法院应当依法裁定受理破产申请”之规定,应由债务人在法定期限内举证证明其非资产不足以清偿全部债务,也非明显缺乏清偿能力,债务人举证不能的,人民法院应当受理对债务人的破产申请。也即在债权人申请债务人破产的情形下,不能清偿到期债务既是债权人提出破产申请的条件,也是债务人存在破产原因的推定依据。

【案例来源】

中国裁判文书网,https://wenshu. court. gov. cn。

2. 阜新中林实业有限公司与阜新中林物业管理有限公司破产清算纠纷案[最高人民法院(2017)最高法民申 3160 号]

——在债权人与债务人之间的债权债务情况、债务人的财产状况不确定的情况下,不能认定债务人不能清偿到期债务。

【案情简介】

阜新中林实业有限公司(以下简称中林实业公司)申请阜新中林物业管理有限公司(以下简称中林物业公司)破产清算一案,中林实业公司不服辽宁省高级人民法院(2016)辽民终 223 号民事裁定书,向最高人民法院申请再审。

最高人民法院经审理认为,《企业破产法解释一》第七条第二款规定:“人民法院收到破产申请后应当及时对申请人的主体资格、债务人的主体资格和破产原因,以及有关材料和证据等进行审查,并依据企业破产法第十条的规定作出是否受理的裁定。"据此,人民法院决定是否受理破产申请,应依据《企业破产法解释一》的相关规定对债务人是否具备破产原因进行审查。本案中,中林实业公司与中林物业公司之间存在多起诉讼案件尚未审理终结,并无证据证明以上诉讼系中林物业公司恶意滥诉,双方之间的债权债务情况、中林物业公司的财产状况目前还不能确定。而且,中林实业公司申请再审中提及的司法审计报告系阜新中院于2011年委托会计师事务所对该公司的净资产作出的司法审计,不是对被申请人中林物业公司所作的司法审计,该审计报告不属于《企业破产法解释一》第三条规定的情形,不能据此推定作为股东的中林物业公司资不抵债。因此,现有证据不足以证明中林物业公司具备破产原因。

【裁判要点】

在债权人与债务人之间的债权债务情况、债务人的财产状况不确定的情况下,不能认定债务人不能清偿到期债务。

【案例来源】

中国裁判文书网,https://wenshu.court.gov.cn。

3. 海南巨恒房地产开发投资有限公司与国营南江机械厂破产清算纠纷案[最高人民法院(2016)最高法民再441号]

——国有企业政策性破产在程序上仍然应当根据《企业破产法》的相关规定操作。破产申请只要符合法律及相关司法解释规定的破产原因和申请要求,人民法院即应当依法受理。

【案情简介】

海南巨恒房地产开发投资有限公司(以下简称巨恒公司)于2011年依法取得对国营南江机械厂(以下简称南江厂)本金855万元及相应利息的债权,巨恒公司随后向海口市中级人民法院申请南江厂破产清算。该院审理认为,根据《二○○六年全国企业关闭破产项目表》,南江厂属于"已列入经国务院批准的全国企业政策性关闭破产总体规划的国有企业",根据《企业破产法》第一百三十三条"在本法施行前国务院规定的期限和范围内的国有企业实施破产的特殊事宜,按照国务院有关规定办理"的规定,南江厂破产程序不应适用《企业破产法》规定的破产清算程序,而应按照国务院有关国有企业政策性关闭破产的规定办理,遂作出(2015)海中法破(预)字第 11 号民事裁定书,对巨恒公司提出的南江厂破产清算申请不予受理。巨恒公司不服,向海南省高级人民法院提起上诉。该院作出(2016)琼民终 65 号民事裁定书,驳回上诉,维持原裁定。巨恒公司不服二审裁定,向最高人民法院申请再审。最高人民法院作出(2016)最高法民申 2170 号民事裁定书,提审本案。

【裁判要点】

国有企业政策性破产是我国在特殊历史时期给予国有企业破产的特殊政策,其特殊性体现于企业债务的核销、职工安置等方面,但在程序上仍然应当根据《企业破产法》的相关规定操作。在人民法院是否受理债权人提出的破产申请问题上,不能以债务人已被纳入政策性破产计划为由否定《企业破产法》的适用。破产申请只要符合法律及相关司法解释规定的破产原因和申请要求,人民法院即应当依法受理。

【案例来源】

中国裁判文书网,https://wenshu.court.gov.cn。

【最高人民法院公布案例】

梁某某个人破产重整案

——全国首例个人破产案件为如何认定"诚实而不幸"债务人探索法定程序和判断依据。

【案情简介】

梁某某自 2018 年起开始与同事、朋友创业。其间,分别向 13 家银行、网络贷款公司陆续借贷以解决资金问题,债务总额累计达 75 万余元。因无法清偿借款,2021 年 3 月 10 日,梁某某向广东省深圳市中级人民法院申请个人破产。经法官面谈辅导,梁某某根据自身偿债能力和意愿,于 4 月 27 日重新提交了个人破产重整申请。5 月 11 日,法院裁定受理梁某某的申请,并为其指定破产管理人,负责调查核实其财产、债务情况,协助制作重整计划草案。6 月 22 日,深圳中院组织召开梁某某个人破产重整案第一次债权人会议。会上,破产管理人向债权人会议作阶段性工作报告、债务人财产报告以及债权审核报告,债权人会议审议并表决通过了《豁免财产清单》与《重整计划草案》。7 月 19 日,深圳中院将批准重整计划的裁定送达梁某某,全国首例个人破产案件正式生效。生效的重整计划显示：在未来 3 年，梁某某夫妻除保留每月用于基本生活的 7700 元以及一些生活生产必需品作为豁免财产之外，承诺其他收入均用于偿还债务。重整计划执行完毕将实现债权人本金100% 清偿，债务人免于偿还利息和滞纳金。如果梁某某不能严格执行重整计划，债权人有权向法院申请对其进行破产清算。

【专家点评】（徐阳光　中国人民大学法学院教授、博士生导师）

个人破产制度是市场主体退出与拯救制度的重要内容，对于完善市场主体退出渠道、畅顺市场经济循环具有不可或缺的重要意义。长期以来，我国仅有《企业破产法》"半部破产法"，一方面，导致自然人、个体工商户等主体在从事商事活动时，无法获得与企业同等的市场主体保护；另一方面，企业家在经营、融资中常常因个人担保为企业的经营、市场风险承担无限连带责任，突破了现代企业有限责任制度。在中央授权先行先试的支持下，深圳率先出台了全国首部关于个人破产的地方性立法《深圳经济特区个人破产条例》，并于 2021 年 3 月 1 日起正式施行。梁某某个人破产重整案是深圳条例实施以来，深圳中院裁定受理和顺利审结的首个个人破产案件、首个个人破产重整案件，也是全国的个人破产第一案。

由于破产免责理念与我国传统文化观念相悖，审理个人破产案件如何做到入法、入理、入情，让社会公众在法理和情理上能够更好地理解和接受个人破产制度是个案法律适用的重点和难点。在本案中，深圳中院秉持"鼓励创新、宽容失败、鼓励重生"的破产保护理念，严格贯彻个人破产立法原理规则，深圳中院通过债务人申报财产、债权人申报债权，管理人调查核实，到债权人会议审议财产债权核查结果、豁免财产清单，表决重整计划草案，再到债务人在管理人、破产事务管理署监督下依照重整计划清偿债务的各个程序环节，首次全面、完整、立体地向社会公众展示了债务人的破产原因及其经过，以及法院如何认定"诚实而不幸"债务人的法定程序和判断依据，取得了法律效果和社会效果的统一。

本案中，深圳中院合理确定债务人的豁免财产范围和具有可执行性的重整计划，既保障了债务人及其家庭的基本权利和安宁生活，也降低了债权人追收成本、实现债权回收最大化，推动债务人、债权人的共赢。在裁定批准重整计划的同时，深圳中院依法决定解除了对梁某某的行为限制措施，为债务人经济重生提供了有力支持，体现了个人破产制度鼓励创业者、保护企业家精神的人文关怀和救济理念。

在梁某某个人破产重整案及其后一系列个人破产案件的审理中,深圳中院进一步明确了个人破产裁判规则,积累了具有参考价值的示范案例,为全国范围内个人破产立法探索提供了有益的实践经验。

【案例来源】

2021 年全国法院十大商事案件。

编者说明

从破产案件数量看,2007 年至 2020 年,全国法院共受理破产案件 59604 件,审结破产案件 48045 件。从时间顺序看,《企业破产法》实施后的一段时间,每年的破产案件数量在 3000 件左右,党的十八大以来,随着供给侧结构性改革持续深化,加快建立和完善市场主体挽救和退出机制,破产案件数量快速上升,2017 年至 2020 年受理和审结的破产案件分别占到法律实施以来案件总量的 54% 和 41%。从地域分布看,东部地区破产案件数量占到全国的近 80%,浙江、江苏、广东三省约占 60%。从破产企业类型看,随着国企改革持续推进,国有困难企业完成集中退出,民营企业破产案件占绝大多数,2020 年民营企业破产案件占案件总量的近 90%。[①] 但相较于每年申请注销、被吊销企业的数量,我国破产制度及工作机制仍有很大的完善空间。

关于重整程序的启动,虽然本条规定债务人有明显丧失清偿能力可能的可以申请重整,与破产清算原因相比相对宽松,但是,根据《破产审判会议纪要》的规定,破产重整的对象应当是具有挽救价值和可能的困境企业。因此,申请人申请债务人重整的,还须提交债务人具有重整价值以及拯救可能性的相关证据材料,相应地,法院审查重整申请时亦将更为严格。

随着我国市场经济的发展及《企业破产法》的普遍适用,主张制定个人破产法的呼声愈加高涨。在数届全国人大与政协会议上均有代表提出对个人破产法的立法建议。2019 年 2 月 27 日,最高人民法院也在其《人民法院第五个五年改革纲要(2019—2023)》中提出"研究推动建立个人破产制度"。2020 年 10 月 11 日,中共中央办公厅、国务院办公厅印发《深圳建设中国特色社会主义先行示范区综合改革试点实施方案(2020—2025 年)》。首批授权事项清单要求深圳率先

---

① 参见全国人大常委会副委员长王东明 2021 年 8 月 18 日在"第十三届全国人民代表大会常务委员会第三十次会议"上的讲话:《全国人民代表大会常务委员会执法检查组关于检查〈中华人民共和国企业破产法〉实施情况的报告》,载中国人大网,http://www. npc. gov. cn/,2023 年 3 月 11 日最后访问。

探索完善个人破产制度,拉开了改革大幕。2020年8月26日,在深圳经济特区成立40周年之际,深圳市人大常委会通过了《深圳经济特区个人破产条例》(以下简称《条例》),于2021年3月1日施行,这也是中国第一部个人破产立法。《条例》的出台,为国家个人破产制度改革探索了鲜活生动、有示范价值的深圳模式。部分地区法院亦开始探索在个人破产立法前于现有法律框架内依法开展个人债务集中清理试点工作。这些均为全国范围的个人破产立法提供了有益的实践经验。

第三条　【破产案件的管辖】破产案件由债务人住所地人民法院管辖。

【立法·要点注释】

本法只对破产案件的地域管辖作了规定。按照本条规定,破产案件由债务人住所地法院管辖。根据《民法典》的规定,法人以其主要办事机构所在地为住所。依法需要办理法人登记的,应当将主要办事机构所在地登记为住所。

【相关立法】

1.《中华人民共和国民法典》(2020年5月28日第十三届全国人民代表大会第三次会议通过,2021年1月1日)

第六十三条　法人以其主要办事机构所在地为住所。依法需要办理法人登记的,应当将主要办事机构所在地登记为住所。

2.《中华人民共和国民事诉讼法》(2021年12月24日第十三届全国人民代表大会常务委员会第三十二次会议第四次修正)

第三十七条　人民法院发现受理的案件不属于本院管辖的,应当移送有管辖权的人民法院,受移送的人民法院应当受理。受移送的人民法院认为受移送的案件依照规定不属于本院管辖的,应当报请上级人民法院指定管辖,不得再自行移送。

第三十八条　有管辖权的人民法院由于特殊原因,不能行使管辖权的,由上级人民法院指定管辖。

人民法院之间因管辖权发生争议,由争议双方协商解决;协商解决不了的,报请它们的共同上级人民法院指定管辖。

第三十九条　上级人民法院有权审理下级人民法院管辖的第一审民事案件;确有必要将本院管辖的第一审民事案件交下级人民法院审理的,应当报请其上级人民法院批准。

下级人民法院对它所管辖的第一审民事案件,认为需要由上级人民法院审理的,可以报请上级人民法院审理。

【司法解释】

1.《最高人民法院关于适用〈中华人民共和国民事诉讼法〉的解释》(法释〔2015〕5 号,2015 年 2 月 4 日;法释〔2020〕20 号修正,2021 年 1 月 1 日;法释〔2022〕11 号修正,2022 年 4 月 10 日)

第三条　公民的住所地是指公民的户籍所在地,法人或者其他组织的住所地是指法人或者其他组织的主要办事机构所在地。

法人或者其他组织的主要办事机构所在地不能确定的,法人或者其他组织的注册地或者登记地为住所地。

2.《最高人民法院关于审理企业破产案件若干问题的规定》(法释〔2002〕23 号,2002 年 9 月 1 日)

第一条　企业破产案件由债务人住所地人民法院管辖。债务人住所地指债务人的主要办事机构所在地。债务人无办事机构的,由其注册地人民法院管辖。

第二条　基层人民法院一般管辖县、县级市或者区的工商行政管理机关核准登记企业的破产案件;

中级人民法院一般管辖地区、地级市(含本级)以上的工商行政管理机关核准登记企业的破产案件;

纳入国家计划调整的企业破产案件,由中级人民法院管辖。

第三条　上级人民法院审理下级人民法院管辖的企业破产案件,或者将本院管辖的企业破产案件移交下级人民法院审理,以及下级人民法院需要将自己管辖的企业破产案件交由上级人民法院审理的,依照民事诉讼法第三十九条的规定办理；省、自治区、直辖市范围内因特殊情况需对个别企业破产案件的地域管辖作调整的，须经共同上级人民法院批准。

3.《最高人民法院关于成渝金融法院案件管辖的规定》（法释〔2022〕20号，2023年1月1日）

第一条　成渝金融法院管辖重庆市以及四川省属于成渝地区双城经济圈范围内的应由中级人民法院受理的下列第一审金融民商事案件：

（一）证券、期货交易、营业信托、保险、票据、信用证、独立保函、保理、金融借款合同、银行卡、融资租赁合同、委托理财合同、储蓄存款合同、典当、银行结算合同等金融民商事纠纷；

（二）资产管理业务、资产支持证券业务、私募基金业务、外汇业务、金融产品销售和适当性管理、征信业务、支付业务及经有权机关批准的其他金融业务引发的金融民商事纠纷；

（三）涉金融机构的与公司有关的纠纷；

（四）以金融机构为债务人的破产纠纷；

（五）金融民商事纠纷的仲裁司法审查案件；

（六）申请认可和执行香港特别行政区、澳门特别行政区、台湾地区法院金融民商事纠纷的判决、裁定案件，以及申请承认和执行外国法院金融民商事纠纷的判决、裁定案件。

4.《最高人民法院关于北京金融法院案件管辖的规定》（法释〔2021〕7号，2021年3月16日）

第一条　北京金融法院管辖北京市辖区内应由中级人民法院受理的下列第一审金融民商事案件：

（一）证券、期货交易、营业信托、保险、票据、信用证、独立保函、保理、金融借款合同、银行卡、融资租赁合同、委托理财合同、储蓄存款合同、典当、银行结算合同等金融民商事纠纷；

（二）资产管理业务、资产支持证券业务、私募基金业务、外汇业务、金融产品销售和适当性管理、征信业务、支付业务及经有权机关批准的其他金融业务引发的金融民商事纠纷；

（三）涉金融机构的与公司有关的纠纷；

（四）以金融机构为债务人的破产纠纷；

（五）金融民商事纠纷的仲裁司法审查案件；

（六）申请认可和执行香港特别行政区、澳门特别行政区、台湾地区法院金融民商事纠纷的判决、裁定案件，以及申请承认和执行外国法院金融民商事纠纷的判决、裁定案件。

5.《最高人民法院关于上海金融法院案件管辖的规定》（法释〔2018〕14号，2018年8月10日；法释〔2021〕9号修正，2021年4月22日）

第一条　上海金融法院管辖上海市辖区内应由中级人民法院受理的下列第一审金融民商事案件：

（一）证券、期货交易、营业信托、保险、票据、信用证、独立保函、保理、金融借款合同、银行卡、融资租赁合同、委托理财合同、储蓄存款合同、典当、银行结算合同等金融民商事纠纷；

（二）资产管理业务、资产支持证券业务、私募基金业务、外汇业务、金融产品销售和适当性管理、征信业务、支付业务及经有权机关批准的其他金融业务引发的金融民商事纠纷；

（三）涉金融机构的与公司有关的纠纷；

（四）以金融机构为债务人的破产纠纷；

（五）金融民商事纠纷的仲裁司法审查案件；

（六）申请认可和执行香港特别行政区、澳门特别行政区、台湾地区法院金融民商事纠纷的判决、裁定案件，以及申请承认和执行外国法院金融民商事纠纷的判决、裁定案件。

【司法文件】

1.《最高人民法院关于印发〈全国法院破产审判工作会议纪要〉的通知》（法〔2018〕53号，2018年3月4日）

2. 合理配置审判任务。要根据破产案件数量、案件难易程度、审判力量等情况，合理分配各级法院的审判任务。对于债权债务关系复杂、审理难度大的破产案件，高级人民法院可以探索实行中级人民法院集中管辖为原则、基层人民法院管辖为例外的管辖制度；对于债权债务关系简单、审理难度不大的破产案件，可以主要由基层人民法院管辖，通过快速审理程序高效审结。

35. 实质合并审理的管辖原则与冲突解决。采用实质合并方式审理关联企业破产案件的,应由关联企业中的核心控制企业住所地人民法院管辖。核心控制企业不明确的,由关联企业主要财产所在地人民法院管辖。多个法院之间对管辖权发生争议的,应当报请共同的上级人民法院指定管辖。

38. 关联企业破产案件的协调审理与管辖原则。多个关联企业成员均存在破产原因但不符合实质合并条件的,人民法院可根据相关主体的申请对多个破产程序进行协调审理,并可根据程序协调的需要,综合考虑破产案件审理的效率、破产申请的先后顺序、成员负债规模大小、核心控制企业住所地等因素,由共同的上级法院确定一家法院集中管辖。

2.《最高人民法院印发〈关于执行案件移送破产审查若干问题的指导意见〉的通知》(法发〔2017〕2 号,2017 年 1 月 20 日)

3. 执行案件移送破产审查,由被执行人住所地人民法院管辖。在级别管辖上,为适应破产审判专业化建设的要求,合理分配审判任务,实行以中级人民法院管辖为原则、基层人民法院管辖为例外的管辖制度。中级人民法院经高级人民法院批准,也可以将案件交由具备审理条件的基层人民法院审理。

3.《最高人民法院印发〈关于在中级人民法院设立清算与破产审判庭的工作方案〉的通知》(法〔2016〕209 号,2016 年 6 月 21 日)

四、案件管辖

中级人民法院设立的清算与破产审判庭一般管辖地(市)级以上(含本级)工商行政管理机关核准登记公司(企业)的强制清算与破产案件。省、自治区、直辖市范围内中级人民法院因特殊情况需对公司强制清算与企业破产案件的地域管辖作出调整的,须经当地高级人民法院批准。

4.《最高人民法院印发〈关于审理上市公司破产重整案件工作座谈会纪要〉的通知》(法〔2012〕261 号,2012 年 10 月 29 日)

二、关于上市公司破产重整案件的管辖

会议认为,上市公司破产重整案件应当由上市公司住所地的人民法院,即上市公司主要办事机构所在地法院管辖;上市公司主要办事机构所在地不明确、存在争议的,由上市公司注册登记地人民法院管辖。由于上市公司破产重整案件涉及法律关系复杂,影响面广,对专业知识和综合能力要求较高,人力物力投入较多,上市公司破产重整案件一般应由中级人民法院管辖。

5.《最高人民法院印发〈关于人民法院为防范化解金融风险和推进金融改革发展提供司法保障的指导意见〉的通知》(法发〔2012〕3 号,2012 年 2 月 10 日)

19. 探索集中审理制度,完善统一协调机制。对于众多债权人向同一金融机构集中提起的系列诉讼案件、金融机构破产案件、集团诉讼案件、群体性案件等,可能引发区域性或系统性金融风险和存在影响社会和谐稳定因素的特殊类型民商事金融案件,相关的不同地区、不同审级法院之间应加强信息沟通,在上级法院的统一指导下探索集中受理、诉讼保全、集中协调、集中审理、集中判决、协调执行,以防范金融风险扩散,避免各地法院针对同一金融机构的同类案件出现裁判标准不统一,以及针对同一金融机构的多个案件在执行中出现矛盾和冲突的现象,依法平等保护各地债权人的合法权益。

【请示答复】

1.《最高人民法院关于同意上海市第三中级人民法院内设专门审判机构并集中管辖部分破产案件的批复》(法〔2019〕4 号,2019 年 1 月 15 日)

上海市高级人民法院:

你院《关于设立上海破产法庭的请示》(沪高法〔2018〕451 号)收悉。经研究,现批复如下:

一、同意在上海市第三中级人民法院内设专门审理破产案件的机构,请按照规定程序向机构编制管理部门报批。

二、同意上海市第三中级人民法院管辖以下破产案件:

(一)上海市辖区内区级以上(含本级)工商行政管理机关核准登记公司(企业)的强制清算和破产案件(上海金融法院及上海铁路运输法院管辖的破产案件除外);

(二)前述强制清算和破产案件的衍生诉讼案件;

(三)跨境破产案件;

(四)其他依法应当由其审理的案件。

本院以前的相关批复与本批复不一致的,以本批复为准。

2.《最高人民法院关于同意深圳市中级人民法院内设专门审判机构并集中管辖部分破产案件的批复》(法〔2018〕363 号,2018 年 12 月 29 日)

广东省高级人民法院:

你院《关于设立深圳破产法庭的请示》(粤高法〔2018〕296 号)收悉。经研究,现批复如下:

一、同意在深圳市中级人民法院内设专门审理破产案件的机构,请按照规定程序向机构编制管理部门报批。

二、同意深圳市中级人民法院管辖以下破产案件:

(一)深圳市辖区内地(市)级以上(含本级)工商行政管理机关核准登记公司(企业)的强制清算和破产案件;

(二)前述强制清算和破产案件的衍生诉讼案件;

(三)跨境破产案件;

(四)其他依法应当由其审理的案件。

本院以前相关批复与本批复不一致的,以本批复为准。

3.《最高人民法院关于请求指令广东省湛江市中级人民法院管辖广东中谷糖业集团有限公司属下广西博白县中创糖业发展有限公司和广西玉林雅桥糖业有限公司重整案请示的答复》(〔2009〕民二他字第 36 号,2009 年 12 月 13 日)

广东省高级人民法院:

你院《关于请求指令广东省湛江市中级人民法院管辖广东中谷糖业集团有限公司属下广西博白县中创糖业发展有限公司和广西玉林雅桥糖业有限公司重整案请示》收悉。经研究,答复如下:

鉴于目前债权人向广东省湛江市中级人民法院申请对广东中谷糖业集团有限公司及其下属七家公司进行整体重整,而且广东中谷糖业集团有限公司及其下属七家公司的主要资产在湛江市,其债权人亦主要分布在广东省境内,湛江市政府也针对位于广西境内的两家公司制定了相应的维稳方案和措施,由广东省湛江市中级人民法院一并受理广西博白县中创糖业发展有限公司和广西玉林雅桥糖业有限公司破产重整案件,有利于重整方案的制定和执行,有利于维护债权人的合法权益,有利于重整案件的顺利审理。同意你院关于同意广东省湛江市中级人民法院受理广东中谷糖业集团有限公司及其下属七家公司(包括广西博白县中创糖业发展有限公司和广西玉林雅桥糖业有限公司)破产重整案件的意见。

特此答复。

【参考观点】

一、破产案件的地域管辖

关于破产案件的地域管辖,各国破产立法多数规定以债务人住所地为确定破产案件法院地域管辖的原则,同时辅以破产财产所在地法院管辖。我国破产立法与世界各国多数立法基本一致,亦采用债务人住所地为确定破产案件管辖的标准。[①] 关于"住所地",《民法典》第六十三条、《民事诉讼法解释》第三条规定为法人的主要办事机构所在地。对办事机构所在地的理解,通常是指企业管理机构,如董事会、经理、监事会等企业高级管理层经常性的相对集中的办公地点。[②]

破产案件除依据债务人主要办事机构或者注册地确定管辖法院外,还可以考虑由债务人的主要财产所在地或者利益中心所在地的法院管辖,在此对管辖权确定时赋予一定的灵活性。《破产审判会议纪要》即对关联企业破产案件的管辖作出了相关规定。

二、破产案件的级别管辖

关于破产案件的级别管辖,《企业破产法》和《民事诉讼法》均未作规定,《审理破产案件若干规定》第二条按照工商行政管理机关内部关于业务的分工范围为标准,确立案件的级别管辖问题。《设立清算与破产审判庭工作方案》沿用该标准。

在前述对破产案件的一般管辖原则基础上,《审理上市公司破产重整座谈会纪要》规定上市公司破产重整案件一般应由中级人民法院管辖,《执转破指导意见》规定实行以中级人民法院管辖为原则、基层人民法院管辖为例外的管辖制度。

[①②] 参见钱晓晨、刘子平:《破产案件管辖权及其异议处理程序研究》,载最高人民法院民事审判第二庭编:《商事审判指导·2008年卷》,人民法院出版社2018年版,第567页。

三、破产案件的集中管辖

《企业破产法》未规定破产案件集中管辖，《设立清算与破产审判庭工作方案》对中级法院集中管辖破产案件亦未作出统一规定，而是建议由各高级法院综合辖区内经济状况、地理环境、审判力量等情况，自行考虑是否由中级法院集中管辖此类案件，①但如需进行集中管辖的，须经当地高级人民法院批准。

四、破产案件的管辖权冲突

首先，在两个或两个以上法院同时享有破产申请管辖权时，应当按照受理在先原则确定破产案件的管辖权。这也是《民事诉讼法》及相关司法解释一贯遵循的基本原则。② 其次，《审理破产案件若干规定》第三条与现行《企业破产法》没有冲突，符合《民事诉讼法》的规定，并且符合我国法院对破产案件管辖规定的一贯司法解释精神，可以继续适用。③ 最后，《破产审判会议纪要》第 35 条及第 38 条明确规定了关联企业破产案件的管辖原则及冲突解决。

编者说明

破产审判专业化是企业破产审判的依托，为保障破产案件审理工作的顺利进行，一方面，最高人民法院制定《设立清算与破产审判庭工作方案》，要求法院系统内部各地区中级人民法院设立专门的清算与破产审判庭；另一方面，各地部分法院探索适用破产案件的集中管辖，统一裁判标准，提高案件审判质效。截至2022 年底，全国法院已设立 17 家专门的破产法庭，近 100 家法院设立了清算与破产审判庭。深圳中院在 1993 年设立了全国法院第一个破产审判庭，在 2019年设立了第一个破产法庭，在全国最早开始破产案件集中管辖、专业审理的实践探索。根据最高人民法院的批复，深圳破产法庭集中管辖深圳市辖区内地（市）级以上（含本级）工商行政管理机关核准登记公司（企业）的强制清算和破产案件、前述强制清算和破产案件的衍生诉讼案件、跨境破产案件及其他依法应当由

---

① 参见罗书臻：《充分发挥审判职能作用　加快审理公司强制清算与企业破产案件——最高人民法院民二庭负责人就设立清算与破产审判庭答记者问》，载《人民法院报》2016 年 8 月 11 日。

② 参见钱晓晨、刘子平：《破产案件管辖权及其异议处理程序研究》，载最高人民法院民事审判第二庭：《商事审判指导·2008 年卷》，人民法院出版社 2018 年版，第 567 页。

③ 参见王东敏：《新破产法疑难解读与实务操作》，法律出版社 2007 年版，第 21 页。

其审理的案件。通过坚持专业化审判、创新破产审判程序、推行执行转破产机制、健全破产管理人制度、推动建立破产保障机制等方式,深圳市的破产审判工作取得了良好的效果,积累了丰富的经验。

第四条　【破产程序的法律适用】　破产案件审理程序,本法没有规定的,适用民事诉讼法的有关规定。

【立法·要点注释】

破产程序作为民事诉讼程序的一个特别程序,《民事诉讼法》是基本法,它的一般规定适用于破产程序。就破产案件的审理程序而言,本法有规定的,应当依照本法的规定执行;凡是本法未作规定的,均适用《民事诉讼法》的一般规定。比如,关于裁定的生效时间、可以上诉的裁定的范围、裁定的送达等方面的规定。

【司法解释】

1.《最高人民法院关于适用〈中华人民共和国企业破产法〉若干问题的规定(二)》(法释〔2013〕22 号,2013 年 9 月 16 日;法释〔2020〕18 号修正,2021 年 1 月 1 日)

第四十七条　人民法院受理破产申请后,当事人提起的有关债务人的民事诉讼案件,应当依据企业破产法第二十一条的规定,由受理破产申请的人民法院管辖。

受理破产申请的人民法院管辖的有关债务人的第一审民事案件,可以依据民事诉讼法第三十八条[①]的规定,由上级人民法院提审,或者报请上级人民法院批准后交下级人民法院审理。

受理破产申请的人民法院,如对有关债务人的海事纠纷、专利纠纷、证券市场因虚假陈述引发的民事赔偿纠纷等案件不能行使管辖权的,可以依据民事诉讼法第三十七条[②]的规定,由上级人民法院指定管辖。

---

① 2021 年修正的《民事诉讼法》第三十九条。——编者注
② 2021 年修正的《民事诉讼法》第三十八条。——编者注

2.《最高人民法院关于审理企业破产案件若干问题的规定》(法释〔2002〕23 号,2002 年 9 月 1 日)

第三条 上级人民法院审理下级人民法院管辖的企业破产案件,或者将本院管辖的企业破产案件移交下级人民法院审理,以及下级人民法院需要将自己管辖的企业破产案件交由上级人民法院审理的,依照民事诉讼法第三十九条的规定办理;省、自治区、直辖市范围内因特殊情况需对个别企业破产案件的地域管辖作调整的,须经共同上级人民法院批准。

【司法文件】

《最高人民法院关于执行〈最高人民法院关于〈中华人民共和国企业破产法〉施行时尚未审结的企业破产案件适用法律若干问题的规定〉的通知》(法〔2007〕81 号,2007 年 5 月 26 日)

二、根据企业破产法的规定,破产申请受理后,所有有关债务人的民事诉讼只能向受理破产申请的人民法院提起。尚未审结的企业破产案件中,债权人或者债务人的职工依据企业破产法和《规定》第九条或者第十条的规定,向人民法院提起诉讼的,受理破产案件的人民法院应当根据案件性质和人民法院内部职能分工,并依据民事诉讼法的有关规定,由相关审判庭以独任审判或者组成合议庭的方式进行审理。

【参考观点】

法理学根据规则内容的确定性程度不同将法律规范区分为确定规范、委任规范和准用规范。准用规范是指没有规定行为模式和行为后果,而只规定准予引用、参照某法律条文的法律规范。①《企业破产法》第四条即为准用规范。

从本质上看,准用就是对类似问题通过法律条文指引,引导适用相关既有的法律规定处理、处置类似的法律事务或法律关系。所以,准用的前提条

---

① 参见最高人民法院民事审判第二庭编著:《最高人民法院关于公司法解释(三)、清算纪要理解与适用(注释版)》,人民法院出版社 2016 年版,第 649 页。

件是,既有的相关法律规范对类似问题已经作出了系统的规定。①《民事诉讼法》对民事诉讼程序建立了细致具体、操作性强的程序,在案件管辖、期间、送达等方面均有系统规定,而破产程序作为一种特殊的民事执行程序,可以通过准用《民事诉讼法》的有关规定,解决法院审理破产案件中出现的相关问题。

本条规定属于《企业破产法》外的准用,在涉及准用条款时,不能直接引用《民事诉讼法》的规定,应当是《企业破产法》准用条款与被准用的条款一并引用。准用过程为,发现有《企业破产法》未作规定的情形,该情形与《民事诉讼法》规定的问题类似且《民事诉讼法》有明确规定,准用《民事诉讼法》的规定处理。

第五条　【破产程序的域外效力】依照本法开始的破产程序,对债务人在中华人民共和国领域外的财产发生效力。

对外国法院作出的发生法律效力的破产案件的判决、裁定,涉及债务人在中华人民共和国领域内的财产,申请或者请求人民法院承认和执行的,人民法院依照中华人民共和国缔结或者参加的国际条约,或者按照互惠原则进行审查,认为不违反中华人民共和国法律的基本原则,不损害国家主权、安全和社会公共利益,不损害中华人民共和国领域内债权人的合法权益的,裁定承认和执行。

【立法·要点注释】

债务人破产财产的范围,不只限于债务人在国内的财产,也包括债务人在国外的财产,债务人在国外财产的财产持有人应当向管理人清偿债务或者交付财产,该财产的保全措施应当解除、执行程序应当中止,有关债务人的未结民事诉讼或者仲裁应当中止,进入破产程序后债务人以其境外财产进行的个别清偿无效。

对外国法院作出的发生法律效力的破产案件的判决、裁定,涉及债务人在中华人民共和国领域内的财产,申请或者请求法院承认和执行的,经法院

---

①　参见最高人民法院民事审判第二庭编著:《最高人民法院关于公司法解释(三)、清算纪要理解与适用(注释版)》,人民法院出版社 2016 年版,第 648 页。

裁定,予以承认和执行。对外国法院作出的发生法律效力的破产案件的判决、裁定的审查,应当依照中华人民共和国缔结或者参加的国际条约,或者按照互惠原则进行。经法院审查后,对于符合法律规定条件的外国法院的判决、裁定,裁定承认其效力,允许外国的破产管理人提出申请,取得位于中国境内的债务人的财产,将其并入外国开始的破产程序中的破产财产,对所有债权人进行公平统一的分配。

【司法文件】

1.《最高人民法院关于开展认可和协助香港特别行政区破产程序试点工作的意见》(法发〔2021〕15 号,2021 年 5 月 11 日)

为贯彻落实《中华人民共和国香港特别行政区基本法》第九十五条的规定,进一步完善内地与香港特别行政区司法协助制度体系,促进经济融合发展,优化法治化营商环境,最高人民法院与香港特别行政区政府结合司法实践,就内地与香港特别行政区法院相互认可和协助破产程序工作进行会谈协商,签署《最高人民法院与香港特别行政区政府关于内地与香港特别行政区法院相互认可和协助破产程序的会谈纪要》。按照纪要精神,最高人民法院依据《中华人民共和国民事诉讼法》《中华人民共和国企业破产法》等相关法律,制定本意见。

一、最高人民法院指定上海市、福建省厦门市、广东省深圳市人民法院开展认可和协助香港破产程序的试点工作。

五、债务人在内地的主要财产位于试点地区、在试点地区存在营业地或者在试点地区设有代表机构的,香港管理人可以依据本意见申请认可和协助香港破产程序。

依据本意见审理的跨境破产协助案件,由试点地区的中级人民法院管辖。

向两个以上有管辖权的人民法院提出申请的,由最先立案的人民法院管辖。

2.《最高人民法院关于印发〈全国法院破产审判工作会议纪要〉的通知》(法〔2018〕53 号,2018 年 3 月 4 日)

49. 对跨境破产与互惠原则。人民法院在处理跨境破产案件时,要妥善

解决跨境破产中的法律冲突与矛盾,合理确定跨境破产案件中的管辖权。在坚持同类债权平等保护的原则下,协调好外国债权人利益与我国债权人利益的平衡,合理保护我国境内职工债权、税收债权等优先权的清偿利益。积极参与、推动跨境破产国际条约的协商与签订,探索互惠原则适用的新方式,加强我国法院和管理人在跨境破产领域的合作,推进国际投资健康有序发展。

50. 跨境破产案件中的权利保护与利益平衡。依照企业破产法第五条的规定,开展跨境破产协作。人民法院认可外国法院作出的破产案件的判决、裁定后,债务人在中华人民共和国境内的财产在全额清偿境内的担保权人、职工债权和社会保险费用、所欠税款等优先权后,剩余财产可以按照该外国法院的规定进行分配。

3.《最高人民法院关于人民法院为"一带一路"建设提供司法服务和保障的若干意见》(法发〔2015〕9 号,2015 年 6 月 16 日)

6. 加强与"一带一路"沿线各国的国际司法协助,切实保障中外当事人合法权益。要积极探讨加强区域司法协助,配合有关部门适时推出新型司法协助协定范本,推动缔结双边或者多边司法协助协定,促进沿线各国司法判决的相互承认与执行。要在沿线一些国家尚未与我国缔结司法协助协定的情况下,根据国际司法合作交流意向、对方国家承诺将给予我国司法互惠等情况,可以考虑由我国法院先行给予对方国家当事人司法协助,积极促成形成互惠关系,积极倡导并逐步扩大国际司法协助范围。要严格依照我国与沿线国家缔结或者共同参加的国际条约,积极办理司法文书送达、调查取证、承认与执行外国法院判决等司法协助请求,为中外当事人合法权益提供高效、快捷的司法救济。

【参考观点】

一、我国破产程序对债务人域外财产的效力

本条第一款规定了在中国启动的破产程序对债务人的域外财产发生效力。债务人在国外的财产应纳入破产财产的范围。因此,法院受理破产申请后,债务人财产在境外的债务人或者财产持有人也应向管理人清偿债务或者交付财产。同时,破产程序产生的解除或中止效力应及于针对债务人财产的国外保全措施、执行程序以及有关民事诉讼或者仲裁。并且,债务人以其境

外的财产对个别债权人实施的债务清偿无效。需要说明的是,我国关于破产程序域外效力的这一款规定能否实施取决于外国法院是否承认在我国启动的破产程序。实践中已存在外国法院承认我国破产程序的司法案例。[①]

二、承认和执行外国法院生效破产案件判决、裁定的依据

我国目前并未与任何国家签订与破产程序相互承认有关的条约,根据本条第二款的规定,对于外国法院生效破产案件的判决、裁定的承认和执行应依据互惠原则进行审查。过去的司法实践认为,互惠关系即事实互惠,也就是说,是否存在互惠关系,是审查申请人所在国法院是否存在承认与执行我国法院判决的先例。如果存在这样的先例,则认为两国之间存在互惠关系。正是因为对互惠原则的严格解释,我国法院很少以互惠为由主动承认与执行他国法院的判决。但是,推定互惠是发展趋势。2017 年 11 月,第二届中国—东盟大法官论坛在广西南宁举行,形成会议成果《第二届中国—东盟大法官论坛南宁声明》。中国与东盟大法官达成的主要共识之一,即"……尚未缔结有关外国民商事判决承认和执行国际条约的国家,在承认与执行对方国家民商事判决的司法程序中,如对方国家的法院不存在以互惠为理由拒绝承认和执行本国民商事判决的先例,在本国国内法允许的范围内,即可推定与对方国家之间存在互惠关系"。推定互惠的适用表现出积极进行国际合作的友好态度,将促进在跨境破产领域的司法合作,亦符合我国目前在司法协助方面的立场和发展方向。[②]

三、承认和执行外国法院生效破产案件判决、裁定的条件

与《民事诉讼法》相比,《企业破产法》中规定的外国破产程序承认条件更为严格。具体条件包括:第一,不违反中华人民共和国法律的基本原则,不损害国家主权、安全和社会公共利益。对于什么情况下是属于对该条件的违反,法律并没有作出明确规定。考虑到国际交流与合作的需要,司法实践对该条款趋于狭义解释,应限定在承认与执行外国破产裁判文书将严重违反我国法律的基本原则,损害国家主权、安全和社会公共利益的情形。[③]第二,不损害中华人民共和国领域内债权人的合法权益。我国法院在考虑是否对国

---

① 参见郁琳:《破产法跨国问题研究综述与发展趋势——联合国国际贸易法委员会破产工作组近年来重点工作介绍》,载最高人民法院民事审判第二庭编:《商事审判指导·2016 年卷》,人民法院出版社 2018 年版,第 382 页。

②③ 参见宋建立:《跨境破产案件的司法应对》,载《人民司法·应用》2018 年第 22 期。

外破产程序予以承认时,应注意考虑以下因素:一是我国债权人实际参与国外破产程序的基本情况;二是国外破产程序对外国债权人给予何种待遇;三是国外破产程序与我国破产程序的差异性;四是我国债权人参与到国外破产程序中的实际待遇,这涉及我国债权人通过何种途径参与,担保债权、特定债权在外国法下的法律地位及偿付可能,适当的通知形式及文书材料采用的语言版本;五是对外国破产程序的承认与执行,不得损害我国境内职工债权、税收债权等优先权的清偿利益等。①

四、承认和执行外国法院生效破产案件判决、裁定的效果

外国法院作出的破产相关判决,如果涉及债务人在我国领域内的财产,申请或者请求法院承认和执行的,经法院审查后,对于符合法律规定条件的,裁定承认其效力,并允许外国的破产管理人提出申请,取得位于中国境内的债务人财产,将其并入外国开始的破产程序中的破产财产,对所有债权人进行顺序清偿。②

【典型案例】

1. 森信公司清盘人申请认可和协助香港破产程序案[广东省深圳市中级人民法院(2021)粤03认港破1号]

——内地法院根据申请裁定认可香港清盘程序及清盘人身份,并允许香港清盘人在内地依法履职,是内地法院援引《企业破产法》并适用《最高人民法院关于开展认可和协助香港特别行政区破产程序试点工作的意见》审理的全国首例跨境破产协助案件。

【案情简介】

森信洋纸有限公司(以下简称森信公司)于1981年3月在香港注册成立,是一家香港老牌纸制品贸易企业,年收入曾经超过50亿元港币。由于陷入流动性危机,森信公司于2020年8月14日经股东决议,在香港启动债权人自动清盘程序,并委任黎嘉恩、何国梁担任清盘人。清盘过程中,清盘人调

---

① 参见宋建立:《跨境破产案件的司法应对》,载《人民司法·应用》2018年第22期。
② 参见郁琳:《破产法跨国问题研究综述与发展趋势——联合国国际贸易法委员会破产工作组近年来重点工作介绍》,载最高人民法院民事审判第二庭编:《商事审判指导·2016年卷》,人民法院出版社2018年版,第382页。

查发现森信公司在深圳等地还有多项资产。为接管处置森信公司在内地的资产,清盘人请求香港高等法院向深圳市中级人民法院商请司法协助。2021年7月20日,香港高等法院作出司法协助请求函,商请深圳中院予以司法协助。随后,森信公司清盘人于8月30日向深圳中院提出认可和协助香港破产程序的申请。

【裁判要点】

深圳中院经审理查明,森信公司在内地持有森信纸业公司全部股权,该财产为其在内地的主要财产。森信纸业公司在深圳市注册成立,经营地址位于深圳市福田区,深圳中院依法对本案具有管辖权。香港高等法院作出的《司法协助请求函》载明,森信公司于1981年在香港注册成立,在香港从事纸制品贸易已有40多年。森信公司A类股股东于2020年8月14日通过书面决议,自愿将公司清盘,并委任德勤·关黄陈方会计师行的黎嘉恩、何国樑共同和各别担任公司的清盘人。因此,森信公司自2020年8月14日起已在香港进行债权人自愿清盘。另查明,森信公司的主要财产位于香港。截至2020年8月14日,该公司的资产负债状况报告显示,公司资产负债状况为资不抵债。森信公司关于认可和协助香港破产程序的申请符合《企业破产法》规定。2021年12月15日,深圳中院裁定认可森信公司在香港的债权人自动清盘程序,认可黎嘉恩、何国樑作为森信公司清盘人的身份,允许清盘人在内地依法履职。

【案例来源】

广东省高级人民法院发布15个服务保障高质量发展破产审判典型案例(2023年2月27日)。

2. DAR 申请承认德意志联邦共和国亚琛地方法院破产裁定案[北京市第一中级人民法院(2022)京01破申786号]

——在德国与我国既不存在相互承认及执行破产程序的国际条约,亦不存在事实互惠的情况下,根据法律互惠认定双方存在互惠关系,是全国首例适用法律互惠原则承认外国破产程序的案件。

【案情简介】

注册于德国亚琛的莱茵有限公司,因无支付能力和资不抵债,亚琛地方法院于2011年1月1日作出破产裁定,启动该公司破产程序,并指定 Dr. Andreas Ringstmeier 为破产管理人。为处置莱茵有限公司位于北京市的财产，破产管理人向北京市第一中级人民法院（以下简称北京一中院）提出承认及协助申请，请求北京一中院承认德国亚琛地方法院作出的破产裁定，并承认其管理人身份、许可其在我国境内履行职责。

【裁判要点】

北京一中院经审理认为，我国与德国之间不存在缔结或者共同参加的国际条约，本案应依据互惠原则进行审查。北京一中院通过外国法查明中心查明《德国破产法》相关规定，该破产法明确，外国破产程序将获得承认。北京一中院经研判认为，德国虽未曾实际承认我国启动的破产程序，但依据该国破产法规定，我国破产程序可在德国获得认可，同时亦无证据证明德国存在拒绝承认我国破产程序的情形，可以认定我国与德国之间存在互惠关系。

审查过程中，北京一中院综合考量德国破产程序性质、清偿原则、是否对我国债权人存在歧视性对待、我国债权人申报债权情况、承认该国破产程序对我国债权人影响、莱茵有限公司主要利益中心所在地及在我国境内财产拟将采取的处置措施等因素，综合认定承认德国亚琛地方法院破产裁定符合我国《企业破产法》之规定，未损害我国法律的基本原则，不损害国家主权、安全和社会公共利益，不损害我国领域内债权人的合法权益，故依法予以承认。同时，破产管理人申请在我国境内履行的职责范围系处理我国境内财产所必需，未超出我国《企业破产法》及《德国破产法》关于破产管理人的权限，遂于 2023 年 1 月 16 日裁定承认德国破产管理人身份并允许其在我国境内依法履职。

【案例来源】

北京法院网 2023 年 1 月 31 日发布《全国首例！北京一中院适用法律互惠原则承认德国破产程序》。根据北京市第一中级人民法院（2022）京 01 破申 786 号整理。

3. 浙江尖山光电股份有限公司破产重整案［浙江省海宁市人民法院（2014）嘉海破字第 1-5 号］

——美国法院对本案域外效力的承认及救济，及时保全了债务人的财产，提升了本案债务人对债权人的偿债额度，对于重整计划的最终通过及顺利实施至关重要。

【案情简介】

债务人浙江尖山光电股份有限公司(以下简称尖山光电)曾是国内大型的集太阳能光伏和光热研究、生产与销售于一体的新型高新技术企业。近年受光伏产业产能过剩以及欧盟、美国先后对我国光伏产品启动反倾销、反补贴(即"双反")调查的影响,尖山光电于2013年12月正式在浙江省海宁市人民法院(以下简称海宁法院)进入破产重整程序。在审理该案的过程中,海宁法院注意到,尖山光电在美国新泽西州的一个仓库中有大量太阳能板等存货,价值约1.5亿元人民币,这些财产涉及至少三家美国企业,因此面临随时被当地债权人采取个别行动而减损、灭失等风险。

【裁判要点】

为将债务人在美财产纳入我国国内的重整程序,海宁法院出具了一份《决定书》,授权管理人作为债务人代表,向美国法院寻求司法合作与破产保护救济。2014年7月16日,海宁法院任命的尖山光电管理人作为《美国破产法》第15章意义上的"外国代表人",向美国新泽西州联邦破产法院提交了关于承认正在进行中的尖山光电在国内启动的破产程序为主要程序,并给予相应救济的申请书。美国新泽西州联邦破产法院于2014年7月24日发布命令,对尖山光电在美财产予以临时救济。2014年8月12日,美国新泽西州联邦破产法院法官伯恩斯(Gloria M. Burns)签署命令,批准尖山光电代表人提交的申请,承认该程序为《美国破产法》第15章意义上的"外国主要程序",并给予相应的破产保护和救济措施。2014年9月23日,尖山光电债权人和出资人对重整计划草案进行表决。2014年10月16日,海宁法院批准尖山光电重整计划。2014年11月9日,通联创业投资股份有限公司与管理人完成交接,尖山光电正式进入重整计划执行阶段。

【案例来源】

2014年浙江法院企业破产审判工作典型案例。

编者说明

我国《企业破产法》中仅以第五条规定了跨境破产制度,《破产审判会议纪要》第49条、第50条规定了跨境破产的互惠原则及跨境破产案件中的权利保护与利益平衡,但是相关规定过于笼统与抽象,缺乏具体的判断标准和操作指引。在司法实践中,几乎很少有适用该条而成功的案例。20世纪90年代以来,跨境破产问题受到了国际社会的广泛关注,联合国国际贸易法委员会制定的跨境破产示范法,更是成为了全世界 40 余个国家的立法或改革的范本。在经济全球化及我国推进"一带一路"国际合作的大背景下,"引进来"及"走出去"的企业规模进一步扩大,跨国投资和跨境交易日益频繁。促进各国在跨境破产领域的合作,对于依法妥善化解国际投资过程中债权债务问题,平等保护中外当事人合法权益,营造公平公正营商环境极为重要。2019 年 6 月 22 日,国家发展改革委员会、最高人民法院、工业和信息化部等十三部门联合发布《加快完善市场主体退出制度改革方案》,高度重视跨境破产制度完善。同时,香港法院也在相应案件中表现出了对内地破产程序给予承认和协助的开放态度:2019 年 12 月 18 日,香港特别行政区高等法院(以下简称香港高等法院)签署 HCMP2295/2019 授权令,承认上海市第三中级人民法院启动的上海华信国际集团有限公司破产程序及联合管理人的身份,并通过一般授权给予内地管理人司法协助;2020 年 6 月 4 日,香港高等法院又签署[2020]HKCFI 965 授权令,确认深圳市年富供应链有限公司破产程序在香港的效力,并且基于案件情况及内地管理人的协助申请,赋予内地管理人一般事项及特殊事项授权。两起案件对于促进两地跨境破产合作具有重要价值和意义。在"一国两制"方针下及粤港澳大湾区建设的国家战略背景下,内地与香港先行探索并建立了跨境破产协助规则。2021 年 5 月 14 日,最高人民法院与香港特别行政区政府签署了《关于内地与香港特别行政区法院相互认可和协助破产程序的会谈纪要》。为细化落实该会谈纪要相关内容,最高人民法院制定了《关于开展认可和协助香港特别行政区破产程序试点工作的意见》(以下简称《试点意见》)。《试点意见》是内地首次就跨境破产协助出台的专门性文件,不仅为内地与香港之间的跨境破产协助提供了创新模式,还为未来内地与其他境外法域之间的跨境破产承认规范化、制度化奠定了良好的基础。

第六条　【企业职工权益的保障与企业经营管理人员法律责任的追究】人民法院审理破产案件,应当依法保障企业职工的合法权益,依法追究破产企业经营管理人员的法律责任。

【立法·要点注释】

保护破产企业职工的合法权益,是本法立法的一项重要指导思想。依法追究破产企业经营管理人员的法律责任是法院在审理破产案件中应当履行的职责。企业经营管理人员,指的是企业董事、经理、监事等主要负责人。法院在审理破产案件时,应当依照本法有关规定,保障职工的合法权益、追究破产企业经营管理人员的法律责任。

【相关立法】

1.《中华人民共和国企业破产法》(2006 年 8 月 27 日第十届全国人民代表大会常务委员会第二十三次会议通过,2007 年 6 月 1 日)

第八条 向人民法院提出破产申请,应当提交破产申请书和有关证据。

破产申请书应当载明下列事项:

(一)申请人、被申请人的基本情况;

(二)申请目的;

(三)申请的事实和理由;

(四)人民法院认为应当载明的其他事项。

债务人提出申请的,还应当向人民法院提交财产状况说明、债务清册、债权清册、有关财务会计报告、职工安置预案以及职工工资的支付和社会保险费用的缴纳情况。

第四十八条 债权人应当在人民法院确定的债权申报期限内向管理人申报债权。

债务人所欠职工的工资和医疗、伤残补助、抚恤费用,所欠的应当划入职工个人账户的基本养老保险、基本医疗保险费用,以及法律、行政法规规定应当支付给职工的补偿金,不必申报,由管理人调查后列出清单并予以公示。职工对清单记载有异议的,可以要求管理人更正;管理人不予更正的,职工可以向人民法院提起诉讼。

第五十九条 依法申报债权的债权人为债权人会议的成员,有权参加债权人会议,享有表决权。

债权尚未确定的债权人,除人民法院能够为其行使表决权而临时确定债权额的外,不得行使表决权。

对债务人的特定财产享有担保权的债权人,未放弃优先受偿权利的,对于本法第六十一条第一款第七项、第十项规定的事项不享有表决权。

债权人可以委托代理人出席债权人会议,行使表决权。代理人出席债权人会议,应当向人民法院或者债权人会议主席提交债权人的授权委托书。

债权人会议应当有债务人的职工和工会的代表参加,对有关事项发表意见。

第六十七条　债权人会议可以决定设立债权人委员会。债权人委员会由债权人会议选任的债权人代表和一名债务人的职工代表或者工会代表组成。债权人委员会成员不得超过九人。

债权人委员会成员应当经人民法院书面决定认可。

第一百一十三条　破产财产在优先清偿破产费用和共益债务后，依照下列顺序清偿：

（一）破产人所欠职工的工资和医疗、伤残补助、抚恤费用，所欠的应当划入职工个人账户的基本养老保险、基本医疗保险费用，以及法律、行政法规规定应当支付给职工的补偿金；

（二）破产人欠缴的除前项规定以外的社会保险费用和破产人所欠税款；

（三）普通破产债权。

破产财产不足以清偿同一顺序的清偿要求的，按照比例分配。

破产企业的董事、监事和高级管理人员的工资按照该企业职工的平均工资计算。

第一百二十五条　企业董事、监事或者高级管理人员违反忠实义务、勤勉义务，致使所在企业破产的，依法承担民事责任。

有前款规定情形的人员，自破产程序终结之日起三年内不得担任任何企业的董事、监事、高级管理人员。

第一百二十八条　债务人有本法第三十一条、第三十二条、第三十三条规定的行为，损害债权人利益的，债务人的法定代表人和其他直接责任人员依法承担赔偿责任。

第一百三十一条　违反本法规定，构成犯罪的，依法追究刑事责任。

第一百三十二条　本法施行后，破产人在本法公布之日前所欠职工的工资和医疗、伤残补助、抚恤费用，所欠的应当划入职工个人账户的基本养老保险、基本医疗保险费用，以及法律、行政法规规定应当支付给职工的补偿金，依照本法第一百一十三条的规定清偿后不足以清偿的部分，以本法第一百零九条规定的特定财产优先于对该特定财产享有担保权的权利人受偿。

2.《中华人民共和国公司法》（2018年10月26日第十三届全国人民代表大会常务委员会第六次会议第四次修正）

第一百四十八条　董事、高级管理人员不得有下列行为：

（一）挪用公司资金；

（二）将公司资金以其个人名义或者以其他个人名义开立账户存储；

（三）违反公司章程的规定，未经股东会、股东大会或者董事会同意，将公司资金借贷给他人或者以公司财产为他人提供担保；

（四）违反公司章程的规定或者未经股东会、股东大会同意，与本公司订立合同或者进行交易；

（五）未经股东会或者股东大会同意，利用职务便利为自己或者他人谋取属于公司的商业机会，自营或者为他人经营与所任职公司同类的业务；

（六）接受他人与公司交易的佣金归为己有；

（七）擅自披露公司秘密；

（八）违反对公司忠实义务的其他行为。

董事、高级管理人员违反前款规定所得的收入应当归公司所有。

第一百四十九条　董事、监事、高级管理人员执行公司职务时违反法律、行政法规或者公司章程的规定，给公司造成损失的，应当承担赔偿责任。

3.《中华人民共和国刑法》（2020 年 12 月 26 日第十三届全国人民代表大会常务委员会第二十四次会议第十一次修正）

第一百六十二条　公司、企业进行清算时，隐匿财产，对资产负债表或者财产清单作虚伪记载或者在未清偿债务前分配公司、企业财产，严重损害债权人或者其他人利益的，对其直接负责的主管人员和其他直接责任人员，处五年以下有期徒刑或者拘役，并处或者单处二万元以上二十万元以下罚金。

第一百六十二条之一　隐匿或者故意销毁依法应当保存的会计凭证、会计账簿、财务会计报告，情节严重的，处五年以下有期徒刑或者拘役，并处或者单处二万元以上二十万元以下罚金。

单位犯前款罪的，对单位判处罚金，并对其直接负责的主管人员和其他直接责任人员，依照前款的规定处罚。

第一百六十二条之二　公司、企业通过隐匿财产、承担虚构的债务或者以其他方法转移、处分财产，实施虚假破产，严重损害债权人或者其他人利益的，对其直接负责的主管人员和其他直接责任人员，处五年以下有期徒刑或者拘役，并处或者单处二万元以上二十万元以下罚金。

第一百六十八条　国有公司、企业的工作人员，由于严重不负责任或者滥用职权，造成国有公司、企业破产或者严重损失，致使国家利益遭受重大损失的,处三年以下有期徒刑或者拘役;致使国家利益遭受特别重大损失的,处三年以上七年以下有期徒刑。

国有事业单位的工作人员有前款行为,致使国家利益遭受重大损失的,依照前款的规定处罚。

国有公司、企业、事业单位的工作人员,徇私舞弊,犯前两款罪的,依照第一款的规定从重处罚。

【司法文件】

1.《最高人民法院关于印发〈全国法院破产审判工作会议纪要〉的通知》(法〔2018〕53号,2018年3月4日)

27. 企业破产与职工权益保护。破产程序中要依法妥善处理劳动关系,推动完善职工欠薪保障机制,依法保护职工生存权。由第三方垫付的职工债权,原则上按照垫付的职工债权性质进行清偿;由欠薪保障基金垫付的,应按照企业破产法第一百一十三条第一款第二项的顺序清偿。债务人欠缴的住房公积金,按照债务人拖欠的职工工资性质清偿。

2.《最高人民法院关于人民法院为企业兼并重组提供司法保障的指导意见》(法发〔2014〕7号,2014年6月3日)

19. 依法保护劳动者合法权益,切实保障民生。实现改革发展成果更多更公平惠及全体人民是我们各项事业的出发点和落脚点。企业职工虽然不是企业兼并重组协议的缔约方,但其是利益攸关方。人民法院在审判执行中要及时发现和注意倾听兼并重组企业职工的利益诉求,依法保障企业职工的合法权益,引导相关企业积极承担社会责任,有效防范兼并重组行为侵害企业职工的合法权益。

3.《最高人民法院关于正确审理企业破产案件为维护市场经济秩序提供司法保障若干问题的意见》(法发〔2009〕36号,2009年6月12日)

5. 对于职工欠薪和就业问题突出、债权人矛盾激化、债务人弃企逃债等敏感类破产案件,要及时向当地党委汇报,争取政府的支持。在政府协调下,加强与相关部门的沟通、配合,及时采取有力措施,积极疏导并化解各种矛盾纠纷,避免哄抢企业财产、职工集体上访的情况发生,将不稳定因素消除在萌

芽状态。有条件的地方,可通过政府设立的维稳基金或鼓励第三方垫款等方式,优先解决破产企业职工的安置问题,政府或第三方就劳动债权的垫款,可以在破产程序中按照职工债权的受偿顺序优先获得清偿。

8. 依法优先保护劳动者权益,是破产法律制度的重要价值取向。人民法院在审理企业破产案件中,要切实维护职工的合法权益,严格依法保护职工利益。召开债权人会议要有债务人的职工和工会代表参加,保障职工对破产程序的参与权。职工对管理人确认的工资等债权有异议的,管理人要认真审查核对,发现错误要及时纠正;因管理人未予纠正,职工据此提起诉讼的,人民法院要严格依法审理,及时作出判决。

9. 表决重整计划草案时,要充分尊重职工的意愿,并就债务人所欠职工工资等债权设定专门表决组进行表决;职工债权人表决组未通过重整计划草案的,人民法院强制批准必须以应当优先清偿的职工债权全额清偿为前提。企业继续保持原经营范围的,人民法院要引导债务人或管理人在制作企业重整计划草案时,尽可能保证企业原有职工的工作岗位。

10. 保障职工合法权益需要社会各方面的共同努力。人民法院要加强与国家社会保障部门、劳动部门、工商行政管理部门、组织人事等部门的沟通和协调,积极提出司法建议,推动适合中国特色的社会保障体制的建立和完善。

【参考观点】

一、对破产企业职工合法权益的保护

《企业破产法》规定了一套程序保障和实体保障相互配合、相互协调的职工权益保障机制。[①]

程序保障内容主要有:(1)破产申请阶段,债务人申请破产的,规定需向法院提交职工安置预案以及职工工资的支付和社会保险费用的缴纳情况。(2)债权审查确认阶段,职工债权豁免申报,由管理人进行调查后公示。职工对破产管理人列出的职工债权清单记载有异议的,可以要求管理人更正,管理人不予更正的,职工可以向法院提起诉讼。(3)保障职工的参与权,《企

---

① 参见曹士兵:《新〈破产法〉职工权益保障机制系统解读》,载《法律适用》2007 年第 6 期。

业破产法》规定债权人委员会由债权人会议选任的债权人代表和一名债务
人的职工代表或者工会代表组成。

实体保障内容主要是在债权清偿顺序方面，规定职工权益破产优先权与
特别优先权，破产人所欠职工的工资和医疗、伤残补助、抚恤费用，所欠的应
当划入职工个人账户的基本养老保险、基本医疗保险费用，以及法律、行政法
规规定应当支付给职工的补偿金优先于欠缴税款及普通破产债权获得清偿。
由第三方垫付的职工债权，原则上按照垫付的职工债权性质进行清偿。

法院在破产案件审理过程中，应严格依法优先保护职工合法权益，保障
职工对破产程序的参与权。企业继续保持原营业或整体转让经营性资产的，
尽可能保证原有职工工作岗位。加强与相关部门的沟通协调，通过提出司法
建议，推动职工再就业培训体系和社会保障体系的完善。①

二、对破产企业经营管理人员的法律责任的追究

根据《企业破产法》第一百二十五条、第一百二十八条的规定，企业管理
层的民事责任分两种情形：一是企业董事、监事或者高级管理人员违反忠实
义务、勤勉义务，致使所在企业破产的，依法承担民事责任；二是债务人存在
违反法律、法规和公司章程规定，侵害债务人责任财产，损害债权人利益的，
债务人的法定代表人和其他直接责任人员依法承担赔偿责任。从民事责任
承担者的角度分，企业法定代表人、董事、监事和高级管理人员属于企业高管
人员，他们违反对企业负有的忠实、勤勉义务，依法承担企业高管人员民事责
任；企业直接责任人员执行职务过程中侵害企业责任财产，损害债权人利益，
依法承担侵权责任。②

此外，对于破产企业经营管理人员法律责任的追究不限于民事责任的追
究，根据《企业破产法》第一百三十一条的规定，破产企业经营管理人员违反
法律规定，构成犯罪的，依法追究刑事责任。

---

① 参见杨临萍：《人民法院关于依法审理破产案件推进供给侧结构性改革典型案例
新闻稿》，载杜万华主编：《最高人民法院企业破产与公司清算案件审判指导》，中国法制出
版社 2017 年版，第 479 页。
② 参见曹士兵：《新〈破产法〉职工权益保障机制系统解读》，载《法律适用》2007 年
第 6 期。

第二章 申请和受理

第一节　申　　请

第七条　【申请主体】债务人有本法第二条规定的情形,可以向人民法院提出重整、和解或者破产清算申请。

债务人不能清偿到期债务,债权人可以向人民法院提出对债务人进行重整或者破产清算的申请。

企业法人已解散但未清算或者未清算完毕,资产不足以清偿债务的,依法负有清算责任的人应当向人民法院申请破产清算。

【立法·要点注释】

本条首先明确了债务人自身可以向人民法院提出破产申请的三种类型:重整、和解或者破产清算。与之相对的是,债权人仅可以向法院提出对债务人进行重整或破产清算的申请,但不得向法院提出与债务人和解的申请。此外,企业法人解散时应当成立清算组进行清算,在清算过程中发现其资产不足以清偿债务的,清算义务人应当向法院申请企业法人破产清算。

【相关立法】

1.《中华人民共和国企业破产法》(2006 年 8 月 27 日第十届全国人民代表大会常务委员会第二十三次会议通过,2007 年 6 月 1 日)

第二条　企业法人不能清偿到期债务,并且资产不足以清偿全部债务或者明显缺乏清偿能力的,依照本法规定清理债务。

企业法人有前款规定情形,或者有明显丧失清偿能力可能的,可以依照本法规定进行重整。

2.《中华人民共和国公司法》(2018 年 10 月 26 日第十三届全国人民代表大会常务委员会第六次会议第四次修正)

第一百八十七条　清算组在清理公司财产、编制资产负债表和财产清单后,发现公司财产不足清偿债务的,应当依法向人民法院申请宣告破产。

公司经人民法院裁定宣告破产后,清算组应当将清算事务移交给人民法院。

3.《中华人民共和国民法典》(2020年5月28日第十三届全国人民代表大会第三次会议通过,2021年1月1日)

第七十条 法人解散的,除合并或者分立的情形外,清算义务人应当及时组成清算组进行清算。

法人的董事、理事等执行机构或者决策机构的成员为清算义务人。法律、行政法规另有规定的,依照其规定。

清算义务人未及时履行清算义务,造成损害的,应当承担民事责任;主管机关或者利害关系人可以申请人民法院指定有关人员组成清算组进行清算。

【司法解释】

1.《最高人民法院关于适用〈中华人民共和国企业破产法〉若干问题的规定(一)》(法释〔2011〕22号,2011年9月26日)

第一条 债务人不能清偿到期债务并且具有下列情形之一的,人民法院应当认定其具备破产原因:

(一)资产不足以清偿全部债务;

(二)明显缺乏清偿能力。

相关当事人以对债务人的债务负有连带责任的人未丧失清偿能力为由,主张债务人不具备破产原因的,人民法院应不予支持。

第二条 下列情形同时存在的,人民法院应当认定债务人不能清偿到期债务:

(一)债权债务关系依法成立;

(二)债务履行期限已经届满;

(三)债务人未完全清偿债务。

【要点注释】

认定不能清偿到期债务时应当同时具备三个方面的要件:第一,债权债务关系依法成立。如债务人不否认或者无正当理由否认债权债务关系,或者债务已经生效法律文书确定。这样规定的主要目的是防止债务人拖延破产程序启动。第二,债务人不能清偿的是已到偿还期限的债务。破产程序本质上属于概括执行程序,债务尚未到期的,债务人不负有立即履行的义务,故不应受执行程序的约束。第三,债务人未清偿债务的状态客观存在。①

---

① 参见宋晓明、张勇健、刘敏:《〈关于适用企业破产法若干问题的规定(一)〉的理解与适用》,载《人民司法·应用》2011年第21期。

第四条　债务人账面资产虽大于负债,但存在下列情形之一的,人民法院应当认定其明显缺乏清偿能力:

(一)因资金严重不足或者财产不能变现等原因,无法清偿债务;

(二)法定代表人下落不明且无其他人员负责管理财产,无法清偿债务;

(三)经人民法院强制执行,无法清偿债务;

(四)长期亏损且经营扭亏困难,无法清偿债务;

(五)导致债务人丧失清偿能力的其他情形。

第五条　企业法人已解散但未清算或者未在合理期限内清算完毕,债权人申请债务人破产清算的,除债务人在法定异议期限内举证证明其未出现破产原因外,人民法院应当受理。

2.《最高人民法院关于适用〈中华人民共和国公司法〉若干问题的规定(二)》(法释〔2008〕6 号,2008 年 5 月 19 日;法释〔2014〕2 号修正,2014 年 3 月 1 日;法释〔2020〕18 号修正,2021 年 1 月 1 日)

第十七条　人民法院指定的清算组在清理公司财产、编制资产负债表和财产清单时,发现公司财产不足清偿债务的,可以与债权人协商制作有关债务清偿方案。

债务清偿方案经全体债权人确认且不损害其他利害关系人利益的,人民法院可依清算组的申请裁定予以认可。清算组依据该清偿方案清偿债务后,应当向人民法院申请裁定终结清算程序。

债权人对债务清偿方案不予确认或者人民法院不予认可的,清算组应当依法向人民法院申请宣告破产。

【司法文件】

1.《最高人民法院关于印发〈全国法院破产审判工作会议纪要〉的通知》(法〔2018〕53 号,2018 年 3 月 4 日)

六、关联企业破产

32. 关联企业实质合并破产的审慎适用。人民法院在审理企业破产案件时,应当尊重企业法人人格的独立性,以对关联企业成员的破产原因进行单独判断并适用单个破产程序为基本原则。当关联企业成员之间存在法人人格高度混同、区分各关联企业成员财产的成本过高、严重损害债权人公平

清偿利益时,可例外适用关联企业实质合并破产方式进行审理。

33. 实质合并申请的审查。人民法院收到实质合并申请后,应当及时通知相关利害关系人并组织听证,听证时间不计入审查时间。人民法院在审查实质合并申请过程中,可以综合考虑关联企业之间资产的混同程度及其持续时间、各企业之间的利益关系、债权人整体清偿利益、增加企业重整的可能性等因素,在收到申请之日起三十日内作出是否实质合并审理的裁定。

35. 实质合并审理的管辖原则与冲突解决。采用实质合并方式审理关联企业破产案件的,应由关联企业中的核心控制企业住所地人民法院管辖。核心控制企业不明确的,由关联企业主要财产所在地人民法院管辖。多个法院之间对管辖权发生争议的,应当报请共同的上级人民法院指定管辖。

36. 实质合并审理的法律后果。人民法院裁定采用实质合并方式审理破产案件的,各关联企业成员之间的债权债务归于消灭,各成员的财产作为合并后统一的破产财产,由各成员的债权人在同一程序中按照法定顺序公平受偿。采用实质合并方式进行重整的,重整计划草案中应当制定统一的债权分类、债权调整和债权受偿方案。

37. 实质合并审理后的企业成员存续。适用实质合并规则进行破产清算的,破产程序终结后各关联企业成员均应予以注销。适用实质合并规则进行和解或重整的,各关联企业原则上应当合并为一个企业。根据和解协议或重整计划,确有需要保持个别企业独立的,应当依照企业分立的有关规则单独处理。

38. 关联企业破产案件的协调审理与管辖原则。多个关联企业成员均存在破产原因但不符合实质合并条件的,人民法院可根据相关主体的申请对多个破产程序进行协调审理,并可根据程序协调的需要,综合考虑破产案件审理的效率、破产申请的先后顺序、成员负债规模大小、核心控制企业住所地等因素,由共同的上级法院确定一家法院集中管辖。

39. 协调审理的法律后果。协调审理不消灭关联企业成员之间的债权债务关系,不对关联企业成员的财产进行合并,各关联企业成员的债权人仍以该企业成员财产为限依法获得清偿。但关联企业成员之间不当利用关联关系形成的债权,应当劣后于其他普通债权顺序清偿,且该劣后债权人不得就其他关联企业成员提供的特定财产优先受偿。

七、执行程序与破产程序的衔接

40. 执行法院的审查告知、释明义务和移送职责。执行部门要高度重视执行与破产的衔接工作,推动符合条件的执行案件向破产程序移转。执行法院发现作为被执行人的企业法人符合企业破产法第二条规定的,应当及时询问当事人是否同意将案件移送破产审查并释明法律后果。执行法院作出移送决定后,应当书面通知所有已知执行法院,执行法院均应中止对被执行人的执行程序。

2.《最高人民法院印发〈关于执行案件移送破产审查若干问题的指导意见〉的通知》(法发〔2017〕2 号,2017 年 1 月 20 日)

4. 执行法院在执行程序中应加强对执行案件移送破产审查有关事宜的告知和征询工作。执行法院采取财产调查措施后,发现作为被执行人的企业法人符合破产法第二条规定的,应当及时询问申请执行人、被执行人是否同意将案件移送破产审查。申请执行人、被执行人均不同意移送且无人申请破产的,执行法院应当按照《最高人民法院关于适用〈中华人民共和国民事诉讼法〉的解释》第五百一十六条①的规定处理,企业法人的其他已经取得执行依据的债权人申请参与分配的,人民法院不予支持。

【要点注释】

除了债权人、债务人以及清算义务人直接向法院提出破产申请的情形外,在强制执行程序中,执行法院采取财产调查措施后,发现作为被执行人的企业法人符合《企业破产法》第二条规定的,应当及时询问申请执行人、被执行人是否同意将案件移送破产审查。被执行人同时满足下列条件的,执行法院应当将执行案件移送有管辖权的法院进行破产审查:(1)被执行人为企业法人;(2)被执行人或者有关被执行人的任何一个执行案件的申请执行人书面同意将执行案件移送破产审查;(3)被执行人不能清偿到期债务,并且资产不足以清偿全部债务或者明显缺乏清偿能力。受移送法院的破产审判部门应当自收到移送的材料之日起三十日内作出是否受理的裁定。②

---

① 2022 年修正的《民事诉讼法解释》第五百一十四条。——编者注

② 参见王富博:《〈关于执行案件移送破产审查若干问题的指导意见〉的理解与适用》,载《人民司法·应用》2017 年 10 期。

3.《最高人民法院关于人民法院为企业兼并重组提供司法保障的指导意见》（法发〔2014〕7 号,2014 年 6 月 3 日）

15. 依法审理企业清算、破产案件,畅通企业退出渠道。要充分发挥企业清算程序和破产程序在淘汰落后企业或产能方面的法律功能,依法受理企业清算、破产案件,督促市场主体有序退出。人民法院判决解散企业后应当告知有关人员依法及时组织企业清算。企业解散后债权人或股东向人民法院提出强制清算申请的,人民法院应当审查并依法受理。公司清算中发现符合破产清算条件的,应当及时转入破产清算。当事人依法主张有关人员承担相应清算责任的,人民法院应予支持。

4.《最高人民法院关于受理借用国际金融组织和外国政府贷款偿还任务尚未落实的企业破产申请问题的通知》（法〔2009〕389 号,2009 年 12 月 3 日）

近来,部分地方人民法院向我院请示是否受理借用国际金融组织和外国政府贷款偿还任务尚未落实的企业破产申请的问题,经研究,现就有关问题通知如下,请遵照执行。

自 2007 年 6 月 1 日起,借用国际金融组织和外国政府贷款或转贷款的有关企业申请或者被申请破产的,人民法院应依照《中华人民共和国企业破产法》的有关规定依法受理。

上述企业在 2007 年 6 月 1 日之前已签署转贷协议但偿还任务尚未落实的,应继续适用《最高人民法院关于当前人民法院审理企业破产案件应当注意的几个问题的通知》（法发〔1997〕2 号）第三条的规定和《最高人民法院关于贯彻执行法发〔1997〕2 号文件第三条应注意的问题的通知》（法函〔1998〕74 号）的有关规定。

5.《最高人民法院印发〈关于审理公司强制清算案件工作座谈会纪要〉的通知》（法发〔2009〕52 号,2009 年 11 月 4 日）

32. 公司强制清算中,清算组在清理公司财产、编制资产负债表和财产清单时,发现公司财产不足清偿债务的,除依据公司法司法解释二第二十七条的规定,通过与债权人协商制作有关债务清偿方案并清偿债务的外,应依据公司法第一百八十八条①和企业破产法第七条第三款的规定向人民法院申

---

① 因立法修正,现本条对应《公司法》第一百八十七条。——编者注

请宣告破产。

33. 公司强制清算中,有关权利人依据企业破产法第二条和第七条的规定向人民法院另行提起破产申请的,人民法院应当依法进行审查。权利人的破产申请符合企业破产法规定的,人民法院应当依法裁定予以受理。人民法院裁定受理破产申请后,应当裁定终结强制清算程序。

6.《最高人民法院关于正确审理企业破产案件为维护市场经济秩序提供司法保障若干问题的意见》(法发〔2009〕36号,2009年6月12日)

2. 为保障国家产业结构调整政策的落实,对于已经出现破产原因的企业,人民法院要依法受理符合条件的破产清算申请,通过破产清算程序使其从市场中有序退出。对于虽有借破产逃废债务可能但符合破产清算申请受理条件的非诚信企业,也要将其纳入到法定的破产清算程序中,通过撤销和否定其不当处置财产行为,以及追究出资人等相关主体责任的方式,使其借破产逃废债务的目的落空,剥夺其市场主体资格。对债权人申请债务人破产清算的,人民法院审查的重点是债务人是否不能清偿到期债务,而不能以债权人无法提交债务人财产状况说明等为由,不受理债权人的申请。

【答记者问】

《依法受理破产案件 保障企业规范退市——最高人民法院民二庭负责人就〈最高人民法院关于适用《中华人民共和国企业破产法》若干问题的规定(一)〉答记者问》

问:《企业破产法》第二条和第七条分别就债务人的破产原因和申请人提出债务人破产申请的条件作出了规定,请问具体应如何理解和适用?

答:两者存在一定的差别,破产原因是人民法院在判断破产申请是否应予受理时审查的内容,而提出债务人破产申请的条件是申请人向人民法院提出债务人破产申请时应当具备的要件。对于债务人自行提出破产申请的,债务人的破产原因和其提出破产申请的条件是一致的,但对债权人而言,则差别很大。根据《企业破产法》第七条第二款的规定,债务人不能清偿到期债务是债权人提出债务人破产申请的条件,债权人向人民法院提出申请时,只要证明债务人不能清偿其到期债务即可。至于债务人系基于什么原因不能清偿其到期债务,以及债务人是否出现了"不能清偿到期债务并且资产不足以清偿全部债务"，或者"不能清偿到期债务并且明显缺乏清偿能力"的破产原因，无须债权人提出债务人破产申请时举证证明，因此，只要债权人提出申请时证明债务人不能清偿其到期债务，且债务人未能依据《企业破产法》第十条第一款的规定，及时举证证明其既非资产不足以清偿全部债务，也没有明显缺乏清偿能力的，人民法院即可当然推定债务人出现了上述两个破产原因之一。因此，在债权人申请债务人破产清算的情形下，不能清偿到期债务既是债权人提出破产申请的条件，也是债务人存在破产原因的推定依据。

问：根据《企业破产法》第二条第一款和第七条第二款的规定，不能清偿到期债务是两个破产原因的共同前提，您能否进一步解释破产原因中不能清偿到期债务这一要件的认定？

答：不能清偿到期债务是指债务人以明示或默示的形式表示其不能支付到期债务，其强调的是债务人不能清偿债务的外部客观行为，而不是债务人的财产客观状况。认定不能清偿到期债务应当同时具备三个方面的要件：第一，债权债务关系依法成立。如债务人不否认或者无正当理由否认债权债务关系，或者债务已经生效法律文书确定。这样规定的主要目的是防止债务人拖延破产程序启动。第二，债务人不能清偿的是已到偿还期限的债务。破产程序本质上属于概括执行程序，债务尚未到期的，债务人不负有立即履行的义务，故不应受执行程序的约束。第三，债务人未清偿债务的状态客观存在。不论债务人的客观经济状况如何，只要其没有完全清偿到期债务的，均构成不能清偿到期债务。将不能清偿到期债务作为破产原因中的主要依据，尤其是作为债权人申请债务人破产清算时破产原因的推定依据，易于为债权人发现和举证证明，能够使债权人尽早启动破产程序，从而保护债权人的合法权益。

问：企业法人已解散但未清算或者未清算完毕，资产不足以清偿债务的，依法负有清算责任的人应当向人民法院申请破产清算。请问，在这种情形下，其他申请主体，尤其是债权人是否还有申请债务人破产清算的权利呢？

答：我国《企业破产法》采取破产申请主义，根据《企业破产法》第七条第三款规定，企业法人已解散但未清算或者未清算完毕，资产不足以清偿全部债务的，依法负有清算责任的人应当向人民法院申请破产清算。这里依法负有清算责任的人包括未清算完毕情形下已经成立的清算组，以及应清算未清算情形下依法负有启动清算程序的清算义务人。《企业破产法》此款规定的目的在于，规定依法负有清算责任的人有申请债务人破产清算的法定义务，以保障破产清算程序的及时启动。但规定此种情况下负有清算责任的人的法定义务并不意味着排除其他申请权人,尤其是债权人向人民法院申请债务人破产的权利。只要债权人申请破产条件成就,债权人就可以依据《企业破产法》第七条第二款的规定,提出对债务人的破产清算申请。因此,在债务人已解散但未清算或者未在合理期限内清算完毕,且未清偿债务的情形下,由于债务人对所有债权均负有清偿义务,故债权人以债务人未能清偿债务为由向人民法院提出破产清算申请的,人民法院就应予受理。对于债权人的申请,债务人可以依据《企业破产法》第十条的规定提出异议,如果债务人能举证证明其未出现破产原因,人民法院应当对债权人的破产清算申请不予受理,并告知债权人通过启动强制清算程序获得清偿。

【参考观点】

一、根据本条第一款的规定,《企业破产法》规定的破产程序是广义的破产程序,其包括重整、和解与破产清算三种程序,相应地,债务人可以根据自身的情况决定选择适用的具体程序,并据此提出相应的申请。

二、根据本条第二款的规定,债务人不能清偿到期债务是债权人提出债务人破产申请的条件;债权人向法院提出申请时,通常需证明债务人不能清偿其到期债务即可。至于债务人不能清偿其到期债务的具体原因,以及是否同时存在"资产不足以清偿全部债务"或者"明显缺乏清偿能力"的情形,不在债权人举证责任范围内。因此,只要债权人提出申请时能证明债务人不能清偿其到期债务,且债务人未能够提出相反的证据,法院即可当然推定债务人出现了破产原因。因此,在债权人申请债务人破产的情形下,不能清偿到期债务既是债权人提出破产申请的条件,也是债务人存在破产原因的推定依据。[①]

三、根据本条第三款的规定,依法负有清算责任的人包括未清算完毕情形下已经成立的清算组,以及应清算未清算情形下依法负有启动清算程序的清算义务人。此款规定的目的在于,规定依法负有清算责任的人有申请债务人破产清算的法定义务,以保障破产清算程序的及时启动,避免清算组或其

[①] 参见宋晓明、张勇健、刘敏:《〈关于适用企业破产法若干问题的规定(一)〉的理解与适用》,载《人民司法·应用》2011年第21期。

他清算义务人久拖不决导致债务人财产减损或被恶意转移、藏匿,损害债权人利益。但是,规定此种情况下负有清算责任的人的法定义务并不意味着排除其他申请权人,尤其是不排除债权人向法院申请债务人破产清算的权利。当债务人破产原因成就时,债权人仍然可以依据本条文第二款的规定,提出对债务人的破产清算申请。因此,在债务人已解散但未清算或者未在合理期限内清算完毕,且未清偿债务的情形下,由于债务人对所有债权均负有清偿义务,故债权人以债务人未清偿债务为由向法院提出破产清算申请的,法院不应以债权人在此情形下无申请权为由不予受理。①

四、关联企业已经成为我国经济生活中普遍存在的现象,关联企业一方面为了发展需要,相互之间时常进行资金调剂、担保和业务合作,另一方面也存在利用关联关系转移资产、逃避债务等不法行为的可能。② 实践中,部分法院通过借鉴域外实质合并规则对关联企业破产案件进行处理,取得了比较好的效果,但也存在实质合并规则的适用标准不统一等问题,且理论和实践中对于此种处理方式亦存在质疑。对此,《破产审判会议纪要》第六部分明确了关联企业破产案件的审理原则,即法院审理关联企业合并破产案件时要立足于破产关联企业之间的具体关系模式,分别采取实质合并与协调审理方式予以处理。③实质合并原则的适用要点如下:

(一)实质合并规则的适用原则

人民法院依据本法审理企业破产案件时,应当尊重企业法人人格的独立性,以对关联企业成员的破产原因进行单独判断并适用单个破产程序为基本原则。审理关联企业破产案件时,要立足于破产关联企业之间的具体关系模式,采取不同方式予以处理。既要通过实质合并审理方式处理法人人格高度混同的关联关系,确保全体债权人公平清偿,也要避免不当采用实质合并审理方式损害相关利益主体的合法权益。

实质合并规则虽然有助于公平保护关联债权人的利益,有利于防范破产欺诈行为、提升破产效率和降低案件处理成本,但其毕竟属于对企业法人独立人格的极端否定,并可能导致部分关联债权人的清偿比例因合并而降低的

---

　　①　参见宋晓明、张勇健、刘敏:《〈关于适用企业破产法若干问题的规定(一)〉的理解与适用》,载《人民司法·应用》2011年第21期。

　　②③　参见郁琳:《关联企业破产制度的规范与完善——〈全国法院破产审判工作会议纪要〉的解读(四)》,载《人民法院报》2018年4月11日。

情形,故《破产审判会议纪要》第 32 条要求要审慎适用这一规则。①

(二)实质合并规则的适用条件

根据《破产审判会议纪要》第 32 条的规定,实质合并规则仅在关联企业成员法人人格存在高度混同、区分各自财产的成本过于高昂、严重损害债权人公平清偿利益的情况下,才可例外适用。②

关于关联企业的认定,关联企业在我国最早出现于 1991 年《外商投资企业和外国企业所得税法实施细则》(已于 2008 年 1 月 1 日废止)第五十二条中,我国《企业会计准则第 36 号——关联方披露(2006)》(财会〔2006〕3 号)对关联方和关联关系进行了详细规定,《公司法》中则界定了关联关系的概念。③ 但"关联公司"的概念仍未被《公司法》明确,得参照相关财税法规予以确定。④ 具体可参照《企业所得税法实施条例》第一百零九条、《企业会计准则第 36 号——关联方披露》第三条、《国家税务总局关于完善关联申报和同期资料管理有关事项的公告》第二条、《上海证券交易所股票上市规则》第 10.1.3 条等相关规定。

关于法院审查的具体内容,一方面,要审查适用实质合并破产的关联企业是否具有《企业破产法》第二条规定的破产原因,即关联企业成员应当分别或在整体上达到破产界限;另一方面,法院要对实质合并规则的适用条件进行审查,包括适用的主体资格、产生关联关系的具体行为方式、滥用关联关系导致的损害结果等内容。法院在审查时应当结合关联企业之间的利益关系,根据资产混同程度等法人人格混同的情形是否具有显著性、广泛性、持续性、实质合并规则的适用是否有助于债权人整体清偿水平的提升、增加重整成功概率等因素,综合进行判断。⑤

对于不当利用关联关系损害债权人利益的行为,现有破产法上的撤销权

---

① ② 参见郁琳:《关联企业破产制度的规范与完善——〈全国法院破产审判工作会议纪要〉的解读(四)》,载《人民法院报》2018 年 4 月 11 日。

③ 参见郁琳:《关联企业破产整体重整的规制》,载《人民司法·应用》2016 年第 28 期。

④ 参见最高人民法院案例指导工作办公室:《指导案例 15 号〈徐工集团工程机械股份有限公司诉成都川交工贸有限责任公司等买卖合同纠纷案〉的理解与参照》,载江必新主编:《最高人民法院司法解释与指导性案例理解与适用》(第 2 卷),人民法院出版社 2014 年版,第 436~442 页。

⑤ 参见贺小荣、葛洪涛、郁琳:《破产清算、关联企业破产以及执行与破产衔接的规范与完善——〈全国法院破产审判工作会议纪要〉的理解与适用(下)》,载《人民司法·应用》2018 年第 16 期。

制度、无效行为制度,以及公司法上的法人人格否认制度等均在一定程度上提供了救济,因此对于个别关联交易或不当关联关系能够通过上述制度予以纠正的,应当优先在现有制度框架内解决;企业之间的关联关系日益呈现出复杂性和多样性,针对不符合实质合并规则适用条件的关联企业,从促进企业集团整体债务危机的解决、提升资产整体处置效益等目标考虑,在保持法人人格独立性的基础上,可以积极探索对关联企业破产案件集中审理或协调审理的方式,以促进破产程序公平高效进行。①

（三）实质合并规则的审查监督

根据《破产审判会议纪要》第33条的规定,人民法院在审查实质合并申请时,应当及时通知相关利害关系人并组织听证。由于实质合并的适用将对关联企业成员及部分债权人的利益产生重要影响,因此,基于破产程序的正当性要求以及权利保障的原则,《破产审判会议纪要》第33条要求法院在接到实质合并的申请后,应将申请事由及时通知被申请合并的关联企业及其出资人、已知债权人等利害关系人,并对外发布公告。该关联企业或利害关系人有权提出异议,法院应该组织相关人员进行听证,由申请人与异议人就是否应当适用实质合并规则提供证据并各自进行陈述,法院在此基础上对实质合并规则的适用条件进行实质合并审查并作出裁定。②

（四）实质合并规则的适用后果

根据《破产审判会议纪要》第36条、第37条的规定,法院裁定采用实质合并方式审理破产案件的,各关联企业成员之间的债权债务归于消灭,各成员的财产作为合并后统一的破产财产,由各成员的债权人在同一程序中按照法定顺序公平受偿。采用实质合并方式进行重整的,重整计划草案中应当制定统一的债权分类、债权调整和债权受偿方案;同时,适用实质合并规则进行破产清算的,破产程序终结后各关联企业成员均应予以注销。适用实质合并规则进行和解或重整的,各关联企业原则上应当合并为一个企业。根据和解协议或重整计划,确有需要保持个别企业独立的,应当依照企业分立的有关规则单独处理。

---

① 参见郁琳:《关联企业破产制度的规范与完善——〈全国法院破产审判工作会议纪要〉的解读(四)》,载《人民法院报》2018年4月11日。

② 参见贺小荣、葛洪涛、郁琳:《破产清算、关联企业破产以及执行与破产衔接的规范与完善——〈全国法院破产审判工作会议纪要〉的理解与适用(下)》,载《人民司法·应用》2018年第16期。

【最高人民法院指导性案例】

1. 江苏省纺织工业(集团)进出口有限公司及其五家子公司实质合并破产重整案(最高人民法院指导案例163号)

——1. 当事人申请对关联企业合并破产的,人民法院应当对合并破产的必要性、正当性进行审查。关联企业成员的破产应当以适用单个破产程序为原则,在关联企业成员之间出现法人人格高度混同、区分各关联企业成员财产成本过高、严重损害债权人公平清偿利益的情况下,可以依申请例外适用关联企业实质合并破产方式进行审理。

2. 采用实质合并破产方式的,各关联企业成员之间的债权债务归于消灭,各成员的财产作为合并后统一的破产财产,由各成员的债权人作为一个整体在同一程序中按照法定清偿顺位公平受偿。合并重整后,各关联企业原则上应当合并为一个企业,但债权人会议表决各关联企业继续存续,人民法院审查认为确有需要的,可以准许。

3. 合并重整中,重整计划草案的制定应当综合考虑进入合并的关联企业的资产及经营优势、合并后债权人的清偿比例、出资人权益调整等因素,保障各方合法权益;同时,可以灵活设计"现金+债转股"等清偿方案、通过"预表决"方式事先征求债权人意见并以此为基础完善重整方案,推动重整的顺利进行。

【基本案情】

申请人:江苏省纺织工业(集团)进出口有限公司、江苏省纺织工业(集团)轻纺进出口有限公司、江苏省纺织工业(集团)针织进出口有限公司、江苏省纺织工业(集团)机电进出口有限公司、无锡新苏纺国际贸易有限公司、江苏省纺织工业(集团)服装进出口有限公司共同的管理人。

被申请人:江苏省纺织工业(集团)进出口有限公司、江苏省纺织工业(集团)轻纺进出口有限公司、江苏省纺织工业(集团)针织进出口有限公司、江苏省纺织工业(集团)机电进出口有限公司、无锡新苏纺国际贸易有限公司、江苏省纺织工业(集团)服装进出口有限公司。

2017年1月24日,南京市中级人民法院(以下简称南京中院)根据镇江福源纺织科技有限公司的申请,裁定受理江苏省纺织工业(集团)进出口有限公司(以下简称省纺织进出口公司)破产重整案,并于同日指定江苏东恒律师事务所担任管理人。2017年6月14日,南京中院裁定受理省纺织进出口公司对江苏省纺织工业(集团)轻纺进出口有限公司(以下简称省轻纺公司)、江苏省纺织工业(集团)针织进出口有限公司(以下简称省针织公司)、江苏省纺织工业(集团)机电进出口有限公司(以下简称省机电公司)、无锡新苏纺国际贸易有限公司(以下简称无锡新苏纺公司)的重整申请及省轻纺公司对江苏省纺织工业(集团)服装进出口有限公司(以下简称省服装公司)的重整申请(其中,省纺织进出口公司对无锡新苏纺公司的重整申请经请示江苏省高级人民法院,指定由南京中院管辖)。同日,南京中院指定江苏东恒律师事务所担任管理人,在程序上对六家公司进行协调审理。2017年8月11日,管理人以省纺织进出口公司、省轻纺公司、省针织公司、省机电公司、无锡新苏纺公司、省服装公司等六家公司人格高度混同为由,向南京中院申请对上述六家公司进行实质合并重整。

法院经审理查明:

一、案涉六家公司股权情况

省纺织进出口公司注册资本5500万元,其中江苏省纺织(集团)总公司(以下简称省纺织集团)出资占60.71%,公司工会出资占39.29%。省轻纺公司、省针织公司、省机电公司、无锡新苏纺公司、省服装公司(以下简称五家子公司)注册资本分别为1000万元、500万元、637万元、1000万元、1000万元,省纺织进出口公司在五家子公司均出资占51%,五家子公司的其余股份均由职工持有。

二、案涉六家公司经营管理情况

1. 除无锡新苏纺公司外,其余案涉公司均登记在同一地址,法定代表人存在互相交叉任职的情况,且五家子公司的法定代表人均为省纺织进出口公司的高管人员,财务人员及行政人员亦存在共用情形,其中五家子公司与省纺织进出口公司共用财务人员进行会计核算,付款及报销最终审批人员相同。

2. 省纺织进出口公司和五家子公司间存在业务交叉混同情形,五家子公司的业务由省纺织进出口公司具体安排,且省纺织进出口公司与五家子公司之间存在大量关联债务及担保。

为防止随意对关联企业进行合并,损害公司的独立人格,损害部分债权人等利益相关者的合法权益,在收到合并重整申请后,南京中院对申请人提出的申请事项和事实理由进行了审查,同时组织债权人代表、债务人代表、职工代表、管理人、审计机构等进行全面的听证,听取各方关于公司是否存在混同事实的陈述,同时对管理人清理的债权债务情况、审计报告,以及各方提交的证据进行全面的审核,并听取了各方对于合并破产重整的意见。

【裁判结果】

依照企业破产法第一条、第二条规定,南京中院于2017年9月29日作出(2017)苏01破1、6、7、8、9、10号民事裁定:省轻纺公司、省针织公司、省机电公司、无锡新苏纺公司、省服装公司与省纺织进出口公司合并重整。

依照企业破产法第八十六条第二款之规定,南京中院于2017年12月8日作出(2017)苏01破1、6、7、8、9、10号之二民事裁定:一、批准省纺织进出口公司、省轻纺公司、省针织公司、省机电公司、无锡新苏纺公司、省服装公司合并重整计划;二、终止省纺织进出口公司、省轻纺公司、省针织公司、省机电公司、无锡新苏纺公司、省服装公司合并重整程序。

【裁判理由】

法院生效裁判认为:公司人格独立是公司制度的基石,关联企业成员的破产亦应以适用单个破产程序为原则。但当关联企业成员之间存在法人人格高度混同、区分各关联企业成员财产成本过高、严重损害债权人公平清偿利益时,可以适用关联企业实质合并破产方式进行审理,从而保障全体债权人能够公平受偿。

本案中,案涉六家公司存在人格高度混同情形,主要表现在:人员任职高度交叉,未形成完整独立的组织架构;共用财务及审批人员,缺乏独立的财务核算体系;业务高度交叉混同,形成高度混同的经营体,客观上导致六家公司收益难以正当区分;六家公司之间存在大量关联债务及担保,导致各公司的资产不能完全相互独立,债权债务清理极为困难。在此情形下,法院认为,及时对各关联企业进行实质性的合并,符合破产法关于公平清理债权债务、公平保护债权人、债务人合法权益的原则要求。企业破产法的立法宗旨在于规范破产程序,公平清理债权债务,公平保护全体债权人和债务人的合法权益,从而维护社会主义市场经济秩序。在关联企业存在人格高度混同及不当利益输送的情形下,不仅严重影响各关联企业的债权人公平受偿,同时也严重影响了社会主义市场经济的公平竞争原则,从根本上违反了企业破产法的实质精神。在此情形下,对人格高度混同的关联企业进行合并重整,纠正关联企业之间不当利益输送、相互控制等违法违规行为,保障各关联企业的债权人公平实现债权,符合法律规定。具体到债权人而言,在分别重整的情形下,各关联企业中的利益实质输入企业的普通债权人将获得额外清偿,而利益实质输出企业的普通债权人将可能遭受损失。因此,在关联企业法人人格高度混同的情况下,单独重整将可能导致普通债权人公平受偿的权利受到损害。进行合并后的整体重整,部分账面资产占优势的关联企业债权人的债权清偿率,虽然可能较分别重整有所降低,使其利益表面上受损,但此种差异的根源在于各关联企业之间先前的不当关联关系,合并重整进行债务清偿正是企业破产法公平清理债权债务的体现。

依照企业破产法第一条、第二条规定,南京中院于 2017 年 9 月 29 日作出(2017)苏 01 破 1、6、7、8、9、10 号民事裁定:省轻纺公司、省针织公司、省机电公司、无锡新苏纺公司、省服装公司与省纺织进出口公司合并重整。

合并重整程序启动后,管理人对单个企业的债权进行合并处理,同一债权人对六家公司同时存在债权债务的,经合并进行抵销后对债权余额予以确认,六家关联企业相互之间的债权债务在合并中作抵销处理,并将合并后的全体债权人合为一个整体进行分组。根据破产法规定,债权人分为有财产担保债权组、职工债权组、税款债权组、普通债权组,本案因全体职工的劳动关系继续保留,不涉及职工债权清偿问题,且税款已按期缴纳,故仅将债权人分为有财产担保债权组和普通债权组。同时设出资人组对出资人权益调整方案进行表决。

鉴于省纺织进出口公司作为省内具有较高影响力的纺织外贸企业,具有优质的经营资质及资源,同时五家子公司系外贸企业的重要平台,故重整计划以省纺织进出口公司等六家公司作为整体,引入投资人,综合考虑进入合并的公司的资产及经营优势、合并后债权人的清偿、出资人权益的调整等,予以综合设计编制。其中重点内容包括:

一、引入优质资产进行重组,盘活企业经营。进入重整程序前,案涉六家公司已陷入严重的经营危机,重整能否成功的关键在于是否能够真正盘活企业经营。基于此,本案引入苏豪控股、省纺织集团等公司作为重整投资方,以所持上市公司股权等优质资产对省纺织进出口公司进行增资近 12 亿元。通过优质资产的及时注入对企业进行重组,形成新的经济增长因子,盘活关联企业的整体资源,提高债务清偿能力,恢复企业的经营能力,为重塑企业核心竞争力和顺利推进重整方案执行奠定了坚实基础。同时,作为外贸企业,员工的保留是企业能够获得重生的重要保障。重整计划制定中,根据外贸企业特点,保留全部职工,并通过职工股权注入的方式,形成企业经营的合力和保障,从而保障重整成功后的企业能够真正获得重生。

二、调整出资人权益,以"现金+债转股"的方式统一清偿债务,并引入"预表决"机制。案涉六家公司均系外贸公司,自有资产较少,在债务清偿方式上,通过先行对部分企业资产进行处置,提供偿债资金来源。在清偿方式上,对有财产担保、无财产担保债权人进行统一的区分。对有财产担保的债权人,根据重整程序中已处置的担保财产价值及未处置的担保财产的评估价值,确定有财产担保的债权人优先受偿的金额,对有财产担保债权人进行全额现金清偿。对无财产担保的普通债权人,采用部分现金清偿、部分以股权置换债权(债转股)的方式清偿的复合型清偿方式,保障企业的造血、重生能力,最大化保障债权人的利益。其中,将增资入股股东的部分股权与债权人的债权进行置换(债转股部分),具体而言,即重整投资方省纺织集团以所持(将其所持的)省纺织进出口公司的部分股份,交由管理人按比例置换债权人所持有的债权的方式进行清偿,省纺织集团免除省纺织进出口公司及五家子公司对其负有的因置换而产生的债务。清偿完毕后,债权人放弃对省纺织进出口公司及五家子公司的全部剩余债权。由于采用了"现金+债转股"的复合型清偿方式,债权人是否愿意以此种方式进行受偿,是能否重整成功的关键。因此,本案引入了"预表决"机制,在重整计划草案的制定中,由管理人就债转股的必要性、可行性及清偿的具体方法进行了预先的说明,并由债权人对此预先书面发表意见,在此基础上制定完善重整计划草案,并提交债权人会议审议表决。从效果看,通过"债转股"方式清偿债务,在重整计划制定过程中进行预表决,较好地保障了债权人的知情权和选择权,自主发表意见,从而使"债转股"清偿方式得以顺利进行。

2017 年 11 月 22 日,案涉六家公司合并重整后召开第一次债权人会议。管理人向债权人会议提交了合并重整计划草案,各关联企业继续存续。经表决,有财产担保债权组 100%同意,普通债权组亦 93.6%表决通过计划草案,出资人组会议也 100%表决通过出资人权益调整方案。法院经审查认为,合并重整计划制定、表决程序合法,内容符合法律规定,公平对待债权人,对出资人权益调整公平、公正,经营方案具有可行性。依照《中华人民共和国企业破产法》第八十六条第二款之规定,南京中院于 2017 年 12 月 8 日作出(2017)苏 01 破 1、6、7、8、9、10 号之二民事裁定:一、批准省纺织进出口公司、省轻纺公司、省针织公司、省机电公司、无锡新苏纺公司、省服装公司合并重整计划;二、终止省纺织进出口公司、省轻纺公司、省针织公司、省机电公司、无锡新苏纺公司、省服装公司合并重整程序。

【案例来源】

《最高人民法院关于发布第 29 批指导性案例的通知》(法〔2021〕228 号,2021 年 9 月 14 日)。

2. 重庆金江印染有限公司、重庆川江针纺有限公司破产管理人申请实质合并破产清算案(最高人民法院指导案例 165 号)

——1. 人民法院审理关联企业破产清算案件,应当尊重关联企业法人人格的独立性,对各企业法人是否具备破产原因进行单独审查并适用单个破产程序为原则。当关联企业之间存在法人人格高度混同、区分各关联企业财产的成本过高、严重损害债权人公平清偿利益时,破产管理人可以申请对已进入破产程序的关联企业进行实质合并破产清算。

2. 人民法院收到实质合并破产清算申请后,应当及时组织申请人、被申请人、债权人代表等利害关系人进行听证,并综合考虑关联企业之间资产的混同程度及其持续时间、各企业之间的利益关系、债权人整体清偿利益、增加企业重整的可能性等因素,依法作出裁定。

【基本案情】

2015 年 7 月 16 日,重庆市江津区人民法院裁定受理重庆金江印染有限公司(以下简称金江公司)破产清算申请,并于 2015 年 9 月 14 日依法指定重庆丽达律师事务所担任金江公司管理人。2016 年 6 月 1 日,重庆市江津区人民法院裁定受理重庆川江针纺有限公司(以下简称川江公司)破产清算申请,于 2016 年 6 月 12 日依法指定重庆丽达律师事务所担任川江公司管理人。

金江公司与川江公司存在以下关联关系:1. 实际控制人均为冯秀乾。川江公司的控股股东为冯秀乾,金江公司的控股股东为川江公司,冯秀乾同时也是金江公司的股东,且两公司的法定代表人均为冯秀乾。冯秀乾实际上是两公司的实际控制人。2. 生产经营场所混同。金江公司生产经营场地主要在江津区广兴镇工业园区,川江公司自 2012 年转为贸易公司后,没有生产厂房,经营中所需的库房也是与金江公司共用,其购买的原材料均直接进入金江公司的库房。3. 人员混同。川江公司与金江公司的管理人员存在交叉,且公司发展后期所有职工的劳动关系均在金江公司,但部分职工处理的仍是川江公司的事务,在人员工作安排及管理上两公司并未完全独立。4. 主营业务混同。金江公司的主营业务收入主要来源于印染加工及成品布销售、针纺加工及产品销售,川江公司的主营业务收入来源于针纺毛线和布的原材料及成品销售。金江公司的原材料大部分是通过川江公司购买而来,所加工的产品也主要通过川江公司转售第三方,川江公司从中赚取一定的差价。5. 资产及负债混同。两公司对经营性财产如流动资金的安排使用上混同度较高,且均与冯秀乾的个人账户往来较频繁,无法严格区分。在营业成本的分担和经营利润的分配等方面也无明确约定,往往根据实际利润及税务处理需求进行调整。两公司对外借款也存在相互担保的情况。

2016 年 4 月 21 日、11 月 14 日重庆市江津区人民法院分别宣告金江公司、川江公司破产。两案审理过程中,金江公司、川江公司管理人以两公司法人人格高度混同,且严重损害债权人利益为由,书面申请对两公司进行实质合并破产清算。2016 年 11 月 9 日,重庆市江津区人民法院召开听证会,对管理人的申请进行听证。金江公司、川江公司共同委托代理人、金江公司债权人会议主席、债权人委员会成员、川江公司债权人会议主席等参加了听证会。

另查明,2016 年 8 月 5 日川江公司第一次债权人会议、2016 年 11 月 18 日金江公司第二次债权人会议均表决通过了管理人提交的金江公司、川江公司进行实质合并破产清算的报告。

【裁判结果】

重庆市江津区人民法院于 2016 年 11 月 18 日作出(2015)津法民破字第00001 号之四民事裁定:对金江公司、川江公司进行实质合并破产清算。重庆市江津区人民法院于 2016 年 11 月 21 日作出(2015)津法民破字第 00001 号之五民事裁定:认可《金江公司、川江公司合并清算破产财产分配方案》。重庆市江津区人民法院于 2017 年 1 月 10 日作出(2015)津法民破字第00001 号之六民事裁定:终结金江公司、川江公司破产程序。

【裁判理由】

法院生效裁判认为,公司作为企业法人,依法享有独立的法人人格及独立的法人财产。人民法院在审理企业破产案件时,应当尊重企业法人人格的独立性。根据企业破产法第二条规定,企业法人破产应当具备资不抵债、不足以清偿全部债务或者明显缺乏清偿能力等破产原因。因此,申请关联企业破产清算一般应单独审查是否具备破产原因后,决定是否分别受理。但受理企业破产后,发现关联企业法人人格高度混同、关联企业间债权债务难以分离、严重损害债权人公平清偿利益时,可以对关联企业进行实质合并破产清算。本案中,因金江公司不能清偿到期债务、并且资产不足以清偿全部债务,法院于 2015 年 7 月 16 日裁定受理金江公司破产清算申请。因川江公司不能清偿到期债务且明显缺乏清偿能力,法院于 2016 年 6 月 1 日裁定受理川江公司破产清算申请。在审理过程中,发现金江公司与川江公司自 1994 年、2002 年成立以来,两公司的人员、经营业务、资产均由冯秀乾个人实际控制,在经营管理、主营业务、资产及负债方面存在高度混同,金江公司与川江公司已经丧失法人财产独立性和法人意志独立性,并显著、广泛、持续到 2016 年破产清算期间,两公司法人人格高度混同。另外,金江公司与川江公司在管理成本、债权债务等方面无法完全区分,真实性亦无法确认。同时,川江公司将 85252480.23 元经营负债转入金江公司、将 21266615.90 元对外集资负债结算给金江公司等行为,已经损害了金江公司及其债权人的利益。根据金江公司和川江公司管理人实质合并破产清算申请,法院组织申请人、被申请人、债权人委员会成员等利害关系人进行听证,查明两公司法人人格高度混同、相互经营中两公司债权债务无从分离且分别清算将严重损害债权人公平清偿利益,故管理人申请金江公司、川江公司合并破产清算符合实质合并的条件。

【案例来源】

《最高人民法院关于发布第 29 批指导性案例的通知》(法〔2021〕228 号,2021 年 9 月 14 日)。

【最高人民法院公报案例】

闽发证券有限责任公司与北京辰达科技投资有限公司、上海元盛投资管理有限公司、上海全盛投资发展有限公司、深圳市天纪和源实业发展有限公司合并破产清算案[福州市中级人民法院(2008)榕民破字第 2-1 号]

——关联公司资产混同、管理混同、经营混同以致无法个别清算的,可将数个关联公司作为一个企业整体合并清算。

【案情简介】

闽发证券有限责任公司(以下简称闽发证券)因严重违法违规经营,

2004 年 10 月 16 日中国证监会委托中国东方资产管理公司对其托管经营。2005 年 7 月 8 日,中国证监会取消了闽发证券的证券业务许可资格,责令关闭,并委托中国东方资产管理公司成立清算组对其进行行政清算。闽发证券进入破产清算程序后,经过清查审计。截至 2008 年 7 月 18 日,闽发证券已资不抵债,账面净资产为−6999849258.09 元。

2008 年 7 月 5 日,申请人闽发证券清算组以被申请人闽发证券资不抵债,不能清偿到期债务为由,向福州市中级人民法院(以下简称福州中院)申请宣告闽发证券破产还债,并申请将上海元盛投资管理有限公司(以下简称上海元盛)、上海全盛投资发展有限公司(以下简称上海全盛)、北京辰达科技投资有限公司(以下简称北京辰达)、深圳市天纪和源实业发展有限公司(以下简称深圳天纪和源)纳入闽发证券破产清算程序,合并清算。

被申请人上海元盛、上海全盛、北京辰达、深圳天纪和源(以下合称四家关联公司)均是闽发证券为逃避监管,借用他人名义设立的重要关联公司,其注册资本来源于闽发证券,经营场所与闽发证券的分支机构相同。闽发证券违反法律和法规的规定,通过四家关联公司在账外进行委托理财、国债回购及投资、融资等活动。四家关联公司名下的资产主要为根据闽发证券的安排开展证券自营业务形成的股票,公司的基本负债系因与闽发证券资金往来而形成。四家关联公司与闽发证券在资产和管理上严重混同,公司治理结构不完善,是闽发证券从事违法违规经营活动的工具。具体情况如下:

1. 股东出资虚假,实为闽发证券投资。闽发证券虽非四家关联公司的登记股东,但经审计查明,该四家关联公司的登记股东并未实际出资,其注册资本金均来自闽发证券。

2. 机构、人员混同。上海元盛和上海全盛是"一套人马,两块牌子",与闽发证券上海管理总部共同在上海市浦东路陆家嘴环路 958 号华能大厦 34 层办公。上海元盛、上海全盛成立时的总经理均由闽发证券上海管理总部的总经理担任。北京辰达和深圳天纪和源则始终与闽发证券的机构、人员混同。北京辰达和闽发证券北京管理总部实行"一套人马,两块牌子"的运作模式,与闽发证券北京管理总部共同在北京市海淀区北四环中路 229 号海泰大厦 2 层办公。深圳天纪和源则和闽发证券深圳中兴路营业部实行"一套人马,两块牌子"的运作模式,与闽发证券深圳营业部共同在深圳中兴路外贸中心大厦办公。

3. 营业混同。闽发证券与四家关联公司的基本合作模式为:闽发证券相关职能部门以四家关联公司的名义接受配资或通过三方监管的形式对外融资;归集由相关职能部门使用的闽发证券下属其他单位的对外融资款;向四家关联公司发出资金划拨通知、进行证券交易。四家关联公司则主要负责办理如下事项:开立资金账户和股东账户、进行资金划拨、股东账户的指定交易与撤销、为闽发证券进行自营清算。

4. 资产混同。由于四家公司主要系按照闽发证券指令与其合作证券业务,故四家公司的主要资产为自营证券,持有的股票种类比较集中,且与闽发证券重仓持有的股票(双鹤药业、辽宁成大、内蒙华电)雷同。其中,截至2008年7月18日,上海元盛自营证券市值占资产总额的92.79%,自营证券中双鹤药业市值占自营证券总市值的99.62%;上海全盛自营证券市值占资产总额的28.22%,自营证券中双鹤药业市值占自营证券总市值的98.05%;北京辰达自营证券市值占资产总额的98.20%,自营证券中辽宁成大市值占自营证券总市值的83.65%,内蒙华电市值占自营证券总市值的14.12%;深圳天纪和源自营证券市值占资产总额的96.08%,自营证券中辽宁成大市值占自营证券总市值的99.71%。

5. 负债混同。截至2008年7月18日,上海元盛对闽发证券负债占其负债总额的97.92%;上海全盛的负债均为对闽发证券的负债;北京辰达对闽发证券的负债占其负债总额的98.89%;深圳天纪和源的负债均为对闽发证券的负债。

经清查审计,截至2008年7月18日,四家关联公司在账面上均资不抵债,其中,上海元盛的净资产为-1268700065.02元;上海全盛的净资产为-1298328984.99元;北京辰达的净资产为-270467489.25元;深圳天纪和源的净资产为-94889084.94元。

【裁判要点】

四家关联公司虽然为形式上的独立法人,但根据以上事实分析,四家关联公司实际上是闽发证券开展违规经营活动的工具,不具备独立的法人人格,不具备分别进行破产清算的法律基础。理由有二:其一,法人之独立首先在于意思之独立,能独立自主地为意思表示,开展民事活动。然而,北京辰达和深圳天纪和源分别与闽发证券北京管理总部和深圳中兴路营业部的人员发生混同;上海元盛和上海全盛虽然有独立的工作人员,但公司的实际控制权掌握在闽发证券上海管理总部。因此,四家关联公司对外的行为受制于闽发证券,不具有独立作出意思表示的能力。其二,法人之独立关键在于法人财产之独立,法人可以其独立支配的财产承担民事责任。而四家关联公司全部的经营活动是配合闽发证券违规开展证券业务,此外并无其他的独立经营活动,公司无经营收益。四家关联公司的资产的唯一来源是股东出资,均实际来源于闽发证券,并且出资所形成的公司资产也均由闽发证券实际控制使用。因此,四家关联公司没有可以独立支配的财产,不具有独立承担民事责任的物质基础。

闽发证券因违法违规经营,扰乱证券市场秩序,造成巨额亏损,损害投资者的合法权益,其资产明显不足以清偿到期债务,应当宣告破产,依法清算偿债。四家关联公司由闽发证券出资设立,与闽发证券在管理上和资产上严重混同,无独立的公司法人人格,是闽发证券逃避监管、违法违规开展账外经营的工具,应当与闽发证券一并破产,合并清算。据此,2008年10月28日福州中院依照《企业破产法》第二条第一款的规定,裁定宣告闽发证券破产并宣告上海元盛、上海全盛、北京辰达、深圳天纪和源与闽发证券合并破产。

【案例来源】

《中华人民共和国最高人民法院公报》2013年第11期(总第205期)。

【最高人民法院公布案例】

1. 浙江安吉同泰皮革有限公司执行转破产清算案

——人民法院在执行过程中发现被执行人符合《企业破产法》规定的情形时,应当及时征询申请执行人或者被执行人的意见,及时将具备破产原因的案件移送有管辖权的法院进行破产审查,以实现对全体债权人的公平清偿。

【基本案情】

浙江省安吉县人民法院(以下简称安吉法院)执行局在执行浙江安吉同泰皮革有限公司(以下简称同泰皮革公司)作为被执行人的系列案件中,将被执行人的厂房、土地依法拍卖,所得价款2484万元。但经审查发现,截至2015年2月27日,同泰皮革公司作为被执行人的案件全省共有29件,标的额2200万元,作为被告的案件全省共达94件,标的额3327万元,同泰皮革公司已不能清偿到期债务,而且资产不足以清偿全部债务。安吉法院执行局根据《民事诉讼法解释》第五百一十三条①规定,向部分申请执行人征询意见,并得到其中一位申请执行人书面同意,将本案移送破产审查。3月17日,安吉法院根据申请人安吉县博康担保有限公司的申请,裁定受理债务人同泰皮革公司破产清算案。

【审理情况】

受理破产申请后,安吉法院立即通知相关法院中止诉讼、执行程序,解除财产保全措施,由管理人接管了同泰皮革公司的全部资产。为公平保障全部债权人的利益,对全省范围内涉同泰皮革公司执行案件进行检索,执行人员提醒外地债权人申报债权224.3万元。2015年6月4日,同泰皮革公司破产案召开第一次债权人会议,会议高票通过了《财产管理、变价和分配方案》等两项议案。同月26日,安吉法院裁定确认上述财产管理、变价和分配方案。同泰皮革公司作为被执行人的案件共53件,债权金额累计4213.1万元,个案执行时间最长达1年半。启动执行转破产程序后,3个月即审结完成,并实现职工债权和税收债权全额清偿,普通债权清偿率达到22.5%。

【典型意义】

符合《企业破产法》规定条件的企业法人应该通过破产程序来清理债务,以实现对全体债权人的公平清偿。安吉法院在执行同泰皮革公司系列案件的过程中,发现被执行人已经符合《企业破产法》第七条规定的破产案件受理条件,即根据《民事诉讼法解释》的有关规定,在征得债权人同意后,将执行案件及时移送破产审查,经审查符合破产案件受理条件,即裁定受理,进入破产程序。执行人员还提醒其他执行案件的申请人及时申报债权,实现了案件执行程序和破产程序的有序衔接。案件由执行程序转入破产审查,不仅可以迅速启动破产程序,还有助于执行案件的及时结案,化解执行难问题。

【案例来源】

最高人民法院发布10起人民法院关于依法审理破产案件推进供给侧结构性改革典型案例(2016年6月15日)。

2. 松晖实业(深圳)有限公司执行转破产清算案

——通过执行程序与破产程序的有序衔接,对生病企业及时清理,充分

---

① 2022年修正的《民事诉讼法解释》第五百一十一条。——编者注

彰显了破产法律制度的价值和破产审判的社会责任，也使执行和破产两种制度的价值得到最充分、最有效地发挥。

【基本案情】

松晖实业（深圳）有限公司（以下简称松晖公司）成立于 2002 年 12 月 10 日，主要经营工程塑料、塑胶模具等生产、批发业务。2015 年 5 月，松晖公司因经营不善、资金链断裂等问题被迫停业，继而引发 1384 宗案件经诉讼或仲裁后相继进入强制执行程序。在执行过程中，深圳市宝安区人民法院（以下简称宝安法院）查明，松晖公司名下的财产除银行存款 3483.13 元和机器设备拍卖款 1620000 元外，无可其他供执行的财产，459 名员工债权因查封顺序在后，拍卖款受偿无望，执行程序陷入僵局。2017 年 2 月 23 日，宝安法院征得申请执行人深圳市宝安区人力资源局同意后，将其所涉松晖公司执行案移送破产审查。2017 年 4 月 5 日，广东省深圳市中级人民法院（以下简称深圳中院）裁定受理松晖公司破产清算案，松晖公司其他执行案件相应中止，所涉债权债务关系统一纳入破产清算程序中处理。

【审理情况】

深圳中院受理松晖公司破产清算申请后，立即在报纸上刊登受理公告并依法指定管理人开展工作。经管理人对松晖公司的资产、负债及经营情况进行全面调查、审核后发现，松晖公司因欠薪倒闭停业多年，除银行存款 3483.13 元和机器设备拍卖款 1620000 元外，已无可变现资产，而负债规模高达 1205.93 万元，严重资不抵债。2017 年 6 月 28 日，深圳中院依法宣告松晖公司破产。按照通过的破产财产分配方案，可供分配的破产财产 162364548 元，优先支付破产费用 685012.59 元后，剩余 938632.89 元全部用于清偿职工债权 11347789.79 元。2017 年 12 月 29 日，深圳中院依法裁定终结松晖公司破产清算程序。

【典型意义】

本案是通过执行不能案件移送破产审查，从而有效化解执行积案、公平保护相关利益方的合法权益、精准解决"执行难"问题的典型案例。由于松晖公司财产不足以清偿全部债权，债权人之间的利益冲突激烈，尤其是涉及的 459 名员工权益，在执行程序中很难平衡。通过充分发挥执行转破产工作机制，一是及时移送、快速审查、依法审结，直接消化执行积案 1384 宗，及时让 459 名员工的劳动力资源重新回归市场，让闲置的一批机器设备重新投入使用，有效地利用破产程序打通解决了执行难问题的"最后一公里"，实现对所有债权的公平清偿,其中职工债权依法得到优先受偿;二是通过积极疏导和化解劳资矛盾,避免了职工集体闹访、上访情况的发生,切实有效地保障了职工的权益,维护了社会秩序,充分彰显了破产制度价值和破产审判的社会责任;三是通过执行与破产的有序衔接,对生病企业进行分类甄别、精准救治、及时清理,梳理出了盘根错节的社会资源,尽快释放经济活力,使执行和破产两种制度的价值得到最充分、最有效地发挥。

【案例来源】

最高人民法院发布 10 起全国法院审理破产典型案例(2018 年 3 月 6 日)。

3. 海航集团有限公司等 321 家公司实质合并重整案

——大型集团企业通过破产重整,在法治化、市场化原则下化解风险,为实质合并重整、协同重整、境外承认与执行等破产实务提供样本。

【案情简介】

海航集团有限公司(以下简称海航集团)曾是以航空运输、机场运营、酒店管理、金融服务为主要业务的大型跨国企业集团,曾入选世界五百强,拥有境内外企业超 2000 余家。因经营失当、管理失范、投资失序,加之市场下行,海航集团于 2017 年底爆发流动性危机,并转为严重资不抵债的债务危机。海南省高级人民法院于 2021 年 2 月裁定受理海航集团等 7 家公司及海航集团下属 3 家上市公司及子公司重整,并在 3 月裁定对海航集团等 321 家公司实施实质合并重整,形成三家上市公司内部协同重整、非上市公司实质合并重整、上市公司与非上市公司共计 378 家公司同步重整、联动推进的模式。其中 321 家公司实质合并重整案涉及债务规模最大,审理难度较高,为社会各方重点关注。2021 年 10 月,海南高院顺利审结案件,裁定批准重整计划。通过重整,海航集团既化解了债务问题,又解决了上市公司合规问题,实现对业务、管理、资产、负债、股权的全方位重组,实现了法律效果、社会效果、经济效果的统一,为大型集团企业风险化解、境内重整程序的境外承认与执行、关联企业实质合并重整、上市公司合规问题解决以及海南自贸港破产立法及司法提供了鲜活丰富的样本与素材。

【专家点评】(李曙光　中国政法大学教授、博士生导师)

海航集团作为曾经的世界五百强企业,曾是中国民营经济的一张名片。因管理失范、经营失当、投资失序等多重因素,海航集团最终进入破产重整。

该案是目前亚洲地区债务规模最大、债权人数量最多、债权人类型最多元、重整企业数量最多、法律关系最复杂、程序联动最复杂的破产重整案件,也是少有的由高级法院直接审理的重整案件。我国《企业破产法》发布时间比较早,囿于当时经济发展的客观阶段,缺少大型企业破产重整的需求及相关法律规定。海航集团作为全国第二大民营企业,其破产重整带来了巨大的司法挑战。法院在案件审理时准确适用最高法院2018年《全国法院破产审判工作会议纪要》中有关实质合并重整的规定,谨慎确定了实质合并企业的范围、标准及破产原因,适时启动实质合并程序。在案件审理过程中,法院严格适用"各关联企业成员之间的债权债务归于消灭,各成员的财产作为合并后统一的破产财产"的规定,厘清了企业内外债务,确定了各方债权,为重整计划的制定创造了良好的条件。在重整过程中,为有效防范金融风险,法院充分听取总行级金融机构债委会的意见,发挥金融机构债委会的协调功能,对有效防范金融风险、统一广大债权人的共识及推进重整工作起到了非常重要的作用。金融机构债委会虽有别于破产法层面的债委会,但在大型企业破产案件中,其功能是不可忽视的。在今后破产法的修改中,是否赋予金融机构债委会在大型企业破产过程中的法律地位,是一个值得思考的问题。超大型企业破产重整的最大困难在于如何妥善管理、维护、运营或处置复杂财产,尽可能保护债权人的整体清偿利益。《重整计划》提出设立信托计划的方案,充分利用信托计划的财产管理、运营功能,确保企业持续经营及分期偿还债务,该计划得到了法院的批准,该做法对后续企业集团的破产重整具有一定的指引意义。该案的顺利审结,为后续出现风险的大型集团企业通过破产重整方式,在法治化、市场化原则下化解风险提供了成功样本与经验,也在实质合并重整、协同重整、境外承认与执行等方面为未来破产法修订提供了素材与参考。

【案例来源】

2021年全国法院十大商事案件。

4. 北大方正集团有限公司等五家公司实质合并重整案

——首例真正意义上的多元化"企业集团"重整,出售式重整一揽子化解债务风险。

【案情简介】

2019年底,北大方正集团有限公司(以下简称方正集团)流动性危机爆发,负债达数千亿元。2020年2月19日,北京市第一中级人民法院受理债权人对方正集团的重整申请。2020年7月17日,方正集团管理人提出实质合并重整申请,7月28日,北京一中院组织申请人、被申请人、异议债权人等利害关系人及中介机构进行听证。经审查,北京一中院认为,方正集团与方正产业控股有限公司(以下简称产业控股)、北大医疗产业集团有限公司(以下简称北大医疗)、北大方正信息产业集团有限公司(以下简称信产集团)、北大资源集团有限公司(以下简称资源集团)之间法人人格高度混同,区分各关联企业成员财产的成本过高,对其实质合并重整有利于保护全体债权人的公平清偿利益,降低清理成本,增加重整的可能性,提高重整效率,故于2020年7月31日裁定方正集团等五家公司实质合并重整。

北京一中院受理方正集团实质合并重整案后,坚持市场化法治化原则,严格依法审理,及时通过司法手段保护重整主体核心资产安全,维持方正集团及下属企业的持续经营。指导管理人通过公开招募、市场化竞争选定重整投资人。在重整计划草案的制定方面,坚持公平对待债权人,切实维护职工权益。2021年5月28日,方正集团实质合并重整案债权人会议高票通过重整计划草案,根据草案规定,有财产担保债权、职工债权、税款债权及普通债权100万元以下的部分均获得全额现金清偿;普通债权100万元以上的部分可在"全现金""现金加以股抵债""现金加留债"三种清偿方式中任选一种获得清偿,预计清偿率最高可达61%。北京一中院于2021年6月28日裁定批准方正集团、产业控股、北大医疗、信产集团、资源集团等五家公司重整计划,并裁定终止重整程序。

通过司法重整,成功为方正集团引入700多亿元投资,化解2600多亿元债务,帮助400余家企业持续经营,稳住3.5万名职工的工作岗位,最大限度保护各类债权人权益,并使方正集团重获新生。

【专家点评】(王欣新 中国人民大学法学院教授、博士生导师、破产法研究中心主任)

方正集团作为我国知名校企,资产债务规模巨大,职工人数众多,在进入司法重整前已发生大规模债务违约,不仅对相关行业企业以及出资人产生重大影响,而且容易引发系统性金融风险,国内外高度关注该企业集团的困境解决。从方正集团自身情况而言,其业务涵盖多个板块,包括医疗、信产、地产、金融、大宗贸易等,关联企业资产类型复杂多样,涉及融资融券、境内外债券、结构性融资等复杂问题,同时债权人人数众多、利益诉求多元,在司法重整中面临如何有效妥善处置各类资产,平衡各方主体利益,满足不同类型债权人的诉求等问题,重整挽救的难度很大。北京一中院在受理方正集团重整案后,立足各关联企业之间的具体关系模式和经营情况,妥善确定重整模式,精准确定重整企业范围,对方正集团实质合并重整进行了周密设计和规范实施。

在重整模式上,本案以整体重整为原则,权衡战略投资者的利益需求,采取出售式重整的方式,以保留资产设立新方正集团和各业务平台公司,承接相应业务和职工就业,以待处置资产设立信托计划,处置所得对受益人补充分配,通过出售式重整真正实现债务人全部资产(包括处置所得)均直接用于清偿债权人。通过出售式重整一揽子化解集团全部债务风险,最大程度维护了企业事业的营运价值,隔离方正集团历史遗留风险和其他潜在风险,减轻了债务重组收益税负,有利于企业未来经营发展。在重整计划的制定上,方正集团重整计划充分考虑了不同债权人的利益诉求,公平对待各类债权人,提供了灵活搭配的清偿方案,在实施"现金+以股抵债"清偿方案的同时,债权人可自主选择将预计可得抵债股权全部置换为当期现金清偿,或者置换为新方正集团留债,并作出兜底回购承诺,满足了不同债权人的清偿需要。

较之以往同一业务板块企业集团的重整,方正集团业务涵盖多个板块,是我国首例真正意义上的多元化"企业集团"重整。方正集团实质合并重整案妥善化解集团债务危机,有效维护企业的营运价值,充分保障了职工、债权人等各方利益主体权益,是《企业破产法》实施以来充分实现重整制度立法目标的典型案例之一,对于我国大型企业集团重整具有重要参考价值。

【案例来源】

2021 年全国法院十大商事案件。

编者说明

从债权人的角度来看,申请债务人破产(清算或重整)是其主张权利的方式之一,该条文并未针对提出破产申请的债权类型或性质予以限定。但针对职工债权人能否直接申请债务人破产的问题存在一定的争议,实践中往往就此设定相应的前置条件。例如,《深圳市中级人民法院破产案件立案规程》规定,职工债权人提出破产申请的,应当经过职工代表大会或者工会的同意。又如,《广东省高级人民法院关于审理企业破产案件若干问题的指引》第九条规定,税款债权人、社保债权人等优先于普通债权的债权人,可以申请债务人破产。民事惩罚性赔偿金、行政罚款、刑事罚金等惩罚性债权的债权人申请债务人破产的,人民法院不予支持。针对税款债权人,其同时对债务人享有的发生于破产受理前的税款滞纳金属于破产债权,实务中由税款债权人提出破产申请,进而由人民法院裁定受理债务人破产的情形并不鲜见。

从债务人的角度来看,其已解散但未清算或者未清算完毕,资产不足以清偿债务的,依法负有清算责任的人应当向人民法院申请破产清算,但此时并非对债权人破产申请权的排斥。同时,如果企业法人的解散系因公司章程规定的营业期限届满或者公司章程规定的其他解散事由出现的,或者是股东(大)会决议解散的,在未清算或者未清算完毕,但资产不足以全额清偿全部债务的情况下,根据《最高人民法院关于适用〈中华人民共和国公司法〉若干问题的规定(二)》第十七条等相关条文的规定,债务人可以及时与全体债权人协商偿债方案。当全体债权人愿意以债务人现有财产偿债并豁免未获清偿的债务时,清算义务人可以不向法院申请破产清算。此时,公司可以继续清算并最终注销,也可以通过修改章程或者股东(大)会决议使公司继续存续。

关于关联企业破产案件,应坚持原则上一法人一破产,特殊情况下谨慎适用实质合并的原则。《破产审判会议纪要》规定了实质合并的适用条件及后果,但诸如实质合并破产的申请主体问题、各成员债权利息计算截止日、撤销权的起算时点、出资人表决权的确定等诸多操作性问题目前均未有明确规定,实务中做法不一,亟待完善。同时,对于实质合并审理后的企业成员存续,《破产审判会议纪要》规定适用实质合并规则进行和解或重整的,各关联企业原则上应当合并为一个企业。该规定值得商榷。王欣新教授认为,在实质合并破产中,对法人人格混同问题,法院的司法权限是纠正违法行为的不当后果,而不能介入当事人自治领域的企业组织形态问题,强制合并或分立都是不妥的。经过实质合并重整后的各个企业是否保留原有的法人资格,应当由市场决定,应当由重整成功后的企业根据集团运营的需要自主决定(包括在经法院批准的重整计划中确定),而不应由法律或法院强制干预。[1] 实务中亦少有案例采用合并为一个企业的处理方式。

---

[1]　参见王欣新:《谈关联企业实质合并重整后的法人资格问题》,载《法制日报》2018年6月27日。

第八条　【破产申请书与证据】　向人民法院提出破产申请,应当提交破产申请书和有关证据。

破产申请书应当载明下列事项:

(一)申请人、被申请人的基本情况;

(二)申请目的;

(三)申请的事实和理由;

(四)人民法院认为应当载明的其他事项。

债务人提出申请的,还应当向人民法院提交财产状况说明、债务清册、债权清册、有关财务会计报告、职工安置预案以及职工工资的支付和社会保险费用的缴纳情况。

【立法·要点注释】

申请企业法人破产时,应当提供相应的书面证据资料。同时,本条就债务人申请破产需要提供的特别资料进行明确。其中财产状况说明包括企业有形资产情况、无形资产情况、对外投资情况及银行账户开户情况等,债务清册、债权清册应当写明债务人、债权人的名称(姓名)、地址(住址)、联系方式、数额及发生时间、依据及有无争议等,有关财务会计报告包括资产负债表、利润表、现金流量表及相应的年度财务报告、审计报告等。职工安置预案以及职工工资的支付和社会保险费用的缴纳情况主要涉及职工安置方案,并说明应付职工工资、实付职工工资及欠付工资情况,还应当说明社会保险费用的缴纳及拖欠情况。

【相关立法】

《中华人民共和国公司法》(2018 年 10 月 26 日第十三届全国人民代表大会常务委员会第六次会议第四次修正)

第三十七条　股东会行使下列职权:

(一)决定公司的经营方针和投资计划;

(二)选举和更换非由职工代表担任的董事、监事,决定有关董事、监事的报酬事项;

(三)审议批准董事会的报告;

(四)审议批准监事会或者监事的报告;

(五)审议批准公司的年度财务预算方案、决算方案;

(六)审议批准公司的利润分配方案和弥补亏损方案;

(七)对公司增加或者减少注册资本作出决议;

(八)对发行公司债券作出决议;

(九)对公司合并、分立、解散、清算或者变更公司形式作出决议;

(十)修改公司章程;

(十一)公司章程规定的其他职权。

对前款所列事项股东以书面形式一致表示同意的,可以不召开股东会会议,直接作出决定,并由全体股东在决定文件上签名、盖章。

第四十三条 股东会的议事方式和表决程序,除本法有规定的外,由公司章程规定。

股东会会议作出修改公司章程、增加或者减少注册资本的决议,以及公司合并、分立、解散或者变更公司形式的决议,必须经代表三分之二以上表决权的股东通过。

【司法解释】

1.《最高人民法院关于适用〈中华人民共和国企业破产法〉若干问题的规定(一)》(法释〔2011〕22号,2011年9月26日)

第六条 债权人申请债务人破产的,应当提交债务人不能清偿到期债务的有关证据。债务人对债权人的申请未在法定期限内向人民法院提出异议,或者异议不成立的,人民法院应当依法裁定受理破产申请。

受理破产申请后,人民法院应当责令债务人依法提交其财产状况说明、债务清册、债权清册、财务会计报告等有关材料,债务人拒不提交的,人民法院可以对债务人的直接责任人员采取罚款等强制措施。

【要点注释】

对于债权人提出破产申请的,应当围绕"债务人不能清偿到期债务"来组织提交证据材料,包括债权债务关系依法成立、债务履行期限已经届满、债务人未完全清偿债务的相关证据材料,如生效民事判决书、调解书、执行裁定书等。[①]

第七条　人民法院收到破产申请时,应当向申请人出具收到申请及所附证据的书面凭证。

人民法院收到破产申请后应当及时对申请人的主体资格、债务人的主体资格和破产原因,以及有关材料和证据等进行审查,并依据企业破产法第十条的规定作出是否受理的裁定。

人民法院认为申请人应当补充、补正相关材料的,应当自收到破产申请之日起五日内告知申请人。当事人补充、补正相关材料的期间不计入企业破产法第十条规定的期限。

2.《最高人民法院关于审理企业破产案件若干问题的规定》(法释〔2002〕23 号,2002 年 9 月 1 日)

第五条　国有企业向人民法院申请破产时,应当提交其上级主管部门同意其破产的文件;其他企业应当提供其开办人或者股东会议决定企业破产的文件。

【司法文件】

1.《最高人民法院关于印发〈全国法院民商事审判工作会议纪要〉的通知》(法〔2019〕254 号,2019 年 11 月 8 日)

107.【继续推动破产案件的及时受理】充分发挥破产重整案件信息网的线上预约登记功能,提高破产案件的受理效率。当事人提出破产申请的,人民法院不得以非法定理由拒绝接收破产申请材料。如果可能影响社会稳定的,要加强府院协调,制定相应预案,但不应当以"影响社会稳定"之名,行消极不作为之实。破产申请材料不完备的,立案部门应当告知当事人在指定期限内补充材料,待材料齐备后以"破申"作为案件类型代字编制案号登记立案,并及时将案件移送破产审判部门进行破产审查。

注重发挥破产和解制度简便快速清理债权债务关系的功能,债务人根据

---

① 参见最高人民法院民事审判第二庭编著:《最高人民法院关于企业破产法司法解释理解与适用——破产法解释(一)·破产法解释(二)》,人民法院出版社 2017 年版,第 87~88 页。

《企业破产法》第 95 条的规定,直接提出和解申请,或者在破产申请受理后宣告破产前申请和解的,人民法院应当依法受理并及时作出是否批准的裁定。

108.【破产申请的不予受理和撤回】人民法院裁定受理破产申请前,提出破产申请的债权人的债权因清偿或者其他原因消灭的,因申请人不再具备申请资格,人民法院应当裁定不予受理。但该裁定不影响其他符合条件的主体再次提出破产申请。破产申请受理后,管理人以上述清偿符合《企业破产法》第 31 条、第 32 条为由请求撤销的,人民法院查实后应当予以支持。

人民法院裁定受理破产申请系对债务人具有破产原因的初步认可,破产申请受理后,申请人请求撤回破产申请的,人民法院不予准许。除非存在《企业破产法》第 12 条第 2 款规定的情形,人民法院不得裁定驳回破产申请。

2.《最高人民法院印发〈关于执行案件移送破产审查若干问题的指导意见〉的通知》(法发〔2017〕2 号,2017 年 1 月 20 日)

三、移送材料及受移送法院的接收义务

10. 执行法院作出移送决定后,应当向受移送法院移送下列材料:

(1)执行案件移送破产审查决定书;

(2)申请执行人或被执行人同意移送的书面材料;

(3)执行法院采取财产调查措施查明的被执行人的财产状况,已查封、扣押、冻结财产清单及相关材料;

(4)执行法院已分配财产清单及相关材料;

(5)被执行人债务清单;

(6)其他应当移送的材料。

11. 移送的材料不完备或内容错误,影响受移送法院认定破产原因是否具备的,受移送法院可以要求执行法院补齐、补正,执行法院应于十日内补齐、补正。该期间不计入受移送法院破产审查的期间。

受移送法院需要查阅执行程序中的其他案件材料,或者依法委托执行法院办理财产处置等事项的,执行法院应予协助配合。

12. 执行法院移送破产审查的材料,由受移送法院立案部门负责接收。受移送法院不得以材料不完备等为由拒绝接收。立案部门经审核认为移送材料完备的,应以"破申"作为案件类型代字编制案号登记立案,并及时将案件移送破产审判部门进行破产审查。破产审判部门在审查过程中发现本院

对案件不具有管辖权的,应当按照《中华人民共和国民事诉讼法》第三十六条①的规定处理。

【答记者问】

《依法受理破产案件　保障企业规范退市——最高人民法院民二庭负责人就〈最高人民法院关于适用《中华人民共和国企业破产法》若干问题的规定(一)〉答记者问》

问:在申请债务人破产时,举证责任是如何分配的? 是否可要求债权人在申请债务人破产清算时提交债务人的财产状况说明等有关材料,人民法院能否以债权人未提交上述材料为由,裁定不予受理?

答:债权人申请债务人破产的原因是债务人不能清偿到期债务。对债权人而言,其在提出破产申请时,除需提交自身债权依法存在的证据以及破产申请外,还应当举证证明债务人存在未清偿到期债务的有关事实。由于《企业破产法》未以债务人资产不足以清偿全部债务或者明显缺乏清偿能力,作为债权人提出申请的原因或条件,因此未要求债权人申请时提交债务人的有关财务凭证等材料,事实上债权人也没有能力提交此类证据材料。人民法院应当严格按照《企业破产法》规定的上述条件,审查债权人提出的破产申请,而不应对债权人的证明责任提出不切实际的要求,变相提高债权人提出破产申请的门槛。根据《企业破产法》第十一条第二款的规定,人民法院裁定受理债权人提出的破产申请后,债务人应当在法定期限内向人民法院提交相关财务凭证等材料。这表明:其一,债权人提出破产申请的,提交有关财务凭证材料的义务人为债务人,人民法院不应将此举证义务分配给债权人;其二,即便债务人不提交上述材料,只要债权人对债务人提出的破产申请符合《企业破产法》规定的上述条件,人民法院也应予以受理,不应以此为由裁定不予受理或者驳回破产申请;其三,人民法院裁定受理破产申请后,债务人不提交有关财务凭证等材料的,人民法院可以对债务人的直接责任人员依法采取罚款等强制措施。

问:我们注意到,《企业破产法解释一》特别规定,人民法院收到破产申请时应当向申请人出具收到申请及所附证据的书面凭证,并依法及时作出是

---

①　2021 年修正的《民事诉讼法》第三十七条。——编者注

否受理的裁定,请问作出该规定的目的是什么?

答:《企业破产法》规定的法定审查期限自人民法院收到申请之日起算,考虑到实践中有的法院消极对待当事人的破产申请,不接收申请人的申请材料,或在接收申请人的申请材料后不出具收到申请及所附证据的书面凭证,导致审查期间迟迟无法开始计算,损害了当事人的合法权益。为确保人民法院依法对破产申请进行审查,方便申请人督促人民法院依法接收申请人的申请材料并在法定期限内作出是否受理破产申请的裁定,《企业破产法解释一》规定,人民法院收到申请人的申请后,负有及时向申请人出具收到申请及所附证据的书面凭证的义务,以此作为判断人民法院受理行为合法性的依据,并以此日期开始计算相关受理破产申请的法定期限。

【参考观点】

申请人向法院提出破产申请,遵循"谁主张、谁举证"的原则,主要围绕债务人的资产与负债等破产申请书所涉事实提供相应的证据材料予以证明。为了避免因举证困难而无法及时启动破产程序,该条规定平衡了债权人、债务人基于各自地位和取证难易程度应承担的举证责任。实践中,债权人难以获得债务人有关资产与负债、职工情况等企业内部确切信息,在债权人提出破产申请时,分配给债权人的举证责任较轻。而在债务人自行提出破产申请时,债务人应提供其资产与负债、职工情况等确切资料,以完成其举证责任。[1]

这里需要注意的是,审查债务人是否具备破产原因时,要根据当事人的身份,依照举证责任分配规则,确定其应当提交的证据材料种类。当申请人为债务人时,其需要提交有关债务人是否存在资产不足以清偿债务或者丧失清偿能力的证据材料;当申请人为债权人时,则不需要提交上述证据材料。[2]

---

[1] 参见最高人民法院民事审判第二庭编著:《最高人民法院关于企业破产法司法解释理解与适用——破产法解释(一)·破产法解释(二)》,人民法院出版社 2017 年版,第 87 页。

[2] 参见最高人民法院民事审判第二庭编著:《〈全国法院民商事审判工作会议纪要〉理解与适用》,人民法院出版社 2019 年版,第 549 页。

编者说明

《企业破产法》第八条第一款、第二款规定了债权人作为申请人时应当提交的有关文件,第三款规定了债务人作为申请人时,应当增加提交的有关文件。相比较而言,债权人作为申请人时所需提交的证据材料更为简单,因此,实务中由债权人申请以启动破产程序的情形较为常见,在进入破产程序之后,再行由债务人提供相关资料。

但是,如果破产程序的适用对象为特殊主体时,需要提供的资料更为复杂。如债务人是 A 股上市公司,无论是上市公司自身还是其债权人申请重整,还应当提交关于上市公司具有重整可行性的报告、上市公司住所地省级人民政府向证券监督管理部门的通报情况材料以及证券监督管理部门出具的无异议函、上市公司住所地人民政府出具的维稳预案等。如适用对象系商业银行、保险公司、证券公司等金融机构,无论提出的是破产重整还是破产清算申请,均需提供其监督管理机构同意的批准文件。如申请民办学校破产清算的,一般还需提供审批机关作出的终止办学决定或发布终止办学公告,在读学生已安置完毕的证明文件,以及清退学杂费的预案等文件。

第九条　【破产申请的撤回】　人民法院受理破产申请前,申请人可以请求撤回申请。

【立法·要点注释】

法院受理破产申请后,破产程序才开始。因此,在法院收到破产申请后、受理破产申请前,申请人可以请求撤回申请。

【相关立法】

《中华人民共和国公司法》(2018 年 10 月 26 日第十三届全国人民代表大会常务委员会第六次会议第四次修正)

第三十七条　股东会行使下列职权:

(一)决定公司的经营方针和投资计划;

(二)选举和更换非由职工代表担任的董事、监事,决定有关董事、监事的报酬事项;

（三）审议批准董事会的报告；

（四）审议批准监事会或者监事的报告；

（五）审议批准公司的年度财务预算方案、决算方案；

（六）审议批准公司的利润分配方案和弥补亏损方案；

（七）对公司增加或者减少注册资本作出决议；

（八）对发行公司债券作出决议；

（九）对公司合并、分立、解散、清算或者变更公司形式作出决议；

（十）修改公司章程；

（十一）公司章程规定的其他职权。

对前款所列事项股东以书面形式一致表示同意的，可以不召开股东会会议，直接作出决定，并由全体股东在决定文件上签名、盖章。

第四十三条 股东会的议事方式和表决程序，除本法有规定的外，由公司章程规定。

股东会会议作出修改公司章程、增加或者减少注册资本的决议，以及公司合并、分立、解散或者变更公司形式的决议，必须经代表三分之二以上表决权的股东通过。

【司法文件】

《最高人民法院关于印发〈全国法院民商事审判工作会议纪要〉的通知》
（法〔2019〕254号，2019年11月8日）

108.【破产申请的不予受理和撤回】人民法院裁定受理破产申请前，提出破产申请的债权人的债权因清偿或者其他原因消灭的，因申请人不再具备申请资格，人民法院应当裁定不予受理。但该裁定不影响其他符合条件的主体再次提出破产申请。破产申请受理后，管理人以上述清偿符合《企业破产法》第31条、第32条为由请求撤销的，人民法院查实后应当予以支持。

人民法院裁定受理破产申请系对债务人具有破产原因的初步认可，破产申请受理后，申请人请求撤回破产申请的，人民法院不予准许。除非存在《企业破产法》第12条第2款规定的情形，人民法院不得裁定驳回破产申请。

【参考观点】

申请人提出破产申请,在某种程度上类似于民事诉讼程序中的起诉,其撤回申请则是处分自己权利的一种表现,在法律上应当是允许的。但允许申请人撤回破产申请,并不等于其一旦提出撤回申请,法院就必须准许其撤回,如同在民事诉讼中原告撤回起诉一样,当事人处分自己的权利要受到一定限制,法院必须审查其处分权利是否符合法律规定,是否损害其他当事人的利益等,并最终以裁定的形式决定是否准许其撤诉,故申请人请求撤回破产申请的,是否准许,也应当由法院根据实际情况决定。① 另外,债务人在破产受理前清偿申请人的到期债务,或者与债权人达成债务清偿协议的,申请人应当撤回破产申请,未撤回的,法院对其破产申请应裁定不予受理。②

法院一旦受理了破产申请,即是初步认定债务人已经具备了破产原因,无论是债务人提出破产申请,还是债权人提出破产申请,所涉及的利益关系便不再限于申请人。在债务人具备破产原因时,其他债权人的利益也依赖破产程序的保障,如果允许申请人在破产申请受理后撤回申请,一是会损害债权人整体的利益;二是在法院受理破产申请的裁定作出后,一系列的法定程序已经开始进行,如果此时允许申请人撤回申请会造成相当的损失。收到破产申请后,破产程序尚未开始时,申请人可以撤回申请;但在法院受理破产申请后,破产程序已经开始,申请人请求撤回申请的,人民法院应不予准许。③

编者说明

该条文限定申请人撤回破产申请的时间点为人民法院受理破产申请之前,在人民法院受理破产申请之后,则不宜允许申请人撤回申请。但是,根据《企业破产法》第一百零五条规定,人民法院受理破产申请后,债务人与全体债权人就

---

① 参见李国光主编:《新企业破产法条文释义》,人民法院出版社 2006 年版,第 102~103 页。

② 参见最高人民法院民事审判第二庭编著:《最高人民法院关于企业破产法司法解释理解与适用——破产法解释(一)·破产法解释(二)》,人民法院出版社 2017 年版,第 89 页。

③ 参见最高人民法院民事审判第二庭编著:《〈全国法院民商事审判工作会议纪要〉理解与适用》,人民法院出版社 2019 年版,第 552 页。

债权债务的处理自行达成协议的,可以请求人民法院裁定认可,并终结破产程序。

<h2 style="text-align:center">第二节 受 理</h2>

第十条 【破产申请的受理】债权人提出破产申请的,人民法院应当自收到申请之日起五日内通知债务人。债务人对申请有异议的,应当自收到人民法院的通知之日起七日内向人民法院提出。人民法院应当自异议期满之日起十日内裁定是否受理。

除前款规定的情形外,人民法院应当自收到破产申请之日起十五日内裁定是否受理。

有特殊情况需要延长前两款规定的裁定受理期限的,经上一级人民法院批准,可以延长十五日。

【立法·要点注释】

本条主要涉及法院决定是否受理破产申请时相关期日的规定。其中,首先将涉及债权人申请时债务人的异议权,即对自身不具备破产原因进行申辩。这主要是考虑到:一是债权人通常是以债务人不能清偿到期债务为由提出申请,通过债务人异议并提交相关证据材料,法院才能对破产申请进行全面审查;二是破产受理裁定一旦作出,即需要进行公告,这会对债务人的商业信誉造成极大影响,实践中有债权人滥用破产申请达到诋毁、打击债务人的目的。

【司法解释】

1.《最高人民法院关于适用〈中华人民共和国企业破产法〉若干问题的规定(一)》(法释〔2011〕22 号,2011 年 9 月 26 日)

第六条 债权人申请债务人破产的,应当提交债务人不能清偿到期债务的有关证据。债务人对债权人的申请未在法定期限内向人民法院提出异议,或者异议不成立的,人民法院应当依法裁定受理破产申请。

受理破产申请后,人民法院应当责令债务人依法提交其财产状况说明、债务清册、债权清册、财务会计报告等有关材料,债务人拒不提交的,人民法院可以对债务人的直接责任人员采取罚款等强制措施。

【要点注释】

债务人对债权人是否享有债权提出异议,法院应当依法对相关债权进行审查,如法院能够依据双方签订的合同、付款凭证、对账单、债务确认书、还款协议等主要证据确定债权,而债务人没有相反证据或合理理由反驳,则法院对债务人提出的异议应当不予支持。如双方对部分债权数额无争议,而债务人对该数额已丧失清偿能力不能立即清偿,则不能影响法院受理破产申请。法院不能因为债务人对债权提出毫无道理和证据的异议,就一概要求债权人通过诉讼途径确认债权,这将使得债务人可以任意阻碍债权人的破产申请,甚至趁机转移财产逃债。①

第八条　破产案件的诉讼费用,应根据企业破产法第四十三条的规定,从债务人财产中拨付。相关当事人以申请人未预先交纳诉讼费用为由,对破产申请提出异议的,人民法院不予支持。

第九条　申请人向人民法院提出破产申请,人民法院未接收其申请,或者未按本规定第七条执行的,申请人可以向上一级人民法院提出破产申请。

上一级人民法院接到破产申请后,应当责令下级法院依法审查并及时作出是否受理的裁定;下级法院仍不作出是否受理裁定的,上一级人民法院可以径行作出裁定。

上一级人民法院裁定受理破产申请的,可以同时指令下级人民法院审理该案件。

2.《最高人民法院关于债权人对人员下落不明或者财产状况不清的债务人申请破产清算案件如何处理的批复》(法释〔2008〕10号,2008年8月18日)

贵州省高级人民法院:

你院《关于企业法人被吊销营业执照后,依法负有清算责任的人未向法院申请破产,债权人是否可以申请被吊销营业执照的企业破产的请示》(〔2007〕黔高民二破请终字1号)收悉。经研究,批复如下:

---

① 参见最高人民法院民事审判第二庭编著:《最高人民法院关于企业破产法司法解释理解与适用——破产法解释(一)·破产法解释(二)》,人民法院出版社2017年版,第89页。

债权人对人员下落不明或者财产状况不清的债务人申请破产清算,符合企业破产法规定的,人民法院应依法予以受理。债务人能否依据企业破产法第十一条第二款的规定向人民法院提交财产状况说明、债权债务清册等相关材料,并不影响对债权人申请的受理。

人民法院受理上述破产案件后,应当依据企业破产法的有关规定指定管理人追收债务人财产;经依法清算,债务人确无财产可供分配的,应当宣告债务人破产并终结破产程序;破产程序终结后二年内发现有依法应当追回的财产或者有应当供分配的其他财产的,债权人可以请求人民法院追加分配。

债务人的有关人员不履行法定义务,人民法院可依据有关法律规定追究其相应法律责任;其行为导致无法清算或者造成损失,有关权利人起诉请求其承担相应民事责任的,人民法院应依法予以支持。

此复

【司法文件】

1.《最高人民法院关于印发〈全国法院民商事审判工作会议纪要〉的通知》(法〔2019〕254号,2019年11月8日)

107.【继续推动破产案件的及时受理】充分发挥破产重整案件信息网的线上预约登记功能,提高破产案件的受理效率。当事人提出破产申请的,人民法院不得以非法定理由拒绝接收破产申请材料。如果可能影响社会稳定的,要加强府院协调,制定相应预案,但不应当以"影响社会稳定"之名,行消极不作为之实。破产申请材料不完备的,立案部门应当告知当事人在指定期限内补充材料,待材料齐备后以"破申"作为案件类型代字编制案号登记立案,并及时将案件移送破产审判部门进行破产审查。

注重发挥破产和解制度简便快速清理债权债务关系的功能,债务人根据《企业破产法》第95条的规定,直接提出和解申请,或者在破产申请受理后宣告破产前申请和解的,人民法院应当依法受理并及时作出是否批准的裁定。

2.《最高人民法院办公厅关于强制清算与破产案件单独绩效考核的通知》(法办〔2019〕49号,2019年2月28日)

二、绩效考核的原则。应当在充分尊重司法规律的基础上科学确定绩效考核标准,可以通过参照其他类型案件的考核标准,确定折抵比例的方式进行考核,也可以不进行折抵,将破产审判业务部门、破产审判法官或者破产审判团队单列,参照执行部门、综合部门等进行单独考核。

3.《最高人民法院关于印发〈全国法院破产审判工作会议纪要〉的通知》(法〔2018〕53 号,2018 年 3 月 4 日)

15. 重整案件的听证程序。对于债权债务关系复杂、债务规模较大,或者涉及上市公司重整的案件,人民法院在审查重整申请时,可以组织申请人、被申请人听证。债权人、出资人、重整投资人等利害关系人经人民法院准许,也可以参加听证。听证期间不计入重整申请审查期限。

33. 实质合并申请的审查。人民法院收到实质合并申请后,应当及时通知相关利害关系人并组织证证,听证时间不计入审查时间。人民法院在审查实质合并申请过程中,可以综合考虑关联企业之间资产的混同程序及其持续时间、各企业之间的利益关系、债权人整体清偿利益、增加企业重整的可能性等因素,在收到申请之日起三十日内作出是否实质合并审理的裁定。

34. 裁定实质合并时利害关系人的权利救济。相关利害关系人对受理法院作出的实质合并审理裁定不服的,可以自裁定书送达之日起十五日内向受理法院的上一级人民法院申请复议。

4.《最高人民法院印发〈关于执行案件移送破产审查若干问题的指导意见〉的通知》(法发〔2017〕2 号,2017 年 1 月 20 日)

7. 执行法院作出移送决定后,应当于五日内送达申请执行人和被执行人。申请执行人或被执行人对决定有异议的,可以在受移送法院破产审查期间提出,由受移送法院一并处理。

13. 受移送法院的破产审判部门应当自收到移送的材料之日起三十日内作出是否受理的裁定。受移送法院作出裁定后,应当在五日内送达申请执行人、被执行人,并送交执行法院。

14. 申请执行人申请或同意移送破产审查的,裁定书中以该申请执行人为申请人,被执行人为被申请人;被执行人申请或同意移送破产审查的,裁定书中以该被执行人为申请人;申请执行人、被执行人均同意移送破产审查的,双方均为申请人。

15. 受移送法院裁定受理破产案件的,在此前的执行程序中产生的评估费、公告费、保管费等执行费用,可以参照破产费用的规定,从债务人财产中随时清偿。

5.《最高人民法院关于破产案件立案受理有关问题的通知》(法明传〔2016〕469号,2016年7月28日)

一、破产案件的立案受理事关当事人破产申请权保障,决定破产程序能否顺利启动,是审理破产案件的基础性工作,各级法院要充分认识其重要性,依照本通知要求,切实做好相关工作,不得在法定条件外设置附加条件,限制剥夺当事人的破产申请权,阻止破产案件立案受理,影响破产程序正常启动。

二、自2016年8月1日起,对于债权人、债务人等法定主体提出的破产申请材料,人民法院立案部门应一律接受并出具书面凭证,然后根据《中华人民共和国企业破产法》第八条的规定进行形式审查。立案部门经审查认为申请人提交的材料符合法律规定的,应按2016年8月1日起实施的《强制清算与破产案件类型及代字标准》,以"破申"作为案件类型代字编制案号,当场登记立案,不符合法律规定的,应予释明,并以书面形式一次性告知应当补充、补正的材料,补充、补正期间不计入审查期限,申请人按要求补充、补正的,应当登记立案。

立案部门登记立案后,应及时将案件移送负责审理破产案件的审判业务部门。

三、审判业务部门应当在五日内将立案及合议庭组成情况通知债务人及提出申请的债权人。对于债权人提出破产申请的,应在通知中向债务人释明,如对破产申请有异议,应当自收到通知之日起七日内向人民法院提出。

四、债权人提出破产申请的,审判业务部门应当自债务人异议期满之日起十日内裁定是否受理。其他情形的,审判业务部门应当自人民法院收到破产申请之日起十五日内裁定是否受理。

有特殊情况需要延长上述审限的,经上一级人民法院批准,可以延长十五日。

6.《最高人民法院印发〈关于人民法院为防范化解金融风险和推进金融改革发展提供司法保障的指导意见〉的通知》(法发〔2012〕3号,2012年2月10日)

11. 依法制裁逃废金融债务行为。在审理金融纠纷案件中,要坚持标

准,认真把关,坚决依法制止那些企图通过诉讼逃债、消债等规避法律的行为。对弄虚作假、乘机逃废债务的,要严格追究当事人和相关责任人的法律责任,维护信贷秩序和金融安全。针对一些企业改制、破产活动中所存在的"假改制、真逃债"、"假破产、真逃债"的现象,各级人民法院要在党委的领导下,密切配合各级政府部门,采取一系列积极有效的措施,依法加大对"逃废金融债务"行为的制裁,协同构筑"金融安全区",最大限度地保障国有金融债权。

【答记者问】

《依法受理破产案件　保障企业规范退市——最高人民法院民二庭负责人就〈最高人民法院关于适用《中华人民共和国企业破产法》若干问题的规定(一)〉答记者问》

问:人民法院收到申请人提出的破产申请后,应当从哪些方面进行审查并注意哪些问题?

答:实践中,法院在审查当事人提出的破产申请是否符合法律规定时,掌握的执法尺度不尽相同,为规范和统一人民法院对破产申请的审查行为,《企业破产法解释一》对人民法院收到破产申请后的审查内容予以明确规定。根据《企业破产法》第二条、第七条和第八条的规定,人民法院对于破产申请应从实质要件和形式要件两个方面进行审查。实质要件的审查是对申请是否符合破产程序开始条件的判断,主要包括申请人主体资格、债务人主体资格以及债务人是否具有破产原因三项内容。形式要件的审查是对申请人依法所应提交的书面材料进行的审查。考虑到人民法院在审查中可能会要求申请人对申请材料进行必要的补充、补正,《企业破产法解释一》规定,此种情况下,人民法院应当及时告知申请人所需补充或补正的事项,以避免以此为由拖延实际审查时间,损害当事人合法权益。由于人民法院对破产申请的审查须以当事人提供的材料为基础和依据,因此当事人补充、补正材料的时间不计入法定的审查期间。

问:《企业破产法》和《诉讼费用交纳办法》已经对破产案件诉讼费用的收取问题作出了相关规定,为什么在《企业破产法解释一》中作进一步规定呢?

答:正如你所说,关于企业破产案件诉讼费用的交纳问题,《企业破产法》第四十一条、第四十三条和第一百一十三条,以及《诉讼费用交纳办法》第十条、第十四条、第二十条和第四十二条等明确规定,破产案件诉讼费用作为破产费用,应在案件受理后根据破产财产情况确定数额,并从债务人财产中随时拨付,申请人不负有预交破产案件诉讼费用的义务。但在目前司法实践中,有的法院要求申请人预交破产案件诉讼费用,并在申请人未预先交纳案件诉讼费用时,以此为由裁定不予受理破产申请或者驳回破产申请,这种做法明显不符合法律规定,因此,我们在《企业破产法解释一》中进一步重申,申请人依法向人民法院申请破产的诉讼费用,从债务人财产中拨付,相关当事人以申请人未预先交纳诉讼费用为由,对破产申请提出异议的,人民法院应不予支持。

【参考观点】

一、债务人可能对债权人的申请提出如债权不能成立、债权未经生效法律文书确认、债权数额错误、债权未到期、资产大于负债等异议。债务人以其具有清偿能力提出异议,仅以资产超过负债作为具有清偿能力的理由,但又不能立即清偿债务或与债权人达成和解,则其异议不能成立。①

二、在对待立案登记问题上,既要避免简单认为立案登记制不适用破产案件,进而对应依法启动的破产程序拒之门外;也要防止无视《企业破产法》明确规定的法定受理标准,而对破产申请"来者不拒",进而对不符合破产条件的企业适用破产程序。具体而言:第一,要准确把握立案登记制与破产受理法定标准的关系。企业破产案件的受理程序与立案登记制实质上是一致的。因为,只要申请人提交的材料符合《企业破产法》第八条的要求,法院即应当编立"破申"字号案件进行审查,并按照有关司法解释的规定向申请人出具相应凭证,然后按照《企业破产法》第十条规定的期间作出受理与否的裁定。但是,在最终决定是否受理破产案件时,法院必须依照《企业破产法》第二条进行判断。只有符合该条规定情形之一的,法院才能受理。第二,要严格运用破产法律规则防范借企业破产逃避债务。在倡导依法受理企业破

---

① 参见最高人民法院民事审判第二庭编著:《最高人民法院关于企业破产法司法解释理解与适用——破产法解释(一)·破产法解释(二)》,人民法院出版社2017年版,第89页。

产案件时也应当注意到,部分企业投资人、经营者不认真经营企业,采取非法侵占企业财产、混同企业财产与出资人财产、虚假交易、个别清偿等手段转移企业财产,而待企业进入破产程序时只剩下"空壳",债权人利益严重受损。所以,在强调破产案件受理审查时也要切实防止企业恶意逃避债务损害相关主体利益。[①]

编者说明

关于破产申请的审查方式,《企业破产法》及相关司法解释并无明确规定。实践中,法院针对部分案件探索出了采取召开听证会的方式,即在作出是否受理破产申请的裁定前,多采取通过听证会审查的方式,听取各方关于应否受理破产申请的意见,了解债务人的资产、负债、经营、职工等相关情况。根据《破产审判会议纪要》的规定,对于债权债务关系复杂、债务规模较大,或者涉及上市公司重整的案件,法院可以在审查重整申请时组织申请人、被申请人听证,并视情况准许债权人、出资人、重整投资人等利害关系人也参加听证;对于关联企业实质合并破产案件,法院收到实质合并申请后,应当及时通知相关利害关系人并组织听证。

法院对破产案件立案审查适用听证会制度也经历了一个历史发展过程。以破产案件受案数量居全国前列的广东地区为例,2003 年印发的《广东省高级人民法院关于审理破产案件若干问题的指导意见》规定,人民法院在受理重大、疑难的破产申请时,可以在立案审查阶段召开听证会……2017 年印发的《广东省高级人民法院关于加强企业破产案件立案受理工作若干问题的意见》规定,人民法院在受理破产案件前,原则上应组织申请人、被申请人及主要债权人进行听证……2019 年印发的《广东省高级人民法院关于审理企业破产案件若干问题的指引》规定,破产申请的审查原则上采取书面形式。申请重整、和解、实质合并破产以及证券公司、银行、保险公司等金融机构、上市公司破产清算的,人民法院应当组织申请人、债权人代表、债务人以及其他利害关系人听证……这在 2003 年、2017 年指导意见的基础上又有了进一步发展。

对于审查期限的问题,《破产案件立案受理通知》《破产审判会议纪要》等规定补充、补正材料的期间以及听证期间,不计入审查期限;《广东省高级人民法院关于审理企业破产案件若干问题的指引》规定了竞争选任管理人的期间、申请人

① 参见杨临萍:《关于当前商事审判工作中的若干具体问题》(2015 年 12 月 24 日),载杜万华主编:《〈第八次全国法院民事商事审判工作会议(民事部分)纪要〉理解与适用》,人民法院出版社 2017 年版,第 81 页。

与被申请人协商、和解以及依法需报上级人民法院批准的报批期间等特殊情况，不计入破产案件的审查期间。

第十一条 【裁定受理与债务人提交材料】 人民法院受理破产申请的，应当自裁定作出之日起五日内送达申请人。

债权人提出申请的，人民法院应当自裁定作出之日起五日内送达债务人。债务人应当自裁定送达之日起十五日内，向人民法院提交财产状况说明、债务清册、债权清册、有关财务会计报告以及职工工资的支付和社会保险费用的缴纳情况。

【立法·要点注释】

在债权人提出破产申请的情况下，因法院的破产受理裁定会对债务人产生极大影响，故应当使债务人知晓破产程序的进展并积极配合破产相关事务的开展。同时，为使法院及管理人掌握债务人的资产负债等相关情况，债务人应当自裁定送达之日起十五日内，向法院提交财产状况说明、债务清册、债权清册、有关财务会计报告以及职工工资的支付和社会保险费用的缴纳情况。

【司法解释】

1.《最高人民法院关于适用〈中华人民共和国企业破产法〉若干问题的规定(一)》(法释〔2011〕22 号,2011 年 9 月 26 日)

第六条 债权人申请债务人破产的，应当提交债务人不能清偿到期债务的有关证据。债务人对债权人的申请未在法定期限内向人民法院提出异议，或者异议不成立的，人民法院应当依法裁定受理破产申请。

受理破产申请后，人民法院应当责令债务人依法提交其财产状况说明、债务清册、债权清册、财务会计报告等有关材料，债务人拒不提交的，人民法院可以对债务人的直接责任人员采取罚款等强制措施。

【要点注释】

法院裁定受理债权人提出的破产申请后，债务人应当在法定期限内向法院提交相关财务凭证等材料，债务人不提交有关财务凭证等材料的，法院可以对债务人的直接责任人员依法采取罚款等强制措施。①

2.《最高人民法院关于债权人对人员下落不明或者财产状况不清的债务人申请破产清算案件如何处理的批复》（法释〔2008〕10 号,2008 年 8 月 18 日）

贵州省高级人民法院：

你院《关于企业法人被吊销营业执照后,依法负有清算责任的人未向法院申请破产,债权人是否可以申请被吊销营业执照的企业破产的请示》（〔2007〕黔高民二破请终字 1 号）收悉。经研究,批复如下：

债权人对人员下落不明或者财产状况不清的债务人申请破产清算,符合企业破产法规定的,人民法院应依法予以受理。债务人能否依据企业破产法第十一条第二款的规定向人民法院提交财产状况说明、债权债务清册等相关材料,并不影响对债权人申请的受理。

人民法院受理上述破产案件后,应当依据企业破产法的有关规定指定管理人追收债务人财产;经依法清算,债务人确无财产可供分配的,应当宣告债务人破产并终结破产程序;破产程序终结后二年内发现有依法应当追回的财产或者有应当供分配的其他财产的,债权人可以请求人民法院追加分配。

债务人的有关人员不履行法定义务,人民法院可依据有关法律规定追究其相应法律责任;其行为导致无法清算或者造成损失,有关权利人起诉请求其承担相应民事责任的,人民法院应依法予以支持。

此复

【要点注释】

债权人对人员下落不明或财产状况不清的债务人提出破产申请,法院应当依法予以受理,债务人不能或拒绝向法院提交财产状况说明、债权债务清册等相关材料的,不影响法院对案件的受理。②

---

①　参见宋晓明、张勇健、刘敏:《〈关于适用企业破产法若干问题的规定(一)〉的理解与适用》,载《人民司法·应用》2011 年第 21 期。

②　参见最高人民法院民事审判第二庭编著:《最高人民法院关于企业破产法司法解释理解与适用——破产法解释(一)·破产法解释(二)》,人民法院出版社 2017 年版,第 89~90 页。

【司法文件】

《最高人民法院印发〈关于执行案件移送破产审查若干问题的指导意见〉的通知》(法发〔2017〕2 号,2017 年 1 月 20 日)

13. 受移送法院的破产审判部门应当自收到移送的材料之日起三十日内作出是否受理的裁定。受移送法院作出裁定后,应当在五日内送达申请执行人、被执行人,并送交执行法院。

【参考观点】

该条款的规定表明:其一,债权人提出破产申请的,提交有关财务凭证材料的义务人为债务人,法院不应将此举证义务分配给债权人;其二,即便债务人不提交上述材料,只要债权人对债务人提出的破产申请符合《企业破产法》规定的上述条件,法院也应予以受理,不应以此为由裁定不予受理或者驳回破产申请。①

编者说明

现行《企业破产法》并没有设置破产案件简易审理程序,导致破产案件平均审理周期需二至三年甚至更长,严重影响了破产法律制度功能的发挥。为了提高破产案件审判效率,各地法院都对破产案件繁简分流、确立简易案件快速审理机制进行了有效探索,如浙江省高级人民法院早在 2013 年就开始探索简易破产案件简易审理的司法路径,其后,深圳市中级人民法院、江苏省高级人民法院、江苏省常熟市人民法院等也相继在本地区开展破产案件繁简分流,基本确立了将破产案件划分为简易案件、普通案件、疑难案件并分别确定不同的债权申报期限、审理周期,并在指定管理人方面也有所区分的破产案件审理模式,有效提高了审判质效。

《民事诉讼法解释》和《执转破指导意见》确立"执转破"程序后,破产案件数量大量增加,而审判实务中存在着"大执行、小破产,强执行、弱破产,简执行、繁

---

① 参见宋晓明、张勇健、刘敏:《〈关于适用企业破产法若干问题的规定(一)〉的理解与适用》,载《人民司法·应用》2011 年第 21 期。

破产"的审判执行工作格局,审判实践对于破产案件繁简分流的需求日益强烈,根据案件的难易程度进行繁简分流,实现简案快审、繁案精审,这也是提高破产审判质效、弥补破产案件审判力量不足的必然要求。此后,河南省高级人民法院、南京市中级人民法院、四川省乐山市中级人民法院、成都市高新区人民法院等纷纷出台破产案件繁简分流相关规定,深圳市中级人民法院特别针对"执转破"案件设计了简案审理规则。

近年来,随着供给侧结构性改革的推进、破产审判制度的完善、营商环境的改善等因素共同促成了我国破产案件数量爆发式增长,而破产案件类型各一、难易程度各有不同,社会对破产案件审理的效率和质量均提出了新的期待。当前正处于司法体制与诉讼制度改革的关键节点,对于破产审判领域的压力与期待,除了建设专业破产审判团队外,另一项重要举措就是提高办案效率,建立破产案件繁简分流机制。可以说,在各地区法院已对此进行有益探索的前提下,在全国范围内推行破产案件繁简分流机制已然具备成熟条件。

第十二条　【裁定不受理与驳回申请】人民法院裁定不受理破产申请的,应当自裁定作出之日起五日内送达申请人并说明理由。申请人对裁定不服的,可以自裁定送达之日起十日内向上一级人民法院提起上诉。

人民法院受理破产申请后至破产宣告前,经审查发现债务人不符合本法第二条规定情形的,可以裁定驳回申请。申请人对裁定不服的,可以自裁定送达之日起十日内向上一级人民法院提起上诉。

【立法·要点注释】

法院经审查,破产申请不符合本法规定的,应当不予受理,如此有利于防范债务人借破产逃避债务,保护债权人的合法权益,也有利于防止债权人滥用权利,借破产申请损害债务人的合法权益。但是,法院在依法受理破产申请后,仍然可以依照法律规定对破产申请进行审查,若发现债务人不符合本法第二条有关破产原因的规定,可以裁定驳回破产申请。

【司法解释】

1.《最高人民法院关于适用〈中华人民共和国企业破产法〉若干问题的

规定(二)》(法释〔2013〕22 号,2013 年 9 月 16 日;法释〔2020〕18 号修正,2021 年 1 月 1 日)

第八条 人民法院受理破产申请后至破产宣告前裁定驳回破产申请,或者依据企业破产法第一百零八条的规定裁定终结破产程序的,应当及时通知原已采取保全措施并已依法解除保全措施的单位按照原保全顺位恢复相关保全措施。

在已依法解除保全的单位恢复保全措施或者表示不再恢复之前,受理破产申请的人民法院不得解除对债务人财产的保全措施。

2.《最高人民法院关于适用〈中华人民共和国企业破产法〉若干问题的规定(一)》(法释〔2011〕22 号,2011 年 9 月 26 日)

第九条 申请人向人民法院提出破产申请,人民法院未接收其申请,或者未按本规定第七条执行的,申请人可以向上一级人民法院提出破产申请。

上一级人民法院接到破产申请后,应当责令下级法院依法审查并及时作出是否受理的裁定;下级法院仍不作出是否受理裁定的,上一级人民法院可以径行作出裁定。

上一级人民法院裁定受理破产申请的,可以同时指令下级人民法院审理该案件。

【司法文件】

1.《最高人民法院关于印发〈全国法院民商事审判工作会议纪要〉的通知》(法〔2019〕254 号,2019 年 11 月 8 日)

108.【破产申请的不予受理和撤回】人民法院裁定受理破产申请前,提出破产申请的债权人的债权因清偿或者其他原因消灭的,因申请人不再具备申请资格,人民法院应当裁定不予受理。但该裁定不影响其他符合条件的主体再次提出破产申请。破产申请受理后,管理人以上述清偿符合《企业破产法》第 31 条、第 32 条为由请求撤销的,人民法院查实后应当予以支持。

人民法院裁定受理破产申请系对债务人具有破产原因的初步认可,破产申请受理后,申请人请求撤回破产申请的,人民法院不予准许。除非存在《企业破产法》第 12 条第 2 款规定的情形,人民法院不得裁定驳回破产申请。

2.《最高人民法院关于印发〈全国法院破产审判工作会议纪要〉的通知》（法〔2018〕53 号,2018 年 3 月 4 日）

34. 裁定实质合并时利害关系人的权利救济。相关利害关系人对受理法院作出的实质合并审理裁定不服的,可以自裁定书送达之日起十五日内向受理法院的上一级人民法院申请复议。

3.《最高人民法院印发〈关于执行案件移送破产审查若干问题的指导意见〉的通知》（法发〔2017〕2 号,2017 年 1 月 20 日）

五、受移送法院不予受理或驳回申请的处理

18. 受移送法院做出不予受理或驳回申请裁定的,应当在裁定生效后七日内将接收的材料、被执行人的财产退回执行法院,执行法院应当恢复对被执行人的执行。

19. 受移送法院作出不予受理或驳回申请的裁定后,人民法院不得重复启动执行案件移送破产审查程序。申请执行人或被执行人以有新证据足以证明被执行人已经具备了破产原因为由,再次要求将执行案件移送破产审查的,人民法院不予支持。但是,申请执行人或被执行人可以直接向具有管辖权的法院提出破产申请。

六、执行案件移送破产审查的监督

21. 受移送法院拒绝接收移送的材料,或者收到移送的材料后不按规定的期限作出是否受理裁定的,执行法院可函请受移送法院的上一级法院进行监督。上一级法院收到函件后应当指令受移送法院在十日内接收材料或作出是否受理的裁定。

受移送法院收到上级法院的通知后,十日内仍不接收材料或不作出是否受理裁定的,上一级法院可以径行对移送破产审查的案件行使管辖权。上一级法院裁定受理破产案件的,可以指令受移送法院审理。

【答记者问】

《依法受理破产案件　保障企业规范退市——最高人民法院民二庭负责人就〈最高人民法院关于适用《中华人民共和国企业破产法》若干问题的规定(一)〉答记者问》

问:《企业破产法解释一》特别规定了人民法院收到破产申请后未依法

裁定是否受理时其上级人民法院的审判监督职责,请问是出于什么考虑?

答:目的是加强上级法院对下级法院的监督,督促下级法院对于当事人提出的破产申请依法作出是否受理的裁定。根据《企业破产法》的规定,申请人提出破产申请后,人民法院应当及时审查并依法作出裁定。对于人民法院作出的不予受理裁定,申请人可依据《企业破产法》第十二条的规定,向上一级法院提起上诉,以充分保证当事人的诉讼权利。但在司法实践中,有的法院对当事人的申请不予审查,或者审查后既不及时作出受理裁定亦不作出不予受理裁定,使《企业破产法》规定的申请人对于不予受理裁定的上诉权形同虚设,损害了申请人的权利。因此,为加强审判监督,《企业破产法解释一》特别规定在人民法院未接收申请人提出的破产申请、未向申请人出具收到申请及所附证据的书面凭证,或者未在法定期限内作出是否受理的裁定等情形下,申请人可直接向上一级人民法院提出破产申请。上一级人民法院收到破产申请后,应当责令下级法院依法审查并及时作出是否受理的裁定;下级法院仍不作出裁定的,上一级人民法院可以径行作出裁定。上一级人民法院裁定受理的,可同时指令下级人民法院审理该案件。

【参考观点】

根据《企业破产法》的规定,当事人对法院作出的不予受理申请和驳回破产申请裁定可以上诉。当事人对其他裁定有异议的,可以依法向作出裁定的原审法院申请复议或采取法律规定的救济措施,但复议期间不停止裁定的执行。我国立法不允许当事人对法院受理破产案件的裁定提起上诉。[1]

法院依据本法第十二条第二款的规定裁定驳回破产申请的,其认定债务人不符合本法第二条规定情形的时间点应当是破产案件受理时,即法院受理破产申请后至破产宣告前,经审查发现债务人在破产受理时不符合本法第二条规定的情形,而不是破产受理后破产宣告前不符合本法第二条规定的

---

[1]　参见最高人民法院民事审判第二庭编著:《最高人民法院关于企业破产法司法解释理解与适用——破产法解释(一)·破产法解释(二)》,人民法院出版社 2017 年版,第106 页。

情形。①

根据《破产审判会议纪要》第 34 条的规定,人民法院裁定实质合并时,利害关系人对受理法院作出的实质合并审理裁定不服的,可以自裁定书送达之日起十五日内向受理法院的上一级人民法院申请复议。由于对关联企业破产进行实质合并审理属于破产程序中的重要事项,因此,《破产审判会议纪要》要求法院无论是否进行实质合并审理,均应当以裁定的方式作出。对于法院裁定不受理实质合并破产的,参照《企业破产法》第十二条规定,申请人可以提起上诉;对于法院裁定受理实质合并破产的,鉴于《企业破产法》没有规定对受理裁定的上诉程序,《破产审判会议纪要》亦不宜作出审级上的规定,但考虑该裁定对相关主体权利有重大影响,故《破产审判会议纪要》赋予相关主体向上一级法院申请复议的权利,最大限度兼顾当事人权利保护、程序效率、上一级法院监督三者的平衡。②

【最高人民法院裁判案例】

凯基证券亚洲有限公司等与美兰国际机场有限责任公司、海航集团有限公司等实质合并重整裁定复议案[最高人民法院(2021)最高法破复 1 号]

——当关联企业成员之间存在法人人格高度混同、区分各关联企业成员财产的成本过高、严重损害债权人公平清偿利益时,可例外适用关联企业实质合并破产方式进行审理。

【案情简介】

2021 年 3 月 2 日,海南省高级人民法院(以下简称海南高院)于 2021 年 3 月 13 日作出(2021)琼破 1 号之一民事裁定书,裁定海口美兰国际机场有限责任公司(以下简称美兰机场)、海航集团有限公司(以下简称海航集团)等 321 家企业实质合并重整。凯基证券亚洲有限公司、中外运航运有限公

---

① 参见最高人民法院民事审判第二庭编著:《最高人民法院关于企业破产法司法解释理解与适用——破产法解释(一)·破产法解释(二)》,人民法院出版社 2017 年版,第 180 页。

② 参见贺小荣、葛洪涛、郁琳:《破产清算、关联企业破产以及执行与破产衔接的规范与完善——〈全国法院破产审判工作会议纪要〉的理解与适用(下)》,载《人民司法·应用》2018 年第 16 期。

司、科恩全球有限公司、臻佳股份有限公司、来宝财富有限公司、超荣企业有限公司、米娅私人财富理财咨询服务有限公司、众颖集团有限公司、埃森环球投资有限公司、威图唯企业有限公司、朱贺华、黎焕鑫、张美玲、方美莉、洪湘婷、金晶、许志刚、廖雅慧、林水柳等认为美兰机场不符合法定破产条件,且与海航集团等不存在法人人格高度混同情形,与相关公司间的债权债务关系,财产权属的设立、存续、转移、消灭以及识别均有法可依,认定美兰机场丧失财产独立性及区分财产成本过高缺乏事实及法律依据,实质合并重整将损害大部分债权人的公平清偿利益,不服海南高院 2021 年 3 月 13 日作出的(2021)琼破 1 号之一民事裁定书,向最高人民法院提出复议申请,请求撤销该民事裁定书,或撤销该民事裁定书中关于对美兰机场与海航集团等进行实质合并重整的裁定事项。

【裁判要点】

最高人民法院经审理认为,《企业破产法》第二条规定,企业法人不能清偿到期债务,并且资产不足以清偿全部债务或者明显缺乏清偿能力的,可以依照《企业破产法》规定进行重整。美兰机场因无法清偿到期债务,且明显缺乏清偿能力,符合重整条件。关联企业是否适用实质合并重整,人民法院应当从法人人格混同、关联企业财产区分成本以及是否有利于保护债权人公平清偿利益等角度进行审查。第一,关于法人人格混同的具体审查标准,主要包括:(1)关联企业经营管理是否严重混同,且丧失经营管理自主决策权;(2)关联企业间财务管理、资金调拨、关联往来、对外融资、融资担保等是否严重混同;(3)人员和场所是否混同,如董监高交叉任职、员工及办公场所混用。第二,关于关联企业财产区分成本,应当考虑如下因素:(1)关联企业间无经济实质的资金调拨情况;(2)相互担保情况;(3)财产关系和债务关系交叉重叠情况;(4)能否适用破产撤销权制度、无效行为制度、公司法人人格否认制度等对关联企业成员财产进行区分。第三,关于实质合并重整是否有利于保护债权人公平清偿利益,人民法院可以通过审查关联企业间的关联担保及关联往来情况,成员企业的资产负债能否真实反映财产状况以及自身账面资产能否真正用于清偿自身债务予以判断。

【案例来源】

最高人民法院民事审判第二庭编:《商事审判指导》2022 年第 1 辑(总第54 辑),人民法院出版社 2022 年版,第 197～202 页。

编者说明

《企业破产法》对于人民法院作出的受理破产申请的裁定没有安排救济措施,即当事人无权通过提出异议、复议、上诉等方式改变人民法院作出的受理破产申请的裁定。

值得注意的是,由于实质合并时各关联企业成员的财产合并作为破产财产,各个成员之间的债权债务也因此归于消灭,各成员的债权人均以合并后的资产按照法定顺序受偿,这对相关主体的权利产生重大影响。为了兼顾当事人权利保护、程序效率以及上级法院监督的平衡,对于人民法院经审查后裁定实质合并审理的破产案件,《破产审判会议纪要》为利害关系人安排了申请复议的权利救济途径,相关利害关系人可以自裁定书送达之日起十五日内向受理法院的上一级人民法院申请复议。

第十三条 【指定管理人】 人民法院裁定受理破产申请的,应当同时指定管理人。

【立法·要点注释】

破产程序启动后,为了加强对债务人财产的管理,促进财产保值增值,防止债务人随意处置财产,保护债权人的合法权益,有必要由专门的机构对债务人的财产进行管理、整理、处分、变价和分配等工作,同时也需要专门的机构对债权人的债权依法审核认定。本条要求法院在作出破产受理裁定的同时指定破产管理人,由管理人对债务人进行接管,并对债务人的财产进行管理,以维护债权人和债务人的合法权益。

【司法解释】

1.《最高人民法院关于审理企业破产案件指定管理人的规定》(法释〔2007〕8 号,2007 年 6 月 1 日)

第二十七条 人民法院指定管理人应当制作决定书,并向被指定为管理人的社会中介机构或者个人、破产申请人、债务人、债务人的企业登记机关送达。决定书应与受理破产申请的民事裁定书一并公告。

第二十九条 管理人凭指定管理人决定书按照国家有关规定刻制管理

人印章,并交人民法院封样备案后启用。

管理人印章只能用于所涉破产事务。管理人根据企业破产法第一百二十二条规定终止执行职务后,应当将管理人印章交公安机关销毁,并将销毁的证明送交人民法院。

第三十条 受理企业破产案件的人民法院应当将指定管理人过程中形成的材料存入企业破产案件卷宗,债权人会议或者债权人委员会有权查阅。

2.《最高人民法院关于〈中华人民共和国企业破产法〉施行时尚未审结的企业破产案件适用法律若干问题的规定》(法释〔2007〕10 号,2007 年 6 月 1 日)

第三条 已经成立清算组的,企业破产法施行后,人民法院可以指定该清算组为管理人。

尚未成立清算组的,人民法院应当依照企业破产法和《最高人民法院关于审理企业破产案件指定管理人的规定》及时指定管理人。

【司法文件】

《最高人民法院关于正确审理企业破产案件为维护市场经济秩序提供司法保障若干问题的意见》(法发〔2009〕36 号,2009 年 6 月 12 日)

五、妥善指定适格管理人,充分发挥管理人在企业破产程序中的积极作用

11. 人民法院要根据企业破产法和有关司法解释的规定,采用适当方式指定管理人,对于重大疑难案件,可以通过竞争的方式择优确定管理人。要注意处理好审理破产案件的审判庭和司法技术辅助工作部门的关系,在指定管理人时,应由审理破产案件的审判庭根据案件实际情况决定采用哪类管理人以及采用哪种产生方式,在决定通过随机方式或者竞争方式产生管理人或其成员时,再由司法技术辅助工作部门根据规定产生管理人或其成员。

12. 企业重整中,因涉及重大资产重组、经营模式选择、引入新出资人等商业运作内容,重整中管理人的职责不仅是管理和处分债务人财产,更要管理债务人的经营业务,特别是制定和执行重整计划。因此,在我国目前管理人队伍尚未成熟的情况下,人民法院指定管理人时,应当注意吸收相关部门和人才,根据实际情况选择指定的形式和方式,以便产生适格管理人。

编者说明

　　法院裁定受理破产申请的,应当同时指定管理人,虽然立法使用的措辞是"同时",但不意味着指定管理人的时间与破产案件受理时间在同一天,实践中往往是法院先裁定受理破产申请,然后通过随机或竞争选任等方式确定管理人,即指定管理人的时间会稍晚于破产案件受理时间,但间隔时间不应太长,避免出现破产案件已受理但长时间没有指定破产管理人负责破产事务的情况。

　　第十四条　【通知债权人与公告】人民法院应当自裁定受理破产申请之日起二十五日内通知已知债权人,并予以公告。

　　通知和公告应当载明下列事项:

　　(一)申请人、被申请人的名称或者姓名;

　　(二)人民法院受理破产申请的时间;

　　(三)申报债权的期限、地点和注意事项;

　　(四)管理人的名称或者姓名及其处理事务的地址;

　　(五)债务人的债务人或者财产持有人应当向管理人清偿债务或者交付财产的要求;

　　(六)第一次债权人会议召开的时间和地点;

　　(七)人民法院认为应当通知和公告的其他事项。

【立法·要点注释】

　　本条规定的通知和公告,是法院依照法定程序和方式,向已知债权人、未知债权人以及其他利害关系人送达破产案件文书的司法行为。通知的意义在于,法院以书面形式告知已知债权人已开始破产程序的事实和有关事项;公告的意义在于,法院以公告的方式,向不特定的人公开告知已受理破产申请的有关事项,告知无法通知的债权人、未知债权人以及其他利害关系人已开始破产程序的事实和有关事项,以维护其合法权益。公告除了在受理破产案件的法院公告栏内张贴外,还应根据有关债权人的分布情况、破产财产所在的区域等具体情况,在全国或地方性的公共媒体上登载。法院的公告一旦作出,则视为法院已经通知所有的已知债权人和未知债权人。

【相关立法】

《中华人民共和国公司法》(2018 年 10 月 26 日第十三届全国人民代表大会常务委员会第六次会议第四次修正)

第一百八十五条 清算组应当自成立之日起十日内通知债权人,并于六十日内在报纸上公告。债权人应当自接到通知书之日起三十日内,未接到通知书的自公告之日起四十五日内,向清算组申报其债权。

债权人申报债权,应当说明债权的有关事项,并提供证明材料。清算组应当对债权进行登记。

在申报债权期间,清算组不得对债权人进行清偿。

【司法文件】

1.《最高人民法院关于印发〈全国法院破产审判工作会议纪要〉的通知》(法〔2018〕53 号,2018 年 3 月 4 日)

八、破产信息化建设

会议认为,全国法院要进一步加强破产审判的信息化建设,提升破产案件审理的透明度和公信力,增进破产案件审理质效,促进企业重整再生。

45. 充分发挥破产重整案件信息平台对破产审判工作的推动作用。各级法院要按照最高人民法院相关规定,通过破产重整案件信息平台规范破产案件审理,全程公开、步步留痕。要进一步强化信息网的数据统计、数据检索等功能,分析研判企业破产案件情况,及时发现新情况,解决新问题,提升破产案件审判水平。

46. 不断加大破产重整案件的信息公开力度。要增加对债务人企业信息的公开内容,吸引潜在投资者,促进资本、技术、管理能力等要素自由流动和有效配置,帮助企业重整再生。要确保债权人等利害关系人及时、充分了解案件进程和债务人相关财务、重整计划草案、重整计划执行等情况,维护债权人等利害关系人的知情权、程序参与权。

47. 运用信息化手段提高破产案件处理的质量与效率。要适应信息化发展趋势,积极引导以网络拍卖方式处置破产财产,提升破产财产处置效益。鼓励和规范通过网络方式召开债权人会议,提高效率,降低破产费用,确保债权人等主体参与破产程序的权利。

48. 进一步发挥人民法院破产重整案件信息网的枢纽作用。要不断完善和推广使用破产重整案件信息网,在确保增量数据及时录入信息网的同时,加快填充有关存量数据,确立信息网在企业破产大数据方面的枢纽地位,发挥信息网的宣传、交流功能,扩大各方运用信息网的积极性。

2.《最高人民法院印发〈关于进一步做好全国企业破产重整案件信息网推广应用工作的办法〉的通知》(法〔2016〕385 号,2016 年 11 月 16 日)

第一条　人民法院对破产案件信息应以公开为原则,不公开为例外。办理破产案件的法院要严格按照《最高人民法院关于企业破产案件信息公开的规定(试行)》的要求,及时、准确、完整公开案件流程节点、各类公告、法律文书等相关信息。尤其对于法律文书、管理人招募公告、投资人招募公告、资产拍卖公告等公告信息,必须在作出同时通过破产重整案件信息网发布。

第四条　承办法官要通过破产重整案件信息网的法官工作平台全面、及时、准确录入案件信息,办理破产案件,最高人民法院汇集、分析、考查各地破产案件审判情况将以破产重整案件信息网中填报的数据为准,并定期对各地的有关数据指标进行通报。

第五条　为促进重整工作顺利开展,实现企业运营价值,关于债务人信息的披露,管理人除应按照要求及时公开债务人工商登记信息、最近一年的年度报告、资产负债表、涉及诉讼、仲裁案件的基本信息外,还应及时公开以下信息:

(一)企业产品、职工、资产等企业概况;

(二)企业经营困境及出现困境的原因;

(三)企业品牌价值、销售渠道、先进设备、知识产权、特殊资质、政策优势等方面的特有价值;

(四)管理人工作日志;

(五)重整计划获得批准后,重整计划的执行情况,以及后续经营情况。

3.《最高人民法院印发〈关于企业破产案件信息公开的规定(试行)〉的通知》(法发〔2016〕19 号,2016 年 8 月 1 日)

第一条　最高人民法院设立全国企业破产重整案件信息网(以下简称破产重整案件信息网),破产案件(包括破产重整、破产清算、破产和解案件)

审判流程信息以及公告、法律文书、债务人信息等与破产程序有关的信息统一在破产重整案件信息网公布。

人民法院以及人民法院指定的破产管理人应当使用破产重整案件信息网及时披露破产程序有关信息。

第二条 破产案件信息公开以公开为原则,以不公开为例外。凡是不涉及国家秘密、个人隐私的信息均应依法公开。涉及商业秘密的债务人信息,在不损害债权人和债务人合法权益的情况下,破产管理人可以通过与重整投资人的协议向重整投资人公开。

第三条 人民法院依法公开破产案件的以下信息:

(一)审判流程节点信息;

(二)破产程序中人民法院发布的各类公告;

(三)人民法院制作的破产程序法律文书;

(四)人民法院认为应当公开的其他信息。

第四条 破产管理人依法公开破产案件的以下信息:

(一)债务人信息;

(二)征集、招募重整投资人的公告;

(三)破产管理人工作节点信息;

(四)破产程序中破产管理人发布的其他公告;

(五)破产管理人制作的破产程序法律文书;

(六)人民法院裁定批准的重整计划、认可的破产财产分配方案、和解协议。

破产管理人认为应当公开的其他信息,经人民法院批准可以公开。

第五条 破产管理人应当通过破产重整案件信息网及时公开下列债务人信息:

(一)工商登记信息;

(二)最近一年的年度报告;

(三)最近一年的资产负债表;

(四)涉及的诉讼、仲裁案件的基本信息。

第六条 重整投资人可以通过破产重整案件信息网与破产管理人互动交流。破产管理人可以根据与重整投资人的协议向重整投资人公开下列债务人信息:

(一)资产、经营状况信息;

（二）涉及的诉讼、仲裁案件的详细信息；

（三）重整投资人需要的其他信息。

第七条 人民法院、破产管理人可以在破产重整案件信息网发布破产程序有关公告。

人民法院、破产管理人在其他媒体发布公告的，同时要在破产重整案件信息网发布公告。人民法院、破产管理人在破产重整案件信息网发布的公告具有法律效力。

第八条 经受送达人同意，人民法院可以通过破产重整案件信息网以电子邮件、移动通信等能够确认其收悉的方式送达破产程序有关法律文书，但裁定书除外。

采用前款方式送达的，以电子邮件、移动通信等到达受送达人特定系统的日期为送达日期。

4.《最高人民法院关于印发〈人民法院破产程序法律文书样式（试行）〉的通知》（法办发〔2011〕12号,2011年10月13日）

文书样式35

××××人民法院

公　告

（受理破产清算申请用）

（××××）×破字第×–×号

本院根据×××（申请人姓名或名称）的申请于××××年××月××日裁定受理×××（债务人名称）破产清算一案，并于××××年××月××日指定×××为×××（债务人名称）管理人。×××（债务人名称）的债权人应自××××年××月××日前，向×××（债务人名称）管理人（通信地址：_____；邮政编码：_____；联系电话：_____）申报债权。未在上述期限内申报债权的，可以在破产财产分配方案提交债权人会议讨论前补充申报，但对此前已进行的分配无权要求补充分配，同时要承担为审查和确认补充申报债权所产生的费用。未申报债权的，不得依照《中华人民共和国企业破产法》规定的程序行使权利。×××（债务人名称）的债务人或者财产持有人应当向×××（债务人名称）管理人清偿债务或交付财产。

本院定于××××年××月××日××时在_____(地点)召开第一次债权人会议。依法申报债权的债权人有权参加债权人会议。参加会议的债权人系法人或其他组织的,应提交营业执照、法定代表人或负责人身份证明书,如委托代理人出席会议,应提交特别授权委托书、委托代理人的身份证件或律师执业证,委托代理人是律师的还应提交律师事务所的指派函。参加会议的债权人系自然人的,应提交个人身份证明。如委托代理人出席会议,应提交特别授权委托书、委托代理人的身份证件或律师执业证,委托代理人是律师的还应提交律师事务所的指派函。

特此公告

××××年××月××日

(院印)

说明:本样式系根据《中华人民共和国企业破产法》第十四条制定,供人民法院裁定受理破产清算申请后发布公告时使用。

【参考观点】

一、为防止案件拖延,有效控制破产案件相关程序的时间,法院作出受理破产申请的裁定后,应当在法定期限内通知相关权利人和义务人。受理裁定的送达采取通知和公告两种方式。其中,通知主要是针对已知债权人,一般情况下,法院在掌握债务人的财务报告和其他资料后,比较容易了解和确定债权人,应向能够知道具体名称、联系方式的债权人发出书面通知,防止发生债权人错过申报期限的情况;当然,对无法通过发通知的未知债权人来说,公告也是送达的方式之一,产生相同的送达后果。破产程序中的公告,除送达的后果外,还具有公示的法律效果,对其他人也同样产生法律后果,例如,债务人的债务人在公告作出后,应当向管理人履行清偿债务或者交付财产的义务,如果其在明知债务人进入破产程序,仍向债务人履行给付,该部分财产最终不能归入债务人财产时,债务人的债务人对此承担相应的法律后果。[①]

二、关于公告的方式,《审理破产案件若干规定》第十七条规定,应当在

---

① 参见王东敏:《新破产法疑难解读与实务操作》,法律出版社 2007 年版,第 58 页。

国家、地方有影响的报纸上刊登公告。第十五条规定,"(一)将合议庭组成人员情况书面通知破产申请人和被申请人,并在法院公告栏张贴企业破产受理公告。公告内容应当写明:破产申请受理时间、债务人名称、申报债权的期限、地点和逾期未申报债权的法律后果、第一次债权人会议召开的日期、地点;(二)在债务人企业发布公告,要求保护好企业财产,不得擅自处理企业的账册、文书、资料、印章,不得隐匿、私分、转让、出售企业财产……"上述内容是针对破产案件审理实务中存在公告方式不规范等问题作出的规定,这些规定内容与《企业破产法》不发生冲突,实务中根据案件需要,仍可以沿用该种方式。[1]

编者说明

　　《企业破产法》规定人民法院应当自裁定受理破产申请之日起二十五日内通知已知债权人,对于其他债权人,则可以通过公告方式知悉破产受理事宜,但关于已知债权人的确定问题,实践中具有一定的争议。实务中,已知债权人可以根据债务人提交的债务清册,或者清算责任人提交的财务报告或清算报告确定,如《深圳市中级人民法院破产案件债权审核认定指引》第八条规定,已知债权人是指根据债务人提供的资料,以及通过本案卷宗或者其他途径获得的信息,初步判断对债务人享有债权并且能够查明联系方式的债权人。其他途径比如可以通过法院网上诉讼服务平台查询债务人诉讼、执行案件信息获取已知债权人信息。虽然本条文规定的通知义务人为人民法院,但亦可以由管理人协助履行通知义务,而且,管理人还可以将债权申报的注意事项、相关文书的参考范本等于协助通知时一并提供给债权人,便于为其申报债权时提供指引。对于税款债权人,管理人根据债务人提供的资料初步判断债务人欠缴税款的,应当通知相应税收征管机关申报债权。同时,"已知债权人"是个变化的过程,随着相关工作的开展,管理人可能进一步发现其他的已知债权人,为了最大限度保障债权人及时参与破产程序并行使权利,本着勤勉尽职的原则,管理人此时可以继续向该些债权人通知破产受理及相关事宜,而无须再由法院通知。

---

[1]　参见王东敏:《新破产法疑难解读与实务操作》,法律出版社 2007 年版,第 59 页。

第十五条 【债务人的有关人员的义务】自人民法院受理破产申请的裁定送达债务人之日起至破产程序终结之日,债务人的有关人员承担下列义务:

(一)妥善保管其占有和管理的财产、印章和账簿、文书等资料;

(二)根据人民法院、管理人的要求进行工作,并如实回答询问;

(三)列席债权人会议并如实回答债权人的询问;

(四)未经人民法院许可,不得离开住所地;

(五)不得新任其他企业的董事、监事、高级管理人员。

前款所称有关人员,是指企业的法定代表人;经人民法院决定,可以包括企业的财务管理人员和其他经营管理人员。

【立法·要点注释】

按照本条规定,债务人的有关人员承担的义务仅限于破产程序之中,即自法院受理破产申请的裁定送达债务人之日起至破产程序终结之日止。按照本条第二款的规定,前款所称的其他有关人员,由法院根据债务人的实际情况决定。其他经营管理人员,可以包括经理、董事、监事等。

【相关立法】

《中华人民共和国公司法》(2018年10月26日第十三届全国人民代表大会常务委员会第六次会议第四次修正)

第一百四十六条 有下列情形之一的,不得担任公司的董事、监事、高级管理人员:

(一)无民事行为能力或者限制民事行为能力;

(二)因贪污、贿赂、侵占财产、挪用财产或者破坏社会主义市场经济秩序,被判处刑罚,执行期满未逾五年,或者因犯罪被剥夺政治权利,执行期满未逾五年;

(三)担任破产清算的公司、企业的董事或者厂长、经理,对该公司、企业的破产负有个人责任的,自该公司、企业破产清算完结之日起未逾三年;

(四)担任因违法被吊销营业执照、责令关闭的公司、企业的法定代表

人,并负有个人责任的,自该公司、企业被吊销营业执照之日起未逾三年;

(五)个人所负数额较大的债务到期未清偿。

公司违反前款规定选举、委派董事、监事或者聘任高级管理人员的,该选举、委派或者聘任无效。

董事、监事、高级管理人员在任职期间出现本条第一款所列情形的,公司应当解除其职务。

【司法解释】

1.《最高人民法院关于适用〈中华人民共和国公司法〉若干问题的规定(二)》(法释〔2008〕6号,2008年5月19日;法释〔2014〕2号修正,2014年3月1日;法释〔2020〕18号修正,2021年1月1日)

第十八条　有限责任公司的股东、股份有限公司的董事和控股股东未在法定期限内成立清算组开始清算,导致公司财产贬值、流失、毁损或者灭失,债权人主张其在造成损失范围内对公司债务承担赔偿责任的,人民法院应依法予以支持。

有限责任公司的股东、股份有限公司的董事和控股股东因怠于履行义务,导致公司主要财产、账册、重要文件等灭失,无法进行清算,债权人主张其对公司债务承担连带清偿责任的,人民法院应依法予以支持。

上述情形系实际控制人原因造成,债权人主张实际控制人对公司债务承担相应民事责任的,人民法院应依法予以支持。

2.《最高人民法院关于债权人对人员下落不明或者财产状况不清的债务人申请破产清算案件如何处理的批复》(法释〔2008〕10号,2008年8月18日)

贵州省高级人民法院:

你院《关于企业法人被吊销营业执照后,依法负有清算责任的人未向法院申请破产,债权人是否可以申请被吊销营业执照的企业破产的请示》(〔2007〕黔高民二破请终字1号)收悉。经研究,批复如下:

债权人对人员下落不明或者财产状况不清的债务人申请破产清算,符合企业破产法规定的,人民法院应依法予以受理。债务人能否依据企业破产法第十一条第二款的规定向人民法院提交财产状况说明、债权债务清册等相关材料,并不影响对债权人申请的受理。

人民法院受理上述破产案件后,应当依据企业破产法的有关规定指定管理人追收债务人财产;经依法清算,债务人确无财产可供分配的,应当宣告债务人破产并终结破产程序;破产程序终结后二年内发现有依法应当追回的财产或者有应当供分配的其他财产的,债权人可以请求人民法院追加分配。

债务人的有关人员不履行法定义务,人民法院可依据有关法律规定追究其相应法律责任;其行为导致无法清算或者造成损失,有关权利人起诉请求其承担相应民事责任的,人民法院应依法予以支持。

此复

【要点注释】

该司法解释进一步明确了无法清算导致终结破产清算程序的责任追究机制。

依照《企业破产法》的规定依法清算,债务人确无财产可供分配导致的终结破产清算程序,对债务人而言是免责的结果,债务人仅以其破产财产为限承担责任,债务人破产清算程序终结后,除破产程序终结之日起二年内发现有依法应当追回的财产或者债务人有应当供分配的其他财产的,可以追加分配外,对于债务人未能依破产程序清偿的债务,原则上不再予以清偿。

而因债务人的清算义务人怠于履行义务,导致债务人主要财产、账册、重要文件等灭失无法清算而终结的,虽然债务人的法人资格因清算程序终结而终止,但其既有的民事责任并不当然消灭,而是应当由其清算义务人承担偿还责任。上述原则的确立,对于督促债务人的有关人员向法院提交财产状况说明、债权债务清册等有关材料,配合破产程序依法进行将发挥较大作用。法院在受理有关案件后,可以通过释明权的行使,明确告知债务人,其违反法律规定,拒不向法院提交有关财产状况说明等材料的,除债务人的有关直接责任人员要承担相应的法律责任外,对债务人的清算义务人而言,将可能面临直接承担债务人全部债务的法律后果。[①]

---

① 参见宋晓明、张勇健、刘敏:《〈最高人民法院关于债权人对人员下落不明或者财产状况不清的债务人申请破产清算案件如何处理的批复〉的理解与适用》,载杜万华主编:《最高人民法院企业破产与公司清算案件审判指导》,中国法制出版社2017年版,第240~241页。

【司法文件】

1.《最高人民法院关于印发〈全国法院民商事审判工作会议纪要〉的通知》（法〔2019〕254 号，2019 年 11 月 8 日）

二、关于公司纠纷案件的审理

（五）关于有限责任公司清算义务人的责任

关于有限责任公司股东清算责任的认定，一些案件的处理结果不适当地扩大了股东的清算责任。特别是实践中出现了一些职业债权人，从其他债权人处大批量超低价收购僵尸企业的"陈年旧账"后，对批量僵尸企业提起强制清算之诉，在获得人民法院对公司主要财产、账册、重要文件等灭失的认定后，根据公司法司法解释（二）第 18 条第 2 款的规定，请求有限责任公司的股东对公司债务承担连带清偿责任。有的人民法院没有准确把握上述规定的适用条件，判决没有"怠于履行义务"的小股东或者虽"怠于履行义务"但与公司主要财产、账册、重要文件等灭失没有因果关系的小股东对公司债务承担远远超过其出资数额的责任，导致出现利益明显失衡的现象。需要明确的是，上述司法解释关于有限责任公司股东清算责任的规定，其性质是因股东怠于履行清算义务致使公司无法清算所应当承担的侵权责任。在认定有限责任公司股东是否应当对债权人承担侵权赔偿责任时，应当注意以下问题：

14.【怠于履行清算义务的认定】公司法司法解释（二）第 18 条第 2 款规定的"怠于履行义务"，是指有限责任公司的股东在法定清算事由出现后，在能够履行清算义务的情况下，故意拖延、拒绝履行清算义务，或者因过失导致无法进行清算的消极行为。股东举证证明其已经为履行清算义务采取了积极措施，或者小股东举证证明其既不是公司董事会或者监事会成员，也没有选派人员担任该机关成员，且从未参与公司经营管理，以不构成"怠于履行义务"为由，主张其不应当对公司债务承担连带清偿责任的，人民法院依法予以支持。

15.【因果关系抗辩】有限责任公司的股东举证证明其"怠于履行义务"的消极不作为与"公司主要财产、账册、重要文件等灭失，无法进行清算"的结果之间没有因果关系，主张其不应对公司债务承担连带清偿责任的，人民法院依法予以支持。

16.【诉讼时效期间】公司债权人请求股东对公司债务承担连带清偿责

任,股东以公司债权人对公司的债权已经超过诉讼时效期间为由抗辩,经查证属实的,人民法院依法予以支持。

公司债权人以公司法司法解释(二)第18条第2款为依据,请求有限责任公司的股东对公司债务承担连带清偿责任的,诉讼时效期间自公司债权人知道或者应当知道公司无法进行清算之日起计算。

十、关于破产纠纷案件的审理

118.【无法清算案件的审理与责任承担】人民法院在审理债务人相关人员下落不明或者财产状况不清的破产案件时,应当充分贯彻债权人利益保护原则,避免债务人通过破产程序不当损害债权人利益,同时也要避免不当突破股东有限责任原则。

人民法院在适用《最高人民法院关于债权人对人员下落不明或者财产状况不清的债务人申请破产清算案件如何处理的批复》第3款的规定,判定债务人相关人员承担责任时,应当依照企业破产法的相关规定来确定相关主体的义务内容和责任范围,不得根据公司法司法解释(二)第18条第2款的规定来判定相关主体的责任。

上述批复第3款规定的"债务人的有关人员不履行法定义务,人民法院可依据有关法律规定追究其相应法律责任",系指债务人的法定代表人、财务管理人员和其他经营管理人员不履行《企业破产法》第15条规定的配合清算义务,人民法院可以根据《企业破产法》第126条、第127条追究其相应法律责任,或者参照《民事诉讼法》第111条的规定,依法拘留,构成犯罪的,依法追究刑事责任;债务人的法定代表人或者实际控制人不配合清算的,人民法院可以依据《出境入境管理法》第12条的规定,对其作出不准出境的决定,以确保破产程序顺利进行。

上述批复第3款规定的"其行为导致无法清算或者造成损失",系指债务人的有关人员不配合清算的行为导致债务人财产状况不明,或者依法负有清算责任的人未依照《企业破产法》第7条第3款的规定及时履行破产申请义务,导致债务人主要财产、账册、重要文件等灭失,致使管理人无法执行清算职务,给债权人利益造成损害。"有关权利人起诉请求其承担相应民事责任",系指管理人请求上述主体承担相应损害赔偿责任并将因此获得的赔偿归入债务人财产。管理人未主张上述赔偿,个别债权人可以代表全体债权人提起上述诉讼。

上述破产清算案件被裁定终结后,相关主体以债务人主要财产、账册、重要文件等重新出现为由,申请对破产清算程序启动审判监督的,人民法院不予受理,但符合《企业破产法》第 123 条规定的,债权人可以请求人民法院追加分配。

2.《最高人民法院印发〈关于审理公司强制清算案件工作座谈会纪要〉的通知》(法发〔2009〕52 号,2009 年 11 月 4 日)

39. 鉴于公司强制清算与破产清算在具体程序操作上的相似性,就公司法、公司法司法解释二,以及本会议纪要未予涉及的情形,如清算中公司的有关人员未依法妥善保管其占有和管理的财产、印章和账簿、文书资料,清算组未及时接管清算中公司的财产、印章和账簿、文书,清算中公司拒不向人民法院提交或者提交不真实的财产状况说明、债务清册、债权清册、有关财务会计报告以及职工工资的支付情况和社会保险费用的缴纳情况,清算中公司拒不向清算组移交财产、印章和账簿、文书等资料,或者伪造、销毁有关财产证据材料而使财产状况不明,股东未缴足出资、抽逃出资,以及公司董事、监事、高级管理人员非法侵占公司财产等,可参照企业破产法及其司法解释的有关规定处理。

3.《最高人民法院关于正确审理企业破产案件为维护市场经济秩序提供司法保障若干问题的意见》(法发〔2009〕36 号,2009 年 6 月 12 日)

16. 人民法院在审理债务人人员下落不明或财产状况不清的破产案件时,要从充分保障债权人合法利益的角度出发,在对债务人的法定代表人、财务管理人员、其他经营管理人员,以及出资人等进行释明,或者采取相应罚款、训诫、拘留等强制措施后,债务人仍不向人民法院提交有关材料或者不提交全部材料,影响清算顺利进行的,人民法院就现有财产对已知债权进行公平清偿并裁定终结清算程序后,应当告知债权人可以另行提起诉讼要求有责任的有限责任公司股东、股份有限公司董事、控股股东,以及实际控制人等清算义务人对债务人的债务承担清偿责任。

【参考观点】

《企业破产法》第一百二十六条、第一百二十七条、第一百二十九条规定了债务人有关人员拒不履行《企业破产法》规定的义务所应承担的法律责任。如有义务列席债权人会议的债务人的有关人员,经法院传唤,无正当理由拒不列席债权人会议的,法院可以拘传,并依法处以罚款。债务人及其有关人员违反《企业破产法》规定,拒不陈述、回答,或者作虚假陈述、回答的,法院可以依法处以罚款。债务人拒不向法院提交或者提交不真实的财产状况说明、债务清册、债权清册、有关财务会计报告以及职工工资的支付情况和社会保险费用的缴纳情况的,拒不向管理人移交财产、印章和账簿、文书等资料的,或者伪造、销毁有关财产证据材料而使财产状况不明的,法院可以对直接责任人员依法处以罚款。债务人的有关人员擅自离开住所地的,法院可以予以训诫、拘留,可以依法处以罚款。法院可以充分利用《企业破产法》的上述规定,通过对债务人有关人员责任的追究,责令其依法向法院提交有关材料,以保障破产程序的顺利进行。①

【最高人民法院裁判案例】

天津江城工贸有限公司与青岛新永安实业有限公司买卖合同纠纷案
[最高人民法院(2015)民抗字第55号]

——有限责任公司的股东、股份有限公司的董事和控股股东因怠于履行义务,导致公司主要财产、账册、重要文件等灭失,无法进行清算,债权人主张其对公司债务承担连带清偿责任的,人民法院应依法予以支持。

【案情简介】

2008年7月30日,天津工贸公司以新永安实业公司为被告诉至青岛市市南区人民法院,以青岛新永安科技有限公司(以下简称新永安科技公司)被吊销营业执照后,新永安实业公司作为新永安科技公司的股东未依法组织清算,根据《公司法》及相关司法解释的规定,应当承担赔偿责任为由,要求新永安实业公司赔偿货款人民币98141.50元,受理费、速递费人民币6968元及上述两款项的利息。

【裁判要点】

最高人民法院经审理认为,《最高人民法院关于适用〈中华人民共和国公司法〉若干问题的规定(二)》第十八条第二款规定:"有限责任公司的股

---

① 参见宋晓明、张勇健、刘敏:《〈最高人民法院关于债权人对人员下落不明或者财产状况不清的债务人申请破产清算案件如何处理的批复〉的理解与适用》,载杜万华主编:《最高人民法院企业破产与公司清算案件审判指导》,中国法制出版社2017年版,第239页。

东、股份有限公司的董事和控股股东因怠于履行义务,导致公司主要财产、账册、重要文件等灭失,无法进行清算,债权人主张其对公司债务承担连带清偿责任的,人民法院应依法予以支持。"上述司法解释确立了股东怠于履行清算义务的清偿责任。本案中,已经生效的青岛市中级人民法院(2013)青民清字第 1 号民事裁定明确指出,因新永安科技公司的财产、账册、文件、公章均已无从查找,致使无法对新永安科技公司进行强制清算,故应终结对新永安科技公司的强制清算程序。天津工贸公司可依据《最高人民法院关于适用〈中华人民共和国公司法〉若干问题的规定(二)》第十八条第二款之规定,另行诉请新永安科技公司的清算义务人即股东对新永安科技公司所负债务承担连带清偿责任。因此,新永安实业公司作为新永安科技公司的股东,其怠于履行清算义务的行为符合有限责任公司股东怠于履行清算义务清偿责任的构成要件,应当对新永安科技公司的债务承担连带清偿责任。

【案例来源】

中国裁判文书网,https://wenshu.court.gov.cn。

第十六条　【债务人个别清偿的无效】人民法院受理破产申请后,债务人对个别债权人的债务清偿无效。

【立法·要点注释】

法院受理破产申请,标志着破产程序的开始,所有债权都必须通过破产程序获得清偿。在清偿时,同一顺序的所有债权人地位平等,按债权数额的比例分配。如果法院在受理破产申请后,仍然允许债务人对个别债权人的债权进行清偿,就会造成个别债权人与其他债权人实际受偿的不平等,使得个别债权人能够全部或大部分得到清偿,而其他债权人的债权则较少得到清偿,甚至得不到清偿。为了保障在债务人破产程序启动后,所有的破产债权人都能够得到平等的清偿,有必要在受理破产申请后,禁止债务人对个别债权人的清偿,否认这种清偿的法律效力,防止债务人以个别清偿为名转移或转让企业的财产。

【相关立法】

《中华人民共和国公司法》（2018 年 10 月 26 日第十三届全国人民代表大会常务委员会第六次会议第四次修正）

第一百八十五条 清算组应当自成立之日起十日内通知债权人，并于六十日内在报纸上公告。债权人应当自接到通知书之日起三十日内，未接到通知书的自公告之日起四十五日内，向清算组申报其债权。

债权人申报债权，应当说明债权的有关事项，并提供证明材料。清算组应当对债权进行登记。

在申报债权期间，清算组不得对债权人进行清偿。

【司法解释】

《最高人民法院关于适用〈中华人民共和国企业破产法〉若干问题的规定（二）》（法释〔2013〕22 号，2013 年 9 月 16 日；法释〔2020〕18 号修正，2021 年 1 月 1 日）

第二十一条 破产申请受理前，债权人就债务人财产提起下列诉讼，破产申请受理时案件尚未审结的，人民法院应当中止审理：

（一）主张次债务人代替债务人直接向其偿还债务的；

（二）主张债务人的出资人、发起人和负有监督股东履行出资义务的董事、高级管理人员，或者协助抽逃出资的其他股东、董事、高级管理人员、实际控制人等直接向其承担出资不实或者抽逃出资责任的；

（三）以债务人的股东与债务人法人人格严重混同为由，主张债务人的股东直接向其偿还债务人对其所负债务的；

（四）其他就债务人财产提起的个别清偿诉讼。

债务人破产宣告后，人民法院应当依照企业破产法第四十四条的规定判决驳回债权人的诉讼请求。但是，债权人一审中变更其诉讼请求为追收的相关财产归入债务人财产的除外。

债务人破产宣告前，人民法院依据企业破产法第十二条或者第一百零八条的规定裁定驳回破产申请或者终结破产程序的，上述中止审理的案件应当依法恢复审理。

第二十二条　破产申请受理前,债权人就债务人财产向人民法院提起本规定第二十一条第一款所列诉讼,人民法院已经作出生效民事判决书或者调解书但尚未执行完毕的,破产申请受理后,相关执行行为应当依据企业破产法第十九条的规定中止,债权人应当依法向管理人申报相关债权。

第二十三条　破产申请受理后,债权人就债务人财产向人民法院提起本规定第二十一条第一款所列诉讼的,人民法院不予受理。

债权人通过债权人会议或者债权人委员会,要求管理人依法向次债务人、债务人的出资人等追收债务人财产,管理人无正当理由拒绝追收,债权人会议依据企业破产法第二十二条的规定,申请人民法院更换管理人的,人民法院应予支持。

管理人不予追收,个别债权人代表全体债权人提起相关诉讼,主张次债务人或者债务人的出资人等向债务人清偿或者返还债务人财产,或者依法申请合并破产的,人民法院应予受理。

【要点注释】

破产程序启动后,所有债务人财产均应纳入破产程序中一并清偿全体债权人,管理人应依法向债务人的债务人追收债权,以及向债务人的出资人追缴欠缴出资、抽逃出资、混同财产等,以实现债务人财产的完整性,保障全体债权人利益最大化。因此,破产申请受理后,所有基于债务人财产的清偿均应通过破产程序解决,而不得通过个案诉讼、仲裁或者执行等方式获得个别清偿。对此,《企业破产法解释二》作出了明确规定,即,破产申请受理前,债权人基于债务人财产提起的代位权等诉讼,在破产申请受理时案件尚未审结的,法院应当中止审理,并在破产宣告后驳回债权人的诉讼请求;破产申请受理前已经就相关案件作出了生效法律文书但尚未执行完毕的,破产申请受理后,应当中止执行,债权人应当依法向管理人申报债权;破产申请受理后,债权人就债务人财产新提起的直接清偿所欠其债务的诉讼,法院应不予受理,债权人应当依据《企业破产法》规定的程序行使权利。[①]

---

①　参见《积极追收债务人财产　充分保障债权人利益——最高人民法院民二庭负责人就〈最高人民法院关于适用《中华人民共和国企业破产法》若干问题的规定(二)〉答记者问》,载最高人民法院民事审判第二庭编著:《最高人民法院关于企业破产法司法解释理解与适用——破产法解释(一)·破产法解释(二)》,人民法院出版社2017年版,第27~28页。

【参考观点】

在理解该条款时,应当注意如下三点:第一,债务人对个别债权人实施的债务清偿无效,是指清偿债务的行为不具有法律效力,且自始就不具有法律效力。清偿债务的行为没有法律效力也就意味着受清偿的债权不受法律保护,清偿部分将被依法追回。第二,法院受理破产申请后,是指自法院裁定受理破产申请之日起,包括裁定作出的当日,不是指受理裁定送达债务人之日起。第三,法院受理破产申请后,债务人对个别债权人实施的债务清偿行为包括所有的清偿行为,不论债务是基于何种原因,也不论债务是否到期。[①]

【最高人民法院公报案例】

1. 深圳市佩奇进出口贸易有限公司与湖北银行股份有限公司宜昌南湖支行、华诚投资管理有限公司破产债权确认纠纷案[北京市第二中级人民法院(2010)二中民初字第08915号、北京市高级人民法院(2011)高民终字第853号、最高人民法院(2012)民申字第386号]

——尽管生效判决或执行裁定已认定公司股东应在出资不足部分本息范围内就公司不能清偿债务部分对公司债权人承担补充赔偿责任,但在股东实际承担补充赔偿责任前公司就已进入破产程序的情况下,股东应首先向公司补缴出资,该补缴的出资只能用于向公司所有债权人进行公平清偿,而不能向个别债权人清偿。

【案情简介】

1994年6月26日,深圳市佩奇进出口贸易有限公司(以下简称佩奇公司)在广东省深圳市依法注册成立。1998年9月29日,经深圳市工商行政管理局核准,公司股东发生变更,佩奇公司注册资本从1800万元增加至6600万元。其中,华诚投资管理有限公司(以下简称华诚公司)应注资3300万元,持有佩奇公司50%股权,但实际只投入1900万元,欠缴注册资本金1400

---

① 参见李国光主编:《新企业破产法理解与适用》,人民法院出版社2006年版,第108页。

万元。

2000 年 4 月 3 日,湖北省宜昌市中级人民法院作出(2000)宜中经初字第 6 号民事判决书,判决佩奇公司等向宜昌市商业银行股份有限公司南湖支行(以下简称南湖支行)偿还本金及利息。2000 年 7 月 28 日,宜昌市中级人民法院作出(2000)宜中执字第 110 号民事裁定书,责令佩奇公司等履行生效判决所确定的债务。2001 年 9 月 4 日,宜昌市中级人民法院作出(2000)宜中执字第 110-4 号民事裁定书,裁定追加华诚公司为本案被执行人,其应在 1400 万元投资不实的范围内向申请执行人承担责任。

2008 年 5 月 19 日,广东省深圳市中级人民法院依法受理佩奇公司破产申请。2009 年 5 月 26 日,北京市第二中级人民法院依法受理华诚公司破产申请。2009 年 6 月,南湖支行向华诚公司管理人申报债权,华诚公司管理人依法审核并确认南湖支行债权 12360939.06 元。2009 年 8 月 6 日,佩奇公司管理人向华诚公司管理人申报债权 33539111.01 元。其中,包括华诚公司欠付佩奇公司注册资金本金 1400 万元及利息 10015775 元。

2009 年 11 月 20 日,华诚公司管理人出具债权复核意见书,确认佩奇公司债权金额为本金 1400 万元,利息债权为 5479775 元(按中国人民银行五年期存款利率计算),合计 19479775 元。华诚公司管理人在扣除确认的南湖支行债权额 12360939.06 元后,确认佩奇公司债权为 7118835.94 元。2010 年 3 月,佩奇公司管理人向北京市第二中级人民法院提起诉讼,请求增加确认被扣除的债权。

【裁判要点】

北京市第二中级人民法院以本案纠纷属于股东出资纠纷立案,经审理认为,根据宜昌中院作出的(2000)宜中经初字第 6 号民事判决书及(2000)宜中执字第 110-4 号民事裁定书,华诚公司应在其投资不足的范围内向南湖支行承担责任。该案在华诚公司、佩奇公司破产清算前已经进入执行阶段,故南湖支行系华诚公司的债权人。有限责任公司的股东应以其认缴的出资额为限对公司承担责任,且根据《最高人民法院关于人民法院执行工作若干问题的规定(试行)》,被执行人的开办单位已经在注册资金范围内或接受财产的范围内向其他债权人承担了全部责任的,人民法院不得裁定开办单位重复承担责任。华诚公司在其出资不足的范围内已对南湖支行承担了 12360939.06 元的债务责任,故佩奇公司主张华诚公司应增加确认佩奇公司破产债权 12360939.06 元的诉讼主张不能成立,法院不予支持。综上,佩奇公司的诉讼理由及请求于法无据,法院不予支持。依照《公司法》第三条、第二十八条,《最高人民法院关于人民法院执行工作若干问题的规定(试行)》第80条、第82条之规定,法院判决驳回原告佩奇公司的诉讼请求。

后佩奇公司管理人代表佩奇公司依法提起上诉,北京市高级人民法院经审理认为,本案案由应为破产债权确认纠纷。对于华诚公司管理人在欠缴出资1400万元范围内认定南湖支行破产债权金额12360939.06元,余额认定为佩奇公司破产债权的确认意见,二审法院认为,(2000)宜中执字第110-4号民事裁定将佩奇公司的债务人华诚公司追加为被执行人,并未改变华诚公司向佩奇公司因出资形成的法律责任关系。现佩奇公司已经进入破产清算程序,故包括未足额缴纳的公司注册资本在内的所有公司财产均应归入佩奇公司破产财产,向佩奇公司所有债权人进行公平清偿,不应对个别债权人清偿。一审法院判决关于支持华诚公司管理人在扣除南湖支行债权额12360939.06元后,确认佩奇公司享有7118835.94元欠缴出资债权的认定,不符合《企业破产法》相关规定,二审法院予以纠正。该1400万元欠缴出资所产生的破产债权应当由佩奇公司享有,归入佩奇公司破产财产后,公平分配给包括南湖支行在内的所有佩奇公司的债权人。因此,一审法院判决认定事实有误,适用法律不当,二审法院依法予以改判。根据《企业破产法》第十六条、第十七条第一款、第三十条、第三十五条,《民事诉讼法》第一百五十三条第一款第(二)项、第(三)项之规定,判决撤销北京市第二中级人民法院上述一审民事判决;并确认佩奇公司对华诚公司享有欠缴出资债权1400万元及相应的利息债权。

后南湖支行不服北京市高级人民法院(2011)高民终字第853号民事判决,向最高人民法院申请再审。最高人民法院认为,南湖支行是以案外人的身份向本院申请再审,故不能适用《民事诉讼法》第一百七十九条的规定,因为该条适用的对象仅限于生效判决列明的当事人及其权利义务的概括继承人。《民事诉讼法》第二百零四条和《最高人民法院关于适用〈中华人民共和国民事诉讼法〉审判监督程序若干问题的解释》第五条对案外人申请再审的要件作了明确规定。依据上述规定,案外人申请再审的要件主要有两个:一是案外人须对原判决、裁定或者调解书确定的执行标的物能够主张权利;二是无法提起新的诉讼解决争议。

从本案一、二审查明的情况看,南湖支行和佩奇公司对华诚公司均享有债权,且两债权产生的原因关系是相同的,即均基于华诚公司对佩奇公司出资不到位而应承担补足出资的责任。现争议的焦点在于讼争 1400 万元破产债权的归属问题。(1)根据宜昌中院作出的(2000)宜中经初字第 6 号民事判决以及(2000)宜中法执字第 110-4 号民事裁定,华诚公司应在其出资不足的范围内向南湖支行承担责任,但该执行程序在人民法院受理破产案件后尚未执行完毕。由于破产程序是对债务人全部财产进行的概况执行,注重对所有债权的公平受偿,具有对一般债务清偿程序的排他性。因此,在佩奇公司、华诚公司先后被裁定宣告破产后,对华诚公司财产已采取保全措施和执行措施的,包括依据宜昌中院(2000)宜中法执字第 110-4 号民事裁定所采取执行措施的,都属于未执行财产,均应当依法中止执行。破产财产应在破产清算程序中一并公平分配。(2)注册资本系公司对所有债权人承担民事责任的财产保障。在股东出资不到位的情况下,如公司被裁定宣告进入破产程序,根据《企业破产法》第三十五条"人民法院受理破产申请后,债务人的出资人尚未完全履行出资义务的,管理人应当要求该出资人缴纳所认缴的出资,而不受出资期限的限制"的规定,作为股东的华诚公司应首先向佩奇公司补缴出资。依据《企业破产法》第三十条的规定,该补缴的出资应属于佩奇公司破产财产的组成部分,只能用于向佩奇公司所有债权人进行公平清偿,而不能向个别债权人清偿,否则就与《企业破产法》第十六条"人民法院受理破产申请后,债务人对个别债权人的债务清偿无效"规定相悖,侵害了佩奇公司其他债权人的合法利益。故二审判决将讼争破产债权确认归佩奇公司享有符合《企业破产法》的规定精神,南湖支行可向佩奇公司申报自己的破产债权并参与分配。综上,南湖支行关于二审判决认定华诚公司管理人不应确认南湖支行的债权,实际上剥夺了南湖支行申报债权的权利,以及二审判决适用法律错误等申请理由均不能成立。

由于讼争 1400 万元破产债权归佩奇公司享有,南湖支行对作为本案诉讼标的的上述破产债权已不能再主张权利,故其不能以案外人的身份对本案生效判决申请再审。依据《民事诉讼法》第二百零四条和《最高人民法院关于适用〈中华人民共和国民事诉讼法〉审判监督程序若干问题的解释》第五条的规定,裁定如下:驳回南湖支行的再审申请。

【案例来源】

《中华人民共和国最高人民法院公报》2012 年第 12 期(总第 194 期)、《人民司法·案例》2012 年第 22 期。

2. 黑龙江闽成投资集团有限公司与西林钢铁集团有限公司、第三人刘志平民间借贷纠纷案[黑龙江省高级人民法院(2017)黑民初 154 号、最高人民法院(2019)最高法民终 133 号]

——对于股权让与担保是否具有物权效力,应以是否已按照物权公示原则进行公示作为核心判断标准。在股权质押中,质权人可就已办理出质登记的股权优先受偿。在已将作为担保财产的股权变更登记到担保权人名下的股权让与担保中,担保权人形式上已经是作为担保标的物的股权的持有者,其就作为担保的股权所享有的优先受偿权利,更应受到保护,原则上享有对抗第三人的物权效力。当借款人进入重整程序时,确认股权让与担保权人享有优先受偿的权利,不构成《企业破产法》第十六条规定所指的个别清偿行为。

【案情简介】

2014 年 6 月 20 日,西林钢铁集团有限公司(以下简称西钢公司)为甲方、刘志平为乙方签订《协议书》,约定:"甲方向乙方借款用于银行短期倒贷,本息合计 723606136.82 元(股权比例计算说明见附件一)。现由于甲方无力偿还,西钢公司同意将其持有翠宏山公司 64%股权转让给刘志平,乙方。现甲乙双方经协商一致,就未尽事宜达成协议如下:……二、甲乙双方签订的股权转让协议的目的是以股权转让的形式保证乙方债权的实现,督促甲方按本协议的约定偿还乙方的借款。本协议约定的还款期限为:2014 年 6 月 21 日至 2015 年 6 月 20 日。……四、在本协议约定的还款期限内,甲乙双方应保证:1. 甲方应积极筹措资金偿还乙方借款,每偿还一笔借款,按还款数额相应核减乙方的持股比例。当投入逊克县翠宏山矿业有限公司的借款本息723606136.82 元、投入西钢集团哈尔滨龙某房地产开发有限公司借款490753923.74 元、西林钢铁集团有限公司借款 100000000.00 元全部还清时,乙方应将受让的逊克县翠宏山矿业有限公司的股权份额全部转回甲方或甲方指定的公司,并配合甲方办理工商变更登记手续。……五、如甲方在本协议约定的还款期限内未能偿还乙方的借款时:……利息按原借款合同约定的税后年息 18%计算,按月支付。"为履行上述约定内容,2014 年 6 月 13 日,逊克县翠宏山矿业有限公司(以下简称翠宏山公司)股东会决议同意西钢公司将其所持有的翠宏山公司 64%股权转让给刘志平,其他股东放弃优先购买权。西钢公司与翠宏山公司在工商部门办理了翠宏山公司股东变更登记。

2015 年 8 月 13 日，西钢公司为甲方、刘志平为乙方，签订《补充协议书》，约定："甲、乙双方于 2014 年 6 月 20 日签订逊克县翠宏山矿业有限公司股权转让协议书，甲方将持有的翠宏山矿业公司 64% 的股权未按对价原则阶段性转让给乙方，以保证乙方债权的安全和实现。鉴于现阶段甲方尚无力偿付对乙方的债务并回购翠宏山矿业公司 64% 的股权，且乙方也没有实质持有翠宏山矿业公司股权的意愿，为此，甲、乙双方基于实际考虑，经协商一致，达成补充协议如下：……二、甲乙双方 1 年内引进战略投资商投资翠宏山时，战略投资商用于购买乙方阶段性持有的翠宏山矿业公司股权的价款，首先用于偿还甲方对乙方的借款本息，乙方按还款比例相应减持 64% 股权比例，同时对已偿还借款停止计息。……四、若从补充协议签订之日起，1 年内甲方不能全部还清债务，乙方有权对外出售翠宏山矿业公司股权，出售价格以评估价格为基础下浮不超过 10%；出售股权比例变现的额度，不得超过未清偿借款本息和。同等条件甲方有优先回购权。五、截至 2015 年 6 月 20 日，甲方向乙方借款本息合计 849232648.54 元。若 6 个月内清偿，按年税后利率 12% 付息；若还款期限超过 6 个月部分，按年税后利率 18% 付息。利息一年一结算。六、乙方在哈尔滨龙某房地产有限公司债权未清偿部分转入翠宏山矿业公司 64% 股权中，在翠宏山矿业公司股权变卖所得价款中清偿。"

闽成公司作为甲方与作为乙方的刘志平签订《股权代持协议》，主要内容为："甲方自愿委托乙方作为甲方代表，对西钢公司所欠借款进行清算，并经甲方同意代持以下股权及利益：西钢公司持有翠宏山公司 64% 股份（7.23 亿）、龙某公司 100% 股份（4.9 亿）及以乙方名义对西钢公司欠甲方 1 亿元借款进行法院登记执行保全。乙方为名义持有人并愿意接受甲方的委托代为行使该相关股东权利及权益，甲方为代持股份的实际出资人。"

2018 年 5 月 22 日，广西物资经济开发有限公司以西钢公司不能清偿其到期债务、资产不足以清偿全部债务，且明显缺乏清偿能力为由，向黑龙江省伊春市中级人民法院申请对西钢公司进行重整。2018 年 6 月 11 日，该院作出（2018）黑 07 破申 1 号民事裁定，受理了该重整申请。

闽成公司向一审法院起诉，诉讼请求包括闽成公司对刘志平所持有翠宏山公司 64% 股权折价、拍卖、变卖所得价款有权优先受偿。

【裁判要点】

黑龙江省高级人民法院经审理认为，本案《借款合同》均约定以翠宏山公司 64% 股权提供担保，2014 年 6 月 13 日《协议书》及 2015 年 8 月 13 日《补充协议书》亦约定以股权转让的形式保证刘志平债权的实现，刘志平没有实质持有该部分股权的意愿。据此可以确认，双方签订该合同的真实目的并非真正实现股权转让，而是为了对案涉债务提供担保。但根据物权法定及物权公示的原则，其不具有物权效力，亦不具有对抗第三人的效力。同时，因西钢公司与刘志平之间没有真实转让翠宏山公司64%股权的意思，案涉翠宏山公司64%股权的实际权利人仍为西钢公司。因黑龙江省伊春市中级人民法院已于2018年6月11日受理了西钢公司的重整申请，如闽成公司以翠宏山公司64%股权优先受偿，视为对个别债权人的债务清偿，违反《企业破产法》第十六条关于"人民法院受理破产申请后，债务人对个别债权人的债务清偿无效"的规定，故闽成公司关于以翠宏山公司64%股权优先受偿的诉讼主张，一审法院不予支持。

后闽成公司与西钢公司不服一审判决，依法提起上诉。最高人民法院经审理认为，关于闽成公司是否有权就翠宏山公司64%股权优先受偿问题，双方主张的实质争议焦点在于：以翠宏山公司64%股权设定的让与担保是否具有物权效力，让与担保权人是否可因此取得就该股权价值优先受偿的权利。《最高人民法院关于进一步加强金融审判工作的若干意见》第3条规定，依法认定新类型担保的法律效力，扩宽中小微企业的融资担保方式。除符合《合同法》第五十二条规定的合同无效情形外，应当依法认定新类型担保合同有效；符合《物权法》有关担保物权规定的，还应当依法认定其物权效力。对于前述股权让与担保是否具有物权效力，应以是否已按照物权公示原则进行公示，作为核心判断标准。本案讼争让与担保中，担保标的物为翠宏山公司64%股权。《公司法》第三十二条第二款规定，公司应当将股东的姓名或者名称向公司登记机关登记；登记事项发生变更的，应当办理变更登记。未经登记或者变更登记的，不得对抗第三人。可见，公司登记机关变更登记为公司股权变更的公示方式。《物权法》第二百零八条第一款、第二百二十六条第一款及第二百二十九条规定，在股权质押中，质权人可就已办理出质登记的股权优先受偿。举轻以明重，在已将作为担保财产的股权变更登记到担保权人名下的股权让与担保中，担保权人形式上已经是作为担保标的物的股份的持有者，其就作为担保的股权享有优先受偿的权利，更应受到保护，原则上具有对抗第三人的物权效力。这也正是股权让与担保的核心价值所在。本案中，西钢公司与刘志平于2014年6月就签订《协议书》以翠宏山公司64%股权设定让与担保，债权人闽成公司代持股人刘志平和债务人西钢公司协调配合已依约办妥公司股东变更登记，形式上刘志平成为该股权的受让人。因此，刘志平依约享有的担保物权优于一般债权，具有对抗西钢公司其他一般债权人的物权效力。闽成公司主张，刘志平享有就翠宏山公司64%股权优先受偿的权利，本院予以支持。西钢公司以让与担保非法定物权，以合同当事人未约定刘志平有优先受偿权为由，否定其优先受偿主张，最高人民法院不予支持。一审判决认定该让与担保不具有物权效力和对抗第三人的效力有误，最高人民法院予以纠正。

闽成公司主张，一审判决以《企业破产法》第十六条有关禁止个别清偿之规定为由不予支持其就翠宏山公司64%股权优先受偿，属适用法律错误，应根据《企业破产法》第一百零九条规定认定其享有优先受偿的权利。西钢公司主张，只有《物权法》《担保法》规定的法定担保物权人，才可依《企业破产法》第一百零九条规定在破产程序中享有优先受偿权；如判定刘志平享有对翠宏山公司64%股权的优先受偿权，将损害其他债权人利益，对西钢公司等四十家公司破产重整造成不利影响。最高人民法院认为，认定刘志平对讼争股权享有优先受偿权，不构成《企业破产法》第十六条规定所指的个别清偿行为。《企业破产法》第十六条之所以规定人民法院受理破产申请后的个别清偿行为无效，一是因为此种个别清偿行为减少破产财产总额；二是因为此类个别清偿行为违反公平清偿原则。在当事人以股权设定让与担保并办理相应股权变更登记，且让与担保人进入破产程序时，认定让与担保权人就已设定让与担保的股权享有优先受偿权利，是让与担保法律制度的既有功能，是设立让与担保合同的目的。

最高人民法院认为，在闽成公司与西钢公司之间存在真实的债权债务关系、闽成公司与刘志平之间对于股权代持关系并无争议的情况下，闽成公司主张就翠宏山公司64%股权优先受偿，应予支持，最终裁定黑龙江闽成投资集团有限公司对刘志平持有的逊克县翠宏山矿业有限公司64%股权折价或者拍卖、变卖所得价款优先受偿。

【案例来源】

《中华人民共和国最高人民法院公报》2020年第1期（总第279期）。

【最高人民法院裁判案例】

浙江斯文新技术投资有限公司与广东证券股份有限公司、广东证券股份

有限公司广州西华路证券营业部、海通证券股份有限公司证券登记、存管、结算与客户交易结算资金纠纷案[最高人民法院(2010)民二终字第35号]

——人民法院受理破产申请后,债务人不得再对包括侵权之债的债权人在内的个别债权人清偿债务,应当在确认债权后在破产程序中一并清偿。

【案情简介】

浙江斯文新技术投资有限公司(以下简称斯文公司)在广东证券股份有限公司(以下简称广东证券公司)行政关闭和破产申请受理前,以广东证券西华路营业部擅自使用其涉案账户,致使其账户内价值5.55亿元的资产灭失为由,起诉请求判决广东证券西华路营业部和广东证券公司承担由此侵权行为造成的损失,返还挪用的资金、赔偿挪用国债造成的损失等,但在案件审理中,广东证券公司因违规经营被责令关闭并进入破产程序。

【裁判要点】

最高人民法院经审理认为:根据《企业破产法》第十六条的规定,人民法院受理破产申请后,债务人不得再向包括侵权之债的债权人在内的个别债权人清偿债务,原审法院在认定广东证券西华路营业部和广东证券公司应当承担侵权赔偿责任的基础上,基于广东证券公司进入破产程序的事实,经释明后判决确认斯文公司对广东证券公司和广东证券西华路营业部享有5.55亿元本金及相应利息的破产债权,并无不当,本院予以维持。斯文公司关于原审判决侵犯其民事处分权的上诉理由,缺乏法律依据,本院不予支持。

斯文公司上诉主张原审法院在认定广东证券西华路营业部和广东证券公司承担擅自划付其账户内资产的民事责任时,未对账户内资产是否属于客户交易结算资金性质及是否应予返还予以认定,属于重大遗漏。对此,最高人民法院认为,斯文公司案涉账户内的资金和国债在广东证券公司西华路营业部擅自划付转出后,已不存在返还账户内原有资金和国债的可能性,根据《民法通则》第一百一十七条的规定,广东证券公司西华路营业部和广东证券公司应对其侵权行为承担赔偿相应损失的民事责任,原审法院是否认定账户内资金的性质,并不影响斯文公司民事权利的保护。即使原审法院认为涉案账户内资产为客户交易结算资金的性质,因相应资产已经转出,斯文公司在广东证券公司破产程序中也无法取回相关资产。鉴于证券公司风险处置中国家对客户交易结算资金的收购,是国务院有关行政部门和金融监管机构采取的特殊行政手段,因此,对于有关债权是否属于应当收购的客户交易结算资金范畴,应由金融监管机构以及依据《个人债权及客户证券交易结算资金收购意见》成立的甄别确认小组予以确认,不属人民法院民商事案件审理的范畴。因此,原审法院对本案所涉账户资金性质未做认定并无不当。斯文公司如果对行政清理中对其账户资金性质的确认存在异议,可依据有关规定通过向行政清理组提出的方式寻求救济,本院对此亦不予审理。

【案例来源】

最高人民法院民事审判第二庭编:《金融案件审判指导(增订版)》,法律出版社 2018 年版,第 397~406 页。

第十七条　**【债务人的债务人或者财产持有人的义务】** 人民法院受理破产申请后,债务人的债务人或者财产持有人应当向管理人清偿债务或者交付财产。

债务人的债务人或者财产持有人故意违反前款规定向债务人清偿债务或者交付财产,使债权人受到损失的,不免除其清偿债务或者交付财产的义务。

【立法·要点注释】

法院受理破产申请后,应当同时指定管理人,由管理人负责接管债务人的财产。管理人由此成为债务人财产的实际控制者,依法管理和处分债务人的财产,这样有利于管理人更好地实现对债务人财产的管理,防止债务人利用各种手段隐匿和转移财产,更好地保护全体债权人和有关各方的合法权益。

在本条第一款中,“债务人的债务人”是指对债务人负担债务的人,所负担的债务既可以是法院受理破产申请前成立的,也可以是法院受理破产申请后成立的。“债务人的财产持有人”是指一切持有债务人财产的人,其持有债务人财产,既可能是依据法律规定或者双方当事人的约定而合法持有,也可能是非法持有。本条第二款规定了债务人的债务人或者财产持有人故意违反本条第一款规定的法律后果。依照这一款的规定,不免除行为人清偿债务或者交付财产的义务必须同时具备两个要件:一是行为人主观上具有故意;二是行为人的行为使债权人受到损失。

【相关立法】

《中华人民共和国民法典》(2020 年 5 月 28 日第十三届全国人民代表大会第三次会议通过,2021 年 1 月 1 日)

第五百三十七条　人民法院认定代位权成立的,由债务人的相对人向债权人履行义务,债权人接受履行后,债权人与债务人、债务人与相对人之间相应的权利义务终止。债务人对相对人的债权或者与该债权有关的从权利被采取保全、执行措施,或者债务人破产的,依照相关法律的规定处理。

【司法解释】

《最高人民法院关于适用〈中华人民共和国企业破产法〉若干问题的规定(二)》(法释〔2013〕22 号,2013 年 9 月 16 日;法释〔2020〕18 号修正,2021 年 1 月 1 日)

第十九条　债务人对外享有债权的诉讼时效,自人民法院受理破产申请之日起中断。

债务人无正当理由未对其到期债权及时行使权利,导致其对外债权在破产申请受理前一年内超过诉讼时效期间的,人民法院受理破产申请之日起重新计算上述债权的诉讼时效期间。

【参考观点】

按照《企业破产法》的规定,接管债务人的财产,以及管理和处分债务人的财产,是管理人的重要职责,自进入破产程序后,由管理人代表债务人对外接受债务清偿和财产交付。债务人的债务人必须向管理人清偿债务,财产持有人必须向管理人交付财产,方能取得法律上的效果。但是,部分债务人的债务人或者财产持有人,在债务人已经进入破产程序以后,仍然向债务人清偿债务或者交付财产,将导致管理人接管的财产不完全,从而损害了债权人的利益。因此,法院受理破产案件后,债务人的债务人或者财产持有人,应当向管理人清偿债务或者交付财产,而不能再向债务人清偿债务或者交付财产,如果向债务人清偿债务或者交付财产,使债权人受到损失的,那么债务人的债务人或者财产持有人已经实施的清偿债务或者交付财产的行为,在法律上就不能产生效力。①

【典型案例】

江苏省方强农场服装厂与美嘉利服饰有限公司破产撤销权纠纷案[南通市港闸区人民法院(2008)港民破字第 0001 号]

——公司经营发生严重亏损向人民法院申请破产清算时,如公司股东存在虚假出资或抽逃出资行为,利用公司独立法人地位损害债权人利益的,人民法院在审理过程中应由管理人追回股东出资,防止企业借破产之名达逃脱债务之实。同时,人民法院受理企业破产案件后,个别债权人从抽逃出资的股东处获得清偿行为的应认定无效,该部分财产应纳入破产财产后重新分配。

【案情简介】

江苏省方强农场服装厂(以下简称方强服装厂)因美嘉利服饰有限公司(以下简称美嘉利公司)欠其服装加工费 1907894.56 元,于 2008 年 4 月 17 日向江苏省大丰市人民法院(以下简称大丰法院)起诉美嘉利公司、公司股东孙克恩及其妻子孙玉莹。其认为该公司股东兼法定代表人孙克恩存在抽逃增资资本 200 万元的行为,请求法院判令孙克恩、孙玉莹与美嘉利公司承担民事责任,同时申请法院对美嘉利公司、孙克恩及孙玉莹夫妻财产采取财产保全措施。大丰法院经审理判决:美嘉利公司偿还方强服装厂加工费 1907894.56 元;孙克恩、孙玉莹对美嘉利公司的还款义务承担连带责任。

2008 年 7 月 14 日,江苏省南通市港闸区人民法院(以下简称港闸法院)依法裁定受理了美嘉利公司申请破产清算一案。审理期间,方强服装厂依法向美嘉利公司破产管理人申报了债权 1920193.06 元。

2009 年 7 月 30 日,大丰法院仍然对孙克恩、孙玉莹夫妻财产继续强制执行,方强服装厂进而从孙克恩、孙玉莹夫妻共同财产中获得 40 万元的清偿款。

---

① 参见李国光主编:《新企业破产法理解与适用》,人民法院出版社 2006 年版,第 109 页。

2009 年 10 月 19 日,港闸法院裁定宣告美嘉利公司破产。

2010 年 4 月,美嘉利公司管理人(南通产权交易所有限公司)依据收集和核查到的证据,并经港闸法院协调,就孙克恩涉嫌抽逃出资犯罪向南通市公安局港闸分局报案。2010 年 6 月,孙克恩向公安机关投案自首,公安机关以其涉嫌抽逃出资罪进行立案侦查。刑事诉讼期间,孙克恩将抽逃的 160 万元出资返还给了美嘉利公司管理人。

2011 年 11 月 8 日,美嘉利公司第三次债权人会议形成决议,确认方强服装厂对美嘉利公司享有 1920193.06 元债权。按照管理人拟定通过的破产财产分配方案,其应获清偿债权 598236.98 元。扣除其已于 2009 年 7 月 30 日从孙克恩夫妻共同财产中取得的 40 万元,仍应受偿 198236.98 元。

2011 年 11 月 15 日,港闸法院以抽逃出资罪对孙克恩判处罚金 20 万元。孙克恩服判未上诉。

2011 年 11 月 16 日,方强服装厂向港闸法院递交申请书,请求法院撤销债权人会议将其已通过大丰法院执行获得的孙克恩夫妻共同财产 40 万元纳入破产财产中进行分配的决议。理由是申请人已获清偿的 40 万元是孙克恩夫妻共同财产而非美嘉利公司企业财产;债权人会议决议还未考虑申请人追讨该债权的成本费用。

【裁判要点】

港闸法院经审理认为,该院于 2008 年 7 月 14 日裁定受理美嘉利公司破产清算案。申请人作为美嘉利公司的债权人享有与其他普通债权人相同的民事权利,在破产财产分配上并无优先权。孙克恩作为美嘉利公司股东,通过抽逃股权出资手段滥用公司法人独立地位和股东有限责任,逃避公司债务,严重损害了公司债权人利益,对公司负有抽逃出资债务,依法应对公司破产清算前公司的所有债权人承担公司债务的连带责任。

根据《企业破产法》相关规定,人民法院受理破产申请后,有关债务人财产的保全措施应当解除,执行程序应当中止;人民法院受理破产申请后,申请破产企业的债务人或者财产持有人应当向管理人清偿债务或者交付财产。孙克恩因抽逃公司股权出资对公司负有返还出资的债务,作为公司的债务人及公司财产持有人孙克恩及其妻子孙玉莹,在法院受理公司破产清算案后,应当向管理人清偿债务或者交付财产。而申请人方强服装厂在公司破产清算期间仍然申请大丰法院对生效判决进行执行,于 2009 年 7 月 30 日从孙克恩夫妻共同财产中受偿债权 40 万元,违反了《企业破产法》的有关规定,该清偿行为无效。

由于该 40 万元本应纳入公司破产财产范围对所有公司债权人进行依法分配,故债权人会议通过将该 40 万元纳入破产财产中进行分配的决议符合法律规定,法院予以支持。至于申请人方强服装厂提出的因向孙克恩追讨债权发生的追索费用在破产财产分配时应予考虑的主张,法院认为由于此前申请人并未向管理人提出,建议申请人另行申报,由管理人在剩余破产财产中作为破产费用和共益债务予以考虑,该意见并不妨碍管理人对债权人会议决议的执行。

故港闸法院依照《企业破产法》第十七条、第十九条、第六十四条之规定,裁定驳回方强服装厂撤销债权人会议决议的申请。

【案例来源】

《人民司法·案例》2012 年第 6 期。

第十八条　【破产申请受理前成立的合同的继续履行与解除】人民法院受理破产申请后,管理人对破产申请受理前成立而债务人和对方当事人均未履行完毕的合同有权决定解除或者继续履行,并通知对方当事人。管理人自破产申请受理之日起二个月内未通知对方当事人,或者自收到对方当事人催告之日起三十日内未答复的,视为解除合同。

管理人决定继续履行合同的,对方当事人应当履行;但是,对方当事人有权要求管理人提供担保。管理人不提供担保的,视为解除合同。

【立法·要点注释】

根据本条规定,只有对破产申请受理前成立而双方均未履行完毕的合同,管理人才有决定继续履行合同或者解除合同的权利。此种合同要同时具备两个条件:一是合同成立的时间,必须是在破产申请受理前,即破产程序开始前;二是该合同的双方当事人均未履行完毕,包括双方当事人均未开始履行、双方均已开始履行但是均未履行完毕、一方已经开始履行但是未履行完毕同时另一方尚未开始履行这三种情形。管理人对破产申请受理前成立而债务人和对方当事人均未履行完毕的合同,应当按照债务人财产最大化的原则,行使决定继续履行或者解除的选择权。如果管理人决定继续履行,双方当事人都应当履行合同。如果管理人决定解除合同,对方当事人仅得以合同不履行所产生的损害赔偿请求权申报债权。

【相关立法】

《中华人民共和国民法典》(2020 年 5 月 28 日第十三届全国人民代表大会第三次会议通过,2021 年 1 月 1 日)

第五百六十二条 当事人协商一致,可以解除合同。

当事人可以约定一方解除合同的事由。解除合同的事由发生时,解除权人可以解除合同。

第五百六十三条 有下列情形之一的,当事人可以解除合同:

(一)因不可抗力致使不能实现合同目的;

(二)在履行期限届满之前,当事人一方明确表示或者以自己的行为表明不履行主要债务;

(三)当事人一方迟延履行主要债务,经催告后在合理期限内仍未履行;

(四)当事人一方迟延履行债务或者有其他违约行为致使不能实现合同目的;

(五)法律规定的其他情形。

以持续履行的债务为内容的不定期合同,当事人可以随时解除合同,但是应当在合理期限之前通知对方。

第五百六十四条 法律规定或者当事人约定解除权行使期限,期限届满当事人不行使的,该权利消灭。

法律没有规定或者当事人没有约定解除权行使期限,自解除权人知道或者应当知道解除事由之日起一年内不行使,或者经对方催告后在合理期限内不行使的,该权利消灭。

第五百六十五条 当事人一方依法主张解除合同的,应当通知对方。合同自通知到达对方时解除;通知载明债务人在一定期限内不履行债务则合同自动解除,债务人在该期限内未履行债务的,合同自通知载明的期限届满时解除。对方对解除合同有异议的,任何一方当事人均可以请求人民法院或者仲裁机构确认解除行为的效力。

当事人一方未通知对方,直接以提起诉讼或者申请仲裁的方式依法主张解除合同,人民法院或者仲裁机构确认该主张的,合同自起诉状副本或者仲裁申请书副本送达对方时解除。

第五百六十六条　合同解除后,尚未履行的,终止履行;已经履行的,根据履行情况和合同性质,当事人可以请求恢复原状或者采取其他补救措施,并有权请求赔偿损失。

合同因违约解除的,解除权人可以请求违约方承担违约责任,但是当事人另有约定的除外。

主合同解除后,担保人对债务人应当承担的民事责任仍应当承担担保责任,但是担保合同另有约定的除外。

第六百四十一条　当事人可以在买卖合同中约定买受人未履行支付价款或者其他义务的,标的物的所有权属于出卖人。

出卖人对标的物保留的所有权,未经登记,不得对抗善意第三人。

【司法解释】

1.《最高人民法院关于适用〈中华人民共和国企业破产法〉若干问题的规定(二)》(法释〔2013〕22 号,2013 年 9 月 16 日;法释〔2020〕18 号修正,2021 年 1 月 1 日)

第三十四条　买卖合同双方当事人在合同中约定标的物所有权保留,在标的物所有权未依法转移给买受人前,一方当事人破产的,该买卖合同属于双方均未履行完毕的合同,管理人有权依据企业破产法第十八条的规定决定解除或者继续履行合同。

【要点注释】

《企业破产法》第十八条之所以规定债务人的管理人对未履行完毕的合同有解除权,是因为债务人已经进入破产程序,在很多情况下已经不再具备继续履行合同的能力,尤其是在债务人进入破产清算程序后,原则上只应在清算目的范围内活动,所以对未履行完毕的合同可以决定不再履行。[①]

第三十六条　出卖人破产,其管理人决定解除所有权保留买卖合同,并依据企业破产法第十七条的规定要求买受人向其交付买卖标的物的,人民法

---

① 参见最高人民法院民事审判第二庭编著:《最高人民法院关于企业破产法司法解释理解与适用——破产法解释(一)·破产法解释(二)》,人民法院出版社 2017 年版,第387 页。

院应予支持。

买受人以其不存在未依约支付价款或者履行完毕其他义务,或者将标的物出卖、出质或者作出其他不当处分情形抗辩的,人民法院不予支持。

买受人依法履行合同义务并依据本条第一款将买卖标的物交付出卖人管理人后,买受人已支付价款损失形成的债权作为共益债务清偿。但是,买受人违反合同约定,出卖人管理人主张上述债权作为普通破产债权清偿的,人民法院应予支持。

第三十八条 买受人破产,其管理人决定解除所有权保留买卖合同,出卖人依据企业破产法第三十八条的规定主张取回买卖标的物的,人民法院应予支持。

出卖人取回买卖标的物,买受人管理人主张出卖人返还已支付价款的,人民法院应予支持。取回的标的物价值明显减少给出卖人造成损失的,出卖人可从买受人已支付价款中优先予以抵扣后,将剩余部分返还给买受人;对买受人已支付价款不足以弥补出卖人标的物价值减损损失形成的债权,出卖人主张作为共益债务清偿的,人民法院应予支持。

2.《最高人民法院关于〈中华人民共和国企业破产法〉施行时尚未审结的企业破产案件适用法律若干问题的规定》(法释〔2007〕10 号,2007 年 6 月1 日)

第二条 清算组在企业破产法施行前未通知或者答复未履行完毕合同的对方当事人解除或者继续履行合同的,从企业破产法施行之日起计算,在该法第十八条第一款规定的期限内未通知或者答复的,视为解除合同。

【参考观点】

合同的解除包括约定解除和法定解除两种情况。法定解除是指非基于当事人的约定,当法律所规定的解除合同的事由出现时,当事人即可依据法律的规定解除合同。法院受理破产申请后,管理人对债务人未履行完毕合同的解除,应属于法定解除的一个特别规定,其解除的对象为破产申请受理前成立的债务人和对方当事人均未履行完毕的合同。其中,债务人或者对方当事人一方已经履行完毕的合同则不在此列。①

【最高人民法院指导性案例】

通州建总集团有限公司诉安徽天宇化工有限公司别除权纠纷案（最高人民法院指导案例 73 号）

——符合《企业破产法》第十八条规定的情形，建设工程施工合同视为解除的，承包人行使优先受偿权的期限应自合同解除之日起计算，即因发包人的原因，合同解除或终止履行时已经超出合同约定的竣工日期的，承包人行使优先受偿权的期限自合同解除之日起计算。

【基本案情】

2006 年 3 月，安徽天宇化工有限公司（以下简称安徽天宇公司）与通州建总集团有限公司（以下简称通州建总公司）签订了一份《建设工程施工合同》，安徽天宇公司将其厂区一期工程生产厂区的土建、安装工程发包给通州建总公司承建，合同约定，开工日期暂定于 2006 年 4 月 28 日（以实际开工报告为准），竣工日期约定为 2007 年 3 月 1 日，合同工期总日历天数 300 天。发包方不按合同约定支付工程款，双方未达成延期付款协议，承包人可停止施工，由发包人承担违约责任。后双方又签订一份《合同补充协议》，对支付工程款又做了新的约定，并约定厂区工期为 113 天，生活区工期为 266 天。2006 年 5 月 23 日，监理公司下达开工令，通州建总公司遂组织施工，2007 年安徽天宇公司厂区的厂房等主体工程完工。后因安徽天宇公司未按合同约定支付工程款，致使工程停工，该工程至今未竣工。2011 年 7 月 30 日，双方在仲裁期间达成和解协议，约定如处置安徽天宇公司土地及建筑物偿债时，通州建总公司的工程款可优先受偿。后安徽天宇公司因不能清偿到期债务，江苏宏远建设集团有限公司向安徽省滁州市中级人民法院（以下简称滁州中院）申请安徽天宇公司破产。滁州中院于 2011 年 8 月 26 日作出（2011）滁民二破字第 00001 号民事裁定，裁定受理破产申请。2011 年 10 月 10 日，通州建总公司向安徽天宇公司破产管理人申报债权并主张对该工程享有优先

① 参见最高人民法院民事审判第二庭编著：《最高人民法院关于企业破产法司法解释理解与适用——破产管理人制度·新旧破产法衔接》，人民法院出版社 2007 年版，第 201 页。

受偿权。2013年7月19日,滁州中院作出(2011)滁民二破字第00001-2号民事裁定,宣告安徽天宇公司破产清算。通州建总公司于2013年8月27日提起诉讼,请求确认其债权享有优先受偿权。

【裁判结果】

滁州中院于2014年2月28日作出(2013)滁民一初字第00122号民事判决:确认原告通州建总公司对申报的债权就其施工的被告安徽天宇公司生产厂区土建、安装工程享有优先受偿权。宣判后,安徽天宇公司提出上诉。安徽省高级人民法院于2014年7月14日作出(2014)皖民一终字第00054号民事判决,驳回上诉,维持原判。

【裁判理由】

法院生效裁判认为:本案双方当事人签订的建设工程施工合同虽约定了工程竣工时间,但涉案工程因安徽天宇公司未能按合同约定支付工程款导致停工。现没有证据证明在工程停工后至法院受理破产申请前,双方签订的建设施工合同已经解除或终止履行,也没有证据证明在法院受理破产申请后,破产管理人决定继续履行合同。根据《企业破产法》第十八条"人民法院受理破产申请后,管理人对破产申请受理前成立而债务人和对方当事人均未履行完毕的合同有权决定解除或者继续履行,并通知对方当事人。管理人自破产申请受理之日起二个月未通知对方当事人,或者自收到对方当事人催告之日起三十日内未答复的,视为解除合同"之规定,涉案建设工程施工合同在法院受理破产申请后已实际解除,本案建设工程无法正常竣工。按照最高人民法院全国民事审判工作会议纪要精神,因发包人的原因,合同解除或终止履行时已经超出合同约定的竣工日期的,承包人行使优先受偿权的期限自合同解除之日起计算,安徽天宇公司要求按合同约定的竣工日期起算优先受偿权行使时间的主张,缺乏依据,不予采信。2011年8月26日,法院裁定受理对安徽天宇公司的破产申请,2011年10月10日通州建总公司向安徽天宇公司的破产管理人申报债权并主张工程款优先受偿权,因此,通州建总公司主张优先受偿权的时间是2011年10月10日。安徽天宇公司认为通州建总公司行使优先受偿权的时间超过了破产管理之日六个月,与事实不符,不予支持。

【案例来源】

《最高人民法院关于发布第15批指导性案例的通知》(法〔2016〕449号,2016年12月28日)。

【最高人民法院裁判案例】

1. 石家庄宝石集团电视机厂与石家庄市冀发商贸有限公司租赁合同纠纷再审案[最高人民法院(2012)民提字第73号]

——《企业破产法》第十八条适用的情形是在该法律施行后受理破产案件同时指定管理人的情形,而非施行前受理的破产申请,但于施行后指定清算组为管理人的情形。且无论是《企业破产法》第十八条还是《企业破产法施行时尚未审结案件若干规定》第二条,都是为了在破产程序中尽快明确合同双方的权利义务,如管理人在法定期间内没有行使选择继续履行合同的权利,即丧失了要求对方继续履行的权利。

【案情简介】

1998年11月11日,石家庄宝石集团电视机厂(以下简称电视机厂)与石家庄市冀发商贸有限公司(以下简称冀发商贸)签订《租赁办公楼协议》,协议约定:电视机厂将办公楼一幢5046平方米、警卫室200平方米、收发室100平方米租赁给冀发商贸做办公楼使用,租期为15年,自1999年1月至2013年12月31日止,月租金为6.8万元。2000年8月30日,电视机厂同意冀发商贸对租赁房屋享有转租权。协议签订后,双方均按协议履行了约定的义务。

2005年12月16日,法院受理电视机厂的破产申请,2005年12月20日成立石家庄宝石集团电视机厂监管组,2007年11月12日宣告电视机厂破产,2007年12月29日指定清算组为管理人。2005年12月电视机厂申请破产后,一直由电视机厂收取租赁费用,后变更为管理人收取,直至2009年7月。2009年7月30日,电视机厂管理人所发出的《解除〈租赁办公楼协议〉通知书》,内容为:"冀发商贸有限公司:贵单位与石家庄宝石集团电视机厂于1998年11月签订了《租赁办公楼协议》。目前,石家庄宝石集团电视机厂已经石家庄市中级人民法院宣告破产并进入破产程序。按照《企业破产法》之规定,现石家庄宝石集团电视机厂管理人向你发出书面通知,自即日起解除合同。"

2009年8月17日,冀发商贸向河北省石家庄市中级人民法院提起诉讼,请求确认电视机厂管理人向冀发商贸发出的《解除〈租赁办公楼协议〉通知书》无效。

【裁判要点】

最高人民法院经审理认为,2009 年 7 月 30 日电视机厂管理人所发出的《解除〈租赁办公楼协议〉通知书》载明:"按照《企业破产法》之规定,现石家庄宝石集团电视机厂管理人向你发出书面通知,自即日起解除合同。"首先,电视机厂的破产申请受理于 2005 年 12 月 16 日,即电视机厂的破产申请发生在《企业破产法》颁布实施之前,故电视机厂的破产程序应适用《企业破产法(试行)》的相关规定。《企业破产法(试行)》第二十六条规定:"对破产企业未履行的合同,清算组可以决定解除或者继续履行。清算组决定解除合同,另一方当事人因合同解除受到损害的,其损害赔偿额作为破产债权。"根据该条规定,对于破产企业已经在履行的合同,清算组不能单方决定解除。其次,《企业破产法》第十八条适用的情形是在新法施行后受理破产案件同时指定管理人的情形,而不是本案中 2005 年 12 月 16 日受理电视机厂的破产申请,2007 年 12 月 29 日指定清算组为管理人的情形。且无论是《企业破产法》第十八条还是《企业破产法施行时尚未审结案件若干规定》第二条,都是为了在破产程序中尽快明确合同双方的权利义务,如管理人在法定期间内没有行使选择继续履行合同的权利,即丧失了要求对方继续履行的权利,而不是双方已经在持续履行合同的情况下如果管理人未明确通知对方继续履行合同即推定解除合同。本案中,冀发商贸自 1999 年起按约定向电视机厂支付租金直至 2009 年 7 月,2005 年 12 月电视机厂进入破产程序后,租金先由监管组收取后改为管理人收取。但无论是由监管组收取租金还是管理人收取租金,其都是在代表电视机厂收取,所获利益归为电视机厂财产。电视机厂在破产申请受理后继续收取冀发商贸租金的行为表明,电视机厂和冀发商贸一直在以实际行为继续履行双方于 1999 年签订的《租赁办公楼协议》。因此,在该合同的持续履行期间,电视机厂管理人在破产申请受理近四年后单方以通知形式解除《租赁办公楼协议》缺乏法律依据,电视机厂管理人依据《企业破产法》向冀发商贸发出的《解除〈租赁办公楼协议〉通知书》应为无效。

综上,最高人民法院认定二审判决虽适用法律错误,但判决结果正确。依照《企业破产法(试行)》第二十六条、《民事诉讼法》第一百八十六条第一款的规定,判决:维持河北省高级人民法院(2011)冀民二终字第 9 号民事判决。

【案例来源】

《人民司法·案例》2012 年第 6 期。

2. 深圳市湘钢实业有限公司与深圳市科盛达实业有限公司普通破产债权确认纠纷再审案[最高人民法院(2016)最高法民申 3384 号]

——在合同尚未履行完毕的情况下,一方当事人进入破产程序的,除非管理人选择继续履行的合同可以继续履行外,其他合同均应解除。

【案情简介】

深圳市湘钢实业有限公司(以下简称湘钢公司)与深圳市科盛达实业有限公司(以下简称科盛达公司)于 2007 年 7 月 3 日签订合同约定,对于科盛达公司在深圳市蛇口渔业二村 A2 地块宗地号 K704-17 地段土地上兴建的楼宇,湘钢公司自愿购买其第五层,建筑面积为 1023.16 平方米,第六层至第十层建筑面积为 4538.7 平方米,合计 5561.86 平方米;双方同意上述楼宇单价为 4000 元/平方米,合计 13672000 元整;科盛达公司以该面积楼房抵付湘钢公司的所欠钢材款 13672000 元,如科盛达公司在土地证下发后十日内将欠款及原钢材购销合同的违约金付清,湘钢公司同意科盛达公司将楼收回;科盛达公司无权单方终止合同,将楼宇出售他人,出售之款不足以还清湘钢公司之款时,湘钢公司可向科盛达公司追索。合同签订后,因案涉房屋未进行竣工验收、未办理初始登记手续,尚未具备过户登记至湘钢公司名下的条件,在科盛达公司于 2013 年 6 月 3 日被深圳市中级人民法院受理破产清算时,上述案涉合同尚未履行完毕。湘钢公司起诉要求继续履行合同。

【裁判要点】

最高人民法院经审查认为,在合同尚未履行完毕的情况下,合同一方当事人进入破产程序的,除非根据《企业破产法》第十八条的规定管理人选择继续履行的合同可以继续履行外,其他合同均应解除。破产法将是否继续履行合同的权利特别赋予管理人一方,即只有在管理人基于破产财产最大化考量基础上,单方决定继续履行合同的情况下,该未履行完毕的合同才能继续履行,否则,合同均应解除。

据此,在科盛达公司已经进入破产程序的情况下,案涉合同是否继续履行当由管理人决定,湘钢公司在没有证据证明管理人决定继续履行合同的情况下,单方主张继续履行合同没有法律依据。并且,湘钢公司继续履行案涉合同的主张,实质上是要求科盛达公司对其原有债权在破产程序之外给予全额、个别清偿,而其未能举证证明其就该债权享有优先受偿权,湘钢公司的主张无疑将损害科盛达公司其他债权人的权益,有违《企业破产法》第十六条有关人民法院受理破产申请后,债务人不得对个别债权人为债务清偿之规定,故原判决对该主张不予支持并无不当。湘钢公司以科盛达公司具备继续履行案涉合同的能力为由,主张继续履行该合同于法无据,法院不予支持。

【案例来源】

无讼网,http://www.itslaw.com。

编者说明

实务中,待履行合同所涉及的合同种类纷繁复杂,因《企业破产法》未明确规定"双方均未履行完毕合同"的判断标准,管理人、合同相对人经常就合同是否履行完毕发生争议。从司法实践来看,合同未履行完毕应做限缩解释,指的是当事人之间约定的主、从给付义务尚未履行完毕,对于双务合同的一方当事人仅剩附随义务未履行完毕的合同,因当事人已履行主要义务,继续履行合同不会导致债务人财产价值的减少,故不应认定为双方均未履行完毕合同。

第十九条　【保全措施解除与执行程序中止】人民法院受理破产申请后,有关债务人财产的保全措施应当解除,执行程序应当中止。

【立法·要点注释】

执行程序是指法院按照已经发生法律效力的判决、裁定或者仲裁机构的裁决等法律文书,运用国家司法权,依据法定程序迫使被执行人实现法律文书确定的内容的行为及其程序。与财产保全措施的目的相一致,执行程序的目的同样是为了实现个别清偿,与《企业破产法》所要实现的概括式公平清偿目的不符。因此,法院受理破产申请后,有关债务人财产的执行程序应当中止,即使法院已经接受了当事人的执行申请,也不应当将生效的判决、裁定、支付令等交付执行机构执行;法院正在实施的执行措施,如冻结、划拨存款、扣押、变卖财产等,也应当中止。

【相关立法】

《中华人民共和国民事诉讼法》(2021 年 12 月 24 日第十三届全国人民代表大会常务委员会第三十二次会议第四次修正)

第二百四十条　执行完毕后,据以执行的判决、裁定和其他法律文书确有错误,被人民法院撤销的,对已被执行的财产,人民法院应当作出裁定,责令取得财产的人返还;拒不返还的,强制执行。

第二百六十三条　有下列情形之一的,人民法院应当裁定中止执行:

(一)申请人表示可以延期执行的;

(二)案外人对执行标的提出确有理由的异议的;

(三)作为一方当事人的公民死亡,需要等待继承人继承权利或者承担义务的;

(四)作为一方当事人的法人或者其他组织终止,尚未确定权利义务承受人的;

(五)人民法院认为应当中止的情形消失后,恢复执行。

【司法解释】

1.《最高人民法院关于适用〈中华人民共和国民事诉讼法〉的解释》(法释〔2015〕5 号,2015 年 2 月 4 日;法释〔2020〕20 号修正,2021 年 1 月 1 日;法释〔2022〕11 号修正,2022 年 4 月 10 日)

第四百九十一条　拍卖成交或者依法定程序裁定以物抵债的,标的物所有权自拍卖成交裁定或者抵债裁定送达买受人或者接受抵债物的债权人时转移。

第五百一十一条　在执行中,作为被执行人的企业法人符合企业破产法第二条第一款规定情形的,执行法院经申请执行人之一或者被执行人同意,应当裁定中止对该被执行人的执行,将执行案件相关材料移送被执行人住所地人民法院。

第五百一十三条　被执行人住所地人民法院裁定受理破产案件的,执行法院应当解除对被执行人财产的保全措施。被执行人住所地人民法院裁定宣告被执行人破产的,执行法院应当裁定终结对该被执行人的执行。

被执行人住所地人民法院不受理破产案件的,执行法院应当恢复执行。

2.《最高人民法院关于适用〈中华人民共和国企业破产法〉若干问题的规定(二)》(法释〔2013〕22 号,2013 年 9 月 16 日;法释〔2020〕18 号修正,2021 年 1 月 1 日)

第五条 破产申请受理后,有关债务人财产的执行程序未依照企业破产法第十九条的规定中止的,采取执行措施的相关单位应当依法予以纠正。依法执行回转的财产,人民法院应当认定为债务人财产。

【要点注释】

鉴于破产程序启动后,所有针对债务人财产的执行程序均应停止,以保障债务人以及全体债权人的利益,进而维护债权的公平清偿秩序。依法执行回转的财产,法院应当认定为债务人财产。在执行回转中,属于现金款项的,退还现金;是财物的,能恢复原状的恢复原状,能返还原物的则返还原物,若因执行机关或执行申请人导致财物毁损灭失的,要承担折价抵偿或损害赔偿责任。如果执行回转的标的存有孳息的,应当一并回转。[①]

第六条 破产申请受理后,对于可能因有关利益相关人的行为或者其他原因,影响破产程序依法进行的,受理破产申请的人民法院可以根据管理人的申请或者依职权,对债务人的全部或者部分财产采取保全措施。

第七条 对债务人财产已采取保全措施的相关单位,在知悉人民法院已裁定受理有关债务人的破产申请后,应当依照企业破产法第十九条的规定及时解除对债务人财产的保全措施。

第八条 人民法院受理破产申请后至破产宣告前裁定驳回破产申请,或者依据企业破产法第一百零八条的规定裁定终结破产程序的,应当及时通知原已采取保全措施并已依法解除保全措施的单位按照原保全顺位恢复相关保全措施。

在已依法解除保全的单位恢复保全措施或者表示不再恢复之前,受理破产申请的人民法院不得解除对债务人财产的保全措施。

---

① 参见最高人民法院民事审判第二庭编著:《最高人民法院关于企业破产法司法解释理解与适用——破产法解释(一)·破产法解释(二)》,人民法院出版社 2017 年版,第155 页。

第十五条　债务人经诉讼、仲裁、执行程序对债权人进行的个别清偿,管理人依据企业破产法第三十二条的规定请求撤销的,人民法院不予支持。但是,债务人与债权人恶意串通损害其他债权人利益的除外。

【要点注释】

中止执行的具体情况如下:对已提起但尚未执行完毕的执行程序应当中止;诉讼已经审结但尚未申请或移送执行的,不得再提起新的执行程序。债权人凭生效的法律文书向管理人申报债权。但对于已执行终结的程序以及已部分执行完毕的财产,该规定无溯及力。①

第二十二条　破产申请受理前,债权人就债务人财产向人民法院提起本规定第二十一条第一款所列诉讼,人民法院已经作出生效民事判决书或者调解书但尚未执行完毕的,破产申请受理后,相关执行行为应当依据企业破产法第十九条的规定中止,债权人应当依法向管理人申报相关债权。

【司法文件】

1.《国家发展改革委、最高人民法院、财政部、人力资源社会保障部、自然资源部、住房和城乡建设部、人民银行、国资委、海关总署、税务总局、市场监管总局、银保监会、证监会关于推动和保障管理人在破产程序中依法履职进一步优化营商环境的意见》(发改财金规〔2021〕274 号,2021 年 2 月 25 日)

(十八)依法解除破产企业财产保全措施。人民法院裁定受理企业破产案件后,管理人持受理破产申请裁定书和指定管理人决定书,依法向有关部门、金融机构申请解除对破产企业财产的查封、扣押、冻结等保全措施的,相关部门和单位应当根据企业破产法规定予以支持配合。保全措施解除后,管理人应当及时通知原采取保全措施的相关部门和单位。管理人申请接管、处置海关监管货物的,应当先行办结海关手续,海关应当对管理人办理相关手续提供便利并予以指导。(最高人民法院、自然资源部、人民银行、海关总署、税务总局、银保监会、证监会等按职责分工负责)

---

①　参见最高人民法院民事审判第二庭编著:《最高人民法院关于企业破产法司法解释理解与适用——破产法解释(一)·破产法解释(二)》,人民法院出版社 2017 年版,第152 页。

2.《最高人民法院关于印发〈全国法院民商事审判工作会议纪要〉的通知》(法〔2019〕254 号,2019 年 11 月 8 日)

109.【受理后债务人财产保全措施的处理】要切实落实破产案件受理后相关保全措施应予解除、相关执行措施应当中止、债务人财产应当及时交付管理人等规定,充分运用信息化技术手段,通过信息共享与整合,维护债务人财产的完整性。相关人民法院拒不解除保全措施或者拒不中止执行的,破产受理人民法院可以请求该法院的上级人民法院依法予以纠正。对债务人财产采取保全措施或者执行措施的人民法院未依法及时解除保全措施、移交处置权,或者中止执行程序并移交有关财产的,上级人民法院应当依法予以纠正。相关人员违反上述规定造成严重后果的,破产受理人民法院可以向人民法院纪检监察部门移送其违法审判责任线索。

人民法院审理企业破产案件时,有关债务人财产被其他具有强制执行权力的国家行政机关,包括税务机关、公安机关、海关等采取保全措施或者执行程序的,人民法院应当积极与上述机关进行协调和沟通,取得有关机关的配合,参照上述具体操作规程,解除有关保全措施,中止有关执行程序,以便保障破产程序顺利进行。

3.《最高人民法院关于印发〈全国法院破产审判工作会议纪要〉的通知》(法〔2018〕53 号,2018 年 3 月 4 日)

40. 执行法院的审查告知、释明义务和移送职责。执行部门要高度重视执行与破产的衔接工作,推动符合条件的执行案件向破产程序转移。执行法院发现作为被执行人的企业法人符合企业破产法第二条规定的,应当及时询问当事人是否同意将案件移送破产审查并释明法律后果。执行法院作出移送决定后,应当书面通知所有已知执行法院,执行法院均应中止对被执行人的执行程序。

42. 破产案件受理后查封措施的解除或查封财产的移送。执行法院收到破产受理裁定后,应当解除对债务人财产的查封、扣押、冻结措施;或者根据破产受理法院的要求,出具函件将查封、扣押、冻结财产的处置权交破产受理法院。破产受理法院可以持执行法院的移送处置函件进行续行查封、扣押、冻结,解除查封、扣押、冻结,或者予以处置。

执行法院收到破产受理裁定拒不解除查封、扣押、冻结措施的,破产受理法院可以请求执行法院的上级法院依法予以纠正。

4.《最高人民法院印发〈关于执行案件移送破产审查若干问题的指导意见〉的通知》（法发〔2017〕2 号，2017 年 1 月 20 日）

8. 执行法院作出移送决定后，应当书面通知所有已知执行法院，执行法院均应中止对被执行人的执行程序。但是，对被执行人的季节性商品、鲜活、易腐烂变质以及其他不宜长期保存的物品，执行法院应当及时变价处置，处置的价款不作分配。受移送法院裁定受理破产案件的，执行法院应当在收到裁定书之日起七日内，将该价款移交受理破产案件的法院。

案件符合终结本次执行程序条件的，执行法院可以同时裁定终结本次执行程序。

9. 确保对被执行人财产的查封、扣押、冻结措施的连续性，执行法院决定移送后、受移送法院裁定受理破产案件之前，对被执行人的查封、扣押、冻结措施不解除。查封、扣押、冻结期限在破产审查期间届满的，申请执行人可以向执行法院申请延长期限，由执行法院负责办理。

17. 执行法院收到受移送法院受理裁定时，已通过拍卖程序处置且成交裁定已送达买受人的拍卖财产，通过以物抵债偿还债务且抵债裁定已送达债权人的抵债财产，已完成转账、汇款、现金交付的执行款，因财产所有权已经发生变动，不属于被执行人的财产，不再移交。

5.《最高人民法院关于依法开展破产案件审理积极稳妥推进破产企业救治和清算工作的通知》（法〔2016〕169 号，2016 年 5 月 6 日）

五、认真做好执行程序与破产程序的衔接。各地法院要按照《企业破产法》和《最高人民法院关于适用〈中华人民共和国民事诉讼法〉的解释》有关规定，做好执行程序转入破产程序的衔接工作。执行法院要充分利用执行信息平台和相关信息资源，及时汇集针对同一企业的执行案件信息，依法推进符合破产条件的企业转入破产程序，坚决反对在案件处理上相互推诿。破产案件审理中，其他法院要依法中止对破产企业的执行，依法解除相关保全措施。对于不依法解除保全措施和违法执行的相关人员，各地法院要依法依规严厉追究责任。

6.《最高人民法院关于依法审理和执行被风险处置证券公司相关案件的通知》（法发〔2009〕35 号，2009 年 5 月 26 日）

四、破产程序作为司法权介入的特殊偿债程序，是在债务人财产不足以清偿债务的情况下,以法定的程序和方法,为所有债权人创造获得公平受偿的条件和机会,以使所有债权人共同享有利益、共同分担损失。鉴此,根据企业破产法第十九条的规定,人民法院受理证券公司的破产申请后,有关证券公司财产的保全措施应当解除,执行程序应当中止。具体如下:

1. 人民法院受理破产申请后,已对证券公司有关财产采取了保全措施,包括执行程序中的查封、冻结、扣押措施的人民法院应当解除相应措施。人民法院解除有关证券公司财产的保全措施时,应当及时通知破产案件管理人并将有关财产移交管理人接管,管理人可以向受理破产案件的人民法院申请保全。

2. 人民法院受理破产申请后,已经受理有关证券公司执行案件的人民法院,对证券公司财产尚未执行或者尚未执行完毕的程序应当中止执行。当事人在破产申请受理后向有关法院申请对证券公司财产强制执行的,有关法院对其申请不予受理,并告知其依法向破产案件管理人申报债权。破产申请受理后人民法院未中止执行的,对于已经执行了的证券公司财产,执行法院应当依法执行回转,并交由管理人作为破产财产统一分配。

3. 管理人接管证券公司财产、调查证券公司财产状况后,发现有关法院仍然对证券公司财产进行保全或者继续执行,向采取保全措施或执行措施的人民法院提出申请的,有关人民法院应当依法及时解除保全或中止执行。

4. 受理破产申请的人民法院在破产宣告前裁定驳回申请人的破产申请,并终结证券公司破产程序的,应当在作出终结破产程序的裁定前,告知管理人通知原对证券公司财产采取保全措施的人民法院恢复原有的保全措施,有轮候保全的,以原采取保全措施的时间确定轮候顺位。对恢复受理证券公司为被执行人的执行案件,适用申请执行时效中断的规定。

五、证券公司进入破产程序后,人民法院作出的刑事附带民事赔偿或者涉及追缴赃款赃物的判决应当中止执行,由相关权利人在破产程序中以申报债权等方式行使权利;刑事判决中罚金、没收财产等处罚,应当在破产程序债权人获得全额清偿后的剩余财产中执行。

【请示答复】

《最高人民法院关于对重庆市高级人民法院〈关于破产申请受理前已经划扣到执行法院账户尚未支付给申请执行人的款项是否属于债务人财产及

执行法院收到破产管理人中止执行告知函后应否中止执行问题的请示〉的答复函》（〔2017〕最高法民他 72 号,2017 年 12 月 12 日）

重庆市高级人民法院:

你院〔2017〕渝民他 12 号《关于破产申请受理前已经划扣到执行法院账户尚未支付给申请执行人的款项是否属于债务人财产及执行法院收到破产管理人中止执行告知函后应否中止执行问题的请示》收悉,经研究,答复如下:

人民法院裁定受理破产申请时已经扣划到执行法院账户但尚未支付给申请人执行的款项,仍属于债务人财产,人民法院裁定受理破产申请后,执行法院应当中止对该财产的执行。执行法院收到破产管理人发送的中止执行告知函后仍继续执行的,应当根据《最高人民法院关于适用〈中华人民共和国企业破产法〉若干问题的规定(二)》第五条依法予以纠正,故同意你院审判委员会的倾向性意见,由于法律、司法解释和司法政策的变化,我院 2004 年 12 月 22 日作出的《关于如何理解〈最高人民法院关于破产司法解释〉第六十八条的请示的答复》(〔2003〕民二他字第 52 号)相应废止。

【参考观点】

一、破产申请受理的法律效力,体现为停止对债权人的个别清偿,以实现对债务人财产的保全及保障全体债权人在破产程序中的公平受偿。而中止执行的目的在于停止就债务人财产的个别清偿,保障管理人依法接管债务人的全部财产,实现债务的公平清偿。因此,破产申请受理后,有关债务人财产的保全措施应当解除,执行程序应当中止,所有债务人财产均应由管理人统一接管并在破产程序中进行处置和分配。[1]

二、根据本条规定,法院受理破产申请后,有关债务人财产的所有执行行为均应中止执行。这里有关债务人财产的执行行为,不仅包括法院民事案件的执行程序,也包括其他所有针对债务人财产的执行程序,如法院刑事案件中没收违法所得的执行,以及海关、工商管理机关、税务机关等对债务人财产的行政执法行为等。[2]

---

[1][2]　参见最高人民法院民事审判第二庭编著:《最高人民法院关于企业破产法司法解释理解与适用——破产法解释(一)·破产法解释(二)》,人民法院出版社 2017 年版,第 150 页。

【典型案例】

厦门火炬集团有限公司与夏新电子股份有限公司申请破产重整纠纷案
[厦门市中级人民法院(2009)厦民破字第01号]

——为确保债务人财产安全,保证重整工作的顺利进行,人民法院于审理重整案件的过程中参考国外反向禁令的做法,创设了反保全制度,向债务人的开户银行、登记机关等发出通知,在要求其将相关财产交由管理人接管的同时,在债务人进入重整后不得接受对该公司账户等财产的冻结、扣划等保全、执行措施。

【案情简介】

2009年8月28日,申请人厦门火炬集团有限公司(以下简称火炬集团)以被申请人夏新电子股份有限公司(以下简称夏新公司)已经不能清偿到期债务,并且资产不足以清偿全部债务为由,向厦门市中级人民法院申请对夏新公司进行重整。厦门市中级人民法院于2009年9月1日通知了被申请人夏新公司。被申请人夏新公司在法定期限内未提出异议。2009年9月15日,厦门市中级人民法院裁定夏新公司重整。

【裁判要点】

夏新公司进入重整程序后,厦门市中级人民法院依法向各已知债权人发出书面通知并在《中国证券报》和《人民法院报》刊登公告,通知重整裁定的内容和债权申报期间。同时,厦门市中级人民法院向夏新公司各开户银行等相关单位发出通知,要求其自夏新公司进入重整后不得接受对夏新公司账户等财产的冻结、扣划等保全、执行措施,解除对账户和财产的保全并将相关财产交由夏新公司管理人接管。这一做法不仅具有充分理论依据,其收效也相当明显。夏新公司进入重整后,仍先后有数家外地法院执行人员到银行要求冻结该公司的账户或扣划存款,均被银行依据《企业破产法》的相关规定和厦门市中级人民法院的上述通知予以拒绝,最终放弃采取保全和执行措施。

【案例来源】

《人民司法·案例》2010年第20期。

编者说明

人民法院受理破产申请后,有关债务人财产的保全措施能否及时解除,将在很大程度上影响债务人财产的使用,特别是在重整案件中,针对部分资金账户的查封措施未能够及时解除,将对债务人的营运价值造成较大的负面影响。国家发改委等十三部委在《关于推动和保障管理人在破产程序中依法履职进一步优化营商环境的意见》中明确规定,人民法院裁定受理企业破产案件后,管理人持受理破产申请裁定书和指定管理人决定书,依法向有关部门、金融机构申请解除对破产企业财产的查封、扣押、冻结等保全措施的,相关部门和单位应当根据《企业破产法》规定予以支持配合。此外,在部分地区的司法实践中,从提高工作效率的角度作出了相应的规定。例如,《深圳市中级人民法院关于执行案件移送破产审查的操作指引(试行)》第四十二条规定:"案件在本院审理的,合议庭可以依管理人申请裁定解除本市两级法院对债务人财产采取的保全措施……"其依据即在于《民事诉讼法解释》第一百六十五条的规定:"人民法院裁定采取保全措施后,除作出保全裁定的人民法院自行解除或者其上级人民法院决定解除外,在保全期限内,任何单位不得解除保全措施。"关于执行程序应当中止事宜,实践中影响最大的是针对债权人取得生效判决后通过法院强制执行程序实现债权的情形,当法院强制扣划的货币资金或变现所得款项进入法院账户后,在法院受理破产申请时,该等资金尚未付予债权人的,此时该等财产仍属于债务人财产,应由管理人依法接管。若执行法院仍向债权人付款,将由执行法院通过执行回转程序,追回款项后交由管理人管理,以保障全体债权人公平受偿。

第二十条　【民事诉讼或仲裁的中止与继续】 人民法院受理破产申请后,已经开始而尚未终结的有关债务人的民事诉讼或者仲裁应当中止;在管理人接管债务人的财产后,该诉讼或者仲裁继续进行。

【立法·要点注释】

在法院受理破产申请后,由债务人继续参与有关的民事诉讼和仲裁程序已经不可行,有关债务人的民事诉讼和仲裁程序此时应当中止。当管理人接管债务人财产并可以行使管理和处分权时,由管理人代表债务人参加诉讼或者仲裁程序才成为可能。因此,在管理人接管债务人的财产后,中止的诉讼或者仲裁继续进行。

【相关立法】

《中华人民共和国民事诉讼法》(2021 年 12 月 24 日第十三届全国人民代表大会常务委员会第三十二次会议第四次修正)

第一百五十三条 有下列情形之一的,中止诉讼:

(一)一方当事人死亡,需要等待继承人表明是否参加诉讼的;

(二)一方当事人丧失诉讼行为能力,尚未确定法定代理人的;

(三)作为一方当事人的法人或者其他组织终止,尚未确定权利义务承受人的;

(四)一方当事人因不可抗拒的事由,不能参加诉讼的;

(五)本案必须以另一案的审理结果为依据,而另一案尚未审结的;

(六)其他应当中止诉讼的情形。

中止诉讼的原因消除后,恢复诉讼。

【司法解释】

《最高人民法院关于适用〈中华人民共和国民事诉讼法〉的解释》(法释〔2015〕5 号,2015 年 2 月 4 日;法释〔2020〕20 号修正,2021 年 1 月 1 日;法释〔2022〕11 号修正,2022 年 4 月 10 日)

第二百四十六条 裁定中止诉讼的原因消除,恢复诉讼程序时,不必撤销原裁定,从人民法院通知或者准许当事人双方继续进行诉讼时起,中止诉讼的裁定即失去效力。

【司法文件】

1.《最高人民法院关于印发〈全国法院民商事审判工作会议纪要〉的通知》(法〔2019〕254 号,2019 年 11 月 8 日)

110.【受理后有关债务人诉讼的处理】人民法院受理破产申请后,已经开始而尚未终结的有关债务人的民事诉讼,在管理人接管债务人财产和诉讼事务后继续进行。债权人已经对债务人提起的给付之诉,破产申请受理后,人民法院应当继续审理,但是在判定相关当事人实体权利义务时,应当注意

与企业破产法及其司法解释的规定相协调。

上述裁判作出并生效前,债权人可以同时向管理人申报债权,但其作为债权尚未确定的债权人,原则上不得行使表决权,除非人民法院临时确定其债权额。上述裁判生效后,债权人应当根据裁判认定的债权数额在破产程序中依法统一受偿,其对债务人享有的债权利息应当按照《企业破产法》第46条第 2 款的规定停止计算。

人民法院受理破产申请后,债权人新提起的要求债务人清偿的民事诉讼,人民法院不予受理,同时告知债权人应当向管理人申报债权。债权人申报债权后,对管理人编制的债权表记载有异议的,可以根据《企业破产法》第58 条的规定提起债权确认之诉。

2.《最高人民法院关于执行〈最高人民法院关于《中华人民共和国企业破产法》施行时尚未审结的企业破产案件适用法律若干问题的规定〉的通知》(法〔2007〕81 号,2007 年 5 月 26 日)

一、企业破产法施行后,尚未审结的企业破产案件中,已经开始而尚未终结的有关债务人的民事诉讼案件,分别按照以下方式处理:

(一)以债务人为原告的一审案件,已经移交给受理破产案件的人民法院的,由受理破产案件的人民法院继续审理;尚未移交的,适用企业破产法第二十条的规定。

以债务人为原告的二审案件,由二审人民法院继续审理。

(二)以债务人为被告的案件,已经中止诉讼,且受理破产案件的人民法院对相关争议已经作出裁定的,不适用企业破产法的规定;尚未作出裁定的,依照企业破产法第二十条的规定继续审理。

【要点注释】

关于债务人的民事诉讼与债务人的破产程序如何协调处理问题,《企业破产法》采取了分别审判主义的处理方法。此种方式更注重对有关当事人实体权益和程序权益的保障,即强调必须要按照审判程序继续审理或者按照仲裁程序继续仲裁,以确定当事人双方的权利义务。[1]

---

① 参见宋晓明、张勇健、刘敏:《〈关于《中华人民共和国企业破产法》施行时尚未审结的企业破产案件适用法律若干问题的规定〉的理解与适用》,载杜万华主编:《最高人民法院企业破产与公司清算案件审判指导》,中国法制出版社 2017 年版,第 248~250 页。

3.《最高人民法院关于印发〈管理人破产程序工作文书样式(试行)〉的通知》(法办发〔2011〕13 号,2011 年 10 月 13 日)

文书样式 9

告知函
(告知相关法院/仲裁机构中止法律程序用)

(××××)××破管字第×号

×××(受理有关债务人诉讼或仲裁的人民法院或仲裁机构名称):

　　×××(债务人名称)因＿＿＿＿＿＿(写明破产原因),×××(申请人名称/姓名)于××××年××月××日向××××人民法院提出对×××(债务人名称)进行重整/和解/破产清算的申请[债务人自行申请破产的,写×××(债务人名称)因＿＿＿＿＿＿(写明破产原因),于××××年××月××日向××××人民法院提出重整/和解/破产清算申请]。

　　××××人民法院于××××年××月××日作出(××××)×破(预)字第×-×号民事裁定书,裁定受理×××(债务人名称)重整/和解/破产清算,并于××××年××月××日作出(××××)×破字第×-×号决定书,指定×××担任管理人。

　　根据管理人掌握的材料,贵院/贵仲裁委员会于××××年××月××日受理了有关×××(债务人名称)的民事诉讼/仲裁案件,案号为××××,目前尚未审理终结。根据《中华人民共和国企业破产法》第二十条之规定,该民事诉讼/仲裁应当在破产申请受理后中止,但贵院/贵仲裁委员会尚未中止对上述民事诉讼/仲裁案件的审理。根据《中华人民共和国企业破产法》第二十条之规定,现函告贵院/贵仲裁委员会裁定中止上述对×××(债务人名称)的民事诉讼/仲裁程序。

　　特此告知。

(管理人印鉴)

××××年××月××日

附:1. 受理破产申请裁定书复印件一份;

　　2. 指定管理人的决定书复印件一份;

3. 管理人联系方式:_____。

文书样式 10

告知函
（告知相关法院/仲裁机构可以恢复法律程序用）

（××××）××破管字第×号

×××(受理有关债务人诉讼或仲裁的人民法院或仲裁机构名称)：

　　×××(债务人名称)因_____(写明破产原因),×××(申请人名称/姓名)于××××年××月××日向××××人民法院提出对×××(债务人名称)进行重整/和解/破产清算的申请[债务人自行申请破产的,写×××(债务人名称)因_____(写明破产原因),于××××年××月××日向××××人民法院提出重整/和解/破产清算申请]。

　　××××人民法院于××××年××月××日作出(××××)×破(预)字第×-×号民事裁定书,裁定受理×××(债务人名称)重整/和解/破产清算,并于××××年××月××日作出(××××)×破字第×-×号决定书,指定×××担任管理人。

　　根据管理人掌握的材料,贵院/贵仲裁委员会已中止了关于×××(债务人名称)的案号为××××的民事诉讼/仲裁案件的审理。现管理人已接管债务人的财产,根据《中华人民共和国企业破产法》第二十条之规定,请贵院/贵仲裁委员会恢复对上述民事诉讼/仲裁案件的审理。

　　特此告知。

（管理人印鉴）

××××年××月××日

附:1. 受理破产申请裁定书复印件一份;

　　2. 指定管理人的决定书复印件一份;

　　3. 管理人联系方式:_____。

【参考观点】

破产案件受理前已经开始且尚未审结的有关债务人民事诉讼案件,在性质上包括了各种民商事案件,在管理人接管破产企业后,原则上由管理人代表破产企业继续进行。判决生效后,应当根据不同判决处理。如破产企业为债务人的,债权人应依据生效判决向管理人申报债权;如破产企业为债权人的,破产企业可依据生效判决直接向有关法院申请强制执行,并将执行回来的财产作为破产财产。该类案件仍由原审理法院管辖,破产企业的诉讼代表人,应当由原法定代表人变更为破产企业的管理人或者管理人的负责人;案由仍然是原案由,如借款合同纠纷、担保纠纷等;案件受理费仍按照原核定数额收取;判项上,债务人作为破产企业时,判决给付内容应改为在破产程序中清偿的字样(即明确禁止个别清偿或执行)。①

在破产程序中,债权人要实现债权的给付,只需申报债权并使债权得到确认,无须也不允许再提出单独的给付请求就可以通过破产分配实现。换言之,所有债权人的个别给付诉讼请求,依法被破产集体清偿给付程序所吸收合并。在这种情况下,债权的争议就只涉及确认问题,不再涉及给付问题,给付问题统一由破产程序解决。破产程序启动后,债权人未经债权确认程序不得提起对破产债权的确认诉讼。对于破产申请受理后提起的债权确认之诉,如果其债权尚未申报,或者已申报尚未审查确认的,则应当不予受理。对于破产申请受理后新提起的给付之诉,如果法院已受理且债权人变更诉请为债权确认之诉的,亦应当参照上述处理方式,裁定驳回起诉。对破产程序启动前已提起诉讼或仲裁的债权争议,破产程序启动后,管理人在审查债权时确认其债权的,应告知债权人确认结果并要求其撤诉,以降低诉讼费用的承担。如债权人拒不撤诉,由此产生的超过撤诉结案的诉讼费用,由债权人自行承担。②

---

① 参见刘敏:《企业破产派生诉讼案件审理中有关问题的研究》,载最高人民法院民事审判第二庭编:《民商事审判指导》2009年第1辑(总第17辑),人民法院出版社2009年版,第255~256页。

② 参见最高人民法院民事审判第二庭编著:《〈全国法院民商事审判工作会议纪要〉理解与适用》,人民法院出版社2019年版,第559~560页。

编者说明

对于已经开始而尚未终结的有关债务人的民事诉讼或者仲裁,管理人应当及时发出中止诉讼、仲裁告知函,通知中止与债务人有关的民事诉讼、仲裁程序,相关法院、仲裁机构适时作出中止裁定书或通知书。受案法院、仲裁机构在管理人完成接管债务人财产后,管理人申请恢复审理时再进行审理,以确保管理人在接管债务人的财产后及时代表债务人参与民事诉讼或仲裁程序。

第二十一条　【债务人的民事诉讼的管辖】人民法院受理破产申请后,有关债务人的民事诉讼,只能向受理破产申请的人民法院提起。

【立法·要点注释】

依据《民事诉讼法》有关管辖问题的规定,对法人或者其他组织提起的民事诉讼,由被告住所地法院管辖。在特殊情况下,针对不同的案件,还可以由合同履行地、保险标的物所在地、票据支付地、侵权行为地等的法院管辖。此外,《民事诉讼法》还针对因不动产纠纷、港口作业纠纷、遗产继承纠纷提起的诉讼规定了专属管辖。由于破产程序是一种概括式的债权债务处理方式,有关债务人的所有债权债务均集中于受理破产申请的法院依破产程序进行清理,在破产程序进行中发生的有关债务人的民事诉讼,如果由不同的法院来审理,难以协调其与破产案件的审理进度,影响破产程序的顺利进行,故有必要将这些诉讼集中于审理破产案件的法院一并审理。

【相关立法】

《中华人民共和国民事诉讼法》(2021 年 12 月 24 日第十三届全国人民代表大会常务委员会第三十二次会议第四次修正)

第三十四条　下列案件,由本条规定的人民法院专属管辖:

(一)因不动产纠纷提起的诉讼,由不动产所在地人民法院管辖;

(二)因港口作业中发生纠纷提起的诉讼,由港口所在地人民法院管辖;

(三)因继承遗产纠纷提起的诉讼,由被继承人死亡时住所地或者主要遗产所在地人民法院管辖。

【司法解释】

1.《最高人民法院关于适用〈中华人民共和国民事诉讼法〉的解释》（法释〔2015〕5 号,2015 年 2 月 4 日;法释〔2020〕20 号修正,2021 年 1 月 1 日;法释〔2022〕11 号修正,2022 年 4 月 10 日）

第二条 专利纠纷案件由知识产权法院、最高人民法院确定的中级人民法院和基层人民法院管辖。

海事、海商案件由海事法院管辖。

第二十一条 因财产保险合同纠纷提起的诉讼,如果保险标的物是运输工具或者运输中的货物,可以由运输工具登记注册地、运输目的地、保险事故发生地人民法院管辖。

因人身保险合同纠纷提起的诉讼,可以由被保险人住所地人民法院管辖。

第二十二条 因股东名册记载、请求变更公司登记、股东知情权、公司决议、公司合并、公司分立、公司减资、公司增资等纠纷提起的诉讼,依照民事诉讼法第二十七条规定确定管辖。

第二十三条 债权人申请支付令,适用民事诉讼法第二十二条规定,由债务人住所地基层人民法院管辖。

第二十六条 因产品、服务质量不合格造成他人财产、人身损害提起的诉讼,产品制造地、产品销售地、服务提供地、侵权行为地和被告住所地人民法院都有管辖权。

第二十七条 当事人申请诉前保全后没有在法定期间起诉或者申请仲裁,给被申请人、利害关系人造成损失引起的诉讼,由采取保全措施的人民法院管辖。

当事人申请诉前保全后在法定期间内起诉或者申请仲裁,被申请人、利害关系人因保全受到损失提起的诉讼,由受理起诉的人民法院或者采取保全措施的人民法院管辖。

第二十八条 民事诉讼法第三十四条第一项规定的不动产纠纷是指因不动产的权利确认、分割、相邻关系等引起的物权纠纷。

农村土地承包经营合同纠纷、房屋租赁合同纠纷、建设工程施工合同纠纷、政策性房屋买卖合同纠纷,按照不动产纠纷确定管辖。

不动产已登记的,以不动产登记簿记载的所在地为不动产所在地;不动产未登记的,以不动产实际所在地为不动产所在地。

第二十九条　民事诉讼法第三十五条规定的书面协议,包括书面合同中的协议管辖条款或者诉讼前以书面形式达成的选择管辖的协议。

第三十条　根据管辖协议,起诉时能够确定管辖法院的,从其约定;不能确定的,依照民事诉讼法的相关规定确定管辖。

管辖协议约定两个以上与争议有实际联系的地点的人民法院管辖,原告可以向其中一个人民法院起诉。

第三十一条　经营者使用格式条款与消费者订立管辖协议,未采取合理方式提请消费者注意,消费者主张管辖协议无效的,人民法院应予支持。

第三十二条　管辖协议约定由一方当事人住所地人民法院管辖,协议签订后当事人住所地变更的,由签订管辖协议时的住所地人民法院管辖,但当事人另有约定的除外。

第三十三条　合同转让的,合同的管辖协议对合同受让人有效,但转让时受让人不知道有管辖协议,或者转让协议另有约定且原合同相对人同意的除外。

第二百八十三条　公益诉讼案件由侵权行为地或者被告住所地中级人民法院管辖,但法律、司法解释另有规定的除外。

因污染海洋环境提起的公益诉讼,由污染发生地、损害结果地或者采取预防污染措施地海事法院管辖。

对同一侵权行为分别向两个以上人民法院提起公益诉讼的,由最先立案的人民法院管辖,必要时由它们的共同上级人民法院指定管辖。

第三百六十条　实现票据、仓单、提单等有权利凭证的权利质权案件,可以由权利凭证持有人住所地人民法院管辖;无权利凭证的权利质权,由出质登记地人民法院管辖。

第三百六十一条　实现担保物权案件属于海事法院等专门人民法院管辖的,由专门人民法院管辖。

第三百六十二条　同一债权的担保物有多个且所在地不同,申请人分别向有管辖权的人民法院申请实现担保物权的,人民法院应当依法受理。

第四百五十五条　人民法院依照民事诉讼法第二百二十八条规定终结公示催告程序后,公示催告申请人或者申报人向人民法院提起诉讼,因票据权利纠纷提起的,由票据支付地或者被告住所地人民法院管辖;因非票据权利纠纷提起的,由被告住所地人民法院管辖。

2.《最高人民法院关于适用〈中华人民共和国企业破产法〉若干问题的规定(二)》(法释〔2013〕22 号,2013 年 9 月 16 日;法释〔2020〕18 号修正,2021 年 1 月 1 日)

第四十七条 人民法院受理破产申请后,当事人提起的有关债务人的民事诉讼案件,应当依据企业破产法第二十一条的规定,由受理破产申请的人民法院管辖。

受理破产申请的人民法院管辖的有关债务人的第一审民事案件,可以依据民事诉讼法第三十八条的规定,由上级人民法院提审,或者报请上级人民法院批准后交下级人民法院审理。

受理破产申请的人民法院,如对有关债务人的海事纠纷、专利纠纷、证券市场因虚假陈述引发的民事赔偿纠纷等案件不能行使管辖权的,可以依据民事诉讼法第三十七条的规定,由上级人民法院指定管辖。

【要点注释】

如果确有特殊原因,依法享有管辖权的受理破产案件的法院不便审理的,可以依据《民事诉讼法》的规定,报请其上级法院指定管辖,或者在上下级法院间转移管辖权。①

3.《最高人民法院关于审理证券市场虚假陈述侵权民事赔偿案件的若干规定》(法释〔2022〕2 号,2022 年 1 月 22 日)

第二条 原告提起证券虚假陈述侵权民事赔偿诉讼,符合民事诉讼法第一百二十二条规定,并提交以下证据或者证明材料的,人民法院应当受理:

(一)证明原告身份的相关文件;

(二)信息披露义务人实施虚假陈述的相关证据;

(三)原告因虚假陈述进行交易的凭证及投资损失等相关证据。

人民法院不得仅以虚假陈述未经监管部门行政处罚或者人民法院生效刑事判决的认定为由裁定不予受理。

第三条 证券虚假陈述侵权民事赔偿案件,由发行人住所地的省、自治

---

① 参见《积极追收债务人财产 充分保障债权人利益——最高人民法院民二庭负责人就〈最高人民法院关于适用《中华人民共和国企业破产法》若干问题的规定(二)〉答记者问》,载最高人民法院民事审判第二庭编著:《最高人民法院关于企业破产法司法解释理解与适用——破产法解释(一)·破产法解释(二)》,人民法院出版社 2017 年版,第 32 页。

区、直辖市人民政府所在的市、计划单列市和经济特区中级人民法院或者专门人民法院管辖。《最高人民法院关于证券纠纷代表人诉讼若干问题的规定》等对管辖另有规定的,从其规定。

省、自治区、直辖市高级人民法院可以根据本辖区的实际情况,确定管辖第一审证券虚假陈述侵权民事赔偿案件的其他中级人民法院,报最高人民法院备案。

【司法文件】

1.《最高人民法院关于印发〈全国法院民商事审判工作会议纪要〉的通知》(法〔2019〕254 号,2019 年 11 月 8 日)

113.【重整计划监督期间的管理人报酬及诉讼管辖】要依法确保重整计划的执行和有效监督。重整计划的执行期间和监督期间原则上应当一致。二者不一致的,人民法院在确定和调整重整程序中的管理人报酬方案时,应当根据重整期间和重整计划监督期间管理人工作量的不同予以区别对待。其中,重整期间的管理人报酬应当根据管理人对重整发挥的实际作用等因素予以确定和支付;重整计划监督期间管理人报酬的支付比例和支付时间,应当根据管理人监督职责的履行情况,与债权人按照重整计划实际受偿比例和受偿时间相匹配。

重整计划执行期间,因重整程序终止后新发生的事实或者事件引发的有关债务人的民事诉讼,不适用《企业破产法》第 21 条有关集中管辖的规定。除重整计划有明确约定外,上述纠纷引发的诉讼,不再由管理人代表债务人进行。

2.《最高人民法院关于执行〈最高人民法院关于《中华人民共和国企业破产法》施行时尚未审结的企业破产案件适用法律若干问题的规定〉的通知》(法〔2007〕81 号,2007 年 5 月 26 日)

二、根据企业破产法的规定,破产申请受理后,所有有关债务人的民事诉讼只能向受理破产申请的人民法院提起。尚未审结的企业破产案件中,债权人或者债务人的职工依据企业破产法和《规定》第九条或者第十条的规定,向人民法院提起诉讼的,受理破产案件的人民法院应当根据案件性质和人民法院内部职能分工,并依据民事诉讼法的有关规定,由相关审判庭以独任审判或者组成合议庭的方式进行审理。

三、对于有关债务人的其他民事诉讼，如债务人合同履行诉讼、追收债务人对外债权诉讼、撤销债务人处分财产行为诉讼、确认债务人处分财产行为无效诉讼、取回权诉讼、别除权诉讼和抵销权诉讼等，受理破产案件的人民法院应比照本通知第二条规定处理。

【要点注释】

人民法院内设的清算与破产审判庭的主要职能即包括破产衍生诉讼的集中审理。衍生诉讼的集中审理将减少不同审判部门分别审理的沟通成本，有利于审理破产案件的法官全面了解破产企业的情况，有利于破产程序的顺利推动。在衍生诉讼具体审理中，一是必须按照立案登记制的要求受理审理破产衍生诉讼案件；二是要依法做好破产衍生诉讼案件的管辖，防止滥用管辖来实施地方保护主义；三是要提高审判效率，不得拖延衍生诉讼的审判从而影响破产程序的进程。[①]

【参考观点】

从案件受理时间上区分，破产衍生诉讼包括两类案件。一类案件是破产申请受理前法院已经受理但在破产申请受理时尚未审结的有关债务人的民事诉讼，另一类案件是破产申请受理后当事人新提起的有关债务人的民事诉讼。对于第一类案件的管辖，适用民事诉讼案件管辖的一般规定确定管辖法院，并且在法院受理破产申请后，不再移送管辖，仍由原受理法院继续审理。对于第二类案件，根据《企业破产法》第二十一条的规定，在法院受理破产申请后，所有新提起的有关债务人的民事诉讼，均由受理破产申请的法院管辖。[②] 但是，本法规定的法定专属管辖不能排除仲裁条款的效力，在约定的仲裁条款有效的情况下，应由当事人依照《民事诉讼法》的规定通过仲裁方

---

① 参见《充分发挥审判职能作用　加快审理公司强制清算与企业破产案件——最高人民法院相关部门负责人就设立清算与破产审判庭答记者问》，载杜万华主编：《最高人民法院企业破产与公司清算案件审判指导》，中国法制出版社2017年版，第299页。

② 参见《积极追收债务人财产　充分保障债权人利益——最高人民法院民二庭负责人就〈最高人民法院关于适用《中华人民共和国企业破产法》若干问题的规定（二）〉答记者问》，载最高人民法院民事审判第二庭编著：《最高人民法院关于企业破产法司法解释理解与适用——破产法解释（一）·破产法解释（二）》，人民法院出版社2017年版，第31~32页。

式解决纠纷。①

　　人民法院裁定批准重整计划、终止重整程序以后，进入重整计划执行阶段，经人民法院裁定批准的重整计划，对债务人和全体债权人均有约束力，债务人企业的债权债务关系清理告一段落。债务人企业可以逐步过渡到正常经营状态，有关债务人的民事诉讼也可以按照普通民事诉讼的规则确定管辖。即便存在重整计划不能执行而向清算程序转化，也仅仅是一种可能性，并不意味着必然转化，亦不会因重整计划执行阶段的民事诉讼未集中管辖而受到影响。另外，除重整计划有明确约定外，上述纠纷引发的诉讼，也不再由管理人代表债务人进行。这也符合人民法院裁定批准重整计划后，已接管财产和营业事务的管理人应当向债务人移交财产和营业事务的实际情况。如果引发诉讼的事实发生于重整程序终止之前，与债务人企业的重整程序密切相关，如债权人提起的债权确认之诉等，则重整案件受理法院对于重整案件的整体情况更为了解，也从有利于个案审理与重整程序的协调角度考虑，仍由重整案件受理法院集中管辖，能够更好统筹协调处理有关重整案件的实体争议，顺利推进重整程序。实务当中，重整计划执行期间，按照《民事诉讼法》规定确定的管辖法院发现受理的案件应当由重整案件受理法院集中管辖的，亦可依《民事诉讼法》第三十六条规定，将案件移送重整案件受理法院。②

【最高人民法院裁判案例】

　　1. 徐文鸿与四川骊盟贸易有限公司、四川新吉鸿纸业有限公司保证合同纠纷申请再审案[最高人民法院(2014)民申字第 1495 号]

　　——破产衍生诉讼中，债务人为无独立请求权第三人的案件，除非法院判决债务人承担民事责任，否则不应将其理解为《企业破产法》上的"有关债务人的民事诉讼案件"。

---

　　① 参见最高人民法院民事审判第二庭编著：《最高人民法院关于企业破产法司法解释理解与适用——破产法解释(一)·破产法解释(二)》，人民法院出版社 2017 年版，第503 页。

　　② 参见最高人民法院民事审判第二庭编著：《〈全国法院民商事审判工作会议纪要〉理解与适用》，人民法院出版社 2019 年版，第 574~575 页。

【案情简介】

原告四川骊盟贸易有限公司(以下简称骊盟公司)因保证合同纠纷,以徐文鸿为被告,以四川新吉鸿纸业有限公司(以下简称新吉鸿公司)为第三人,向法院提起诉讼,主张徐文鸿承担连带保证责任。一审法院认为:新吉鸿公司申请宣告破产清算已于2013年10月16日被四川省彭山县人民法院裁定受理,故本案属于人民法院受理破产申请后,当事人提起的有关债务人的民事诉讼案件,应当由受理破产申请的人民法院管辖,故根据《民事诉讼法》第三十六条的规定,裁定将本案移送给四川省彭山县人民法院审理。

骊盟公司不服,向四川省高级人民法院提起上诉。二审法院认为:骊盟公司在诉讼中仅要求徐文鸿承担保证责任,并未向新吉鸿公司主张权利,也未涉及新吉鸿公司股权质押问题,故四川省彭山县人民法院受理新吉鸿公司申请破产案不影响本案管辖权的确定。一审法院裁定将本案移送四川省彭山县人民法院审理属认定事实及适用法律错误,应予纠正。遂裁定:撤销四川省眉山市中级人民法院(2014)眉民初第11号民事裁定,本案由四川省眉山市中级人民法院管辖。后徐文鸿向最高人民法院申请再审。

【裁判要点】

最高人民法院经再审认为,骊盟公司在诉讼中仅要求徐文鸿承担保证责任,并未向新吉鸿公司主张权利,也未涉及新吉鸿公司股权质押问题,故本案不适用《企业破产法》及其司法解释的规定。因此,最高人民法院以裁定方式驳回徐文鸿再审申请。

【案例来源】

中国裁判文书网,https://wenshu.court.gov.cn。

2. 美国纽约港务发展有限公司损害公司利益责任纠纷案[最高人民法院(2020)最高法民终179号]

——人民法院受理破产申请后,有关债务人的民事诉讼,只能向受理破产申请的人民法院提起。"有关债务人的民事诉讼"应当包括有关债务人债务和债权的民事诉讼。对于案件标的额超出破产受理法院级别管辖范围的,按照特别规定优于一般规定的法律适用原则,仍应优先适用《企业破产法》的规定,由受理破产申请的人民法院管辖。

【案情简介】

原告美国纽约港务发展有限公司(以下简称纽约港务公司)作为丹东港集团有限公司(以下简称丹东港集团)股东,因损害公司利益责任纠纷,以辽宁省丹东市人民政府为被告向辽宁省高级人民法院提起诉讼。一审法院认为,《企业破产法》第二十一条规定:"人民法院受理破产申请后,有关债务人的民事诉讼,只能向受理破产申请的人民法院提起。"该规定是对人民法院在受理破产申请后有关债务人的民事诉讼如何确定管辖法院的特别规定,应当优先适用。本案中,辽宁省丹东市中级人民法院于2019年4月4日作出(2019)辽06破申2-1号裁定受理中国进出口银行等银行对丹东港集团的重整申请。因此,纽约港务公司的起诉不属于辽宁省高级人民法院管辖。据此一审法院裁定对纽约港务公司的起诉不予受理。

纽约港务公司不服,向最高人民法院提起上诉,并主张:(1)丹东港集团既不是原告或有独立请求权的第三人,亦非被告,而是作为无独立请求权第三人参与到诉讼中,其对案件争议的诉讼标的没有独立的请求权,仅与该案的处理结果有法律上的利害关系。本案不属于《企业破产法》第二十一条规定的"有关债务人的诉讼",一审法院适用该条款,认定本案只能向受理破产申请的人民法院提起,适用法律错误。(2)纽约港务公司以"损害公司利益责任"为由提起诉讼,目的是维护丹东港集团的合法权益,有利于债权人破产债权的实现和破产重整程序的顺利进行。(3)丹东港集团破产重整案件在辽宁省具有重大影响,本案诉讼标的额巨大,仅借款本金数额已达164.97亿元,远超辽宁省丹东市中级人民法院受理一审民事案件级别管辖标准,已达到辽宁省高级人民法院级别管辖标准,本案应由辽宁省高级人民法院立案受理。

【裁判要点】

最高人民法院审理认为,《企业破产法》第二十一条规定:"人民法院受理破产申请后,有关债务人的民事诉讼,只能向受理破产申请的人民法院提起。"该法之所以规定破产申请受理后有关债务人的民事诉讼案件均由受理破产申请的人民法院集中行使管辖权,是由于破产程序是概括式的债权债务处理方式,具有严格的时间要求,将有关债务人的所有债权债务均集中于受理破产申请的法院一并审理,便于法院依破产程序及时有效清理债务人的债权债务。因此,上述法律条文规定的"有关债务人的民事诉讼"应当包括有关债务人债务和债权的民事诉讼。在本案中,丹东港集团已进入破产重整程序,纽约港务公司虽以丹东市政府为被告、丹东港集团为第三人提起诉讼,但纽约港务公司以丹东港集团的股东提起股东代表诉讼所主张的债权仍是其诉称丹东港集团对丹东市政府的债权,因此本案属于有关丹东港集团债权的诉讼,即上述法律条文规定的"有关债务人的民事诉讼"。

本案诉讼标的额巨大,根据《最高人民法院关于调整高级人民法院和中级人民法院管辖第一审民事案件标准的通知》(法发〔2019〕14号)的规定,本案达到辽宁省高级人民法院管辖第一审民事案件标准。但是,如上所述,由于本案属于与破产债务人有关的民事诉讼,《企业破产法》对此类诉讼的管辖问题专门作出规定,按照特别规定优于一般规定的法律适用原则,本案应优先适用《企业破产法》第二十一条的规定,由受理破产申请的人民法院管辖。纽约港务公司向辽宁省高级人民法院提起本案诉讼,但该院对本案依法不具有管辖权。辽宁省高级人民法院根据《民事诉讼法》第一百一十九条关于起诉条件的规定裁定对纽约港务公司的起诉不予受理,并无不当。并裁定驳回纽约港务公司上诉,维持原裁定。

【案例来源】

中国裁判文书网,https://wenshu.court.gov.cn。

编者说明

确定破产衍生诉讼案件的管辖权时,应当综合适用《民事诉讼法》和《企业破产法》的相关规定。《民事诉讼法》确定了一般民事诉讼案件的管辖权确定规则,但是,《企业破产法》为特别法,其中涉及的管辖权确定规则应当优先适用。如系争双方仅有一方当事人系破产债务人时,直接适用《企业破产法》第二十一条时自无争议。但诉讼的原、被告双方均为破产债务人,且企业破产案件分别由不同的法院受理时,管辖权的确定规则就此产生了争议。编者认为,在此情况下应当回归到《民事诉讼法》的一般规定,并结合争议的案件类型确定管辖权。

第三章　管理人

第二十二条　【管理人的指定与更换】管理人由人民法院指定。

债权人会议认为管理人不能依法、公正执行职务或者有其他不能胜任职务情形的,可以申请人民法院予以更换。

指定管理人和确定管理人报酬的办法,由最高人民法院规定。

【立法·要点注释】

为了保证管理人依法、公正地履行职责,处理有关破产事务,管理人应由人民法院指定。为了保障债权人的权利,债权人会议如果认为管理人不能依法、公正执行职务或者有其他不能胜任职务情形时,可以向人民法院申请更换,由人民法院另行指定管理人。管理人执行职务有权获取报酬。为了保证人民法院对管理人的指定以及管理人报酬的确定能够符合公平、公正的原则,应由最高人民法院统一制定指定管理人和确定管理人报酬的办法。

【司法解释】

1.《最高人民法院关于适用〈中华人民共和国企业破产法〉若干问题的规定(二)》(法释〔2013〕22 号,2013 年 9 月 16 日;法释〔2020〕18 号修正,2021 年 1 月 1 日)

第二十三条第二款　债权人通过债权人会议或者债权人委员会,要求管理人依法向次债务人、债务人的出资人等追收债务人财产,管理人无正当理由拒绝追收,债权人会议依据企业破产法第二十二条的规定,申请人民法院更换管理人的,人民法院应予支持。

【要点注释】

本条司法解释第二款对就债务人财产向人民法院提起的个别清偿诉讼不予受理后债权人可行使的权利作出规定,亦是人民法院不予受理后对债权人的相应救济途径。债权人可以通过债权人会议或债权人委员会监督管理人依法向次债务人、债务人的出资人等追收债务人的财产。如管理人无正当理由拒绝追收,本条规定债权人会议有权申请法院更换管理人。①

2.《最高人民法院关于审理企业破产案件指定管理人的规定》(法释〔2007〕8 号,2007 年 6 月 1 日)

第十五条 受理企业破产案件的人民法院指定管理人,一般应从本地管理人名册中指定。

对于商业银行、证券公司、保险公司等金融机构以及在全国范围内有重大影响、法律关系复杂、债务人财产分散的企业破产案件,人民法院可以从所在地区高级人民法院编制的管理人名册列明的其他地区管理人或者异地人民法院编制的管理人名册中指定管理人。

【要点注释】

本条是关于人民法院指定管理人时优先从本地管理人名册中指定的规定。"本地管理人名册"指受理破产案件的人民法院所属中级人民法院辖区的管理人名册,直辖市则以高级法院编制的管理人名册为"本地管理人名册"。本条第二款是第一款的例外,第二款中规定的破产案件法律关系复杂、专业性强、社会影响巨大,对管理人能力的要求远远高于一般破产案件的管理人。人民法院在指定这些案件的管理人时尤其需要注重考察管理人的能力问题,故可不受本地管理人名册优先的局限。②

第十六条 受理企业破产案件的人民法院,一般应指定管理人名册中的社会中介机构担任管理人。

第十八条 企业破产案件有下列情形之一的,人民法院可以指定清算组为管理人:

(一)破产申请受理前,根据有关规定已经成立清算组,人民法院认为符合本规定第十九条的规定;

(二)审理企业破产法第一百三十三条规定的案件;

---

① 参见最高人民法院民事审判第二庭编著:《最高人民法院关于企业破产法司法解释理解与适用——破产法解释(一)·破产法解释(二)》,人民法院出版社 2017 年版,第284 页。

② 参见最高人民法院民事审判第二庭编著:《最高人民法院关于企业破产法司法解释理解与适用——破产管理人制度·新旧破产法衔接》,人民法院出版社 2007 年版,第 67~68 页。

(三)有关法律规定企业破产时成立清算组;

(四)人民法院认为可以指定清算组为管理人的其他情形。

【要点注释】

本条是关于可以指定清算组为管理人的案件范围的规定。范围包括破产申请受理前根据有关规定已经成立清算组,并且经审查符合规定的;《企业破产法》第一百三十三条规定的案件,即指纳入国家计划的国有企业政策性破产案件;如《商业银行法》和《保险法》等有关法律规定在特定企业破产时需成立清算组进行破产清算的;以及可能出现的其他情形。①

第十九条　清算组为管理人的,人民法院可以从政府有关部门、编入管理人名册的社会中介机构、金融资产管理公司中指定清算组成员,人民银行及金融监督管理机构可以按照有关法律和行政法规的规定派人参加清算组。

第二十条　人民法院一般应当按照管理人名册所列名单采取轮候、抽签、摇号等随机方式公开指定管理人。

第二十一条　对于商业银行、证券公司、保险公司等金融机构或者在全国范围有重大影响、法律关系复杂、债务人财产分散的企业破产案件,人民法院可以采取公告的方式,邀请编入各地人民法院管理人名册中的社会中介机构参与竞争,从参与竞争的社会中介机构中指定管理人。参与竞争的社会中介机构不得少于三家。

采取竞争方式指定管理人的,人民法院应当组成专门的评审委员会。

评审委员会应当结合案件的特点,综合考量社会中介机构的专业水准、经验、机构规模、初步报价等因素,从参与竞争的社会中介机构中择优指定管理人。被指定为管理人的社会中介机构应经评审委员会成员二分之一以上通过。

采取竞争方式指定管理人的,人民法院应当确定一至两名备选社会中介机构,作为需要更换管理人时的接替人选。

【要点注释】

本条是有关人民法院以竞争方式指定管理人的具体规定。随机指定管理人的方式仅是指定管理人的一般原则,适用于普通的破产案件,对于特殊

---

①　参见最高人民法院民事审判第二庭编著:《最高人民法院关于企业破产法司法解释理解与适用——破产管理人制度·新旧破产法衔接》,人民法院出版社 2007 年版,第 73~77 页。

案件,应当采取其他指定管理人的方式作为随机方式的补充。对于专业性强、工作难度高的企业破产案件在指定管理人时,应当采取能够便捷而公平地选出具有相应能力的管理人的指定方式,即竞争方式。①

第二十二条　对于经过行政清理、清算的商业银行、证券公司、保险公司等金融机构的破产案件,人民法院除可以按照本规定第十八条第一项的规定指定管理人外,也可以在金融监督管理机构推荐的已编入管理人名册的社会中介机构中指定管理人。

第三十一条　债权人会议根据企业破产法第二十二条第二款的规定申请更换管理人的,应由债权人会议作出决议并向人民法院提出书面申请。

人民法院在收到债权人会议的申请后,应当通知管理人在两日内作出书面说明。

第三十三条　社会中介机构管理人有下列情形之一的,人民法院可以根据债权人会议的申请或者依职权迳行决定更换管理人:

(一)执业许可证或者营业执照被吊销或者注销;

(二)出现解散、破产事由或者丧失承担执业责任风险的能力;

(三)与本案有利害关系;

(四)履行职务时,因故意或者重大过失导致债权人利益受到损害;

(五)有本规定第二十六条规定的情形。

清算组成员参照适用前款规定。

【要点注释】

本条是关于社会中介机构管理人不能履行职务情形的具体规定,是对《企业破产法》第二十二条第二款所规定的"不能依法、公正执行职务"及"其他不能胜任职务"等解任事由的具体解释。本条内容主要包含两层意思:第一,社会中介机构管理人以及清算组成员存在本条规定所列情形时,人民法院应当将其更换;第二,人民法院既可以根据债权人会议的申请决定更换管理人,也可以依职权迳行决定更换管理人。②

---

①　参见最高人民法院民事审判第二庭编著:《最高人民法院关于企业破产法司法解释理解与适用——破产管理人制度·新旧破产法衔接》,人民法院出版社2007年版,第84~85页。

②　参见最高人民法院民事审判第二庭编著:《最高人民法院关于企业破产法司法解释理解与适用——破产管理人制度·新旧破产法衔接》,人民法院出版社2007年版,第118~119页。

第三十四条　个人管理人有下列情形之一的,人民法院可以根据债权人会议的申请或者依职权迳行决定更换管理人:

(一)执业资格被取消、吊销;

(二)与本案有利害关系;

(三)履行职务时,因故意或者重大过失导致债权人利益受到损害;

(四)失踪、死亡或者丧失民事行为能力;

(五)因健康原因无法履行职务;

(六)执业责任保险失效;

(七)有本规定第二十六条规定的情形。

清算组成员的派出人员、社会中介机构的派出人员参照适用前款规定。

【要点注释】

本条是关于个人管理人不能履行职务情形的具体规定,是对《企业破产法》第二十二条第二款所规定的个人管理人"不能依法、公正执行职务"及"其他不能胜任职务"等解任事由的具体解释。[①]

第三十六条　人民法院对管理人申请辞去职务未予许可,管理人仍坚持辞去职务并不再履行管理人职责的,人民法院应当决定更换管理人。

【要点注释】

管理人申请辞职,人民法院不许可其辞职,管理人应当继续履行职务。但如管理人坚持辞职并停止履行职务,表明其已经丧失担任管理人的意愿,客观上已不适宜担任该案件的管理人,人民法院应当更换管理人。[②]

3.《最高人民法院关于审理企业破产案件确定管理人报酬的规定》(法释〔2007〕9号,2007年6月1日)

第一条　管理人履行企业破产法第二十五条规定的职责,有权获得相应报酬。

---

① 参见最高人民法院民事审判第二庭编著:《最高人民法院关于企业破产法司法解释理解与适用——破产管理人制度·新旧破产法衔接》,人民法院出版社2007年版,第124页。

② 参见最高人民法院民事审判第二庭编著:《最高人民法院关于企业破产法司法解释理解与适用——破产管理人制度·新旧破产法衔接》,人民法院出版社2007年版,第128页。

管理人报酬由审理企业破产案件的人民法院依据本规定确定。

【司法文件】

1.《最高人民法院关于印发〈全国法院破产审判工作会议纪要〉的通知》（法〔2018〕53号,2018年3月4日）

5. 探索管理人跨区域执业。除从本地名册选择管理人外,各地法院还可以探索从外省、市管理人名册中选任管理人,确保重大破产案件能够遴选出最佳管理人。两家以上具备资质的中介机构请求联合担任同一破产案件管理人的,人民法院经审查符合自愿协商、优势互补、权责一致要求且确有必要的,可以准许。

6. 实行管理人分级管理。高级人民法院或者自行编制管理人名册的中级人民法院可以综合考虑管理人的专业水准、工作经验、执业操守、工作绩效、勤勉程度等因素,合理确定管理人等级,对管理人实行分级管理、定期考评。对债务人财产数量不多、债权债务关系简单的破产案件,可以在相应等级的管理人中采取轮候、抽签、摇号等随机方式指定管理人。

7. 建立竞争选定管理人工作机制。破产案件中可以引入竞争机制选任管理人,提升破产管理质量。上市公司破产案件、在本地有重大影响的破产案件或者债权债务关系复杂,涉及债权人、职工以及利害关系人人数较多的破产案件,在指定管理人时,一般应当通过竞争方式依法选定。

2.《最高人民法院关于印发〈人民法院破产程序法律文书样式（试行）〉的通知》（法办发〔2011〕12号,2011年10月13日）

文书样式1

××××人民法院

决定书

（指定管理人用）

（××××）×破字第×-×号

××××年××月××日,本院根据×××(申请人姓名或名称)的申请,裁定受理×××(债务人名称)破产清算(或重整、和解)一案。经……(写明指定程序),依照……(写明所依据的法律条款项)之规定,指定×××担任×××(债务人名称)管理人。

管理人应当勤勉尽责,忠实执行职务,履行《中华人民共和国企业破产法》规定的管理人的各项职责,向人民法院报告工作,并接受债权人会议和债权人委员会的监督。管理人职责如下:

(一)接管债务人的财产、印章和账簿、文书等资料;

(二)调查债务人财产状况,制作财产状况报告;

(三)决定债务人的内部管理事务;

(四)决定债务人的日常开支和其他必要开支;

(五)在第一次债权人会议召开之前,决定继续或者停止债务人的营业;

(六)管理和处分债务人的财产;

(七)代表债务人参加诉讼、仲裁或者其他法律程序;

(八)提议召开债权人会议;

(九)本院认为管理人应当履行的其他职责。

××××年××月××日

(院印)

【参考观点】

一、指定管理人

管理人的概念本身有狭义和广义之分,所谓狭义的管理人是专指破产宣告以后成立的全面接管破产企业,负责其财产清算、分配的机构。广义的管理人除了负责破产清算事务之外,还可能负责重整计划草案制定等工作,在企业的和解、重整程序中也发挥相应的职能。《企业破产法》的管理人概念是在广义上使用的。[①] 管理人的产生方式,我国采用的是由法院指定的立法模式,管理人由法院任命和解任。根据《指定管理人规定》,人民法院在指定管理人时,分为四种情况:

---

① 　参见最高人民法院民事审判第二庭编著:《最高人民法院关于企业破产法司法解释理解与适用——破产管理人制度·新旧破产法衔接》,人民法院出版社2007年版,第33页。

第一种,采取轮候、抽签、摇号等随机方式公开指定管理人。这是最常用的产生管理人办法,除有特殊规定外,一般情况下,均应当从管理人名册中采取这种方式产生管理人。①

第二种,采用竞争方式指定管理人。《破产审判会议纪要》印发前,根据《指定管理人规定》第二十一条第一款规定,采用竞争方式指定管理人只是例外地存在于金融机构破产和其他极少数在全国有重大影响的破产案件中。如果继续将竞争方式限定在上述范围内,而对上市公司破产案件、在本地有重大影响的破产案件只能采取随机方式指定管理人,可能造成选定的管理人难以胜任企业破产管理,难以量身制定企业最佳破产方案,严重影响破产效果。②

《破产审判会议纪要》第7条确立了破产案件中可以引入竞争机制选任管理人的原则,并明确"上市公司破产案件、在本地有重大影响的破产案件或者债权债务关系复杂,涉及债权人、职工以及利害关系人人数较多的破产案件,在指定管理人时,一般应当通过竞争方式依法选定"。

第三种,采用金融监管机构推荐的方式指定管理人。该种指定方式适用于"经过行政清理、清算的商业银行、证券公司、保险公司等金融机构的破产案件"。按照《指定管理人规定》第二十二条规定,对于该类型的案件,除了可以适用《指定管理人规定》第十八条第(一)项的规定指定清算组为管理人外,也可以在金融监督管理机构推荐的已编入管理人名册的社会中介机构中指定管理人。

第四种,指定清算组为管理人。清算组制度由《企业破产法(试行)》确立。随着国有企业改革的进一步深入和市场经济体制的逐步建立,清算组制度显现出明显的制度设计缺陷和不适应性。为解决清算组制度之弊端,《企业破产法》引进了各国破产法通行的管理人制度。但是考虑新旧《企业破产法》适用的衔接、一些特别法的规定以及某些特殊案件的需要,《企业破产法》允许清算组担任管理人。但清算组为管理人的模式不应该是选任管理人的主要形式,对由清算组担任管理人的案件必须严格限制。③ 此外,《破产

---

① 参见王东敏:《新破产法疑难解读与实务操作》,法律出版社2007年版,第119页。

② 参见贺小荣、王富博、杜军:《破产管理人与重整制度的探索与完善——〈全国法院破产审判工作会议纪要〉的理解与适用(上)》,载《人民司法·应用》2018年第13期。

③ 参见最高人民法院民事审判第二庭编著:《最高人民法院关于企业破产法司法解释理解与适用——破产管理人制度·新旧破产法衔接》,人民法院出版社2007年版,第74页。

审判会议纪要》对管理人指定方式予以进一步明确。《破产审判会议纪要》第 5 条许可管理人跨区域执业和联合执业，允许人民法院除从本地名册选择管理人外，还可以探索从外省、市管理人名册中选任管理人，以及准许两家以上具备资质的中介机构联合担任同一破产案件管理人。第 6 条设置了管理人分级管理制度。分级管理后，法院可以综合考虑破产案件的复杂程度和影响程度，选定在特定等级的管理人中来指定。①

除各地管理人名册编制以及分级管理制度，各地还成立了破产管理人协会。2014 年 11 月 24 日，全国第一家破产管理人协会在广州成立。随后，温州、杭州、厦门、成都等地也纷纷成立管理人协会。截至 2019 年 9 月 1 日，全国共有 46 家管理人协会成立。各地管理人协会的成立，对于本辖区内管理人队伍的培训学习、专业化建设和府院联动机制的推动都有着举足轻重的作用。

二、债权人会议有权申请人民法院更换管理人

更换管理人，即解任原指定的管理人，另行指定管理人。② 破产程序是保护债权人利益的程序，选任管理人涉及债权人的利益，应当允许债权人表达意志，发挥作用，故《企业破产法》赋予债权人会议申请人民法院更换管理人的权利。但需要注意的是，应当区分管理人的解任权利主体和解任建议主体。人民法院拥有管理人的选任权，当然也拥有管理人的解任权。债权人会议享有的只是对管理人解任的建议权，其可以向人民法院建议解除管理人的职务，但最终决定权在人民法院。③

按照《指定管理人规定》，债权人会议向人民法院申请更换管理人，应由债权人会议作出决议并向人民法院提出书面申请。管理人有权提交书面说明进行申辩。

三、指定管理人及管理人报酬办法由最高人民法院制定

2007 年最高人民法院根据《企业破产法》的精神发布了《指定管理人规定》和《管理人报酬规定》两个司法解释，《企业破产法》和上述两个司法解释

---

① 参见贺小荣、王富博、杜军：《破产管理人与重整制度的探索与完善——〈全国法院破产审判工作会议纪要〉的理解与适用（上）》，载《人民司法·应用》2018 年第 13 期。

② 参见李国光主编：《新企业破产法理解与适用》，人民法院出版社 2006 年版，第 149 页。

③ 参见最高人民法院民事审判第二庭编著：《最高人民法院关于企业破产法司法解释理解与适用——破产管理人制度·新旧破产法衔接》，人民法院出版社 2007 年版，第 113 页。

形成了目前管理人制度的基本法制格局。随着《企业破产法》的依法铺开和深入推进,管理人制度运作实践中出现了很多新的问题。① 针对该等新问题,《破产审判会议纪要》在"管理人制度的完善"部分进行了相应规定,以期加快完善管理人制度,大力提升管理人职业素养和执业能力,强化对管理人的履职保障和有效监督,为改善企业经营、优化产业结构提供有力制度保障。

【最高人民法院公布案例】

1. 上海兆隆置业有限公司破产清算案

——更换未尽职管理人,支持债权人行使管理人更换权。

【案情简介】

2019 年 11 月 11 日,上海市第三中级人民法院裁定受理上海兆隆置业有限公司(以下简称兆隆公司)破产清算案,并指定某会计师事务所担任管理人。

为依法快速推进案件的审理,法院分别于 2019 年 11 月 20 日、2020 年 3 月 18 日、2020 年 4 月 24 日、2020 年 6 月 19 日召集管理人就兆隆公司破产清算案所涉财产接管、债权审查等工作进行讨论,确定工作方向,明确时间节点。截止到债权人会议召开前,管理人仍未完成财产接管,导致债务人名下不动产被他人占用。同时,管理人也未能依法有效进行债权审查,导致债务人破产费用增加,拖延案件审理进程。

2020 年 7 月 28 日,因未能有效召开债权人会议,某单个债权人提交书面申请,以管理人不能勤勉专业地履行管理人职务为由请求更换管理人。法院认为管理人未能勤勉履职的情形属实,债权人的申请理由成立,于 2020 年 9 月 17 日作出决定,解除该会计师事务所的管理人职务,另行指定了管理人。

【裁判要旨及典型意义】

本案是依法支持债权人行使管理人更换权,确保管理人依法履职,保障破产程序有序推进的典型案例。

管理人是破产程序的主要推动者和破产事务的执行者,其能力和素质不

---

① 参见贺小荣、王富博、杜军:《破产管理人与重整制度的探索与完善——〈全国法院破产审判工作会议纪要〉的理解与适用(上)》,载《人民司法·应用》2018 年第 13 期。

仅影响破产审判工作的质量,还关系破产企业的命运和未来发展,更关乎债权人利益的实现。在管理人未能勤勉尽责,忠实执行职务时,债权人有权对管理人予以监督,有权就管理人履职能力提出异议,有权向法院申请更换管理人。

本案具有以下两方面的典型意义:一是保障债权人对管理人履职行为的监督权。当管理人怠于履行职责或者不能勤勉履职时,债权人有权提出异议。二是支持债权人行使管理人更换权。在债权人会议尚不具备履职条件的情况下,法院认可单个债权人有权就管理人履职能力发表意见,并行使请求更换管理人的权利。法院依法对相关事项进行审查,认为债权人申请更换管理人的意见成立的,应及时更换管理人。

【案例来源】

最高人民法院发布优化营商环境十大破产典型案例(2021 年 4 月 28 日)。

2. 北京联绿技术集团有限公司、北京新奥混凝土集团有限公司合并重整案

——预重整及时指定管理人,保障债权人的推荐权。

【案情简介】

因陷入经营困境和债务危机,北京联绿技术集团有限公司(以下简称联绿集团)和北京新奥混凝土集团有限公司(以下简称新奥集团)共同向北京市昌平区人民法院申请实质合并重整。在审查重整申请过程中,法院充分考虑债权人和债务人希望通过协商方式实现利益最大化的诉求,在认真评估和识别两公司重整价值、重整可能性的基础上,决定对两公司适用预重整程序。

预重整中,债权人从管理人名册中选定了某律师事务所并向法院推荐其作为临时管理人。法院经审查后迅速指定该律师事务所为临时管理人。临时管理人自 2019 年 10 月 9 日入场,至 2019 年 12 月 31 日完成预重整,其间完成了债务人财产状况调查、监督债务人经营管理及财产处置、通知债权人并接受债权申报及审查、制定保障职工权益的劳动管理制度、提交预重整工作报告等工作。

临时管理人履职得到了债权人认可,预重整债权人会议通过了“确定临时管理人为联绿集团、新奥集团转入重整程序后的管理人”的事宜安排。2020 年 2 月 3 日,法院裁定受理联绿集团、新奥集团合并重整案,并直接指定

临时管理人为重整管理人。由于前期预重整工作打下了良好基础,该案审理时长仅 3 个月。目前,重整计划已执行完毕,联绿集团和新奥集团的产能逐步恢复。

【裁判要旨及典型意义】

本案是人民法院尊重债权人意见指定临时管理人,保障债权人对预重整管理人推荐权的典型案例。

在预重整程序中,法院尊重债权人意志和需求,赋予债权人对选任管理人的推荐权,能够有效简化指定管理人的程序环节,增强债权人对临时管理人的履职监督。由债权人推荐临时管理人,还有利于提升债权人对重整程序的参与度,降低重整成本,提升重整成功率。进入重整程序后,法院根据预重整债权人会议结果,直接指定临时管理人为重整管理人,实现了预重整和重整程序的良好衔接。

本案中,法院根据债权人意见迅速指定临时管理人,快速完成管理人从临时向正式的转化,同时全程监督管理人依法行权、规范履职。这是充分尊重债权人意愿,给予各方主体商业决策空间,有力保障各方权益的有益探索。

【案例来源】

最高人民法院发布优化营商环境十大破产典型案例(2021 年 4 月 28 日)。

3. 广州凯路仕自行车运动时尚产业股份有限公司重整案

——充分尊重债权人合理意见,指定债权人推荐的机构担任重整管理人。

【案情简介】

广州凯路仕自行车运动时尚产业股份有限公司(以下简称凯路仕公司)于 2014 年 5 月在新三板挂牌上市,主营业务为中高端运动休闲自行车的品牌运营、设计、研发、制造与销售,名下"凯路仕"商标为广东省著名商标。自 2017 年起,公司开始发生巨额亏损,审计机构无法向中小股东出具财务报告审计意见。2017 年 11 月股票被暂停交易时有股东 477 人。2019 年 2 月 19 日,债权人向广州市中级人民法院申请对凯路仕公司重整。

经债权人协商,其中债权金额占比 74% 的债权人共同申请指定某律师事务所作为该案的管理人。2019 年 3 月 8 日,法院召开听证会,凯路仕公司、破产申请人、某律师事务所和部分债权人参加听证会。2019 年 3 月 18 日,法院指定该律师事务所为管理人。

案件审理过程中,管理人发挥重整经验丰富的优势,为公司量身定做重整方案。2020 年 1 月 16 日,凯路仕公司第二次债权人会议召开,职工债权组、税款债权组、普通债权组、出资人组等各表决组均一次性表决通过重整计划草案。2020 年 4 月 8 日,法院裁定批准凯路仕公司重整计划。

【裁判要旨及典型意义】

本案是人民法院充分尊重债权人意见,指定债权人推荐的中介机构担任管理人的典型案例。

法院将债权人推荐的机构指定为管理人具有以下积极作用:一是债权人基于对管理人能力的信任和认可作出选择和推荐,不仅为管理人履职过程中与债权人沟通协调奠定良好基础,还能使管理人的业务能力、特点与个案具体情形相互匹配,保障破产程序高效推进。二是该模式充分考虑债权人在选择管理人时的自主权,有利于完善债权人对管理人的监督机制,确保债权人监督权在管理人选任环节的落地。三是由债权人推荐管理人,可以打破管理人执业的地域限制,形成管理人跨区域的执业竞争,促进管理人队伍管理水平和质效的总体提升。

本案中,破产企业的资产对投资人吸引力不强,重整成功难度较大。法院通过召开听证的形式,充分听取并考虑债权人对选任管理人的意见,经过对管理人履行能力的考察,最终同意指定债权人推荐的专业机构担任管理人,破产程序得以顺利高效推进,企业最终重整成功。

【案例来源】

最高人民法院发布优化营商环境十大破产典型案例(2021 年 4 月 28 日)。

编者说明

《企业破产法》施行前,破产案件,尤其是国有企业破产案件涉及职工安置、维护地方稳定、部门配合等需要政府部门支持的因素,由政府部门工作人员作为主要成员组成清算组有利于破产工作的有序平稳推进。《企业破产法》确立管理人制度后,考虑到适用上的衔接和平稳过渡,对指定清算组为管理人这一模式进行了保留。在新破产法实施后,不少大型企业破产和上市公司重整案件中,法院采用指定由政府工作人员与中介机构组成的清算组为管理人的方式成功完成案件的审理,体现了在一定历史阶段下指定清算组为管理人这一模式的积极作用。近年来,最高人民法院协同相关部门积极推动破产审判工作府院联动机制的构建,通过设立常态化的企业破产工作协调机制,落实政府应当提供的公共服务和社会管理职能,通过府院联动机制解决破产案件审理中的职工安置、维稳等问题。因此,在实践中法院指定社会中介机构担任管理人的模式逐渐成为主流。

在指定管理人方式方面,除《企业破产法》司法解释规定的采取摇号、抽签、轮候等随机方式,竞争产生方式以及直接指定清算组担任管理人外,在司法实务中部分地方法院积极探索由债权人、债务人等利害关系人推荐产生管理人的方式,以激励债务人主动启动破产程序、激励债权人等各方积极参与重整谈判以达成共识,提高破产审判效率和市场化水平。

第二十三条　【管理人的义务】管理人依照本法规定执行职务,向人民法院报告工作,并接受债权人会议和债权人委员会的监督。

管理人应当列席债权人会议,向债权人会议报告职务执行情况,并回答询问。

【立法·要点注释】

本条规定的管理人义务主要包含三层意思:一是管理人依照本法规定执行职务,负责债务人财产的管理、处分、整理、变价、分配等,是管理人的基本职责,管理人应当按照本法规定勤勉尽责,忠实执行职务。二是通过由管理人向人民法院报告的方式体现人民法院的监督。三是明确债权人会议和债权人委员会对管理人的监督,管理人应当列席债权人会议,向债权人会议报告职务执行情况,并回答询问。

【相关立法】

《中华人民共和国企业破产法》(2006 年 8 月 27 日第十届全国人民代表大会常务委员会第二十三次会议通过,2007 年 6 月 1 日)

第六十九条　管理人实施下列行为,应当及时报告债权人委员会:

(一)涉及土地、房屋等不动产权益的转让;

(二)探矿权、采矿权、知识产权等财产权的转让;

(三)全部库存或者营业的转让;

(四)借款;

（五）设定财产担保；

（六）债权和有价证券的转让；

（七）履行债务人和对方当事人均未履行完毕的合同；

（八）放弃权利；

（九）担保物的取回；

（十）对债权人利益有重大影响的其他财产处分行为。

未设立债权人委员会的，管理人实施前款规定的行为应当及时报告人民法院。

【司法文件】

《最高人民法院关于印发〈全国法院破产审判工作会议纪要〉的通知》（法〔2018〕53 号，2018 年 3 月 4 日）

8. 合理划分法院和管理人的职能范围。人民法院应当支持和保障管理人依法履行职责，不得代替管理人作出本应由管理人自己作出的决定。管理人应当依法管理和处分债务人财产，审慎决定债务人内部管理事务，不得将自己的职责全部或者部分转让给他人。

【答记者问】

《最高人民法院民二庭负责人就〈最高人民法院关于审理企业破产案件指定管理人的规定〉〈最高人民法院关于审理企业破产案件确定管理人报酬的规定〉答记者问》

问：《企业破产法》将于 2007 年 6 月 1 日起施行，为配合《企业破产法》的施行，最高人民法院根据《企业破产法》的授权，制定了《指定管理人规定》和《管理人报酬规定》。在制定这两个规定时，最高人民法院是如何考虑现实情况和管理人制度发展需要的？

答：管理人制度是立法机关借鉴发达国家破产法立法经验和考虑我国审判实践需要而设立的制度。最高人民法院在制定两个规定时，坚持以下几个方面的指导思想：

……

（四）便于人民法院和债权人会议的监督

管理人能否胜任职务,依法、公正、忠实执行职务,勤勉尽责,是保证破产程序顺利进行的决定性因素。因此,对其实施必要的监督就显得尤为重要。法律赋予债权人会议和债权人委员会对管理人的监督权,就是要从机制上对管理人执行职务的行为和能力加以监督,监督的结果之一就是债权人会议可以申请人民法院更换管理人。管理人的更换直接涉及人民法院指定管理人程序的审查和重新启动,因此有必要对债权人会议申请更换管理人的理由细化,使法律规定的这一权利和程序有操作性。

此外,《企业破产法》规定管理人由人民法院指定,其执行职务向人民法院报告工作。债权人会议并不是经常召开,如果一旦出现管理人应当更换的事由,而债权人会议又不能及时申请更换,必然影响破产程序的进行。法律又没有规定债权人或其他利害关系人可以申请更换管理人,因此,《指定管理人规定》要求当管理人出现应予更换的事由,而债权人会议又难以提出申请的情况下,人民法院可以依职权予以更换,从而保证对管理人监督的有效实施。

【参考观点】

一、管理人依法执行职务

管理人依照《企业破产法》执行职务,具体包括管理人执行职务时所享有的权利和所承担的义务以及必须遵守的程序等都必须符合法律的规定。《企业破产法》对管理人的职责作了明确规定,这些职责,既是管理人的权利,也是管理人的义务,管理人必须认真履行。同时,管理人在履行这些职责时,还必须严格按照法律规定的程序,如在第一次债权人会议召开之前决定继续或停止债务人的营业,必须事先取得人民法院的许可。①

二、管理人向法院报告工作

就法院具体监督方式而言,按照本条规定,管理人应向法院报告工作。但该条没有就管理人应向法院报告工作的性质和具体方式进行说明,从而导致了实践中把握的标准不统一。管理人对法院的工作报告在性质上应当体现为一种程序义务。在《企业破产法》建立当事人主导型程序模式的立法目标下,法院为实现对破产程序的司法控制,应当了解破产程序的进展,有权要

---

① 参见李国光主编:《新企业破产法理解与适用》,人民法院出版社2006年版,第174~175页。

求管理人报告程序进行的情况,包括破产程序进行过程中的定期报告、管理人职责终止时的职务执行报告以及法院要求管理人就特定管理事项提交的报告。①

管理人向人民法院报告工作,对人民法院负责,除了其产生依赖于人民法院指定这一原因外,更重要的原因在于,破产申请一经人民法院受理,即已进入特别的程序。在这个程序中,人民法院居于主导的地位,控制着整个程序的进程。管理人的工作必须在人民法院的主导下依法进行。此外,从管理人产生的历史原因看,法院也是因为破产财产的管理和清算工作繁杂沉重,非其人力物力所能胜任,才设置专门的管理人,所以当初产生管理人的一个主要目的也是要有专门的人协助、辅助法院开展破产事务的办理。因此,管理人必须向人民法院报告工作,对人民法院负责。②

三、债权人会议及债权人委员会对管理人的监督

破产法出于高效和有效管理债务人财产的目的,赋予了管理人广泛的职权和独立地位,破产案件中直接的利益关系者,仍然是原来的民事关系主体,即与债务人存在债权债务关系的其他民事主体,特别是债务人的债权人。管理人是否能够真正依法公正地执行职务,不但关系人民法院能否公平清理债权债务,更是直接关系债权人的切身利益。③ 债权人作为管理人行为后果的直接承受者,为维护其自身利益,也应当有权对管理人的行为进行监督。管理人除应按照破产法规定参加债权人会议,接受债权人会议的询问,以及接受债权人委员会的日常监督之外,管理人继续经营债务人营业、实施财产的管理和处分行为,都应经债权人会议决议通过方可实施。④

同时,债权人对管理人的行动也不能随意干涉,根据破产法对债权人会议职权的规定,债权人会议不能以会议决议的形式主动授权或命令管理人做出某项行为,而是只能在破产法规定的职权范围内,通过债权人会议以及债

---

① 参见郁琳:《破产程序中管理人职责履行的强化与监督完善——以管理人的法律地位和制度架构为视角》,载《法律适用》2017 年第 15 期。

② 参见李国光主编:《新企业破产法理解与适用》,人民法院出版社 2006 年版,第175 页。

③ 参见李国光主编:《新企业破产法理解与适用》,人民法院出版社 2006 年版,第175~176 页。

④ 参见郁琳:《破产程序中管理人职责履行的强化与监督完善——以管理人的法律地位和制度架构为视角》,载《法律适用》2017 年第 15 期。

权人委员会的形式,对管理人履行法定职责的行为进行监督。[1]

四、管理人列席债权人会议

债权人会议是协调和形成全体债权人共同意思,通过对破产程序的参与和监督来体现全体债权人共同利益的自治性机构。按照《企业破产法》第六十一条的规定,监督管理人是债权人会议的主要职责之一。虽然该条并未就债权人会议的监督内容和监督效果明确说明,但从《企业破产法》第二十三条第二款的规定来看,列席债权人会议是破产法规定的管理人义务之一,也是管理人接受债权人会议监督的前提和基础,对此管理人不得拒绝列席,并应向债权人会议报告职务执行情况和回答询问。[2]

管理人列席债权人会议,接受债权人会议的监督,包括:一是负有向债权人会议报告职务执行情况的义务;二是在债权人会议上,如果债权人对其执行职务的情况提出询问,管理人有义务予以回答,而不得予以拒绝。[3] 其中,对于管理人在回答询问中所披露的涉及债务人或其他第三方商业秘密等信息,任何债权人都应当负有保密义务,不得在破产程序之外使用该信息,也不得利用该信息对债务人施加不当影响,从而确保此类信息仅用于破产程序所要达到的目标范围内。[4]

编者说明

破产审判工作中,管理人职责与法院职能的行权界限如何把握,一直是困扰法院和管理人工作的难题。《企业破产法》规定管理人依法履职过程中应向法院报告工作,管理人实施的重大处分行为应经法院许可等,对法院与管理人职权关系规定得过于原则,因此导致实践中经常出现法院与管理人之间的职权界限不清,影响破产工作进程的情况。针对该种情况,《破产审判会议纪要》第8条在管理人与法院间职权划分方面提供了指引,指出法院不得代替管理人作出本应由管理人自己作出的决定,管理人也不得将职责进行转让,确认并树立了管理人法定主体地位,促进改善了法院对管理人的监督方式,但两者之间职权的边界仍有待进一步厘清,以提高破产审理和工作效率。

---

[1][2] 参见郁琳:《破产程序中管理人职责履行的强化与监督完善——以管理人的法律地位和制度架构为视角》,载《法律适用》2017年第15期。

[3] 参见李国光主编:《新企业破产法理解与适用》,人民法院出版社2006年版,第176页。

[4] 参见郁琳:《破产程序中管理人职责履行的强化与监督完善——以管理人的法律地位和制度架构为视角》,载《法律适用》2017年第15期。

第二十四条 【管理人的资格】管理人可以由有关部门、机构的人员组成的清算组或者依法设立的律师事务所、会计师事务所、破产清算事务所等社会中介机构担任。

人民法院根据债务人的实际情况,可以在征询有关社会中介机构的意见后,指定该机构具备相关专业知识并取得执业资格的人员担任管理人。

有下列情形之一的,不得担任管理人:

(一)因故意犯罪受过刑事处罚;

(二)曾被吊销相关专业执业证书;

(三)与本案有利害关系;

(四)人民法院认为不宜担任管理人的其他情形。

个人担任管理人的,应当参加执业责任保险。

【立法·要点注释】

关于管理人的组成由法律明确规定,包括:(1)由有关部门、机构的人员组成的清算组;(2)依法设立的社会中介机构。同时,考虑到有些规模较小、债权债务关系又比较简单的债务人,也可以考虑由法院征求有关机构的意见后,指定符合条件的个人担任管理人。按照本条第三款的规定,存在以下情形之一的不得担任管理人:(1)因故意犯罪受过刑事处罚;(2)曾被吊销相关专业执业证书;(3)与本案有利害关系;(4)不宜担任管理人的其他情形。另外,本条规定个人担任管理人的应当参加执业责任保险。

【司法解释】

《最高人民法院关于审理企业破产案件指定管理人的规定》(法释〔2007〕8 号,2007 年 6 月 1 日)

第一条 人民法院审理企业破产案件应当指定管理人。除企业破产法和本规定另有规定外,管理人应当从管理人名册中指定。

第九条 社会中介机构及个人具有下列情形之一的,人民法院可以适用企业破产法第二十四条第三款第四项的规定:

(一)因执业、经营中故意或者重大过失行为,受到行政机关、监管机构或者行业自律组织行政处罚或者纪律处分之日起未逾三年；

（二）因涉嫌违法行为正被相关部门调查；

（三）因不适当履行职务或者拒绝接受人民法院指定等原因，被人民法院从管理人名册除名之日起未逾三年；

（四）缺乏担任管理人所应具备的专业能力；

（五）缺乏承担民事责任的能力；

（六）人民法院认为可能影响履行管理人职责的其他情形。

【要点注释】

本条是对《企业破产法》第二十四条第三款第（四）项"人民法院认为不宜担任管理人的其他情形"的规定应如何理解适用进行的解释性规定。本条从申请人的信用、执业过错、专业能力、承担民事责任能力等方面对"不宜担任管理人的其他情形"作出规定。①

第十四条　人民法院可以根据企业破产案件受理情况、管理人履行职务以及管理人资格变化等因素，对管理人名册适时进行调整。新编入管理人名册的社会中介机构和个人应当按照本规定的程序办理。

人民法院发现社会中介机构或者个人有企业破产法第二十四条第三款规定情形的，应当将其从管理人名册中除名。

【要点注释】

编制管理人名册的人民法院应当负责管理人名册的管理与调整。人民法院可以根据本地区破产案件发生的数量变化适时调整名册中管理人的数量，可以根据管理人履行职务以及管理人资格变化的情况等因素，对管理人名册进行增减。②

第二十三条　社会中介机构、清算组成员有下列情形之一，可能影响其忠实履行管理人职责的，人民法院可以认定为企业破产法第二十四条第三款第三项规定的利害关系：

---

① 参见最高人民法院民事审判第二庭编著：《最高人民法院关于企业破产法司法解释理解与适用——破产管理人制度·新旧破产法衔接》，人民法院出版社2007年版，第56页。

② 参见最高人民法院民事审判第二庭编著：《最高人民法院关于企业破产法司法解释理解与适用——破产管理人制度·新旧破产法衔接》，人民法院出版社2007年版，第66页。

（一）与债务人、债权人有未了结的债权债务关系；

（二）在人民法院受理破产申请前三年内，曾为债务人提供相对固定的中介服务；

（三）现在是或者在人民法院受理破产申请前三年内曾经是债务人、债权人的控股股东或者实际控制人；

（四）现在担任或者在人民法院受理破产申请前三年内曾经担任债务人、债权人的财务顾问、法律顾问；

（五）人民法院认为可能影响其忠实履行管理人职责的其他情形。

【要点注释】

本条规定对社会中介机构、清算组成员与破产案件存在"利害关系"的情况进行了详细规定，主要从经济往来、业务关系、身份关系等方面界定。本规定强调，所谓"利害关系"是指存在足以影响公正履行管理人职责的情形，如果存在的关系没有达到这一程度，则不受"利害关系"规定的制约，立法不作禁止性规定。另外，如果确实存在"利害关系"而导致在本地无法产生管理人，人民法院还可以利用其他地区管理人名册指定管理人，以保证破产程序的公正进行。①

第二十四条 清算组成员的派出人员、社会中介机构的派出人员、个人管理人有下列情形之一，可能影响其忠实履行管理人职责的，可以认定为企业破产法第二十四条第三款第三项规定的利害关系：

（一）具有本规定第二十三条规定情形；

（二）现在担任或者在人民法院受理破产申请前三年内曾经担任债务人、债权人的董事、监事、高级管理人员；

（三）与债权人或者债务人的控股股东、董事、监事、高级管理人员存在夫妻、直系血亲、三代以内旁系血亲或者近姻亲关系；

（四）人民法院认为可能影响其公正履行管理人职责的其他情形。

【要点注释】

本条从清算组成员、社会中介机构的派出人员、个人管理人等自然人的角

---

① 参见最高人民法院民事审判第二庭编著：《最高人民法院关于企业破产法司法解释理解与适用——破产管理人制度·新旧破产法衔接》，人民法院出版社2007年版，第90页。

度界定并细化因存在"利害关系"而不得担任管理人的具体情况。因为清算组、社会中介机构等担任管理人，也是需要派出具体人员履行管理人职责的。如果上述机构本身与破产案件不存在"利害关系"，但这些机构派出的具体人员与破产案件存在"利害关系"，同样会影响管理人能否公正履行职责。此外，个人管理人也可能存在影响其公正履行职责的个人方面的"利害关系"。①

第二十六条 社会中介机构或者个人有重大债务纠纷或者因涉嫌违法行为正被相关部门调查的，人民法院不应指定该社会中介机构或者个人为本案管理人。

【司法文件】

《国家发展改革委、最高人民法院、财政部、人力资源社会保障部、自然资源部、住房和城乡建设部、人民银行、国资委、海关总署、税务总局、市场监管总局、银保监会、证监会〈关于推动和保障管理人在破产程序中依法履职进一步优化营商环境的意见〉的通知》(发改财金规〔2021〕274号，2021年2月25日)

(四)强化金融服务支持。金融机构应当支持管理人依法履行接管破产企业财产等法定职责，建立和完善与破产程序相衔接的金融服务工作机制，加强对企业重整、和解的支持。对于商业银行、证券公司、保险公司等金融机构或在本地有重大影响的企业破产案件，清算组作为管理人的，人民法院可以依法指定金融资产管理公司作为清算组成员参与破产案件。(最高人民法院、人民银行、银保监会、证监会等按职责分工负责)

【答记者问】

《最高人民法院民二庭负责人就〈最高人民法院关于审理企业破产案件指定管理人的规定〉〈最高人民法院关于审理企业破产案件确定管理人报酬的规定〉答记者问》

问:《企业破产法》规定管理人可以由有关部门、机构的人员组成的清算

---

① 参见最高人民法院民事审判第二庭编著:《最高人民法院关于企业破产法司法解释理解与适用——破产管理人制度·新旧破产法衔接》，人民法院出版社2007年版，第95页。

组或者依法设立的律师事务所、会计师事务所、破产清算事务所等社会中介机构或者社会中介机构中具备相关专业知识并取得执业资格的人员担任。在制定《指定管理人规定》时，如何考虑管理人的积极条件？

答：《企业破产法》没有对管理人设置专门的执业资格，更没有设置管理人资格考试制度，希望利用现有的律师、会计师执业资格的资源解决这个问题，规定凡依法设立的律师事务所、会计师事务所、破产清算事务所，具有律师、注册会计师等专业资格的执业人员均可以担任管理人，其立法本意是避免造成新的市场准入障碍。但客观事实是，破产管理事务是一项十分复杂、实践性很强的综合性业务，融社会、经济、法律问题于一体，不仅大量的法律事务与非法律事务交织在一起，而且可能面临破产清算、重整、和解多重任务，对管理人素质、能力的要求应该说要高于一般的律师、会计师。采取何种方式解决管理人能力与破产管理人事务的复杂程度，成为指定管理人的难题。这也是在第一次征求意见稿中增设管理人积极条件的原因。

有关方面对增加社会中介机构和个人为管理人的条件提出了不同意见，主要包括：一是法律没有设资格限制，最高人民法院在司法解释中增设条件有同法律抵触之嫌；二是法律只授权最高人民法院规定指定管理人的办法，而不是设定管理人的积极条件；三是只要是依法设立的律师事务所、会计师事务所均能履行好管理人职责；四是增设条件有难度，如果过高，有些地区就可能出现无管理人可供指定，如果过低，则失去了提高"门槛"的意义。

在《指定管理人规定》中，吸收了有关部门的意见，没有再规定管理人的积极条件，对相关问题通过以下方式解决：一是在编制管理人名册时，保留指定管理人的消极条件，强调担任管理人的专业能力和承担民事责任的能力；二是编制管理人名册时，应当根据本地区破产案件数量和社会中介机构及其从业人员的数量分批择优确定名单。

【请示答复】

《最高人民法院关于中国华融资产管理公司重庆办事处能否纳入企业破产案件社会中介机构管理人名册请示的答复》（〔2007〕民二他字第48号，2007年10月30日）
重庆市高级人民法院：

你院渝高法〔2007〕199号《关于中国华融资产管理公司重庆办事处能否

纳入企业破产案件社会中介机构管理人名册的请示》收悉。经研究,答复如下:

根据《中华人民共和国企业破产法》第二十条、《最高人民法院关于审理企业破产案件指定管理人的规定》第二条规定,管理人名册的范围限于依法设立的律师事务所、会计师事务所、破产清算事务所等社会中介机构及符合条件的相关工作人员,金融资产管理公司不是中介机构,因此,不应将金融资产管理公司纳入管理人名册。

根据《最高人民法院关于审理企业破产案件指定管理人的规定》第十九条规定,人民法院指定清算组担任管理人的,可以根据案件实际需要,决定是否将金融资产管理公司列为清算组成员。

此复

【参考观点】

一、管理人的组成

管理人的组成包括以下几类主体:

第一类,由有关部门、机构的人员组成的清算组。关于清算组中"有关部门、机构的人员"之范围,按照现行做法,包括企业上级主管部门、政府财政部门、工商行政管理部门、审计、税收、物价、劳动、人事等部门的工作人员以及一些专业人员包括会计师、审计师、经济师、律师等。[①]

第二类,依法设立的社会中介机构。本条第一款规定的中介机构包括依法设立的律师事务所、会计师事务所、破产清算事务所等。关于"等"字的理解,《指定管理人规定》采取"等"内说,即"等"字就是指上述三种社会中介机构,不向外扩张到其他社会中介机构。[②] 需要关注的是,按照《破产审判会议纪要》要求,为完善管理人队伍结构,在具体的破产企业管理中,法院仍有必要根据单个企业的实际情况,指导上述中介机构吸收熟谙企业特点和运营规律,具有专业技术知识、经营能力的非中介机构类人员参与破产管理,确保企

---

① 参见李国光主编:《新企业破产法理解与适用》,人民法院出版社2006年版,第153页。

② 参见最高人民法院民事审判第二庭编著:《最高人民法院关于企业破产法司法解释理解与适用——破产管理人制度·新旧破产法衔接》,人民法院出版社2007年版,第46页。

业破产病因诊断准确、企业拯救药方对症有效、经济资源配置整合合理。这既是人民法院在指定管理人时必须考虑的因素,更是管理人在实际搭建工作团队时必须认真研究和解决的问题。人民法院在指定管理人后,可以对管理人搭建工作团队提出必要的建议。①

第三类,符合条件的个人。个人担任管理人要求具备相关专业知识,并且要取得执业资格。如律师应是取得律师执业证书,会计师应是取得注册会计师资格。②

此外,按照《指定管理人规定》第一条规定,人民法院指定管理人,一般要从列入管理人名册中的社会中介机构和个人指定,进入管理人名册是可以实际被指定担任管理人的一般前提条件。如清算组被选任为管理人,并不依赖于其在管理人名册中事先进行了登记,系可以不从管理人名册中指定管理人的例外情形。③

二、管理人的消极资格

本条第三款规定了管理人的消极资格。

消极资格一:因故意犯罪受过刑事处罚。过失犯罪不影响担任管理人。刑事处罚包括《刑法》规定的主刑,即管制、拘役、有期徒刑、无期徒刑、死刑,也包括附加刑,即罚金、剥夺政治权利、没收财产。④

消极资格二:曾被吊销相关专业执业证书。曾被吊销执业证书,说明有过违法行为的不良记录。如注册会计师违反《注册会计师法》有关规定,明知委托人的财务会计处理会直接损害报告使用人或者其他利害关系人的利益,而予以隐瞒或者作不实的报告等行为,情节严重的,可以由省级以上人民政府财政部门吊销注册会计师证书,虽然满五年以后可以再取得注册会计师证书,但是按照本条规定不得担任管理人。此外,社会上各种职业资格的

①　参见贺小荣、王富博、杜军:《破产管理人与重整制度的探索与完善——〈全国法院破产审判工作会议纪要〉的理解与适用(上)》,载《人民司法·应用》2018 年第 13 期。

②　参见李国光主编:《新企业破产法理解与适用》,人民法院出版社 2006 年版,第 153 页。

③　参见最高人民法院民事审判第二庭编著:《最高人民法院关于企业破产法司法解释理解与适用——破产管理人制度·新旧破产法衔接》,人民法院出版社 2007 年版,第 40~41 页。

④　参见李国光主编:《新企业破产法理解与适用》,人民法院出版社 2006 年版,第 154 页。

证书甚广,如厨师也有一级、二级的执业资格证书,但其吊销与否显然与能否担任管理人没有关系,①因此本条规定中的执业证书强调系相关专业执业证书,例如律师执业证书、注册会计师证书等,如其他非相关专业执业证书被吊销,不影响担任管理人。

消极资格三:与本案有利害关系。《指定管理人规定》第二十三条、第二十四条对利害关系的认定进行了详细的列举。包括:(1)与债务人、债权人有未了结的债权债务关系;(2)在人民法院受理破产申请前三年内,曾为债务人提供相对固定的中介服务;(3)现在是或者在人民法院受理破产申请前三年内曾经是债务人、债权人的控股股东或者实际控制人;(4)现在担任或者在人民法院受理破产申请前三年内曾经担任债务人、债权人的财务顾问、法律顾问;(5)现在担任或者在人民法院受理破产申请前三年内曾经担任债务人、债权人的董事、监事、高级管理人员;(6)与债权人或者债务人的控股股东、董事、监事、高级管理人员存在夫妻、直系血亲、三代以内旁系血亲或者近姻亲关系;(7)人民法院认为可能影响其忠实履行管理人职责的其他情形;(8)人民法院认为可能影响其公正履行管理人职责的其他情形。

管理人应当具有良好的职业道德和操守,遇有利害关系,在人民法院指定管理人之前,应主动披露现有的或潜在的利益冲突。②

消极资格四:人民法院认为不宜担任管理人的其他情形。《指定管理人规定》第九条对具体情形进行了详细的列举。包括:(1)因执业、经营中故意或者重大过失行为,受到行政机关、监管机构或者行业自律组织行政处罚或者纪律处分之日起未逾三年;(2)因涉嫌违法行为正被相关部门调查;(3)因不适当履行职务或者拒绝接受人民法院指定等原因,被人民法院从管理人名册除名之日起未逾三年;(4)缺乏担任管理人所应具备的专业能力;(5)缺乏承担民事责任的能力;(6)人民法院认为可能影响履行管理人职责的其他情形。

此外,按照《指定管理人规定》第二十六条规定,社会中介机构或者个人有重大债务纠纷或者因涉嫌违法行为正被相关部门调查的,人民法院也不应指定其为管理人。

---

① 参见最高人民法院民事审判第二庭编著:《最高人民法院关于企业破产法司法解释理解与适用——破产管理人制度·新旧破产法衔接》,人民法院出版社2007年版,第57页。
② 参见王东敏:《新破产法疑难解读与实务操作》,法律出版社2007年版,第116页。

【最高人民法院公布案例】

中核华原钛白股份有限公司破产重整案

——管理人可以由有关部门、机构的人员组成的清算组担任。

【案情简介】

中核华原钛白股份有限公司(以下简称中核钛白)股票在深圳证券交易所挂牌交易,在钛白粉市场竞争加剧的情况下,中核钛白经营陷入困境。特别是2008年发生世界性金融危机后,钛白粉产成品价格暴跌,当年钛白粉行业全面亏损。中核钛白连续亏损,面临退市及破产风险。2009年、2010年重大资产重组和托管均未成功。2011年4月22日,债权人向甘肃省嘉峪关市中级人民法院(以下简称嘉峪关法院)申请对中核钛白进行破产重整。7月29日,为维持职工队伍稳定和企业继续经营,中核钛白公司股东经在全国范围内公开遴选,决定由安徽金星钛白(集团)有限公司(以下简称金星钛白)对中核钛白进行托管经营。11月30日,嘉峪关法院裁定受理重整申请,并指定中核钛白清算组为管理人。

【裁判要点】

嘉峪关法院受理后,根据本条第一款规定,指定中核钛白清算组担任管理人,同时建议清算组通过市场化运作遴选审计、评估、法律、财务等中介机构,充实清算组团队,发挥中介机构在市场价值判断、营业管理咨询等方面的专业优势。通过公平公开的方式,聘请了会计师事务所、律师事务所及评估机构、财务顾问等中介机构分别担任法律顾问、财务顾问,负责审计事务、评估事务。通过各机构的通力合作,有效地推动了重整各项工作的开展。

【案例来源】

最高人民法院发布10起人民法院关于依法审理破产案件推进供给侧结构性改革典型案例(2016年6月15日)。根据嘉峪关市人民法院(2012)嘉法民重整字第01号整理。

编者说明

关于利害关系的认定,《指定管理人规定》列举了多种情形。但这些列举项是存在利害关系的一般外观表现,存在该类情形并不意味着一定禁止任职。是否足以认定构成管理人禁止任职的情况,需要法院依据实质原则对是否影响忠实、公正履行管理人职责进行裁量判断。

第二十五条 【管理人的职责】管理人履行下列职责:

(一)接管债务人的财产、印章和账簿、文书等资料;

(二)调查债务人财产状况,制作财产状况报告;

(三)决定债务人的内部管理事务;

(四)决定债务人的日常开支和其他必要开支;

(五)在第一次债权人会议召开之前,决定继续或者停止债务人的营业;

(六)管理和处分债务人的财产;

(七)代表债务人参加诉讼、仲裁或者其他法律程序;

(八)提议召开债权人会议;

(九)人民法院认为管理人应当履行的其他职责。

本法对管理人的职责另有规定的,适用其规定。

【立法·要点注释】

人民法院指定管理人以后,管理人应当依照本法规定的职责执行职务。按照本条规定,管理人有下列职责:(1)接管债务人的财产、印章和账簿、文书等资料;(2)调查债务人财产状况,制作财产状况报告;(3)决定债务人的内部管理事务;(4)决定债务人的日常开支和其他必要开支;(5)在第一次债权人会议召开之前,决定继续或者停止债务人的营业;(6)管理和处分债务人的财产;(7)代表债务人参加诉讼、仲裁或者其他法律程序;(8)提议召开债权人会议;(9)人民法院认为管理人应当履行的其他职责。此外,人民法院或者债权人会议认为管理人应当履行的其他职责,管理人亦必须切实履行。

【相关立法】

《中华人民共和国企业破产法》(2006 年 8 月 27 日第十届全国人民代表

大会常务委员会第二十三次会议通过,2007 年 6 月 1 日)

第二十六条　在第一次债权人会议召开之前,管理人决定继续或者停止债务人的营业或者有本法第六十九条规定行为之一的,应当经人民法院许可。

第三十四条　因本法第三十一条、第三十二条或者第三十三条规定的行为而取得的债务人的财产,管理人有权追回。

第六十九条　管理人实施下列行为,应当及时报告债权人委员会:

(一)涉及土地、房屋等不动产权益的转让;

(二)探矿权、采矿权、知识产权等财产权的转让;

(三)全部库存或者营业的转让;

(四)借款;

(五)设定财产担保;

(六)债权和有价证券的转让;

(七)履行债务人和对方当事人均未履行完毕的合同;

(八)放弃权利;

(九)担保物的取回;

(十)对债权人利益有重大影响的其他财产处分行为。

未设立债权人委员会的,管理人实施前款规定的行为应当及时报告人民法院。

第七十三条　在重整期间,经债务人申请,人民法院批准,债务人可以在管理人的监督下自行管理财产和营业事务。

有前款规定情形的,依照本法规定已接管债务人财产和营业事务的管理人应当向债务人移交财产和营业事务,本法规定的管理人的职权由债务人行使。

第七十四条　管理人负责管理财产和营业事务的,可以聘任债务人的经营管理人员负责营业事务。

第七十八条　在重整期间,有下列情形之一的,经管理人或者利害关系人请求,人民法院应当裁定终止重整程序,并宣告债务人破产:

(一)债务人的经营状况和财产状况继续恶化,缺乏挽救的可能性;

(二)债务人有欺诈、恶意减少债务人财产或者其他显著不利于债权人的行为;

(三)由于债务人的行为致使管理人无法执行职务。

第八十条　债务人自行管理财产和营业事务的,由债务人制作重整计划草案。

管理人负责管理财产和营业事务的,由管理人制作重整计划草案。

第九十八条　债权人会议通过和解协议的,由人民法院裁定认可,终止和解程序,并予以公告。管理人应当向债务人移交财产和营业事务,并向人民法院提交执行职务的报告。

【司法文件】

1.《最高人民法院关于印发〈全国法院破产审判工作会议纪要〉的通知》 (法〔2018〕53 号,2018 年 3 月 4 日)

9. 进一步落实管理人职责。在债务人自行管理的重整程序中,人民法院要督促管理人制订监督债务人的具体制度。在重整计划规定的监督期内,管理人应当代表债务人参加监督期开始前已经启动而尚未终结的诉讼、仲裁活动。重整程序、和解程序转入破产清算程序后,管理人应当按照破产清算程序继续履行管理人职责。

2.《最高人民法院印发〈关于审理上市公司破产重整案件工作座谈会纪要〉的通知》(法〔2012〕261 号,2012 年 10 月 29 日)

五、关于对破产重整上市公司的信息保密和披露

上市公司进入破产重整程序后,由管理人履行相关法律、行政法规、部门规章和公司章程规定的原上市公司董事会、董事和高级管理人员承担的职责和义务,上市公司自行管理财产和营业事务的除外。管理人在上市公司破产重整程序中存在信息披露违法违规行为的,应当依法承担相应的责任。

【参考观点】

从《企业破产法》的立法结构和适用来看,管理人职责可以分为两类:第一类可以称为管理人的一般性职责,其内容明确且适用于破产重整、和解以及清算程序,这类职责包括本条的集中规定以及其他章节中规定的管理人职责,如接受债权申报,调查并制定职工债权清单(第四十八条);对申报的债权进行审查并编制债权表,保存债权表和债权申报材料并供利害关系人查询

(第五十七条);向债权人通知债权人会议的召开(第六十三条)等。第二类属于管理人的特定职责,是基于不同破产程序的需要而规定管理人履行的职责,如重整程序中制定和提交重整计划草案的职责,在债务人自行管理情形下的监督职责等。[1]

根据本条条文规定,管理人的一般性职责可以概括为以下几个方面:

一、接管债务人企业

程序一旦开始,企业即丧失管理权和处分权,接管企业则成为管理人的首要职责。接管债务人企业是将债务人企业全面置于管理人的掌管之下,是对债务人企业人、财、物全面的接管。债务人被裁定进入破产程序后,应当立即向管理人移交财产管理权,这样规定的目的是确保司法程序有效控制债务人财产,防止债务人随意挥霍和处理财产,损害债权人的整体利益。[2] 主要包括以下几个方面:

第一,接管债务人企业的全部资产,包括有形资产和无形资产。有形资产包括动产和不动产。其中动产包括库存资金、银行存款、办公设备、交通设备、通信设备、机械设备、存货等;不动产包括债务人企业依法取得使用权的土地、厂房、厂区内的所有建筑物。无形资产主要是债务人企业的知识产权和商业信誉、客户网络等。[3]

第二,接管债务人企业的账簿。企业的财产主要体现在企业的财务资料中,[4]债务人企业的财务状况反映了该企业的资产负债情况,管理人需全面接管财务,包括财务账册、财务印章、银行账户资料、库存清册等。[5]

第三,接管债务人企业的印章、文书等企业全部资料。企业文件包括营业执照、企业合同、房地产证、章程、企业技术资料、无形资产资料、建筑资料、会议记录等;档案包括人事档案、劳动合同等;印章包括企业各类印鉴及内设机构、下属机构经营管理过程中使用的印鉴。[6]

---

[1] 参见郁琳:《破产程序中管理人职责履行的强化与监督完善——以管理人的法律地位和制度架构为视角》,载《法律适用》2017年第15期。

[2] 参见王东敏:《新破产法疑难解读与实务操作》,法律出版社2007年版,第121页。

[3] 参见李国光主编:《新企业破产法理解与适用》,人民法院出版社2006年版,第157页。

[4] 参见王东敏:《新破产法疑难解读与实务操作》,法律出版社2007年版,第122页。

[5][6] 参见李国光主编:《新企业破产法理解与适用》,人民法院出版社2006年版,第157页。

二、调查、清理债务人财产

债务人财产的调查、清理是指管理人对债务人企业的财产进行权属界定、范围界定、分类界定和登记造册的活动。管理人对债务人财产的调查及清理工作大体分以下几个方面：

第一，确定债务人财产的权利归属。管理人在确认财产权属时，必须依据事实和法律判断债务人企业财产、非破产企业财产和权属待定的财产。在此期间，管理人应当注意审查各类权属凭证或相关证据。凡债务人企业在生产经营期间实际投资形成的资产、实际付款购买的资产、实际受让获得的资产，并有相关证据证明的，如投资凭证、购买发票、转账凭证、房地产证、无形资产证书、相关协议等，管理人应当确认这些财产属于债务人企业财产。①

第二，确定债务人财产的范围。管理人完成上述清理工作后，应编制财产明细表和资产负债表，编制债权债务清册。当然，对管理人确定的非债务人企业财产及有争议财产的处理，最终由人民法院决定。②

三、管理、处分债务人财产

管理人在债务人破产清算程序中工作的最终目的，是完成对破产财产的变价和分配，对具体财产实施实际处分。③ 管理人接管债务人企业后，要对债务人财产实行全面管理，主要是以下三个方面：（1）财务管理。主要包括全面审计债务人企业的财务；接管债务人企业银行账户，设立管理人专用账户；决定日常开支或其他必要费用等。（2）资产管理。主要包括对债务人企业全部资产进行评估；保管和维护债务人财产等。（3）人员管理。主要包括对债务人企业留守人员的管理；聘任必要的工作人员，并向其支付应得报酬；做好安置债务人企业职工的准备工作等。④

管理人需行使债务人企业的财产权利，主要包括：（1）决定债务人企业相关合同的解除或履行。司法实践中，管理人行使这一权利的前提是实现债权人利益的最大化，因此，管理人应当认真考虑解除或继续履行合同的经济

---

① 参见李国光主编：《新企业破产法理解与适用》，人民法院出版社 2006 年版，第 159 页。

② 参见李国光主编：《新企业破产法理解与适用》，人民法院出版社 2006 年版，第 160 页。

③ 参见王东敏：《新破产法疑难解读与实务操作》，法律出版社 2007 年版，第 124 页。

④ 参见李国光主编：《新企业破产法理解与适用》，人民法院出版社 2006 年版，第 161~163 页。

效益。决定继续履行合同的前提一般是履行合同的后果可以使债务人的财产增值，或者为维持债务人的部分经营活动需要。① （2）决定继续或者停止债务人的营业。根据本法第二十六条规定，在第一次债权人会议召开之前，管理人决定继续或者停止债务人的营业，需要经人民法院许可。（3）撤销权的行使及对别除权、取回权及抵销权的确认。（4）接受由债务人企业的债务人或财产持有人清偿债务或交付财产。②

管理人需负责债务人财产的变价和分配。管理人变价债务人财产时应遵循公开、公平、公正原则，变价时一般采取拍卖方式，拍卖时的价格一般应以评估价为准。管理人分配债务人财产，应采用金钱分配的原则，也可采用实物分配方式，或两者兼用。对于确实无法进行拍卖变现而以实物方式分配的，要做到公平、公正，并尽可能取得债权人的同意。③ 管理人制作的对破产财产的变价和分配方案，需要经债权人会议通过。对变价方案债权人会议一次不通过时，由人民法院裁定。④

四、代表债务人参加诉讼、仲裁或者其他法律程序

在人民法院受理破产申请以前，对债务人已经开始的诉讼、仲裁或其他法律程序，管理人上任以后，由管理人承担继续诉讼、仲裁或者其他法律程序的责任；破产申请受理以后，管理人为取回被他人占有的债务人财产，或者为行使债权，可以以自己的名义向人民法院提起新的诉讼，或者为解决争议提起新的仲裁。⑤ 破产案件受理后，与债务人财产有关的诉讼、仲裁或者其他法律程序，均由管理人作为债务人的法定代表进行。

编者说明

除本条对管理人一般性职责规定以外，《企业破产法》对管理人在重整程序及和解程序中的职责也作出了相应规定。重整程序中，根据重整程序管理财产和营

---

① 参见王东敏：《新破产法疑难解读与实务操作》，法律出版社2007年版，第123页。

② 参见李国光主编：《新企业破产法理解与适用》，人民法院出版社2006年版，第163~165页。

③ 参见李国光主编：《新企业破产法理解与适用》，人民法院出版社2006年版，第166页。

④ 参见王东敏：《新破产法疑难解读与实务操作》，法律出版社2007年版，第124页。

⑤ 参见李国光主编：《新企业破产法理解与适用》，人民法院出版社2006年版，第160页。

业事务主体不同,管理人相关职责有所不同。管理人管理财产和营业事务的,管理人相关职责包括管理财产和营业事务、制定重整计划、重整计划获法院裁定批准后移交财产和营业事务、监督债务人执行重整计划等。债务人自行管理财产和营业事务的,管理人相关职责包括监督债务人管理财产和营业事务、监督债务人制定和执行重整计划等。根据《审理上市公司破产重整座谈会纪要》的规定,上市公司重整程序中,管理人还应履行相关法律、行政法规、部门规章和公司章程规定的原上市公司董事会、董事和高级管理人员承担的信息披露等职责和义务。和解程序管理人相关职责包括和解协议获法院裁定认可后移交财产和营业事务等。

第二十六条 【第一次债权人会议前管理人行为的许可】 在第一次债权人会议召开之前,管理人决定继续或者停止债务人的营业或者有本法第六十九条规定行为之一的,应当经人民法院许可。

【立法·要点注释】

在第一次债权人会议召开以前,债务人的事务需要由管理人决定,但是对于其中一些重要的、涉及债务人财产的事务,管理人在行使职权时,应当经人民法院的许可。由于在第一次债权人会议召开以前,债权人委员会尚未产生,而这些财产处分行为又对债权人的利益有重大影响,不能由管理人自行决定。因此,在第一次债权人会议召开以前,管理人如果要实施上述对债权人利益有重大影响的行为,应当取得人民法院的许可。

【相关立法】

《中华人民共和国企业破产法》(2006 年 8 月 27 日第十届全国人民代表大会常务委员会第二十三次会议通过,2007 年 6 月 1 日)

第六十一条 债权人会议行使下列职权:

(一)核查债权;

(二)申请人民法院更换管理人,审查管理人的费用和报酬;

(三)监督管理人;

(四)选任和更换债权人委员会成员;

(五)决定继续或者停止债务人的营业;

（六）通过重整计划；

（七）通过和解协议；

（八）通过债务人财产的管理方案；

（九）通过破产财产的变价方案；

（十）通过破产财产的分配方案；

（十一）人民法院认为应当由债权人会议行使的其他职权。

债权人会议应当对所议事项的决议作成会议记录。

第六十九条　管理人实施下列行为,应当及时报告债权人委员会:

（一）涉及土地、房屋等不动产权益的转让；

（二）探矿权、采矿权、知识产权等财产权的转让；

（三）全部库存或者营业的转让；

（四）借款；

（五）设定财产担保；

（六）债权和有价证券的转让；

（七）履行债务人和对方当事人均未履行完毕的合同；

（八）放弃权利；

（九）担保物的取回；

（十）对债权人利益有重大影响的其他财产处分行为。

未设立债权人委员会的,管理人实施前款规定的行为应当及时报告人民法院。

【参考观点】

在第一次债权人会议召开以前,债务人的事务需要由管理人决定,但是对于其中一些重要的、涉及债务人财产的事务,管理人在行使职权时,应当经人民法院的许可。本法第二十六条规定,管理人在行使下列职责时,需要经人民法院许可:一是决定继续或者停止债务人的营业。二是按照本法第六十九条的规定,管理人实施涉及土地、房屋等不动产权益的转让;探矿权、采矿权、知识产权等财产权的转让;全部库存或者营业的转让;借款;设定财产担保;债权和有价证券的转让;履行债务人和对方当事人均未履行完毕的合同;放弃权利;担保物的收回;对债权人利益有重大影响的其他财产处分行为,应当及时报告债权人委员会。如果未设立债权人委员会的,应当及时报告人民法院。①

就上述需要法院许可的行为内容来看,无论是债务人营业的继续或停止,还是《企业破产法》第六十九条关于债务人财产的重大管理和处分行为,均直接关系债务人财产价值的增加或贬损,影响债权人利益的实现程度,因此,理论上应由债权人会议这一团体意思机关作出决定。对此,《企业破产法》明确规定,决定继续或者停止债务人的营业、通过债务人财产的管理方案均为债权人会议的主要职权内容,通常情况下,应当由债权人会议讨论决定。②

由于在第一次债权人会议召开以前,债权人委员会并未产生,但这些财产处分行为又对债权人的利益有重大影响,不能由管理人自行决定,因而规定在第一次债权人会议召开以前,管理人如果要实施上述对债权人利益有重大影响的行为,应当在取得人民法院的许可以后才能实施。这是对管理人履行职责进行监督的一个非常重要的方面。③

【最高人民法院公布案例】

福建安溪铁观音集团股份有限公司及其关联企业破产重整案

——在第一次债权人会议召开之前,管理人经人民法院许可后,有权决定继续或者停止债务人的营业。

【案情简介】

福建省安溪茶厂有限公司(以下简称安溪茶厂)成立于 1952 年,是我国历史最为悠久的三大国营茶厂之一,系福建安溪铁观音集团股份有限公司(以下简称铁观音集团)全资子公司。铁观音集团成立后,投入大量资金用于启动上市计划并于 2012 年 6 月进行 IPO 预披露,由于国家政策及市场变动等因素,2013 年铁观音集团终止上市计划。之后随着国家宏观经济下行、

---

① 参见李国光主编:《新企业破产法理解与适用》,人民法院出版社 2006 年版,第 164 页。

② 参见郁琳:《破产程序中管理人职责履行的强化与监督完善——以管理人的法律地位和制度架构为视角》,载《法律适用》2017 年第 15 期。

③ 参见李国光主编:《新企业破产法理解与适用》,人民法院出版社 2006 年版,第 164~165 页。

消费环境变化和市场调整等不利因素的影响,尤其是担保链断裂等因素,铁观音集团和安溪茶厂陷入资金和经营困境。2016 年 1 月份,债权人分别申请铁观音集团和安溪茶厂重整,泉州市中级人民法院(以下简称泉州中院)、安溪县人民法院(以下简称安溪法院)分别受理两个案件。安溪法院受理后以案件疑难复杂为由将案件移送泉州中院审理。

2016 年 1 月 20 日,管理人向泉州中院提交《关于福建安溪铁观音集团股份有限公司在重整程序中继续营业的请示》及《关于福建省安溪茶厂有限公司在重整程序中继续营业的请示》,并在泉州中院批准后,决定铁观音集团和安溪茶厂继续营业。

【裁判要点】

案件受理后,管理人经研究认为,铁观音集团和安溪茶厂保留了较为完整的公司组织架构,公司的日常营业事务运转较为顺畅。铁观音在我国茶叶行业具备较高知名度,在茶叶市场上也有较好的品牌认知度和市场占有率。维持现有的公司商业信誉和影响力,是公司恢复生产和摆脱困境的有利因素,也可以减少重组方的忧虑,增强重组方对铁观音集团重整的信心。因此,管理人在向泉州中院申请批准后,决定铁观音集团和安溪茶厂在重整期间继续营业。

【案例来源】

最高人民法院发布 10 起全国法院审理破产典型案例(2018 年 3 月 6 日)。根据泉州市中级人民法院(2016)闽 05 民破 1、2 号整理。

第二十七条　【管理人的忠实义务】　管理人应当勤勉尽责,忠实执行职务。

【立法·要点注释】

本法赋予了管理人以较大的权利,管理人理应承担相应的义务。按照本条规定,管理人承担的义务是勤勉尽责,忠实执行职务。如果管理人违反本条规定的义务,没有做到勤勉尽责,没有忠实执行职务,由此给债权人、债务人造成损失的,要承担赔偿责任。如果管理人因玩忽职守或者其他违法行为,造成债权人、债务人损失的,依法承担赔偿责任;因此而构成犯罪的,依法追究其刑事责任。

【相关立法】

《中华人民共和国企业破产法》(2006 年 8 月 27 日第十届全国人民代表大会常务委员会第二十三次会议通过,2007 年 6 月 1 日)

第一百三十条 管理人未依照本法规定勤勉尽责,忠实执行职务的,人民法院可以依法处以罚款;给债权人、债务人或者第三人造成损失的,依法承担赔偿责任。

【司法解释】

《最高人民法院关于适用〈中华人民共和国企业破产法〉若干问题的规定(二)》(法释〔2013〕22 号,2013 年 9 月 16 日;法释〔2020〕18 号修正,2021 年 1 月 1 日)

第九条 管理人依据企业破产法第三十一条和第三十二条的规定提起诉讼,请求撤销涉及债务人财产的相关行为并由相对人返还债务人财产的,人民法院应予支持。

管理人因过错未依法行使撤销权导致债务人财产不当减损,债权人提起诉讼主张管理人对其损失承担相应赔偿责任的,人民法院应予支持。

【要点注释】

本条司法解释第二款规定是《企业破产法》中关于管理人职责、义务和法律责任在破产撤销权行使过程中的细化和落实。如果管理人未依法行使撤销权,属于未尽到"勤勉尽责,忠实执行职务"的义务,对于由此给债务人财产造成不当减损的,应当承担赔偿责任。①

第二十三条 破产申请受理后,债权人就债务人财产向人民法院提起本规定第二十一条第一款所列诉讼的,人民法院不予受理。

债权人通过债权人会议或者债权人委员会,要求管理人依法向次债务

---

① 参见最高人民法院民事审判第二庭编著:《最高人民法院关于企业破产法司法解释理解与适用——破产法解释(一)·破产法解释(二)》,人民法院出版社 2017 年版,第 192 页。

人、债务人的出资人等追收债务人财产，管理人无正当理由拒绝追收，债权人会议依据企业破产法第二十二条的规定，申请人民法院更换管理人的，人民法院应予支持。

管理人不予追收，个别债权人代表全体债权人提起相关诉讼，主张次债务人或者债务人的出资人等向债务人清偿或者返还债务人财产，或者依法申请合并破产的，人民法院应予受理。

第三十三条　管理人或者相关人员在执行职务过程中，因故意或者重大过失不当转让他人财产或者造成他人财产毁损、灭失，导致他人损害产生的债务作为共益债务，由债务人财产随时清偿不足弥补损失，权利人向管理人或者相关人员主张承担补充赔偿责任的，人民法院应予支持。

上述债务作为共益债务由债务人财产随时清偿后，债权人以管理人或者相关人员执行职务不当导致债务人财产减少给其造成损失为由提起诉讼，主张管理人或者相关人员承担相应赔偿责任的，人民法院应予支持。

【要点注释】

本条旨在规定管理人或者相关人员在因故意或者重大过失不当转让他人财产或者造成他人财产毁损、灭失时应当承担的法律责任。尽管管理人或者相关人员在执行职务过程中造成他人的财产损失，可以列为共益债务，但在债务人财产较少的情形下仍可能发生权利人损失不能足额弥补的情形。特别是将上述损失列为共益债务，实质上是用债务人的财产为管理人或者其他相关人员的过错"买单"，对债权人来讲并不公平。因此，为了平衡各方之间的利益关系，司法解释按照过错责任的原理，让有故意或者重大过失的管理人或者其他相关人员对其造成的损失向财产权利人承担补充赔偿责任，以最大限度地保护财产权利人的利益。[①]

【司法文件】

《最高人民法院关于印发〈全国法院审理债券纠纷案件座谈会纪要〉的

[①]　参见最高人民法院民事审判第二庭编著：《最高人民法院关于企业破产法司法解释理解与适用——破产法解释（一）·破产法解释（二）》，人民法院出版社 2017 年版，第375~376 页。

通知》(法〔2020〕185号,2020年7月15日)

七、关于发行人破产管理人的责任

会议认为,对于债券发行人破产案件的审理,要坚持企业拯救、市场出清、债权人利益保护和维护社会稳定并重,在发行人破产重整、和解、清算程序中,应当进一步明确破产管理人及时确认债权、持续信息披露等义务,确保诉讼程序能够及时进行,保护债券持有人的合法权益,切实做到化解风险,理顺关系,安定人心,维护秩序。

33. 发行人破产管理人的债券信息披露责任。债券发行人进入破产程序后,发行人的债券信息披露义务由破产管理人承担,但发行人自行管理财产和营业事务的除外。破产管理人应当按照证券法及相关监管规定的要求,及时、公平地履行披露义务,所披露的信息必须真实、准确、完整。破产管理人就接管破产企业后的相关事项所披露的内容存在虚假记载、误导性陈述或者重大遗漏,足以影响投资人对发行人偿付能力的判断的,对债券持有人、债券投资者主张依法判令其承担虚假陈述民事责任的诉讼请求,人民法院应当予以支持。

34. 破产管理人无正当理由不予确认债权的赔偿责任。债券发行人进入破产程序后,受托管理人根据债券募集文件或者债券持有人会议决议的授权,依照债券登记机关出具的债券持仓登记文件代表全体债券持有人所申报的破产债权,破产管理人应当依法及时予以确认。因破产管理人无正当理由不予确认而导致的诉讼费用、律师费用、差旅费用等合理支出以及由此导致债权迟延清偿期间的利息损失,受托管理人另行向破产管理人主张赔偿责任的,人民法院应当予以支持。

【参考观点】

管理人当按照《企业破产法》规定的职责执行职务,以使债权人利益最大化为原则,这样才符合人民法院、债权人和债务人与管理人之间所存在的信任基础。基于这种信任,管理人在执行职务时,仅仅以与处理自己事务相同的专业技能和注意是不够的,还应当勤勉尽责,忠实执行职务。勤勉尽责,就要求管理人要恪尽职责,以一个善良管理人的注意执行职务;忠实执行职务,就要求管理人执行职务要忠诚老实,不弄虚作假,不搞欺诈,不得利用自己的地位为债权人或者债务人一方谋取私利,也不得为自己谋取私利。[1]

此外,根据《企业破产法》及《指定管理人规定》,管理人辞去职务须有正当理由并经人民法院许可,如未获许可则应继续履行职务。管理人仍坚持辞职并不再履行管理人职责的,则属于违反了勤勉、忠实义务。同样,人民法院决定更换管理人后,原管理人应当依照《指定管理人规定》第三十七条向新任管理人移交全部资料、财产、营业事务及管理人印章,并书面说明工作进展情况。这是管理人的一种延伸职责。如果原管理人拒不向新任管理人移交相关事务,亦属于违反了管理人的勤勉、忠实义务。[2]

《企业破产法》明确规定了管理人违反其勤勉尽责和忠实执行职务时的法律责任。对于中介机构担任管理人的,由中介机构单位承担责任,如果是个人担任管理人的,个人应当参加执业责任保险,保证管理人有承担民事赔偿责任的能力。[3]

第二十八条　【管理人聘用工作人员与管理人的报酬】管理人经人民法院许可,可以聘用必要的工作人员。

管理人的报酬由人民法院确定。债权人会议对管理人的报酬有异议的,有权向人民法院提出。

【立法·要点注释】

管理人管理债务人财产,处理破产事务,可能会涉及方方面面的问题,特别是担任规模较大的破产企业的管理人,仅靠管理人的力量是不够的。因此,本法赋予管理人聘用必要的工作人员的权利。

管理人管理破产财产,处理破产事务,承担法律规定的义务,应当有权获得报酬。由于管理人的报酬也属于破产费用,因而,报酬的确定涉及管理人和债权人的利益。为了公平地保护债权人、债务人以及破产程序中相关权利

---

[1]　参见李国光主编:《新企业破产法理解与适用》,人民法院出版社 2006 年版,第171 页。

[2]　参见最高人民法院民事审判第二庭编著:《最高人民法院关于企业破产法司法解释理解与适用——破产管理人制度·新旧破产法衔接》,人民法院出版社 2007 年版,第135 页。

[3]　参见王东敏:《新破产法疑难解读与实务操作》,法律出版社 2007 年版,第125 页。

人的利益,本条规定由人民法院确定管理人报酬,并赋予债权人会议以异议权,即债权人会议对人民法院确定的管理人的报酬有异议的,有权向人民法院提出。

【司法解释】

《最高人民法院关于审理企业破产案件确定管理人报酬的规定》(法释〔2007〕9号,2007年6月1日)

第一条 管理人履行企业破产法第二十五条规定的职责,有权获得相应报酬。

管理人报酬由审理企业破产案件的人民法院依据本规定确定。

【要点注释】

《企业破产法》第二十八条第二款明确规定:"管理人的报酬由人民法院确定。债权人会议对管理人的报酬有异议的,有权向人民法院提出。"可见,我国《企业破产法》中已经明确指出管理人报酬的确定主体是人民法院,而非债权人会议。[1]

第二条 人民法院应根据债务人最终清偿的财产价值总额,在以下比例限制范围内分段确定管理人报酬:

(一)不超过一百万元(含本数,下同)的,在12%以下确定;

(二)超过一百万元至五百万元的部分,在10%以下确定;

(三)超过五百万元至一千万元的部分,在8%以下确定;

(四)超过一千万元至五千万元的部分,在6%以下确定;

(五)超过五千万元至一亿元的部分,在3%以下确定;

(六)超过一亿元至五亿元的部分,在1%以下确定;

(七)超过五亿元的部分,在0.5%以下确定。

担保权人优先受偿的担保物价值,不计入前款规定的财产价值总额。

高级人民法院认为有必要的,可以参照上述比例在30%的浮动范围内制定符合当地实际情况的管理人报酬比例限制范围,并通过当地有影响的媒

---

[1] 参见最高人民法院民事审判第二庭编著:《最高人民法院关于企业破产法司法解释理解与适用——破产管理人制度·新旧破产法衔接》,人民法院出版社2007年版,第141~142页。

体公告,同时报最高人民法院备案。

【要点注释】

本条是关于管理人报酬计算方法和数额比例限制范围的规定。为了弥补按标的额计酬的不足,对于管理人付出的有效工作时间较长但可供清偿的债务人财产较少的情况,人民法院可以根据本司法解释规定的衡量因素中管理人的勤勉程度等条款予以适当调整。[1]

第七条　管理人、债权人会议对管理人报酬方案有意见的,可以进行协商。双方就调整管理人报酬方案内容协商一致的,管理人应向人民法院书面提出具体的请求和理由,并附相应的债权人会议决议。

人民法院经审查认为上述请求和理由不违反法律和行政法规强制性规定,且不损害他人合法权益的,应当按照双方协商的结果调整管理人报酬方案。

【要点注释】

本条是关于当事人就管理人报酬方案的协商权的规定。管理人的报酬来源于破产财产。虽然破产财产在名义上可以认为属于破产人所有,但是其实际权益最终意义上应当属于破产债权人。在破产程序中,破产财产分配前,破产债权人还没有实际取得破产财产的权利,但从破产财产中对管理人报酬的支付,必然影响到将来破产债权人的利益,因此破产债权人对管理人的报酬方案应当有发表意见的权利,对其意志应予考虑,所以法律程序应保障债权人对管理人报酬的介入权。[2]

第十四条　律师事务所、会计师事务所通过聘请本专业的其他社会中介机构或者人员协助履行管理人职责的,所需费用从其报酬中支付。

破产清算事务所通过聘请其他社会中介机构或者人员协助履行管理人职责的,所需费用从其报酬中支付。

---

① 参见最高人民法院民事审判第二庭编著:《最高人民法院关于企业破产法司法解释理解与适用——破产管理人制度·新旧破产法衔接》,人民法院出版社 2007 年版,第 146~147 页。

② 参见最高人民法院民事审判第二庭编著:《最高人民法院关于企业破产法司法解释理解与适用——破产管理人制度·新旧破产法衔接》,人民法院出版社 2007 年版,第 158 页。

【要点注释】

本条是关于禁止管理人重复计酬原则的规定。需要注意的是清算事务所的特殊问题,进入破产管理人名册的清算事务所,就应具备相应的处理法律事务、会计审计业务的能力,不应再另行花钱聘请律师事务所或者会计师事务所。[①]

第十五条 清算组中有关政府部门派出的工作人员参与工作的不收取报酬。其他机构或人员的报酬根据其履行职责的情况确定。

【司法文件】

1.《最高人民法院关于印发〈全国法院民商事审判工作会议纪要〉的通知》(法〔2019〕254号,2019年11月8日)

116.【审计、评估等中介机构的确定及责任】要合理区分人民法院和管理人在委托审计、评估等财产管理工作中的职责。破产程序中确实需要聘请中介机构对债务人财产进行审计、评估的,根据《企业破产法》第28条的规定,经人民法院许可后,管理人可以自行公开聘请,但是应当对其聘请的中介机构的相关行为进行监督。上述中介机构因不当履行职责给债务人、债权人或者第三人造成损害的,应当承担赔偿责任。管理人在聘用过程中存在过错的,应当在其过错范围内承担相应的补充赔偿责任。

【要点注释】

本条是关于破产程序中审计、评估等中介机构如何确定的规则。对于该条的理解和适用,需要着重把握以下几点:

一是管理人聘用审计、评估等中介机构前应当事先获得法院许可,并以工作必要为前提。根据《企业破产法》第二十八条的规定,管理人决定聘用工作人员的,应当事先经过法院许可,这一方面是表明法律赋予了管理人聘用必要的工作人员的权利,另一方面由于管理人聘用的工作人员的费用是作为破产费用,将从债务人财产随时支付,因此,法律要求管理人是否可以聘用

---

① 参见最高人民法院民事审判第二庭编著:《最高人民法院关于企业破产法司法解释理解与适用——破产管理人制度·新旧破产法衔接》,人民法院出版社2007年版,第180~183页。

工作人员,所聘用的工作人员的人数、范围应当经人民法院许可,这也是要保护债权人的利益,防止管理人随意聘用工作人员,加大破产费用的数额。

二是经法院许可后,具体的聘用工作应由管理人自行完成。虽然是否聘用相关工作人员需事先经法院许可,但是委托聘用审计、评估机构对债务人财产进行审计、评估工作属于债务人财产管理的范畴,故具体聘用工作应当由管理人自行完成,无须通过法院的相关辅助部门代为完成。

三是相关责任的承担。由于聘用审计、评估中介机构的行为系由管理人自行作出,上述中介机构作为管理人聘用的工作人员辅助管理人从事破产程序中的相关事务,管理人作为聘用主体应当对其所聘用的中介机构行为进行监督,以确保上述中介机构的工作符合委托聘用的合同要求。如果其不当履行职责给债务人、债权人或者第三人造成损害的,相关主体有权要求其应当承担赔偿责任。如果管理人在聘任中存在过错的,其应当根据其过错程度承担相应的补充赔偿责任,从而强化管理人聘任时的注意义务。①

2.《最高人民法院关于印发〈全国法院破产审判工作会议纪要〉的通知》（法〔2018〕53号,2018年3月4日）

10. 发挥管理人报酬的激励和约束作用。人民法院可以根据破产案件的不同情况确定管理人报酬的支付方式,发挥管理人报酬在激励、约束管理人勤勉履职方面的积极作用。管理人报酬原则上应当根据破产案件审理进度和管理人履职情况分期支付。案情简单、耗时较短的破产案件,可以在破产程序终结后一次性向管理人支付报酬。

11. 管理人聘用其他人员费用负担的规制。管理人经人民法院许可聘用企业经营管理人员,或者管理人确有必要聘请其他社会中介机构或人员处理重大诉讼、仲裁、执行或审计等专业性较强工作,如所需费用需要列入破产费用的,应当经债权人会议同意。

12. 推动建立破产费用的综合保障制度。各地法院要积极争取财政部门支持,或采取从其他破产案件管理人报酬中提取一定比例等方式,推动设立破产费用保障资金,建立破产费用保障长效机制,解决因债务人财产不足以支付破产费用而影响破产程序启动的问题。

---

① 参见最高人民法院民事审判第二庭编著:《〈全国法院民商事审判工作会议纪要〉理解与适用》,人民法院出版社2019年版,第586~587页。

3.《最高人民法院关于印发〈人民法院破产程序法律文书样式(试行)〉的通知》(法办发〔2011〕12 号,2011 年 10 月 13 日)

文书样式 9

××××人民法院

复函

(许可管理人为某些行为用)

(××××)×破字第×-×号

×××(债务人名称)管理人:

本院于××××年××月××日收到《……》(写明来文的名称),……(引用请示的内容及事实和理由)。经研究,答复如下:

……(写明答复意见)。

此复

××××年××月××日

(院印)

说明:

一、本样式系根据《中华人民共和国企业破产法》第二十六条、第二十八条制定,供人民法院收到管理人的有关申请后作出答复时使用。

二、许可的行为范围限于《中华人民共和国企业破产法》第二十六条、第二十八条第一款所列行为。具体包括:在第一次债权人会议召开之前,决定继续或停止债务人的营业;聘用必要的工作人员;在第一次债权人会议召开之前,有《中华人民共和国企业破产法》第六十九条第一款所列行为。

文书样式 14

××××人民法院

通知书

(确定管理人报酬方案用)

（××××）×破字第×-×号

×××（担任管理人的社会中介机构的名称或自然人的姓名）：

依照《最高人民法院关于审理企业破产案件确定管理人报酬的规定》第二条、第四条之规定，本院初步确定你（或者你所、公司）担任×××（债务人名称）管理人应获取的报酬，根据×××（债务人名称）最终清偿的财产价值总额，……（依次分段写明确定的比例），采取……（分期预收或最后一次性收取报酬）的方式收取。

特此通知

××××年××月××日

（院印）

说明：

一、本样式系根据《最高人民法院关于审理企业破产案件确定管理人报酬的规定》第二条、第四条、第五条制定，供人民法院决定管理人报酬方案时使用。

二、采用竞争方式指定管理人的，应引用《最高人民法院关于审理企业破产案件确定管理人报酬的规定》第二条和第五条。

三、本通知应自管理人报酬方案确定之日起三日内送达管理人。

【答记者问】

《最高人民法院民二庭负责人就〈最高人民法院关于审理企业破产案件指定管理人的规定〉〈最高人民法院关于审理企业破产案件确定管理人报酬的规定〉答记者问》

问：如何区分人民法院与债权人会议在确定管理人报酬问题上的作用？

答：法院和债权人会议是确定管理人报酬的两个主体。多数国家或地区规定，管理人报酬由法院决定，如美国、德国、意大利、日本、韩国、我国台湾地区。也有一些国家根据不同的破产程序由不同主体决定管理人的报酬，债权人会议或者其他机构有权确定管理人报酬,如英国、澳大利亚、加拿大等国家。但上述国家同时规定,如果债权人会议不能就此作出决议,则由法院决定。管理人报酬从债务人财产中优先支付,如果管理人报酬过高,可能直接影响债权人的清偿水平。从保护债权人利益出发,应当在管理人报酬方面让债权人会议有所作为。债权人会议应有权对管理人报酬进行审查并与管理人进行协商。其对管理人报酬有异议的,有权向人民法院提出。债权人与管理人存在一定的利益冲突,如管理人报酬完全由债权人会议决定,管理人利益难以得到有效保护。在破产案件之初,需要及时确定管理人报酬方案。此时债权人会议尚未召开,债权人会议实践中也难以决定管理人报酬方案。因此,在管理人报酬问题上,债权人会议拥有知情权、协商权和异议权,人民法院拥有决定权。

【参考观点】

一、聘用必要的工作人员

本条规定,管理人经人民法院许可,可以聘用必要的工作人员。对一些比较复杂的破产案件,仅靠管理人中一两个专业人员的力量,很难担当管理人的重任。如果管理人由有关部门、机构的人员组成的清算组担任,就需要聘用一些中介机构的专业人员;涉及重大资产的评估、拍卖以及重大债权追收、重要的法律诉讼等,也需要聘用一些专业人士。因而,《企业破产法》赋予管理人聘用必要的工作人员的权利。管理人聘用的工作人员包括两部分人员:一是继续债务人的营业事务的需要,这部分工作人员主要由债务人的企业经营管理人员和部分一般工作人员组成;二是处理破产事务的专业人员,这部分人员主要是协助管理人处理一些专业的问题。①

除本条规定的管理人聘请必要工作人员的法院许可制度外,《破产审判会议纪要》还设定了管理人聘用其他人员费用负担的规制。在管理人确实无法承担某些破产事务时,应当允许其聘请相关机构或人员帮助完成。此时,发生的有关费用如果由管理人从其报酬中支付的,法院无须干预;如果有关费用需要列入破产费用的,这相当于在管理人报酬之外又增加了破产费用

---

① 参见李国光主编:《新企业破产法理解与适用》,人民法院出版社2006年版,第170页。

的总额,此时应当经过债权人会议的同意。①

二、管理人报酬

本条规定,管理人的报酬由人民法院确定,债权人会议对管理人的报酬有异议的,有权向人民法院提出。《企业破产法》第四十一条规定管理人的报酬为破产费用。第四十三条规定,破产费用随时清偿,债务人财产不足以清偿破产费用的,终结破产程序。破产法规定的这种安排,使管理人在破产程序中的工作报酬完全有保证,不会发生拖欠管理费用的情况。② 同时,《破产审判会议纪要》明确要求各地法院采取争取地方财政部门支持、从破产案件管理人报酬中提取一定比例成立保障资金等方式来解决无力支付报酬问题。③

《破产审判会议纪要》第10条设计了分期支付为主、一次性支付为辅的报酬支付方式。法院应当根据企业破产工作的进展程度确定管理人报酬支付方式,既要避免一次性支付管理人报酬下管理人缺乏激励的问题,也要避免管理人长期无法获得合理回报而不能正常发挥作用。④

编者说明

《管理人报酬规定》确定的管理人报酬计算的基础是最终清偿的无担保财产价值总额,而对于担保财产只有在管理人对担保物的维护、变现、交付等管理工作付出合理劳动时才允许收费,而标准是管理人报酬的10%。但在实务中,担保物往往是债务人最主要的财产,而设定担保也是最主要的融资手段,大量的破产案件中,债务人的财产以抵押、质押、动产浮动抵押等方式全部设置了担保,甚至连应收账款也不例外。在此情形下,管理人按照《管理人报酬规定》计算的报酬与破产案件所耗费的人力、物力、时间成本完全不相匹配,长此以往,将严重影响管理人队伍的健康发展和破产案件审理的质量。因此,未来制定新的司法解释时,应当允许管理人对担保物收取合理的管理人报酬,特别是破产程序主要为担保债权人的利益进行时,理应从担保物的变价款中得到合理的报酬。

---

①　参见贺小荣、王富博、杜军:《破产管理人与重整制度的探索与完善——〈全国法院破产审判工作会议纪要〉的理解与适用(上)》,载《人民司法·应用》2018年第13期。

②　参见王东敏:《新破产法疑难解读与实务操作》,法律出版社2007年版,第126页。

③④　参见贺小荣、王富博、杜军:《破产管理人与重整制度的探索与完善——〈全国法院破产审判工作会议纪要〉的理解与适用(上)》,载《人民司法·应用》2018年第13期。

第二十九条 【管理人的辞职】管理人没有正当理由不得辞去职务。管理人辞去职务应当经人民法院许可。

【立法·要点注释】

为了保证破产程序的连续性,保证管理人处理破产事务的统一性和稳定性,管理人一经人民法院指定后,没有正当理由不能辞去职务。本条规定管理人没有正当理由不得辞去职务,但对于何谓正当理由没有作出规定。

【司法解释】

《最高人民法院关于审理企业破产案件指定管理人的规定》(法释〔2007〕8号,2007年6月1日)

第三十五条 管理人无正当理由申请辞去职务的,人民法院不予许可。正当理由的认定,可参照适用本规定第三十三条、第三十四条规定的情形。

【要点注释】

本条是关于管理人辞职理由的规定,是对《企业破产法》第二十九条规定的细化。本条规定管理人有本规定第三十三条、第三十四条所列情形时,人民法院应当许可管理人辞去职务。如果管理人提出的辞职理由不符合本规定第三十三条、第三十四条,人民法院应当驳回管理人的辞职申请,不予许可。[①]

第三十六条 人民法院对管理人申请辞去职务未予许可,管理人仍坚持辞去职务并不再履行管理人职责的,人民法院应当决定更换管理人。

【要点注释】

管理人申请辞职,人民法院不许可其辞职,管理人应当继续履行职务。但如管理人坚持辞职并停止履行职务,表明其已经丧失担任管理人的意愿,客观上已不适宜担任该案件的管理人。在此情况下,为了保证破产程序的顺

---

① 参见最高人民法院民事审判第二庭编著:《最高人民法院关于企业破产法司法解释理解与适用——破产管理人制度·新旧破产法衔接》,人民法院出版社2007年版,第126~127页。

利进行,避免债权人的利益受损,人民法院只能及时更换管理人。①

【司法文件】

《最高人民法院关于印发〈人民法院破产程序法律文书样式(试行)〉的通知》(法办发〔2011〕12号,2011年10月13日)

文书样式13

××××人民法院

决定书

(许可或驳回管理人辞职申请用)

(××××)×破字第×-×号

××××年××月××日,×××(担任管理人的社会中介机构的名称或自然人的姓名)向本院提交申请,称……(写明申请人的理由),请求本院准予其辞去×××(债务人名称)管理人职务。

本院认为:……(写明审查意见及理由)。依照……(写明所依据的法律条款项)之规定,决定如下:

准许×××(担任管理人的社会中介机构的名称或自然人的姓名)辞去×××(债务人名称)管理人职务。

或者:

驳回×××(担任管理人的社会中介机构的名称或自然人的姓名)的申请。

××××年××月××日

(院印)

---

① 参见最高人民法院民事审判第二庭编著:《最高人民法院关于企业破产法司法解释理解与适用——破产管理人制度·新旧破产法衔接》,人民法院出版社2007年版,第128页。

说明：

一、本样式系根据《中华人民共和国企业破产法》第二十九条、《最高人民法院关于审理企业破产案件指定管理人的规定》第三十四条制定，供人民法院批准或驳回管理人辞职申请时使用。

二、批准辞职的，本决定书应送达管理人、破产申请人、债务人及债务人的企业登记机关；驳回申请的，本决定书应送达管理人。

【参考观点】

管理人一经人民法院指定，无正当理由不得任意辞去职务。管理人一旦接受人民法院的指定，就不能以破产事务烦琐、费时等为由辞去这一职务，即不得随便辞职。但是，在破产事务的处理过程中，如果确实出现了不利于管理人依法、公正执行职务或者有其他不能胜任职务的情形的，即具有正当理由的，应当允许管理人辞去职务。如某律师担任债务人的管理人后的一段时间，因病无法履行职务且无法在短期内恢复健康的，就应当允许该律师辞去管理人的职务。

管理人辞去职务应当经人民法院许可。管理人受人民法院指定，对人民法院负责。因此，管理人无正当理由时，不得辞去职务；即使有正当理由需要辞去职务，也必须征得人民法院的许可，如果没有获得人民法院的许可，管理人仍然不能辞去其职务。这是因为，在破产事务的处理过程中，一旦管理人辞去职务，特别是负责比较主要工作的管理人辞去职务，往往会影响到破产事务的进一步处理，需要人民法院综合研究各种因素后作出是否许可管理人辞去职务的请求。如果许可管理人辞去职务，必然会产生相关工作的交接、是否需要另行指定管理人等问题，需要人民法院作出具体的安排。①

---

① 参见李国光主编：《新企业破产法理解与适用》，人民法院出版社2006年版，第171~172页。

第四章 债务人财产

第三十条　【债务人财产】 破产申请受理时属于债务人的全部财产,以及破产申请受理后至破产程序终结前债务人取得的财产,为债务人财产。

【立法·要点注释】

债务人财产,又称为破产财团或财团财产,根据本条规定,债务人财产由两部分构成:(1)破产申请受理时属于债务人的财产。既包括属于债务人所有的有形资产也包括无形财产权利,既包括未设定担保权的财产,也包括设定担保权的财产,既包括债务人位于境内的财产,也包括位于境外的财产。(2)破产申请受理后至破产程序终结前债务人取得的财产。立法作出该项规定有利于最大限度增加债务人财产,并最终增加债权人的受偿额,更好维护债权人的利益。

【相关立法】

1.《中华人民共和国公司法》(2018 年 10 月 26 日第十三届全国人民代表大会常务委员会第六次会议第四次修正)

第二十七条第一款　股东可以用货币出资,也可以用实物、知识产权、土地使用权等可以用货币估价并可以依法转让的非货币财产作价出资;但是,法律、行政法规规定不得作为出资的财产除外。

2.《中华人民共和国民法典》(2020 年 5 月 28 日第十三届全国人民代表大会第三次会议通过,2021 年 1 月 1 日)

第二百四十六条　法律规定属于国家所有的财产,属于国家所有即全民所有。

国有财产由国务院代表国家行使所有权。法律另有规定的,依照其规定。

第二百四十七条　矿藏、水流、海域属于国家所有。

第二百四十八条　无居民海岛属于国家所有,国务院代表国家行使无居民海岛所有权。

第二百四十九条 城市的土地,属于国家所有。法律规定属于国家所有的农村和城市郊区的土地,属于国家所有。

第二百五十条 森林、山岭、草原、荒地、滩涂等自然资源,属于国家所有,但是法律规定属于集体所有的除外。

第二百五十一条 法律规定属于国家所有的野生动植物资源,属于国家所有。

第二百五十二条 无线电频谱资源属于国家所有。

第二百五十三条 法律规定属于国家所有的文物,属于国家所有。

第二百五十四条 国防资产属于国家所有。

铁路、公路、电力设施、电信设施和油气管道等基础设施,依照法律规定为国家所有的,属于国家所有。

第二百五十五条 国家机关对其直接支配的不动产和动产,享有占有、使用以及依照法律和国务院的有关规定处分的权利。

第二百五十六条 国家举办的事业单位对其直接支配的不动产和动产,享有占有、使用以及依照法律和国务院的有关规定收益、处分的权利。

第二百五十七条 国家出资的企业,由国务院、地方人民政府依照法律、行政法规规定分别代表国家履行出资人职责,享有出资人权益。

第二百五十八条 国家所有的财产受法律保护,禁止任何组织或者个人侵占、哄抢、私分、截留、破坏。

第二百五十九条 履行国有财产管理、监督职责的机构及其工作人员,应当依法加强对国有财产的管理、监督,促进国有财产保值增值,防止国有财产损失;滥用职权,玩忽职守,造成国有财产损失的,应当依法承担法律责任。

违反国有财产管理规定,在企业改制、合并分立、关联交易等过程中,低价转让、合谋私分、擅自担保或者以其他方式造成国有财产损失的,应当依法承担法律责任。

第二百六十条 集体所有的不动产和动产包括:

(一)法律规定属于集体所有的土地和森林、山岭、草原、荒地、滩涂;

(二)集体所有的建筑物、生产设施、农田水利设施;

(三)集体所有的教育、科学、文化、卫生、体育等设施;

(四)集体所有的其他不动产和动产。

第二百六十一条 农民集体所有的不动产和动产,属于本集体成员集体所有。

下列事项应当依照法定程序经本集体成员决定：

（一）土地承包方案以及将土地发包给本集体以外的组织或者个人承包；

（二）个别土地承包经营权人之间承包地的调整；

（三）土地补偿费等费用的使用、分配办法；

（四）集体出资的企业的所有权变动等事项；

（五）法律规定的其他事项。

第二百六十二条　对于集体所有的土地和森林、山岭、草原、荒地、滩涂等，依照下列规定行使所有权：

（一）属于村农民集体所有的，由村集体经济组织或者村民委员会依法代表集体行使所有权；

（二）分别属于村内两个以上农民集体所有的，由村内各该集体经济组织或者村民小组依法代表集体行使所有权；

（三）属于乡镇农民集体所有的，由乡镇集体经济组织代表集体行使所有权。

第二百六十三条　城镇集体所有的不动产和动产，依照法律、行政法规的规定由本集体享有占有、使用、收益和处分的权利。

第二百六十四条　农村集体经济组织或者村民委员会、村民小组应当依照法律、行政法规以及章程、村规民约向本集体成员公布集体财产的状况。集体成员有权查阅、复制相关资料。

第二百六十五条　集体所有的财产受法律保护，禁止任何组织或者个人侵占、哄抢、私分、破坏。

农村集体经济组织、村民委员会或者其负责人作出的决定侵害集体成员合法权益的，受侵害的集体成员可以请求人民法院予以撤销。

第二百六十六条　私人对其合法的收入、房屋、生活用品、生产工具、原材料等不动产和动产享有所有权。

第二百六十七条　私人的合法财产受法律保护，禁止任何组织或者个人侵占、哄抢、破坏。

第二百六十八条　国家、集体和私人依法可以出资设立有限责任公司、股份有限公司或者其他企业。国家、集体和私人所有的不动产或者动产投到企业的，由出资人按照约定或者出资比例享有资产收益、重大决策以及选择经营管理者等权利并履行义务。

第二百六十九条 营利法人对其不动产和动产依照法律、行政法规以及章程享有占有、使用、收益和处分的权利。

营利法人以外的法人,对其不动产和动产的权利,适用有关法律、行政法规以及章程的规定。

第二百七十条 社会团体法人、捐助法人依法所有的不动产和动产,受法律保护。

第二百九十七条 不动产或者动产可以由两个以上组织、个人共有。共有包括按份共有和共同共有。

第二百九十八条 按份共有人对共有的不动产或者动产按照其份额享有所有权。

第二百九十九条 共同共有人对共有的不动产或者动产共同享有所有权。

第三百条 共有人按照约定管理共有的不动产或者动产;没有约定或者约定不明确的,各共有人都有管理的权利和义务。

第三百零一条 处分共有的不动产或者动产以及对共有的不动产或者动产作重大修缮、变更性质或者用途的,应当经占份额三分之二以上的按份共有人或者全体共同共有人同意,但是共有人之间另有约定的除外。

第三百零二条 共有人对共有物的管理费用以及其他负担,有约定的,按照其约定;没有约定或者约定不明确的,按份共有人按照其份额负担,共同共有人共同负担。

第三百零三条 共有人约定不得分割共有的不动产或者动产,以维持共有关系的,应当按照约定,但是共有人有重大理由需要分割的,可以请求分割;没有约定或者约定不明确的,按份共有人可以随时请求分割,共同共有人在共有的基础丧失或者有重大理由需要分割时可以请求分割。因分割造成其他共有人损害的,应当给予赔偿。

第三百零四条 共有人可以协商确定分割方式。达不成协议,共有的不动产或者动产可以分割且不会因分割减损价值的,应当对实物予以分割;难以分割或者因分割会减损价值的,应当对折价或者拍卖、变卖取得的价款予以分割。

共有人分割所得的不动产或者动产有瑕疵的,其他共有人应当分担损失。

第三百零五条　按份共有人可以转让其享有的共有的不动产或者动产份额。其他共有人在同等条件下享有优先购买的权利。

第三百零六条　按份共有人转让其享有的共有的不动产或者动产份额的,应当将转让条件及时通知其他共有人。其他共有人应当在合理期限内行使优先购买权。

两个以上其他共有人主张行使优先购买权的,协商确定各自的购买比例;协商不成的,按照转让时各自的共有份额比例行使优先购买权。

第三百零七条　因共有的不动产或者动产产生的债权债务,在对外关系上,共有人享有连带债权、承担连带债务,但是法律另有规定或者第三人知道共有人不具有连带债权债务关系的除外;在共有人内部关系上,除共有人另有约定外,按份共有人按照份额享有债权、承担债务,共同共有人共同享有债权、承担债务。偿还债务超过自己应当承担份额的按份共有人,有权向其他共有人追偿。

第三百零八条　共有人对共有的不动产或者动产没有约定为按份共有或者共同共有,或者约定不明确的,除共有人具有家庭关系等外,视为按份共有。

第三百零九条　按份共有人对共有的不动产或者动产享有的份额,没有约定或者约定不明确的,按照出资额确定;不能确定出资额的,视为等额享有。

第三百一十条　两个以上组织、个人共同享有用益物权、担保物权的,参照适用本章的有关规定。

第五百三十七条　人民法院认定代位权成立的,由债务人的相对人向债权人履行义务,债权人接受履行后,债权人与债务人、债务人与相对人之间相应的权利义务终止。债务人对相对人的债权或者与该债权有关的从权利被采取保全、执行措施,或者债务人破产的,依照相关法律的规定处理。

3.《中华人民共和国民事诉讼法》(2021 年 12 月 24 日第十三届全国人民代表大会常务委员会第三十二次会议第四次修正)

第二百四十条　执行完毕后,据以执行的判决、裁定和其他法律文书确有错误,被人民法院撤销的,对已被执行的财产,人民法院应当作出裁定,责令取得财产的人返还;拒不返还的,强制执行。

4.《中华人民共和国城市房地产管理法》(2019 年 8 月 26 日第十三届全国人民代表大会常务委员会第十二次会议第三次修正)

第五十一条 设定房地产抵押权的土地使用权是以划拨方式取得的,依法拍卖该房地产后,应当从拍卖所得的价款中缴纳相当于应缴纳的土地使用权出让金的款额后,抵押权人方可优先受偿。

【司法解释】

1.《最高人民法院关于适用〈中华人民共和国企业破产法〉若干问题的规定(二)》(法释〔2013〕22 号,2013 年 9 月 16 日;法释〔2020〕18 号修正,2021 年 1 月 1 日)

第一条 除债务人所有的货币、实物外,债务人依法享有的可以用货币估价并可以依法转让的债权、股权、知识产权、用益物权等财产和财产权益,人民法院均应认定为债务人财产。

【要点注释】

债务人财产是指属于债务人的、用以在破产程序中清偿债务人所有债务的财产。为避免实践中对债务人财产具体表现形态范围可能存在的误解,特别是对无形财产的忽视,本条以列举加概括的方式明确规定了债务人财产的种类。[1]

第二条 下列财产不应认定为债务人财产:

(一)债务人基于仓储、保管、承揽、代销、借用、寄存、租赁等合同或者其他法律关系占有、使用的他人财产;

(二)债务人在所有权保留买卖中尚未取得所有权的财产;

(三)所有权专属于国家且不得转让的财产;

(四)其他依照法律、行政法规不属于债务人的财产。

【要点注释】

本条规定目的在于解决在破产程序中对非债务人财产范围界定模糊的问题。根据本条规定,以下财产不属于债务人财产:第一,基于仓储、保管、承

---

[1] 参见最高人民法院民事审判第二庭编著:《最高人民法院关于企业破产法司法解释理解与适用——破产法解释(一)·破产法解释(二)》,人民法院出版社 2017 年版,第 112 页。

揽、代销、借用、寄存、租赁、委托、融资租赁、信托等基础法律关系导致财产虽由债务人占有、使用,但财产所有权仍属原权利人,这部分财产应当从债务人财产中分离出来,由权利人取回;第二,在所有权保留买卖法律关系中,买受人在未付清全部价款时可以先行占有、使用标的物,但该标的物所有权仍归属于出卖人,如合同一方进入破产程序,买受人尚未付清全款的,出卖人对标的物仍有所有权,其有权取回;第三,所有权专属于国家且不得转让的财产主要指划拨土地使用权、矿藏、水流、海域、森林、山岭、草原、荒地、滩涂等自然资源、无线电频谱资源、国防资产、工会财产等。①

第三条　债务人已依法设定担保物权的特定财产,人民法院应当认定为债务人财产。

对债务人的特定财产在担保物权消灭或者实现担保物权后的剩余部分,在破产程序中可用以清偿破产费用、共益债务和其他破产债权。

【要点注释】

如将担保财产排除在债务人财产之外,则该特定财产就无法得到管理人的有效管理,这可能会减损担保物的价值,将直接影响担保物权人的权利实现,也可能影响其他债权人的利益,故本条规定明确了债务人财产应当包括已依法设定了担保权益或优先权的财产,担保物的变价款在优先清偿担保债权后,如有剩余将直接清偿债务人的其他破产债权人。②

第四条　债务人对按份享有所有权的共有财产的相关份额,或者共同享有所有权的共有财产的相应财产权利,以及依法分割共有财产所得部分,人民法院均应认定为债务人财产。

人民法院宣告债务人破产清算,属于共有财产分割的法定事由。人民法院裁定债务人重整或者和解的,共有财产的分割应当依据民法典第三百零三

---

①　参见最高人民法院民事审判第二庭编著:《最高人民法院关于企业破产法司法解释理解与适用——破产法解释(一)·破产法解释(二)》,人民法院出版社 2017 年版,第 132~134 页。

②　参见最高人民法院民事审判第二庭编著:《最高人民法院关于企业破产法司法解释理解与适用——破产法解释(一)·破产法解释(二)》,人民法院出版社 2017 年版,第 139 页。

条的规定进行;基于重整或者和解的需要必须分割共有财产,管理人请求分割的,人民法院应予准许。

因分割共有财产导致其他共有人损害产生的债务,其他共有人请求作为共益债务清偿的,人民法院应予支持。

【要点注释】

债务人对按份享有所有权的共有财产相关份额或共同享有所有权的共有财产的相应财产权利均属于债务人财产。人民法院宣告债务人破产清算时,因共有基础丧失,必须对债务人的共有财产进行变价和分配,但人民法院裁定债务人重整或和解的,并不当然对债务人共有财产予以变价和分配。因分割共有财产导致其他共有人损害产生的债务属于共益债务。[1]

第五条 破产申请受理后,有关债务人财产的执行程序未依照企业破产法第十九条的规定中止的,采取执行措施的相关单位应当依法予以纠正。依法执行回转的财产,人民法院应当认定为债务人财产。

【要点注释】

本条明确规定了相关人民法院或行政机关如未依法中止执行的应当予以纠正,因纠正相关行为执行回转的财产属于债务人财产。有关债务人财产的执行行为不仅包括人民法院民事案件的执行程序,也包括刑事案件中没收违法所得的执行,海关、工商管理机关、税务机关等对债务人财产的行政执法行为等。中止执行的目的在于停止就债务人财产的个别清偿,保障管理人依法接管债务人的全部财产,实现债务的公平清偿,因此,破产申请受理后,有关债务人财产的保全措施应当解除,执行程序应当中止,依法执行回转的财产属于债务人财产,若因执行机关或执行申请人导致财物毁损灭失的,要承担折价抵偿或损害赔偿责任,如执行回转标的存有孳息的,应当一并回转。[2]

2.《最高人民法院关于审理企业破产案件若干问题的规定》(法释〔2002〕

---

[1] 参见最高人民法院民事审判第二庭编著:《最高人民法院关于企业破产法司法解释理解与适用——破产法解释(一)·破产法解释(二)》,人民法院出版社 2017 年版,第 144 页。

[2] 参见最高人民法院民事审判第二庭编著:《最高人民法院关于企业破产法司法解释理解与适用——破产法解释(一)·破产法解释(二)》,人民法院出版社 2017 年版,第 150、155 页。

23 号,2002 年 9 月 1 日)

第六十八条　债务人的财产被采取民事诉讼执行措施的,在受理破产案件后尚未执行的或者未执行完毕的剩余部分,在该企业被宣告破产后列入破产财产。因错误执行应当执行回转的财产,在执行回转后列入破产财产。

第七十一条　下列财产不属于破产财产:

(一)债务人基于仓储、保管、加工承揽、委托交易、代销、借用、寄存、租赁等法律关系占有、使用的他人财产;

(二)抵押物、留置物、出质物,但权利人放弃优先受偿权的或者优先偿付被担保债权剩余的部分除外;

(三)担保物灭失后产生的保险金、补偿金、赔偿金等代位物;

(四)依照法律规定存在优先权的财产,但权利人放弃优先受偿权或者优先偿付特定债权剩余的部分除外;

(五)特定物买卖中,尚未转移占有但相对人已完全支付对价的特定物;

(六)尚未办理产权证或者权权过户手续但已向买方交付的财产;

(七)债务人在所有权保留买卖中尚未取得所有权的财产;

(八)所有权专属于国家且不得转让的财产;

(九)破产企业工会所有的财产。

3.《最高人民法院关于破产企业国有划拨土地使用权应否列入破产财产等问题的批复》(法释〔2003〕6 号,2003 年 4 月 18 日;法释〔2020〕18 号修正,2021 年 1 月 1 日)

湖北省高级人民法院:

你院鄂高法〔2002〕158 号《关于破产企业国有划拨土地使用权应否列入破产财产以及有关抵押效力认定等问题的请示》收悉。经研究,答复如下:

一、根据《中华人民共和国土地管理法》第五十八条第一款第(三)项及《城镇国有土地使用权出让和转让暂行条例》第四十七条的规定,破产企业以划拨方式取得的国有土地使用权不属于破产财产,在企业破产时,有关人民政府可以予以收回,并依法处置。纳入国家兼并破产计划的国有企业,其依法取得的国有土地使用权,应依据国务院有关文件规定办理。

二、企业对其以划拨方式取得的国有土地使用权无处分权,以该土地使用权设定抵押,未经有审批权限的人民政府或土地行政管理部门批准的,不影响抵押合同效力;履行了法定的审批手续,并依法办理抵押登记的,抵押权自登记时设立。根据《中华人民共和国城市房地产管理法》第五十一条的规定,抵押权人只有在以抵押标的物折价或拍卖、变卖所得价款缴纳相当于土地使用权出让金的款项后,对剩余部分方可享有优先受偿权。但纳入国家兼并破产计划的国有企业,其用以划拨方式取得的国有土地使用权设定抵押的,应依据国务院有关文件规定办理。

三、国有企业以关键设备、成套设备、建筑物设定抵押的,如无其他法定的无效情形,不应当仅以未经政府主管部门批准为由认定抵押合同无效。

本批复自公布之日起施行,正在审理或者尚未审理的案件,适用本批复,但对提起再审的判决、裁定已经发生法律效力的案件除外。

此复

【司法文件】

1.《最高人民法院关于印发〈全国法院破产审判工作会议纪要〉的通知》(法〔2018〕53 号,2018 年 3 月 4 日)

42. 破产案件受理后查封措施的解除或查封财产的移送。执行法院收到破产受理裁定后,应当解除对债务人财产的查封、扣押、冻结措施;或者根据破产受理法院的要求,出具函件将查封、扣押、冻结财产的处置权交破产受理法院。破产受理法院可以持执行法院的移送处置函件进行续行查封、扣押、冻结,解除查封、扣押、冻结,或者予以处置。

执行法院收到破产受理裁拒不解除查封、扣押、冻结措施的,破产受理法院可以请求执行法院的上级法院依法予以纠正。

2.《最高人民法院印发〈关于执行案件移送破产审查若干问题的指导意见〉的通知》(法发〔2017〕2 号,2017 年 1 月 20 日)

16. 执行法院收到受移送法院受理裁定后,应当于七日内将已经扣划到账的银行存款、实际扣押的动产、有价证券等被执行人财产移交给受理破产案件的法院或管理人。

17. 执行法院收到受移送法院受理裁定时,已通过拍卖程序处置且成交裁定已送达买受人的拍卖财产,通过以物抵债偿还债务且抵债裁定已送达债权人的抵债财产,已完成转账、汇款、现金交付的执行款,因财产所有权已经发生变动,不属于被执行人的财产,不再移交。

【请示答复】

1.《最高人民法院关于对重庆市高级人民法院〈关于破产申请受理前已经划扣到执行法院账户尚未支付给申请执行人的款项是否属于债务人财产及执行法院收到管理人中止执行告知函后应否中止执行问题的请示〉的答复函》(〔2017〕最高法民他 72 号,2017 年 12 月 12 日)

重庆市高级人民法院:

你院〔2017〕渝民他 12 号《关于破产申请受理前已经划扣到执行法院账户尚未支付给申请执行人的款项是否属于债务人财产及执行法院收到管理人中止执行告知函后应否中止执行问题的请示》收悉,经研究,答复如下:

人民法院裁定受理破产申请时已经扣划到执行法院账户但尚未支付给申请人执行的款项,仍属于债务人财产,人民法院裁定受理破产申请后,执行法院应当中止对该财产的执行。执行法院收到管理人发送的中止执行告知函后仍继续执行的,应当根据《最高人民法院关于适用〈中华人民共和国企业破产法〉若干问题的规定(二)》第五条依法予以纠正,故同意你院审判委员会的倾向性意见,由于法律、司法解释和司法政策的变化,我院 2004 年 12 月 22 日作出的《关于如何理解〈最高人民法院关于破产司法解释〉第六十八条的请示的答复》(〔2003〕民二他字第 52 号)相应废止。

此复

2.《最高人民法院关于上诉人杨文彬与被上诉人闽发证券有限责任公司房屋买卖合同纠纷中相关法律问题请示的答复》(〔2014〕民二他字第 3 号,2014 年 5 月 13 日)

福建省高级人民法院:

你院〔2013〕闽民终字第 739 号《福建省高级人民法院关于上诉人杨文彬与被上诉人闽发证券有限责任公司房屋买卖合同纠纷中相关法律问题的请示》收悉。经研究,答复如下:

《最高人民法院关于审理企业破产案件若干问题的规定》系针对《企业破产法(试行)》作出的司法解释,现《企业破产法(试行)》已被《企业破产法》替代,且《最高人民法院关于适用〈中华人民共和国企业破产法〉若干问题的规定(二)》第二条,根据《企业破产法》对非债务人财产的范围已经重新作出界定,在无其他规定的情况下,应结合《企业破产法》及该条司法解释的规定对债务人的财产进行认定。

此复

3.《最高人民法院执行工作办公室关于法院已判决确权的财产不应列入破产财产的复函》(〔2005〕执协字第19-1号)

江苏省高级人民法院、天津市高级人民法院:

江苏省高级人民法院报送的〔2005〕他字第5号《关于请求协调江阴市人民法院执行案件与天津市高级人民法院破产案产生争议的报告》和天津市高级人民法院津高法〔2005〕117号《金铭发展有限公司破产一案的紧急报告》及补充报告材料均已收悉,经本院审查研究,提出处理意见如下:

经查明,1993年2月8日,天津市河北区百货公司(以下简称百货公司)与珠海金铭发展公司(以下简称珠海金铭公司)签订《合作协议书》,约定合作项目为中山商厦(现名金铭广场),珠海金铭公司向百货公司交付前期费用补偿后,可独立进行7~30层商品房的工程管理及销售,并约定所得利润在交付有关费用后归珠海金铭公司所有。同年6月,该项目正式开工建设。截至1996年底,该项目在建设工程经委托评估价值为2.7亿元人民币。

1995年6月16日珠海金铭公司与江阴第二纺织厂等债权人分别签订《还款协议》,约定珠海金铭公司应于同年12月底偿还欠款,逾期不付则用其在天津开发的中山商厦商品房按每平方米4000元的价格抵偿债务。该还款协议经江阴市公证处公证。因珠海金铭公司未按协议履行,江阴第二纺织厂等债权人纷纷向江阴市人民法院起诉。1997年12月12日、12月18日,江阴市人民法院分别作出(1996)澄郊民初字第141、142、191号民事判决书,确认还款协议合法有效;珠海金铭公司应当还款,逾期则以中山公寓A栋13层、14层、B栋13层、14层共计12套商品房按每平方米4000元的价格抵债,产权归债权人所有;珠海金铭公司应当在中山公寓竣工后六个月交房等。

1996年12月3日、1997年1月13日,百货公司分别与天津金铭发展有限公司(以下简称天津金铭公司)、珠海金铭公司签订了基本内容相似的两份《项目合同转让书》,约定百货公司退出该项目,将该项目全部转让给对方独立开发经营,并占有全部股份。天津市河北区政府以北政复〔1997〕5号批复同意百货公司与珠海金铭公司所签订的《项目合同转让书》。

2004年5月27日,天津市高级人民法院受理天津金铭公司破产案,同年

8月11日裁定宣告破产。经债权人会议表决同意，清算组委托拍卖机构于2005年1月将金铭广场项目公开拍卖，上海金龙科技投资有限公司以1.98亿元人民币竞买成功。

上诉事实，均有两高级人民法院送的证据材料为证。

经本院协调，江阴市人民法院已将2004年9月9日查封的金铭广场30套商品房解封，天津市高级人民法院同意预留部分拍卖价款，待本院作出最终意见后依法处理。

本院认为，珠海金铭公司作为金铭广场的前期开发商，在天津金铭公司未参与金铭广场项目开发之前，依照合同约定处分其独立开发销售的部分房产。在金铭广场项目破产之前，珠海金铭公司自愿以其独立开发销售的部分房产抵偿所欠债务，是其真实意思表示，并不违反法律规定，也不损坏第三方的利益，且天津金铭公司此后对以房抵债的事实也予以认可。该一方抵债协议经公证机关公证，并经江阴市人民法院判决确认合法有效，12套商品房的产权因自判决之日起即视为转让给江阴第二纺织厂等债权人，不属于破产财产。天津市高级人民法院在明知金铭广场部分房产尚有争议的情况下，将金铭广场项目整体拍卖的做法不妥。鉴于金铭广场已经在破产程序中被整体拍卖，故江阴市第二纺织厂等债权人可依据判决确定的12套房屋，按拍卖价格在拍卖预留款中折价受偿。不足清偿债权的部分可向破产清算组申报债权。

【参考观点】

债务人财产是在破产程序中起着中心作用的概念，无论在管理、变卖、分配等程序性法律关系方面，还是在与第三人之间产生的实体性法律关系方面，都具有非常重要的意义。破产程序中的各项实体性权利，包括抵销权、撤销权、取回权、债权人的受偿权都围绕债务人财产展开。[①]

一、特种行业的经营许可权不属于债务人财产。根据有关法律规定，国家对一些特殊行业实行特许经营，企业符合法律规定的条件并依法经有关主管机关批准后才能经营该特种行业，特种行业经营许可实际上是一种资格的

[①]　参见最高人民法院民事审判第二庭编著：《最高人民法院关于企业破产法司法解释理解与适用——破产法解释（一）·破产法解释（二）》，人民法院出版社2017年版，第115页。

授予,这种资格依附于该特定企业,本身并不具有独立性,也不具有单独的财产价值。因此,具有特种行业经营许可权的企业破产的,该特种行业经营许可权不能被列为债务人财产。在企业被宣告破产后,该经营许可权应当依法消灭。[1]

二、债务人对他人的表见代理追偿权属于债务人财产。由于表见代理的法律后果是由代理人的无权代理行为造成的,为保护被代理人的利益,法律允许被代理人向代理人行使追偿权。当债务人作为被代理人履行了合同义务,因此造成损失的,债务人有权向表见代理人进行追偿。在破产程序启动后,由管理人行使表见代理追偿权,追偿获得的财产归入债务人财产。[2]

三、债务人的知识产权在破产程序中的处置。债务人知识产权的资产价值在破产程序中会受到一定程度的影响,管理人对知识产权的清理、评估和变价,应根据不同的权利状态采取不同处理方法,遵循实现债务人财产价值最大化的原则。对于破产企业拥有的较为先进的科技成果和专有技术,应充分考虑利用其技术成果的价值,尽量进行转让,这样一方面可以继续发挥科技成果和专有技术的作用,另一方面可以最大限度地实现其经济价值和对破产企业资产完整性的保护,以满足债权人的利益。[3]

四、对已依法设定担保物权的特定财产是否属于债务人财产,《企业破产法》和《企业破产法(试行)》的规定截然不同。《企业破产法(试行)》第二十八条第二款规定,已作为担保物的财产不属于破产财产;担保物的价款超过其所担保的债务数额的,超过部分属于破产财产。而根据《企业破产法》的规定,债务人财产应当包括已依法设定了担保权益或优先权的财产。[4]

---

① 参见人民司法研究组:《特种行业的经营许可权可否以企业破产财产处理?》,载《人民司法》2005 年第 6 期。

② 参见刘德权主编:《最高人民法院司法观点集成·商事卷①》,人民法院出版社 2014 年版,第 592 页。

③ 参见最高人民法院民事审判第二庭编著:《最高人民法院关于企业破产法司法解释理解与适用——破产法解释(一)·破产法解释(二)》,人民法院出版社 2017 年版,第 121~122 页。

④ 参见最高人民法院民事审判第二庭编著:《最高人民法院关于企业破产法司法解释理解与适用——破产法解释(一)·破产法解释(二)》,人民法院出版社 2017 年版,第 138 页。

【最高人民法院公报案例】

1. 湖北银行股份有限公司宜昌南湖支行与深圳市佩奇进出口贸易有限公司、华诚投资管理有限公司破产债权确认纠纷案［最高人民法院（2012）民申字第 386 号］

——股东向公司补缴的出资属于公司破产财产，不能向个别债权人清偿。

【案情简介】

1994 年 6 月 26 日，深圳市佩奇进出口贸易有限公司（以下简称佩奇公司）在广东省深圳市依法注册成立。1998 年 9 月 29 日，佩奇公司注册资本从 1800 万元增加至 6600 万元。其中，华诚投资管理有限公司（以下简称华诚公司）应注资 3300 万元，持有佩奇公司 50% 股权。但华诚公司资本金并未足额到位，实际只投入 1900 万元，欠缴注册资本金 1400 万元。

2000 年 4 月 3 日和 2000 年 7 月 28 日，宜昌市中级人民法院（以下简称宜昌中院）作出（2000）宜中经初字第 6 号民事判决书及（2000）宜中法执字第 110 号民事裁定，佩奇公司应偿还湖北银行股份有限公司宜昌南湖支行（以下简称南湖支行）债权本金及利息。2000 年 9 月 4 日，宜昌中院作出（2000）宜中法执字第 110-4 号民事裁定书，裁定追加华诚公司为被执行人，应在 1600 万元投入不实的范围内向南湖支行承担责任。

2008 年 5 月 19 日，深圳市中级人民法院依法受理佩奇公司破产申请。同年 9 月 22 日，依法裁定宣告佩奇公司破产清算。2009 年 5 月 26 日，北京市第二中级人民法院依法受理华诚公司破产申请。同年 6 月 29 日，依法裁定宣告华诚公司破产。2009 年 6 月，南湖支行向华诚公司管理人申报债权，华诚公司管理人依法审核并确认南湖支行债权 12360939.06 元。2009 年 8 月 6 日，佩奇公司管理人向华诚公司管理人申报债权 33539111.01 元。其中，包括华诚公司欠付佩奇公司注册资金本金 1400 万元及利息 10015775 元。

最高人民法院认为，从本案一、二审查明的情况看，南湖支行和佩奇公司对华诚公司均享有债权，且两债权产生的原因关系是相同的，即均基于华诚公司对佩奇公司出资不到位而应承担补足出资的责任。现争议的焦点在于讼争 1400 万元破产债权的归属问题。（1）根据宜昌中院作出的（2000）宜中经初字第 6 号民事判决以及(2000)宜中法执字第 110-4 号民事裁定,华诚公司应在其出资不足的范围内向南湖支行承担责任,但该执行程序在人民法院受理破产案件后尚未执行完毕。由于破产程序是对债务人全部财产进行的概况执行,注重对所有债权的公平受偿,具有对一般债务清偿程序的排他性。因此,在佩奇公司、华诚公司先后被裁定宣告破产后,对华诚公司财产已采取保全措施和执行措施的,包括依据宜昌中院(2000)宜中法执字第 110-4 号民事裁定所采取执行措施的,都属于未执行财产,均应当依法中止执行。破产财产应在破产清算程序中一并公平分配。(2)注册资本系公司对所有债权人承担民事责任的财产保障。在股东出资不到位的情况下,如公司被裁定宣告进入破产程序,根据《企业破产法》第三十五条"人民法院受理破产申请后,债务人的出资人尚未完全履行出资义务的,管理人应当要求该出资人缴纳所认缴的出资,而不受出资期限的限制"的规定,作为股东的华诚公司应首先向佩奇公司补缴出资。依据《企业破产法》第三十条的规定,该补缴的出资应属于佩奇公司破产财产的组成部分,只能用于向佩奇公司所有债权人进行公平清偿,而不能向个别债权人清偿,否则就与《企业破产法》第十六条"人民法院受理破产申请后,债务人对个别债权人的债务清偿无效"规定相悖,侵害了佩奇公司其他债权人的合法利益,故二审判决将讼争破产债权确认归佩奇公司享有符合《企业破产法》的规定精神,南湖支行可向佩奇公司申报自己的破产债权并参与分配。

【裁判要点】

尽管生效判决或执行裁定已判定公司股东应在出资不足范围内就不能清偿债务部分对公司债权人承担补充赔偿责任,但在股东实际承担补充赔偿责任前,该股东及公司均进入破产程序的情况下,根据《企业破产法》第十六条、第三十五条的规定,股东应首先向公司补缴出资,该补缴的出资只能用于向公司所有债权人进行公平清偿,而不能向经生效判决或执行裁定判定对该补缴出资享有权利的债权人清偿。

【案例来源】

《中华人民共和国最高人民法院公报》2012 年第 12 期(总第 194 期)。

2. 中国长城资产管理公司济南办事处与山东省济南市医药采购供应站、山东省医药集团有限公司、山东省医药公司借款抵押合同纠纷案[最高人民法院(2006)民二终字第 153 号]

——以划拨方式取得的国有土地使用权不属于债务人财产,当事人在签订抵押合同时,如仅约定以自有房产设定抵押并办理房屋抵押登记,并未将该房产所附着的、以划拨方式取得的国有土地使用权一并抵押的,该抵押有效,但优先受偿权范围仅限于所抵押的涉案房屋被变卖或拍卖的价款(不含房屋所占用的土地使用权价款)范围内。

【案情简介】

2003 年 12 月 26 日,中国工商银行济南市槐荫支行(以下简称槐荫工行)与山东省济南市医药采购供应站(以下简称医药采购站)签订《借款合同》,约定医药采购站向槐荫工行借款 1380 万元。同日,槐荫工行与山东省医药集团有限公司(以下简称医药集团公司)签订《保证合同》,约定医药集团公司为上述《借款合同》项下借款提供连带责任保证。2003 年 2 月 20 日,医药采购站与槐荫工行签订《最高额抵押合同》,约定借款人医药采购站以自有的房产设定抵押担保,并于同年 2 月 26 日办理了抵押登记。该抵押房产所占用的土地使用期限为长期,没有交纳土地出让金,为国有划拨土地使用权。2005 年 7 月 23 日,中国工商银行山东省分行与长城公司济南办事处签订《债权转让协议》,约定将上述债权转让给长城公司济南办事处。同年 12 月 22 日,双方在《大众日报》上发布《债权转让通知暨债务催收联合公告》(第八期),公告本案债权在内。

在二审审理期间,山东省济南市槐荫区人民法院以(2007)槐民破字第 1 号民事裁定宣告医药采购站破产还债,并指定了医药采购站破产案件的管理人。长城公司济南办事处不服原审判决,向最高人民法院提起上诉,争议焦点之一为如何确认涉案的《最高额抵押合同》的效力,债权人是否有优先受偿权。

长城公司济南办事处认为,原审判决适用法律错误,请求撤销原审判决第三项,依法确认抵押合同合法有效,该办事处享有优先受偿权,且诉讼费由医药供应站承担。主要理由有:(1)抵押合同依法办理了抵押登记,手续是合法有效的,理应受法律保护。医药采购站与槐荫工行签订《借款合同》与《最高额抵押合同》,以医药采购站自有房产提供抵押。根据《城市房地产管理法》第六十一条和《担保法》第四十二条的规定,山东省人民政府鲁政字〔1996〕第 68 号《关于同意工商行政管理部门对以企业厂房等建筑物签订抵押合同进行登记管理的批复》,鲁政字〔2002〕第 267 号《关于对企业房产等建筑物抵押登记主管机关进行调整的通知》,指定房地产交易主管部门为对企业以厂房等建筑物进行抵押登记的主管机关,之前已经在工商行政管理部门进行抵押物登记的,确认有效。(2)一审法院判决法律适用错误,任意扩大了司法解释的适用范围,损害了该公司所代表的国家利益,也背离了立法者的本意。

最高人民法院认为,医药采购站于 2003 年 2 月 20 日与槐荫工行签订《最高额抵押合同》,明确约定医药采购站仅以自有房产设定抵押,随后亦仅在当地房屋管理部门办理抵押登记,这些行为均发生在《物权法》施行之前,应当适用当时的法律法规规定。上述《最高额抵押合同》系各方当事人真实意思表示,其内容不违反我国法律和行政法规的禁止性规定,且该合同抵押人医药采购站所抵押的房屋系该供应站的自有房屋,所抵押登记的部门为济南市房产管理局,符合《担保法》第四十一条"当事人以本法第四十二条规定的财产抵押的,应当办理抵押物登记,抵押合同自登记之日起生效"之规定,故抵押人医药采购站是否就国有土地使用权另行办理抵押登记手续不影响该《最高额抵押合同》的效力,应认定该《最高额抵押合同》合法有效,抵押权成立。长城公司济南办事处有关抵押合同有效、抵押权应予实现的上诉理由具有事实和法律依据。

《最高人民法院关于破产企业国有划拨土地使用权应否列入破产财产等问题的批复》(以下简称《批复》)第三条规定"如果建筑物附着于以划拨方式取得的国有土地使用权之上,将该建筑物与土地一并设定抵押的,对土地使用权的抵押需履行法定的审批手续,否则,应认定抵押无效"。该《批复》中所规定的"将该建筑物与土地一并设定抵押的"系指当事人约定将建筑物与土地一并设定抵押的情形。当事人在订立合同时如果约定将建筑物与以划拨方式取得的国有土地使用权一并设定抵押的,则抵押人应对抵押国有土地使用权履行法定审批手续。本案当事人签订合同约定仅以自有房产设定抵押并办理房屋抵押登记,并未涉及土地使用权一并抵押的情况,该事实与上述《批复》规定的情形不符,原审判决以该《批复》为依据认定本案《最高额抵押合同》无效不妥。在认定上述《最高额抵押合同》有效后,抵押权人长城公司济南办事处可以依据破产法的有关规定向医药采购站破产案件管理人提出行使优先权的申请,但该权利应当在医药采购站所抵押的涉案房屋被变卖或拍卖的价款(不含房屋所占用的土地使用权价款)范围内予以实现,且最高限额不得超过该抵押合同所约定的最高限额 1200 万元。

【裁判要点】

根据《批复》第三条的规定,如果建筑物附着于以划拨方式取得的国有土地使用权之上,将该建筑物与土地一并设定抵押的,对土地使用权的抵押需履行法定的审批手续,否则,应认定抵押无效。当事人在签订抵押合同时,如果仅仅约定以自有房产设定抵押并办理房屋抵押登记,并未将该房产所附着的、以划拨方式取得的国有土地使用权一并抵押的,不适用上述规定,但优先受偿权范围仅限于所抵押的涉案房屋被变卖或拍卖的价款(不含房屋所占用的土地使用权价款)范围内。

【案例来源】

《中华人民共和国最高人民法院公报》2008 年第 1 期(总第 135 期)。

3. 天同证券有限责任公司清算组与恒丰银行股份有限公司、恒丰银行股份有限公司济南分行、恒丰银行股份有限公司烟台青年路支行返还扣划结算资金纠纷案[最高人民法院(2007)民二终字第 147 号]

——证券公司的客户交易结算资金不属于证券公司的财产,证券公司清偿债务时不能用属于相关客户的客户交易结算资金偿付。

【案情简介】

2003 年 6 月 27 日,烟台金建物业管理服务有限公司(以下简称金建物业)与天同证券有限责任公司(以下简称天同证券)签订《受托投资管理合同》,约定甲方(金建物业)委托乙方(天同证券)进行投资管理的资产为国债,金额为市值一亿元,期限为一年,并约定乙方必须保证甲方全部委托资金的安全。在委托期限届满后三个工作日内,对甲方委托投资的资产还原,并将原甲方交付管理的资产和在扣除乙方应收取的管理佣金后的收益全部交付甲方。金建物业委托管理的一亿元资金,系从恒丰银行(原烟台住房银行)的借款,2001 年 6 月 28 日,金建物业指令恒丰银行将该笔一亿元借款直接汇入金建物业在天同证券上海吉安路证券营业部开立的证券交易账户。

天同证券清算组提交协议显示恒丰银行下属机构作为天同证券的存管银行,天同证券在恒丰银行开立客户交易结算资金专用账户,用于存放客户交易结算资金。协议约定存管银行不得将甲方客户交易结算资金专用账户的资金挪作他用。任何将客户交易结算资金银行专用账户内的资金转入银行方账户的行为均视为相关存管银行直接挪用客户交易结算资金。金建物业与天同证券委托理财合同期满后,天同证券没有依约归还受托管理资金,金建物业欠恒丰银行的一亿元借款亦未归还。2005 年 1 月 18 日,恒丰银行与金建物业签订债权转让协议,约定金建物业为还清借款本息,将其在天同证券的一亿元国债保证金转让给恒丰银行,由恒丰银行向天同证券主张权利。同年2月至5月,恒丰银行两下属机构从天同证券两营业部开立的客户交易结算资金专用账户内实际扣划一亿元资金。恒丰银行不服原审判决,向最高人民法院提起上诉。

恒丰银行认为,因为一亿元资金是保证金性质,上诉人依法行使权利的行为合情合理又合法。具体理由是:(1)取得资金是借鉴银行同业收回违约客户资金的通行做法。(2)鉴于金钱是种类物,上诉人取得国债保证金的行为是合法的;最高人民法院曾在以前的类似案件判决中对国债保证金等作出了相关认定。一审法院依据《民法通则》第一百一十七条之规定判决上诉人返还被上诉人一亿元资金适用法律错误。

【裁判要点】

最高人民法院认为,关于恒丰银行是否有权从天同证券管理的客户证券交易结算资金账户上扣划资金的问题。恒丰银行扣划资金的账户是客户证券交易结算资金账户,该部分资金属相关经纪业务客户所有。除该属性外,客户证券交易结算资金还有保证与证券交易对方足额交收的作用,也就是说该资金上负担有其他优先权利,这也是要保持客户证券交易结算资金完整性的重要原因。就本案情况看,恒丰银行从金建物业取得的权利,在二者之间的《债权转让协议》中既称转让一亿元国债保证金,又称金建物业对天同证券的债权归甲方所有,表明对该权利性质双方当事人并不清晰。基于目前天同证券已经进入行政处置的情况,经甄别确认程序,如果该权利属客户证券交易结算资金,则可以纳入国家收购范围,无须通过诉讼程序寻求救济;如果不属于客户证券交易结算资金,则该部分权利将成为针对天同证券的债权,其债权的实现只能以天同证券的自有资产偿付,不能用属于相关客户的客户交易结算资金偿付。从天同证券与恒丰银行签订的《客户证券结算资金存管协议》内容看,恒丰银行负有不能挪用该资金的责任,该协议并无其他例外情形的约定,恒丰银行应当依照约定维护客户证券交易结算资金的完整。此外,与恒丰银行相同地位的权利人因并不掌握天同证券的客户证券交易结算资金账户,无法像恒丰银行一样获得清偿,恒丰银行因其作为客户证券交易结算资金存管银行的地位自主从客户证券交易结算资金账户上扣划款项,对经纪业务客户及天同证券的其他债权人均是不公平的,也违反了其与天同证券的约定。基于上述理由,恒丰银行是否行使以及是否能够行使向天同证券的偿还请求权不能成为恒丰银行可以扣划客户证券交易结算资金的理由。因此,对恒丰银行关于其有权从天同证券客户证券交易结算资金账户中取回国债保证金的主张不予支持。

【案例来源】

《中华人民共和国最高人民法院公报》2008 年第 7 期(总第 141 期)。

【最高人民法院裁判案例】

1. 安顺市川惠投资股份有限公司与贵州省安顺市鼎城房地产开发有限公司商品房预售合同纠纷案[最高人民法院(2017)最高法民申 3088 号]

——买受人已经支付全部价款但未交付且尚未办理产权证或者产权过户手续的房产属于债务人财产。

【案情简介】

安顺市鼎城房地产开发有限公司(以下简称鼎城公司)成立于 2002 年 11 月 14 日。2010 年 9 月 17 日,鼎城公司取得其开发的西秀区黄果树大街 A -12 地块建博国际广场 A(1)、C、D、E 幢《商品房预售许可证》。2011 年 12 月 15 日,鼎城公司与安顺市川惠投资股份有限公司(以下简称川惠公司)签订《商品房买卖合同》及《合同补充协议》,约定房屋总价为 1600 万元,交房时间为 2012 年 12 月 30 日前,出卖方有权在本合同期内按照本合同签订时的出卖价回购铺面,在此期间不备案登记。合同、协议签订后,川惠公司于 2011 年 12 月 16 日通过银行向鼎城公司转账付款 1600 万元。2014 年 3 月 5 日,贵州省安顺市中级人民法院依法受理鼎城公司破产申请,并作出(2014)安民破字第 1-1 号民事裁定。

关于案涉房产是否属于鼎城公司债务人财产的问题,双方发生争议,并经一审、二审后向最高人民法院申请再审。

【裁判要点】

最高人民法院经审查认为,川惠公司主张依据《审理破产案件若干规定》第七十一条第(五)项之规定,案涉房产不属于鼎城公司的债务人财产。对此,本院认为,《审理破产案件若干规定》系为正确适用《企业破产法(试行)》所制定的司法解释,而随着 2007 年 6 月 1 日《企业破产法》的施行,《企业破产法(试行)》已经废止,针对该部法律所制定的司法解释原则上应不再适用。尤其是《企业破产法》施行后发布的《企业破产法解释二》第二条对不应认定为破产财产的情形,作出了不同于《审理破产案件若干规定》第七十一条的规定。即使在《审理破产案件若干规定》尚未明确废止的情况下,根据"新法优于旧法"的法律适用规则,本案亦应适用《企业破产法解释二》认定案涉房产是否属于破产财产。《企业破产法解释二》第二条规定:"下列财产不应认定为债务人财产:(一)债务人基于仓储、保管、承揽、代销、借用、寄存、租赁等合同或者其他法律关系占有、使用的他人财产;(二)债务人在所有权保留买卖中尚未取得所有权的财产;(三)所有权专属于国家且不得转让的财产;(四)其他依照法律、行政法规不属于债务人的财产。"本案案涉房产并不符合上述规定情形,不应排除在债务人财产之外,应属于鼎城公司的债务人财产。此外,认定案涉房产属于鼎城公司的债务人财产也符合《物权法》确定的不动产物权变动登记生效原则。《物权法》第九条规定,不动产物权的设立、变更、转让和消灭,经依法登记,发生效力;未经登记,不发生效力,但法律另有规定的除外。《企业破产法》第三十条规定,破产申请受理时属于债务人的全部财产,以及破产申请受理后至破产程序终结前债务人取得的财产,为债务人财产。案涉商品房尚未变更登记至川惠公司名下,不产生物权变动的效力,所有权仍归属于鼎城公司,应为鼎城公司的债务人财产。川惠公司关于案涉房产不属于鼎城公司债务人财产的再审主张,依据不足。

【案例来源】

中国裁判文书网,https://wenshu.court.gov.cn。

2. 王莉、威海广信房地产开发有限责任公司破产债权确认纠纷案[最高人民法院(2020)最高法民申 6304 号]

——*买受人已经支付全部价款但未交付且尚未办理产权证或者产权过户手续的房产属于债务人财产。*

【案情简介】

2011 年至 2013 年间,威海广信房地产开发责任有限公司(以下简称广信公司)向第三人慈建涛借款计计 1100 万元,同时约定了利息、担保等条款。2015 年 6 月 26 日,第三人、广信公司及姚书诚、姚进签订《商品房认购协议》,约定第三人购买广信公司位于威海市的房产,优惠后交易价格为 1100 万元,姚书诚、姚进为合同履行提供担保,承担连带赔偿责任。广信公司分别于 2015 年 7 月 10 日、2015 年 7 月 30 日出具收款收据，金额共计 1100 万元。2016 年 1 月 11 日、13 日，王莉与广信公司分别签订《商品房买卖合同（预售）》，王莉购买涉案房产百度城两套房屋，总价款为 2872280 元。2016 年 1 月 13 日，广信公司向王莉出具收款收据，但王莉认可其并未向广信公司实际支付房款，庭审中王莉称，因为第三人已将涉案房款支付给了广信公司，所以王莉与广信公司、第三人协商将涉案房款支付给第三人，由广信公司出具给第三人的房款收据收回，重新给王莉开具了房款收据。2016 年 6 月 8 日，王莉就涉案房产办理预告登记。2016 年 11 月 7 日、8 日，王莉向第三人转款272 万元。2016 年 6 月 29 日，威海市中级人民法院依法裁定受理威海广信房地产开发有限责任公司破产重整一案。关于案涉房产是否属于广信公司债务人财产的问题，双方发生争议，并经一审、二审后向最高人民法院申请再审。

【裁判要点】

最高人民法院经审查认为，本案所涉房屋虽在登记机关办理了预告登记，但尚未登记至王莉名下，依法应当认定案涉房屋的所有权属于广信公司。王莉主张，依据《审理破产案件若干规定》第七十一条第（五）项关于"特定物买卖中，尚未转移占有但相对人已完全支付对价的特定物"不属于破产财产的规定，案涉商品房不属于广信公司破产财产。本院认为，《审理破产案件若干规定》系为正确适用《企业破产法（试行）》所制定的司法解释，而随着 2007 年 6 月 1 日《企业破产法》的施行，《企业破产法（试行）》已经废止，针对该部法律所制定的司法解释原则上应不再适用。且《企业破产法》施行后发布的《企业破产法解释二》第二条对不应认定为破产财产的情形，作出了新的规定。根据"新法优于旧法"的法律适用规则，本案应适用《企业破产法解释二》认定案涉房屋是否属于破产财产，故王莉依据《审理破产案件若干规定》第七十一条主张案涉房屋不属于广信公司破产财产，缺乏法律依据，本院不予支持。

【案例来源】

中国裁判文书网,https://wenshu.court.gov.cn。

3. 中国金谷国际信托投资有限责任公司与天津市冶金供销运输总公司清算组破产纠纷再审案［最高人民法院（2005）民二监字第 56 号］

——债务人的经营许可证属于禁止流通物，不具有资产价值，不计入债务人财产。

【案情简介】

天津市高级人民法院于 2004 年 10 月 11 日受理债务人天津市冶金供销运输总公司(以下简称运输公司)破产清算,并查明:运输公司系依法成立注册、具备法人资格的国有企业。截至 2004 年 10 月 31 日,运输公司资产总额为人民币 52186186.96 元,负债总额为人民币 55507491.97 元,累计亏损为人民币 126049987.12 元,资产负债率为 106.36%,已构成资不抵债。天津市高级人民法院认为,债务人企业严重亏损、资不抵债、不能清偿到期债务已呈连续状态,符合法定的破产条件。依照《企业破产法(试行)》第二十三条之规定,宣告运输公司破产。中国金谷国际信托投资有限责任公司(以下简称金谷公司)不服天津市高级人民法院宣告破产裁定,向最高人民法院提起申诉认为,运输公司的有关经营许可证属于无形资产,应计入运输公司资产总额。

【裁判要点】

最高人民法院经审查认为,经营许可证系政府对于企业从事特定行业所发放的经营许可证书,其性质属于行政许可,该证书依法不得转让,属于禁止流通物,其本身并不具备资产价值。故运输公司的有关经营许可证不得计入该公司资产总额,金谷公司上述申诉内容没有法律依据,依法不予支持。

【案例来源】

无讼网,http://www.itslaw.com。

编者说明

关于债务人财产的范围问题,该条文采取的是"膨胀主义"的立法模式,但确定某项财产是否属于债务人财产时应当综合适用其他相关规定。《企业破产法解释二》系专门针对债务人财产事项作出的司法解释,其第二条对于债务人财产(破产财产)作出了除外规定,但是,该条文与《审理破产案件若干规定》第七十一条的规定存在重合之处,由此在实务中产生了较大的争议。实际上,关于《审理破产案件若干规定》在《企业破产法》施行后是否仍然继续适用的问题,理论和实务中亦有较大的争议。一种观点认为,《审理破产案件若干规定》仅是针对《企业破产法(试行)》作出的司法解释,《企业破产法》施行后,其不应当再适用;另一种观点认为,最高人民法院并未明确说明该规定不再适用,除了其与之后颁行的司法解释相冲突的条文之外,仍然应当适用。编者认为,应当以后一种观点为准,具体到该项条文,其中涉及的九种情形与《企业破产法解释二》第二条规定的四种情形存在冲突,该条文不应当继续适用。但是,《企业破产法解释二》作了一个兜底性规定,即债务人财产的范围甄别时仍应当综合适用其他法律规定,故并非表明《审理破产案件若干规定》第七十一条规定之外的其他情形均属于债务人财产。例如,关于破产企业工会的财产权属问题,鉴于《工会法》第四十六条已经规定为:"工会的财产、经费和国家拨给工会使用的不动产,任何组织和个人不得侵占、挪用和任意调拨。"自无在《企业破产法解释二》中重复规定之必要。

第三十一条　【受理破产申请前一年内行为的撤销】人民法院受理破产申请前一年内,涉及债务人财产的下列行为,管理人有权请求人民法院予以撤销:

(一)无偿转让财产的;

(二)以明显不合理的价格进行交易的;

(三)对没有财产担保的债务提供财产担保的;

(四)对未到期的债务提前清偿的;

(五)放弃债权的。

【立法·要点注释】

可撤销行为是指对债务人在破产申请受理前一定期限内所为的有害于破产债权人整体利益的行为予以撤销,使其失去效力的行为。人民法院在受理破产申请前一年内可撤销的行为包括:(1)无偿转让财产,是指以无对价的方式将债务人财产让渡给他人的行为;(2)以明显不合理的价格进行交易,包括高价买入和低价卖出两种行为,"明显不合理的价格"指严重偏离该产品或服务的市场价格的价格;(3)对没有财产担保的债务提供财产担保;(4)对未到期的债务提前清偿;(5)放弃债权。

【相关立法】

《中华人民共和国民法典》(2020 年 5 月 28 日第十三届全国人民代表大会第三次会议通过,2021 年 1 月 1 日)

第一百四十七条　基于重大误解实施的民事法律行为,行为人有权请求人民法院或者仲裁机构予以撤销。

第一百四十八条 一方以欺诈手段,使对方在违背真实意思的情况下实施的民事法律行为,受欺诈方有权请求人民法院或者仲裁机构予以撤销。

第一百四十九条 第三人实施欺诈行为,使一方在违背真实意思的情况下实施的民事法律行为,对方知道或者应当知道该欺诈行为的,受欺诈方有权请求人民法院或者仲裁机构予以撤销。

第一百五十条 一方或者第三人以胁迫手段,使对方在违背真实意思的情况下实施的民事法律行为,受胁迫方有权请求人民法院或者仲裁机构予以撤销。

第一百五十一条 一方利用对方处于危困状态、缺乏判断能力等情形,致使民事法律行为成立时显失公平的,受损害方有权请求人民法院或者仲裁机构予以撤销。

第一百五十二条 有下列情形之一的,撤销权消灭:

(一)当事人自知道或者应当知道撤销事由之日起一年内、重大误解的当事人自知道或者应当知道撤销事由之日起九十日内没有行使撤销权;

(二)当事人受胁迫,自胁迫行为终止之日起一年内没有行使撤销权;

(三)当事人知道撤销事由后明确表示或者以自己的行为表明放弃撤销权。

当事人自民事法律行为发生之日起五年内没有行使撤销权的,撤销权消灭。

第一百九十九条 法律规定或者当事人约定的撤销权、解除权等权利的存续期间,除法律另有规定外,自权利人知道或者应当知道权利产生之日起计算,不适用有关诉讼时效中止、中断和延长的规定。存续期间届满,撤销权、解除权等权利消灭。

第五百三十八条 债务人以放弃其债权、放弃债权担保、无偿转让财产等方式无偿处分财产权益,或者恶意延长其到期债权的履行期限,影响债权人的债权实现的,债权人可以请求人民法院撤销债务人的行为。

第五百三十九条 债务人以明显不合理的低价转让财产、以明显不合理的高价受让他人财产或者为他人的债务提供担保,影响债权人的债权实现,债务人的相对人知道或者应当知道该情形的,债权人可以请求人民法院撤销债务人的行为。

第五百四十条 撤销权的行使范围以债权人的债权为限。债权人行使撤销权的必要费用,由债务人负担。

第五百四十一条　撤销权自债权人知道或者应当知道撤销事由之日起一年内行使。自债务人的行为发生之日起五年内没有行使撤销权的,该撤销权消灭。

第五百四十二条　债务人影响债权人的债权实现的行为被撤销的,自始没有法律约束力。

【司法解释】

1.《最高人民法院关于适用〈中华人民共和国企业破产法〉若干问题的规定(二)》(法释〔2013〕22 号,2013 年 9 月 16 日;法释〔2020〕18 号修正,2021 年 1 月 1 日)

第九条　管理人依据企业破产法第三十一条和第三十二条的规定提起诉讼,请求撤销涉及债务人财产的相关行为并由相对人返还债务人财产的,人民法院应予支持。

管理人因过错未依法行使撤销权导致债务人财产不当减损,债权人提起诉讼主张管理人对其损失承担相应赔偿责任的,人民法院应予支持。

【要点注释】

本条明确了破产撤销权的行使主体为管理人,如管理人因故意或重大过失未依法行使撤销权,产生了债务人财产不当减损的后果,应当承担相应赔偿责任。[①]

第十条　债务人经过行政清理程序转入破产程序的,企业破产法第三十一条和第三十二条规定的可撤销行为的起算点,为行政监管机构作出撤销决定之日。

债务人经过强制清算程序转入破产程序的,企业破产法第三十一条和第三十二条规定的可撤销行为的起算点,为人民法院裁定受理强制清算申请之日。

---

①　参见最高人民法院民事审判第二庭编著:《最高人民法院关于企业破产法司法解释理解与适用——破产法解释(一)·破产法解释(二)》,人民法院出版社 2017 年版,第 186、192 页。

【要点注释】

商业银行、证券公司、保险公司等金融机构出现破产原因并先行启动行政清理程序或者从公司强制清算转入破产清算时,应将行政清理程序和强制清算程序的启动时间分别作为这两类特殊案件破产撤销权的起算时点。①

第十一条 人民法院根据管理人的请求撤销涉及债务人财产的以明显不合理价格进行的交易的,买卖双方应当依法返还从对方获取的财产或者价款。

因撤销该交易,对于债务人应返还受让人已支付价款所产生的债务,受让人请求作为共益债务清偿的,人民法院应予支持。

【要点注释】

因行使破产撤销权导致以明显不合理交易价格进行交易的行为被撤销,交易双方应依法返还从对方获取的利益,因撤销该交易,债务人应返还相对人已支付的价款可按共益债务清偿。②

第十二条 破产申请受理前一年内债务人提前清偿的未到期债务,在破产申请受理前已经到期,管理人请求撤销该清偿行为的,人民法院不予支持。但是,该清偿行为发生在破产申请受理前六个月内且债务人有企业破产法第二条第一款规定情形的除外。

【要点注释】

本条规定如债务人虽对未到期债务提前清偿,但该债务在破产申请受理前已经到期,不在可撤销之列。债务实际到期日在法院受理破产申请前六个

---

① 参见最高人民法院民事审判第二庭编著:《最高人民法院关于企业破产法司法解释理解与适用——破产法解释(一)·破产法解释(二)》,人民法院出版社 2017 年版,第197 页。

② 参见最高人民法院民事审判第二庭编著:《最高人民法院关于企业破产法司法解释理解与适用——破产法解释(一)·破产法解释(二)》,人民法院出版社 2017 年版,第211~212 页。

月内,如债务人清偿时已经出现破产原因,则该清偿行为仍可撤销。①

第十三条　破产申请受理后,管理人未依据企业破产法第三十一条的规定请求撤销债务人无偿转让财产、以明显不合理价格交易、放弃债权行为的,债权人依据民法典第五百三十八条、第五百三十九条等规定提起诉讼,请求撤销债务人上述行为并将因此追回的财产归入债务人财产的,人民法院应予受理。

相对人以债权人行使撤销权的范围超出债权人的债权抗辩的,人民法院不予支持。

【要点注释】

当破产撤销权与债权人撤销权竞合时,如管理人未行使破产撤销权时,债权人也可通过行使民法上撤销权予以追回债务人相关财产。②

第十九条　债务人对外享有债权的诉讼时效,自人民法院受理破产申请之日起中断。

债务人无正当理由未对其到期债权及时行使权利,导致其对外债权在破产申请受理前一年内超过诉讼时效期间的,人民法院受理破产申请之日起重新计算上述债权的诉讼时效期间。

【要点注释】

债务人享有的债权的诉讼时效自人民法院裁定受理破产申请之日起中断,并重新计算。对于消极放弃债权的行为导致其对外债权在破产受理前一年内超过诉讼时效的,应当自破产申请受理日起重新计算上述债权的诉讼时效。③

---

① 参见最高人民法院民事审判第二庭编著:《最高人民法院关于企业破产法司法解释理解与适用——破产法解释(一)·破产法解释(二)》,人民法院出版社 2017 年版,第 214~216 页。

② 参见最高人民法院民事审判第二庭编:《企业改制、破产与重整案件审判指导》,法律出版社 2015 年版,第 195 页。

③ 参见最高人民法院民事审判第二庭编著:《最高人民法院关于企业破产法司法解释理解与适用——破产法解释(一)·破产法解释(二)》,人民法院出版社 2017 年版,第 255~256 页。

2.《最高人民法院关于审理民事案件适用诉讼时效制度若干问题的规定》(法释〔2008〕11号,2008年9月1日;法释〔2020〕17号修正,2021年1月1日)

第五条　享有撤销权的当事人一方请求撤销合同的,应适用民法典关于除斥期间的规定。对方当事人对撤销合同请求权提出诉讼时效抗辩的,人民法院不予支持。

合同被撤销,返还财产、赔偿损失请求权的诉讼时效期间从合同被撤销之日起计算。

【司法文件】

1.《最高人民法院印发〈关于为改善营商环境提供司法保障的若干意见〉的通知》(法发〔2017〕23号,2017年8月7日)

17. 严厉打击各类"逃废债"行为,切实维护市场主体合法权益。严厉打击恶意逃废债务行为,依法适用破产程序中的关联企业合并破产、行使破产撤销权和取回权等手段,查找和追回债务人财产。加大对隐匿、故意销毁会计凭证、会计账簿、财务会计报告等犯罪行为的刑事处罚力度。

2.《最高人民法院印发〈关于进一步加强金融审判工作的若干意见〉的通知》(法发〔2017〕22号,2017年8月4日)

13. 积极预防破产案件引发金融风险,维护社会稳定。依法审慎处理可能引发金融风险、影响社会稳定的破产案件,特别是涉及相互、连环担保以及民间融资、非法集资的企业破产案件,避免引发区域性风险和群体性事件。进一步完善上市公司、金融机构等特定主体的破产制度设计,预防个案引发系统性金融风险。严格审查破产程序中的恶意逃废债务行为。依法适用关联企业合并破产、行使破产撤销权和取回权等手段,查找和追回债务人财产。对于隐匿、故意销毁会计账册、会计凭证,拒不执行法院判决、裁定等犯罪行为,依法追究刑事责任。

3.《最高人民法院关于人民法院在审理企业破产和改制案件中切实防止债务人逃废债务的紧急通知》(法发〔2001〕105号,2001年8月10日)

六、应当严格依据法律及司法解释的规定认真审查并确认破产企业担保的效力。不能仅以担保系政府指令违背了担保人意志,或者以担保人无财产承担担保责任等为由,而确认担保合同无效,更不能在确认担保合同无效后,完全免除担保人的赔偿责任。债务人有多个普通债权人的,债务人与其中一个债权人恶意串通,将其全部或者部分财产抵押给该债权人,因此丧失了履行其他债务的能力,损害了其他债权人的合法权益,受损害的其他债权人请求人民法院撤销该抵押行为的,人民法院应依法予以支持。对于合法有效的抵押,要确保抵押权人优先受偿。

【请示答复】

1.《最高人民法院关于哈尔滨百货采购供应站申请破产一案的复函》(法函〔1995〕48 号,1995 年 5 月 4 日)

黑龙江省高级人民法院:

你院《关于哈尔滨百货采购供应站申请破产一案的汇报》收悉。经研究,答复如下:

哈尔滨百货采购供应站(下称百货供应站)在负债累累的情况下,抽出其绝大部分注册资金开办哈尔滨康安批发市场,尔后,申请破产。其做法严重侵害了债权人的利益。虽然该行为未发生在法院受理破产案件前六个月内,但其目的是为了逃避债务,故原则上应根据《中华人民共和国民法通则》第五十八条第一款第(七)项的规定,追回百货供应站开办康安批发市场投入的 2217.3 万元及该场所得的盈利,作为破产财产统一分配。但在具体处理方式上,可采取整体转让康安批发市场或以债权人的债权作为股份,依照我国公司法的规定,组成规范化的公司,以避免康安批发市场与百货供应站同时倒闭。如上述两种具体处理方式均不可行,则可将康安批发市场的现有全部财产及其债务纳入百货供应站破产清偿范围之内。以上意见供你院处理本案时参考,并请注意总结这方面的经验。

2.《最高人民法院关于山西省太原市中级人民法院执行深圳市罗湖对外经济发展公司房产问题的复函》(法函〔1996〕89 号,1996 年 5 月 26 日)

山西省高级人民法院、广东省高级人民法院:

山西省高级人民法院晋高法执字(1994)第 65 号和广东省高级人民法院粤高法经一行字(1995)第 66 号报告均已收悉。经研究,答复如下:

1994 年 4 月 20 日山西省太原市中级人民法院对山西省物资贸易中心诉深圳市罗湖对外经济发展公司购销合同纠纷案作出判决,双方当事人均未上诉。同年 7 月 21 日太原市中级人民法院开始执行。10 月 7 日,该院裁定将深圳市罗湖对外经济发展公司坐落在深圳市莲塘第一工业小区 135 栋总建筑面积为 6326 平方米的六层厂房以物抵债给山西省物资贸易中心。11 月 4 日双方当事人在太原市、深圳市中级人民法院的监督下,对该厂房进行了交接。因该厂房所在地莲塘工业区属深圳市土地未清理区域,所以深圳市规划国土局暂不办理房地产证。同年 12 月 8 日深圳市人民政府给山西省物资贸易中心发了产权代用证。本院认为,虽然深圳市中级人民法院于 1994 年 11 月 3 日受理了罗湖对外经济发展公司申请破产案,但是考虑到上述实际情况,应认定山西省太原市中级人民法院已执行完毕,以物抵债的厂房所有权已经转移。深圳市中级人民法院不应再将该厂房作为破产财产处理。如果该房产的价值超过山西省物资贸易中心所享有的债权,超过部分可作为破产财产。

【参考观点】

破产法上的可撤销行为一般称之为破产撤销权,比较法上的称谓各有不同,我国台湾地区称之为撤销权,日本称之为否认权,英美法系一些国家称之为可撤销交易制度。撤销权制度的设置是以维护债权人整体利益、保护公平清偿为基础的,在一定程度上舍弃了对债务人与行为相对人交易自由的保护,但保全了债务人财产,实现了债权人之间实质平等。[1]

一、破产撤销权的行使主体

破产撤销权的行使主体为管理人。对于本条列举的五种情形,为了使债务人财产最大化和债权人整体利益最大化,管理人需及时请求人民法院予以撤销,对管理人而言是其重要职责之一,是破产法赋予其的法定职责,不是可以行使也可以放弃的权利。[2] 管理人如因过错未能依法行使撤销权导致债

---

[1]　参见最高人民法院民事审判第二庭编:《企业改制、破产与重整案件审判指导》,法律出版社 2015 年版,第 196~197 页。

[2]　参见最高人民法院民事审判第二庭编著:《最高人民法院关于企业破产法司法解释理解与适用——破产法解释(一)·破产法解释(二)》,人民法院出版社 2017 年版,第 186~187 页。

权人因此而遭受损失时,管理人应予以赔偿。

但债权人撤销权又不因破产程序的启动而被排除适用。对于债务人无偿转让财产、放弃债权、以明显不合理的价格转让财产的行为,债权人仍然有权撤销,自债权人知道或应当知道撤销事由之日起一年内行使,自债务人的行为发生之日起五年内没有行使撤销权的,该撤销权消灭。基于民法产生的债权人撤销权与破产撤销权同源于古罗马法的保罗诉权制度,破产法引入了民法中的撤销权理论,在确定债务人行为失去法律效力的手段和结果上基本相同,但二者又存在明显差别,①破产撤销权是专门针对债务人丧失清偿能力的特殊情况设置,目的在于纠正债务人在破产程序开始前法定期间内的不当财产处置行为,而债权人撤销权则以对个别债权人的利益造成损害为前提。

管理人享有的破产撤销权则是基于破产法规定产生,法院受理破产申请前一年内相关行为可撤销。实践中可能出现的一种情形是相关行为发生在破产申请受理前一年之外,但仍有危害性,此时,允许债权人撤销权的行使作为有效补充能有助于实现债务人财产最大化和债权人利益最大化。另一种情形是当破产撤销权与债权人撤销权竞合时,如管理人不作为导致破产撤销权落空时,债权人也可通过行使民法上撤销权予以追回债务人相关财产。但该类诉讼性质上应属代表诉讼,因此追回的财产属于债务人财产,应当用以清偿所有债务。②

二、行使破产撤销权的方式

一般情况下,债务人进入破产程序后,对相关行为的撤销应由管理人依据《企业破产法》的规定予以撤销。根据《企业破产法解释二》第九条规定,管理人提起撤销权诉讼应以相对人为被告,通过撤销权之诉追回的财产归入债务人财产。③另外,当债权人撤销权与破产撤销权竞合的场合,如管理人不作为导致破产撤销权落空时,债权人也可以通过行使民法上的撤销权追回债务人财产,为此《企业破产法解释二》第九条第二款规定,特殊情形下债权

---

① 参见王东敏:《新破产法疑难解读与实务操作》,法律出版社2007年版,第186页。

② 参见最高人民法院民事审判第二庭编:《企业改制、破产与重整案件审判指导》,法律出版社2015年版,第195页。

③ 参见最高人民法院民事审判第二庭编著:《最高人民法院关于企业破产法司法解释理解与适用——破产法解释(一)·破产法解释(二)》,人民法院出版社2017年版,第188~192页。

人可以依据《合同法》①的规定提起撤销权诉讼。②

三、无偿转让财产的行为

对无偿转让财产行为的撤销权，是破产法对民法上撤销权制度的直接确认。③ 对无偿转让财产行为的撤销不需要考虑债务人或相对人主观因素，但无偿转让财产行为发生在破产申请受理前一年内时方可适用。

四、关于明显不合理交易价格撤销时的返还

撤销权行使的法律后果是使债务人在破产申请受理前法定期间内发生的有损于债权人利益的行为，因被撤销而丧失效力，管理人收回被处分的财产或恢复被处分的权利，利益归于破产财产，用于对全体债权人的分配。④ 一般来说，对债务人所作的无偿转让行为，对原没有财产担保的债务提供财产担保的行为，放弃债权的行为等不存在相对人恢复权利的问题。而以明显不合理交易价格进行交易的行为则存在相对人恢复权利的问题，此时因行使破产撤销权导致行为被撤销，买卖双方应依法返还从对方获取的利益。因撤销该交易，对于债务人应返还相对人已支付价款所产生的债务，相对人可主张按共益债务清偿。该做法借鉴了美国破产立法经验，是在破产撤销权与相对人权益保护之间的一种合理的利益平衡。⑤ 此外，对"明显不合理"价格的认定，需考虑多种因素后进行综合判断，如市场价格、交易的动机和目的、债务人的支付能力、交易行为是否符合商业惯例等因素。⑥ 根据《合同法解释二》⑦第十九条的规定，对于"明显不合理的低价"，法院应当以交易当地一般

---

① 现为《民法典》。——编者注

② 参见最高人民法院民事审判第二庭编：《企业改制、破产与重整案件审判指导》，法律出版社 2015 年版，第 194 页。

③ 参见王东敏：《新破产法疑难解读与实务操作》，法律出版社 2007 年版，第 189 页。

④ 参见最高人民法院民事审判第二庭编著：《最高人民法院关于企业破产法司法解释理解与适用——破产法解释（一）·破产法解释（二）》，人民法院出版社 2017 年版，第 208 页。

⑤ 参见最高人民法院民事审判第二庭编著：《最高人民法院关于企业破产法司法解释理解与适用——破产法解释（一）·破产法解释（二）》，人民法院出版社 2017 年版，第 212 页。

⑥ 参见最高人民法院民事审判第二庭编著：《最高人民法院关于企业破产法司法解释理解与适用——破产法解释（一）·破产法解释（二）》，人民法院出版社 2017 年版，第 210 页。

⑦ 现已失效。——编者注

经营者的判断,并参考交易当时交易地的物价部门指导价或者市场交易价,结合其他相关因素综合考虑予以确认。转让价格达不到交易时交易地的指导价或市场交易价 70% 的,一般可以视为明显不合理的低价,对于转让价格高于当地指导价或市场交易价 30% 的,一般可以视为明显不合理的高价。①

五、对没有财产担保的债务提供财产担保的行为

《企业破产法》对有财产担保债权规定了别除权制度,确认了民法的物权优先原则,《破产审判会议纪要》第 25 条更是直接规定:"在破产清算和破产和解程序中,对债务人特定财产享有担保权的债权人可以随时向管理人主张就该特定财产变价处置行使优先受偿权……"由于有财产担保债权在破产程序中的优先顺位,在债务人破产时,如果对原本没有财产担保的债务提供财产担保就相当于预先给该债权以优先保障,提前改变了该债权在破产程序中的受偿顺位,对其他无财产担保的债权人是极为不公平的,故为确保各债权按既定的清偿顺位获得清偿,破产法允许对该期限内发生的该项行为予以撤销。②

需要注意的一点是,目前我国银行普遍存在对债务人发放新贷款用于归还旧贷款的做法,严格来讲此种借新还旧不属于发生新的借贷关系,其债务属于既存债务,对于借新还旧后新提供的财产担保不宜使破产撤销权的理由在于:一方面,银行所普遍采用的这种借新还旧做法系为了缓解债务人的财务危机,非有意瓜分债务人财产;另一方面,借新还旧时要求债务人提供财产担保系银行业为降低贷款风险的惯常做法,符合银行规范贷款政策。如果在破产程序中撤销借新还旧中设立的担保权,可能冲击整个金融市场的稳定,使债务人陷入债务危机后丧失融资渠道,使其更快地进入破产境地。③

六、关于债务人对未到期债务提前清偿行为的撤销

在债务人有清偿能力时,法律并不禁止其对未到期债务提前清偿,但在债务人丧失清偿能力时,其未到期债务如延续至破产程序中到期,只能作为普通债权按比例获得清偿。债务人在破产前一年内对未到期债务提前清偿的行为减少了其责任财产,损害其他债权人利益,故应予以撤销。但如果债

---

① 参见最高人民法院民事审判第二庭编著:《最高人民法院关于企业破产法司法解释理解与适用——破产法解释(一)·破产法解释(二)》,人民法院出版社 2017 年版,第 210~211 页。

② 参见王东敏:《新破产法疑难解读与实务操作》,法律出版社 2007 年版,第 193 页。

③ 参见王东敏:《新破产法疑难解读与实务操作》,法律出版社 2007 年版,第 193~194 页。

务人虽对未到期债务提前清偿,但该债务在破产申请受理前已经到期,到期时已经符合清偿的条件,那么该清偿行为并未对其他债权人造成损害,故该类行为不在可撤销之列。但是,该种例外需与本法第三十二条衔接适用,即如果债务实际到期日在法院受理破产申请前六个月内,虽不得按本条第(四)项予以撤销,但按本法第三十二条之规定,系债务人在破产申请受理前六个月内的个别清偿行为,如债务人清偿时已经出现破产原因,则该清偿行为仍可撤销。①

七、放弃债权的行为

此种行为属于消极减少债务人财产,与无偿转让财产的行为一样都会侵害债权人的整体受偿利益,如在破产临界期内发生该行为,属于管理人可行使撤销权的范围。关于超过诉讼时效或申请执行期限的债权因丧失了司法强制力,对于放弃的是超过诉讼时效和申请执行期限的债权,则不能再行使破产撤销权。② 但如果债务人在诉讼时效即将届满前以有意不采取催收、保全措施使该债权超过诉讼时效或者对其债务人发出的欠款询证函有意不予答复等方式放弃债权,导致其对外债权在破产申请受理前一年内超过诉讼时效的,在人民法院受理破产申请之日起重新起算上述债权的诉讼时效期间。在举证责任分配上,债务人负担证明未对其到期债权及时行使权利的行为存在正当理由的责任。③

八、关于行政清理程序和公司强制清算程序转入破产程序下可撤销行为的起算点

对于商业银行、证券公司、保险公司等金融机构出现重大经营风险、存在破产原因的,实践中由国务院金融监督管理机构先行启动行政清理程序,如果仍按破产法规定的受理时点而起算撤销权时点,则因特殊程序占用的时间导致一些应撤销的行为不能被撤销,有违债务人财产最大化和全体债权人利益最大化原则。相应地,对于从公司强制清算转入破产清算情形时下亦适用该项规定。因此,应将行政清理程序和强制清算程序的启动时间分别作为这

---

① 参见最高人民法院民事审判第二庭编著:《最高人民法院关于企业破产法司法解释理解与适用——破产法解释(一)·破产法解释(二)》,人民法院出版社 2017 年版,第 214~216 页。

② 参见王东敏:《新破产法疑难解读与实务操作》,法律出版社 2007 年版,第 196 页。

③ 参见最高人民法院民事审判第二庭编著:《最高人民法院关于企业破产法司法解释理解与适用——破产法解释(一)·破产法解释(二)》,人民法院出版社 2017 年版,第 259 页。

两类特殊案件破产撤销权的起算时点。①

九、《民法典》对于无偿行为的扩大

《民法典》第五百三十八条扩大了无偿行为的范围,主要包括债务人以放弃其债权、放弃债权担保、无偿转让财产等方式无偿处分财产权益,或者恶意延长其到期债权的履行期限等行为,其中放弃债权不再要求是否到期。但该等行为均属于债务人纯粹无偿处分财产权益的行为,法律已有明确规定予以禁止,债务人多不会直接以此种形式来实施其诈害债权人的行为,诈害行为往往各种名目五花八门,非常隐蔽,司法实践中不能只看形式,而要看清交易实质。比如债务人向他人无偿转让财产,形式上约定了一个合理的价款,但其支付价款的方式为用无实际价值的股权来抵偿,或支付价款的期限为一个遥远的将来,这种交易实质上就是无偿转让;又如放弃债权担保,本来约定的是物的担保,为对抗债权人却将之换成人的担保,或者本来是有履行能力的主体担保,将之换为无履行能力主体的担保,这些行为其实质均是无偿处分财产权益;再如放弃债权,如将债权赠与他人或转让给一个无支付能力的主体等,司法实务中均需要用穿透式思维予以审查判断。②

【最高人民法院裁判案例】

1. 苏格兰皇家银行(中国)有限公司上海分行、成都太子奶生物科技发展有限公司、北京太子奶生物科技发展有限责任公司等借款及担保合同纠纷案[最高人民法院(2011)民四终字第 19 号]

——人民法院受理破产申请前一年内,债务人对没有财产担保的债务提供财产担保的,管理人有权请求人民法院予以撤销。

【案情简介】

苏格兰皇家银行(中国)有限公司上海分行(以下简称苏格兰银行)、成都太子奶生物科技发展有限公司(以下简称成都太子奶公司)因与北京太子

---

① 参见最高人民法院民事审判第二庭编著:《最高人民法院关于企业破产法司法解释理解与适用——破产法解释(一)·破产法解释(二)》,人民法院出版社 2017 年版,第198~203 页。

② 参见最高人民法院民法典贯彻实施工作领导小组主编:《中华人民共和国民法典合同编理解与适用(一)》,人民法院出版社 2020 年版,第 533 页。

奶生物科技发展有限责任公司(以下简称北京太子奶公司)、湖北太子奶生物科技发展有限公司(以下简称湖北太子奶公司)、株洲太子奶生物科技发展有限公司(以下简称株洲太子奶公司)、湖南太子奶集团生物科技有限责任公司(以下简称湖南太子奶公司)、李途纯借款及担保合同纠纷一案,经上海市高级人民法院审理并作出(2008)沪高民四(商)初字第 8 号民事判决书。后苏格兰银行、成都太子奶公司不服原审判决,向最高人民法院提出上诉,其中的争议焦点之一即为成都太子奶公司是否应当承担抵押担保责任。

成都太子奶公司认为,原审法院审理程序违法。2009 年 9 月 21 日,成都太子奶公司的管理人依照《企业破产法》第三十一条的规定,向受理破产申请的成都市温江区人民法院对苏格兰银行提起了机器设备抵押担保的撤销权纠纷诉讼,成都市温江区人民法院予以受理。本案中成都太子奶公司是否应当承担抵押担保责任应以成都市温江区人民法院受理的撤销权诉讼的审理结果为依据。但原审法院没有依成都太子奶公司的申请中止审理,反而继续审理成都太子奶公司的抵押担保责任,并就同一事实作出了与成都市温江区人民法院截然相反的判决。成都市温江区人民法院已判决撤销苏格兰银行与成都太子奶公司签订的《机器设备抵押合同》以及抵押登记,原审法院判决成都太子奶公司承担抵押责任,显属适用法律错误。

最高人民法院二审时认为,关于成都太子奶公司的抵押担保责任问题。成都太子奶公司没有在本案一审审理过程中以反诉方式主张撤销权诉请,而是由其管理人向成都市温江区人民法院提起了撤销权纠纷诉讼,并不违反《民事诉讼法》的规定。该撤销权纠纷案的管辖权争议已于 2010 年 3 月 4 日由成都市中级人民法院作出终审裁定,成都市温江区人民法院作为受理破产申请的人民法院对该案享有管辖权。由于该案处理的是成都太子奶公司与苏格兰银行之间的抵押合同是否具有可撤销情形的问题,本案中成都太子奶公司是否应当承担抵押担保责任须以该撤销权纠纷案的审理结果为依据,故原审法院未依据《民事诉讼法》第一百三十六条第一款第(五)项的规定中止审理本案不当。目前该撤销权纠纷案已由成都市中级人民法院作出终审判决,本案现已具备继续进行实体审理的条件。从该撤销权纠纷案终审判决查明认定情况看,成都太子奶公司确系在人民法院受理破产申请前一年,以其财产为原先没有提供担保的债务新增抵押担保。成都太子奶公司的上述行为导致本可用于向普通债权人清偿的整体财产数额减少,损害了破产债权人的整体利益,根据《企业破产法》第三十一条第(三)项的规定,人民法院受理破产申请前一年内,债务人对没有财产担保的债务提供财产担保的,管理人有权请求人民法院予以撤销。成都市中级人民法院终审判决撤销成都太子奶公司与苏格兰银行的《机器设备抵押合同》以及双方办理抵押登记的行为,已经发生法律效力,对当事人具有法律拘束力。本案原审判决关于成都太子奶公司以抵押物对北京太子奶公司债务承担抵押担保责任的判项应予撤销。成都太子奶公司的上诉理由成立,本院予以支持。

【裁判要点】

在人民法院受理破产申请前一年,以其财产为原先没有提供财产担保的债务新增抵押担保的行为导致本可用于向普通债权人清偿的整体财产数额减少,损害了破产债权人的整体利益。在此情况下,管理人有权请求人民法院予以撤销。

【案例来源】

无讼网,http://www.itslaw.com。

2. 中国农业银行股份有限公司辽源分行、吉林麦达斯铝业有限公司破产管理人破产撤销权纠纷案[最高人民法院(2020)最高法民再296号]

——破产申请受理前一年内"借新还旧"并新设抵押,不属于对没有财产担保的债务提供财产担保的行为,管理人无权撤销。

【案情简介】

中国农业银行股份有限公司辽源分行(以下简称农行辽源分行)因与吉林麦达斯铝业有限公司(以下简称麦达斯公司)破产管理人破产撤销权纠纷一案,先后经吉林省辽源市中级人民法院、吉林省高级人民法审理并作出一审、二审民事判决书。后农行辽源分行不服二审判决向最高人民法院提起再审。本案主要争议焦点为:案涉贷款"借新还旧"的性质,以及就1011号《最高额抵押合同》项下抵押物设立动产抵押行为的可撤销性。

农行辽源分行认为,本案所涉新贷和旧贷属于两个不同的借款关系,旧贷因清偿而消灭,新贷设立并实际发放,一、二审法院认定新贷应视为对旧贷的一种特殊形式的展期错误。旧贷因清偿而消灭,旧贷的抵押权也随之消灭。编号为1011号《最高额抵押合同》为双方当事人之间发生于2017年10月11日至2019年10月10日期间的贷款业务提供抵押担保,担保在先,借款在后,一、二审法院将该抵押担保认定为"补充担保"错误。本案不符合

《企业破产法》第三十一条第(三)项规定的撤销条件,金融机构在借新还旧中新设的财产担保不应适用该法关于撤销权的规定,一、二审法院适用法律错误。

最高人民法院再审时认为,原所涉借款债务有三笔共 1.99 亿元,包括743 号《借款合同》项下借款 9700 万元、780 号《借款合同》项下余款 4700 万元、782 号《借款合同》项下借款 5500 万元。农行辽源分行与麦达斯公司于2018 年 3 月 15 日签订的 123 号《借款合同》,约定借款 1.99 亿元,对上述三笔借款债务 1.99 亿元进行"借新还旧"处理,即消灭上述三笔旧债,重新设立新的借款债务 1.99 亿元。123 号《借款合同》并无对上述三笔共 1.99 亿元旧的借款债务进行展期的约定,并非对上述三笔旧的借款所涉借款合同的补充变更,明确约定借款用途是"借新还旧",一、二审法院认定 123 号《借款合同》是对旧的借款的展期与合同约定不符,没有事实和法律依据,本院予以纠正。贷款到期后,借款人与贷款人订立新的借款合同,将新贷用于归还旧贷。旧贷因清偿而消灭,为旧贷设立的担保物权也随之消灭。

1011 号《最高额抵押合同》包括两部分内容,一是对 2017 年 10 月 11 日之后两年内发生的新债务在 5936 万元范围内提供最高额抵押担保,二是该合同第十七条约定抵押人同意提供 98 台机器设备,为 782 号《借款合同》约定的 5500 万元债务提供抵押担保。麦达斯公司破产管理人请求法院撤销的1011 号《最高额抵押合同》项下 6046 号《动产抵押登记书》系为 782 号《借款合同》所作担保。因 782 号《借款合同》中的 5500 万元旧债权因借新还旧已经消灭,故前述第十七条约定的为该 5500 万元提供的抵押担保也相应消灭,无须撤销。123 号《流动资金借款合同》项下 1.99 亿元为新的借款,农行辽源分行与麦达斯公司约定该 1.99 亿元借款的同时还约定以 1405 号和 1011号《最高额抵押合同》共同提供抵押担保,该新的借款 1.99 亿元在该两份《最高额抵押合同》约定的担保债权额度和期限之内。双方为该 1.99 亿元提供担保属于为新的债务提供担保,而不是为原本存在的无担保的债务额外提供担保。《企业破产法》第三十一条第(三)项规定破产管理人有权申请撤销的行为是在人民法院受理破产申请前一年内"对没有财产担保的债务提供财产担保的"行为,应当理解为对原没有财产担保的债务提供财产担保的一种偏颇清偿行为。作出该种理解的理由主要是:破产申请受理后,债务人的无财产担保债权只能作为破产债权受偿,如债务人在可撤销期间内为原无担保的债权人提供财产担保,将使该债权人在破产程序中对特定财产享有优先受偿权,得到个别优惠性清偿,故应予撤销;但债务人与债权人在可撤销期间内在签订主合同时一并签订抵押等财产担保从合同的,不在可撤销行为之列,因其不是对原无财产担保的债权提供担保,不具有改善某一债权人原有清偿地位的不公平性质,而且抵押等担保合同的签订往往是债权人决定签订主合同的对价利益和必要保障(即如果没有担保,债权人可能不愿签订主合同)。鉴于 1011 号《最高额抵押合同》约定的抵押是为 1.99 亿元新的债务提供担保,而不是为破产申请受理前一年内原本存在的无担保的债务提供担保,1011 号《最高额抵押合同》不应撤销。故麦达斯公司破产管理人请求撤销就 6046 号《动产抵押登记书》项下抵押物设立动产抵押的行为,没有事实和法律依据,应予以驳回。

【裁判要点】

贷款到期后,借款人与贷款人订立新的借款合同,将新贷用于归还旧贷。旧贷因清偿而消灭,为旧贷设立的担保物权也随之消灭。对新贷提供担保不属于对没有财产担保的债务提供财产担保的行为,管理人无权撤销。

【案例来源】

中国裁判文书网,https://wenshu.court.gov.cn。

3. 廊坊市盛都房地产开发有限公司破产管理人、傅玉清破产撤销权纠纷案[最高人民法院(2020)最高法民申 6301 号]

——当股东与公司财产存在混同时,在破产受理前一年内为公司股东提供担保不属于可撤销情形。

【案情简介】

2017 年 11 月 23 日,廊坊市中级人民法院依法裁定受理廊坊市盛都房地产开发有限公司(以下简称盛都公司)破产重整一案。2018 年 2 月 2 日,傅玉清向盛都公司管理人申报债权,并提供于 2017 年 5 月 10 日与盛都公司签订的《担保协议》一份。根据该《担保协议》,盛都公司为傅玉清与第三人矫新环之间已经人民法院判决的债权债务提供保证担保。

盛都公司管理人认为,盛都公司与傅玉清于 2017 年 5 月 10 日签订的《担保协议》属于《企业破产法》第三十一条"(一)无偿转让财产"的情形,即应当予以撤销的情形。首先,签订《担保协议》的时间(2017 年 5 月 10 日)发生在人民法院受理破产申请(2017 年 11 月 23 日)前一年内。其次,在可撤销期间内,在盛都公司本身对傅玉清没有任何债务的情形下,盛都公司为他人先前已经存在的债务提供保证担保,盛都公司自身并未因该保证债务获得相应对价,也未使自身财产受益。在进入破产程序后,该笔担保债权只能利用盛都公司的财产在破产程序中予以清偿,清偿后被告即可无偿取得盛都公司财产或者财产所转化的收益。因此,盛都公司将自己的资产通过提供担保的方式让渡于傅玉清,侵害了债权人的整体利益,符合无偿转让财产的情形,应当予以撤销。

最高人民法院经审查认为,经国家企业信用信息公示系统显示,盛都公司的股权结构为,矫新环出资 4100 万元,持股比例为 89.1%;青岛雅尔佳实业有限公司出资 500 万元,持股比例为 10.9%。青岛雅尔佳实业有限公司股权结构为,矫新环出资 1990 万元,持股比例为 99.5%;牛兆静出资 10 万元,持股比例为 0.5%。另案矫新环与傅玉清民间借贷纠纷案中,青岛市市北区人民法院调取了矫新环民生银行 47×××00 账户自 2011 年 1 月 1 日至 2014 年 12 月 31 日账户明细,该期间傅玉清或其丈夫向该账户转款共计 1889.125 万元,矫新环通过该账户向盛都公司转款 3600 万元。基于以上事实,可以证明矫新环直接或间接持有盛都公司 99% 以上的股权,盛都公司从法律上可以视为系矫新环一人公司,且盛都公司财产与矫新环个人财产之间存在一定混同。因此,盛都公司实质是为其自有债务提供的担保,而非为他人债务提供的担保,故不符合《企业破产法》第三十一条第(一)项规定的可撤销的情形。

【裁判要点】

当公司财产与股东个人财产之间存在一定混同时,在破产受理前一年内,债务人为公司股东提供担保实质是为其自有债务提供的担保,而非为他人债务提供的担保,不属于可撤销情形。

【案例来源】

中国裁判文书网,https://wenshu.court.gov.cn。

4. 中国华融资产管理股份有限公司重庆市分公司、新光控股集团有限公司管理人破产撤销权纠纷案 [最高人民法院(2021)最高法民申 2231 号]

——破产申请受理前一年内为他人提供担保且无对价属于无偿转让财产情形,管理人有权撤销。

【案情简介】

2017 年 12 月 4 日,新光控股集团有限公司(以下简称新光控股)(转让方)、中国华融资产管理股份有限公司重庆市分公司(以下简称华融资产)(受让方)、浙江新光饰品股份有限公司(以下简称新光饰品)(债务人)签订《债权转让协议》,约定新光控股将其对新光饰品享有的 6.6 亿元本金债权转让给华融资产,转让价款为 6.6 亿元。2017 年 12 月 4 日、5 日,新光控股以其对新光圆成享有的应收账款 4.345 亿元、新光控股以其持有的新光饰品 92.72%股权及其派生权益,对应出资额为 14465.60 万元为上述债务提供质押担保并办理质押登记。2018 年 6 月 15 日、27 日,新光控股以其持有的新光圆成(证券代码:002147)2200 万股的限售流通股、新光圆成 1000 万股限售流通股及其派生权益为上述债务提供质押担保并办理质押登记。2019 年 4 月 25 日,浙江省金华市中级人民法院裁定受理新光控股破产重整一案。新光控股管理人诉至法院请求撤销新光控股持有新光圆成 3200 万限售流通股的质押担保。一审、二审法院均支持新光控股管理人诉求。华融资产不服一审、二审判决向最高人民法院申请再审。

最高人民法院经审查认为,案涉债权债务发生于 2017 年 12 月,后期存在对该债务展期的行为,但是并非形成新的债权债务关系。新光控股分别于 2017 年 12 月 5 日、12 月 21 日与华融资产签订《保证协议》《质押协议》,约定以新光控股的应收账款、持有的股权等向华融资产出质。后华融资产与新光控股于 2018 年 6 月 15 日签订的《质押协议》中载明,新光控股以其持有的新光圆成 2200 万股的限售流通股及其派生的权益向华融资产出质。同年 6 月 27 日,新光控股与华融资产再次签订《质押协议》,新光控股以其持有的新光圆成 1000 万股的限售流通股及其派生的权益出质,该两份《质押协议》从其内容看均是对之前已提供的担保之上增加担保。新光控股在破产申请前一年内,为他人提供担保且无相应对价,因此新光控股为他人提供担保与《企业破产法》第三十一条第(一)项"无偿转让财产"的情形无本质区别,管理人有权撤销。

【裁判要点】

在破产申请受理前一年内,为他人提供担保且无相应对价与无偿转让财产的情形无本质区别,管理人有权撤销。

【案例来源】

中国裁判文书网,https://wenshu.court.gov.cn。

【典型案例】

1. 黄剑锋与浙江中力节能玻璃制造有限公司借款合同纠纷案[浙江省杭州市中级人民法院(2014)浙杭商终字第2307号]

——因法定事由导致抵押权的设立时间晚于成立债权债务的意思表示时间且处于受理破产申请前一年内,不属于《企业破产法》规定的可撤销行为,管理人无权撤销。

【案情简介】

2012年6月20日,黄剑锋与浙江中力节能玻璃制造有限公司(以下简称制造公司)签订借款合同约定制造公司向黄剑锋借款2500万元;同日,黄剑锋与制造公司签订抵押合同一份,约定制造公司以其所有的10台低辐射玻璃镀膜机为上述借款提供抵押担保。2013年7月2日,经诉讼,法院判决制造公司归还黄剑锋借款2500万元及逾期利息、律师费等。上述案涉抵押物属于海关监管货物,监管期届满日为2013年12月12日,期限届满自动解除监管,目前案涉抵押物均已过海关监管期,以海关监管期内特殊动产进行抵押的抵押权于海关监管期届满之日有效设立。2013年12月30日,另一个法院裁定受理制造公司破产重整申请。2013年12月26日,原告黄剑锋要求对被告制造公司提供的抵押物实现抵押权。本案争议焦点之一即抵押权的生效日期在制造公司受理破产申请前一年内,是否属于可撤销的范围。

【案件评析】

《企业破产法》第三十一条规定的破产撤销权,是指对破产申请受理前一年内债务人为本来没有设定财产担保的债务,由于某种偏颇性清偿考虑又提供了财产担保。针对这种情形,在破产程序启动后可依法撤销。应注意的是,这里担保的提供与债权债务的形成两个意思表示的时间是分开的,系对既存债务提供担保,故而应予撤销。但如果两个意思表示是同时进行的,虽然也是发生在破产前一年内,则不能撤销,这种情形又被称之为对新生债务提供担保。可见该条破产撤销权着眼于对存在偏向性清偿考虑的担保情形的撤销,判别时应考虑两个因素:第一,是否属于既存的债务,即成立债权债务的意思表示时间先于提供财产担保的意思表示,这里的提供担保的意思表示是指债权行为成立的意思表示而非设立担保权利的意思表示;第二,提供财产担保的意思表示是否处于受理破产申请之前一年内。显然本案债权债务形成的意思表示和提供抵押担保的意思表示是同一时间作出,且为法院受理破产申请一年之前,不符合以上两个条件,仅因海关监管期这一期间的存在导致抵押权的设立时间晚于成立债权债务的意思表示时间且处于受理破产申请前一年内。制造公司并无偏向性清偿的考虑,故不属于《企业破产法》第三十一条第(三)项规定的破产撤销权情形,抵押权人应享有优先受偿权。

【案例来源】

《人民司法·案例》2017 年第 8 期。

2. 北京中旺食品有限公司管理人与阮道美破产撤销权案[北京市第一中级人民法院(2013)一中民终字第 10544 号]

——破产受理前一年对原有财产担保的债务继续提供财产担保的行为不属于可撤销的范围,管理人无权撤销。

【案情简介】

阮道美向北京五谷道场食品技术开发有限公司(以下简称五谷道场)提供借款约 1653 万元。2007 年 9 月 10 日,北京中旺食品有限公司(以下简称中旺公司)以其生产设备为上述借款提供抵押担保。2007 年 9 月 14 日,北京市工商行政管理局房山分局办理了相关企业动产抵押物登记。2008 年 6 月 18 日,北京市工商行政管理局房山分局办理了注销登记。

2008 年,因五谷道场无法偿还借款,与阮道美协商一致同意将借款本息一并转为借款本金并重新签订借款协议,中旺公司同意将原生产设备再次抵押给阮道美,作为上述借款的担保。2008 年 6 月 16 日,北京市工商行政管理局房山分局办理了相关企业动产抵押登记。

2008 年 11 月 3 日,北京市房山区人民法院受理了中旺公司破产重整的申请。阮道美就本案所涉债权在中旺公司进行了申报,中旺公司管理人未对该笔款项予以确认。

本案争议焦点为阮道美和中旺公司于 2008 年 6 月 16 日办理的动产抵押登记,是中旺公司为五谷道场对阮道美新形成的债务所提供新的担保,还是为原有债务提供的继续担保。

【案件评析】

本案集中反映了破产撤销权的应用。从担保行为内容上,阮道美和中旺公司在2007年就五谷道场的同一笔借款本息签订抵押合同并办理了抵押登记。阮道美和五谷道场并未发生新的借贷关系,中旺公司以同样的抵押物针对同样的担保范围提供担保,两次抵押合同中约定的抵押物、担保范围、抵押人、抵押权人均是同一的,表明2008年抵押登记行为实质上系对2007年抵押的延续,而非新的担保行为,既有担保已经超出受理破产前一年内。

从担保的时间点上,阮道美与中旺公司2007年抵押登记,于2008年6月18日办理注销,并就同样的债权在2008年6月16日再次办理抵押登记。在2008年6月16日,中旺公司作出的担保是针对有财产担保的债权再次担保,而非对无财产担保的债权提供担保。因此,不属于新增财产担保的情形。

【案例来源】

国家法官学院案例开发研究中心编:《中国法院2015年度案例·公司纠纷》,中国法制出版社2015年版。

编者说明

关于主观恶意是否应当作为破产撤销权的成立要件问题一直存在争议:第一种观点认为,对于欺诈转让行为应将主观要件作为构成要件,对于偏袒性清偿行为的认定应采用客观标准,主观恶意不是其构成要件;第二种观点认为,无论是债务人的不当行为还是个别清偿行为,均应采取客观认定方法,不考虑当事人的主观意思;第三种观点认为,应当区分无偿行为和有偿行为,对有偿行为应以行为人具有主观恶意为要件,对于无偿行为只要存在损害债权人利益的事实即可撤销,在有偿行为中,债务人的恶意是破产撤销权成立要件,受益人恶意是破产撤销权的行使要件,即对有偿行为必须具有债务人和受益人的双重恶意才能被撤销。本法列举了破产撤销权的适用条件,但没有规定破产撤销权成立的一般构成要件。主流观点认为,撤销权成立关键是债务人的行为客观上造成债权人所获清偿的减少,或是导致出现清偿不公的现象。编者认为,立法假设债务人在人民法院受理破产申请一年内知道或者应当知道企业已丧失清偿能力。在这种前提下,当债务人在其推定丧失清偿能力后所实施的本条规定的可撤销行为,其主观意思表示就从平等自愿基础上的共同意思表示变成具有改变个别债权人受偿条件的意思表示,这种情况下可以推定债务人具有主观恶意。

第三十二条　【受理破产申请前六个月内行为的撤销】人民法院受理破产申请前六个月内,债务人有本法第二条第一款规定的情形,仍对

个别债权人进行清偿的,管理人有权请求人民法院予以撤销。但是,个别清偿使债务人财产受益的除外。

【立法·要点注释】

根据本条规定,债务人的个别清偿行为可撤销时必须具备两个条件:第一,清偿行为发生在人民法院受理破产申请前六个月内。第二,债务人必须具有破产原因,即债务人不能清偿债务,且资产不足以清偿负债或明显缺乏清偿能力。但个别清偿使整个债务人财产受益的除外。

【司法解释】

《最高人民法院关于适用〈中华人民共和国企业破产法〉若干问题的规定(二)》(法释〔2013〕22 号,2013 年 9 月 16 日;法释〔2020〕18 号修正,2021 年 1 月 1 日)

第十四条　债务人对以自有财产设定担保物权的债权进行的个别清偿,管理人依据企业破产法第三十二条的规定请求撤销的,人民法院不予支持。但是,债务清偿时担保财产的价值低于债权额的除外。

【要点注释】

依据本条规定,对有财产担保债权的清偿不属于危机期间的个别清偿。但当"债务清偿时担保财产的价值低于债权额"的个别清偿仍属于可撤销的情形。[1]

第十五条　债务人经诉讼、仲裁、执行程序对债权人进行的个别清偿,管理人依据企业破产法第三十二条的规定请求撤销的,人民法院不予支持。但是,债务人与债权人恶意串通损害其他债权人利益的除外。

【要点注释】

依本条规定,债务人经诉讼、仲裁、执行程序对债权人进行的个别清偿不

---

[1]　参见最高人民法院民事审判第二庭编著:《最高人民法院关于企业破产法司法解释理解与适用——破产法解释(一)·破产法解释(二)》,人民法院出版社 2017 年版,第 227~229 页。

得撤销,但当事人存在主观恶意时可行使撤销权,此时,应由管理人依据《企业破产法》直接向受理破产案件的人民法院请求行使撤销权。①

第十六条 债务人对债权人进行的以下个别清偿,管理人依据企业破产法第三十二条的规定请求撤销的,人民法院不予支持:

(一)债务人为维系基本生产需要而支付水费、电费等的;

(二)债务人支付劳动报酬、人身损害赔偿金的;

(三)使债务人财产受益的其他个别清偿。

【要点注释】

本条规定主要从债务人生存利益、生存权特别保护角度出发,规定正常商业活动、债务人支付劳动报酬、人身损害赔偿金的个别清偿排除出可撤销行为之列。②

【参考观点】

本条所规定的特殊撤销权是对一般撤销权的补充规定。破产程序依法保证所有债权人按照一定的顺位和比例对债务人可供分配的财产公平受偿,为保证所有债权人的公平利益,在债务人进入破产程序前夕,债务人具备破产原因时,应防止债务人或个别债权人规避法律,在破产程序开始前抢先清偿或瓜分债务人财产。当债务人具备破产原因时,债务人对自己的财务状况非常清楚,应当确保其财产为全体债权人的责任财产,此时应停止清偿,以确保所有无财产担保债权人的公平利益。特殊撤销权所涉期限比一般撤销权的期限短,设立特殊撤销权的目的是为全体债权人的利益提供司法程序上的财产担保,在特殊期限内冻结债务人的清偿行为,但清偿行为使破产财产受益的,不符合行使撤销权的目的,应不予撤销。③ 具体包括如下事项:

---

① 参见最高人民法院民事审判第二庭编著:《最高人民法院关于企业破产法司法解释理解与适用——破产法解释(一)·破产法解释(二)》,人民法院出版社2017年版,第233页。

② 参见最高人民法院民事审判第二庭编著:《最高人民法院关于企业破产法司法解释理解与适用——破产法解释(一)·破产法解释(二)》,人民法院出版社2017年版,第243~244页。

③ 参见王东敏:《新破产法疑难解读与实务操作》,法律出版社2007年版,第199页。

一、对有财产担保债权的清偿不属于危机期间的个别清偿。本条所指的"对个别债权人进行清偿"是指对无财产担保债权人的个别清偿,对有财产担保债权人的清偿原则上不在此限。原因在于,即便破产程序启动后有财产担保债权人仍然对债务人设定担保的财产享有优先受偿的权利。对债务人以自有财产设定物权担保的到期债务,在危机期内清偿,并不存在对其他债权人权益的损害,[①]但当"债务清偿时担保财产的价值低于债权额"的个别清偿仍属于可撤销的情形,有财产担保债权人基于物权担保的优先性局限于设定担保的财产价值范围内。当该个别清偿行为被撤销时,应当是指整个清偿行为的撤销,而非仅撤销超过担保财产价值部分的清偿。[②] 个别清偿行为被整体撤销后,有财产担保债权人再在破产程序中就担保财产实现优先受偿权。另外,管理人应当对"债务清偿时担保财产的价值低于债权额"承担举证责任,向法院提供相关的评估报告或其他证据材料。[③]

二、在债务人丧失清偿能力的情况下,在危机期间对个别债权人偏袒清偿等非法目的而利用执行名义进行的可撤销行为,违背破产法公平受偿的基本原则,损害多数债权人利益,应予撤销。但是自动履行或被强制执行生效裁判毕竟在法律形式上是债务人的义务,故虽可行使撤销权,但应以当事人存在主观恶意为前提。[④]

在存在债权人与债务人恶意串通损害其他债权人利益的情形下,应由管理人依据破产法直接向受理破产案件的人民法院请求行使撤销权,无须通过申请再审的方式撤销个别清偿行为。[⑤]

三、为了正常商业活动所为之个别清偿不在本条可撤销之列。保障正常

---

①　参见最高人民法院民事审判第二庭编著:《最高人民法院关于企业破产法司法解释理解与适用——破产法解释(一)·破产法解释(二)》,人民法院出版社 2017 年版,第228 页。

②③　参见最高人民法院民事审判第二庭编著:《最高人民法院关于企业破产法司法解释理解与适用——破产法解释(一)·破产法解释(二)》,人民法院出版社 2017 年版,第229 页。

④　参见最高人民法院民事审判第二庭编著:《最高人民法院关于企业破产法司法解释理解与适用——破产法解释(一)·破产法解释(二)》,人民法院出版社 2017 年版,第232 页。

⑤　参见最高人民法院民事审判第二庭编著:《最高人民法院关于企业破产法司法解释理解与适用——破产法解释(一)·破产法解释(二)》,人民法院出版社 2017 年版,第234 页。

的生产经营秩序是债务人的基本生存利益,即便出现破产原因,只要尚未进入破产程序,该生存利益仍应居于显要位置。该些行为主要是指债务人支付水费、电费等公共开支的行为。① 此外,债务人支付劳动报酬、人身损害赔偿金的个别清偿,从生存权特别保护的角度出发,也应当将之排除出可撤销之列。②

【最高人民法院裁判案例】

1. 西飞集团进出口有限公司管理人与中信银行股份有限公司西安分行请求撤销个别清偿行为纠纷案[最高人民法院(2016)最高法民申 717 号]

——债权人扣划债务人款项的行为发生于诉讼中,并在审理中经依法扣减,且得到生效判决的确认,属于通过诉讼进行的个别清偿,管理人无权撤销。

【案情简介】

2013 年 5 月 9 日,中信银行股份有限公司西安分行(以下简称中信西安分行)(乙方)与西飞集团进出口有限公司(以下简称西飞集团)(甲方)签订《国际贸易汇款项下进口应付款业务融资协议书》,约定中信西安分行依据协议向西飞集团提供美元 490000 元金融借款,甲方违反本协议约定或未履行本协议约定的部分或全部偿还义务即构成违约,甲方应立即偿还全部到期和未到期的融资款……协议签订后,中信西安分行向西飞集团提供了该笔借款。2013 年 5 月 21 日,中信西安分行(乙方)与西飞集团(甲方)签订《进口押汇合同》。中信西安分行依据协议向西飞集团提供美元 1053260.10 元金融借款。同时约定,发生本合同约定的提前到期情形的,押汇到期日为提前到期日。押汇最终期限以中信西安分行确认的日期为准。关于违约责任,该协议约定:1. 发生下列任一情形时,中信西安分行有权停止发放尚未发放的

① 参见最高人民法院民事审判第二庭编著:《最高人民法院关于企业破产法司法解释理解与适用——破产法解释(一)·破产法解释(二)》,人民法院出版社 2017 年版,第243 页。

② 参见最高人民法院民事审判第二庭编著:《最高人民法院关于企业破产法司法解释理解与适用——破产法解释(一)·破产法解释(二)》,人民法院出版社 2017 年版,第243~244 页。

押汇款、宣布本合同项下已发放的押汇款部分或全部提前到期,并要求西飞集团立即偿还所有到期押汇款本金并清结利息;……(9)以乙方的观点认为,甲方和担保人的资信发生变化以致影响其履行本押汇合同项下的义务;……合同签订后,中信西安分行提供了该笔借款。

2013年9月18日,中信西安分行向西飞集团送达《关于宣布授信业务提前到期的函》称:中信西安分行获悉西飞集团发生重大经营亏损、资信严重下降等重大风险事件,要求西飞集团提前清偿全部授信业务本息。2013年9月25日,中信西安分行向法院提起诉讼,请求判令西飞集团偿还本金及利息、罚息、复息。2013年11月18日,该案审理中,中信西安分行从西飞集团账户划款人民币2746755.00元。2014年3月20日,法院判令西飞集团向中信西安分行偿还本金、逾期利息及罚息,其中认定扣除了中信西安分行从西飞集团账户划款美元450000元。该判决已生效。2014年5月15日,法院裁定受理西飞集团破产申请,同日指定了管理人。经一审、二审法院裁判驳回西飞集团管理人要求撤销前述扣款行为的诉讼请求,西飞集团管理人向最高人民法院申请再审。

西飞集团管理人认为,中信西安分行的扣款清偿行为属于《企业破产法》第三十二条规定的个别清偿行为,西飞集团管理人有权请求予以撤销。中信西安分行的扣款清偿行为不属于《企业破产法解释二》第十五条规定的个别清偿,原审判决未支持西飞集团管理人的诉讼请求是适用法律错误。该司法解释的清偿行为包括判决、调解或仲裁生效后未启动执行程序前的主动履行生效裁判的清偿行为和判决、调解、仲裁裁决生效后经申请执行的被动履行清偿行为。本案中,中信西安分行是利用其优势地位主动扣划西飞集团资金的行为,该行为无论是否得到后来的判决确认,均不足以否定该种扣划行为不是依法主动履行,也不是依法被动履行。据此,原审判决适用法律错误。

最高人民法院认为,第一,《企业破产法》第三十二条虽规定人民法院受理破产申请前六个月内,债务人出现不能清偿到期债务,并且资产不足以清偿全部债务或明显缺乏清偿能力的情形,债务人仍对个别债权人进行清偿的,管理人有权请求人民法院予以撤销。本条的立法目的是防止债务人的个别清偿行为损害其他债权人的公平受偿权利,但本案的款项扣划不属债务人自行清偿行为,而是中信西安分行的主动划扣,不属于《企业破产法》第三十二条的规范范围,西飞集团管理人据此主张撤销,法律依据不足。第二,根据

《企业破产法解释二》第十五条规定,债务经过诉讼、仲裁、执行程序对债权人进行的个别清偿,管理人依据《企业破产法》第三十二条的规定请求撤销的,人民法院不予支持。上述解释实际上对经过诉讼、仲裁、执行程序的债权清偿行为予以了肯定。本案中信西安分行扣划款项予以清偿的行为发生于诉讼中,之后该笔债权审理中又经依法扣减,实际得到生效判决的确认,属于经过诉讼进行的个别清偿,西飞集团管理人认为即使经过诉讼未经其自愿履行或强制执行均属可撤销的个别清偿,与该解释本意并不符合,原审判决对西飞集团管理人的主张不予支持,并无不当。

【裁判要点】

《企业破产法解释二》第十五条规定:"债务人经诉讼、仲裁、执行程序对债权人进行的个别清偿,管理人依据企业破产法第三十二条的规定请求撤销的,人民法院不予支持。但是,债务人与债权人恶意串通损害其他债权人利益的除外。"由于债权人从债务人账户上划款款项的行为,在法院审理过程中,且该划款清偿的金额在该案的诉讼请求之内,并经法院判决予以确认。在没有证据表明该个别清偿是债权人与债务人恶意串通的情况下,管理人无权撤销。

【案例来源】

中国裁判文书网,https://wenshu.court.gov.cn。

2. 第一创业证券股份有限公司、东辰控股集团有限公司管理人请求撤销个别清偿行为纠纷案[最高人民法院(2021)最高法民申 7688 号]

——管理人有权撤销发生在受理破产申请前六个月内的个别清偿行为,不以债权人善意为前提。

【案情简介】

2018 年 11 月 27 日,东辰控股集团有限公司(以下简称东辰集团)基于担保责任向第一创业证券股份有限公司(以下简称第一创业证券)支付 200 万元,2019 年 3 月 15 日,东辰集团被法院裁定进入重整程序。东辰集团管理人诉至法院要求撤销该个别清偿行为,第一创业证券不服一审、二审判决,向最高人民法院申请再审。

第一创业证券认为,东辰集团向第一创业证券清偿时资产状况良好,不具备破产原因。对此,第一创业证券作为债权人是完全善意的。东辰集团既未提供证据证明东辰集团清偿时存在破产原因,更未证明第一创业证券知道东辰集团清偿时已出现破产原因。二审未考察债权人是否存在恶意,及是否与债务人存在恶意串通等行为,认定东辰集团向第一创业证券清偿属于《企业破产法》第三十二条规定的可撤销行为属于适用法律错误。

最高人民法院经审查认为,东辰集团基于担保责任向第一创业证券支付款项的时间为2018年11月27日。东辰集团财务资料显示,截至2018年11月30日,东辰集团资产总额为591981.90万元,负债总额为985761.33万元,资产负债率为167%。二审认定东辰集团清偿案涉债务时具备破产情形具有事实依据。第一创业证券申请再审主张根据东辰集团自行披露的材料和第三方机构作出的评估报告,截至2018年12月东辰集团信用评级仍保持在A⁺等级,不足以推翻东辰集团财务资料显示的资不抵债状态。

《企业破产法》第三十二条规定:"人民法院受理破产申请前六个月内,债务人有本法第二条第一款规定的情形,仍对个别债权人进行清偿的,管理人有权请求人民法院予以撤销。但是,个别清偿使债务人财产受益的除外。"该条文从平等保护全体债权人的角度出发,规定管理人有权撤销发生在受理破产前六个月内的个别清偿行为,并未设置债权人是否善意的条件。本案中,东辰集团2018年11月27日向第一创业证券清偿债务,2019年3月15日被裁定进入重整程序,东辰集团的偿债行为发生在人民法院受理破产重整案件前的六个月内。第一创业证券以其不存在恶意为由主张案涉清偿行为不应被撤销,理由不能成立。二审认定东辰集团向第一创业证券支付200万元的行为属于个别清偿,管理人有权撤销,并无不当。

【裁判要点】

《企业破产法》第三十二条从平等保护全体债权人的角度出发,规定管理人有权撤销发生在受理破产申请前六个月内的个别清偿行为,并未设置债权人是否善意的条件。

【案例来源】

中国裁判文书网,https://wenshu.court.gov.cn。

3. 许堃、四川元丰化工股份有限公司管理人等破产撤销权纠纷案[最高人民法院(2021)最高法民申2580号]

——管理人行使撤销权不适用一般撤销权除斥期间的规定。

【案情简介】

2015年9月21日,四川省德阳市中级人民法院裁定受理四川元丰化工股份有限公司(以下简称元丰化工)破产清算一案。2014年12月24日,许塑与德阳银行股份有限公司(以下简称德阳银行、现更名为长城华西银行)签订《借款合同》约定,贷款金额为300万元,贷款期限为6个月,德阳银行按合同规定收回或提前收回本金、利息等费用时,可从许塑在德阳银行开立的账户上扣划任何币种款项。此后,德阳银行发放了300万元贷款。2015年6月30日和7月27日,元丰化工分别向许塑转账116700元和3098429.02元,分别备注为货款和还贷。同日,德阳银行因许塑借款到期直接在其账户上扣划了全部贷款本金和利息。元丰化工管理人向法院起诉请求撤销元丰化工公司偿还许塑债务3215129.02元的行为。一审、二审均支持元丰化工管理人主张。许塑不服一审、二审裁判向最高人民法院提起申诉。

许塑认为,《企业破产法》中的撤销权应受《民法总则》关于撤销权一年除斥期的限制,本案中破产管理人未在一年除斥期内行使撤销权,撤销权已消灭。

最高人民法院经审查认为,关于破产撤销权行使期限的问题。根据《企业破产法》第一百二十三条的规定,自破产程序依照本法第四十三条第四款或者第一百二十条的规定终结之日起二年内,发现有依照本法第三十一条、第三十二条、第三十三条、第三十六条规定应当追回的财产的,债权人可以请求人民法院按照破产财产分配方案进行追加分配。即在破产程序终结之日起二年内,债权人尚可针对个别清偿行为所涉及的财产向法院主张进行追加分配,故许塑关于破产撤销权一年除斥期间的抗辩,本院不予支持。

【裁判要点】

《企业破产法》第一百二十三条规定,自破产程序终结之日起二年内,发现可依法撤销的行为,债权人尚可向法院主张追加分配,故破产撤销权不适用一般撤销权除斥期间的规定。

【案例来源】

中国裁判文书网,https://wenshu.court.gov.cn。

4. 洛阳市郑叶成套电器有限公司与洛阳金鹏集团有限公司管理人与破产有关的纠纷案[最高人民法院(2021)最高法民申3911号]

——债权人与债务人恶意串通的个别清偿,即使经执行程序也可撤销。

【案情简介】

2020年7月20日,洛阳市中级人民法院依法裁定受理洛阳市郑叶成套电器有限公司(以下简称郑叶公司)对洛阳金鹏集团有限公司(以下简称金鹏公司)的破产清算申请。郑叶公司诉金鹏公司合同纠纷一案,洛阳市西工区人民法院于2018年9月13日作出民事调解书,确认金鹏公司于2018年12月20日前支付郑叶公司货款617252.53元、2019年3月20日前支付郑叶公司剩余货款60万元等内容的调解协议有效。因金鹏公司未按生效调解书履行还款义务,郑叶公司向洛阳市西工区人民法院申请强制执行。洛阳市西工区人民法院立案执行后,于2019年8月28日作出执行裁定书,以金鹏公司无财产可供执行为由裁定终结本次执行程序。2020年7月3日,金鹏公司通过其招商银行账户向郑叶公司转款10万元。郑叶公司出具收据,确认收到该笔款项。金鹏公司管理人诉至法院要求撤销该个别清偿行为。

【裁判要点】

最高人民法院经审查认为,《企业破产法解释二》第十五条规定,债务人经诉讼、仲裁、执行程序对债权人进行的个别清偿,管理人依据企业破产法第三十二条的规定请求撤销的,人民法院不予支持。但是,债务人与债权人恶意串通损害其他债权人利益的除外。就本案而言,洛阳市西工区人民法院以金鹏公司无财产可供执行而终结本次执行的裁定,足以表明金鹏公司缺乏清偿能力的事实。郑叶公司作为申请执行人对此不仅明知且还申请金鹏公司破产清算。在此情况下,金鹏公司在人民法院裁定受理破产申请前清偿郑叶公司债务的行为,显属双方串通损害其他债权人利益的行为。郑叶公司申请再审所称其债权获偿系经执行程序并援引前述法律规定质疑原审判决,依法不予支持。

【案例来源】

中国裁判文书网,https://wenshu.court.gov.cn。

【典型案例】

1. 南通美嘉利服饰有限公司管理人与江苏银行股份有限公司南通观音山支行破产撤销权纠纷案[南通市港闸区人民法院(2009)港民二初字第0168号]

——在法院受理债务人破产申请前六个月内,债权人依约解除合同并收回借款的,受偿债权人在主观上应当明知债务人已出现了《企业破产法》第二条第一款规定的情形时,管理人才有权撤销。

【案情简介】

2007年11月13日,南通美嘉利服饰有限公司(以下简称美嘉利公司)(甲方)与江苏银行股份有限公司南通观音山支行(以下简称江苏银行观音山支行)(乙方)订立了借款合同一份,约定美嘉利公司向江苏银行观音山支行借款200万元。借款合同约定,当出现了甲方财务状况恶化以及甲方停业、停产、歇业、解散、停业整顿、清算等情形时,乙方有权停止发放尚未发放的借款或提前收回借款;乙方提前收回借款,应当通知甲方,自提前收回借款的通知到达甲方之日起,借款合同项下的借款视为到期,甲方应立即归还本合同项下的借款本息。双方在合同中还约定,如甲方未按约偿还本合同项下的借款本息的,甲方同意乙方直接扣划甲方在江苏银行及其所有分支机构的所有账户中的资金以清偿本合同项下的债务。2008年3月26日,江苏银行观音山支行以美嘉利公司欠利息多日未还,且财务状况严重恶化,已严重影响其债权的实现等为由,向美嘉利公司及其担保人发出书面通知,宣布贷款提前到期,并要求公司提前偿还借款本息。当日,江苏银行观音山支行自行扣划了美嘉利公司账户存款。事后,美嘉利公司对江苏银行观音山支行发出的提前收贷通知和在其账户上扣款的行为没有提出异议。2008年7月14日,法院裁定受理了美嘉利公司的破产申请,并指定南通产权交易所有限公司为美嘉利公司的管理人。美嘉利公司管理人向江苏省南通市港闸区人民法院起诉要求撤销被告江苏银行观音山支行扣划美嘉利公司存款的行为。法院判决驳回原告的诉讼请求,宣判后,原告未提起上诉,一审判决已发生法律效力。

江苏省南通市港闸区人民法院经审理认为,江苏银行观音山支行与美嘉利公司约定,当出现美嘉利公司不按期偿还借款利息及公司财务状况恶化等情形时,江苏银行观音山支行有权提前收回借款,并自提前收回借款的通知到达美嘉利公司之日起,合同项下的借款视为到期。本案借款提前到期的条件已经成就,江苏银行观音山支行单方宣布借款提前到期和直接扣划美嘉利账户存款的行为符合合同约定,是合法有效的。

美嘉利公司管理人主张撤销美嘉利公司对江苏银行观音山支行个别清偿行为的主张能否成立,关键取决于撤销债务人对个别债权人的清偿行为应具备哪些法律条件。《企业破产法》第三十二条规定:"人民法院受理破产申请前六个月内,债务人有本法第二条第一款规定的情形,仍对个别债权人进行清偿的,管理人有权请求人民法院予以撤销。但是,个别清偿使债务人财产受益的除外。"从《企业破产法》第三十二条和第二条第一款的规定中可以看出,对个别清偿行为行使破产撤销权应具备的条件:一是清偿行为发生在人民法院受理破产申请前六个月内;二是债务人出现了《企业破产法》第二条第一款规定的破产原因,即债务人不能清偿到期债务,并且资产不足以清偿全部债务或者明显缺乏清偿能力;三是受偿债权人在主观上应当明知债务人已出现了《企业破产法》第二条第一款规定的破产原因。本案中,江苏银行观音山支行扣款受偿行为确实发生在人民法院受理破产申请前六个月内,当时美嘉利公司也可能出现了不能清偿到期债务并且资产不足以清偿全部债务或者明显缺乏清偿能力的情形,但该情形是否为江苏银行观音山支行所知悉,美嘉利公司并没有充分的证据证明。《企业破产法》第三十二条之所以规定需债务人出现了《企业破产法》第二条第一款规定的情形,显然是为了赋予获得受偿的债权人以善意抗辩权,即只有当债权人明知债务人出现了破产原因而仍然为个别受偿时,人民法院才能依管理人的申请对之予以撤销。这主要是考虑到,对到期债务的清偿毕竟是债务人的法定义务,破产撤销权的立法目的也仅仅是限制债务人的不当清偿行为,以保护其整体债权人的利益。倘若对善意受偿的到期债务均可依管理人的请求予以撤销,将使债务人在破产前一定期间内的所有交易行为效力都处于不确定状态之中,这将大大损害交易安全,不符合《企业破产法》以及其他民事法律之立法本意。尽管美嘉利公司已经出现财务状况恶化的情形,但不等于出现了破产原因。在没有证据证明江苏银行观音山支行主观上存在恶意的情况下,江苏银行观音山支行依照合同约定自行扣划债务人账户存款抵债,并不违反法律的禁止性规定,是善意的合法行为。据此,美嘉利公司管理人的诉讼请求不能成立。当然,江苏银行观音山支行提出的对非债务人的主动清偿行为不得撤销的抗辩理由于法无据,无论是债务人主动清偿,还是债权人自行扣款抵偿,其关键点应在于实施清偿行为是否发生在破产临界期内、债务人是否出现了破产事由以及债权人是否明知债务人出现了破产原因这三个条件。

【案件评析】

债权人江苏银行观音山支行系金融机构,其扣款前已向债务人美嘉利公司发出了债务提前到期通知,在债务提前到期的情况下直接扣款符合合同的约定,美嘉利公司均未提出异议。该行扣款行为虽然发生在美嘉利公司破产受理前六个月内,且扣款时美嘉利公司有可能已达到不能清偿到期债务的破产界限,但借款合同订立于破产受理六个月之前,合同约定了债权人有权直接扣款的情形,也即江苏银行观音山支行与美嘉利公司形成扣款还债意思表示时,对公司出现破产原因是不明知的,甚至是根本无法预见的。即便扣款行为发生时,美嘉利公司也仅仅未按期支付利息,财务状况出现恶化,至于公司是否已达破产界限,江苏银行观音山支行不一定知悉。因此,作为交易相对人的江苏银行观音山支行,其主观上应认定是善意的。再者,如果对银行等金融机构的这类直接扣款行为作为个别清偿行为予以撤销,那么借款合同中约定的直接扣划款项的条款将毫无意义。

【案例来源】

《人民司法·案例》2010 年第 6 期。

2. 浙江麦高鞋业有限公司管理人与中国工商银行股份有限公司瑞安支行破产撤销权纠纷案[温州市中级人民法院(2015)浙温商终字第 1588 号]

——在法院受理债务人破产申请前六个月内,银行扣款还贷的行为,管理人有权撤销。

【案情简介】

2013 年 11 月 15 日,浙江省瑞安市人民法院依法裁定受理瑞安市新亚汽配有限公司(以下简称新亚公司)的破产清算一案。中国工商银行股份有限公司瑞安支行(以下简称工行瑞安支行)于 2013 年 6 月 8 日、2013 年 6 月 21 日、2013 年 7 月 2 日、2013 年 9 月 21 日分别对新亚公司账户中的存款予以扣划,用于清偿新亚公司欠工行瑞安支行的编号为 2012 年瑞安字 0659 号和 2012 年瑞安字 1348 号的流动资金借款合同项下的欠款。两份合同均约定:"新亚公司未按照约定偿还合同项下到期债务的,工行瑞安支行有权从借款人开立在贷款人或中国工商银行其他分支机构的所有本外币账户中扣收相应款项用以清偿,直至借款人在合同项下的所有债务全部清偿完毕为止。"新亚公司管理人向浙江省瑞安市人民法院起诉要求确认工行瑞安支行所主张的抵销行为无效。一审法院判决驳回新亚公司管理人的诉讼请求,新亚公司管理人不服提起上诉。

【裁判要点】

温州市中级人民法院经审理认为:本案的争议焦点为工行瑞安支行的涉

案四笔扣划行为是否应予撤销。首先,涉案两份借款合同中关于"新亚公司未按照约定偿还本合同项下到期债务的,工行瑞安支行有权从借款人开立在贷款人或中国工商银行其他分支机构的所有本外币账户中扣收相应款项用以清偿,直至借款人在本合同项下的所有债务全部清偿完毕为止"之约定应属委托代扣条款,而工行瑞安支行的涉案扣划款项行为本质上即是新亚公司清偿其所负工行瑞安支行债务的行为,工行瑞安支行关于其涉案四笔扣款行为属行使抵销权的主张,没有事实与法律依据,不予支持。其次,新亚公司的涉案四笔扣款行为均发生于瑞安市人民法院裁定受理麦高公司对新亚公司的破产清算申请之前六个月内,且该些清偿行为并未使新亚公司财产受益,而新亚公司于 2012 年 12 月份已不能清偿欠工行瑞安支行的到期借款,直至瑞安市人民法院于 2013 年 11 月 15 日受理申请人麦高公司对新亚公司的破产清算申请之时,新亚公司仍不能偿还,足以认定新亚公司于 2012 年 12 月份即已具备破产原因。新亚公司管理人关于工行瑞安支行四笔扣划款项行为应予撤销的主张,有事实与法律依据,依法予以支持。

【案例来源】

《人民司法·案例》2016 年第 8 期。

编者说明

管理人是否有权依本条规定撤销银行债权人依照加速到期条款收回借款的行为,实务中存在很大争议。一种观点认为,银行与其他债权人法律地位平等,即使按约收回贷款,亦属清偿个别债权人的行为,损害了其他债权人可获清偿的利益,此行为违反本条规定,应予以撤销。另一种观点认为,破产撤销权的立法目的主要是限制债务人的不当清偿行为,以保护其整体债权人的利益,倘若对善意受偿的到期债务均可依管理人的请求予以撤销,将使债务人在破产前一定期间内的所有交易行为都处于效力不确定状态之中,这将大大损害交易安全,也不利于市场经济的健康发展,不符合本法以及其他民事法律之立法本意。因此,即使银行债权人的扣款还贷行为发生在法院受理债务人破产申请前的六个月内,除银行知道债务人发生了本法第二条第一款规定的情形,该扣款还贷行为不属于可撤销行为。最高人民法院相关意见认为,人民法院受理破产申请前六个月内,银行利用其对债务人银行账户的控制地位扣划债务人账户资金清偿债务的,属于对个别债权人进行清偿的行为,应予以撤销,但使债务人财产受益的除外。[①] 而银行在贷款到期后(包括通过加速到期条款使贷款提前到期),债务人未及时履行还款义务,银行扣划债务人账户资金时,是否将"有证据证明银行扣划时不知或不应当知道债务人已有破产原因的"排除在外,最高人民法院相关意见认为,如考虑债权人主观因素属于对现行《企业破产法》及相关司法解释的突破,且容易导致明显损害债权人公平清偿的行为因缺乏恶意的认定而不能被撤销的结果。银行作为具有优势地位的债权人,可以有其他方式减少贷款风险,在审判实务中,仍应坚持公平原则,不宜给予过多例外的优惠。[②]

第三十三条 【无效行为】涉及债务人财产的下列行为无效:
(一)为逃避债务而隐匿、转移财产的;
(二)虚构债务或者承认不真实的债务的。

【立法·要点注释】

破产法上的无效行为,是指债务人实施的有害于债权人整体利益的行为在法律上被认定为不发生法律效力。与可撤销行为相比,无效行为对债权人利益的损害更为严重,不仅发生期限没有限制,而且与破产原因没有必然联系,是确定不发生效力的行为。主要情形包括:为逃避债务而隐匿、转移财产的行为和虚构债务或承认不真实的债务的行为。

【相关立法】

1.《中华人民共和国民法典》(2020 年 5 月 28 日第十三届全国人民代表大会第三次会议通过,2021 年 1 月 1 日)

第一百四十四条 无民事行为能力人实施的民事法律行为无效。

第一百四十六条 行为人与相对人以虚假的意思表示实施的民事法律行为无效。

---

① 参见贺小荣主编:《最高人民法院民事审判第二庭法官会议纪要——追寻裁判背后的法理》,人民法院出版社 2018 年版,第 180 页。

② 参见贺小荣主编:《最高人民法院民事审判第二庭法官会议纪要——追寻裁判背后的法理》,人民法院出版社 2018 年版,第 179~180 页。

以虚假的意思表示隐藏的民事法律行为的效力,依照有关法律规定处理。

第一百五十三条　违反法律、行政法规的强制性规定的民事法律行为无效。但是,该强制性规定不导致该民事法律行为无效的除外。

违背公序良俗的民事法律行为无效。

第一百五十四条　行为人与相对人恶意串通,损害他人合法权益的民事法律行为无效。

第一百五十五条　无效的或者被撤销的民事法律行为自始没有法律约束力。

第一百五十六条　民事法律行为部分无效,不影响其他部分效力的,其他部分仍然有效。

第一百五十七条　民事法律行为无效、被撤销或者确定不发生效力后,行为人因该行为取得的财产,应当予以返还;不能返还或者没有必要返还的,应当折价补偿。有过错的一方应当赔偿对方由此所受到的损失;各方都有过错的,应当各自承担相应的责任。法律另有规定的,依照其规定。

第三百八十八条　设立担保物权,应当依照本法和其他法律的规定订立担保合同。担保合同包括抵押合同、质押合同和其他具有担保功能的合同。担保合同是主债权债务合同的从合同。主债权债务合同无效的,担保合同无效,但是法律另有规定的除外。

担保合同被确认无效后,债务人、担保人、债权人有过错的,应当根据其过错各自承担相应的民事责任。

第六百八十二条　保证合同是主债权债务合同的从合同。主债权债务合同无效的,保证合同无效,但是法律另有规定的除外。

保证合同被确认无效后,债务人、保证人、债权人有过错的,应当根据其过错各自承担相应的民事责任。

第七百三十七条　当事人以虚构租赁物方式订立的融资租赁合同无效。

第七百五十五条　融资租赁合同因买卖合同解除、被确认无效或者被撤销而解除,出卖人、租赁物系由承租人选择的,出租人有权请求承租人赔偿相应损失;但是,因出租人原因致使买卖合同解除、被确认无效或者被撤销的除外。

出租人的损失已经在买卖合同解除、被确认无效或者被撤销时获得赔偿的,承租人不再承担相应的赔偿责任。

第七百六十条 融资租赁合同无效,当事人就该情形下租赁物的归属有约定的,按照其约定;没有约定或者约定不明确的,租赁物应当返还出租人。但是,因承租人原因致使合同无效,出租人不请求返还或者返还后会显著降低租赁物效用的,租赁物的所有权归承租人,由承租人给予出租人合理补偿。

第七百九十三条 建设工程施工合同无效,但是建设工程经验收合格的,可以参照合同关于工程价款的约定折价补偿承包人。

建设工程施工合同无效,且建设工程经验收不合格的,按照以下情形处理:

(一)修复后的建设工程经验收合格的,发包人可以请求承包人承担修复费用;

(二)修复后的建设工程经验收不合格的,承包人无权请求参照合同关于工程价款的约定折价补偿。

发包人对因建设工程不合格造成的损失有过错的,应当承担相应的责任。

2.《中华人民共和国刑法》(2020 年 12 月 26 日第十三届全国人民代表大会常务委员会第二十四次会议第十一次修正)

第一百六十二条之二 公司、企业通过隐匿财产、承担虚构的债务或者以其他方法转移、处分财产,实施虚假破产,严重损害债权人或者其他人利益的,对其直接负责的主管人员和其他直接责任人员,处五年以下有期徒刑或者拘役,并处或者单处二万元以上二十万元以下罚金。

3.《中华人民共和国民事诉讼法》(2021 年 12 月 24 日第十三届全国人民代表大会常务委员会第三十二次会议第四次修正)

第一百一十五条 当事人之间恶意串通,企图通过诉讼、调解等方式侵害他人合法权益的,人民法院应当驳回其请求,并根据情节轻重予以罚款、拘留;构成犯罪的,依法追究刑事责任。

第一百一十六条 被执行人与他人恶意串通,通过诉讼、仲裁、调解等方式逃避履行法律文书确定的义务的,人民法院应当根据情节轻重予以罚款、拘留;构成犯罪的,依法追究刑事责任。

【司法解释】

1.《最高人民法院关于适用〈中华人民共和国企业破产法〉若干问题的规定(二)》(法释〔2013〕22 号,2013 年 9 月 16 日;法释〔2020〕18 号修正,2021 年 1 月 1 日)

第十七条　管理人依据企业破产法第三十三条的规定提起诉讼,主张被隐匿、转移财产的实际占有人返还债务人财产,或者主张债务人虚构债务或者承认不真实债务的行为无效并返还债务人财产的,人民法院应予支持。

【要点注释】

无效行为不论管理人是否提出主张,皆为自始不发生效力,但在实践中存在需要明确由谁主张无效的问题,故本条作了进一步解释,主要包括以下几个方面意思:如债务人隐匿、转移财产的行为不涉及财产所有权的转移,无行为相对人,只是债务人单方对财产的恶意处置,则该行为属于事实行为,实践中由管理人发现后追回相关财产即可;如被隐匿、转移财产的实际占有人不予返还相关财产的,管理人可依法提起诉讼,主张被隐匿、转移财产的实际占有人返还债务人财产。债务人虚构债务或承认不真实的债务行为被认定无效后,相对人应当返还债务人财产。[①]

第十八条　管理人代表债务人依据企业破产法第一百二十八条的规定,以债务人的法定代表人和其他直接责任人员对所涉债务人财产的相关行为存在故意或者重大过失,造成债务人财产损失为由提起诉讼,主张上述责任人员承担相应赔偿责任的,人民法院应予支持。

【要点注释】

实践中如管理人通过行使破产撤销权和主张行为无效后无法收回已被处置的债务人财产,或即使收回了财产但仍存在其他损失的情形,从而损害全体债权人利益时,债务人的法定代表人和相关行为的直接责任人员,如对所涉行为存在故意或重大过失的,应当承担损害赔偿责任。管理人有权代表

---

① 参见最高人民法院民事审判第二庭编著:《最高人民法院关于企业破产法司法解释理解与适用——破产法解释(一)·破产法解释(二)》,人民法院出版社 2017 年版,第246 页。

债务人提起相关诉讼,如管理人不主动提起诉讼,则债权人可通过债权人会议或债权人委员会督促管理人履行诉讼职责,如管理人仍不履行,则债权人可向法院提起诉讼。①

2.《最高人民法院、最高人民检察院关于办理虚假诉讼刑事案件适用法律若干问题的解释》(法释〔2018〕17号,2018年10月1日)

第一条 采取伪造证据、虚假陈述等手段,实施下列行为之一,捏造民事法律关系,虚构民事纠纷,向人民法院提起民事诉讼的,应当认定为刑法第三百零七条之一第一款规定的"以捏造的事实提起民事诉讼":

(一)与夫妻一方恶意串通,捏造夫妻共同债务的;

(二)与他人恶意串通,捏造债权债务关系和以物抵债协议的;

(三)与公司、企业的法定代表人、董事、监事、经理或者其他管理人员恶意串通,捏造公司、企业债务或者担保义务的;

(四)捏造知识产权侵权关系或者不正当竞争关系的;

(五)在破产案件审理过程中申报捏造的债权的;

(六)与被执行人恶意串通,捏造债权或者对查封、扣押、冻结财产的优先权、担保物权的;

(七)单方或者与他人恶意串通,捏造身份、合同、侵权、继承等民事法律关系的其他行为。

隐瞒债务已经全部清偿的事实,向人民法院提起民事诉讼,要求他人履行债务的,以"以捏造的事实提起民事诉讼"论。

向人民法院申请执行基于捏造的事实作出的仲裁裁决、公证债权文书,或者在民事执行过程中以捏造的事实对执行标的提出异议、申请参与执行财产分配的,属于刑法第三百零七条之一第一款规定的"以捏造的事实提起民事诉讼"。

---

① 参见最高人民法院民事审判第二庭编著:《最高人民法院关于企业破产法司法解释理解与适用——破产法解释(一)·破产法解释(二)》,人民法院出版社2017年版,第251~253页。

【司法文件】

《最高人民法院关于正确审理企业破产案件为维护市场经济秩序提供司法保障若干问题的意见》（法发〔2009〕36 号,2009 年 6 月 12 日）

14. 人民法院在审理企业破产案件中,要充分调动管理人的积极性,促使其利用法律手段,努力查找和追收债务人财产,最大限度保护债权人利益。对出资不实、抽逃出资的,要依法追回;对于不当处置公司财产的行为,要依法撤销或者认定无效,并追回有关财产;对于违反法律、行政法规等规定,给公司或债权人造成损失的,要依法追究行为人的民事责任;对于发现妨碍清算行为的犯罪线索,要及时向侦查机关通报情况。

【参考观点】

破产法中的无效行为制度与民法中的民事行为无效制度有相同之处但也有所区别,相同之处在于法律后果一致即当然、完全不发生法律效力。不同在于民法上的无效行为必须是成立的民事行为,破产法中的无效行为情形之一为逃避债务而隐匿财产、转移财产,从民法角度看,债务人没有意思表示,没有发生民事行为,仅对自己财产的移动,属于其私权利,不存在是否有效的讨论,但在破产法中因债务人进入破产程序,其财产接受司法管辖,隐匿、转移财产的行为侵犯了司法管辖权和公共利益,应当无效。可见,破产法中的无效行为范围比民法中的无效行为范围更宽。①

一、发生该行为的主体是开放的,可以是债务人、管理人或债务人财产的其他保管人。在破产申请受理前后,债务人实施本条规定的无效行为的,破产申请受理后,管理人实施本条规定的无效行为的,破产申请受理后,基于破产申请受理前合法原因占有债务人财产的保管人实施本条规定的无效行为的均应认定为无效。②

二、无效行为发生的时间没有限制,对本条规定的无效行为发生在破产申请受理前后或破产程序终结后,没有限制性规定,由于本条规定的行为系

---

① 参见王东敏:《新破产法疑难解读与实务操作》,法律出版社 2007 年版,第 185 页。
② 参见王东敏:《新破产法疑难解读与实务操作》,法律出版社 2007 年版,第 188 页。

绝对违法行为,发生时当然且永远无效,不存在时效和除斥期间的限制。①

三、因为管理人有职责和义务为维护债务人财产利益最大化而通过撤销与无效之诉来追回债务人财产,管理人基于涉及债务人财产的相关无效行为追回的财产属于债务人财产,这是由管理人职责和法律地位所决定的。②

【最高人民法院裁判案例】

葛正华与扬州嘉联置业发展有限公司普通破产债权确认纠纷案[最高人民法院(2018)最高法民申847号]

——夸大债务数额的行为属于虚构债务,应属无效。

【案情简介】

扬州嘉联置业发展有限公司(以下简称嘉联公司)出具欠条三份,载明欠葛正华借款共计人民币1.382亿元,葛正华确认该三份欠条系形成于2015年6月以后。2016年5月25日嘉联公司、王康法出具情况说明:2011年3月21日葛正华转账1000万元至扬州金源房地产开发有限公司(以下简称金源公司),2011年3月28日转账1150万元至金源公司,转账2850万元至王康法。上述总汇款5000万元,以上借款虽未汇入嘉联公司账户,但是在到账后均是用于嘉联公司的项目和业务。金源公司、王康法于2011年7月6日至2013年11月1日共向葛正华还款6365万元。王康法系嘉联公司、金源公司法定代表人。法院于2015年8月5日受理嘉联公司重整申请。

葛正华申请再审认为,原审法院判决适用《企业破产法》第三十三条规定,属于适用法律错误:(1)本案涉及嘉联公司破产重整程序并非破产清算,且目前公司并未达到破产条件;(2)作为法定代表人的王康法自行启动嘉联公司破产重整程序,如果王康法恶意地将债务转嫁到嘉联公司则与破产重整的初衷完全相悖;(3)葛正华基于对嘉联公司通过两份欠条对此前个人借款用途进行确认行为的合理信赖,主张嘉联公司偿还本案借款,也不存在逃避债务而转移财产,或者是虚构债务的情形。

---

① 参见王东敏:《新破产法疑难解读与实务操作》,法律出版社2007年版,第188页。

② 参见最高人民法院民事审判第二庭编著:《最高人民法院关于企业破产法司法解释理解与适用——破产法解释(一)·破产法解释(二)》,人民法院出版社2017年版,第249页。

最高人民法院认为,本案中三份新欠条实际形成于 2015 年 6 月左右,系倒签的借条,双方对此事实均予以确认。葛正华在一审中提交的由王康法出具的情况说明称"老欠条已被王康法收回销毁",但二审中,葛正华却提交老欠条作为证据,足以证明葛正华在一、二审中的证据、陈述存在矛盾之处。此外,新老欠条债务主体亦存在不同:老欠条的借款人为王康法个人,而新欠条的借款人为嘉联公司。故新老欠条互相关联、老欠条系确立新欠条之基础的说法不能成立。一审中葛正华所提交的违约金之新欠条,并无老欠条对应,且涉及金额巨大,其作为 5000 万元债务的违约金不合常理。因此,本案当事人对债务数额的夸大属于《企业破产法》第三十三条中规定的虚构债务之行为,因此原审法院适用法律正确。

【裁判要点】

在债务人进入破产程序之前的特定期间,债务人法定代表人对于债务人存在破产原因这一事实系明知,在此情况下代表债务人与个别债权人倒签日期出具欠条且夸大债务数额的行为,应当认定为虚构债务,故其行为无效。

【案例来源】

中国裁判文书网,https://wenshu.court.gov.cn。

【典型案例】

浙江省慈溪市工业品批发市场经营服务有限公司与浙江省宁波越溪置业股份有限公司公司决议效力确认纠纷案[浙江省慈溪市人民法院(2017)浙 0282 民初 8159 号]

——符合破产条件时的违规减资无效,应当由管理人追收减资财产并归入债务人财产。

【案情简介】

2009 年 11 月 4 日,浙江省宁波越溪置业股份有限公司(以下简称越溪置业公司)通过受让股权的方式成为浙江省慈溪市工业品批发市场经营服务有限公司(以下简称工批公司)全资控股股东。2009 年 11 月 9 日,工批公司注册资本由 10378 万元变更为 24878 万元。2015 年 6 月 10 日至 7 月 16 日,工批公司向越溪置业公司累计转账 226357061.83 元,转账凭证均记载款项用途为往来款。2016 年 10 月 17 日,越溪置业公司作出将工批公司的注册资本从 24878 万元减至 1000 万元的股东决定。2016 年 11 月 1 日,工批公司对减资金额与上述往来款进行账面抵销。2016 年 12 月 5 日,工批公司出具减资债务担保说明称已将减资决定通知了全体债权人,并于当地报纸刊登了减资公告,公司及其股东已对债务提供了相应的担保,同日,越溪置业公司对上述减资债务担保说明予以确认。2016 年 12 月 20 日,工批公司办理了注册资本变更登记,减资后注册资本为 1000 万元。2017 年 2 月 21 日,法院裁定受理工批公司的破产清算申请,2018 年 1 月 25 日,法院裁定宣告工批公司破产。工批公司管理人认为越溪置业公司在作出减资决定时明知工批公司负债已经远远超过注册资本,且其对工批公司负债约 2.20 亿元,其是以减资的合法形式掩盖违法抵销债务的目的,该行为损害了债权人利益,诉至法院请求确认该行为无效。

浙江省慈溪市人民法院经审理认为:越溪置业公司于 2016 年 10 月 17 日作出的将工批公司的注册资本从 24878 万元减至 1000 万元的股东决定无效。理由如下:第一,越溪置业公司是以减资的形式逃避债务。工批公司对越溪置业公司享有债权,越溪置业公司作出减资决定是为了获得对工批公司的减资债权,从而进行账面抵销,以达到转移财产的目的,该行为严重侵害了减资前债权人利益。从法院查明的事实看,越溪置业公司作出减资决定时,工批公司负有大量债务且严重资不抵债,已经符合申请破产的条件,但越溪置业公司作为工批公司唯一股东,在明知工批公司已明显缺乏偿债能力的情况下,仍作出重大且不合常理的减资决定,应当认定其存在逃避债务、转移财产的目的。第二,依照《公司法》有关规定,公司减资应当依法通知债权人并根据债权人要求清偿债务或提供担保。但从法院裁定确认的工批公司的负债情况看,其并未履行此等程序,而工批公司对债权人的联系方式是知情的,由此也能说明越溪置业公司减资系为逃避债务。第三,工批公司已进入破产清算程序,此时,减资前债权人不能就违法减资行为向越溪置业公司提起个别清偿诉讼,而应由管理人向越溪置业公司追收其减资所得并归入债务人财产,再依法分配。

【案件评析】

本法规定为逃避债务而转移债务人财产的行为无效。转移是指将债务人的财产或财产权利转移到其他权利主体名下。本案转移财产的形式与过程较为特殊,越溪置业公司并非直接通过减资程序获得案涉款项,而是借减资程序获得减资债权进而抵销其对工批公司的负债,以此转移财产。工批公司实际向越溪置业公司转账的时间是 2015 年 6 月和 7 月,转账性质不明,从三份记账凭证的内容看属借款。此时尚难认定转账系逃避债务。然而,2016年 10 月 17 日,工批公司已严重资不抵债,符合申请破产清算的条件。越溪置业公司为避免日后被要求返还转账款项,欲通过减资方式抵销债务。可见,越溪置业公司减少工批公司注册资本的实质是转移财产逃避债务。该情形符合本法第三十三条的规定,应认定越溪置业公司违规减资行为无效。

【案例来源】

《人民司法·案例》2018 年第 14 期。

编者说明

　　我国现行的破产法律制度纠正了《企业破产法(试行)》及相关司法解释的规定,将破产申请受理前债务人的不当行为分为无效行为和可撤销行为两类加以规定,纠正了旧破产法对该些行为定性混乱的问题,消除了因将无效行为纳入可撤销行为而可能在法律规定的性质方面产生的困惑。但 1997 年《刑法》修订之后,分则部分对破产欺诈等与破产有关的犯罪完全未作规定,使实践中对破产欺诈行为无法追究刑事责任,为此,《企业破产法》起草工作组建议全国人大常委会制定相应的《刑法修正案》,对破产犯罪问题及时作出规定,以保证新破产法的顺利实施。之后,《刑法修正案(六)》作出规定,企业通过隐匿财产、承担虚构的债务或者以其他方式转移财产、处分财产,实施虚假破产,严重损害债权人或者其他人利益的行为构成破产欺诈犯罪。该规定对于打击破产欺诈犯罪,制止实践中屡屡出现的种种虚假破产逃债行为,将起到重要的威慑作用。但该条规定也存在一定漏洞即构成虚假破产罪必须以实施假破产为目的,而在实践中存在的债务人确实已经发生破产原因,但"通过隐匿财产、承担虚构的债务或者以其他方式转移财产、处分财产,严重损害债权人或者其他人利益"等欺诈行为却无法纳入追究刑事责任的范围内,为此,未来《刑法》修订时,可借鉴其他国家的有关立法,扩大对破产欺诈逃债行为的处罚对象范围。

　　第三十四条　【追回因被撤销或无效行为取得的债务人财产】 因本法第三十一条、第三十二条或者第三十三条规定的行为而取得的债务人的财产,管理人有权追回。

【立法·要点注释】

　　依本法相关规定对涉及债务人财产的有关行为予以撤销或宣告无效后,

该行为的法律效力归于消灭或自始无效,当事人之间的权利义务关系应当恢复至行为发生之前的状态,第三人因上述行为而取得的财产应当返还给债务人。赋予管理人追回被非法处置的债务人财产的权利,有利于充分、有效保护债务人财产,维护全体债权人利益。

【司法解释】

《最高人民法院关于适用〈中华人民共和国企业破产法〉若干问题的规定(二)》(法释〔2013〕22 号,2013 年 9 月 16 日;法释〔2020〕18 号修正,2021 年 1 月 1 日)

第九条　管理人依据企业破产法第三十一条和第三十二条的规定提起诉讼,请求撤销涉及债务人财产的相关行为并由相对人返还债务人财产的,人民法院应予支持。

管理人因过错未依法行使撤销权导致债务人财产不当减损,债权人提起诉讼主张管理人对其损失承担相应赔偿责任的,人民法院应予支持。

第十三条　破产申请受理后,管理人未依据企业破产法第三十一条的规定请求撤销债务人无偿转让财产、以明显不合理价格交易、放弃债权行为的,债权人依据民法典第五百三十八条、第五百三十九条等规定提起诉讼,请求撤销债务人上述行为并将因此追回的财产归入债务人财产的,人民法院应予受理。

相对人以债权人行使撤销权的范围超出债权人的债权抗辩的,人民法院不予支持。

第十七条　管理人依据企业破产法第三十三条的规定提起诉讼,主张被隐匿、转移财产的实际占有人返还债务人财产,或者主张债务人虚构债务或者承认不真实债务的行为无效并返还债务人财产的,人民法院应予支持。

【司法文件】

1.《最高人民法院印发〈关于为改善营商环境提供司法保障的若干意见〉的通知》(法发〔2017〕23 号,2017 年 8 月 7 日)

17. 严厉打击各类"逃废债"行为,切实维护市场主体合法权益。严厉打击恶意逃废债务行为,依法适用破产程序中的关联企业合并破产、行使破产

撤销权和取回权等手段,查找和追回债务人财产。加大对隐匿、故意销毁会计凭证、会计账簿、财务会计报告等犯罪行为的刑事处罚力度。

2.《最高人民法院关于正确审理企业破产案件为维护市场经济秩序提供司法保障若干问题的意见》(法发〔2009〕36号,2009年6月12日)

14. 人民法院在审理企业破产案件中,要充分调动管理人的积极性,促使其利用法律手段,努力查找和追收债务人财产,最大限度保护债权人利益。对出资不实、抽逃出资的,要依法追回;对于不当处置公司财产的行为,要依法撤销或者认定无效,并追回有关财产;对于违反法律、行政法规等规定,给公司或债权人造成损失的,要依法追究行为人的民事责任;对于发现妨碍清算行为的犯罪线索,要及时向侦查机关通报情况。

3.《最高人民法院印发〈关于为维护国家金融安全和经济全面协调可持续发展提供司法保障和法律服务的若干意见〉的通知》(法发〔2008〕38号,2008年12月3日)

要依法受理、审理好企业破产案件。要充分发挥企业破产法公平保护各方利益主体,实现资源优化配置的作用。对于已经符合企业破产法规定的破产原因的企业,要根据当事人的申请依法及时启动强制清算程序和企业破产程序。对于有挽救希望的企业,鼓励运用破产重整、和解制度,尽可能维持有发展前景企业的生存,避免因企业倒闭破产带来大量职工下岗、银行债权落空、影响社会稳定等社会连锁反应。对于因产业结构转变且经营前景暗淡而必须破产的企业,要在保障公开、公正、合法的基础上,提高审判效率,降低破产成本。对拖欠职工工资、社会保险等问题较多、历史包袱沉重、挽救无望的企业,要根据新破产法的规定,优先保护职工债权。要支持管理人对破产企业债权的清收,追回破产企业转移、隐匿的资产,努力提高债权清偿率。

【参考观点】

依本条规定,管理人有权依据可撤销行为或无效行为追回债务人财产。结合相关司法解释,对于可撤销行为或无效行为,管理人行使追回权通过撤销之诉或无效之诉来实现,管理人有权依据本法第三十一条和第三十二条的规定,请求撤销涉及债务人财产的相关行为并由相对人返还债务人财产。在破产程序中,基于法定职权,管理人负有启动撤销程序的主要责任,即破产撤销权的行使主体是管理人,应由管理人作为原告,应以相对人为被告。①

对于涉及本法第三十三条规定的行为,管理人有权起诉被隐匿、转移财产的实际占有人返还债务人相关财产或主张债务人虚构债务或承认不真实债务的行为无效。管理人基于可撤销行为或无效行为追回债务人财产,是由管理人的职责和法律地位所决定的,因为管理人有职责和义务为维护债务人财产利益最大化而通过撤销和无效之诉来追回债务人财产。②

【最高人民法院裁判案例】

1. 西飞集团进出口有限公司管理人与中信银行股份有限公司西安分行请求撤销个别清偿行为纠纷案[最高人民法院(2016)最高法民申717号]

——破产管理人有权对债务人在人民法院受理破产申请前六个月内进行的个别清偿行为提起诉讼主张撤销,并以破产管理人作为原告。

【案情简介】

再审申请人(一审原告、二审上诉人)西飞集团进出口有限公司破产管理人因与被申请人(一审被告、二审被上诉人)中信银行股份有限公司西安分行请求撤销个别清偿行为纠纷一案,不服陕西省高级人民法院(2015)陕民三终字第00035号民事判决,向最高人民法院申请再审,最高人民法院依法组成合议庭对本案进行了审查。

【裁判要点】

最高人民法院将“西飞集团进出口有限公司破产管理人”列为本案再审申请人,而非作为破产管理人西飞集团进出口有限公司的中介机构。

【案例来源】

中国裁判文书网,https://wenshu.court.gov.cn。

---

①　参见最高人民法院民事审判第二庭编著:《最高人民法院关于企业破产法司法解释理解与适用——破产法解释(一)·破产法解释(二)》,人民法院出版社2017年版,第188页。

②　参见最高人民法院民事审判第二庭编著:《最高人民法院关于企业破产法司法解释理解与适用——破产法解释(一)·破产法解释(二)》,人民法院出版社2017年版,第185、249页。

2. 南京九竹科技实业有限公司管理人与南京厚和机电科技有限公司破产撤销权纠纷案[最高人民法院(2017)最高法民申 3666 号]

——破产管理人有权对债务人在人民法院受理破产申请前一年内进行的可撤销行为提起诉讼主张撤销,并以破产管理人作为原告。

【案情简介】

再审申请人(一审原告、二审上诉人)南京九竹科技实业有限公司(以下简称九竹公司)管理人因与被申请人(一审被告、二审被上诉人)南京厚和机电科技有限公司(以下简称厚和公司)、刘圣志破产撤销权纠纷一案,不服江苏省高级人民法院(2016)苏民终 1370 号民事判决,向最高人民法院申请再审,最高人民法院依法组成合议庭进行了审查。2014 年 9 月,九竹公司与刘圣志签订协议约定九竹公司将 39 台设备卖给刘圣志,总价 20 万元。根据再审期间提交证据,最高人民法院认为,可以证明厚和公司、刘圣志已支付设备价款,此种情形下,九竹公司管理人对价款已支付的事实不予认可,应提交反驳证据。九竹公司管理人未能提交充分反驳证据应承担举证不能后果,故最高人民法院驳回了九竹公司管理人的再审申请。

【裁判要点】

最高人民法院将"南京九竹科技实业有限公司管理人"列为本案再审申请人,而非作为破产管理人南京九竹科技实业有限公司的中介机构。

【案例来源】

中国裁判文书网,https://wenshu.court.gov.cn。

3. 新光控股集团有限公司管理人与吉林银行股份有限公司长春东盛支行破产撤销权纠纷案[最高人民法院(2021)最高法民再 327 号]

——以债务人管理人名义提起破产撤销权诉讼属于原告主体适格。

【案情简介】

2018 年 2 月 1 日、2 月 12 日、6 月 14 日,新光控股集团有限公司(以下简称新光集团)分别与吉林银行股份有限公司长春东盛支行(以下简称吉林银行东盛支行)签订借款合同,新光集团累计向吉林银行东盛支行借款人民币9 亿元。2018 年 2 月 1 日,新光集团以其持有新光红博公司股权为前述部分借款提供质押担保并办理质押登记。2018 年 10 月 18 日,新光集团委托吉林银行东盛支行进行资金监管,并预留部分资金用于偿还上述借款产生的利息及本金,2018年10月19日,新光集团向吉林银行东盛支行开立的监管账号(以下简称监管账号)转账交易金额62706600元,摘要记载为监管资金。2018年11月19日,新光集团向监管账号转账交易金额6947280元,摘要记载为归还利息,合计69653880元。监管账号分次于2018年10月21日,2018年11月21日、12月21日,2019年4月3日进行转账交易,摘要记载为贷款归还,截至2019年4月3日,该账号余额为0,其中10月21日的交易金额总计4893750元。2019年4月25日,金华市中级人民法院裁定受理新光集团破产重整一案。新光集团管理人诉至法院请求撤销受理破产申请前6个月内新光集团向吉林银行东盛支行个别清偿69653880元借款本金及利息的行为。一审法院判决撤销新光集团于2018年11月21日、12月21日及2019年4月3日向吉林银行东盛支行清偿合计64760130元的行为。但二审法院以本案原告诉讼主体不适格,驳回新光集团管理人起诉。新光集团管理人不服二审裁定向最高人民法院申请再审。

【裁判要点】

最高人民法院再审时认为,本案为破产撤销权纠纷案件,焦点问题在于以债务人管理人名义提起诉讼是否符合此类案件原告主体适格的要件。《企业破产法》第三十二条规定,人民法院受理破产申请前六个月内,债务人有《企业破产法》第二条第一款规定的情形,仍对个别债权人进行清偿的,管理人有权请求人民法院予以撤销。根据该条规定,债务人进入破产程序后有关撤销权的案件,债务人管理人有权作为原告提起诉讼。至于撤销权案件中,提起诉讼的原告应写明为"某一债务人管理人"还是作为该债务人管理人的某个人或者某中介机构,法律没有明确规定。文书样式95明确:"应区分不同管理人类型分别确定原告:管理人为个人的,原告应列为担任管理人的律师或者注册会计师;管理人为中介机构的,原告应列为担任管理人的律师事务所、会计师事务所或者破产清算事务所⋯⋯"二审法院认为,文书样式95系最高人民法院根据《企业破产法》及其他相关法律制定,该法律文书样式是对破产撤销权原告诉讼主体的规范,"新光集团管理人"作为原告提起诉讼,属于原告主体不适格,应当驳回其起诉。本院认为,《人民法院破产程序法律文书样式(试行)》虽然不是司法解释,但对于规范有关破产程序的法律文书具有示范和指引功能,各级人民法院在审理相关案件时均应遵照执行。但不能以《人民法院破产程序法律文书样式(试行)》作为判断破产案件或者与破产有关案件诉的要件的法律依据。该文书样式95虽然明确在有关破产债务人的管理人提起的撤销权诉讼中,应列担任管理人的自然人或者律师事务所、会计师事务所等中介机构为原告,但不能以此规范为依据作为判断破产撤销权纠纷案件原告是否适格的依据。根据《企业破产法》以及《指定管理人规定》等相关司法解释的规定,债务人进入破产程序后,管理人由人民法院指定。《指定管理人规定》也明确了关于债务人管理人的名册确定、指定及更换等事项,管理人的选任和确定具有法定程序,因此债务人管理人具体由哪些个人或律师事务所、会计师事务所等担任有具体明确指向,将破产管理人列为破产撤销权纠纷案件原告一般来说不会影响到诉讼主体适格的判断。当然,如果基于当事人诉讼权利义务对等原则,为了避免管理人在诉讼中违反诉讼义务需要承担妨害诉讼的法律责任或者管理人未尽勤勉责任甚至侵权而需要承担赔偿责任时,出现责任主体难以确定等问题,也可以参考文书样式95规范,由受案法院向当事人释明或者依职权将作为管理人的具体个人或者中介机构列为破产撤销权纠纷案件的原告。但不能认定以债务人管理人名义起诉就属于原告主体不适格。故二审法院以新光集团管理人作为本案原告主体不适格为由,驳回新光集团管理人的起诉,属于适用法律错误,应予纠正。本案一审法院就当事人诉争的权利义务关系进行审理并作出判决,二审法院以原告主体不适格为由裁定撤销一审判决并驳回起诉,未对本案当事人之间诉争的权利义务关系进行审理。本案应撤销二审裁定,由二审法院对当事人诉争的权利义务关系继续审理并依法作出裁判。

【案例来源】

中国裁判文书网,https://wenshu.court.gov.cn。

编者说明

理论界对管理人的法律性质存在较大争议,主要有代理说、职务说、破产财团代表说、机关说等,厘清管理人的法律性质对于确定管理人的诉讼地位至关重要。现行《企业破产法》并未明确规定管理人的法律地位,但具体规定了管理人的职责、权利、义务、法律责任以及管理人与破产程序参与各方主体的法律关系。根据《企业破产法》有关规定,管理人系依法以中立第三方身份,独立履行管理人职责、行使管理人权利,凭借专业工作获取报酬,并对自己的履职行为承担责任。而本条规定的撤销权诉讼和无效行为诉讼需以管理人作为诉讼主体,但此时管理人诉讼主体地位系因本条规定的职权而非因本身享有的民事权利,审理结果也由债务人承担,管理人仅为履行法定职责而参加诉讼。根据本条规定及相关司法解释应当列管理人为当事人,而非作为管理人的中介机构或个人。但在实务中,各地法院做法不一,如江苏省高级人民法院民事审判第二庭发布的《破产案件审理指南(修订版)》就规定管理人作为当事人时,应列中介机构或个人为当事人。编者认为,管理人作为诉讼主体参加本条规定的诉讼是为保证程序和实体的公正性,避免逻辑矛盾,而作为管理人的中介机构或个人并非相关诉讼的利益承担者,不应列其为诉讼当事人。

第三十五条 【债务人的出资人缴纳出资】人民法院受理破产申请后,债务人的出资人尚未完全履行出资义务的,管理人应当要求该出资人缴纳所认缴的出资,而不受出资期限的限制。

【立法·要点注释】

当企业法人进入破产程序后,以其法人财产对企业债务承担责任,出资人的出资是构成法人财产的重要组成部分,债务人的出资人在人民法院受理破产申请时,必须缴纳全部出资。本条规定"尚未完全履行出资义务"包括完全未履行出资义务和已部分履行出资义务的两种情形。同时,管理人要求债务人的出资人履行出资义务的,不受出资期限的限制,即便依据法律或公司章程规定,出资人可在一定期限内一次性或分期缴纳出资额的,在法院受理破产申请时,该期限尚未届满,管理人也有权要求债务人的出资人立即履行出资义务。

【相关立法】

《中华人民共和国公司法》(2018年10月26日第十三届全国人民代表大会常务委员会第六次会议第四次修正)

第二十七条 股东可以用货币出资,也可以用实物、知识产权、土地使用权等可以用货币估价并可以依法转让的非货币财产作价出资;但是,法律、行政法规规定不得作为出资的财产除外。

对作为出资的非货币财产应当评估作价,核实财产,不得高估或者低估作价。法律、行政法规对评估作价有规定的,从其规定。

第二十八条 股东应当按期足额缴纳公司章程中规定的各自所认缴的

出资额。股东以货币出资的,应当将货币出资足额存入有限责任公司在银行开设的账户;以非货币财产出资的,应当依法办理其财产权的转移手续。

股东不按照前款规定缴纳出资的,除应当向公司足额缴纳外,还应当向已按期足额缴纳出资的股东承担违约责任。

第二十九条 股东认足公司章程规定的出资后,由全体股东指定的代表或者共同委托的代理人向公司登记机关报送公司登记申请书、公司章程等文件,申请设立登记。

第三十条 有限责任公司成立后,发现作为设立公司出资的非货币财产的实际价额显著低于公司章程所定价额的,应当由交付该出资的股东补足其差额;公司设立时的其他股东承担连带责任。

第三十五条 公司成立后,股东不得抽逃出资。

第八十三条 以发起设立方式设立股份有限公司的,发起人应当书面认足公司章程规定其认购的股份,并按照公司章程规定缴纳出资。以非货币财产出资的,应当依法办理其财产权的转移手续。

发起人不依照前款规定缴纳出资的,应当按照发起人协议承担违约责任。

发起人认足公司章程规定的出资后,应当选举董事会和监事会,由董事会向公司登记机关报送公司章程以及法律、行政法规规定的其他文件,申请设立登记。

第九十一条 发起人、认股人缴纳股款或者交付抵作股款的出资后,除未按期募足股份、发起人未按期召开创立大会或者创立大会决议不设立公司的情形外,不得抽回其股本。

第九十三条 股份有限公司成立后,发起人未按照公司章程的规定缴足出资的,应当补缴;其他发起人承担连带责任。

股份有限公司成立后,发现作为设立公司出资的非货币财产的实际价额显著低于公司章程所定价额的,应当由交付该出资的发起人补足其差额;其他发起人承担连带责任。

第一百七十八条 有限责任公司增加注册资本时,股东认缴新增资本的出资,依照本法设立有限责任公司缴纳出资的有关规定执行。

股份有限公司为增加注册资本发行新股时,股东认购新股,依照本法设立股份有限公司缴纳股款的有关规定执行。

第一百九十九条 公司的发起人、股东虚假出资,未交付或者未按期交付作为出资的货币或者非货币财产的,由公司登记机关责令改正,处以虚假出资金额百分之五以上百分之十五以下的罚款。

第二百条　公司的发起人、股东在公司成立后,抽逃其出资的,由公司登记机关责令改正,处以所抽逃出资金额百分之五以上百分之十五以下的罚款。

【司法解释】

1.《最高人民法院关于适用〈中华人民共和国企业破产法〉若干问题的规定(二)》(法释〔2013〕22 号,2013 年 9 月 16 日;法释〔2020〕18 号修正,2021 年 1 月 1 日)

第二十条　管理人代表债务人提起诉讼,主张出资人向债务人依法缴付未履行的出资或者返还抽逃的出资本息,出资人以认缴出资尚未届至公司章程规定的缴纳期限或者违反出资义务已经超过诉讼时效为由抗辩的,人民法院不予支持。

管理人依据公司法的相关规定代表债务人提起诉讼,主张公司的发起人和负有监督股东履行出资义务的董事、高级管理人员,或者协助抽逃出资的其他股东、董事、高级管理人员、实际控制人等,对股东违反出资义务或者抽逃出资承担相应责任,并将财产归入债务人财产的,人民法院应予支持。

【要点注释】

企业法人以其全部法人财产对企业债务承担责任,出资人应缴未缴的出资和抽逃的出资均为法人财产的重要组成部分,故本条要求管理人依法追收未缴出资或抽逃出资本息,以保护债务人财产最大化。管理人要求出资人缴纳所认缴的出资,而不受出资期限和诉讼时效相关规定的限制。公司设立时的其他发起人或公司董事、高级管理人、实际控制人等主体,对股东出资不实或抽逃出资的行为承担补充责任。[①]

第二十一条　破产申请受理前,债权人就债务人财产提起下列诉讼,破

[①]　参见最高人民法院民事审判第二庭编著:《最高人民法院关于企业破产法司法解释理解与适用——破产法解释(一)·破产法解释(二)》,人民法院出版社 2017 年版,第264~270 页。

产申请受理时案件尚未审结的,人民法院应当中止审理:

（一）主张次债务人代替债务人直接向其偿还债务的;

（二）主张债务人的出资人、发起人和负有监督股东履行出资义务的董事、高级管理人员,或者协助抽逃出资的其他股东、董事、高级管理人员、实际控制人等直接向其承担出资不实或者抽逃出资责任的;

（三）以债务人的股东与债务人法人人格严重混同为由,主张债务人的股东直接向其偿还债务人对其所负债务的;

（四）其他就债务人财产提起的个别清偿诉讼。

债务人破产宣告后,人民法院应当依照企业破产法第四十四条的规定判决驳回债权人的诉讼请求。但是,债权人一审中变更其诉讼请求为追收的相关财产归入债务人财产的除外。

债务人破产宣告前,人民法院依据企业破产法第十二条或者第一百零八条的规定裁定驳回破产申请或者终结破产程序的,上述中止审理的案件应当依法恢复审理。

【要点注释】

在债务人可能存在怠于行使自身权利,如怠于向出资人、发起人或负有监督股东履行出资义务的董事、高级管理人员,或者协助抽逃出资的其他股东、董事、高级管理人员、实际控制人等主体主张出资不实、抽逃或协助抽逃出资等责任,为保护债权人利益,法律赋予债权人相关权利,直接向有关当事人主张权利。但在基于债务人财产而提起的诉讼尚未审结的情况下,如法院受理了破产申请,则相关诉讼应当先中止审理,视受理破产申请法院作出不同裁定再行采取不同措施,从而在实体和程序两个层面保障和平衡债权人的利益。[1]

第二十二条　破产申请受理前,债权人就债务人财产向人民法院提起本规定第二十一条第一款所列诉讼,人民法院已经作出生效民事判决书或者调解书但尚未执行完毕的,破产申请受理后,相关执行行为应当依据企业破产法第十九条的规定中止,债权人应当依法向管理人申报相关债权。

---

[1]　参见最高人民法院民事审判第二庭编著:《最高人民法院关于企业破产法司法解释理解与适用——破产法解释(一)·破产法解释(二)》,人民法院出版社 2017 年版,第274~275 页。

【要点注释】

本条规定之目的是在破产程序启动后,禁止个别债权人获得与破产程序公平受偿原则相违背的清偿,对包括追收债务人出资人的欠缴出资、抽逃出资等在内的追收债务人财产的行为均属于管理人的法定职责,目的在于实现债务人财产的完整性,以保障全体债权人利益最大化,故债权人基于法院生效法律文书启动的执行程序应当依法中止,其权益通过破产程序获得保障。①

第二十三条 破产申请受理后,债权人就债务人财产向人民法院提起本规定第二十一条第一款所列诉讼的,人民法院不予受理。

债权人通过债权人会议或者债权人委员会,要求管理人依法向次债务人、债务人的出资人等追收债务人财产,管理人无正当理由拒绝追收,债权人会议依据企业破产法第二十二条的规定,申请人民法院更换管理人的,人民法院应予支持。

管理人不予追收,个别债权人代表全体债权人提起相关诉讼,主张次债务人或者债务人的出资人等向债务人清偿或者返还债务人财产,或者依法申请合并破产的,人民法院应予受理。

【要点注释】

破产申请受理后,对于债权人提起的主张债务人出资人补缴出资在内的个别清偿诉讼,人民法院不予受理。此时,对债权人的救济途径为可通过债权人会议或债权人委员会监督管理人依法履行追收义务,如管理人仍然不履行追收义务,个别债权人代表全体债权人提起诉讼,并将追回的财产归入债务人财产或依法申请合并破产的,人民法院方可受理。②

第四十六条 债务人的股东主张以下列债务与债务人对其负有的债务

---

① 参见最高人民法院民事审判第二庭编著:《最高人民法院关于企业破产法司法解释理解与适用——破产法解释(一)·破产法解释(二)》,人民法院出版社 2017 年版,第 279 页。

② 参见最高人民法院民事审判第二庭编著:《最高人民法院关于企业破产法司法解释理解与适用——破产法解释(一)·破产法解释(二)》,人民法院出版社 2017 年版,第 283~284 页。

抵销,债务人管理人提出异议的,人民法院应予支持:

(一)债务人股东因欠缴债务人的出资或者抽逃出资对债务人所负的债务;

(二)债务人股东滥用股东权利或者关联关系损害公司利益对债务人所负的债务。

【要点注释】

股东出资是应缴付给公司用于对公司全体债权人承担责任的特定目的的财产,连带责任人并不因其承担的系连带责任而改变此性质,如允许抵销则是以实际已大打折扣的债权以其名义债权额抵作出资,将导致全体债权人利益受损,故从根本上禁止股东出资抵销,以免为其股东规避出资义务提供新手段。①

2.《最高人民法院关于适用〈中华人民共和国公司法〉若干问题的规定(二)》(法释〔2008〕6号,2008年5月19日;法释〔2014〕2号修正,2014年3月1日;法释〔2020〕18号修正,2021年1月1日)

第二十二条　公司解散时,股东尚未缴纳的出资均应作为清算财产。股东尚未缴纳的出资,包括到期应缴未缴的出资,以及依照公司法第二十六条和第八十条的规定分期缴纳尚未届满缴纳期限的出资。

公司财产不足以清偿债务时,债权人主张未缴出资股东,以及公司设立时的其他股东或者发起人在未缴出资范围内对公司债务承担连带清偿责任的,人民法院应依法予以支持。

3.《最高人民法院关于适用〈中华人民共和国公司法〉若干问题的规定(三)》(法释〔2011〕3号,2011年2月16日;法释〔2014〕2号修正,2014年3月1日;法释〔2020〕18号修正,2021年1月1日)

第七条　出资人以不享有处分权的财产出资,当事人之间对于出资行为效力产生争议的,人民法院可以参照民法典第三百一十一条的规定予以认定。

---

① 参见最高人民法院民事审判第二庭编著:《最高人民法院关于企业破产法司法解释理解与适用——破产法解释(一)·破产法解释(二)》,人民法院出版社2017年版,第493页。

以贪污、受贿、侵占、挪用等违法犯罪所得的货币出资后取得股权的,对违法犯罪行为予以追究、处罚时,应当采取拍卖或者变卖的方式处置其股权。

第八条 出资人以划拨土地使用权出资,或者以设定权利负担的土地使用权出资,公司、其他股东或者公司债权人主张认定出资人未履行出资义务的,人民法院应当责令当事人在指定的合理期间内办理土地变更手续或者解除权利负担;逾期未办理或者未解除的,人民法院应当认定出资人未依法全面履行出资义务。

第九条 出资人以非货币财产出资,未依法评估作价,公司、其他股东或者公司债权人请求认定出资人未履行出资义务的,人民法院应当委托具有合法资格的评估机构对该财产评估作价。评估确定的价额显著低于公司章程所定价额的,人民法院应当认定出资人未依法全面履行出资义务。

第十条 出资人以房屋、土地使用权或者需要办理权属登记的知识产权等财产出资,已经交付公司使用但未办理权属变更手续,公司、其他股东或者公司债权人主张认定出资人未履行出资义务的,人民法院应当责令当事人在指定的合理期间内办理权属变更手续;在前述期间内办理了权属变更手续的,人民法院应当认定其已经履行了出资义务;出资人主张自其实际交付财产给公司使用时享有相应股东权利的,人民法院应予支持。

出资人以前款规定的财产出资,已经办理权属变更手续但未交付给公司使用,公司或者其他股东主张其向公司交付、并在实际交付之前不享有相应股东权利的,人民法院应予支持。

第十一条 出资人以其他公司股权出资,符合下列条件的,人民法院应当认定出资人已履行出资义务:

(一)出资的股权由出资人合法持有并依法可以转让;

(二)出资的股权无权利瑕疵或者权利负担;

(三)出资人已履行关于股权转让的法定手续;

(四)出资的股权已依法进行了价值评估。

股权出资不符合前款第(一)、(二)、(三)项的规定,公司、其他股东或者公司债权人请求认定出资人未履行出资义务的,人民法院应当责令该出资人在指定的合理期间内采取补正措施,以符合上述条件;逾期未补正的,人民法院应当认定其未依法全面履行出资义务。

股权出资不符合本条第一款第(四)项的规定,公司、其他股东或者公司债权人请求认定出资人未履行出资义务的,人民法院应当按照本规定第九条的规定处理。

第十二条　公司成立后,公司、股东或者公司债权人以相关股东的行为符合下列情形之一且损害公司权益为由,请求认定该股东抽逃出资的,人民法院应予支持:

(一)制作虚假财务会计报表虚增利润进行分配;

(二)通过虚构债权债务关系将其出资转出;

(三)利用关联交易将出资转出;

(四)其他未经法定程序将出资抽回的行为。

第十三条　股东未履行或者未全面履行出资义务,公司或者其他股东请求其向公司依法全面履行出资义务的,人民法院应予支持。

公司债权人请求未履行或者未全面履行出资义务的股东在未出资本息范围内对公司债务不能清偿的部分承担补充赔偿责任的,人民法院应予支持;未履行或者未全面履行出资义务的股东已经承担上述责任,其他债权人提出相同请求的,人民法院不予支持。

股东在公司设立时未履行或者未全面履行出资义务,依照本条第一款或者第二款提起诉讼的原告,请求公司的发起人与被告股东承担连带责任的,人民法院应予支持;公司的发起人承担责任后,可以向被告股东追偿。

股东在公司增资时未履行或者未全面履行出资义务,依照本条第一款或者第二款提起诉讼的原告,请求未尽公司法第一百四十七条第一款规定的义务而使出资未缴足的董事、高级管理人员承担相应责任的,人民法院应予支持;董事、高级管理人员承担责任后,可以向被告股东追偿。

第十四条　股东抽逃出资,公司或者其他股东请求其向公司返还出资本息、协助抽逃出资的其他股东、董事、高级管理人员或者实际控制人对此承担连带责任的,人民法院应予支持。

公司债权人请求抽逃出资的股东在抽逃出资本息范围内对公司债务不能清偿的部分承担补充赔偿责任、协助抽逃出资的其他股东、董事、高级管理人员或者实际控制人对此承担连带责任的,人民法院应予支持;抽逃出资的股东已经承担上述责任,其他债权人提出相同请求的,人民法院不予支持。

第十五条　出资人以符合法定条件的非货币财产出资后,因市场变化或者其他客观因素导致出资财产贬值,公司、其他股东或者公司债权人请求该出资人承担补足出资责任的,人民法院不予支持。但是,当事人另有约定的除外。

第十六条 股东未履行或者未全面履行出资义务或者抽逃出资,公司根据公司章程或者股东会决议对其利润分配请求权、新股优先认购权、剩余财产分配请求权等股东权利作出相应的合理限制,该股东请求认定该限制无效的,人民法院不予支持。

第十七条 有限责任公司的股东未履行出资义务或者抽逃全部出资,经公司催告缴纳或者返还,其在合理期间内仍未缴纳或者返还出资,公司以股东会决议解除该股东的股东资格,该股东请求确认该解除行为无效的,人民法院不予支持。

在前款规定的情形下,人民法院在判决时应当释明,公司应当及时办理法定减资程序或者由其他股东或者第三人缴纳相应的出资。在办理法定减资程序或者其他股东或者第三人缴纳相应的出资之前,公司债权人依照本规定第十三条或者第十四条请求相关当事人承担相应责任的,人民法院应予支持。

第十八条 有限责任公司的股东未履行或者未全面履行出资义务即转让股权,受让人对此知道或者应当知道,公司请求该股东履行出资义务、受让人对此承担连带责任的,人民法院应予支持;公司债权人依照本规定第十三条第二款向该股东提起诉讼,同时请求前述受让人对此承担连带责任的,人民法院应予支持。

受让人根据前款规定承担责任后,向该未履行或者未全面履行出资义务的股东追偿的,人民法院应予支持。但是,当事人另有约定的除外。

第十九条 公司股东未履行或者未全面履行出资义务或者抽逃出资,公司或者其他股东请求其向公司全面履行出资义务或者返还出资,被告股东以诉讼时效为由进行抗辩的,人民法院不予支持。

公司债权人的债权未过诉讼时效期间,其依照本规定第十三条第二款、第十四条第二款的规定请求未履行或者未全面履行出资义务或者抽逃出资的股东承担赔偿责任,被告股东以出资义务或者返还出资义务超过诉讼时效期间为由进行抗辩的,人民法院不予支持。

第二十条 当事人之间对是否已履行出资义务发生争议,原告提供对股东履行出资义务产生合理怀疑证据的,被告股东应当就其已履行出资义务承担举证责任。

4.《最高人民法院关于适用〈中华人民共和国民法典〉有关担保制度的

解释》(法释〔2020〕28 号,2021 年 1 月 1 日)

第六十八条　债务人或者第三人与债权人约定将财产形式上转移至债权人名下,债务人不履行到期债务,债权人有权对财产折价或者以拍卖、变卖该财产所得价款偿还债务的,人民法院应当认定该约定有效。当事人已经完成财产权利变动的公示,债务人不履行到期债务,债权人请求参照民法典关于担保物权的有关规定就该财产优先受偿的,人民法院应予支持。

债务人或者第三人与债权人约定将财产形式上转移至债权人名下,债务人不履行到期债务,财产归债权人所有的,人民法院应当认定该约定无效,但是不影响当事人有关提供担保的意思表示的效力。当事人已经完成财产权利变动的公示,债务人不履行到期债务,债权人请求对该财产享有所有权的,人民法院不予支持;债权人请求参照民法典关于担保物权的规定对财产折价或者以拍卖、变卖该财产所得的价款优先受偿的,人民法院应予支持;债务人履行债务后请求返还财产,或者请求对财产折价或者以拍卖、变卖所得的价款清偿债务的,人民法院应予支持。

债务人与债权人约定将财产转移至债权人名下,在一定期间后再由债务人或者其指定的第三人以交易本金加上溢价款回购,债务人到期不履行回购义务,财产归债权人所有的,人民法院应当参照第二款规定处理。回购对象自始不存在的,人民法院应当依照民法典第一百四十六条第二款的规定,按照其实际构成的法律关系处理。

第六十九条　股东以将其股权转移至债权人名下的方式为债务履行提供担保,公司或者公司的债权人以股东未履行或者未全面履行出资义务、抽逃出资等为由,请求作为名义股东的债权人与股东承担连带责任的,人民法院不予支持。

【司法文件】

1.《最高人民法院关于印发〈全国法院民商事审判工作会议纪要〉的通知》(法〔2019〕254 号,2019 年 11 月 8 日)

5.【与目标公司"对赌"】投资方与目标公司订立的"对赌协议"在不存在法定无效事由的情况下,目标公司仅以存在股权回购或者金钱补偿约定为由,主张"对赌协议"无效的,人民法院不予支持,但投资方主张实际履行的,人民法院应当审查是否符合公司法关于"股东不得抽逃出资"及股份回购的强制性规定,判决是否支持其诉讼请求。

投资方请求目标公司回购股权的,人民法院应当依据《公司法》第35条关于"股东不得抽逃出资"或者第142条关于股份回购的强制性规定进行审查。经审查,目标公司未完成减资程序的,人民法院应当驳回其诉讼请求。

投资方请求目标公司承担金钱补偿义务的,人民法院应当依据《公司法》第35条关于"股东不得抽逃出资"和第166条关于利润分配的强制性规定进行审查。经审查,目标公司没有利润或者虽有利润但不足以补偿投资方的,人民法院应当驳回或者部分支持其诉讼请求。今后目标公司有利润时,投资方还可以依据该事实另行提起诉讼。

6.【股东出资应否加速到期】在注册资本认缴制下,股东依法享有期限利益。债权人以公司不能清偿到期债务为由,请求未届出资期限的股东在未出资范围内对公司不能清偿的债务承担补充赔偿责任的,人民法院不予支持。但是,下列情形除外:

(1)公司作为被执行人的案件,人民法院穷尽执行措施无财产可供执行,已具备破产原因,但不申请破产的;

……

71.【让与担保】债务人或者第三人与债权人订立合同,约定将财产形式上转让至债权人名下,债务人到期清偿债务,债权人将该财产返还给债务人或第三人,债务人到期没有清偿债务,债权人可以对财产拍卖、变卖、折价偿还债权的,人民法院应当认定合同有效。合同如果约定债务人到期没有清偿债务,财产归债权人所有的,人民法院应当认定该部分约定无效,但不影响合同其他部分的效力。

当事人根据上述合同约定,已经完成财产权利变动的公示方式转让至债权人名下,债务人到期没有清偿债务,债权人请求确认财产归其所有的,人民法院不予支持,但债权人请求参照法律关于担保物权的规定对财产拍卖、变卖、折价优先偿还其债权的,人民法院依法予以支持。债务人因到期没有清偿债务,请求对该财产拍卖、变卖、折价偿还所欠债权人合同项下债务的,人民法院亦应依法予以支持。

89.【资产或者资产收益权转让及回购】信托公司在资金信托成立后,以募集的信托资金受让特定资产或者特定资产收益权,属于信托公司在资金依法募集后的资金运用行为,由此引发的纠纷不应当认定为营业信托纠纷。如果合同中约定由转让方或者其指定的第三方在一定期间后以交易本金加上溢价款等固定价款无条件回购的,无论转让方所转让的标的物是否真实存在、是否实际交付或者过户,只要合同不存在法定无效事由,对信托公司提出的由转让方或者其指定的第三方按约定承担责任的诉讼请求,人民法院依法予以支持。

当事人在相关合同中同时约定采用信托公司受让目标公司股权、向目标公司增资方式并以相应股权担保债权实现的,应当认定在当事人之间成立让与担保法律关系。当事人之间的具体权利义务,根据本纪要第 71 条的规定加以确定。

2.《最高人民法院关于正确审理企业破产案件为维护市场经济秩序提供司法保障若干问题的意见》(法发〔2009〕36 号,2009 年 6 月 12 日)

14. 人民法院在审理企业破产案件中,要充分调动管理人的积极性,促使其利用法律手段,努力查找和追收债务人财产,最大限度保护债权人利益。对出资不实、抽逃出资的,要依法追回;对于不当处置公司财产的行为,要依法撤销或者认定无效,并追回有关财产;对于违反法律、行政法规等规定,给公司或债权人造成损失的,要依法追究行为人的民事责任;对于发现妨碍清算行为的犯罪线索,要及时向侦查机关通报情况。

3.《最高人民法院印发〈关于审理公司强制清算案件工作座谈会纪要〉的通知》(法发〔2009〕52 号,2009 年 11 月 4 日)

39. 鉴于公司强制清算与破产清算在具体程序操作上的相似性,就公司法、公司法司法解释二,以及本会议纪要未予涉及的情形,如清算中公司的有关人员未依法妥善保管其占有和管理的财产、印章和账簿、文书资料,清算组未及时接管清算中公司的财产、印章和账簿、文书,清算中公司拒不向人民法院提交或者提交不真实的财产状况说明、债务清册、债权清册、有关财务会计报告以及职工工资的支付情况和社会保险费用的缴纳情况,清算中公司拒不向清算组移交财产、印章和账簿、文书等资料,或者伪造、销毁有关财产证据材料而使财产状况不明,股东未缴足出资、抽逃出资,以及公司董事、监事、高级管理人员非法侵占公司财产等,可参照企业破产法及其司法解释的有关规定处理。

【参考观点】

股东出资义务包括公司设立时股东的出资义务和公司增资时的出资义务。根据行为方式不同,股东未完全履行出资义务包括未履行或未全面履行出资义务。未履行出资如拒绝出资、不能出资或虚假出资等。未全面履行出资如迟延出资、瑕疵出资等。

一、管理人追收未缴纳出资或抽逃出资不受诉讼时效限制。根据《公司法》规定,出资人可以分期缴纳出资,故在法院受理破产申请时,债务人的出资人尚未完全履行的出资义务存在两种可能:其一,因公司章程规定的缴纳期限尚未届满而未缴纳的;其二,缴纳期限已经届满,但出资人违反出资义务而未缴付。法院受理破产申请构成了缴纳出资加速到期的法定事由,管理人有权要求出资人补缴出资而不受出资期限的限制。此外,缴纳出资请求权系基于股东法定出资义务而由公司享有的法定债权请求权,不同于基于当事人合意产生的意定债权请求权,如适用诉讼时效规定,有违公司资本充足原则,故法院受理破产申请后,管理人追收未缴出资或抽逃出资本息时不适用诉讼时效的相关限制。[1]

二、抽逃出资的认定。抽逃出资是严重侵蚀公司资本的行为,禁止股东抽逃出资并追究其法律责任的法理基础在于法人人格独立制度和权利义务一致原则。实践中,股东可能利用多种形式抽逃出资,侵蚀公司资本,但限于举证的困难使在个案中很难被认定。《公司法解释三》中列举了几种行为:制作虚假财务会计报表虚增利润进行分配;通过虚构债权债务关系将其出资转出;利用关联交易将出资转出等。但股东抽逃出资的认定比较复杂,很难通过列举的方式穷尽。除上述列举行为外,股东未经法定程序而将其出资抽回并损害公司权益的,都可认定为股东抽逃出资行为。[2]

三、管理人追收的未缴出资和抽逃出资本息属于债务人财产。公司财产

---

[1] 参见最高人民法院民事审判第二庭编著:《最高人民法院关于企业破产法司法解释理解与适用——破产法解释(一)·破产法解释(二)》,人民法院出版社 2017 年版,第264 页。

[2] 参见最高人民法院民事审判第二庭编著:《最高人民法院关于企业破产法司法解释理解与适用——破产法解释(一)·破产法解释(二)》,人民法院出版社 2017 年版,第267 页。

包括股东在公司设立时所认缴的出资,股东已缴纳出资在公司成立后无权抽回。如股东未实际缴纳所认缴出资构成对公司的债务,如股东抽逃出资则侵犯了公司财产权,当公司进入破产程序后,管理人代表公司行使追回未缴出资或抽逃出资本息的权利,行使该权利所追收回的本息属于债务人财产。①

四、公司在非破产情形下,股东出资加速到期的情形。在公司作为被执行人的执行案件中,经穷尽执行措施后仍无财产可供执行,此时已具备破产原因,其结果与《企业破产法》第二条规定的企业法人财产不足以清偿全部债务或者明显缺乏清偿能力完全相同,债务人未申请破产时,比照本条规定,股东未届期限的认缴出资加速到期。②

五、根据《民法典担保制度解释》的规定,公司或者公司的债权人不能要求名为股东但实为股权让与担保的债权人履行出资义务,但在查明事实的基础上,可要求转让人作为实际股东对出资瑕疵承担相应的责任。实践中,让与担保通常以股权转让的方式出现,在认定某一交易是股权转让还是以股权转移至债权人名下的方式为债务履行提供担保,应该从两者的本质区别出发,识别当事人的真实意思表示是为了转让股权取得对价,还是以转让股权的方式为债务提供担保,通常情况下,可以综合考虑以下因素:是否存在被担保的主债权债务关系,是否存在股权回购条款,股东是否享有并行使股东权利等内容进行判断。③

【最高人民法院裁判案例】

1. 浙江省国际广告有限责任公司与浙江省国际广告公司温州分公司追收抽逃出资纠纷、股东出资纠纷案[最高人民法院(2017)最高法民申 2733 号]

——中介机构提供的资产评估报告显示股东抽逃出资的,股东提供工商年检报告作为未抽逃出资证明的,不足以证实其无抽逃出资行为,应承担返

---

① 参见最高人民法院民事审判第二庭编著:《最高人民法院关于企业破产法司法解释理解与适用——破产法解释(一)·破产法解释(二)》,人民法院出版社 2017 年版,第270 页。

② 参见最高人民法院民事审判第二庭编著:《〈全国法院民商事审判工作会议纪要〉理解与适用》,人民法院出版社 2019 年版,第 124 页。

③ 参见最高人民法院民事审判第二庭编著:《最高人民法院民法典担保制度司法解释理解与适用》,人民法院出版社 2021 年版,第 575~576 页。

还出资的责任。

【案情简介】

浙江省国际广告公司温州分公司（以下简称温州广告公司）于1991年7月2日经批准设立，注册资金为20万元，后经批准增资至200万元，并经温州建诚会计师事务所验资已经全部到位。温州广告公司于1998年4月3日经核准变更登记为独立企业法人，浙江省国际广告有限责任公司（以下简称国际广告公司）持有温州广告公司100%股权。2003年6月23日，浙江正大资产评估有限公司受温州广告公司委托对温州广告公司因清算、改制而涉及的全部资产和负债进行评估后出具资产评估报告书，载明"国际广告公司投资给温州广告公司的200万元投资款，其中1845650元已抽回，至今未到位"。2004年4月7日，温州华明会计师事务所有限公司受温州广告公司委托对温州广告公司资产、负债及所有者权益进行全面清查后出具资产清查审计报告，载明"1995年7月19日经温州建诚会计师事务所验证由国际广告公司增拨资本金1845650元，实收资本增至200万元，但当年国际广告公司就抽回资本金1845650元，挂账于其他应收款中"。温州市中级人民法院于2014年10月22日裁定受理上海华策资产管理有限公司对温州广告公司的破产清算申请。经温州市中级人民法院、浙江省高级人民法院一、二审，国际广告公司不服一、二审裁判向最高人民法院提起再审。

国际广告公司认为，一、二审判决认定国际广告公司抽逃1845650元出资，缺乏证据证明。银行汇款凭证证明国际广告公司向温州广告公司支付了1845650元增资款，实际注册资本到位，不存在抽逃出资的情形。温州广告公司提交的《浙江省国际广告公司温州分公司资产评估报告书》和《资产清查审计报告》不真实，且未提供国际广告公司抽逃出资的财务支付凭证等。温州广告公司1994年至1998年的年检报告证明该公司历年实收资本均为200万元，历年其他应收款余额均小于案涉抽逃出资金额，故《资产清查审计报告》关于国际广告公司抽回注册资本1845650元，挂账于其他应收款的记载，与事实不符，一、二审法院判令国际广告公司承担返还1845650元出资责任错误。

最高人民法院审查再审申请时认为，关于国际广告公司是否抽逃出资的问题。温州广告公司提供的《浙江省国际广告公司温州分公司资产评估报告书》《资产清查审计报告》分别形成于2003年、2004年，系由不同的会计师事务所出具，且并非基于温州广告公司向国际广告公司追收抽逃出资的事由受托制作,两份报告均载明国际广告公司于增资当年抽回 1845650 元增资款,所载内容能相互印证,故二审法院确认该两份报告具有客观性,可予采信,并无不当。国际广告公司提交的温州广告公司 1994 年至 1998 年的年检报告虽载明该公司每年实收资本 200 万元,应收款余额小于案涉抽逃出资款 1845650 元,但该年检报告系温州广告公司制作并提交给工商行政管理部门,不足以证明国际广告公司没有抽逃出资的行为。由此,二审法院认定国际广告公司提交的证据不足以反驳温州广告公司提交的评估报告和审计报告,并无不当,国际广告公司应承担返还出资的责任。

【裁判要点】

两家不同中介机构的资产评估报告证实股东确有抽逃出资的,能够相互印证,股东主张工商年检报告显示股东并未抽逃出资的,不足以证明股东没有抽逃出资的行为,应承担返还出资的责任。

【案例来源】

中国裁判文书网,https://wenshu.court.gov.cn。

2. 方海涛与深圳市博世汽车电子科技有限公司、王春富追收抽逃出资纠纷案[最高人民法院(2015)民申字第 1467 号]

——股东是否构成抽逃出资,系以股东是否损害了公司的财产权益为认定标准,而与其他股东对抽逃出资行为是否知晓无关。

【案情简介】

深圳市博世汽车电子科技有限公司(以下简称博世汽车)成立于 2004 年 6 月 1 日,公司成立时股东为方海涛、王春富,公司注册资本共计 100 万元,方海涛和王春富各出资 50 万元,法定代表人为方海涛,王春富为总经理。深圳市亚太会计师事务所有限公司出具的深亚会验字〔2004〕485 号《验资报告》显示博世汽车的注册资本全部到位。博世汽车公司章程记载公司股东会是公司最高权力机构,股东会的职权包括审批公司预算、决算方案等。2004 年 12 月 27 日,博世汽车股权发生变化,王春富将其全部出资转让给了傅某。2004 年,方海涛及其父亲方某分五次以现金支票的形式从博世汽车的账户取走现金共计 100 万元,取款名目分别是差旅费、备用金,方海涛称系为了推广电动汽车的出差和推广费用,但并没有附上报账核销的财务单据,也没有举证证明公司决议支出这些费用,更没有提供推广合同等其他证据。

2012年11月9日,深圳市中级人民法院裁定受理王春富对博世公司的破产清算申请。经深圳市中级人民法院、广东省高级人民法院一审、二审裁判,方海涛不服一审、二审裁判向最高人民法院申请再审。

方海涛认为,一、二审法院要求方海涛提交博世公司所有业务记录和财务账册以证明没有抽逃出资行为,属于错误适用"举证责任倒置"原则。从公司账户中支取款项,属于正常的公司行为,是出于经营需要,必然产生租房、办公设备、人员工资、通信费用、交通费用等开支。且并无证据显示款项被方海涛用于了个人消费、进入了方海涛个人账户或被挪作他用。方海涛公开从银行取出款项,办理了合法的取款手续。王春富及其妻子分别担任公司的股东和监事,理应知晓方海涛的取款情况,而在2011年前他们从未提出异议。一、二审判决认定博世公司的注册资金100万元均已被抽逃,违反了已知事实、基本常识和日常生活经验。

最高人民法院审查再审申请时认为,一、二审判决根据博世公司举出的证据,查明在博世公司成立后不到半年的期间内,方海涛及其父亲方某分多次从博世公司账户取出100万元款项。方海涛辩称所取款项用于了博世公司的日常经营,包括推广电动汽车的差旅费和推广费等,这属于方海涛反驳博世公司诉讼请求所主张的事实,方海涛理应就此承担举证责任,一、二审法院对此并未适用"举证责任倒置"的规则。方海涛关于一、二审法院适用"举证责任倒置"规则错误的观点不能成立。

《公司法》第三十五条规定:"公司成立后,股东不得抽逃出资。"《公司法解释三》第十二条规定:"公司成立后,公司、股东或者公司债权人以相关股东的行为符合下列情形之一且损害公司权益为由,请求认定该股东抽逃出资的,人民法院应予支持:(一)制作虚假财务会计报表虚增利润进行分配;(二)通过虚假债权债务关系将其出资转出;(三)利用关联交易将出资转出;(四)其他未经法定程序将出资抽回的行为。"第十四条第一款规定:"股东抽逃出资,公司或者其他股东请求其向公司返还出资本息、协助抽逃出资的其他股东、董事、高级管理人员或者实际控制人对此承担连带责任的,人民法院应予支持。"根据上述规定,股东是否构成抽逃出资,系以股东是否损害了公司的财产权益为认定标准,而与其他股东对抽逃出资行为是否知晓无关。因此,无论王春富是否知晓或同意方海涛从博世公司账户中取出100万元,只要方海涛不能证明取出的款项用于了博世公司的生产经营,即不影响方海涛构成抽逃出资的认定。而其他股东知晓并协助抽逃出资的,将产生承担连带责任的法律后果。本案一、二审判决以方海涛未能就取款用于博世公司举出合理、充分的证据证明为由,认定方海涛的行为构成抽逃出资,并无不当。方海涛关于一、二审判决认定其构成抽逃出资错误的申请再审理由不能成立。

【裁判要点】

股东是否构成抽逃出资,系以股东是否损害了公司的财产权益为认定标准,而与其他股东对抽逃出资行为是否知晓无关。无论其他股东是否知晓或同意抽逃出资的股东从公司账户中取出资金,只要该股东不能证明取出的款项用于了公司的生产经营,即不影响该股东构成抽逃出资的认定。而其他股东知晓并协助抽逃出资的,将产生承担连带责任的法律后果。

【案例来源】

中国裁判文书网,https://wenshu.court.gov.cn。

3. 武汉缤购城置业有限公司、国通信托有限责任公司借款合同纠纷案

[最高人民法院(2019)最高法民终 1532 号]

——通过向债务人融通资金而收取相对固定的资金收益的增资入股属于债权投资而非股权投资。

【案情简介】

2013 年 11 月 19 日,武汉缤购城置业有限公司(以下简称缤购城公司)与国通信托有限责任公司(以下简称国通公司)之间达成合作意向,由国通公司发行信托计划,并就信托资金投向缤购城公司位于湖北省武汉市武昌区湖机场内的项目,资金需要为 5 亿元,期限 2 年。并陆续签订了《借款合同》《增资协议》《股权投资协议》《〈增资协议〉之补充协议》等合同。合同签订后,国通公司分七期向缤购城公司发放资金,总金额为 5 亿元。其中 11408.25 万元系国通公司对缤购城公司的增资或股权收购款。因缤购城公司未能按期偿还国通公司信托资金及利息,国通公司诉至湖北省高级人民法院。一审法院认为上述 11408.25 万元增值款或股权收购款非股权投资,实为一种债权投资,并判令缤购城公司偿付本息。一审法院于 2019 年 4 月 3 日作出一审判决后,缤购城公司于 2019 年 4 月 19 日被湖北省武汉市洪山区人民法院裁定受理破产清算。缤购城公司不服一审判决向最高人民法院提起上诉。

缤购城公司认为,本案中,11258.25 万元系国通公司对缤购城公司的增资,该增资经过法定程序,由会计师事务所出具了验资报告。另 150 万元系国通公司直接支付给另一股东的股权转让款,国通公司已取得相应的股权并办理工商变更登记。缤购城公司工商登记信息显示,国通公司截至目前仍持有缤购城公司93.07%的股权,并未办理股权退出或减资手续。且缤购城公司章程和涉案《增资协议》中均约定"只有国通公司参与,方可召开股东会""国通公司可对股东会决议享有一票否决权",缤购城公司后续经营过程中遵照上述约定执行,这表明国通公司系缤购城公司的实际股东,而非名义股东,故11408.25万元增资款应在50000万元借款中扣减。争议的11408.25万元款项无论是从内部关系还是从外部关系来讲,都不应认定为"名股实债"。从内部关系来看,双方在最初签订一系列《借款合同》《增资协议》时有借款的意思表示,但增资行为经工商变更登记后,在缤购城公司后续经营管理过程中,国通公司已通过控制股东会、董事会、公章、财务、拟转让股权且至今仍继续持有股权等行为否定了最初的借款意思表示。另外,双方在《〈增资协议〉之补充协议》第五条明确约定除固定利润分配外,国通公司还有权按其投资获取利润,证实国通公司的真实目的是通过增资获得缤购城公司的股权分红而非固定借款利息。另外,双方在一系列协议中对股权退出机制或者通道未作约定,进一步证明国通公司并无清退股权或者退出缤购城公司经营的意思表示,其增资行为不能认定为借款。从外部关系看,名股实债是当事人之间的内部约定,依据《公司法》第三十二条第三款规定,第三人不受当事人之间的内部约定约束。而缤购城公司债权人众多,如果国通公司主张名股实债的债权获得偿还,公司注册资本为虚构,本案的处理结果涉及缤购城公司所有债权人的利益,故应适用公司外观主义原则,保护案外第三人对股东名册记载、管理机关登记公示内容的合理信赖利益。

最高人民法院认为,该笔款项虽系基于涉案《增资协议》《〈增资协议〉之补充协议》的约定支付,但对于款项性质的认定,不能仅依据协议名称进行判断,应根据合同条款所反映的当事人真实意思,并结合其签订合同真实目的以及合同履行情况等因素,进行综合认定。首先,根据《增资协议》第7.1条、第7.2条、第7.3条等条款的约定,本案中,国通公司签订上述协议的目的是通过向缤购城公司融通资金而收取相对固定的资金收益,这与一般意义上为获取具有或然性的长期股权收益而实施的增资入股行为并不相同。缤购城公司虽称根据涉案《〈增资协议〉之补充协议》第五条的约定,除固定利润之外,国通公司还有权按其投资获取利润,但该《〈增资协议〉之补充协议》第五条约定是以"《股权投资协议》约定为准",而《股权投资协议》仅涉及第

4 期信托计划项下的 150 万元款项,而涉案 11258.25 万元系第 1 至 3 期信托计划项下款项,两者并非同一笔,故根据《〈增资协议〉之补充协议》第五条的约定,并不足以认定国通公司向缤购城公司汇入涉案 11258.25 万元的目的系获得股权分红而非固定回报。其次,国通公司虽经工商变更登记为缤购城公司股东,但缤购城公司并未举证证明国通公司实际参与了缤购城公司的后续经营管理。且根据涉案《增资协议》第 10.3.4 条、第 10.3.5 条以及第 10.3.10 条的约定,国通公司有权在缤购城公司违约的情形下将其所持有的股权对外转让、申请减资、处置涉案项目等,故缤购城公司主张涉案《增资协议》《〈增资协议〉之补充协议》并未约定股权退出机制与事实不符,缤购城公司据此主张涉案款项并非借款亦依据不足。同时需要指出的是,因本案系涉案协议各方当事人之间的内部纠纷,相关权利义务需要根据协议约定进行确认。但在国通公司未通过法定程序完成股权退出之前,因内部约定并不具有外部效力,如存在善意第三人基于信赖缤购城公司对外公示的股权结构、工商登记信息而导致利益受损情形,其可以通过诉讼另案解决。

【裁判要点】

通过向债务人融通资金而收取相对固定的资金收益的增资入股属于债权投资而非股权投资,但在通过法定程序完成股权退出前,如存在善意第三人基于信赖对外公示的股权结构、工商登记信息而导致利益受损情形,可通过诉讼另案解决。

【案例来源】

中国裁判文书网,https://wenshu.court.gov.cn。

4. 宣城市大唐万安置业有限公司、首信金达投资有限公司追收抽逃出资纠纷案[最高人民法院(2019)最高法民申 3095 号]

——管理人在审查股东出资及是否存在抽逃出资等事实时,应当自行委托审计,无须向人民法院申请。

【案情简介】

宣城市大唐万安置业有限公司(以下简称大唐万安公司)于 2008 年 8 月设立。至 2011 年 4 月 26 日,公司注册资本和实收资本均为 2 亿元。至 2014 年 12 月份,公司登记股东及持股比例、出资额分别为:安徽国瑞投资集团有限公司(以下简称国瑞投资公司)持股 42.15%,出资额 8430 万元;许辉持股

17.14%,出资额 3428 万元;首信金达投资有限公司(以下简称首信金达公司)持股 20.71%,出资额 4142 万元;丰嘉投资管理有限公司(以下简称丰嘉投资公司)持股 20%,出资额 4000 万元。2015 年 4 月 19 日,安徽诚勤会计师事务所作出皖诚勤审字〔2015〕289 号《专项审计报告》,载明:大唐万安公司实收资本原报表列示为 2 亿元,审计调减 1.3 亿元(国瑞投资公司调减 4930 万元、许辉调减 2378 万元、首信金达公司调减 1692 万元、丰嘉投资公司调减 4000 万元),审计调整后实收资本余额为 7000 万元。2015 年 6 月 29 日《项目合作协议书》中,约定大唐万安公司股东变更为安徽东兰建设工程有限公司(51%)、首信金达公司(28%)、国瑞投资公司(7%)、许辉(14%)。2015 年 6 月 30 日后,大唐万安公司作出"调账说明",记载相关资本账目调整、款项往来、股东及股份比例调整和出资等情况,"调账说明"下方签名字样为"首信""王福海""许辉"。上述《项目合作协议书》签订和"调账说明"作出后,大唐万安公司在工商部门登记的股东及股份比例未办理变更登记。2015 年 12 月 9 日,宣城市中级人民法院裁定受理大唐万安公司的重整申请,并指定大唐万安公司清算组为管理人。大唐万安公司自成立后至进入破产重整程序前,大唐万安公司与公司股东及相关关系人之间存在一系列资金往来情况。大唐万安公司诉至法院要求首信金达公司返还抽逃出资 1692 万元,要求许辉、国瑞投资公司、丰嘉投资公司对首信金达公司应返还的 1692 万元承担连带责任。

【裁判要点】

最高人民法院经审查认为,大唐万安公司与公司股东及相关关系人之间存在一系列资金往来情况,大唐万安公司进入破产重整程序后,破产管理人应当完整审核大唐万安公司与公司股东及相关关系人之间的资金往来过程,确定大唐万安公司各股东的出资是否到位、出资是否被抽逃或被他人非法占有等具体情况,进而确定相应的责任主体、责任性质及责任数额等,如必要其可自行委托专业机构对各股东的出资及是否存在抽逃出资等事实进行审计,无须向人民法院申请,故原审法院对其调取相应的证据以及进行审计申请未予准许并无不当。而根据大唐万安公司提供的现有证据,尚不足以证明各被申请人存在抽逃出资及共同抽逃出资的行为,原审据此驳回其诉讼请求的基本事实并不缺乏证据证明、适用法律亦无不当。

【案例来源】

中国裁判文书网,https://wenshu.court.gov.cn。

【典型案例】

江苏省南通润通置业有限公司与仲翔等追收抽逃出资纠纷案［江苏省南通市通州区人民法院(2016)苏 0612 民初 614 号］

——原股东抽逃出资的,应承担返还出资义务,股权受让人对此知道或应当知道的,应当承担连带责任。

【案情简介】

江苏省南通润通置业有限公司(以下简称润通公司)于 2008 年 9 月 9 日成立,注册资本 5000 万元,实收资本 5000 万元。其中,仲翔认缴 4250 万元,公司成立后,各股东均按认缴数额缴纳了出资。2011 年 12 月 16 日,润通公司通过以下股东会决议:仲翔分别将其持有的该公司 2550 万元股份、1770 万元股份以同等金额的价格分别转让给张宏明、浙江省温州特成物资发展有限公司(以下简称特成公司),其他股东均同意放弃优先购买权。为履行上述股东会决议,股权转让双方均签订了股权转让协议,润通公司办理了股权变更登记。嗣后,特成公司支付了股权转让款,但张宏明未支付股权转让款。后润通公司资不抵债,被债权人申请破产清算,南通市通州区人民法院裁定润通公司破产。破产案审理期间,经管理人申请,法院委托会计师事务所对润通公司进行了专项审计,相关账目审计显示润通公司预付温州市申展贸易有限公司(以下简称申展公司,实际控制人为仲翔)2498 万元、应收申展公司 400 万元,合计 2898 万元。上述款项中,润通公司与申展公司不存在真实的债权债务关系,其性质为抽逃注册资金,应当归还润通公司。润通公司诉至法院请求仲翔返还抽逃出资 2898 万元,张宏明、特成公司对仲翔返还出资义务承担连带责任。

江苏省南通市通州区人民法院经审理认为:因润通公司与申展公司不存在真实的债权债务关系,仲翔作为润通公司发起人,在公司成立后将其已缴纳的注册资本 2898 万元汇入其控制的申展公司,其行为显属抽逃出资行为,应依法向公司履行返还出资义务。第一,关于仲翔转让其抽逃出资股权是否适用《公司法解释三》第十八条规定的问题。根据法律规定,出资是股东最基本、最重要的法定义务,虽然抽逃出资与未履行出资和未全面履行出资在字面含义上有所不同,但其行为后果并无差异,即均侵害了公司的财产权和其他股东合法权益，也损害了公司债权人利益。一般而言，股东瑕疵出资行为即股东违反出资义务包括未履行出资和未完全履行出资两种，未履行出资是指股东根本没有履行出资行为，即实际出资金额为零，包括履行不能、拒绝履行、虚假出资和抽逃出资等形式；未完全履行出资是指股东未按其认缴的数额完整地履行出资义务，存在部分履行、迟延履行或者瑕疵履行等情形。故抽逃出资股权转让行为所涉的法律责任应适用《公司法解释三》第十八条的规定。第二，关于张宏明及特成公司受让股权时是否知道或应当知道被告仲翔存在抽逃出资的问题。对于"知道或应当知道"情形的理解，"知道"应是指股东与受让人签订股权转让协议时，公司或者股东已将出资瑕疵的事实告知受让人，但受让人仍然受让转让人的股权；"应当知道"则需要根据受让人受让股权时的具体情况进行判定。如在大额股权转让时，受让人应负谨慎的注意义务，不仅要求股东提供验资报告，还应当要求股东提供公司成立前后的验资银行账户往来情况，以核实注册资本是否已出资到位或者存在注册资本汇入到公司验资账户后又汇出的情形；非货币出资则要通过价值评估的方式确定股权价格，以查证股权价值是否真实或者是否存在其他权利瑕疵等。如受让人未采取必要、基本的审查措施，应推定其未尽到审慎的注意义务。本案中，股权转让协议签订时，仲翔陈述未将抽逃出资的事实告知张宏明和特成公司，不能认定张宏明和特成公司受让股权时知道仲翔存在瑕疵出资的事实。但张宏明受让仲翔2550万元股权，数额巨大，应对股权是否真实负有审慎的注意义务，特别是张宏明系润通公司开发凯仑大厦工程的施工负责人，对润通公司的经营状况及仲翔个人出资情况应较其他人更为熟悉，其辩称不知晓仲翔抽逃出资的主张有违常理。本案中，张宏明认可股权办理变更登记后其并未支付股权转让款，其系以零价格受让涉案股权，足以推定其受让股权时主观上应当知道仲翔存在抽逃出资行为，其应对被告仲翔的出资义务承担连带责任。特成公司在签订股权转让协议后向仲翔基本付清了股权转让款，润通公司也未举证证明特成公司存在应当知道仲翔存在抽逃出资行为的情形，故特成公司对被告仲翔的出资义务不承担责任。润通公司成立时仲翔缴纳出资4250万元，润通公司起诉仲翔抽逃出资2898万元，即仲翔实际缴纳出资1352万元。因润通公司未举证证明张宏明受让的股权是否包含了仲翔实际缴纳出资股权部分，故张宏明应在仲翔返还出资1542万元(抽逃出资2898万元－出资1352万元)范围内承担连带责任。

【案件评析】

在要求受让人承担瑕疵出资责任的时候,应肯定受让人以善意为由向公司主张抗辩权。如果受让人有合理理由相信转让股东出资没有瑕疵,则不应承担补缴责任或差额补足责任。因为受让人在受让瑕疵股权的时候,是作为公司之外的第三人,与公司及转让股东相比较,其处在信息不对称的地位,很难深入、全面了解转让股东转让的股权是否存在隐蔽、内在瑕疵。一般而言,只要转让股东被载入公司股东名册和公司章程之中,受让人基于对工商登记公示效力的合理信赖,并且向转让股东支付了公平、合理的股权对价,其不应承担转让股东补缴出资义务的连带责任,这是商法外观主义原则的应有之义,也有利于对善意受让人利益的合理保护,确保交易安全。

【案例来源】

《人民司法·案例》2018年第35期。

编者说明

本条规定的法理基础在于公司法上的资本维持原则,即公司在成立及其运营过程中应当维持与其注册资本相当的资产,以维护债权人利益,保护社会交易安全。而资本维持原则两个最重要的表现方式则为出资人需真实缴纳出资和不得抽逃出资,特别是在人民法院受理破产申请时,债务人的出资人未完全履行出资义务的行为将造成企业法人财产的贬损、债务人清偿能力的降低,不利于保护债权人的合法权益。故人民法院受理破产申请后,债务人的出资人尚未完全履行出资义务的,管理人应当要求该出资人缴纳所认缴的出资,而不受出资期限的限制。在司法实务中,管理人接管债务人财产和营业事务后,除了进行工商档案查询外,一般还对出资人出资情况继续专项审计或财务调查,如工商档案显示出资人足额缴纳出资,但相关审计报告或财务调查报告显示出资人未足额缴纳出资的,管理人依法应当进行追缴。

此外,当事人约定以股权转移至债权人名下的方式为债务提供担保,债权人由此成为公司的名义股东,当出现股东未履行出资义务或未全面履行出资义务时,能否要求名义股东承担连带责任,实务中存在争议。一种观点认为,债权人受让股权并在工商部门完成相关股权变更登记,工商变更登记对股东身份认定具有公示力和公信力,应认定其已取得公司股东身份,当事人之间关于股权让与担保的内部约定,不得对抗第三人,第三人不受当事人内部约定的约束,故名义股东应承担连带责任。另一种观点认为,名义股东基于股权让与担保的目的,并不取得股东资格,并非真正意义上的股东,且其取得股权往往支付了对价,故不应承担连带责任。《民法典》及《民法典担保制度解释》厘清了争议,明确名义股东不承担连带责任。

第三十六条 【管理人员非正常收入和财产的追回】 债务人的董事、监事和高级管理人员利用职权从企业获取的非正常收入和侵占的企业财产,管理人应当追回。

【立法·要点注释】

债务人的董事、监事和高级管理人员利用职务便利从债务人企业处所获得的非正常收入和侵占的企业财产,不属于个人财产,应当属于债务人财产,管理人有权追回。判断债务人的董事、监事和高级管理人员所取得非正常收入或侵占的财产应依据有关法律规定,如债务人的董事、监事和高级管理人员利用职务便利取得的商业回扣等属于非正常收入。

【相关立法】

1.《中华人民共和国企业破产法》(2006 年 8 月 27 日第十届全国人民代表大会常务委员会第二十三次会议通过,2007 年 6 月 1 日)

第二条 企业法人不能清偿到期债务,并且资产不足以清偿全部债务或者明显缺乏清偿能力的,依照本法规定清理债务。

企业法人有前款规定情形,或者有明显丧失清偿能力可能的,可以依照本法规定进行重整。

第一百一十三条 破产财产在优先清偿破产费用和共益债务后,依照下列顺序清偿:

(一)破产人所欠职工的工资和医疗、伤残补助、抚恤费用,所欠应划入职工个人账户的基本养老保险、基本医疗保险费用,以及法律、行政法规规定应当支付给职工的补偿金;

(二)破产人欠缴的除前项规定以外的社会保险费用和破产人所欠税款;

(三)普通破产债权。

破产财产不足以清偿同一顺序的清偿要求的,按照比例分配。

破产企业的董事、监事和高级管理人员的工资按照该企业职工的平均工资计算。

2.《中华人民共和国公司法》(2018 年 10 月 26 日第十三届全国人民代表大会常务委员会第六次会议第四次修正)

第一百四十八条　董事、高级管理人员不得有下列行为:

(一)挪用公司资金;

(二)将公司资金以其个人名义或者以其他个人名义开立账户存储;

(三)违反公司章程的规定,未经股东会、股东大会或者董事会同意,将公司资金借贷给他人或者以公司财产为他人提供担保;

(四)违反公司章程的规定或者未经股东会、股东大会同意,与本公司订立合同或者进行交易;

(五)未经股东会或者股东大会同意,利用职务便利为自己或者他人谋取属于公司的商业机会,自营或者为他人经营与所任职公司同类的业务;

(六)接受他人与公司交易的佣金归为己有;

(七)擅自披露公司秘密;

(八)违反对公司忠实义务的其他行为。

董事、高级管理人员违反前款规定所得的收入应当归公司所有。

第二百一十六条　本法下列用语的含义:

(一)高级管理人员,是指公司的经理、副经理、财务负责人,上市公司董事会秘书和公司章程规定的其他人员。

(二)控股股东,是指其出资额占有限责任公司资本总额百分之五十以上或者其持有的股份占股份有限公司股本总额百分之五十以上的股东;出资额或者持有股份的比例虽然不足百分之五十,但依其出资额或者持有的股份所享有的表决权已足以对股东会、股东大会的决议产生重大影响的股东。

(三)实际控制人,是指虽不是公司的股东,但通过投资关系、协议或者其他安排,能够实际支配公司行为的人。

(四)关联关系,是指公司控股股东、实际控制人、董事、监事、高级管理人员与其直接或者间接控制的企业之间的关系,以及可能导致公司利益转移的其他关系。但是,国家控股的企业之间不仅因为同受国家控股而具有关联关系。

【司法解释】

《最高人民法院关于适用〈中华人民共和国企业破产法〉若干问题的规定(二)》(法释〔2013〕22号,2013年9月16日;法释〔2020〕18号修正,2021年1月1日)

第二十四条 债务人有企业破产法第二条第一款规定的情形时,债务人的董事、监事和高级管理人员利用职权获取的以下收入,人民法院应当认定为企业破产法第三十六条规定的非正常收入:

(一)绩效奖金;

(二)普遍拖欠职工工资情况下获取的工资性收入;

(三)其他非正常收入。

债务人的董事、监事和高级管理人员拒不向管理人返还上述债务人财产,管理人主张上述人员予以返还的,人民法院应予支持。

债务人的董事、监事和高级管理人员因返还第一款第(一)项、第(三)项非正常收入形成的债权,可以作为普通破产债权清偿。因返还第一款第(二)项非正常收入形成的债权,依据企业破产法第一百一十三条第三款的规定,按照该企业职工平均工资计算的部分作为拖欠职工工资清偿;高出该企业职工平均工资计算的部分,可以作为普通破产债权清偿。

【要点注释】

由于《企业破产法》并未明确界定非正常收入的定义和范围,实践中对非正常收入的判定缺乏可操作性,故本条规定明确了非正常收入的范围、追回的途径及追回的财产如何处理。对于符合本条规定的非正常收入,管理人可以通过诉讼程序追回,追回的非正常收入属于债务人财产。[①]

---

① 参见最高人民法院民事审判第二庭编著:《最高人民法院关于企业破产法司法解释理解与适用——破产法解释(一)·破产法解释(二)》,人民法院出版社2017年版,第290~291页。

【参考观点】

一、高级管理人员的界定

根据《公司法》及有关法律规定,高级管理人员指公司管理层中担任重要职务、负责公司经营管理、掌握公司重要信息的人员,主要包括经理、副经理、财务负责人、上市公司董事会秘书及公司章程规定的其他人员。①

二、非正常收入的界定

债务人出现破产原因的情况下,债务人的董事、监事和高级管理人员取得非正常收入的范围包括绩效奖金、普遍拖欠职工工资情况下获取的工资性收入和其他非正常收入。绩效奖金应当与企业的利润挂钩,在债务人出现破产原因的情况下,不存在向职工发放绩效奖金的基础,如果债务人的董事、监事和高级管理人员利用职务便利获得绩效奖金,与破产法的立法精神相违背。当债务人出现破产原因且普遍拖欠职工工资情况下,债务人的董事、监事和高级管理人员利用职务之便获得工资性收入,管理人亦有权追回。②

三、管理人追回非正常收入或侵占财产的程序

管理人接管债务人企业之后,即应着手调查债务人的资产负债情况,以便确定债务人出现破产原因的准确时间,以债务人出现破产原因的时间为起点逐一核实债务人的董事、监事和高级管理人员收入的工资发放表等所有财务凭证和文件,获取债务人的董事、监事和高级管理人员获取非正常收入的信息,同时与留守职工进行访谈,以查证债务人的董事、监事和高级管理人员是否有基于职务便利占用债务人财产的情况。根据管理人前期调查结果,向债务人的董事、监事和高级管理人员发送书面通知,通知其返还相应财产,明确告知其如果不返还财产则管理人将代表债务人向受理破产申请的人民法院提起诉讼。对于债务人的董事、监事和高级管理人员不返还的,应及时向

---

① 参见最高人民法院民事审判第二庭编著:《最高人民法院关于企业破产法司法解释理解与适用——破产法解释(一)·破产法解释(二)》,人民法院出版社2017年版,第291页。

② 参见最高人民法院民事审判第二庭编著:《最高人民法院关于企业破产法司法解释理解与适用——破产法解释(一)·破产法解释(二)》,人民法院出版社2017年版,第292页。

受理破产申请的人民法院提起诉讼。①

四、对于追回的非正常收入或侵占财产的处理

管理人依法追回非正常收入后,债务人的董事、监事和高级管理人员主张权利时,管理人应分别处理:其一,对于债务人出现破产原因情况下,债务人的董事、监事和高级管理人员取得的绩效奖金和其他明显不合理收入,符合普通债权要件的,在破产程序中可作为普通债权获得清偿。其二,对于债务人出现破产原因普遍拖欠职工工资情况下,债务人的董事、监事和高级管理人员取得的工资性收入,可按照企业职工平均工资计算的部分作为职工债权清偿,高出该企业职工平均工资计算的部分,可作为普通债权予以清偿。②

【典型案例】

周建忠与江苏省扬州三叶散热器有限公司管理人职工破产债权确认纠纷案[江苏省扬州市中级人民法院(2018)苏 10 民终 3130 号]

——企业法人出现破产原因时,董事、监事和高级管理人员利用职权从企业获取的非正常收入,无须限于本人实施,只要有其他董事、监事或高级管理人员利用职权行为获取非正常收入,而相关董事、监事或高级管理人员因此受益,即为利用职权行为,且不以其对企业资不抵债具有主观认识为前提。

【案情简介】

2017 年 4 月 13 日,扬州市广陵区人民法院裁定受理扬州水箱有限公司、扬州通洋公司与江苏省扬州三叶散热器有限公司(以下简称三叶公司)的破产清算申请。三叶公司管理人对职工债权进行了公示,其中显示周建忠的职务为副总经理,每月基本工资为 2567 元,经济补偿金额为 55191 元,欠付工资总额为 20433 元,合计 75624 元。周建忠对公示提出异议,三叶公司管理人认为其异议不能成立并作出答复。其后,周建忠诉至法院请求判令三叶公

---

① 参见最高人民法院民事审判第二庭编著:《最高人民法院关于企业破产法司法解释理解与适用——破产法解释(一)·破产法解释(二)》,人民法院出版社 2017 年版,第 293 页。

② 参见最高人民法院民事审判第二庭编著:《最高人民法院关于企业破产法司法解释理解与适用——破产法解释(一)·破产法解释(二)》,人民法院出版社 2017 年版,第 293~294 页。

司管理人将其 2015 年四季度至 2016 年欠付的工作津贴共计 3.8 万元、2016 年管理层年薪补差 6 万元,作为劳动债权列入破产债权,按照破产清偿第一顺序进行清偿。三叶公司 2015 年四季度至 2016 年期间干部津贴发放表(注明含加班费)显示周建忠干部津贴为 3.8 万元。该发放表由三叶公司财务负责人制作,并由董事长批准。三叶公司 2016 年度管理层年薪补差表显示周建忠年薪补差为 6 万元。该补差表由三叶公司财务负责人制作,并由董事长批准,但均未经过三叶公司股东会或董事会决议程序。但根据三叶公司向扬州市广陵区国家税务局稽查局提交的 2015 年 10 月至 2016 年 12 月的资产负债表显示:2015 年 10 月至 2016 年 12 月期间,三叶公司每月流动负债总计均大于资产总计,且两者差额每月递增。此外,三叶公司在 2014 年至 2015 年期间欠付供应商货款,经法院生效文书确认,三叶公司一直未能支付。

扬州市广陵区人民法院于 2018 年 9 月 10 日作出判决,驳回原告周建忠的诉讼请求。宣判后,周建忠提起上诉。扬州市中级人民法院经审理认为,依据《企业破产法解释二》第二十四条第三款规定,债务人的董事、监事和高级管理人员因返还绩效奖金等非正常收入形成的债权,可以作为普通破产债权清偿。周建忠主张的绩效奖金合计 9.8 万元应认定为《企业破产法》第三十六条规定的非正常收入,周建忠可以要求被告三叶公司管理人将其 9.8 万元绩效奖金列入普通债权予以清偿,而不能要求将上述奖金作为职工工资列入破产债权按破产清偿第一顺序予以清偿。二审法院作出判决,驳回上诉,维持原判。

【案件评析】

由于公司高级管理人员利用职权获得的绩效奖金具有长期连续性,只有在破产原因出现以后,其利用职权所获取的绩效奖金才能认定为非正常收入,而在破产原因出现之前,则不能认定为非正常收入。要解决绩效奖金是否属于非正常收入的问题,首先,需对公司出现破产原因的时间点作出判断,需对不能清偿到期债务且资不抵债或明显缺乏偿债能力的时间点分别作出判断,并以在后的时间点作为公司出现破产原因的时间点。其次,利用职权行为的界定,利用职权行为无须限于董事、监事或高级管理人员本人实施,只要有其他董事、监事或高级管理人员利用职权行为获取非正常收入,而相关董事、监事或高级管理人员从该行为中受益,即应当认定为利用职权行为。根据《公司法》相关规定,董事、监事的报酬事项由股东会决定,公司经理报酬事项由董事会决定。本案中三叶公司在出现破产原因时,其董事长及董事仍然利用职权发放绩效奖金,应当认定为《企业破产法》第三十六条规定的非正常收入。最后,董事、监事和高级管理人员从事的工作内容是生产经营决策,因此其绩效奖金一般以其所管理部门绩效为评价标准,并与公司利润直接挂钩,在性质上更接近于分享公司的利润,因此要远远高于普通劳动者的工资。对企业高级管理人员而言,其绩效奖金应当与整个企业的利润挂钩。在债务人已出现破产原因的情形下,不存在向其发放绩效奖金的基础,故对于高级管理人员利用职权从企业获取的非正常收入的认定,并不以其对企业资不抵债具有主观认识为前提。

【案例来源】

《人民司法·案例》2019 年第 8 期。

第三十七条 【管理人取回质物、留置物】 人民法院受理破产申请后,管理人可以通过清偿债务或者提供为债权人接受的担保,取回质物、留置物。

前款规定的债务清偿或者替代担保,在质物或者留置物的价值低于被担保的债权额时,以该质物或者留置物当时的市场价值为限。

【立法·要点注释】

质权和留置权属于担保权,根据本条规定,管理人收回质物或留置物的,应当通过清偿债务或者提供可为债权人接受的担保的方式实现。管理人为了收回质物或留置物而进行债务清偿或替代担保的,在质物或留置物价值低于被担保的债权额时,应当以其在当时的市场价值为限,管理人为了收回质物或留置物而进行债务清偿或替代担保所付出的代价不应当高于质物或留置物的价值,否则就给质权人或留置权人带来了额外收益,进而损害其他债权人利益。

【相关立法】

1.《中华人民共和国民法典》(2020 年 5 月 28 日中华人民共和国第十三届全国人民代表大会第三次会议通过,2021 年 1 月 1 日)

第四百二十五条 为担保债务的履行,债务人或者第三人将其动产出质给债权人占有的,债务人不履行到期债务或者发生当事人约定的实现质权的情形,债权人有权就该动产优先受偿。

前款规定的债务人或者第三人为出质人,债权人为质权人,交付的动产为质押财产。

第四百二十八条　质权人在债务履行期限届满前,与出质人约定债务人不履行到期债务时质押财产归债权人所有的,只能依法就质押财产优先受偿。

第四百三十六条　债务人履行债务或者出质人提前清偿所担保的债权的,质权人应当返还质押财产。

债务人不履行到期债务或者发生当事人约定的实现质权的情形,质权人可以与出质人协议以质押财产折价,也可以就拍卖、变卖质押财产所得的价款优先受偿。

质押财产折价或者变卖的,应当参照市场价格。

第四百四十七条　债务人不履行到期债务,债权人可以留置已经合法占有的债务人的动产,并有权就该动产优先受偿。

前款规定的债权人为留置权人,占有的动产为留置财产。

第四百五十三条　留置权人与债务人应当约定留置财产后的债务履行期限;没有约定或者约定不明确的,留置权人应当给债务人六十日以上履行债务的期限,但是鲜活易腐等不易保管的动产除外。债务人逾期未履行的,留置权人可以与债务人协议以留置财产折价,也可以就拍卖、变卖留置财产所得的价款优先受偿。

留置财产折价或者变卖的,应当参照市场价格。

2.《中华人民共和国拍卖法》(2015 年 4 月 24 日第十二届全国人民代表大会常务委员会第十四次会议第二次修正)

第六条　拍卖标的应当是委托人所有或者依法可以处分的物品或者财产权利。

第七条　法律、行政法规禁止买卖的物品或者财产权利,不得作为拍卖标的。

【司法解释】

《最高人民法院关于适用〈中华人民共和国企业破产法〉若干问题的规定(二)》(法释〔2013〕22 号,2013 年 9 月 16 日;法释〔2020〕18 号修正,2021

年1月1日)

第二十五条 管理人拟通过清偿债务或者提供担保取回质物、留置物，或者与质权人、留置权人协议以质物、留置物折价清偿债务等方式，进行对债权人利益有重大影响的财产处分行为的，应当及时报告债权人委员会。未设立债权人委员会的，管理人应当及时报告人民法院。

【要点注释】

本条规定明确了管理人取回质物、留置物或以质物、留置物折价清偿债务均属于对债权人利益有重大影响的其他财产处分行为，应当及时报告债权人委员会，接受债权人委员会的监督，未设立债权人委员会的，应当及时报告人民法院，接受人民法院监督。[①]

【参考观点】

本条规定的以债务清偿或替代担保的方式取回质物或留置物，在给予管理人授权的同时，强调的是无论采取哪种方式管理质物和留置物，必须遵循公平原则，不能使有财产担保债权在担保物的价值之外获得优于普通债权的清偿，必须保障全体债权人公平受偿的权利，同时必须依据规定程序对质物和留置物的市场价值作出合理判断。[②]

一、管理人取回质物或留置物的判断依据

管理人作出取回质物或留置物的判断应当依据以下理由：其一，债权人的保管行为有可能导致质物或留置物价值减少或毁损灭失，不利于质物或留置物的安全；其二，质物或留置物与债务人的其他财产是成套设备或因为其他原因集中管理和处分更有利于财产价值最大化的；其三，管理人认为应当

[①] 参见最高人民法院民事审判第二庭编著：《最高人民法院关于企业破产法司法解释理解与适用——破产法解释（一）·破产法解释（二）》，人民法院出版社2017年版，第297页。

[②] 参见最高人民法院民事审判第二庭编著：《最高人民法院关于企业破产法司法解释理解与适用——破产法解释（一）·破产法解释（二）》，人民法院出版社2017年版，第299页。

取回质物或留置物的其他合理情况。①

二、管理人决定取回质物或留置物的,应当依法报告债权人委员会或人民法院

根据本法相关规定,管理人作出取回质物或留置物的决定后应当将拟采取的措施及时报告债权人委员会,未设立债权人委员会的,应当及时报告人民法院,并附评估报告及其他相关证据。且根据债权人委员会或人民法院的决议或指令执行,并将执行结果报告债权人委员会或人民法院。②

三、管理人可以与质权人或留置权人协商以质物或留置物折价清偿债务

根据本法规定,变价出售破产财产应当通过拍卖方式进行,但债权人会议另有决议的除外,实务中,除拍卖方式外,处置方法尚有公开变卖、协议转让、直接分配等。根据《物权法》③有关规定,质权人可以与出质人协议以质押财产折价;留置权人可与债务人协议以留置财产折价。④ 对于质物或留置物的市场价格,应依照管理人聘请的评估机构作出的评估价值确定,如评估价值高于应当清偿的债权金额,管理人应当要求债权人支付超出部分。⑤

编者说明

根据《民法典》有关规定,质权的标的物指为担保债权,由债务人或第三人向债权人提供的担保物或权利,所有权仍归债务人或第三人。留置物指债务人不履行到期债务时,债权人依法律规定扣留的自己占有的债务人财产。质权、留置权的设立均为了保障债权的实现,且质物、留置物均被债权人占有,一般情况下,

---

① 参见最高人民法院民事审判第二庭编著:《最高人民法院关于企业破产法司法解释理解与适用——破产法解释(一)·破产法解释(二)》,人民法院出版社2017年版,第301页。

② 参见最高人民法院民事审判第二庭编著:《最高人民法院关于企业破产法司法解释理解与适用——破产法解释(一)·破产法解释(二)》,人民法院出版社2017年版,第300~302页。

③ 现为《民法典》。——编者注

④ 参见最高人民法院民事审判第二庭编著:《最高人民法院关于企业破产法司法解释理解与适用——破产法解释(一)·破产法解释(二)》,人民法院出版社2017年版,第299~300页。

⑤ 参见最高人民法院民事审判第二庭编著:《最高人民法院关于企业破产法司法解释理解与适用——破产法解释(一)·破产法解释(二)》,人民法院出版社2017年版,第303页。

只有债权人得到清偿后方能要求其返还质物或留置物。而本条规定设立了除清偿债务之外另一种返还质物或留置物的方式,即提供为债权人接受的担保。其目的在于在破产程序中统一管理、维护、变价和分配债务人财产,更好地维护全体债权人利益。

第三十八条 **【权利人财产的取回】** 人民法院受理破产申请后,债务人占有的不属于债务人的财产,该财产的权利人可以通过管理人取回。但是,本法另有规定的除外。

【立法·要点注释】

权利人依本条规定行使取回权的请求权基础在于民法上的所有权和其他财产权利。如果权利人在行使取回权之前,该标的物已经毁损或灭失的,则权利人只能将物的请求权转换为债的损害赔偿请求权,向管理人申报债权。权利人行使取回权不受约定条件的制约,但依本法第七十六条规定,权利人在重整期间要求取回债务人合法占有的他人财产,应当符合事先约定的条件。权利人行使取回权的,应向管理人行使,如管理人拒绝的,则可向人民法院提起取回权确认之诉。

【相关立法】

1.《中华人民共和国企业破产法》(2006 年 8 月 27 日第十届全国人民代表大会常务委员会第二十三次会议通过,2007 年 6 月 1 日)

第七十六条 债务人合法占有的他人财产,该财产的权利人在重整期间要求取回的,应当符合事先约定的条件。

第一百一十一条 管理人应当及时拟订破产财产变价方案,提交债权人会议讨论。

管理人应当按照债权人会议通过的或者人民法院依照本法第六十五条第一款规定裁定的破产财产变价方案,适时变价出售破产财产。

第一百一十二条 变价出售破产财产应当通过拍卖进行。但是,债权人会议另有决议的除外。

破产企业可以全部或者部分变价出售。企业变价出售时,可以将其中的无形资产和其他财产单独变价出售。

按照国家规定不能拍卖或者限制转让的财产,应当按照国家规定的方式处理。

2.《中华人民共和国民法典》(2020 年 5 月 28 日第十三届全国人民代表大会第三次会议通过,2021 年 1 月 1 日)

第一百二十二条　因他人没有法律根据,取得不当利益,受损失的人有权请求其返还不当利益。

第二百三十五条　无权占有不动产或者动产的,权利人可以请求返还原物。

第三百一十二条　所有权人或者其他权利人有权追回遗失物。该遗失物通过转让被他人占有的,权利人有权向无处分权人请求损害赔偿,或者自知道或者应当知道受让人之日起二年内向受让人请求返还原物;但是,受让人通过拍卖或者向具有经营资格的经营者购得该遗失物的,权利人请求返还原物时应当支付受让人所付的费用。权利人向受让人支付所付费用后,有权向无处分权人追偿。

第三百一十四条　拾得遗失物,应当返还权利人。拾得人应当及时通知权利人领取,或者送交公安等有关部门。

第四百六十条　不动产或者动产被占有人占有的,权利人可以请求返还原物及其孳息;但是,应当支付善意占有人因维护该不动产或者动产支出的必要费用。

第四百六十一条　占有的不动产或者动产毁损、灭失,该不动产或者动产的权利人请求赔偿的,占有人应当将因毁损、灭失取得的保险金、赔偿金或者补偿金等返还给权利人;权利人的损害未得到足够弥补的,恶意占有人还应当赔偿损失。

第四百六十二条　占有的不动产或者动产被侵占的,占有人有权请求返还原物;对妨害占有的行为,占有人有权请求排除妨害或者消除危险;因侵占或者妨害造成损害的,占有人有权依法请求损害赔偿。

占有人返还原物的请求权,自侵占发生之日起一年内未行使的,该请求权消灭。

【司法解释】

《最高人民法院关于适用〈中华人民共和国企业破产法〉若干问题的规定(二)》(法释〔2013〕22号,2013年9月16日;法释〔2020〕18号修正,2021年1月1日)

第二十六条 权利人依据企业破产法第三十八条的规定行使取回权,应当在破产财产变价方案或者和解协议、重整计划草案提交债权人会议表决前向管理人提出。权利人在上述期限后主张取回相关财产的,应当承担延迟行使取回权增加的相关费用。

【要点注释】

本条规定权利人应当在破产财产变价方案或和解协议、重整计划草案提交债权人会议表决前向管理人主张取回。如果权利人未在上述截止时点行使取回权,需承担延迟行使取回权增加的相关费用。①

第二十七条 权利人依据企业破产法第三十八条的规定向管理人主张取回相关财产,管理人不予认可,权利人以债务人为被告向人民法院提起诉讼请求行使取回权的,人民法院应予受理。

权利人依据人民法院或者仲裁机关的相关生效法律文书向管理人主张取回所涉争议财产,管理人以生效法律文书错误为由拒绝其行使取回权的,人民法院不予支持。

【要点注释】

本条规定明确了在一般取回权行使过程中,如管理人拒绝或否认,权利人有权以债务人为被告提起诉讼。权利人如依据法院或仲裁机关的生效法律文书向管理人主张取回所涉争议财产的,管理人不能以生效文书错误为由拒绝其行使取回权。但如法院已决定对该生效法律文书进行再审,管理人可

---

① 参见最高人民法院民事审判第二庭编著:《最高人民法院关于企业破产法司法解释理解与适用——破产法解释(一)·破产法解释(二)》,人民法院出版社2017年版,第314~315页。

暂停取回权人取回相应财产。①

第二十八条　权利人行使取回权时未依法向管理人支付相关的加工费、保管费、托运费、委托费、代销费等费用,管理人拒绝其取回相关财产的,人民法院应予支持。

【要点注释】

本条规定明确了取回权人行使取回权时所负有的对待给付义务,权利人行使取回权时未依法向管理人支付相关费用,管理人可拒绝其取回相关财产。②

第二十九条　对债务人占有的权属不清的鲜活易腐等不易保管的财产或者不及时变现价值将严重贬损的财产,管理人及时变价并提存变价款后,有关权利人就该变价款行使取回权的,人民法院应予支持。

【要点注释】

本条规定授权管理人灵活处理权属不清的鲜活、易腐等不易保管或可能严重贬值的财产取回权问题,最大限度地保护取回权人的合法权益。有些财产因自身属性决定其保质期较短或保管费用太高或可能严重贬值,权利人是否取回、何时取回具有不确定性,如不及时变现,财产价值将大幅减少或消失,因此为保护取回权人的合法权益,发挥财产的最大效应,本条授权管理人可将鲜活易腐等财产先予变现并将变价款提存,取回权人可就财产变价款行使取回权。③

第四十条　债务人重整期间,权利人要求取回债务人合法占有的权利人的财产,不符合双方事先约定条件的,人民法院不予支持。但是,因管理人或

---

①　参见最高人民法院民事审判第二庭编著:《最高人民法院关于企业破产法司法解释理解与适用——破产法解释(一)·破产法解释(二)》,人民法院出版社 2017 年版,第 318~319 页。

②　参见最高人民法院民事审判第二庭编著:《最高人民法院关于企业破产法司法解释理解与适用——破产法解释(一)·破产法解释(二)》,人民法院出版社 2017 年版,第 328 页。

③　参见最高人民法院民事审判第二庭编著:《最高人民法院关于企业破产法司法解释理解与适用——破产法解释(一)·破产法解释(二)》,人民法院出版社 2017 年版,第 331 页。

者自行管理的债务人违反约定,可能导致取回物被转让、毁损、灭失或者价值明显减少的除外。

【要点注释】

为了保证企业重整成功,权利人在债务人重整期间行使取回权需要符合双方事先约定的条件。①

【司法文件】

《最高人民法院关于执行〈最高人民法院关于《中华人民共和国企业破产法》施行时尚未审结的企业破产案件适用法律若干问题的规定〉的通知》(法〔2007〕81号,2007年5月26日)

二、根据企业破产法的规定,破产申请受理后,所有有关债务人的民事诉讼只能向受理破产申请的人民法院提起。尚未审结的企业破产案件中,债权人或者债务人的职工依据企业破产法和《规定》第九条或者第十条的规定,向人民法院提起诉讼的,受理破产案件的人民法院应当根据案件性质和人民法院内部职能分工,并依据民事诉讼法的有关规定,由相关审判庭以独任审判或者组成合议庭的方式进行审理。

三、对于有关债务人的其他民事诉讼,如债务人合同履行诉讼、追收债务人对外债权诉讼、撤销债务人处分财产行为诉讼、确认债务人处分财产行为无效诉讼、取回权诉讼、别除权诉讼和抵销权诉讼等,受理破产案件的人民法院应比照本通知第二条规定处理。

【请示答复】

1.《最高人民法院关于长峰公司对一般结算账户上的资金能否行使取回权问题请示的答复》(〔2008〕民二他字第33号,2008年11月6日)

海南省高级人民法院:

你院〔2008〕琼民二终字第23号《关于长峰公司对一般结算账户上的资

---

① 参见最高人民法院民事审判第二庭编著:《最高人民法院关于企业破产法司法解释理解与适用——破产法解释(一)·破产法解释(二)》,人民法院出版社2017年版,第435~438页。

金能否行使取回权问题的请示》收悉。经研究,答复如下:

同意你院审委会的第一种意见。根据货币所有与占有一致的原则,海南汇通国际信托投资公司对其占有的结算账户内资金享有所有权。在海南汇通国际信托公司破产时,海南长峰游戏公司可以申报债权,不享有取回权。

此复

2.《最高人民法院关于湖南省华容县棉花总公司棉花取回权的确认及该批棉花灭失破产清算组如何承担责任的问题请示的答复》(〔2004〕民二他字第32号,2005年3月31日)

山西省高级人民法院:

你院《关于湖南省华容县棉花总公司棉花取回权的确认及该批棉花灭失破产清算组如何承担责任的问题的请示》已收悉。经研究,答复如下:

同意你院请示中的第1、2点意见,及第3点意见中关于取回权不必受债权申报期和破产财产分配影响的意见。本请示中的案件,因清算组将湖南华容棉花总公司享有取回权的棉花与破产企业的其他财产一起整体拍卖,无法确定该批棉花拍卖的价格,如何确定赔偿数额也便是个有争议的问题。我们考虑,在确定任何一个标准都欠缺依据的情况下,以该批棉花购入时双方约定的合同价格来计算,更切合实际,更公平合理一些。也较能充分地保护取回权人的合法权利。

此复

3.《最高人民法院关于河南省高级人民法院就郑州亚细亚五彩购物广场有限公司破产一案中董桂琴等50家商户能否行使取回权问题请示的答复》(〔2003〕民二他字第14号,2003年6月9日)

河南省高级人民法院:

你院〔2003〕豫法民二函字第02号请示收悉。经研究,答复如下:

原则同意你院不支持董桂琴等50家商户行使取回权的第二种意见。董桂琴等50家商户与亚细亚五彩购物广场有限公司(以下简称五彩购物广场)形成了委托收取销售货款的关系,现有证据不能证明五彩购物广场对所收取的货款开立专门账户加以管理,即五彩购物广场代收的货款没有特定化。由于货币作为动产的特殊属性,董桂琴等50家商户对没有特定化的货款不具有所有权关系,在企业破产还债程序中不能行使取回权,可以以普通债权人的身份参与破产财产的分配。望你院并郑州中院做好当事人的工作。

此复

【参考观点】

破产程序类似于民事强制执行程序,破产程序中的取回权与个别执行程序中案外人对执行标的提出异议的原理一致。[1] 取回权系在破产程序中对债务人占有的财产涉及的基础法律关系予以认可,享有取回权的人可向管理人申请,但其权利能否实现,取决于其对拟取回财产的实体权利。

一、取回权的基础法律关系是物权,包括所有权和用益物权,是对债务人占有的财产涉及的法律关系在破产程序中的认可,[2]这也意味着取回权发生的依据只能是物权关系而不能是债权关系。[3] 如果原物已经灭失,则权利人不能行使本条规定的取回权,权利人行使取回权的,应当证明债务人占有的财产属于自己所有。[4]

二、权利人应当在破产财产变价方案或和解协议、重整计划草案提交债权人会议表决前向管理人主张取回。物的返还请求权并无时效限制,但为了确保破产程序的顺利进行,有必要设定取回权的行使时间。本条规定的"人民法院受理破产申请"为物的返还请求权转化为破产程序中的取回权的时间点。截止时点为破产财产变价方案或和解协议、重整计划草案提交债权人会议表决前,因在此之后权利人主张取回权将导致债务人财产范围发生变化,破产财产变价方案或和解协议、重整计划草案可能需要重新制定,故为维护保证破产程序的顺利进行,相关司法解释规定权利人应当在破产财产变价方案或和解协议、重整计划草案提交债权人会议表决前向管理人主张取回。如果权利人未在上述截止时点行使取回权,其法律后果为承担延迟行使取回

---

[1]　参见王东敏:《新破产法疑难解读与实务操作》,法律出版社 2007 年版,第 227 页。

[2]　参见王东敏:《新破产法疑难解读与实务操作》,法律出版社 2007 年版,第 228 页。

[3]　参见最高人民法院民事审判第二庭编著:《最高人民法院关于企业破产法司法解释理解与适用——破产法解释(一)·破产法解释(二)》,人民法院出版社 2017 年版,第 311 页。

[4]　参见最高人民法院民事审判第二庭编著:《最高人民法院关于企业破产法司法解释理解与适用——破产法解释(一)·破产法解释(二)》,人民法院出版社 2017 年版,第 311~312 页。

权增加的相关费用,该部分费用指因权利人在前述时间之后行使取回权而导致破产费用增加的部分。①

三、权利人行使取回权时未依法向管理人支付相关的加工费、保管费、托运费、委托费、代销费等费用,管理人可拒绝其取回相关财产。权利人支付的相关费用应当仅限于债务人有权占有的和善意占有的情形,如果债务人恶意占有则不能请求支付上述费用,债务人应当无条件返还权利人的财产,给权利人造成损失的,还应当对权利人进行赔偿。管理人以权利人不支付合理的必要费用为由拒绝权利人行使取回权的权利基础可能是同时履行抗辩权也可能是留置权。如果债务人是基于不当得利或无因管理占有他人财产,在此期间为保管和维护财产而产生了必要费用,权利人在主张取回权时未支付有关费用,相关司法解释虽未明确列举可以拒绝,但从立法目的角度解释,管理人应当有权拒绝,原因在于此种情形也成立留置权。②

四、管理人对债务人占有的权属不清的不易保管或可能严重贬值的他人财产,在权利人行使取回权之前可对相关财产进行变价提存,取回权人则就财产变价款行使取回权。需要注意的是,管理人应当通过法定程序和方式将鲜活易腐不易保管的财产变现,该程序可参照本法第一百一十一条和一百一十二条之规定,首选拍卖的方式,如果不适合拍卖或拍卖费用过高,应当由管理人之外的第三方实施变卖,管理人自行变卖财产的范围应当限于金额不大或情况紧急时。③

五、为了保证企业重整成功,权利人在债务人重整期间行使取回权需要符合双方事先约定的条件。人民法院裁定受理债务人重整后,债务人合法占有的他人财产,权利人一般情况下不得取回,除非符合权利人事先与债务人约定的取回条件。但在有证据表明管理人或自行管理的债务人违反双方合

---

①　参见最高人民法院民事审判第二庭编著:《最高人民法院关于企业破产法司法解释理解与适用——破产法解释(一)·破产法解释(二)》,人民法院出版社2017年版,第314~315页。

②　参见最高人民法院民事审判第二庭编著:《最高人民法院关于企业破产法司法解释理解与适用——破产法解释(一)·破产法解释(二)》,人民法院出版社2017年版,第328页。

③　参见最高人民法院民事审判第二庭编著:《最高人民法院关于企业破产法司法解释理解与适用——破产法解释(一)·破产法解释(二)》,人民法院出版社2017年版,第331~333页。

同约定,可能导致相关财产被转让、毁损、灭失或价值明显减少的情况下,权利人有权行使取回权。①

六、如债务人占有的他人财产毁损或灭失,权利人不能依本条规定行使取回权时,权利人可依法对取回标的物毁损或灭失后的代偿物行使代偿性取回权。② 因取回标的物毁损或灭失获得的保险金、赔偿金等代偿物尚未交付给债务人,或已交付给债务人但能与债务人财产相区分的,权利人可以取回代偿物。如果代偿物已经交付给债务人且不能与债务人财产相区分的,权利人则不能行使代偿性取回权,只能按破产债权③或共益债务④获得清偿。⑤

【最高人民法院公报案例】

青岛源宏祥纺织有限公司与港润(聊城)印染有限公司取回权确认纠纷案

——当事人之间仅就物权的转移达成协议,但未就该动产达成出让人继续占有该动产的占有改定协议,也未实际交付该动产,不能发生物权转移的效力,在破产案件中不享有取回权。

【案情简介】

原告青岛源宏祥纺织有限公司(以下简称源宏祥纺织公司)与第三人青岛程泉布业有限公司(以下简称程泉布业公司)为被告港润(聊城)印染有限

---

① 参见最高人民法院民事审判第二庭编著:《最高人民法院关于企业破产法司法解释理解与适用——破产法解释(一)·破产法解释(二)》,人民法院出版社2017年版,第435~438页。

② 参见最高人民法院民事审判第二庭编著:《最高人民法院关于企业破产法司法解释理解与适用——破产法解释(一)·破产法解释(二)》,人民法院出版社2017年版,第355页。

③ 《企业破产法解释二》第三十二条第二款第(一)项规定,"财产毁损、灭失发生在破产申请受理前的,权利人因财产损失形成的债权,作为普通破产债权清偿"。

④ 《企业破产法解释二》第三十二条第二款第(二)项规定,"财产毁损、灭失发生在破产申请受理后的,因管理人或者相关人员执行职务导致权利人损害产生的债务,作为共益债务清偿"。

⑤ 参见最高人民法院民事审判第二庭编著:《最高人民法院关于企业破产法司法解释理解与适用——破产法解释(一)·破产法解释(二)》,人民法院出版社2017年版,第356页。

公司(以下简称港润印染公司)供应布匹。截止到 2009 年 11 月 4 日,港润印染公司欠源宏祥纺织公司货款 1195139.17 元,欠程泉布业公司货款 1075952.31 元。2009 年 11 月 20 日,三公司达成如下协议:(1)程泉布业公司将港润印染公司所欠货款全部转让给源宏祥纺织公司,港润印染公司和程泉布业公司均同意由港润印染公司直接将欠款支付给源宏祥纺织公司。(2)源宏祥纺织公司同意港润印染公司以其所有的七台机械设备折抵所欠货款,此七台机械设备所有权自本协议生效之日起转移为源宏祥纺织公司所有。(3)港润印染公司应在 2010 年 3 月 31 日前将所折抵的设备交付源宏祥纺织公司,并保证源宏祥纺织公司顺利取得设备,港润印染公司必须严格按照上述时间交付设备,若逾期交付,港润印染公司应按照所欠货款金额的每日千分之一向源宏祥纺织公司支付滞纳金。协议签订后,至三方协议中约定的 2010 年 3 月 31 日之前,港润印染公司未向源宏祥纺织公司交付七台设备。2010 年 3 月 17 日,山东省聊城市中级人民法院裁定受理了恒润热力公司对被告港润印染公司的破产申请,2010 年 7 月 27 日,聊城市中级人民法院裁定宣告港润印染公司破产。

源宏祥纺织公司认为,依据《物权法》第二十三条规定,“动产物权的设立和转让,自交付时发生效力,但法律另有规定的除外”。而《合同法》第一百三十三条规定,“标的物的所有权自标的物交付时起转移,但法律另有规定或者当事人另有约定的除外”。而且依据《物权法》第二十七条规定,“动产物权转让时,双方又约定由出让人继续占有该动产的,物权自该约定生效时发生效力”。本案协议生效期为 2009 年 11 月 20 日,当事人约定七台设备的所有权自本协议生效之日起转移为上诉人所有,并约定由出让人也就是被上诉人港润印染公司继续占有该七台设备。因此,该七台设备的交付日为 2009 年 11 月 20 日。依据《物权法》第二十七条关于占有改定的规定,原审法院认定七台设备的所有权属于港润印染公司的破产财产是错误的。请求二审法院撤销原判,作出公正判决。

山东省高级人民法院二审时认为,首先,涉案的七台设备属于动产,而动产的公示方法原则上是占有与交付。《物权法》第六条规定,“动产物权的设立和转让,应当依照法律规定交付”。所谓交付是指转移占有,即将自己占有的物或所有权凭证转移其他人占有的行为。《物权法》第二十三条规定,“动产物权的设立和转让,自交付时发生效力,但法律另有规定的除外”。可见,出于维护交易安全考虑,交付作为动产物权变动的法定方式,具有强制性。该法共规定了现实交付、简易交付、指示交付和占有改定四种交付方式。《合同法》第一百三十三条规定，"标的物所有权自标的物交付时起转移，但法律另有规定或当事人另有约定的除外"。该规定也是以交付作为动产物权变动的生效条件，其中的"法律另有规定和当事人另有约定"所涵盖的内容是现实交付之外的其他法律规定的拟制交付方式。此后实施的《物权法》，进一步明确了当事人只能够在法律规定的四种交付方式中通过约定选择一种具体的交付方式，除此之外，不存在其他基于法律行为而发生的动产物权变动的方式。

其次，关于本案协议中约定的方式是否属于占有改定的问题。所谓占有改定是指让与人与受让人达成动产物权变动协议后，依照当事人之间订立的合同，仍然继续占有该动产使受让人因此取得间接占有，代替现实交付。《物权法》第二十七条规定，"动产物权转让时，双方又约定由出让人继续占有该动产的，物权自该约定生效时发生效力"。从上述规定可以得出，占有改定构成要件表现为：（1）当事人之间达成动产物权变动协议，该协议是发生交付的基础；（2）除了达成物权变动协议，就该动产另外达成让与人继续占有使用该动产的协议。而本案中，虽然双方当事人签订的七台设备物权转让协议包含有所有权变动内容，但没有就被上诉人港润印染公司继续占有使用该七台设备另外达成协议。因此，港润印染公司与上诉人源宏祥纺织公司之间的协议不构成占有改定交付。

综上，因该七台设备并未现实交付，尽管当事人签订的协议有效，也只是产生债权效力，并未发生物权变动效力，上诉人源宏祥纺织公司并没有实际取得该七台设备的所有权，故其在被上诉人港润印染公司破产案件中并不享有取回权。源宏祥纺织公司称涉案七台设备物权通过三方协议已经转移给其所有并享有该设备的取回权理由不能成立。

【裁判要点】

《物权法》第六条规定，"动产物权的设立和转让，应当依照法律规定交付"。第二十三条规定，"动产物权的设立和转让，自交付时发生效力，但法律另有规定的除外"。所谓交付是指转移占有，即将自己占有的物或所有权凭证转移其他人占有的行为。所谓占有改定是指让与人与受让人达成动产物权变动协议后，依照当事人之间订立的合同，仍然继续占有该动产使受让人因此取得间接占有，代替现实交付。《物权法》第二十七条规定，"动产物权转让时，双方又约定由出让人继续占有该动产的，物权自该约定生效时发生效力"。由此,当事人之间仅就物权的转移达成协议,但未就该动产达成出让人继续占有该动产的占有改定协议,也未实际交付该动产,则不符合上述法律之规定,故不能发生物权转移的效力,在破产案件中不享有取回权。

【案例来源】

《中华人民共和国最高人民法院公报》2012 年第 4 期(总第 186 期)。

【最高人民法院裁判案例】

1. 陈淑兰、韩冲与贵州金典盛园房地产开发有限公司一般取回权纠纷案[最高人民法院(2022)最高法民申 59 号]

——已以物抵债且已交付但未变更登记的不动产,第三人不享有取回权。

【案情简介】

金典盛园房地产开发有限公司(以下简称金典公司)经批准开发习水县"佳诚花园"二期项目,该项目由王永烈挂靠贵州化学工程有限公司施工,实际出资人为王永烈。因该项目地下地质结构复杂,不具备建设防空地下室的条件,经习水县人民政府审批,金典公司向习水县人民政府交纳了人防异地建设费后,该项目所配套的人防工程异地建设。王永烈因开发"佳诚花园"二期项目陆续向陈淑兰借款,后金典公司与陈淑兰、王永烈三方签订了《抵款协议》,约定王永烈自愿将"佳诚花园"二期项目的小区车位 200 个一并作价转让给陈淑兰,用以抵偿债务。2015 年 10 月 22 日,习水县人民法院在执行申请人陈漫霞申请执行金典公司租赁合同纠纷案中,对案涉的 200 个车位进行查封。陈淑兰提出异议被驳回后提起了执行异议之诉,习水县人民法院裁定中止审理。2018 年 1 月 11 日,贵阳市中级人民法院依法裁定受理金典公司破产清算一案,故陈淑兰、韩冲提起本案诉讼,请求对金典公司已经交付的车位享有取回权。

最高人民法院审查再审申请时认为,根据《物权法》第九条第一款"不动产物权的设立、变更、转让和消灭,经依法登记,发生效力;未经登记,不发生效力,但法律另有规定的除外"之规定,不动产物权变动应以登记为准。本案中,虽然陈淑兰与金典公司及王永烈三方签订了《抵款协议》,案涉的车位也交付给陈淑兰、韩冲占有,但依据上述法律规定,该车位并未办理变更登记在陈淑兰、韩冲名下,在没有变更登记的情况下,该车位仍为金典公司所有,陈淑兰、韩冲基于《抵款协议》对案涉车位享有的权利仍系债权。故原审认定陈淑兰、韩冲对案涉车位不享有取回权的基本事实,并不缺乏证据证明。习水县人民法院(2016)黔0330民初3590号案件的判决仅是排除强制执行,并未确认陈淑兰、韩冲对案涉车位享有所有权。此外,《审理破产案件若干规定》第七十一条关于非债务人财产范围的规定,与现行《企业破产法》以及《企业破产法解释二》第二条的规定不一致,故依据新法优于旧法的法律适用原则,原审适用现行《企业破产法解释二》第二条的规定,适用法律亦无不当。

【裁判要点】

已经以物抵债给第三人的不动产,即使已交付给第三人占有,但在没有变更登记的情况下,所有权仍属于债务人所有,第三人不享有取回权。

【案例来源】

中国裁判文书网,https://wenshu.court.gov.cn。

2. 林长相、贵州国源矿业开发有限公司等一般取回权纠纷案[最高人民法院(2021)最高法民申4928号]

——当事人对其缴纳给债务人的未经特定化的保证金不享有取回权。

【案情简介】

贵州国源矿业开发有限公司织金县化起镇永安煤矿(以下简称永安煤矿)、贵州国源矿业开发有限公司大方县东关乡宏富德煤矿(以下简称宏富德煤矿)均系贵州国源矿业开发有限公司(以下简称国源公司)分公司。林长相系永安煤矿、宏富德煤矿采煤队、施工队、掘进队负责人。曾于2016年11月3日、2017年5月11日向国源公司缴纳永安煤矿采煤队保证金50万元、宏富德煤矿掘进保证金50万元,合计100万元。2018年10月31日,贵州省贵阳市中级人民法院依法裁定受理对国源公司破产重整一案。国源公司进入重整程序后,林长相就包括上述保证金在内的款项向管理人申报债权,管理人将上述保证金款项确认为普通债权。林长相诉至法院要求对上述100万元保证金行使取回权。一审法院判决支持林长相对100万元保证金享有取回权,国源公司不服一审判决上诉至贵州省高级人民法院,二审法院判决撤销一审判决,驳回林长相诉讼请求。林长相不服二审判决,向最高人民法院提起再审。

最高人民法院经审查认为,《企业破产法》第三十八条规定:"人民法院受理破产申请后,债务人占有的不属于债务人的财产,该财产的权利人可以通过管理人取回。但是,本法另有规定的除外。"《最高人民法院关于适用〈中华人民共和国担保法〉若干问题的解释》第八十五条规定:"债务人或者第三人将其金钱以特户、封金、保证金等形式特定化后,移交债权人占有作为债权的担保,债务人不履行债务时,债权人可以以该金钱优先受偿。"经审查,本案中案涉100万元款项虽由林长相向永安煤矿和宏富德煤矿缴纳,收条上亦载明用途为保证金,但货币作为一般等价物,交付之后即与永安煤矿和宏富德煤矿的其他资金产生混同。林长相请求取回应举证证明该款项在交付后仍能与永安煤矿和宏富德煤矿的其他资金清晰区分,即具备特定化的特征,但其在一、二审中并没有证据证实该100万元款项已经以特户、封金、保证金等形式予以特定化,仅仅是双方在相关合同中约定该款项性质是保证金以及永安煤矿和宏富德煤矿出具的收条标明该款项为保证金,并不足以证实林长相仍为该货币的所有权人,而取回权依据的是物权关系而非债权关系。故根据前述法律规定,林长相要求行使取回权的条件不成立。

【裁判要点】

当事人向债务人缴纳的用途为保证金的货币,在未经特定化的情况下,已与债务人其他资金混同,仅以合同约定相关款项性质是保证金不足以证实其系所有权人,故不能行使取回权。

【案例来源】

中国裁判文书网,https://wenshu.court.gov.cn。

3. 葫芦岛华建宏祥供热有限公司、葫芦岛市广源供热有限公司取回权纠纷案[最高人民法院(2021)最高法民申921号]

——*破产取回权的行使以取回物仍然存在为前提。*

【案情简介】

2013年9月9日,葫芦岛华建宏祥供热有限公司(以下简称华建公司)因与葫芦岛市广源供热管理有限公司(以下简称广源公司)签订《茨齐路热源厂接管协议书》约定广源公司所属的茨齐路热源厂托管给华建公司,监管方葫芦岛市城市供热管理办公室。华建公司接管期间,添附了部分资产。

2014 年广源公司被其债权人申请强制执行。2015 年 12 月 17 日,葫芦岛市中级人民法院委托葫芦岛成成拍卖有限公司对广源公司财产及华建公司添附财产进行拍卖,拍卖过程于 2016 年 6—7 月间完成,辽宁盘山新城热力有限公司以 223174435.46 元的最高价竞得。2016 年 8 月 22 日,葫芦岛市中级人民法院执行局作出(2014)葫执恢字第 00005 号之六《执行裁定书》,裁定:(1)位于龙港区的相关楼房及其土地使用权和广源公司供热设备设施,以及华建公司增设的 3#热水锅炉及附属设施一套等资产的所有权、土地使用权及相应的其他权利归买受人辽宁盘山新城热力有限公司所有或享有。上述财产权、其他财产权自本裁定送达买受人辽宁盘山新城热力有限公司时起转移。(2)买受人辽宁盘山新城热力有限公司可持本裁定书到财产管理机构办理相关产权过户登记手续。在分配拍卖款过程中,华建公司于 2016 年 10 月 10 日申请案外人异议。2017 年 2 月 10 日,葫芦岛市中级人民法院依法裁定受理了广源公司破产案。2019 年 12 月 25 日,华建公司提起取回权之诉。一审、二审法院均未支持其主张,华建公司遂向最高人民法院提起再审。

最高人民法院经审查认为,《企业破产法》第三十八条规定:"人民法院受理破产申请后,债务人占有的不属于债务人的财产,该财产的权利人可以通过管理人取回。但是,本法另有规定的除外。"取回权是民法上物的返还请求权在破产程序中的一种表现形式,以取回物仍然存在为前提。本案中,华建公司在接管茨齐路热源厂(原为广源公司经营)期间增设的部分财产,因广源公司被其债权人申请强制执行,已于 2015 年 12 月 17 日随广源公司财产被整体拍卖。在前述人民法院依法拍卖过程中,辽宁盘山新城热力有限公司通过参与竞拍、支付合理价格,依法取得拍卖资产的所有权。此时,原增设财产已经不存在,华建公司无法行使一般取回权。华建公司可以就其增设财产向广源公司请求折价或赔偿损失,但无论是请求折价抑或赔偿损失的权利,均为债权请求权。在广源公司于 2017 年进入破产程序后,前述债权应作为破产债权进行申报。因此,华建公司主张对案涉增设财产拍卖价款进行取回的再审申请理由,于法无据,不能成立。

【裁判要点】

取回权是民法上物的返还请求权在破产程序中的一种表现形式,以取回物仍然存在为前提。在原增设财产不存在的情况下,不能行使取回权,仅能就相关损失申报债权。

【案例来源】

中国裁判文书网,https://wenshu.court.gov.cn。

4. 董延庚、廊坊市盛都房地产开发有限公司取回权纠纷案[最高人民法院(2021)最高法民申9号]

——已签署以物抵债协议但未过户的不动产仍属于债务人财产,债权人不享有取回权。

【案情简介】

2014年6月14日,董延庚与廊坊市盛都房地产开发有限公司(以下简称盛都公司)法定代表人矫新环签订《借款合同》,约定董延庚向矫新环出借2000万元,盛都公司作为保证人之一对上述借款承担连带清偿责任。2014年6月20日,董延庚与盛都公司、青岛雅尔佳实业有限公司(以下简称雅尔佳公司)、矫新环签订《协议书》,约定盛都公司将盛都时代广场3号楼1-102号房屋网签至董延庚名下,作为借款的保障。如果盛都公司在此期间需要出售该房产,董延庚无条件配合盛都公司办理退房手续,盛都公司出售或抵押该房产获得的资金优先偿还董延庚的借款。2014年9月10日,董延庚与雅尔佳公司、盛都公司共同签署《抵顶协议书》,同意将2000万元借款本金及利息转为董延庚购买盛都公司开发的盛都时代广场3号楼1-102、1-01、1-02共3处房屋的房款。2017年11月23日,廊坊市中级人民法院依法裁定受理了盛都公司的破产重整一案,2018年2月2日,董延庚向破产管理人申报债权金额登记为3312.70万元,担保物为网签盛都时代广场底商3号楼102户房屋一处。董延庚不同意债权确认的结果于2019年5月24日向破产管理人提交取回房屋使用权申请书,要求对网签的盛都时代广场3号楼1-102号房屋行使取回权。管理人不同意董延庚取回该房屋。后董延庚向法院起诉要求取回该房屋,一审、二审法院均未支持其主张,董延庚向最高人民法院申请再审。

董延庚认为,董延庚与盛都公司签订的《抵顶协议书》有效,董延庚有权要求盛都公司继续履行该协议,即盛都公司交付案涉房屋并协助办理所有权转移登记。董延庚与盛都公司签订的《抵顶协议书》有效,进而签订的《商品房买卖合同》以及办理的网签也有效。董延庚已支付全部购房款,所购商品房的楼层、房号、面积均具体明确,系特定物,案涉商品房不属于破产财产,董延庚有权行使取回权。

最高人民法院经审查认为,首先,在签订以物抵债协议的债务人企业破产的情况下,管理人不能解除合同,但并不意味着债权人就有权请求继续履行合同。因为一旦允许债权人请求债务人继续履行合同,并基于合同的履行享有物权,则无异于使该债权人享有了物权性质的权利,不符合破产程序公平受偿的原则。因此,即便债权人请求继续履行合同,人民法院也要将其请求转化为金钱之债,进而通过破产程序公平受偿。在债务人盛都公司破产的情形下,董延庚要求继续履行合同并交付房屋依法无法获得支持。其次,《审理破产案件若干规定》系为正确适用 1986 年颁布的《企业破产法(试行)》所制定的司法解释,当时我国《物权法》并未出台,随着《企业破产法》于2007 年 6 月 1 日施行,《企业破产法(试行)》已经废止,《物权法》也开始实施,《企业破产法》施行后制定的《企业破产法解释二》第二条对不应认定为债务人财产的情形,也作出了新的规定,其中已无《审理破产案件若干规定》第七十一条第(五)项规定的情形。因此,在《物权法》颁布实施后,物权变动的标准应以该法规定为准。根据《物权法》第六条、第九条规定,不动产物权变动采取登记生效主义,未经登记不发生物权效力。鉴于案涉房屋仍然登记在盛都公司名下,董延庚主张案涉房屋不属于破产财产,其有权行使取回权,缺乏充分的法律依据。此外,根据《最高人民法院关于人民法院办理执行异议和复议案件若干问题的规定》第二十八条规定,对于《审理破产案件若干规定》第七十一条第(五)项规定的情形,由于尚未转移占有,无法对抗执行,在权利尚不足以对抗执行的情况下,显然不能赋予更优先权利从而允许其从破产财产中予以取回。因此,董延庚依据《审理破产案件若干规定》第七十一条第(五)项规定主张案涉房屋不属于盛都公司破产财产并据此行使取回权,缺乏法律依据,本院不予支持。最后,董延庚与盛都公司签订《抵顶协议书》后,虽然办理了网签备案,但没有办理预告登记,且案涉房屋至今仍未办理产权转移登记,也未向董延庚交付,应认定为盛都公司的破产财产。

【裁判要点】

在签订以物抵债协议的债务人企业破产的情况下,债权人请求继续履行合同时需将其请求转化为金钱之债并通过破产程序公平受偿,且已签署抵债协议但未过户的不动产仍属于债务人财产,债权人不享有取回权。

【案例来源】

中国裁判文书网,https://wenshu. court. gov. cn。

5. 新华证券有限公司、东北证券股份有限公司与马泰源一般取回权纠纷案［最高人民法院（2021）最高法民再56号］

——破产申请受理前已被违法转让给第三人且第三人已善意取得的，原权利人不能行使取回权。

【案情简介】

2000年9月27日，马泰源在上海证券交易所开立了股票账户和资金账户，存入资金进行股票买卖。2001年5月8日，在未提供马泰源授权的情况下，新华证券有限公司（以下简称新华证券）撤销指定交易，将马泰源证券账户中的三只股票办理指定交易到王萍的资金账户下。2001年5月11日前，上述三只股票被全部卖出。此后，马泰源的资金账户发生多次交易，包括现金取款、股金划入、划出等。2003年，中国证券监督管理委员会指定东北证券有限责任公司（以下简称东北证券）托管新华证券证券业务及所属证券营业部。根据中国证券监督管理委员会《关于撤销新华证券有限责任公司的决定》，由中国证券监督管理委员会成立的撤销工作组委托，北京天健会计师事务所出具了《关于原新华证券截至2003年12月5日挪用客户保证金情况的专项审计报告》，该报告配资账户情况表将王萍的资金账户认定为配资账户，即王萍的资金账户是问题账户。2006年2月27日，依据新华证券清算组的要求，东北证券长春西安大路证券营业部将包括马泰源股票账户在内的14个股票账户，全部指定交易到新华证券清算组开立的资金账户下。马泰源的股票账户于2006年3月6日在东北证券长春西安大路证券营业部办理指定交易，指定到新华证券清算组资金账户下。2008年10月10日，长春市中级人民法院依法裁定受理新华证券破产清算一案。

马泰源于2017年向长春市中级人民法院起诉新华证券、东北证券，请求新华证券、东北证券向马泰源返还属于其所有的股票账户内的股票（2017年7月4日价值为1707629.55元）。该院（2017）吉01民初830号民事判决认定："在2001年5月8日至2001年5月11日期间，该三只股票被全部卖出，共计收入金额127830.67元，与王萍资金账户内原有的资金混同，并利用混同后的资金买入其他股票。"2019年，马泰源诉至长春市中级人民法院请求判令新华证券返还马泰源股票账户内三只股票的市值，共计202450元。一审法院判决驳回其诉讼请求，马泰源上诉至吉林省高级人民法院后，二审法院判决新华证券、东北证券返还马泰源202450元。新华证券、东北证券不服二审判决向最高人民法院申请再审。

最高人民法院经审查认为，《企业破产法》第三十八条规定："人民法院受理破产申请后，债务人占有的不属于债务人的财产，该财产的权利人可以通过管理人取回。但是，本法另有规定的除外。"取回权是破产法规定的一项权利，其基础是民法上的返还原物请求权，以取回权标的物仍客观存在为前提。根据《企业破产法解释二》第三十条的规定，如果标的物在破产申请受理前已经被违法转让给第三人，且该第三人已善意取得所有权，则原权利人不能再行使取回权，其因财产损失形成的债权只能作为普通债权清偿。本案中，新华证券在未取得马泰源授权的情况下，擅自处分马泰源证券账户项下的三只股票，他人已善意取得股权，故马泰源不能再取回其账户中原有的上述三只股票。即便转让取回权标的物所得的价金可以由原权利人取回，也应满足该价金尚未交付给债务人，或者虽已交付给债务人但能与债务人财产予以区分这一前提条件。本案中，处分马泰源三只股票所得的价款进入了王萍的资金账户，且已与账户内的其他资金混同，不符合上述条件。综合考虑前述情形，马泰源行使取回权的基础已不存在，二审判决支持马泰源有关取回案涉三只股票市值的诉讼请求，适用法律错误，应予纠正。马泰源虽无法行使一般取回权，但不影响其向新华证券主张损害赔偿或者不当得利之债，在新华证券已进入破产清算程序的情况下，马泰源可以依据《企业破产法》第四十四条的规定向新华证券破产管理人申报债权。

【裁判要点】

取回权的标的物在破产申请受理前已经被违法转让给第三人，且该第三人已善意取得所有权，则原权利人不能再行使取回权，其因财产损失形成的债权只能作为普通债权清偿。

【案例来源】

中国裁判文书网，https://wenshu.court.gov.cn。

【典型案例】

湖南省华容县棉花总公司与原山西纺织印染厂取回权纠纷案

——在破产程序中，权利人行使取回权不受债权申报期的限制，也不受破产财产分配的影响。在破产宣告后，取回权的标的物灭失导致取回权无法行使时，清算组有过错的，应承担赔偿责任。

【案情简介】

1995年9月20日,湖南省华容县棉花总公司与原山西纺织印染厂(以下简称山西纺织印染厂)签订农副产品购销合同,约定:湖南省华容县棉花总公司供给山西纺织印染厂皮棉三批共计548万吨,总金额为928万元。合同签订后,湖南省华容县棉花总公司实际供给山西纺织印染厂皮棉428.31吨,合计金额为7466609.70元。山西纺织印染厂对该批棉花验收无误。山西纺织印染厂实际付款210万元。同年10月4日,湖南省华容县棉花总公司与山西纺织印染厂达成《关于棉花货款结算协议》,约定在货款未偿还完毕之前,湖南省华容县棉花总公司所发运的棉花仍为其所有,属暂存物资,山西纺织印染厂不得动用。

1996年太原市中级人民法院受理了山西纺织印染厂破产一案,并于同年9月30日宣告山西纺织印染厂破产还债。其间,山西纺织印染厂破产清算组对库存物资进行了盘点,结果为库存原棉共有三批。结合签订合同的时间,可以确定在破产时,湖南省华容县棉花总公司在山西纺织印染厂所有的皮棉为76.22吨。1996年10月25日,山西纺织印染厂破产清算组将山西纺织印染厂的所有的资产(其中包含湖南省华容县棉花总公司所剩的棉花)委托拍卖行进行了整体拍卖。1997年8月20日,太原市中级人民法院裁定终结山西纺织印染厂的破产程序。

另,山西省高级人民法院的请示报告中显示,在破产清算组对山西纺织印染厂债务清查时,湖南省华容县棉花总公司并未向法院申报债权,而是多次通过相关领导协调,太原市政府具体负责山西纺织印染厂破产事宜的领导还专门召开有关部门及清算组成员参加的会议讨论此事,但未形成书面文件。1996年,湖南省华容县棉花总公司还向太原市中级人民法院院长反映情况。1997年1月12日,湖南省华容县棉花总公司向破产清算组提交了取回权的申请。2002年10月18日,湖南省华容县棉花总公司向太原市中级人民法院提出裁定取回权的申请书。太原市中级人民法院至今未作出关于解散山西纺织印染厂破产清算组的决定,但该清算组实际上已不存在。

山西省高级人民法院认为:(1)湖南省华容县棉花总公司与山西纺织印染厂所签订的皮棉购销合同及棉花结算协议并不违反法律规定,上述合同及协议合法有效。湖南省华容县棉花总公司对存放在山西纺织印染厂的皮棉享有所有权。(2)湖南省华容县棉花总公司本应对存放在山西纺织印染厂的皮棉享有取回权,但取回权的行使是以财产的存在为前提,如果财产在破产宣告前毁损、灭失的,则权利人就无法行使取回权,只能按照破产程序申报债权。山西纺织印染厂在破产之前就已处理了352.092吨棉花(包含了已付款210万元的部分),对于已处理的棉花,不能行使取回权,只能作为一般破产债权申报参加破产程序后按比例受偿。对于在破产时已不存在的棉花的取回权申请,不予支持。(3)湖南省华容县棉花总公司对于在破产时所剩余的76.22吨棉花应享有取回权。在破产公告时,湖南省华容县棉花总公司并未申报债权,即使享有取回权也应以权利人的提示为前提。由于在破产财产处理当中,破产财产数量、种类众多,清算组不可能逐一认定,在其未在破产财产处理前向清算组提示行使取回权时,在破产财产已被处理后才向清算组和法院申请行使,因此不可能以原物形式取回。该棉花由于是因破产清算组处理不当所致,因此对于该76.22吨棉花应视为共益债权,从破产财产中优先全额赔偿。在破产财产已完全分配完毕后,清算组是否可以作为赔偿主体进行赔偿,以何种形式赔偿,法律无规定。(4)关于该取回权物品的价值的确定问题。法院认为,以其出具的增值税专用发票中的数额956255.00元确定较为合理。对于赔偿的其他损失,应按照956255.00元作为本金数,支付申请人从该案破产终结之日起即1997年8月20日至付清时为止的同期银行贷款利息。

【裁判要点】

湖南省华容县棉花总公司与山西纺织印染厂签订《关于货款结算协议》,约定在货款未偿还完毕之前,棉花归湖南省华容县棉花总公司所有。湖南省华容县棉花总公司与山西纺织印染厂对未支付货款的棉花,约定所有权保留,故对存放于山西纺织印染厂的棉花,湖南省华容县棉花总公司享有所有权。在山西纺织印染厂破产时,该批棉花仅剩76.22吨,湖南省华容县棉花总公司应享有取回权。因为取回权的行使一般只限于取回原物,没有代位物的,只能作为普通债权参加破产分配;如产生代位物的,湖南省华容县棉花总公司可以请求取回代位物。基于上述分析,取回权不必受债权申报期和破产财产分配影响。本案中,清算组擅自处分他人财产具有不合法性,在确定财产权利人应获等值赔偿数额时,不应以清算组转让棉花的价格作依据,而应以棉花转让时的相应价值作为赔偿依据。在破产宣告后,取回权的标的物灭失导致权利人无法行使权利时,如系因清算组的行为所致,清算组应当承担相应的法律责任。

【案例来源】

最高人民法院民事审判第二庭编:《民商事审判指导》2005年第1辑(总

第 7 辑），人民法院出版社 2005 年版，第 32~38 页。

编者说明

代偿性取回权是取回权的特别形态，是一般取回权的拓展和延伸。代偿性取回权是指一般取回权行使的标的财产毁损、灭失时，该财产的权利人依法对取回标的物的代偿财产行使取回的权利，具有绝对优先效力。是否承认代偿性取回权以及如何设置代偿性取回权制度，各国立法规定不尽相同。综观当今各国破产法的立法例，代偿性取回权制度目前仅有德国、日本、瑞士等少数大陆法系国家破产法予以明确规定，而我国《企业破产法解释二》第三十二条对代偿性取回权进行了规定。代偿性取回权的行使，需以取回标的能与债务人财产进行区分、未发生实质性混同，并且代偿物仍然存在、具备取回条件为前提。亦即，其行使也需符合一般取回权的基本条件。而与一般取回权相比，代偿性取回权的行使最大难点在于对货币或资金行使取回权的问题。对于货币或资金的特定化判断，可以有宽严两种标准。较严的标准是在有关货币进入债务人的账户后，债务人的账户上再无其他支出活动，从而可构成货币的特定化（至少是共有）。较宽的标准是只要货币能与债务人的其他资金通过进账与出账记录相区分，即可认定其已经特定化。按照这两种标准，代偿性取回权是否可行使都不在于货币是否专户管理，而在于债务人账户有"代偿取回金"流入的事实以及该笔资金可遵循一定标准加以区分的状态。司法实务主流做法是按照比较宽松的标准来认定代偿性取回权的行使条件。

此外，房地产企业破产案件中，已支付全部价款但尚未办理所有权转移登记的买受人是否有权取回案涉房屋在实务中存在一定争议。一种观点认为，根据《审理破产案件若干规定》第七十一条规定，权属未进行变更登记的房屋，在已经支付全部购房款或者实际占有房屋的情形下，应认定归买受人所有，而不再属于债务人财产；另一种观点则认为，在房屋所有权未进行转移登记的情况下，房屋所有权并未转移，而仍归属于出卖人，且《审理破产案件若干规定》第七十一条与《企业破产法解释二》第二条规定不一致的内容，已经不再适用。对此问题，最高人民法院民一庭已形成倾向性意见，即："房地产开发企业进入破产程序的，买受人已支付了全部购房款但未完成所有权转移登记的房屋应认定为债务人财产。支付了全部购房款的消费者买受人就所购房屋对房地产开发企业享有的债权具有特定性和优先性，房地产开发企业应当在破产程序中优先履行商品房买卖合同约定的交付已建成房屋并协助办理所有权转移登记的义务，该行为不构成破产法第十六条所称的无效的个别清偿行为。"①在实务中,管理人亦是通过审查房屋买卖合同并通过继续履行的方式,保障已支付全部价款买受人的合法权益。

第三十九条 【在途运输标的物的取回与交付】人民法院受理破产申请时,出卖人已将买卖标的物向作为买受人的债务人发运,债务人尚未收到且未付清全部价款的,出卖人可以取回在运途中的标的物。但是,管理人可以支付全部价款,请求出卖人交付标的物。

【立法·要点注释】

出卖人取回权是破产法中规定的特殊取回权,出卖人取回权的行使需要满足以下条件:第一,出卖人必须已经将买卖标的物发运,且尚未收到全部价款;第二,人民法院裁定受理对买受人的破产申请时,标的物尚在运输途中。出卖人取回权设置的目的在于保证出卖人的价款可以得到全额支付,但如果管理人已经支付全部价款的,出卖人取回权则无实际意义,故管理人可全额支付价款,请求出卖人交付标的物。

【相关立法】

1.《中华人民共和国企业破产法》(2006 年 8 月 27 日第十届全国人民代表大会常务委员会第二十三次会议通过,2007 年 6 月 1 日)

第三十八条 人民法院受理破产申请后,债务人占有的不属于债务人的财产,该财产的权利人可以通过管理人取回。但是,本法另有规定的除外。

2.《中华人民共和国民法典》(2020 年 5 月 28 日中华人民共和国第十三届全国人民代表大会第三次会议通过,2021 年 1 月 1 日)

第六百四十一条 当事人可以在买卖合同中约定买受人未履行支付价

---

① 参见司伟:《房地产开发企业进入破产程序的,买受人已支付了全部购房款但未完成所有权转移登记的房屋是否属于债务人财产及其权利实现顺位》,载最高人民法院民事审判第一庭编:《民事审判指导与参考》2018 年第 2 辑(总第 74 辑),人民法院出版社2018 年版,第 152 页。

款或者其他义务的,标的物的所有权属于出卖人。

出卖人对标的物保留的所有权,未经登记,不得对抗善意第三人。

第六百四十二条　当事人约定出卖人保留合同标的物的所有权,在标的物所有权转移前,买受人有下列情形之一,造成出卖人损害的,除当事人另有约定外,出卖人有权取回标的物:

(一)未按照约定支付价款,经催告后在合理期限内仍未支付;

(二)未按照约定完成特定条件;

(三)将标的物出卖、出质或者作出其他不当处分。

出卖人可以与买受人协商取回标的物;协商不成的,可以参照适用担保物权的实现程序。

第六百四十三条　出卖人依据前条第一款的规定取回标的物后,买受人在双方约定或者出卖人指定的合理回赎期限内,消除出卖人取回标的物的事由的,可以请求回赎标的物。

买受人在回赎期限内没有回赎标的物,出卖人可以以合理价格将标的物出卖给第三人,出卖所得价款扣除买受人未支付的价款以及必要费用后仍有剩余的,应当返还买受人;不足部分由买受人清偿。

第八百二十九条　在承运人将货物交付收货人之前,托运人可以要求承运人中止运输、返还货物、变更到达地或者将货物交给其他收货人,但是应当赔偿承运人因此受到的损失。

【司法解释】

1.《最高人民法院关于适用〈中华人民共和国企业破产法〉若干问题的规定(二)》(法释〔2013〕22 号,2013 年 9 月 16 日;法释〔2020〕18 号修正,2021 年 1 月 1 日)

第三十五条　出卖人破产,其管理人决定继续履行所有权保留买卖合同的,买受人应当按照原买卖合同的约定支付价款或者履行其他义务。

买受人未依约支付价款或者履行完毕其他义务,或者将标的物出卖、出质或者作出其他不当处分,给出卖人造成损害,出卖人管理人依法主张取回标的物的,人民法院应予支持。但是,买受人已经支付标的物总价款百分之七十五以上或者第三人善意取得标的物所有权或者其他物权的除外。

因本条第二款规定未能取回的物,出卖人管理人依法主张买受人继续支付价款、履行完毕其他义务,以及承担相应赔偿责任的,人民法院应予支持。

【要点注释】

本条规定明确了出卖人管理人决定继续履行所有权保留买卖合同的情形下行使出卖人取回权的条件及法律后果。出卖人破产情况下,如出卖人管理人选择继续履行合同,买受人应当依照合同约定的付款期限或其他义务的履行期限继续履行,如买受人违约,出卖人管理人可行使合同法上的取回权维护自身合法权利。[①]

第三十六条 出卖人破产,其管理人决定解除所有权保留买卖合同,并依据企业破产法第十七条的规定要求买受人向其交付买卖标的物的,人民法院应予支持。

买受人以其不存在未依约支付价款或者履行完毕其他义务,或者将标的物出卖、出质或者作出其他不当处分情形抗辩的,人民法院不予支持。

买受人依法履行合同义务并依据本条第一款将买卖标的物交付出卖人管理人后,买受人已支付价款损失形成的债权作为共益债务清偿。但是,买受人违反合同约定,出卖人管理人主张上述债权作为普通破产债权清偿的,人民法院应予支持。

【要点注释】

本条规定明确了出卖人管理人决定解除所有权保留买卖合同时,出卖人管理人要求买受人交付买卖标的物的条件及法律后果。出卖人管理人解除合同后,买卖标的物属于买受人持有的出卖人财产,应当向出卖人管理人交付该财产,否则须对其违反法律规定交付财产所导致的债权人损失承担法律责任。[②]

---

① 参见最高人民法院民事审判第二庭编著:《最高人民法院关于企业破产法司法解释理解与适用——破产法解释(一)·破产法解释(二)》,人民法院出版社2017年版,第397~398页。

② 参见最高人民法院民事审判第二庭编著:《最高人民法院关于企业破产法司法解释理解与适用——破产法解释(一)·破产法解释(二)》,人民法院出版社2017年版,第407~410页。

第三十七条　买受人破产,其管理人决定继续履行所有权保留买卖合同的,原买卖合同中约定的买受人支付价款或者履行其他义务的期限在破产申请受理时视为到期,买受人管理人应当及时向出卖人支付价款或者履行其他义务。

买受人管理人无正当理由未及时支付价款或者履行完毕其他义务,或者将标的物出卖、出质或者作出其他不当处分,给出卖人造成损害,出卖人依据民法典第六百四十一条等规定主张取回标的物的,人民法院应予支持。但是,买受人已支付标的物总价款百分之七十五以上或者第三人善意取得标的物所有权或者其他物权的除外。

因本条第二款规定未能取回标的物,出卖人依法主张买受人继续支付价款、履行完毕其他义务,以及承担相应赔偿责任的,人民法院应予支持。对因买受人未支付价款或者未履行完毕其他义务,以及买受人管理人将标的物出卖、出质或者作出其他不当处分导致出卖人损害产生的债务,出卖人主张作为共益债务清偿的,人民法院应予支持。

【要点注释】

本条规定明确了买受人管理人决定继续履行所有权保留买卖合同时,出卖人行使取回权的条件及法律后果。所有权保留买卖合同的买受人破产时,该合同义务存在加速到期的情形,因此买受人管理人应当及时履行合同义务,否则出卖人可行使合同法上的取回权。[①]

第三十八条　买受人破产,其管理人决定解除所有权保留买卖合同,出卖人依据企业破产法第三十八条的规定主张取回买卖标的物的,人民法院应予支持。

出卖人取回买卖标的物,买受人管理人主张出卖人返还已支付价款的,人民法院应予支持。取回的标的物价值明显减少给出卖人造成损失的,出卖人可从买受人已支付价款中优先予以抵扣后,将剩余部分返还给买受人;对买受人已支付价款不足以弥补出卖人标的物价值减损损失形成的债权,出卖人主张作为共益债务清偿的,人民法院应予支持。

---

① 参见最高人民法院民事审判第二庭编著:《最高人民法院关于企业破产法司法解释理解与适用——破产法解释(一)·破产法解释(二)》,人民法院出版社 2017 年版,第 412~413 页。

【要点注释】

本条规定了买受人管理人决定解除所有权保留买卖合同时出卖人行使破产取回权的条件及法律后果。买受人破产的,买受人管理人决定解除合同的,根据买卖合同双方合同的特别约定,出卖人对买卖标的物享有所有权,因此出卖人有权行使破产法取回权。[①]

第三十九条 出卖人依据企业破产法第三十九条的规定,通过通知承运人或者实际占有人中止运输、返还货物、变更到达地,或者将货物交给其他收货人等方式,对在运途中标的物主张了取回权但未能实现,或者在货物未达管理人前已向管理人主张取回在运途中标的物,在买卖标的物到达管理人后,出卖人向管理人主张取回的,管理人应予准许。

出卖人对在运途中标的物未及时行使取回权,在买卖标的物到达管理人后向管理人行使在运途中标的物取回权的,管理人不应准许。

【要点注释】

本条规定了出卖人行使在途标的物取回权的条件及法律后果、出卖人未及时行使在途标的物取回权的法律后果。如果出卖人未在买卖标的物到达管理人前及时主张行使在途标的物取回权的,即丧失了行使该项取回权的权利,在买卖标的物到达管理人后,出卖人无权向管理人主张取回买卖标的物。[②]

2.《最高人民法院关于审理买卖合同纠纷案件适用法律问题的解释》(法释〔2012〕8 号,2012 年 7 月 1 日;法释〔2020〕17 号修正,2021 年 1 月 1 日)

第二十五条 买卖合同当事人主张民法典第六百四十一条关于标的物所有权保留的规定适用于不动产的,人民法院不予支持。

第二十六条 买受人已经支付标的物总价款的百分之七十五以上,出卖

---

① 参见最高人民法院民事审判第二庭编著:《最高人民法院关于企业破产法司法解释理解与适用——破产法解释(一)·破产法解释(二)》,人民法院出版社 2017 年版,第 420 页。

② 参见最高人民法院民事审判第二庭编著:《最高人民法院关于企业破产法司法解释理解与适用——破产法解释(一)·破产法解释(二)》,人民法院出版社 2017 年版,第 424~425 页。

人主张取回标的物的,人民法院不予支持。

在民法典第六百四十二条第一款第三项情形下,第三人依据民法典第三百一十一条的规定已经善意取得标的物所有权或者其他物权,出卖人主张取回标的物的,人民法院不予支持。

【参考观点】

出卖人在途标的物取回权的行使不以出卖人对买卖标的物享有所有权为前提,[①]而以标的物"在运途中"为前提条件,即出卖人行使取回权时必须以标的物尚未由承运人交付给买受人,否则无权行使在途标的物取回权。[②]但如果基于法律特别规定或当事人特别约定,在标的物到达管理人后,该标的物所有权仍为出卖人所有的,出卖人可依本法第三十八条之规定向管理人行使非债务人财产取回权。[③]

一、出卖人在途标的物取回权的行使

出卖人在途标的物取回权源于英美货物买卖法的中途停运权,《合同法》第三百零八条[④]规定了此种制度。出卖人行使在途标的物取回权存在以下两种情形:其一,通过向承运人或实际占有人行使中途停运权的方式取回在途标的物;其二,通过向买受人的管理人行使取回权的方式取回已被买受人管理人实际占有的标的物。[⑤]

出卖人通过行使中途停运权的方式取回在途标的物的,承运人或实际占有人应当按照出卖人的要求保障其取回权的实现。出卖人实现对在途标的物取回权后,标的物的毁损、灭失风险由出卖人承担,如果出卖人以转卖的方式要求承运人或实际占有人将标的物交付给第三人,则第三人须承担该标的

---

① 参见最高人民法院民事审判第二庭编:《企业改制、破产与重整案件审判指导》,法律出版社 2015 年版,第 429 页。

② 参见最高人民法院民事审判第二庭编:《企业改制、破产与重整案件审判指导》,法律出版社 2015 年版,第 430 页。

③ 参见最高人民法院民事审判第二庭编:《企业改制、破产与重整案件审判指导》,法律出版社 2015 年版,第 431 页。

④ 现为《民法典》第八百二十九条。——编者注

⑤ 参见最高人民法院民事审判第二庭编:《企业改制、破产与重整案件审判指导》,法律出版社 2015 年版,第 431 页。

物毁损、灭失的风险。此外,出卖人通过此方式行使取回权给承运人造成损失的,应当赔偿承运人的损失。①

如因承运人或实际占有人原因造成出卖人取回权未能实现,导致标的物最终交付至管理人,如出卖人主张行使取回权时符合本条规定的条件,即便标的物到达管理人的,出卖人仍有权向管理人主张取回,管理人不得以标的物已不符合在运途中的要件为由,拒绝其取回权的行使。如出卖人在标的物运输途中,由于特殊原因无法向承运人或实际占有人主张取回的,可向管理人主张取回。但如果出卖人未在标的物到达管理人之前行使取回权的,则丧失取回权,无权依本条规定向管理人主张取回买卖标的物。②

二、出卖人破产决定继续履行合同时,买卖合同出卖人取回权的行使

如果买卖合同中设有所有权保留条款,③出卖人进入破产程序,出卖人管理人决定继续履行所有权保留买卖合同的,买受人应当继续履行合同义务,如买受人未依约履行合同义务或不当处置标的物,对出卖人造成损害的,出卖人管理人有权依据《合同法》④有关规定行使所有权保留买卖合同的取回权。⑤ 如果买受人已经支付标的物价款75%以上或第三人善意取得标的物所有权或其他物权,出卖人不能行使取回权,但可依法主张买受人继续履行支付剩余价款、完成特定条件等义务,并承担相应赔偿责任。⑥

三、出卖人破产决定解除合同时,买卖合同出卖人取回权的行使

如果买卖合同中设有所有权保留条款,出卖人进入破产程序,出卖人管

---

① 参见最高人民法院民事审判第二庭编:《企业改制、破产与重整案件审判指导》,法律出版社2015年版,第432页。

② 参见最高人民法院民事审判第二庭编:《企业改制、破产与重整案件审判指导》,法律出版社2015年版,第202~203页。

③ 《民法典》第六百四十一条第一款规定:"当事人可以在买卖合同中约定买受人未履行支付价款或者其他义务的,标的物的所有权属于出卖人。"——编者注

④ 现为《民法典》。——编者注

⑤ 参见最高人民法院民事审判第二庭编著:《最高人民法院关于企业破产法司法解释理解与适用——破产法解释(一)·破产法解释(二)》,人民法院出版社2017年版,第398~400页。

⑥ 参见最高人民法院民事审判第二庭编著:《最高人民法院关于企业破产法司法解释理解与适用——破产法解释(一)·破产法解释(二)》,人民法院出版社2017年版,第402页。

理人决定解除所有权保留买卖合同的,应当根据《合同法》①相关规定不再继续履行,已经履行部分则在双方当事人之间产生恢复原状的义务。② 出卖人管理人的解除权属于单方解除权,基于出卖人仍对标的物享有所有权而产生,买受人不得以其不存在未按约支付价款或对标的物不当处置等违约行为进行抗辩,也不得以已支付标的物总价款 75% 以上进行抗辩,出卖人管理人有权要求买受人向其交付标的物。而对于买受人已支付的价款应区分买受人是否依法履行合同、是否存在违约事由分别按普通债权或共益债务清偿。③

四、买受人破产决定继续履行合同时,买卖合同出卖人取回权的行使

如果买卖合同中设有所有权保留条款,买受人进入破产程序,买受人管理人决定继续履行合同时,出卖人要求买受人支付价款或履行其他义务的债权依据本法第四十六条第一款之规定视为到期。④ 买受人管理人应当及时支付全部价款或完成特定条件,无正当理由未及时支付价款或未完成特定条件,或将标的物出卖、出质等不当处分,对出卖人造成损害的,⑤出卖人可根据《合同法》⑥有关规定和合同约定行使取回权,买受人管理人不得以未届合同约定的履行期限为由进行抗辩。⑦ 如果买受人已经支付标的物价款 75% 以上或第三人善意取得标的物所有权或其他物权,出卖人不能行使取回权,

---

① 现为《民法典》。——编者注

② 参见最高人民法院民事审判第二庭编著:《最高人民法院关于企业破产法司法解释理解与适用——破产法解释(一)·破产法解释(二)》,人民法院出版社 2017 年版,第408 页。

③ 参见最高人民法院民事审判第二庭编著:《最高人民法院关于企业破产法司法解释理解与适用——破产法解释(一)·破产法解释(二)》,人民法院出版社 2017 年版,第409~410 页。

④ 参见最高人民法院民事审判第二庭编著:《最高人民法院关于企业破产法司法解释理解与适用——破产法解释(一)·破产法解释(二)》,人民法院出版社 2017 年版,第413 页。

⑤ 参见最高人民法院民事审判第二庭编著:《最高人民法院关于企业破产法司法解释理解与适用——破产法解释(一)·破产法解释(二)》,人民法院出版社 2017 年版,第414 页。

⑥ 现为《民法典》。——编者注

⑦ 参见最高人民法院民事审判第二庭编著:《最高人民法院关于企业破产法司法解释理解与适用——破产法解释(一)·破产法解释(二)》,人民法院出版社 2017 年版,第416 页。

但可依法主张买受人管理人继续履行支付价款、完成特定条件等义务,并承担相应赔偿责任。[①]

五、买受人破产决定解除合同时,买卖合同出卖人取回权的行使

如果买卖合同中设有所有权保留条款,买受人进入破产程序,买受人管理人决定解除合同时,出卖人对买卖标的物享有所有权,出卖人有权依本条规定取回该标的物,买受人管理人有权主张出卖人返还已支付价款。[②] 买受人管理人决定解除合同的,应按本法第十八条规定及时解除合同并通知出卖人,出卖人自该解除通知到达后,可向买受人管理人行使取回权,并可依《合同法》[③]和买卖合同约定向买受人管理人主张赔偿责任。但出卖人的损失范围应限于因恢复原状而发生的损害赔偿,即标的物本身价值的减损、取回标的物而支付的费用等,由此形成的损失债权首先以买受人已支付价款予以弥补,不足部分按共益债务处理。[④] 此外,需特别注意的是此时出卖人行使取回权不受买受人已支付标的物总价款75%以上的限制。[⑤]

编者说明

买卖合同约定所有权保留,在标的物所有权尚未转移给买受人前,一方当事人破产的问题较为复杂,既涉及出卖人取回权行使问题又涉及双方均未履行完毕合同管理人挑拣履行权的行使问题。管理人有权依本法规定,以债权人利益最大化为原则决定是否履行买卖合同,在买受人破产或出卖人破产的不同情况下,管理人选择解除合同还是继续履行合同,出卖人取回权的行使存在很大差

---

① 参见最高人民法院民事审判第二庭编著:《最高人民法院关于企业破产法司法解释理解与适用——破产法解释(一)·破产法解释(二)》,人民法院出版社2017年版,第417~418页。

② 参见最高人民法院民事审判第二庭编著:《最高人民法院关于企业破产法司法解释理解与适用——破产法解释(一)·破产法解释(二)》,人民法院出版社2017年版,第420页。

③ 现为《民法典》。——编者注

④ 参见最高人民法院民事审判第二庭编著:《最高人民法院关于企业破产法司法解释理解与适用——破产法解释(一)·破产法解释(二)》,人民法院出版社2017年版,第422~423页。

⑤ 参见最高人民法院民事审判第二庭编著:《最高人民法院关于企业破产法司法解释理解与适用——破产法解释(一)·破产法解释(二)》,人民法院出版社2017年版,第423页。

别。具体而言,出卖人破产情况下,如出卖人管理人选择继续履行合同,买受人应继续履行,如其违约,出卖人管理人可行使合同法上取回权;如出卖人管理人选择解除合同,出卖人管理人可行使破产法取回权,不受买受人不存在违约行为的制约。而买受人破产情况下,如买受人管理人决定继续履行的,应当及时履行,否则出卖人可行使合同法上的取回权。买受人管理人决定解除合同的,出卖人有权行使破产法取回权。

第四十条　【抵销权】债权人在破产申请受理前对债务人负有债务的,可以向管理人主张抵销。但是,有下列情形之一的,不得抵销:

(一)债务人的债务人在破产申请受理后取得他人对债务人的债权的;

(二)债权人已知债务人有不能清偿到期债务或者破产申请的事实,对债务人负担债务的;但是,债权人因为法律规定或者有破产申请一年前所发生的原因而负担债务的除外;

(三)债务人的债务人已知债务人有不能清偿到期债务或者破产申请的事实,对债务人取得债权的;但是,债务人的债务人因为法律规定或者有破产申请一年前所发生的原因而取得债权的除外。

【立法·要点注释】

破产抵销权,是指债权人在破产案件受理前对债务人负有债务的,无论其债权与所负债务种类是否相同,也不论该债权债务是否附有期限或条件,均可以用该债权抵销其对债务人所负债务的权利。本条在延续了民法抵销权制度的基本理论前提下,结合破产程序启动的特殊性,对破产抵销权的行使作出了限制性规定,意在进一步调整和平衡享有抵销权债权人与不享有抵销权债权人之间的利益关系。

【相关立法】

《中华人民共和国民法典》(2020 年 5 月 28 日中华人民共和国第十三届全国人民代表大会第三次会议通过,2021 年 1 月 1 日)

第五百二十条　部分连带债务人履行、抵销债务或者提存标的物的,其他债务人对债权人的债务在相应范围内消灭;该债务人可以依据前条规定向其他债务人追偿。

……

第五百四十九条　有下列情形之一的,债务人可以向受让人主张抵销:

(一)债务人接到债权转让通知时,债务人对让与人享有债权,且债务人的债权先于转让的债权到期或者同时到期;

(二)债务人的债权与转让的债权是基于同一合同产生。

第五百五十三条　债务人转移债务的,新债务人可以主张原债务人对债权人的抗辩;原债务人对债权人享有债权的,新债务人不得向债权人主张抵销。

第五百六十八条　当事人互负债务,该债务的标的物种类、品质相同的,任何一方可以将自己的债务与对方的到期债务抵销;但是,根据债务性质、按照当事人约定或者依照法律规定不得抵销的除外。

当事人主张抵销的,应当通知对方。通知自到达对方时生效。抵销不得附条件或者附期限。

第五百六十九条　当事人互负债务,标的物种类、品质不相同的,经协商一致,也可以抵销。

第七百零二条　债务人对债权人享有抵销权或者撤销权的,保证人可以在相应范围内拒绝承担保证责任。

【司法解释】

《最高人民法院关于适用〈中华人民共和国企业破产法〉若干问题的规定(二)》(法释〔2013〕22号,2013年9月16日;法释〔2020〕18号修正,2021年1月1日)

第四十一条　债权人依据企业破产法第四十条的规定行使抵销权,应当向管理人提出抵销主张。

管理人不得主动抵销债务人与债权人的互负债务,但抵销使债务人财产受益的除外。

【要点注释】

本条规定明确了破产抵销权行使方式和行使主体。债权人行使抵销权应当向管理人提出抵销主张,排除了破产抵销自动发生的行使方式;原则上抵销权的行使主体为债权人,除非债务人财产因抵销受益,否则管理人不得为主动抵销。①

第四十二条　管理人收到债权人提出的主张债务抵销的通知后,经审查无异议的,抵销自管理人收到通知之日起生效。

管理人对抵销主张有异议的,应当在约定的异议期限内或者自收到主张债务抵销的通知之日起三个月内向人民法院提起诉讼。无正当理由逾期提起的,人民法院不予支持。

人民法院判决驳回管理人提起的抵销无效诉讼请求的,该抵销自管理人收到主张债务抵销的通知之日起生效。

【要点注释】

本条规定明确了破产抵销权的生效和管理人异议权。破产抵销权为法定抵销权,如抵销权成立则自管理人收到主张债务抵销通知之日起发生法律效力;如管理人对抵销主张有异议,则需在一定期间内通过诉讼方式提出。②

第四十三条　债权人主张抵销,管理人以下列理由提出异议的,人民法院不予支持:

(一)破产申请受理时,债务人对债权人负有的债务尚未到期;

(二)破产申请受理时,债权人对债务人负有的债务尚未到期;

(三)双方互负债务标的物种类、品质不同。

【要点注释】

本条规定解决了破产抵销权对民法上抵销权的扩张适用问题,抵销双方债的标的种类相同和双方债务均已届至清偿期是民法上抵销权行使的必备条件,但破产抵销权不受民法抵销中双方债务已届清偿期和标的物品质、种

---

① 参见最高人民法院民事审判第二庭编著:《最高人民法院关于企业破产法司法解释理解与适用——破产法解释(一)·破产法解释(二)》,人民法院出版社 2017 年版,第439 页。

② 参见最高人民法院民事审判第二庭编著:《最高人民法院关于企业破产法司法解释理解与适用——破产法解释(一)·破产法解释(二)》,人民法院出版社 2017 年版,第446 页。

类相同两个条件的限制。①

第四十四条 破产申请受理前六个月内,债务人有企业破产法第二条第一款规定的情形,债务人与个别债权人以抵销方式对个别债权人清偿,其抵销的债权债务属于企业破产法第四十条第(二)、(三)项规定的情形之一,管理人在破产申请受理之日起三个月内向人民法院提起诉讼,主张该抵销无效的,人民法院应予支持。

【要点注释】

在人民法院受理破产申请前六个月内,债务人出现破产原因情况下,利用民法上的抵销制度,通过双方互负债务抵销的方式实现对个别债权人优先清偿的,如该抵销本身不符合破产抵销权行使条件的即属于禁止抵销情形的,则该抵销行为无效。②

第四十五条 企业破产法第四十条所列不得抵销情形的债权人,主张以其对债务人特定财产享有优先受偿权的债权,与债务人对其不享有优先受偿权的债权抵销,债务人管理人以抵销存在企业破产法第四十条规定的情形提出异议的,人民法院不予支持。但是,用以抵销的债权大于债权人享有优先受偿权财产价值的除外。

【要点注释】

本条规定明确了债权人对债务人特定财产享有优先受偿权且在担保财产价值范围内的债权与债务人对其不享有优先受偿权的债权抵销时,不受破产法上禁止抵销情形的限制。③

---

① 参见最高人民法院民事审判第二庭编著:《最高人民法院关于企业破产法司法解释理解与适用——破产法解释(一)·破产法解释(二)》,人民法院出版社 2017 年版,第 458 页。

② 参见最高人民法院民事审判第二庭编著:《最高人民法院关于企业破产法司法解释理解与适用——破产法解释(一)·破产法解释(二)》,人民法院出版社 2017 年版,第 465~466 页。

③ 参见最高人民法院民事审判第二庭编著:《最高人民法院关于企业破产法司法解释理解与适用——破产法解释(一)·破产法解释(二)》,人民法院出版社 2017 年版,第 475 页。

第四十六条　债务人的股东主张以下列债务与债务人对其负有的债务抵销,债务人管理人提出异议的,人民法院应予支持:

(一)债务人股东因欠缴债务人的出资或者抽逃出资对债务人所负的债务;

(二)债务人股东滥用股东权利或者关联关系损害公司利益对债务人所负的债务。

【要点注释】

股东出资是应缴付给公司用于对公司全体债权人承担责任的特定目的的财产,连带责任人并不因其承担的系连带责任而改变此性质,如允许抵销则是以实际已大打折扣的债权以其名义债权额抵作出资,将导致全体债权人利益受损,故从根本上禁止股东出资抵销,以免为其股东规避出资义务提供新手段。[①] 而公司股东滥用股东权利或关联关系损害公司利益对债务人所负的债务同样不能抵销,而不论抵销时其是否仍具有股东身份,但本条并未列明滥用股东权利或关联关系的方式或具体表现形式,而是将自由裁量权交由法官。[②]

【司法文件】

《最高人民法院关于执行〈最高人民法院关于《中华人民共和国企业破产法》施行时尚未审结的企业破产案件适用法律若干问题的规定〉的通知》(法发〔2007〕81 号,2007 年 5 月 26 日)

二、根据企业破产法的规定,破产申请受理后,所有有关债务人的民事诉讼只能向受理破产申请的人民法院提起。尚未审结的企业破产案件中,债权人或者债务人的职工依据企业破产法和《规定》第九条或者第十条的规定,向人民法院提起诉讼的,受理破产案件的人民法院应当根据案件性质和人民

[①]　参见最高人民法院民事审判第二庭编著:《最高人民法院关于企业破产法司法解释理解与适用——破产法解释(一)·破产法解释(二)》,人民法院出版社 2017 年版,第493 页。

[②]　参见最高人民法院民事审判第二庭编著:《最高人民法院关于企业破产法司法解释理解与适用——破产法解释(一)·破产法解释(二)》,人民法院出版社 2017 年版,第493~497 页。

法院内部职能分工,并依据民事诉讼法的有关规定,由相关审判庭以独任审判或者组成合议庭的方式进行审理。

三、对于有关债务人的其他民事诉讼,如债务人合同履行诉讼、追收债务人对外债权诉讼、撤销债务人处分财产行为诉讼、确认债务人处分财产行为无效诉讼、取回权诉讼、别除权诉讼和抵销权诉讼等,受理破产案件的人民法院应比照本通知第二条规定处理。

【请示答复】

《最高人民法院关于破产债权能否与未到位的注册资金抵销问题的复函》(法函〔1995〕32 号,1995 年 4 月 10 日)

湖北省高级人民法院:

你院〔1994〕鄂经初字第 10 号请示报告收悉,经研究,答复如下:

据你院报告称:中国外运武汉公司(下称武汉公司)与香港德仓运输股份有限公司(下称香港公司)合资成立的武汉货柜有限公司(下称货柜公司),于 1989 年 3 月 7 日至 8 日曾召开董事会议,决定将注册资金由原来的 110 万美元增加到 180 万美元。1993 年 1 月 4 日又以董事会议对合资双方同意将注册资金增加到 240 万美元的《合议书》予以认可。事后,货柜公司均依规定向有关审批机构和国家工商行政管理局办理了批准、变更手续。因此,应当确认货柜公司的注册资金已变更为 240 万美元,尚未到位的资金应由出资人予以补足。货柜公司被申请破产后,武汉公司作为货柜公司的债权人同货柜公司的其他债权人享有平等的权利。为保护其他债权人的合法权益,武汉公司对货柜公司享有的破产债权不能与该公司对货柜公司未出足的注册资金相抵销。

【参考观点】

为维持与债务人互负债务的债权人的公平利益,破产法引入了破产抵销权制度,既可以维持民事债权制度的统一性和连续性,又可免于此类债权人因破产程序的启动而打破既有法律关系的安排。但破产法抵销权虽源于民法中抵销权,但二者的适用条件已发生实质性的变化。破产法抵销权的行使需注意以下几点:第一,破产抵销权人必须是合法申报债权的债权人;第二,破产抵销权的范围更宽泛,无论当事人约定的债务履行期限是否到期,无论互负债务是否为同一性质或品种,只要可以货币计算即可行使抵销权;第三,破产抵销权应向管理人行使;第四,抵销权采取等额抵销的方式,债务冲减后剩余的债权仍可参与破产分配程序,剩余的债务,管理人应继续追收。①

一、债权人行使破产抵销权的债权应当向管理人依法申报并最终经人民法院裁定确认,且破产抵销权的行使应向管理人以明示的意思表示为之。因为债权人只有在申报债权后才能享有破产法的保护,债权人申报债权后,经管理人的审查和债务人、债权人会议核查等程序并经人民法院最终裁定确认,才能确保所抵销债权的真实性、合法性和准确性。亦即,破产抵销权的提出只能是破产债权人,管理人不能主动提出抵销,除非管理人主动行使抵销权可使债务人财产受益。②

二、管理人收到债权人主张抵销的通知后应当进行全面审查。首先,管理人需要对破产抵销权所依附的基础债权进行审查,包括对债权真实性、债权人资格、诉讼时效等进行全面审查。其次,管理人还要审查抵销主张是否符合本法及相关司法解释规定的破产抵销权的积极要件,并依法排除禁止破产抵销的情况。对经管理人审查无异议的,该抵销自管理人收到债权人主张抵销的通知之日起发生法律效力。如管理人对抵销主张有异议的,应当在约定的合理异议期内,或自收到主张债务抵销通知之日起三个月内向人民法院提起诉讼。③

三、债务人的债务人在破产申请受理后取得他人对债务人的债权不得与其对债务人的负债相抵销。这主要是考虑到,这种债权虽成立于破产申请受理之前,属于破产债权,但对债务人来说,其取得却是在破产申请受理之后。在债权转让过程中将出现损害其他破产债权人利益的行为,因此,该项限制

---

① 参见王东敏:《新破产法疑难解读与实务操作》,法律出版社2007年版,第201~208页。

② 参见最高人民法院民事审判第二庭编著:《最高人民法院关于企业破产法司法解释理解与适用——破产法解释(一)·破产法解释(二)》,人民法院出版社2017年版,第442页。

③ 参见最高人民法院民事审判第二庭编著:《最高人民法院关于企业破产法司法解释理解与适用——破产法解释(一)·破产法解释(二)》,人民法院出版社2017年版,第454~455页。

也是债权人利益最大化原则的要求。[1]

四、债权人在特定情况下对债务人恶意负担的债务不得抵销。根据本条规定,债权人已知债务人有不能清偿到期债务或者破产申请的事实,对债务人负担债务时不得抵销;但是,债权人因为法律规定或者有破产申请一年前所发生的原因而负担债务的除外。债权人获悉债务人有前述情形时,出于对其债权考虑而对债务人恶意负债,以抵销其债权,实际上使得其债权因抵销行为而获得全额或者较高比例的清偿,使其他债权人可分配的破产财产减少,使其他债权人遭受损失,故为法律所禁止。[2]

五、债务人的债务人在特定情况下恶意取得对债务人的债权不得抵销。根据本条规定,债务人的债务人已知债务人有不能清偿到期债务或者破产申请的事实对债务人取得的债权不得抵销。但是,债务人的债务人因为法律规定或者有破产申请一年前所发生的原因而取得债权的除外。该条款是对债务人的债务人取得破产债权以行使抵销权的限制,其无效的理由与前一条款相同。根据正常的商业判断,债务人的债务人在得知债务人有不能清偿到期债务或者破产申请的事实,对债务人的债权有很大可能转化为破产债权的情况下,仍然对债务人取得债权,可推定其有行使破产抵销权的恶意。[3]

六、债务人危机期间的抵销行为无效。债务人实施抵销行为的时点在破产申请受理前六个月之内的,且债务人具有本法第二条规定的破产原因的,如该抵销本身符合破产抵销权行使条件的,对全体债权人公平受偿不产生影响,但如该抵销属于本条规定的禁止抵销的情形的,则实质上构成破产法上的禁止的个别清偿行为,将侵害全体债权人的公平受偿。管理人如发现债务人在危机期间内具有上述行为,应当在破产申请受理之日起三个月内向人民法院提起诉讼。[4]

七、当债权人的债权为有财产担保债权,向管理人主张以其享有优先受偿权的债权与债务人对其不享有优先受偿权的债权抵销时,即使存在本条规定的三种禁止抵销情形,仍可主张抵销。原因在于债权人的债权为有财产担

---

[1]　参见王东敏:《新破产法疑难解读与实务操作》,法律出版社2007年版,第204页。

[2]　参见王东敏:《新破产法疑难解读与实务操作》,法律出版社2007年版,第205页。

[3]　参见王东敏:《新破产法疑难解读与实务操作》,法律出版社2007年版,第206页。

[4]　参见最高人民法院民事审判第二庭编著:《最高人民法院关于企业破产法司法解释理解与适用——破产法解释(一)·破产法解释(二)》,人民法院出版社2017年版,第470~471页。

保债权,在破产程序中享有优先受偿的权利,即使抵销也不影响其他债权人的利益。但用于抵销的债权超过债权人享有优先受偿权财产价值的范围的除外,因超出部分为普通债权,必然受本条规定限制。值得注意的是,即使债权人以其对债务人享有优先受偿权的债权与债务人对债权人享有优先受偿权的债权互相抵销时,双方的抵销仍可不受本条规定的限制。①

八、债务人股东因欠缴出资或抽逃出资所负债务和债务人股东滥用股东权利或关联关系所负债务禁止抵销。股东出资系应缴付给债务人用于对全体债权人承担责任的特定目的的财产,如允许股东行使抵销权则将导致全体债权人利益受损。而股东滥用股东权利或关联关系所负债务,与《公司法》的法人人格否认制度类似,相关司法解释并未对"滥用股东权利或关联关系"的方式和具体表现形式予以明确列明,在适用时可从衡平居次原则和法人人格否认等方面进行综合分析和判断。②

【最高人民法院裁判案例】

1. 中国农业银行股份有限公司上海市分行与上海金源国际经贸发展有限公司等应收账款质权纠纷案[最高人民法院(2012)民申字第1019号]

——在破产程序中可以行使抵销权的债权类型包括债权人因为债务人提供担保而涉及的将来求偿权所产生的债权。

【案情简介】

中国农业银行股份有限公司上海市分行(以下简称农行上海分行)与上海金源国际经贸发展有限公司(以下简称金源公司)、佳宝控股集团有限公司(以下简称佳宝集团)、浙江佳宝聚酯有限公司、浙江佳宝高仿真化纤有限公司之间的应收账款质权纠纷一案,先后经绍兴市中级人民法院、浙江省高级人民法院审理,并由浙江省高级人民法院作出(2011)浙商终字第25号民

---

① 参见最高人民法院民事审判第二庭编著:《最高人民法院关于企业破产法司法解释理解与适用——破产法解释(一)·破产法解释(二)》,人民法院出版社2017年版,第481页。

② 参见最高人民法院民事审判第二庭编著:《最高人民法院关于企业破产法司法解释理解与适用——破产法解释(一)·破产法解释(二)》,人民法院出版社2017年版,第495页。

事判决书。后农行上海分行向最高人民法院申请再审,其中的争议焦点之一即为债权人因承担担保责任而产生的将来求偿权是否可以行使抵销权的问题。

农行上海分行认为,佳宝集团等六公司在重整程序中对金源公司不享有抵销权,其也没有行使抵销权,二审判决认定佳宝集团等六公司在重整程序中,有权以其对金源公司行使担保追偿权所形成的债权抵销其对金源公司负有的债务,与法律规定严重不符。农行上海分行认为,首先,《企业破产法》第四十条规定,债权人在破产申请受理前对债务人负有债务的,可以向管理人主张抵销。佳宝集团作为破产债务人,向债权人主张抵销没有法律依据。其次,《合同法》第九十九条规定互负到期债务是行使抵销权的前提条件。在重整程序中,金源公司对佳宝集团享有的应收账款债权的清偿,和金源公司对佳宝集团享有的担保债权的清偿,均依据重整计划。而在重整计划得到执行前,由于佳宝集团等六公司尚未履行保证责任,并不享有对金源公司的担保追偿权,更谈不上到期债权。二审判决以佳宝集团"一旦清偿了担保债务"这一未来可能发生的事实,作为认定佳宝集团等六公司有权抵销金源公司应收账款债权的依据,与法律规定相悖。

最高人民法院再审时认为,首先,保证人在破产程序中主张担保追偿权不以实际履行完保证责任为前提。依据《企业破产法》第四十六条第一款和第五十一条规定,在破产程序中保证人可以其对债务人将来的求偿权申报债权,并不以履行完保证责任为前提。而且,破产程序具有特殊性,是所有申报债权债务的最后终结程序。为保护破产企业全体债权人的利益,实现资产分配的最大化,管理人在制定债权分配方案或重整方案时,如果存在与债权申报人互负债务的情形,必然会同时向破产企业的债权人行使抵销权。一旦破产方案或重整计划得到法院裁定认可,破产企业担保追偿权及基于该权利行使的抵销权也一并产生。否则,管理人在企业破产终结后才行使抵销权,有违破产企业财产处理的基本原则。其次,佳宝集团等六公司重整计划规定,由佳宝集团等六公司为其债权人提供担保、在实际分配时可能通过行使追偿权予以相应抵销的债权金额中已包含担保追偿权的行使及抵销担保债权的金额,即在重整过程中实际分配债权时,佳宝集团等六公司向金源公司的债权人承担了保证责任,则其依法享有的追偿权的相应金额直接与其应偿还金源公司的债务相互抵销,无须再实施债权清收、追加分配等程序,在此情况下,佳宝集团等六公司在重整程序中有权向金源公司主张债务抵销。最后,根据《担保法》第三十一条规定,保证人在代替债务人清偿债务后,即享有对债务人的法定担保追偿权。本案中,佳宝集团等六公司依据法院裁定批准的重整计划向农行上海分行等债权人履行了保证责任后,即享有对债务人金源公司的法定担保追偿权,该追偿权产生了金钱给付之债的法律关系。在佳宝集团等六公司重整程序中,金源公司也向管理人申报了债权,而佳宝集团等六公司基于即将履行的保证责任也对金源公司产生了担保追偿之债,该两种债的属性均为金钱给付之债,任何一方可以将自己的债权与对方的债务抵销。因此,一、二审判决认定佳宝集团等六公司在重整程序中可对金源公司行使抵销权,有事实和法律依据。如果不考虑破产程序的特殊性,仅以佳宝集团等六公司尚未履行保证责任为由,否认佳宝集团等六公司在重整程序中可行使法定抵销权,有违管理人对企业财产的处理原则。最终,最高人民法院结合对其他争议事项的认定驳回了农行上海分行的再审申请。

【裁判要点】

《企业破产法》规定,在破产程序中保证人可以其对债务人将来的求偿权申报债权,并不以履行完保证责任为前提。在此情况下,一旦破产财产分配方案或重整计划得到法院裁定认可,破产企业担保追偿权即已产生,其与债权人的将来求偿权均已成立,充分考虑到破产程序的特殊性,这两类债权可以抵销。而且,《企业破产法》第四十条规定的不得抵销的三种情形亦并不包括该项规定。因此,不能以保证人尚未履行保证责任为由,否认其在重整程序中的破产抵销权。

【案例来源】

中国裁判文书网,https://wenshu.court.gov.cn。

2. 四川元丰化工股份有限公司管理人、德阳市川丰化工有限公司请求撤销个别清偿行为纠纷案[最高人民法院(2019)最高法民申 1205 号]

——管理人向人民法院提起诉讼主张抵销无效的法定期间,不适用诉讼时效中止、中断和延长的规定。

【案情简介】

2015 年 7 月,四川元丰化工股份有限公司(以下简称元丰化工公司)与德阳市川丰化工有限公司(以下简称川丰化工公司)签订了《企业租赁合同书》《企业租赁合同补充协议》,约定生产设施、设备的租赁费用为 80 万元,厂房、仓库及场地租赁费用为20万元。2015年7月30日，双方签订《债权抵偿协议》，约定元丰化工公司欠川丰化工公司货款1239208元，元丰化工公司以所欠货款抵偿川丰化工公司的租赁费用，为此，元丰化工公司所欠川丰化工公司的债务消灭。同日，双方均出具了收据，分别表明按照《债权抵偿协议》收到企业租赁费和货款。2015年9月21日，德阳市中级人民法院裁定受理元丰化工公司破产清算。2017年5月8日，元丰化工公司向川丰化工公司发出《催收通知书》，要求川丰化工公司支付尚欠租金130万元。同日，川丰化工公司回复《关于租赁费用结算情况的复函》，称其与元丰化工公司签订了《债权抵偿协议》，已抵偿租金。而后，经再次催收无果，元丰化工公司管理人提起诉讼。一审法院支持元丰化工公司管理人的诉讼请求。川丰化工公司不服提起上诉，二审法院撤销一审判决并驳回元丰化工公司管理人的诉讼请求。元丰化工公司管理人不服二审判决向最高人民法院申请再审。

最高人民法院经审查认为，根据《企业破产法解释二》第四十四条之规定，"破产申请受理前六个月内，债务人有企业破产法第二条第一款规定的情形，债务人与个别债权人以抵销方式对个别债权人清偿，其抵销的债权债务属于企业破产法第四十条第(二)、(三)项规定的情形之一，管理人在破产申请受理之日起三个月内向人民法院提起诉讼，主张该抵销无效的，人民法院应予支持"。该条规定的三个月系管理人向人民法院提起诉讼主张抵销无效的法定期间，不同于时效抗辩，不适用诉讼时效中止、中断和延长的规定。本案元丰化工公司管理人如发现债务人在企业危机期间具有《企业破产法》第四十条第(二)项、第(三)项规定的个别抵销行为，应当在破产申请受理之日，即2015年9月21日起三个月内向人民法院提起诉讼。经审查，元丰化工公司管理人提起本案诉讼时，明显已超过主张抵销无效的期限。对元丰化工公司管理人关于《债权抵偿协议》无效的主张，二审法院未予支持，并无不当。

【裁判要点】

管理人向人民法院提起诉讼主张抵销无效的法定期间，不同于时效抗辩，不适用诉讼时效中止、中断和延长的规定，管理人自破产申请受理之日起超过三个月未提起诉讼主张抵销无效，依法不能支持。

【案例来源】

中国裁判文书网，https://wenshu.court.gov.cn。

【典型案例】

忠成数码科技有限公司管理人与中国建设银行股份有限公司温州分行破产抵销权纠纷案[浙江省高级人民法院(2014)浙商终字第27号]

——即使债权人的债权未依据《企业破产法》规定的程序成为破产债权,其仍然有权就其与对债务人的负债享有破产抵销权。

【案情简介】

忠成数码科技有限公司(以下简称忠成公司)因开立信用证所需与中国建设银行股份有限公司温州分行(以下简称建行温州分行)签订信用证开证合同,约定忠成公司将款项交存于其在建行温州分行处开立的保证金专用账户,并承诺以该账户中的款项作为偿还开证合同项下债务的保证。当忠成公司不履行债务时,建行温州分行有权在该账户中直接扣划保证金用于偿还债务,而建行温州分行则对忠成公司交存的保证金按定期存款利率计付利息。忠成公司在建行温州分行就信用证对外付款后,已向其履行了支付义务,但开立信用证保证金在忠成公司被宣告破产前仍以存款方式留存于忠成公司在建行温州分行处开设的账户上。温州中院于2013年7月19日裁定受理忠成公司破产案。建行温州分行申报并经忠成公司管理人审查确认的对忠成公司享有的债权金额为人民币25311292.49元、美元6861027.78元。该些债权金额包括案涉1417286.15元在内。2012年12月之前,忠成公司经营尚属正常。

忠成公司管理人向温州中院诉称,建行温州分行于2013年9月5日对忠成公司存在该处的账户进行了两笔扣收不良贷款的操作,共计扣收1417286.15元。为此,忠成公司管理人向该行发函,根据《企业破产法》第十六条关于个别清偿无效的规定,要求该行返还。2013年10月29日,建行温州分行向忠成公司管理人致《函复》,针对1417286.15元扣款,提出破产抵销权主张。忠成公司管理人认为建行温州分行就其扣款行为提出破产抵销权主张,不符合《企业破产法》第四十条的规定,且该扣款行为发生在破产案件受理之后,属于建行温州分行利用自身便利条件扣划债务人财产的个别受偿行为,有悖于《企业破产法》规定的债权公平受偿原则,侵犯了其他债权人的合法权益,其抵销权主张无效,已扣款项应予以返还。

本案的主要争议焦点在于建行温州分行就案涉 1417286.15 元是否有权行使破产抵销权,即建行温州分行是否具备了行使破产抵销权的实体条件和程序条件。

首先,对于上诉人提出的本案焦点在于被上诉人扣款行为应适用《企业破产法》第十六条作无效处理还是适用《企业破产法》第四十条作破产抵销权处理。由于破产抵销制度的本质是破产债权人只能依破产程序按债权清偿比例受偿的例外,且建行温州分行已经明确向忠成公司管理人提出了破产抵销权主张,因此,本案应重点并优先依照《企业破产法》第四十条审查建行温州分行破产抵销权的行使条件是否具备,如果尚不具备,则应认定无效并退回相应款项,从而产生与《企业破产法》第十六条个别清偿无效相同的法律后果;如果具备,则建行温州分行在抵销的范围内得到全额清偿。

其次,对于建行温州分行就案涉 1417286.15 元是否有权行使破产抵销权的问题,法院认为,双方存在互负债权债务关系。案涉 1417286.15 元为建行温州分行对忠成公司所负债务,在忠成公司偿付了信用证项下应付款项后,忠成公司与建行温州分行之间就该笔保证金的法律关系为储蓄存款合同关系,忠成公司依储蓄存款合同对建行温州分行享有债权。法院审理时认为,该笔保证金所涉信用证到期付款日分别为 2010 年 10 月 27 日、2010 年 11 月 11 日、2010 年 12 月 16 日、2011 年 3 月 17 日,远早于破产案件受理日即 2013 年 7 月 19 日。同时,在 2012 年 12 月之前,忠成公司经营尚属正常,而信用证到期付款日远早于这一时间点。而且,债权人主观上存有恶意的举证责任在于主张破产抵销权无效的一方,在案证据无法证明建行温州分行是在已知债务人有不能清偿到期债务或者破产申请的事实而对债务人负担该笔债务。因此,本案适用《企业破产法》第四十条,而不应适用《企业破产法》第十六条。

此外,破产抵销权行使的程序条件是债权人据以主张抵销的债权在破产程序中必须依法申报并经人民法院裁定确认。通过管理人审查和债务人、债权人会议核查等程序,可以保证抵销债权的真实性、合法性和准确性,从而防止利用虚假债权侵蚀破产财产从而损害全体债权人利益的情况发生。因此,未经依法申报的债权不能主张抵销,并且最终抵销的债权必须是经人民法院裁定确认的债权。本案中,建行温州分行申报并经忠成公司管理人审查确认的对忠成公司享有的债权金额为人民币 25311292.49 元、美元 6861027.78 元。虽然该笔债权尚未经法院裁定确认,程序上存有瑕疵,但在该笔债权已经忠成公司管理人审查确认,其真实性、合法性和准确性能得到保障且债权数额远大于将抵销的债务数额的情况下,该程序瑕疵尚不构成破产抵销权行使的实质性障碍。最终本案经二审认定,建行温州分行就案涉 1417286.15元有权行使破产抵销权,并驳回了忠成公司管理人的上诉。

【裁判要点】

破产抵销权行使的程序条件是债权人据以主张抵销的债权在破产程序中必须依法申报并经人民法院裁定确认。但在债权人申报的债权已经由管理人审核确认,且债权人主张债权数额远大于将抵销的债务数额的情况下,虽然债权未经债权人会议核查和人民法院裁定确认,存在程序瑕疵,但该等程序瑕疵不构成破产抵销权行使的实质性障碍。

【案例来源】

《人民司法·案例》2015 年第 6 期。

编者说明

债权人在其申报债权未经确认前能否主张破产抵销权? 该问题在实务中存在一定的争议。一种观点认为应允许抵销,因破产程序应当兼顾效率与公平,债权审查由于核查程序较多,且还有提起诉讼的救济途径,所需时间较长,如一概要求最终抵销的债权必须经法院裁定,则有违实质正义和效率原则,也不利于保护债权人的利益,使得破产抵销权制度保障公平、减少债权人风险、简化程序等功能大大减弱。另一种观点认为管理人审查破产抵销权是否成立的前提是债权人的债权合法成立,故未经依法申报的债权无法保证其真实性、合法性和准确性,应不允许债权人主张抵销。编者认为,根据本法规定的债权审核程序,在债权人的债权经债权人会议核查和人民法院裁定确认的前提下,应为管理人审查破产抵销权的常态。当然,债权人在此之前亦可主张破产抵销权,但我们理解《企业破产法解释二》规定的抵销异议期应从债权经法院裁定确认之日起计算三个月。

第五章 破产费用和共益债务

第四十一条　**【破产费用】**人民法院受理破产申请后发生的下列费用,为破产费用:

　　(一)破产案件的诉讼费用;

　　(二)管理、变价和分配债务人财产的费用;

　　(三)管理人执行职务的费用、报酬和聘用工作人员的费用。

【立法·要点注释】

　　破产费用,是指在破产程序中为全体债权人的共同利益而支出的旨在保障破产程序顺利进行所必需的程序上的费用。破产程序作为概括性的公平清偿程序,较之于个别清偿更有效率,但是破产程序本身也是需要耗费成本的,这种成本体现为破产费用的形式。

　　构成破产费用应当具备以下条件:(1)破产费用必须是为全体债权人的共同利益而支出;(2)破产费用必须是为保障破产程序的顺利进行而支付的。

【相关立法】

　　《中华人民共和国企业破产法》(2006 年 8 月 27 日第十届全国人民代表大会常务委员会第二十三次会议通过,2007 年 6 月 1 日)

　　第四十三条　破产费用和共益债务由债务人财产随时清偿。

　　债务人财产不足以清偿所有破产费用和共益债务的,先行清偿破产费用。

　　债务人财产不足以清偿所有破产费用或者共益债务的,按照比例清偿。

　　债务人财产不足以清偿破产费用的,管理人应当提请人民法院终结破产程序。人民法院应当自收到请求之日起十五日内裁定终结破产程序,并予以公告。

【行政法规】

　　《诉讼费用交纳办法》(2006 年 12 月 8 日国务院第 159 次常务会议通

过,2007年4月1日)

第十条 当事人依法向人民法院申请下列事项,应当交纳申请费:

(一)申请执行人民法院发生法律效力的判决、裁定、调解书,仲裁机构依法作出的裁决和调解书,公证机构依法赋予强制执行效力的债权文书;

(二)申请保全措施;

(三)申请支付令;

(四)申请公示催告;

(五)申请撤销仲裁裁决或者认定仲裁协议效力;

(六)申请破产;

(七)申请海事强制令、共同海损理算、设立海事赔偿责任限制基金、海事债权登记、船舶优先权催告;

(八)申请承认和执行外国法院判决、裁定和国外仲裁机构裁决。

第十三条 案件受理费分别按照下列标准交纳:

(一)财产案件根据诉讼请求的金额或者价额,按照下列比例分段累计交纳:

1. 不超过1万元的,每件交纳50元;

2. 超过1万元至10万元的部分,按照2.5%交纳;

3. 超过10万元至20万元的部分,按照2%交纳;

4. 超过20万元至50万元的部分,按照1.5%交纳;

5. 超过50万元至100万元的部分,按照1%交纳;

6. 超过100万元至200万元的部分,按照0.9%交纳;

7. 超过200万元至500万元的部分,按照0.8%交纳;

8. 超过500万元至1000万元的部分,按照0.7%交纳;

9. 超过1000万元至2000万元的部分,按照0.6%交纳;

10. 超过2000万元的部分,按照0.5%交纳。

……

第十四条 申请费分别按照下列标准交纳:

……

(六)破产案件依据破产财产总额计算,按照财产案件受理费标准减半交纳,但是,最高不超过30万元。

……

【司法解释】

1.《最高人民法院关于适用〈中华人民共和国企业破产法〉若干问题的规定(三)》(法释〔2019〕3号,2019年3月28日;法释〔2020〕18号修正,2021年1月1日)

第一条 人民法院裁定受理破产申请的,此前债务人尚未支付的公司强制清算费用、未终结的执行程序中产生的评估费、公告费、保管费等执行费用,可以参照企业破产法关于破产费用的规定,由债务人财产随时清偿。

此前债务人尚未支付的案件受理费、执行申请费,可以作为破产债权清偿。

2.《最高人民法院关于适用〈中华人民共和国企业破产法〉若干问题的规定(一)》(法释〔2011〕22号,2011年9月26日)

第八条 破产案件的诉讼费用,应根据企业破产法第四十三条的规定,从债务人财产中拨付。相关当事人以申请人未预先交纳诉讼费用为由,对破产申请提出异议的,人民法院不予支持。

3.《最高人民法院关于审理企业破产案件确定管理人报酬的规定》(法释〔2007〕9号,2007年6月1日)

第十四条 律师事务所、会计师事务所通过聘请本专业的其他社会中介机构或者人员协助履行管理人职责的,所需费用从其报酬中支付。

破产清算事务所通过聘请其他社会中介机构或者人员协助履行管理人职责的,所需费用从其报酬中支付。

【司法文件】

《最高人民法院关于印发〈全国法院破产审判工作会议纪要〉的通知》(法〔2018〕53号,2018年3月4日)

11. 管理人聘用其他人员费用负担的规制。管理人经人民法院许可聘用企业经营管理人员,或者管理人确有必要聘请其他社会中介机构或人员处理重大诉讼、仲裁、执行或审计等专业性较强工作,如所需费用需要列入破产

费用的,应当经债权人会议同意。

47. 运用信息化手段提高破产案件处理的质量与效率。要适应信息化发展趋势,积极引导以网络拍卖方式处置破产财产,提升破产财产处置效益。鼓励和规范通过网络方式召开债权人会议,提高效率,降低破产费用,确保债权人等主体参与破产程序的权利。

【参考观点】

破产费用,是在破产程序中为全体债权人共同利益而支付的各项费用的总称,主要包括:

一、破产案件的诉讼费用

在破产程序中,涉及破产案件的诉讼费可能会有以下几种:(1)破产案件本身的申请费。根据国务院制定的《诉讼费用交纳办法》(2007年),当事人向人民法院申请破产,应当交纳申请费。破产案件申请费交纳标准为:依据破产财产总额计算,按照财产案件受理费标准计算减半交纳,但最高不超过30万元。(2)破产案件本身的其他诉讼费用,例如公告费、鉴定费、勘验费、财产保全费、证据保全费、调查费及人民法院认为其他应由债务人财产支付的诉讼费用。(3)在破产程序中发生的涉及破产财产的其他衍生案件的诉讼费用,包括管理人为回收破产财产提起诉讼、申请仲裁及进行其他法律程序所支付的费用,管理人以破产企业名义应诉而发生的各项费用等。①

二、管理、变价和分配债务人财产的费用

法院受理破产案件后,管理人对债务人财产进行管理,后续再进行处置、分配等,必然要支出相应的管理费、变价费和分配费,这些费用具体包括:(1)管理费用,是管理人因占有、清理和保管债务人财产而支出的费用,如仓储费用、运输费用、保养维修费用、保险费用、管理人为收回债务人财产而支出的费用等;(2)变价费用,是指对债务人的非金钱财产将其变现为货币所支出的费用,包括估价、鉴定、公证、拍卖、执行、登记等费用;(3)分配费用,是指管理人将债务人财产分配给债权人所发生的费用,包括制作分配方案、

---

① 参见最高人民法院民事审判第二庭编著:《最高人民法院关于企业破产法司法解释理解与适用——破产法解释(一)·破产法解释(二)》,人民法院出版社2017年版,第100~101页。

公告、通知、提存等所需费用。①

三、管理人执行职务的费用、报酬和聘用工作人员的费用

这些费用具体包括:(1)管理人执行职务的费用。管理人的职责包括接管财产、调查债务人财产状况等。履行这些职责必然需要支出一定的费用。管理人执行职务的费用与本条第(二)项规定的债务人财产的管理、变价和分配所需费用不易区分。但是,前者是指债务人财产保管、评估、拍卖、变卖、分配等所需的费用;后者是指管理人在执行职务过程中所支出的差旅费、通信费、调查费等。(2)管理人执行职务的报酬。审理破产案件的法院应当根据最高人民法院制定的具体办法来确定管理人的报酬。(3)管理人聘用工作人员的费用。根据本法第二十八条的规定,管理人经人民法院许可,可以聘用必要的工作人员。② 根据《破产审判会议纪要》第 11 条的规定,管理人经人民法院许可聘用企业经营管理人员,或者管理人确有必要聘请其他社会中介机构或人员处理重大诉讼、仲裁、执行或审计等专业性较强工作,如所需费用需要列入破产费用的,应当经债权人会议同意。

对于人民法院受理破产申请前的相关费用,《企业破产法解释三》第一条也作出了明确规定。对于之前尚未支付的公司强制清算费用、未终结的执行程序中产生的评估费、公告费、保管费等执行费用,在执行案件移送破产审查且破产案件受理的情形发生导致执行中止的情况下,单个执行程序的结果包括鉴定、评估、拍卖等为破产程序所吸收,该些费用符合"为全体债权人共同利益支出"的目的性,因此可参照关于破产费用的规定,由债务人财产随时清偿。对于此前未支付的案件受理费、执行申请费,出于立法旨意上对破产费用严格予以控制及防止与破产案件申请费重复记收的考虑,可以作为破产债权清偿。③

编者说明

根据《破产审判会议纪要》第 11 条的规定,管理人经人民法院许可聘用企业

① 参见李国光主编:《新企业破产法理解与适用》,人民法院出版社 2006 年版,第264 页。

② 参见安建主编:《中华人民共和国企业破产法释义》,法律出版社 2006 年版,第 68 页。

③ 参见最高人民法院民事审判第二庭编著:《最高人民法院关于企业破产法司法解释(三)理解与适用》,人民法院出版社 2019 年版,第 21~27 页。

经营管理人员或者聘请其他社会中介机构或人员的费用可经债权人会议同意后列为破产费用;根据《企业破产法》第四十二条的规定,为继续营业而应支付的劳动报酬为共益债务。上述规定在实践中会出现重合部分,应注意予以区分。

关于管理人聘请其他社会中介机构或人员的费用支付问题,《管理人报酬规定》第十四条作出了相关规定,即律师事务所、会计师事务所通过聘请本专业的其他社会中介机构或者人员协助履行管理人职责,破产清算事务所通过聘请其他社会中介机构或者人员协助履行管理人职责的,所需费用均从管理人报酬中支付。《破产审判会议纪要》第11条在一定程度上突破了《管理人报酬规定》的限制,即管理人经法院许可聘用本专业或其他专业的社会中介机构或人员从事专业性工作的,经债权人会议同意后也可作为破产费用。

但《破产审判会议纪要》第11条在实践中也可能存在一定问题,如在律师事务所担任管理人的情况下,特别是在重大、复杂破产案件中,往往需要尽快聘请审计机构进行专业审计工作。若审计费用列入破产费用需经债权人会议同意,将造成破产程序进程的滞后、延缓。

第四十二条 【共益债务】人民法院受理破产申请后发生的下列债务,为共益债务:

(一)因管理人或者债务人请求对方当事人履行双方均未履行完毕的合同所产生的债务;

(二)债务人财产受无因管理所产生的债务;

(三)因债务人不当得利所产生的债务;

(四)为债务人继续营业而应支付的劳动报酬和社会保险费用以及由此产生的其他债务;

(五)管理人或者相关人员执行职务致人损害所产生的债务;

(六)债务人财产致人损害所产生的债务。

【立法·要点注释】

共益债务,是指破产程序开始后为了全体债权人的共同利益而负担的非程序性债务。其与破产费用既有联系又有区别。二者的共性在于:都是在破产程序中产生,不同于破产程序开始前产生的破产债权;清偿破产费用和共益债务,有利于保障全体债权人的权益。二者的区别在于:破产费用是在破产程序中所支出的程序性费用,这种费用的支出具有必然性,一般的破产案件都需要支出破产费用;而共益债务则是非程序性债务,具有或然性,不同的案件产生的共益债务往往不尽相同。

【司法解释】

1.《最高人民法院关于适用〈中华人民共和国企业破产法〉若干问题的规定(三)》(法释〔2019〕3 号,2019 年 3 月 28 日;法释〔2020〕18 号修正,2021年 1 月 1 日)

第二条　破产申请受理后,经债权人会议决议通过,或者第一次债权人会议召开前经人民法院许可,管理人或者自行管理的债务人可以为债务人继续营业而借款。提供借款的债权人主张参照企业破产法第四十二条第四项的规定优先于普通破产债权清偿的,人民法院应予支持,但其主张优先于此前已就债务人特定财产享有担保的债权清偿的,人民法院不予支持。

管理人或者自行管理的债务人可以为前述借款设定抵押担保,抵押物在破产申请受理前已为其他债权人设定抵押的,债权人主张按照民法典第四百一十四条规定的顺序清偿,人民法院应予支持。

2.《最高人民法院关于适用〈中华人民共和国企业破产法〉若干问题的规定(二)》(法释〔2013〕22 号,2013 年 9 月 16 日;法释〔2020〕18 号修正,2021 年 1 月 1 日)

第四条　债务人对按份享有所有权的共有财产的相关份额,或者共同享有所有权的共有财产的相应财产权利,以及依法分割共有财产所得部分,人民法院均应认定为债务人财产。

人民法院宣告债务人破产清算,属于共有财产分割的法定事由。人民法院裁定债务人重整或者和解的,共有财产的分割应当依据民法典第三百零三条的规定进行;基于重整或者和解的需要必须分割共有财产,管理人请求分割的,人民法院应予准许。

因分割共有财产导致其他共有人损害产生的债务,其他共有人请求作为共益债务清偿的,人民法院应予支持。

第十一条　人民法院根据管理人的请求撤销涉及债务人财产的以明显不合理价格进行的交易的,买卖双方应当依法返还从对方获取的财产或者价款。

因撤销该交易,对于债务人应返还受让人已支付价款所产生的债务,受让人请求作为共益债务清偿的,人民法院应予支持。

第三十条 债务人占有的他人财产被违法转让给第三人,依据民法典第三百一十一条的规定第三人已善意取得财产所有权,原权利人无法取回该财产的,人民法院应当按照以下规定处理:

(一)转让行为发生在破产申请受理前的,原权利人因财产损失形成的债权,作为普通破产债权清偿;

(二)转让行为发生在破产申请受理后的,因管理人或者相关人员执行职务导致原权利人损害产生的债务,作为共益债务清偿。

第三十一条 债务人占有的他人财产被违法转让给第三人,第三人已向债务人支付了转让价款,但依据民法典第三百一十一条的规定未取得财产所有权,原权利人依法追回转让财产的,对因第三人已支付对价而产生的债务,人民法院应当按照以下规定处理:

(一)转让行为发生在破产申请受理前的,作为普通破产债权清偿;

(二)转让行为发生在破产申请受理后的,作为共益债务清偿。

第三十二条 债务人占有的他人财产毁损、灭失,因此获得的保险金、赔偿金、代偿物尚未交付给债务人,或者代偿物虽已交付给债务人但能与债务人财产予以区分的,权利人主张取回就此获得的保险金、赔偿金、代偿物的,人民法院应予支持。

保险金、赔偿金已经交付给债务人,或者代偿物已经交付给债务人且不能与债务人财产予以区分的,人民法院应当按照以下规定处理:

(一)财产毁损、灭失发生在破产申请受理前的,权利人因财产损失形成的债权,作为普通破产债权清偿;

(二)财产毁损、灭失发生在破产申请受理后的,因管理人或者相关人员执行职务导致权利人损害产生的债务,作为共益债务清偿。

债务人占有的他人财产毁损、灭失,没有获得相应的保险金、赔偿金、代偿物,或者保险金、赔偿物、代偿物不足以弥补其损失的部分,人民法院应当按照本条第二款的规定处理。

第三十三条 管理人或者相关人员在执行职务过程中,因故意或者重大过失不当转让他人财产或者造成他人财产毁损、灭失,导致他人损害产生的债务作为共益债务,由债务人财产随时清偿不足弥补损失,权利人向管理人或者相关人员主张承担补充赔偿责任的,人民法院应予支持。

上述债务作为共益债务由债务人财产随时清偿后,债权人以管理人或者相关人员执行职务不当导致债务人财产减少给其造成损失为由提起诉讼,主张管理人或者相关人员承担相应赔偿责任的,人民法院应予支持。

第三十六条 出卖人破产,其管理人决定解除所有权保留买卖合同,并依据企业破产法第十七条的规定要求买受人向其交付买卖标的物的,人民法院应予支持。

买受人以其不存在未依约支付价款或者履行完毕其他义务,或者将标的物出卖、出质或者作出其他不当处分情形抗辩的,人民法院不予支持。

买受人依法履行合同义务并依据本条第一款将买卖标的物交付出卖人管理人后,买受人已支付价款损失形成的债权作为共益债务清偿。但是,买受人违反合同约定,出卖人管理人主张上述债权作为普通破产债权清偿的,人民法院应予支持。

第三十七条 买受人破产,其管理人决定继续履行所有权保留买卖合同的,原买卖合同中约定的买受人支付价款或者履行其他义务的期限在破产申请受理时视为到期,买受人管理人应当及时向出卖人支付价款或者履行其他义务。

买受人管理人无正当理由未及时支付价款或者履行完毕其他义务,或者将标的物出卖、出质或者作出其他不当处分,给出卖人造成损害,出卖人依据民法典第六百四十一条等规定主张取回标的物的,人民法院应予支持。但是,买受人已支付标的物总价款百分之七十五以上或者第三人善意取得标的物所有权或者其他物权的除外。

因本条第二款规定未能取回标的物,出卖人依法主张买受人继续支付价款、履行完毕其他义务,以及承担相应赔偿责任的,人民法院应予支持。对因买受人未支付价款或者未履行完毕其他义务,以及买受人管理人将标的物出卖、出质或者作出其他不当处分导致出卖人损害产生的债务,出卖人主张作为共益债务清偿的,人民法院应予支持。

第三十八条 买受人破产,其管理人决定解除所有权保留买卖合同,出卖人依据企业破产法第三十八条的规定主张取回买卖标的物的,人民法院应予支持。

出卖人取回买卖标的物,买受人管理人主张出卖人返还已支付价款的,人民法院应予支持。取回的标的物价值明显减少给出卖人造成损失的,出卖人可从买受人已支付价款中优先予以抵扣后,将剩余部分返还给买受人;对买受人已支付价款不足以弥补出卖人标的物价值减损损失形成的债权,出卖人主张作为共益债务清偿的,人民法院应予支持。

3.《最高人民法院关于审理买卖合同纠纷案件适用法律问题的解释》(法释〔2012〕8号,2012年7月1日;法释〔2020〕17号修正,2021年1月1日)

第二十五条 买卖合同当事人主张民法典第六百四十一条关于标的物所有权保留的规定适用于不动产的,人民法院不予支持。

第二十六条 买受人已经支付标的物总价款的百分之七十五以上,出卖人主张取回标的物的,人民法院不予支持。

在民法典第六百四十二条第一款第三项情形下,第三人依据民法典第三百一十一条的规定已经善意取得标的物所有权或者其他物权,出卖人主张取回标的物的,人民法院不予支持。

【参考观点】

共益债务,是在破产程序中为全体债权人利益而对第三人所负担的、由债务人财产负担的债务的总称。共益债务具有以下特征:(1)共益债务是在法院受理破产申请之后发生的债务。破产申请受理前发生的债务,不属于共益债务。(2)共益债务是破产法列举规定的债务。超出本条列举范围的债务,不属于共益债务。(3)共益债务的负债主体是债务人财产。因此,要认定债务人的某些债务是否属于共益债务,须对其情形进行具体的分析,以判断是否符合本条规定中的六种情形之一。① 因破产案件的实务情况较为复杂,最高人民法院在《企业破产法解释二》《企业破产法解释三》中,对实务中几种较为常见的共益债务的情形作出了明确、具体的规定,具体如下:

一、债务人为出卖人的高值低卖交易撤销的,债务人应返还受让人已支付价款所产生的债务,可按照共益债务清偿

根据《企业破产法》第三十一条的规定,管理人对涉及债务人财产的明显不合理交易予以撤销。债务人为买受人的低值高买交易撤销的,债务人应

---

① 参见最高人民法院民事审判第二庭编著:《最高人民法院关于企业破产法司法解释理解与适用——破产法解释(一)·破产法解释(二)》,人民法院出版社2017年版,第211页。

当将财产返还出卖人,同时出卖人应当将价款全额返还债务人。债务人为出卖人的高值低卖交易被撤销的,买受人应当将所买财产返还债务人,同时债务人应当将买受人已经支付的价款返还买受人。此种情形下,鉴于债务人已经取回了自己的财产,对交易相对方给付的价款也应当返还,否则就构成不当得利。因此,该返还债务可以被界定为《企业破产法》第四十二条规定中的第(三)项"因债务人不当得利所产生的债务",应属于共益债务的范围。该条司法解释的规定借鉴了美国破产立法的经验,是在撤销权与相对人权益保护之间的一种合理的利益平衡。需要注意的是,该种债务必须由受让人明确请求作为共益债务清偿,人民法院方予支持。①

二、破产申请受理后,管理人非法转让债务人占有的他人财产,受让人构成善意取得,导致原财产权利人损害产生的债务,作为共益债务清偿

破产申请受理后,债务人即进入破产程序,管理人将接管破产企业,负责调查债务人财产状况、管理和处分债务人财产等。但管理人对债务人之外的他人财产并无处分权,在处分债务人财产时如果误将他人财产当作债务人财产予以处理,且受让人构成了善意取得,就会损害原财产权利人的合法利益。相较于破产申请受理之前他人财产被非法转让,破产申请受理之后他人财产被非法转让的实施主体一般是管理人,管理人处分财产的行为通常表现为一种职务行为。因此,导致原财产权利人损害而产生的债务可以被界定为《企业破产法》第四十二条规定中的第(五)项"管理人或者相关人员执行职务致人损害所产生的债务",应属于共益债务的范围。该条司法解释的目的在于明确债务人占有的他人财产被非法转让给第三人,而第三人构成善意取得的情形下,原财产权利人取回权无法行使的补救方式,其协调、保护了善意第三人和取回权人的合法权益,使得正常的交易秩序得以维持。②

需要说明的是,如果管理人非法转让他人财产的行为不是职务行为,则应以普通民事侵权行为来处理。职务行为通常是指工作人员履行职责的活动,可以从以下几个方面进行判断:(1)该行为是否属于管理人的职权范围,

---

① 参见最高人民法院民事审判第二庭编著:《最高人民法院关于企业破产法司法解释理解与适用——破产法解释(一)·破产法解释(二)》,人民法院出版社 2017 年版,第211~212 页。

② 参见最高人民法院民事审判第二庭编著:《最高人民法院关于企业破产法司法解释理解与适用——破产法解释(一)·破产法解释(二)》,人民法院出版社 2017 年版,第343 页。

可根据《企业破产法》第二十五条判断；(2)管理人从事非法转让行为所处的时间、空间是否属于履行职责的时间和地域范围；(3)管理人从事非法转让行为时对外表彰的身份；(4)管理人转让他人财产的目的。

三、破产申请受理后,管理人非法转让债务人占有的他人财产,第三人未构成善意取得,对因第三人已支付对价而产生的债务,作为共益债务清偿

如前所述,破产申请受理之后,债务人丧失对破产企业财产的控制权,其财产均由管理人管理、处分。若此时,债务人占有的他人财产被管理人及其相关人员违法转让给第三人,第三人已经支付转让价款但又不构成善意取得,第三人可以就其已支付对价所产生的债务向债务人主张损害赔偿请求。由于该部分损失也是由管理人及其相关人员在履行职责过程中的不当行为产生,可以被界定为《企业破产法》第四十二条规定中的第(五)项"管理人或者相关人员执行务致人损害所产生的债务",属于共益债务的范围。该条司法解释旨在对不构成善意取得的第三人利益进行保护。①

四、破产申请受理后,因管理人或者相关人员执行职务导致债务人占有的他人财产毁损、灭失,因此获得的保险金、赔偿金已经交付给债务人,或者代偿物已经交付给债务人且不能与债务人财产予以区分,权利人因此受到损害所产生的债务,作为共益债务清偿

根据《企业破产法》第三十八条关于一般取回权的规定,人民法院受理破产申请后,债务人占有的不属于债务人的财产,该财产的权利人可以通过管理人取回。但是,在原财产毁损、灭失的情形下,司法解释通过增加代偿取回权制度来解决一般取回权行使的障碍问题。在原财产不复存在的情况下,基于财产的毁损、灭失会产生占有人向侵权人或保险公司的赔偿请求权,从而产生赔偿金、保险金或其他实物等代偿性资产;原财产权利人通过取回代偿性资产可以一定程度上弥补其损失。当保险金、赔偿金已经交付给债务人或者代偿物已经交付给债务人且不能与债务人财产相区分的,若财产毁损、灭失发生在破产申请受理后,因管理人或者相关人员执行职务导致权利人损害产生的债务,可以被界定为《企业破产法》第四十二条规定中的第(五)项"管理人或者相关人员执行职务致人损害所产生的债务",属于共益债务的

---

① 参见最高人民法院民事审判第二庭编著:《最高人民法院关于企业破产法司法解释理解与适用——破产法解释(一)·破产法解释(二)》,人民法院出版社2017年版,第352页。

范围。破产申请受理后,因管理人或者相关人员执行职务导致债务人占有的他人财产毁损、灭失,没有获得相应的保险金、赔偿金、代偿物,或者保险金、赔偿物、代偿物不足以弥补其损失的部分,权利人因此受到损害所产生的债务,亦作为共益债务清偿。

需要指出的是,管理人在执行职务过程中造成权利人损害当作共益债务处理的前提必须是管理人的职务行为违法,并且这种违法的职务行为造成了损害事实,两者之间有必然的因果关系。如果管理人及相关人员执行职务的行为是合法的,或者财产损失与管理人职务行为没有因果关系,均不存在损害赔偿问题,当然也不能列入共益债务。财产权利人在主张损失列入共益债务时,应提供相关证据,是否当作共益债务处理要经债权人会议核查,并经人民法院裁定确定。①

五、出卖人破产,其管理人决定解除所有权保留买卖合同,买受人依法履行合同义务并将标的物交付出卖人管理人后,买受人已支付价款损失形成的债权,作为共益债务清偿

根据《企业破产法》第十八条的规定,出卖人管理人具有单方解除权,有权选择解除所有权保留买卖合同,且无须考虑买受人的抗辩。合同解除后,依据《合同法》②的规定,尚未履行的部分终止履行,已经履行的部分可以要求恢复原状或采取其他补救措施。买受人依法履行合同义务并将买卖标的物交还出卖人管理人后,出卖人获取的买受人已支付的价款已经丧失合法基础,构成出卖人所获取的不当得利,因此,此种情形下买受人已支付价款损失所形成的债权,可以界定为《企业破产法》第四十二条规定中的第(三)项“因债务人不当得利所产生的债务”,应属于共益债务的范围。但是,买受人违反合同约定的,出卖人管理人可主张上述债权作为普通破产债权清偿。该条司法解释对出卖人管理人的解除权及行使解除权之后标的物的交付和买受人已经支付价款债权的处理等问题作出了明确规定,其明确了合同解除后的效果,并基于买受人是否存在违约行为区分其已支付价款的不同清偿地位,

---

① 参见最高人民法院民事审判第二庭编著:《最高人民法院关于企业破产法司法解释理解与适用——破产法解释(一)·破产法解释(二)》,人民法院出版社 2017 年版,第 362~371 页。

② 现为《民法典》。——编者注

有利于低成本而高效率地追收债务人财产。① 但是，买受人违反合同约定，出卖人管理人主张买受人已支付价款损失形成的债权作为普通债权清偿的，人民法院应予以支持。

六、买受人破产，其管理人决定继续履行所有权保留买卖合同，对因买受人未支付价款或者未履行完毕其他义务，以及买受人管理人将标的物出卖、出质或者作出其他不当处分导致出卖人损害产生的债务，作为共益债务清偿

根据《企业破产法》第十八条的规定，买受人管理人有权决定继续履行所有权保留买卖合同，且出卖人要求买受人支付价款或者履行其他义务的债权视为到期，买受人管理人应当及时向出卖人支付价款或者履行其他义务。买受人管理人无正当理由未及时支付价款或未履行其他义务，或者将标的物出卖、出质或者作出其他不当处分，对出卖人造成损害的，出卖人可以依照《合同法》第一百三十四条②的规定，取回买卖标的物。但是，出卖人的取回权受到"买受人已经支付价款达到总价款百分之七十五以上"及善意取得制度的限制，当出卖人未能取回标的物时，对因买受人未支付价款或者未履行完毕其他义务，以及买受人管理人将标的物出卖、出质或者作出其他不当处分导致出卖人损害产生的债务，可以界定为《企业破产法》第四十二条规定中的第（一）项"因管理人或者债务人请求对方当事人履行双方均未履行完毕的合同所产生的债务"，应属于共益债务的范围。出卖人对上述债务主张以共益债务偿还的，应首先以买受人已经支付的价款予以抵销，剩余部分以共益债务予以清偿。该条司法解释对出卖人行使取回权及其限制条件作出了规定，此外，也明确了在出卖人行使取回权未能取回标的物的情况下，其形成的债权地位如何确定。③

七、买受人破产，其管理人决定解除所有权保留买卖合同，出卖人取回标的物，但取回的标的物价值明显减少，对买受人已支付价款不足以弥补出卖人标的物价值减损损失形成的债权，作为共益债务清偿

根据《企业破产法》第十八条的规定，买受人管理人有权选择解除所有

---

①　参见最高人民法院民事审判第二庭编著：《最高人民法院关于企业破产法司法解释理解与适用——破产法解释（一）·破产法解释（二）》，人民法院出版社 2017 年版，第 407~410 页。

②　现为《民法典》第六百四十一条。——编者注

③　参见最高人民法院民事审判第二庭编著：《最高人民法院关于企业破产法司法解释理解与适用——破产法解释（一）·破产法解释（二）》，人民法院出版社 2017 年版，第 413~418 页。

权保留买卖合同。合同解除后,依据《合同法》①的规定,尚未履行的部分终止履行,已经履行的部分可以要求恢复原状或采取其他补救措施,并有权要求赔偿损失,即出卖人可以依据《企业破产法》第三十八条的规定取回标的物,买受人管理人可以主张出卖人返还已支付价款。但是,当取回的标的物价值明显减少给出卖人造成损失的,出卖人可以从买受人已支付价款中优先予以抵扣后,将剩余部分返还给买受人;买受人已支付价款不足以弥补出卖人标的物价值减损损失所形成的债权,因买受人管理人占有标的物不再具有合法依据,基于该占有所导致标的物的价值减损亦属于不当得利,上述债权可以被界定为《企业破产法》第四十二条规定中的第(三)项"因债务人不当得利所产生的债务",应属于共益债务的范围。该条司法解释对买受人管理人行使解除权、出卖人行使取回权时双方利益的平衡作出了具体规定。②

此外,值得关注的是,《企业破产法解释三》第二条也特别规定了对破产申请受理后为债务人继续营业的借款可以参照《企业破产法》第四十二条第(四)项的规定优先于普通破产债权清偿。该条司法解释明确了为债务人继续经营提供借款的债权人具有较为优先的受清偿顺位,鼓励对债务人继续经营提供资金支持,在一定程度上有利于解决债务人进入破产程序后的融资困境。但司法解释规定可以被认定为共益债务的借款必须严格限定在"为债务人继续营业"的目的范围内,以及发生在人民法院裁定受理破产申请后的破产程序中。同时,为了维护正常的商业交易秩序,尽量避免对此前已经设立的担保物权造成不利影响,也规定了该新发生的借款不得优先于此前已经设立的担保物权。如果债务人要为该新借款设定抵押担保,而抵押物此前已经为其他债权人设定抵押的,担保物权之间应当按照《物权法》第一百九十九条③规定的清偿顺序实现权利。④

---

① 现为《民法典》。——编者注

② 参见最高人民法院民事审判第二庭编著:《最高人民法院关于企业破产法司法解释理解与适用——破产法解释(一)·破产法解释(二)》,人民法院出版社 2017 年版,第 420～422 页。

③ 现为《民法典》第四百一十四条。——编者注

④ 参见最高人民法院审判委员会专职委员刘贵祥于 2019 年 3 月 28 日在"最高人民法院关于优化营商环境两个司法解释新闻发布会"上的讲话,载最高人民法院网, http://www.court.gov.cn,2019 年 9 月 11 日最后访问。

编者说明

1. 根据本条规定，因管理人或者债务人请求对方当事人履行双方均未履行完毕的合同所产生的债务，属于共益债务。在管理人决定继续履行合同时，关于此前对方当事人对债务人已经形成的债权性质，存在争议。从比较法的角度来看，美国、日本等国的破产法主张对该部分债权作为共益债务优先清偿，但少数国家如德国则在合同的给付是可以分割的前提下允许将其认定为破产债权。有学者认为，在继续履行合同时应当维持合同的不可分性，不能将合同的给付债务性质一分为二，对之前已形成的债权也应当作为共益债务优先清偿。[①] 因我国《企业破产法》并未对该类债权作出分割性排除，且考虑到双方当事人订立合同的目的及后续履行合同的情况，实践中，倾向于将该部分债权作为共益债务优先清偿。

2. 破产程序启动后，债务人企业继续经营对于重整至关重要，对于清算程序中将企业作为营运资产出售也非常关键。债务人需要新的资金用以维系企业经营，但资金回收的高风险、清偿顺位的不明确使得资本无法及时流向破产市场。根据《企业破产法解释三》第二条的规定，破产申请受理后，管理人或者自行管理的债务人为债务人继续营业的借款，符合法定程序的，可优先于普通破产债权清偿。该条司法解释已明确了新借款的清偿顺位，有助于债务人企业获得资金支持，实现市场资源的优化配置。

近年来，受到全球经济形势变化及疫情叠加影响，大量房地产企业资金链断裂，陷入经营困境。共益债投资在房地产企业破产重整中运用更加普遍，资产管理公司等机构投资人积极尝试以共益债投资的方式参与到破产重整项目中，盘活存量资产，获取投资收益。

第四十三条 【破产费用和共益债务的清偿】破产费用和共益债务由债务人财产随时清偿。

债务人财产不足以清偿所有破产费用和共益债务的，先行清偿破产费用。

债务人财产不足以清偿所有破产费用或者共益债务的，按照比例清偿。

---

① 参见王欣新、余艳萍:《论破产程序中待履行合同的处理方式及法律后果》，载《法学杂志》2010 年第 6 期。

债务人财产不足以清偿破产费用的,管理人应当提请人民法院终结破产程序。人民法院应当自收到请求之日起十五日内裁定终结破产程序,并予以公告。

【立法·要点注释】

清偿破产费用和共益债务是保证破产程序顺利进行的重要条件。在破产程序中,破产费用和共益债务是随时发生的,为了保证破产程序的顺利进行,当破产费用或者共益债务发生时,应当由债务人财产随时予以清偿。实践中,有的在破产费用或者共益债务发生后随时予以支付,有的则是在破产财产分配时预先予以扣除。

与共益债务相比较,破产费用是破产程序本身所必需的费用,如果债务人财产不能够支付破产费用,将直接导致破产程序无法进行下去。因此,在债务人财产不足以同时清偿破产费用和共益债务的情况下,应当优先清偿破产费用。当债务人财产不足以清偿破产费用或者共益债务二者之一时,债务人的财产不足以清偿破产费用的,按照可分配财产的金额占未清偿费用总额的比例对各项破产费用予以清偿;当债务人的财产足以清偿破产费用,但是不足以清偿共益债务的,同样,按照可分配财产的金额占未清偿共益债务总额的比例对各项共益债务予以清偿。

出现债务人财产不足以支付破产费用的情形,一般来说破产程序将无法继续进行,或者即使继续进行也没有实质意义。因此,人民法院应当依管理人的申请依法终结破产程序。但是,如果债务人只是出现暂时不能支付破产费用的困难,待困难消失后能够支付的,破产程序应当继续进行。如果债务人财产足以支付破产费用,但是不足以清偿共益债务的,管理人应当在变卖债务人财产后依法清偿共益债务,同样也不存在破产程序的终结问题。

【司法解释】

1.《最高人民法院关于适用〈中华人民共和国企业破产法〉若干问题的规定(二)》(法释〔2013〕22 号,2013 年 9 月 16 日;法释〔2020〕18 号修正,2021 年 1 月 1 日)

第三条　债务人已依法设定担保物权的特定财产,人民法院应当认定为债务人财产。

对债务人的特定财产在担保物权消灭或者实现担保物权后的剩余部分，在破产程序中可用以清偿破产费用、共益债务和其他破产债权。

2.《最高人民法院关于审理企业破产案件确定管理人报酬的规定》（法释〔2007〕9号，2007年6月1日）

第十二条 管理人报酬从债务人财产中优先支付。

债务人财产不足以支付管理人报酬和管理人执行职务费用的，管理人应当提请人民法院终结破产程序。但债权人、管理人、债务人的出资人或者其他利害关系人愿意垫付上述报酬和费用的，破产程序可以继续进行。

上述垫付款项作为破产费用从债务人财产中向垫付人随时清偿。

【司法文件】

《最高人民法院关于印发〈全国法院破产审判工作会议纪要〉的通知》（法〔2018〕53号，2018年3月4日）

12. 推动建立破产费用的综合保障制度。各地法院要积极争取财政部门支持，或采取从其他破产案件管理人报酬中提取一定比例等方式，推动设立破产费用保障资金，建立破产费用保障长效机制，解决因债务人财产不足以支付破产费用而影响破产程序启动的问题。

30. 破产清算程序的终结。人民法院终结破产清算程序应当以查明债务人财产状况、明确债务人财产的分配方案、确保破产债权获得依法清偿为基础。破产申请受理后，经管理人调查，债务人财产不足以清偿破产费用且无人代为清偿或垫付的，人民法院应当依管理人申请宣告破产并裁定终结破产清算程序。

第六章　债权申报

　　第四十四条　【债权人依法定程序行使权利】 人民法院受理破产申请时对债务人享有债权的债权人，依照本法规定的程序行使权利。

【立法·要点注释】

　　在法院受理破产申请时对债务人享有债权的债权人有权依据本法规定的程序行使权利。通常情况下，在法院受理破产申请后对债务人享有债权的债权人不得依本法规定的程序行使权利，但本法另有规定的除外（例如，本法第五十四条、第五十五条规定的情形）。债权人在破产程序中行使权利必须遵守本法的规定，不允许个别债权人通过破产程序以外的民事执行程序或其他程序来行使权利。

【相关立法】

　　1.《中华人民共和国企业破产法》（2006 年 8 月 27 日第十届全国人民代表大会常务委员会第二十三次会议通过，2007 年 6 月 1 日）

　　第五十四条　债务人是委托合同的委托人，被裁定适用本法规定的程序，受托人不知该事实，继续处理委托事务的，受托人以由此产生的请求权申报债权。

　　第五十五条　债务人是票据的出票人，被裁定适用本法规定的程序，该票据的付款人继续付款或者承兑的，付款人以由此产生的请求权申报债权。

　　2.《中华人民共和国民法典》（2020 年 5 月 28 日中华人民共和国第十三届全国人民代表大会第三次会议通过，2021 年 1 月 1 日）

　　第五百三十六条　债权人的债权到期前，债务人的债权或者与该债权有关的从权利存在诉讼时效期间即将届满或者未及时申报破产债权等情形，影响债权人的债权实现的，债权人可以代位向债务人的相对人请求其向债务人履行、向破产管理人申报或者作出其他必要的行为。

【司法解释】

1.《最高人民法院关于适用〈中华人民共和国企业破产法〉若干问题的规定(三)》(法释〔2019〕3 号,2019 年 3 月 28 日;法释〔2020〕18 号修正,2021 年 1 月 1 日)

第三条 破产申请受理后,债务人欠缴款项产生的滞纳金,包括债务人未履行生效法律文书应当加倍支付的迟延利息和劳动保险金的滞纳金,债权人作为破产债权申报的,人民法院不予确认。

【要点注释】

破产申请受理后,债务人欠缴款项的滞纳金计算与利息计算具有相似性,且欠缴款项的滞纳金在性质上除了对滞纳款项的利息补偿外,还具有惩罚性,若在破产程序中继续计算并按破产债权清偿,实际上由全体债权人承担了本应由债务人履行的惩罚性义务,在债务人财产不足以支付全部债权的情况下,对全体债权人有失公允,因此本条规定破产申请受理后,债务人欠缴款项的滞纳金不作为破产债权清偿。①

第四条 保证人被裁定进入破产程序的,债权人有权申报其对保证人的保证债权。

主债务未到期的,保证债权在保证人破产申请受理时视为到期。一般保证的保证人主张行使先诉抗辩权的,人民法院不予支持,但债权人在一般保证人破产程序中的分配额应予提存,待一般保证人应承担的保证责任确定后再按照破产清偿比例予以分配。

……

【要点注释】

无论一般保证还是连带责任保证,也无论主债务是否到期,一旦保证人被裁定进入破产程序,债权人均有权申报其对保证人的保证债权,管理人应当依法接受债权申报,并进行债权的审查确认和核查,但在一般保证人实际

---

① 参见最高人民法院民事审判第二庭编著:《最高人民法院关于企业破产法司法解释(三)理解与适用》,人民法院出版社 2019 年版,第 65~66 页。

清偿时,应当根据保证人申报的保证债权所能获得的实际分配额予以提存,待主债务期满后根据主债务人实际清偿情况再行决定提存份额的最终分配,而连带责任保证人破产,主债务尚未到期的,则不需提存处理。①

第七条　已经生效法律文书确定的债权,管理人应当予以确认。

管理人认为债权人据以申报债权的生效法律文书确定的债权错误,或者有证据证明债权人与债务人恶意通过诉讼、仲裁或者公证机关赋予强制执行力公证文书的形式虚构债权债务的,应当依法通过审判监督程序向作出该判决、裁定、调解书的人民法院或者上一级人民法院申请撤销生效法律文书,或者向受理破产申请的人民法院申请撤销或者不予执行仲裁裁决、不予执行公证债权文书后,重新确定债权。

【要点注释】

对所申报债权的真实性和有效性进行初步审查是管理人的法定职责,但其审查的债权不具有司法裁决的效力,对已经法院生效裁判、仲裁机构生效裁决、公证机关赋予强制执行力公证文书所确认的债权,管理人在审查时应予以认可,如管理人认为生效法律文书确有错误或有证据证明债权人与债务人恶意串通虚构债权债务,应当通过审判监督程序对该债权重新确认,或申请撤销或不予执行,而不得自行调整或申请破产受理法院裁定变更。②

2.《最高人民法院关于适用〈中华人民共和国企业破产法〉若干问题的规定(二)》(法释〔2013〕22号,2013年9月16日;法释〔2020〕18号修正,2021年1月1日)

第二十二条　破产申请受理前,债权人就债务人财产向人民法院提起本规定第二十一条第一款所列诉讼,人民法院已经作出生效民事判决书或者调解书但尚未执行完毕的,破产申请受理后,相关执行行为应当依据企业破产法第十九条的规定中止,债权人应当依法向管理人申报相关债权。

---

①　参见最高人民法院民事审判第二庭编著:《最高人民法院关于企业破产法司法解释(三)理解与适用》,人民法院出版社2019年版,第89~93页。
②　参见最高人民法院民事审判第二庭编著:《最高人民法院关于企业破产法司法解释(三)理解与适用》,人民法院出版社2019年版,第142~143页。

【要点注释】

本条规定之目的是在破产程序启动后,禁止个别债权人获得与破产程序公平受偿原则相违背的清偿,债权人基于法院生效法律文书启动的执行程序应当依法中止,其权益通过向管理人依法申报债权而获得保障。[①]

第二十四条 债务人有企业破产法第二条第一款规定的情形时,债务人的董事、监事和高级管理人员利用职权获取的以下收入,人民法院应当认定为企业破产法第三十六条规定的非正常收入:

(一)绩效奖金;

(二)普遍拖欠职工工资情况下获取的工资性收入;

(三)其他非正常收入。

债务人的董事、监事和高级管理人员拒不向管理人返还上述债务人财产,管理人主张上述人员予以返还的,人民法院应予支持。

债务人的董事、监事和高级管理人员因返还第一款第(一)项、第(三)项非正常收入形成的债权,可以作为普通破产债权清偿。因返还第一款第(二)项非正常收入形成的债权,依据企业破产法第一百一十三条第三款的规定,按照该企业职工平均工资计算的部分作为拖欠职工工资清偿;高出该企业职工平均工资计算的部分,可以作为普通破产债权清偿。

【要点注释】

对于债务人出现破产原因情况下债务人的董事、监事和高级管理人员取得的绩效奖金和其他明显不合理收入,符合普通债权构成条件的,在破产程序中作为普通债权进行清偿;对于债务人出现破产原因且普遍拖欠职工工资情况下债务人的董事、监事和高级管理人员取得的高出该企业职工平均计算的部分,可作为普通债权进行清偿。[②]

第三十条 债务人占有的他人财产被违法转让给第三人,依据民法典第三百一十一条的规定第三人已善意取得财产所有权,原权利人无法取回该财

---

① 参见最高人民法院民事审判第二庭编著:《最高人民法院关于企业破产法司法解释理解与适用——破产法解释(一)·破产法解释(二)》,人民法院出版社2017年版,第279页。

② 参见最高人民法院民事审判第二庭编著:《最高人民法院关于企业破产法司法解释理解与适用——破产法解释(一)·破产法解释(二)》,人民法院出版社2017年版,第293~294页。

产的,人民法院应当按照以下规定处理:

（一）转让行为发生在破产申请受理前的,原权利人因财产损失形成的债权,作为普通破产债权清偿;

……

【要点注释】

破产申请受理前债务人占有的他人财产被非法转让,受让人构成善意取得的,原财产权利人只能以自己的财产损失通过在破产程序中申报债权的方式得到救济。其债权数额应当与丧失物权所遭受的损失相一致,如原权利人认可债务人非法转让给第三人的转让价格合理,可以转让价格作为申报金额,如原权利人不认可转让价格且有证据证明原财产实际价值,可以原财产价值为申报金额,如原权利人有证据证明因物权丧失还导致有其他损失,则可另行主张赔偿。①

第三十一条　债务人占有的他人财产被违法转让给第三人,第三人已向债务人支付了转让价款,但依据民法典第三百一十一条的规定未取得财产所有权,原权利人依法追回转让财产的,对因第三人已支付对价而产生的债务,人民法院应当按照以下规定处理:

（一)转让行为发生在破产申请受理前的,作为普通破产债权清偿;

……

【要点注释】

债务人占有的他人财产被非法转让给第三人,第三人已实际支付价款但又不构成善意取得的,如转让行为发生在破产申请受理前,则第三人可就其已支付的对价损失作为普通债权申报。对价损失包括所有因履行合同而支付对价产生的各种合理可预见的损失,包括但不限于价款及利息。②

---

①　参见最高人民法院民事审判第二庭编著:《最高人民法院关于企业破产法司法解释理解与适用——破产法解释(一)·破产法解释(二)》,人民法院出版社 2017 年版,第341～342 页。

②　参见最高人民法院民事审判第二庭编著:《最高人民法院关于企业破产法司法解释理解与适用——破产法解释(一)·破产法解释(二)》,人民法院出版社 2017 年版,第351～352 页。

第三十二条 债务人占有的他人财产毁损、灭失,因此获得的保险金、赔偿金、代偿物尚未交付给债务人,或者代偿物虽已交付给债务人但能与债务人财产予以区分的,权利人主张取回就此获得的保险金、赔偿金、代偿物的,人民法院应予支持。

保险金、赔偿金已经交付给债务人,或者代偿物已经交付给债务人且不能与债务人财产予以区分的,人民法院应当按照以下规定处理:

(一)财产毁损、灭失发生在破产申请受理前的,权利人因财产损失形成的债权,作为普通破产债权清偿;

……

【要点注释】

破产申请受理前,因自然原因或第三人原因导致取回权人的财产遭遇毁损或灭失,如保险金、赔偿金已经交付债务人,或代偿物已交付债务人且不能与债务人财产相区分的,权利人不能行使代偿取回权,只可就该项损失享有的赔偿请求权申报债权。①

第三十六条 出卖人破产,其管理人决定解除所有权保留买卖合同,并依据企业破产法第十七条的规定要求买受人向其交付买卖标的物的,人民法院应予支持。

买受人以其不存在未依约支付价款或者履行完毕其他义务,或者将标的物出卖、出质或者作出其他不当处分情形抗辩的,人民法院不予支持。

买受人依法履行合同义务并依据本条第一款将买卖标的物交付出卖人管理人后,买受人已支付价款损失形成的债权作为共益债务清偿。但是,买受人违反合同约定,出卖人管理人主张上述债权作为普通破产债权清偿的,人民法院应予支持。

【要点注释】

出卖人破产,其管理人决定解除所有权保留买卖合同的,合同解除后,买卖标的物属于买受人持有的出卖人财产,应当向出卖人管理人返还。就买受人已经支付给出卖人的价款,应当按实际金额予以返还,该价款损失应当区

---

① 参见最高人民法院民事审判第二庭编著:《最高人民法院关于企业破产法司法解释理解与适用——破产法解释(一)·破产法解释(二)》,人民法院出版社 2017 年版,第 362 页。

分买受人是否依法履行合同、是否存在违约事由,分别按普通债权或共益债务清偿,如买受人违反合同约定导致合同解除的,买受人已支付价款损失应当按普通债权向出卖人管理人申报债权。①

3.《最高人民法院关于审理企业破产案件若干问题的规定》(法释〔2002〕23号,2002年9月1日)

第五十五条 下列债权属于破产债权:

(一)破产宣告前发生的无财产担保的债权;

(二)破产宣告前发生的虽有财产担保但是债权人放弃优先受偿的债权;

(三)破产宣告前发生的虽有财产担保但是债权数额超过担保物价值部分的债权;

(四)票据出票人被宣告破产,付款人或者承兑人不知其事实而向持票人付款或者承兑所产生的债权;

(五)清算组解除合同,对方当事人依法或者依照合同约定产生的对债务人可以用货币计算的债权;

(六)债务人的受托人在债务人破产后,为债务人的利益处理委托事务所发生的债权;

(七)债务人发行债券形成的债权;

(八)债务人的保证人代替债务人清偿债务后依法可以向债务人追偿的债权;

(九)债务人的保证人按照《中华人民共和国担保法》第三十二条的规定预先行使追偿权而申报的债权;

(十)债务人为保证人的,在破产宣告前已经被生效的法律文书确定承担的保证责任;

(十一)债务人在破产宣告前因侵权、违约给他人造成财产损失而产生的赔偿责任;

(十二)人民法院认可的其他债权。

---

① 参见最高人民法院民事审判第二庭编著:《最高人民法院关于企业破产法司法解释理解与适用——破产法解释(一)·破产法解释(二)》,人民法院出版社2017年版,第409页。

以上第(五)项债权以实际损失为计算原则。违约金不作为破产债权,定金不再适用定金罚则。

第六十一条 下列债权不属于破产债权:

(一)行政、司法机关对破产企业的罚款、罚金以及其他有关费用;

(二)人民法院受理破产案件后债务人未支付应付款项的滞纳金,包括债务人未执行生效法律文书应当加倍支付的迟延利息和劳动保险金的滞纳金;

(三)破产宣告后的债务利息;

(四)债权人参加破产程序所支出的费用;

(五)破产企业的股权、股票持有人在股权、股票上的权利;

(六)破产财产分配开始后向清算组申报的债权;

(七)超过诉讼时效的债权;

(八)债务人开办单位对债务人未收取的管理费、承包费。

上述不属于破产债权的权利,人民法院或者清算组也应当对当事人的申报进行登记。

第六十二条 政府无偿拨付给债务人的资金不属于破产债权。但财政、扶贫、科技管理等行政部门通过签订合同,按有偿使用、定期归还原则发放的款项,可以作为破产债权。

4.《最高人民法院关于适用〈中华人民共和国民法典〉有关担保制度的解释》(法释〔2020〕28号,2021年1月1日)

第二十三条 人民法院受理债务人破产案件,债权人在破产程序中申报债权后又向人民法院提起诉讼,请求担保人承担担保责任的,人民法院依法予以支持。

担保人清偿债权人的全部债权后,可以代替债权人在破产程序中受偿;在债权人的债权未获全部清偿前,担保人不得代替债权人在破产程序中受偿,但是有权就债权人通过破产分配和实现担保债权等方式获得清偿总额中超出债权的部分,在其承担担保责任的范围内请求债权人返还。

债权人在债务人破产程序中未获全部清偿,请求担保人继续承担担保责任的,人民法院应予支持;担保人承担担保责任后,向和解协议或者重整计划执行完毕后的债务人追偿的,人民法院不予支持。

第二十四条 债权人知道或者应当知道债务人破产,既未申报债权也未通知担保人,致使担保人不能预先行使追偿权的,担保人就该债权在破产程序中可能受偿的范围内免除担保责任，但是担保人因自身过错未行使追偿权的除外。

5.《最高人民法院关于审理民事案件适用诉讼时效制度若干问题的规定》（法释〔2008〕11号，2008年9月1日；法释〔2020〕17号修正，2021年1月1日）

第十一条　下列事项之一，人民法院应当认定与提起诉讼具有同等诉讼时效中断的效力：

……

（二）申请破产、申报破产债权；

……

6.《最高人民法院关于税务机关就破产企业欠缴税款产生的滞纳金提起的债权确认之诉应否受理问题的批复》（法释〔2012〕9号，2012年7月12日）

青海省高级人民法院：

你院《关于税务机关就税款滞纳金提起债权确认之诉应否受理问题的请示》（青民他字〔2011〕1号）收悉。经研究，答复如下：

税务机关就破产企业欠缴税款产生的滞纳金提起的债权确认之诉，人民法院应依法受理。依照企业破产法、税收征收管理法的有关规定，破产企业在破产案件受理前因欠缴税款产生的滞纳金属于普通破产债权。对于破产案件受理后因欠缴税款产生的滞纳金，人民法院应当依照《最高人民法院关于审理企业破产案件若干问题的规定》第六十一条规定处理。

此复

【司法文件】

1.《最高人民法院关于印发〈全国法院民商事审判工作会议纪要〉的通知》（法〔2019〕254号，2019年11月8日）

110.【受理后有关债务人诉讼的处理】人民法院受理破产申请后，已经开始而尚未终结的有关债务人的民事诉讼，在管理人接管债务人财产和诉讼事务后继续进行。债权人已经对债务人提起的给付之诉，破产申请受理后，人民法院应当继续审理，但是在判定相关当事人实体权利义务时，应当注意与企业破产法及其司法解释的规定相协调。

上述裁判作出并生效前，债权人可以同时向管理人申报债权，……

人民法院受理破产申请后，债权人新提起的要求债务人清偿的民事诉讼，人民法院不予受理，同时告知债权人应当向管理人申报债权。……

2.《最高人民法院关于印发〈全国法院破产审判工作会议纪要〉的通知》（法〔2018〕53号，2018年3月4日）

28. 破产债权的清偿原则和顺序。对于法律没有明确规定清偿顺序的债权，人民法院可以按照人身损害赔偿债权优先于财产性债权、私法债权优先于公法债权、补偿性债权优先于惩罚性债权的原则合理确定清偿顺序。因债务人侵权行为造成的人身损害赔偿，可以参照企业破产法第一百一十三条第一款第一项规定的顺序清偿，但其中涉及的惩罚性赔偿除外。破产财产依照企业破产法第一百一十三条规定的顺序清偿后仍有剩余的，可依次用于清偿破产受理前产生的民事惩罚性赔偿金、行政罚款、刑事罚金等惩罚性债权。

3.《最高人民法院关于依法审理和执行被风险处置证券公司相关案件的通知》（法发〔2009〕35号，2009年5月26日）

一、为统一、规范证券公司风险处置中个人债权的处理，保持证券市场运行的连续性和稳定性，中国人民银行、财政部、中国银行业监督管理委员会、中国证券监督管理委员会联合制定发布了《个人债权及客户证券交易结算资金收购意见》。国家对个人债权和客户交易结算资金的收购，是国家有关行政部门和金融监管机构采取的特殊行政手段。相关债权是否属于应当收购的个人债权或者客户交易结算资金范畴，系由中国人民银行、金融监管机构以及依据《个人债权及客户证券交易结算资金收购意见》成立的甄别确认小组予以确认的，不属人民法院审理的范畴。因此，有关当事人因上述执行机关在风险处置过程中甄别确认其债权不属于国家收购范围的个人债权或者客户证券交易结算资金，向人民法院提起诉讼，请求确认其债权应纳入国家收购范围的，人民法院不予受理。国家收购范围之外的债权，有关权利人可以在相关证券公司进入破产程序后向人民法院申报。

四、破产程序作为司法权介入的特殊偿债程序，是在债务人财产不足以清偿债务的情况下，以法定的程序和方法，为所有债权人创造获得公平受偿的条件和机会，以使所有债权人共同享有利益、共同分担损失。鉴此，根据企业破产法第十九条的规定,人民法院受理证券公司的破产申请后,有关证券公司财产的保全措施应当解除,执行程序应当中止。具体如下:

......

2. 人民法院受理破产申请后,已经受理有关证券公司执行案件的人民法院,对证券公司财产尚未执行或者尚未执行完毕的程序应当中止执行。当事人在破产申请受理后向有关法院申请对证券公司财产强制执行的,有关法院对其申请不予受理,并告知其依法向破产案件管理人申报债权。破产申请受理后人民法院未中止执行的,对于已经执行了的证券公司财产,执行法院应当依法执行回转,并交由管理人作为破产财产统一分配。

......

五、证券公司进入破产程序后,人民法院作出的刑事附带民事赔偿或者涉及追缴赃款赃物的判决应当中止执行,由相关权利人在破产程序中以申报债权等方式行使权利;刑事判决中罚金、没收财产等处罚,应当在破产程序债权人获得全额清偿后的剩余财产中执行。

【请示答复】

《最高人民法院关于人民法院受理破产案件前债务人未付应付款项的滞纳金是否应当确认为破产债权请示的答复》(〔2013〕民二他字第9号,2013年6月27日)

广东省高级人民法院:

你院粤高法〔2013〕107号《关于人民法院受理破产案件前债务人未付应付款项的滞纳金是否应当确认为破产债权的请示》收悉。经研究,答复如下:

同意你院意见,即人民法院受理破产案件前债务人未付款项的滞纳金应确认为破产债权。

此复

【参考观点】

破产法中所称的债权,是指在破产程序中,债权人对债务人享有的权利,即在破产程序开始前因合同、侵权、无因管理、不当得利或未尽对国家的税收义务等法律原因而对债务人享有的金钱债权或能以金钱予以评估的债权。①采用列举的方式显然无法穷尽破产程序中所能涵盖的所有债权类型,故本条规定仅从债权形成时间予以限定。但有两个例外:其一,根据《合同法》②有关规定,委托人破产时,委托合同应当终止,但根据本法规定,善意受托人不知委托人被人民法院裁定受理破产的事实而继续处理委托事务的,所产生的债权虽在破产案件受理后,但仍可进行债权申报。其二,根据《票据法》有关规定,出票人进入破产程序不属于付款人拒绝承兑或付款的法定抗辩理由,故破产案件受理后发生的承兑或付款行为所产生的债权不符合共益债务的特征,但其可作为债权依法申报。③

债权人依照本法规定的程序行使权利的第一步即是进行债权申报。债权申报是债权人在法院受理破产申请后依照本法规定的程序主张并证明其债权,以便参加破产程序的行为,只有经申报的债权才能参与到破产程序的公平分配中,未经申报不得参与本法规定的程序。可申报的债权须是平等主体之间在法院受理破产申请前成立的以财产给付为内容或能够折算为货币并以债务人财产为受偿基础的请求权,且合法有效。④

此外,《民法典》规定了债权人的代位保存权,允许债务人的债权或与该债权有关的从权利存在未及时申报破产债权情形时,债权人可代位向破产管理人申报债权。债权人的代位保存权以债权人与债务人之间存在未到期债权为前提,代位保存不需要对债权人的债权进行实体判断,只需形式审查,如提供交易合同证明存在给付关系且未届履行期等即可。代位保存权审查的核心是债务人与相对人之间的权利义务,故债权人行使代位保存权必须提交证据证明债务人对相对人有合法有效的权利。同时,相对人对债务人的抗辩,包括诉讼时效届满的抗辩、抵销的抗辩、同时履行的抗辩等均可依法向债权人主张。⑤

---

① 参见最高人民法院民事审判第二庭编著:《最高人民法院关于企业破产法司法解释理解与适用——破产管理人制度·新旧破产法衔接》,人民法院出版社 2007 年版,第 217 页。

② 现为《民法典》。——编者注

③ 参见王东敏:《新破产法疑难解读与实务操作》,法律出版社 2007 年版,第 73~74 页。

④ 参见王东敏:《新破产法疑难解读与实务操作》,法律出版社 2007 年版,第 60 页。

⑤ 参见最高人民法院民法典贯彻实施工作领导小组主编:《中华人民共和国民法典合同编理解与适用(一)》,人民法院出版社 2020 年版,第 509~513 页。

【最高人民法院公报案例】

广东国际信托投资公司破产案

——债权人与具有从事避险性衍生金融工具交易的主体资格的债务人进行掉期交易造成的损失可被确认为破产债权。

【案情简介】

广东国投公司原名为广东省信托投资公司,1980 年 7 月经广东省人民政府批准在广州市工商行政管理局注册成立,系全民所有制企业法人。1983 年经中国人民银行批准为非银行金融机构并享有外汇经营权;1984 年 3 月经广东省工商行政管理局注册登记更改名称为广东国际信托投资公司,注册资金为 12 亿元。1992 年以来,广东国投公司由于经营管理混乱,存在大量高息揽存、账外经营、乱拆借资金、乱投资等违规经营活动,导致不能支付到期巨额境内外债务,严重资不抵债。1998 年 10 月 6 日,中国人民银行决定关闭广东国投公司,并组织关闭清算组对其进行关闭清算。关闭清算期间广东国投公司的金融业务和相关的债权债务由中国银行托管,广东国投公司属下的证券交易营业部由广发证券有限责任公司托管,其业务经营活动照常进行。广东省高级人民法院于 1999 年 1 月 16 日裁定:"一、广东国投公司破产还债。二、指定清算组接管广东国投公司。"

债权人依据其与广东国投公司掉期交易申报破产债权被破产清算组拒绝后向法院提出异议。广东省高级人民法院经审理认为,利率掉期交易是国际上广泛采用的一种金融方式,目的在于降低筹资成本,防范利率浮动所承受的风险;依据掉期合同申报的破产债权的确认,关键在于认定利率掉期交易是否需要国家外汇管理局的逐笔核准,并对该笔利率掉期交易避险性或投机性作出判断。广东国投公司持有国家外汇管理局颁发的经营外汇业务许可证,其外汇业务范围包括自营和代客外汇买卖,故广东国投公司具有从事避险性衍生金融工具交易的主体资格,并不需要国家外汇管理局的逐笔核准;双方所进行的利率掉期交易如果存在相对应的基础工具交易,而不是纯粹根据市场上衍生金融工具价格变动趋势的预测进行的交易,则属于避险性衍生金融工具交易,该笔利率掉期交易则被确认为有效,债权人按照双方约定提供用于计算损失的市场报价证实广东国投公司被关闭导致该笔掉期交易协议提前终止所造成的损失后,债权人申报的破产债权应被确认。

【裁判要点】

债务人具有从事避险性衍生金融工具交易的主体资格,并不需要国家外汇管理局的逐笔核准;双方所进行的利率掉期交易如果存在相对应的基础工具交易则属于避险性衍生金融工具交易,债权人按照双方约定提供用于计算损失的市场报价证实债务人被关闭导致该笔掉期交易协议提前终止所造成的损失后,其所申报的债权应被确认。

【案例来源】

《中华人民共和国最高人民法院公报》2003年第3期(总第83期)。

【最高人民法院裁判案例】

廊坊市六通物资经贸有限公司与廊坊市安居房地产开发有限公司取回权纠纷案[最高人民法院(2018)最高法民申2607号]

——债务人因土地使用证被依法撤销,其所取得的拆迁补偿款应返还权利人,但拆迁补偿款取得于破产受理前且无证据证明其特定化的,应作为普通破产债权清偿。

【案情简介】

2016年10月25日,廊坊市中级人民法院裁定受理廊坊市安居房地产开发有限公司(以下简称安居公司)破产清算一案。2017年1月4日,廊坊市中级人民法院裁定安居公司重整并发布公告。廊坊市六通物资经贸有限公司(以下简称六通公司)因与安居公司取回权纠纷一案,不服河北省高级人民法院(2017)冀民终805号民事判决,向最高人民法院申请再审。

六通公司认为:第一,经法院生效判决撤销了安居公司案涉拆迁土地的国有土地使用证,安居公司失去获得拆迁补偿款的依据,应属于不当得利。根据六通公司与安居公司签订的《协议书》约定,安居公司获得的政府拆迁补偿款,依法应返还六通公司。第二,安居公司因自有财产毁损所获得的拆迁补偿款,六通公司没有法定义务对其补偿款在其财务管理及区分上负有举证责任,原审判决将其作为普通破产债权进行清偿没有法律根据。

【裁判要点】

最高人民法院经审查后认为,安居公司因案涉土地使用证被依法撤销,其依法应当返还此前获得的拆迁补偿款属于不当得利之债。六通公司与安居公司就涉案补偿款相关事宜签订的《协议书》亦明确约定拆迁补偿款由安居公司如数返还给六通公司。根据《企业破产法解释二》第三十二条第二款第(一)项规定,债务人占有的他人财产毁损、灭失,因此获得的保险金、赔偿金已经交付给债务人,或者代偿物已经交付给债务人且不能与债务人财产予以区分的,人民法院应当按照以下规定处理:财产毁损、灭失发生在破产申请受理前的,权利人因财产损失形成的债权,作为普通破产债权清偿。安居公司取得案涉补偿款是在法院受理破产申请前所产生。由于货币的特殊属性,现并无证据证明安居公司对收取的案涉补偿款设立专款专户加以区分,该补偿款并未特定化,六通公司对没有特定化的案涉补偿款不具有所有权及其他物权关系,该案涉补偿款返还债权只能作为普通破产债权清偿。

【案例来源】

中国裁判文书网,https://wenshu.court.gov.cn。

编者说明

《企业破产法解释三》明确规定,破产申请受理后,债务人欠缴款项产生的滞纳金不属于破产债权。但破产申请受理前债务人欠付款项产生的滞纳金是否属于破产债权,在理论界和实务界有两种截然不同的观点。一种观点认为,欠缴款项所产生滞纳金不区分破产申请受理前后,均不属于破产债权,如江苏省高级人民法院、深圳市中级人民法院在地方性审判文件中作此规定;另一种观点认为,破产申请受理前,因欠缴款项产生的滞纳金应确认为破产债权,最高人民法院在法释〔2002〕23号司法解释、法释〔2012〕9号批复和〔2013〕民二他字第9号答复中均强调了以破产受理为时点将滞纳金区别对待。《企业破产法解释三》亦延续了该司法精神,认为破产申请受理前产生的滞纳金属于破产债权,受理后产生的不属于破产债权。

第四十五条　【债权申报期限】人民法院受理破产申请后,应当确定债权人申报债权的期限。债权申报期限自人民法院发布受理破产申请公告之日起计算,最短不得少于三十日,最长不得超过三个月。

【立法·要点注释】

法院在受理破产申请后,应当及时确定债权申报的期限,并在受理裁定的通知和公告中载明申报债权的期限。债权申报期限自法院发布受理破产申请公告之日起算,最短不得少于三十日,最长不得超过三个月。申报债权须在债权申报期限内申报,如未在该期限内申报则只能补充申报,但其权利行使将受到一定限制。

【相关立法】

1.《中华人民共和国企业破产法》(2006 年 8 月 27 日第十届全国人民代表大会常务委员会第二十三次会议通过,2007 年 6 月 1 日)

第五十六条 在人民法院确定的债权申报期限内,债权人未申报债权的,可以在破产财产最后分配前补充申报;但是,此前已进行的分配,不再对其补充分配。为审查和确认补充申报债权的费用,由补充申报人承担。

债权人未依照本法规定申报债权的,不得依照本法规定的程序行使权利。

2.《中华人民共和国公司法》(2018 年 10 月 26 日第十三届全国人民代表大会常务委员会第六次会议第四次修正)

第一百八十五条第一款 清算组应当自成立之日起十日内通知债权人,并于六十日内在报纸上公告。债权人应当自接到通知书之日起三十日内,未接到通知书的自公告之日起四十五日内,向清算组申报其债权。

3.《中华人民共和国合伙企业法》(2006 年 8 月 27 日第十届全国人民代表大会常务委员会第二十三次会议修订)

第八十八条第一款 清算人自被确定之日起十日内将合伙企业解散事项通知债权人,并于六十日内在报纸上公告。债权人应当自接到通知书之日起三十日内,未接到通知书的自公告之日起四十五日内,向清算人申报债权。

4.《中华人民共和国个人独资企业法》(1999 年 8 月 30 日第九届全国人民代表大会常务委员会第十一次会议通过,2000 年 1 月 1 日)

第二十七条第二款 投资人自行清算的,应当在清算前十五日内书面通知债权人,无法通知的,应当予以公告。债权人应当在接到通知之日起三十日内,未接到通知的应当在公告之日起六十日内,向投资人申报其债权。

【司法文件】

1.《最高人民法院关于印发〈全国法院破产审判工作会议纪要〉的通知》（法〔2018〕53号，2018年3月4日）

29. 建立破产案件审理的繁简分流机制。人民法院审理破产案件应当提升审判效率，在确保利害关系人程序和实体权利不受损害的前提下，建立破产案件审理的繁简分流机制。对于债权债务关系明确、债务人财产状况清楚的破产案件，可以通过缩短程序时间、简化流程等方式加快案件审理进程，但不得突破法律规定的最低期限。

2.《最高人民法院印发〈关于企业破产案件信息公开的规定（试行）〉的通知》（法发〔2016〕19号，2016年8月1日）

第七条 人民法院、破产管理人可以在破产重整案件信息网发布破产程序有关公告。

人民法院、破产管理人在其他媒体发布公告的，同时要在破产重整案件信息网发布公告。人民法院、破产管理人在破产重整案件信息网发布的公告具有法律效力。

3.《最高人民法院关于进一步规范法院公告发布工作的通知》（法〔2005〕72号，2005年1月21日）

二、为加强法院公告工作的管理，最高人民法院办公厅于1992年9月8日下发了《关于法院公告一律由〈人民法院报〉刊登的通知》（法办〔1992〕93号），最高人民法院于1993年4月16日下发了《关于重申法院公告一律由〈人民法院报〉统一刊登的通知》（法〔1993〕29号），最高人民法院办公厅于2001年12月21日下发了《最高人民法院办公厅关于改进人民法院公告发布工作的通知》（法办〔2001〕246号），要求各级法院严格按照通知要求统一在《人民法院报》刊登法院公告。多年来，各级法院落实上述通知要求，认真规范公告刊登工作。《人民法院报》在不断推进公告刊登规范化的同时，在全国各地设立了29个公告刊登代办点，并实现了在《人民法院报》电子版、中国法院网上同步免费刊载。实践证明，法院公告在《人民法院报》统一刊登，对于便当当事人及社会公众及时有效查询了解公告，保障诉讼活动顺利进行,起到了积极的促进作用。各级人民法院的法官及案件当事人普遍把《人民法院报》作为查询、阅读人民法院公告,从中了解全国法院案件审判工作、执行工作的有关信息的重要载体。因此,各级法院应认真执行最高人民法院文件关于法院公告一律由《人民法院报》刊登的规定。

【参考观点】

设立债权申报期限的目的在于防止破产程序的过度拖延,债权申报期限的立法方式通常有法定主义和酌定主义。法定主义即法律直接规定债权申报的期间,酌定主义为法院根据具体情况确定。本法采用法定主义和酌定主义相结合的立法方式即自法院发布受理破产申请公告之日起算,最短不得少于三十日,最长不得超过三个月。[①] 酌定的主要考虑因素包括债务的规模、债权人的分布地域、债务人财产状况、债务人企业行业类型和经营规模、职工人数、已有和潜在的争议等内容,从申报期限上已不再区分已知和未知债权人,债权申报起算点为自法院发布受理破产申请的公告之日。[②]

【最高人民法院裁判案例】

陈康振与湛江市城乡建设实业有限公司确认合同效力纠纷案[最高人民法院(2016)最高法民申1423号]

——人民法院所发布的确认债权申报期的公告无须双方当事人举证质证,债权人应当在人民法院确定的债权申报期限内申报债权。

【案情简介】

2012年12月12日,湛江市中级人民法院裁定湛江市城乡建设实业有限公司(以下简称城乡建设公司)进入破产重整程序。2012年12月15日、20日,湛江市中级人民法院在《湛江日报》《人民法院报》等报纸上发布公告,告知各债权人在公告的30日内申报债权。陈康振没有在湛江市中级人民法院指定的期限内向城乡建设公司管理人申报债权。2014年6月5日,湛江市中

① 参见王东敏:《新破产法疑难解读与实务操作》,法律出版社2007年版,第77页。
② 参见王东敏:《新破产法疑难解读与实务操作》,法律出版社2007年版,第78页。

级人民法院裁定批准城乡建设公司的重整计划,执行期限一年,至 2015 年 6 月 4 日。2015 年 5 月 21 日,湛江市中级人民法院裁定延长重整计划的执行期限至 2015 年 12 月 4 日。一审法院认为,因陈康振未依照破产法的规定向城乡建设公司管理人申报债权,其在城乡建设公司重整计划执行期间不得行使权利,即在城乡建设公司重整计划执行期间不得对其提起诉讼,裁定驳回陈康振起诉,二审维持原判决。

陈康振不服一、二审判决向最高人民法院申请再审,其认为本案一审、二审裁定认定湛江市中级人民法院在《湛江日报》《人民法院报》等报纸上发布公告的事实,其主要证据未经质证,程序严重违法。

【裁判要点】

最高人民法院经审查认为,关于二审法院未对一审法院在《人民法院报》刊发公告的事实进行质证即予认定是否属于程序违法的问题。依据《民事诉讼法》第九十条第一款"当事人对自己提出的诉讼请求所依据的事实或者反驳对方诉讼请求所依据的事实,应当提供证据加以证明,但法律另有规定的除外"之规定,民事诉讼举证责任的主体是当事人,需要证明的对象是当事人在诉讼中提出于己有利的事实主张。本案一审、二审期间,双方当事人均未提出"2012 年 12 月 15 日、20 日,湛江市中级人民法院在《湛江日报》《人民法院报》等报纸上发布公告,告知各债权人在公告的 30 日内申报债权"这一事实主张。因此,本案双方当事人均无须就该项事实进行举证。依据《企业破产法》第四十五条之规定,债权申报期限自人民法院发布受理破产申请公告之日起计算,故城乡建设公司管理人在《南方日报》上刊登《债权申报催促公告》这一事实对本案债权申报期限的计算无实质性影响,该事实不能作为本案关键性证据,即便二审法院未就该事实进行质证,亦不至于成为本案需要再审的理由。

【案例来源】

中国裁判文书网,https://wenshu.court.gov.cn。

编者说明

本条规定了债权申报期限,要求债权人应当在法院公告确定的申报期限内申报债权,以便管理人能尽快查明破产债权人人数及债权金额。同时,为避免法律直接规定申报期限过于固定而可能不符合个案的实际情况,本法赋予法院受限制的自由裁量权,即法院有权根据破产个案的具体情况和难易程度,如债权人数量以及地域分布、破产程序整体进程安排等因素确定破产案件的具体债权申报期限。但申报期限自法院发布破产申请受理公告之日起,最短不得少于三十日,最长不得超过三个月。实务中,对于事实清楚、债权债务关系明确、争议不大的简易破产案件一般确定债权申报期限为三十日,普通破产案件一般确定债权申报期限为四十五日至六十日,而债权人人数众多、地域分布较广等疑难复杂破产案件一般确定债权申报期限为三个月。

第四十六条 【未到期的债权与附利息的债权的算定】未到期的债权,在破产申请受理时视为到期。

附利息的债权自破产申请受理时起停止计息。

【立法·要点注释】

在民事活动中,一般到期债权才予以清偿,但因破产程序是概括性清偿程序,未到期债权在破产申请受理时视为到期。在民事活动中,附利息债权到期后,利息的计算起止期限为自债务发生时至债务履行之日止,但在破产程序中,破产申请受理后发生的利息不属于破产债权,故附利息债权在破产申请受理时停止计息。

【相关立法】

1.《中华人民共和国民法典》(2020 年 5 月 28 日中华人民共和国第十三届全国人民代表大会第三次会议通过,2021 年 1 月 1 日)

第三百八十九条 担保物权的担保范围包括主债权及其利息、违约金、损害赔偿金、保管担保财产和实现担保物权的费用。当事人另有约定的,按照其约定。

第五百六十一条 债务人在履行主债务外还应当支付利息和实现债权的有关费用,其给付不足以清偿全部债务的,除当事人另有约定外,应当按照下列顺序履行:

(一)实现债权的有关费用;

(二)利息;

(三)主债务。

第五百八十九条　债务人按照约定履行债务,债权人无正当理由拒绝受领的,债务人可以请求债权人赔偿增加的费用。

在债权人受领迟延期间,债务人无须支付利息。

第六百六十七条　借款合同是借款人向贷款人借款,到期返还借款并支付利息的合同。

第六百七十条　借款的利息不得预先在本金中扣除。利息预先在本金中扣除的,应当按照实际借款数额返还借款并计算利息。

第六百七十一条　贷款人未按照约定的日期、数额提供借款,造成借款人损失的,应当赔偿损失。

借款人未按照约定的日期、数额收取借款的,应当按照约定的日期、数额支付利息。

第六百七十四条　借款人应当按照约定的期限支付利息。对支付利息的期限没有约定或者约定不明确,依据本法第五百一十条的规定仍不能确定,借款期间不满一年的,应当在返还借款时一并支付;借款期间一年以上的,应当在每届满一年时支付,剩余期间不满一年的,应当在返还借款时一并支付。

第六百七十六条　借款人未按照约定的期限返还借款的,应当按照约定或者国家有关规定支付逾期利息。

第六百七十七条　借款人提前返还借款的,除当事人另有约定外,应当按照实际借款的期间计算利息。

第六百八十条　禁止高利放贷,借款的利率不得违反国家有关规定。

借款合同对支付利息没有约定的,视为没有利息。

借款合同对支付利息约定不明确,当事人不能达成补充协议的,按照当地或者当事人的交易方式、交易习惯、市场利率等因素确定利息;自然人之间借款的,视为没有利息。

第六百九十一条　保证的范围包括主债权及其利息、违约金、损害赔偿金和实现债权的费用。当事人另有约定的,按照其约定。

第九百二十一条　委托人应当预付处理委托事务的费用。受托人为处理委托事务垫付的必要费用,委托人应当偿还该费用并支付利息。

2.《中华人民共和国民事诉讼法》(2021 年 12 月 24 日第十三届全国人民代表大会常务委员会第三十二次会议第四次修正)

第二百六十条　被执行人未按判决、裁定和其他法律文书指定的期间履行给付金钱义务的,应当加倍支付迟延履行期间的债务利息。被执行人未按判决、裁定和其他法律文书指定的期间履行其他义务的,应当支付迟延履行金。

【司法解释】

1.《最高人民法院关于适用〈中华人民共和国企业破产法〉若干问题的规定(三)》(法释〔2019〕3 号,2019 年 3 月 28 日;法释〔2020〕18 号修正,2021年 1 月 1 日)

第三条 破产申请受理后,债务人欠缴款项产生的滞纳金,包括债务人未履行生效法律文书应当加倍支付的迟延利息和劳动保险金的滞纳金,债权人作为破产债权申报的,人民法院不予确认。

第四条 保证人被裁定进入破产程序的,债权人有权申报其对保证人的保证债权。

主债务未到期的,保证债权在保证人破产申请受理时视为到期。一般保证的保证人主张行使先诉抗辩权的,人民法院不予支持,但债权人在一般保证人破产程序中的分配额应予提存,待一般保证人应承担的保证责任确定后再按照破产清偿比例予以分配。

……

【要点注释】

《企业破产法》规定未到期债权在破产申请受理时视为到期,可让所有债权人都能够参与到破产程序中,体现了破产程序集体清偿债权的目标和价值。本条规定保证人破产而主债务未到期的,保证债权加速到期亦体现了这种立法追求。[1]

2.《最高人民法院关于〈中华人民共和国企业破产法〉施行时尚未审结的企业破产案件适用法律若干问题的规定》(法释〔2007〕10 号,2007 年 6 月1 日)

第六条 人民法院尚未宣告债务人破产的,应当适用企业破产法第四十

---

[1] 参见最高人民法院民事审判第二庭编著:《最高人民法院关于企业破产法司法解释(三)理解与适用》,人民法院出版社 2019 年版,第 95 页。

六条的规定确认债权利息;已经宣告破产的,依据企业破产法施行前的法律规定确认债权利息。

3.《最高人民法院关于适用〈中华人民共和国民法典〉有关担保制度的解释》(法释〔2020〕28 号,2021 年 1 月 1 日)

第二十二条　人民法院受理债务人破产案件后,债权人请求担保人承担担保责任,担保人主张担保债务自人民法院受理破产申请之日起停止计息的,人民法院对担保人的主张应予支持。

4.《最高人民法院关于审理民间借贷案件适用法律若干问题的规定》(法释〔2015〕18 号,2015 年 9 月 1 日;法释〔2020〕6 号修正,2020 年 8 月 20 日;法释〔2020〕17 号修正,2021 年 1 月 1 日)

第二十四条　借贷双方没有约定利息,出借人主张支付利息的,人民法院不予支持。

自然人之间借贷对利息约定不明,出借人主张支付利息的,人民法院不予支持。除自然人之间借贷的外,借贷双方对借贷利息约定不明,出借人主张利息的,人民法院应当结合民间借贷合同的内容,并根据当地或者当事人的交易方式、交易习惯、市场报价利率等因素确定利息。

第二十五条　出借人请求借款人按照合同约定利率支付利息的,人民法院应予支持,但是双方约定的利率超过合同成立时一年期贷款市场报价利率四倍的除外。

前款所称"一年期贷款市场报价利率",是指中国人民银行授权全国银行间同业拆借中心自 2019 年 8 月 20 日起每月发布的一年期贷款市场报价利率。

第二十六条　借据、收据、欠条等债权凭证载明的借款金额,一般认定为本金。预先在本金中扣除利息的,人民法院应当将实际出借的金额认定为本金。

第二十七条　借贷双方对前期借款本息结算后将利息计入后期借款本金并重新出具债权凭证,如果前期利率没有超过合同成立时一年期贷款市场报价利率四倍,重新出具的债权凭证载明的金额可认定为后期借款本金。超过部分的利息,不应认定为后期借款本金。

按前款计算,借款人在借款期间届满后应当支付的本息之和,超过以最初借款本金与以最初借款本金为基数、以合同成立时一年期贷款市场报价利率四倍计算的整个借款期间的利息之和的,人民法院不予支持。

第二十八条 借贷双方对逾期利率有约定的,从其约定,但是以不超过合同成立时一年期贷款市场报价利率四倍为限。

未约定逾期利率或者约定不明的,人民法院可以区分不同情况处理:

(一)既未约定借期内利率,也未约定逾期利率,出借人主张借款人自逾期还款之日起参照当时一年期贷款市场报价利率标准计算的利息承担逾期还款违约责任的,人民法院应予支持;

(二)约定了借期内利率但是未约定逾期利率,出借人主张借款人自逾期还款之日起按照借期内利率支付资金占用期间利息的,人民法院应予支持。

第二十九条 出借人与借款人既约定了逾期利率,又约定了违约金或者其他费用,出借人可以选择主张逾期利息、违约金或者其他费用,也可以一并主张,但是总计超过合同成立时一年期贷款市场报价利率四倍的部分,人民法院不予支持。

第三十条 借款人可以提前偿还借款,但是当事人另有约定的除外。

借款人提前偿还借款并主张按照实际借款期限计算利息的,人民法院应予支持。

第三十一条 本规定施行后,人民法院新受理的一审民间借贷纠纷案件,适用本规定。

2020年8月20日之后新受理的一审民间借贷案件,借贷合同成立于2020年8月20日之前,当事人请求适用当时的司法解释计算自合同成立到2020年8月19日的利息部分的,人民法院应予支持;对于自2020年8月20日到借款返还之日的利息部分,适用起诉时本规定的利率保护标准计算。

……

5.《最高人民法院关于执行程序中计算迟延履行期间的债务利息适用法律若干问题的解释》(法释〔2014〕8号,2014年8月1日)

第一条 根据民事诉讼法第二百五十三条①规定加倍计算之后的迟延履行期间的债务利息,包括迟延履行期间的一般债务利息和加倍部分债务

---

① 2021年修正的《民事诉讼法》第二百六十条。——编者注

利息。

迟延履行期间的一般债务利息,根据生效法律文书确定的方法计算;生效法律文书未确定给付该利息的,不予计算。

加倍部分债务利息的计算方法为:加倍部分债务利息 = 债务人尚未清偿的生效法律文书确定的除一般债务利息之外的金钱债务×日万分之一点七五×迟延履行期间。

第二条　加倍部分债务利息自生效法律文书确定的履行期间届满之日起计算;生效法律文书确定分期履行的,自每次履行期间届满之日起计算;生效法律文书未确定履行期间的,自法律文书生效之日起计算。

6.《最高人民法院关于审理建设工程施工合同纠纷案件适用法律问题的解释(一)》(法释〔2020〕25号,2021年1月1日)

第二十五条　当事人对垫资和垫资利息有约定,承包人请求按照约定返还垫资及其利息的,人民法院应予支持,但是约定的利息计算标准高于垫资时的同类贷款利率或者同期贷款市场报价利率的部分除外。

当事人对垫资没有约定的,按照工程欠款处理。

当事人对垫资利息没有约定,承包人请求支付利息的,人民法院不予支持。

第二十六条　当事人对欠付工程价款利息计付标准有约定的,按照约定处理。没有约定的,按照同期同类贷款利率或者同期贷款市场报价利率计息。

第二十七条　利息从应付工程价款之日开始计付。当事人对付款时间没有约定或者约定不明的,下列时间视为应付款时间:

(一)建设工程已实际交付的,为交付之日;

(二)建设工程没有交付的,为提交竣工结算文件之日;

(三)建设工程未交付,工程价款也未结算的,为当事人起诉之日。

第四十条　承包人建设工程价款优先受偿的范围依照国务院有关行政主管部门关于建设工程价款范围的规定确定。

承包人就逾期支付建设工程价款的利息、违约金、损害赔偿金等主张优先受偿的,人民法院不予支持。

【司法文件】

《最高人民法院关于印发〈全国法院民商事审判工作会议纪要〉的通知》
（法〔2019〕254 号,2019 年 11 月 8 日）

110. 【受理后有关债务人诉讼的处理】人民法院受理破产申请后,已经开始而尚未终结的有关债务人的民事诉讼,在管理人接管债务人财产和诉讼事务后继续进行。债权人已经对债务人提起的给付之诉,破产申请受理后,人民法院应当继续审理,但是在判定相关当事人实体权利义务时,应当注意与企业破产法及其司法解释的规定相协调。

上述裁判作出并生效前,债权人可以同时向管理人申报债权,但其作为债权尚未确定的债权人,原则上不得行使表决权,除非人民法院临时确定其债权额。上述裁判生效后,债权人应当根据裁判认定的债权数额在破产程序中依法统一受偿,其对债务人享有的债权利息应当按照《企业破产法》第 46 条第 2 款的规定停止计算。

……

【参考观点】

破产申请受理时,债权人应及时申报债权,享有本法规定的权利。未到期债权系在破产申请受理时履行期限尚未届满的债权,一般情况下只有到期债权才能行使请求权,但由于破产程序是概括性执行程序,未到期债权也应视为到期债权,该类债权人与到期债权人在破产程序中应享有同等权利。但由于其债权并未到期,对未到期部分应有别于其他到期债权,未到期债权如在履行期限届满前存在利息,则只能申报本金及已发生的利息部分。但是,考虑到《企业破产法》与《企业破产法(试行)》关于破产案件基准日规定的差异,对于本法施行时尚未审结的破产案件以破产宣告为标准,尚未宣告破产的适用本法,自破产申请受理时停止计息,已经宣告破产的,自宣告时停止计息。①

本条规定停止计息的时点为破产申请受理时,受理日后发生的利息无论

---

① 参见王东敏:《新破产法疑难解读与实务操作》,法律出版社 2007 年版,第 62 页。

是期内利息还是违约利息,在破产申请受理后均停止计息,不再承认破产程序开始后剩余时间部分的利息债权。①

此外,《民法典担保制度解释》明确规定了担保债务因债务人破产而停止计息,之所以选择停止计息主要是基于以下政策考量的结果:其一,担保债务的从属性是担保法理的根基,也是担保法律关系的逻辑起点。《民法典》关于担保制度的规定在不断强化担保的从属性,限制独立担保的适用范围。故破产程序也应遵守担保法理的约束。担保债务适用破产停止计息的规则,并不必然会给债权人带来损失,相较而言,维护担保的从属性以及追偿权法理关乎担保人切身核心权益,在我国目前现实中更应予以维护。其二,破产法重在维护债权人公平受偿,使企业在依法退出的同时,实现各方利益的衡平,维护社会秩序的稳定。对于债务人破产,债权人和担保人都应承担一定的风险,而不能将风险全部分配给担保人承担,否则就可能出现连锁反应,导致担保人也因此而破产。此外,在重整方案的形成过程中,担保人往往处于消极地位,很少能参与进来,如果担保债务不停止计息,可能会过度加重担保人的责任。其三,采取停止计息更加符合我国当前的实际情况,更有利于实现个案的公平和正义。我国现行法在被担保的债权范围问题上不仅允许当事人进行约定,即使在当事人没有约定的情形下,被担保的债权范围也较为宽泛,如此宽泛的担保范围无疑会加重担保人的负担和风险。在债务人破产的情形下,将担保人应当承担的利息计算至受理破产申请之时,既保护了债权人的合理信赖和交易安全,也保护了担保人的合理预期,较为公平地分配了因债务人破产所带来的风险。②

此外,主债务人进入破产程序后宣告破产前,存在因不符合破产条件而被驳回破产申请的可能。此时,因为主债务人被驳回破产申请而恢复计息,依据担保从属性原理,担保债务在破产程序中停止计算的利息也应一并恢复,而不再适用该条规定。③

---

① 参见王东敏:《新破产法疑难解读与实务操作》,法律出版社 2007 年版,第 61 页。

②③ 参见郁琳、吴光荣:《与破产法有关的几个担保问题》,载《法律适用》2021 年第 9 期。

【最高人民法院裁判案例】

1. 合肥高新技术产业开发区社会化服务公司与江西赛维 LDK 太阳能高科技有限公司破产债权确认纠纷案[最高人民法院(2018)最高法民再25号]

——生效法律文书虽未规定迟延履行期间的加倍部分债务利息的计算方法,但债权人依然有权主张按相关司法解释规定的计算方式计算迟延履行期间的加倍部分债务利息。

【案情简介】

2013 年 4 月 12 日,合肥高新技术产业开发区社会化服务公司(以下简称合肥高新)、安徽赛维 LDK 新能源有限公司(以下简称安徽赛维)、赛维 LDK 太阳能高科技(合肥)有限公司(以下简称合肥赛维)、江西赛维 LDK 太阳能高科技有限公司(以下简称江西赛维)、彭小峰在合肥市中级人民法院(以下简称合肥中院)主持下达成调解,该院制作(2013)合民二初字第 00221 号民事调解书,内容主要为:(1)各方确认截至 2013 年 3 月 31 日,安徽赛维拖欠合肥高新借款本金 10 亿元,利息 51275221.03 元。……(3)以股权抵偿等额债务后,安徽赛维尚欠合肥高新剩余债务 930164221.03 元,应于 2014 年 10 月 15 日前偿还。……(5)江西赛维、彭小峰对本协议第三条约定的安徽赛维的债务承担连带清偿责任。合肥中院于 2015 年 1 月 19 日受理合肥高新对上述调解书的强制执行申请。2015 年 11 月 17 日,江西省新余市中级人民法院裁定江西赛维破产重整并指定新余市高新技术产业开发区组织成立的破产清算组为管理人。合肥高新向管理人申报的债权总额为 1434532096.04 元。管理人认定债权本金 930164221.03 元,其余部分未予认定。

合肥高新不服一、二审判决向最高人民法院申请再审,其认为即使案涉调解书中未约定支付利息,合肥高新也有权就江西赛维的迟延履行行为,要求其加倍支付迟延履行期间的债务利息。

【裁判要点】

最高人民法院经审理认为,合肥高新请求确认的迟延履行期间的利息的依据是合肥中院于 2013 年 4 月 12 日作出(2013)合民二初字第 00221 号民事调解书项下江西赛维对安徽赛维的保证债务。根据该调解书约定的内容,截至 2013 年 3 月 31 日,安徽赛维拖欠合肥高新借款本金 10 亿元,利息

51275221.03元。在安徽赛维以其持有的合肥赛维100%股权作价抵偿上述债务中等额欠款后,安徽赛维尚欠合肥高新剩余债务930164221.03元,应于2014年10月15日前偿还,江西赛维、彭小峰承担连带清偿责任。其后因安徽赛维、江西赛维、彭小峰等均未履行该调解书项下的义务,合肥高新于2015年1月19日向合肥中院申请强制执行。《民事诉讼法》第二百五十三条规定:"被执行人未按判决、裁定和其他法律文书指定的期间履行给付金钱义务的,应当加倍支付迟延履行期间的债务利息……"《最高人民法院关于执行程序中计算迟延履行期间的债务利息适用法律若干问题的解释》第一条规定:"根据民事诉讼法第二百五十三条规定加倍计算之后的迟延履行期间的债务利息,包括迟延履行期间的一般债务利息和加倍部分债务利息。迟延履行期间的一般债务利息,根据生效法律文书确定的方法计算;生效法律文书未确定给付该利息的,不予计算。加倍部分债务利息的计算方法为:加倍部分债务利息=债务人尚未清偿的生效法律文书确定的除一般债务利息之外的金钱债务×日万分之一点七五×迟延履行期间。"第二条规定:"加倍部分债务利息自生效法律文书确定的履行期间届满之日起计算;生效法律文书确定分期履行的,自每次履行期间届满之日起计算;生效法律文书未确定履行期间的,自法律文书生效之日起计算。"根据上述规定,虽然民事调解书并未约定债务利息的计算方法,但合肥高新依法有权要求安徽赛维、江西赛维、彭小峰等向其支付自2014年10月15日债务履行期限届满之日开始起算的加倍部分的迟延履行期间的利息。2015年11月17日,江西省新余市中级人民法院裁定江西赛维进入破产重整程序。《企业破产法》第四十六条第二款规定:"附利息的债权自破产申请受理时起停止计息。"据此规定,该加倍部分的迟延履行期间的利息应当自2015年11月17日停止计算。因本案中并无证据证明安徽赛维、江西赛维、彭小峰在2015年11月17日之前已经实际部分或全部清偿了该930164221.03元的债务,合肥高新关于其所申报的调解书项下未履行的930164221.03元的债务本金为计算基数,以日万分之一点七五的标准,自2014年10月15日至2015年11月17日的加倍部分债务利息合计64785937.99元应予确认为普通债权的申请理由,事实和法律依据充分,江西赛维关于加倍支付的迟延履行期间的利息不适用于非执行程序的诉讼理由,并无相应的事实和法律依据,不予支持。

【案例来源】

中国裁判文书网,https://wenshu.court.gov.cn。

2. 曹伟、深圳市雨阳文化传播有限公司破产债权确认纠纷案［最高人民法院（2019）最高法民申 4786 号］

——未履行生效法律文书而应当加倍支付的迟延利息不属于破产债权。

【案情简介】

深圳市宝安区人民法院作出（2012）深宝法民二初字第 3690 号民事判决，判决深圳市雨阳文化传播有限公司（以下简称雨阳公司）应自该判决生效之日起十日内返还曹伟押金 5000 元并支付相应利息（自 2011 年 11 月 1 日起按中国人民银行公布的贷款逾期还款利率计算至该判决指定的付款日止）。雨阳公司如未在该判决指定的时间内履行上述付款义务，则应当按照《民事诉讼法》第二百五十三条的规定，双倍支付迟延履行期间的债务利息。案件受理费 25 元、公告费 520 元由雨阳公司承担。该判决于 2014 年 8 月 25 日生效。2016 年 6 月 23 日，深圳市中级人民法院裁定受理曹伟申请被告破产清算一案。2016 年 7 月 28 日，曹伟向雨阳公司管理人申报债权，申报金额为 7572.56 元，包括本金 5000 元、利息 2027.56 元（含迟延期间前债务利息 896.26 元、迟延期间一般债务利息 492.79 元、加倍部分债务利息 638.51 元）和诉讼费用 545 元。雨阳公司管理人经审查及复核并未确认原告申报的迟延履行期间的加倍债务利息 638.51 元为破产债权。曹伟遂向深圳市中级人民法院提起本案诉讼，请求确认雨阳公司管理人未确认的迟延履行期间的加倍债务利息 638.51 元为破产债权。一审、二审法院均未支持曹伟诉讼请求，曹伟遂向最高人民法院申请再审。

【裁判要点】

最高人民法院经审查认为，《企业破产法》及相关司法解释中明确规定了破产债权的范围。其中，《审理破产案件若干规定》第六十一条第一款第（二）项规定，人民法院受理破产案件后债务人未支付应付款项的滞纳金，包括债务人未执行生效法律文书应当加倍支付的迟延利息和劳动保险金的滞纳金不属于破产债权。而《企业破产法解释三》第三条规定："破产申请受理后，债务人欠缴款项产生的滞纳金，包括债务人未履行生效法律文书应当加倍支付的迟延利息和劳动保险金的滞纳金，债权人作为破产债权申报的，人民法院不予确认。"因此，破产案件中，债务人欠付的滞纳金不属破产债权范围，包括破产申请受理前，债务人因未履行生效法律文书而应加倍支付的迟延利息，亦不属于破产债权范围。首先，破产程序旨在保护全体债权人公平受偿;原则上,同一性质债权应平等受偿。债务人未履行生效法律文书应当加倍支付的迟延利息具有一定的惩罚性,目的在于敦促债务人及时履行生效法律文书确定的金钱给付义务。如将该部分利息作为破产债权予以确认,实际上将导致惩罚措施转嫁于其他债权人,有违破产程序公平受偿原则。其次,直接承袭前述司法解释文意,无法得出"应加倍支付的迟延利息"仅指受理破产申请后产生的利息。最后,《全国法院破产审判工作会议纪要》指出,破产财产依照《企业破产法》第一百一十三条规定的顺序清偿后仍有剩余的,可依次用于清偿破产受理前产生的民事惩罚性赔偿金、行政罚款、刑事罚金等惩罚性债权。显然,民事惩罚性赔偿金并非破产债权范围,而属劣后于普通破产债权进行清偿的其他债权。因此,曹伟关于未履行生效法律文书应当加倍支付的迟延利息属破产债权的主张,于法无据,本院不予支持。

【案例来源】

中国裁判文书网,https://wenshu.court.gov.cn。

3. 成都名谷实业有限公司、康定富强有限责任公司与上海浦东发展银行股份有限公司成都分行、朝华科技集团股份有限公司、四川诚信投资开发有限责任公司、西昌锌业有限责任公司破产管理人委托贷款合同纠纷案[最高人民法院(2010)民二终字第132号]

——主债务人破产后,基于保证债务的从属性,主债权停止计息的效力及于保证人。

【案情简介】

2005年4月19日,成都名谷实业有限公司(以下简称名谷公司)、西昌锌业有限责任公司(以下简称西昌锌业)、上海浦东发展银行股份有限公司成都分行(以下简称浦发银行成都分行)三方签订了一份《委托贷款合同》并办理了公证。该合同约定:西昌锌业通过浦发银行成都分行向名谷公司借款9300万元,借款期限从2005年4月19日起至2006年10月18日止,贷款年利率为10.2%。2005年4月11日,朝华科技集团股份有限公司(以下简称朝华科技)作出董事会决议,同意为西昌锌业、名谷公司订立的《委托贷款合同》项下所涉9300万元债务及相关利息等提供连带保证担保,并以其所有的位于成都市青羊区上池正街65号的综合楼为上述债务提供抵押担保。2005年4月20日,名谷公司与朝华科技签订一份《房地产抵押及担保合同》,同日,双方到有关部门办理了抵押登记。西昌锌业于 2008 年 9 月 26 日经四川省凉山州中级人民法院裁定进入破产清算程序。四川省高级人民法院认为根据《企业破产法》第四十六条之规定担保债权亦应停止计息,名谷公司不服原审判决向最高人民法院提起上诉。

【裁判要点】

最高人民法院经审理认为,《企业破产法》第四十六条规定,附利息的债权自破产申请受理时停止计息。担保债务具有从属性,应当同样停止计息。原审法院对此认定并无不当,故对于名谷公司该上诉请求不予支持。

【案例来源】

无讼网,http://www.itslaw.com。

4. 浙商金汇信托股份有限公司与浙江三联集团有限公司金融借款合同纠纷案[最高人民法院(2018)最高法民再 19 号]

——主债务人破产后,基于保证债务的从属性,主债权停止计息的效力及于保证人。

【案情简介】

2014 年 3 月 10 日,浙商金汇信托股份有限公司(以下简称金汇信托公司)与浙江三联集团有限公司(以下简称三联集团公司)签订《信托贷款合同》,约定:金汇信托公司同意向三联集团公司提供 1.95 亿元的贷款,资金专项用于三联桂语山居项目(二期)后续工程建设,贷款利息执行年固定利率 12.5%。2014 年 3 月 10 日、7 月 22 日,马文生、楼娟珍分别与金汇信托公司签署保证合同,约定马文生、楼娟珍为三联集团公司履行《信托贷款合同》项下的全部债务提供连带责任保证。此外,金华市婺城区人民法院于 2015 年 8 月 17 日裁定受理了三联集团公司破产重整一案。金汇信托公司不服浙江省高级人民法院二审民事判决,向最高人民法院申请再审。

【裁判要点】

最高人民法院经审理认为,三联集团公司已经进入破产重整程序,金汇信托公司抵押权所担保的债权范围可能影响到其他债权人债权的公平受偿,且原审判决关于马文生、楼娟珍的保证责任范围的认定明显不当,故在当事人争议的焦点问题之外,本院依职权对马文生、楼娟珍的保证责任范围问题加以审理。关于马文生、楼娟珍的保证责任范围问题。本案中金汇信托公司

的债权范围因主债务人三联集团公司进入破产重整程序而确定为
254867898.2 元。马文生、楼娟珍作为保证人,基于保证债务的从属性,其所
承担的债务范围不应大于主债务人。故二审判决在确认金汇信托公司对三
联集团公司的债权利息计算截止到 2015 年 8 月 17 日人民法院受理破产重
整申请之日止的同时,判令保证人马文生、楼娟珍在 2015 年 8 月 18 日之后
继续按年利率 24.4%向金汇信托公司继续支付利息至实际清偿之日止,明显
缺乏法律依据,亦严重损害了保证人马文生、楼娟珍的合法权益,应予以
纠正。

【案例来源】

中国裁判文书网,https://wenshu. court. gov. cn。

**5. 广西壮族自治区振合供销投资有限公司、广西供销合作社桂星旅游贸
易公司等金融借款合同纠纷案**[最高人民法院(2021)最高法民终 1304 号]

——主债务人破产后,主债权停止计息的效力及于保证人。

【案情简介】

2012 年 9 月 18 日,桂林银行股份有限公司南宁分行(以下简称桂林银
行南宁分行)与广西富满地农资集团股份有限公司(以下简称富满地公司签
订《额度授信合同》,主要约定桂林银行南宁分行向富满地公司提供银行承
兑汇票和国内信用证授信产品,授信额度为 3 亿元,授信期限自 2012 年 9 月
18 日至 2015 年 9 月 17 日;在授信有效期间和授信额度内,富满地公司可以
根据需要逐笔申请该合同项下授信产品的使用,双方签订相应的合同并办理
相应的手续;由广西供销合作社桂星旅游贸易公司和广西壮族自治区振合供
销投资有限公司提供的财产作为抵押担保,《抵押合同》另行签订。2018 年 7
月 19 日,南宁市中级人民法院裁定受理富满地公司破产重整申请。广西供
销合作社桂星旅游贸易公司和广西壮族自治区振合供销投资有限公司不服
广西壮族自治区高级人民法院一审民事判决,向最高人民法院上诉。

【裁判要点】

最高人民法院经审理认为,针对债务人破产后债务停止计息的效力是否
及于担保债务的问题,在《民法典担保制度解释》于 2021 年 1 月 1 日施行之
前,法律、司法解释并没有明确的规定,《企业破产法》第四十六条第二款规
定是否适用于担保债务在理解上也有分歧,导致司法实践中出现两种不同的

处理方式。《民法典担保制度解释》第二十二条关于"人民法院受理债务人破产案件后,债权人请求担保人承担担保责任,担保人主张担保债务自人民法院受理破产申请之日起停止计息的,人民法院对担保人的主张应予支持"的规定,实质解决了人民法院受理债务人破产申请后,债务停止计息是否及于担保债务的法律适用不统一的问题,明确了担保债务亦同时停止计息。依据《最高人民法院关于适用〈中华人民共和国民法典〉时间效力的若干规定》的规定精神,本案适用《民法典担保制度解释》第二十二条的规定,认定案涉担保债务自人民法院裁定受理富满地公司破产重整申请之日停止计息,并没有明显减损当事人合法权益、增加当事人法定义务或者背离当事人合理预期,而且更有利于法律适用的统一,有利于尽快稳定社会和经济秩序。

【案例来源】

中国裁判文书网,https://wenshu.court.gov.cn。

6. 中信银行股份有限公司乌鲁木齐分行、山西金晖能源集团有限公司等借款合同纠纷案[最高人民法院(2021)最高法执监400号]

——主债务人破产后,主债务停止计息的效力及于担保债务。

【案情简介】

中信银行股份有限公司乌鲁木齐分行(以下简称中信银行乌鲁木齐分行)与新疆金晖兆丰能源股份有限公司(以下简称新疆金晖公司)、山西金晖能源集团有限公司(以下简称山西金晖公司)、李生贵、高林霞、李文拓、高巍金融借款合同纠纷一案,新疆维吾尔自治区高级人民法院(以下简称新疆高院)于2018年7月12日作出一审民事判决,判令新疆金晖公司偿还借款本息,山西金晖公司、李生贵、高林霞、李文拓、高巍承担连带清偿责任。2018年7月13日,新疆维吾尔自治区阿克苏地区中级人民法院(以下简称阿克苏中院)裁定受理新疆金晖公司破产重整一案。在主债务人新疆金晖公司进入破产程序,债权人中信银行乌鲁木齐分行向破产管理人就债权本金、利息全额申报并根据重整计划获得清偿,又就重整计划履行完后未实现的债权向法院申请执行,新疆高院指令乌鲁木齐中院受理执行。执行过程中,被执行人山西金晖公司、李生贵、高林霞、李文拓、高巍提出异议要求扣减主债务人新疆金晖公司破产受理之日起产生的利息。执行法院认为申请执行人中信银行乌鲁木齐分行主张继续执行自破产受理之日起产生的利息,不符合法律规定,申请执行人中信银行乌鲁木齐分行向新疆高院申请复议仍未被支持后,向最高人民法院申诉。

【裁判要点】

最高人民法院认为,本案的争议焦点是在执行过程中,主债务人被人民法院裁定受理破产后,《企业破产法》规定的债务停止计息的效力是否及于担保债务。《企业破产法》第四十六条第二款规定:"附利息的债权自破产申请受理时起停止计息。"但是,对于该债权停止计息的效果,是否及于该债权的担保债务,此前的法律或司法解释均未作明确规定。在理论和实践中形成了担保债务停止计息、不停止计息、暂停计息等三种观点。关于前两种观点,本案双方当事人分别进行了主张。第三种暂停计息的观点是:主债务人破产时,担保债务应当暂停计息,待主债务人破产程序终结后,再计算主债务人破产受理之日起至债务实际清偿之日止的利息,由担保人对该部分利息承担担保责任。

综合考虑上述三种观点,本院认为,担保债务就法律性质而言是主债务的从债务,担保人承担的责任范围不应超出主债务范围。因此,主债务因破产程序而停止计息的效力应及于担保债务,否则,将会导致担保人承担的担保债务范围超出主债务且无法向主债务人追偿的结果,与担保债务的从属性不符。而且,从实践效果来看,如果认为主债务停止计息的效力不及于担保债务,令担保人承担的担保责任过重乃至超过主债务,一方面会导致债务风险放大和蔓延,另一方面会导致担保人提供担保的意愿降低,最终不利于经济社会发展。本院之后制定的有关司法解释也体现了这一理念。2021年1月1日起施行的《民法典担保制度解释》第二十二条规定:"人民法院受理债务人破产案件后,债权人请求担保人承担担保责任,担保人主张担保债务自人民法院受理破产申请之日起停止计息的,人民法院对担保人的主张应予支持。"本案虽不宜直接援引该条规定作为裁判依据,但是该条规定也从一个角度说明并承继了主债务因破产程序而停止计息的效力应及于担保债务这一法理。故,乌鲁木齐中院、新疆高院不予支持中信银行乌鲁木齐分行请求保证人山西金晖公司、李生贵、高林霞、李文拓、高巍等承担在主债务人新疆金晖公司被受理破产申请之日后的利息,并无不当。

【案例来源】

中国裁判文书网,https://wenshu.court.gov.cn。

【典型案例】

华夏银行股份有限公司台州分行与浙江双友机电集团股份有限公司等借款合同及保证合同纠纷案[浙江省台州市中级人民法院(2016)浙10民终1872号]

——主债务人破产后,基于保证债务的从属性,主债权停止计息的效力及于保证人。

【案情简介】

2013年9月13日,华夏银行股份有限公司台州分行(以下简称华夏银行)与浙江双友机电集团股份有限公司(以下简称双友机电公司)签订了最高额保证合同,约定双友机电公司自愿在最高债权本金余额人民币3000万元整的范围内为借款人浙江中捷环洲供应链集团股份有限公司(以下简称中捷公司)自2013年9月13日起至2014年9月13日止的期间内同华夏银行连续签订的多个流动资金借款合同项下债务提供连带责任保证担保。2014年3月13日,华夏银行与蔡开坚、许玉妹分别签订了个人最高额保证合同,约定蔡开坚、许玉妹自愿在最高债权本金余额5000万元整的范围内为借款人中捷公司自2014年3月13日起至2015年4月30日止的期间内同华夏银行连续签订的多个流动资金借款合同项下债务提供连带责任保证担保。上述最高额保证合同项下共发生三笔借款,华夏银行共向中捷公司发放流动资金贷款本金5000万元。此外,华夏银行与中昌环保集团有限公司、爱华控股集团有限公司、浙江爱华房地产开发有限公司、项道铨、陈爱丽签订保证合同约定各方为中捷公司的2000万元贷款提供连带责任保证。2014年10月13日,中捷公司资不抵债,经玉环县人民法院裁定受理其破产重整申请。

华夏银行不服原审判决提起上诉,其认为保证人承担保证责任的范围不应适用于破产法关于破产债权停止计息的规定,担保制度本身是为了保障主债务人清偿能力不足时债权人的债权,借款人破产导致利息部分损失,应当由各保证人予以弥补和救济。浙江省台州市中级人民法院认为,根据《企业破产法》第四十六条规定,附利息的债权自破产申请受理时起停止计息,各保证人所负的保证责任系从债务,从债务不应超出主债务范围,故在主债务不计息的情况下,各保证人承担的保证责任也不应包含借款利息。

【案件评析】

主债务人破产后,主债权停止计息的效力及于保证人,基于保证责任的从属性,保证责任范围不应大于破产债权,具体理由如下:第一,从保证范围的从属性分析。因为保证通常是无偿的,其责任应当是可预见的,保证人承担的责任范围只能小于或者等于主债务的范围,不能大于主债务的范围。在主债务人破产后,主债务的利息,依法只应该计算到破产申请受理之日止。主债务的范围,是未清偿的本金和至破产受理之日的利息。这时,如果要求保证人承担主债务人申请破产之日后的利息,显然使保证人承担的责任大于主债务人,就明显违反了保证范围从属性的特征。第二,从保证消灭上的从属性分析。被保证的债务因为各种原因而部分或全部消灭时,保证责任也随之部分或全部消灭。在主债务人破产后,债务利息从破产受理之日起消灭,那么,保证人的责任也应当相应消灭。如果要求保证人承担主债务人破产受理之后的债务利息,就是主债务已经消灭的部分在保证人那里继续存在,明显与保证债务从属性特征不符。第三,从《担保法》中对保证范围的规定分析。《担保法》第二十一条规定:"保证担保的范围包括主债权及利息、违约金、损害赔偿金和实现债权的费用。保证合同另有约定的,按照约定。当事人对保证担保的范围没有约定或者约定不明确的,保证人应当对全部债务承担责任。"上述范围应当限于主债务人应当承担的责任范围,主债务人没有发生或者依照法律规定不承担的主债权及利息、违约金、损害赔偿金和实现债权的费用,要求保证人承担是没有依据的,包括主债务人进入破产程序后的利息也是如此。破产后的利息已由法律明确不再清偿,已不属于全部债务的范围,当然也不应该由保证人承担。

【案例来源】

《人民司法·案例》2017 年第 14 期。

编者说明

债务人进入破产程序后其保证债权是否应停止计息问题,在《民法典》出台前,事实上在理论和司法实务界一直存在激烈的争议。一种观点认为,在主债务停止计息的情况下,从债务也应当停止计息,否则就会出现从债务大于主债务的情况,这是不符合主从债务关系的;另一种观点认为,债权停止计息是立法对进入破产程序的债务人所作的特别规定,而保证人并未进入破产程序,所以对其的债权不应当停止计息。《民法典担保制度解释》第二十二条的规定,实质解决了人民法院受理债务人破产申请后,债务停止计息是否及于担保债务的法律适用不统一的问题,明确了担保债务亦同时停止计息。

第四十七条　【附条件、附期限债权与未决债权的申报】 附条件、附期限的债权和诉讼、仲裁未决的债权,债权人可以申报。

【立法·要点注释】

本条规定也是为了在破产程序中实现概括性集体清偿的目标。附条件和附期限的债权,无论条件是否成就,期限是否届满,债权人均可向管理人进行申报。涉及诉讼和仲裁的债权,尚未获得法院或仲裁机构的裁决,也可就其主张的债权向管理人申报债权。除法院可确定临时表决外的债权尚未确定的债权人不得行使表决权,在破产财产分配时,对于诉讼或仲裁未决债权,管理人应将其分配额提存,破产程序终结之日起满两年仍不能受领分配的,法院应将其提存份额分配给其他债权人。

【相关立法】

1.《中华人民共和国民法典》(2020 年 5 月 28 日第十三届全国人民代表大会第三次会议通过,2021 年 1 月 1 日)

第一百五十八条　民事法律行为可以附条件,但是根据其性质不得附条件的除外。附生效条件的民事法律行为,自条件成就时生效。附解除条件的民事法律行为,自条件成就时失效。

第一百五十九条　附条件的民事法律行为,当事人为自己的利益不正当地阻止条件成就的,视为条件已经成就;不正当地促成条件成就的,视为条件不成就。

第一百六十条　民事法律行为可以附期限,但是根据其性质不得附期限的除外。附生效期限的民事法律行为,自期限届至时生效。附终止期限的民事法律行为,自期限届满时失效。

2.《中华人民共和国保险法》(2015 年 4 月 24 日第十二届全国人民代表

大会常务委员会第十四次会议第三次修正)

第十三条第三款　依法成立的保险合同,自成立时生效。投保人和保险人可以对合同的效力约定附条件或者附期限。

【司法解释】

《最高人民法院关于适用〈中华人民共和国企业破产法〉若干问题的规定(三)》(法释〔2019〕3 号,2019 年 3 月 28 日;法释〔2020〕18 号修正,2021年 1 月 1 日)

第七条　已经生效法律文书确定的债权,管理人应当予以确认。

管理人认为债权人据以申报债权的生效法律文书确定的债权错误,或者有证据证明债权人与债务人恶意通过诉讼、仲裁或者公证机关赋予强制执行力公证文书的形式虚构债权债务的,应当依法通过审判监督程序向作出该判决、裁定、调解书的人民法院或者上一级人民法院申请撤销生效法律文书,或者向受理破产申请的人民法院申请撤销或者不予执行仲裁裁决、不予执行公证债权文书后,重新确定债权。

【参考观点】

本条规定的债权由于各种原因,在破产申请受理时请求权是否可以行使尚处于不确定状态。《企业破产法》允许附条件和附期限的债权,在期限尚未届至或条件尚未成就时申报债权,是本法对民法认可的民事法律关系的延伸保护。[①]

一、对于附条件债权,如其所附条件作为债权生效要件,在破产程序终结前,条件成就的,债权人有机会参与分配,而条件未成就的,由于条件是否成就具有不确定性,在破产程序终结前的最后分配方案确定前,条件仍未成就的不再对其进行分配。如所其所附条件作为债权终止要件,在破产程序终结前,条件成就的,因其债权灭失而不能参与分配,如条件未成就则应参与分配。[②]

---

① 参见王东敏:《新破产法疑难解读与实务操作》,法律出版社 2007 年版,第 62~63 页。

② 参见王东敏:《新破产法疑难解读与实务操作》,法律出版社 2007 年版,第 63 页。

二、对于附期限债权,如其所附期限作为债权生效要件,在破产程序终结前,期限届至的债权人有权参与分配,期限尚未届至的,由于期限具有确定届至的特性,也应允许其参与分配,否则等其期限届至再行分配可能面临无财产可供分配的局面。如其期限作为债权终止要件,在破产程序终结前,期限届至的债权人因债权灭失而不能参与分配,期限未届至的债权人应参与分配。①

三、诉讼或仲裁未决的债权,如要参加破产程序必须申报债权,在诉讼或仲裁程序中主张权利并不产生在破产程序中主张权利的效果。②

编者说明

《企业破产法解释三》规定了管理人认为债权人据以申报债权的生效法律文书确有错误或有证据证明债权人与债务人恶意串通虚构债权债务,可通过审判监督程序或申请撤销、不予执行仲裁裁决或不予执行公证债权文书等方式,重新确定债权。实务中有观点认为,据此管理人可在任何情况下启动上述程序,但最高人民法院认为,管理人启动上述程序也应当符合《民事诉讼法》或《仲裁法》规定的关于申请再审、申请撤销仲裁裁决、申请不予执行仲裁裁决、申请不予执行公证债权文书等程序的条件。③

第四十八条 【申报债权的公示与异议】债权人应当在人民法院确定的债权申报期限内向管理人申报债权。

债务人所欠职工的工资和医疗、伤残补助、抚恤费用,所欠的应当划入职工个人账户的基本养老保险、基本医疗保险费用,以及法律、行政法规规定应当支付给职工的补偿金,不必申报,由管理人调查后列出清单并予以公示。职工对清单记载有异议的,可以要求管理人更正;管理人不予更正的,职工可以向人民法院提起诉讼。

【立法·要点注释】

债权申报应当在人民法院确定的债权申报期内向管理人提出,职工工资

---

① 参见王东敏:《新破产法疑难解读与实务操作》,法律出版社 2007 年版,第 63 页。
② 参见王东敏:《新破产法疑难解读与实务操作》,法律出版社 2007 年版,第 63~64 页。
③ 参见最高人民法院民事审判第二庭编著:《最高人民法院关于企业破产法司法解释(三)理解与适用》,人民法院出版社 2019 年版,第 144~148 页。

等债权无须申报,由管理人调查后列出清单并进行公示。职工债权包括债务人所欠的职工工资和医疗、伤残补助、抚恤等费用,所欠的应划入职工个人账户的基本养老保险、基本医疗保险费用,及法律、行政法规规定应支付给职工的补偿金。职工对管理人公示的清单有异议的,可要求管理人进行更正,管理人不更正的,职工可向人民法院提起诉讼要求依法确认其所享有的债权数额。

【相关立法】

1.《中华人民共和国企业破产法》(2006 年 8 月 27 日第十届全国人民代表大会常务委员会第二十三次会议通过,2007 年 6 月 1 日)

第一百一十三条　破产财产在优先清偿破产费用和共益债务后,依照下列顺序清偿:

(一)破产人所欠职工的工资和医疗、伤残补助、抚恤费用,所欠的应当划入职工个人账户的基本养老保险、基本医疗保险费用,以及法律、行政法规规定应当支付给职工的补偿金;

(二)破产人欠缴的除前项规定以外的社会保险费用和破产人所欠税款;

(三)普通破产债权。

破产财产不足以清偿同一顺序的清偿要求的,按照比例分配。

破产企业的董事、监事和高级管理人员的工资按照该企业职工的平均工资计算。

2.《中华人民共和国劳动法》(2018 年 12 月 29 日第十三届全国人民代表大会常务委员会第七次会议第二次修正)

第二十四条　经劳动合同当事人协商一致,劳动合同可以解除。

第二十六条　有下列情形之一的,用人单位可以解除劳动合同,但是应当提前三十日以书面形式通知劳动者本人:

(一)劳动者患病或者非因工负伤,医疗期满后,不能从事原工作也不能从事由用人单位另行安排的工作的;

(二)劳动者不能胜任工作,经过培训或者调整工作岗位,仍不能胜任工作的;

（三）劳动合同订立时所依据的客观情况发生重大变化，致使原劳动合同无法履行，经当事人协商不能就变更劳动合同达成协议的。

第二十七条 用人单位濒临破产进行法定整顿期间或者生产经营状况发生严重困难，确需裁减人员的，应当提前三十日向工会或者全体职工说明情况，听取工会或者职工的意见，经向劳动行政部门报告后，可以裁减人员。

用人单位依据本条规定裁减人员，在六个月内录用人员的，应当优先录用被裁减的人员。

第二十八条 用人单位依据本法第二十四条、第二十六条、第二十七条的规定解除劳动合同的，应当依照国家有关规定给予经济补偿。

第九十一条 用人单位有下列侵害劳动者合法权益情形之一的，由劳动行政部门责令支付劳动者的工资报酬、经济补偿，并可以责令支付赔偿金：

（一）克扣或者无故拖欠劳动者工资的；

（二）拒不支付劳动者延长工作时间工资报酬的；

（三）低于当地最低工资标准支付劳动者工资的；

（四）解除劳动合同后，未依照本法规定给予劳动者经济补偿的。

3.《中华人民共和国劳动合同法》（2012年12月28日第十一届全国人民代表大会常务委员会第三十次会议修正）

第二十三条 用人单位与劳动者可以在劳动合同中约定保守用人单位的商业秘密和与知识产权相关的保密事项。

对负有保密义务的劳动者，用人单位可以在劳动合同或者保密协议中与劳动者约定竞业限制条款，并约定在解除或者终止劳动合同后，在竞业限制期限内按月给予劳动者经济补偿。劳动者违反竞业限制约定的，应当按照约定向用人单位支付违约金。

第三十六条 用人单位与劳动者协商一致，可以解除劳动合同。

第三十八条 用人单位有下列情形之一的，劳动者可以解除劳动合同：

（一）未按照劳动合同约定提供劳动保护或者劳动条件的；

（二）未及时足额支付劳动报酬的；

（三）未依法为劳动者缴纳社会保险费的；

（四）用人单位的规章制度违反法律、法规的规定，损害劳动者权益的；

（五）因本法第二十六条第一款规定的情形致使劳动合同无效的；

（六）法律、行政法规规定劳动者可以解除劳动合同的其他情形。

用人单位以暴力、威胁或者非法限制人身自由的手段强迫劳动者劳动的,或者用人单位违章指挥、强令冒险作业危及劳动者人身安全的,劳动者可以立即解除劳动合同,不需事先告知用人单位。

第四十条　有下列情形之一的,用人单位提前三十日以书面形式通知劳动者本人或者额外支付劳动者一个月工资后,可以解除劳动合同:

(一)劳动者患病或者非因工负伤,在规定的医疗期满后不能从事原工作,也不能从事由用人单位另行安排的工作的;

(二)劳动者不能胜任工作,经过培训或者调整工作岗位,仍不能胜任工作的;

(三)劳动合同订立时所依据的客观情况发生重大变化,致使劳动合同无法履行,经用人单位与劳动者协商,未能就变更劳动合同内容达成协议的。

第四十一条　有下列情形之一,需要裁减人员二十人以上或者裁减不足二十人但占企业职工总数百分之十以上的,用人单位提前三十日向工会或者全体职工说明情况,听取工会或者职工的意见后,裁减人员方案经向劳动行政部门报告,可以裁减人员:

(一)依照企业破产法规定进行重整的;

(二)生产经营发生严重困难的;

(三)企业转产、重大技术革新或者经营方式调整,经变更劳动合同后,仍需裁减人员的;

(四)其他因劳动合同订立时所依据的客观经济情况发生重大变化,致使劳动合同无法履行的。

裁减人员时,应当优先留用下列人员:

(一)与本单位订立较长期限的固定期限劳动合同的;

(二)与本单位订立无固定期限劳动合同的;

(三)家庭无其他就业人员,有需要扶养的老人或者未成年人的。

用人单位依照本条第一款规定裁减人员,在六个月内重新招用人员的,应当通知被裁减的人员,并在同等条件下优先招用被裁减的人员。

第四十四条　有下列情形之一的,劳动合同终止:

(一)劳动合同期满的;

(二)劳动者开始依法享受基本养老保险待遇的;

(三)劳动者死亡,或者被人民法院宣告死亡或者宣告失踪的;

(四)用人单位被依法宣告破产的;

（五）用人单位被吊销营业执照、责令关闭、撤销或者用人单位决定提前解散的；

（六）法律、行政法规规定的其他情形。

第四十六条 有下列情形之一的，用人单位应当向劳动者支付经济补偿：

（一）劳动者依照本法第三十八条规定解除劳动合同的；

（二）用人单位依照本法第三十六条规定向劳动者提出解除劳动合同并与劳动者协商一致解除劳动合同的；

（三）用人单位依照本法第四十条规定解除劳动合同的；

（四）用人单位依照本法第四十一条第一款规定解除劳动合同的；

（五）除用人单位维持或者提高劳动合同约定条件续订劳动合同，劳动者不同意续订的情形外，依照本法第四十四条第一项规定终止固定期限劳动合同的；

（六）依照本法第四十四条第四项、第五项规定终止劳动合同的；

（七）法律、行政法规规定的其他情形。

第四十七条 经济补偿按劳动者在本单位工作的年限，每满一年支付一个月工资的标准向劳动者支付。六个月以上不满一年的，按一年计算；不满六个月的，向劳动者支付半个月工资的经济补偿。

劳动者月工资高于用人单位所在直辖市、设区的市级人民政府公布的本地区上年度职工月平均工资三倍的，向其支付经济补偿的标准按职工月平均工资三倍的数额支付，向其支付经济补偿的年限最高不超过十二年。

本条所称月工资是指劳动者在劳动合同解除或者终止前十二个月的平均工资。

第四十八条 用人单位违反本法规定解除或者终止劳动合同，劳动者要求继续履行劳动合同的，用人单位应当继续履行；劳动者不要求继续履行劳动合同或者劳动合同已经不能继续履行的，用人单位应当依照本法第八十七条规定支付赔偿金。

第七十一条 非全日制用工双方当事人任何一方都可以随时通知对方终止用工。终止用工，用人单位不向劳动者支付经济补偿。

第八十三条 用人单位违反本法规定与劳动者约定试用期的，由劳动行政部门责令改正；违法约定的试用期已经履行的，由用人单位以劳动者试用期满月工资为标准，按已经履行的超过法定试用期的期间向劳动者支付赔偿金。

第八十五条　用人单位有下列情形之一的,由劳动行政部门责令限期支付劳动报酬、加班费或者经济补偿;劳动报酬低于当地最低工资标准的,应当支付其差额部分;逾期不支付的,责令用人单位按应付金额百分之五十以上百分之一百以下的标准向劳动者加付赔偿金:

(一)未按照劳动合同的约定或者国家规定及时足额支付劳动者劳动报酬的;

(二)低于当地最低工资标准支付劳动者工资的;

(三)安排加班不支付加班费的;

(四)解除或者终止劳动合同,未依照本法规定向劳动者支付经济补偿的。

第八十七条　用人单位违反本法规定解除或者终止劳动合同的,应当依照本法第四十七条规定的经济补偿标准的二倍向劳动者支付赔偿金。

第九十三条　对不具备合法经营资格的用人单位的违法犯罪行为,依法追究法律责任;劳动者已经付出劳动的,该单位或者其出资人应当依照本法有关规定向劳动者支付劳动报酬、经济补偿、赔偿金;给劳动者造成损害的,应当承担赔偿责任。

第九十七条　本法施行前已依法订立且在本法施行之日存续的劳动合同,继续履行;本法第十四条第二款第三项规定连续订立固定期限劳动合同的次数,自本法施行后续订固定期限劳动合同时开始计算。

本法施行前已建立劳动关系,尚未订立书面劳动合同的,应当自本法施行之日起一个月内订立。

本法施行之日存续的劳动合同在本法施行后解除或者终止,依照本法第四十六条规定应当支付经济补偿的,经济补偿年限自本法施行之日起计算;本法施行前按照当时有关规定,用人单位应当向劳动者支付经济补偿的,按照当时有关规定执行。

【司法解释】

《最高人民法院关于〈中华人民共和国企业破产法〉施行时尚未审结的企业破产案件适用法律若干问题的规定》(法释〔2007〕10号,2007年6月1日)

第十条　债务人的职工就清单记载有异议,向受理破产申请的人民法院提起诉讼的,人民法院应当依据企业破产法第二十一条和第四十八条的规定予以受理。但人民法院对异议债权已经作出裁决的除外。

【司法文件】

1.《最高人民法院关于印发〈全国法院破产审判工作会议纪要〉的通知》(法〔2018〕53 号,2018 年 3 月 4 日)

27. 企业破产与职工权益保护。破产程序中要依法妥善处理劳动关系,推动完善职工欠薪保障机制,依法保护职工生存权。由第三方垫付的职工债权,原则上按照垫付的职工债权性质进行清偿;由欠薪保障基金垫付的,应按照企业破产法第一百一十三条第一款第二项的顺序清偿。债务人欠缴的住房公积金,按照债务人拖欠的职工工资性质清偿。

2.《最高人民法院关于正确审理企业破产案件为维护市场经济秩序提供司法保障若干问题的意见》(法发〔2009〕36 号,2009 年 6 月 12 日)

5. 对于职工欠薪和就业问题突出、债权人矛盾激化、债务人弃企逃债等敏感类破产案件,要及时向当地党委汇报,争取政府的支持。在政府协调下,加强与相关部门的沟通、配合,及时采取有力措施,积极疏导并化解各种矛盾纠纷,避免哄抢企业财产、职工集体上访的情况发生,将不稳定因素消除在萌芽状态。有条件的地方,可通过政府设立的维稳基金或鼓励第三方垫款等方式,优先解决破产企业职工的安置问题,政府或第三方就劳动债权的垫款,可以在破产程序中按照职工债权的受偿顺序优先获得清偿。

3.《最高人民法院印发〈关于为维护国家金融安全和经济全面协调可持续发展提供司法保障和法律服务的若干意见〉的通知》(法发〔2008〕38 号,2008 年 12 月 3 日)

……对拖欠职工工资、社会保险等问题较多、历史包袱沉重、挽救无望的企业,要根据新破产法的规定,优先保护职工权益。要支持管理人对破产企业债权的清收,追回破产企业转移、隐匿的资产,努力提高债权清偿率。

【请示答复】

《最高人民法院关于李汉桥等164人与南方证券股份有限公司职工权益清单更正纠纷再审系列案有关法律问题请示的答复》（〔2013〕民二他字第22号，2013年12月11日）

广东省高级人民法院：

你院粤高法〔2013〕193号《关于李汉桥等164人与南方证券股份有限公司职工权益清单更正纠纷再审系列案有关法律问题的请示》收悉。经研究，答复如下：

债务人有《企业破产法》第二条规定的情形时，职工对债务人享有的与业绩挂钩的绩效工资、奖金等债权，在破产程序中不应作为优先债权予以清偿，确实合理的债权可以作为普通破产债权清偿。

人民法院审理职工权益清单更正纠纷时，应当按照劳动争议案件的有关规定分配举证责任。

请你院依法审理相关案件，同时，要做好本系列案与其他相关诉讼案件的协调工作，实现法律效果与社会效果的有机统一。

此复

【部门规章及规范性文件】

《国家税务总局关于税收征管若干事项的公告》（国家税务总局公告2019年第48号，2019年12月12日）

四、关于企业破产清算程序中的税收征管问题

（一）税务机关在人民法院公告的债权申报期限内，向管理人申报企业所欠税款（含教育费附加、地方教育附加，下同）、滞纳金及罚款。因特别纳税调整产生的利息，也应一并申报。

企业所欠税款、滞纳金、罚款，以及因特别纳税调整产生的利息，以人民法院裁定受理破产申请之日为截止日计算确定。

（二）在人民法院裁定受理破产申请之日至企业注销之日期间，企业应当接受税务机关的税务管理，履行税法规定的相关义务。破产程序中如发生应税情形，应按规定申报纳税。

从人民法院指定管理人之日起,管理人可以按照《中华人民共和国企业破产法》第二十五条规定,以企业名义办理纳税申报等涉税事宜。

企业因继续履行合同、生产经营或处置财产需要开具发票的,管理人可以以企业名义按规定申领开具发票或者代开发票。

(三)企业所欠税款、滞纳金、因特别纳税调整产生的利息,税务机关按照企业破产法相关规定进行申报,其中,企业所欠的滞纳金、因特别纳税调整产生的利息按照普通破产债权申报。

【参考观点】

对于债务人拖欠职工的工资及相关社保费用的,在债务人有关财务会计资料等书面文件中有明确记载的,管理人可根据该资料进行调查核实后列出清单,并在企业经营场所进行公示,如职工对该公示清单有异议的,可请求管理人更正,管理人不更正的,可向人民法院提起诉讼,即立法为职工债权确认纠纷设置了前置程序,职工在向法院提起诉求之前应先向管理人提出异议。①

职工对公示清单的异议包括两种:其一,职工对本人的债权存在异议;其二,职工对其他职工的债权有异议。因其他职工债权是否存在及数额多少可能直接影响异议职工债权最终实现比例,应允许异议职工对清单中记载的其他职工债权提起诉讼,此种情况下,原告应为异议职工,被告应为其他职工、债务人。②

此外,《破产审判会议纪要》第27条规定:"……破产程序中要依法妥善处理劳动关系,推动完善职工欠薪保障机制,依法保护职工生存权。由第三方垫付的职工债权,原则上按照垫付的职工债权性质进行清偿;由欠薪保障基金垫付的,应按照企业破产法第一百一十三条第一款第二项的顺序清偿。债务人欠缴的住房公积金,按照债务人拖欠的职工工资性质清偿。"鼓励对属于工资构成的职工劳动收入优先予以保护,并基于国内外欠薪保障制度的成功经验,鼓励推进完善欠薪保障机制,解决企业破产情形下的欠薪保障问

---

① 参见王东敏:《新破产法疑难解读与实务操作》,法律出版社2007年版,第88~89页。

② 参见最高人民法院民事审判第二庭编:《企业改制、破产与重整案件审判指导》,法律出版社2015年版,第480页。

题。法院在处理涉及职工权益的争议时，要严格按照《企业破产法》和有关法规及国家政策，依法保护职工债权的实现。①

【最高人民法院裁判案例】

1. 张淑君与国营乐山造纸厂破产清算组职工破产债权确认纠纷案［最高人民法院(2016)最高法民申135号］

——职工对破产清算组列出清单载明的职工债权有异议时可以请求破产清算组更正，破产清算组不予更正的，应以债务人为被告向人民法院提起确认之诉。

【案情简介】

2003年10月30日，乐山市中级人民法院作出(2003)乐民破(告)字第4-9号民事裁定，宣告国营乐山造纸厂破产。职工张淑君对国营乐山造纸厂破产清算组所列清单载明的职工债权有异议，以国营乐山造纸厂破产清算组为被告向四川省乐山市中级人民法院提起诉讼，该院裁定驳回张淑君起诉。张淑君不服，向四川省高级人民法院提起上诉，该院裁定驳回张淑君上诉。张淑君不服，向最高人民法院申请再审。

最高人民法院经审查认为，根据《企业破产法施行时尚未审结案件若干规定》第九条第二款关于"债权人就争议债权起诉债务人，要求其承担偿还责任的，人民法院应当告知该债权人变更其诉讼请求为确认债权"的规定，破产债权确认纠纷应当以债务人即被申请破产的企业为被告。在最高人民法院制作的《人民法院破产程序法律文书样式(试行)》关于破产债权确认诉讼一审用的民事判决书(文书样式97)中，所列被告亦为债务人，企业管理人系诉讼代表人。该文书样式说明第四条规定："本样式同样适用于职工权益清单更正纠纷。"据此，职工破产债权确认纠纷的被告也应为被申请破产的企业，本案的适格被告应为国营乐山造纸厂。根据《企业破产法》第二十五条第一款第(七)项关于"管理人履行下列职责：……(七)代表债务人参加诉讼、仲裁或者其他法律程序"的规定，除法律有特殊规定外，企业管理人不以

---

① 参见贺小荣、葛洪涛、郁琳：《破产清算、关联企业破产以及执行与破产衔接的规范与完善——〈全国法院破产审判工作会议纪要〉的理解与适用(下)》，载《人民司法·应用》2018年第16期。

自己的名义参加诉讼。故张淑君关于本案系职工破产债权确认纠纷,破产清算组是适格被告的理由不能成立。

【裁判要点】

破产管理人并非脱离破产企业而独立存在的组织或机构,它属于破产企业的特殊表意机关(代表机关)和执行机关。企业进入破产程序并指定管理人后,破产企业的法人资格在破产程序终结前并没有终止或消灭,甚至经人民法院或管理人同意其仍可继续进行必要的生产经营活动。即企业进入破产程序后,在其法人资格消灭前,其仍享有一定的民事权利能力和行为能力。因此,从破产管理人的职能来看,其作为诉讼主体参加诉讼亦不适格,故职工债权人对破产管理人所列清单载明的职工债权有异议时可以请求破产管理人更正,破产管理人不予更正的,职工债权人应以债务人为被告向人民法院提起确认之诉。

【案例来源】

中国裁判文书网,https://wenshu.court.gov.cn。

2. 张玉喜与云南第一公路桥梁工程有限公司职工破产债权确认纠纷案
[最高人民法院(2021)最高法民申 3624 号]

——不应不当扩大高级管理人员的范畴,职工为公司垫付的未报销费用应认定为职工债权。

【案情简介】

云南省大理白族自治州中级人民法院于 2018 年 12 月 13 日依法裁定受理云南第一公路桥梁工程有限公司(以下简称路桥一公司)破产重整一案,2019 年 8 月 26 日,张玉喜向管理人申报债权 68032.70 元,申报理由为“职工报销款”;2019 年 9 月 20 日,张玉喜向管理人申报债权 82388.85 元,备注为“工资”。2019 年 11 月 14 日,路桥一公司管理人公示债权,将张玉喜申报的82388.85 元工资确认为高管工资列入普通债权,将张玉喜申报的报销款68032.70 元列入普通债权。2019 年 11 月 19 日,张玉喜向管理人提出债权异议,管理人认为张玉喜的异议不成立,张玉喜于 2019 年 12 月 4 日向法院提起诉讼。一审法院确认张玉喜对路桥一公司享有的 82388.85 元债权为职工债权,驳回张玉喜的其他诉讼请求。张玉喜不服一审判决向云南省高级人民法院提起上诉,二审法院确认 82388.85 元工资及 68032.70 元报销款均为职工债权。路桥一公司不服二审判决向最高人民法院申请再审。

最高人民法院经审查认为,首先,根据《公司法》第二百一十六条第一款的规定可知,高级管理人员是指公司的经理、副经理、财务负责人,上市公司董事会秘书和公司章程规定的其他人员。高级管理人员系一个法定概念,应当以《公司法》第二百一十六条第一款的规定为标准进行严格认定,避免公司不当扩大高级管理人员的范畴,以加重劳动者的负担,造成劳资关系的失衡。在本案中,张玉喜为路桥一公司的市场部经理,并不属于法律规定的高级管理人员,且路桥一公司的公司章程亦未将张玉喜认定为公司的高级管理人员。故,二审法院认定张玉喜非路桥一公司的高级管理人员,张玉喜对路桥一公司享有的 82388.85 元债权为职工债权符合法律的规定。其次,企业职工为公司垫付的招投标费用、未报销的差旅费用等系基于劳动者履行职务而产生,不同于基于日常交易而与公司发生的一般性债务,垫付款往往来源于职工工资性收入,且该项支出目的是满足公司的生产经营需要,最终受益人是路桥一公司,故该笔报销款不应当认定为普通债权。二审法院将该项垫付款认定为职工债权的范畴并无不当。

【裁判要点】

高级管理人员系一个法定概念,应当以《公司法》第二百一十六条第一款的规定为标准进行严格认定,避免不当扩大高级管理人员的范畴。企业职工为公司垫付的招投标费用、未报销的差旅费用等系基于劳动者履行职务而产生,不同于基于日常交易而与公司发生的一般性债务,垫付款往往来源于职工工资性收入,且该项支出目的是满足公司的生产经营需要,最终受益人是公司,故职工报销款应当认定为职工债权。

【案例来源】

中国裁判文书网,https://wenshu.court.gov.cn。

3. 河北省衡水市机械工业供销总公司、贾利民职工破产债权确认纠纷案[最高人民法院(2022)最高法民申 29 号]

——应当由单位缴纳的各项社会保险,但由劳动者个人已缴纳的部分,应当认定为职工债权。

【案情简介】

2017 年 4 月 14 日,衡水市中级人民法院裁定受理河北省衡水市机械工业供销总公司(以下简称机械公司)破产清算一案,2017年8月25日,衡水市中级人民法院裁定宣告机械公司破产。贾利民原系机械公司职工。1998年12月,贾利民与机械公司签订了《承包协议》,以承包方式办理了停薪留职,该协议约定:停薪留职期自1999年1月至2000年1月止。停薪留职期限届满,贾利民未提出续期申请,亦未回公司参加工作。对此类长期不在岗人员机械公司统称为停薪留职人员。自停薪留职期限届满至2017年8月25日机械公司宣告破产期间,贾利民未向机械公司提供正常劳动,机械公司亦未向贾利民支付工资等相关待遇。对基本社会保险2009年以前机械公司按协议约定为贾利民缴纳了单位应缴部分,贾利民承担了个人应缴部分。2010年3月15日,机械公司召开职工代表大会形成会议决议:在缴纳养老保险时个人缴纳部分由本人自付,单位缴纳的部分本人承担50%,医疗保险全部由个人承担。2010年12月20日,机械公司召开职工代表大会形成会议决议:对停薪留职人员的养老保险、医疗保险、失业保险从2011年1月1日起全部由个人承担。此后贾利民按决议执行自行缴纳。2020年6月24日,贾利民向机械公司破产管理人出具《承诺书》,承诺:我愿意按照公司关于停薪留职人员缴纳社保费的规定即公司应缴部分和个人应缴部分全部由停薪留职人员承担的规定,由其个人缴纳。管理人仅确认贾利民享有经济补偿金,未确认其享有其他职工债权。贾利民对公示清单提出异议,诉至法院。一审法院未支持其诉讼请求,贾利民诉至二审法院河北省高级人民法院,二审法院认为贾利民本人书写的承诺书、2010年3月15日以及2010年12月20日职工代表大会通过的关于本案缴纳社会保险方面决议,违反国家关于社会保险的强制性法律规定,应属无效。2010年度至2016年度,应当由单位缴纳的各项社会保险,由劳动者个人已缴纳的部分,应当作为职工债权并予以改判。机械公司不服二审判决向最高人民法院申请再审。

【裁判要点】

最高人民法院经审查认为,《劳动法》第七十条、第七十二条分别规定"建立社会保险制度,使劳动者在年老、患病、工伤、失业、生育等情况下获得帮助和补偿""用人单位和劳动者必须依法参加社会保险,缴纳社会保险费"。劳动者的社会保险是由法律明确规定的,依法参加社会保险是劳动者和用人单位的法定义务。单位为职工缴纳各种社会保险,是完善、执行国家社会保障制度的要求,维护的是不仅仅是职工个人利益,也是国家和社会的整体利益,此项法定义务不能通过用人单位和劳动者的约定进行变更或放弃。因此，二审法院认为约定由职工自行负担应由单位负担的社保费用，违反了国家社会保险征缴强制性规定，作出无效的认定，机械公司没有充分理由推翻。最高人民法院裁定驳回河北省衡水市机械工业供销总公司的再审申请。

【案例来源】

中国裁判文书网,https://wenshu.court.gov.cn。

编者说明

破产程序是不特定多数债权人参与的集体偿债程序。债权申报是债权人参与破产程序的基本条件，也是破产债权成立的形式要件。根据《企业破产法》的规定，债权人依法申报债权后，方能在破产程序中行使权利。由于债权人的实体权利不因超出申报期限而灭失，法律允许债权人补充申报的同时，出于对债权人权益的公平保护，对补充申报人的受偿权予以限制，即不能参与破产清算程序中"此前已进行的分配"。此外，职工债权系由管理人调查后列出清单并公示，职工对该清单记载有异议的，可不必经过《劳动法》所规定的仲裁前置程序，直接向受理破产申请的人民法院提起诉讼，由人民法院依诉讼审判程序予以审理。此外，根据《民事诉讼法解释》第四十二条规定，破产程序中有关债务人的诉讼案件可在开庭前根据《民事诉讼法》第三十九条规定交由基层人民法院审理。实务中，部分地方法院如深圳市中级人民法院对职工债权确认诉讼交由债务人主要办公地点所在地的基层人民法院审理。

第四十九条　【申报债权的书面说明】债权人申报债权时，应当书面说明债权的数额和有无财产担保，并提交有关证据。申报的债权是连带债权的，应当说明。

【立法·要点注释】

根据本条规定，债权人在申报债权时应当书面说明债权数额，并应当书面说明有无财产担保及担保的额度。债权人申报债权应当提交有关证据，债权申报程序中同样适用民事诉讼程序中的举证责任制度"谁主张，谁举证"的原则，在债务人与债权人之间存在重大分歧时尤其如此。连带债权人在申报债权时应当向管理人说明债权的连带关系，以防止多个连带债权人向债务人申报债权而就同一债权获得重复清偿。

【相关立法】

1.《中华人民共和国刑法》（2020 年 12 月 26 日第十三届全国人民代表大会常务委员会第二十四次会议第十一次修正）

第三百零七条之一　以捏造的事实提起民事诉讼，妨害司法秩序或者严重侵害他人合法权益的，处三年以下有期徒刑、拘役或者管制，并处或者单处罚金；情节严重的，处三年以上七年以下有期徒刑，并处罚金。

单位犯前款罪的，对单位判处罚金，并对其直接负责的主管人员和其他直接责任人员，依照前款的规定处罚。

有第一款行为，非法占有他人财产或者逃避合法债务，又构成其他犯罪的，依照处罚较重的规定定罪从重处罚。

司法工作人员利用职权，与他人共同实施前三款行为的，从重处罚；同时构成其他犯罪的，依照处罚较重的规定定罪从重处罚。

2.《中华人民共和国公司法》（2018 年 10 月 26 日第十三届全国人民代表大会常务委员会第六次会议第四次修正）

第一百八十五条第二款　债权人申报债权，应当说明债权的有关事项，并提供证明材料。清算组应当对债权进行登记。

3.《中华人民共和国合伙企业法》（2006 年 8 月 27 日第十届全国人民代表大会常务委员会第二十三次会议修订）

第八十八条第二款　债权人申报债权，应当说明债权的有关事项，并提供证明材料。清算人应当对债权进行登记。

【司法解释】

《最高人民法院、最高人民检察院关于办理虚假诉讼刑事案件适用法律若干问题的解释》（法释〔2018〕17 号，2018 年 10 月 1 日）

第一条　采取伪造证据、虚假陈述等手段，实施下列行为之一，捏造民事法律关系，虚构民事纠纷，向人民法院提起民事诉讼的，应当认定为刑法第三百零七条之一第一款规定的"以捏造的事实提起民事诉讼"：

……

（五）在破产案件审理过程中申报捏造的债权的；

……

【司法文件】

《最高人民法院印发〈关于企业破产案件信息公开的规定（试行）〉的通知》（法发〔2016〕19号，2016年8月1日）

第十条　债权人可以在破产重整案件信息网实名注册后申报债权并提交有关证据的电子文档，网上申报债权与其他方式申报债权具有同等法律效力。

债权人向破产管理人书面申报债权的，破产管理人应当将债权申报书及有关证据的电子文档上传破产重整案件信息网。

【参考观点】

债权申报强调债权人提出参加破产程序的意思表示，并提供债权证明的相关证据资料。在申报阶段，债权人只需提供形式上支持其主张的债权证明即可，至于债权的相关证据是否成立可待后续审查程序来确认，管理人不得以债权人证据不充分而拒绝接受申报。[①]

债权人向管理人申报债权时一般应提供以下材料：（1）债权证明，证实其债权数额、真实性和有效性的有关证明材料，有财产担保的需提供证明担保关系的有关证明；（2）主体身份证明，债权人本人申报的需提供自己行使权利的有关身份证明材料，代理申报的需代理人持有效身份证明、授权委托书等材料；（3）如申报债权为连带债权的，应说明其他连带债权人姓名或名称及连带债权产生的原因。[②]

此外，《最高人民法院印发〈关于企业破产案件信息公开的规定（试行）〉的通知》第十条第一款规定："债权人可以在破产重整案件信息网实名注册后申报债权并提交有关证据的电子文档，网上申报债权与其他方式申报债权

---

① ②　参见王东敏：《新破产法疑难解读与实务操作》，法律出版社2007年版，第78页。

具有同等法律效力。"最高人民法院高度重视企业破产案件审判工作,开发建设"全国企业破产重整案件信息网",债权人可快速、便捷地完成网上债权申报、证据材料提交等事务,可实现企业破产案件各环节的高效便捷,确保正当法律程序,实现依法公平保护。①

【最高人民法院裁判案例】

汕尾市美行实业公司与陆丰市银丰公司破产清算组普通破产债权确认纠纷案[最高人民法院(2014)民申字第1915号]

——债权人请求人民法院确认其对债务人享有债权应提供相应证据证实其主张。

【案情简介】

1994年1月20日,陆丰市银丰公司(以下简称银丰公司)出具一张欠款条给汕尾市美行实业公司(以下简称美行公司),欠款条上写明:"兹欠到汕尾市美行实业公司(陆丰工商行账号04×××65)人民币壹佰伍拾贰万捌仟陆佰伍拾元正。"同日,银丰公司向美行公司上述账户转入人民币159.63万元。1994年1月25日、1月27日、1月29日和3月11日,银丰公司又分四次向美行公司上述账户共转入200万元。1995年1月19日,美行公司向陆丰市人民法院提起诉讼,请求判令银丰公司偿还借款152.865万元及利息。案件审理过程中,银丰公司被宣告破产,经一审法院释明,美行公司将诉讼请求变更为请求确认美行公司对银丰公司享有借款本金及利息的债权。一审法院经审理判决驳回美行公司诉讼请求,美行公司不服原审判决向广东省高级人民法院提起上诉,该院裁定驳回美行公司上诉,美行公司不服向最高人民法院申请再审。

【裁判要点】

最高人民法院经审查认为,"谁主张、谁举证"是民事诉讼的基本证据规则。本案中,美行公司以银丰公司为被告提起诉讼,要求确认美行公司对银丰公司享有借款人民币152.865万元及相应利息的债权,并提供了银丰公司

---

① 参见杜万华主编:《最高人民法院企业破产与公司清算案件审判指导》,中国法制出版社2017年版,第417页。

出具的内容为"兹欠到汕尾市美行实业公司(陆丰工商行账号 04×××65)人民币 152.865 万元"的欠款条。虽然银丰公司认可这一欠款条的真实性,但没有承认与美行公司之间存在着借贷法律关系,并主张该欠款条系因其他法律关系而产生。因此,美行公司仍应承担进一步证明诉讼请求的举证责任。根据《最高人民法院关于民事诉讼证据的若干规定》第二条第二款关于"没有证据或者证据不足以证明当事人的事实主张的,由负有举证责任的当事人承担不利后果"的规定,在美行公司并未提供其他能够证明借贷法律关系存在的证据的情况下,原审驳回美行公司的诉讼请求并无不当。

【案例来源】

中国裁判文书网,https://wenshu.court.gov.cn。

第五十条　【连带债权人申报债权】　连带债权人可以由其中一人代表全体连带债权人申报债权,也可以共同申报债权。

【立法·要点注释】

在破产程序中,全体连带债权人可指派一人作为代表向管理人申报债权,也可作为一个整体共同向管理人申报债权,但不能就债权全额分别向管理人申报债权。债权之间的连带关系只表明每个连带债权人都可向债务人主张债权,但并不代表债务人需向每个连带债权人分别承担债务。

【相关立法】

《中华人民共和国民法典》(2020 年 5 月 28 日第十三届全国人民代表大会第三次会议通过,2021 年 1 月 1 日)

第六十七条　法人合并的,其权利和义务由合并后的法人享有和承担。

法人分立的,其权利和义务由分立后的法人享有连带债权,承担连带债务,但是债权人和债务人另有约定的除外。

第七十五条　设立人为设立法人从事的民事活动,其法律后果由法人承受;法人未成立的,其法律后果由设立人承受,设立人为二人以上的,享有连带债权,承担连带债务。

第三百零七条　因共有的不动产或者动产产生的债权债务,在对外关系上,共有人享有连带债权、承担连带债务,但是法律另有规定或者第三人知道共有人不具有连带债权债务关系的除外;在共有人内部关系上,除共有人另有约定外,按份共有人按照份额享有债权、承担债务,共同共有人共同享有债权、承担债务。偿还债务超过自己应当承担份额的按份共有人,有权向其他共有人追偿。

第五百一十七条 债权人为二人以上,标的可分,按照份额各自享有债权的,为按份债权;债务人为二人以上,标的可分,按照份额各自负担债务的,为按份债务。

按份债权人或者按份债务人的份额难以确定的,视为份额相同。

第五百一十八条 债权人为二人以上,部分或者全部债权人均可以请求债务人履行债务的,为连带债权;债务人为二人以上,债权人可以请求部分或者全部债务人履行全部债务的,为连带债务。

连带债权或者连带债务,由法律规定或者当事人约定。

第五百一十九条 连带债务人之间的份额难以确定的,视为份额相同。

实际承担债务超过自己份额的连带债务人,有权就超出部分在其他连带债务人未履行的份额范围内向其追偿,并相应地享有债权人的权利,但是不得损害债权人的利益。其他连带债务人对债权人的抗辩,可以向该债务人主张。

被追偿的连带债务人不能履行其应分担份额的,其他连带债务人应当在相应范围内按比例分担。

第五百二十条 部分连带债务人履行、抵销债务或者提存标的物的,其他债务人对债权人的债务在相应范围内消灭;该债务人可以依据前条规定向其他债务人追偿。

部分连带债务人的债务被债权人免除的,在该连带债务人应当承担的份额范围内,其他债务人对债权人的债务消灭。

部分连带债务人的债务与债权人的债权同归于一人的,在扣除该债务人应当承担的份额后,债权人对其他债务人的债权继续存在。

债权人对部分连带债务人的给付受领迟延的,对其他连带债务人发生效力。

第五百二十一条 连带债权人之间的份额难以确定的,视为份额相同。

实际受领债权的连带债权人,应当按比例向其他连带债权人返还。

连带债权参照适用本章连带债务的有关规定。

【司法解释】

《最高人民法院关于审理民事案件适用诉讼时效制度若干问题的规定》
(法释〔2008〕11 号,2008 年 9 月 1 日;法释〔2020〕17 号修正,2021 年 1 月 1 日)

　　第十五条　对于连带债权人中的一人发生诉讼时效中断效力的事由,应当认定对其他连带债权人也发生诉讼时效中断的效力。

　　对于连带债务人中的一人发生诉讼时效中断效力的事由,应当认定对其他连带债务人也发生诉讼时效中断的效力。

【参考观点】

　　根据《民法通则》①的规定,债务人向一个或部分连带债权人清偿后,对其他债权人的债务即消灭,但在连带债权人内部,其余连带债权人可依法或依约向受偿的连带债权人行使请求权。连带债权人依本条规定申报债权时可一人代表全体也可共同申报,但无论选择哪种方式只能按其享有的债权总额参加破产程序,在投票表决时,连带债权人应共同视为一个债权人,且只能以一名债权人的身份计算出席债权人会议的人数。如果连带债权可分割,各连带债权人协议按份申报且无争议的,各连带债权人可按各自份额分别申报,以各自名义和份额参加破产程序,并单独计算出席人数。②

编者说明

　　连带债权是指几个债权人均对债务人享有连带的债权关系,任何一个债权人均有权要求债务人清偿全部债务,在债务人向一个或部分连带债权人清偿债务后,对其他连带债权人的债务关系随之消灭,但在连带债权人内部产生新的法律关系即其他连带债权人有权依法或依约定向受偿的连带债权人行使请求权。故本条规定连带债权人可以由其中一人代表全体连带债权人申报债权,也可以共同申报债权。

---

① 　现为《民法典》。——编者注
② 　参见王东敏:《新破产法疑难解读与实务操作》,法律出版社 2007 年版,第 67 页。

第五十一条 【连带债务人申报债权】债务人的保证人或者其他连带债务人已经代替债务人清偿债务的,以其对债务人的求偿权申报债权。

债务人的保证人或者其他连带债务人尚未代替债务人清偿债务的,以其对债务人的将来求偿权申报债权。但是,债权人已经向管理人申报全部债权的除外。

【立法·要点注释】

保证人向债权人承担保证责任后有权向债务人追偿。债务人被裁定适用破产程序时,债务人的保证人享有的追偿权应当通过申报债权的方式行使。同理,代替债务人履行了清偿义务的其他连带债务人要求进入破产程序的债务人偿付他应当承担的份额时,亦应当通过申报债权的方式行使求偿权。

如果债务人的保证人或者其他连带债务人尚未代替债务人清偿债务,其清偿义务也是可预期的。一旦债权人提出要求,债务人的保证人或者其他连带债务人就得承担连带责任。因此,尽管债务人的保证人或者其他连带债务人尚未代替债务人清偿债务,也有权以其对债务人的将来求偿权申报债权,以弥补将来的损失。但是,如果债权人已经向管理人全额申报债权,允许债务人的保证人或者其他连带债务人同时向管理人申报债权,则同一项债权在破产程序中将获得重复清偿,这对其他债权人来说是不公平的。因此,在债权人已经向管理人申报全部债权的情形下,债务人的保证人或者其他连带债务人不能以其对债务人的将来求偿权申报债权。

【相关立法】

《中华人民共和国民法典》(2020年5月28日第十三届全国人民代表大会第三次会议通过,2021年1月1日)

第一百七十八条 二人以上依法承担连带责任的,权利人有权请求部分或者全部连带责任人承担责任。

连带责任人的责任份额根据各自责任大小确定;难以确定责任大小的,平均承担责任。实际承担责任超过自己责任份额的连带责任人,有权向其他连带责任人追偿。

连带责任,由法律规定或者当事人约定。

第五百一十八条　债权人为二人以上,部分或者全部债权人均可以请求债务人履行债务的,为连带债权;债务人为二人以上,债权人可以请求部分或者全部债务人履行全部债务的,为连带债务。

连带债权或者连带债务,由法律规定或者当事人约定。

第五百一十九条　连带债务人之间的份额难以确定的,视为份额相同。

实际承担债务超过自己份额的连带债务人,有权就超出部分在其他连带债务人未履行的份额范围内向其追偿,并相应地享有债权人的权利,但是不得损害债权人的利益。其他连带债务人对债权人的抗辩,可以向该债务人主张。

被追偿的连带债务人不能履行其应分担份额的,其他连带债务人应当在相应范围内按比例分担。

第五百二十条　部分连带债务人履行、抵销债务或者提存标的物的,其他债务人对债权人的债务在相应范围内消灭;该债务人可以依据前条规定向其他债务人追偿。

部分连带债务人的债务被债权人免除的,在该连带债务人应当承担的份额范围内,其他债务人对债权人的债务消灭。

部分连带债务人的债务与债权人的债权同归于一人的,在扣除该债务人应当承担的份额后,债权人对其他债务人的债权继续存在。

债权人对部分连带债务人的给付受领迟延的,对其他连带债务人发生效力。

第五百三十六条　债权人的债权到期前,债务人的债权或者与该债权有关的从权利存在诉讼时效期间即将届满或者未及时申报破产债权等情形,影响债权人的债权实现的,债权人可以代位向债务人的相对人请求其向债务人履行、向破产管理人申报或者作出其他必要的行为。

第六百八十八条　当事人在保证合同中约定保证人和债务人对债务承担连带责任的,为连带责任保证。

连带责任保证的债务人不履行到期债务或者发生当事人约定的情形时,债权人可以请求债务人履行债务,也可以请求保证人在其保证范围内承担保证责任。

第七百条　保证人承担保证责任后,除当事人另有约定外,有权在其承担保证责任的范围内向债务人追偿,享有债权人对债务人的权利,但是不得损害债权人的利益。

【司法解释】

1.《最高人民法院关于审理企业破产案件若干问题的规定》(法释〔2002〕23 号,2002 年 9 月 1 日)

第五十五条 下列债权属于破产债权:

......

(八)债务人的保证人代替债务人清偿债务后依法可以向债务人追偿的债权;

(九)债务人的保证人按照《中华人民共和国担保法》第三十二条的规定预先行使追偿权而申报的债权;

......

2.《最高人民法院关于适用〈中华人民共和国民法典〉有关担保制度的解释》(法释〔2020〕28 号,2021 年 1 月 1 日)

第十三条 同一债务有两个以上第三人提供担保,担保人之间约定相互追偿及分担份额,承担了担保责任的担保人请求其他担保人按照约定分担份额的,人民法院应予支持;担保人之间约定承担连带共同担保,或者约定相互追偿但是未约定分担份额的,各担保人按照比例分担向债务人不能追偿的部分。

同一债务有两个以上第三人提供担保,担保人之间未对相互追偿作出约定且未约定承担连带共同担保,但是各担保人在同一份合同书上签字、盖章或者按指印,承担了担保责任的担保人请求其他担保人按照比例分担向债务人不能追偿部分的,人民法院应予支持。

除前两款规定的情形外,承担了担保责任的担保人请求其他担保人分担向债务人不能追偿部分的,人民法院不予支持。

第十四条 同一债务有两个以上第三人提供担保,担保人受让债权的,人民法院应当认定该行为系承担担保责任。受让债权的担保人作为债权人请求其他担保人承担担保责任的,人民法院不予支持;该担保人请求其他担保人分担相应份额的,依照本解释第十三条的规定处理。

第十八条　承担了担保责任或者赔偿责任的担保人,在其承担责任的范围内向债务人追偿的,人民法院应予支持。

同一债权既有债务人自己提供的物的担保,又有第三人提供的担保,承担了担保责任或者赔偿责任的第三人,主张行使债权人对债务人享有的担保物权的,人民法院应予支持。

第二十条　人民法院在审理第三人提供的物的担保纠纷案件时,可以适用民法典第六百九十五条第一款、第六百九十六条第一款、第六百九十七条第二款、第六百九十九条、第七百条、第七百零一条、第七百零二条等关于保证合同的规定。

第二十三条　人民法院受理债务人破产案件,债权人在破产程序中申报债权后又向人民法院提起诉讼,请求担保人承担担保责任的,人民法院依法予以支持。

担保人清偿债权人的全部债权后,可以代替债权人在破产程序中受偿;在债权人的债权未获全部清偿前,担保人不得代替债权人在破产程序中受偿,但是有权就债权人通过破产分配和实现担保债权等方式获得清偿总额中超出债权的部分,在其承担担保责任的范围内请求债权人返还。

债权人在债务人破产程序中未获全部清偿,请求担保人继续承担担保责任的,人民法院应予支持;担保人承担担保责任后,向和解协议或者重整计划执行完毕后的债务人追偿的,人民法院不予支持。

第二十四条　债权人知道或者应当知道债务人破产,既未申报债权也未通知担保人,致使担保人不能预先行使追偿权的,担保人就该债权在破产程序中可能受偿的范围内免除担保责任,但是担保人因自身过错未行使追偿权的除外。

【司法文件】

《最高人民法院关于印发〈全国法院破产审判工作会议纪要〉的通知》
(法〔2018〕53号,2018年3月4日)

31. 保证人的清偿责任和求偿权的限制。破产程序终结前,已向债权人承担了保证责任的保证人,可以要求债务人向其转付已申报债权的债权人在破产程序中应得清偿部分。破产程序终结后,债权人就破产程序中未受清偿部分要求保证人承担保证责任的,应在破产程序终结后六个月内提出。保证

人承担保证责任后,不得再向和解或重整后的债务人行使求偿权。

【请示答复】

《最高人民法院关于代为清偿的连带债务人是否有权向破产和解的债务人继续追偿的问题请示答复》(〔2010〕民二他字第 15 号,2010 年 11 月 10 日)

山东省高级人民法院:

你院鲁高法〔2010〕144 号《关于代为清偿的连带债务人是否有权向破产和解的债务人继续追偿的问题请示》收悉。经研究,答复如下:

债权人如果已在主债务人的和解或者重整程序中全额申报了债权,其未得到清偿的部分可以向保证人或者连带债务人主张清偿。任何源于同一债务的普通债权,只能在破产程序中得到与其他普通债权相同比率的清偿。因此,保证人或连带债务人承担清偿责任后,不能向破产和解、破产重整的债务人追偿。

【参考观点】

基于法律规定或者当事人之间的约定,因保证关系形成的连带债务人之间与对债务共同承担责任的连带债务人之间对债权人承担责任的范围可能有所不同,申报债权时对债权人申报的范围应当注意区别。

因保证关系形成的连带债务,破产人是主债务人的,保证人是次债务人,保证人向债权人承担的债务清偿义务是替债务人履行义务,因而其可以全额申报债权。①

对于提供担保物权的物上保证人而言,如果债权人先行从担保人处获得全部清偿,且之前债权人已经申报全部债权的,虽然担保人不得再行申报债权,但担保人亦可通过申请转付债权人在破产程序相应清偿份额的方式,替代债权人在破产程序中受偿,从而确保其对债务人追偿权的行使;但是,如果担保人仅清偿部分债务,债权人在担保人处未获得全部清偿的,虽然担保人依法享有追偿权,但根据《民法典》第七百条关于保证人行使追偿权不得损

---

① 参见王东敏:《新破产法疑难解读及实务操作》,法律出版社 2007 年版,第 67~68 页。

害债权人利益的规定,担保人不得就清偿部分代替债权人在破产程序中受偿。[①]

对债务共同承担责任的连带债务人之间没有对外的主次关系,在向债权人履行清偿义务后,其申报债权时,应扣除自己应当承担的份额,不能全额申报。[②] 其他连带债务人对债务人的求偿权,实际上是连带债务人之间的内部求偿权。连带债务人求偿权发生的条件如下:第一,该债务人以清偿或其他方法履行了债务。第二,须其他债务人共同免责。也就是说,因一个债务人的清偿或其他行为而使连带债务消灭或缩减。第三,该债务人的履行须超过其应分担的份额。[③] 因此,其他连带债务人以现时求偿权申报债权时,应当满足内部求偿权的构成条件。

编者说明

根据《民法典》的规定,保证人在承担保证责任后,有权在其承担保证责任的范围内向债务人追偿。但在债务人破产的情形下,保证人的求偿权受《民法典》第七百条规定的保证人行使追偿权不得损害债权人利益之限制。按照其承担保证责任的时间,保证人的求偿权可分为下述三种情形:第一种情形是保证人的现实求偿权,即保证人在债务人进入破产程序前已代替债务人清偿了债权人全部债权的,依据本条规定以求偿权申报债权。如果保证人在债务人破产程序开始前仅对债权人进行部分清偿的,保证人不能就已清偿部分向管理人申报追偿权。第二种情形是债权人向管理人申报了全部债权,而保证人在债务人破产程序终结前承担了保证责任,使债权人获得全部清偿的,根据《破产审判会议纪要》第31条的规定,保证人"可以要求债务人向其转付已申报债权的债权人在破产程序中应得清偿部分"代替债权人在破产程序中受偿。如果保证人亦被裁定进入破产程序并在破产程序中按债权人申报的全部债权履行清偿责任的,则符合《企业破产法》第五十二条规定的情形,则应当适用《企业破产法解释三》第五条的规定不再享有求偿权。第三种情形是保证人在债务人破产程序终结后承担保证责任的,不再享有求偿权。同时,根据《民法典担保制度解释》第二十条的规定,物上担保人的求偿权可以参照适用前述关于保证人求偿权的规定。

[①] 参见郁琳、吴光荣:《与破产法有关的几个担保问题》,载《法律适用》2021年第9期。
[②] 参见王东敏:《新破产法疑难解读及实务操作》,法律出版社2007年版,第68页。
[③] 参见王卫国:《破产法精义》(第二版),法律出版社2020年版,第183页。

第五十二条 【连带债务人的债权人申报债权】连带债务人数人被裁定适用本法规定的程序的,其债权人有权就全部债权分别在各破产案件中申报债权。

【立法·要点注释】

连带债务人的债权人实质上是每一个连带债务人的债权人,当多个连带债务人分别被裁定适用破产程序时,债权人有权在每一个破产案件中申报债权,所申报的债权数额可以是其享有的债权总额。

【相关立法】

《中华人民共和国民法典》(2020 年 5 月 28 日第十三届全国人民代表大会第三次会议通过,2021 年 1 月 1 日)

第一百七十八条 二人以上依法承担连带责任的,权利人有权请求部分或者全部连带责任人承担责任。

连带责任人的责任份额根据各自责任大小确定;难以确定责任大小的,平均承担责任。实际承担责任超过自己责任份额的连带责任人,有权向其他连带责任人追偿。

连带责任,由法律规定或者当事人约定。

第五百一十八条 债权人为二人以上,部分或者全部债权人均可以请求债务人履行债务的,为连带债权;债务人为二人以上,债权人可以请求部分或者全部债务人履行全部债务的,为连带债务。

连带债权或者连带债务,由法律规定或者当事人约定。

第六百八十八条 当事人在保证合同中约定保证人和债务人对债务承担连带责任的,为连带责任保证。

连带责任保证的债务人不履行到期债务或者发生当事人约定的情形时,债权人可以请求债务人履行债务,也可以请求保证人在其保证范围内承担保证责任。

【司法解释】

1.《最高人民法院关于适用〈中华人民共和国企业破产法〉若干问题的规定(三)》(法释〔2019〕3 号,2019 年 3 月 28 日;法释〔2020〕18 号修正,2021 年 1 月 1 日)

第五条　债务人、保证人均被裁定进入破产程序的,债权人有权向债务人、保证人分别申报债权。

债权人向债务人、保证人均申报全部债权的,从一方破产程序中获得清偿后,其对另一方的债权额不作调整,但债权人的受偿额不得超出其债权总额。保证人履行保证责任后不再享有求偿权。

【要点注释】

本条是关于债务人、保证人均被裁定进入破产程序时如何申报债权并进行分配的规定。无论是债务人与连带责任保证人,还是债务人与一般保证人均被裁定进入破产程序,债权人有权在各破产案件中申报债权。无论是连带责任保证人,还是一般保证人,也无论是债务人的破产程序先行分配,还是保证人的破产程序先行分配,"债权人向债务人、保证人均申报全部债权的,从一方破产程序中获得清偿后,其对另一方的债权额不作调整,但债权人的受偿额不得超出其债权总额"。从我国的实际情况来看,根据我国破产程序启动的时间标准,债权人此处可以申报的全部债权应为债务人破产程序受理时现存的债权数额。保证人承担保证责任后,本应享有向债务人追偿的权利,但在债务人进入破产程序或者保证人与债务人同时进入破产程序的情况下,此种追偿权将会受到限制。在债务人和保证人均被裁定进入破产程序的,只要债权人已经向债务人申报了全部债权,并且债务人已经进行了清偿,则出于避免在债务人破产程序中出现同一债权获得两次清偿的现象,保证人在履行保证责任后即丧失了求偿权。易言之,只有在债权人未在债务人的破产程序中申报债权,仅在保证人的破产程序中申报了债权的情况下,保证人才可以行使求偿权。"保证人履行保证责任后不再享有求偿权",应解读为既对进入破产程序的主债务人无求偿权,对《企业破产法解释三》第四条规定的"其他债务人"亦无求偿权,可以尽快结案,防止破产程序无限拖延。①

---

①　参见最高人民法院民事审判第二庭编著:《最高人民法院关于企业破产法司法解释(三)理解与适用》,人民法院出版社 2019 年版,第 105~117 页。

2.《最高人民法院关于审理企业破产案件若干问题的规定》（法释〔2002〕23号,2002年9月1日）

第二十三条 连带债务人之一或者数人破产的,债权人可就全部债权向该债务人或者各债务人行使权利,申报债权。债权人未申报债权的,其他连带债务人可就将来可能承担的债务申报债权。

3.《最高人民法院关于适用〈中华人民共和国民法典〉有关担保制度的解释》（法释〔2020〕28号,2021年1月1日）

第七条 公司的法定代表人违反公司法关于公司对外担保决议程序的规定,超越权限代表公司与相对人订立担保合同,人民法院应当依照民法典第六十一条和第五百零四条等规定处理:

（一）相对人善意的,担保合同对公司发生效力;相对人请求公司承担担保责任的,人民法院应予支持。

（二）相对人非善意的,担保合同对公司不发生效力;相对人请求公司承担赔偿责任的,参照适用本解释第十七条的有关规定。

法定代表人超越权限提供担保造成公司损失,公司请求法定代表人承担赔偿责任的,人民法院应予支持。

第一款所称善意,是指相对人在订立担保合同时不知道且不应当知道法定代表人超越权限。相对人有证据证明已对公司决议进行了合理审查,人民法院应当认定其构成善意,但是公司有证据证明相对人知道或者应当知道决议系伪造、变造的除外。

第九条 相对人根据上市公司公开披露的关于担保事项已经董事会或者股东大会决议通过的信息,与上市公司订立担保合同,相对人主张担保合同对上市公司发生效力,并由上市公司承担担保责任的,人民法院应予支持。

相对人未根据上市公司公开披露的关于担保事项已经董事会或者股东大会决议通过的信息,与上市公司订立担保合同,上市公司主张担保合同对其不发生效力,且不承担担保责任或者赔偿责任的,人民法院应予支持。

相对人与上市公司已公开披露的控股子公司订立的担保合同,或者相对人与股票在国务院批准的其他全国性证券交易场所交易的公司订立的担保合同,适用前两款规定。

第二十条 人民法院在审理第三人提供的物的担保纠纷案件时,可以适用民法典第六百九十五条第一款、第六百九十六条第一款、第六百九十七条第二款、第六百九十九条、第七百条、第七百零一条、第七百零二条等关于保证合同的规定。

第二十五条　当事人在保证合同中约定了保证人在债务人不能履行债务或者无力偿还债务时才承担保证责任等类似内容，具有债务人应当先承担责任的意思表示的，人民法院应当将其认定为一般保证。

当事人在保证合同中约定了保证人在债务人不履行债务或者未偿还债务时即承担保证责任、无条件承担保证责任等类似内容，不具有债务人应当先承担责任的意思表示的，人民法院应当将其认定为连带责任保证。

【参考观点】

本条规定的债权人的"全部债权"，是指债权人申报时实际存在的剩余债权，即以债权成立时的债权数额减去其依据所有方式或者程序所受的清偿数额后的债权总额。申报后，债权人在其他破产程序中获得的清偿可不予扣除，但其在所有破产程序受偿的总额不能超过其债权总额。[①]　如果债权人最终受偿数额超过其债权总额，超过部分，应当按照不当得利予以返还。

编者说明

虽然本条款明确规定债权人有权就"全部债权"在连带债务人数人的各个破产程序中申报债权，但实务中由于理解上的差异，管理人在审查确认该类债权时往往倾向于扣除债权人在其他连带债务人破产程序中受偿的数额，以更好地保护本案中其他债权人的清偿利益。《企业破产法解释三》第五条的规定针对债务人与保证人均被裁定进入破产程序时债权人就全部债权在各个破产程序中行使权利予以了明确。编者认为，该司法解释的规定同样适用于其他连带债务人之一或者数人进入破产程序时债权人就全部债权行使权利的情形。

第五十三条　【解除合同后对方当事人申报债权】管理人或者债务人依照本法规定解除合同的，对方当事人以因合同解除所产生的损害赔偿请求权申报债权。

---

① 参见王东敏：《新破产法疑难解读及实务操作》，法律出版社 2007 年版，第 69 页。

【立法·要点注释】

对于破产案件受理前已经成立而债务人和对方当事人均未履行完毕的合同,管理人或者债务人有权决定解除或者继续履行。管理人或者债务人依照本法的规定行使合同解除权的,如果对方当事人因为合同的解除而受到了损害,可以向管理人或者债务人请求损害赔偿。此处的损害赔偿请求权产生于破产案件受理以后,应当依照本法的明确规定在破产程序中进行处理。

【相关立法】

1.《中华人民共和国企业破产法》(2006 年 8 月 27 日第十届全国人民代表大会常务委员会第二十三次会议通过,2007 年 6 月 1 日)

第十八条 人民法院受理破产申请后,管理人对破产申请受理前成立而债务人和对方当事人均未履行完毕的合同有权决定解除或者继续履行,并通知对方当事人。管理人自破产申请受理之日起二个月内未通知对方当事人,或者自收到对方当事人催告之日起三十日内未答复的,视为解除合同。

管理人决定继续履行合同的,对方当事人应当履行;但是,对方当事人有权要求管理人提供担保。管理人不提供担保的,视为解除合同。

第七十三条 在重整期间,经债务人申请,人民法院批准,债务人可以在管理人的监督下自行管理财产和营业事务。

有前款规定情形的,依照本法规定已接管债务人财产和营业事务的管理人应当向债务人移交财产和营业事务,本法规定的管理人的职权由债务人行使。

2.《中华人民共和国民法典》(2020 年 5 月 28 日第十三届全国人民代表大会第三次会议通过,2021 年 1 月 1 日)

第五百六十六条 合同解除后,尚未履行的,终止履行;已经履行的,根据履行情况和合同性质,当事人可以请求恢复原状或者采取其他补救措施,并有权请求赔偿损失。

合同因违约解除的,解除权人可以请求违约方承担违约责任,但是当事人另有约定的除外。

主合同解除后,担保人对债务人应当承担的民事责任仍应当承担担保责任,但是担保合同另有约定的除外。

第五百八十四条　当事人一方不履行合同义务或者履行合同义务不符合约定,造成对方损失的,损失赔偿额应当相当于因违约所造成的损失,包括合同履行后可以获得的利益;但是,不得超过违约一方订立合同时预见到或者应当预见到的因违约可能造成的损失。

第五百八十五条　当事人可以约定一方违约时应当根据违约情况向对方支付一定数额的违约金,也可以约定因违约产生的损失赔偿额的计算方法。

约定的违约金低于造成的损失的,人民法院或者仲裁机构可以根据当事人的请求予以增加;约定的违约金过分高于造成的损失的,人民法院或者仲裁机构可以根据当事人的请求予以适当减少。

当事人就迟延履行约定违约金的,违约方支付违约金后,还应当履行债务。

【司法解释】

1.《最高人民法院关于适用〈中华人民共和国企业破产法〉若干问题的规定(二)》(法释〔2013〕22号,2013年9月16日;法释〔2020〕18号修正,2021年1月1日)

第三十四条　买卖合同双方当事人在合同中约定标的物所有权保留,在标的物所有权未依法转移给买受人前,一方当事人破产的,该买卖合同属于双方均未履行完毕的合同,管理人有权依据企业破产法第十八条的规定决定解除或者继续履行合同。

【要点注释】

本条旨在明确一方当事人破产时其管理人对于未履行完毕的所有权保留买卖合同具有挑拣履行的决定权。管理人有权决定选择的对象是破产申请受理前双方当事人均未履行完毕的合同,对于所有权保留买卖合同,双方尚未履行完毕的认定标准有二:(1)买受人尚未支付价款或者其他义务;(2)出卖人尚未转移标的物的所有权至买受人。管理人的该项决定权也受到一定限制。一方面,表示履行的意思表示必须明示并通知对方当事人,而且必须在自破产申请受理之日起两个月内通知;另一方面,为保障对方当事人的合法权益,管理人要求对方当事人履行合同时必须满足对方当事人的担保请求。需要指出的是,所有权保留买卖合同不适用不动产。①

第三十六条 出卖人破产,其管理人决定解除所有权保留买卖合同,并依据企业破产法第十七条的规定要求买受人向其交付买卖标的物的,人民法院应予支持。

买受人以其不存在未依约支付价款或者履行完毕其他义务,或者将标的物出卖、出质或者作出其他不当处分情形抗辩的,人民法院不予支持。

买受人依法履行合同义务并依据本条第一款将买卖标的物交付出卖人管理人后,买受人已支付价款损失形成的债权作为共益债务清偿。但是,买受人违反合同约定,出卖人管理人主张上述债权作为普通破产债权清偿的,人民法院应予支持。

【要点注释】

出卖人破产,出卖人管理人决定解除合同的,原买卖合同解除。合同解除后,一方面,出卖人有权依据《企业破产法》第十七条的规定,将所有权尚属于出卖人的买卖标的物追回,并纳入债务人财产。出卖人此时行使的权利并非《合同法》②规定的出卖人解除权,不以买受人违约为权利行使的前提条件。另一方面,对于买受人已经支付给出卖人的价款,应当由出卖人予以恢复原状,即按实际金额予以返还。但是,由于此时出卖人已经进入破产程序,买受人作为出卖人的债权人,基于出卖人返还价款损失形成的债权,应当区分买受人是否存在违约行为而确定其清偿地位。买受人依法履行合同义务并将买卖标的物交付出卖人管理人后,买受人已支付价款损失形成的债权作为共益债务清偿;买受人违反合同约定,买受人已支付价款损失形成的债权作为普通破产债权清偿。须注意的是,无论何种情形,出卖人就买卖标的物价值贬损的部分,可以从买受人已经支付价款中予以扣除。③

---

① 参见最高人民法院民事审判第二庭编著:《最高人民法院关于企业破产法司法解释理解与适用——破产法解释(一)·破产法解释(二)》,人民法院出版社 2017 年版,第 394~395 页。

② 现为《民法典》。——编者注

③ 参见最高人民法院民事审判第二庭编著:《最高人民法院关于企业破产法司法解释理解与适用——破产法解释(一)·破产法解释(二)》,人民法院出版社 2017 年版,第 409~410 页。

2.《最高人民法院关于审理企业破产案件若干问题的规定》(法释〔2002〕23 号,2002 年 9 月 1 日)

第五十五条　下列债权属于破产债权:

……

(五)清算组解除合同,对方当事人依法或者依照合同约定产生的对债务人可以用货币计算的债权;

……

以上第(五)项债权以实际损失为计算原则。……

【司法文件】

《最高人民法院关于印发〈全国法院贯彻实施民法典工作会议纪要〉的通知》(法〔2021〕94 号,2021 年 4 月 6 日)

11. 民法典第五百八十五条第二款规定的损失范围应当按照民法典第五百八十四条规定确定,包括合同履行后可以获得的利益,但不得超过违约一方订立合同时预见到或者应当预见到的因违约可能造成的损失。

当事人请求人民法院增加违约金的,增加后的违约金数额以不超过民法典第五百八十四条规定的损失为限。增加违约金以后,当事人又请求对方赔偿损失的,人民法院不予支持。

当事人请求人民法院减少违约金的,人民法院应当以民法典第五百八十四条规定的损失为基础,兼顾合同的履行情况、当事人的过错程度等综合因素,根据公平原则和诚信原则予以衡量,并作出裁判。约定的违约金超过根据民法典第五百八十四条规定确定的损失的百分之三十的,一般可以认定为民法典第五百八十五条第二款规定的“过分高于造成的损失”。当事人主张约定的违约金过高请求予以适当减少的,应当承担举证责任;相对人主张违约金约定合理的,也应提供相应的证据。

【参考观点】

根据本法的规定,对于破产申请受理时双方均未履行完毕的合同,管理人或者债务人可以通过三种方式予以解除:一是决定解除合同,并通知对方当事人;二是自破产申请受理之日起二个月内未通知对方当事人,或者自收到对方当事人催告之日起三十日内未答复的,视为解除合同;三是决定继续履行合同,但是对方当事人要求管理人或者债务人提供担保,而管理人或者债务人不提供担保的,视为解除合同。无论是哪一种解除方式,对方当事人均可依照本法的规定就其因合同解除所受到的损害申报债权,债权金额以实际损失为限。

应当注意的是,解除合同后,对方当事人的债权请求有财产内容,能够折算为货币的,可以申报债权。如果是需要债务人为一定行为的,不能申报债权。[①]

编者说明

在破产程序中,管理人或者债务人依照《企业破产法》规定解除双方均未履行完毕的合同后,根据履行情况和合同性质,对方当事人可以要求恢复原状、赔偿损失等。《企业破产法解释二》第三十六条即是针对所有权保留买卖合同在被出卖人管理人解除后,出卖人对买受人已经支付的价款负有的恢复原状的义务如何在破产程序中处理的规定。《企业破产法解释二》第三十六条规定,出卖人破产,其管理人决定解除所有权保留买卖合同的,买受人依法履行合同义务并依据管理人的要求将买卖标的物交付出卖人管理人后,买受人已支付价款损失形成的债权可以作为共益债务清偿,因管理人解除合同给买受人造成的其他损失在破产程序中作为破产债权申报受偿。根据《民法典》合同编的规定以及合同履行情况,买受人的损失范围限于因恢复原状而发生的损害赔偿,包括已支付价款所产生的孳息、买受人在财产占有期间为维护该财产支出的必要费用、买受人因返还该财产所支出的必要费用等。买受人在合同完全履行情况下能得到的利益(可得利益),则不属于损害赔偿的范围。

第五十四条 【受托人申报债权】债务人是委托合同的委托人,被裁定适用本法规定的程序,受托人不知该事实,继续处理委托事务的,受托人以由此产生的请求权申报债权。

【立法·要点注释】

除当事人另有约定或者根据委托事务的性质不宜终止的委托合同以外,

---

① 参见王东敏:《新破产法疑难解读及实务操作》,法律出版社2007年版,第72页。

委托人破产的,委托合同终止。因委托人破产而导致委托合同终止的情况比较特殊,受托人可能不知晓委托人进入破产程序的事实,以为委托合同继续有效,仍然按照委托合同的约定,为了委托人的利益处理委托事务。对于善意的受托人,如果一概不承认其行为对委托人的效力,所产生的债权不能进行债权申报,是不公平的。因此,本条从保护善意受托人的角度出发,对受托人不知委托人进入破产程序的事实而继续处理委托事务的,允许受托人以此产生的请求权申报债权。此处的请求权产生在破产案件受理以后,应当依照本法的明确规定在破产程序中进行处理。

本条规定是对《合同法》规定的延伸,但与《合同法》略有差异。根据《合同法》的规定,委托人破产时,委托合同应当终止,但允许例外,即当事人对是否终止有特别约定,或者委托事项不宜终止时,也可以不终止。而根据本法的规定,委托人破产时,委托代理关系应当终止,否则只能以由此产生的损失申请债权。[①] 如果受托人不知委托人破产的事实,继续代理行为,受托人因此受到的损失,对委托人可以行使请求权,请求权的范围包括受托人处理委托事务所垫付的必要费用、利息以及相应的报酬。如果受托人知晓委托人破产的事实,而继续代理行为的,该行为应当视为受托人自己的行为,后果应当由受托人自己承担,而无权向委托人行使请求权。

【相关立法】

《中华人民共和国民法典》(2020 年 5 月 28 日第十三届全国人民代表大会第三次会议通过,2021 年 1 月 1 日)

第一百七十四条　被代理人死亡后,有下列情形之一的,委托代理人实施的代理行为有效:

(一)代理人不知道并且不应当知道被代理人死亡;

(二)被代理人的继承人予以承认;

(三)授权中明确代理权在代理事务完成时终止;

(四)被代理人死亡前已经实施,为了被代理人的继承人的利益继续代理。

作为被代理人的法人、非法人组织终止的,参照适用前款规定。

---

① 　参见王东敏:《新破产法疑难解读及实务操作》,法律出版社 2007 年版,第 73 页。

第九百一十九条 委托合同是委托人和受托人约定,由受托人处理委托人事务的合同。

第九百二十八条 受托人完成委托事务的,委托人应当按照约定向其支付报酬。

因不可归责于受托人的事由,委托合同解除或者委托事务不能完成的,委托人应当向受托人支付相应的报酬。当事人另有约定的,按照其约定。

第九百三十条 受托人处理委托事务时,因不可归责于自己的事由受到损失的,可以向委托人请求赔偿损失。

第九百三十四条 委托人死亡、终止或者受托人死亡、丧失民事行为能力、终止的,委托合同终止;但是,当事人另有约定或者根据委托事务的性质不宜终止的除外。

第九百三十五条 因委托人死亡或者被宣告破产、解散,致使委托合同终止将损害委托人利益的,在委托人的继承人、遗产管理人或者清算人承受委托事务之前,受托人应当继续处理委托事务。

【司法解释】

《最高人民法院关于审理企业破产案件若干问题的规定》(法释〔2002〕23号,2002年9月1日)

第五十五条 下列债权属于破产债权:

……

(六)债务人的受托人在债务人破产后,为债务人的利益处理委托事务所发生的债权;

……

编者说明

依照本条规定,委托人进入破产程序后,受托人因继续处理委托人事务而产生的请求权可以作为债权申报的前提是受托人不知晓委托人被裁定适用破产程序的事实,如果受托人已知晓委托人破产则受托人请求权不能作为破产债权。但是,如果委托人的事务迟延处理将造成委托人的损失时,受托人在管理人接管委托事务之前为了委托人利益继续处理委托事务,其行为后果是否仍然只能由受托人自己承担呢?编者认为,受托人在知晓委托人破产时应当遵循诚实信用原则,及时联系委托人的管理人征询对委托事务的处理意见,如受托人违反管理人的意见擅自处理委托事务的,应当自行承担相应后果。在委托合同终止将损害委托人利益,而又因情况紧急难以和委托人管理人取得联系时,受托人应当继续按照委托合同的约定妥善处理委托事务。此时,受托人为了委托人的利益且使委托人财产受益而妥善处理委托事务所产生的费用,从维护委托人利益以及公平原则出发,受托人此时的请求权适用本法第四十二条第(三)项"因债务人不当得利所产生的债务"之规定作为共益债务清偿似乎更为合理。

本条规定是对《合同法》规定的延伸,与《合同法》的规定相比较,《民法典》对委托合同终止的原因进行了修改,将委托合同终止事由之一《合同法》的规定"委托人破产"修改为"委托人被宣告破产",将委托合同因委托人破产而终止限定为破产清算程序、合同的终止时点则限定在委托人被宣告破产时。因此,委托人进入破产程序,委托合同并不当然终止,受托人继续处理委托事务具有法律依据,与本条规定实现了有效衔接。当然,在受托人进入破产程序后,对于双方均未履行完毕的委托合同,管理人亦可以按照《企业破产法》第十八条之规定,决定解除或者继续履行。

第五十五条　【票据付款人申报债权】债务人是票据的出票人,被裁定适用本法规定的程序,该票据的付款人继续付款或者承兑的,付款人以由此产生的请求权申报债权。

【立法·要点注释】

在票据活动中,当付款人向收款人或者持票人承兑或者付款以后,有权向出票人行使追索权,请求出票人偿还所支付的价款。如果不允许在破产案件受理后进行承兑或者付款的权利人向破产的出票人主张权利,对于这些承兑人和付款人是不公平的,也不利于保护票据的流通性。因此,本条规定允许付款人将出票人进入破产程序后其因继续付款或者承兑而产生的债权作为破产债权申报。

【相关立法】

《中华人民共和国票据法》(2004 年 8 月 28 日第十届全国人民代表大会

常务委员会第十一次会议修正）

第二条 在中华人民共和国境内的票据活动，适用本法。

本法所称票据，是指汇票、本票和支票。

第三十八条 承兑是指汇票付款人承诺在汇票到期日支付汇票金额的票据行为。

第四十四条 付款人承兑汇票后，应当承担到期付款的责任。

第六十一条 汇票到期被拒绝付款的，持票人可以对背书人、出票人以及汇票的其他债务人行使追索权。

汇票到期日前，有下列情形之一的，持票人也可以行使追索权：

（一）汇票被拒绝承兑的；

（二）承兑人或者付款人死亡、逃匿的；

（三）承兑人或者付款人被依法宣告破产的或者因违法被责令终止业务活动的。

第七十四条 本票的出票人必须具有支付本票金额的可靠资金来源，并保证支付。

第八十条 本票的背书、保证、付款行为和追索权的行使，除本章规定外，适用本法第二章有关汇票的规定。

本票的出票行为，除本章规定外，适用本法第二十四条关于汇票的规定。

第九十三条 支票的背书、付款行为和追索权的行使，除本章规定外，适用本法第二章有关汇票的规定。

支票的出票行为，除本章规定外，适用本法第二十四条、第二十六条关于汇票的规定。

【司法解释】

《最高人民法院关于审理票据纠纷案件若干问题的规定》（法释〔2000〕32号，2000年11月21日；法释〔2020〕18号修正，2021年1月1日）

第十六条 票据出票人或者背书人被宣告破产的，而付款人或者承兑人不知其事实而付款或者承兑，因此所产生的追索权可以登记为破产债权，付款人或者承兑人为债权人。

【参考观点】

在出票人进入破产程序后,无论付款人是否知晓这一事实,均不影响票据的收款人或持票人要求付款人依法对票据继续承兑或付款,付款人不得以出票人进入破产程序拒绝承兑或者付款。这主要是考虑到票据是流通性很强的有价证券,票据的收款人或者持票人是不特定的,票据的承兑和付款也会随时发生。因此,本条规定不要求票据的付款人知晓出票人是否适用本法程序这一事实。

编者说明

实务中,本条规定更多地适用于汇票关系,特别是商业汇票关系。商业汇票适用承兑制度,因承兑主体不同分为商业承兑汇票和银行承兑汇票。付款人的承兑行为一旦完成,就应当承担到期付款的责任。不论出票人是否进入破产程序,付款人都应向承兑汇票的持票人付款,付款人可以由此产生的请求权申报债权。

本票是出票人签发的,承诺自己在见票时无条件支付确定的金额给收款人或者持票人的票据。由于本票的出票人与付款人为同一主体,付款人付款后不会产生债权,因此,本条规定不适用于本票关系。而对于支票而言,支票是出票人签发的,委托办理支票存款业务的银行或者其他金融机构在见票时无条件支付确定的金额给收款人或者持票人的票据。虽然支票的出票人和付款人非同一主体,存在付款人在出票人破产后继续付款的可能性。但是,根据《票据法》《支付结算办法》的规定,出票人签发的支票金额不得超过其付款时在付款人处实有的存款金额,超过存款金额所签发的支票是空头支票,为法律明文禁止。出票人在付款人处的存款足以支付支票金额时,付款人方在当日依法向持票人足额付款。出票人在付款人处的存款不足以支付支票金额时,即出票人签发空头支票的,作为付款人的银行应予以退票,由持票人向出票人追索相应的付款责任。由此可见,支票的付款人支付的款项来源于出票人在付款人处的存款,付款人的付款行为不会形成其对出票人的债权。因此,本条规定也不适用支票关系。如上所述,本条规定不适用于票据的付款人事先已经从出票人处收取票据资金的情况,此时付款人付款后不享有对出票人的债权。需要注意的是,对票据实际付款后所产生的债权属于现时债权,在依本法程序获得确认后即可不受限制地参加破产清偿。但因对票据进行承兑而产生的债权则属于将来债权,性质应为附停止条件的债权,在对票据实际付款之前,在破产程序中对其清偿应遵循附条件债权清偿的原则。

第五十六条　【补充申报债权】在人民法院确定的债权申报期限内,债权人未申报债权的,可以在破产财产最后分配前补充申报;但是,此前已进行的分配,不再对其补充分配。为审查和确认补充申报债权的费用,由补充申报人承担。

债权人未依照本法规定申报债权的,不得依照本法规定的程序行使权利。

【立法·要点注释】

在破产清算程序中,债权人补充申报债权必须在破产财产最后分配前行使。如果是在破产财产最后分配后提出,由于破产程序不可逆的特征,债权人补充申报债权最终不可能分得破产财产,已不具备实际意义。基于破产程序不可逆的特征,也为了督促债权人在债权申报期限内申报债权,债权人补充申报的债权只能参与其申报时尚未分配的破产财产的分配,对于补充申报前已经进行的分配,不能再对其进行补充分配。为确认和审查补充申报的债权的费用,是为了该个别或者部分债权人的利益而支出的,应当由补充申报人承担,而不能作为破产费用。

破产程序的目的是对债务人的债权债务进行清理。债权人依法申报债权是其参加破产程序的基本条件。债权人未依本法规定申报债权,不得参加债权人会议并行使表决权,不得参加破产财产分配,并不得行使本法规定的其他权利。

【相关立法】

《中华人民共和国企业破产法》(2006 年 8 月 27 日第十届全国人民代表大会常务委员会第二十三次会议通过,2007 年 6 月 1 日)

第四十四条　人民法院受理破产申请时对债务人享有债权的债权人,依照本法规定的程序行使权利。

第四十五条 人民法院受理破产申请后,应当确定债权人申报债权的期限。债权申报期限自人民法院发布受理破产申请公告之日起计算,最短不得少于三十日,最长不得超过三个月。

第四十八条 债权人应当在人民法院确定的债权申报期限内向管理人申报债权。

债务人所欠职工的工资和医疗、伤残补助、抚恤费用,所欠的应当划入职工个人账户的基本养老保险、基本医疗保险费用,以及法律、行政法规规定应当支付给职工的补偿金,不必申报,由管理人调查后列出清单并予以公示。职工对清单记载有异议的,可以要求管理人更正;管理人不予更正的,职工可以向人民法院提起诉讼。

第一百一十六条 破产财产分配方案经人民法院裁定认可后,由管理人执行。

管理人按照破产财产分配方案实施多次分配的,应当公告本次分配的财产额和债权额。管理人实施最后分配的,应当在公告中指明,并载明本法第一百一十七条第二款规定的事项。

【参考观点】

本条规定实际上是对债权人逾期申报债权的救济以及应承担的法律后果。允许债权人补充申报债权,是对未在债权申报期限内申报债权的债权人的救济程序。债权人通过此种程序上的救济而获得实体权利的救济,并使其实体权利可以通过破产程序实现。①

补充申报与按期申报的债权有所不同:一是补充申报须在破产财产最后分配前提出。二是补充申报债权得到的清偿以申报后的破产财产为限。破产财产分配可以采取一次分配,也可以采取多次分配的方式。在采取多次分配时,债权人申报债权前已经进行的破产财产分配,对补充申报的债权人不再补充分配,补充申报的债权只能随之后的分配进行清偿。三是补充申报同

---

① 参见最高人民法院民事审判第二庭编著:《最高人民法院关于企业破产法司法解释理解与适用——破产管理人制度·新旧破产法衔接》,人民法院出版社 2007 年版,第 223 页。

样需要审查和确认,审查和确认所支出的费用由补充申报人自己负担。① 四是补充申报前所进行的表决对补充申报人不再溯及。具体而言,对于补充申报前所进行的表决事项,无须再征求补充申报人的意见,补充申报人对此前已形成的债权人会议决议没有撤销请求权。②

编者说明

在适用本条规定时,实务中有以下方面需要予以明确:

1. 关于"分配"时点的认定。在破产清算程序中,补充申报的债权人得到的清偿以申报后的破产财产为限,可以进行补充申报的时点为最后分配前,那么"分配"时点的认定与债权人能否参与破产程序以及其在破产程序中可以实际获得的清偿数额息息相关。对于"分配"时点的确定有四种不同意见:(1)破产财产分配方案提交债权人会议审议之日;(2)人民法院裁定认可破产财产分配方案之日;(3)破产分配公告之日;(4)管理人执行完毕破产财产分配方案之日。编者倾向于第(2)种意见,因为破产分配方案的裁定一旦作出,即具有与生效之判决等同的既判效力,可以作为管理人执行的依据。如果允许在此之后补充申报的债权参与当次分配,人民法院对破产财产分配方案作出的裁定将要作废,必然损害法律的尊严。深圳市中级人民法院印发的《破产案件债权审核认定指引》持本种意见,前述指引第八十三条第二款规定"已经进行的分配,是指债权人补充申报时本院已经裁定认可破产财产分配方案"。而在第(1)种情形时,破产财产分配方案尚不具备可供强制执行的效力,不具备排除补充申报人参与当次分配的法律效力。在第(3)(4)种情形时,法院已裁定认可破产财产分配方案,对全体债权人均有约束力。无论债权人是否已知晓破产分配的事实,其债权能否参与破产分配均已经确定,不因公告而发生变更。

2. 补充申报人所应承担的费用。补充申报人所应承担的费用,应当限于依破产程序审查和确认补充申报债权所实际发生的费用,而不宜按照人民法院审理诉讼案件的标准收费。此外,根据本法第五十三条、第五十四条、第五十五条等规定,有些形成于破产案件受理后的债权也属于破产债权。这些形成时间过晚而无法在法院确定的申报期限内申报的债权,由于补充申报是因客观原因造成,此时不应由其承担债权的审查确认费用。

---

① 参见李国光主编:《新企业破产法理解与适用》,人民法院出版社 2006 年版,第306~307 页。

② 参见王东敏:《新破产法疑难解读及实务操作》,法律出版社 2007 年版,第 81 页。

3. 本条规定适用于破产清算程序。在重整程序中,债权人未依照本法规定申报债权的后果是在重整计划执行期间不得行使权利;在重整计划执行完毕后可以按照重整计划规定的同类债权的清偿条件行使权利。在和解程序中,和解债权人未依照本法规定申报债权的后果是在和解协议执行期间不得行使权利;在和解协议执行完毕后,可以按照和解协议规定的清偿条件行使权利。在重整程序或者和解程序转换为破产清算程序时,则应当适用本条规定。

第五十七条 【债权表】 管理人收到债权申报材料后,应当登记造册,对申报的债权进行审查,并编制债权表。

债权表和债权申报材料由管理人保存,供利害关系人查阅。

【立法·要点注释】

受理债权申报、审查债权申报的真实性以及编制债权表,是管理人的重要职责之一,也是破产程序顺利进行的重要环节。管理人收到债权申报材料后,应当登记造册。"对申报的债权进行审查",主要是指管理人对债权的真实性进行初步的审查,即初步审查债权证明材料的真实性,以判断申报的债权是否存在,数额是否与实际数额相符。管理人对申报的债权进行审查后,应对债权进行汇总,编制债权表,载明债权人的情况,债权的种类和数额,以提交第一次债权人会议核查。管理人在审查债权时应当尽最大注意义务,切实维护债权人、债务人的利益。

【相关立法】

《中华人民共和国企业破产法》(2006 年 8 月 27 日第十届全国人民代表大会常务委员会第二十三次会议通过,2007 年 6 月 1 日)

第四十九条 债权人申报债权时,应当书面说明债权的数额和有无财产担保,并提交有关证据。申报的债权是连带债权的,应当说明。

【司法解释】

《最高人民法院关于适用〈中华人民共和国企业破产法〉若干问题的规

定(三)》(法释〔2019〕3 号,2019 年 3 月 28 日;法释〔2020〕18 号修正,2021 年 1 月 1 日)

第六条 管理人应当依照企业破产法第五十七条的规定对所申报的债权进行登记造册,详尽记载申报人的姓名、单位、代理人、申报债权额、担保情况、证据、联系方式等事项,形成债权申报登记册。

管理人应当依照企业破产法第五十七条的规定对债权的性质、数额、担保财产、是否超过诉讼时效期间、是否超过强制执行期间等情况进行审查、编制债权表并提交债权人会议核查。

债权表、债权申报登记册及债权申报材料在破产期间由管理人保管,债权人、债务人、债务人职工及其他利害关系人有权查阅。

【要点注释】

本条旨在对债权申报、调查和确认程序中管理人应当履行的对申报债权进行登记造册形成债权申报登记册,进行债权审查并编制债权表的职责以及相关材料的保管、提供查阅等作出具体解释。根据《企业破产法》第四十八条、第五十七条、第五十八条等相关条文的规定,在债权申报、审查、确认程序中,管理人的职责权限主要在于:(1)接受申报。债权人应当在人民法院确定的债权申报期限内向管理人申报债权。依法申报债权的债权人为债权人会议的成员,有权参加债权人会议,享有表决权。本条司法解释对管理人如何接受申报作出进一步明确指引,管理人应当对所申报的债权进行登记造册,详尽记载申报人的姓名、单位、代理人、申报债权额、担保情况、证据、联系方式等事项,形成债权申报登记册。(2)债权审查。管理人对债权申报材料进行审查,管理人应当对债权的性质、数额、担保财产、是否超过诉讼时效期间、是否超过强制执行期间等情况进行审查,编制债权表。债权审查中的核心在于:确定所申报债权的性质,系担保权、税收债权、购房户债权、建设工程款债权还是普通债权等,经过法院裁定确认以后的债权的性质决定了其在后续破产分配程序中的清偿顺位;确定所申报债权的金额,比如本金、利息计算、违约金等,经过法院裁定确认的债权的金额决定了其在后续破产分配程序中同顺位债权的清偿比例。(3)保存债权表、债权申报登记册和债权申报材料。(4)提供债权人、债务人、债务人职工及其他利害关系人查阅。查阅相关资料的权利是破产程序中知情权的重要内容和实现的重要手段。对于查阅权需进一步明确的是:管理人负有对于债权表、债权申报材料及债权申报登记册的保管和提供查阅义务;"利害关系人"的范围作了扩大解释,包括债权人、债务人、债务人职工及其他利害关系人;管理人的保管期间和利害关系人的查阅期间是破产期间,原则上是指破产申请受理之日起至破产程序终结之日止。①

【司法文件】

1.《最高人民法院关于印发〈全国法院审理债券纠纷案件座谈会纪要〉的通知》(法〔2020〕185 号,2020 年 7 月 15 日)

七、关于发行人破产管理人的责任

会议认为,对于债券发行人破产案件的审理,要坚持企业拯救、市场出清、债权人利益保护和维护社会稳定并重,在发行人破产重整、和解、清算程序中,应当进一步明确破产管理人及时确认债权、持续信息披露等义务,确保诉讼程序能够及时进行,保护债券持有人的合法权益,切实做到化解风险,理顺关系,安定人心,维护秩序。

33. 发行人破产管理人的债券信息披露责任。债券发行人进入破产程序后,发行人的债券信息披露义务由破产管理人承担,但发行人自行管理财产和营业事务的除外。破产管理人应当按照证券法及相关监管规定的要求,及时、公平地履行披露义务,所披露的信息必须真实、准确、完整。破产管理人就接管破产企业后的相关事项所披露的内容存在虚假记载、误导性陈述或者重大遗漏,足以影响投资人对发行人偿付能力的判断的,对债券持有人、债券投资者主张依法判令其承担虚假陈述民事责任的诉讼请求,人民法院应当予以支持。

34. 破产管理人无正当理由不予确认债权的赔偿责任。债券发行人进入破产程序后,受托管理人根据债券募集文件或者债券持有人会议决议的授权,依照债券登记机关出具的债券持仓登记文件代表全体债券持有人所申报的破产债权,破产管理人应当依法及时予以确认。因破产管理人无正当理由不予确认而导致的诉讼费用、律师费用、差旅费用等合理支出以及由此导致债权迟延清偿期间的利息损失,受托管理人另行向破产管理人主张赔偿责任的,人民法院应当予以支持。

---

① 参见最高人民法院民事审判第二庭编著:《最高人民法院关于企业破产法司法解释(三)理解与适用》,人民法院出版社 2019 年版,第 118~123 页。

2.《最高人民法院印发〈关于企业破产案件信息公开的规定(试行)〉的通知》(法〔2016〕19号,2016年8月1日)

第十条 债权人可以在破产重整案件信息网实名注册后申报债权并提交有关证据的电子文档,网上申报债权与其他方式申报债权具有同等法律效力。

债权人向破产管理人书面申报债权的,破产管理人应当将债权申报书及有关证据的电子文档上传破产重整案件信息网。

3.《最高人民法院关于印发〈企业破产案件破产管理人工作平台使用办法(试行)〉的通知》(法〔2016〕253号,2016年8月1日)

第八条 权利人在破产重整案件信息网申报有关权利的,应当进行网上实名注册,上传有效身份信息,并提交有关材料。

破产管理人认为权利人提交的材料不齐或者需要核对原件的,可以要求其补充材料或者提供原件。

前款所称"权利人",是指债权人、取回权人、抵销权人、担保权人以及企业破产法规定的其他权利人。

第九条 破产管理人应当及时将债权人的下列信息录入破产管理人工作平台:

(一)债权人及其代理人的身份信息;

(二)申报债权的金额、性质;

(三)申报债权有无担保、担保种类以及保证人或担保物的情况;

(四)申报债权涉及的诉讼、仲裁案件信息;

(五)破产管理人认为应当录入的其他信息。

第十条 权利人在网上申报债权的,破产管理人可以通过破产重整案件信息网以电子邮件、移动通信等权利人预留的联系方式将审查结论通知权利人。

权利人对破产管理人作出的审查结论有异议的,可以通过破产重整案件信息网提出异议并申请破产管理人复核。

【参考观点】

管理人对债权申报材料登记造册,形成债权申报登记册,是管理人对债权人提供的申报材料进行形式审查的结果。凡是符合形式要件的申报,都应当进行登记,管理人不能作出取舍的决定。管理人在编制债权申报登记册时,需要核对申报人的身份信息、审查申报人提供的证据材料是否满足申报债权的需要等,并根据申报人提供的申报信息如实登记。管理人如发现申报人提供的证据不全,需要更正、补充的,应通知其更正、补充。债权申报登记册是存疑的债权表,不是确认债权的最后根据,在随后的程序中还可能发生变动。债权申报登记册对召开第一次债权人会议有意义,被记录在债权申报登记册中的债权人均有资格参加第一次债权人会议。① 根据《企业破产法解释三》第六条第一款规定,债权申报登记册"应当详尽记载与申报债权相关的事项,具体包括申报人的姓名、单位、代理人、申报债权额、担保情况、证据、联系方式等事项"。

债权表,是管理人对债权人提供的申报材料进行实质审查的结果。编制债权表的工作极为重要,因为它一经人民法院确认,就成为债权人在债务人破产程序中行使权利的重要依据。因此,管理人必须认真负责地编制债权表。② 债权表应当注明债权人名称或者姓名、住所、申报债权数额及债权性质、管理人审查认定的债权数额及债权性质、有无财产担保以及管理人认为需要记载于债权表上的其他内容。管理人编制债权表的过程即是核实债权的过程,比较方便的做法是先将债权人申报的债权以及证明材料与债务人的财务资料或者债务人自己编制的债权债务清册等材料进行核对,对债权人申报的债权情况与债务人的财务资料等反映的信息相一致的,基本上可以核实确认债权数额。③ 在对债权数额进行初步核实的基础上,管理人还应当根据《企业破产法解释三》第六条第二款的规定对债权的性质、担保财产、是否超过诉讼时效期间、是否超过强制执行期间等情况进行审查。已经生效法律文书确定的债权,管理人应当予以确认。管理人认为债权人据以申报债权的生效法律文书确定的债权错误,或者有证据证明债权人与债务人恶意通过诉讼、仲裁或者公证机关赋予强制执行力公证文书的形式虚构债权债务的,应当依法通过审判监督程序申请撤销生效法律文书,或者向受理破产申请的人

---

① 参见王东敏:《新破产法疑难解读及实务操作》,法律出版社2007年版,第85页。

② 参见李国光主编:《新企业破产法理解与适用》,人民法院出版社2006年版,第307页。

③ 参见王东敏:《新破产法疑难解读及实务操作》,法律出版社2007年版,第85页。

民法院申请撤销或者不予执行仲裁裁决、不予执行公证债权文书后,重新确定债权。

债权表、债权申报登记册和债权申报材料在破产程序的每个阶段都发挥作用,例如债权人会议核查债权表,核查时可以要求对债权人的申报材料进行核实;债权人在破产程序中的清偿额以债权表确定的债权额为准;与破产案件有利害关系的人,在破产程序进行中,有些时候可能会影响到其利益,如重整投资人,其有权查阅债权表。因此,债权表、债权申报登记册及债权申报材料应当由管理人妥善保存,置备于管理人办公场所以及上传至破产重整案件信息网,供利害关系人查阅。根据《企业破产法解释三》第六条第三款规定,利害关系人包括债权人、债务人、债务人职工及其他利害关系人。

编者说明

债权申报登记册与债权表是管理人履行法定职责所形成的工作成果,两者侧重点不同,又具有关联性。

债权申报登记册是管理人对债权申报材料进行形式审查所形成的成果,客观地记录了债权申报材料的基本内容。债权人提交的申报材料满足《企业破产法》第四十九条规定即应予以登记,管理人此时无须对申报的债权是否成立、债权性质、债权数额、担保情况以及有无超过诉讼时效等进行审查。如果管理人认为债权申报材料不足以满足后续实质审查需要的,可以要求债权人补充提交证据材料或提供相应说明,但不能以此为由拒绝登记。

债权表是管理人对债权申报登记册上记载的债权申报进行实质审查后形成的成果。债权实质审查是指管理人对申报债权的真实性、合法性和有效性进行审查。结合债权人的申报材料,管理人通过与债务人留存的企业账册、合同、原始单据等相关资料进行核对、甄别,对申报的债权是否成立、债权性质、债权数额、担保情况以及有无超过诉讼时效等进行审查,并作出审查结果编入债权表。编入债权表的债权数额及范围不应超过债权申报登记册记载的债权申报的数额及范围。结合个案的实际情况,管理人可以依照《企业破产法》等法律、法规和司法解释的规定,制作适用于该案件的债权审查原则,以确保在个案中债权审查标准的统一与公平。

第五十八条 **【债权表的核查、确认与异议】** 依照本法第五十七条规定编制的债权表,应当提交第一次债权人会议核查。

　　债务人、债权人对债权表记载的债权无异议的,由人民法院裁定确认。

　　债务人、债权人对债权表记载的债权有异议的,可以向受理破产申请的人民法院提起诉讼。

【立法·要点注释】

　　管理人收到债权申报材料后,应当对申报的债权进行审查并编制债权表。管理人编制的债权表须在第一次债权人会议上对其上列明债权的真实性进行核查。核查时,债权人可以对相关债权的真实性相互进行质询和辩驳,以确定所申报债权的真实性。

　　经第一次债权人会议核查无异议的债权,其效力仍未最终确定。只有在债务人、债权人对债权表记载的债权均无异议时,才由人民法院裁定确认。

　　债务人或者债权人对于某一项债权有异议的,可以向人民法院提起诉讼,由人民法院裁决。这些由异议人对债权人或者债务人提起的诉讼,应由受理破产申请的人民法院管辖,以方便诉讼的审理和保证破产程序顺利进行。

【相关立法】

　　1.《中华人民共和国企业破产法》(2006 年 8 月 27 日第十届全国人民代表大会常务委员会第二十三次会议通过,2007 年 6 月 1 日)

　　第二十一条　人民法院受理破产申请后,有关债务人的民事诉讼,只能向受理破产申请的人民法院提起。

　　第六十一条　债权人会议行使下列职权:

　　(一)核查债权;

　　……

　　2.《中华人民共和国民事诉讼法》(2021 年 12 月 24 日第十三届全国人民代表大会常务委员会第三十二次会议第四次修正)

　　第八十五条　期间包括法定期间和人民法院指定的期间。

　　期间以时、日、月、年计算。期间开始的时和日,不计算在期间内。

期间届满的最后一日是法定休假日的，以法定休假日后的第一日为期间届满的日期。

期间不包括在途时间，诉讼文书在期满前交邮的，不算过期。

第八十六条 当事人因不可抗拒的事由或者其他正当理由耽误期限的，在障碍消除后的十日内，可以申请顺延期限，是否准许，由人民法院决定。

【司法解释】

1.《最高人民法院关于适用〈中华人民共和国企业破产法〉若干问题的规定(三)》（法释〔2019〕3号，2019年3月28日；法释〔2020〕18号修正，2021年1月1日）

第七条 已经生效法律文书确定的债权，管理人应当予以确认。

管理人认为债权人据以申报债权的生效法律文书确定的债权错误，或者有证据证明债权人与债务人恶意通过诉讼、仲裁或者公证机关赋予强制执行力公证文书的形式虚构债权债务的，应当依法通过审判监督程序向作出该判决、裁定、调解书的人民法院或者上一级人民法院申请撤销生效法律文书，或者向受理破产申请的人民法院申请撤销或者不予执行仲裁裁决、不予执行公证债权文书后，重新确定债权。

【要点注释】

本条是关于管理人对有执行名义债权审查的规定。对所申报债权的真实性和有效性进行初步审查，是管理人职责的重要内容，但基于管理人的身份地位，其审查债权并不具有司法裁决的效力。对于已经法院生效裁判、仲裁机构生效裁决、公证机关赋予强制执行力公证文书所确认的债权，管理人在审查时应当予以认可，如果管理人不予承认的，应当按照审判监督程序对该债权重新确定，或申请撤销或不予执行，不得自行调整或申请破产受理法院裁定变更。① 在申请撤销生效法律文书，或者向受理破产申请的人民法院申请撤销或者不予执行仲裁裁决、不予执行公证债权文书时，管理人是以债务人诉讼代表人的身份提出相应申请，这符合《企业破产法》第二十五条规

---

① 参见最高人民法院民事审判第二庭编著：《最高人民法院关于企业破产法司法解释(三)理解与适用》，人民法院出版社2019年版，第142~143页。

定的管理人"代表债务人参加诉讼、仲裁或者其他法律程序"的规定。①

应当注意的是,仲裁裁决或公证债权文书被裁定不予执行并不意味着原仲裁裁决书或公证债权文书项下的债权在实体上不存在。仲裁裁决或公证债权文书被裁定不予执行的原因可以区分为程序方面的原因和实体方面的原因,如果是因程序方面的原因并不能当然否认债权人债权的实体存在,破产程序中仍然可能通过债权人申报、管理人审查、债权人会议核查和人民法院裁定认可的程序加以确认。当然,如果管理人、债权人会议或人民法院无论哪一个环节对债权存疑的,则需要通过债权确认之诉加以解决。②

第八条　债务人、债权人对债权表记载的债权有异议的,应当说明理由和法律依据。经管理人解释或调整后,异议人仍然不服的,或者管理人不予解释或调整的,异议人应当在债权人会议核查结束后十五日内向人民法院提起债权确认的诉讼。当事人之间在破产申请受理前订立有仲裁条款或仲裁协议的,应当向选定的仲裁机构申请确认债权债务关系。

【要点注释】

本条旨在对提起破产债权确认之诉的原告、前置程序、起诉期间以及破产申请受理前订立的仲裁条款、协议的效力问题作出具体解释。根据本条解释,能够作为原告提起破产债权确认之诉的,是对债权表记载的债权有异议的债务人、债权人。对债权表记载的债权有异议的债务人、债权人应首先向管理人提出异议,说明理由和法律依据。经管理人解释或调整后,异议人仍然不服,或者管理人不予解释或调整的,异议人方可向人民法院提起债权确认的诉讼。该破产债权确认之诉须在债权人会议核查结束后十五日内提起。如果当事人确有法定事由未在十五日内提起债权确认之诉的,可以依照《民事诉讼法》第八十三条的规定依法申请顺延期限。由于《企业破产法》并没有排除债权人和债务人之间解决争议的其他途径,即便是《企业破产法》第二十一条有关专属管辖的规定,亦不能排除仲裁条款的效力。因此,如果当事人之间在破产申请受理前订立有仲裁条款或仲裁协议的,应当向选定的仲

①　参见最高人民法院民事审判第二庭编著:《最高人民法院关于企业破产法司法解释(三)理解与适用》,人民法院出版社2019年版,第151~153页。

②　参见最高人民法院民事审判第二庭编著:《最高人民法院关于企业破产法司法解释(三)理解与适用》,人民法院出版社2019年版,第145~148页。

裁机构申请确认债权债务关系。①

2.《最高人民法院关于〈中华人民共和国企业破产法〉施行时尚未审结的企业破产案件适用法律若干问题的规定》(法释〔2007〕10 号,2007 年 6 月 1 日)

第九条 债权人对债权表记载债权有异议,向受理破产申请的人民法院提起诉讼的,人民法院应当依据企业破产法第二十一条和第五十八条的规定予以受理。但人民法院对异议债权已经作出裁决的除外。

债权人就争议债权起诉债务人,要求其承担偿还责任的,人民法院应当告知该债权人变更其诉讼请求为确认债权。

3.《最高人民法院关于审理企业破产案件若干问题的规定》(法释〔2002〕23 号,2002 年 9 月 1 日)

第六十三条 债权人对清算组确认或者否认的债权有异议的,可以向清算组提出。债权人对清算组的处理仍有异议的,可以向人民法院提出。人民法院应当在查明事实的基础上依法作出裁决。

【司法文件】

1.《最高人民法院关于印发〈全国法院民商事审判工作会议纪要〉的通知》(法〔2019〕254 号,2019 年 11 月 8 日)

110.【受理后有关债务人诉讼的处理】

……

人民法院受理破产申请后,债权人新提起的要求债务人清偿的民事诉讼,人民法院不予受理,同时告知债权人应当向管理人申报债权。债权人申报债权后,对管理人编制的债权表记载有异议的,可以根据《企业破产法》第 58 条的规定提起债权确认之诉。

【要点注释】

破产程序启动后,债权人未经债权确认程序不得提起对破产债权的确认

---

① 参见最高人民法院民事审判第二庭编著:《最高人民法院关于企业破产法司法解释(三)理解与适用》,人民法院出版社 2019 年版,第 162~172 页。

诉讼。对于破产申请受理后提起的债权确认之诉,如果其债权尚未申报,或者已申报尚未审查确认的,则应当不予受理。对于破产申请受理后新提起的给付之诉,如果法院已受理且债权人变更诉请为债权确认之诉的,亦应当参照上述处理方式,裁定驳回起诉。对破产程序启动前已提起诉讼或仲裁的债权争议,破产程序启动后,管理人在审查债权时确认其债权的,应告知债权人确认结果并要求其撤诉,以降低诉讼费用的承担。如债权人拒不撤诉,由此产生的超过撤诉结案的诉讼费用,由债权人自行承担。①《企业破产法解释三》第八条规定,当事人之间在破产申请受理前订立有仲裁条款或仲裁协议的,应当向选定的仲裁机构申请确认债权债务关系。该条确立了仲裁条款或仲裁协议在破产程序中继续有效的原则。破产程序作为统一清偿的集体程序,排除了具有个别给付内容的裁判或裁决。因此,进入破产程序之后不再受理个别清偿的诉求,不仅适用于诉讼程序,而且适用于仲裁程序。②

2.《最高人民法院印发〈关于企业破产案件信息公开的规定(试行)〉的通知》(法〔2016〕19 号,2016 年 8 月 1 日)

第十一条　人民法院、破产管理人可以在破产重整案件信息网召集债权人会议并表决有关事项。网上投票形成的表决结果与现场投票形成的表决结果具有同等法律效力。

债权人可以选择现场投票或者网上投票,但选择后不能再采用其他方式进行投票,采用其他方式进行投票的,此次投票无效。

3.《最高人民法院关于印发〈企业破产案件破产管理人工作平台使用办法(试行)〉的通知》(法〔2016〕253 号,2016 年 8 月 1 日)

第十三条　破产管理人在破产重整案件信息网召开债权人会议的,网上债权人会议的召开期间应当不短于现场债权人会议的召开期间。

破产管理人召开网上债权人会议的,应当通过破产重整案件信息网上传与会议有关的文件和表决事项,同时通过破产重整案件信息网以电子邮件、移动通

---

① 参见最高人民法院民事审判第二庭编著:《〈全国法院民商事审判工作会议纪要〉理解与适用》,人民法院出版社 2019 年版,第 560 页。

② 参见最高人民法院民事审判第二庭编著:《〈全国法院民商事审判工作会议纪要〉理解与适用》,人民法院出版社 2019 年版,第 561 页。

信等方式向已申报债权的债权人送达参加网上债权人会议的会议编码。

第十四条 破产管理人应当告知债权人参加网上债权人会议并行使表决权的程序和规则,债权人应当签署与网上债权人会议有关的确认书。

4.《最高人民法院关于印发〈人民法院破产程序法律文书样式(试行)〉的通知》(法办发〔2011〕12 号,2011 年 10 月 13 日)

文书样式 4

××××人民法院

民事裁定书

(确认债权表记载的无争议债权用)

(××××)×破字第×-×号

××××年××月××日,本院根据×××(申请人姓名或名称)的申请裁定受理×××(债务人名称)破产清算(或重整、和解)一案。

本院查明:……(概括写明债权人申报债权、管理人审查债权及债权人会议核查债权的情况)。

本院认为:根据债权人会议核查的情况,债务人、债权人对于×××等×位债权人的债权均无异议。依照《中华人民共和国企业破产法》第五十八条第二款之规定,裁定如下:

确认×××等×位债权人的债权(详见无争议债权表)。

本裁定自即日起生效。

审　判　长　×××
(代理)审判员　×××
(代理)审判员　×××

××××年××月××日
(院印)

本件与原本核对无异

书记员×××

附:无争议债权表

说明：

一、本样式系根据《中华人民共和国企业破产法》第五十八条第二款制定，供人民法院确认债权表记载的无争议债权时使用。

二、根据情况可以先在债权人会议上口头裁定。本裁定书应送达债务人、管理人及所附债权表上载明的债权人。

三、本样式同样适用于确认补充申报的债权。

5.《最高人民法院关于印发〈管理人破产程序工作文书样式（试行）〉的通知》（法办发〔2011〕13号，2011年10月13日）

文书样式31

关于提请债权人会议核查债权的报告

（××××）××破管字第×号

×××（债务人名称）债权人会议：

××××人民法院于××××年××月××日作出（××××）×破字第×–×号决定书，指定×××担任×××（债务人名称）一案的管理人。

本案的债权申报期限经××××人民法院确定，自××××年××月××日起至××××年××月××日止。债权申报期限内，共有×户债权人申报×笔债权，申报的债权总额为人民币××元。其中，对债务人的特定财产享有担保权的债权共×户，总额为人民币××元；税收债权共×户，总额为人民币××元；普通债权共×户，总额为人民币××元。

管理人收到债权申报材料后，对申报的债权登记造册，并逐一进行了审查，审查后编制了债权表。

对编入债权表内的债权，管理人认为成立的共×户，总额为人民币××元。其中，对债务人的特定财产享有担保权的债权共×户，总额为人民币××元；税收债权共×户，总额为人民币××元；普通债权共×户，总额为人民币××元。

对编入债权表内的债权，管理人认为不成立的共×户，总额为人民币××元。其中，主张对债务人的特定财产享有担保权的债权共×户，总额为人民币××元；税收债权共×户，总额为人民币××元；普通债权共×户，总额为人民币××元。

另经管理人调查,职工债权共×笔,总额为人民币××元。

现根据《中华人民共和国企业破产法》第五十八条第一款之规定,将债权表提交第一次债权人会议核查。

特此报告。

（管理人印鉴）

××××年××月××日

附:1. 指定管理人的决定书复印件一份;

2. 债权申报登记册及债权表一份。

说明:

一、本文书依据的法律是《中华人民共和国企业破产法》第五十八条第一款之规定,"依照本法第五十七条规定编制的债权表,应当提交第一次债权人会议核查"。由管理人将编制的债权表提交第一次债权人会议核查。

二、申报的债权无论是否属于破产债权,均应当登记入册。管理人对申报的债权进行审查后编制债权表。

三、对管理人审查认为成立和不成立的债权,均应编入债权表,但应当予以分别记载。债权表应当列明债权的性质、金额、有无担保等具体情况。

文书样式 32

关于提请人民法院确认无异议债权的报告

（××××）××破管字第×号

××××人民法院:

根据《中华人民共和国企业破产法》第五十八条第一款之规定,本管理人于××××年××月××日将编制的债权表提交第一次债权人会议核查。同时,本管理人于××××年××月××日将编制的债权表送交债务人核对。经核查、核对,债权人、债务人对债权表中记载的共×笔债权无异议(详见无异议债权清单）。根据《中华人民共和国企业破产法》第五十八条第二款之规定，申请贵院裁定确认债权表记载的无异议债权。

特此报告。

（管理人印鉴）

××××年××月××日

附：1. 债权申报登记册及债权表各一份；

2. 第一次债权人会议对债权表的核查结果；

3. 债务人核对意见；

4. 债权表中的无异议债权清单。

说明：

一、本文书依据的法律是《中华人民共和国企业破产法》第五十八条第二款之规定："债务人、债权人对债权表记载的债权无异议的，由人民法院裁定确认。"由管理人将债权表提请人民法院裁定确认。

二、管理人提请人民法院裁定确认的债权表，应当由第一次债权人会议核查表决通过。同时，应当事先送交债务人的原法定代表人或其他高级管理人员核对，听取债务人的意见。

三、债权人、债务人对债权表记载的债权均无异议的，管理人应当提请人民法院裁定确认无异议债权。

【参考观点】

一、核查债权

债权表是登记债权的书面文件，也是债权分配的依据。利害关系人对债权表记载之债权的承认或拒绝，不仅可能决定该债权人的权利，对其他债权人也有一定影响。[1] 因此，本法将核查债权的权利赋予了债权人会议。

---

[1]　参见最高人民法院民事审判第二庭编著：《最高人民法院关于企业破产法司法解释理解与适用——破产管理人制度·新旧破产法衔接》，人民法院出版社2007年版，第226页。

1. 债权核查的内容

依照本法规定,债权人会议核查的对象是以债权表为载体所记载的债权。核查时,债权人相互之间对于所申报债权的真实性、合法性、有效性以及债权数额、性质等,均可提出异议。

在核实债权之前,申报人对债权表有知情权,管理人应当保障申报债权人查阅。[1] 同时,为保证债权人核查债权表的权利能得到充分行使,管理人应当将债权申报材料、管理人为审查债权自债务人或者利害关系人处调取的相关材料,以及管理人制作的审查结论按照本法及相关司法解释的要求供债权人查阅。

2. 债权核查的场所及时间

债权核查的场所为债权人会议。债权人会议可以是现场会议,也可以是网络会议。管理人编制后的债权表应当提交第一次债权人会议核查。第一次债权人会议应进行债权核查事项,并非另行确定或者安排其他时间或者场合核查债权。由于全体申报的债权人均可以参加第一次债权人会议,因此,对债权的核查是在全体债权人的参与下公开进行的,而不是单独完成的。[2]

债权人是否参加债权人会议,不影响对其债权的核查。参加债权人会议是债权人的权利而不是义务,因此没有理由要求被核实债权的债权人必须到场,在其没有参加会议的情况下,仅凭书面证据材料也可以核实债权。[3]

3. 核查债权无须进行表决或者形成债权人会议决议

由于债权人会议是债权人的意思自治和民主决策机关,不具有确认债权是否存在以及有无财产担保等司法裁判功能,本法明确债权人会议的权利为核查权,而不是确定权,也就是将债权的核查工作安排在债权人会议中进行,在债权人会议中对申报的债权逐一核查,但债权人会议无须对债权的确认或者否认进行表决或者形成决议。

二、人民法院裁定确认债权

确认债权是否存在以及有无财产担保等司法裁判功能由人民法院行使。因此,本条第二款规定债务人、债权人对债权表记载的债权无异议的,由人民法院裁定确认。

---

① 参见王东敏:《新破产法疑难解读及实务操作》,法律出版社2007年版,第85页。
② 参见王东敏:《新破产法疑难解读及实务操作》,法律出版社2007年版,第85~86页。
③ 参见王东敏:《新破产法疑难解读及实务操作》,法律出版社2007年版,第86页。

但是,对于裁定确认债权程序的启动等内容没有作出明确要求。实务中,一般在管理人向人民法院提交申请裁定无异议债权的报告后,法院才正式启动裁定确认程序。至于管理人在何时提交该报告,则是管理人应当掌握的问题。

人民法院以裁定的形式确认后的债权表具有法律效力,债权人可依债权表确定的债权和债权额行使权利。①

三、债权异议及债权确认诉讼/仲裁

债权确认诉讼是本法新创设的制度,在对其规定适用的理解上需要注意,不仅债务人对债权表记载的债权有异议、债权人对债权表有关己方债权的记载有异议,可以向受理破产案件的人民法院提起确认之诉,债权人对债权表记载的他人债权有异议的,也可以提起确认之诉。②

如果债权人或者债务人对债权表的记载有异议,但没有提起诉讼,该种情况如何处理。为避免增加诉累以及拖延破产程序,《企业破产法解释三》第八条明确了债权确认诉讼提起的前置程序以及期限。首先,债务人、债权人对债权表记载的债权有异议的,应当说明理由和法律依据;其次,经管理人解释或调整后,异议人仍然不服的,或者管理人不予解释或调整的,异议人有权向人民法院提起债权确认的诉讼;最后,债权确认诉讼应当在债权人会议核查结束后十五日内提起。

《企业破产法解释三》规定,债务人对债权表记载的债权有异议向人民法院提起诉讼的,应将被异议债权人列为被告。债权人对债权表记载的他人债权有异议的,应将被异议债权人列为被告;债权人对债权表记载的本人债权有异议的,应将债务人列为被告。对同一笔债权存在多个异议人,其他异议人申请参加诉讼的,应当列为共同原告。

对于当事人之间在破产申请受理前订立有仲裁条款或仲裁协议的,当事人应当向选定的仲裁机构申请确认债权债务关系。

---

① 参见李国光主编:《新企业破产法理解与适用》,人民法院出版社2006年版,第310页。

② 参见最高人民法院民事审判第二庭编著:《最高人民法院关于企业破产法司法解释理解与适用——破产管理人制度·新旧破产法衔接》,人民法院出版社2007年版,第227页。

编者说明

关于债权表的核查,虽然《企业破产法》规定债权表应当提交第一次债权人会议核查,但对于债权人人数众多或者案情较为复杂的破产案件,管理人难以在第一次债权人会议前完成所有申报债权的审查并编制债权表提交第一次债权人会议核查。而且,本法不仅赋予了债权人补充申报债权的权利,也允许几种发生在破产案件受理后的债权申报。因此,实务中由此后的债权人会议对管理人基于后续债权审查编制的债权表进行核查的情形并不鲜见。对于核查债权的方式,除召开债权人现场会议或者网络会议外,实务中还采用了书面核查债权的方式,即管理人将需要核查的债权编入债权表邮寄送达全体债权人及债务人,由全体债权人、债务人分别对债权表记载的债权进行核查,并将核查意见书面反馈管理人。

关于债权确认诉讼的前置程序。《企业破产法》为职工债权纠纷诉讼设置了前置程序,即"职工对清单记载有异议的,可以要求管理人更正;管理人不予更正的,职工可以向人民法院提起诉讼"。然而,对于债权确认诉讼是否需要经过类似的前置程序,《企业破产法》未作规定,地方法院则持不同的意见。通过诉讼解决纠纷的优势在于其权威性和公正性,但是诉讼程序的复杂有可能牺牲效率价值。破产程序中关于债权确认产生纠纷通常是因为异议人对《企业破产法》及司法解释等规定存在理解上的偏差,或者对管理人的债权审查确认工作存在误解等,管理人与异议人之间通过解释与沟通完全可以化解一部分纠纷,而无须通过诉讼解决,这样不仅提高了破产程序的效率,也能有效减少诉累。《企业破产法解释三》延续了《审理破产案件若干规定》第六十三条的规定,为债权确认诉讼设置了前置程序,即异议人应当先向管理人提出债权异议,管理人不能解决的,再进入诉讼程序。①

关于债权确认诉讼的起诉期间。王欣新教授认为,在《企业破产法解释三》出台之前,当事人提起债权确认的诉讼时效适用《民法总则》关于诉讼时效的规定,这一方式目前是较为合理的;因为只有在债权人提起债权确认诉讼后法院才可能为其在债权人会议行使表决权而临时确定债权额(必要时),在破产分配时才会为其按照诉讼争议额预留并提存分配额,如果债权人不及时提起债权确认诉讼,只会影响他自己的权利,一般不会影响他人权利和破产程序进行,所以从

---

① 参见最高人民法院民事审判第二庭编著:《最高人民法院关于企业破产法司法解释(三)理解与适用》,人民法院出版社 2019 年版,第 164~167 页。

理论上讲可以不为其设定特别时效。① 对于当事人对他们纳入债权表的债权有异议,是否也适用《民法总则》的时效规定问题存在不同观点,有的人主张予以适当限制,以免影响破产程序进行。②《企业破产法解释三》公布后,有实务界人士理解该解释第八条规定采纳了除斥期间的观点。相关观点指出,《企业破产法解释三》第八条规定的"十五日"期间属于诉讼法意义的期间,而非实体法意义的期间。③ 因此,该"十五日"期间既不同于诉讼时效,也不同于除斥期间,它属于《民事诉讼法》第八十五条规定的"期间"。异议人若因不可抗拒的事由或者其他正当理由耽误期限的,可以依照《民事诉讼法》第八十六条的规定申请顺延期限。

关于债务人对债权表上记载的债权有异议提起债权确认诉讼时各主体诉讼地位的列明。《企业破产法解释三》第九条规定,债务人对债权表记载的债权有异议向人民法院提起诉讼的,应将被异议债权人列为被告。由于债权表是由管理人编制,债权表记载的内容体现的是管理人根据债权人的申报材料以及债务人的账册记载进行债权审查的结果。而管理人在破产程序中履行的职责之一即是代表债务人参加诉讼、仲裁或者其他法律程序。此时由管理人代表债务人参加对管理人作出的债权审查结论有异议的诉讼存在不妥,无法在该类案件中真正代表债务人的利益。实务中有观点认为此时由债务人的股东代表债务人参加诉讼更加适当。在《四川省高级人民法院关于审理破产案件若干问题的解答》中,允许根据案件具体情况,由债务人的法定代表人、股东、出资人、董事、监事等代为行使债务人权利,以自己的名义代表债务人提起破产债权确认诉讼,胜诉利益归于债务人。

关于债权人对债权表上记载的他人债权有异议提起债权确认诉讼时各主体诉讼地位的列明。《企业破产法解释三》规定此时异议债权人为原告,被异议债权人列为被告。编者认为,由于债权人与被异议债权人之间并无直接债权债务关系,债务人作为与被异议债权人之间存在直接利害关系的当事人,应当参加诉讼。而对于债务人在案件中的诉讼地位,按照本条规定关于在债权人对本人债权有异议的情况下债务人被列为被告的精神,在债权人对他人债权提起债权确认诉讼中,债务人可一并列为案件的被告。而且债权表由管理人编制,将债务人列为被告,由管理人作为债务人的代表参加诉讼也有利于法院查明案件事实。

---

① ② 参见王欣新:《破产法》(第四版),中国人民大学出版社2019年版,第233页。

③ 参见最高人民法院民事审判第二庭编著:《最高人民法院关于企业破产法司法解释(三)理解与适用》,人民法院出版社2019年版,第169页。

【最高人民法院公报案例】

沙启英与塔尼尔生物科技(商丘)有限公司等破产债权确认纠纷案[最高人民法院(2022)最高法民再233号]

——《企业破产法解释三》第八条规定的十五日期间并非诉讼时效、除斥期间或起诉期限,该十五日期间届满并不导致异议人实体权利或诉权消灭的法律后果。

【案情简介】

再审申请人沙启英称:《企业破产法解释三》第八条规定的十五日期间,是与《企业破产法》债权申报期限相同性质的附不利后果承担的引导性规定,而非诉讼时效或除斥期间,不影响当事人的实体权利。此外,债权人会议核查结束的标志应为人民法院裁定确认之债权表,而非债权人会议召开完毕之日,沙启英起诉时未接到人民法院裁定确认之债权表,其起诉不超过《企业破产法解释三》第八条的起诉期限。沙启英第二项诉讼请求是确认合同效力和物权归属,并不适用诉讼时效规定。管理人邮寄"异议答复函"时填写的联系方式并非沙启英申报债权时预留的手机号,该答复函没有有效送达给沙启英,且答复函载明的是"可于"而非"应于"2020年12月5日之前提起诉讼。一、二审法院根据该规定认定沙启英超过起诉期限驳回起诉,适用法律错误。

最高人民法院经审查认为,《企业破产法解释三》第八条规定的十五日期间,系附不利后果的引导性规定,目的是督促异议人尽快提起诉讼,以便尽快解决债权争议,提高破产程序的效率,防止破产程序拖延。异议人未在该十五日内提起债权确认的诉讼,视为其同意债权人会议核查结果,破产程序按债权人会议核查并经人民法院裁定确认的结果继续进行,给异议人财产分配和行使表决权等带来的不利后果,由其自行承担。但《企业破产法解释三》第八条规定的十五日期间并非诉讼时效、除斥期间或起诉期限,该十五日期间届满并不导致异议人实体权利或诉权消灭的法律后果。一、二审法院以沙启英超过十五日起诉期限为由驳回起诉,适用法律错误。

【裁判要点】

《企业破产法解释三》第八条规定的十五日期间系附不利后果的引导性

规定,目的是督促异议人及时主张权利、提高破产程序的效率,并非起诉期限、诉讼时效或除斥期间。该十五日期间届满后,破产程序按债权人会议核查并经人民法院裁定确认的结果继续进行,由此给异议人行使表决权和财产分配等带来的不利后果,由其自行承担,但并不导致异议人实体权利或诉权消灭的法律后果。

【案例来源】

《中华人民共和国最高人民法院公报》2022 年第 12 期(总第 316 期)。

第七章 债权人会议

第一节　一般规定

第五十九条　【债权人会议的组成】依法申报债权的债权人为债权人会议的成员，有权参加债权人会议，享有表决权。

债权尚未确定的债权人，除人民法院能够为其行使表决权而临时确定债权额的外，不得行使表决权。

对债务人的特定财产享有担保权的债权人，未放弃优先受偿权利的，对于本法第六十一条第一款第七项、第十项规定的事项不享有表决权。

债权人可以委托代理人出席债权人会议，行使表决权。代理人出席债权人会议，应当向人民法院或者债权人会议主席提交债权人的授权委托书。

债权人会议应当有债务人的职工和工会的代表参加，对有关事项发表意见。

【立法·要点注释】

债权人会议是协调和形成全体债权人的共同意思，通过对破产程序的参与和监督来体现全体债权人共同利益的自治性机构。依法申报债权的债权人均为债权人会议成员，享有相应的权利。但是，有两类债权人行使权利时受到一定的限制：一是对于债权尚未确定的债权人，除非人民法院能够为其行使表决权而临时确定债权额，否则不得行使表决权；二是对债权人的特定财产享有担保权的债权人，未放弃优先受偿权利时，鉴于其将就特定财产享有法定的优先受偿权利，故对和解协议及破产财产的分配方案不享有表决权。债权人行使权利的过程中，既可以出席债权人会议，也可以委托代理人出席债权人会议。同时，从维护债务人职工利益的角度出发，债权人会议应当有债务人的职工和工会的代表参加，对涉及职工利益的事项和其他有关事项发表意见。

【司法解释】

《最高人民法院关于适用〈中华人民共和国企业破产法〉若干问题的规

定(三)》(法释[2019]3 号,2019 年 3 月 28 日;法释[2020]18 号修正,2021年 1 月 1 日)

第十一条第二款　根据企业破产法第八十二条规定,对重整计划草案进行分组表决时,权益因重整计划草案受到调整或者影响的债权人或者股东,有权参加表决;权益未受到调整或者影响的债权人或者股东,参照企业破产法第八十三条的规定,不参加重整计划草案的表决。

【司法文件】

《最高人民法院关于印发〈全国法院民商事审判工作会议纪要〉的通知》(法[2019]254 号,2019 年 11 月 8 日)

110.【受理后有关债务人诉讼的处理】人民法院受理破产申请后,已经开始而尚未终结的有关债务人的民事诉讼,在管理人接管债务人财产和诉讼事务后继续进行。债权人已经对债务人提起的给付之诉,破产申请受理后,人民法院应当继续审理,但是在判定相关当事人实体权利义务时,应当注意与企业破产法及其司法解释的规定相协调。

上述裁判作出并生效前,债权人可以同时向管理人申报债权,但其作为债权尚未确定的债权人,原则上不得行使表决权,除非人民法院临时确定其债权额。

……

【请示答复】

《最高人民法院关于沈阳特种环保设备制造股份有限公司破产重整一案请示的答复》([2013]民二他字第 8 号,2013 年 4 月 25 日)

辽宁省高级人民法院:

你院[2013]辽民二他字 1 号《关于沈阳特种环保设备制造股份有限公司破产重整一案的请示》收悉。经研究,答复如下:

债权人会议是协调和形成全体债权人的共同意思,体现全体债权人共同利益的自主性机构,原则上只有债权已经确定的债权人才能参加债权人会议并依法享有表决权。债权尚未确定的债权人,在债权确定前一般不享有表决权,只有在特殊情况下,如当事人虽然对整体债权存在争议,但对其中部分内容无异议,受理破产案件的人民法院可以就各方无异议的部分先行临时确定债权额,债权人可就该无异议部分的债权行使表决权。对于诉讼未决的债权,管理人应当依法将其分配额提存。

另外,请你院加快对争议债权案件的审理,以尽快确定债权,避免对隐形债权人权利造成不必要的损害。

此复

【参考观点】

债权人会议是在破产程序中,由全体债权人组成的、代表全体债权人公平利益的临时机构,债权人会议依法对处理债务人破产事宜具有独立的程序主体地位和权利。首先,债权人人数较多,如果任由分散的债权人单独行使权利,将使破产程序的效率降低、费用增加、过程变得更加复杂;其次,多数债权人具有共同的目的和利益,债权人可以通过开会的形式共同协商和决策,使破产程序相对简化、便捷;最后,债权人会议有助于协调债权人之间的利益冲突,提高破产程序的透明度,保障权利主体享有充分的民主权利。基于上述三点原因,破产程序中需要设置债权人会议。[1]

债权人会议的表决权在破产程序中是十分重要的,与债权人的利益直接、紧密相关。《九民会议纪要》明确了进入诉讼阶段的、双方存在异议的债权属于本条第二款中"尚未确定的债权",除法院能够为债权人行使表决权而临时确定债权额的外,债权人不得行使表决权。[2] 同时,本条第三款的规定即对有财产担保债权人的表决权在某些情形下作出了限制,《企业破产法》第八十三条规定了社保费用债权人不参与重整计划草案的表决。与此相关的,《企业破产法解释三》第十一条第二款扩大了对重整计划草案不享有表决权的债权人范围,即权益未受到调整或影响的债权人或者股东不参加表决。当然,司法解释对于表决权行使权利主体范围的限缩仅限于重整案件中对重整计划草案分组表决的情形,不得将这种对表决权的限制简单适用于重整程序中的其他事项表决,更不得将这种限制简单扩张到破产清算、和解

---

[1]　参见王东敏:《新破产法疑难解读与实务操作》,法律出版社 2007 年版,第 90 页。

[2]　参见最高人民法院民事审判第二庭编著:《〈全国法院民商事审判工作会议纪要〉理解与适用》,人民法院出版社 2019 年版,第 560~561 页。

程序中。需要注意的是,《企业破产法》第八十七条第二款第(一)项中的"全额清偿"或者"未受到实质性损害"并不当然意味着司法解释中"权益未受到调整或者影响",从审判实践的情况来看,"全额清偿"或者"未受到实质性损害"通常意味着重整计划草案对于债权的清偿日期、清偿方式等进行了调整,权益是否受到调整或影响还有赖于在具体案件中结合具体情况,综合审查后作出判断。①

编者说明

《最高人民法院关于沈阳特种环保设备制造股份有限公司破产重整一案请示的答复》中对于临时表决权的确定较为严格。而在实务中,为了保障债权人的合法权益及破产程序的顺利推进,对于临时表决权的确定往往较为宽松。管理人对暂时无法出具审查结论的债权,尤其是金额较大的债权,可向人民法院申请按债权人申报的本金数额确定临时表决权,但债权明显不成立的除外。

第六十条 【债权人会议主席】债权人会议设主席一人,由人民法院从有表决权的债权人中指定。

债权人会议主席主持债权人会议。

【立法·要点注释】

债权人会议主席由人民法院从有表决权的债权人中指定,在产生方式上有别于债权人委员会成员。债权人会议主席主要履行破产程序中的程序性职责,主要是主持第一次债权人会议之后的债权人会议。

【参考观点】

债权人会议是债权人行使权利的机关,是由代表各自利益的债权人组成的松散群体,在破产程序中,债权人有共同的利益,但也存在利益冲突,要使债权人会议顺利召开,进行议事和表决,完成会议议程,债权人会议主席发挥

---

① 参见最高人民法院民事审判第二庭编著:《最高人民法院关于企业破产法司法解释(三)理解与适用》,人民法院出版社 2019 年版,第 217~219 页。

着重要作用。①

债权人会议主席应当为有表决权的债权人,一般情况下应从普通债权人中选任。有财产担保的债权人,在债权人会议中的表决权是受限制的,不宜担任债权人会议主席。债权尚未确定的债权人,也不宜担任债权人会议主席。债权人会议主席应当履行法定职责,负责主持会议。债权人会议主席的当选应该是自愿的,对虽然基本符合担任条件但不愿意担任的,法院不能强迫担任。②

实务中,在指定债权人会议主席时,应首先考虑从高额债权人中选任。因为高额债权人在破产程序中的利益比重较大,对破产程序较为关注,会积极参与到破产程序中。其次,也应考虑选任具有一定法律或财务知识的债权人担任债权人会议主席。③

编者说明

法院指定债权人会议主席,实务中存在两种不同的做法:一是直接指定债权人担任债权人会议主席,其既可以是自然人,也可以是法人或者非法人组织;二是指定债权人的代理人担任债权人会议主席。编者认为,法院直接指定债权人担任债权人会议主席更为适宜,以防止债权人的代理人发生变更的情况下,法院还需重新指定债权人会议主席。接受指定的债权人为法人或非法人组织的,应当委托一名自然人代表该单位履行债权人会议主席职责。

第六十一条　【债权人会议的职权】债权人会议行使下列职权:

(一)核查债权;

(二)申请人民法院更换管理人,审查管理人的费用和报酬;

(三)监督管理人;

(四)选任和更换债权人委员会成员;

(五)决定继续或者停止债务人的营业;

(六)通过重整计划;

(七)通过和解协议;

(八)通过债务人财产的管理方案;

---

① 参见王东敏:《新破产法疑难解读与实务操作》,法律出版社 2007 年版,第 96 页。
②③ 参见王东敏:《新破产法疑难解读与实务操作》,法律出版社 2007 年版,第 97 页。

（九）通过破产财产的变价方案；

（十）通过破产财产的分配方案；

（十一）人民法院认为应当由债权人会议行使的其他职权。

债权人会议应当对所议事项的决议作成会议记录。

【立法·要点注释】

债权人会议的职权是在法定议事范围内讨论决定事务。本条对债权人会议的职权作出明确规定，既可保障破产程序的顺利进行，维护债权人的共同利益，也可避免债权人自治因无章可循而权利被滥用。债权人会议可以核查债权、监督管理人任职、选任债委会成员、决定债务人继续营业及表决重整计划、和解协议及其他与财产管理、变价、分配有关的方案。此外，本条还作出了兜底规定，即除了上述职权外，人民法院可以根据案件不同情况来决定债权人会议的其他职权。债权人会议决议应作成会议记录，以备查询。

【相关立法】

《中华人民共和国企业破产法》（2006年8月27日第十届全国人民代表大会常务委员会第二十三次会议通过，2007年6月1日）

第二十二条 管理人由人民法院指定。

债权人会议认为管理人不能依法、公正执行职务或者有其他不能胜任职务情形的，可以申请人民法院予以更换。

……

第二十六条 在第一次债权人会议召开之前，管理人决定继续或者停止债务人的营业或者有本法第六十九条规定行为之一的，应当经人民法院许可。

【司法解释】

1.《最高人民法院关于适用〈中华人民共和国企业破产法〉若干问题的规定（三）》（法释〔2019〕3号，2019年3月28日；法释〔2020〕18号修正，2021年1月1日）

第十五条第一款 管理人处分企业破产法第六十九条规定的债务人重

大财产的,应当事先制作财产管理或者变价方案并提交债权人会议进行表决,债权人会议表决未通过的,管理人不得处分。

2.《最高人民法院关于审理企业破产案件指定管理人的规定》(法释〔2007〕8 号,2007 年 6 月 1 日)

第三十一条　债权人会议根据企业破产法第二十二条第二款的规定申请更换管理人的,应由债权人会议作出决议并向人民法院提出书面申请。

人民法院在收到债权人会议的申请后,应当通知管理人在两日内作出书面说明。

3.《最高人民法院关于审理企业破产案件确定管理人报酬的规定》(法释〔2007〕9 号,2007 年 6 月 1 日)

第十七条　债权人会议对管理人报酬有异议的,应当向人民法院书面提出具体的请求和理由。异议书应当附有相应的债权人会议决议。

【司法文件】

《最高人民法院关于印发〈全国法院破产审判工作会议纪要〉的通知》(法〔2018〕53 号,2018 年 3 月 4 日)

11. 管理人聘用其他人员费用负担的规制。管理人经人民法院许可聘用企业经营管理人员,或者管理人确有必要聘请其他社会中介机构或人员处理重大诉讼、仲裁、执行或审计等专业性较强工作,如所需费用需要列入破产费用的,应当经债权人会议同意。

19. 重整计划执行中的变更条件和程序。债务人应严格执行重整计划,但因出现国家政策调整、法律修改变化等特殊情况,导致原重整计划无法执行的,债务人或管理人可以申请变更重整计划一次。债权人会议决议同意变更重整计划的,应自决议通过之日起十日内提请人民法院批准。债权人会议决议不同意或者人民法院不批准变更申请的,人民法院经管理人或者利害关系人请求,应当裁定终止重整计划的执行,并宣告债务人破产。

26. 破产财产的处置。破产财产处置应当以价值最大化为原则,兼顾处置效率。人民法院要积极探索更为有效的破产财产处置方式和渠道,最大限度提升破产财产变价率。采用拍卖方式进行处置的,拍卖所得预计不足以支

付评估拍卖费用,或者拍卖不成的,经债权人会议决议,可以采取作价变卖或实物分配方式。变卖或实物分配的方案经债权人会议两次表决仍未通过的,由人民法院裁定处理。

【参考观点】

关于债权人会议职权的规定,反映了破产法赋予债权人参与破产程序的程度。基本上,《企业破产法》赋予了债权人会议在比较广泛的程度和较高水平上参与处理破产事件的权利。债权人会议中涉及债权人实体权利的主要内容有以下三方面:

一、决策职权

该法条第一款第(五)至(十)项,安排由债权人会议讨论通过的内容,属于债权人会议行使决策机关职能的权力。继续或者停止债务人的营业,关系债务人的财产是否增加,直接涉及债权人的利益,应当由债权人会议作出决议;和解协议和重整计划,涉及债权人是否放弃其权利,同意采取清算程序以外的处理债务人破产事件的办法,需要由全体债权人作出决定;对债务人的财产管理、变价和分配方案,虽然是管理人的职权,但债务人的财产是全体债权人债权的总担保,对债务人财产的管理、变价方案是否能够使其价值最大化,分配方案是否合理,应当安排由所有债权人提出意见,由权利人在债权人会议中通过表决的方式批准。①

此外,在《破产审判会议纪要》中,对债权人会议对重整计划的表决权作出了一些补充规定。《破产审判会议纪要》第 19 条规定了债权人会议具有一次变更重整计划的决策权。重整计划的本质是一种经过司法确认的合同,按照合同严守原则,债务人应严格执行,不得随意变更、解除。但重整计划的执行需要一定时间,其间经常会遇到国家政策调整、法律修改变化、战略投资人的情况发生变化需要更换等特殊情况,导致重整计划无法执行。为避免对重整计划机械化地终止执行,《破产审判会议纪要》借鉴了域外立法成果,允许债务人或管理人申请变更重整计划一次;因重整计划的变更可能对债权人的利益产生影响,为防止已经进入执行阶段的重整计划随意变更损害债权人

---

① 参见王东敏:《新破产法疑难解读与实务操作》,法律出版社 2007 年版,第 100 页。

利益,重整计划的变更由债权人会议进行表决。①

二、监督职权

体现为该法条第一款第(二)(三)(四)项,管理人、债权人委员会的工作都接受债权人会议的监督。首先,因管理人在破产程序中处于中心地位,破产程序能否顺利进行很大程度上取决于管理人是否认真履行职责,法条赋予债权人会议申请法院更换管理人、审查管理人的费用和报酬、监督管理人等职权,以及《破产审判会议纪要》第 11 条规定的,管理人聘用其他人员的费用列入破产费用,需经债权人会议同意等。债权人会议对管理人的监督,具体来说也应该包括两种方式:一是听取管理人执行职务情况的报告,并就其报告内容向管理人询问;二是要求管理人对其职务范围内的事务作出说明或提供相关文件。② 其次,债权人委员会代表着债权人会议的利益,是由债权人会议决议设定的,因此债权人委员会的成员也由债权人会议选任和更换,接受债权人会议的监督。

三、其他职权

包括该法条第一款第(一)项所列的核查债权和第(十一)项的兜底条款,即人民法院认为应当由债权人会议行使的其他职权。

【典型案例】

1. 中航世新燃气轮机股份有限公司、中航世新安装工程(北京)有限公司实质合并重整案

——重大资产处置经债权人同意,有效保障债权人权利。

【案情简介】

中航世新燃气轮机股份有限公司与中航世新安装工程(北京)有限公司(以下简称中航世新两公司)系母子公司,主要经营燃气轮机的生产、研发等业务。2019 年 11 月,中航世新两公司先后向北京市第一中级人民法院申请重整。经管理人申请,法院裁定对两公司进行实质合并重整。两公司资产包

---

① 参见贺小荣、王富博、杜军:《破产管理人与重整制度的探索与完善——〈全国法院破产审判工作会议纪要〉的理解与适用(上)》,载《人民司法·应用》2018 年第 13 期。

② 参见李国光主编:《新企业破产法理解与适用》,人民法院出版社 2006 年版,第330 页。

括股权、厂房土地、车辆、机器设备、存货原材料、应收账款等。

在征求债权人意见基础上，管理人制定了包括资产处置内容的重整计划草案，明确除相应股权通过北京产权交易所交易外，其他资产需通过拍卖等方式处置。在第一次债权人会议上，债权人听取了管理人关于财产处置范围、拍卖价拟订、流拍问题等内容的汇报，就相关事项向管理人进行了询问，并表决通过重整计划草案。

法院裁定批准重整计划后，管理人按照重整计划中的资产处置内容，继续细化处置方式，制作详细的拍卖方案。管理人于实施处分行为前十余日向法院报告相关情况，因财产处置方式符合债权人会议表决通过的重整计划，法院对管理人的处置方式予以认可。最终，除报废的两辆汽车外，其他资产均全部成功处置，其中资产最短处置用时 15 天，最终资产处置总价 5600 万余元，单体资产最高溢价率为 257%。

【裁判要旨及典型意义】

本案是由债权人会议决定重大财产处分，有效保障债权人权益的典型案例。

债权人会议行使重大财产处分决定权是债权人意思自治原则的重要体现，是保障债权人清偿利益、提升债权人参与度和获得感的重要途径，是监督管理人勤勉尽责、实现程序公正高效的有力措施。债务人重大财产处分涉及全体债权人清偿利益的实现方式及实现程度，影响破产程序进程，理应由债权人参与和决定，并由管理人执行债权人会议决议。

本案中，首先，管理人制作包含财产变价内容的重整计划草案并提交债权人会议表决。其次，管理人依照债权人会议决议通过的重整计划进一步细化处置规则。最后，为避免出现管理人的处分行为缺乏监督的情况，法院要求管理人在实施处分前应向其报告，法院认真审查管理人的实际处分行为是否符合债权人会议决议。通过以上程序，债权人在债务人财产处分上的决定权得以充分保障，企业资产处置取得最佳效果。

【案例来源】

最高人民法院发布优化营商环境十大破产典型案例(2021 年 4 月 28 日)。

2. 上海祥发危险品船务储运有限公司重整案

——充分保障债权人重整程序性权利，维护债权人重整积极性和重整利益。

【案情简介】

2019年,上海祥发危险品船务储运有限公司(以下简称祥发公司)以其过度担保导致公司严重资不抵债但其具有重整价值为由,向上海市第三中级人民法院申请重整。2019年11月9日,法院裁定受理祥发公司重整案。

在法院指导下,管理人充分保障债权人在重整中的程序性权利:进入破产程序后,保障单个债权人对债务人资产负债状况、经营信息及财务信息等的知情权;在确定重整期间的经营管理方案时,充分听取采纳债权人的建议;在招募投资人时,积极引导债权人推荐投资人并参与磋商。

重整中,前期外部招募投资人工作并不顺利。但是,得益于债权人知情权、参与权的充分保障,部分债权人在外部招募失败后提出了债转股的意向。法院指导管理人充分尊重债权人对现金清偿方案和债转股方案的选择权,并根据债权人意愿不断调整方案细节。在重整方案表决前,法院召集管理人和债权人举行预备会议,就重整方案条款和表决机制等作专题说明并答疑解惑。2020年11月30日,祥发公司债权人会议表决通过重整计划草案,现重整计划已经执行完毕。

【裁判要旨及典型意义】

本案是依法充分保障债权人重整程序性权利,维护和激发债权人重整积极性进而促进重整成功的典型案例。

保护债权人利益是破产程序的重中之重。法院应当通过提升案件审理透明度、提高债权人参与度等方式,切实保障债权人的知情权、参与权、异议权以及重大资产处置决定权等权利,使债权人在对债务人经营信息和重整信息知悉的基础上合理判断重整前景,作出符合自身利益的决策。

本案中,疫情原因导致投资人招募工作进展困难。但是,由于公开透明的信息发布机制和债权人的深度参与,债转股方案得以顺利通过,实现企业重生。一是在重整受理之初即采纳债权人对祥发公司经营管理的意见,积极引导债权人参与重整工作,拓展债权人对重整程序各个环节的参与度。二是保障实现债权人对债务人资产负债及经营信息等方面的知情权,为外部招募投资人失败后债权人理性作出债转股决定奠定基础。三是确定债转股重整方案后,积极回应债权人债转股和现金清偿的不同诉求,最终促使各方债权人表决通过了重整方案。

【案例来源】

最高人民法院发布优化营商环境十大破产典型案例(2021年4月28日)。

编者说明

选任和更换债权人委员会成员是债权人会议的一项重要职权。实务中,债权人委员会成员的选任一般在第一次债权人会议召开时进行。为了保证债权人委员会成员选举的有效、推进破产程序,债权人委员会成员的选定,一般先由管理人根据债权性质、债权金额、地域分散等因素考虑,建议具有代表性的若干家债权人作为债权人委员会成员候选,提交债权人会议进行选举,最终选出的债权人代表与一名职工代表或工会代表共同组成债权人委员会。

第六十二条 【债权人会议的召开】第一次债权人会议由人民法院召集,自债权申报期限届满之日起十五日内召开。

以后的债权人会议,在人民法院认为必要时,或者管理人、债权人委员会、占债权总额四分之一以上的债权人向债权人会议主席提议时召开。

【立法·要点注释】

第一次债权人会议是指破产程序开始后法定期限内,必须由法院召集的债权人会议,应当自债权申报期限届满之日起十五日内召开。

但因为第一次债权人会议不可能一次性解决所有程序和实体问题,对剩余问题和产生的新问题,在以后各次债权人会议上解决。以后的债权人会议,除了人民法院认为必要时可以召开之外,管理人、债权人委员会、占债权总额四分之一以上的债权人亦可向债权人会议主席提议召开。

【司法文件】

1.《最高人民法院关于印发〈全国法院破产审判工作会议纪要〉的通知》(法〔2018〕53号,2018年3月4日)

47. 运用信息化手段提高破产案件处理的质量与效率。要适应信息化发展趋势,积极引导以网络拍卖方式处置破产财产,提升破产财产处置效益。鼓励和规范通过网络方式召开债权人会议,提高效率,降低破产费用,确保债权人等主体参与破产程序的权利。

2.《最高人民法院印发〈关于企业破产案件信息公开的规定（试行）〉的通知》（法发〔2016〕19 号，2016 年 8 月 1 日）

11. 人民法院、破产管理人可以在破产重整案件信息网召集债权人会议并表决有关事项。网上投票形成的表决结果与现场投票形成的表决结果具有同等法律效力。

债权人可以选择现场投票或者网上投票，但选择后不能再采用其他方式进行投票，采用其他方式进行投票的，此次投票无效。

【参考观点】

债权人会议基本上区分为两种类型：法定债权人会议和任意债权人会议。

法定债权人会议指第一次债权人会议，是依法确定召开的，这也是各国破产法立法的通例。一般情况下，第一次债权人会议是由全体债权人参加的会议。第一次债权人会议的内容一般也是固定的，主要是通报债务人破产受理的有关信息，宣布指定的管理人、债权人会议主席、申报债权的债权人人数、债权数额等有关情况。[①]

任意债权人会议是指第一次债权人会议之后的其他债权人会议。这种债权人会议是根据处理破产事务的需要由权利人提议或者决定召开的。任意债权人会议一般是根据债权人会议主席、法院、管理人或者债权人代表等提议或者决定召开，在开会之前应当预备讨论或者决议的议题。[②]

值得关注的是，目前中国的破产审判正全面推进信息化建设，着力于继续完善升级、推广使用全国企业破产重整案件信息网，实现信息互通互联，推动人工智能在破产审判领域全面应用，充分发挥破产案件大数据作用。[③] 而随着破产案件信息化程度的加深，债权人会议的召开方式逐渐多元，网络债权人会议被越来越多地运用于破产实践，特别是大型破产案件之中。根据《最高人民法院印发〈关于企业破产案件信息公开的规定（试行）〉的通知》第 11 条，人民法院、破产管理人可以在破产重整案件信息网召集债权人会议

---

①② 　参见王东敏：《新破产法疑难解读与实务操作》，法律出版社 2007 年版，第 95 页。

③ 　参见时任最高人民法院院长周强于 2017 年 12 月 25 日在全国法院破产审判工作会议上的讲话，载中国法院网，http://www.chinacourt.org，2019 年 8 月 8 日最后访问。

并表决有关事项,网上投票形成的表决结果与现场投票形成的表决结果具有同等法律效力。网络债权人会议提高了债权人参与债权人会议的便利性,保障了债权人的知情权和参与权;有助于保障良好的会议秩序,减轻组织会议、维护稳定的压力,并且大大节约了债权人会议的各项成本。在实务中,管理人可根据案件的实际情况决定是否采用网络形式召开债权人会议,并向人民法院报告,人民法院一般会综合考虑破产案件债权人人数的规模、债权人的地域分布、债权人的参会意愿、债权人会议的筹备成本等因素判断是否采用网络方式召开债权人会议。

【最高人民法院公布案例】

重庆钢铁股份有限公司破产重整案

——通过最高人民法院全国企业破产重整案件信息网召开了两次网络债权人会议,高票通过《财产管理及变价方案》《成立债权人委员会相关事项的议案》《重整计划》。

【案情简介】

重庆钢铁股份有限公司(以下简称重庆钢铁)于1997年8月11日登记注册,主要从事钢铁生产、加工和销售,其股票分别在香港联合交易所(以下简称联交所)和上海证券交易所(以下简称上交所)挂牌交易。截至2016年12月31日,重庆钢铁合并报表资产总额为364.38亿元,负债总额为365.45亿元,净资产为-1.07亿元。因连续两年亏损,重庆钢铁股票于2017年4月5日被上交所实施退市风险警示。经债权人申请,重庆市第一中级人民法院(以下简称重庆一中法院)于2017年7月3日依法裁定受理重庆钢铁重整一案。

2017年8月18日,重庆钢铁重整案通过网络会议方式于全国企业破产重整案件信息网召开第一次债权人会议。当天出席该次债权人会议的债权人中有表决权的债权人共1305家,其中,同意表决事项的债权人占出席会议的有表决权的债权总人数的97.78%,超过到会有表决权的债权人的半数;同意表决事项的债权人代表的债权额占无财产担保债权总额的97.94%,超过无财产担保债权总额的二分之一。

2017年11月17日,重庆钢铁重整案通过网络会议方式于全国企业破产重整案件信息网召开第二次债权人会议。公司重整计划草案及出资人权益调整方案分别在第二次债权人会议和出资人组会议上经表决获得高票通过：其中，出席会议的职工债权人、有财产担保债权人赞成率均达 100%，普通债权人亦获得了 96.68% 赞成票，代表的债权额 275 亿元，占总债权额的 95.54%；出资人组会议则获得出席股东 99.32% 的赞成票。

该案也是迄今为止用最高人民法院破产信息平台召开网络会议的案件中表决结果通过比例最高案件。

【裁判要点】

因重庆钢铁重整案涉案债权数额较大，债权人人数较多，管理人和法院在该案中采用了网络会议的方式召开了两次债权人会议，两次表决均高票通过。

互联网+网络债权人会议的结合，让召开债权人会议更加简单有效。一方面，极大减少了债权人参加会议的时间成本和资金成本，从而提高了债权人参会意愿，提升了表决效率；另一方面，也极大地降低了法院和管理人的前期准备工作量和现场的安保压力，让法院和管理人能够集中力量推动企业重整工作的快速前进。

【案例来源】

最高人民法院发布 10 起全国法院审理破产典型案例（2018 年 3 月 6 日）。根据重庆市第一中级人民法院（2017）渝 01 破 3 号整理。

编者说明

第一次债权人会议是破产程序中十分重要的环节，有助于全体债权人了解债务人基本情况、管理人对工作进度进行阶段性梳理、法院对破产案件作出大致预判。实务中，第一次债权人会议的议程主要包括债权人会议主席的指定、管理人通报阶段性工作报告、财产状况初步调查报告、债权申报及审查情况报告、对财产管理方案进行表决等。同时，根据《企业破产法》第五十八条的规定，管理人对申报债权进行审查后编制的债权表，应当提交第一次债权人会议核查；根据《管理人报酬规定》第六条的规定，管理人应当在第一次债权人会议上报告管理人报酬方案内容。此外，在重大、复杂案件中，债权人委员会成员的选定、债务人是否继续营业的决议，也通常在第一次债权人会议召开时进行。

第六十三条　【通知债权人】 召开债权人会议，管理人应当提前十五日通知已知的债权人。

【立法·要点注释】

召开债权人会议,是有事项需要讨论和议决,应当给各债权人必要的准备时间。依照本条规定,管理人应当提前十五日通知已知的债权人。

【司法解释】

《最高人民法院关于适用〈中华人民共和国企业破产法〉若干问题的规定(三)》(法释〔2019〕3 号,2019 年 3 月 28 日;法释〔2020〕18 号修正,2021年 1 月 1 日)

第十一条第一款 债权人会议的决议除现场表决外,可以由管理人事先将相关决议事项告知债权人,采取通信、网络投票等非现场方式进行表决。采取非现场方式进行表决的,管理人应当在债权人会议召开后的三日内,以信函、电子邮件、公告等方式将表决结果告知参与表决的债权人。

【要点注释】

该条司法解释确定了债权人会议表决方式,有利于节省费用、提高效率,在破产案件信息化的背景下对保障债权人的参与权、决策权及知情权具有重大意义。[1]

【司法文件】

《最高人民法院关于印发〈企业破产案件破产管理人工作平台使用办法(试行)〉的通知》(法〔2016〕253 号,2016 年 8 月 1 日)

第十二条 破产管理人可以通过破产重整案件信息网以电子邮件、移动通信等方式向已申报的债权人送达债权人会议召开通知及有关文件。

第十三条 破产管理人在破产重整案件信息网召开债权人会议的,网上债权人会议的召开期间应当不短于现场债权人会议的召开期间。

破产管理人召开网上债权人会议的,应当通过破产重整案件信息网上传

---

[1] 参见最高人民法院民事审判第二庭编著:《最高人民法院关于企业破产法司法解释(三)理解与适用》,人民法院出版社 2019 年版,第 212 页。

与会议有关的文件和表决事项,同时通过破产重整案件信息网以电子邮件、移动通信等方式向已申报债权的债权人送达参加网上债权人会议的会议编码。

第十四条　破产管理人应当告知债权人参加网上债权人会议并行使表决权的程序和规则,债权人应当签署与网上债权人会议有关的确认书。

【参考观点】

实务中,一般以现场方式召开债权人会议,管理人在会议召开之前需通过邮寄、电话等形式通知债权人关于债权人会议召开的时间、地点,了解并统计债权人的参会意愿。

若以网络方式召开债权人会议,除了依照本法条规定,在会议召开前十五日通知债权人以外,管理人还需依照网络公司提供的格式要求,提前将债权人相关信息录入平台、导入网络会议系统,生成各债权人参会的账号密码;在债权人会议召开前三天左右通过短信将账号密码告知债权人,并开通债权人会议测试页面,指导债权人熟悉网络债权人会议的操作、流程,告知债权人表决的程序和规则,提请债权人提前查阅、熟悉会议文件的内容等。

《企业破产法解释三》第十一条第一款已明确规定,债权人可以采取通信、网络投票等非现场方式进行表决,在此种情形下,为保障债权人的知情权和监督权,管理人要注意事先将相关决议事项告知债权人,并且应当在债权人会议召开后的三日内,以信函、电子邮件、公告等方式将表决结果告知参与表决的债权人。可见,根据案件的实际情况,在债权人会议召开的前后,管理人均负有通知债权人的责任,若管理人未事先将相关决议事项告知债权人的,属于债权人会议表决程序违法事项,债权人可依据《企业破产法》第六十四条第二款规定,通过行使决议撤销请求权进行救济。①

第六十四条　【债权人会议的决议】　债权人会议的决议,由出席会议的有表决权的债权人过半数通过,并且其所代表的债权额占无财产担保债权总额的二分之一以上。但是,本法另有规定的除外。

---

①　参见最高人民法院民事审判第二庭编著:《最高人民法院关于企业破产法司法解释(三)理解与适用》,人民法院出版社 2019 年版,第 214 页。

债权人认为债权人会议的决议违反法律规定,损害其利益的,可以自债权人会议作出决议之日起十五日内,请求人民法院裁定撤销该决议,责令债权人会议依法重新作出决议。

债权人会议的决议,对于全体债权人均有约束力。

【立法·要点注释】

债权人会议的决议,是指在债权人对职权范围内的议题进行讨论,由出席会议的有表决权的债权人通过表决,所形成的代表债权人共同意思的决定。

对于一般的决议事项,由出席会议有表决权的债权人的过半数,并且其所代表的债权额占无财产担保债权总额的二分之一以上通过。该种表决机制平衡了有财产担保债权人和无财产担保债权人的利益,防止决议拖延不决,从而提高债权人会议的效率。

特别的决议事项,一是指本法第九十七条规定债权人会议通过和解协议,除了由出席会议的有表决权的债权人过半数同意,并且其所代表的债权额要占无财产担保债权总额的三分之二以上;二是指本法第八十四条规定对重整计划草案实行分类分组表决,由出席会议的同一表决组的债权人过半数同意,并且其所代表的债权额要占该组债权总额的三分之二以上。因为这两类事项内容关系到债权的实现程度和实现期限,所以法律规定了严格的条件。

债权人会议的决议,一经作出就对全体债权人产生约束力,一般无须法院的特别许可。

【相关立法】

《中华人民共和国企业破产法》(2006年8月27日第十届全国人民代表大会常务委员会第二十三次会议通过,2007年6月1日)

第八十四条 人民法院应当自收到重整计划草案之日起三十日内召开债权人会议,对重整计划草案进行表决。

出席会议的同一表决组的债权人过半数同意重整计划草案,并且其所代表的债权额占该组债权总额的三分之二以上的,即为该组通过重整计划草案。

……

第九十七条　债权人会议通过和解协议的决议,由出席会议的有表决权的债权人过半数同意,并且其所代表的债权额占无财产担保债权总额的三分之二以上。

【司法解释】

《最高人民法院关于适用〈中华人民共和国企业破产法〉若干问题的规定(三)》(法释〔2019〕3号,2019年3月28日;法释〔2020〕18号修正,2021年1月1日)

第十二条　债权人会议的决议具有以下情形之一,损害债权人利益,债权人申请撤销的,人民法院应予支持:

(一)债权人会议的召开违反法定程序;

(二)债权人会议的表决违反法定程序;

(三)债权人会议的决议内容违法;

(四)债权人会议的决议超出债权人会议的职权范围。

人民法院可以裁定撤销全部或者部分事项决议,责令债权人会议依法重新作出决议。

债权人申请撤销债权人会议决议的,应当提出书面申请。债权人会议采取通信、网络投票等非现场方式进行表决的,债权人申请撤销的期限自债权人收到通知之日起算。

【要点注释】

本条司法解释明确了债权人会议决议可撤销的事由、撤销范围、债权人申请撤销的形式要件及申请撤销期限的起算点等方面的内容,对于指导债权人行使权利及管理人组织、召开债权人会议过程中合法合规操作,提供了指引。①

---

①　参见最高人民法院民事审判第二庭编著:《最高人民法院关于企业破产法司法解释(三)理解与适用》,人民法院出版社2019年版,第229页。

【参考观点】

债权人会议形成决议以两个基数为标准:一是投票同意的债权人人数占出席会议的有表决权的债权人人数的比例,除《企业破产法》第六十一条第一款第(七)项、第(十)项规定的表决事项外,同意的债权人人数应当包括有财产担保债权人的人数;二是投票所代表的债权数额在无财产担保债权额中所占的比例。

参加债权人会议是破产债权人的单方权利,并非义务,债权人可以选择参加债权人会议,也可以不参加,完全取决于债权人的自愿。但是,为保证债权人会议的决议能够代表最大多数债权人的利益,我国《企业破产法》采用人数和债权额双重标准,因为单采人数标准,虽能保障多数债权人的利益却未必符合少数大额债权人利益,而单采债权额标准则又反过来可能损害多数小额债权人的利益。[①] 无论何种决议,双重标准既可以保护中小债权人的利益,防止债权人会议被少数大额债权人控制,仅代表大额债权人意志的情况发生;也可以反映高额债权人的呼声,代表高额债权人的利益。

债权人会议的表决程序基本上区分为对一般事项的表决和对特殊事项的表决两种。对于一般事项的表决,要求通过的票数比较低,对特殊事项的表决要求通过的票数比较高。特殊事项的表决内容主要包括对通过重整计划的决议和对通过和解协议的决议。[②]

鉴于债权人会议采取多数决方式进行决议,而有效的债权人会议决议对全体债权人具有法律效力,任何人不能否定其效力或者停止执行债权人会议决议,因此,当债权人会议决议违反法律规定,损害债权人利益时,应当赋予债权人相应的救济途径。[③] 本条第二款规定了债权人具有向人民法院请求决议撤销的权利,《企业破产法解释三》第十二条则对债权人会议决议可撤销的情形作出了进一步明确的列举,包括:(1)债权人会议的召开违反法定程序,即包括召集程序和通知程序;(2)债权人会议的表决违反法定程序,往

---

① 参见李国光主编:《新企业破产法理解与适用》,人民法院出版社 2006 年版,第338 页。

② 参见王东敏:《新破产法疑难解读与实务操作》,法律出版社 2007 年版,第99 页。

③ 参见最高人民法院民事审判第二庭编著:《最高人民法院关于企业破产法司法解释(三)理解与适用》,人民法院出版社 2019 年版,第230 页。

往表现为没有表决权的债权人行使了表决权,违反决议要件,没有满足法定人数要求或者计算方式违法等;(3)债权人会议的决议内容违法,即决议内容违反法律和行政法规的强制性规定、实体性规范;(4)债权人会议的决议超出债权人会议的职权范围。[①]

同时,《企业破产法解释三》第十二条还明确了撤销的范围,允许决议全部或部分撤销,以兼顾效益原则;明确了撤销应当采取更加慎重的方式,以书面形式进行申请;考虑到目前债权人会议召开、债权人表决方式日趋多样化,司法解释还明确了债权人通过非现场方式进行表决的,申请撤销的期限起算点。[②]

第六十五条　【法院裁定事项】本法第六十一条第一款第八项、第九项所列事项,经债权人会议表决未通过的,由人民法院裁定。

本法第六十一条第一款第十项所列事项,经债权人会议二次表决仍未通过的,由人民法院裁定。

对前两款规定的裁定,人民法院可以在债权人会议上宣布或者另行通知债权人。

【立法·要点注释】

依照本法第六十一条第一款的规定,第(八)项是通过债务人财产的管理方案,第(九)项是通过破产财产的变价方案。破产财产的管理、变价是否得当与合法,直接关系债权人的切身利益。这两项规定的方案在债权人会议上表决通过与否,关系破产程序能否顺利进行,因此本条第一款赋予人民法院的司法裁定权,即债权人会议经表决不能通过这两项规定的方案的,由人民法院裁定。

本条第二款从保证程序的顺利进行、保障债权人利益、既保证公平又兼顾提高破产程序效率的角度出发,明确规定对破产财产的分配方案,债权人

[①]　参见最高人民法院民事审判第二庭编著:《最高人民法院关于企业破产法司法解释(三)理解与适用》,人民法院出版社 2019 年版,第 231~239 页。

[②]　参见最高人民法院民事审判第二庭编著:《最高人民法院关于企业破产法司法解释(三)理解与适用》,人民法院出版社 2019 年版,第 240~243 页。

会议经两次表决仍不能通过的,方可由人民法院裁定,有别于财产管理和变价方案的裁定条件。

【司法文件】

《最高人民法院关于印发〈全国法院破产审判工作会议纪要〉的通知》(法〔2018〕53 号,2018 年 3 月 4 日)

26. 破产财产的处置。破产财产处置应当以价值最大化为原则,兼顾处置效率。人民法院要积极探索更为有效的破产财产处置方式和渠道,最大限度提升破产财产变价率。采用拍卖方式进行处置的,拍卖所得预计不足以支付评估拍卖费用,或者拍卖不成的,经债权人会议决议,可以采取作价变卖或实物分配方式。变卖或实物分配的方案经债权人会议两次表决仍未通过的,由人民法院裁定处理。

【参考观点】

债权人参加破产程序的直接目的是分配债务人的财产,债权人会议的主要功能是落实和保障债权人权利的实现,其主要关注的是破产财产,因此,债权人会议和管理人职权有衔接的地方,例如,管理人负责拟定财产管理方案、财产变价方案和财产分配方案,拟定后应当提交债权人会议讨论等。当债权人会议对管理人提出的财产相关方案,经表决未得到通过时如何处理,需要作出科学安排,既要充分维护、保障债权人的权益,又要保持管理人的工作积极性,避免债权人会议和管理人之间的关系陷入僵局状态,保证破产程序的顺利推进。本法条对该问题规定了最终的解决方法,即当管理人和债权人会议意见发生冲突时,由人民法院直接作出裁定。根据该法条,债务人财产的管理方案和破产财产的变价方案一次未获通过时,人民法院即可作出裁定;[1]但在《破产审判会议纪要》中,第 26 条规定又明确了"变卖或实物分配的方案经债权人会议两次表决仍未通过的,由人民法院裁定处理",相较于该法条有所改变与突破。

而对于破产财产的分配方案,需要债权人会议和管理人进行两个回合的

---

[1] 参见王东敏:《新破产法疑难解读与实务操作》,法律出版社 2007 年版,第 102 页。

磋商,仍没有统一意见时法院再裁定。由于对破产财产的分配是债权人参加破产程序的终极目的,分配方案直接涉及每一个债权人的重大利益,因此,在债权人会议一次未通过时,管理人应根据债权人会议意见进行调整,如果调整后仍不能获得通过的,法院才进行干预。①

编者说明

　　破产财产变价方案一般是在债务人被宣告破产清算后,对破产财产进行变价处置的依据。在实务中,为了提高破产程序的效率,管理人可在破产宣告之前拟定破产财产变价方案,提交第一次债权人会议表决,并在破产宣告后遵照实施。

　　第六十六条　【债权人申请复议】债权人对人民法院依照本法第六十五条第一款作出的裁定不服的,债权额占无财产担保债权总额二分之一以上的债权人对人民法院依照本法第六十五条第二款作出的裁定不服的,可以自裁定宣布之日或者收到通知之日起十五日内向该人民法院申请复议。复议期间不停止裁定的执行。

【立法·要点注释】

　　依照本法第六十五条第一款的规定,债权人会议表决不能通过债务人财产的管理方案和变价方案的,由人民法院裁定。依照本条规定,债权人对裁定不服的,可以自裁定宣布之日或者收到通知之日起十五日内向该人民法院申请复议。依照本法第六十五条第二款的规定,债权人会议经两次表决未能够通过破产财产的分配方案的,由人民法院裁定。依照本条规定,债权额占无财产担保债权总额半数以上的债权人对裁定不服的,同样可以自裁定宣布之日或者收到通知之日起十五日内向该人民法院申请复议。

　　考虑到破产财产分配方案对集体债权人利益的影响更大,债权人达到一定的条件方可提出复议申请。

---

　　①　参见王东敏:《新破产法疑难解读与实务操作》,法律出版社2007年版,第102页。

【参考观点】

一般情况下,债权人会议和管理人之间出现意见分歧,无法协调时,为节约时间、推进程序,法院会根据管理人的申请对此进行干预,审查财产管理、变价以及分配方案是否合理,并依法作出裁定,该裁定作出后立即生效。但是,为了既保护债权人的权利,又保证破产程序的高效运转,对该裁定设置了复议程序。根据裁决事项以及债权人存在的个体差异,法条对复议权利又作出了特殊的安排,即对不同的裁定事项,特定的当事人有特别的权利。对财产的管理、变价方案决议,人民法院作出裁定的,任何一个债权人均可以提出复议申请;对破产财产的分配方案,人民法院作出裁定的,债权额占无财产担保的债权额总额二分之一以上的债权人,才有权提出复议申请。占无财产担保债权总额半数以上的债权人,可以是个别债权人,也可以是多数债权人,该法条只对债权额作出了规定,但并未限制债权人的人数。① 由于有财产担保债权人未放弃优先受偿权利的对破产财产的分配方案没有表决权,此处对破产财产的分配方案裁定提出复议申请的债权人限于无财产担保债权人。

第二节 债权人委员会

第六十七条 【债权人委员会的组成】债权人会议可以决定设立债权人委员会。债权人委员会由债权人会议选任的债权人代表和一名债务人的职工代表或者工会代表组成。债权人委员会成员不得超过九人。

债权人委员会成员应当经人民法院书面决定认可。

【立法·要点注释】

在破产程序中,法院居于主导地位,对破产程序的进行实施司法上的监督。债权人会议作为债权人团体的利益维护和意思表示机关,在破产程序中具有相对独立的自治地位,但很难对破产程序进行日常监督,尤其是在债权人会议闭会期间,仅仅由法院监督债务人或者破产管理人的活动,尚不足以

---

① 参见王东敏:《新破产法疑难解读与实务操作》,法律出版社2007年版,第103页。

保护债权人团体利益。因此,有必要设立破产监督人,即本条规定的债权人委员会,由其行使相关的监督职能,以实现债权人监督破产程序进行的自治需求。

依照本条规定,是否设立债权人委员会,债权人可以根据需要以决议确定。例如,要考虑债权人人数的多少,破产财产的实际价值大小,对破产财产的清理、估价、变卖的复杂程度等。对于简单的破产案件,不必设置债权人委员会。

【参考观点】

债权人委员会是根据债权人会议决定、根据处理破产事件的需要设立的,并不是破产程序必须设立的机关,其目的是促进债权人积极参与破产程序,公正地维护全部债权人的整体利益。

《企业破产法》采取了任意设立债权人委员会的机制,没有限制决议设立债权人委员会的时间,对债权人委员会的组成采取从参与破产程序的利害关系主体中选任的态度。债权人委员会成员由两部分人员组成,债务人职工代表或者工会代表必须占有 1 个名额,剩余成员由债权人会议从债权人中选任;债权人委员会人数最高不超过 9 人,这是因为如果债权人委员会人事臃肿,将成为第二个债权人会议,从而失去了设立债权人委员会的意义。[1]

在处理破产案件的实务中,我国存在的一个突出问题就是破产企业拖欠职工工资比较严重。为落实对企业职工劳动权利的保护政策,破产立法赋予破产企业职工在破产程序中比较广泛的参与权利,包括职工代表参加债权人会议和债权人委员会,在更广泛的层面上保障企业职工参与监督对债务人破产事件的处理。在对破产财产进行分配时,拖欠企业职工的薪金等劳动债权有权参与分配,并且劳动债权优先于普通债权受偿,因此,如果组成债权人委员会于破产管理人对话协商时,债权人委员会需要反映企业职工的利益,规定债权人委员会必须保留一名职工代表的名额。[2]

此外,担任债权人委员会成员,一般应满足下列条件:

第一,其债权是已经被确定的,尚未被确定的债权和被法院临时确定债

---

[1]　参见王东敏:《新破产法疑难解读与实务操作》,法律出版社 2007 年版,第 105 页。

[2]　参见王东敏:《新破产法疑难解读与实务操作》,法律出版社 2007 年版,第 106~107 页。

权额的债权人不宜担任债权人委员会成员。

第二,无财产担保的普通债权人,由于有财产担保的债权人可以就债务人特定财产变价后优先受偿,其债权大概率可以获得清偿。[1]

第三,债权人委员会成员应当能够公正地代表全体债权人的利益,债权人如果具有特殊身份或者债权人委员会决定的事项与其自身的利益相关,例如股东债权人、准备购买债务人资产的债权人等,这种特殊身份的债权人在债权人委员会中行使职权,很有可能被认为是为满足其自身的利益提供便利,这些因素的存在,很难排除其他债权人对其认识上的偏见、疑虑。当然,上述因素是对该问题的一般考虑,仅为债权人在选举债权人委员会投票表决时提供参考。《企业破产法》并未规定进入债权人委员会的具体资格和条件,而是将选任债权人委员会的权利交给债权人会议,债权人会议选任决定通过后报人民法院认可。[2]

编者说明

虽然债权人委员会成员一般从无财产担保的普通债权人中选定,但债权人委员会的职权可能涉及对有财产担保的债权人权益进行处理的事项,或者有财产担保的债权人在行使优先受偿权后可能还有剩余的债权将转为普通债权,因此,也不宜完全排除有财产担保的债权人有资格进入债权人委员会。特别是在重整程序中,因为全体债权人需对重整计划草案进行分组表决,债权人因其债权性质的不同被划分至不同的组别,更需要考虑各组别债权人平等参与债权人委员会的意愿和机会。

另外,对于债权人会议主席是否当然入选债权人委员会,实务中存在一定争议。《企业破产法》及相关司法解释并未明确规定债权人会议主席须进入债权人委员会,但在实务中,为了使债权人会议与债权人委员会沟通更为顺畅、推进破产程序,通常做法是将债权人会议主席所代表的债权人纳入债权人委员会的候选名单,由债权人会议进行投票选举;或者在已经选举出的债权人委员会成员中指定债权人会议主席。

---

① 参见王东敏:《新破产法疑难解读与实务操作》,法律出版社 2007 年版,第 106 页。
② 参见王东敏:《新破产法疑难解读与实务操作》,法律出版社 2007 年版,第 106 页。

　　第六十八条　【债权人委员会的职权】 债权人委员会行使下列职权：

　　（一）监督债务人财产的管理和处分；

　　（二）监督破产财产分配；

　　（三）提议召开债权人会议；

　　（四）债权人会议委托的其他职权。

　　债权人委员会执行职务时，有权要求管理人、债务人的有关人员对其职权范围内的事务作出说明或者提供有关文件。

　　管理人、债务人的有关人员违反本法规定拒绝接受监督的，债权人委员会有权就监督事项请求人民法院作出决定；人民法院应当在五日内作出决定。

【立法·要点注释】

　　本条规定债权人委员会的职权主要包括监督债务人财产的管理和处分、监督破产财产的分配、提议召开债权人会议等。此外，债权人委员会的日常工作涉及破产程序的各个不同阶段，具体的工作中可能会出现超出本条规定的职权范围的情形。因有些事项较为紧急，而召开债权人会议又需要一定时间，难以做到及时处理，为应对破产程序中可能出现的复杂、紧急问题，除以上三种职权外，债权人会议也可以根据具体情况授权债权人委员会实施相关职权。

【司法解释】

　　《最高人民法院关于适用〈中华人民共和国企业破产法〉若干问题的规定（三）》（法释〔2019〕3 号，2019 年 3 月 28 日；法释〔2020〕18 号修正，2021年 1 月 1 日）

　　第十三条　债权人会议可以依照企业破产法第六十八条第一款第四项的规定，委托债权人委员会行使企业破产法第六十一条第一款第二、三、五项规定的债权人会议职权。债权人会议不得作出概括性授权，委托其行使债权人会议所有职权。

第十四条 债权人委员会决定所议事项应获得全体成员过半数通过,并作成议事记录。债权人委员会成员对所议事项的决议有不同意见的,应当在记录中载明。

债权人委员会行使职权应当接受债权人会议的监督,以适当的方式向债权人会议及时汇报工作,并接受人民法院的指导。

【参考观点】

债权人委员会代表债权人利益,在破产程序中发挥简化债权人会议行使权利的方式,方便与管理人沟通、协商,以及监督管理人工作的作用。债权人委员会的职权主要有以下三个方面:

一、监督职能

主要是代表债权人会议监督管理人的行为。监督的方式是双向的:一方面,管理人在破产程序中的重大活动应该及时向债权人委员会报告,主动接受债权人委员会的监督;另一方面,债权人委员会主动监督,可以随时要求管理人对其管理债务人财产事务的行为作出说明。

在我国的立法中,债权人委员会发挥的主要是对管理人工作和债务人的监督职能,在于监督债务人财产的管理、处分和分配。由于债务人财产的处分一般发生于破产清算程序,因此一般只有在重大的破产清算案件中才会设立债权人委员会,重整案件中反而较少设立。实际上,重整制度旨在促进利害关系人共同参与到致力于债务人挽救的重整程序中来,其当然离不开债权人委员会的积极参与。但《企业破产法》仅赋予了管理人对重整计划执行的监督权,并未赋予债权人的监督权,不利于加强对债务人的监督、保障债权人利益等。① 在实践过程中应对此进行引导,赋予债权人对于债权人委员会设置的建议权等权利,以推动债权人委员会在重整程序中的设置与运作;赋予债权人委员会重整计划草案建议权、重整计划执行中的监督权,真正发挥出债权人委员会对重整程序的监督作用。

二、咨询职能

由于债权人委员会对于破产程序的进程、管理人对债务人财产实施的具

---

① 参见艾文、惠宁宁:《破产重整的司法实践与发展方向——专访最高人民法院审判委员会委员、民二庭庭长贺小荣》,载《人民法治》2017 年第 11 期。

体管理和处分的理由与方案等比较了解,其掌握处理破产事件的大量信息,因而在认为有必要时,有权提议召开债权人会议,并对会议的议题可以向债权人会议提出建议等。债权人委员会只能提出咨询意见,不能代替债权人会议行使决定权,但债权人会议对债权人委员会有特别授权的情况除外。

三、债权人会议赋予的其他职权

破产法对债权人委员会职权范围的规定,是对调整债权人委员会与管理人或者债务人之间关系的规定。对于债权人会议和债权人委员会之间的内部关系,实务中应当允许债权人会议根据需要作出决议,明确对债权人委员会的其他授权。

关于债权人会议的哪些权利可以授权由债权人委员会行使,《企业破产法解释三》第十三条对此作出了明确规定。首先,债权人会议对债权人委员会授权不能超过债权人会议本身的职权范围。其次,某些关系债权人整体利益,《企业破产法》明确规定应当由债权人会议表决通过的事项以及其他专属于债权人会议的职权,不宜交由债权人委员会行使。最后,债权人会议对债权人委员会不得作出概括性授权,应明确委托职权的具体内容。①

结合《企业破产法》第六十一条规定的债权人会议职权来看,核查债权,通过重整计划、和解协议、财产的管理方案、财产的变价方案、破产财产的分配方案等职权,直接关系每个债权人的切身利益,由《企业破产法》明确规定应当由债权人会议表决通过,选任和更换债权人委员会成员,则属于债权人会议的专属权利,上述该些职权不可授权债权人委员会行使。债权人会议可以委托债权人委员会监督管理人,申请人民法院更换管理人、审查管理人的费用和报酬,决定继续或者停止债务人的营业,这样的规定可以更好地对管理人履行职务行为进行有效、及时监督,适应商业决策及时性的特点。②

此外,《企业破产法解释三》第十四条还对债权人委员会行使职权的方式作出了规范,主要体现在债权人委员会的决议规则。

债权人委员会是由债权人会议选举的比较信任的代表组成的,债权人委员会在破产程序中工作行使职权时,不能妨碍债权人会议或者债权人继续参

---

① 参见最高人民法院民事审判第二庭编著:《最高人民法院关于企业破产法司法解释(三)理解与适用》,人民法院出版社 2019 年 8 月第 1 版,第 250~259 页。

② 参见最高人民法院民事审判第二庭编著:《最高人民法院关于企业破产法司法解释(三)理解与适用》,人民法院出版社 2019 年版,第 253~258 页。

与破产程序并行使权利。① 债权人委员会应当接受债权人会议的监督,以适当的方式向债权人会议及时汇报工作,并接受人民法院的指导。

编者说明

1.《企业破产法》中关于债权人委员会的职能规定主要为监督破产财产的处分与分配,在实践中,债权人委员会的设立及其职能的发挥也更侧重于清算程序。实际上,重整程序作为多方博弈的程序,相较清算程序对债权人参与的要求更甚,但在目前的规定下,债权人委员会在重整程序中很难发挥出其应当具有的作用。

编者认为,应发挥债权人委员会在重整程序中的积极作用,考虑在重整程序中赋予债权人委员会更多直接的、实质性的职权,例如重整计划草案制定的建议权、重整计划执行的监督权等,而不仅限于对债权人会议非实质性权利的日常行使以及对管理人的监督,真正使债权人委员会有效地作为债权人代表参与重整程序,维护债权人利益。

2.《企业破产法》对债权人委员会开展工作所发生的费用问题没有规定。《审理破产案件若干规定》中指出"债权人参加破产程序所支出的费用"不属于破产债权,但也规定了"债权人会议费用"以及"为债权人的共同利益而在破产程序中支付的其他费用"属于破产费用。因此,实务中对债权人委员会因履职而发生的费用如何负担有一定的争议。此外,债权人委员会成员聘请专业人员的费用如何承担、债权人委员会成员是否有权领取相应报酬等问题亦没有明确规定。此类规定的模糊及缺失,可能导致降低债权人参与债权人委员会的积极性,不利于发挥债权人委员会的相关职能。

编者认为,首先,债权人委员会履行职责之目的在于债务人财产价值最大化,系为了所有债权人的共同利益而开展的工作,其中发生的费用应当作为破产费用由债务人承担。但是该些费用应当是在有需要的情况下实际发生,人民法院有权限制过高的支出。其次,债权人委员会聘请独立的、具有专业知识的中介机构协助开展工作,不仅仅是对管理人的工作进行监督,也将有助于债权人在审议与表决关键方案或重整计划时能够作出合理的判断,总体上有利于程序的顺利推进。因此,应当允许债权人委员会聘用专业人员协助履行债权人委员会职能,所支付的费用和报酬可参照《破产审判会议纪要》中第11条管理人聘用其他社会中介机构或人员所需的费用,作为破产费用开支。

---

① 参见王东敏:《新破产法疑难解读与实务操作》,法律出版社2007年版,第108页。

第六十九条　【管理人行为的告知】管理人实施下列行为,应当及时报告债权人委员会:

(一)涉及土地、房屋等不动产权益的转让;

(二)探矿权、采矿权、知识产权等财产权的转让;

(三)全部库存或者营业的转让;

(四)借款;

(五)设定财产担保;

(六)债权和有价证券的转让;

(七)履行债务人和对方当事人均未履行完毕的合同;

(八)放弃权利;

(九)担保物的取回;

(十)对债权人利益有重大影响的其他财产处分行为。

未设立债权人委员会的,管理人实施前款规定的行为应当及时报告人民法院。

【立法·要点注释】

因为管理人对债务人重大财产的处分行为,通常会影响破产程序的结果,并直接影响债权人清偿利益的实现。为保障债权人作为对破产程序的结果具有经济上主要利害关系的当事方的利益,本条规定了管理人实施涉及不动产权益、探矿权、采矿权、知识产权等财产权、全部库存或营业、债权和有价证券的转让,借款,设定财产担保,履行债务人和对方当事人均未履行完毕的合同,放弃权利,收回担保物等及其他对债权人利益有重大影响的财产处分行为,应当及时报告债权人委员会;未设立债权人委员会的,应当及时报告人民法院。

【司法解释】

《最高人民法院关于适用〈中华人民共和国企业破产法〉若干问题的规定(三)》(法释〔2019〕3 号,2019 年 3 月 28 日;法释〔2020〕18 号修正,2021年 1 月 1 日)

第十五条　管理人处分企业破产法第六十九条规定的债务人重大财产

的,应当事先制作财产管理或者变价方案并提交债权人会议进行表决,债权人会议表决未通过的,管理人不得处分。

管理人实施处分前,应当根据企业破产法第六十九条的规定,提前十日书面报告债权人委员会或者人民法院。债权人委员会可以依照企业破产法第六十八条第二款的规定,要求管理人对处分行为作出相应说明或者提供有关文件依据。

债权人委员会认为管理人实施的处分行为不符合债权人会议通过的财产管理或变价方案的,有权要求管理人纠正。管理人拒绝纠正的,债权人委员会可以请求人民法院作出决定。

人民法院认为管理人实施的处分行为不符合债权人会议通过的财产管理或变价方案的,应当责令管理人停止处分行为。管理人应当予以纠正,或者提交债权人会议重新表决通过后实施。

【参考观点】

本条采用列举的方式,罗列了九种对债权人利益有重大影响的、应当及时向债权人委员会报告的财产处分行为。但破产案件往往比较复杂,列举的方式不可能涵盖所有对债权人利益有重大影响的行为。如果管理人实施了不在列举范围内的此类行为,就难以对其进行有效的监督。因此,本条也规定了兜底条款,把未被列举的其他此类行为都纳入债权人委员会的监督之中。[①]

但该条仅规定了管理人的报告义务,而没有明确债权人会议或债权人委员会对此类重大处分行为的决定权,加之实践中对"报告"的内涵和程序理解不一,从而导致在一定程度上影响了对债权人合法权益的保护。《企业破产法解释三》第十五条的规定对该条作出了补充,明确了债权人对管理人处分债务人重大财产的决定权,同时对管理人报告程序予以细化,明确了债权人委员会和人民法院行使监督权的范围和方式。[②]

---

① 参见李国光主编:《新企业破产法理解与适用》,人民法院出版社 2006 年版,第350 页。

② 参见最高人民法院民事审判第二庭编著:《最高人民法院关于企业破产法司法解释(三)理解与适用》,人民法院出版社 2019 年版,第 280 页。

　　管理人对债务人重大财产的处分行为,对债权人的清偿利益造成直接影响,债权人作为破产程序中对债务人财产享有最终权利的主体,应当有权参与决定此类对其权益有重大影响的行为,这是确保债权人合法清偿利益不受损害的重要程序要求。此外,司法解释主要针对的是第一次债权人会议召开后管理人实施的处分行为,第一次债权人会议召开前管理人实施处分的,仍应当按照《企业破产法》第二十六条的规定处理。①

　　债权人委员会不是必设机构,其设立与否由债权人会议根据案件实际需要而决定。为及时处理破产案件中的各种复杂问题,保证破产程序的迅速进行,维护债权人的利益,本条规定债权人会议未设立债权人委员会的,管理人实施以上行为应当及时向人民法院报告。②

编者说明

　　本条仅对管理人需要向债权人委员会或人民法院报告的财产处分行为的种类进行了列举,并未进一步对行为予以细化或者量化。在实务中,可能出现的情形是,当管理人对债务人的知识产权、有价证券等财产进行转让时,虽然财产所涉及的价值较小,却属于应报告的财产处分行为,管理人应依法及时向债权人委员会或者人民法院报告,《企业破产法解释三》第十五条对于管理人报告债权人委员会或人民法院的程序及债权人委员会的异议程序作了详尽的规定。这也导致财产处分的时间、金钱成本增加,也极大拖延了破产程序的效率。

　　编者认为,对管理人处分债务人财产行为的规制,最终应该回归"对债权人利益有重大影响"这一前提条件,而不应简单以行为的种类进行判断和区分。对债权人利益有重大影响的财产处分行为提前进行报告,对债权人利益无重大影响的财产处分行为则无须经过复杂、烦琐的监督程序,符合《企业破产法》的立法本意及提高效率、降低成本的要求。

---

　　①　参见最高人民法院民事审判第二庭副庭长关丽于 2019 年 3 月 28 日在"最高人民法院关于优化营商环境两个司法解释新闻发布会"上答记者问的内容,载最高人民法院网,http://www.court.gov.cn,2019 年 9 月 20 日最后访问。

　　②　参见李国光主编:《新企业破产法理解与适用》,人民法院出版社 2006 年版,第 350 页。

第八章 重 整

第一节　重整申请和重整期间

第七十条　【重整申请】债务人或者债权人可以依照本法规定,直接向人民法院申请对债务人进行重整。

债权人申请对债务人进行破产清算的,在人民法院受理破产申请后、宣告债务人破产前,债务人或者出资额占债务人注册资本十分之一以上的出资人,可以向人民法院申请重整。

【立法·要点注释】

重整是指经利害关系人申请,对可能或已经具备破产原因但又有挽救希望的债务人,通过各方利害关系人的协商,并借助法律强制性地调整他们的利益,对债务人进行生产经营上的整顿和债权债务关系上的清理,以使其摆脱困境、恢复生机的法律制度。关于申请主体方面,债务人、债权人和出资额占债务人注册资本十分之一以上的出资人可以作为重整申请人。

【相关立法】

《中华人民共和国企业破产法》(2006年8月27日第十届全国人民代表大会常务委员会第二十三次会议通过,2007年6月1日)

第二条　企业法人不能清偿到期债务,并且资产不足以清偿全部债务或者明显缺乏清偿能力的,依照本法规定清理债务。

企业法人有前款规定情形,或者有明显丧失清偿能力可能的,可以依照本法规定进行重整。

第七条　债务人有本法第二条规定的情形,可以向人民法院提出重整、和解或者破产清算申请。

债务人不能清偿到期债务,债权人可以向人民法院提出对债务人进行重整或者破产清算的申请。

企业法人已解散但未清算或者未清算完毕,资产不足以清偿债务的,依法负有清算责任的人应当向人民法院申请破产清算。

第一百三十四条　商业银行、证券公司、保险公司等金融机构有本法第二条规定情形的,国务院金融监督管理机构可以向人民法院提出对该金融机构进行重整或者破产清算的申请。国务院金融监督管理机构依法对出现重大经营风险的金融机构采取接管、托管等措施的,可以向人民法院申请中止以该金融机构为被告或者被执行人的民事诉讼程序或者执行程序。

金融机构实施破产的,国务院可以依据本法和其他有关法律的规定制定实施办法。

【司法解释】

《最高人民法院关于〈中华人民共和国企业破产法〉施行时尚未审结的企业破产案件适用法律若干问题的规定》(法释〔2007〕10 号,2007 年 6 月 1 日)

第一条　债权人、债务人或者出资人向人民法院提出重整或者和解申请,符合下列条件之一的,人民法院应予受理:

(一)债权人申请破产清算的案件,债务人或者出资人于债务人被宣告破产前提出重整申请,且符合企业破产法第七十条第二款的规定;

(二)债权人申请破产清算的案件,债权人于债务人被宣告破产前提出重整申请,且符合企业破产法关于债权人直接向人民法院申请重整的规定;

(三)债务人申请破产清算的案件,债务人于被宣告破产前提出重整申请,且符合企业破产法关于债务人直接向人民法院申请重整的规定;

(四)债务人依据企业破产法第九十五条的规定申请和解。

【司法文件】

1.《最高人民法院关于印发〈全国法院破产审判工作会议纪要〉的通知》(法〔2018〕53 号,2018 年 3 月 4 日)

23. 破产宣告的条件。人民法院受理破产清算申请后,第一次债权人会议上无人提出重整或和解申请的,管理人应当在债权审核确认和必要的审计、资产评估后,及时向人民法院提出宣告破产的申请。人民法院受理破产和解或重整申请后,债务人出现应当宣告破产的法定原因时,人民法院应当依法宣告债务人破产。

24. 破产宣告的程序及转换限制。相关主体向人民法院提出宣告破产申请的,人民法院应当自收到申请之日起七日内作出破产宣告裁定并进行公

告。债务人被宣告破产后,不得再转入重整程序或和解程序。

2.《最高人民法院印发〈关于审理上市公司破产重整案件工作座谈会纪要〉的通知》(法〔2012〕261号,2012年10月29日)

三、关于上市公司破产重整的申请

会议认为,上市公司不能清偿到期债务,并且资产不足以清偿全部债务或者明显缺乏清偿能力,或者有明显丧失清偿能力可能的,上市公司或者上市公司的债权人、出资额占上市公司注册资本十分之一以上的出资人可以向人民法院申请对上市公司进行破产重整。

申请人申请上市公司破产重整的,除提交《企业破产法》第八条规定的材料外,还应当提交关于上市公司具有重整可行性的报告、上市公司住所地省级人民政府向证券监督管理部门的通报情况材料以及证券监督管理部门的意见、上市公司住所地人民政府出具的维稳预案等。上市公司自行申请破产重整的,还应当提交切实可行的职工安置方案。

【参考观点】

一、关于重整申请的主体

根据本条的规定,重整程序的申请人一般为债务人、债权人及债务人的出资人,除此之外,根据《企业破产法》第一百三十四条的规定,商业银行、证券公司、保险公司等金融机构有《企业破产法》第二条规定情形的,国务院金融监督管理机构可以向人民法院提出对该金融机构进行重整或者破产清算的申请。

二、关于破产清算程序向重整程序的转换

根据本条第二款的规定,债权人申请对债务人进行破产清算的,在人民法院受理破产申请后、宣告债务人破产前,人民法院可以根据债务人或者出资额占债务人注册资本十分之一以上的出资人的申请,决定是否对债务人进行重整,实现由破产清算程序向重整程序的转换。但是,除此之外的其他主体是否可以申请重整尚未有明确规定。比如,债权人申请破产清算的,同一债权人或者其他债权人是否可以申请重整?或者反过来说,债务人申请破产清算,债权人和出资人是否可以申请重整?因考虑到重整作为"治病救人"

的一种机制,要尽可能给予其被挽救的机会。[1]

根据本条规定,债务人或出资人应在法院宣告债务人破产前提出重整申请,但《企业破产法》并未对已受理的破产清算案件有关宣告破产的时间、条件和程序等作出明确规定,对此,《破产审判会议纪要》第 23 条进行了明确,规定了破产清算案件宣告破产的条件和程序,即人民法院受理破产清算申请后,第一次债权人会议上无人提出重整或和解申请的,管理人应当在债权审核确认和必要的审计、资产评估后,及时向人民法院提出宣告破产的申请。因此,债权人申请债务人破产清算的,债务人或出资人应当及时提出重整申请,充分利用破产受理后至宣告破产前的期间,积极对债务人进行挽救。[2]

但对于人民法院审理的《企业破产法》施行前受理的、施行时尚未审结的企业破产案件,由于尚未审结案件的申请人,在启动破产清算程序时系基于《企业破产法(试行)》规范的规定,因《企业破产法(试行)》没有规定重整制度,申请人仅能提起破产清算程序,因此,在《企业破产法》施行后,只要尚未宣告债务人破产的,应当尽可能赋予有关主体申请转入重整的机会。这里应当包括两种情形:一是符合《企业破产法》规定情形下破产清算向和解或者重整程序的转化,即债权人、债务人或者出资额占债务人注册资本十分之一以上的出资人,依据《企业破产法》第七十条第二款申请对债务人进行重整。二是对于《企业破产法》施行前债权人申请破产清算的案件,《企业破产法》施行后,债权人于宣告债务人破产前提出重整申请;或者《企业破产法》施行前债务人申请破产清算的案件,《企业破产法》施行后,债务人于宣告其破产前提出重整申请的,虽然并不符合本条第二款关于破产清算向重整程序转化的规定,但是只要符合《企业破产法》关于债权人或者债务人直接向人民法院申请重整的规定,人民法院亦应予以受理。[3]

三、在债务人被宣告破产后不得再转入重整程序

《企业破产法》没有明确规定宣告破产后能否申请将破产清算程序转入

---

[1] 参见刘敏:《破产审判新动态及应对策略》,载王欣新、郑志斌主编:《破产法论坛》(第十二辑),法律出版社 2016 年版,第 23 页。

[2] 参见贺小荣、葛洪涛、郁琳:《破产清算、关联企业破产以及执行与破产衔接的规范与完善——〈全国法院破产审判工作会议纪要〉的理解与适用(下)》,载《人民司法·应用》2018 年第 16 期。

[3] 参见最高人民法院民事审判第二庭编著:《最高人民法院关于企业破产法司法解释理解与适用——破产管理人制度·新旧破产法衔接》,人民法院出版社 2007 年版,第 31 页。

重整,而是在本条第二款中明确限定破产清算程序转重整程序应在破产宣告前进行。如果仍允许在破产宣告后转入重整,在一定程度上增加了程序适用的不确定性,也增加了债权人通过破产清算程序获得清偿的成本。因此,《破产审判会议纪要》第 24 条明确规定,债务人被宣告破产后,不得再转入重整程序或和解程序。①

【最高人民法院公布案例】

1. 重庆海虹服饰有限公司破产清算转重整案

——破产清算转重整,充分运用重整维系有经营前景企业生存。

【案情简介】

重庆海虹服饰有限公司(以下简称海虹服饰公司)是一家成立于 2004 年 11 月的民营企业,注册资本 6000 万元,主要从事工作服的加工与销售。受经济下行压力影响以及新冠肺炎疫情冲击,企业经营出现困难。经债权人申请,2020 年 5 月 28 日,重庆市第五中级人民法院裁定受理海虹服饰公司破产清算案。

管理人接管企业时发现,企业处于正常经营状态,在职职工 50 人,有完整的生产线和成熟的销售网络,且有 10 份购销合同未履行完毕。为维持企业营运价值,稳定职工就业,经管理人申请,法院许可海虹服饰公司继续营业。2020 年 11 月 27 日,法院在充分考虑债权人利益的情况下,经债务人申请依法裁定海虹服饰公司由破产清算程序转为重整程序。2020 年 12 月 16 日,海虹服饰公司第二次债权人会议召开,重整计划草案获参加表决的债权组全票通过。2021 年 1 月 6 日,法院裁定批准重整计划。该案虽经历破产清算到重整的程序转换,但从裁定受理到裁定批准重整计划历时仅 224 天。

【裁判要旨及典型意义】

本案是积极运用破产程序的转换,充分促进企业重整的典型案例。

我国《企业破产法》通过规定破产清算与重整之间的转换,为进入破产清算但仍具有市场前景的企业提供了重生的机会。利用破产程序转换拯救

---

① 参见贺小荣、葛洪涛、郁琳:《破产清算、关联企业破产以及执行与破产衔接的规范与完善——〈全国法院破产审判工作会议纪要〉的理解与适用(下)》,载《人民司法·应用》2018 年第 16 期。

具有市场价值的危困企业,促进更多企业重生,对于做好"六保"工作具有积极意义。人民法院应按照法律规定针对不同企业的情况精准识别和研判,依法灵活运用恰当的破产方式,积极促进有拯救价值的企业重整。

本案中,法院在综合分析企业生产、销售能力和市场前景的基础上,及时依法裁定由破产清算转入重整,高效完成整个破产程序,实现了相关利益主体共赢。企业摆脱困境继续发展,职工就业得以保障,同时也大幅提高了债权清偿率,最大程度维护了债权人合法权益。

【案例来源】

最高人民法院发布优化营商环境十大破产典型案例(2021年4月28日)。

2. 唐山佳华煤化工有限公司破产清算转破产重整案

——对于债务人申请的破产清算案件,债务人、债权人和符合法定条件的股东应当拥有后续重整申请权。

【基本案情】

唐山佳华煤化工有限公司(以下简称佳华公司)是成立于2004年的一家中外合资企业。2016年前后,国内钢铁、焦化行业持续低迷,公司负债率居高不下。2016年1月7日,佳华公司以资产不足以清偿全部债务为由,向河北省唐山市中级人民法院(以下简称唐山中院)申请破产清算。2016年2月16日,唐山中院依法裁定受理佳华公司破产清算一案。佳华公司管理人受理债权申报金额约51亿元,公司重整状态下资产评估价值为33亿元。经了解,如果对佳华公司进行破产清算,其主要资产将失去使用价值,还可能出现处置成本高于处置价值的情形,将严重减损广大债权人的利益。基于此,唐山中院就佳华公司是否具有重整价值和挽救可能进行了实质审查,结果显示进行破产重整符合社会各方意愿,有利于实现各方利益共赢。虽然法律没有明确规定债务人申请破产清算后可以转入重整程序,但进行上述程序转换不违反法律规定,符合《中华人民共和国企业破产法》的立法本意。其后,管理人在佳华公司第一次债权人会议上向参会债权人征求将破产清算转为重整的意见,95%以上的参会债权人同意程序转换。

【裁判结果】

唐山中院认为,《中华人民共和国企业破产法》在第七十条第一款规定了债务人和债权人可以直接申请破产重整,第二款再次赋予债务人发起破产重整程序的权利,其立法本意和目的是强调清算程序与重整程序的转换,而并非由谁首先发起破产清算程序。对于债务人申请的破产清算案件,债务人、债权人和符合法定条件的股东应当拥有后续重整申请权。唐山中院于2017年5月22日作出民事裁定,裁定自2017年5月22日起对佳华公司进行重整。后于2018年8月22日裁定批准《重整计划》并终止佳华公司的重整程序。

【典型意义】

本案的妥善处理凸显唐山中院在审理跨行政区划且涉及社会稳定案件时,能够坚持从大局出发,创新司法理念,充分发挥人民法院司法能动性,助力破产企业从清算困境扭转为涅槃重生,努力实现了法律效果和社会效果的有机统一。

【案例来源】

最高人民法院发布5件人民法院服务保障京津冀协同发展典型案例(2021年9月24日)。

编者说明

一般情形下重整程序的申请人为债务人、债权人及债务人的出资人,其中债务人、债权人可以直接申请,出资人不能直接申请重整,且需占债务人注册资本十分之一以上的出资人在特定条件下才享有申请破产清算转重整程序的权利。对于债务人自行申请破产清算的案件在人民法院宣告破产清算前,债务人、债权人、占债务人注册资本十分之一以上的出资人是否可以申请重整,以及债权人申请破产清算的案件在人民法院宣告破产清算前,申请人或者其他债权人是否可以申请重整,编者认为,关键在于债务人是否具有重整价值和重整可行性,应尽可能地赋予该等主体在债务人被宣告破产清算前申请重整的权利,以尽可能挽救债务人。

第七十一条 【裁定重整与公告】人民法院经审查认为重整申请符合本法规定的,应当裁定债务人重整,并予以公告。

【立法·要点注释】

人民法院在收到重整申请后,应当对重整申请进行审查,决定是否许可债务人重整,对重整申请的审查主要涉及债务人有无重整能力、是否具备重整原因、申请人是否有重整申请权、提交的申请文件和有关证据是否符合《企业破产法》的规定等。人民法院经审查认为重整申请符合《企业破产法》规定的,应当裁定债务人重整并进行公告。

【司法文件】

1.《最高人民法院关于印发〈全国法院破产审判工作会议纪要〉的通知》（法〔2018〕53号,2018年3月4日）

14. 重整企业的识别审查。破产重整的对象应当是具有挽救价值和可能的困境企业;对于僵尸企业,应通过破产清算,果断实现市场出清。人民法院在审查重整申请时,根据债务人的资产状况、技术工艺、生产销售、行业前景等因素,能够认定债务人明显不具备重整价值以及拯救可能性的,应裁定不予受理。

15. 重整案件的听证程序。对于债权债务关系复杂、债务规模较大,或者涉及上市公司重整的案件,人民法院在审查重整申请时,可以组织申请人、被申请人听证。债权人、出资人、重整投资人等利害关系人经人民法院准许,也可以参加听证。听证期间不计入重整申请审查期限。

2.《最高人民法院印发〈关于企业破产案件信息公开的规定(试行)〉的通知》（法发〔2016〕19号,2016年8月1日）

第七条 人民法院、破产管理人可以在破产重整案件信息网发布破产程序有关公告。

人民法院、破产管理人在其他媒体发布公告的,同时要在破产重整案件信息网发布公告。人民法院、破产管理人在破产重整案件信息网发布的公告具有法律效力。

3.《最高人民法院关于依法开展破产案件审理积极稳妥推进破产企业救治和清算工作的通知》（法〔2016〕169号,2016年5月6日）

三、切实建立健全破产案件审理工作机制。一要健全破产重整企业识别机制。各地法院要围绕让人民法院成为"生病企业"医院目标,对虽符合破产受理条件但具有运营价值的企业,要以市场化为导向,积极开展破产和解和重整,有效利用各种资源,使企业恢复生机。对救治无效或者其他不能适应市场需要的企业,要加快破产清算、及时释放生产要素,实现市场出清。二要在地方党委领导下,积极与政府建立"府院企业破产工作统一协调机制"。协调机制要统筹企业破产重整和清算相关工作,妥善解决企业破产过程中出现的各种问题。三要建立全国企业破产重整案件信息平台机制。各地法院要按照最高人民法院全国企业破产重整案件信息平台建设工作要求,做好破产案件前期信息整理工作,确保信息平台上线后顺畅运行。实现重整企业信息公开、破产程序公开、化解破产受理难问题的目标。四要建立合法有序的利益衡平机制。各地法院要依法处理职工工资、国家税收、担保债权、普通债权的实现顺序和实现方式,审慎协调各方利益。

4.《最高人民法院关于人民法院为企业兼并重组提供司法保障的指导意见》(法发〔2014〕7号,2014年6月3日)

16. 有效发挥破产重整程序的特殊功能,促进企业资源的流转利用。要积极支持符合产业政策调整目标、具有重整希望和可能的企业进行破产重整。通过合法高效的破产重整程序,帮助企业压缩和合并过剩产能,优化资金、技术、人才等生产要素配置。要注重结合企业自身特点,及时指定重整案件管理人,保障企业业务流程再造和技术升级改造。在企业重整计划的制定和批准上,要着眼建立健全防范和化解过剩产能长效机制,防止借破产重整逃避债务、不当耗费社会资源,避免重整程序空转。

5.《最高人民法院印发〈关于审理上市公司破产重整案件工作座谈会纪要〉的通知》(法〔2012〕261号,2012年10月29日)

三、关于上市公司破产重整的申请

会议认为,上市公司不能清偿到期债务,并且资产不足以清偿全部债务或者明显缺乏清偿能力,或者有明显丧失清偿能力可能的,上市公司或者上市公司的债权人、出资额占上市公司注册资本十分之一以上的出资人可以向人民法院申请对上市公司进行破产重整。

申请人申请上市公司破产重整的,除提交《企业破产法》第八条规定的材料外,还应当提交关于上市公司具有重整可行性的报告、上市公司住所地省级人民政府向证券监督管理部门的通报情况材料以及证券监督管理部门的意见、上市公司住所地人民政府出具的维稳预案等。上市公司自行申请破产重整的,还应当提交切实可行的职工安置方案。

四、关于对上市公司破产重整申请的审查

会议认为,债权人提出重整申请,上市公司在法律规定的时间内提出异议,或者债权人、上市公司、出资人分别向人民法院提出破产清算申请和重整申请的,人民法院应当组织召开听证会。

人民法院召开听证会的,应当于听证会召开前通知申请人、被申请人,并送达相关申请材料。公司债权人、出资人、实际控制人等利害关系人申请参加听证的,人民法院应当予以准许。人民法院应当就申请人是否具备申请资格、上市公司是否已经发生重整事由、上市公司是否具有重整可行性等内容进行听证。

鉴于上市公司破产重整案件较为敏感,不仅涉及企业职工和二级市场众多投资者的利益安排,还涉及与地方政府和证券监管机构的沟通协调。因此,目前人民法院在裁定受理上市公司破产重整申请前,应当将相关材料逐级报送最高人民法院审查。

6.《最高人民法院关于正确审理企业破产案件为维护市场经济秩序提供司法保障若干问题的意见》(法发〔2009〕36 号,2009 年 6 月 12 日)

3. 对于虽然已经出现破产原因或者有明显丧失清偿能力可能,但符合国家产业结构调整政策、仍具发展前景的企业,人民法院要充分发挥破产重整和破产和解程序的作用,对其进行积极有效的挽救。破产重整和和解制度,为尚有挽救希望的危困企业提供了避免破产清算死亡、获得再生的机会,有利于债务人及其债权人、出资人、职工、关联企业等各方主体实现共赢,有利于社会资源的充分利用。努力推动企业重整和和解成功,促进就业、优化资源配置、减少企业破产给社会带来的不利影响,是人民法院审理企业破产案件的重要目标之一,也是人民法院商事审判工作服务于保增长、保民生、保稳定大局的必然要求。

6. 人民法院要充分发挥司法能动作用,注重做好当事人的释明和协调工作,合理适用破产重整和和解程序。对于当事人同时申请债务人清算、重整、和解的,人民法院要根据债务人的实际情况和各方当事人的意愿,在组织各方当事人充分论证的基础上,对于有重整或者和解可能的,应当依法受理重整或者和解申请。当事人申请重整,但因企业经营规模较小、虽有挽救必要但重整成本明显高于重整收益的困难企业,有关权利人不同意重整的,人

民法院可引导当事人通过和解方式挽救企业。人民法院要加强破产程序中的调解工作,在法律允许的框架下,积极支持债务人、管理人和新出资人等为挽救企业所做的各项工作,为挽救困难企业创造良好的法律环境。

【部门规章及规范性文件】

1.《国务院关于进一步提高上市公司质量的意见》(国发〔2020〕14 号,2020 年 10 月 5 日)①

(十)严肃处置资金占用、违规担保问题。控股股东、实际控制人及相关方不得以任何方式侵占上市公司利益。坚持依法监管、分类处置,对已形成的资金占用、违规担保问题,要限期予以清偿或化解;对限期未整改或新发生的资金占用、违规担保问题,要严厉查处,构成犯罪的依法追究刑事责任。依法依规认定上市公司对违规担保合同不承担担保责任。上市公司实施破产重整的,应当提出解决资金占用、违规担保问题的切实可行方案。(证监会、最高人民法院、公安部等单位与各省级人民政府负责)

2.《上海证券交易所上市公司自律监管指引第 13 号——破产重整等事项》(上证发〔2022〕41 号,2022 年 3 月 31 日)

第九条　上市公司拟主动提出重整、和解或者破产清算申请的,应当充分评估是否符合《企业破产法》等规定的条件、被法院受理的可行性以及对上市公司持续经营能力的影响等,并提交董事会、股东大会审议。

3.《深圳证券交易所上市公司自律监管指引第 14 号——破产重整等事项》(深证上〔2022〕325 号,2022 年 3 月 31 日)

第九条　上市公司拟主动提出重整、和解或者破产清算申请的,应当充分评估是否符合《企业破产法》等规定的条件、被法院受理的可行性以及对上市公司持续经营能力的影响等,并提交董事会、股东大会审议。

---

①　实为国务院规范性文件,鉴于由具体部门牵头及与其他文件的相关性,置于现栏目下。——编者注

【参考观点】

由于《企业破产法》规定的重整原因比较宽松，人民法院在审查是否受理重整案件时，除重整原因之外，要加强重整对象的识别审查，防止重整程序滥用。《破产审判会议纪要》第 14 条对重整适用的对象作了明确限定，即破产重整的对象应当是具有挽救价值和可能的困境企业，人民法院在裁定是否启动重整程序时应注意以下几个方面：

一、重整对象应是债务出现问题的困境企业

根据《企业破产法》第二条的规定，重整对象就是出现该条所规定的破产重整原因的企业，即不能清偿到期债务，并且资产不足以清偿全部债务或者明显缺乏清偿能力的企业，或者有明显丧失清偿能力可能的企业。从破产重整成功的案例看，重整程序一般适合于较大规模且明显具有运营价值的企业。在适用重整程序时，应当结合企业所属产业前景、陷入困境的原因、企业财务目标或指标等因素综合判断，严格控制增量，防止新的产能过剩。①

二、困境企业应具有拯救价值和拯救可能

作为重整对象的困境企业应具有拯救价值和拯救可能，这是启动重整程序应具备的必要性和可能性标准。困境企业即便出现了重整原因，但如不具有拯救的价值和可能，也无启动重整程序之必要。困境企业的拯救价值体现在其继续经营价值高于清算价值，维持企业的继续经营有利于债权人、债务人、出资人、员工等各利害关系人，有利于社会整体价值最大化。困境企业具有挽救的可能，是指企业通过调整债权债务关系以及生产经营等，具有重新获得盈利能力、恢复清偿能力的前景和可能性。从另一方面看，困境企业的挽救需要各利害关系人共同努力、各自作出不同程度的让步才有实现的可能性，因此，如果各方利害关系人没有挽救债务人企业的意愿，或者均不愿作出让步，也就表明债务人企业不具有挽救希望。当事人申请重整，但因企业经营规模较小、虽有挽救必要但重整成本明显高于重整收益的困境企业，有关权利人不同意重整的，人民法院可引导当事人通过和解方式挽救企业。

债务人具有拯救价值和拯救可能性才具有重整可行性，重整申请的可行

---

① 参见杨临萍：《最高人民法院关于当前商事审判工作中的若干具体问题》，载杜万华主编：《民事法律文件解读》（总第 134 辑），人民法院出版社 2016 年版。

性判断可以通过重整申请的听证程序进行，提交重整申请的主体具有举证证明重整可行性的义务，法官根据听证会的情况，分析判断并作出结论。但会出现司法判断和商业判断的差别问题，有些案件可能从商业判断来看有一定的重整可行性，但从法官角度来看，可能会认为可行性非常小，由此涉及商业判断和司法判断的冲突，在此情形下，要尽可能尊重商业判断。①

三、关于重整申请审查的听证程序

根据《破产审判会议纪要》第15条的规定，在对重整申请进行审查时，除书面材料审查外，对债权债务关系复杂、债务规模较大，或者涉及上市公司重整的案件，还可以组织申请人、被申请人听证。此外，为慎重起见，人民法院还可以向工商行政管理机关、劳动部门、税务部门、银行、证券监督管理机构等机构调查核实企业的经济、财务状况，了解企业的重整原因、重整前景等信息和意见，综合考虑债务人是否有重整的希望。②

针对上市公司重整申请应当召开听证会的情形及听证会应注意的事项，《审理上市公司破产重整座谈会纪要》第四条进行了明确，即：债权人提出重整申请，上市公司在法律规定的时间内提出异议，或者债权人、上市公司、出资人分别向人民法院提出破产清算申请和重整申请的，人民法院应当组织召开听证会。人民法院召开听证会的，应当于听证会召开前通知申请人、被申请人，并送达相关申请材料。公司债权人、出资人、实际控制人等利害关系人申请参加听证的，人民法院应当予以准许。人民法院应当就申请人是否具备申请资格、上市公司是否已经发生重整事由、上市公司是否具有重整可行性等内容进行听证。

四、关于对上市公司破产重整申请的审查

上市公司破产重整案件与一般的民商事案件不同，在是否受理的审查中涉及很多内容，尤其是上市公司作为股票在证券交易所交易的股份有限公司，其破产重整还必然涉及证券监管机构监管的有关问题。根据《审理上市公司破产重整座谈会纪要》的规定，申请人向法院申请上市公司破产重整时应当提交的除《企业破产法》第八条规定的材料外，还需其他特殊材料，包括上市公司具有重整可行性的报告、上市公司住所地省级人民政府向证券监督

---

① 参见刘敏：《破产审判新动态及应对策略》，载王欣新、郑志斌主编：《破产法论坛》（第十二辑），法律出版社2016年版，第23页。

② 参见李国光主编：《新企业破产法理解与适用》，人民法院出版社2006年版，第373页。

管理部门的通报情况材料以及证券监督管理部门的意见、上市公司住所地人民政府出具的维稳预案等。并且,在目前的市场环境下,上市公司破产重整案件较为敏感,不仅涉及企业职工和二级市场众多投资者的利益安排,还涉及与地方政府和证券监管机构的沟通协调,人民法院在拟受理上市公司破产重整申请前,应当将相关材料逐级报送至最高人民法院审查。① 前述相关材料的出具需要协调多个部门,可能造成案件受理的前置周期较长,导致公司的经营状况与财务状况进一步恶化,破产的保护功能无法及时发挥作用,形成对公司拯救不及时,拯救成本加大等不利因素,对此,一方面是要鼓励相关主体及时提出申请,避免等到企业价值已经消耗殆尽才进入重整程序;另一方面可以考虑设置临时管理人的模式,对重整申请后法院裁定受理前的债务人财产予以保全。②

编者说明

相较于非上市公司的破产重整申请只需管辖法院进行审查,我国对上市公司重整申请的审查较严,《审理上市公司破产重整座谈会纪要》对此作出了相关规定。具体而言,通常情况下,在管辖法院决定受理上市公司的重整申请前,尚需要完成如下工作:第一,地方政府向证监会出具商请函、重整可行性报告、维稳预案等。第二,证监会安排属地证监局就是否存在违规担保、资金占用、未披露的融资贷款及其他违法违规事项等进行核查,并结合征信报告、金融债权信息披露的法律意见书、公安机关出具的无犯罪记录证明、工商和税务机关出具的相关证明文件等,同意上市公司重整的,出具无异议函,并抄送最高人民法院。第三,管辖法院层报最高人民法院请示是否可以受理。第四,最高人民法院根据受理法院报请的材料及证监会的函件,对重整申请进行审查。经审查同意立案的,管辖法院根据最高人民法院的批复,裁定受理上市公司重整申请。

上市公司重整的难点往往不在于重整本身,而在于重整程序启动的前置审批程序。一方面,近年来部分上市公司尝试通过重整摆脱困境,但因自身存在资金占用、违规担保等"硬伤"而迟迟无法获得受理,或最终退市;另一方面,在

---

① 参见宋晓明、张勇健、赵柯:《〈关于审理上市公司破产重整案件工作座谈会纪要〉的理解与适用》,载《人民司法·应用》2013年第1期。

② 参见最高人民法院民二庭第五合议庭:《上市公司破产重整案件审理情况总结报告》,载最高人民法院民事审判第二庭编:《商事审判指导》2014年第3辑(总第39辑),人民法院出版社2015年版,第24~25页。

2018年至2022年间,共计51家上市公司实施了重整,从提出重整申请到管辖法院受理,平均耗时近7个月。与此相应的则是上市公司基于保壳需求,对于重整完成的时间要求通常较为紧迫,可谓生死时速。自2019年*ST德奥首先实施预重整以来,预重整几乎成为上市公司重整的标配。通过预重整,将重整中最为核心的重整计划草案起草和协商工作在上市公司正式进入重整程序前实施或者完成,可以有效缩短重整期间、加快重整进度,以完成保壳目的。编者认为,上市公司重整的受理除法院依法审查外,还涉及法院与政府、监管机构多个部门的沟通协调,存在较大不确定性,建议进一步明确各部门的审查程序、时限和具体审查标准,为拟申请重整的上市公司等市场主体提供更为合理和清晰的预期。

第七十二条　【重整期间】自人民法院裁定债务人重整之日起至重整程序终止,为重整期间。

【立法·要点注释】

重整期间系指法院裁定债务人重整至重整程序终止这一特定的期间。重整程序终止则可进一步区分为完成性终止和非完成性终止。前者系指重整计划获得批准,进入重整计划执行阶段,该期间亦不属于重整期间。后者的情形较为复杂,但其法律效果是一致的,即债务人均被宣告破产清算。重整期间相关当事人的权利义务将受到相应的影响。

【相关立法】

《中华人民共和国企业破产法》(2006年8月27日第十届全国人民代表大会常务委员会第二十三次会议通过,2007年6月1日)

第七十八条　在重整期间,有下列情形之一的,经管理人或者利害关系人请求,人民法院应当裁定终止重整程序,并宣告债务人破产:

(一)债务人的经营状况和财产状况继续恶化,缺乏挽救的可能性;

(二)债务人有欺诈、恶意减少债务人财产或者其他显著不利于债权人的行为;

(三)由于债务人的行为致使管理人无法执行职务。

第七十九条　债务人或者管理人应当自人民法院裁定债务人重整之日

起六个月内,同时向人民法院和债权人会议提交重整计划草案。

前款规定的期限届满,经债务人或者管理人请求,有正当理由的,人民法院可以裁定延期三个月。

债务人或者管理人未按期提出重整计划草案的,人民法院应当裁定终止重整程序,并宣告债务人破产。

【参考观点】

本条规定了重整期间,但没有明确规定重整的具体时限,但是这并不意味着重整期间可以无限延长。根据《企业破产法》的相关规定,自人民法院裁定批准债务人重整之日起,债务人或者管理人应当在6个月内提交重整计划草案,有正当理由的,经债务人或者管理人申请,人民法院可以裁定延长3个月。人民法院应当自收到重整计划草案起30日内召开债权人会议,付诸表决。自重整计划通过之日起10日内,债务人或者管理人应当向人民法院提出批准重整计划的申请,人民法院应当自收到申请之日起30日内裁定批准,终止重整程序。部分表决组未通过重整计划草案的,债务人或者管理人可以同未通过重整计划草案的表决组协商再行表决一次,该表决组拒绝协商或再行表决仍未通过重整计划草案的,债务人或者管理人可以申请人民法院强制批准重整计划草案,人民法院应当在收到申请之日起30日内审查该重整计划草案是否符合《企业破产法》规定的条件,并裁定是否批准重整计划草案。逾期不提交重整计划草案、重整计划草案未获通过、人民法院没有裁定批准重整计划草案的,人民法院应当裁定终止重整程序并宣告债务人破产。从上述分析可以看出,一般来说,重整期间最长可以达到12个月以上。[①]

第七十三条 【债务人自行管理与营业】在重整期间,经债务人申请,人民法院批准,债务人可以在管理人的监督下自行管理财产和营业事务。

有前款规定情形的,依照本法规定已接管债务人财产和营业事务的管理人应当向债务人移交财产和营业事务,本法规定的管理人的职权由

---

① 参见李国光主编:《新企业破产法理解与适用》,人民法院出版社2006年版,第378页。

债务人行使。

【立法·要点注释】

在重整过程中,为了发挥债务人经营管理人员了解企业真实情况的优势,鼓励债务人通过法定程序尽早走出经营困境,本条规定,经债务人申请,人民法院可以许可债务人自行管理财产和营业事务。如果债务人不提出申请或者人民法院驳回其申请的,仍然由管理人来管理债务人财产和营业事务。债务人自行管理财产和营业事务的,已接管债务人财产和营业事务的管理人应当向债务人移交财产和营业事务,《企业破产法》规定的管理人的职权由债务人行使。

【相关立法】

《中华人民共和国企业破产法》(2006 年 8 月 27 日第十届全国人民代表大会常务委员会第二十三次会议通过,2007 年 6 月 1 日)

第二十五条　管理人履行下列职责:

(一)接管债务人的财产、印章和账簿、文书等资料;

(二)调查债务人财产状况,制作财产状况报告;

(三)决定债务人的内部管理事务;

(四)决定债务人的日常开支和其他必要开支;

(五)在第一次债权人会议召开之前,决定继续或者停止债务人的营业;

(六)管理和处分债务人的财产;

(七)代表债务人参加诉讼、仲裁或者其他法律程序;

(八)提议召开债权人会议;

(九)人民法院认为管理人应当履行的其他职责。

本法对管理人的职责另有规定的,适用其规定。

第八十条　债务人自行管理财产和营业事务的,由债务人制作重整计划草案。

管理人负责管理财产和营业事务的,由管理人制作重整计划草案。

第九十条　自人民法院裁定批准重整计划之日起,在重整计划规定的监督期内,由管理人监督重整计划的执行。

在监督期内,债务人应当向管理人报告重整计划执行情况和债务人财务状况。

第九十一条 监督期届满时,管理人应当向人民法院提交监督报告。自监督报告提交之日起,管理人的监督职责终止。

管理人向人民法院提交的监督报告,重整计划的利害关系人有权查阅。

经管理人申请,人民法院可以裁定延长重整计划执行的监督期限。

【司法文件】

1.《最高人民法院关于印发〈全国法院民商事审判工作会议纪要〉的通知》(法〔2019〕254 号,2019 年 11 月 8 日)

111.【债务人自行管理的条件】重整期间,债务人同时符合下列条件的,经申请,人民法院可以批准债务人在管理人的监督下自行管理财产和营业事务:

(1)债务人的内部治理机制仍正常运转;

(2)债务人自行管理有利于债务人继续经营;

(3)债务人不存在隐匿、转移财产的行为;

(4)债务人不存在其他严重损害债权人利益的行为。

债务人提出重整申请时可以一并提出自行管理的申请。经人民法院批准由债务人自行管理财产和营业事务的,企业破产法规定的管理人职权中有关财产管理和营业经营的职权应当由债务人行使。

管理人应当对债务人的自行管理行为进行监督。管理人发现债务人存在严重损害债权人利益的行为或者有其他不适宜自行管理情形的,可以申请人民法院作出终止债务人自行管理的决定。人民法院决定终止的,应当通知管理人接管债务人财产和营业事务。债务人有上述行为而管理人未申请人民法院作出终止决定的,债权人等利害关系人可以向人民法院提出申请。

2.《最高人民法院关于印发〈全国法院破产审判工作会议纪要〉的通知》(法〔2018〕53 号,2018 年 3 月 4 日)

9. 进一步落实管理人职责。在债务人自行管理的重整程序中,人民法院要督促管理人制订监督债务人的具体制度。在重整计划规定的监督期内,管理人应当代表债务人参加监督期开始前已经启动而尚未终结的诉讼、仲裁

活动。重整程序、和解程序转入破产清算程序后,管理人应当按照破产清算程序继续履行管理人职责。

3.《最高人民法院印发〈关于审理上市公司破产重整案件工作座谈会纪要〉的通知》(法〔2012〕261号,2012年10月29日)

五、关于对破产重整上市公司的信息保密和披露

会议认为,对于股票仍在正常交易的上市公司,在上市公司破产重整申请相关信息披露前,上市公司及其债权人、出资人等利害关系人应当按照法律、行政法规、证券监管机构的部门规章及证券交易所上市规则做好信息保密工作。

上市公司的债权人提出破产重整申请的,人民法院应当要求债权人提供其已就此告知上市公司的有关证据。上市公司应当按照相关规则及时履行信息披露义务。

上市公司进入破产重整程序后,由管理人履行相关法律、行政法规、部门规章和公司章程规定的原上市公司董事会、董事和高级管理人员承担的职责和义务,上市公司自行管理财产和营业事务的除外。管理人在上市公司破产重整程序中存在信息披露违法违规行为的,应当依法承担相应的责任。

4.《最高人民法院关于正确审理企业破产案件为维护市场经济秩序提供司法保障若干问题的意见》(法发〔2009〕36号,2009年6月12日)

12. 企业重整中,因涉及重大资产重组、经营模式选择、引入新出资人等商业运作内容,重整中管理人的职责不仅是管理和处分债务人财产,更要管理债务人的经营业务,特别是制定和执行重整计划。因此,在我国目前管理人队伍尚未成熟的情况下,人民法院指定管理人时,应当注意吸收相关部门和人才,根据实际情况选择指定的形式和方式,以便产生适格管理人。

【部门规章及规范性文件】

1.《上海证券交易所上市公司自律监管指引第13号——破产重整等事项》(上证发〔2022〕41号,2022年3月31日)

第十九条 进入破产程序的上市公司采取管理人管理运作模式的,管理人及其成员应当按照有关法律法规及本所业务规则等及时、公平地向所有债

权人和股东披露信息,并保证信息披露内容的真实、准确、完整。

上市公司披露的定期报告应当由管理人的成员签署书面确认意见,披露的临时报告应当由管理人发布并加盖管理人公章。

第二十条 进入破产程序的上市公司采取管理人监督运作模式的,上市公司应当及时披露自行管理财产和营业事务职权范围,董事会、监事会和高级管理人员应当按照有关法律法规及本所业务规则有关规定履行信息披露义务。

在行使管理人职责期间,管理人应当及时将涉及信息披露的所有事项告知上市公司董事会,并监督董事、监事和高级管理人员勤勉尽责地履行信息披露义务。

2.《深圳证券交易所上市公司自律监管指引第 14 号——破产重整等事项》(深证上〔2022〕325 号,2022 年 3 月 31 日)

第十九条 进入破产程序的上市公司采取管理人管理运作模式的,管理人及其成员应当按照有关法律法规及本所业务规则等及时、公平地向所有债权人和股东披露信息,并保证信息披露内容的真实、准确、完整。

上市公司披露的定期报告应当由管理人的成员签署书面确认意见,披露的临时报告应当由管理人发布并加盖管理人公章。

第二十条 进入破产程序的上市公司采取管理人监督运作模式的,上市公司应当及时披露自行管理财产和营业事务职权范围,董事会、监事会和高级管理人员应当按照有关法律法规及本所业务规则有关规定履行信息披露义务。

在行使管理人职责期间,管理人应当及时将涉及信息披露的所有事项告知上市公司董事会,并监督董事、监事和高级管理人员勤勉尽责地履行信息披露义务。

【参考观点】

我国《企业破产法》关于重整程序中的经营模式采用管理人管理为原则,债务人自行管理为例外的模式。我国的债务人自行管理是在管理人监督下的自行管理。对债务人自行管理的条件、自行管理的申请时间、自行管理的职责、自行管理期间的管理人监督职责和债权人的救济途径等问题,《九

民会议纪要》第 111 条进行了详细的规定:

一、关于债务人自行管理的条件

从立法目的来看,实行债务人自行管理制度既要激励债务人自愿启动重整程序化解财务危机并重新开始,同时还要兼顾债权人以及社会公共利益,这是重整制度本身应有的价值取向。债务人自行管理制度总体上反映着以市场机制解决债权债务关系的一种私权诉求。而法官对债务人是否适合自行管理的判断取决于根据证据所作出的事实和行为认定。因此,在管理人管理为原则,债务人自行管理为例外的模式之下,需以规范法官自由裁量权和管理人监督权为出发点,界定法官、管理人和债务人各自在重整程序中对于经营管理权的权利边界。《九民会议纪要》第 111 条第一款对债务人自行管理的条件进行了明确规定,包括两个积极条件和两个消极条件:积极条件是第(1)项“债务人的内部治理机制仍正常运转”和第(2)项“债务人自行管理有利于债务人继续经营”,消极条件是第(3)项“债务人不存在隐匿、转移财产的行为”和第(4)项“债务人不存在其他严重损害债权人利益的行为”。上述四个条件可以分别概括为具备自行管理能力、有利于重整、不存在恶意行为以及不损害债权人利益的兜底性条件。债务人提出的自行管理申请应当同时具备上述四个条件,法院应当从上述四个方面审查债务人自行管理。[1]

二、关于债务人申请自行管理的时间

为了提高重整效率、维护重整企业的营业价值,防止管理人接管后批准自行管理又再移交财产和营业事务而造成经营管理权的反复变动,《九民会议纪要》第 111 条第二款赋予债务人提出重整申请时一并提出自行管理的申请的权利,无须通过债权人会议对自行管理申请进行表决,也不以征求债权人意见为必要条件。一方面通过保护诚信债务人的经营管理权来激励债务人尽快启动重整程序,另一方面避免法院批准债务人自行管理申请过多征求债权人意见导致经营管理权出现真空和管理人接管进退两难的局面。[2]

三、关于债务人自行管理的职权

本条第二款规定,“有前款规定情形的,依照本法规定已接管债务人财

---

① 参见最高人民法院民事审判第二庭编著:《〈全国法院民商事审判工作会议纪要〉理解与适用》,人民法院出版社 2019 年版,第 562~565 页。

② 参见最高人民法院民事审判第二庭编著:《〈全国法院民商事审判工作会议纪要〉理解与适用》,人民法院出版社 2019 年版,第 565 页。

产和营业事务的管理人应当向债务人移交财产和营业事务,本法规定的管理人的职权由债务人行使"。《企业破产法》上述规定自行管理债务人并不能完全替代管理人行使职权,从现有实践经验的反映来看,如果管理人的职权全部由自行管理债务人行使,存在可能导致自行管理债务人道德风险和权力滥用的忧虑。因此,"本法规定的管理人的职权由债务人行使"应当结合上文"管理人应当向债务人移交财产和营业事务",限缩解释为"管理人职权中有关财产管理和营业经营的职权应当由债务人行使"。《企业破产法》第二十五条规定的调查财产权、债权审查权、破产撤销权、诉讼代表权、提议召开债权人会议等其他职责原则上仍由管理人行使为宜。①

在重整案件中,如果是管理人管理的方式,一般来讲,管理人有较强的审慎履职动因,但如果是债务人自行管理的重整方式,管理人有时就缺乏积极、审慎履职的动力,往往对债务人的自行管理行为得过且过,充当橡皮图章或法院的传声筒。② 为此,《破产审判会议纪要》第9条进一步明晰了重整管理人的特定职责,规定在债务人自行管理的重整程序中,人民法院要督促管理人制订监督债务人的具体制度。在重整计划规定的监督期内,管理人应当代表债务人参加监督期开始前已经启动而尚未终结的诉讼、仲裁活动。重整程序、和解程序转入破产清算程序后,管理人应当按照破产清算程序继续履行管理人职责。

此外,在上市公司重整案件中,上市公司具有按照相关规则及时履行信息披露义务,对于上市公司的信息披露义务主体及责任问题,《审理上市公司破产重整座谈会纪要》第五条也对履行信息披露义务的主体进行了明确规定:上市公司进入破产程序前,上市公司应当按照相关规则及时履行信息披露义务。在上市公司进入破产重整程序后,由管理人履行相关法律、行政法规、部门规章和公司章程规定的原上市公司董事会、董事和高级管理人员承担的职责和义务,上市公司自行管理财产和营业事务的除外。管理人在上市公司破产重整程序中存在信息披露违法违规行为的,应当依法承担相应的

---

① 参见最高人民法院民事审判第二庭编著:《〈全国法院民商事审判工作会议纪要〉理解与适用》,人民法院出版社2019年版,第565页。

② 参见贺小荣、王富博、杜军:《破产管理人与重整制度的探索与完善——〈全国法院破产审判工作会议纪要〉的理解与适用(上)》,载《人民司法·应用》2018年第13期。

责任。①

四、关于管理人的监督职责和债权人的救济途径

根据本条的规定,经法院批准,债务人可以在管理人监督下自行管理财产和营业事务,对此,需要明确管理人如何履行监督职责。首先,管理人的监督对象是债务人的自行管理行为;其次,管理人发现债务人存在严重损害债权人利益的行为或者有其他不适宜自行管理情形的,应当申请人民法院作出终止债务人自行管理的决定;最后,如果管理人怠于履行监督职责,债权人等利害关系人有权直接向人民法院申请作出终止债务人自行管理的决定。②

【最高人民法院公布案例】

深圳中华自行车(集团)股份有限公司破产重整案

——在债务人自行管理财产和营业事务的重整案件中,人民法院应对管理人和债务人的职责进行合理划分。

【案情简介】

2012年10月12日,深圳市中级人民法院(以下简称深圳中院)依法裁定受理了申请人深圳市国展能源投资发展有限公司申请被申请人深圳中华自行车(集团)股份有限公司(以下简称深中华)重整一案。2012年10月25日,深圳中院依法裁定对深中华进行重整。

依据《企业破产法》第七十三条第一款之规定,在重整期间,经债务人申请,人民法院批准,债务人可以在管理人的监督下自行管理财产和营业事务。深中华于2012年10月29日向深圳中院申请自行管理财产和营业事务,深圳中院审查后于2012年10月31日作出(2012)深中法破字第30-1号决定书,批准深中华在管理人的监督下自行管理财产和营业事务。依据《企业破产法》的上述规定及深圳中院的决定,在深中华自行管理财产和营业事务的模式下,管理人应履行监督深中华管理财产和营业事务的职责。根据深圳中

---

① 参见最高人民法院民二庭第五合议庭:《上市公司破产重整案件审理情况总结报告》,载最高人民法院民事审判第二庭编:《商事审判指导》2014年第3辑(总第39辑),人民法院出版社2015年版,第31~32页。

② 参见最高人民法院民事审判第二庭编著:《〈全国法院民商事审判工作会议纪要〉理解与适用》,人民法院出版社2019年版,第565页。

院作出的《关于深圳中华自行车(集团)股份有限公司重整案件管理人与债务人职责划分的通知》,管理人的职责主要包括:管理债务人公章并监督债务人使用;调查和处分债务人财产;负责债权的申报、审核工作;指导并监督债务人起草重整计划草案;代表债务人参加诉讼、仲裁或者其他法律程序;组织召开关系人会议;监督债务人;监督重整计划的执行以及深圳中院认为管理人应当履行的其他职责。债务人在自行管理财产和营业事务的模式下,结合深中华的自身情况,其职责主要包括:管理财产和营业事务;制定重整计划草案;执行重整计划;深圳中院认为债务人应当履行的其他职责。

【裁判要点】

本案中,债务人深中华在重整期间申请自行管理财产和营业事务,法院在决定债务人自行管理财产和营业事务的同时,对重整期间管理人及债务人的职责也作出了明确划分,即管理人的职责主要包括:管理债务人公章并监督债务人使用;调查和处分债务人财产;负责债权的申报、审核工作;指导并监督债务人起草重整计划草案;代表债务人参加诉讼、仲裁或者其他法律程序;组织召开关系人会议;监督债务人;监督重整计划的执行以及深圳中院认为管理人应当履行的其他职责。债务人在自行管理财产和营业事务的模式下,债务人深中华的自身的职责主要包括:管理财产和营业事务;制定重整计划草案;执行重整计划;深圳中院认为债务人应当履行的其他职责。在重整期间,由债务人和管理人两个机构同时履行相关的职责,法院对管理人和债务人应履行的职责进行合理区分,确保了重整程序的高效和顺利进行。

【案例来源】

最高人民法院发布10起人民法院关于依法审理破产案件推进供给侧结构性改革典型案例(2016年6月15日)。根据深圳市中级人民法院(2012)深中法破字第30号整理。

编者说明

我国有必要适度强化债务人自行管理制度的适用,以充分激发重整制度的活力。债务人自行管理制度源于美国的DIP(Debtor in Possession)制度,DIP制度在美国是被实践充分检验了的重整制度的基石。在20世纪30年代之前,美国的公司重整中管理层可以继续保留经营管理权。此后,在当时的证券交易委员会主席威廉·道格拉斯(William Douglas)的主持下,分三年公布了一份调查报告,即道格拉斯报告,报告的最终结论是,必须赶走破产企业的原管理层,以没有利益关系的独立的重整托管人取而代之,并抑制华尔街专业重整人士对破产重整的控制。道格拉斯报告的内容最终被国会所接受,并在 1939 年形成了钱德勒法案,该法案的内容被写进了破产法第 10 章。根据该章规定,重整中要任命托管人来取代债务人当前的管理层来经营企业,DIP 制度被弃之不用。然而,债务人及管理层并不会轻易放弃重整控制权,在实践中,新增的破产法第 10 章反而被弃之不用。鉴于立法目的和破产实践的背离,DIP 法典化的呼声越来越高。在 1975 年举行的参议院听证会上,支持 DIP 的声音占据主导地位,而且,几乎每一个在国会作证的人都支持在小型公司重整中保留债务人的管理层。对于大公司重整,则不应当再强制性要求任命托管人,而应将 DIP 作为一般原则,将任命托管人作为例外。这些提议得到了广泛的认同,最终在 1978 年破产法中,第 10 章被弃之不用,"制度又回到了 1939 年前的实践:债务人公司的管理层留任,很少指定托管人。大的上市公司开始渐渐转向重整程序,直到今天已经成为一种稳定的程序"。①

从世界范围内来看,DIP 制度或者说债务人自行管理制度都有扩大化的趋势。《九民会议纪要》对债务人自行管理制度进一步进行了完善,回应了实践中普遍关切的几个问题,包括明确了债务人自行管理的适用条件,建立了债务人自行管理的终止制度,明确债务人提出重整申请时可一并提出自行管理的申请,原则性区分了自行管理模式下债务人和管理人的职责分工等,是中国债务人自行管理制度的重大进步。后续在实践中,需要各方进一步探索,对于具有市场化、法治化基因的债务人自行管理制度予以充分的理解,推动和鼓励困境企业及早和主动地通过重整摆脱困境。

第七十四条　【管理人管理与营业】管理人负责管理财产和营业事务的,可以聘任债务人的经营管理人员负责营业事务。

【立法·要点注释】

由于管理人未必精通企业的营业事务,需要有相应的经营管理人员协助管理人做好重整工作。而债务人的经营管理人员恰恰是对债务人最了解的人,如果能够调动他们的积极性,对于债务人重整成功大有裨益。因此,《企

---

① 参见罗帕奇、魏福德:《大型上市公司破产重整中的公司治理》,载李曙光、郑志斌主编:《公司重整法律评论》(第 2 卷),法律出版社 2012 年版,第 117~118 页。

业破产法》除允许债务人自行管理营业事务外,在管理人负责管理债务人财产和营业事务的情况下,还允许管理人聘任债务人的经营管理人员负责营业事务。由于管理人和这些经营管理人员之间是聘任关系,其经营管理活动要对管理人负责,受管理人监督。

【相关立法】

《中华人民共和国企业破产法》(2006 年 8 月 27 日第十届全国人民代表大会常务委员会第二十三次会议通过,2007 年 6 月 1 日)

第四十二条 人民法院受理破产申请后发生的下列债务,为共益债务:

(一)因管理人或者债务人请求对方当事人履行双方均未履行完毕的合同所产生的债务;

(二)债务人财产受无因管理所产生的债务;

(三)因债务人不当得利所产生的债务;

(四)为债务人继续营业而应支付的劳动报酬和社会保险费用以及由此产生的其他债务;

(五)管理人或者相关人员执行职务致人损害所产生的债务;

(六)债务人财产致人损害所产生的债务。

【司法文件】

《最高人民法院关于印发〈全国法院破产审判工作会议纪要〉的通知》(法〔2018〕53 号,2018 年 3 月 4 日)

4. 完善管理人队伍结构。人民法院要指导编入管理人名册的中介机构采取适当方式吸收具有专业技术知识、企业经营能力的人员充实到管理人队伍中来,促进管理人队伍内在结构更加合理,充分发挥和提升管理人在企业病因诊断、资源整合等方面的重要作用。

【参考观点】

管理人是破产程序的主要推动者和破产事务的具体执行者。管理人的能力和素质不仅影响破产审判工作的质量,还关系破产企业的命运与未来发展。虽然目前法律、司法解释将管理人主要限于律师、会计师、清算事务所等中介机构及其从业人员,但在具体的破产企业管理中,法院仍有必要根据单个企业的实际情况,指导上述中介机构吸收熟谙企业特点和运营规律,具有专业技术知识、经营能力的非中介机构类人员参与破产管理,确保企业破产病因诊断准确、企业拯救药方对症有效、经济资源配置整合合理。这既是人民法院在指定管理人时必须考虑的因素,更是管理人在实际搭建工作团队时必须认真研究和解决的问题。人民法院在指定管理人后,可以对管理人搭建工作团队提出必要的建议。①

根据本条规定,管理人负责管理财产和营业事务的,可以聘任债务人的经营管理人员负责营业事务,对于管理人聘任债务人的经营管理人员负责营业事务而产生的劳动报酬、社会保险费等应根据《企业破产法》第四十二条第(四)项的规定作为共益债务予以随时清偿。

编者说明

从最高人民法院《破产审判会议纪要》关于丰富和充实管理人队伍结构的精神来看,最高人民法院更为注重从实质上提升挽救企业的可能性,而放松了形式上的限制。在实务中,管理人除了可以聘任债务人的经营管理人员负责营业事务外,也可以聘请第三方负责营业事务,在相关制度合理设置的情况下,由第三方负责营业事务有时能够取得更好的经营效果。比如在*ST钛白重整案中,管理人即聘请同行业的第三方对*ST钛白进行托管经营,该第三方不仅在托管经营期间改善了*ST钛白的经营状况,而且后续转变为重组方,对*ST钛白进行了重组,并最终使得*ST钛白重生,*ST钛白重整案亦被评选为全国法院十大典型破产案例之一。

第七十五条　【重整期间担保权的行使与借款】 在重整期间,对债务人的特定财产享有的担保权暂停行使。但是,担保物有损坏或者价值明显减少的可能,足以危害担保权人权利的,担保权人可以向人民法院请求恢复行使担保权。

在重整期间,债务人或者管理人为继续营业而借款的,可以为该借

① 参见贺小荣、王富博、杜军:《破产管理人与重整制度的探索与完善——〈全国法院破产审判工作会议纪要〉的理解与适用(上)》,载《人民司法·应用》2018年第13期。

款设定担保。

【立法·要点注释】

在重整制度的安排上,既要考虑尊重担保债权人的权益,也要考虑有利于实现重整的目标。为了企业的复兴和债权人的共同利益,在重整期间应暂停担保权行使。同时,为了给对债务人的特定财产享有担保权的债权人以必要的保护,在担保物有损坏或者价值明显减少的可能,足以危害担保权人的权利的情况下,担保权人可以向人民法院请求恢复行使担保权。同时,在重整期间,为保证继续营业所需的资金,债务人或者管理人可能需要向他人借款,对于该等借款可赋予其优先清偿的地位或者提供财产担保。

【相关立法】

《中华人民共和国企业破产法》(2006 年 8 月 27 日第十届全国人民代表大会常务委员会第二十三次会议通过,2007 年 6 月 1 日)

第六十九条 管理人实施下列行为,应当及时报告债权人委员会:

(一)涉及土地、房屋等不动产权益的转让;

(二)探矿权、采矿权、知识产权等财产权的转让;

(三)全部库存或者营业的转让;

(四)借款;

(五)设定财产担保;

(六)债权和有价证券的转让;

(七)履行债务人和对方当事人均未履行完毕的合同;

(八)放弃权利;

(九)担保物的取回;

(十)对债权人利益有重大影响的其他财产处分行为。

未设立债权人委员会的,管理人实施前款规定的行为应当及时报告人民法院。

【司法解释】

《最高人民法院关于适用〈中华人民共和国企业破产法〉若干问题的规定(三)》(法释〔2019〕3 号,2019 年 3 月 28 日;法释〔2020〕18 号修正,2021 年 1 月 1 日)

第二条　破产申请受理后,经债权人会议决议通过,或者第一次债权人会议召开前经人民法院许可,管理人或者自行管理的债务人可以为债务人继续营业而借款。提供借款的债权人主张参照企业破产法第四十二条第四项的规定优先于普通破产债权清偿的,人民法院应予支持,但其主张优先于此前已就债务人特定财产享有担保的债权清偿的,人民法院不予支持。

管理人或者自行管理的债务人可以为前述借款设定抵押担保,抵押物在破产申请受理前已为其他债权人设定抵押的,债权人主张按照民法典第四百一十四条规定的顺序清偿,人民法院应予支持。

【要点注释】

本条对破产案件受理后为债务人继续营业而发生的借款在破产程序中的权利性质、清偿顺位及为借款而设定的担保的债权与此前已设定的担保的债权的清偿顺位、借款的程序等作出了明确而具体的规定。《企业破产法》第四十二条第(四)项规定"人民法院受理破产申请后,为债务人继续营业而应支付的劳动报酬和社会保险费用以及由此产生的其他债务"为共益债务,但并没有明确"由此产生的其他债务"是否包含为债务人继续营业而借款的情形,导致实践中存在争议。为了解决破产程序中为继续营业发生借款的法律保障问题,以促进破产程序中的融资,最终更好地实现融资债权人、债务人企业、破产债权人的利益平衡,本条分四个层次对破产程序中借款进行了规定:第一,明确规定在破产程序中符合相应条件的为债务人继续营业而发生的借款可以被认定为共益债务,由债务人财产随时清偿,当然也优先于普通破产债权清偿。第二,如果债务人企业在此之前已经对特定财产设定抵押或其他物的担保,新借款被认定为共益债务的清偿不得损害此前已就债务人特定财产设定担保的债权的清偿利益。第三,如果为继续营业发生的借款设定了抵押,而抵押物在破产申请受理前已为其他债权人设定抵押的,要根据

《物权法》第一百九十九条①规定的顺序清偿。第四,在破产程序中为继续营业发生新的借款,要遵守法定的程序,就是需要经债权人会议决议通过,或者在第一次债权人会议召开前经人民法院许可。需要特别说明的是,根据本条规定可以被认定为共益债务的借款必须严格限定在"为债务人继续营业"的目的范围内,以及发生在人民法院裁定受理破产申请后的破产程序中。从实践来看,破产程序中的借款大体可以分为两种情形:(1)为债务人继续营业、保存其营运价值的必要的周转金等借款,这种资金主要系用于维持营业的常态性、流动性、解决暂时资金周转困难的借款;(2)债务人企业根据重整计划获得的融资借款。本条司法解释规范的主要是第一种情形,可以依照法律和司法解释的规定认定为共益债务,由债务人财产随时清偿,自然也优先于普通破产债权清偿。对于债务人企业根据重整计划所获的融资清偿顺序问题,通常在重整计划执行不能而转入破产清算程序时凸显其重要性,但应当放到重整计划草案制定、表决和裁定批准的法律框架中考虑,通过债权人、股东等利害关系人在重整计划草案制定、表决范围内充分协商,认定其法律性质和地位。②

【司法文件】

《最高人民法院关于印发〈全国法院民商事审判工作会议纪要〉的通知》
(法〔2019〕254号,2019年11月8日)

112.【重整中担保物权的恢复行使】重整程序中,要依法平衡保护担保物权人的合法权益和企业重整价值。重整申请受理后,管理人或者自行管理的债务人应当及时确定设定有担保物权的债务人财产是否为重整所必需。如果认为担保物不是重整所必需,管理人或者自行管理的债务人应当及时对担保物进行拍卖或者变卖,拍卖或者变卖担保物所得价款在支付拍卖、变卖费用后优先清偿担保物权人的债权。

在担保物权暂停行使期间,担保物权人根据《企业破产法》第75条的规定向人民法院请求恢复行使担保物权的,人民法院应当自收到恢复行使担保

---

① 现为《民法典》第四百一十四条。——编者注
② 参见最高人民法院民事审判第二庭编著:《最高人民法院关于企业破产法司法解释(三)理解与适用》,人民法院出版社2019年版,第42~49页。

物权申请之日起三十日内作出裁定。经审查，担保物权人的申请不符合第75 条的规定，或者虽然符合该条规定但管理人或者自行管理的债务人有证据证明担保物是重整所必需，并且提供与减少价值相应担保或者补偿的，人民法院应当裁定不予批准恢复行使担保物权。担保物权人不服该裁定的，可以自收到裁定书之日起十日内，向作出裁定的人民法院申请复议。人民法院裁定批准行使担保物权的，管理人或者自行管理的债务人应当自收到裁定书之日起十五日内启动对担保物的拍卖或者变卖，拍卖或者变卖担保物所得价款在支付拍卖、变卖费用后优先清偿担保物权人的债权。

【参考观点】

一、关于重整程序中担保权的恢复行使

《企业破产法》第十九条规定："人民法院受理破产申请后，有关债务人财产的保全措施应当解除，执行程序应当中止。"结合本条的规定，重整程序中担保物权的行使同样受"自动冻结"而不能行使别除权。如何理解和适用本条规定，《九民会议纪要》第 112 条从担保权人暂停行使担保权的例外情形及救济途径两个方面进行了解释和规范，具体可以从如下四个方面把握：①

一是坚持重整期间担保权暂停行使为原则，恢复行使为例外。债务人进入重整程序之前，为了增加融资维持营业价值，通常会应债权人要求设置担保权来获得融资，其主要财产均已设置担保权的情况下，用于抵押或者质押的债务人财产一般是债务人的核心资产，也是重整价值的重要因素之一，重整程序中担保权的暂停行使对债务人能否重整成功至关重要。因此，人民法院应当坚持本条规定的担保权暂停行使原则，正确适用《九民会议纪要》对例外情形的规定。

二是合理判断有担保权的债务人财产是否为重整所必需。重整程序中设定担保的债务人财产是否属于重整必需的财产，是重整程序中法院决定批准担保权人行使权利的重要考量因素之一。因此，重整申请受理后，管理人或者自行管理的债务人应当及时确定设定有担保权的债务人财产是否为重

---

① 参见最高人民法院民事审判第二庭编著：《〈全国法院民商事审判工作会议纪要〉理解与适用》，人民法院出版社 2019 年版，第 566~570 页。

整所必需,从而充分保护不影响重整程序的担保权人及时实现债权的利益。

三是法院应当不批准担保权人恢复行使权利申请的情形。《九民会议纪要》第112条规定了下列两种情形属于人民法院应当裁定不批准担保权人恢复行使权利的情形:第一,担保权人应当对"担保物有损坏或者价值明显减少的可能,足以危害担保权人权利的"这一事实承担举证责任,担保权人不能证明这一条件成就的,人民法院应当裁定不批准担保权人的恢复行使权利申请。第二,虽然担保权人完成了对"担保物有损坏或者价值明显减少的可能,足以危害担保权人权利的"的举证责任,但管理人或者自行管理的债务人有证据证明担保物是重整所必需,并且提供与减少价值相应担保或补偿的,在充分保护担保权人利益的前提下,为了保障重整程序的制度目标,人民法院亦应当裁定不批准担保权人的恢复行使权利申请。

四是担保权人申请恢复行使权利的程序和救济途径。本条未明确规定担保权人申请恢复行使权利的程序和救济途径。为了完善重整期间冻结担保权的特殊制度安排,充分保护担保权人的合法权益,《九民会议纪要》第112条规定了人民法院对担保权人申请的审查期限以及担保权人不服人民法院相关裁定的复议权。同时,基于担保物的处置权归管理人或者自行管理的债务人,该规定人民法院批准担保权人恢复行使权利的,管理人或者自行管理的债务人应当在规定期限内启动担保物的处置程序,保障担保权人及时行使变现权。

二、关于重整程序中的对外借款

重整涉及债务人的继续营业问题,继续营业必然发生运营成本和费用,根据本条规定,在重整期间债务人或者管理人为继续营业可以对外借款的,但在债务人明显丧失清偿能力或存在这种可能的情况下,债务人往往没有足够的流动资金以应付营运必要开支。虽然债务人因进入重整程序而依法暂时不必清偿重整前已经发生的债务,但其仍必须设法取得新的资金,才能维持运营支撑重整成功的实现。但新的融资,必然会导致债务人负债的增加。如果债务人最终无法成功重整而被宣告破产,此时新融资的存在将使原有债权人的受偿比例下降。因此,虽然新融资确属重整企业继续经营或生存、或对于其资产保值增值的必要手段之一,但就已陷入困境的财务状况而言无疑加重了其偿债负担,这显然也是影响原有债权人债权实现的重大事项。① 为了鼓励对债务人继续经营提供资金支持,实现市场资源的优化配置,《企业破产法解释三》第二条明确规定,破产申请受理后,经债权人会议决议通过,或者第一次债权人会议召开前经人民法院许可,管理人或者自行管理的债务人可以为债务人继续营业而借款,提供借款的债权人主张参照《企业破产法》第四十二条第(四)项的规定优先于普通破产债权清偿的,人民法院应予支持。同时,为了维护正常的商业交易秩序,尽量避免对此前已经设立的担保物权造成不利影响,《企业破产法解释三》第二条同时规定该新发生的借款,不得优先于此前已经设立的担保物权,如果债务人要为该新借款设定抵押担保,而抵押物此前已经为其他债权人设定抵押的,担保物权人之间应当按照《民法典》第四百一十四条规定的清偿顺序实现权利。

【典型案例】

广东省深圳市亿商通进出口有限公司与广东省东莞市清溪金卧牛实业有限公司借款合同纠纷上诉案[广东省高级人民法院(2014)粤高法民二破终字第2号]

——重整期间债务人及管理人对外借款签订的合同合法有效,且该借款属于共益债务,应根据《企业破产法》第四十三条的规定优先受偿。

【案情简介】

2008 年 5 月 28 日,广东省东莞市中级人民法院裁定受理广东省东莞市清溪金卧牛实业有限公司(以下简称金卧牛公司)申请重整一案。2008 年 8 月 14 日,金卧牛公司及其管理人与广东省深圳市亿商通进出口有限公司(以下简称亿商通公司)签订一份协议,约定:亿商通公司借给金卧牛公司 100 万元,金卧牛公司只能把该款用于重整期间继续营业而应支付的劳动报酬、水电、安保和社保等费用以及由此产生的其他费用,不得挪用。还款期限:在重整期间,金卧牛公司进入正常生产六个月后一次性清偿。若金卧牛公司进入破产清算程序,根据《企业破产法》第四十二条、第四十三条规定,由金卧牛

---

① 参见李震东:《重整中的新融资债务属于破产程序中的共益债务》,载《人民司法·案例》2014 年第 24 期。

公司的财产随时清偿。金卧牛公司于 2008 年 8 月 14 日出具收据一份,确认收到亿商通公司以现金支付的借款 25 万元。亿商通公司于 2008 年 9 月 8 日汇入广东省东莞市中级人民法院账户 25 万元(管理人确认收到该款)。因金卧牛公司及管理人共同具函提出将收款人更改为众泰会计师事务所,亿商通公司于 2008 年 10 月至 12 月期间分四次向众泰会计师事务所转账共计 50 万元。

因金卧牛公司不能执行经批准的重整计划,广东省东莞市中级人民法院于 2009 年 10 月 26 日裁定终止金卧牛公司重整计划的执行,并宣告其破产。亿商通公司诉至法院请求判令金卧牛公司偿还借款 100 万元及利息(从 2010 年 4 月 8 日起按同期人民银行贷款利率计至付清之日止),并将上述款项列为金卧牛公司共益债务,由破产财产优先支付。一审东莞市中级人民法院认为借款协议无效,所涉款项不能作为共益债务支付,而驳回了亿商通公司诉讼请求。二审广东省高级人民法院判决撤销一审判决,确认金卧牛公司尚欠亿商通公司借款 100 万元,该债务为金卧牛公司共益债务,由金卧牛公司依《企业破产法》第四十三条之规定予以清偿。

【裁判要点】

债务人及管理人为重整期间的继续经营而签订的借款合同,并非从事银行业监督管理法规定的"银行业金融机构的业务活动",也不属于从事法律、行政法规规定的限制经营、特许经营或禁止经营的情形,没有违反民事行为的效力性强制性规定,所签订的借款协议合法有效,对当事人具有法律约束力。借款用于维持企业的继续运行,系为维护全体权利人和破产财产利益而发生,属于《企业破产法》第四十二条第(四)项规定的"为债务人继续营业而应支付的劳动报酬和社会保险费用以及由此产生的其他债务"情形,依法应当认定为共益债务。

【案例来源】

《人民司法·案例》2014 年第 24 期。

第七十六条　【重整期间的取回权】债务人合法占有的他人财产,该财产的权利人在重整期间要求取回的,应当符合事先约定的条件。

【立法·要点注释】

人民法院受理破产申请后,对于不属于债务人的财产,该财产的权利人本应可以通过管理人取回。但考虑到在重整程序中,这些财产很可能为债务人继续经营所必需,对债务人重整成功与否起着关键作用。因此本条规定,该财产的权利人在重整期间要求取回的,应当符合事先约定的条件,即利用债务人占有他人财产的合法基础当事人的事先约定来限制权利人对取回权的行使。

【司法解释】

《最高人民法院关于适用〈中华人民共和国企业破产法〉若干问题的规定(二)》(法释〔2013〕22 号,2013 年 9 月 16 日;法释〔2020〕18 号修正,2021年 1 月 1 日)

第四十条　债务人重整期间,权利人要求取回债务人合法占有的权利人的财产,不符合双方事先约定条件的,人民法院不予支持。但是,因管理人或者自行管理的债务人违反约定,可能导致取回物被转让、毁损、灭失或者价值明显减少的除外。

【要点注释】

本条规定旨在明确重整期间权利人行使紧急取回权的具体条件。为了保障企业重整成功,《企业破产法》第七十六条规定,法院裁定受理重整后,债务人合法占有的他人财产,他人一般情况下不得取回,除非符合权利人与债务人事先约定的取回条件。但是,在有证据证明管理人或者自行管理的债务人违反双方合同约定,可能导致相关财产被转让、毁损、灭失或者价值明显减少的情形下,权利人是否有权行使取回权,《企业破产法》未作出明确规定,实践中也有不同做法,为维护各方利益的适度平衡,本条明确规定了权利人在重整期间行使紧急取回权的具体条件。①

---

①　参见最高人民法院民事审判第二庭编著:《最高人民法院关于企业破产法司法解释理解与适用——破产法解释(一)·破产法解释(二)》,人民法院出版社 2017 年版,第435 页。

【参考观点】

一、重整期间取回权的行使条件

根据本条的规定,重整期间取回权的行使应当符合以下条件:(1)权利人必须针对自己所有而被债务人合法占有的财产行使取回权,取回的财产首先应属于权利人所有,同时由于租赁使用、借贷、寄托、承揽加工、代购代销等原因而被债务人合法占有;(2)行使取回权的财产应当客观存在,如果财产灭失,权利人就不能行使取回权,只能请求损害赔偿;(3)权利人行使取回权,应当符合其与债务人在此之前约定的条件,如租赁期满返还、质权担保的债权获得清偿后返还该财产等。①

二、重整期间行使紧急取回权的规则

对于债务人合法占有他人的财产一般情形下不得取回,除非符合财产权利人和债务人事先约定的条件。但为平衡各方利益,《企业破产法解释二》对本条进行了补充,明确了重整期间特定情形下财产权利人行使紧急取回权的规则。对于重整期间财产权利人紧急取回权的适用应注意以下问题:(1)准确把握对"重整期间"的理解。所谓重整期间,仅指重整申请受理至重整程序被依法裁定终止的期间。在重整计划得到批准以后的执行阶段,权利人应当按照合同约定履行义务,如果行使取回权,则应当符合事先约定的条件,由于此时未对取回权作出法律上的限制,因此不存在紧急取回权问题。(2)在债务人自行管理财产和营业事务的重整程序中,尽管管理人可以对其进行监督,但是仍难以完全避免债务人发生欺诈、违法、违约等行为,可能导致取回物被转让、毁损、灭失或者价值明显减少,在此种紧急情形下,权利人可以行使取回权,以维持权利人和债务人之间的利益平衡。(3)在管理人负责债务人财产和营业事务的重整期间,如果管理人违反债务人和权利人之间的约定,有欺诈、违法、不称职等行为,可能导致取回物有损坏或者价值明显减少的可能时,权利人可以行使取回权,以制约管理人的不当行为。②

---

① 参见李国光主编:《新企业破产法理解与适用》,人民法院出版社2006年版,第383~384页。

② 参见最高人民法院民事审判第二庭编著:《最高人民法院关于企业破产法司法解释理解与适用——破产法解释(一)·破产法解释(二)》,人民法院出版社2017年版,第436~438页。

第七十七条　【重整期间对出资人收益分配与董事、监事、高级管理人员持股转让的限制】在重整期间,债务人的出资人不得请求投资收益分配。

在重整期间,债务人的董事、监事、高级管理人员不得向第三人转让其持有的债务人的股权。但是,经人民法院同意的除外。

【立法·要点注释】

重整期间债务人的出资人不得请求投资收益分配,债务人的董事、监事、高级管理人员应当与企业共渡难关,限制转让其持有的债务人的股权同时也有利于调动其积极性,但是如果其转让股权的行为不会对重整程序产生影响,也不会因此从中获取不正当利益的,经法院同意,可以向第三人转让股权。

【相关立法】

《中华人民共和国公司法》(2018 年 10 月 26 日第十三届全国人民代表大会常务委员会第六次会议第四次修正)

第二百一十六条　本法下列用语的含义:

(一)高级管理人员,是指公司的经理、副经理、财务负责人,上市公司董事会秘书和公司章程规定的其他人员。

(二)控股股东,是指其出资额占有限责任公司资本总额百分之五十以上或者其持有的股份占股份有限公司股本总额百分之五十以上的股东;出资额或者持有股份的比例虽然不足百分之五十,但依其出资额或者持有的股份所享有的表决权已足以对股东会、股东大会的决议产生重大影响的股东。

(三)实际控制人,是指虽不是公司的股东,但通过投资关系、协议或者其他安排,能够实际支配公司行为的人。

(四)关联关系,是指公司控股股东、实际控制人、董事、监事、高级管理人员与其直接或者间接控制的企业之间的关系,以及可能导致公司利益转移的其他关系。但是,国家控股的企业之间不仅因为同受国家控股而具有关联关系。

【参考观点】

根据本条的规定,对债务人的出资人请求投资分配的禁止是绝对的,重整期间,债务人的出资人在任何情况下均不得请求投资收益分配。但需要注意的是,本条规定债务人的董事、监事、高级管理人员不得向第三人转让其持有的债务人的股权,但其相互转让对债务人的股权不在此限。[①] 而本条所规定的"董事"、"经理"和"高级管理人员"应根据《公司法》第二百一十六条来界定,其中,"高级管理人员"是指公司的经理、副经理、财务负责人,上市公司董事会秘书和公司章程规定的其他人员。

第七十八条 【重整终止与破产宣告】在重整期间,有下列情形之一的,经管理人或者利害关系人请求,人民法院应当裁定终止重整程序,并宣告债务人破产:

(一)债务人的经营状况和财产状况继续恶化,缺乏挽救的可能性;

(二)债务人有欺诈、恶意减少债务人财产或者其他显著不利于债权人的行为;

(三)由于债务人的行为致使管理人无法执行职务。

【立法·要点注释】

首先,在重整期间,债务人的经营状况和财产状况继续恶化,缺乏挽救可能性的,如果不立即裁定终止重整程序进行破产清算,导致债权人可分配的财产继续减少而没有救济途径,法院应当裁定终止重整程序并宣告债务人破产。其次,债务人的欺诈、恶意减少债务人财产或者其他不利于债权人的行为,与重整目的相悖,法院应当裁定终止重整程序并宣告债务人破产。最后,债务人的有关人员不履行《企业破产法》规定的义务或者其他阻碍管理人行使职权的行为,导致管理人不能执行职务时,债务人财产就会处于失控状态,营业事务也会受到不利影响,重整计划草案难以制作,这对于保护债权人

---

① 参见李国光主编:《新企业破产法理解与适用》,人民法院出版社2006年版,第384~385页。

的利益来说是不可接受的,出现此种情况时,法院应当裁定终止重整程序并宣告债务人破产。

【司法文件】

1.《最高人民法院关于印发〈全国法院民商事审判工作会议纪要〉的通知》(法〔2019〕254号,2019年11月8日)

114.【**重整程序与破产清算程序的衔接**】重整期间或者重整计划执行期间,债务人因法定事由被宣告破产的,人民法院不再另立新的案号,原重整程序的管理人原则上应当继续履行破产清算程序中的职责。原重整程序的管理人不能继续履行职责或者不适宜继续担任管理人的,人民法院应当依法重新指定管理人。

重整程序转破产清算案件中的管理人报酬,应当综合管理人为重整工作和清算工作分别发挥的实际作用等因素合理确定。重整期间因法定事由转入破产清算程序的,应当按照破产清算案件确定管理人报酬。重整计划执行期间因法定事由转入破产清算程序的,后续破产清算阶段的管理人报酬应当根据管理人实际工作量予以确定,不能简单根据债务人最终清偿的财产价值总额计算。

重整程序因人民法院裁定批准重整计划草案而终止的,重整案件可作结案处理。重整计划执行完毕后,人民法院可以根据管理人等利害关系人申请,作出重整程序终结的裁定。

2.《最高人民法院关于印发〈全国法院破产审判工作会议纪要〉的通知》(法〔2018〕53号,2018年3月4日)

9. **进一步落实管理人职责。**在债务人自行管理的重整程序中,人民法院要督促管理人制订监督债务人的具体制度。在重整计划规定的监督期内,管理人应当代表债务人参加监督期开始前已经启动而尚未终结的诉讼、仲裁活动。重整程序、和解程序转入破产清算程序后,管理人应当按照破产清算程序继续履行管理人职责。

【参考观点】

一、债务人的经营状况和财产状况继续恶化需达到缺乏挽救的可能性的程度

债务人的经营状况和财产状况恶化且达到了使债务人缺乏挽救的可能性的程度,人民法院才能据此申请终止重整程序并宣告债务人破产。债务人的经营状况和财产状况在重整期间一般会呈现三种趋势:第一,维持企业原来的水平,徘徊不前,没有大的改观;第二,经营状况和财产状况逐渐好转;第三,经营状况和财产状况继续恶化。应当注意的是,债务人的经营状况和财产状况继续恶化并非人民法院裁定终止重整程序的充分条件,必须是债务人的经营状况和财产状况恶化的程度达到了使债务人缺乏挽救的可能性。因为债务人要摆脱破产境地,扭亏为盈,并非立竿见影之易事,重整初期或者在重整期间,债务人都可能会出现经营状况和财务状况恶化的情况。若经营状况和财务状况恶化就终止重整程序、宣告破产,不仅可能会使债务人失去复苏的机会,也可能使债权人失去因重整而得到更多清偿的机会。[1]

二、关于债务人有欺诈、恶意减少债务人财产或者其他显著不利于债权人的行为

在重整期间,如债务人存在以下行为可以认定债务人有欺诈、恶意减少债务人财产或者其他显著不利于债权人的行为:(1)以隐匿、转移、私分或者无偿转让财产等手段,人为制造财务、财产状况假象的;(2)债务人与个别债权人恶意串通,剥夺或者损害其他债权人利益的;(3)债务人给予个别债权人和解协议之外的特殊利益的。[2] 债务人在重整期间出现该等与重整目的相悖行为时,经管理人或者利害关系人请求,人民法院应当裁定终止重整程序,并宣告债务人破产。

三、关于重整程序转入破产清算程序情形下的管理人指定

除本条规定重整程序终止而转为破产清算程序的情形外,《企业破产法》第七十九条、第八十八条还对未按期提交重整计划草案、重整计划草案

---

[1] 参见李国光主编:《新企业破产法理解与适用》,人民法院出版社 2006 年版,第 387 页。

[2] 参见刘敏、池伟宏:《法院批准重整计划实务问题研究》,载《法律适用》2011 年第 10 期。

未获法院裁定批准而由重整程序转为破产清算程序的情形进行了规定,在重整程序依法转入清算程序的法定情形中,有一部分或者说主要的管理人工作内容、职责会发生重合,比如债务人企业债权债务关系的清理、债务人财产状况的调查,尤其是在重整计划执行期间转入清算程序的情况下,管理人已经开展了大量的工作。为有利于程序的衔接和工作的开展、降低破产程序的司法成本,根据《破产审判会议纪要》第9条及《九民会议纪要》第114条的规定,重整程序转入清算程序的,原重整程序管理人应当按照破产清算程序继续履行管理人职责,如果发生原重整程序的管理人不能继续履行职责或者不适宜继续担任管理人的情形,人民法院应当依法重新指定管理人。①

第二节 重整计划的制定和批准

第七十九条 【重整计划草案的提交期限】 债务人或者管理人应当自人民法院裁定债务人重整之日起六个月内,同时向人民法院和债权人会议提交重整计划草案。

前款规定的期限届满,经债务人或者管理人请求,有正当理由的,人民法院可以裁定延期三个月。

债务人或者管理人未按期提出重整计划草案的,人民法院应当裁定终止重整程序,并宣告债务人破产。

【立法·要点注释】

重整计划是指由债务人或者管理人制定的,以维持债务人继续营业、谋求债务人复兴为目的,以清理债权债务关系为主要内容的多方协议。由于参与重整过程的各方利益不同,各方都可能对实现这些目标的最佳方法持有不同的看法。因此,重整计划制定人与有关当事人的协调磋商以及重整计划草案论证都需要一定的时间。因此,本条规定,重整计划草案提出的期限一般是自法院裁定债务人重整之日起六个月;如果有正当理由,经过法院许可,可以延长三个月。一般而言,重整计划草案的制定者即为重整计划草案的提交

---

① 参见最高人民法院民事审判第二庭编著:《〈全国法院民商事审判工作会议纪要〉理解与适用》,人民法院出版社2019年版,第578页。

者。重整计划草案在制定完成后必须提交给债权人会议,由债权人会议讨论和表决。法院要对重整计划草案加以审查,符合《企业破产法》规定的重整计划草案才会得到法院的批准,所以本条要求债务人或者管理人应当将重整计划草案同时提交给法院。

【司法文件】

1.《最高人民法院关于印发〈全国法院破产审判工作会议纪要〉的通知》(法〔2018〕53 号,2018 年 3 月 4 日)

22. 探索推行庭外重组与庭内重整制度的衔接。在企业进入重整程序之前,可以先由债权人与债务人、出资人等利害关系人通过庭外商业谈判,拟定重组方案。重整程序启动后,可以重组方案为依据拟定重整计划草案提交人民法院依法审查批准。

2.《最高人民法院关于印发〈全国法院民商事审判工作会议纪要〉的通知》(法〔2019〕254 号,2019 年 11 月 8 日)

115. 【庭外重组协议效力在重整程序中的延伸】继续完善庭外重组与庭内重整的衔接机制,降低制度性成本,提高破产制度效率。人民法院受理重整申请前,债务人和部分债权人已经达成的有关协议与重整程序中制作的重整计划草案内容一致的,有关债权人对该协议的同意视为对该重整计划草案表决的同意。但重整计划草案对协议内容进行了修改并对有关债权人有不利影响,或者与有关债权人重大利益相关的,受到影响的债权人有权按照企业破产法的规定对重整计划草案重新进行表决。

【参考观点】

一、关于重整计划草案提交的期限

根据本条规定,重整计划草案提交期限为自法院裁定债务人重整之日起六个月,如果有正当理由,经过法院许可,可以延长三个月,即提交重整计划草案的最长时限为自人民法院裁定债务人重整之日起九个月内,但《企业破产法》并没有规定九个月内没有提交重整计划草案是否还可以延长。实践中对此问题,法院要考虑对各方债权人利益的平衡,既要适当给重整企业一定的挽救机会,但是也不能让有关主体利用程序拖延债务的清偿,最后损害债权人利益。虽然目前没有规定九个月后还可以再延长,实践中针对个别案件的特殊情况,可以适当延长,但应征询全体债权人的意见,如果债权人会议决议可以延长,可以给予机会予以延长重整计划草案的提交期限,从意思自治的角度来解决这个问题。①

二、关于预重整制度

重整制度以积极拯救困境企业为目标,体现了再建主义的立法理念,奉行社会本位的价值追求,代表了现代企业破产法的发展趋势。但重整亦存在程序烦琐、时间冗长、成本偏高等不足,这大大限制了其适用性。英美等破产法治发达国家经过实践探索,发展出了一套将法庭外重组与法庭内重整优势相结合、有利于节约重整成本、提高重整效率的新型企业拯救模式,我国业界称之为"预重整"。《企业破产法》中未明确规定预重整制度,《破产审判会议纪要》第 22 条对预重整作出了原则性的规定,在企业进入重整程序之前,可以先由债权人与债务人、出资人等利害关系人通过庭外商业谈判,拟定重组方案。重整程序启动后,可以重组方案为依据拟定重整计划草案提交人民法院依法审查批准。预重整的突出特征在于将法庭外重组与法庭内重整相衔接。首先,预重整是在庭内重整程序开始之前,先由债务人与主要债权人、出资人等利害关系人通过商业谈判与协调,拟定重组方案。其次,预重整将庭外重组协商的结果适用于庭内重整程序中并通过司法程序加以确认。在预重整程序中,庭外协商是为庭内重整所作的准备工作,庭外协商形成的重组方案是制定重整计划草案的依据,对企业的拯救最终仍要通过庭内重整程序来完成。根据禁反言原则,在债务人已经充分披露相关信息,且重整计划草案未对重组方案作实质性修改的情况下,同意庭外重组方案的债权人和出资人即被视为同意重整计划草案,无须再参加债权人分组表决。人民法院批准重整计划后,重整计划对所有债权人包括少数反对的债权人均具有约束力。②

①　参见刘敏:《破产审判新动态及对应策略》,载王欣新、郑志斌主编:《破产法论坛》(第十二辑),法律出版社 2016 年版,第 24 页。

②　参见贺小荣、王富博、杜军:《破产管理人与重整制度的探索与完善——〈全国法院破产审判工作会议纪要〉的理解与适用(上)》,载《人民司法·应用》2018 年第 13 期。

【最高人民法院公布案例】

1. 中国第二重型机械集团公司与二重集团(德阳)重型装备股份有限公司破产重整案

——在企业进入重整程序之前,可以先由债权人与债务人、出资人等利害关系人通过庭外商业谈判,拟定重组方案。重整程序启动后,可以重组方案为依据拟定重整计划草案提交人民法院依法审查批准。

【案情简介】

中国第二重型机械集团公司(以下简称二重集团)为中央直接管理的国有重要骨干企业,是国家重大技术装备制造基地。二重集团(德阳)重型装备股份有限公司(以下简称二重重装)为二重集团的控股子公司。自 2011 年起,二重集团、二重重装多年连续亏损,生产经营以及员工工资、社保基本靠向银行举债和股东提供的资金勉强维持。截至 2014 年底,二重集团、二重重装金融负债总规模已经超过 200 亿元。二重重装已经严重资不抵债。

在国资委等有关部门的支持下,以农业银行、中国银行、光大银行为主席行,组织涉及二重集团、二重重装的近 30 家金融债权人成立了中国二重金融债权人委员会,与二重集团、二重重装及其股东展开了庭外重组谈判。2015 年 9 月 11 日,在银监会的组织下,各方达成了框架性的重组方案,其核心内容为在 2015 年内以“现金+留债+股票”清偿全部计息金融负债。同日,债权人机械工业第一设计研究院等向四川省德阳市中级人民法院(以下简称德阳中院)提起了针对二重集团、二重重装的破产重整申请。同月 21 日,德阳中院裁定受理二重集团、二重重装重整一案,并指定管理人接管了二重集团和二重重装。

2015 年 11 月 27 日,债权人会议和出资人会议召开,各表决组均通过了《重整计划(草案)》。11 月 30 日,德阳中院作出民事裁定,批准重整计划并终止了二重集团和二重重装重整程序。重整计划执行中,120 亿元金融债权通过现金清偿和债转股,已得到 100% 清偿;对于非金融债权,按照重整计划已向各家债权人分别支付 25 万元,其余在 2 至 5 年内付清。当年,重整计划整体完成 90%。

【裁判要点】

庭外重组是陷入困境但有价值的企业与其债权人之间以协议的方式,对企业进行债务调整和资产重构,以实现企业复兴和债务清偿的一种庭外拯救手段。本案中,在有关部门的推动、指导下,二重集团、二重重装与主要债权人金融机构进行了庭外重组谈判,并达成了框架性金融债务重组方案。进入重整后,法院在司法框架范围内,尽可能推动维持了重组方案确定的原则,依法合规纳入重整计划,得到了金融债权人的认可。二重集团和二重重装重整成功,为这两家资产总额达 210 亿元的国有企业卸下了沉重的债务负担,优化了金融债务结构。本案积极探索实践庭外重组向司法重整转换,为陷入困境但有再生可能的大型国有企业司法重整提供了可复制的范例。①

【案例来源】

最高人民法院发布 10 起人民法院关于依法审理破产案件推进供给侧结构性改革典型案例(2016 年 6 月 15 日)。根据德阳市中级人民法院(2015)德破〔预〕字第 7、8 号整理。

2. 江苏刚松防护科技股份有限公司司法重整案

——借鉴"假马"竞标规则,创新适用"线下承诺出价+线上拍卖竞价"确定重整投资人,兼顾了重整价值和重整效率。

【案情简介】

刚松防护科技股份有限公司(以下简称刚松公司)主营医用无纺布制品、手术衣、手术洞巾、手术包、PM2.5 口罩及工业和民用防护类产品,厂区配备 10 万级无尘生产车间,产品远销海外,与世界 500 强企业有长期稳定合作。2018 年,由于经营不善,加之为关联企业提供担保,导致刚松公司资金链断裂、陷入债务危机,并于当年下半年停止生产经营。2019 年 12 月,江苏省苏州市吴江区人民法院(以下简称吴江区法院)裁定受理刚松公司破产清算案。

面对突如其来的新冠肺炎疫情,口罩等防护用品成为紧缺物资。刚松公司虽已停止生产经营一年多,但其具有医用口罩的生产资质和生产所需的无

---

① 参见杜万华主编:《最高人民法院企业破产与公司清算案件审判指导》,中国法制出版社 2017 年版,第 27 页。

尘车间。2020年春节期间,吴江区法院依托破产审判"府院联动"机制,积极主动与辖区政府沟通并进行实地调查,指导管理人以招募同业投资人的方式恢复经营。在辖区政府的协调下,刚松公司厂区恢复水电,刚松公司正式投入生产,日平均生产口罩7万余只,均由属地政府定向采购用于疫情防控,重整价值日益显现。2020年2月25日,根据刚松公司的申请,吴江区法院裁定自2020年2月25日起对刚松公司进行重整。

第一次债权人会议召开前,有意向投资人向管理人书面承诺可提供偿债资金4000万元,并缴纳了保证金,为提高重整效率,管理人以4000万元偿债资金制作有保底清偿率的《刚松防护科技股份有限公司重整计划草案》,同时为实现重整投资的充分竞争,草案规定管理人将在法院裁定批准重整计划后,以执行该重整计划的"重整投资人资格"为标的物,通过网络平台进行公开拍卖,起拍价4000万元,出价最高者将被确定为重整投资人。2020年3月12日,管理人将该草案提交债权人会议进行表决,经债权人会议表决通过,2020年3月13日,吴江区法院依法裁定批准刚松防护科技股份有限公司重整计划并终止刚松防护科技股份有限公司重整程序。

2020年4月,吴江区法院通过在线拍卖平台以4880万元的价格确定刚松公司重整投资人,普通债权清偿率由清算状态下的7%提升至24%。吴江区法院依法裁定终结刚松公司重整程序。

【裁判要点】

吴江区法院在已有投资人报价的情况下,借鉴"假马"竞标规则,创新适用"线下承诺出价+线上拍卖竞价"确定重整投资人,兼顾了重整价值和重整效率。"假马"竞标规则系指由破产企业选择一家有兴趣的买受人设定最低竞买价格,其他潜在竞买人不能提出低于该价格的收购价。吴江区法院创造性地运用该规则,并借用破产审判信息化建设成果,采用网络方式召开债权人会议,最大可能保障了破产企业的权益,同时也降低了破产成本,提升了工作效率。本案自受理重整申请至批准重整计划仅用时17天,至最终网络拍卖确定重整投资人也仅用时62天。刚松公司司法重整案的办案思路和办理结果生动诠释了人民法院破产审判工作围绕中心、服务大局的主题。

【案例来源】

最高人民法院发布10起人民法院助推民营经济高质量发展典型民商事案例(2021年9月3日)。根据江苏省苏州市吴江区人民法院(2019)苏0509破123号之二整理。

【典型案例】

深圳市福昌电子技术有限公司重整案

——在受理重整申请之前,可以采用预重整方式审理,通过预重整,实现了各方主体利益的平衡。

【案情简介】

深圳市福昌电子技术有限公司(以下简称福昌电子)成立于 2001 年,注册资本 4000 万元。福昌电子作为国内通信产业龙头企业华为、中兴的一级供应商,核心业务是为这两家企业提供各种手机、3C 产品零配件的委托加工及制造服务,年产值 10 亿元。

2015 年 10 月,福昌电子因管理不善、资金链断裂,其原法定代表人突然宣布停产停业,引发 3000 余名员工、500 余家供货商围堵政府、上街游行等激烈维权行为,引起了媒体的广泛关注,造成了恶劣的社会影响。2015 年 11 月 12 日,福昌电子的债权人正式向深圳市中级人民法院申请福昌电子破产重整。

福昌电子突然停产停业,原法定代表人已被逮捕,公司经营一片混乱,不仅无法保障职工权益,更无法与债权人沟通和引入重组方,公司基本财务资料缺失,基本不具备直接进入重整程序的条件。为保障立案的准确性,积极拯救有价值企业,深圳市中级人民法院(以下简称深圳中院)于 2015 年 11 月 13 日决定以"预重整"方式审理本案,即在法院正式立案受理前选定管理人进入企业理清债权、债务,协助展开谈判,研究恢复生产。

管理人进场后,摸清了财务底数,协调劳动和经济主管部门完成了 3510 名员工和 500 余家供货商的核实和安抚工作,积极协助潜在重组方了解企业情况,为受理创造了有利条件。2016 年 6 月 29 日,经报广东省高级人民法院批准,深圳中院正式裁定受理福昌电子重整案。2016 年 7 月 21 日,深圳中院批准福昌电子自行管理财产和营业事务,并负责制定《重整计划草案》,次日批准福昌电子在重整期间继续营业。2017 年 1 月 17 日,福昌电子召开了第二次债权人会议和出资人组会议,分别对《重整计划草案》及《重整计划草案之出资人权益调整方案》进行表决。普通债权组表决未通过。会后,福昌电子与普通债权组债权人进行了进一步的沟通协商。2017 年 3 月 2 日,福昌电子普通债权组经二次表决通过了《重整计划草案》。至此，福昌电子全部表决组均已表决通过了《重整计划草案》。3月26日，福昌电子向深圳中院申请裁定批准重整计划。4月18日，深圳中院裁定批准福昌电子重整计划。

福昌电子通过重整，妥善安置职工3510人，确认并支付职工债权4061万元，重整期间未发生任何职工维权的群体性事件。通过重整，福昌电子保留了华为、中兴一级供应商资质，稳定了一方产业链，维持了地方产业生态的平衡，实现了党委、政府挽救企业的目标。

【裁判要点】

本案中，深圳中院探索性地采用了"预重整"的审理方式，为困境企业及其出资人、债权人、人民法院、当地政府和管理人提供了一个良好的沟通平台，平衡各方的利益，实现了企业重整的经济效益、社会效益和司法效益，为如何在中国本土实践预重整这个外来制度，充分调动各方重整积极性，提高重整的成功概率，节约司法资源，提供了非常好的借鉴。

【案例来源】

《人民法院报》评出2017年度人民法院十大民事行政案件。根据深圳市中级人民法院(2016)粤03民破143号整理。

编者说明

预重整是中国目前比较热门的研究和实践领域。在规范制定层面，浙江省高级人民法院于2013年通过了浙高法〔2013〕153号《关于企业破产案件简易审若干问题的纪要》，该纪要第七条至第十条创造性地设立了破产申请的预登记制度，该制度具有预重整的某些显著特征；温州市政府于2018年12月公布了温政办函〔2018〕41号《企业金融风险处置工作府院联席会议纪要》，该纪要明确提出了预重整的概念，对预重整制度进行了专项规定；深圳市中级人民法院深中法发〔2019〕3号《审理企业重整案件的工作指引(试行)》也以专章形式对预重整进行了规定，明确预重整阶段法院可以指定管理人，管理人通过债务人、出资人、主要债权人共同推荐或有关监督部门、机构推荐的方式产生，在预重整期间，法院应当通知执行部门中止对债务人财产的执行等一系列预重整规则。2021年以来，上海、重庆、江西等地亦相继出台预重整工作指引，探索在重整程序前开展预重整，充分发挥市场主导作用与司法指引功能，尽早挽救困境企业。在最高人民法院层面，2018年颁布的《破产审判会议纪要》中首次提及了预重整，表达了鼓励和支持对预重整进行探索的态度。在2019年颁布的《九民会议纪要》中则更进一步,原则性确立了预重整的相关核心规则。在实践层面,除了上文所述之中国二重重整案、深圳福昌电子重整案外,还有杭州怡丰成房地产公司重整案、重庆珠峰投资有限公司等六家珠峰系公司重整案、北京理工中兴科技股份有限公司重整案、厦门市琪顺运输有限公司重整案、德奥通用航空股份有限公司重整案、广州市浪奇实业股份有限公司重整案等。

预重整制度源起于美国,就其在美国的实践来看,其核心特征是在充分信息披露的前提下,相关方进行谈判与表决,并将表决结果带入到重整程序中。我国发展出了丰富和多样性的预重整实践,但多数仅仅是在法院受理重整申请前对公司情况进行清理、制定经营方案稳定生产经营、引进意向重组方等,而不具有上述核心特征。虽然此类预重整实践具有其积极意义,而且在理论上也可将其归入"预谈判重整"之列,但尚不能将其称之为典型的预重整。浙江省高级人民法院和温州市政府的规定具备了预重整的核心特征,然而浙江省高级人民法院是较为典型的司法主导下的预重整,温州市政府是行政主导司法为辅的预重整,两者可归入"司法或行政主导下的预重整"。预重整发端于美国的 DIP 制度,其本质"就是一种私人谈判的产物",①债务人主导的预重整系其逻辑产物,然而在中国的实践中反而较为鲜见。中国多样化的预重整实践拓展了重整制度的内涵和外延,司法或行政主导下的预重整是具有中国特色的预重整制度,而且其也不必然排斥债务人主导下的预重整,但无论如何,债务人主导下的预重整更符合市场经济下重整制度的本质要求,在后续立法中应当为债务人主导下的预重整保留足够的适用空间。

预重整是近年来上市公司重整中普遍所采用的模式,如在 2021 年的 17 家上市公司和 2022 年的 10 家上市公司重整中,分别有 10 家和 8 家实施了预重整。预重整之于上市公司,其核心目的在于通过将重整程序中的重整计划草案制订和协商等相关工作前移,尽量缩短重整程序时间,以实现快速重整及保壳之目的。

第八十条 【重整计划草案的制作主体】债务人自行管理财产和营业事务的,由债务人制作重整计划草案。

管理人负责管理财产和营业事务的,由管理人制作重整计划草案。

---

① 参见王佐发:《预重整制度的法律经济分析》,载《政法论坛》2009 年第 2 期。

【立法·要点注释】

法院决定由债务人自行管理财产和营业事务的,理应由债务人制作重整计划草案。在管理人负责管理财产和营业事务的情形下,债务人的财产和营业事务为管理人所控制,当然应由管理人负责制作重整计划草案。

【部门规章及规范性文件】

1.《上海证券交易所上市公司自律监管指引第 13 号——破产重整等事项》(上证发〔2022〕41 号,2022 年 3 月 31 日)

第二十四条 上市公司或者管理人在重整计划制定过程中拟通过公开征集方式招募重整投资人的,应当同时通过上市公司公告披露征集(招募)通知,披露内容应当包括征集目的、征集条件、征集流程和遴选机制等。

上市公司应当遵循分阶段信息披露原则披露公开征集重整投资人的重大进展事项。

第二十五条 上市公司通过管理人寻找和洽谈等其他方式引进重整投资人的,应当在上市公司、管理人和重整投资人签订投资协议后及时披露,并披露未通过公开征集方式招募重整投资人的原因、合理性。

2.《深圳证券交易所上市公司自律监管指引第 14 号——破产重整等事项》(深证上〔2022〕325 号,2022 年 3 月 31 日)

第二十四条 上市公司或者管理人在重整计划制定过程中拟通过公开征集方式招募重整投资人的,应当同时通过上市公司公告披露征集(招募)通知,披露内容应当包括征集目的、征集条件、征集流程和遴选机制等。

上市公司应当遵循分阶段信息披露原则披露公开征集重整投资人的重大进展事项。

第二十五条 上市公司通过管理人寻找和洽谈等其他方式引进重整投资人的,应当在上市公司、管理人和重整投资人签订投资协议后及时披露,并披露未通过公开征集方式招募重整投资人的原因、合理性。

【参考观点】

重整计划是以清理债务、复兴企业为核心目标,重整计划是否切实可行,直接决定重整的目标能否实现,因此,由谁来制定重整计划尤为重要。本条仅规定由债务人或管理人向债权人会议提出重整计划,对债务人或管理人以外的其他人提出重整计划未作禁止性规定。重整实践中,债权人、出资人、重组方等利害关系人也确有参与重整计划草案制定的内在需要。通过各利害关系人的自由协商谈判并在此基础上制定重整计划草案,既可以避免重整程序中管理人或债务人单方制定重整计划造成的利益失衡、表决难以通过等问题,也有利于降低重整成本、缩短重整期限、合理确定重整企业的经营价值。① 《破产审判会议纪要》第 22 条关于预重整的规定,即体现了鼓励探索、倡导、践行债权人、出资人、重组方等利害关系人参与重整计划草案制定的价值取向。

债务人或管理人在制定重整计划的过程中,往往需要引入重组方注入资产或提供资金以恢复债务人的持续经营和盈利能力,重组方的选定关系债务人、债权人、出资人的切身利益。结合重整实践情况,一般可以采取以下几种方式选定重组方:其一,在法院受理重整申请前,债务人可以自由选择重组方;其二,法院受理重整申请后,债务人负责经营管理的,由债务人选择重组方,管理人负责经营管理的,由管理人选择重组方;其三,如果债务人或管理人制作的重整计划草案中明确了重组方,则依据法律规定交由债权人会议或出资人会议表决通过;其四,如果重整计划草案只有概括的资产重组方案,未明确具体的重组方,在重整计划草案获得通过和批准后,由债务人执行重整计划,故应由债务人依照重整计划的资产重组方案选择重组方。②

编者说明

营业事务和重整计划草案的制定权是重整程序控制权的左右手和核心体

---

① 参见贺小荣、王富博、杜军:《破产管理人与重整制度的探索与完善——〈全国法院破产审判工作会议纪要〉的理解与适用(上)》,载《人民司法·应用》2018 年第 13 期。

② 参见最高人民法院民二庭第五合议庭:《上市公司破产重整案件审理情况总结报告》,载最高人民法院民事审判第二庭编:《商事审判指导》2014 年第 3 辑(总第 39 辑),人民法院出版社 2015 年版,第 33 页。

现,选择和引进重组方,又是重整计划草案制定权的重要体现。在管理人管理模式下,管理人负责制定重整计划草案,并负责重组方的遴选。由于管理人系无利益诉求的独立第三方,原则上应当通过公开方式遴选重组方。在情况比较复杂的情形下,对于重组方的选择管理人往往难以直接判断优劣并确定,可考虑如下两种方式:由债权人会议或债委会对各家意向重组方的方案进行审议,经表决后确定最终重组方,或者由管理人、债权人代表等组成评审委员会,由评审委员会确定最终重组方。

在债务人自行管理模式下,编者认为,原则上应由债务人自行决定重组方的选定方式,法院和管理人不宜加以干涉,不宜强制性规定通过公开方式以及由债权人会议表决等方式选定重组方。破产程序本质上是利益相关方的博弈程序,其中核心的是债务人及债务人股东和债权人之间的博弈,如何选择重组方,以及选择哪一家重组方,本身即是博弈的事项之一,不应剥夺债务人参与博弈的权利,亦不应完全以债权人权益为导向,而忽视债务人及债务人股东权益,特别是债务人的后续经营发展。另外,重整与清算程序中的资产拍卖不同,务必要摒弃以价格为唯一判断因素、价高者得的思想,引进的重组方在营业方向、发展战略、职工和供应商权益保护、企业文化等方面是否与债务人契合,是否更能够促进债务人后续营业的发展,通常债务人更为熟悉,由债务人选定重组方更为适宜。在债务人自行管理模式下,由债权人决定重组方的观念,仍然是破产清算而非重整的思维。当然,债务人选定重组方后制定的重整计划草案最终仍需由债权人会议依法审议表决,债权人仍然是重整程序中博弈最重要的一方。

当然,上述两种重组方的确定模式都应当设置例外的情形,如在债务人自行管理的模式下,在重整案件受理后债务人在一定期间内不能就债务清偿及后续经营提出可行性方案的,应当允许管理人向社会公开招募重组方,以尽快推进重整程序。在管理人负责管理财产和营业事务的模式下,如存在重整申请受理时,债务人已确定意向投资人并制定出可行的重整方案等特殊情形的,管理人可以不经公开招募而直接申请协商确定重组方。

在上市公司重整中,根据沪深交易所的监管指引,交易所鼓励上市公司通过公开招募的方式引进投资人。从近年来的上市公司重整实践来看,公开招募逐渐成了主流模式。

第八十一条 【重整计划草案的内容】重整计划草案应当包括下列内容:

(一)债务人的经营方案;

　　（二）债权分类；

　　（三）债权调整方案；

　　（四）债权受偿方案；

　　（五）重整计划的执行期限；

　　（六）重整计划执行的监督期限；

　　（七）有利于债务人重整的其他方案。

【立法·要点注释】

　　根据本条规定,重整计划草案应当包括下列内容:第一,债务人的经营方案。债务人的经营方案是指为恢复债务人的正常营业,改变亏损状态而对债务人采取的营业改善措施。第二,债权分类。重整计划需要对所有的债权进行分类,以便对不同性质的债权制定不同的调整方案和受偿方案。第三,债权调整方案。债权调整方案是指每类债权的具体调整计划,包括债权的减少、免除、延期、债权性质的转换等。第四,债权受偿方案。债权受偿方案是指对调整后的债权的具体清偿方案,包括清偿债权的时间、地点、方式等。第五,重整计划的执行期限,为重整计划的执行确定一个明确合理的期限。第六,重整计划执行的监督期限。管理人监督重整计划执行情况应有一个明确、合理的期限,通常这一期限与重整计划的执行期限一致,重整计划草案制定人可以根据实际情况与有关利益方协商确定这一期限。第七,有利于企业重整的其他方案。企业重整的方法很多,《企业破产法》不可能全部予以列举。

【相关立法】

　　《中华人民共和国企业破产法》(2006 年 8 月 27 日第十届全国人民代表大会常务委员会第二十三次会议通过,2007 年 6 月 1 日)

　　第八十五条　债务人的出资人代表可以列席讨论重整计划草案的债权人会议。

　　重整计划草案涉及出资人权益调整事项的,应当设出资人组,对该事项进行表决。

【司法解释】

《最高人民法院关于审理企业破产案件确定管理人报酬的规定》（法释〔2007〕9号,2007年6月1日）

第十条 最终确定的管理人报酬及收取情况,应列入破产财产分配方案。在和解、重整程序中,管理人报酬方案内容应列入和解协议草案或重整计划草案。

【司法文件】

1.《最高人民法院关于印发〈全国法院破产审判工作会议纪要〉的通知》（法〔2018〕53号,2018年3月4日）

16. 重整计划的制定及沟通协调。人民法院要加强与管理人或债务人的沟通,引导其分析债务人陷于困境的原因,有针对性地制定重整计划草案,促使企业重新获得盈利能力,提高重整成功率。人民法院要与政府建立沟通协调机制,帮助管理人或债务人解决重整计划草案制定中的困难和问题。

22. 探索推行庭外重组与庭内重整制度的衔接。在企业进入重整程序之前,可以先由债权人与债务人、出资人等利害关系人通过庭外商业谈判,拟定重组方案。重整程序启动后,可以重组方案为依据拟定重整计划草案提交人民法院依法审查批准。

36. 实质合并审理的法律后果。人民法院裁定采用实质合并方式审理破产案件的,各关联企业成员之间的债权债务归于消灭,各成员的财产作为合并后统一的破产财产,由各成员的债权人在同一程序中按照法定顺序公平受偿。采用实质合并方式进行重整的,重整计划草案中应当制定统一的债权分类、债权调整和债权受偿方案。

37. 实质合并审理后的企业成员存续。适用实质合并规则进行破产清算的,破产程序终结后各关联企业成员均应予以注销。适用实质合并规则进行和解或重整的,各关联企业原则上应当合并为一个企业。根据和解协议或重整计划,确有需要保持个别企业独立的,应当依照企业分立的有关规则单独处理。

2.《最高人民法院关于人民法院为企业兼并重组提供司法保障的指导意见》（法发〔2014〕7 号,2014 年 6 月 3 日）

16. 有效发挥破产重整程序的特殊功能,促进企业资源的流转利用。要积极支持符合产业政策调整目标、具有重整希望和可能的企业进行破产重整。通过合法高效的破产重整程序,帮助企业压缩和合并过剩产能,优化资金、技术、人才等生产要素配置。要注重结合企业自身特点,及时指定重整案件管理人,保障企业业务流程再造和技术升级改造。在企业重整计划的制定和批准上,要着眼建立健全防范和化解过剩产能长效机制,防止借破产重整逃避债务、不当耗费社会资源,避免重整程序空转。

3.《最高人民法院印发〈关于审理上市公司破产重整案件工作座谈会纪要〉的通知》（法〔2012〕261 号,2012 年 10 月 29 日）

六、关于上市公司破产重整计划草案的制定

会议认为,上市公司或者管理人制定的上市公司重整计划草案应当包括详细的经营方案。有关经营方案涉及并购重组等行政可审批事项的,上市公司或管理人应当聘请经证券监管机构核准的财务顾问机构、律师事务所以及具有证券期货业务资格的会计师事务所、资产评估机构等证券服务机构按照证券监管机构的有关要求及格式编制相关材料,并作为重整计划草案及其经营方案的必备文件。

控股股东、实际控制人及其关联方在上市公司破产重整程序前因违规占用、担保等行为对上市公司造成损害的,制定重整计划草案时应当根据其过错对控股股东及实际控制人支配的股东的股权作相应调整。

【部门规章及规范性文件】

1.《上海证券交易所上市公司自律监管指引第 13 号——破产重整等事项》（上证发〔2022〕41 号,2022 年 3 月 31 日）

第二十八条 重整投资协议涉及重整投资人受让上市公司资本公积转增股份的,相关受让股份价格定价应当合理、公允,不得损害中小投资者利益。

相关受让股份价格低于上市公司股票在投资协议签署当日（遇到非交易日的,则以签署日前一个交易日为基准日）收盘价 80% 的,上市公司或者管理人应当聘请财务顾问出具专项意见并予以披露。

第三十四条 上市公司或者管理人应当就重整计划草案中约定的经营方案单独履行信息披露义务,详细说明执行步骤和时间安排,分析论证方案制定依据,并对依据的充分性、方案的可行性以及是否有利于提高上市公司持续经营能力进行说明。

重整计划草案中有关经营方案涉及购买资产构成重大资产重组等事项的,上市公司或者管理人应当聘请中介机构按照证券监管机构的有关要求核查并编制信息披露文件,作为重整计划草案及其经营方案的必备文件。

第四十六条 重整投资人取得上市公司股份后成为控股股东、实际控制人的,应当承诺在取得股份之日起 36 个月内不转让或者委托他人管理其直接和间接持有的上市公司股份。

上市公司控股股东、实际控制人未发生变更的,其控股股东、实际控制人应当承诺所持上市公司股份在重整计划执行完毕后的 36 个月内不转让或者委托他人管理其直接和间接持有的上市公司股份。如控股股东、实际控制人在重整时取得股份的,参照前款规定执行。

重整计划执行完毕时,上市公司披露无控股股东、实际控制人的,其第一大股东及其最终控制人应当比照控股股东、实际控制人遵守本条前两款规定。

前述规定外的其他重整投资人应当承诺在取得股份之日起 12 个月内不转让或者委托他人管理其直接和间接持有的上市公司股份。

转让双方存在控制关系或者受同一实际控制人控制的,不受本条规定的限制。

第五十条 上市公司、重整投资人等承诺相关方在破产事项中作出的承诺必须有明确的履约时限,不得使用"尽快""时机成熟时"等模糊性词语。承诺相关方在作出承诺前应当分析论证承诺事项的可实现性并公开披露相关内容,不得承诺根据当时情况判断明显不可能实现的事项。

承诺相关方作出业绩承诺,应当对作出业绩承诺的依据、合理性、是否与上市公司签订了明确可行的补偿协议、履约能力、履约保障措施等进行说明。

上市公司或者管理人应当对承诺的具体内容、履约方式及时间、承诺人履约能力、履约风险及对策、不能履约时的制约措施等进行充分披露,并督促相关方及时履行承诺。

2.《深圳证券交易所上市公司自律监管指引第 14 号——破产重整等事项》(深证上〔2022〕325 号,2022 年 3 月 31 日)

第二十八条　重整投资协议涉及重整投资人受让上市公司资本公积转增股份的,相关受让股份价格定价应当合理、公允,不得损害中小投资者利益。

相关受让股份价格低于上市公司股票在投资协议签署当日(遇到非交易日的,则以签署日前一个交易日为基准日)收盘价百分之八十的,上市公司或者管理人应当聘请财务顾问出具专项意见并予以披露。

第三十四条　上市公司或者管理人应当就重整计划草案中约定的经营方案单独履行信息披露义务,详细说明执行步骤和时间安排,分析论证方案制定依据,并对依据的充分性、方案的可行性以及是否有利于提高上市公司持续经营能力进行说明。

重整计划草案中有关经营方案涉及购买资产构成重大资产重组等事项的,上市公司或者管理人应当聘请中介机构按照证券监管机构的有关要求核查并编制信息披露文件,作为重整计划草案及其经营方案的必备文件。

第四十六条　重整投资人取得上市公司股份后成为控股股东、实际控制人的,应当承诺在取得股份之日起三十六个月内不转让或者委托他人管理其直接和间接持有的上市公司股份。

上市公司控股股东、实际控制人未发生变更的,其控股股东、实际控制人应当承诺所持上市公司股份在重整计划执行完毕后的三十六个月内不转让或者委托他人管理其直接和间接持有的上市公司股份。如控股股东、实际控制人在重整时取得股份的,参照前款规定执行。

重整计划执行完毕时,上市公司披露无控股股东、实际控制人的,其第一大股东及其最终控制人应当比照控股股东、实际控制人遵守本条前两款规定。

前述规定外的其他重整投资人应当承诺在取得股份之日起十二个月内不转让或者委托他人管理其直接和间接持有的上市公司股份。

转让双方存在控制关系或者受同一实际控制人控制的,不受本条规定的限制。

第五十条　上市公司、重整投资人等承诺相关方在破产事项中作出的承诺必须有明确的履约时限,不得使用"尽快""时机成熟时"等模糊性词语。承诺相关方在作出承诺前应当分析论证承诺事项的可实现性并公开披露相关内容,不得承诺根据当时情况判断明显不可能实现的事项。

承诺相关方作出业绩承诺,应当对作出业绩承诺的依据、合理性、是否与上市公司签订了明确可行的补偿协议、履约能力、履约保障措施等进行说明。

上市公司或者管理人应当对承诺的具体内容、履约方式及时限、承诺人履约能力、履约风险及对策、不能履约时的制约措施等进行充分披露,并督促相关方及时履行承诺。

【参考观点】

一、重整计划草案中的经营方案应具有可行性

重整包括业务重整、债务重整和股权重整。在重整过程中,要把业务的重整放在首位,在业务重整的基础上再考虑债务重整和股权重整,而不能简单地削债。①《企业破产法》并未对经营方案具体应该包括哪些内容作出明确规定,由于重整计划草案由债权人分组表决以及出资人组表决通过,因此管理人或债务人在制定重整计划草案时,往往比较重视债权债务关系如何了结的问题,尤其关注债权调整和股权调整的内容,而在时间和精力有限的情况下,很难深入分析企业陷入困境的原因并有针对性地制定改善生产经营的方案。在这种情形下,即使企业重整成功,也仅仅是从形式上消除了重整原因,但却没有改善生产经营、完善企业管理、提高技术工艺,不能使企业提质增效,重整也就无法达到真正拯救困境企业的目的。同时,重整拯救措施不明确,经营方案不具体,企业未来是否能够恢复盈利能力难以预测,势必会增加投资人的预期收益风险。投资人为规避预期收益风险,必然要求增加当期收益,从而挤压债权人和出资人的利益空间,最终影响重整计划草案的表决通过。为了避免重整制度的运行偏离制度设计初衷,人民法院在重整计划草案制定的过程中,应加强与管理人或债务人的沟通,引导其深入分析债务人陷于困境的原因,有针对性地制定重整计划草案,改善企业生产经营和管理,促使企业重新获得盈利能力。②

---

① 参见刘敏:《破产审判新动态及应对策略》,载王欣新、郑志斌主编:《破产法论坛》(第十二辑),法律出版社2016年版,第24页。

② 参见贺小荣、王富博、杜军:《破产管理人与重整制度的探索与完善——〈全国法院破产审判工作会议纪要〉的理解与适用(上)》,载《人民司法·应用》2018年第13期。

二、关于上市公司重整计划草案制定的特殊规定

基于上市公司重整的特殊性,《审理上市公司破产重整座谈会纪要》对上市公司的重整计划中经营方案及出资人权益调整方案作出了明确具体的规定:

1. 应当包括详细经营方案。《审理上市公司破产重整座谈会纪要》明确规定上市公司或者管理人制定的上市公司重整计划草案应当包括详细的经营方案,应当包括债务人经营管理方案、融资方案、资产与业务重组方案等规定上市公司重整具体措施的内容。在有关经营方案涉及并购重组等行政许可审批事项的,为便于后续证券监管机构的审批,上市公司或管理人应当聘请经证券监管机构核准的财务顾问机构、律师事务所以及具有证券期货业务资格的会计师事务所、资产评估机构等证券服务机构按照证券监管机构的有关要求及格式编制相关材料,并作为重整计划草案及其经营方案的必备文件。

2. 出资人权益调整规则。根据《审理上市公司破产重整座谈会纪要》第六条的规定,控股股东、实际控制人及其关联方在上市公司破产重整程序前因违规占用、担保等行为对上市公司造成损害的,制定重整计划草案时应当根据其过错对控股股东及实际控制人支配的股东的股权作相应调整。

三、重整计划草案应当包括的其他内容

重整计划草案除本条规定应包括的内容外,根据《管理人报酬规定》第十条的规定,在重整程序中,管理人报酬方案内容应列入重整计划草案;根据《企业破产法》第八十五条的规定,重整计划草案涉及出资人权益调整事项的,应当设出资人组,对该事项进行表决,即此时重整计划草案应包括出资人调整方案的内容。此外,重整计划草案通常还会包括重整计划执行完毕的标准、其他与重整计划执行事项相关的说明等。

【最高人民法院公布案例】

1. 中核华原钛白股份有限公司破产重整案

——重整计划草案内容完备,经营方案具有可行性,得到债权人及出资人的大力支持,有效平衡好了各方利害关系人的利益。

【案情简介】

2011 年 4 月 22 日,债权人天水二一三机床电器厂兰州天兰机电产品经营部向嘉峪关市人民法院(以下简称嘉峪关法院)申请对中核钛白进行破产重整。当日嘉峪关法院将申请书送达债务人中核钛白。在法定期限内中核钛白未提出异议。嘉峪关法院审查后认为,根据《企业破产法》规定,中核钛白符合重整条件,其作为中核钛白主要营业机构所在地,依法具有管辖权,遂向甘肃省高级人民法院汇报,请求批准受理该案。2011 年 7 月 29 日,为维持职工队伍稳定和企业继续经营,中核钛白公司股东中国信达、中核集团及中核四〇四公司经在全国范围内公开遴选,决定由安徽金星集团对中核钛白公司进行托管经营。同年 11 月 11 日,最高人民法院批复甘肃省高级人民法院,同意受理中核钛白破产重整案。11 月 23 日,甘肃省高级人民法院批复嘉峪关法院,同意受理中核钛白破产重整案。11 月 30 日,嘉峪关法院组成由主管副院长担任审判长,民二庭全体审判员组成的五人合议庭,裁定受理重整申请,对中核钛白进行重整,并依法指定中核钛白清算组作为重整管理人,同时分别向《人民法院报》《甘肃日报》《嘉峪关日报》及深圳证券交易所发出受理重整及申报债权的公告。2012 年 7 月 27 日,债权人会议四个债权人组表决通过了重整计划草案,出资人组表决通过了出资人权益调整方案。7 月 31 日,嘉峪关法院裁定批准《中核华原钛白股份有限公司重整计划》。《中核华原钛白股份有限公司重整计划》主要内容如下:

(一)出资人权益调整方案

根据《企业破产法》第八十五条第二款规定,重整计划草案涉及出资人权益调整事项的,应当设出资人组,对该事项进行表决。重整计划草案将对中核钛白出资人权益进行调整,并设立出资人组对调整事项进行表决。出资人组由截至 2011 年 12 月 31 日在深圳结算公司登记在册的全体股东组成,涉及股份总数 19000 万股。出资人权益调整方案如下:

1. 向潜在重组方的股东转让股权。中核钛白第一大股东中国信达将其所持中核钛白 4500 万股股权以 3.3 元/股转让给金星钛白股东李建锋、陈富强、胡建龙。其中,李建锋受让 3000 万股,陈富强受让 800 万股,胡建龙受让 700 万股。股权受让方应当于重整计划获得法院裁定批准之日起十个工作日内向中核钛白管理人账户支付股权收购款 7260 万元,剩余款项在重整计划经法院裁定批准之日起四个月内支付完毕。金星钛白的股东李建锋、陈富强、胡建龙另行无偿向中核钛白提供 3600 万元,用于支持重整计划的执行。

其中,李建锋提供 2400 万元,陈富强提供 640 万元,胡建龙提供 560 万元。用于支持重整计划执行的 3600 万元,应当于重整计划获得法院裁定批准之日起十个工作日内付至中核钛白管理人账户。如果潜在重组方的股东未按期支付上述款项,管理人有权将上述股份另行处置。

2. 向财务投资人转让股权。中核钛白第一大股东中国信达将其所持中核钛白 3147.9232 万股股权以 3.3 元/股转让给财务投资人。其中,九洲弘羊受让 2147.9232 万股,普瑞斯置业受让 1000 万股。股权受让方应当于重整计划获得法院裁定批准之日起十个工作日内向中核钛白管理人账户支付全部股权收购款。财务投资人另行无偿向中核钛白提供 3462.72 万元,用于支持重整计划的执行。其中,九洲弘羊提供 2362.72 万元,普瑞斯置业提供 1100 万元。用于支持重整计划执行的 3462.72 万元,应当于重整计划获得法院裁定批准之日起十个工作日内付至中核钛白管理人账户。如果财务投资人未按期支付上述款项,管理人有权将上述股份另行处置。

3. 承担职工经济补偿金。重整计划获得法院裁定批准后,中核钛白控股股东的性质发生变化,根据《劳动合同法》、《关于规范国有企业改制工作意见的通知》(国办发〔2003〕96 号)、《关于进一步规范国有企业改制工作实施意见的通知》(国办发〔2005〕60 号)等文件规定,将依法向全体中核钛白职工发放置换国有企业职工身份的经济补偿金,具体补偿方案依据经 2010 年 2 月 5 日中核钛白职工代表大会审议通过的职工安置方案执行。为切实维护中核钛白广大职工的合法权益,确保中核钛白重整等工作的顺利进行,中国信达以上述部分股权转让款承担总计约 132827926.00 元经济补偿金。

4. 提供部分资金提高小额债权组清偿率。结合中核钛白实际情况,为进一步支持中核钛白重整,中国信达将以不超过 1700 万元股权转让款、中核四○四将以不超过 300 万元现金,合计不超过 2000 万元现金无偿用于提高小额债权组的清偿率,并于重整计划裁定批准之日起二个月内通过管理人账户支付。

5. 出借股权转让款。结合中核钛白实际情况,中国信达将部分股权转让款 10200 万元借予中核钛白,用于支持重整计划的执行。

(二)债务人的经营方案

自 2008 年以来,公司由于原材料价格上涨、资金短缺、经营管理不善等方面的原因,债务负担沉重,通过重整程序虽能减轻企业的债务负担,但要使中核钛白彻底摆脱困境,走上持续健康发展的轨道,必须引进一家实力雄厚

并具有一定钛白粉行业经营管理优势的重组方对其进行资产重组。为此,提出以下经营方案:

1. 引入优质重组方,提高经营管理水平。中核钛白在重整计划获得法院批准后,引入金星钛白对其进行同行业并购重组,实现中核钛白未来可持续发展。金星钛白成立于1996年1月,原名马鞍山金星化工(集团)有限公司,2009年5月重组后实际控制人为李建锋先生。金星钛白主营钛白粉的生产与销售,2011年实现钛白粉实际产量(含山东道恩钛业有限公司的40%)约10万吨,位居国内钛白粉行业前列;金星钛白拥有全资子公司盐城福泰化工有限公司、安徽正坤贸易有限公司以及控股子公司无锡豪普等优质企业。金星钛白在重整前已对中核钛白实施托管,对中核钛白生产线进行检修、改造,改善生产状况,为后续重组工作奠定良好基础。

2. 提供流动资金,确保正常经营。金星钛白在重整期间由其控股子公司无锡豪普向中核钛白提供技改资金借款6000万元、垫付委托加工款3065万元、代付中核钛白历年拖欠的排污费583.04万元,有力地保证了中核钛白正常生产经营的开展。

3. 改造、扩建生产线,提高企业产能。金星钛白将对中核钛白进行生产线的技术改造与扩建。根据初步安排,于2012年6月底开始实施一期6万吨扩产改造计划;2013年进行进一步改造。

4. 注入优质资产,提高盈利能力。金星钛白拟将其持有的符合监管部门要求的优质资产以定向增发的方式注入中核钛白,提高中核钛白的盈利能力,从而进一步确保中核钛白的持续经营。金星钛白拟注入的资产评估值不低于5亿元。

5. 处置部分非经营所需的资产。在重整计划经批准之后,中核钛白将根据经营情况,以变卖的方式处置非经营所需的部分资产,回收资金,更好地实施钛白粉的生产与销售业务。该些资产的变卖价格不低于东洲评估出具的资产评估报告中列明的评估值。如确无法变卖而需调低变卖价格时,公司将报请嘉峪关法院许可之后再行实施。

(三)债权分类

1. 有财产担保债权组:有财产担保债权金额为23098.66万元,经对担保资产评估并进行分析,有财产担保债权中可就担保财产获得清偿的金额为9126.53万元,在担保财产优先偿还后,剩余的债权13972.13万元转为普通债权。

2. 职工债权组:职工债权金额为 16.88 万元。

3. 普通债权组:普通债权金额为 9083.91 万元,加上特定担保财产不足以清偿有财产担保债权部分转入普通债权的金额 13972.12 万元,普通债权总额为 23056.03 万元。

4. 小额债权组:嘉峪关法院决定在普通债权组中设小额债权组,债权金额 600 万元以下的债权人组成小额债权组,债权金额合计为 7088.87 万元。

(四)债权调整方案

1. 有财产担保债权组:有财产担保债权组在担保财产评估值范围内 100%清偿。

2. 职工债权组:职工债权组 100%清偿。

3. 普通债权组:普通债权组设小额债权组后,普通债权金额为 15967.16 万元,清偿率为 41.69%。

4. 小额债权组:小额债权组的债权金额合计为 7088.87 万元。在资产清偿率 41.69%的基础上,由中国信达和中核四〇四提供部分资金,将清偿率提高至 70%。

(五)债权受偿方案

重整计划经嘉峪关法院批准后,中核钛白对各类债权按以下期限和方式清偿:

1. 清偿期限和方式:(1)有财产担保债权。有财产担保债权在重整计划裁定批准之日起的四个月内以现金方式清偿,其中二个月内清偿 50%,四个月内全部清偿完毕。(2)职工债权。职工债权在重整计划裁定批准之日起的二个月内以现金方式清偿完毕。(3)普通债权。普通债权在重整计划裁定批准之日起的四个月内以现金方式清偿,其中二个月内清偿 50%,四个月内全部清偿完毕。(4)小额债权。小额债权在重整计划裁定批准之日起的二个月内以现金方式清偿完毕。

2. 偿债资金来源。偿债资金由李建锋等三位战略投资人无偿提供 3600 万元;由财务投资人无偿提供 3462.72 万元;中国信达借予的部分股权转让款 10200 万元。这三部分资金与重整计划规定的债务清偿所需资金差额,由金星钛白承诺为中核钛白融资解决,保证偿债资金按重整计划规定的期限及时足额支付。

(六)重整计划的执行期限

重整计划的执行期限为四个月,自重整计划经嘉峪关法院裁定批准之日起计算。在此期间内,中核钛白应严格依照重整计划的债权受偿方案向债权人清偿债务,并根据需要随时支付重整费用等支出。如非因中核钛白原因,重整计划无法在上述执行期限内执行完毕,中核钛白应于执行期限届满前十五日,向嘉峪关法院提交延长重整计划执行期限的申请,并根据嘉峪关法院裁定的期限继续执行。对于因延长执行期限而产生的重整费用等支出,中核钛白应根据需要随时支付。

(七)重整计划执行的监督期限

重整计划的监督期限与执行期限相同。在此期间内,由管理人负责监督中核钛白执行重整计划。中核钛白应接受管理人的监督,及时向管理人报告重整计划执行情况、公司财务状况,以及重大经营决策、财产处置等事项。

【裁判要点】

中核钛白破产重整计划草案内容完备,较好地平衡了债务人、重组方、财务投资人、职工等各方利益,获得出资人组会议及债权人会议各债权表决组高票表决通过,并顺利实施完毕。通过重整,做到了同行业并购和业务整合的紧密衔接,持续经营和技术改造同步进行。

【案例来源】

最高人民法院发布 10 起人民法院关于依法审理破产案件推进供给侧结构性改革典型案例(2016 年 6 月 15 日)。根据甘肃省嘉峪关市人民法院(2012)嘉民重整字第 01 号整理。

2. 重庆市华源天然气有限责任公司破产重整案

——营运资产整体出售,最大限度实现营业继续。

【案情简介】

重庆市华源天然气有限责任公司(以下简称华源公司)注册资本 2010 万元,拥有职工 163 人,为重庆市大足区的重要天然气供应企业。华源公司因严重资不抵债,依法向重庆市大足区人民法院申请重整。2016 年 11 月 28 日,法院裁定受理华源公司重整案。

本次重整采用出售式重整。根据重整计划草案,华源公司以其与天然气业务相关的全部营运资产及其他优质资产设立新公司,剩余资产仍归华源公司所有。重整投资人山东胜利股份有限公司(以下简称胜利公司)出资收购该新公司全部股权,并全盘接收现有职工及天然气业务。胜利公司分期支付股权转让款6.638亿元,专项用于清偿华源公司破产债权。

2017年9月27日,华源公司第二次债权人会议召开,各表决组均通过重整计划草案。2017年11月20日,法院裁定批准重整计划。重整计划执行中,新设公司重庆胜邦燃气有限公司经营持续向好,已累计实现利润约1.8亿元。

【裁判要旨及典型意义】

本案是利用出售式重整方式维护企业整体营运价值,拯救危困企业,保障各方当事人合法权益的典型案例。

重整的实质是拯救债务人的经济和社会价值,实现资源优化配置。出售式重整将债务人具有活力的营运资产一并转让给他人,使营运资产在新的企业中存续并发展,而以转让所得清偿债权人,属于重整的重要形式。此种情况下,债务人企业具有价值的营运资产将通过整体出售的方式予以保留,避免了被不当分割出售。

本案中,投资人愿意承接华源公司优质资产,但其考虑到对外应收债权的不确定性,不愿接受该类债权。据此,法院积极实践出售式重整,剥离具有整体营运价值的资产设立新公司。战略投资人支付股权转让款后取得新公司股权,该股权转让款用于清偿债务人债务。这既确保了债务人资产营运价值最大化,又有效维护了债权人合法权益。

【案例来源】

最高人民法院发布优化营商环境十大破产典型案例(2021年4月28日)。

编者说明

近年来,在传统的现金清偿方式基础上,重整计划规定的债权清偿方式逐步多样化。上市公司、大型集团公司重整案件中普遍采用"债转股"清偿方式,以债务人的股权清偿债务;此外,还有部分重整案件探索采用实物分配,或将债务人部分资产(一般为债务人非保留资产)设立信托计划①,并由债权人认购信托份额的方式,以信托受益权实现债权清偿。结合重整计划规定的出资人权益调整

---

① 根据中国银保监会2023年1号文件《关于规范信托公司信托业务分类有关事项的通知》,"企业破产服务信托"与"企业市场化重组服务信托"归属于资产服务信托业务中的"风险处置服务信托"。

方案、经营方案内容,上述各种债权清偿方式被灵活采用、多元组合,以实现债权人清偿利益的最大化。

实践中,重整计划少有涉及但重整计划执行阶段常常会面临的问题是,重整计划执行期间产生的利润或者亏损由谁承受?概而言之,债务人和债权人是基本的承受主体,按照是否引进重组方进行区分,则债务人实际又可区分为债务人的原股东和债务人的新股东即重组方。在引进重组方的情况下,参照常规并购的操作,收购方与被收购方通常会约定交割日,在交割日之前的利润和亏损由被收购方承担,在交割日之后的利润和亏损由收购方承担。在重整中,亦可参照此种操作模式,明确交割日期,确定重组方与债权人之间的权益划分。在不引进重组方的情况下,便不存在股权交割的概念,此时重整计划执行阶段的利润和亏损的承受问题,编者认为,更适合以协商约定的方式予以解决,即在重整计划草案中对此问题进行明确约定,既可以约定由债权人承受,也可以约定由债务人自行承受。若由债权人承受,则重整计划草案尚需预留一定的资金,以应对重整计划执行阶段可能出现的亏损;若重整计划执行阶段产生利润,尚需要对债权人进行追加分配。如重整计划草案未作约定的,不宜将重整计划执行阶段的利润或亏损由债权人承担,更宜认定为应由债务人承担。

从以上分析亦可以看到,重整计划的执行对债权人至关重要,不仅重整计划执行不能的后果要由债权人完全承受,重整计划执行期间的营业状况亦可能与债权人权益密切相关。而与此形成对比的是,我国《企业破产法》对重整计划执行期间的规定过于简略,相当一部分实务问题不甚明确,无论是理论还是实践,对重整计划执行的问题关注度都有待提升。

第八十二条 【债权分类与重整计划草案分组表决】 下列各类债权的债权人参加讨论重整计划草案的债权人会议,依照下列债权分类,分组对重整计划草案进行表决:

(一)对债务人的特定财产享有担保权的债权;

(二)债务人所欠职工的工资和医疗、伤残补助、抚恤费用,所欠的应当划入职工个人账户的基本养老保险、基本医疗保险费用,以及法律、行政法规规定应当支付给职工的补偿金;

(三)债务人所欠税款;

(四)普通债权。

人民法院在必要时可以决定在普通债权组中设小额债权组对重整

计划草案进行表决。

【立法·要点注释】

由于债务人重整涉及各利害关系人的利益,不同的重整措施对不同性质的债权和对债务人享有的其他权利的影响也不同。对债务人的特定财产享有的担保权,包括抵押权、质权和留置权。普通债权是指对债务人的特定财产不享有担保权和法律规定的优先权的债权。

【司法解释】

《最高人民法院关于适用〈中华人民共和国企业破产法〉若干问题的规定(三)》(法释〔2019〕3 号,2019 年 3 月 28 日;法释〔2020〕18 号修正,2021年 1 月 1 日)

第十一条　债权人会议的决议除现场表决外,可以由管理人事先将相关决议事项告知债权人,采取通信、网络投票等非现场方式进行表决。采取非现场方式进行表决的,管理人应当在债权人会议召开后的三日内,以信函、电子邮件、公告等方式将表决结果告知参与表决的债权人。

根据企业破产法第八十二条规定,对重整计划草案进行分组表决时,权益因重整计划草案受到调整或者影响的债权人或者股东,有权参加表决;权益未受到调整或者影响的债权人或者股东,参照企业破产法第八十三条的规定,不参加重整计划草案的表决。

【要点注释】

关于"权益因重整计划草案受到调整或影响"的判断。其一,从实体上,对于"权益未受到调整或者影响"应当从严把握,从实践来讲,破产重整案件中债权人或者股东"权益未受到调整或者影响"的情形是很少发生的,无论是利息计算标准、清偿时间等,在重整计划草案中作出了新的安排都属于"受到调整或者影响"的情形,更不用说调整本金的金额或者期限。因此,本条司法解释更重要的意义在于阐明了"权益未受到调整或者影响"的债权人或者股东不参加重整计划草案表决的法理。其二,从程序上,在债权人或者股东就其是否参加表决与管理人发生争议的情况下如何救济,可参照未确定债权的处理,在发生争议的情况下,应由人民法院依法裁决。权益未受到调整或者影响的债权人或者股东,不参加重整计划草案的表决,但并不意味着可以不通知他们参加债权人会议,本条司法解释所指的"权益未受到调整或者影响"是指或者主要是指实体权益未受到调整或者影响,而知情权、表决权、监督权是破产程序中保障债权人实体债权确能得到公平清偿的重要的程序性权利,本条司法解释仅针对表决权作出了特殊规定,这一特殊处理并不当然及于知情权、监督权等重要的程序性权利。①

【参考观点】

根据本条的规定,人民法院在必要时可以决定在普通债权组中设小额债权组对重整计划草案进行表决,但什么情况下可以设置及如何确定大额和小额的标准尚无明确法律依据。根据《企业破产法》第八十七条规定,强制批准重整计划时,不同债权组之间要平等对待,重整程序中如果设置了普通债权人的小额债权人组,小额债权人和大额债权人要不要公平对待是实践中存在的主要问题。然而,之所以要设置小额债权组,就是为了不平等对待,所谓的平等对待原则,不是说同一顺位权利的平等对待,而是指合法表决组的平等对待,要关注分组的正当性。②

另外,《企业破产法》把债权统一分成法定四类的做法比较僵化,一定程度上不利于充分保护债权人、中小投资者的利益。因此,应该允许在一定条件下对《企业破产法》规定的四组债权进行合并或再分组,以便于进行灵活处理,如在出资人组中分设小额出资人组,有利于保护中小投资者的利益,防止重整程序被滥用。③

---

① 参见最高人民法院民事审判第二庭编著:《最高人民法院关于企业破产法司法解释(三)理解与适用》,人民法院出版社2019年版,第225~227页。

② 参见刘敏:《破产审判新动态及应对策略》,载王欣新、郑志斌主编:《破产法论坛》(第十二辑),法律出版社2016年版,第25~26页。

③ 参见刘敏、池伟宏:《法院批准重整计划实务问题研究》,载《法律适用》2011年第10期。

【最高人民法院公布案例】

1. 中核华原钛白股份有限公司破产重整案

——人民法院在必要时可以决定在普通债权组中设小额债权组对重整计划草案进行表决。

【案情简介】

中核华原钛白股份有限公司(以下简称中核钛白)股票在深圳证券交易所挂牌交易,在钛白粉市场竞争加剧的情况下,中核钛白经营陷入困境。2011年4月22日,债权人向甘肃省嘉峪关市人民法院(以下简称嘉峪关法院)申请对中核钛白进行破产重整。7月29日,为维持职工队伍稳定和企业继续经营,中核钛白公司股东经在全国范围内公开遴选,决定由安徽金星钛白(集团)有限公司(以下简称金星钛白)对中核钛白进行托管经营。11月30日,嘉峪关法院裁定受理重整申请。

嘉峪关法院受理本案重整申请后,中核钛白继续营业,继续履行与金星钛白的托管协议,并继续履行中核钛白与对方均未履行完毕的42份合同,保证了重整工作的有序推进。截至2012年1月6日,共有146家债权人申报债权147笔,申报债权总额3.3亿余元,管理人初步确认128笔,确认的债权额约3亿元。嘉峪关法院要求管理人制定重整计划草案时一并考虑后续的资产重组,并在提交重整计划草案的同时提交重组框架方案,避免了重整、重组分开运作实施可能带来的弊端。

嘉峪关法院针对小额债权人人数众多、清偿率低、利益受损大、对立情绪严重的特点,为了最大限度地保护他们的利益,决定设立小额债权组,将债权额在600万元以下的债权人都纳入该组,并动员大股东额外拿出2000万元补偿小额债权人的损失,将其清偿率由41.69%提高至70%,有效保障了出资人和债权人的利益平衡。2012年7月27日,债权人会议四个债权人组表决通过了重整计划草案,出资人组表决通过了出资人权益调整方案。7月31日,嘉峪关法院裁定批准《中核华原钛白股份有限公司重整计划》。经各方努力,11月15日,重整计划执行完毕。该案普通债权的清偿率为41.69%,小额普通债权的清偿率达到了70%,远远高于模拟清算条件下的清偿率。

【裁判要点】

本案中大额的债权人集中且人数少,小额债权人人数众多分散且债权金额小,如将所有普通债权作为一组进行表决,按照同一比例清偿,一方面小额债权人利益受损严重,另一方面重整计划草案可能很难取得普通债权人组经出席会议的债权人过半数同意。人民法院充分考虑到债权结构特点,为了最大限度地保护他们的利益而决定设立小额债权组,并提高小额债权组债权人清偿比例,重整计划草案顺利获得债权人会议各表决组表决通过,有效保障了债权人的利益平衡。

【案例来源】

最高人民法院发布 10 起人民法院关于依法审理破产案件推进供给侧结构性改革典型案例(2016 年 6 月 15 日)。根据甘肃省嘉峪关市人民法院(2012)嘉民重整字第 01 号整理。

2. 北京中电华通信息科技有限公司破产重整案

——适用重整计划草案表决新机制,权益未受调整或影响的债权人不参与表决。

【案情简介】

北京中电华通信息科技有限公司(以下简称中电华通公司)因经营不善资金链断裂,债权人向北京市第一中级人民法院申请对该公司进行重整。为充分识别中电华通公司是否具有重整原因、重整价值及重整可能,法院对中电华通公司启动预重整程序。经过预重整程序后,法院于 2020 年 8 月 3 日裁定受理中电华通公司重整案。

重整期间,根据预重整方案,管理人制定重整计划草案。草案规定,职工债权及税款债权将获得一次性全额现金清偿,有财产担保债权通过债转股的方式获得全额清偿,普通债权人可选择按照 25%的比例进行现金清偿或者通过债转股的方式进行全额清偿。同时,重整计划草案对出资人权益作全额调整,该公司 100%股权全部让渡用于引入战略投资人。

在第一次债权人会议上,因重整计划草案对职工债权及税款债权全额现金清偿,故前述债权人不参与重整计划草案表决,有财产担保债权组、普通债权组等对重整计划草案进行表决并获得通过。2020 年 12 月 28 日,法院裁定批准重整计划。

【裁判要旨及典型意义】

本案是适用重整计划草案表决新机制,权益未受调整或影响的债权人不参与表决的典型案例。

重整中,权益未受调整或影响的债权人不参加表决,将有利于在制定重整计划草案时管理人和债务人明确谈判对象和谈判重点,同时也防止权益未受调整或影响的债权人滥用表决权、阻碍重整计划制定和通过,进而提升重整成功率。

本案中,法院根据《最高人民法院关于适用〈中华人民共和国企业破产法〉若干问题的规定(三)》第十一条第二款的规定,对重整计划草案表决机制进行了调整,将权益未受影响的职工债权人和税款债权人不纳入重整计划草案表决,仅将权益因受重整计划草案调整或影响的利害关系人纳入表决程序,从而促进表决程序的高效性与结果的合理性,在保障债权人合法权益的基础上有效提升程序效率。

【案例来源】

最高人民法院发布优化营商环境十大破产典型案例(2021 年 4 月 28 日)。

编者说明

关于表决组的分组,各国立法主要有两种规定模式:一是强制性分组,即在法律列举的分组之外法院和当事人均不能再设置新的其他组别;二是任意性分组,即在法律列举的分组之外法院和当事人可以再设置新的其他组别。我国属于何种类型存在不同意见,但参与《企业破产法》起草工作的破产法专家王欣新教授认为,"只要能够更全面、准确地体现不同债权人团体之间的利益需求,能够更好地体现表决结果的公正性,法院完全可以根据重整计划草案对债权的调整方案决定在法律规定之组别外再分设其他组别"。① 司法实践中,东北特钢重整案中,将普通债权分类为经营类普通债权、债券类普通债权和金融类普通债权,其中经营类和债券类普通债权可选择现金清偿,亦可选择债转股,金融类普通债权仅可实施债转股。此外,被列入全国十大破产典型案例的 * ST 云维重整案中,将普通债权区分为金融普通债权和非金融普通债权,并在预计清偿率一致的情况下规定了不同的清偿方式(现金清偿和股票清偿)。另外,有个别案件中,尝试

① 参见王欣新:《上市公司破产重整实务问题研究》,载王欣新:《破产法律理论与实务疑难问题研究》,中国法制出版社 2011 年版,第 371 页。

设立新的表决组,如单独设立工程款债权组。就东北特钢和﹡ST云维重整案而言,虽然没有设立新的表决组,但在普通债权组中按照债权类型进行了分类,并且不同类型的普通债权其权益存在着细小程度上的差异。编者认为,在具体的案件中,允许此类程度上的差异的存在是合理且公平的,其不违反绝对优先权规则,而且更能够契合不同类型债权人的特点和需求,但应遵循的原则是每一组别中反对者清偿利益不能受损,也不应利用债权分组以达到影响表决结果的目的。

此外,有财产担保债权人如无法就担保财产全额受偿,其未能全额受偿之部分作为普通债权清偿,此并无争议,但在表决时,未能全额受偿之债权额如何行使表决权,将其纳入普通债权组还是有财产担保债权组进行表决,若纳入普通债权组的,是否将其作为独立主体计算表决权人数,实践中存在争议。编者认为,《企业破产法》规定重整中债权进行分组表决,其原因在于不同组别的债权具有不同的法律属性,并因此在重整中受到了不同的对待,因此,某一笔债权应当纳入何表决组,根本上取决于该笔债权的法律属性。债权本身具有可分性,对于一笔无法就担保财产全额受偿的有财产担保债权,其分裂为了两种具有不同法律属性的债权,不能无根据地坚持债权的统一性,而将两种不同法律属性的债权纳入同一表决组。从另一个角度考虑,如果将一笔分裂为有财产担保债权和普通债权的债权统一纳入有财产担保债权组进行表决,那么在该债权人同意有财产担保债权的清偿方案而不同意普通债权清偿方案的情况下,该债权人实际上对普通债权的表决意见将会统计到有财产担保债权组中,这种错位无疑违背了《企业破产法》的立法精神。《深圳市中级人民法院审理企业重整案件的工作指引(试行)》中更是明确规定,经评估的担保财产价值不足以清偿担保债权,对该财产享有担保权的债权人同意对超出评估值以外的债权按普通债权清偿的,可以将评估值作为该笔债权在担保债权组的表决额,剩余金额作为其在普通债权组的表决额。

第八十三条 【不得减免的费用】重整计划不得规定减免债务人欠缴的本法第八十二条第一款第二项规定以外的社会保险费用;该项费用的债权人不参加重整计划草案的表决。

【立法·要点注释】

我国现行的社会保险主要包括五种,即基本养老保险、基本医疗保险、失业保险、工伤保险以及生育保险。本条规定的"本法第八十二条第一款第二项规定以外的社会保险费用"是指除划入职工个人账户的基本养老保险、基本医疗保险费用以外的社会保险费用。重整计划不得规定减免债务人所欠缴的上述社会保险费用。

【相关立法】

《中华人民共和国企业破产法》(2006年8月27日第十届全国人民代表大会常务委员会第二十三次会议通过,2007年6月1日)

第四十八条　债权人应当在人民法院确定的债权申报期限内向管理人申报债权。

债务人所欠职工的工资和医疗、伤残补助、抚恤费用,所欠的应当划入职工个人账户的基本养老保险、基本医疗保险费用,以及法律、行政法规规定应当支付给职工的补偿金,不必申报,由管理人调查后列出清单并予以公示。职工对清单记载有异议的,可以要求管理人更正;管理人不予更正的,职工可以向人民法院提起诉讼。

第八十二条　下列各类债权的债权人参加讨论重整计划草案的债权人会议,依照下列债权分类,分组对重整计划草案进行表决:

(一)对债务人的特定财产享有担保权的债权;

(二)债务人所欠职工的工资和医疗、伤残补助、抚恤费用,所欠的应当划入职工个人账户的基本养老保险、基本医疗保险费用,以及法律、行政法规规定应当支付给职工的补偿金;

(三)债务人所欠税款;

(四)普通债权。

人民法院在必要时可以决定在普通债权组中设小额债权组对重整计划草案进行表决。

第八十七条　部分表决组未通过重整计划草案的,债务人或者管理人可以同未通过重整计划草案的表决组协商。该表决组可以在协商后再表决一次。双方协商的结果不得损害其他表决组的利益。

未通过重整计划草案的表决组拒绝再次表决或者再次表决仍未通过重整计划草案,但重整计划草案符合下列条件的,债务人或者管理人可以申请人民法院批准重整计划草案:

(一)按照重整计划草案,本法第八十二条第一款第一项所列债权就该特定财产将获得全额清偿,其因延期清偿所受的损失将得到公平补偿,并且其担保权未受到实质性损害,或者该表决组已经通过重整计划草案;

(二)按照重整计划草案,本法第八十二条第一款第二项、第三项所列债权将获得全额清偿,或者相应表决组已经通过重整计划草案;

(三)按照重整计划草案,普通债权所获得的清偿比例,不低于其在重整计划草案被提请批准时依照破产清算程序所能获得的清偿比例,或者该表决组已经通过重整计划草案;

(四)重整计划草案对出资人权益的调整公平、公正,或者出资人组已经通过重整计划草案;

(五)重整计划草案公平对待同一表决组的成员,并且所规定的债权清偿顺序不违反本法第一百一十三条的规定;

(六)债务人的经营方案具有可行性。

人民法院经审查认为重整计划草案符合前款规定的,应当自收到申请之日起三十日内裁定批准,终止重整程序,并予以公告。

第一百一十三条 破产财产在优先清偿破产费用和共益债务后,依照下列顺序清偿:

(一)破产人所欠职工的工资和医疗、伤残补助、抚恤费用,所欠的应当划入职工个人账户的基本养老保险、基本医疗保险费用,以及法律、行政法规规定应当支付给职工的补偿金;

(二)破产人欠缴的除前项规定以外的社会保险费用和破产人所欠税款;

(三)普通破产债权。

破产财产不足以清偿同一顺序的清偿要求的,按照比例分配。

破产企业的董事、监事和高级管理人员的工资按照该企业员工的平均工资计算。

【参考观点】

《企业破产法》第八十二条第一款第(二)项规定以外的社会保险费用具体包括未划入职工个人账户的基本养老保险费用和未划入职工个人账户的基本医疗保险费用、失业保险费用、工伤保险费用、生育保险费用,该等社会保险费用根据《企业破产法》第四十八条的规定亦不属于职工债权的范围。

在破产清算程序中,根据《企业破产法》第一百一十三条规定,债务人欠缴的该等社会保险费用和债务人所欠税款同等顺位受偿,可能面临无法受偿或按比例受偿的风险。但在重整程序中,制定重整计划时,债务人欠缴的该等社保费用不得减免,并应予以全额受偿。重整计划设置职工债权组的,欠缴的该等社保费用不计入相应职工债权人的职工债权金额参加对重整计划草案的表决。

第八十四条　【重整计划草案的表决】人民法院应当自收到重整计划草案之日起三十日内召开债权人会议,对重整计划草案进行表决。

出席会议的同一表决组的债权人过半数同意重整计划草案,并且其所代表的债权额占该组债权总额的三分之二以上的,即为该组通过重整计划草案。

债务人或者管理人应当向债权人会议就重整计划草案作出说明,并回答询问。

【立法·要点注释】

法院应当自收到重整计划草案之日起三十日内召开债权人会议,对其进行表决。重整计划草案的表决应当反映大多数债权人的意愿。本条对通过重整计划草案规定人数和债权额的双重多数标准,有利于平衡和兼顾大小债权人的利益。在对重整计划草案进行讨论和表决时,重整计划制作人应当向债权人会议说明重整计划草案的内容以及重整计划草案对债务人、债权人和利益相关人的影响,以证明重整计划的可行性、合法性和公平性,使重整计划草案得到债权人会议的认可。

【司法解释】

《最高人民法院关于适用〈中华人民共和国企业破产法〉若干问题的规定(三)》(法释〔2019〕3 号,2019 年 3 月 28 日;法释〔2020〕18 号修正,2021 年 1 月 1 日)

第十一条　债权人会议的决议除现场表决外,可以由管理人事先将相关决议事项告知债权人,采取通信、网络投票等非现场方式进行表决。采取非现场方式进行表决的,管理人应当在债权人会议召开后的三日内,以信函、电子邮件、公告等方式将表决结果告知参与表决的债权人。

根据企业破产法第八十二条规定,对重整计划草案进行分组表决时,权益因重整计划草案受到调整或者影响的债权人或者股东,有权参加表决;权益未受到调整或者影响的债权人或者股东,参照企业破产法第八十三条的规定,不参加重整计划草案的表决。

【司法文件】

1.《最高人民法院关于印发〈全国法院民商事审判工作会议纪要〉的通知》(法〔2019〕254 号,2019 年 11 月 8 日)

115.【庭外重组协议效力在重整程序中的延伸】继续完善庭外重组与庭内重整的衔接机制,降低制度性成本,提高破产制度效率。人民法院受理重整申请前,债务人和部分债权人已经达成的有关协议与重整程序中制作的重整计划草案内容一致的,有关债权人对该协议的同意视为对该重整计划草案表决的同意。但重整计划草案对协议内容进行了修改并对有关债权人有不利影响,或者与有关债权人重大利益相关的,受到影响的债权人有权按照企业破产法的规定对重整计划草案重新进行表决。

2.《最高人民法院关于正确审理企业破产案件为维护市场经济秩序提供司法保障若干问题的意见》(法发〔2009〕36 号,2009 年 6 月 12 日)

9. 表决重整计划草案时,要充分尊重职工的意愿,并就债务人所欠职工工资等债权设定专门表决组进行表决;职工债权人表决组未通过重整计划草案的,人民法院强制批准必须以应当优先清偿的职工债权全额清偿为前提。企业继续保持原经营范围的,人民法院要引导债务人或管理人在制作企业重整计划草案时,尽可能保证企业原有职工的工作岗位。

15. 要充分发挥债权人会议和债权人委员会的职能作用,切实保障债权人对破产程序的参与权,坚决防止地方保护主义,即使在以挽救债务人为主要目的的破产重整和和解程序中,仍然要以充分保障债权人利益为前提,重整计划和和解协议的通过与否,要严格按照法定的程序确定表决权并依法表决。

【参考观点】

重整计划需提交给全体债权人进行表决,对重整计划进行表决的债权人身份及表决权应当符合法律规定,经法院裁定确认的债权人均可以参加债权人会议并依法享有对重整计划的表决权;已经申报但债权尚未经法院裁定确认的债权人,可以参加债权人会议,但在法院临时确定其债权额之前不得对重整计划行使表决权。职工债权人享有对重整计划的表决权,不享有职工债权的职工和工会代表有权列席债权人会议并对有关事项发表意见但不得对重整计划行使表决权;债权人委员会不得行使债权人会议通过重整计划的职权。①

根据本条第二款,出席会议的同一表决组的债权人过半数同意重整计划草案,并且其所代表的债权额占该组债权总额的三分之二以上的,即为该组通过重整计划草案。关于表决结果的统计,需要注意是,表决人数的计算应以出席会议的债权人人数为准,债权人未出席而由代理人出席的,视为债权人已出席,一个债权人或者代理人代理数家债权人的按其代理的总人数计算。关于一个债权人享有数项债权的情况,在对重整计划草案进行分组表决时,该债权人可依据其享有的不同性质的债权参加相关各组的表决。②另外,《九民会议纪要》第115条明确规定,债务人与部分债权人已经达成的有关协议与重整程序中制作的重整计划草案内容一致的前提下,有关债权人对该协议的同意视为对该重整计划草案表决同意。即在此情况下法院可以推定有关债权人在重整计划草案的表决中已经投同意票,无须再次投票表决。如果重整计划草案对庭前债务重组协议内容进行了修改并对有关债权人有不利影响,或者与有关债权人重大利益相关的,受到影响的债权人有权要求依法重新表决重整计划草案。人民法院审查认定庭外债务重组达成的有关协议与重整程序中的重整计划草案内容是否一致应当坚持实质审查标准,确保有关债权人的表决权不因此受到损害。③

此外,为促进表决程序的高效性和结果的合理性,《企业破产法解释三》

---

①② 参见刘敏、池伟宏:《法院批准重整计划实务问题研究》,载《法律适用》2011年第10期。

③ 参见最高人民法院民事审判第二庭编著:《〈全国法院民商事审判工作会议纪要〉理解与适用》,人民法院出版社2019年版,第582页。

第十一条还明确，对重整计划草案进行分组表决时，权益因重整计划草案受到调整或者影响的债权人或者股东，有权参加表决；权益未受到调整或者影响的债权人或者股东，参照《企业破产法》第八十三条的规定，不参加重整计划草案的表决。需要说明的是，"权益未受到调整或者影响"并不能等同于《企业破产法》第八十七条关于强制批准重整计划草案条件中所提及"全额清偿"或"未受到实质性损害"，从审判实践来看，"全额清偿"或"未受到实质性损害"通常意味着重整计划草案对于债权的清偿日期、清偿方式等进行了调整，"权益未受到调整或者影响"还有赖于在具体案件结合具体情况，综合审查后作出判断。①

编者说明

重整程序中，存在着债权转让后如何行使表决权的问题。债权转让包括两种情形，一人债权转让给多人，或者多人的债权转让给同一人。最高人民法院对此问题没有明确规定，部分地方法院则以不同形式进行了回应，如四川省高级人民法院川高法〔2019〕90号《关于审理破产案件若干问题的解答》以及深圳市中级人民法院深中法发〔2019〕3号《审理企业重整案件的工作指引（试行）》。关于一人债权转让给多人的问题，二者的规定是一致的，即为避免债权人利用债权分割转让而获益，转让后应按一个债权主体行使表决权。但二者均未规定的一个问题是，如果多个受让人表决意见不一致，以谁的表决意见为准。编者认为，此问题宜交由当事人协商解决，在债权人进行债权转让时，管理人可以主动提示当事人将表决权事项一并纳入转让的考量范围，并作出明确约定。

关于多人债权转让给一人的问题，根据相关法院的规定，受让人仅享有一个表决权。在重整程序中同一主体收购多人债权的情况，通常情况下是为了增加己方的谈判力量，包括增加表决权的额度和表决权的票数。与一人债权转让给多人的表决权问题不同，此种增加谈判力量的方式应被视为一种市场经济活动下的正常行为，与资本市场中第三方通过举牌上市公司以取得控制权或者话语权的行为并无本质区别。如果规定多人债权转让给一人后只享有一票表决权，且不提其是否符合市场经济原则，单就技术上而言，该条规定很容易被规避。收购方完成收购后，可以暂不向债务人发送债权转让通知，而是由被收购方授权收

---

① 参见最高人民法院民事审判第二庭编著：《最高人民法院关于企业破产法司法解释（三）理解与适用》，人民法院出版社2019年版，第219页。

购方行使表决权,或者在债权转让合同中约定被收购方应按收购方意愿行使表决权。如果相关立法规定极容易被规避,那么其亦将丧失生生命力,倒不如回归实践需求,直接承认收购方有权按照被收购的债权数量行使表决权。

第八十五条　【出资人代表列席会议与出资人组表决】债务人的出资人代表可以列席讨论重整计划草案的债权人会议。

重整计划草案涉及出资人权益调整事项的,应当设出资人组,对该事项进行表决。

【立法·要点注释】

重整计划对债务人及其出资人的利益有重大影响,即使重整计划草案没有涉及债务人的出资人的权益调整事项,债务人的出资人代表也可以列席讨论重整计划草案的债权人会议。在重整计划涉及出资人权益调整事项时,需设立出资人组,对该事项进行表决。全体出资人都应当是出资人组的成员,出资人组的表决方法原则上适用有关股东会和股东大会对公司重大事项的表决方法。

【相关立法】

《中华人民共和国公司法》(2018 年 10 月 26 日第十三届全国人民代表大会常务委员会第六次会议第四次修正)

第四十三条　股东会的议事方式和表决程序,除本法有规定的外,由公司章程规定。

股东会会议作出修改公司章程、增加或者减少注册资本的决议,以及公司合并、分立、解散或者变更公司形式的决议,必须经代表三分之二以上表决权的股东通过。

第一百零三条　股东出席股东大会会议,所持每一股份有一表决权。但是,公司持有的本公司股份没有表决权。

股东大会作出决议,必须经出席会议的股东所持表决权过半数通过。但是,股东大会作出修改公司章程、增加或者减少注册资本的决议,以及公司合并、分立、解散或者变更公司形式的决议,必须经出席会议的股东所持表决权的三分之二以上通过。

【司法文件】

《最高人民法院印发〈关于审理上市公司破产重整案件工作座谈会纪要〉的通知》（法〔2012〕261号，2012年10月29日）

七、关于上市公司破产重整中出资人组的表决

会议认为，出资人组对重整计划草案中涉及出资人权益调整事项的表决，经参与表决的出资人所持表决权三分之二以上通过的，即为该组通过重整计划草案。

考虑到出席表决会议需要耗费一定的人力物力，一些中小投资者可能放弃参加表决会议的权利。为最大限度地保护中小投资者的合法权益，上市公司或者管理人应当提供网络表决的方式，为出资人行使表决权提供便利。关于网络表决权行使的具体方式，可以参照适用中国证券监督管理委员会发布的有关规定。

【部门规章及规范性文件】

1.《上海证券交易所上市公司自律监管指引第13号——破产重整等事项》（上证发〔2022〕41号，2022年3月31日）

第三十五条　重整计划草案涉及出资人权益调整等与股东权利密切相关的重大事项时，应当设出资人组对相关事项进行表决。出资人组会议表决事项涉及引入重整投资人等事项且重整投资人与上市公司控股股东、实际控制人、持股5%以上股东、董事、监事、高级管理人员等存在关联关系的，上述关联股东应当回避表决，并且不得代理其他股东行使表决权。

出资人组对出资人权益调整相关事项作出决议，必须经出席会议的出资人所持表决权三分之二以上通过。上市公司披露表决结果时，还应当对除上市公司董事、监事、高级管理人员以及单独或者合计持有上市公司5%以上股份的股东以外的其他股东的表决单独计票并披露。

第三十六条　出资人组会议的召开程序应当参照中国证监会及本所关于召开股东大会的相关规定，上市公司或者管理人应当提供网络投票方式，为出资人行使表决权提供便利，法院另有要求的除外。

2.《深圳证券交易所上市公司自律监管指引第 14 号——破产重整等事项》（深证上〔2022〕325 号,2022 年 3 月 31 日）

第三十五条　重整计划草案涉及出资人权益调整等与股东权利密切相关的重大事项时,应当设出资人组对相关事项进行表决。出资人组会议表决事项涉及引入重整投资人等事项且重整投资人与上市公司控股股东、实际控制人、持股 5%以上股东、董事、监事、高级管理人员等存在关联关系的,上述关联股东应当回避表决,并且不得代理其他股东行使表决权。

出资人组对出资人权益调整相关事项作出决议,必须经出席会议的出资人所持表决权三分之二以上通过。上市公司披露表决结果时,还应当对除上市公司董事、监事、高级管理人员以及单独或者合计持有上市公司百分之五以上股份的股东以外的其他股东的表决单独计票并披露。

第三十六条　出资人组会议的召开程序应当参照中国证监会及本所关于召开股东大会的相关规定,上市公司或者管理人应当提供网络投票方式,为出资人行使表决权提供便利,法院另有要求的除外。

【参考观点】

一、出资人权益调整与股权负担的冲突问题

从我国目前公司破产重整实践看,调整出资人权益往往是重整计划的重要内容,这既是破产重整制度的必然要求,也是公平、公正原则的应有体现。《企业破产法》第八十七条第二款第(四)项规定,出资人组未表决通过重整计划草案的,法院在强制批准该草案时必须保证对出资人权益的调整公平、公正。这表明,出资人组表决同意出资人权益调整事项或者该事项经法院认定为公平、公正的,出资人权益可以被调整。这些规范既有利于防止出资人的出资权益被不当侵害,也有利于重整程序的顺利进行。然而,重整企业股权调减导致股权归属发生变动,而股权归属的变动会影响股权负担的相关权利人行使权利,《企业破产法》并未对该类问题的解决作出明文规定,但在重整实践中该类问题比较普遍。[①] 对于该类问题的解决仍然要回到商业谈判中来,在重整程序强制剥夺该等权利人的权利容易受到质疑,除非涉及国家、

---

① 参见张勇健、杜军:《破产重整程序中股权调减与股权负担协调问题刍议》,载《法律适用》2012 年第 11 期。

社会公共利益,否则强行解除股权负担比较难,在重整案件中遇到此类问题,法官、管理人应当督促、协调各方主体努力达成大家都能接受的方案。①

二、关于出资人组会议的表决机制

《企业破产法》并未明确规定出资人组会议表决机制。对于上市公司重整案件,根据《审理上市公司破产重整座谈会纪要》的规定,上市公司重整案件涉及出资人权益调整的,出资人组对重整计划草案中涉及的出资人权益调整事项的表决,经参与表决的出资人所持表决权三分之二以上通过的,即为该组通过重整计划草案。关于表决的形式,在上市公司重整案件中,考虑到出席表决会议需要耗费一定的人力物力,一些中小投资者可能放弃参加表决会议的权利。为最大限度地保护中小投资者的合法权益,《审理上市公司破产重整座谈会纪要》第五条规定,上市公司或者管理人应当提供网络表决的方式,为出资人行使表决权提供便利,关于网络表决权行使的具体方式,可以参照适用中国证券监督管理委员会发布的有关规定。对于非上市股份有限公司和有限责任公司的出资人组会议表决规则、表决程序在《企业破产法》中没有规定,重整实践中出资人组的表决可参照《公司法》的规定进行,根据公司分为有限责任公司和股份有限公司两种不同形态,分别根据股东会和股东大会对重大事项的表决机制制定出资人组会议的表决机制和标准:出资人组对重整计划草案中涉及出资人权益调整事项的表决,债务人为有限责任公司的,经代表三分之二以上表决权的出资人通过的,即为该组通过重整计划草案;债务人为股份有限公司的,经参与表决的出资人所持表决权的三分之二以上通过的,即为该组通过重整计划草案。②

【最高人民法院公布案例】

1. 长航凤凰股份有限公司破产重整案

——出资人组对重整计划草案中涉及出资人权益调整事项的表决,经参与表决的出资人所持表决权三分之二以上通过的,即为该组通过重整计划草案。

---

① 参见刘敏:《破产审判新动态及应对策略》,载王欣新、郑志斌主编:《破产法论坛》(第十二辑),法律出版社2016年版,第25页。

② 参见刘敏、池伟宏:《法院批准重整计划实务问题研究》,载《法律适用》2011年第10期。

【案情简介】

长航凤凰股份有限公司(以下简称长航凤凰)系上市公司,是长江及沿海干散货航运主要企业之一。经债权人申请,湖北省武汉市中级人民法院(以下简称武汉中院)于 2013 年 11 月 26 日依法裁定受理长航凤凰重整一案,并指定破产管理人。因连续三年亏损,长航凤凰股票于 2014 年 5 月 16 日起暂停上市。

在武汉中院的监督指导下,管理人以市场化的重组方式为基础,制定了重整计划草案,获得了债权人会议及出资人会议表决通过。2014 年 3 月 18 日,武汉中院裁定批准了重整计划并终止重整程序。通过成功实施重整计划,在无国有资产注入及外部重组方资金支持的情况下,长航凤凰 2014 年底实现净资产约 1.2 亿元、营业利润约 2.24 亿元,成功实现扭亏,股票于 2015 年 12 月 18 日恢复上市。

长航凤凰的重整计划草案涉及出资权益的调整,出资权益调整方案的主要内容为:"以长航凤凰现有总股本为基数,按每 10 股转增 5 股的比例实施资本公积金转增股票,共计转增 3736152 股(最终转增的准确股票数量以中国证券登记结算公司深圳分公司实际登记确认的数量为准)。上述转增股票将在管理人的监督下部分用于偿付长航凤凰的各类债务和费用,部分用于改善公司持续经营能力等。"关于本案出资人组会议的表决,2013 年 12 月 30 日下午,在武汉中院的召集和主持下,长航凤凰的出资人组会议采取现场投票与网络投票相结合的方式召开。截至投票结束,参加网络投票的出资人共 796 家,出席现场投票的出资人共 3 家。经现场统计,代表股为 27030770 股的出资人同意出资人权益调整事项,占出席会议行使有效表决权股本总数的 97.44%。根据《审理上市公司破产重整座谈会纪要》的规定,《重整计划草案》涉及的出资人权益调整方案获得出资人组表决通过。

【裁判要点】

本案中,长航凤凰作为上市公司,出资人会议表决出资人权益调整方案的程序应当同时符合《企业破产法》以及《审理上市公司破产重整座谈会纪要》等破产相关法律法规的规定,同时表决程序也应当符合《公司法》以及《深圳证券交易所股票上市规则》等证券规范性文件的规定。

【案例来源】

最高人民法院发布 10 起人民法院关于依法审理破产案件推进供给侧结构性改革典型案例(2016 年 6 月 15 日)。根据武汉市中级人民法院(2014)

鄂武汉中民商破字第 1 号整理。

2. 福建安溪铁观音集团股份有限公司及其关联企业破产重整案

——重整计划草案对出资人权益进行调整,由重组方以增资扩股的方式取得股权。

【案情简介】

福建省安溪茶厂有限公司(以下简称安溪茶厂)成立于 1952 年,是我国历史最为悠久的三大国营茶厂之一,系福建安溪铁观音集团股份有限公司(以下简称铁观音集团)全资子公司。铁观音集团成立后,投入大量资金用于启动上市计划并于 2012 年 6 月进行 IPO 预披露,由于国家政策及市场变动等因素,2013 年铁观音集团终止上市计划。之后随着国家宏观经济下行、消费环境变化和市场调整等不利因素的影响,尤其是担保链断裂等因素,铁观音集团和安溪茶厂陷入资金和经营困境。2016 年 1 月份,债权人分别申请铁观音集团和安溪茶厂重整,泉州市中级人民法院(以下简称泉州中院)、安溪县人民法院(以下简称安溪法院)分别受理两个案件。安溪法院受理后以案件疑难复杂为由将案件移送泉州中院审理。

泉州中院受理后,共裁定确认铁观音集团债权 41 家合计约 4.78 亿元、安溪茶厂债权 137 家合计约 3.32 亿元(其中茶农债权人 83 名,债权金额合计约 776 万元)。管理人采用公开遴选的方式,引入投资人向铁观音集团增资 2.2 亿元,持有铁观音集团股权 76.2%,原股东的股权稀释为 23.8%。铁观音集团普通债权清偿率 7.54%(其中 10 万元以下部分清偿率 30%),比清算条件下的清偿率提高三倍;安溪茶厂普通债权清偿率 16%(其中 10 万元以下部分清偿率 40%)。两案重整计划草案均获得高票通过。2016 年 11 月 3 日,泉州中院裁定批准重整计划,终止重整程序。2017 年 8 月 31 日,重组方投资全部到位,2017 年 10 月 31 日,泉州中院裁定确认两案的重整计划执行完毕。

【裁判要点】

本案中,由重组方向铁观音集团通过增资扩股的方式对原出资人持有的股权予以稀释而取得债务人控股权,实现出资人权利的调整,并将增资款项用于清偿铁观音集团债权以及支持铁观音集团后续经营等,保障了原出资人的权益,并顺利引入了重组方,解决了债权债务问题。

【案例来源】

最高人民法院发布 10 起全国法院审理破产典型案例(2018 年 3 月 6 日)。根据泉州市中级人民法院(2016)闽 05 民破 1 号整理。

编者说明

出资人权益调整和股权负担的冲突问题是实务中较为普遍的问题,在现行的法律框架下主要系通过商业谈判协商解决,另外也可以通过相关股东破产、诉讼执行程序予以解决。此外,部分地方法院也已在现行法律框架下探索有益的解决方案,如根据《深圳市中级人民法院审理企业重整案件的工作指引(试行)》的规定,若可能因债务人、债务人出资人、债权人的行为或者其他原因使重整计划难以执行的,合议庭可以对出资人持有的债务人股权进行保全。

另需说明的是,无论股权上存在何种权利负担,在出资人组进行表决时,行使表决权的只能是出资人,且其表决权是完整的。如果质权人或查封申请人等主张其对股权享有实质权益,主张由其行使表决权,或者对出资人的表决意见提出异议,那么其主张或者异议均是不成立的。

与非上市公司有差异的是,上市公司的出资人权益调整呈现出典型的多样化和差异化的特点。上市公司的出资人权益调整,主要包括两种方式:一是对存量股份进行调整;二是对增量股份进行调整。前者包括让渡股东的存量股份、缩股、对个别股东的存量股份进行回购注销等,后者则主要体现为以资本公积转增股份并进行让渡。在具体的案件中,可以针对不同股东的情况采取差异化的调整方式。如在早期,存在针对流通股股东和非流通股股东进行差异化调整的情况,近期则主要体现为针对控股股东和非控股股东、大中型股东和中小股东进行差异化调整。比如在*ST 飞马重整案中,全体股东实施资本公积转增,转增的股份全部让渡用于清偿债务;同时,控股股东及实控人额外让渡其 50% 的存量股份。出资人权益调整所让渡的股份,主要有以下用途:引进投资人,清偿债务,解决股东及相关方业绩补偿责任,解决股东及相关方违规担保和资金占用责任,解决相关关联公司债务问题,公开处置变现等。就近些年的司法实践来看,以增量股份进行调整,亦即以资本公积转增股份进行让渡成了主流模式,2014 年以来重整的上市公司几乎都采用了以增量股份进行调整的方案,仅在少部分案件中,同步采用了对存量股份进行调整的方案。对增量股份进行调整的优势是显而易见的,一方面可以规避存量股份因被质押、冻结而存在的难以过户的问题;另一方面,原股东持股的绝对数量未减少,虽然持股比例被稀释,但是在引进新的投资人、彻底改善资产负债结构、上市公司基本面发生根本性变化的背景下,持股比例被稀释亦是相对可接受的。不过,需要关注的是,仅采取资本公积转增且全部让渡方案的,包括中小投资者在内的各股东均按同等比例被调整权益,未再强调控股股东的经营责任。此外,在出资人权益调整方案表决方面,沪深交易所针对上市公司,明确对回避表决制度作出规定,这在破产法框架下尚属首次。

第八十六条 【表决通过重整计划与重整程序终止】各表决组均通过重整计划草案时,重整计划即为通过。

自重整计划通过之日起十日内,债务人或者管理人应当向人民法院提出批准重整计划的申请。人民法院经审查认为符合本法规定的,应当自收到申请之日起三十日内裁定批准,终止重整程序,并予以公告。

【立法·要点注释】

重整计划的通过是指将重整计划草案提交各表决组讨论并表决,所有的表决组均表决通过的过程。如果有一个表决组没有表决通过,那么重整计划草案就不能算是通过,只有各表决组均表决通过重整计划草案,重整计划才为通过。为了保证重整计划内容的合法性、公平性和可行性,本条规定,对已经获得债权人会议通过的重整计划还应当由法院进行审查。

【司法文件】

1.《最高人民法院关于印发〈全国法院破产审判工作会议纪要〉的通知》(法〔2018〕53号,2018年3月4日)

17. 重整计划的审查与批准。重整不限于债务减免和财务调整,重整的重点是维持企业的营运价值。人民法院在审查重整计划时,除合法性审查外,还应审查其中的经营方案是否具有可行性。重整计划中关于企业重新获得盈利能力的经营方案具有可行性、表决程序合法、内容不损害各表决组中反对者的清偿利益的,人民法院应当自收到申请之日起三十日内裁定批准重整计划。

2.《最高人民法院关于人民法院为企业兼并重组提供司法保障的指导意见》(法发〔2014〕7号,2014年6月3日)

16. 有效发挥破产重整程序的特殊功能,促进企业资源的流转利用。要积极支持符合产业政策调整目标、具有重整希望和可能的企业进行破产重整。通过合法高效的破产重整程序,帮助企业压缩和合并过剩产能,优化资金、技术、人才等生产要素配置。要注重结合企业自身特点,及时指定重整案件管理人,保障企业业务流程再造和技术升级改造。在企业重整计划的制定和批准上,要着眼建立健全防范和化解过剩产能长效机制,防止借破产重整逃避债务、不当耗费社会资源,避免重整程序空转。

3.《最高人民法院印发〈关于审理上市公司破产重整案件工作座谈会纪要〉的通知》(法〔2012〕261 号,2012 年 10 月 29 日)

八、关于上市公司重整计划草案的会商机制

会议认为,重整计划草案涉及证券监管机构行政许可事项的,受理案件的人民法院应当通过最高人民法院,启动与中国证券监督管理委员会的会商机制。即由最高人民法院将有关材料函送中国证券监督管理委员会,中国证券监督管理委员会安排并购重组专家咨询委员会对会商案件进行研究。并购重组专家咨询委员会应当按照与并购重组审核委员会相同的审核标准,对提起会商的行政许可事项进行研究并出具专家咨询意见。人民法院应当参考专家咨询意见,作出是否批准重整计划草案的裁定。

【参考观点】

一、关于正常批准重整计划的条件

重整计划草案的分组表决采取会议多数决原则,各表决组均已通过重整计划,并不代表重整计划就一定公正、合法,其中仍存在多数人利用表决程序损害少数人权益的可能。因此,对于各表决组均已通过的重整计划草案,人民法院仍应进行审查,只有当其符合一定的条件后才能裁定批准。正常批准重整计划的审查标准应该不能低于强制批准重整计划草案的审查标准。[①]正常批准重整计划的前提是各表决组均已表决通过重整计划草案,由于各表决组均已决议通过重整计划草案,加之《企业破产法》对正常批准条件未作规定,因此实务中人民法院往往不加审查就直接批准重整计划。对此,《破

---

① 参见刘敏:《破产审判新动态及应对策略》,载王欣新、郑志斌主编:《破产法论坛》(第十二辑),法律出版社 2016 年版,第 25 页。

产审判会议纪要》第17条规定对正常批准重整计划的条件进行了明确,主要包括两个方面:一是合法性条件,包括程序合法和内容合法。程序合法强调重整计划草案的表决程序符合破产法的规定;内容合法是指重整计划的内容符合债权人利益最大化原则、公平对待原则,不损害利害关系人和社会公共利益。需要强调的是,人民法院在审查重整计划的内容是否合法时,应着重审查其是否损害各表决组中少数反对者的合法权益,是否依法公平保障各债权人的利益。"重整计划草案的表决通过虽然实行少数服从多数的原则,但是重整计划草案的内容决不能损害少数反对者的既得清偿利益,多数人的表决绝不能用来剥夺少数人的合法权益"。"如果任何债权人或股权人在重整计划下获得的待遇低于破产清算,且其不同意该计划,那么该计划就不能获得法院的批准"。二是可行性条件,即重整计划中关于企业重新获得盈利能力的经营方案具有可行性。"即使所有分组都通过了重整计划,也只有在认定重整计划具有可行性之后,法院才可能批准该计划"。重整计划符合上述两方面条件的,人民法院应当自收到批准申请之日起三十日内裁定批准。①

二、关于上市公司重整计划批准的会商机制

上市公司受到证券监督管理部门的监督,当上市公司采取的重整措施涉及股权让与、定向增发、资产交易、减资等事项时,重整计划不但涉及法院的正常批准或强制批准,还涉及证券监管机构的行政审批问题。为了解决上市公司破产重整中涉及的司法程序与行政程序衔接问题,当重整计划草案涉及证券监管机构行政许可事项时,根据《审理上市公司破产重整座谈会纪要》的规定,可启动最高人民法院与中国证监会的会商机制,供裁定批准重整计划时予以参照。对会商机制的实践,要注重把握以下几个方面的问题:首先,会商的主体是最高人民法院与中国证监会。当重整计划草案涉及证券监管机构行政许可事项的,受理案件的人民法院应当通过最高人民法院,启动与中国证监会的会商机制,即由最高人民法院将有关材料函送中国证监会进行研究。其次,受理案件的人民法院应当参考中国证监会对会商事项的意见,作出是否批准重整计划草案的裁定。中国证监会在接到会商案件材料后,安排并购重组专家咨询委员会对会商案件进行研究。并购重组专家咨询委员会应当按照与并购重组审核委员会相同的审核标准,对提起会商的行政许可

---

① 参见贺小荣、王富博、杜军:《破产管理人与重整制度的探索与完善——〈全国法院破产审判工作会议纪要〉的理解与适用(上)》,载《人民司法·应用》2018年第13期。

事项进行研究并出具专家咨询意见。专家咨询意见可以分为肯定意见、否定意见、附条件肯定意见。对于上述专家咨询意见,人民法院在作出是否批准重整计划草案的裁定前,应予充分考虑。对于专家咨询意见明确为否定意见的,管理人可向人民法院撤回提请批准的申请并对重整计划草案的相关事项依法调整后再行提请会商。最后,专家咨询意见不能代替行政许可决定。人民法院裁定批准重整计划后,重整计划内容涉及证券监管机构并购重组行政许可事项的,上市公司应当按照相关规定履行行政许可核准程序。并购重组申请事项获得证券监管机构行政许可后,应当在重整计划的执行期限内实施完毕。①

【最高人民法院公报案例】

江苏舜天船舶股份有限公司破产重整案

——通过会商机制形成并购重组专家咨询委员会意见,法院在参考该意见的基础上裁定批准重整计划。

【案情简介】

江苏舜天船舶股份有限公司(以下简称舜天船舶公司)系上市公司。受航运、船舶市场持续低迷和经营管理不善的影响,舜天船舶公司自 2014 年起出现巨额亏损,2015 年公司股票被处以"退市风险警示"特别处理。经债权人申请并经逐级报请最高人民法院批准,江苏省南京市中级人民法院(以下简称南京中院)于 2016 年 2 月 5 日依法裁定受理舜天船舶公司重整一案。

因舜天船舶公司资产效能低、债务重、施救时间紧,以往的上市公司重整后再实施重大资产重组模式已难以满足舜天船舶公司再生需求。有鉴于此,本案采取重整与重大资产重组同步实施挽救模式。2016 年 4 月 28 日,经管理人授权,舜天船舶公司召开董事会,审议通过重大资产重组议案。之后,管理人制定舜天船舶公司重整计划草案会商讨论稿,并将重大资产重组方案纳为重整计划草案中经营方案的主要内容。重整计划草案内容主要包括:剥离原有资产、注入优质资产、保护经营性债权人在重整程序中不受损失、通过公

---

① 参见宋晓明、张勇健、赵柯:《〈关于审理上市公司破产重整案件工作座谈会纪要〉的理解与适用》,载《人民司法·应用》2013 年第 1 期。

司资本公积金转增股票清偿剩余未能以现金清偿的普通债权等。

根据《审理上市公司破产重整座谈会纪要》第八条的规定，重整计划草案涉及证券监管机构行政许可事项的，受理案件的法院应当通过最高法院，启动与证监会的会商机制。即由最高法院将有关材料函送证监会，证监会安排并购重组专家咨询委员会对会商案件进行研究。并购重组专家咨询委员会应当按照与并购重组审核委员会相同的审核标准，对提起会商的行政许可事项进行研究并出具专家咨询意见。人民法院应当参考专家咨询意见，作出是否批准重整计划草案的裁定。2016年7月15日，南京中院启动会商机制。

2016年9月7日，管理人将重整计划草案提交南京中院。9月23日，舜天船舶公司召开第二次债权人会议，各组均表决通过了重整计划草案。同日，舜天船舶公司召开出资人组会议暨临时股东大会，会议审议并表决通过了重整计划涉及的出资人权益调整方案及重大资产重组全部有关议案。9月26日，管理人向南京中院申请裁定批准重整计划草案。

【裁判要点】

南京中院认为：依照《企业破产法》规定，重整计划草案由债权人会议分组表决；涉及出资人权益调整事项的，还应当设出资人组，对该事项进行表决。各表决组均表决通过重整计划草案后，还应提交法院审查，由法院裁定批准。即重整计划草案批准程序为"会议表决+司法裁定"。依照重组管理办法的规定，上市公司进行重大资产重组，应当由董事会依法作出决议，并提交股东大会批准。证监会依照法定条件和程序，对上市公司重大资产重组申请作出是否核准的决定。即重大资产重组程序为"内部决议+行政许可"。当重整程序中同时启动重大资产重组时，则存在"会议表决""内部决议"的公司内部治理结构冲突与"司法裁定""行政许可"的外部监管权力冲突。

一、关于上市公司治理结构与管理人管理模式的调和

依照《企业破产法》规定，重整中的企业管理模式分为管理人管理模式和债务人管理模式。两种管理模式的区别在于企业经营控制权的归属不同，分别由管理人和债务人行使，并相应地负责制作重整计划草案。《企业破产法》规定企业重整期间是以管理人管理模式为原则，实践中绝大多数上市公司重整也都是采用这种模式。因重整与重大资产重组程序并行操作复杂，故舜天船舶重整案采取了管理人管理模式，由管理人负责制作重整计划草案。

管理人在接管公司财产和营业事务后成为公司内部治理的机关，负责开展公司重整工作。但是我国公司法、证券法在对上市公司重大资产重组有关

决议等问题作出规定时,假设前提是企业正常存续状态,未能对破产状态下作出例外规定。实践中,证券监管机构依照重组管理办法规定,要求上市公司即使在重整程序中进行重大资产重组,也应当由董事会依法作出决议,并提交股东大会批准。因此,倘若取消上述上市公司原意思机关也将影响在重整程序中启动重大资产重组。

为此,本案在管理人负责模式下,采取由管理人负责协调、处理债权审核、资产调查、衍生诉讼推进、信息披露、重整计划草案制定等诸多法律事务。同时兼顾保留公司原意思机关的必要性,由管理人聘请原经营管理层继续负责公司日常经营,授权董事会审议通过重大资产重组议案,并提交出资人组会议暨临时股东大会表决。

二、关于最高法院与证监会会商机制的运行

为解决重整与重大资产重组并行过程中司法权与行政权协调问题,《审理上市公司破产重整座谈会纪要》建立了最高法院与证监会的会商机制。

因会商需要时间,为保障重整程序在规定的期限内顺利推进,本案在重整计划草案提交法院之前两个月即启动会商机制。依照《企业破产法》规定,法院在收到重整计划草案之日起三十日内应召开债权人会议进行表决。管理人或债务人应自草案通过之日起十日内,向法院提出批准申请。法院应自收到申请之日起三十日内裁定是否批准。即法院在收到重整计划草案之日起至裁定批准之日最多七十日。故若在重整计划草案提交法院之时或之后再启动会商机制,时间上难以满足会商需要。

依照《审理上市公司破产重整座谈会纪要》规定,法院应当参考专家咨询意见,作出是否批准重整计划草案的裁定。为避免重整计划草案表决通过后,专家咨询意见认为需修改或否定重大资产重组方案,造成重整程序拖延乃至未获批准,本案早在重整计划草案提交法院之前即将会商材料通过最高法院函送证监会,希望在重整计划草案表决之前能够收到专家咨询意见。专家咨询意见出具在前,有利于重整计划草案在制定和表决前及时修改调整,即使重整计划草案未获表决通过,因专家咨询意见仅作为参考,并不能代替行政许可决定,故不会造成行政许可事项未执行的后果。但因会商意见出具时间不确定,为不影响重整进程,管理人依法向南京中院提交了重整计划草案。在重整计划草案表决通过后,2016年10月22日,南京中院收到证监会并购重组专家咨询委员会出具的专家咨询意见。

经审查重整计划草案并参考专家咨询意见后,南京中院认为重整计划制定、表决程序合法、内容符合法律规定,公平对待债权人,对出资人权益调整公平、公正,经营方案具有可行性。同年 10 月 24 日,南京中院依照《企业破产法》第八十六条第二款、《审理上市公司破产重整座谈会纪要》第八条之规定,裁定:(1)批准舜天船舶公司重整计划;(2)终止舜天船舶公司重整程序。

【案例来源】

《中华人民共和国最高人民法院公报》2017 年第 12 期(总第 254 期)。

第八十七条 【裁定批准重整计划与重整程序终止】 部分表决组未通过重整计划草案的,债务人或者管理人可以同未通过重整计划草案的表决组协商。该表决组可以在协商后再表决一次。双方协商的结果不得损害其他表决组的利益。

未通过重整计划草案的表决组拒绝再次表决或者再次表决仍未通过重整计划草案,但重整计划草案符合下列条件的,债务人或者管理人可以申请人民法院批准重整计划草案:

(一)按照重整计划草案,本法第八十二条第一款第一项所列债权就该特定财产将获得全额清偿,其因延期清偿所受的损失将得到公平补偿,并且其担保权未受到实质性损害,或者该表决组已经通过重整计划草案;

(二)按照重整计划草案,本法第八十二条第一款第二项、第三项所列债权将获得全额清偿,或者相应表决组已经通过重整计划草案;

(三)按照重整计划草案,普通债权所获得的清偿比例,不低于其在重整计划草案被提请批准时依照破产清算程序所能获得的清偿比例,或者该表决组已经通过重整计划草案;

(四)重整计划草案对出资人权益的调整公平、公正,或者出资人组已经通过重整计划草案;

(五)重整计划草案公平对待同一表决组的成员,并且所规定的债权清偿顺序不违反本法第一百一十三条的规定;

(六)债务人的经营方案具有可行性。

人民法院经审查认为重整计划草案符合前款规定的,应当自收到申请之日起三十日内裁定批准,终止重整程序,并予以公告。

【立法·要点注释】

在部分表决组未通过重整计划草案的情况下,债务人或者管理人可以与未通过重整计划草案的表决组就未能达成共识的问题再次进行协商。该表决组可以在协商后再行表决一次,如果表决通过,债务人或者管理人应提请法院批准。如果再行表决仍未通过,则可依本条规定提请法院强制批准重整计划草案。但是,根据双方协商的结果对重整计划草案作出的修改,不得损害其他表决组的利益。值得注意的是,适用本条规定的前提是至少有一个表决组通过了重整计划草案,如果所有的表决组都没有通过重整计划草案,则应由法院裁定终止重整程序并宣告债务人破产。

【司法文件】

1.《最高人民法院关于印发〈全国法院破产审判工作会议纪要〉的通知》(法〔2018〕53 号,2018 年 3 月 4 日)

18. 重整计划草案强制批准的条件。人民法院应当审慎适用企业破产法第八十七条第二款,不得滥用强制批准权。确需强制批准重整计划草案的,重整计划草案除应当符合企业破产法第八十七条第二款规定外,如债权人分多组的,还应当至少有一组已经通过重整计划草案,且各表决组中反对者能够获得的清偿利益不低于依照破产清算程序所能获得的利益。

2.《最高人民法院关于正确审理企业破产案件为维护市场经济秩序提供司法保障若干问题的意见》(法发〔2009〕36 号,2009 年 6 月 12 日)

7. 人民法院适用强制批准裁量权挽救危困企业时,要保证反对重整计划草案的债权人或者出资人在重整中至少可以获得在破产清算中本可获得的清偿。对于重整计划草案被提请批准时依照破产清算程序所能获得的清偿比例的确定,应充分考虑其计算方法是否科学、客观、准确,是否充分保护了利害关系人的应有利益。人民法院要严格审查重整计划草案,综合考虑社会公共利益,积极审慎适用裁量权。对不符合强制批准条件的,不能借挽救企业之名违法审批。上级人民法院要肩负起监督职责,对利害关系人就重整程序中反映的问题要进行认真审查,问题属实的,要及时予以纠正。

【请示答复】

《最高人民法院关于裁定批准深圳市国基房地产开发有限公司重整计划草案的报告》（〔2012〕民二他字第 24 号,2012 年 9 月 3 日）

广东省高级人民法院:

你院粤高法〔2012〕314 号《关于裁定批准深圳市国基房地产开发有限公司重整计划草案的报告》收悉。经研究,答复如下:

我院认为,人民法院强制批准重整计划草案应当符合《企业破产法》第八十七条的规定,且债权人组至少有一组已经通过重整计划草案,并且通过重整计划草案表决组中的反对者的既得利益不受到损害,包括债权的法定清偿顺序不得改变;有物权担保的债权就该特定财产将获得全额受偿,其因延期清偿所受的损失将得到公平受偿,并且其担保权未受到实质损害;享有一般优先权的职工劳动债权与税收债权将获得全额受偿;普通债权所获得的清偿比例,不低于其在重整计划草案被提请批准时依照破产清算程序所能获得的清偿比例。

请你院结合上述要求审查深圳市国基房地产开发有限公司的重整计划草案,并注意结合该公司的特点,做好相关维稳工作及与有关主管部门的沟通协调。

此复

【部门规章及规范性文件】

1.《上海证券交易所上市公司自律监管指引第 13 号——破产重整等事项》（上证发〔2022〕41 号,2022 年 3 月 31 日）

第三十一条 对于重整计划草案首次未获债权人组表决通过的,上市公司或者管理人应当在结果公告中明确披露是否与相关表决组通过协商后再次进行表决。

进行二次表决的,相关表决组第二次表决结束后,上市公司或者管理人应当及时公告表决结果。再次表决未获通过的,应当及时披露是否将按照《企业破产法》的规定,向法院申请强制批准重整计划草案。

2.《深圳证券交易所上市公司自律监管指引第 14 号——破产重整等事项》(深证上〔2022〕325 号,2022 年 3 月 31 日)

第三十一条　对于重整计划草案首次未获债权人组表决通过的,上市公司或者管理人应当在结果公告中明确披露是否与相关表决组通过协商后再次进行表决。

进行二次表决的,相关表决组第二次表决结束后,上市公司或者管理人应当及时公告表决结果。再次表决未获通过的,应当及时披露是否将按照《企业破产法》的规定,向法院申请强制批准重整计划草案。

【参考观点】

《企业破产法》通过重整制度给各方主体提供了一个商业谈判的平台,设定了运作的程序和谈判的标准与底线,各方当事人在司法程序和法律规则的框架内来谈判。本条关于强制批准重整计划的规定即是重整程序中谈判的标准和底线,也是法院强制批准重整计划的标准和底线,在这个基础上,各方当事人进行博弈。① 对重整计划的强制批准需关注以下两个方面:

一、法院应慎用强制批准重整计划的权利

人民法院要审慎使用本条规定的强制批准权,《企业破产法》中规定的重整应包括债务重组和营业整合两方面的内容,如果企业重整计划只规定债务重组的有关内容,而营业整合或资产重组未予涉及或明显不合理,不具备可操作性,那么法院在批准这类重整计划时应当谨慎。因为这类重整的目的和作用可能就是纯粹地削减债务。这种情况下,企业的重整计划应当由债权人等利害关系人按照《企业破产法》第八十七条第二款的规定自由表决决定。在利害关系人表决未通过时,为防范债权人利益受损,法院不宜行使强制批准权。②

二、法院强制批准重整计划的条件

由于强制批准与私法自治原则相冲突,会造成司法权对私权的直接调整

---

① 参见刘敏:《破产审判新动态及应对策略》,载王欣新、郑志斌主编:《破产法论坛》(第十二辑),法律出版社 2016 年版,第 25 页。

② 参见杨临萍:《当前商事审判工作中的若干具体问题》,载《人民司法·应用》2016 年第 4 期。

和干涉,必须贯彻审慎适用原则,设定严格的限制条件,防止人民法院强制批准权的滥用。强制批准时,重整计划除应符合前述正常批准的原则外,还应满足特殊的条件要求。根据《破产审判会议纪要》第18条的规定,人民法院行使强制批准权的,重整计划草案除应当符合《企业破产法》第八十七条第二款规定外,如债权人分多组的,还应当至少有一组已经通过重整计划草案,且各表决组中反对者能够获得的清偿利益不低于依照破产清算程序所能获得的利益。①

【最高人民法院公布案例】

1. 庄吉集团有限公司等四家公司破产重整案

——重整计划草案经出资人组会议二次表决,出资人组未表决通过重整计划草案,法院为维护各方主体利益平衡以及整体利益最大化,依法强制批准了重整计划草案。

【案情简介】

庄吉服装是温州地区知名服装品牌,庄吉集团有限公司(以下简称庄吉集团)、温州庄吉集团工业园区有限公司(以下简称园区公司)、温州庄吉服装销售有限公司(以下简称销售公司)、温州庄吉服装有限公司服装公司(以下简称服装公司)四企业长期经营服装业务,且服装业务一直经营良好。但因盲目扩张,投资了并不熟悉的造船行业,2014年受整体经济下行影响,不但导致投入造船业的巨额资金血本无归,更引发了债务人的银行信用危机。2014年10月9日,除服装公司外,其余三家公司向浙江省温州市中级人民法院(以下简称温州中院)申请破产重整。

2015年2月27日,温州中院裁定受理庄吉集团、园区公司、销售公司三企业的重整申请,并根据企业关联程度较高的情况,指定同一管理人。2015年8月20日,管理人请求温州中院将重整计划草案提交期限延长三个月。2016年1月27日,服装公司亦进入重整程序。由于四企业存在人格高度混同的情形,符合合并重整的基础条件,且合并重整有利于公平清偿债务,符合

---

① 参见贺小荣、王富博、杜军:《破产管理人与重整制度的探索与完善——〈全国法院破产审判工作会议纪要〉的理解与适用(上)》,载《人民司法·应用》2018年第13期。

《企业破产法》的立法宗旨。温州中院在经债权人会议决议通过四企业合并重整的基础上,经过该院审委会讨论决定,对管理人提出的实质合并重整申请予以准许。随后管理人制定整体性的重整计划草案,并在债权人会议表决的过程中获得了绝大部分债权人的认可,仅出资人组部分股东不同意。经与持反对意见的股东沟通,其之所以反对主要是对大股东经营决策失误有怨言,对重整计划本身并无多大意见。2016年3月17日,温州中院强制裁定批准该重整计划草案。

【裁判要点】

在本案中,管理人制定的重整计划草案在债权人会议表决的过程中获得了债权人会议表决通过,仅出资人组未表决通过。在此情形下,法院与出资人就不表决通过重整计划草案的原因进行了沟通,出资人表决不同意的主要原因系出资人之间的矛盾,温州中院从维护各方主体利益平衡以及整体利益最大化的角度出发,依法强制批准了重整计划草案。

【案例来源】

最高人民法院发布10起全国法院审理破产典型案例(2018年3月6日)。根据温州市中级人民法院(2015)浙温破字第16、17、18号,(2016)浙03民破字第12号整理。

2. 深圳中华自行车(集团)股份有限公司破产重整案

——部分表决组未通过重整计划草案的,债务人或者管理人可以同未通过重整计划草案的表决组协商。该表决组可以在协商后再表决一次。双方协商的结果不得损害其他表决组的利益。

【案情简介】

深圳中华自行车(集团)股份有限公司(以下简称深中华)系上市的中外合资股份有限公司,成立于1984年8月24日,注册资本及实收资本均为人民币5.5亿余元。深中华生产的自行车曾远销欧美,市场占有度和知名度较高,但市场环境发生变化后,企业深陷亏损境地。曾经亚洲最先进的全自动化自行车生产线被迫下马停产,企业靠代工生产业务和物业出租养活187名员工。深中华原有的厂区经过多轮查封、冻结,无法变现和更改用途,且被出租给各个小企业用于生产,厂区存在严重的环保、安全、交通和监管隐患。因长期亏损,深中华连续多年被深交所退市风险警示,如其不能在2013年会计年度内通过重整计划,其股票将被终止上市。2012 年 10 月 12 日,广东省深圳市中级人民法院(以下简称深圳中院)根据债权人申请,裁定受理深中华破产重整案。

2012 年 10 月 29 日,深中华向深圳中院申请自行管理财产和营业事务,深圳中院审查后于 2012 年 10 月 31 日依据《企业破产法》第七十三条第一款之规定,批准深中华在管理人的监督下自行管理财产和营业事务。2013 年 8 月 22 日,债权人会议表决重整计划,普通债权组未能表决通过,税款组、出资人组均表决通过。深圳中院在综合考察深中华的现状后,指导管理人积极作为,针对仍存疑虑的债权人进行沟通和释法,充分阐释通过重整,企业原本无法变现资产的清偿率可以获得大幅提升,通过获取股权可以分享重组收益等有利因素,取得了债权人的支持。在同年 10 月 15 日的第二次表决中,高比率通过重整计划。同日,深圳中院裁定批准重整计划。同年 12 月 27 日,执行重整计划完毕。

【裁判要点】

本案中人民法院充分尊重当事人意思自治,慎重行使强制批准权。强制批准重整计划草案主要适用于需要打破利益壁垒、平衡保护当事人利益的情形,应当慎重适用。深中华的重整计划草案经历了两次表决,法院在面临可能需要强制批准的情况下,没有简单化处理问题,而是指导管理人积极作为,以利益导向、发展导向促成债权人的态度转化,避免了司法权对市场的干预。通过重整,实现在职职工安置 187 人,解决积欠社保问题 400 余人,债权人获得了 70% 的清偿,盘活了企业存量资产,为深圳的城市发展释放土地资源 12.73 万平方米。深中华通过重整解决了历史包袱,实现了产业转型,保留了上市公司地位,通过重整迎来了新的产业注入,保留了股权价值。①

【案例来源】

最高人民法院发布 10 起人民法院关于依法审理破产案件推进供给侧结构性改革典型案例(2016 年 6 月 15 日)。

3. 杭州萧山朝阳彩印包装有限公司重整案

——重整计划草案未作实质性调整时,先前已表决同意该重整计划草案

---

① 参见杜万华主编:《最高人民法院企业破产与公司清算案件审判指导》,中国法制出版社 2017 年版,第 12 页。

的债权人不再参与表决,妥善处理权益未受影响和受到影响的利害关系人表决问题,兼顾重整的效率与公平。

【案情简介】

2019年2月1日,杭州市萧山区人民法院根据债权人的申请,受理杭州萧山朝阳彩印包装有限公司(以下简称朝阳公司)破产清算案。因企业具有重整可能及重整价值,经债务人申请,法院依法裁定朝阳公司由破产清算程序转为重整程序。

2020年1月21日,朝阳公司债权人会议召开,对重整计划草案进行表决,部分债权人因对重整程序和重整计划草案了解不够,未投赞成票或未及时投票,导致担保债权组及普通债权组未表决通过。经管理人、重整投资者与未通过重整计划草案的表决组再次协商,在充分保障其权益的基础上,获得了上述债权人的认可。

2020年6月28日,朝阳公司债权人会议再次召开,对重整计划草案进行二次表决。在本次重整计划草案分组表决中,因重整计划草案未作实质性调整,担保债权组及普通债权组第一次表决中同意的债权人不再参加本次表决。重整计划草案最终在二次表决中获得各表决组通过。2020年8月3日,法院裁定批准朝阳公司重整计划。

【裁判要旨及典型意义】

本案是重整计划草案未作实质性调整时,先前已表决同意该重整计划草案的债权人不再参与表决的典型案例。

重整中的利害关系人是指重整计划草案对其权益产生影响的债权人或股东等。一般而言,权益未受到重整程序影响的债权人或股东,属无利害关系人,重整计划草案当然无须由其进行表决。而对于第一次表决中已投票赞成的债权人,虽属利害关系人,但因其已经主动同意重整计划草案对其权益的影响,在管理人未对重整计划草案进行实质修改的前提下,也无须参加二次表决。

本案中,因再次协商未对重整计划草案进行实质性调整,表决组中此前已同意的债权人无须参加二次表决,仅由未投票及未投赞成票的债权人进行二次表决。如此的表决规则设计,在保障债权人知情权与表决权的同时,还大大缩短了表决时间,降低了重整成本,体现了重整制度快速拯救企业的价值和功能。

【案例来源】

最高人民法院发布优化营商环境十大破产典型案例(2021年4月28日)。

编者说明

在实务中,强裁所引发的争议,主要聚焦于出资人对债权人的剥夺方面,亦即绝对优先权规则在出资人和债权人之间的失效。根据对中国前期近50家上市公司重整案例的分析,除了*ST偏转以及*ST舜船重整中普通债权得到全额清偿以外,其他48家上市公司的普通债权无一例外都被削减,而与此同时,该48家公司没有任何一家的股东权益被完全剥夺。也就是说,中国的50家重整上市公司中,其中96%的案例违反了绝对优先权规则。就其中49家上市公司作进一步分析,债权人的损失超过股东的多达44家,股东的损失超过债权人的仅3家。

不过,违反绝对优先权规则本身并不见得是一项多么严重的指控。在美国,至少小公司重整中,管理层不理会绝对优先权规则的情况也比较常见。[①] 另外,初露头角的作为绝对优先权原则之例外情形的新价值理论也为上述观点提供了一些模糊性的支持。在中国的环境下,也有观点为违反优先权规则的现象辩护,认为在包含了维稳等多重目标的重整制度中,根本不可能全部剥夺广大的公众投资者的权益。

因此,问题不在于是否违反了绝对优先权规则,而在于是否能够给程序参与各方创造一个公平和充分的博弈环境,使得各方能够就重整计划草案达成一致。而实现这一目标的关键,是法院强裁权的慎用。虽然最高人民法院已反复强调,但仍有必要施加制度性约束,可供考虑的措施包括:第一,法院在强裁之前,应当举行听证会。第二,根据《破产审判会议纪要》的规定,法院强裁的,如债权人分多组,还应当至少有一组已经通过重整计划草案。根据《企业破产法解释三》的规定,权益未受到调整或者影响的债权人或者股东,不参加重整计划草案的表决。因此,强裁的限制条件应当更进一步,应当至少有一组权益受到调整或影响的表决组已经通过重整计划草案。第三,法院决定强裁的,如系基层法院审理的案件,应当报告上级法院,以加强具有较强破产审判业务能力的上级法院对下级法院的指导和监督力度。但对于符合强裁条件的案件,人民法院经审查后应予以批准,以拯救企业并最大限度地保护债权人等各方的利益,实现法律效果和社会效果的统一。

---

① 参见罗帕奇、魏福德:《大型上市公司破产重整中的公司治理》,载李曙光、郑志斌主编:《公司重整法律评论》(第2卷),法律出版社2012年版,第127~128页。

第八十八条　【重整程序的非正常终止】重整计划草案未获得通过且未依照本法第八十七条的规定获得批准，或者已通过的重整计划未获得批准的，人民法院应当裁定终止重整程序，并宣告债务人破产。

【立法·要点注释】

依照本法规定，即使重整计划草案已经为各表决组同意，获得通过，仍需得到人民法院的审查批准，才能付诸执行。人民法院在审查时如果发现重整计划不符合《企业破产法》规定，如重整计划表决通过的程序违法、重整计划的内容违反《企业破产法》第八十三条的规定、重整计划不具有可行性等，人民法院应当裁定终止重整程序，并宣告债务人破产。

【司法文件】

《最高人民法院关于印发〈全国法院破产审判工作会议纪要〉的通知》
（法〔2018〕53号，2018年3月4日）

9. 进一步落实管理人职责。在债务人自行管理的重整程序中，人民法院要督促管理人制订监督债务人的具体制度。在重整计划规定的监督期内，管理人应当代表债务人参加监督期开始前已经启动而尚未终结的诉讼、仲裁活动。重整程序、和解程序转入破产清算程序后，管理人应当按照破产清算程序继续履行管理人职责。

【参考观点】

法院作为重整程序的主导者、监督者，在重整程序的全过程中始终发挥着主导作用，但法院行使重整计划批准权必须依法审慎行使，只能在法律规定的裁量权范围内行使批准权，重整计划未通过且不符合强制批准的条件，或者通过的重整计划不符合法律规定，法院不得批准重整计划，而应当裁定终止重整程序并宣告债务人破产。法院对重整计划的审查结果只能是批准或者不批准，没有第三种选择，更不能主动修改重整计划或者选择其他重整计划。重整计划经关系人会议表决通过后，法院经审查认为关系人会议通过的重整计划不符合法律规定的,应当依法不予批准,裁定终止重整程序并宣告债务人破产,不能以牺牲债权人利益或者其他利害关系人利益为代价拯救债务人。①

【最高人民法院公布案例】

浙江玻璃股份有限公司及其关联公司合并破产案

——重整计划草案未获得通过且未依照《企业破产法》第八十七条的规定获得批准,人民法院应当裁定终止重整程序,并宣告债务人破产。

【案情简介】

浙江玻璃股份有限公司(以下简称浙江玻璃)成立于1994年5月,2001年12月10日在香港联合交易所上市。2003年至2005年期间,浙江玻璃先后投资成立浙江工程玻璃有限公司、浙江长兴玻璃有限公司、浙江平湖玻璃有限公司、浙江绍兴陶堰玻璃有限公司,上述企业均从事玻璃生产、加工和销售,职工共计4350人,日熔化总量达5150吨。由于经营不善、盲目投资、高成本融资等原因,浙江玻璃及其四家关联公司生产经营遭遇巨大困难,陷入债务危机。2010年5月3日,浙江玻璃因未能如期公布2009年度财务报告被香港联合交易所处以暂停交易。鉴于浙江玻璃已具备破产原因,且作为一家尚具生产能力的境外上市股份公司,具有一定的重整价值,2012年6月28日,浙江省绍兴市中级人民法院(以下简称绍兴中院)裁定受理债权人对浙江玻璃的重整申请并指定管理人,启动破产重整程序。

2012年7月4日,管理人以浙江玻璃与其四家关联公司存在人格混同情形、合并重整有利于公平清偿债权为由,申请浙江玻璃与其四家关联公司合并重整,并提交了相关证据。其中,审计报告结论显示:浙江玻璃与其四家关联公司系作为一个整体进行运作,四家子公司虽然均为法人主体,但都在浙江玻璃的实际控制下运营,资金收支均由浙江玻璃掌控,已丧失其法人实体应当具备的财务独立性。2012年7月23日,绍兴中院组织召开合并重整听证会,听取各方对合并重整的意见。经听证,大部分债权人代表及浙江玻璃

---

① 参见刘敏、池伟宏:《法院批准重整计划实务问题研究》,载《法律适用》2011年第10期。

及其关联公司支持合并重整。经审查,绍兴中院依照《企业破产法》第一条、第二条规定,裁定浙江玻璃前述四家关联公司并入浙江玻璃重整。

2013年3月10日,在前期继续经营、成功招募重整投资人的基础上,浙江玻璃及其四家关联公司破产案召开第三次债权人会议,分组表决重整计划草案。受多种客观因素影响,普通债权组未通过重整计划草案,导致重整计划草案未能获得债权人会议通过。同月25日,绍兴中院依照《企业破产法》第八十八条的规定,裁定终止重整程序,转入破产清算。

转入破产清算后,继续维持生产的压力更加突出。玻璃生产具有特殊性,一旦生产线停产,将涉及停火冷窑、危化品处置等安全问题,并将导致资产大幅贬值和维护费用大幅增加。为此,经管理人在债权人会议中广泛征求意见,采取"托管经营"的方式,委托第三方公司继续生产经营,实现了破产清算条件下的正常生产。4月13日,第四次债权人会议表决通过《破产财产变价方案》。经公开拍卖或变卖,公司的资产变价金额合计约23.02亿元。9月22日,第五次债权人会议表决通过了《破产财产分配方案》。10月10日,绍兴中院裁定认可破产财产分配方案。12月12日,经管理人申请,绍兴中院裁定终结破产程序。

【裁判要点】

本案系在充分尊重当事人意思自治基础上,在重整计划草案经表决未获通过的情况下,及时由重整转入破产清算程序的案件。本案在审理过程中,充分尊重市场规律,所有重大事项均在充分考虑破产企业的行业状况、商业风险等市场因素的基础上,经由债权人会议依法表决。对于债权人会议否决的事项,人民法院尊重当事人的意思自治,均未采取强制批准措施。①

【案例来源】

最高人民法院发布10起人民法院关于依法审理破产案件推进供给侧结构性改革典型案例(2016年6月15日)。根据绍兴市中级人民法院(2012)浙绍破字第1号整理。

---

① 参见杜万华主编:《最高人民法院企业破产与公司清算案件审判指导》,中国法制出版社2017年版,第39页。

第三节 重整计划的执行

第八十九条 【重整计划的执行主体】重整计划由债务人负责执行。

人民法院裁定批准重整计划后,已接管财产和营业事务的管理人应当向债务人移交财产和营业事务。

【立法·要点注释】

重整计划经法院批准后,应由重整计划执行人执行,以达到重整目的。如果债务人申请并经法院批准,自行管理财产和营业事务的,管理人则已经向债务人移交了财产和营业事务,自然不会出现本条第二款规定的情况。如果是管理人在重整期间管理债务人的财产和营业事务的,就应当在法院裁定批准重整计划后,向债务人移交财产和营业事务,以便于债务人执行重整计划。

【司法文件】

《最高人民法院印发〈关于审理上市公司破产重整案件工作座谈会纪要〉的通知》(法〔2012〕261 号,2012 年 10 月 29 日)

九、关于上市公司重整计划涉及行政许可部分的执行

会议认为,人民法院裁定批准重整计划后,重整计划内容涉及证券监管机构并购重组行政许可事项的,上市公司应当按照相关规定履行行政许可核准程序。重整计划草案提交出资人组表决且经人民法院裁定批准后,上市公司无须再行召开股东大会,可以直接向证券监管机构提交出资人组表决结果及人民法院裁定书,以申请并购重组许可申请。并购重组审核委员会审核工作应当充分考虑并购重组专家咨询委员会提交的专家咨询意见。并购重组申请事项获得证券监管机构行政许可后,应当在重整计划的执行期限内实施完成。

会议还认为,鉴于上市公司破产重整案件涉及的法律关系复杂,利益主体众多,社会影响较大,人民法院对于审判实践中发现的新情况、新问题,要

及时上报。上级人民法院要加强对此类案件的监督指导,加强调查研究,及时总结审判经验,确保依法妥善审理好此类案件。

【参考观点】

根据本条规定,债务人系重整计划的执行人,管理人在重整计划执行的过程中履行监督职责,在重整计划执行过程中应注意以下几个方面的问题:(1)虽然本条规定的重整计划执行主体为债务人,管理人并非重整计划的执行人,但管理人往往直接参与重整计划的执行,除非出现法律规定的特殊原因(如债务人存在欺诈或其他严重损害债权人利益的行为等),管理人才能作为执行人。(2)重整计划执行期间,债务人管理人员的确定应当依照《公司法》的规定以及公司章程的规定进行确定,出资人、债权人或者重组方如果希望直接参与重整计划的执行,应当以出资人权益调整的方式或者通过债务人有权机构指定的方式介入,最终仍应当以债务人的名义执行重整计划,而不能以出资人、债权人或者重组方自己的名义执行。(3)对于超过重整计划执行期限仍未执行完毕的,应如何处理,《企业破产法》未作规定,对此,如果没有需要终止执行的法定情形,只是未在规定的执行期内执行完毕,则可以考虑给予适当延长执行期限,法院应当对延长执行期限作出裁定。延期内仍未执行完毕,人民法院可以根据职权或依管理人、利害关系人的申请裁定终止重整计划的执行并宣告债务人破产,启动破产清算程序。[①]

编者说明

就世界范围来看,在重整计划执行人的选择上,主要有三种模式:第一种原则上由债务人执行;第二种原则上由管理人执行,辅助以债务人执行;第三种是多主体均可执行重整计划。不同立法模式隐含的基本逻辑却存在相似之处,一般而言,重整计划的制定人原则上应有执行重整计划的权利。[②]

我国在重整计划执行主体上采取绝对单一化的模式,即重整计划由债务人

[①]　参见最高人民法院民二庭第五合议庭:《上市公司破产重整案件审理情况总结报告》,载最高人民法院民事审判第二庭编:《商事审判指导》2014 年第 3 辑(总第 39 辑),人民法院出版社 2015 年版,第 38 页。

[②]　参见宋玉霞:《破产重整中公司治理机制法律问题研究》,法律出版社 2015 年版,第 158 页。

负责执行,这种模式既具有其优势,但同时也存在一定的不合理性。从重整计划
执行的实践来看,重整计划执行中股权的划转、短期内的现金清偿债务等事务一
般是由管理人实施,管理人也实际参与了重整计划的执行。因此,需要考虑的问
题是,在不改变现有立法基本原则的情况下,如何对重整计划执行主体的问题进
行完善,或者说管理人以及对重整计划的执行享有重要权益的重组方及债权人
是否可以参与重整计划的执行? 编者认为,就管理人而言,管理人负责执行重整
计划某些事务的事实,不能据此即认定管理人系重整计划的执行主体,只能说管
理人参与了重整计划的执行。正常情况下,仍应当依据现行规定,由债务人作为
重整计划执行主体负责执行,管理人可以根据具体情况,协助或参与执行,以便
于重整计划的依法和顺利实施。

关于重组方,如果管理人接管了重整企业,重整计划执行期间,在债务人缺
乏经营能力并引入了重组方的情况下,在重组方改组债务人权力机构之前移交
给债务人不利于债务人的继续营业和财产安全,在此情形下,管理人可暂缓债务
人财产和营业事务的移交,待重组方接管并改组债务人权力机构之后再进行移
交。关于债权人,在很多情况下重整计划的执行情况会直接或间接影响其权益,
在诸如债转股等情况下影响更为重大,但不能因此即认定其作为重整计划执行
主体即具有正当性。虽然债权人是重整企业剩余价值的主要承担者,但并不因
此而赋予债权人直接负责管理财产和营业事务的职责,债权人主要作为监督者,
监督管理人或者债务人的工作。

**第九十条 【重整计划执行的监督与报告】自人民法院裁定批准重
整计划之日起,在重整计划规定的监督期内,由管理人监督重整计划的
执行。**

**在监督期内,债务人应当向管理人报告重整计划执行情况和债务人
财务状况。**

【立法·要点注释】

重整计划的执行是一项复杂工程,涉及债权人、股东、职工等各方面的关
系,设置重整计划执行监督人制度,对重整计划的执行实施必要的监督,是保
护债权人利益、实现重整目的的需要,因此本条规定,自法院裁定批准重整计
划之日起,在重整计划规定的监督期内,由管理人监督重整计划的执行。在

监督期内,执行重整计划的债务人应当主动或者根据管理人的要求向管理人报告重整计划的执行情况和债务人的财务状况。

【司法文件】

《最高人民法院关于印发〈全国法院破产审判工作会议纪要〉的通知》
(法〔2018〕53号,2018年3月4日)

9. 进一步落实管理人职责。在债务人自行管理的重整程序中,人民法院要督促管理人制订监督债务人的具体制度。在重整计划规定的监督期内,管理人应当代表债务人参加监督期开始前已经启动而尚未终结的诉讼、仲裁活动。重整程序、和解程序转入破产清算程序后,管理人应当按照破产清算程序继续履行管理人职责。

【参考观点】

重整计划执行期间是重整企业从重整期间转向完全正常经营的过渡期,也是重整计划可行性的考验期和实践期。监督重整计划执行系管理人的法定职责,管理人作为监督人除了履行《企业破产法》第二十五条规定的职责外,在重整计划执行时应当监督执行人严格全面地执行重整计划。管理人监督职责主要包括:(1)在重整计划规定的监督期限内,对执行人执行重整计划的情况以及债务人财务状况行使监督权;(2)要求执行人报告重整计划的执行情况以及债务人财务状况;(3)发现执行人有违法或不当情形时,应当及时进行纠正;(4)如认为需要延长重整计划执行的监督期限,可申请人民法院裁定予以延长;(5)监督期限届满时,应当向人民法院提交监督报告;(6)代表债务人参加监督期开始前已经启动而尚未终结的诉讼、仲裁活动。对债务人的监督,重点监督债务人是否存在下列行为:(1)债务人有违法行为并可能危及债权人利益的;(2)债务人有转移财产、偏颇性清偿或其他与部分债权人串通损害其他债权人利益的行为;(3)有损程序公正的行为;(4)债权人或管理人认为有损其正当利益的其他行为。债务人在执行重整事务过程中有上述行为的,且债权人会议有正当理由认为不应当再由债务人重整的,经债权人会议或管理人申请,人民法院可以要求债务人更换管理人员,债务人拒绝更换的,人民法院可以依据《企业破产法》第九十三条的规定,裁定终止重整计划的执行,并宣告债务人破产。①

第九十一条 【监督报告与监督期限的延长】 监督期届满时,管理人应当向人民法院提交监督报告。自监督报告提交之日起,管理人的监督职责终止。

管理人向人民法院提交的监督报告,重整计划的利害关系人有权查阅。

经管理人申请,人民法院可以裁定延长重整计划执行的监督期限。

【立法·要点注释】

依照本法规定,重整计划由债务人负责执行,管理人负责监督。当重整计划规定的监督期届满时,管理人应当及时向法院提交监督报告,记载监督期内重整计划执行的情况。在通常情况下,重整计划规定的监督期限届满,管理人的监督职责终止。但是,如果在监督期内重整计划未执行完毕,仍有重大重整措施在实施中,或者债务人的行为可能会对重整计划的执行产生不利影响,或者有其他延长监督期限必要的,管理人可以申请法院裁定延长重整计划的监督期限,以继续监督债务人执行重整计划。法院经审查认为有必要时,可以裁定适当延长重整计划执行的监督期限。

【司法文件】

《最高人民法院关于印发〈全国法院民商事审判工作会议纪要〉的通知》(法〔2019〕254 号,2019 年 11 月 8 日)

113.【重整计划监督期间的管理人报酬及诉讼管辖】要依法确保重整计划的执行和有效监督。重整计划的执行期间和监督期间原则上应当一致。二者不一致的,人民法院在确定和调整重整程序中的管理人报酬方案时,应当根据重整期间和重整计划监督期间管理人工作量的不同予以区别对待。

---

① 参见最高人民法院民二庭第五合议庭:《上市公司破产重整案件审理情况总结报告》,载最高人民法院民事审判第二庭编:《商事审判指导》2014 年第 3 辑(总第 39 辑),人民法院出版社 2015 年版,第 38~39 页。

其中,重整期间的管理人报酬应当根据管理人对重整发挥的实际作用等因素予以确定和支付;重整计划监督期间管理人报酬的支付比例和支付时间,应当根据管理人监督职责的履行情况,与债权人按照重整计划实际受偿比例和受偿时间相匹配。

重整计划执行期间,因重整程序终止后新发生的事实或者事件引发的有关债务人的民事诉讼,不适用《企业破产法》第21条有关集中管辖的规定。除重整计划有明确约定外,上述纠纷引发的诉讼,不再由管理人代表债务人进行。

【部门规章及规范性文件】

1.《财政部、国家税务总局关于企业重组业务企业所得税处理若干问题的通知》(财税〔2009〕59号,2008年1月1日)

一、本通知所称企业重组,是指企业在日常经营活动以外发生的法律结构或经济结构重大改变的交易,包括企业法律形式改变、债务重组、股权收购、资产收购、合并、分立等。

……

(二)债务重组,是指在债务人发生财务困难的情况下,债权人按照其与债务人达成的书面协议或者法院裁定书,就其债务人的债务作出让步的事项。

……

三、企业重组的税务处理区分不同条件分别适用一般性税务处理规定和特殊性税务处理规定。

四、企业重组,除符合本通知规定适用特殊性税务处理规定的外,按以下规定进行税务处理:

(一)企业由法人转变为个人独资企业、合伙企业等非法人组织,或将登记注册地转移至中华人民共和国境外(包括港澳台地区),应视同企业进行清算、分配,股东重新投资成立新企业。企业的全部资产以及股东投资的计税基础均应以公允价值为基础确定。

企业发生其他法律形式简单改变的,可直接变更税务登记,除另有规定外,有关企业所得税纳税事项(包括亏损结转、税收优惠等权益和义务)由变更后企业承继,但因住所发生变化而不符合税收优惠条件的除外。

(二)企业债务重组,相关交易应按以下规定处理:

1. 以非货币资产清偿债务,应当分解为转让相关非货币性资产、按非货币性资产公允价值清偿债务两项业务,确认相关资产的所得或损失。

2. 发生债权转股权的,应当分解为债务清偿和股权投资两项业务,确认有关债务清偿所得或损失。

3. 债务人应当按照支付的债务清偿额低于债务计税基础的差额,确认债务重组所得;债权人应当按照收到的债务清偿额低于债权计税基础的差额,确认债务重组损失。

4. 债务人的相关所得税纳税事项原则上保持不变。

……

五、企业重组同时符合下列条件的,适用特殊性税务处理规定:

(一)具有合理的商业目的,且不以减少、免除或者推迟缴纳税款为主要目的。

(二)被收购、合并或分立部分的资产或股权比例符合本通知规定的比例。

(三)企业重组后的连续 12 个月内不改变重组资产原来的实质性经营活动。

(四)重组交易对价中涉及股权支付金额符合本通知规定比例。

(五)企业重组中取得股权支付的原主要股东,在重组后连续 12 个月内,不得转让所取得的股权。

六、企业重组符合本通知第五条规定条件的,交易各方对其交易中的股权支付部分,可以按以下规定进行特殊性税务处理:

(一)企业债务重组确认的应纳税所得额占该企业当年应纳税所得额50%以上,可以在 5 个纳税年度的期间内,均匀计入各年度的应纳税所得额。

企业发生债权转股权业务,对债务清偿和股权投资两项业务暂不确认有关债务清偿所得或损失,股权投资的计税基础以原债权的计税基础确定。企业的其他相关所得税事项保持不变。

……

2.《中国证券监督管理委员会关于印发〈上市公司执行企业会计准则监管问题解答〉(2009 年第 2 期)的通知》(会计部函〔2009〕60 号,2009 年 2 月23 日)

问题 4:对于上市公司因破产重整而进行的债务重组交易,何时确认债务重组收益?

　　解答:由于涉及破产重整的债务重组协议执行过程及结果存在重大不确定性,因此,上市公司通常应在破产重整协议履行完毕后确认债务重组收益,除非有确凿证据表明上述重大不确定性已经消除。

【参考观点】

一、关于监督报告内容及监督期限的延长

　　根据《企业破产法》第九十条的规定,在监督期内,债务人应当向管理人报告重整计划执行情况和债务人财务状况。监督期届满,管理人应当根据债务人的报告以及执行监督职责的情况提交监督报告。监督报告应当对重整计划各方面内容的执行情况作出说明,主要应该包括债务人的经营情况、债权的清偿情况以及其他方案的执行情况等。①

　　管理人对债务人执行重整计划的行为有进行监督的职能,但是有监督期的限制。虽然《企业破产法》没有明确要求重整计划执行期与管理人的监督期必须一致,但为了更好地保障重整计划的执行和有效监督,使得重整计划的内容得到不折不扣的执行,《九民会议纪要》第 113 条第一款明确规定重整计划的执行期间和监督期间原则上应当一致,从而对重整计划中有关监督期的设定进行引导。即便二者不一致的,如果在监督期内重整计划未执行完毕,仍有重大重整措施在实施中,或者债务人的行为可能会对重整计划的执行产生不利影响,或者有其他延长监督期限必要的,管理人可以申请人民法院裁定延长重整计划的监督期限,以继续监督债务人执行重整计划。② 根据本条的规定,监督期限届满管理人应当向人民法院提交监督报告,自监督报告提交之日起,管理人的监督职责终止。管理人提交监督报告后对重整计划的监督职责虽然依法终止,但管理人对监督期外尚未执行完毕的重整计划依然还有监督职责,如管理人发现债务人不能执行或者不执行重整计划的,仍可依据《企业破产法》第九十三条的规定请求人民法院裁定终止重整计划的

---

　　① 参见李国光主编:《新企业破产法理解与适用》,人民法院出版社 2006 年版,第427 页。

　　② 参见最高人民法院民事审判第二庭编著:《〈全国法院民商事审判工作会议纪要〉理解与适用》,人民法院出版社 2019 年版,第 573~574 页。

执行,并申请人民法院宣告债务人破产清算。①

二、关于上市公司重整收益的确认

对于上市公司因破产重整而进行的债务重组交易,何时可以确认债务重组收益问题,根据《上市公司执行企业会计准则监管问题解答》的相关规定,上市公司通常应在重整计划执行完毕后确认债务重组收益,除非有确凿证据表明上述重大不确定性已经消除,即在一般情形下,法院裁定确认重整计划执行完毕后上市公司才可确定因重整而产生债务重组收益。

第九十二条 【重整计划的约束力】经人民法院裁定批准的重整计划,对债务人和全体债权人均有约束力。

债权人未依照本法规定申报债权的,在重整计划执行期间不得行使权利;在重整计划执行完毕后,可以按照重整计划规定的同类债权的清偿条件行使权利。

债权人对债务人的保证人和其他连带债务人所享有的权利,不受重整计划的影响。

【立法·要点注释】

重整计划经法院裁定批准,即对债务人和全体债权人具有约束力,债务人必须按重整计划的规定清偿债务;债权人无论在表决重整计划时是赞成,是反对,还是未参加对重整计划的表决,均受经法院批准生效的重整计划的约束。债权人未依照《企业破产法》规定申报债权的,在重整计划执行期间不得行使权利,但该债权并不消灭,在重整计划执行完毕后,可以按照重整计划规定的同类债权的清偿条件行使权利。债权人对债务人的保证人和其他连带债务人所享有的权利,不受重整计划的影响,债权人可以就其在重整计划中未受清偿的债权向债务人的保证人和其他连带债务人要求清偿。

---

① 参见最高人民法院民二庭第五合议庭:《上市公司破产重整案件审理情况总结报告》,载最高人民法院民事审判第二庭编:《商事审判指导》2014 年第 3 辑(总第 39 辑),人民法院出版社 2015 年版,第 39 页。

【参考观点】

一、经人民法院裁定批准的重整计划对债务人股东及其他司法程序也具有约束力

经人民法院裁定批准的重整计划,对债务人和全体债权人均有约束力,此外,经人民法院裁定批准的重整计划对债务人股东及其他司法程序也产生约束力,具体表现在:(1)对于债务人股东,重整计划经人民法院认可后,其权利仅以重整计划为限,非为重整计划所承认的权利,不得再向债务人请求;(2)因重整程序优于其他程序,当重整计划被法院裁定批准后,曾因重整程序而中止的其他程序应当终结,如重整程序系破产清算程序或和解程序转换而来的,法院在裁定批准重整计划时应同时终结中止的破产程序或和解程序,已中止的强制执行、保全、拍卖等程序也应当终结。①

二、没有依法申报的债权在重整计划执行期间不得行使权利

按照《企业破产法》关于债权申报的规定,债务人的债权人应当依法在人民法院确定的期限内申报债权,债权人未依《企业破产法》规定申报债权的,不得依《企业破产法》规定的程序行使权利。如果没有依照《企业破产法》规定申报的债权在重整计划执行期间能够行使的话,则对在通过重整计划时作出让步的债权人来说是极为不公平的,进而会导致重整制度因为没有债权人参加而失去意义。② 没有依法申报的债权在重整计划执行期间不得行使权利,具体而言,债权人在重整计划执行期间不得行使的权利应当指将影响重整计划实施的权利,包括最终体现为要求企业清偿债务、履行合同或者进行赔偿等权利。

三、经人民法院裁定批准的重整计划的效力不及于债务人的保证人及其他连带债务人

根据本条的规定,债权人对债务人的保证人和其他连带债务人所享有的权利不受重整计划的影响,即不因重整计划中对债权人的债权数额、清偿条

---

① 参见李国光主编:《新企业破产法理解与适用》,人民法院出版社 2006 年版,第428~429 页。

② 参见李国光主编:《新企业破产法理解与适用》,人民法院出版社 2006 年版,第429 页。

件的调整而受到影响,仍应按照原有数额和条件进行清偿。也就是说,重整计划的效力不及于债务人的保证人和其他连带债务人,后者不得依据重整程序中债权人作出的让步对抗其清偿要求。①

【最高人民法院裁判案例】

陈辉与湛江市城乡建设实业有限公司确认合同效力纠纷案[最高人民法院(2016)最高法民申1422号]

——未依法申报债权的债权人在重整计划执行期间不得行使相关权利。

【案情简介】

2012年12月12日,湛江市中级人民法院(以下简称湛江中院)裁定湛江市城乡建设实业有限公司(以下简称湛江城建公司)进入破产重整程序。2012年12月15日、20日,湛江中院在《湛江日报》《人民法院报》等报纸上发布公告,告知各债权人在公告的30日内申报债权。2014年6月5日,湛江中院以(2012)湛中法民破字第3-36号之四民事裁定,批准湛江城建公司的重整计划,执行期限为一年,至2015年6月4日。2015年5月21日,湛江中院以(2012)湛中法民破字第3-36号之十四民事裁定,延长重整计划的执行期限至2015年12月4日。

自然人陈辉没有在湛江中院指定的期限内向湛江城建公司管理人申报债权,而在重整计划执行期间向湛江中院提起诉讼,请求确认陈辉与湛江城建公司2012年10月28日签订的25份《广东省商品房买卖合同》和出具给陈辉的25份《收据》合法有效。湛江中院判决驳回陈辉的诉讼请求,广东省高级人民法院二审、最高人民法院再审均裁定维持原判。

【裁判要点】

经人民法院裁定批准的重整计划,对债务人和全体债权人均有约束力。因而,为了保障重整计划的顺利进行,不允许债权人在重整计划执行期间随意主张。禁止债权人行使的权利应当指将影响重整计划实施的权利,包括最终体现为要求企业清偿债务、履行合同或者进行赔偿等权利。依据《企业破

---

① 参见李国光主编:《新企业破产法理解与适用》,人民法院出版社2006年版,第430页。

产法》第九十二条第二款"债权人未依照本法规定申报债权的,在重整计划执行期间不得行使权利"之规定,陈辉在债权申报期限内未申报债权,便不得在重整计划执行期间通过行使诉权达到主张债权或者请求赔偿的目的。

【案例来源】

中国裁判文书网,https://wenshu.court.gov.cn。

【典型案例】

衢州乾达科技有限公司与浙江海蓝化工集团有限公司破产债权确认纠纷案[浙江省高级人民法院(2018)浙民终 93 号]

——非因不知晓重整程序等客观原因不申报债权,而是怠于申报债权,可视为放弃了申报债权、表决重整计划草案等相应的权利,重整计划对原告具有约束力。

【案情简介】

2015 年 7 月 10 日,原告衢州乾达科技有限公司的前身衢州海蓝科技有限公司与被告浙江海蓝化工集团有限公司签订协议一份,约定由原告租赁被告车间、仓库和办公场所等,租赁期限为 20 年,自 2015 年 7 月 10 日至 2035 年 7 月 10 日止,租赁费用每年 25 万元。第一次预付两年租赁费用 50 万元,第三年开始每年 7 月预付下一年费用。原告按协议约定预付了租用费用后,对租用场地进行了翻修和维修,共花费维修费 74419.70 元。

2016 年 4 月 22 日,法院裁定受理被告重整申请,公告中债权申报的期限为 2016 年 6 月 15 日前。6 月 24 日召开了第一次债权人会议。8 月 10 日,被告管理人书面通知原告解除 2015 年 7 月 10 日原、被告双方签订的协议。9 月 27 日,法院裁定被告、衢州海蓝氟化学有限公司(以下简称海蓝氟公司)、衢州市荣康氟材料有限公司(以下简称荣康氟公司)进行合并破产重整。11 月 25 日,召开第二次债权人会议表决重整计划草案。2017 年 2 月 23 日,法院裁定批准海蓝公司、海蓝氟公司、荣康氟公司重整计划。重整计划第二部分债务人重整经营方案包括以下内容:原海蓝公司(被告)的债权人(包括但不限于对债务人特定财产享有担保权的债权人、职工、普通债权人及共益债权人等)均无权向重整投资人以及新海蓝公司(被告)主张权利,如有债权人主张权利,均应按破产程序向荣康氟材料公司管理人申报债权,并按重整计划规定行使相关权利。第四部分债权受偿方案包括以下内容：如有债权人在本次债权人会议召开之日之后再申报或主张债权的（以下简称会后申报债权，如有债权人在本次债权人会议后改变申报债权性质，即之前申报为普通债权，本次会议后要求更改为优先债权，对其改变申报债权性质部分债权，也按会后申报债权认定），应通过荣康氟公司、海蓝氟公司破产清算程序主张债权，不得向新海蓝公司主张债权。2017 年 3 月 10 日，原、被告就搬离问题进行协商。3 月 23 日，原告变更企业名称，公司名称变更为衢州乾达科技有限公司。3 月 31 日，原告搬离。5 月上旬，重整计划执行完毕。5 月 20 日，原告向被告管理人申报债权 74419.70 元，但管理人审核后认为原告申报的债权不属于破产债权，对原告申报的债权审查结果为 0。另，原告法定代表人应亚斐个人是被告重整程序中的债权人，参加了两次债权人会议。

2017 年 10 月 9 日，原告诉至法院，请求确认原告乾达公司对被告海蓝公司享有 74419.70 元的债权，并作为破产共益债务优先受偿。

一审法院认为，案件争议焦点之一为原告在重整计划通过后仍向被告主张权利是否得当。原告在被告厂区内租赁部分厂房，长期生产经营，且其法定代表人个人亦系被告重整债权人，参加了两次债权人会议，应当对被告整个重整程序知情且有高于一般债权人的了解程度。在管理人自破产申请受理之日起 2 个月内未通知解除租赁协议的情况下，既未向管理人发出催告，也未在合理期限内申报债权，甚至在管理人发出书面解除合同通知、知晓拟表决重整计划草案的情况下亦怠于行使权利。原告主张，对于《企业破产法》第十八条第一款应理解为，管理人自破产申请受理之日起 2 个月内未通知对方当事人的，管理人失去单方合同解除权。具体到本案，原、被告双方于 2017 年 3 月 10 日达成解除协议，此时债权方形成。一审法院认为，管理人自破产申请受理之日起 2 个月内未通知对方当事人的，视为合同解除，除非管理人与对方当事人就继续履行合同另行协商一致。法律明确规定了合同解除的后果，此时债权人即具有申报相应债权的权利，也即自 2016 年 6 月 23 日起，原告与被告的租赁协议应视为解除，不论被告管理人于 2016 年 8 月才通知原告解除租赁协议，也无论原告实际占用被告案涉厂房直至 2017 年 3 月 31 日，自 2016 年 6 月 23 日起，原告即应向被告管理人申报债权。然而原告在明知被告进行重整，重整计划拟定中不包括继续履行租赁协议的情形下仍不申报债权，可能影响重整程序的整体推进。《企业破产法》的立法本意是鼓励对企业进行重整挽救，债权人应妥善行使申报债权的权利。《企业破产法》赋予管理人解除双方均未履行完毕的合同的权利,目的在于使债务人财产最大化甚至使债务人更生。债权人未依照《企业破产法》规定申报债权的,在重整计划执行期间不得行使权利;在重整计划执行完毕后,可以按照重整计划规定的同类债权的清偿条件行使权利。经人民法院裁定批准的重整计划,对债务人和全体债权人均有约束力。具体到本案,原告非因不知晓重整程序等客观原因不申报债权,而是怠于申报债权,可视为放弃了申报债权、表决重整计划草案等相应的权利,重整计划对原告具有约束力。即使原告的维修费用属于必要或有益费用,也因受重整计划的约束,不得向被告主张权利。一审法院遂判决驳回原告诉讼请求。

原告不服,提起上诉。二审法院驳回上诉,维持原判。

【裁判要点】

重整计划中包括逾期申报的债权人不得向重整后的企业主张权利的内容,该重整计划经债权人会议表决通过和法院裁定批准,对全体债权人具有约束力。重整计划执行完毕后,逾期申报的债权人依据《企业破产法》第九十二条第二款的规定请求人民法院支持其清偿债权的主张,人民法院不予支持。

【案例来源】

《人民司法·案例》2019 年第 32 期。

编者说明

《企业破产法》关于重整程序中未按期申报债权的处置问题规定得比较原则,重整程序中适用目前统一的债权申报期限规定不尽科学,未能区分债权人未按期申报债权的主观原因而分别设定法律后果等,①均掣肘着本条规定的有效实施。

对于债权人未在债权申报期限内申报债权,债权人补充申报债权的审查处理,部分地方法院对此作出了规定,如《深圳市中级人民法院破产案件债权审核认定指引》(深中法发〔2017〕5 号)第七十七条规定:"(第一款)债权人未在债权申报期限内申报债权,但其在重整计划草案提交债权人会议表决前补充申报债权的,管理人应当受理并进行审查。债权在重整计划草案表决前未经本院裁定确认的,债权人不享有重整计划草案的表决权,但在本院裁定批准重整计划后,

---

① 参见郗伟明:《论破产重整中未按期申报债权之处置》,载《法商研究》2012 年第 6 期。

该债权人被确认的债权可依照重整计划确定的债权受偿方案获得清偿。(第二款)债权人未在债权申报期限内申报债权,在本院裁定批准重整计划后重整计划执行完毕前补充申报债权的,管理人可以受理申报并进行审查,但债权人在重整计划执行期间不得行使权利;在重整计划执行完毕后,可以按照重整计划规定的同类债权的清偿条件行使权利。(第三款)债权人未在债权申报期限内申报债权,在重整计划执行完毕后补充申报债权的,管理人不再受理申报,告知债权人向债务人主张权利。"

对于因可以归责于债权人的原因未在债权申报期限内申报债权的处置,有地方法院作出了实践性探索规定,如《北京市高级人民法院企业破产案件审理规程》(2013年7月22日)第224条第二款规定:"债权人未依照企业破产法及本规程规定申报债权的,在重整计划执行期间不得行使权利;重整计划执行完毕后,可以按照重整计划规定的同类债权的清偿条件行使权利(但有证据证明债权人已收到债权申报的书面通知或通过除公告以外的其他方式明知债权申报事实而故意不申报的情形除外)。"另外,在相关的判例中,重整计划中有逾期申报的债权人不得向重整后的企业主张权利的内容。相关法院认为,该重整计划经债权人会议表决通过和法院裁定批准,对全体债权人具有约束力,因此,在重整计划执行完毕后,逾期申报的债权人依据《企业破产法》第九十二条第二款的规定请求人民法院支持其清偿债权的主张,相关法院判决驳回了相关债权人的诉讼请求。

第九十三条　【重整计划的终止】债务人不能执行或者不执行重整计划的,人民法院经管理人或者利害关系人请求,应当裁定终止重整计划的执行,并宣告债务人破产。

人民法院裁定终止重整计划执行的,债权人在重整计划中作出的债权调整的承诺失去效力。债权人因执行重整计划所受的清偿仍然有效,债权未受清偿的部分作为破产债权。

前款规定的债权人,只有在其他同顺位债权人同自己所受的清偿达到同一比例时,才能继续接受分配。

有本条第一款规定情形的,为重整计划的执行提供的担保继续有效。

【立法·要点注释】

债务人不能执行重整计划是指因重整计划缺乏可行性或者实际情况发

生了变化等客观原因,导致债务人不能按照重整计划执行。债务人不执行重整计划是指债务人具备执行重整计划的能力,但其主观上没有执行的诚意而对重整计划不予执行。法院裁定终止重整计划执行并宣告债务人破产的,重整计划即失去效力。债权人依重整计划向债务人所作的各种债权调整的承诺,如免除部分债务、延期偿还等,当然失去效力。债权人可以按照原来的债权额,扣除实施重整计划已受领的清偿额,以未受清偿的部分作为破产债权,按照破产清算程序行使权利,依破产财产分配方案参加分配。债权人因执行重整计划所受的清偿即使超过了破产分配应受的清偿,也同样是有效的,不必返还。

【司法文件】

1.《最高人民法院关于印发〈全国法院民商事审判工作会议纪要〉的通知》(法〔2019〕254 号,2019 年 11 月 8 日)

113.【重整计划监督期间的管理人报酬及诉讼管辖】要依法确保重整计划的执行和有效监督。重整计划的执行期间和监督期间原则上应当一致。二者不一致的,人民法院在确定和调整重整程序中的管理人报酬方案时,应当根据重整期间和重整计划监督期间管理人工作量的不同予以区别对待。其中,重整期间的管理人报酬应当根据管理人对重整发挥的实际作用等因素予以确定和支付;重整计划监督期间管理人报酬的支付比例和支付时间,应当根据管理人监督职责的履行情况,与债权人按照重整计划实际受偿比例和受偿时间相匹配。

重整计划执行期间,因重整程序终止后新发生的事实或者事件引发的有关债务人的民事诉讼,不适用《企业破产法》第 21 条有关集中管辖的规定。除重整计划有明确约定外,上述纠纷引发的诉讼,不再由管理人代表债务人进行。

114.【重整程序与破产清算程序的衔接】重整期间或者重整计划执行期间,债务人因法定事由被宣告破产的,人民法院不再另立新的案号,原重整程序的管理人原则上应当继续履行破产清算程序中的职责。原重整程序的管理人不能继续履行职责或者不适宜继续担任管理人的,人民法院应当依法重新指定管理人。

重整程序转破产清算案件中的管理人报酬,应当综合管理人为重整工作和清算工作分别发挥的实际作用等因素合理确定。重整期间因法定事由转入破产清算程序的,应当按照破产清算案件确定管理人报酬。重整计划执行期间因法定事由转入破产清算程序的,后续破产清算阶段的管理人报酬应当根据管理人实际工作量予以确定,不能简单根据债务人最终清偿的财产价值总额计算。

重整程序因人民法院裁定批准重整计划草案而终止的,重整案件可作结案处理。重整计划执行完毕后,人民法院可以根据管理人等利害关系人申请,作出重整程序终结的裁定。

2.《最高人民法院关于印发〈全国法院破产审判工作会议纪要〉的通知》(法〔2018〕53 号,2018 年 3 月 4 日)

19. 重整计划执行中的变更条件和程序。债务人应严格执行重整计划,但因出现国家政策调整、法律修改变化等特殊情况,导致原重整计划无法执行的,债务人或管理人可以申请变更重整计划一次。债权人会议决议同意变更重整计划的,应自决议通过之日起十日内提请人民法院批准。债权人会议决议不同意或者人民法院不批准变更申请的,人民法院经管理人或者利害关系人请求,应当裁定终止重整计划的执行,并宣告债务人破产。

20. 重整计划变更后的重新表决与裁定批准。人民法院裁定同意变更重整计划的,债务人或者管理人应当在六个月内提出新的重整计划。变更后的重整计划应提交给因重整计划变更而遭受不利影响的债权人组和出资人组进行表决。表决、申请人民法院批准以及人民法院裁定是否批准的程序与原重整计划的相同。

【参考观点】

一、关于重整计划的变更

重整计划的本质是一种经过司法确认的合同,按照合同严守原则,债务人应严格执行,不得随意变更解除。但重整计划的执行需要一定时间,有时长达数年,其间经常会遇到国家政策调整、法律修改变化、战略投资人的情况发生变化需要更换等特殊情况,导致重整计划无法执行。按照《企业破产法》本条的规定,此时应终止重整计划的执行,并宣告债务人破产。但一概如此处理,不免过于机械僵化,不利于对仍具有挽救价值和可能的困境企业进行拯救,并对各利害关系人的权益造成不利影响。为缓解法律规定的刚性,适应审判实践要求,可以在因客观原因无法执行重整计划的前提条件下对原重整计划进行变更,对有重整价值和可能的困境企业尽量挽救,为此,《破产审判会议纪要》第 19 条、第 20 条对重整计划的变更问题作了具体规定:①

其一,明确规定了重整计划变更的前提条件是原重整计划因客观原因无法执行。如果债务人能够执行重整计划而拒绝执行,则不适用变更程序,以维护重整计划的严肃性。

其二,限定了重整计划变更的次数。《破产审判会议纪要》第 19 条规定债务人或管理人仅能申请变更一次,以防久变不绝,无限拖延。

其三,规定了重整计划变更的程序。按《破产审判会议纪要》的规定,重整计划的变更应遵循以下程序:第一,应由债务人或管理人提出变更申请。只有计划提交方或重整债务人可以寻求对批准后计划的修改,并且只有在法院认定依照具体情况可进行修改时,才能进行批准后修改。第二,召开债权人会议,对变更申请进行表决。第三,债权人会议表决同意变更申请的,应自决议通过之日起十日内提请人民法院批准。第四,人民法院裁定批准变更申请的,由债务人或管理人在六个月内提出新的重整计划。第五,新的重整计划提交给因重整计划变更而遭受不利影响的债权人组和出资人组进行表决,利益未受不利影响的组别无须再次表决。第六,人民法院依申请审查是否批准变更后的重整计划,表决、申请人民法院批准以及人民法院裁定是否批准的程序与原重整计划相同。

二、关于重整程序的终结

关于重整程序的终结,结合《九民会议纪要》第 113 条的规定,实践中应注意几个方面的问题:(1)关于重整执行期间管理人报酬的支付,在报酬方案没有进行具体明确的情况下,《九民会议纪要》第 113 条第一款作出了引导性的规定,即重整期间的管理人报酬应当根据管理人对重整发挥的实际作用等予以确定和支付;重整计划执行期间管理人报酬的支付比例和支付时间,应当根据管理人监督职责的履行情况,与债权人按照重整计划实际受偿比例和受偿时间相匹配。(2)对于重整计划执行期间的诉讼管辖,根据《九

---

①　参见贺小荣、王富博、杜军:《破产管理人与重整制度的探索与完善——〈全国法院破产审判工作会议纪要〉的理解与适用(上)》,载《人民司法·应用》2018 年第 13 期。

民会议纪要》第 113 条第二款规定,重整计划执行期间,因重整程序终止后新发生的事实或者事件引发的有关债务人的民事诉讼不适用《企业破产法》第二十一条有关集中管辖的规定,除重整计划有明确约定外,上述纠纷引发的诉讼,也不再由管理人代表债务人进行。(3)对于重整计划执行完毕后,人民法院是否应当裁定终结重整程序,《企业破产法》没有明文规定,对此《九民会议纪要》第 114 条第三款明确规定,重整程序因人民法院裁定批准重整计划草案而终止的,重整案件可作结案处理。重整计划执行完毕后,人民法院可以根据管理人等利害关系人申请,作出重整程序终结的裁定。[①]

第九十四条 【重整计划减免的债务不再清偿】按照重整计划减免的债务,自重整计划执行完毕时起,债务人不再承担清偿责任。

【立法·要点注释】

以协商方式通过并经法院批准,或者法院依申请强制批准的重整计划,对债务人和全体债权人均有约束力,这也就表明重整计划对债权的减免是具有法律强制力的。当债务人对重整计划执行完毕,债权人按照重整计划调整后的债权已获清偿,债务人对依重整计划减免的债务,不再承担清偿责任。

【司法文件】

《最高人民法院关于印发〈全国法院破产审判工作会议纪要〉的通知》(法〔2018〕53 号,2018 年 3 月 4 日)

21. 重整后企业正常生产经营的保障。企业重整后,投资主体、股权结构、公司治理模式、经营方式等与原企业相比,往往发生了根本变化,人民法院要通过加强与政府的沟通协调,帮助重整企业修复信用记录,依法获取税收优惠,以利于重整企业恢复正常生产经营。

---

① 参见最高人民法院民事审判第二庭编著:《〈全国法院民商事审判工作会议纪要〉理解与适用》,人民法院出版社 2019 年版,第 571~580 页。

【参考观点】

债权清偿和受偿方案是重整计划的核心内容,为了使债务人经过重整后能够减轻负担,重新恢复经营能力,自重整计划执行完毕时起,按照重整计划减免的债务,债务人不再承担清偿责任。重整计划执行完毕后,遂产生免责效力,除重整计划或者法律规定所承认的权利外,债务人不再承担所有的担保权、债权、股权等清偿责任。① 企业重整后,投资主体、股权结构、公司治理模式、经营方式等与原企业相比,往往发生了根本变化,根据《破产审判会议纪要》第 21 条的规定,人民法院要通过加强与政府的沟通协调,帮助重整企业修复信用记录,依法获取税收优惠,以利于重整企业恢复正常生产经营。

【最高人民法院裁判案例】

国投电力控股股份有限公司与云南煤化工集团有限公司追偿权纠纷案
[最高人民法院(2019)最高法民辖终 107 号]

——重整计划执行期间且尚未执行完毕,债务人仍处于重整阶段,债权人提起破产债权有关的诉讼仍属于《企业破产法》第二十一条规定的"有关债务人的民事诉讼",适用集中管辖原则审理。

【案情简介】

上诉人国投电力控股股份有限公司(以下简称国投电力公司)因与被上诉人云南煤化工集团有限公司(以下简称云南煤化工集团)追偿权纠纷一案,不服云南省高级人民法院(2018)云民初 143 号民事裁定,向最高人民法院提起上诉。2019 年 3 月 7 日最高人民法院立案受理后,依法组成合议庭进行了审理。国投电力公司上诉称:根据昆明市中级人民法院已生效的(2016)云 01 民破 7 号之三号民事裁定,云南煤化工集团破产重整程序已经终结;截至国投电力公司提起本案诉讼之日起,《云南煤化工集团有限公司重整计划》(以下简称重整计划)执行期限已经届满,且依据重整计划规定之标准,重整计划实际已执行完毕。《企业破产法》第二十一条之适用前提已

---

① 参见李国光主编:《新企业破产法理解与适用》,人民法院出版社 2006 年版,第 431 页。

不存在,本案应由一审法院管辖。云南煤化工集团答辩称:云南煤化工集团目前尚处于重整计划执行期间,国投电力公司诉请的债权债务产生于云南煤化工集团重整之前,属于重整计划调整的范围。本案依法适用《企业破产法》第二十一条的规定,应由受理破产重整案件的云南省昆明市中级人民法院审理。

【裁判要点】

《企业破产法》第二十一条规定,"人民法院受理破产申请后,有关债务人的民事诉讼,只能向受理破产申请的人民法院提起"。本案云南煤化工集团的破产重整程序虽已终结,但案涉债权发生于云南煤化工集团破产重整之前,经过债权申报,属于破产重整债权,系重整计划调整的范畴。重整计划约定的执行期限虽已届满,但其同时明确案涉债权完全实现的时间为2019年12月10日,该计划尚未实际执行完毕,云南煤化工集团仍处于破产重整阶段,本案判决对其重整有重大影响,属于"有关债务人的民事诉讼"。根据《企业破产法》第二十一条规定,本案应由受理云南煤化工集团破产申请的人民法院管辖。综上,云南省昆明市中级人民法院对本案享有管辖权,国投电力公司的上诉理由缺乏事实及法律依据,一审裁定认定事实清楚、适用法律正确,依法应予维持。

【案例来源】

中国裁判文书网,https://wenshu.court.gov.cn。

【最高人民法院公布案例】

庄吉集团有限公司等四家公司破产重整案

——企业重整后,投资主体、股权结构、公司治理模式、经营方式等与原企业相比,往往发生了根本变化,人民法院要通过加强与政府的沟通协调,帮助重整企业修复信用记录,依法获取税收优惠,以利于重整企业恢复正常生产经营。

【案情简介】

庄吉服装是温州地区知名服装品牌,庄吉集团有限公司(以下简称庄吉集团)、温州庄吉集团工业园区有限公司(以下简称园区公司)、温州庄吉服装销售有限公司(以下简称销售公司)、温州庄吉服装有限公司服装公司(以下简称服装公司)四企业长期经营服装业务,且服装业务一直经营良好。但因盲目扩张,投资了并不熟悉的造船行业,2014年受整体经济下行影响,不但导致投入造船业的巨额资金血本无归,更引发了债务人的银行信用危机。2014年10月9日,除服装公司外,其余三家公司向浙江省温州市中级人民法院(以下简称温州中院)申请破产重整。

2015年2月27日,温州中院裁定受理庄吉集团、园区公司、销售公司三企业的重整申请,并根据企业关联程度较高的情况,指定同一管理人。本案中债权人共有41人,申报债权约20亿元,确认约18亿元。2015年8月20日,管理人请求温州中院将重整计划草案提交期限延长三个月。2016年1月27日,服装公司亦进入重整程序。由于四企业存在人格高度混同的情形,符合合并重整的基础条件,且合并重整有利于公平清偿债务,符合《企业破产法》的立法宗旨。温州中院在经债权人会议决议通过四企业合并重整的基础上,经过该院审委会讨论决定,对管理人提出的实质合并重整申请予以准许。随后管理人制定整体性的重整计划草案,并在债权人会议表决的过程中获得了绝大部分债权人的认可,仅出资人组部分股东不同意。经与持反对意见的股东沟通,其之所以反对主要是对大股东经营决策失误有怨言,对重整计划本身并无多大意见。2016年3月17日,温州中院强制裁定批准该重整计划草案。在重整计划草案通过后,温州中院及时根据《中共温州市委专题会议纪要》(〔2016〕9号)对重整企业进行信用修复,使得重整企业隔断历史不良征信记录、恢复正常使用包括基本户在内的银行账户、正常开展税务活动、解除法院执行部门的相关执行措施,为重整企业营造了良好的经营环境。

【裁判要点】

实践中,一些企业在重整计划通过后,因相关配套制度的缺失又重新陷入困境。因此,重整是否成功,并不仅仅体现在重整计划的通过上,虽然重整司法程序在法院裁定批准后终止,但重整后的企业能否迅速恢复生机,还需要在信用修复、适当的税收优惠等方面予以支持,使其顺利恢复生产经营活动,才是完整发挥重整制度价值的关键。本案中,在庄吉服装系列公司重整计划通过后,温州中院积极协调,为重整后的庄吉服装系列公司赢得良好经营环境。

【案例来源】

最高人民法院发布10起全国法院审理破产典型案例(2018年3月6

日）。根据温州市中级人民法院（2015）浙温破字第 16、17、18 号,（2016）浙 03 民破字第 12 号整理。

编者说明

重整计划的执行期间属于什么性质？其是否仍然属于重整程序？这一问题关联到诸多问题,如重整计划执行期间新发生的债务是否属于共益债务,重整计划执行期间新产生的诉讼是否适用《企业破产法》集中管辖的规定,重整计划执行期间债权人会议是否仍可行使职权,重整计划执行期间法院是否仍可以出具破产文书(如协助执行通知书等),重整计划执行完毕后法院是否应出具破产程序终结的裁定等。比如在老三板公司北方五环重整案中,对于重整计划执行期间法院是否可以出具协助执行通知书存在巨大争议,其中一方观点即认为法院方面的工作已经完成,没有义务继续履行上述行为。①

上述问题的根源,在于《企业破产法》仅规定了重整程序的终止制度,而未规定其终结制度,而且《企业破产法》规定重整期间仅延伸至法院裁定批准重整计划时,未包含重整计划执行期间。《九民会议纪要》明确重整计划执行完毕后,法院可作出重整程序终结的裁定,这表明重整计划的执行期间,仍然属于重整程序的组成部分。但编者认为,重整计划的执行期间属于相对独立的期间,应当适用相对独立的规则,而不能简单地将《企业破产法》总则部分的内容套用在重整计划执行期间。比如集中管辖的问题,根据《九民会议纪要》的规定,重整计划执行期间,因重整程序终止后新发生的事实或者事件引发的有关债务人的民事诉讼,不适用《企业破产法》第二十一条有关集中管辖的规定。相应地,因重整程序终止前的事实或事件引发的有关债务人的民事诉讼,仍应当适用集中管辖的规定。但总体上来看,目前对重整计划执行期间的研究和立法尚显不足,尚需要进一步补强重整计划执行期间的规则体系。

---

① 参见搜狐网,http://www.sohu.com/a/76828894_114984,2019 年 5 月 5 日最后访问。

第九章　和　解

第九十五条 【和解申请】债务人可以依照本法规定,直接向人民法院申请和解;也可以在人民法院受理破产申请后、宣告债务人破产前,向人民法院申请和解。

债务人申请和解,应当提出和解协议草案。

【立法·要点注释】

破产法层面的和解制度是一项债务清理制度,只要有一定比例的债权人同意就可以达成和解的协议,并且赋予和解协议以拘束所有债权人的效力,防止债务人破产清算。破产和解制度为尚有挽救希望的危困企业提供了避免破产清算死亡、获得再生的机会,不仅有利于债务人及其债权人、出资人、职工、关联企业等各方主体实现共赢,也有利于社会资源的充分利用。

【司法解释】

1.《最高人民法院关于〈中华人民共和国企业破产法〉施行时尚未审结的企业破产案件适用法律若干问题的规定》(法释〔2007〕10号,2007年6月1日)

第一条 债权人、债务人或者出资人向人民法院提出重整或者和解申请,符合下列条件之一的,人民法院应予受理:

(一)债权人申请破产清算的案件,债务人或者出资人于债务人被宣告破产前提出重整申请,且符合企业破产法第七十条第二款的规定;

(二)债权人申请破产清算的案件,债权人于债务人被宣告破产前提出重整申请,且符合企业破产法关于债权人直接向人民法院申请重整的规定;

(三)债务人申请破产清算的案件,债务人于被宣告破产前提出重整申请,且符合企业破产法关于债务人直接向人民法院申请重整的规定;

(四)债务人依据企业破产法第九十五条的规定申请和解。

2.《最高人民法院关于审理企业破产案件确定管理人报酬的规定》(法释〔2007〕9号,2007年6月1日)

第十条 最终确定的管理人报酬及收取情况,应列入破产财产分配方案。在和解、重整程序中,管理人报酬方案内容应列入和解协议草案或重整计划草案。

【司法文件】

1.《最高人民法院关于印发〈全国法院民商事审判工作会议纪要〉的通知》(法〔2019〕254号,2019年11月8日)

107.【继续推动破产案件的及时受理】充分发挥破产重整案件信息网的线上预约登记功能,提高破产案件的受理效率。当事人提出破产申请的,人民法院不得以非法定理由拒绝接收破产申请材料。如果可能影响社会稳定的,要加强府院协调,制定相应预案,但不应当以"影响社会稳定"之名,行消极不作为之实。破产申请材料不完备的,立案部门应当告知当事人在指定期限内补充材料,待材料齐备后以"破申"作为案件类型代字编制案号登记立案,并及时将案件移送破产审判部门进行破产审查。

注重发挥破产和解制度简便快速清理债权债务关系的功能,债务人根据《企业破产法》第95条的规定,直接提出和解申请,或者在破产申请受理后宣告破产前申请和解的,人民法院应当依法受理并及时作出是否批准的裁定。

2.《最高人民法院关于依法开展破产案件审理积极稳妥推进破产企业救治和清算工作的通知》(法〔2016〕169号,2016年5月6日)

对符合破产受理条件但仍可能适应市场需要的企业,要运用破产和解和破产重整的方式进行救治,使其能够通过救治重返市场;对救治无效或者根本不能适应市场需要的企业,要进行破产清算,促进及时退出市场。依法开展破产案件审理,是解决执行难的重要途径。对执行中符合《企业破产法》规定的破产条件的企业,要依法启动破产程序,通过破产和解化解一批、破产重整处置一批、破产清算消除一批,使企业破产制度成为解决执行难的配套制度。

3.《最高人民法院关于正确审理企业破产案件为维护市场经济秩序提供司法保障若干问题的意见》(法发〔2009〕36号,2009年6月12日)

3. 对于虽然已经出现破产原因或者有明显丧失清偿能力可能,但符合国家产业结构调整政策、仍具发展前景的企业,人民法院要充分发挥破产重

整和破产和解程序的作用,对其进行积极有效的挽救。破产重整和和解制度,为尚有挽救希望的危困企业提供了避免破产清算死亡、获得再生的机会,有利于债务人及其债权人、出资人、职工、关联企业等各方主体实现共赢,有利于社会资源的充分利用。努力推动企业重整和和解成功,促进就业、优化资源配置、减少企业破产给社会带来的不利影响,是人民法院审理企业破产案件的重要目标之一,也是人民法院商事审判工作服务于保增长、保民生、保稳定大局的必然要求。

6. 人民法院要充分发挥司法能动作用,注重做好当事人的释明和协调工作,合理适用破产重整和和解程序。对于当事人同时申请债务人清算、重整、和解的,人民法院要根据债务人的实际情况和各方当事人的意愿,在组织各方当事人充分论证的基础上,对于有重整或者和解可能的,应当依法受理重整或者和解申请。当事人申请重整,但因企业经营规模较小、虽有挽救必要但重整成本明显高于重整收益的困难企业,有关权利人不同意重整的,人民法院可引导当事人通过和解方式挽救企业。人民法院要加强破产程序中的调解工作,在法律允许的框架下,积极支持债务人、管理人和新出资人等为挽救企业所做的各项工作,为挽救困难企业创造良好的法律环境。

【参考观点】

《九民会议纪要》第107条明确要求要注重发挥破产和解制度简便快速清理债权债务关系的功能,及时受理和批准债务人的和解申请。根据本条规定,无论是未经破产启动程序而直接根据当事人申请的和解,还是由破产程序转换而来的和解,申请主体只能是债务人,其他任何利害关系人均不得提出和解申请,法院也不得依职权启动和解程序。原因在于,债务人对自身资产负债情况及偿还能力、有无营运价值等最清楚,债务人诚恳请求债权人作出让步减免,缓解债务以维持债务人继续经营,债权人才有可能同意和解,展开的谈判才有成功的可能,这是由破产和解的程序性质所决定的。法院应注重发挥破产和解制度简便快速清理债权债务关系的功能,债务人根据本条的规定提出和解申请的,人民法院应当依法受理并及时作出是否批准的裁定。①

---

① 参见最高人民法院民事审判第二庭编著:《〈全国法院民商事审判工作会议纪要〉理解与适用》,人民法院出版社2019年版,第548~549页。

【典型案例】

山东济南某食品有限公司合并破产和解案

——破产和解程序的适用,能够延续企业文化,保持企业股东、管理层、职工的整体稳定,避免破产重整中新投资者与原企业员工的"基因排异",具有程序便于操作、无须分组表决,司法成本相对较低的优势。

【案情简介】

济南某食品有限公司始建于 1981 年,主要生产冷冻饮品、糕点等,济南某实业有限公司是该食品有限公司投资的关联企业。经过近 40 年的发展,两公司成为年生产能力超 8 万吨,年产值达 8 亿元,拥有 7000 家零售网点的行业龙头企业。企业蓬勃发展的同时,积累大量房地产用于经营或出租。后因两公司互保联保、对外担保导致资金链断裂,于 2015 年底被迫停产。企业资产被多家法院查封冻结,面临拍卖抵偿担保之债的境地,经市政府成立专门清算小组进行清算仍无法解困。2016 年 9 月 5 日,济南中院裁定受理债权人对两公司的破产清算申请,该案涉及债权人总计 840 余户,债权总额 8.7 亿元,其中仅企业向职工、家属及其他个人借款金额即高达 5 亿余元。进入破产程序前,部分债权人通过各种手段向企业及实际控制人追讨债务,民间矛盾极为尖锐,在社会上造成了广泛的不良影响。

针对两公司现实情况,继续实施破产清算,势必造成企业主体的消亡、知名品牌的消失,同时也会导致债权人清偿比率低、职工失业等一系列问题。在充分论证企业资产现状、债权人需求和职工就业等因素后,济南中院经与管理人、企业负责人共同研究,最终确定了两公司合并和解的努力方向,实施"瘦身式和解"方案,即剥离债务人非核心资产,战略性处置两公司不动产用以清偿债务,仅保留核心生产线以保障公司畅销冷食生产销售的核心竞争力,最终实现企业瘦身并摆脱债务泥潭的目的。经共同努力,2017 年 10 月 17 日,济南中院裁定认可两公司合并和解协议。历时一年一个月,合并和解最终取得成功,实现了 840 余户债权人权益最大化,保障了职工利益,挽救了知名企业。

【裁判要点】

本案创新适用破产和解程序,提升企业偿债能力,保存核心生产力,剥离非主营资产,高比例清偿债权,实现了企业整体脱困重生。破产和解程序的适用,能够延续企业文化,保持企业股东、管理层、职工的整体稳定,避免破产重整中新投资者与原企业员工的"基因排异",具有程序便于操作、无须分组表决,司法成本相对较低的优势。该案是关联企业合并破产的有益尝试,也是运用法治化、市场化思维挽救有价值企业的有益探索,实现了相关利害关系人多方共赢,有力维护了社会和谐稳定,取得了良好的法律效果和社会效果。这一案件的成功处置,对于人民法院正确适用破产和解程序,帮助企业提升偿债能力,实现企业整体脱困重生具有典型意义。

【案例来源】

最高人民法院发布依法平等保护民营企业家人身财产安全十大典型案例(2019 年 5 月 21 日)。

编者说明

《企业破产法》并未对和解适用对象作出具体规定,第十届全国人大常委会《关于〈中华人民共和国企业破产法(草案)〉的说明》指出:立法要对无挽救希望的企业及时清理债权债务,避免造成更大损失,对陷入困境但有挽救希望的大中型企业要通过重整、和解程序尽力救助,使其恢复生机。从立法初衷来看,和解制度主要适用于对大中型企业的挽救,但自《企业破产法》实施以来,破产和解在司法实践中运用较少,其主要原因有以下几个方面:(1)《企业破产法》同时确立了对困境企业进行拯救的两种制度,即重整制度与和解制度,和解不再是挽救企业的首选途径,通过重整挽救企业更为实践所接受;(2)和解制度不能限制担保人的权利,有财产担保债权人在法院裁定受理债务人和解后仍可行使担保权利,担保资产面临处置,正常经营受到影响,在此情形下,通过和解实现拯救的难度大,债务人也缺乏申请和解的积极性;(3)和解采取的主要手段是通过债务的减免或延期偿还以实现债务人拯救的目的,可以采取的拯救措施较为简单,难以解决陷入困境企业的复杂问题,特别是实务中对困境企业的拯救往往涉及新投资人的引进和出资人权益的调整,而和解制度缺乏对出资人权益调整的机制。鉴于和解实践较少,重整制度在挽救大中型企业,特别是重大复杂案件方面更易发挥作用和实现预期效果,和解制度的价值和意义在未来的《企业破产法》修改时应予以重新审视。当然,重整制度亦存在法律程序复杂、成本高、时间长等不足,在实务中应当鼓励和支持小微企业或者债权债务关系简单的拯救型破产案件适用和解制度,使重整制度与和解制度各得其所。

第九十六条 【裁定和解】 人民法院经审查认为和解申请符合本法规定的,应当裁定和解,予以公告,并召集债权人会议讨论和解协议草案。

对债务人的特定财产享有担保权的权利人,自人民法院裁定和解之日起可以行使权利。

【立法·要点注释】

人民法院对和解申请进行审查,认为申请人是具备本法规定的破产原因的债务人,其提出和解申请的时间、材料符合规定,应当作出许可进行和解的裁定,予以公告,并召集债权人会议讨论和解协议草案。在和解程序中,对债务人的特定财产享有担保权的权利人,自人民法院裁定和解之日起即可行使权利,不受和解程序的约束。

【司法解释】

《最高人民法院关于适用〈中华人民共和国企业破产法〉若干问题的规定(二)》(法释〔2013〕22 号,2013 年 9 月 16 日;法释〔2020〕18 号修正,2021 年 1 月 1 日)

第四条 债务人对按份享有所有权的共有财产的相关份额,或者共同享有所有权的共有财产的相应财产权利,以及依法分割共有财产所得部分,人民法院均应认定为债务人财产。

人民法院宣告债务人破产清算,属于共有财产分割的法定事由。人民法院裁定债务人重整或者和解的,共有财产的分割应当依据民法典第三百零三条的规定进行;基于重整或者和解的需要必须分割共有财产,管理人请求分割的,人民法院应予准许。

因分割共有财产导致其他共有人损害产生的债务,其他共有人请求作为共益债务清偿的,人民法院应予支持。

【司法文件】

《最高人民法院关于印发〈全国法院破产审判工作会议纪要〉的通知》

(法〔2018〕53号,2018年3月4日)

25. 担保权人权利的行使与限制。在破产清算和破产和解程序中,对债务人特定财产享有担保权的债权人可以随时向管理人主张就该特定财产变价处置行使优先受偿权,管理人应及时变价处置,不得以须经债权人会议决议等为由拒绝。但因单独处置担保财产会降低其他破产财产的价值而应整体处置的除外。

【参考观点】

本条第一款规定了法院对和解申请的审查。法院对债务人提交的和解申请,一般应当从以下几个方面进行审查:

一、债务人申请和解应具备的条件

(一)债务人主体的资格合法

适用破产程序的主体是企业法人,因此提起和解申请的债务人应为企业法人,不具有企业法人资格的民事主体不能适用和解程序。

(二)债务人具有破产能力

为防止恶意债务人的欺诈,损害债权人的利益,在债务人提出和解申请时,应当依据《企业破产法》第二条的规定,对债务人是否达到破产界限进行实质性审查。

债务人可以在两种情况下提出和解申请,一种是在受理破产申请之前,债务人直接申请;另一种是在破产申请受理之后破产宣告之前提出。对于后一种情况,因受理破产案件时法院已经对债务人是否是企业法人主体、是否具有破产能力进行了审查,在破产宣告前债务人提出和解申请的,法院可以不再审查该等要件。

(三)和解申请提出的时间符合法律规定

债务人在破产案件受理前提出和解申请的,没有时间限制,在破产案件受理之后提出申请的,应当在破产宣告之前提出。

二、债务人的申请不符合受理和解的事由

(一)债务人有违法行为

和解程序设立的目的是保护那些诚实、善意,在经济活动中遭遇不幸、陷入破产境地的债务人,债务人通过和解程序取得债权人的宽容,可以摆脱破产清算的困境。和解程序是一种司法程序,除承载化解债权债务纠纷、保护

债权人和债务人利益的使命外,还要维持和保障社会公共利益,维系商业惯例和道德,从而稳定社会经济秩序。如果债务人存在违法行为,期望通过和解取得债权人的信任,或者在执行和解协议时其能有可靠的诚信水平,这些问题是值得怀疑的。如果债务人利用和解程序再行违法行为,滥用和解程序逃避债务,债权人的损失将在原来的基础上进一步扩大。对于有违法行为的债务人,不宜再给予其开始和解程序的机会,否则容易纵容不法行为,危害商业道德,浪费司法资源,损害其他人的合法权利。①

(二)债务人提交的和解协议草案存在欺诈,明显没有进行和解程序的诚意

和解协议草案如果存在虚假、欺诈或者和解协议草案没有明确的债务偿还计划,应认定债务人没有申请开始和解程序的诚意,可以预测和解协议的履行是不可能的,因此,债务人提交的和解协议草案存在前述情况时,法院应劝告债务人修改或补正有关内容,拒不修改或补正的,法院应驳回其申请。

(三)人民法院认为债务人违反其他程序规定

例如,在破产申请受理后,债务人存在拒绝向管理人移交有关财务资料、不听从法院的安排、故意阻挠程序等行为,其执行和解的诚意不具有可靠性,应驳回其申请。②

本条第二款规定了对债务人的特定财产享有担保权的权利人,自人民法院裁定和解之日起即可行使权利,不受和解程序的约束。根据《破产审判会议纪要》的规定,在和解程序中,对债务人特定财产享有担保权的债权人可以随时向管理人主张就该特定财产变价处置行使优先受偿权,管理人应及时变价处置,不得以须经债权人会议决议等为由拒绝。但因单独处置担保财产会降低其他破产财产的价值而应整体处置的除外。

【典型案例】

广东新港兴混凝土有限公司和解案

——本案中,法院充分利用"执转破"工作机制,积极引导企业进入破产程序,破产申请受理后,根据企业具体情况,适时转化为和解程序,而不是对

---

① 参见王东敏:《新破产法疑难解读与实务操作》,法律出版社2007年版,第132~133页。
② 参见王东敏:《新破产法疑难解读与实务操作》,法律出版社2007年版,第133页。

企业简单进行破产清算,从而最大限度挽救企业、保护债权人利益,为此类企业的挽救提供了可复制的样本。此外,在新冠疫情对和解协议执行造成不利影响的情况下,法院通过参照和解协议草案表决的程序,裁定认可变更后的和解协议执行方案,确保和解协议顺利执行,避免企业因疫情影响再次面临破产清算的局面。

【案情简介】

广东新港兴混凝土有限公司(以下简称新港兴公司)主营加工业务,本身业务订单稳定,行业基础稳固。因借贷资金成本高,多年累积造成资金链断裂,无法清偿到期债务,导致诉讼缠身,部分银行账户、资产以及机械设备等被查封、冻结,企业运营面临重大困难。

广东省佛山市顺德区人民法院在办理该公司系列执行案件过程中,依法引导该公司于 2019 年 3 月 19 日进入破产清算程序,后转入破产和解。2020年 1 月,新港兴公司债权人会议通过了债务人提出的和解协议草案,并经法院裁定认可发生法律效力。

新冠疫情发生后,新港兴公司的正常生产经营受到影响,按和解协议清偿债务出现暂时困难,于是向法院提出请求变更和解协议的执行方案,将原定于 2020 年 3 月底清偿的债务变更为清偿原定计划的 50%,4 月、5 月底分别清偿原定计划的 25%,此后的债务按期执行。法院参照和解协议草案的表决程序,组织债权人会议对债务人提出的和解协议执行变更方案进行表决。经债权人会议表决通过后,法院于 2020 年 3 月 16 日裁定认可变更后的和解协议执行方案。

目前,按照变更后方案应于 3 月底清偿的债务已经执行完毕。新港兴公司通过破产和解一揽子解决企业的债务 1.7 亿元,维持企业产能近 1 亿元,并于2020 年 2 月 27 日顺利复工复产,生产经营秩序正常运转,产能逐步恢复。

【裁判要点】

针对债务人提出的破产和解申请,广东省佛山市顺德区人民法院经审查后认为,债务人在管理人的监督下继续自行经营,每月持续创造利润,具备实施破产和解的条件,债务人提出的和解协议草案具备可行性和可操作性,进行破产和解有利于保护债权人、债务人各方当事人的合法权益。债务人提出的破产和解符合法律规定。

【案例来源】

最高人民法院发布第二批全国法院服务保障疫情防控期间复工复产八

个典型案例(2020 年 4 月 17 日)。

第九十七条 【通过和解协议】债权人会议通过和解协议的决议,由出席会议的有表决权的债权人过半数同意,并且其所代表的债权额占无财产担保债权总额的三分之二以上。

【立法·要点注释】

债务人提出和解申请后,除经法院审查而驳回和解申请的情况外,应将和解协议草案提交债权人会议讨论,由债权人会议作出是否接受和解条件的决议。这是和解程序的实质性阶段。债权人会议接受和解条件,即为达成和解协议;债权人会议否决和解协议,和解程序即告终结。

【司法文件】

《最高人民法院关于正确审理企业破产案件为维护市场经济秩序提供司法保障若干问题的意见》(法发〔2009〕36 号,2009 年 6 月 12 日)

15. 要充分发挥债权人会议和债权人委员会的职能作用,切实保障债权人对破产程序的参与权,坚决防止地方保护主义,即使在以挽救债务人为主要目的的破产重整和和解程序中,仍然要以充分保障债权人利益为前提,重整计划和和解协议的通过与否,要严格按照法定的程序确定表决权并依法表决。

【参考观点】

根据本法第九十六条规定,债权人会议应当讨论和解协议草案。债权人会议讨论和解协议草案时,依法申报债权的债权人可出席,对和解协议草案的内容有发表意见的权利。但需注意的是,依照本法第五十九条的规定,对债务人的特定财产享有担保权的债权人,未放弃优先受偿权利的,对通过和解协议的决议不享有表决权。

由于和解协议涉及债权人的重大权利,因此各国破产法一般都规定通过和解协议草案的决议,比债权人会议通过其他决议要严格,要求的多数比例高,需要特别表决程序。债权人会议的决议,一般需要由出席会议的有表决权的债权人过半数通过,并且其所代表的债权额占无财产担保债权总额的二分之一以上。但是本条明确规定,债权人会议通过和解协议的决议,由出席会议的有表决权的债权人过半数同意,并且其所代表的债权额占无财产担保债权总额的三分之二以上。

第九十八条 【裁定认可和解协议并终止和解程序】债权人会议通过和解协议的,由人民法院裁定认可,终止和解程序,并予以公告。管理人应当向债务人移交财产和营业事务,并向人民法院提交执行职务的报告。

【立法·要点注释】

债权人会议通过的和解协议并不当然具有法律效力,它还须经过法院的认可。人民法院经审查认为,和解协议符合法律规定,则应裁定认可和解协议。人民法院裁定认可和解协议的,应当发布公告。人民法院裁定认可和解协议时,应当一并裁定终止和解程序。和解协议经法院裁定认可后,债务人即应按照和解协议规定条件清偿债务,管理人应当向债务人移交财产和营业事务,并向人民法院提交执行职务的报告。

【司法解释】

《最高人民法院关于适用〈中华人民共和国企业破产法〉若干问题的规定(二)》(法释〔2013〕22号,2013年9月16日;法释〔2020〕18号修正,2021年1月1日)

第二十六条　权利人依据企业破产法第三十八条的规定行使取回权,应当在破产财产变价方案或者和解协议、重整计划草案提交债权人会议表决前向管理人提出。权利人在上述期限后主张取回相关财产的,应当承担延迟行使取回权增加的相关费用。

【参考观点】

债权人会议对和解协议草案形成决议后,应当报给人民法院予以审查,债权人会议决议只有经法院认可后,才发生法律效力。法院在审查债权人会议决议时,一般从两个方面进行:一方面是审查债权人会议的表决程序是否合法,例如,是否通知了所有债权人,投票人是否有表决权,统计出席会议的人数、计算票数和所占债权总额的计算方案是否准确等;另一方面是审查债权人会议决议的内容是否合法,例如,和解协议的内容是否符合国家法律法规,是否有规避法律的行为,是否有损害他人合法权益以及社会公共利益的内容等。①

如果经审查,人民法院认为债权人会议决议通过的和解协议程序和内容均不违反法律法规规定时,应认可和解协议的效力。人民法院裁定认可和解协议效力的同时,应当一并裁定终止和解程序,并发布公告。

第九十九条 【和解协议的否决与宣告破产】 和解协议草案经债权人会议表决未获得通过,或者已经债权人会议通过的和解协议未获得人民法院认可的,人民法院应当裁定终止和解程序,并宣告债务人破产。

【立法·要点注释】

依照本法的规定,债权人会议通过和解协议的决议,由出席会议的有表决权的债权人过半数同意,并且其所代表的债权额应当占无财产担保的债权总额的三分之二以上。债权人会议通过和解协议的,还要由人民法院裁定认可。债权人会议没有通过和解协议草案,或者人民法院对已经债权人会议通过的和解协议未予认可,其法律后果表现为由人民法院裁定终止和解程序,并宣告债务人破产,债务人进入破产清算程序。

---

① 参见王东敏:《新破产法疑难解读与实务操作》,法律出版社 2007 年版,第 138~139 页。

【相关立法】

《中华人民共和国企业破产法》(2006 年 8 月 27 日第十届全国人民代表大会常务委员会第二十三次会议通过,2007 年 6 月 1 日)

第六十四条　债权人会议的决议,由出席会议的有表决权的债权人过半数通过,并且其所代表的债权额占无财产担保债权总额的二分之一以上。但是,本法另有规定的除外。

债权人认为债权人会议的决议违反法律规定,损害其利益的,可以自债权人会议作出决议之日起十五日内,请求人民法院裁定撤销该决议,责令债权人会议依法重新作出决议。

债权人会议的决议,对于全体债权人均有约束力。

【参考观点】

债权人会议对和解协议草案形成的决议有两种结果,一种是决议通过了和解协议草案,另一种是决议未通过和解协议草案。债权人会议未通过和解协议草案或者其他原因决议不同意以和解程序处理债务,可能是因为债权人会议对和解协议草案安排的还债时间或者清偿比例不满意,又或者对债务人的诚信以及履行和解协议的能力缺乏信心。

对债权人会议决议否决和解协议草案或者拒绝和解程序的,人民法院只进行程序审查。债权人会议表决否决决议时,不必说明理由,法院也不进行实体审查,只要作出决议的程序合法,法院就应认可债权人会议的决议,并作出终止和解程序、宣告债务人破产的裁定。如果经过审查,人民法院认为债权人会议决议程序违法时,可以根据情况决定终止和解程序,裁定宣告债务人破产,也可以通知债权人会议主席,另行召开债权人会议,依照法定程序重新决议。①

编者说明

我国《企业破产法》采取的是和解程序与重整程序并行的复合制破产预防模

---

①　参见王东敏:《新破产法疑难解读与实务操作》,法律出版社 2007 年版,第 138~139 页。

式,重整计划草案未经债权人会议表决通过但符合一定条件的可依法申请法院强制裁定批准,但和解协议未经债权人会议表决通过是否可申请法院强制批准实务中存在一定争议。编者认为,和解制度的本质在于通过债务人与债权人的协商,实现债权债务纠纷的解决,从而达到预防破产清算的目的。当事人的意思自治在和解程序整个过程中占有重要地位,从和解申请的提出、和解协议的制定、债权人会议对和解协议的表决以及和解协议的执行均应以当事人意思自治为基础,和解协议草案经债权人会议表决未获得通过,表明和解协议草案与大多数债权人意愿相悖,人民法院应当裁定终止和解程序并宣告债务人破产,而不应考虑是否强制裁定批准未经债权人会议表决通过的和解协议草案。

第一百条　【和解协议的约束力】经人民法院裁定认可的和解协议,对债务人和全体和解债权人均有约束力。

和解债权人是指人民法院受理破产申请时对债务人享有无财产担保债权的人。

和解债权人未依照本法规定申报债权的,在和解协议执行期间不得行使权利;在和解协议执行完毕后,可以按照和解协议规定的清偿条件行使权利。

【立法·要点注释】

依照本条第一款的规定,经人民法院裁定认可的和解协议,对债务人和全体和解债权人均有约束力,债务人依和解协议免于清偿的债权,不再负清偿责任。对于没有依照本法规定申报的和解债权,这类债权人不是债权人会议的成员,不是和解协议讨论和决议的参与者,在和解协议执行期间不得行使其权利,在和解协议执行完毕后,可以按照和解协议规定的清偿条件行使权利。

【参考观点】

人民法院作出认可债权人会议通过的和解协议的裁定对债务人、全体和解债权人均有法律效力,非依法定程序不得改变裁定确定的内容。在人民法院受理破产申请时对债务人享有无财产担保债权的人就是和解债权人,这些债权人无论是否申报了债权,是否参加了债权人会议,对债权人会议的决议投的是赞成票、反对票或弃权票,人民法院的裁定对其均有约束力。①

需注意的是,和解协议只约束和解债权人,对和解债权人以外的债权人行使权利,不发生影响。对于有财产担保的债权人来讲,其行使权利不受和解协议的约束,除非该债权人放弃优先受偿的权利。

第一百零一条　【和解协议的影响】和解债权人对债务人的保证人和其他连带债务人所享有的权利,不受和解协议的影响。

【立法·要点注释】

和解协议从本质上说是债务人与和解债权人之间就重新处理双方债权债务关系而达成的协议,因此应当只对债务人及和解债权人产生效力,而不应当约束双方以外的其他主体,包括债务人的保证人和其他连带债务人。和解债权人不因为和解协议的存在失去向债务人的保证人和其他连带债务人求偿的权利。

【司法文件】

《最高人民法院关于印发〈全国法院破产审判工作会议纪要〉的通知》
(法〔2018〕53 号,2018 年 3 月 4 日)

31. 保证人的清偿责任和求偿权的限制。破产程序终结前,已向债权人承担了保证责任的保证人,可以要求债务人向其转付已申报债权的债权人在破产程序中应得清偿部分。破产程序终结后,债权人就破产程序中未受清偿部分要求保证人承担保证责任的,应在破产程序终结后六个月内提出。保证人承担保证责任后,不得再向和解或重整后的债务人行使求偿权。

【参考观点】

和解协议对债务人的保证人或者连带债务人无效,因为一方面,和解协

---

① 参见王东敏:《新破产法疑难解读与实务操作》,法律出版社 2007 年版,第 139 页。

议是和解债权人方面因债务人无偿还全部债务的能力,无法履行全部债权的追偿权的情况下而签订的,此种情况正应该是债务人的保证人或连带债务人承担责任的时候,如也相应减免其清偿责任,则有违保证与连带债务设立的本意,违反法律规定的公平原则,和解债权人的权利更无法保障;另一方面,如依和解协议的条件减免保证人与连带债务人的清偿责任,必然造成债务人设有保证人与连带债务人的情况下,和解债权人因和解将使受偿减少而极力反对和解,不利于和解制度的实施,反而对债务人有不利影响。因此,在和解问题上,和解债权人对债务人所作的债务减免或延期偿还的让步,效力不及于其保证人或连带债务人。①

【最高人民法院裁判案例】

中国信达资产管理股份有限公司宁夏回族自治区分公司与宁夏宝马化工集团有限公司、宁夏沙湖纸业(集团)有限公司等金融借款合同纠纷案[最高人民法院(2016)最高法民终2号]

——和解债权人对债务人的保证人和其他连带债务人所享有的权利,不受和解协议的影响。

【案情简介】

2007年1月5日至2012年10月11日,宁夏沙湖纸业(集团)有限公司(以下简称沙湖公司)和中国建设银行股份有限公司平罗支行(以下简称建行平罗支行)陆续签订了多份借款合同。其中保证人宁夏宝马化工集团有限公司(以下简称宝马公司)于2007年1月5日和建行平罗支行签订保字2007第01号《保证合同》一份,约定该公司为沙湖公司和建行平罗支行签订的基字2007第01号《人民币资金借款合同》提供连带责任保证;担保范围为本金1500万元及利息、违约金、赔偿金、建行平罗支行垫付的相关费用以及实现债权和抵押权的一切费用。保证人宁夏美洁纸业股份有限公司(以下简称美洁公司)于2011年12月28日和建行平罗支行签订2011017号《最高额保证合同》,约定美洁公司为沙湖公司在2011年12月28日至2014年12月28日期间,最高限额为3000万元内,签订的人民币资金借款合同、外汇资

---

① 参见李国光主编:《新企业破产法理解与适用》,人民法院出版社2006年版,第462页。

金借款合同、银行承兑协议、信用证开证合同、出具保函协议及其他法律性文件项下的一系列债务提供最高额保证担保;保证范围为主合同项下的全部债务。

2014 年 12 月 12 日,信达宁夏分公司与建行平罗支行签订《债权转让协议》,约定建行平罗支行向信达宁夏分公司转让 2007~2012 年期间共九份借款合同项下债权本金 110376358.7 元,利息 22203765.18 元。同日,信达宁夏分公司与中国建设银行股份有限公司宁夏回族自治区分行(以下简称建行宁夏分行)签订《资产转让合同》,约定建行宁夏分行将 548906485.85 元的债权转让给信达宁夏分公司,其中借款人沙湖公司基准日(2014 年 8 月 31 日)债权本金 110376358.7 元,基准日债权利息 22203765.18 元。

信达宁夏分公司诉至一审法院,请求:(1)判决沙湖公司偿还借款本息13642.87 万元;(2)判决信达宁夏分公司对沙湖公司、吉青公司提供的抵押物享有优先受偿权;(3)判决美洁公司在约定的最高额保证范围内对沙湖公司的债务承担连带清偿责任;(4)判决宝马公司在约定的保证范围内对沙湖公司的债务承担连带清偿责任。一审法院支持了信达宁夏分公司的部分诉讼请求,判决沙湖公司于判决生效之日起十五日内偿还信达宁夏分公司借款本息合计 132580123.88 元,此外美洁公司在《最高额保证合同》担保范围内对上述借款本金及利息,宝马公司在担保范围内对 1500 万元借款本金及利息在沙湖公司提供的抵押物清偿后的不足部分承担连带保证责任。美洁公司、宝马公司承担担保责任后,有权向沙湖公司追偿。

宝马公司不服一审判决,向最高人民法院提起上诉。本案所涉借款的另一保证人美洁公司已于 2013 年 9 月 20 日被银川市中级人民法院裁定进入破产和解程序,银川市中级人民法院于 2015 年 5 月 7 日作出(2013)银破字第 3-2 号民事裁定,认可美洁公司和解协议并终止美洁公司和解程序。二审争议点之一为,在前述情况下,债权人是否向美洁公司申报债权以及申报债权的数额等事实,对宝马公司是否承担保证责任以及承担保证责任的数额具有重要影响。

【裁判要点】

最高人民法院认为,根据二审查明事实,美洁公司的破产和解申请确实已被银川市中级人民法院受理,但该和解程序因债权人与债务人达成和解协议已经被裁定终止。美洁公司对沙湖公司的借款承担最高额连带保证责任,宝马公司对沙湖公司的借款在 1500 万元范围内承担连带保证责任,根据《企业破产法》第一百零一条关于"和解债权人对债务人的保证人和其他连带债务人所享有的权利,不受和解协议的影响"之规定,信达宁夏分公司对宝马公司的权利不受美洁公司和解协议的影响,原审法院判决宝马公司在1500万元借款本金及利息的范围内对沙湖公司的债务承担连带保证责任,符合保证合同的约定,应予维持。宝马公司二审中提交调取证据申请书,申请法院依法调取银川市中级人民法院审理的美洁公司破产案件卷宗,并调取建行平罗支行向美洁公司申报债权及其与建行平罗支行就抵押担保债权计息办法约定的证据。因以上证据不影响信达宁夏分公司依据《保证合同》向宝马公司主张权利,故对宝马公司的以上申请,最高人民法院不予准许。

【案例来源】

中国裁判文书网,https://wenshu.court.gov.cn。

第一百零二条 【债务人履行和解协议的义务】 债务人应当按照和解协议规定的条件清偿债务。

【立法·要点注释】

和解协议生效后,债务人必须诚实地执行和解协议,如有不能执行和解协议或者不执行和解协议的情况发生,则构成违反和解协议。人民法院经和解债权人请求,应当裁定终止和解协议的执行,并宣告债务人破产。

【参考观点】

债务人应按照和解协议规定的条件清偿债务,在和解协议的执行过程中,债务人不能或者不执行和解协议时,人民法院经债权人的请求应作出裁定,终止和解协议的执行,宣告债务人破产。该裁定一经作出,立即发生法律效力,债务人没有上诉权,但有遵守执行的义务。①

第一百零三条 【和解协议无效与宣告破产】 因债务人的欺诈或者其他违法行为而成立的和解协议,人民法院应当裁定无效,并宣告债务

---

① 　参见王东敏:《新破产法疑难解读与实务操作》,法律出版社2007年版,第137页。

人破产。

　　有前款规定情形的,和解债权人因执行和解协议所受的清偿,在其他债权人所受清偿同等比例的范围内,不予返还。

【立法·要点注释】

　　和解无效是指法院对因债务人的欺诈或者其他不法行为而成立的和解协议裁定其无效的制度。对因债务人的欺诈或者其他不法行为而成立的和解协议,不管是债权人事后发现,还是法院依职权发现,人民法院都应当裁定无效,宣告债务人破产。对经人民法院裁定无效的和解协议,和解债权人因和解协议所受的清偿,在同等比例的范围内,不予返还。

【参考观点】

　　在实践中,和解无效程序的启动,既有可能是债权人申请,也有可能是法院依职权发现。但债务人的欺诈或者其他不法行为应当在和解协议成立之前,也正是因这些行为才导致和解协议成立。不管是债权人事后发现,还是法院依职权发现,人民法院都应当裁定和解无效,宣告债务人破产。[①]

　　第一百零四条　【终止执行和解协议与宣告破产】债务人不能执行或者不执行和解协议的,人民法院经和解债权人请求,应当裁定终止和解协议的执行,并宣告债务人破产。

　　人民法院裁定终止和解协议执行的,和解债权人在和解协议中作出的债权调整的承诺失去效力。和解债权人因执行和解协议所受的清偿仍然有效,和解债权未受清偿的部分作为破产债权。

　　前款规定的债权人,只有在其他债权人同自己所受的清偿达到同一比例时,才能继续接受分配。

　　有本条第一款规定情形的,为和解协议的执行提供的担保继续有效。

---

　　① 　参见李国光主编:《新企业破产理解与适用》,人民法院出版社 2006 年版,第 466 页。

【立法·要点注释】

债务人不执行和解协议是指债务人客观上能够履行和解协议的清偿义务,但其主观上无履行和解协议的诚意,并不按协议清偿债务的情形。债务人不能执行和解协议是指债务人没有不履行和解协议的故意,但其清偿能力出现问题,因而客观上不能按和解协议执行的情况。债务人不能执行或者不执行和解协议,应当尽快进入破产清算程序,对债务人财产进行管理、清算和公平分配,以保障债务人的财产不流失,使债权人的受偿损失降到最低。

和解协议生效后,债务人不执行或者不能执行和解协议,而受破产宣告进入破产清算程序的,债权人依和解协议已受的清偿仍然有效,其效力应得到维持。但如果债权人在和解协议中作出的让步是以债务人能够完全执行和解协议为前提的,此种情况下债务人不执行或者不能执行和解协议,人民法院应当废止和解协议的,债权人于和解协议中所作出债权调整的承诺失去效力,债权债务关系应当恢复到和解协议生效以前的状态。这样,人民法院废止和解协议的,和解债权人可以其原债权全额扣除其依和解协议已受清偿的债权额作为破产债权加入破产清算程序中的分配。

进入破产清算程序后,和解债权人只有在其他债权人所受的分配同自己已受的清偿达到同一比例时,才能继续接受分配。例如,三位和解债权人所受的清偿比例分别达到百分之二十、百分之十五、百分之十,所受清偿达到百分之二十的债权人,只有等后两位和解债权人受偿也达到百分之二十时,才可以同其他债权人一起再接受新的分配。

依照本条第四款的规定,债务人不能执行或者不执行和解协议,被人民法院宣告破产的,为和解协议执行所提供的担保继续有效,以保护债权人的利益,从而减少其因债务人不执行和解协议所遭受的损失。

第一百零五条 【自行和解与破产程序终结】 人民法院受理破产申请后,债务人与全体债权人就债权债务的处理自行达成协议的,可以请求人民法院裁定认可,并终结破产程序。

【立法·要点注释】

除本章规定的人民法院主导下的和解程序外,在人民法院受理破产申请后,债务人还可以与债权人对债权债务的处理自愿进行协商,达成自行和解。通过协商,债务人与全体债权人就债权债务的处理自行达成协议的,依照本条规定,人民法院可以应当事人的请求裁定认可,并终结破产程序,以体现尊重当事人的意思自治。

【司法文件】

《最高人民法院关于印发〈人民法院破产程序法律文书样式(试行)〉的通知》(法办发〔2011〕12 号,2011 年 10 月 13 日)
文书样式 92

××××人民法院
民事裁定书
(认可债务人与全体债权人自行达成的协议用)

　　　　　　　　　　　(××××)×破字第×-×号

申请人:……(写明名称等基本情况)。
××××年××月××日,申请人×××以……为由请求本院裁定认可×××协议。
本院查明:……
本院认为:……(写明认可或不认可的理由)。依照《中华人民共和国企业破产法》第一百零五条之规定,裁定如下:
一、认可×××协议;
二、终结×××(债务人名称)破产程序。
或者:
驳回×××(债务人名称)的申请。
本裁定自即日起生效。

审判长×××

(代理)审判员×××

(代理)审判员×××

××××年××月××日

(院印)

本件与原本核对无异

书记员×××

附:×××协议

说明:

一、本样式系根据《中华人民共和国企业破产法》第一百零五条制定,供人民法院认可债务人与全体债权人自行达成的协议并终结破产程序使用。

二、申请人应为债务人。其基本情况的写法与样式6相同。

三、若宣告破产后裁定认可协议的,应在裁定书的首部增加宣告破产的事实,并在裁定主文中一并撤销宣告破产的裁定,具体表述为:撤销本院(××××)×破字第×-×号民事裁定书。

四、裁定认可的,应将裁定书送达债务人、管理人并通知债权人。裁定驳回的,应将裁定书送达申请人。

【参考观点】

破产发生的条件是债务人不能清偿到期债务或者资产不足以清偿全部债务。当事人申请破产是为了保证破产财产清偿所有破产债权的公平性。自行和解的目的在于克服破产程序的弊端,避免破产宣告或破产分配,减少债权人的损失。在破产程序的受理和执行过程中,被申请破产的债务人的财产首先会用来支付破产费用和共益债务,最后用以清偿债务的财产便所剩无几,对债权人来说犹如雪上加霜。如果能在人民法院受理破产案件后,债务人与全体债权人一致同意就债权债务的处理自行达成协议,减少破产程序进行过程中的费用,无疑对债权人是非常有利的。①

　　为鼓励债权人与债务人自主解决问题,减少破产费用的支出,使债务人能最大限度就其财产对债权人进行清偿,债务人经全体债权人一致同意就债权债务的处理自行达成协议的,没有必要再依破产程序继续进行下去,可以请求人民法院裁定认可,终结破产程序。债务人经全体债权人一致同意就债权债务的处理自行达成的协议,必须是全体债权人一致同意,不同于和解程序中债权人会议通过和解协议的决议,只需要出席会议的有表决权的债权人过半数同意,在此不适用少数服从多数的原则。②

　　在债务人与全体债权人自行达成协议后,破产程序已没有必要再进行下去,因而法院会裁定终结破产程序。

编者说明

　　自行和解的达成不受债务人是否被宣告破产的影响,其法律性质属于一般的民事和解;破产程序的启动并不排除民事和解的适用。③ 债务人与全体债权人达成庭外和解,若债务人已经被法院宣告破产的,该宣告破产裁定如何处置?2011 年最高人民法院发布的《人民法院破产程序法律文书样式(试行)》之"文书样式 92"指出,债务人被宣告破产后亦可以进行自行和解,只不过此时需要在相关文书中注明撤销之前宣告破产的裁定。

　　第一百零六条　【和解协议减免债务不再清偿】 按照和解协议减免的债务,自和解协议执行完毕时起,债务人不再承担清偿责任。

【立法·要点注释】

　　和解协议对债务人的效力,一方面表现为债务人应当无条件地执行和解协议,另一方面也表现为债务人依和解协议相对免责。债务人依和解协议免于清偿的债权,在债务人执行完和解协议后,不再负清偿责任。

---

①　参见李国光主编:《新企业破产法理解与适用》,人民法院出版社 2006 年版,第 467 页。
②　参见李国光主编:《新企业破产法理解与适用》,人民法院出版社 2006 年版,第 468 页。
③　参见王欣新:《破产法》(第四版),中国人民大学出版社 2019 年版,第 272 页。

【参考观点】

首先,和解协议免除了债务人即时清偿所有债务的责任,债务人如何清偿债务不以先前债务的清偿期为限。其次,债务人依和解协议免于清偿的债权,除依法不能免除的以外,或者除和解协议有特别约定的以外,在债务人执行完和解协议后,不再负清偿责任。但是,和解协议对债务人的免责效力是相对的,只能及于债务人本人,不能及于债务人的保证人和其他连带债务人。①

---

① 参见李国光主编:《新企业破产法理解与适用》,人民法院出版社 2006 年版,第465页。

第十章 破产清算

第一节 破产宣告

第一百零七条 【破产宣告】人民法院依照本法规定宣告债务人破产的,应当自裁定作出之日起五日内送达债务人和管理人,自裁定作出之日起十日内通知已知债权人,并予以公告。

债务人被宣告破产后,债务人称为破产人,债务人财产称为破产财产,人民法院受理破产申请时对债务人享有的债权称为破产债权。

【立法·要点注释】

破产宣告是指人民法院对于具备破产原因的债务人的破产事实予以判定,并使债务人进入破产清算程序的一种司法裁定行为。破产宣告标志着债务人消亡程序的开始,破产宣告不但对债权人而且对其他利害关系人都有着重要影响。因此,法院宣告债务人破产之后,不仅应当通知已知债权人,亦应当公告。相应地,债务人、债务人财产、对债务人享有的债权等事项的名称亦将因此发生变化。

【司法解释】

1.《最高人民法院关于适用〈中华人民共和国企业破产法〉若干问题的规定(二)》(法释〔2013〕22号,2013年9月16日;法释〔2020〕18号修正,2021年1月1日)

第二十一条 破产申请受理前,债权人就债务人财产提起下列诉讼,破产申请受理时案件尚未审结的,人民法院应当中止审理:

(一)主张次债务人代替债务人直接向其偿还债务的;

(二)主张债务人的出资人、发起人和负有监督股东履行出资义务的董事、高级管理人员,或者协助抽逃出资的其他股东、董事、高级管理人员、实际控制人等直接向其承担出资不实或者抽逃出资责任的;

(三)以债务人的股东与债务人法人人格严重混同为由,主张债务人的股东直接向其偿还债务人对其所负债务的;

(四)其他就债务人财产提起的个别清偿诉讼。

债务人破产宣告后,人民法院应当依照企业破产法第四十四条的规定判决驳回债权人的诉讼请求。但是,债权人一审中变更其诉讼请求为追收的相关财产归入债务人财产的除外。

债务人破产宣告前,人民法院依据企业破产法第十二条或者第一百零八条的规定裁定驳回破产申请或者终结破产程序的,上述中止审理的案件应当依法恢复审理。

【要点注释】

本条旨在明确破产申请受理前就债务人财产而受理的相关诉讼在破产受理后不同阶段和情形下的处理问题。债务人可能存在怠于行使自身权利或者在股东的控制下侵害债权人利益的情形。此时,为了保护债权人的利益,法律赋予债权人相关权利,直接向有关当事人主张权利。但在针对债务人财产而提起的诉讼尚未审结的情形下,如果法院受理了破产申请,这些未结诉讼的处理将涉及破产程序中公平清偿债权的原则问题。此时,法律需要综合考虑债务人与个别债权人之间、个别债权人与全体债权人之间的利益平衡。同时,债务人提出破产申请或被申请破产并不必然导致债务人被宣告破产。受理就债务人财产而提起诉讼的法院在债务人进入破产程序时应先中止相关诉讼的审理,视受理破产案件的人民法院作出不同的裁定再采取不同措施,从而在实体和程序两个层面保障及平衡债权人的利益。①

2.《最高人民法院关于〈中华人民共和国企业破产法〉施行时尚未审结的企业破产案件适用法律若干问题的规定》(法释〔2007〕10 号,2007 年 6 月 1 日)

第十三条 债权人对于财产分配方案的裁定不服,已经申诉的,由上一级人民法院依据申诉程序继续审理;企业破产法施行后提起申诉的,人民法院应当告知其依据企业破产法第六十六条的规定申请复议。

债权人对于人民法院作出的债务人财产管理方案的裁定或者破产财产变价方案的裁定不服,向受理破产申请的人民法院申请复议的,人民法院应当依据企业破产法第六十六条的规定予以受理。

债权人或者债务人对破产宣告裁定有异议,已经申诉的,由上一级人民法院依据申诉程序继续审理;企业破产法施行后提起申诉的,人民法院不予

---

① 参见最高人民法院民事审判第二庭编著:《最高人民法院关于企业破产法司法解释理解与适用——破产法解释(一)·破产法解释(二)》,人民法院出版社 2017 年版,第 274~275 页。

受理。

【司法文件】

《最高人民法院关于印发〈全国法院破产审判工作会议纪要〉的通知》（法〔2018〕53 号,2018 年 3 月 4 日）

23. 破产宣告的条件。人民法院受理破产清算申请后,第一次债权人会议上无人提出重整或和解申请的,管理人应当在债权审核确认和必要的审计、资产评估后,及时向人民法院提出宣告破产的申请。人民法院受理破产和解或重整申请后,债务人出现应当宣告破产的法定原因时,人民法院应当依法宣告债务人破产。

24. 破产宣告的程序及转换限制。相关主体向人民法院提出宣告破产申请的,人民法院应当自收到申请之日起七日内作出破产宣告裁定并进行公告。债务人被宣告破产后,不得再转入重整程序或和解程序。

【答记者问】

《积极追收债务人财产　充分保障债权人利益——最高人民法院民二庭负责人就〈最高人民法院关于适用《中华人民共和国企业破产法》若干问题的规定(二)〉答记者问》

问:我国《企业破产法》出现了债务人财产和破产财产两个概念,请您谈谈这两个概念和债务人财产在破产程序中的重要性。

答:企业破产法理论中债务人财产又称为破产财团或者财团财产。我国《企业破产法》对债务人财产这个概念在破产宣告前后的不同阶段,分别用了债务人财产和破产财产两个不同称谓,但其本质均为法人财产,二者范围是一致的。债务人财产是债务人对其债权人承担债务的责任财产,在破产程序中是债权人得以公平、有序受偿的重要物质保障。债务人财产在破产程序中具有非常重要的意义。在债务人财产的构成范围上有固定主义与膨胀主义两种立法模式。固定主义模式下,债务人财产在破产申请受理或者破产宣告时即已确定,是指破产申请受理时或破产宣告时债务人所有的财产。膨胀主义模式下,债务人财产在破产宣告后仍有所扩大膨胀,即不仅包括破产申请或者被宣告破产时债务人所有的财产,而且包括其在破产程序终结前所新取得的财产。我国《企业破产法》在破产财产范围上采用的是膨胀主义立法模式。根据我国《企业破产法》的规定，债务人财产包括破产申请受理时属于债务人的全部财产，也包括破产申请受理后至破产程序终结前债务人取得的财产，甚至包括破产程序终结后又发现的应当供分配的其他债务人财产。即债务人财产既包括债务人破产时占有的静态财产和债务人破产时没有占有但基于相关权利依法应当追回的属于债务人的动态财产，也包括债务人继续营业时新取得的财产。破产程序中的各项实体性权利，包括撤销权、取回权、抵销权、债务人财产保全的自动解除和执行中止，以及有关债务人财产的衍生诉讼等都是紧紧围绕着债务人财产的确定、增加、减少而展开的。债务人财产的准确把握和有效追收，直接决定着破产程序能否顺利进行，以及债权人能否得到最大化的权利保护和公平受偿。《企业破产法解释二》分别从债务人财产的界定、撤销权、取回权、抵销权、债务人财产的保全和执行，以及有关债务人财产的衍生诉讼审理等多个角度对债务人财产作出了规定。

【参考观点】

破产宣告是法院对债务人不能清偿债务而应当被清算的事实所作出的法律上的判定。根据《企业破产法》的规定，法院受理破产申请时破产程序即告开始，但并不意味着债务人已被宣告破产。法院还可能在受理案件后一定时间内根据各方利害关系人尤其是债权人的意愿，决定是否进行和解或重整，从而体现出现代破产法鼓励对企业进行挽救的价值取向。这种将破产受理与宣告相分离的做法，凸显了破产宣告的特定程序意义，但也留下了破产受理后、破产宣告前的空白阶段。此外，由于缺乏对破产宣告条件和程序的规定，在一定程度上也影响了破产清算程序的效率。对此，最高人民法院《破产审判会议纪要》第23条和第24条对法院受理破产清算申请后破产宣告的条件和程序予以完善。

第一，《破产审判会议纪要》要求第一次债权人会议期间如果无人提出重整或和解申请的，相关主体应当及时申请破产宣告。之所以限定在此期间，主要是考虑到第一次债权人会议为法定债权人会议，许多事项均在此期间决定，也是债权人等利害关系人了解债务人情况、依法行使程序权利的重要阶段，从债权人自身利益最大化角度考虑，其有动力也有条件在判断债务人挽救可能性的基础上，提出重整或和解的申请。另外，《企业破产法》虽然规定破产宣告前均可通过重整或和解对债务人进行挽救,但为了避免以挽救为名不当拖延程序进程,损害债权人清偿利益,也有必要促使相关主体尽早作出判断,尽快对债务人进行挽救。

第二,提出破产宣告申请的主体为管理人。虽然《企业破产法》规定在破产重整或和解程序中,法院可依管理人或利害关系人申请宣告债务人破产,也可在债务人出现应当被宣告破产情形时依职权宣告破产,但在破产清算程序中,管理人作为对债务人财产进行管理、对债权债务关系进行清理的专门机构,由管理人在对债务人财产情况进行调查后及时申请法院进行破产宣告,符合其职责定位并具有程序适当性。此外,考虑到实践中有时第一次债权人会议期间尚未完成对债务人财产的评估、破产债权的审核确认等事务,故即便第一次债权人会议期间无人提出重整或和解的意愿,管理人亦应当在充分调查债务人财产、债权等情况下,对债务人破产原因进行充分判断后,及时向法院申请对债务人进行破产宣告。

第三,限制破产宣告后的程序转换。关于破产宣告后能否申请将破产清算程序转入重整或和解程序的问题,《破产审判会议纪要》起草过程中有意见认为,无论是基于实践中已有成功案例,还是从鼓励拯救债务人的角度出发,都应当允许债务人被宣告破产后,在一定条件下能够再行转入重整或和解程序。《破产审判会议纪要》对此未予采纳,主要理由为:一是因为《企业破产法》没有规定破产宣告后的程序转换,而是在允许由清算程序转入重整或和解程序的条文中,明确限定应在破产宣告前进行;二是在《企业破产法》上述规定内,相关主体应当充分利用破产受理后至宣告破产前的期间,积极对债务人进行挽救,如果仍允许在破产宣告后转入重整或和解程序,在一定程度上也会增加程序适用的不确定性,加大债权人通过破产清算程序获得清偿的成本。故《破产审判会议纪要》第24条没有突破法律规定,限定了债务人被宣告破产后的程序转换,以明确三类破产程序的适用阶段及其程序的稳定性。[1]

另外,关于证券公司破产宣告的问题。人民法院在受理对证券公司的破产申请后,应当何时宣告其破产也是需要注意的问题。在旧《企业破产法》框架下,由于清算组是在债务人被宣告破产后才成立,致使债务人财产在相

---

[1]　参见贺小荣、葛洪涛、郁琳:《破产清算、关联企业破产以及执行与破产衔接的规范与完善——〈全国法院破产审判工作会议纪要〉的理解与适用(下)》,载《人民司法·应用》2018年第16期。

当一段时间内仍由债务人控制,可能造成债权人利益的损害。为避免此种情形,《审理破产案件若干规定》中要求,人民法院在受理破产申请后,可以组成企业监管组,防止债务人损害债权人利益,同时,如果债务人已经符合破产原因,并且没有和解再生的可能,可以在受理破产申请的同时即宣告该企业破产。新《企业破产法》规定了管理人制度,人民法院在受理破产申请的同时即指定管理人,并由管理人接管债务人企业,可以有效防止可能发生的损害债权人利益行为。因此,通常在管理人已经接管债务人企业的情况下,为保持债务人重整、和解再生的可能,一般不宜在受理破产申请的同时即宣告债务人破产。但是,证券公司的情况有所不同,进入破产程序的证券公司均经过较长时间的行政清理,监管部门已经认定其没有重整、和解再生的可能,因此,可以在受理证券公司破产申请的同时宣告其破产。

需要注意的是,由于证券公司通过自营业务取得的证券资产存在股票买入成本价格和股票市场价格差异,由于股票市场价格的上扬,有些证券公司的资产价值如按目前市场价格计算,可能已大于负债。有的单位和个人对行政清理工作不理解,个别证券公司的股东对监管部门关闭撤销证券公司和处置证券类资产的措施提出质疑。这就存在如何认定破产原因的问题。我们认为,对于证券公司的破产原因,应当按照行政清理开始时的资产负债情况确定,这是由于在监管部门作出撤销、关闭风险证券公司的处置决定时,这些证券公司均已发生不能清偿到期债务并且资不抵债的法定破产原因,其未及时进入破产程序,是因为需要通过行政处置程序弥补客户交易结算资金的缺口、收购个人债权,防止风险蔓延、维护社会稳定,国家为此已经垫付了大量的资金。所以,为维护行政处置决定的稳定性,配合国家对证券公司综合治理的大局,证券公司破产申请受理的原因应当以该证券公司被撤销、关闭时的情况进行确认。即使因证券市场变动,导致证券公司在经行政清理申请宣告破产时出现资产大于负债的情形,也仍应受理该破产案件。①

---

① 参见《公正高效审理证券公司破产案件,为巩固证券公司综合治理成果、促进证券市场健康发展提供有力司法保障——在全国法院证券公司破产案件审理工作座谈会上的讲话》(2007年11月19日),载最高人民法院民事审判第二庭编:《民商事审判指导》2007年第2辑(总第12辑),人民法院出版社2008年版,第8~9页。

【最高人民法院公报案例】

青岛源宏祥纺织有限公司与港润(聊城)印染有限公司取回权确认纠纷案

——债务人被宣告破产后,债务人称为破产人,债务人财产称为破产财产,人民法院受理破产申请时对债务人享有的债权称为破产债权。

【案情简介】

青岛源宏祥纺织有限公司(以下简称源宏祥纺织公司)因与港润(聊城)印染有限公司(以下简称港润印染公司)发生取回权确认纠纷,于 2010 年 4 月 12 日向山东省胶州市人民法院提起诉讼。2010 年 5 月 24 日,山东省胶州市人民法院裁定将案件移送至山东省聊城市中级人民法院审理。一审法院查明,原告源宏祥纺织公司与第三人青岛程泉布业有限公司(以下简称程泉布业公司)为被告港润印染公司供应布匹。截止到 2009 年 11 月 4 日,港润印染公司欠源宏祥纺织公司货款 1195139.17 元,欠程泉布业公司货款 1075952.31 元。2009 年 11 月 20 日,三公司达成如下协议:(1)程泉布业公司将港润印染公司所欠货款全部转让给源宏祥纺织公司,港润印染公司和程泉布业公司均同意由港润印染公司直接将欠款支付给源宏祥纺织公司。(2)源宏祥纺织公司同意港润印染公司以其所有的七台机械设备折抵所欠货款,此七台机械设备所有权自本协议生效之日起转移为源宏祥纺织公司所有。(3)港润印染公司应在 2010 年 3 月 31 日前将所折抵的设备交付源宏祥纺织公司,并保证源宏祥纺织公司顺利取得设备,港润印染公司必须严格按照上述时间交付设备,若逾期交付,港润印染公司应按照所欠货款金额的每日千分之一向源宏祥纺织公司支付滞纳金。协议签订后,至三方协议中约定的 2010 年 3 月 31 日之前,港润印染公司未向源宏祥纺织公司交付七台设备。

2010 年 3 月 17 日,山东省聊城市中级人民法院裁定受理了恒润热力公司对被告港润印染公司的破产申请,2010 年 5 月 6 日原告源宏祥纺织公司向港润印染公司管理人申报债权。2010 年 7 月 27 日,聊城市中级人民法院裁定宣告港润印染公司破产。

一审法院认为,本案中,虽然当事人约定七台设备的所有权自本协议生效之日起转移为源宏祥纺织公司所有,但并未向源宏祥纺织公司交付,且不属于《物权法》中规定的占有改定、指示交付、简易交付三种例外情形,所以七台设备的物权因未交付并未发生转移。源宏祥纺织公司并不是本案所涉七台设备的所有权人,而是港润印染公司的债权人。港润印染公司被宣告破产,本案所涉七台设备属于港润印染公司的破产财产。

因此,山东省聊城市中级人民法院依照《物权法》第二十三条、《企业破产法》第一百零七条第二款之规定,于2010年12月3日判决驳回原告源宏祥纺织公司的诉讼请求。

【裁判要点】

在本案中,一审法院认定源宏祥纺织公司对七台机械设备的取回权不成立,因港润印染公司已于2010年7月27日被聊城市中级人民法院宣告破产,因此一审法院认定本案所涉七台设备属于港润印染公司的破产财产。

【案例来源】

《中华人民共和国最高人民法院公报》2012年第4期(总第186期)。

编者说明

关于破产宣告何时可以作出的问题,《破产审判会议纪要》中说明应在第一次债权人会议上无人提出重整或和解申请后,司法实务中有观点理解为破产宣告应在第一次债权人会议后方能作出。编者认为此类观点欠妥。对于明显无挽救希望,不具备重整或和解可能的企业,特别是丧失自我发展能力,必须依赖非市场因素即政府补贴或银行续贷来维持生存,或早已停止经营,甚至被吊销营业执照的僵尸企业,破产宣告并非一定在第一次债权人会议后才可作出,而是在受理后即可作出。破产受理与破产宣告的法律后果有所区别,例如,破产宣告后劳动合同自动终止,而破产受理则无此效果。对于明显无挽救希望和价值的企业来说,尽快作出破产宣告能够提高破产清算效率、减轻破产财产负担,更好地保护债权人的清偿利益。

第一百零八条 【破产宣告前的破产程序终结】 破产宣告前,有下列情形之一的,人民法院应当裁定终结破产程序,并予以公告:

(一)第三人为债务人提供足额担保或者为债务人清偿全部到期债务的;

(二)债务人已清偿全部到期债务的。

【立法·要点注释】

债务人因为具有法定破产原因而进入破产程序,但是在进入破产程序以后,因为某些法定情形的出现而使破产原因消失,破产程序不应当继续推进,法院应裁定终结破产程序。本条规定的两种情况,实际上都是债务人全部到期债务获得清偿或者获得足额担保,破产程序应当终结。

【司法解释】

《最高人民法院关于适用〈中华人民共和国企业破产法〉若干问题的规定(二)》(法释〔2013〕22 号,2013 年 9 月 16 日;法释〔2020〕18 号修正,2021年 1 月 1 日)

第八条　人民法院受理破产申请后至破产宣告前裁定驳回破产申请,或者依据企业破产法第一百零八条的规定裁定终结破产程序的,应当及时通知原已采取保全措施并已依法解除保全措施的单位按照原保全顺位恢复相关保全措施。

在已依法解除保全的单位恢复保全措施或者表示不再恢复之前,受理破产申请的人民法院不得解除对债务人财产的保全措施。

【要点注释】

破产申请受理后,有关债务人财产的保全措施解除后均由管理人接管并在破产程序中依法处置。破产程序正常进行情况下,不存在原保全措施的恢复问题。但是,债务人破产宣告前破产程序终结的情况下,如不考虑原有保全的恢复和保全顺位问题,很容易造成债务人财产的流失和混抢,不利于对原享有保全利益债权人合法权利的保护。[1]

---

[1]　参见最高人民法院民事审判第二庭编著:《最高人民法院关于企业破产法司法解释理解与适用——破产法解释(一)·破产法解释(二)》,人民法院出版社 2017 年版,第179~180 页。

【参考观点】

根据本条规定,存在或者出现以下任何一种情形时,人民法院就应当裁定终结破产程序。

一、第三人为债务人提供足额担保

第三人为债务人提供足额担保后,债权人债权的实现也就有了保障,这就意味着债务人破产的原因消失了。既然没有了破产原因,人民法院就失去了继续审理破产案件的理由,这时,人民法院应当裁定终结破产程序。

应当注意的是,该条规定的在提供担保的情形下终结破产程序,还必须同时符合其他两个条件:首先,担保是第三人为债务人提供的。第三人是指债权人、债务人以外的人,也就是说,只有当债权人及债务人以外的人为债务人提供担保时,才有可能终结破产程序。其次,第三人为债务人提供的担保为足额的担保。也就是说,第三人需要为债务人的全部债务提供担保,而不能只是为债务人的部分债务提供担保。因为提供部分担保只能保障部分债权的实现,未被担保的债权的实现得不到保障,破产原因仍然存在。只有在提供了足额的担保以后,破产原因才会消失。

二、第三人为债务人清偿全部到期债务

无论是出于何种原因,只要债权人、债务人以外的人,通过各种方式为债务人清偿了其全部已到偿还期限的债务,人民法院就应当裁定终结破产程序。因为债务人的所有债务到期被清偿后,债务人破产的原因就不再存在了。

三、债务人已清偿全部到期债务

在人民法院受理破产申请时,债务人不能清偿到期债务,但在受理破产申请以后至破产宣告以前,如果债务人已经对全部债务进行了清偿,那么,债务人破产的原因就不再存在了。这时,人民法院应当裁定终结破产程序。

应当注意的是,债务人必须是已经全部清偿了其到期债务,人民法院才能裁定终结破产程序。如果债务人只是部分清偿了其到期债务,则不属于应当裁定终结破产程序的情形。[①]

---

① 参见李国光主编:《新企业破产法理解与适用》,人民法院出版社 2006 年版,第473~474 页。

关于破产宣告障碍,还有一个问题值得注意:只有在破产宣告前出现本条规定的情形,才构成破产宣告障碍,并使破产程序终结。这是因为,破产清算程序的进行具有不可逆性,一旦进行,不可恢复。在债务人被宣告破产清算以后,破产财产的变价、分配等程序会紧跟着进行。如果终结破产案件,重新恢复原状,善后问题会十分复杂,而且没有必要。因此在破产宣告以后,即使出现了本条规定的情形,人民法院也不能裁定终结破产案件,而是应该让破产清算程序继续进行下去。

此外,按照本条的规定,人民法院在因为破产宣告障碍而裁定终结破产案件后,应当予以公告。

第一百零九条 【别除权】对破产人的特定财产享有担保权的权利人,对该特定财产享有优先受偿的权利。

【立法·要点注释】

担保权人优先受偿的权利,在破产法中亦被称为别除权,是指在破产程序中,对于破产人的特定财产享有担保物权的权利人,可以不依照破产程序而对该特定财产优先受偿。按照本条的规定,可以在破产程序中行使别除权的权利人包括对破产人的特定财产享有抵押权、质权、留置权的权利人,即按照《担保法》的规定,对破产人的特定财产享有担保物权的人。

【相关立法】

《中华人民共和国民法典》(2020 年 5 月 28 日第十三届全国人民代表大会第三次会议通过,2021 年 1 月 1 日)

第三百八十六条 担保物权人在债务人不履行到期债务或者发生当事人约定的实现担保物权的情形,依法享有就担保财产优先受偿的权利,但是法律另有规定的除外。

【司法解释】

1.《最高人民法院关于适用〈中华人民共和国企业破产法〉若干问题的

规定(二)》(法释〔2013〕22 号,2013 年 9 月 16 日;法释〔2020〕18 号修正,
2021 年 1 月 1 日)

第三条　债务人已依法设定担保物权的特定财产,人民法院应当认定为
债务人财产。

对债务人的特定财产在担保物权消灭或者实现担保物权后的剩余部分,
在破产程序中可用以清偿破产费用、共益债务和其他破产债权。

【要点注释】

本条规定的目的在于厘清债务人已依法设定担保物权的特定财产属于
债务人财产。司法解释从正面对债务人已依法设定担保物权的财产属于债
务人财产进行明确规定,并强调担保权人依法享有优先受偿权。①

第十四条　债务人对以自有财产设定担保物权的债权进行的个别清偿,
管理人依据企业破产法第三十二条的规定请求撤销的,人民法院不予支持。
但是,债务清偿时担保财产的价值低于债权额的除外。

【要点注释】

本条是对有债务人财产担保的债务个别清偿行为不予撤销的例外规定。
对担保债权的清偿原则上不属于危机期间的个别清偿,原因在于,对债务人
以自有财产设定物权担保的到期债权,在危机期内清偿,并不存在对其他债
权人利益的损害,所以本条司法解释强调债务人对以自有财产设定担保物权
的债权进行的个别清偿不在可撤销之列。由于有担保债权人基于物权担保
的优先性局限于设定担保的财产价值范围内,因此,如果在清偿该笔债务时,
设定担保的财产价值小于其债权额的,则对相关债权的清偿行为应予
撤销。②

2.《最高人民法院关于商品房消费者权利保护问题的批复》(法释

---

　　①　参见最高人民法院民事审判第二庭编著:《最高人民法院关于企业破产法司法解
释理解与适用——破产法解释(一)·破产法解释(二)》,人民法院出版社 2017 年版,第
138 页。

　　②　参见最高人民法院民事审判第二庭编著:《最高人民法院关于企业破产法司法解
释理解与适用——破产法解释(一)·破产法解释(二)》,人民法院出版社 2017 年版,第
227~229 页。

〔2023〕1 号,2023 年 4 月 20 日)

二、商品房消费者以居住为目的购买房屋并已支付全部价款,主张其房屋交付请求权优先于建设工程价款优先受偿权、抵押权以及其他债权的,人民法院应当予以支持。

只支付了部分价款的商品房消费者,在一审法庭辩论终结前已实际支付剩余价款的,可以适用前款规定。

三、在房屋不能交付且无实际交付可能的情况下,商品房消费者主张价款返还请求权优先于建设工程价款优先受偿权、抵押权以及其他债权的,人民法院应当予以支持。

3.《最高人民法院关于审理建设工程施工合同纠纷案件适用法律问题的解释(一)》(法释〔2020〕25 号,2021 年 1 月 1 日)

第三十六条　承包人根据民法典第八百零七条规定享有的建设工程价款优先受偿权优于抵押权和其他债权。

4.《最高人民法院关于〈中华人民共和国企业破产法〉施行时尚未审结的企业破产案件适用法律若干问题的规定》(法释〔2007〕10 号,2007 年 6 月 1 日)

第十四条　企业破产法施行后,破产人的职工依据企业破产法第一百三十二条的规定主张权利的,人民法院应予支持。

【司法文件】

1.《最高人民法院关于印发〈全国法院破产审判工作会议纪要〉的通知》(法〔2018〕53 号,2018 年 3 月 4 日)

25. 担保权人权利的行使与限制。在破产清算和破产和解程序中,对债务人特定财产享有担保权的债权人可以随时向管理人主张就该特定财产变价处置行使优先受偿权,管理人应及时变价处置,不得以须经债权人会议决议等为由拒绝。但因单独处置担保财产会降低其他破产财产的价值而应整体处置的除外。

2.《最高人民法院关于执行〈最高人民法院关于《中华人民共和国企业

破产法》施行时尚未审结的企业破产案件适用法律若干问题的规定〉的通知》(法〔2007〕81号,2007年5月26日)

六、人民法院审理企业破产案件适用企业破产法第一百三十二条和《规定》第十四条时,应当注意以下几个问题:

(一)企业破产法第一百三十二条仅适用于企业破产法公布之日前所欠的职工权益,形成于企业破产法公布之日后所欠的职工权益不属本条适用的范畴,该部分职工权益只能从破产企业已经设定担保物权之外的其他财产,或者担保物权人明确放弃行使优先受偿权后的已设定担保物权的财产中受偿;

(二)企业破产法公布之日前形成的职工权益,在按照正常清偿顺序无法得到清偿时,才可从已经设定物权担保的财产中受偿。在债务人尚有其他财产可以清偿时,不得先行从已经设定物权担保的财产中清偿;

(三)在企业破产法公布之日前所欠的职工权益,依法以设定物权担保的财产进行清偿的情况下,对于企业破产案件中因按照正常清偿顺序无法实现的破产费用、共益债务以及职工的其他权益不得优先于担保物权人受偿。

【参考观点】

别除权制度不是破产法新创设的制度,而是民法中的担保物权制度在破产法中的延续,破产法规定别除权制度,是安排当债务人发生破产事件时,民事担保物权仍然发挥其作用。[①]

破产程序中的担保权人以破产程序开始前对债务人特定财产成立担保物权为基础,是物权法、担保法等有关担保权利优先性和排他性效力在破产法上的延伸和认同,因此,在理论上,其可不受破产程序的约束,优于其他债权人单独、及时受偿,以确保担保物权本身立法目的和制度价值得到实现。如果在债务人破产即丧失清偿能力最为严重时优先受偿权反而受到限制,则违背了立法之宗旨及当事人设立担保的本意。但是出于保障对企业进行挽救的需要,担保权人权利的行使仍然要受到重整程序的适当限制。[②] 这主要

---

① 参见王东敏:《新破产法疑难解读与实务操作》,法律出版社2007年版,第210页。

② 参见贺小荣、葛洪涛、郁琳:《破产清算、关联企业破产以及执行与破产衔接的规范与完善——〈全国法院破产审判工作会议纪要〉的理解与适用(下)》,载《人民司法·应用》2018年第16期。

是为了保障重整目的的顺利实现,保证债务人能够继续利用设置了担保权的财产进行生产经营活动,使债务人获得更生。此外,出于程序设计需要和立法目的,《企业破产法》第九十六条规定,和解程序中担保权人权利行使不受限制。实践中,争议比较大的是破产清算程序中担保权人能否随时行使优先受偿权的问题。主张担保权人可不受破产清算程序限制随时行使权利的观点认为:第一,担保权人优先受偿权不限于就变现价款的优先受偿权,还应包括对担保财产实现的权利即变现权,在破产程序中确保担保权人优先受偿的权利,是各国破产法普遍接受的一项原则;第二,《企业破产法》规定重整程序中担保权暂停行使,但对清算程序中担保权的行使没有限制,如果担保物权的行使也要受到债权人会议表决程序的制约,将大大延缓破产程序的推进,从而使当前本已经非常突出的破产案件审理程序冗长的问题更加突出;第三,在大力推进破产财产网络司法拍卖的情况下,主要担保财产是通过公开、公平、公正和完全竞争的方式进行处置,可以平衡保护担保债权人和普通债权人的利益。对此,《破产审判会议纪要》采纳了该种观点,并针对实践中不仅存在担保权人任意行使优先受偿权,导致财产分离处置降低整体处置效益,损害普通债权人受偿权的情形,也经常发生普通债权人利用债权人会议决议阻却、破坏担保权人优先受偿的现象,在《破产审判会议纪要》第 25 条规定,在破产清算程序中,担保权人可以随时向管理人主张就该特定财产变价处置行使优先受偿权为原则,单独处置担保财产会降低其他破产财产的价值而应整体处置为例外,从而依法平衡保护担保权人与普通债权人的利益。①

【最高人民法院裁判案例】

1. 安徽润佳电缆集团股份有限公司与安徽省池州市第三建筑工程有限公司建设工程施工合同纠纷案[最高人民法院(2016)最高法民申 606 号]

——对破产人的特定财产享有担保权的权利人,对该特定财产享有优先受偿的权利。

---

① 参见贺小荣、葛洪涛、郁琳:《破产清算、关联企业破产以及执行与破产衔接的规范与完善——〈全国法院破产审判工作会议纪要〉的理解与适用(下)》,载《人民司法·应用》2018 年第 16 期。

【案情简介】

2013 年 8 月 1 日,安徽省池州市第三建筑工程有限公司(以下简称池州三建公司)以安徽润佳电缆集团股份有限公司(以下简称润佳电缆公司)为被告向池州市中级人民法院提起民事诉讼,请求判令润佳电缆公司支付所欠工程款。之后,润佳电缆公司不服安徽省高级人民法院(2015)皖民四终字第 00012 号民事判决,向最高人民法院院申请再审。润佳电缆公司在申请再审时称:……原一、二审法院确定本案案由为"建设工程施工合同纠纷"并判决润佳电缆公司限期支付工程余款,明显违背法律规定。润佳电缆公司在诉讼过程中进入破产清算程序,根据《民事案件案由规定》,本案案由应变更为"破产债权确认纠纷";同时,只能对池州三建公司诉讼的债权进行确认,而不应直接判决支付。

【裁判要点】

根据《企业破产法》第一百零九条之规定,对破产人的特定财产享有担保权的权利人,对该特定财产享有优先受偿的权利。本案中,池州三建公司向润佳电缆公司主张的不是一般债权,而是具有优先受偿权的工程价款,可以依法优先受偿,人民法院亦可以作出限期支付的判决。润佳电缆公司再审申请所提本案只能确认债权而不应判决限期支付的主张,缺乏法律依据,不能成立。

【案例来源】

中国裁判文书网,https://wenshu.court.gov.cn。

2. 福建华源纤维有限公司与交通银行股份有限公司温州分行等金融借款合同纠纷案[最高人民法院(2015)民申字第 1043 号]

——对破产人的特定财产享有担保权的权利人,对该特定财产享有优先受偿的权利。

【案情简介】

温州奥昌合成革有限公司(以下简称奥昌公司)在 2011 年 7 月 8 日至 2011 年 10 月 21 日期间,与交通银行股份有限公司温州分行(以下简称交通银行温州分行)陆续签订了多份《流动资金借款合同》,为担保上述债务的履行,交通银行温州分行分别与奥昌公司、福建华源纤维有限公司(以下简称华源公司)、张洪杰、姜方芳签订了一系列担保合同。其中,交通银行温州分行与奥昌公司签订了《最高额抵押合同》，合同约定奥昌公司以房产、土地使用权为交通银行温州分行和奥昌公司签订的全部主合同提供最高额抵押担保，并办理了抵押登记手续；交通银行温州分行与华源公司、张洪杰分别签订了《最高额保证合同》，保证方式为连带责任保证。2012年7月19日，交通银行温州分行向浙江省温州市中级人民法院起诉，要求：(1)奥昌公司立即归还借款本金、欠息及复利。(2)若奥昌公司不能履行上述债务，则依法拍卖、变卖其抵押的房产、土地使用权，为上述债务承担最高额抵押担保责任，抵押物拍卖、变卖所得价款由交通银行温州分行优先受偿。(3)判令华源公司、张洪杰、姜方芳对上述债务承担最高额连带保证责任。另查明，奥昌公司于2012年9月26日由温州市龙湾区人民法院裁定破产。浙江省温州市中级人民法院于2013年5月2日作出(2012)浙温商外初字第222号民事判决书，判决奥昌公司应履行还款义务，如奥昌公司未在规定期限履行还款义务，则交通银行温州分行有权以拍卖、变卖奥昌公司提供抵押的房产和土地使用权的所得价款优先受偿；华源公司、张洪杰、姜方芳应承担保证责任，承担保证责任后，有权向奥昌公司追偿。该案经一审、二审后，华源公司向最高人民法院申请了再审。在申请再审时，华源公司称，……借款人奥昌公司已宣告破产，根据《企业破产法解释二》第二十一条的规定，本案应当驳回交通银行温州分行的诉讼请求。

【裁判要点】

奥昌公司以其房产和土地使用权向交通银行温州分行提供了有效抵押，属于债务人特定财产上设定了担保物权的情形。根据《企业破产法》第一百零九条的规定，交通银行温州分行对该特定财产有优先受偿权，本案不属于《企业破产法解释二》第二十一条规定的应当驳回债权人诉讼请求的个别清偿诉讼。据此，华源公司关于本案应裁定驳回交通银行温州分行诉讼请求的申请再审理由不能成立。

【案例来源】

中国裁判文书网，https://wenshu.court.gov.cn。

编者说明

《企业破产法》关于本条规定在表述措辞上用了"权利人"而非"债权人"，显然意在扩大别除权主体的适格范围(区别于已经废止的1986年的《企业破产法(试行)》第三十二条第二款规定："破产宣告前成立的有财产担保的债权，债权人享有就该担保物优先受偿的权利"），因为"对破产人的特定财产享有担保权的权利人"除了"对破产债务人特定财产享有担保物权的同时，又对其享有主债权的权利人"，还有"对破产债务人不享有相应主债权的单一担保物权人"，他们都享有优先受偿的权利，皆为别除权人。若认定"对抵押人不享有相应的主债权的担保物权人"不享有别除权，可能会使依《物权法》《担保法》设立的抵押权在实现上陷于被动，无法及时优先受偿，实践中就会大量涌现别除权纠纷案件，造成《企业破产法》与《担保法》《物权法》在衔接方面的障碍。

另外，关于别除权人优先受偿权的范围问题，因别除权人的优先受偿权限定于担保物价值的范围之内，若担保物在其行使权利前灭失，优先受偿权则随之消灭，别除权人对破产人的债权只能作为普通债权受偿。如果是管理人在破产程序启动后错误地将担保物变卖，别除权人可以主张买卖合同无效，或主张对变卖价款享有优先受偿权，因此给别除权人造成损失时，管理人应承担赔偿责任。如果是债务人在破产申请受理前将担保物变卖且无法追回，债权人虽然可以追究债务人及相关责任人员的赔偿责任，但不再享有别除权。

对于已提供担保的特定财产，除别除权人能够就该担保物价值范围优先受偿以外，存在法律法规及司法解释规定的其他优先权的，优先权人也可就该担保物价值范围优先受偿。包括司法解释规定的承包人享有的建设工程价款优先受偿权，以及当担保财产为商品房时，以居住为目的且已支付全部价款的商品房消费者房屋交付请求权等。清偿顺序为商品房消费者房屋交付请求权优先于建设工程价款优先受偿权，优先于抵押权。

第一百一十条 【别除权的不完全实现与放弃】享有本法第一百零九条规定权利的债权人行使优先受偿权利未能完全受偿的，其未受偿的债权作为普通债权；放弃优先受偿权利的，其债权作为普通债权。

【立法·要点注释】

根据本条规定，别除权权利人依照破产清算程序行使权利的情况包括两种：一是别除权人行使别除权未能完全受偿。别除权的行使是以别除权标的物价值为基础的，当别除权权利人的债权额超过了别除权标的物的价值时，其通过行使别除权就无法使其债权获得全额清偿。二是别除权权利人放弃了优先受偿的权利。别除权是一项特殊的民事权利，别除权人可以自由处置,可以行使这一权利,也可以放弃这一权利。当别除权人放弃了别除权时,其优先受偿权利的债权也就成了普通债权。

【司法解释】

《最高人民法院关于适用〈中华人民共和国企业破产法〉若干问题的规定(二)》(法释〔2013〕22 号,2013 年 9 月 16 日;法释〔2020〕18 号修正,2021 年 1 月 1 日)

第三条　债务人已依法设定担保物权的特定财产,人民法院应当认定为债务人财产。

对债务人的特定财产在担保物权消灭或者实现担保物权后的剩余部分,在破产程序中可用以清偿破产费用、共益债务和其他破产债权。

第十四条　债务人对以自有财产设定担保物权的债权进行的个别清偿,管理人依据企业破产法第三十二条的规定请求撤销的,人民法院不予支持。但是,债务清偿时担保财产的价值低于债权额的除外。

编者说明

适用本条时需注意:一是行使别除权的权利人必须对破产人享有破产债权。因为别除权的基础权利为担保物权,而担保物权并不仅限于破产债权人享有;如果是破产人以特定财产对第三人的债务提供担保,该第三人的债权人虽然不是破产人"有担保的债权人",也属于别除权人。二是别除权权利人放弃优先受偿权利,其债权转变为普通债权,但别除权权利人放弃优先受偿权利的原因并不影响该条的适用。

第二节　变价和分配

第一百一十一条　【破产财产变价方案】管理人应当及时拟订破产财产变价方案,提交债权人会议讨论。

管理人应当按照债权人会议通过的或者人民法院依照本法第六十五条第一款规定裁定的破产财产变价方案,适时变价出售破产财产。

【立法·要点注释】

本条是关于破产财产变价方案的规定。破产财产变价方案需经债权人会议表决通过,未通过的,由人民法院裁定。

【相关立法】

《中华人民共和国企业破产法》(2006 年 8 月 27 日第十届全国人民代表大会常务委员会第二十三次会议通过,2007 年 6 月 1 日)

第六十一条 债权人会议行使下列职权:

(一)核查债权;

(二)申请人民法院更换管理人,审查管理人的费用和报酬;

(三)监督管理人;

(四)选任和更换债权人委员会成员;

(五)决定继续或者停止债务人的营业;

(六)通过重整计划;

(七)通过和解协议;

(八)通过债务人财产的管理方案;

(九)通过破产财产的变价方案;

(十)通过破产财产的分配方案;

(十一)人民法院认为应当由债权人会议行使的其他职权。

债权人会议应当对所议事项的决议作成会议记录。

第六十四条 债权人会议的决议,由出席会议的有表决权的债权人过半数通过,并且其所代表的债权额占无财产担保债权总额的二分之一以上。但是,本法另有规定的除外。

债权人认为债权人会议的决议违反法律规定,损害其利益的,可以自债权人会议作出决议之日起十五日内,请求人民法院裁定撤销该决议,责令债权人会议依法重新作出决议。

债权人会议的决议,对于全体债权人均有约束力。

第六十五条 本法第六十一条第一款第八项、第九项所列事项,经债权人会议表决未通过的,由人民法院裁定。

本法第六十一条第一款第十项所列事项,经债权人会议二次表决仍未通过的,由人民法院裁定。

对前两款规定的裁定,人民法院可以在债权人会议上宣布或者另行通知债权人。

【司法解释】

1.《最高人民法院关于适用〈中华人民共和国企业破产法〉若干问题的规定(三)》(法释〔2019〕3 号,2019 年 3 月 28 日;法释〔2020〕18 号修正,2021 年 1 月 1 日)

第十五条　管理人处分企业破产法第六十九条规定的债务人重大财产的,应当事先制作财产管理或者变价方案并提交债权人会议进行表决,债权人会议表决未通过的,管理人不得处分。

管理人实施处分前,应当根据企业破产法第六十九条的规定,提前十日书面报告债权人委员会或者人民法院。债权人委员会可以依照企业破产法第六十八条第二款的规定,要求管理人对处分行为作出相应说明或者提供有关文件依据。

债权人委员会认为管理人实施的处分行为不符合债权人会议通过的财产管理或变价方案的,有权要求管理人纠正。管理人拒绝纠正的,债权人委员会可以请求人民法院作出决定。

人民法院认为管理人实施的处分行为不符合债权人会议通过的财产管理或变价方案的,应当责令管理人停止处分行为。管理人应当予以纠正,或者提交债权人会议重新表决通过后实施。

2.《最高人民法院关于〈中华人民共和国企业破产法〉施行时尚未审结的企业破产案件适用法律若干问题的规定》(法释〔2007〕10 号,2007 年 6 月 1 日)

第十一条　有财产担保的债权人未放弃优先受偿权利的,对于企业破产法第六十一条第一款第七项、第十项规定以外的事项享有表决权。但该债权人对于企业破产法施行前已经表决的事项主张行使表决权,或者以其未行使表决权为由请求撤销债权人会议决议的,人民法院不予支持。

【司法文件】

《最高人民法院关于印发〈全国法院破产审判工作会议纪要〉的通知》（法〔2018〕53号,2018年3月4日）

25. 担保权人权利的行使与限制。在破产清算和破产和解程序中,对债务人特定财产享有担保权的债权人可以随时向管理人主张就该特定财产变价处置行使优先受偿权,管理人应及时变价处置,不得以须经债权人会议决议等为由拒绝。但因单独处置担保财产会降低其他破产财产的价值而应整体处置的除外。

编者说明

《企业破产法》第二十五条规定管理人的职责包括管理和处分债务人财产。在破产清算程序中,破产财产的管理、变价和分配由管理人负责。因此,破产财产变价方案应由管理人拟订。管理人拟订破产财产变价方案时应遵循及时原则,债务人在被宣告破产后,已无挽救可能,管理人及时拟订破产财产变价方案,将有利于节省时间,及时推动程序进展,维护债权人利益。

破产财产变价方案一般应当以原则性的规定为主,不必对每一项破产财产的具体变价方式、变价地点和变价时间作出详细规定。因为在市场经济条件下,进入市场交易的财产价格是不断变化的,如果变价方案过于具体,反而会影响破产财产变价的顺利进行,有时甚至会导致某些破产财产无法及时实现变价或不能变价,从而造成破产财产的贬损,损害债权人的利益。

根据《企业破产法》第六十一条、第六十四条、第六十五条的规定,破产财产变价方案需经债权人会议表决通过,经债权人会议表决未通过的,由人民法院裁定。只有经债权人会议表决通过或经法院裁定确认,破产财产变价方案才生效,才能作为管理人变价破产财产的依据。

第一百一十二条 【变价出售方式】 变价出售破产财产应当通过拍卖进行。但是,债权人会议另有决议的除外。

破产企业可以全部或者部分变价出售。企业变价出售时,可以将其中的无形资产和其他财产单独变价出售。

按照国家规定不能拍卖或者限制转让的财产,应当按照国家规定的

方式处理。

【立法·要点注释】

　　破产财产的变价原则上应当通过拍卖的方式进行,债权人会议另有决议的除外。在考虑维持破产企业的整体经营或者某一可以独立经营的营业项目,减少因破产企业解体对价值的贬损的情况下,破产企业可以全部或者部分变价出售。此外,按照国家规定不能拍卖或者限制转让的财产,如枪支弹药等禁止任意流通的物品,应当按照国家关于该物品的流通管理规定,依照法定的方式予以处理。

【相关立法】

　　《中华人民共和国拍卖法》(2015 年 4 月 24 日第十二届全国人民代表大会常务委员会第十四次会议第二次修正)

　　第三条　拍卖是指以公开竞价的形式,将特定物品或者财产权利转让给最高应价者的买卖方式。

　　第四条　拍卖活动应当遵守有关法律、行政法规,遵循公开、公平、公正、诚实信用的原则。

　　第六条　拍卖标的应当是委托人所有或者依法可以处分的物品或者财产权利。

　　第七条　法律、行政法规禁止买卖的物品或者财产权利,不得作为拍卖标的。

【司法解释】

　　1.《最高人民法院关于人民法院网络司法拍卖若干问题的规定》(法释〔2016〕18 号,2017 年 1 月 1 日)

　　第二条　人民法院以拍卖方式处置财产的,应当采取网络司法拍卖方式,但法律、行政法规和司法解释规定必须通过其他途径处置,或者不宜采用网络拍卖方式处置的除外。

2.《最高人民法院关于适用〈中华人民共和国企业破产法〉若干问题的规定(二)》(法释〔2013〕22号,2013年9月16日;法释〔2020〕18号修正,2021年1月1日)

第二十九条 对债务人占有的权属不清的鲜活易腐等不易保管的财产或者不及时变现价值将严重贬损的财产,管理人及时变价并提存变价款后,有关权利人就该变价款行使取回权的,人民法院应予支持。

【要点注释】

本条旨在规定,管理人对债务人占有的权属不清的不易保管或可能严重贬损的他人财产,在权利人行使取回权之前可对相关财产进行变价提存,取回权人则就财产变价款行使取回权。

通常情况下,取回权的行使方式是取回原物,原物不存在时,才以原物的替代形态为对象行使取回权。现实生活中,债务人占有的他人财产形态多种多样。有些财产因自身属性决定其保质期较短,或者保管费用太高,或者可能严重贬值,而主张取回权人能否行使取回权、何时行使取回权具有不确定性。如果不及时将上述财产予以变现,财产的价值会大幅减少甚至消失。因此,为保护取回权人的合法权益,发挥财产的最大效用,司法解释规定管理人可以将鲜活易腐等财产先予变现,并将该笔变现款予以提存,等到取回权人行使取回权时,虽原物不在,但仍可就该笔提存款行使取回权。①

【司法文件】

《最高人民法院关于印发〈全国法院破产审判工作会议纪要〉的通知》(法释〔2018〕53号,2018年3月4日)

26. 破产财产的处置。破产财产处置应当以价值最大化为原则,兼顾处置效率。人民法院要积极探索更为有效的破产财产处置方式和渠道,最大限度提升破产财产变价率。采用拍卖方式进行处置的,拍卖所得预计不足以支付评估拍卖费用,或者拍卖不成的,经债权人会议决议,可以采取作价变卖或实物分配方式。变卖或实物分配的方案经债权人会议两次表决仍未通过的,

---

① 参见最高人民法院民事审判第二庭编著:《最高人民法院关于企业破产法司法解释理解与适用——破产法解释(一)·破产法解释(二)》,人民法院出版社2017年版,第331页。

由人民法院裁定处理。

47. 运用信息化手段提高破产案件处理的质量与效率。要适应信息化发展趋势,积极引导以网络拍卖方式处置破产财产,提升破产财产处置效益。鼓励和规范通过网络方式召开债权人会议,提高效率,降低破产费用,确保债权人等主体参与破产程序的权利。

【请示答复】

《最高人民法院关于广东国际信托投资公司对广东省信托房地产开发公司的投资权益及债权公开处置方式请示的答复》(〔2015〕民二他字第 2 号,2015 年 2 月 16 日)

广东省高级人民法院:

你院粤高法〔2014〕327 号《关于广东国际信托投资公司对广东省信托房地产开发公司的投资权益及债权公开处置方式的请示》收悉。经研究,答复如下:

广东国际信托投资公司(以下简称广国投公司)享有的广东省信托房地产开发公司投资权益及债权应当依照《企业破产法》的规定进行拍卖。在处理上述破产财产拍卖相关事务时,人民法院应当督导广国投公司清算组依法履行职责,保障破产财产变价公平、合理。

以上意见,供参考。

此复

【参考观点】

破产清算程序的目的在于通过变价债务人财产并将其最终分配给债权人,以尽可能地满足债权人的清偿要求,因此,处置破产财产应当采取对全体债权人最为有利的财产变价方式,并以提高处置价格为目标。

破产财产的变价出售以拍卖为原则,分配以货币分配为原则,目的在于确保破产财产变价和分配的公正、公平。但当破产财产拍卖所得不足以支付拍卖费用或拍卖不成的,为了节省成本、提升效率,亦可采取作价变卖的方式对破产财产进行变价,或者进行非金钱的实物分配。由于破产财产如何变价分配直接影响债权人的受偿利益,故要求此时应当以债权人会议的决议为条件,即财产变价或分配方案应对作价变卖和实物分配的范围和具体办法作出规定。为避免债权人会议不能通过上述变价或实物分配方案而导致程序拖延,法院在债权人会议表决无法通过上述方案的情况下可及时裁定,确保破产程序的有序推进。

另外,对于破产财产的变价,应当适时进行。对于因时间拖延可能降低价格的,或者增加管理费、维护费用的,例如有保质期或者使用期限的企业加工完毕的产品,鲜活易腐等不易保管的财产或者不及时变现价值将严重贬损的财产等,应当尽快出售。①

此外,针对网络拍卖这一利用互联网平台处置破产财产的新型方式,由于具有处置费用低、程序公开透明、询价充分、溢价率高等优势,在明确破产财产处置价值最大化的原则下,亦可通过包括网络拍卖在内的多种处置方式和渠道对破产财产进行变价出售,以提升程序效率和破产财产处置价格。②

【最高人民法院裁判案例】

贵州恒昊投资有限公司与贵州省凯里化肥厂破产清算组租赁合同纠纷案[最高人民法院(2017)最高法民终486号]

——变价出售破产财产应当通过拍卖进行。但是,债权人会议另有决议的除外。

【案情简介】

2008年11月28日,贵州省凯里化肥厂(以下简称凯里化肥厂)被宣告破产。2008年12月31日,贵州省凯里化肥厂清算组(以下简称凯里清算组)(甲方)与贵州恒昊投资有限公司(以下简称恒昊公司)(乙方)签订《租赁合同》,约定:凯里清算组提供接管的凯里化肥厂含脱碳在内的整个合成氨系统新旧生产装置及设施,由恒昊公司租赁,依法进行生产经营,独立核算,自负盈亏,照章缴纳相关税费。为便于生产经营,恒昊公司成立了贵州恒昊投资有限公司黔东南分公司(以下简称黔东南分公司),由黔东南分公司

---

① 参见王东敏:《新破产法疑难解读与实务操作》,法律出版社2007年版,第233页。

② 参见贺小荣、葛洪涛、郁琳:《破产清算、关联企业破产以及执行与破产衔接的规范与完善——〈全国法院破产审判工作会议纪要〉的理解与适用(下)》,载《人民司法·应用》2018年第16期。

开展生产经营活动。2009 年 7 月 10 日,贵州国威拍卖有限公司、凯里清算组在《贵州日报》上公开发布《拍卖公告》,定于 2009 年 7 月 20 日下午 3 时在凯里市鸿森花园酒店会议室公开拍卖凯里化肥厂破产财产。7 月 20 日,新元公司以 5500 万元的竞价取得该破产资产,并委托凯里清算组继续管理破产资产。2012 年 5 月 12 日,由于恒昊公司未严格执行国家环保法律法规,没有按照整改要求落实相关环保措施,黔东南州人民政府责令其关闭。2014 年 12 月 31 日,黔东南分公司向凯里清算组递交《关于与员工终止劳动合同的报告》,主要内容是:由于该公司从 2012 年 7 月起,因战略合作单位无故单方面中止战略协议,拒不收购该公司产品,导致公司被迫停产至今,公司董事会决定在 2014 年 12 月 31 日,与尚未解除劳动关系的 145 名员工终止劳动关系。由于欠付租金,凯里清算组和新元公司于 2014 年 11 月 18 日向黔东南苗族侗族自治州人民法院提起诉讼,请求解除与恒昊公司签订的《租赁合同》,并支付租金及利息。2016 年贵州省高级人民法院作出 (2015) 黔高民商终字第 41 号终审判决,判决解除双方签订的《租赁合同》并判令恒昊公司及其黔东南分公司支付租金。2017 年,恒昊公司向最高人民法院提起上诉。恒昊公司认为,本案诉争合同第五条第 1 款约定,"在租赁期间,甲乙双方均不得将现甲方租赁给乙方的资产用于抵押、担保、出售、转让或转租给第三方",第 2 款约定"在本合同的有效期限内,第三人对租赁财产提出主张权利的,由甲方出面解决"。但是,在未作出任何事前乃至事后的有效通知的情况下,凯里清算组在诉争合同签订刚刚 7 个月的情况下即将相关资产擅自转让新元公司,而该等转让在事前和事后均未通知恒昊公司,更未征得恒昊公司同意,完全是凯里清算组与新元公司恶意串通,在欺瞒恒昊公司的情况下进行的,直接导致诉争合同"组建新公司"的合同根本目的无法正常实现,恒昊公司的技改工作无法彻底完成,企业无法正常经营和收益,前期的巨大人力和技改投入成为沉没成本,造成了重大经济损失。另外,凯里清算组虽然提供所谓的"拍卖公告",但具体的拍卖范围不清不楚,拍卖价格不合理,拍卖程序不合法,且新元公司至今未能实际足额支付拍卖价款,凯里清算组、新元公司的行为不仅损害恒昊公司的合同权利,亦损害其他债权人利益。

【裁判要点】

最高人民法院认为,根据《企业破产法》第一百一十一条"管理人应当及时拟订破产财产变价方案,提交债权人会议讨论。管理人应当按照债权人会议通过的或者人民法院依照本法第六十五条第一款规定裁定的破产财产变价方案,适时变价出售破产财产"、第一百一十二条第一款"变价出售破产财产应当通过拍卖进行。但是,债权人会议另有决议的除外"的规定,破产财产应当及时出售变现以偿还债务,且应当通过拍卖方式出售。根据查明的事实,凯里化肥厂已经于 2008 年 11 月 28 日被宣告破产。2009 年 7 月 10 日,贵州国威拍卖有限公司、凯里清算组在《贵州日报》上公开发布《拍卖公告》,拟拍卖凯里化肥厂破产财产,并标明了具体时间和地点。凯里化肥厂出售破产财产的行为和程序均符合法律规定。凯里清算组是在公开拍卖的情形下出售租赁财产的,并未向恒昊公司隐瞒事实。故对于恒昊公司的这一主张,不予支持。

【案例来源】

中国裁判文书网,https://wenshu.court.gov.cn。

【最高人民法院公布案例】

杰克沃克(上海)服饰有限公司破产清算案

——恰当地组合出售企业资产,释放企业资产潜在价值。

【案情简介】

2020 年 1 月 14 日,经杰克沃克(上海)服饰有限公司(以下简称杰克沃克公司)申请,上海市第三中级人民法院以其不能清偿到期债务且明显缺乏清偿能力为由,裁定受理该公司破产清算案。

杰克沃克公司的资产主要为库存商品、商标及网络店铺经营权。其中,库存商品多为滞销服装,若不及时变现,将面临霉变损坏风险,价值贬损严重,而且还会持续增加仓储费。清算中,管理人发现意向购买方的关注点不在服装本身而在于杰克沃克公司旗下的商标、网络店铺经营权等无形资产。经过管理人与购买方多次沟通、分析和协商,购买方发现了上述无形资产与服装组合后的潜在价值。购买方同意将无形资产与服装组合购买。据此,管理人专门制定资产组合打包变价方案。债权人会议表决通过该方案后,管理人按照上述变价方案出售了债务人现存资产,有效提升了企业资产的价值和未来营运能力。

【裁判要旨及典型意义】

破产财产是供破产债权人分配的财产,决定着各债权人的实际利益。在破产财产处置中应当注重破产财产价值最大化,同时兼顾处置效率。法院要积极探索灵活多样、更为有效的破产财产处置方式和渠道,对于能够通过整体或组合处置方式提高企业资产整体价值的,应优先采用该处置方式,最大限度提升债务人财产的变价率。

本案中,债务人企业名下的服装如果与商标、网络店铺经营权脱离后分散出售,价值将急剧贬损,而且还会产生额外成本。人民法院和管理人采取的资产组合出售变价方案展现了三方面优势:一是使独立出售时会滞销的服装类资产与具有价值的商标、网络店铺经营权等资产同步出售,提升了资产整体价值和债权人受偿率;二是维系了品牌原始受众,将原业主的经营成果凝结在出售的财产中,降低了新经营主体创立品牌的成本,减少了破产清算可能带来的财产损耗;三是实现了品牌的市场存续,保存了商标、网络店铺经营权的营运价值,企业的经营事务得以延续。

【案例来源】

最高人民法院发布优化营商环境十大破产典型案例(2021 年 4 月 28 日)。

编者说明

近年来,各地法院广泛在破产财产拍卖过程中采用网络拍卖的方式,突出管理人作为财产出卖人的主导作用,充分发挥债权人会议决策作用,使破产网拍在起拍价、保证金、拍卖次数及降价幅度的确定等方面更灵活便捷。2018 年 9 月21 日,深圳市中级人民法院在阿里司法拍卖平台成功拍卖翡翠国际货运航空有限责任公司留置德国的破产财产两台受损状态的航空发动机。3 家公司经过281 次出价,最终深圳顺丰航空公司以 2502 万元人民币的价格成功竞得,拍品溢价约 102%。本次成功拍卖对通过市场化、法治化方式实现破产财产价值最大化具有标志性、突破性意义,为信息化背景下破产财产的高效、便捷处置提供了司法样本,有助于破产财产在充分竞争的前提下得到最佳价值体现。

第一百一十三条 【破产财产的清偿顺序】 破产财产在优先清偿破产费用和共益债务后,依照下列顺序清偿:

(一)破产人所欠职工的工资和医疗、伤残补助、抚恤费用,所欠的应当划入职工个人账户的基本养老保险、基本医疗保险费用,以及法律、行政法规规定应当支付给职工的补偿金;

(二)破产人欠缴的除前项规定以外的社会保险费用和破产人所欠

税款；

（三）普通破产债权。

破产财产不足以清偿同一顺序的清偿要求的，按照比例分配。

破产企业的董事、监事和高级管理人员的工资按照该企业职工的平均工资计算。

【立法·要点注释】

在破产财产无法支付全部债权时，债权在清偿顺序中的位置直接决定了该债权的实现程度。本条在立足我国国情的基础上，借鉴了国际通行做法，明确规定优先清偿破产费用和共益债务后，破产财产按照劳动债权、社保债权及税款债权、普通破产债权的顺序清偿。

【相关立法】

1.《中华人民共和国民法典》（2020 年 5 月 28 日第十三届全国人民代表大会第三次会议通过，2021 年 1 月 1 日）

第八百零七条　发包人未按照约定支付价款的，承包人可以催告发包人在合理期限内支付价款。发包人逾期不支付的，除根据建设工程的性质不宜折价、拍卖外，承包人可以与发包人协议将该工程折价，也可以请求人民法院将该工程依法拍卖。建设工程的价款就该工程折价或者拍卖的价款优先受偿。

2.《中华人民共和国民办教育促进法》（2018 年 12 月 29 日第十三届全国人民代表大会常务委员会第七次会议第三次修正）

第五十九条　对民办学校的财产按照下列顺序清偿：

（一）应退受教育者学费、杂费和其他费用；

（二）应发教职工的工资及应缴纳的社会保险费用；

（三）偿还其他债务。

非营利性民办学校清偿上述债务后的剩余财产继续用于其他非营利性学校办学；营利性民办学校清偿上述债务后的剩余财产，依照公司法的有关规定处理。

3.《中华人民共和国海商法》(1992 年 11 月 7 日第七届全国人民代表大会常务委员会第二十八次会议通过,1993 年 7 月 1 日)

第二十一条　船舶优先权,是指海事请求人依照本法第二十二条的规定,向船舶所有人、光船承租人、船舶经营人提出海事请求,对产生该海事请求的船舶具有优先受偿的权利。

第二十二条　下列各项海事请求具有船舶优先权:

(一)船长、船员和在船上工作的其他在编人员根据劳动法律、行政法规或者劳动合同所产生的工资、其他劳动报酬、船员遣返费用和社会保险费用的给付请求;

(二)在船舶营运中发生的人身伤亡的赔偿请求;

(三)船舶吨税、引航费、港务费和其他港口规费的缴付请求;

(四)海难救助的救助款项的给付请求;

(五)船舶在营运中因侵权行为产生的财产赔偿请求。

载运 2000 吨以上的散装货油的船舶,持有有效的证书,证明已经进行油污损害民事责任保险或者具有相应的财务保证的,对其造成的油污损害的赔偿请求,不属于前款第(五)项规定的范围。

第二十三条　本法第二十二条第一款所列各项海事请求,依照顺序受偿。但是,第(四)项海事请求,后于第(一)项至第(三)项发生的,应当先于第(一)项至第(三)项受偿。

本法第二十二条第一款第(一)、(二)、(三)、(五)项中有两个以上海事请求的,不分先后,同时受偿;不足受偿的,按照比例受偿。第(四)项中有两个以上海事请求的,后发生的先受偿。

第二十四条　因行使船舶优先权产生的诉讼费用,保存、拍卖船舶和分配船舶价款产生的费用,以及为海事请求人的共同利益而支付的其他费用,应当从船舶拍卖所得价款中先行拨付。

第二十五条　船舶优先权先于船舶留置权受偿,船舶抵押权后于船舶留置权受偿。

前款所称船舶留置权,是指造船人、修船人在合同另一方未履行合同时,可以留置所占有的船舶,以保证造船费用或者修船费用得以偿还的权利。船舶留置权在造船人、修船人不再占有所造或者所修的船舶时消灭。

4.《中华人民共和国民用航空法》(2021 年 4 月 29 日第十三届全国人民

代表大会常务委员会第二十八次会议第六次修正)

第十八条 民用航空器优先权,是指债权人依照本法第十九条规定,向民用航空器所有人、承租人提出赔偿请求,对产生该赔偿请求的民用航空器具有优先受偿的权利。

第十九条 下列各项债权具有民用航空器优先权:

(一)援救该民用航空器的报酬;

(二)保管维护该民用航空器的必需费用。

前款规定的各项债权,后发生的先受偿。

5.《中华人民共和国商业银行法》(2015年8月29日第十二届全国人民代表大会常务委员会第十六次会议第二次修正)

第七十一条 商业银行不能支付到期债务,经国务院银行业监督管理机构同意,由人民法院依法宣告其破产。商业银行被宣告破产的,由人民法院组织国务院银行业监督管理机构等有关部门和有关人员成立清算组,进行清算。

商业银行破产清算时,在支付清算费用、所欠职工工资和劳动保险费用后,应当优先支付个人储蓄存款的本金和利息。

6.《中华人民共和国保险法》(2015年4月24日第十二届全国人民代表大会常务委员会第十四次会议第三次修正)

第九十一条 破产财产在优先清偿破产费用和共益债务后,按照下列顺序清偿:

(一)所欠职工工资和医疗、伤残补助、抚恤费用,所欠应当划入职工个人账户的基本养老保险、基本医疗保险费用,以及法律、行政法规规定应当支付给职工的补偿金;

(二)赔偿或者给付保险金;

(三)保险公司欠缴的除第(一)项规定以外的社会保险费用和所欠税款;

(四)普通破产债权。

破产财产不足以清偿同一顺序的清偿要求的,按照比例分配。

破产保险公司的董事、监事和高级管理人员的工资,按照该公司职工的平均工资计算。

【司法解释】

1.《最高人民法院关于适用〈中华人民共和国企业破产法〉若干问题的规定(二)》(法释〔2013〕22 号,2013 年 9 月 16 日;法释〔2020〕18 号修正,2021 年 1 月 1 日)

第二十四条　债务人有企业破产法第二条第一款规定的情形时,债务人的董事、监事和高级管理人员利用职权获取的以下收入,人民法院应当认定为企业破产法第三十六条规定的非正常收入:

(一)绩效奖金;

(二)普遍拖欠职工工资情况下获取的工资性收入;

(三)其他非正常收入。

债务人的董事、监事和高级管理人员拒不向管理人返还上述债务人财产,管理人主张上述人员予以返还的,人民法院应予支持。

债务人的董事、监事和高级管理人员因返还第一款第(一)项、第(三)项非正常收入形成的债权,可以作为普通破产债权清偿。因返还第一款第(二)项非正常收入形成的债权,依据企业破产法第一百一十三条第三款的规定,按照该企业职工平均工资计算的部分作为拖欠职工工资清偿;高出该企业职工平均工资计算的部分,可以作为普通破产债权清偿。

【要点注释】

本条旨在进一步解释《企业破产法》第三十六条中的“非正常收入”。由于立法并未具体规定何谓非正常收入,在实践中对非正常收入的判定缺乏可操作性,同时也没有规定管理人如何追回非正常收入及追回的财产如何处理等。为了解决这一问题,本条司法解释对非正常收入的范围、追回的途径及追回的破产财产如何处理作出了较为明确的规定。本条第一款非正常收入第(一)项是最常见的企业董事、监事和高级管理人员利用职权获取非正常收入的途径,第(二)项实际上是将董事、监事和高级管理人员的工资置于普通职工工资同等受偿地位,董事、监事和高级管理人员不得利用职权优先受偿,第(三)项作为兜底条款,为法官自由裁量预留了空间。①

2.《最高人民法院关于商品房消费者权利保护问题的批复》(法释〔2023〕1号,2023年4月20日)

三、在房屋不能交付且无实际交付可能的情况下,商品房消费者主张价款返还请求权优先于建设工程价款优先受偿权、抵押权以及其他债权的,人民法院应当予以支持。

3.《最高人民法院关于〈中华人民共和国企业破产法〉施行时尚未审结的企业破产案件适用法律若干问题的规定》(法释〔2007〕10号,2007年6月1日)

第十四条 企业破产法施行后,破产人的职工依据企业破产法第一百三十二条的规定主张权利的,人民法院应予支持。

第十五条 破产人所欠董事、监事和高级管理人员的工资,应当依据企业破产法第一百一十三条第三款的规定予以调整。

4.《最高人民法院关于税务机关就破产企业欠缴税款产生的滞纳金提起的债权确认之诉应否受理问题的批复》(法释〔2012〕9号,2012年7月12日)

青海省高级人民法院:

你院《关于税务机关就税款滞纳金提起债权确认之诉应否受理问题的请示》(青民他字〔2011〕1号)收悉。经研究,答复如下:

税务机关就破产企业欠缴税款产生的滞纳金提起的债权确认之诉,人民法院应依法受理。依照企业破产法、税收征收管理法的有关规定,破产企业在破产案件受理前因欠缴税款产生的滞纳金属于普通破产债权。对于破产案件受理后因欠缴税款产生的滞纳金,人民法院应当依照《最高人民法院关于审理企业破产案件若干问题的规定》第六十一条规定处理。

此复

【司法文件】

1.《最高人民法院关于印发〈全国法院破产审判工作会议纪要〉的通知》

---

① 参见最高人民法院民事审判第二庭编著:《最高人民法院关于企业破产法司法解释理解与适用——破产法解释(一)·破产法解释(二)》,人民法院出版社2017年版,第290~291页。

（法〔2018〕53号，2018年3月4日）

27. 企业破产与职工权益保护。破产程序中要依法妥善处理劳动关系，推动完善职工欠薪保障机制，依法保护职工生存权。由第三方垫付的职工债权，原则上按照垫付的职工债权性质进行清偿；由欠薪保障基金垫付的，应按照企业破产法第一百一十三条第一款第二项的顺序清偿。债务人欠缴的住房公积金，按照债务人拖欠的职工工资性质清偿。

28. 破产债权的清偿原则和顺序。对于法律没有明确规定清偿顺序的债权，人民法院可以按照人身损害赔偿债权优先于财产性债权、私法债权优先于公法债权、补偿性债权优先于惩罚性债权的原则合理确定清偿顺序。因债务人侵权行为造成的人身损害赔偿，可以参照企业破产法第一百一十三条第一款第一项规定的顺序清偿，但其中涉及的惩罚性赔偿除外。破产财产依照企业破产法第一百一十三条规定的顺序清偿后仍有剩余的，可依次用于清偿破产受理前产生的民事惩罚性赔偿金、行政罚款、刑事罚金等惩罚性债权。

2.《最高人民法院关于正确审理企业破产案件为维护市场经济秩序提供司法保障若干问题的意见》（法发〔2009〕36号，2009年6月12日）

5. 对于职工欠薪和就业问题突出、债权人矛盾激化、债务人弃企逃债等敏感类破产案件，要及时向当地党委汇报，争取政府的支持。在政府协调下，加强与相关部门的沟通、配合，及时采取有力措施，积极疏导并化解各种矛盾纠纷，避免哄抢企业财产、职工集体上访的情况发生，将不稳定因素消除在萌芽状态。有条件的地方，可通过政府设立的维稳基金或鼓励第三方垫款等方式，优先解决破产企业职工的安置问题，政府或第三方就劳动债权的垫款，可以在破产程序中按照职工债权的受偿顺序优先获得清偿。

3.《最高人民法院关于依法审理和执行被风险处置证券公司相关案件的通知》（法发〔2009〕35号，2009年5月26日）

五、证券公司进入破产程序后，人民法院作出的刑事附带民事赔偿或者涉及追缴赃款赃物的判决应当中止执行，由相关权利人在破产程序中以申报债权等方式行使权利；刑事判决中罚金、没收财产等处罚，应当在破产程序债权人获得全额清偿后的剩余财产中执行。

【请示答复】

1.《最高人民法院关于李汉桥等 164 人与南方证券股份有限公司职工权益清单更正纠纷再审系列案有关法律问题请示的答复》（〔2013〕民二他字第22 号,2013 年 12 月 11 日）

广东省高级人民法院:

你院粤高法〔2013〕193 号《关于李汉桥等 164 人与南方证券股份有限公司职工权益清单更正纠纷再审系列案有关法律问题的请示》收悉。经研究,答复如下:

债务人有《企业破产法》第二条规定的情形时,职工对债务人享有的与业绩挂钩的绩效工资、奖金等债权,在破产程序中不应作为优先债权予以清偿,确实合理的债权可以作为普通破产债权清偿。

人民法院审理职工权益清单更正纠纷时,应当按照劳动争议案件的有关规定分配举证责任。

请你院依法审理相关案件,同时,要做好本系列案与其他相关诉讼案件的协调工作,实现法律效果与社会效果的有机统一。

此复

2.《最高人民法院关于〈破产分配中本金与利息清偿顺序疑问〉的回复》（2021 年 8 月 26 日）

钱律师:

您好,来信收悉,现将您提及的破产财产分配中本金与利息清偿顺序的问题,回复如下:

就单笔债务清偿抵充顺序的问题,我国《民法典》第五百六十一条规定债务人给付不足以清偿全部债务的,除当事人另有约定外,按照实现债权的有关费用、利息、主债务的顺序进行清偿。

在债务人同时有多个债权人并且其全部财产不足以偿还其所欠全部债务的情况下,破产法基于公平清偿的考虑,作出了有别于一般清偿顺序的设计。根据我国《企业破产法》第一百一十三条的规定,破产程序中的清偿按以下规则处理。第一,按照破产法规定的受偿顺序,顺序在先的债权人优先于顺序在后的债权人获得清偿。第二,在先顺序清偿完毕后,有剩余财产的,进行下一顺序清偿。第三,对每一顺序的债权,破产财产足够清偿的,予以足额清偿;不足清偿的,按比例清偿。

您来信中所称本金、利息和违约金等债权,属同一顺序普通债权。除非法律有明确规定,法院不能在普通债权内部根据债权类型确定不同清偿比例。对于本金、利息和违约金能够足额清偿的,予以足额清偿;不足清偿的,按照债权额在普通债权总额中所占比例进行清偿。当然,对于您来信所称的其他形式的费用,其是否当然作为普通债权,需要根据费用性质进一步研究。

感谢您对人民法院工作的关心与支持。

【参考观点】

破产财产分配制度中最受关注的问题是权利人对破产财产的分配顺位。进入破产程序的债务人可能有很多权利人,而他们的权利基础有可能是不完全相同的,各类债权人的权利产生及实现方式等受各自所依据的法律规范和调整,而这些相关法律所确认的原则,在破产法中也应当予以确认和落实,以维护民事主体在商业交易行为发生时的合理预期。但是,由于破产程序所涉及各类权利和利益的冲突,破产法除坚持落实其他法律的原则外,在发生利益冲突的情况下,既要兼顾和平衡其他法律目的的竞合,又要考虑其他法律赋予个别权利特殊性的意义。[①]《企业破产法》根据各民事权利效力的强弱,对其清偿的顺位作出了一定的安排。

一、破产费用和共益债务的优先权顺位

破产费用是为了保证破产程序的进行而支付的各种费用。共益债务是破产管理人为债权人的共同利益、在破产案件受理后管理破产财产所负担的债务。破产费用和共益债务均是在破产程序开始以后发生的,是维持破产程序正常进行必须支付的合理费用。如果该两笔费用的支付没有保障,破产程序将因失去经济支持而无法推进。在破产费用和共益债务之间,应当优先考虑破产费用,其次考虑共益债务,在破产费用不足以支付时,应当终结破产程序。[②]

二、职工个人薪金和福利的优先权顺位

由于破产事件触及的社会关系比较复杂,处理破产事件时不能仅尊重债

---

① 参见王东敏:《新破产法疑难解读与实务操作》,法律出版 2007 年版,第 235 页。

② 参见王东敏:《新破产法疑难解读与实务操作》,法律出版 2007 年版,第 236 页。

权人的经济利益价值,还应当重视经济价值之外的利益,尤其是对社会弱势群体的援助,将有利于社会秩序的稳定和整体经济的持续繁荣与发展。《企业破产法》将拖欠职工个人的工资和福利,安排的顺位比较靠前,赋予了其优先权的顺位。需要注意的是,《破产审判会议纪要》中规定债务人欠缴的住房公积金按照债务人拖欠的职工工资性质清偿,体现了国家法律以人为本的价值追求,通过对职工的基本劳动收入优先保护,保障职工的生存权利。[①]

三、破产债务人欠缴的社会保险费用与税款的优先权顺位

破产人欠缴的社会保险费用与税款并列放在普通债权清偿之前。办理社会保险,属于企业职工依法享有的福利,企业必须按时向相关机构缴纳社会保险费用,破产法为维护社会全体劳动者的利益,维持社会生活保障体系,将欠缴社会保险费用的清偿放在普通债权之前。税收债权涉及国家的公共利益,一般也是优先受偿的对象,但不同的国家对税收债权有不同的态度。[②]

《企业破产法》关于清偿顺位的规定比较原则,不能涵盖所有的请求权类型。《破产审判会议纪要》在尊重权利人破产程序开始前的地位及其差异性的基础上,根据破产清算程序对财产和损失的公平分配和分担原则,对破产分配顺序和原则进行了补充完善。

一是继续完善对职工权益的保护。鼓励对属于工资构成的职工劳动收入优先予以保护,并基于国内外欠薪保障制度的成功经验,鼓励推进完善欠薪保障机制,解决企业破产情形下的欠薪保障问题。

二是完善没有明确规定清偿顺序的债权清偿顺位和清偿原则。首先,对于侵权行为造成的人身损害赔偿,从人身权益优于财产性权益的角度出发,赋予其优先顺位。其次,根据法律的一般原理,违法行为发生后,法律的首要目的是恢复原状,然后才涉及对侵害人进行惩罚的问题,因此,《破产审判会议纪要》确定了补偿性债权优于惩罚性债权的原则,并且规定在债务人需要承担民事惩罚性赔偿金、行政罚款、刑事罚金,其财产不足以同时支付时,首先应当清偿普通债权人,在其财产还有剩余的情况下,再用剩余的财产缴纳

---

① 参见贺小荣、葛洪涛、郁琳:《破产清算、关联企业破产以及执行与破产衔接的规范与完善——〈全国法院破产审判工作会议纪要〉的理解与适用(下)》,载《人民司法·应用》2018 年第 16 期。

② 参见王东敏:《新破产法疑难解读与实务操作》,法律出版 2007 年版,第 240 页。

民事惩罚性赔偿金、行政罚款、刑事罚金。①

　　该《破产审判会议纪要》对于一些较为成熟、认识比较统一、实践证明效果较好的司法经验予以了肯定和吸收;对于争议较大的问题,如房地产企业破产清算中购房者的权利顺位、担保权的分别行使、职工集资款的清偿顺位等,则未纳入,留待理论与实践进一步探索和检验。②

四、破产企业董事、监事和高级管理人员工资的处理

　　本条最后一款规定破产企业的董事、监事和高级管理人员的工资按照该企业职工的平均工资计算。《企业破产法解释二》第二十四条规定,债务人的董事、监事和高级管理人员利用职权获取的绩效奖金、普遍拖欠职工工资情况下获取的工资性收入以及其他非正常收入,人民法院应当认定为非正常收入,管理人应当予以追回。管理人依法追回董事、监事、高级管理人员的非正常收入后,如果董事、监事、高级管理人员向管理人申报已追回的非正常收入时,管理人应当根据实际情况分别处理:

　　1. 对于债务人出现破产原因情况下债务人的董事、监事和高级管理人员获取的绩效奖金和其他明显不合理的收入,在破产程序中可以作为普通破产债权进行清偿。这里需要说明的是,管理人对于债务人的董事、监事和高级管理人员申报的此类债权,需要进行鉴别,符合普通破产债权构成条件的,在破产程序中可以作为普通破产债权进行清偿。

　　2. 对于债务人因出现破产原因普遍拖欠职工工资情形下,债务人的董事、监事和高级管理人获取的工资性收入,在债务人财产优先清偿破产费用、共益债务后,可根据《企业破产法》第一百一十三条的规定,按照该企业职工平均工资计算的部分,作为拖欠职工的工资进行清偿;高出该企业职工平均工资计算的部分,则可以作为普通破产债权予以清偿。③

---

①② 参见贺小荣、葛洪涛、郁琳:《破产清算、关联企业破产以及执行与破产衔接的规范与完善——〈全国法院破产审判工作会议纪要〉的理解与适用(下)》,载《人民司法·应用》2018 年第 16 期。

③ 参见最高人民法院民事审判第二庭编著:《最高人民法院关于企业破产法司法解释理解与适用——破产法解释(一)·破产法解释(二)》,人民法院出版社 2017 年版,第 293~294 页。

【最高人民法院裁判案例】

1. 王乃荣与新疆维吾尔自治区第一汽车运输公司破产债权确认纠纷案

[最高人民法院(2013)民申字第1585号]

——未建立劳动法律关系、不符合《企业破产法》第一百一十三条第一款规定的债权,不应按《企业破产法》第一顺序予以清偿。

【案情简介】

再审申请人王乃荣称:(1)2003年5月20日,申请人与被申请人新疆维吾尔自治区第一汽车运输公司签订挂靠协议。联营二队是被申请人的分支机构,联营二队的100名民工受雇于被申请人,与申请人之间不存在雇佣关系。(2)针对联营二队向吉国等100名民工起诉申请人与被申请人的另一案件,乌鲁木齐市中级人民法院作出(2009)乌中民四初字第58号-157号民事判决,该判决确认了联营二队100名短期工的劳动债权,推翻了《第一汽车运输公司破产清算组破产债权复查意见》中确认的1003225.58元为王乃荣个人债权的意见。(3)根据《企业破产法》第六条及《审理破产案件若干规定》第五十七条的规定,100名短期工的合法权益应得到保障,申请人的债权应按第一顺序债权进行清偿,原审判决认定事实和适用法律错误。综上,根据《民事诉讼法》第二百条第(二)项、第(六)项的规定,请求最高人民法院对本案予以再审。

最高人民法院经审查认为,本案的争议焦点主要是申请人及其招录的100名民工与被申请人之间是否建立劳动法律关系,申请人主张的债权是否属于被申请人拖欠的职工工资。根据申请人提供的甲方第一运输公司与乙方联营二队王乃荣签订的《挂靠协议》,仅能证明乙方是挂靠甲方进行工程施工,不能证明联营二队是被申请人成立的。申请人未提供任何向吉国等100名临时工与被申请人之间的劳动合同等证据,不能证明联营二队的民工与被申请人之间建立了劳动法律关系。申请人在再审申请书中也承认"挂靠协议签订以后,申请人组织了90多名民工和十多名技术人员",进一步证实民工是申请人自己雇佣的,与被申请人并无劳动法律关系。申请人提供的其与被申请人2004年5月18日的对账单上关于"第一汽车运输公司已支付工程款1654314.36元,现尚欠联营二队王乃荣工程款850971.58元"的记载,进一步证实被申请人只对申请人进行结算,与其他工人不直接发生劳动法律关系,且结算的债权性质是工程款,不是职工工资。另外,乌鲁木齐市中级人民法院(2009)乌中民四初字第58号-157号民事判决书"四、……,鉴于向吉国在本案中所主张的劳务费也包含在第一汽车运输公司欠付王乃荣的工程款数额之内,故依照法律规定,首先,应当按照破产清算程序对第一汽车运输公司欠付王乃荣的工程款进行处理;其次,依照合同的相对性原则,由王乃荣再行向向吉国进行结算"等内容,确认申请人与被申请人之间的债权性质是工程款,且判决中"依据合同的相对性原则"旨在强调申请人与向吉国等人之间有合同关系,向吉国等人与被申请人之间没有直接的劳动法律关系,故申请人认为该判决确认了其主张的债权是劳务费,应按第一顺序予以清偿的理由不成立。从申请人提供的材料可知,其对被申请人的债权1003225.58元包括工程款、起步价、挖掘机误工费,根据《企业破产法》第一百一十三条第一款第(一)项的规定,不应按第一顺序清偿。

综上,申请人的再审申请不符合《民事诉讼法》第二百条规定的情形,最高人民法院依照《民事诉讼法》第二百零四条第一款之规定,裁定驳回王乃荣的再审申请。

【裁判要点】

本案中,申请人未提供任何100名临时工与被申请人之间的劳动合同等证据,不能证明联营二队的民工与被申请人之间建立了劳动法律关系,也不能依靠《挂靠协议》证明联营二队是被申请人成立的,申请人对被申请人的债权包括工程款、起步价、挖掘机误工费,根据《企业破产法》第一百一十三条第一款第(一)项的规定,不应按第一顺序清偿。

【案例来源】

中国裁判文书网,https://wenshu.court.gov.cn。

2. 中国长城资产管理股份有限公司广西壮族自治区分公司、谢国军破产债权确认纠纷案[最高人民法院(2021)最高法民申1387号]

——在房地产企业破产案件中消费者商品房预购款清偿顺位优于建设工程价款。

【案情简介】

再审申请人中国长城资产管理股份有限公司广西壮族自治区分公司

(以下简称长城资产广西分公司)因与被申请人谢国军、一审第三人桂林金穗投资有限公司(以下简称金穗公司)破产债权确认纠纷一案,不服广西壮族自治区高级人民法院(2020)桂民终607号民事判决,向最高人民法院申请再审。

长城资产广西分公司申请再审称,原判决适用法律错误,理由为:(1)原判决认定长城资产广西分公司主张本案购房者的债权不具有优先受偿权相当于行使了债权人会议的职权,对该公司的行为不予支持,适用法律错误。(2)原判决认定案涉购房人依据《最高人民法院关于建设工程价款优先受偿权问题的批复》(以下简称《批复》)享有优先受偿权,且无须符合《最高人民法院关于人民法院办理执行异议和复议案件若干问题的规定》第二十九条规定的商品房消费者的三个构成要件,适用法律错误。(3)原判决损害了长城资产广西分公司作为抵押权人的合法权益,《批复》确立的消费性购房款优先权只应适用于建筑物部分,不应及于长城资产广西分公司享有抵押权的土地。

最高人民法院再审认为,本案系破产债权确认纠纷再审审查案件。金穗公司进入破产程序后,共有102位购房者申报的债权被破产管理人确定为优先债权,长城资产广西分公司对此提出异议,形成本案破产债权确认之诉。原判决根据前述司法解释以及答复意见的逻辑关系,并基于对案涉购房消费者的统一平等保护以及实现案件处理的实质公平,认为谢国军作为购房消费者享有的购房款返还请求权优先于长城资产广西分公司享有的抵押权予以受偿,驳回长城资产广西分公司的诉讼请求,符合本案实际,处理意见较为公允,予以认可。长城资产广西分公司通过收购债权而获得抵押权,其基于处置不良债权所享有的经营性债权,在破产清偿中不应优于谢国军作为消费者享有的对已付购房款本金债权予以受偿,其关于作为抵押权人的合法权益受损的主张,理据不足。长城资产广西分公司关于其依法行使异议权提起本案诉讼不属于行使债权人会议职权的再审事由,因与本案实体争议处理缺乏实质关联,不影响原判决结果公正性。

综上,长城资产广西分公司的再审申请不符合《民事诉讼法》第二百条第(六)项规定的情形,最高人民法院不予支持。

【裁判要点】

房地产开发企业破产案件中,破产债权类型纷繁复杂,存在诸多价值冲突和利益衡平,破产债权的清偿顺序,对各方当事人的切身利益影响巨大。

为切实平衡好房地产开发企业、购房人、其他债权人之间的关系,公平保护各方当事人的合法权益,最高人民法院先后出台多条司法解释和答复意见,赋予已支付全部或大部分购房款的购房消费者特殊的法律保护,不仅可以对抗其他优先权利,而且能够排除强制执行。

【案例来源】

中国裁判文书网,https://wenshu.court.gov.cn。

编者说明

第一,本条规定在适用时需要注意,根据《企业破产法》第三十条规定,破产财产包括破产人在破产程序受理前已设定担保物权的财产,但根据本条规定实施分配的破产财产,应当不包括别除权人就担保财产优先受偿部分。也就是说,本条规定的清偿顺位系在扣除担保财产优先受偿部分后的顺位规定。

第二,在房地产企业破产案件中,需要特别关注商品房预购款清偿顺序问题。《最高人民法院关于建设工程价款优先受偿权问题的批复》(已废止)第二条规定:"消费者交付购买商品房的全部或者大部分款项后,承包人就该商品房享有的工程价款优先受偿权不得对抗买受人。"根据该条规定,在房地产企业破产案件中商品房预购款清偿顺位优于建设工程价款。但在实践中,对于购房"消费者"的界定尺度存在差异。同时,《消费者权益保护法》中规定的"消费者"仅指"为生活消费需要购买、使用或者接受服务"的自然人,不包括经营者。

第三,关于重整程序中,债务人企业的董事、监事和高级管理人员的工资是否按照该企业职工的平均工资计算问题,本条规定系在破产清算章节,对重整程序是否适用,并无明确规定。编者认为,在破产重整程序中不应简单适用上述条文。企业重整实践中,高管对企业恢复生产经营具有至关重要的作用,企业生产经营稳定有利于顺利推进重整程序。如管理人依据上述条文,对高管人员工资按照企业平均工资计算,则可能会出现高管离职的现象,不利于企业生产稳定,进而导致重整困难重重。

第四,《税收征收管理法》第四十五条规定,纳税人欠缴的税款发生在纳税人以其财产设定抵押、质押或者纳税人的财产被留置之前的,税收应当先于抵押权、质权、留置权执行。在债务人破产的情况下,《税收征收管理法》《企业破产法》对于税收债权与有财产担保债权清偿顺序的规定并不一致。《企业破产法》本条规定仅限于破产情形下企业的税收债权与有担保债权的清偿顺序问题,具有特别规定的属性,在出现冲突时应当优先适用。

第一百一十四条 【破产财产的分配方式】破产财产的分配应当以货币分配方式进行。但是,债权人会议另有决议的除外。

【立法·要点注释】

除货币分配外,破产财产在分配方式上还可以通过实物分配和债权分配,后两种方式主要是在破产财产不容易变价或者不能变价转化为货币,或者是根据债权人会议的决定,不将破产财产中的实物或者债权变价,而是按照破产财产分配方案的规定直接将其分配给债权人。本条规定,破产财产分配以货币分配为主,属于原则性规定。如果债权人会议有特别规定,也可以采取规定的方式进行分配。

【司法文件】

《最高人民法院关于印发〈全国法院破产审判工作会议纪要〉的通知》(法〔2018〕53号,2018年3月4日)

26. 破产财产的处置。破产财产处置应当以价值最大化为原则,兼顾处置效率。人民法院要积极探索更为有效的破产财产处置方式和渠道,最大限度提升破产财产变价率。采用拍卖方式进行处置的,拍卖所得预计不足以支付评估拍卖费用,或者拍卖不成的,经债权人会议决议,可以采取作价变卖或实物分配方式。变卖或实物分配的方案经债权人会议两次表决仍未通过的,由人民法院裁定处理。

【典型案例】

南方证券有限公司破产清算案

——破产财产可采用实物分配方式进行分配。

【案情简介】

南方证券股份有限公司前身为南方证券有限公司,1992年成立,股本为34.58亿元。2004年年初,这家全国最大的证券公司因严重违法违规经营、管理混乱被行政接管。2005年4月29日,南方证券因挪用巨额客户交易结算资金被中国证监会取消证券业务许可并责令关闭。根据南方证券行政接管领导小组的委托,深圳市政府于同日成立南方证券清算组,负责南方证券关闭后的清算工作。有关审计结果显示:南方证券股份有限公司已严重资不抵债。2006 年 6 月 6 日,中国证监会批复同意南方证券破产清算。2006 年 7 月 7 日,深圳市蓝波湾投资有限公司以南方证券不能清偿到期债务为由,向深圳市中级人民法院依法申请南方证券破产清算,法院审查后决定立案受理并指定成立了监管组对南方证券进行监管。其后,法院于 2006 年 7 月 12 日发布受理公告,并于 2006 年 8 月 16 日依法宣告南方证券股份有限公司严重资不抵债,法院指定成立破产清算组对南方证券进行破产清算。

【裁判要点】

2007 年 11 月 23 日南方证券破产案第二次债权人会议召开,通过南方证券破产案第一次破产财产分配方案。破产财产分配方案中载明采取股票实物分配和货币分配相结合的方式进行,普通债权以股票和现金按比例进行分配。

【案例来源】

《法制日报》评选出 2006 年中国十大影响性诉讼。

编者说明

破产财产分配以货币分配为主的条款属于原则性规定。如果债权人会议有特别决议,也可以采取其他方式分配。《破产审判会议纪要》中亦提到,破产财产采用拍卖方式进行处置的,拍卖所得预计不足以支付评估拍卖费用,或者拍卖不成的,经债权人会议决议,可以采取作价变卖或实物分配方式。变卖或实物分配的方案经债权人会议两次表决仍未通过的,由人民法院裁定。如前述相关案例中提到,南方证券破产清算案破产财产分配方案中采用股票实物分配和货币分配相结合的方式进行,在其后的闽发证券破产清算案和汉唐证券破产清算案中亦得以采用。此外,在上市公司陕西坚瑞沃能股份有限公司重整案中,2019 年12 月 27 日批准的重整计划中采用了应收账款清偿债务的方式。

第一百一十五条　【破产财产的分配方案】管理人应当及时拟订破产财产分配方案,提交债权人会议讨论。

破产财产分配方案应当载明下列事项:

(一)参加破产财产分配的债权人名称或者姓名、住所;

（二）参加破产财产分配的债权额；

（三）可供分配的破产财产数额；

（四）破产财产分配的顺序、比例及数额；

（五）实施破产财产分配的方法。

债权人会议通过破产财产分配方案后，由管理人将该方案提请人民法院裁定认可。

【立法·要点注释】

破产财产分配方案应当由管理人负责拟订。管理人准备好破产财产分配方案后，应当提交债权人会议讨论。债权人会议在通过破产财产分配方案以后，应当依据本条第三款的规定，由管理人提交人民法院裁定。人民法院对破产财产分配方案的真实性、准确性和合法性进行审查，对符合法定条件的裁定认可。对于债权人会议没有通过的破产财产分配方案，按照本法第六十五条的规定，债权人会议两次表决均没有通过的，人民法院可以直接对破产财产分配方案作出裁定，该裁定一经作出就具有执行力。

【司法解释】

1.《最高人民法院关于审理企业破产案件确定管理人报酬的规定》（法释〔2007〕9号，2007年6月1日）

第十条 最终确定的管理人报酬及收取情况，应列入破产财产分配方案。在和解、重整程序中，管理人报酬方案内容应列入和解协议草案或重整计划草案。

【要点注释】

本条司法解释主要规定，在破产清算程序中，管理人报酬方案内容应当列入破产财产分配方案，并根据破产财产分配方案的表决与通过规则进行表决。管理人制作破产财产分配方案后，并不产生执行的效力，而是应当提交债权人委员会讨论。对于破产财产分配方案，如果债权人会议表决通过，或者债权人会议经过两次表决仍然不能通过而最后由人民法院裁定通过时，应视为债权人和法院对列入其中的管理人最终收取的报酬予以认可，此后不允许债权人会议对已确定的管理人报酬提出异议。①

2.《最高人民法院关于〈中华人民共和国企业破产法〉施行时尚未审结的企业破产案件适用法律若干问题的规定》(法释〔2007〕10 号,2007 年 6 月1 日)

第十三条　债权人对于财产分配方案的裁定不服,已经申诉的,由上一级人民法院依据申诉程序继续审理;企业破产法施行后提起申诉的,人民法院应当告知其依据企业破产法第六十六条的规定申请复议。

债权人对于人民法院作出的债务人财产管理方案的裁定或者破产财产变价方案的裁定不服,向受理破产申请的人民法院申请复议的,人民法院应当依据企业破产法第六十六条的规定予以受理。

债权人或者债务人对破产宣告裁定有异议,已经申诉的,由上一级人民法院依据申诉程序继续审理;企业破产法施行后提起申诉的,人民法院不予受理。

【最高人民法院公布案例】

浙江玻璃股份有限公司及其关联公司合并破产案

——管理人应当及时拟订破产财产分配方案,提交债权人会议讨论。债权人会议通过破产财产分配方案后,由管理人将该方案提请人民法院裁定认可。

【案情简介】

浙江玻璃股份有限公司(以下简称浙江玻璃)成立于 1994 年 5 月,2001年 12 月 10 日在香港联合交易所上市。2003 年至 2005 年期间,浙江玻璃先后投资成立浙江工程玻璃有限公司、浙江长兴玻璃有限公司、浙江平湖玻璃有限公司、浙江绍兴陶堰玻璃有限公司,上述企业均从事玻璃生产、加工和销售,职工共计 4350 人,日熔化总量达 5150 吨。由于经营不善、盲目投资、高成本融资等原因,浙江玻璃及其四家关联公司生产经营遭遇巨大困难,陷入

---

① 参见最高人民法院民事审判第二庭编著:《最高人民法院关于企业破产法司法解释理解与适用——破产管理人制度·新旧破产法衔接》,人民法院出版社 2007 年版,第169 页。

债务危机。2012 年 6 月 28 日,浙江省绍兴市中级人民法院(以下简称绍兴中院)裁定受理债权人对浙江玻璃的重整申请并指定管理人,启动破产重整程序。2013 年 3 月 10 日,在前期继续经营、成功招募重整投资人的基础上,浙江玻璃及其四家关联公司破产案召开第三次债权人会议,分组表决重整计划草案。受多种客观因素影响,普通债权组未通过重整计划草案,导致重整计划草案未能获得债权人会议通过。2013 年 3 月 25 日,绍兴中院依照《企业破产法》第八十八条的规定,裁定终止重整程序,转入破产清算。2013 年 4 月 13 日,第四次债权人会议表决通过《破产财产变价方案》。经公开拍卖或变卖,公司的资产变价金额合计约 23.02 亿元。2013 年 9 月 22 日,第五次债权人会议表决通过了《破产财产分配方案》。2013 年 10 月 10 日,绍兴中院裁定认可破产财产分配方案。

【裁判要点】

根据《企业破产法》的规定,管理人应当及时拟订破产财产分配方案,提交债权人会议讨论。债权人会议通过破产财产分配方案后,由管理人将该方案提请人民法院裁定认可。该案中,管理人拟订了破产财产分配方案,并提交给债权人会议表决。第五次债权人会议表决通过了该分配方案,之后由法院裁定认可了破产财产分配方案。

【案例来源】

最高人民法院发布 10 起人民法院关于依法审理破产案件推进供给侧结构性改革典型案例(2016 年 6 月 15 日)。根据绍兴市中级人民法院(2012)浙绍破字第 1 号整理。

编者说明

按照本条第二款的规定,破产财产分配方案应当包括以下内容:(1)参加破产财产分配的债权人姓名(名称)、住所。之所以要强调破产财产分配方案中应载明参与破产财产分配的债权人名称或姓名、住所,是因为并非所有的破产债权人都会参加破产财产的分配。有财产担保的债权人可以通过对特定物受偿而实现自己的债权,行使了抵销权的债权人的债权可能也已归于消灭,而不必参与破产财产的分配。因此,对于需要通过参加破产财产分配来获得清偿的破产债权人,管理人应当将其姓名、住所详细、准确地记载于破产财产分配方案,以便于对其进行破产财产分配。(2)参加破产财产分配的债权额。为了方便债权人会议审议破产财产分配方案,在方案里除了记载每一个接受分配的债权的具体数额,还要记载参加破产财产分配的债权的总额。参与分配的债权额一般应当以经过确认的债权额为准。对于诉讼仲裁未决的债权、附条件附期限的债权、优先受偿权不足额清偿部分的债权等特殊债权，应当分别注明。(3)可供分配的破产财产数额。破产管理人在记载这一事项时，应当说明如下内容：第一，破产财产的总体情况及详细构成；第二，作为别除权标的物的破产财产的情况；第三，破产人占有的被行使取回权的财产情况；第四，破产财产变价的情况，包括变价方式、变价依据、成交情况等；第五，破产费用、共益债务的情况；第六，破产财产在扣除上述应当优先支付的事项后，所余的可供分配的财产数额。只有第六项是破产财产分配方案可以决定如何分配的破产财产。(4)破产财产分配的顺序、比例及数额。即按照本法第一百一十三条规定的顺序，对每一具体破产债权应当接受的分配顺序，其债权依法可以获得的清偿比例以及具体可获得的清偿数额，由破产管理人详细记载于破产财产分配方案中。这是破产财产分配方案最重要的内容，也是债权人最关心的内容。(5)实施破产财产分配的方法。包括破产财产是实行一次分配还是多次分配，是实行货币分配还是非货币分配，以及破产财产分配的时间、地点等。

第一百一十六条　【破产财产分配方案的执行】破产财产分配方案经人民法院裁定认可后，由管理人执行。

管理人按照破产财产分配方案实施多次分配的，应当公告本次分配的财产额和债权额。管理人实施最后分配的，应当在公告中指明，并载明本法第一百一十七条第二款规定的事项。

【立法·要点注释】

具有执行力的破产财产分配方案由破产管理人负责执行。管理人应当在破产财产分配方案生效后，及时通知参加破产财产分配的债权人接受分配，并按照破产财产分配方案规定的顺序、方式、地点和时间，将可供分配的破产财产分配给债权人。破产财产的分配可以采取一次分配或者多次分配的方式。破产管理人在对破产财产进行分配时，应当对分配的情况进行公告。

【参考观点】

管理人对破产财产实施多次分配时，应当如何操作以及如何保障债权人的合法权益,这是破产财产分配程序中的又一重要问题。

在适用本条规定时,需要明确两个问题:一是实施多次分配时,不论是两次还是两次以上,管理人都必须将每一次分配的财产数额和破产债权数额分配在公告中明确,即本次分配的破产财产种类、总额(包括货币、实物或者债权分配的数额)以及待清偿的债权人的债权数额。二是在最后分配时,在分配公告中还必须明确本次分配是最后一次分配,同时由于破产债权中可能存在附条件的债权,而附条件债权的债权效力是待定的,因此如果存在附条件债权,最后分配公告还应当就附条件债权的情况作出说明。应当说明的情况主要是:生效条件未成就或者解除条件成就的,分配给其他债权人的情况;生效条件成就或者解除条件未成就的,交付给债权人的情况。①

【最高人民法院裁判案例】

河南安彩高科股份有限公司与华飞彩色显示系统有限公司管理人其他合同纠纷案[最高人民法院(2014)民申字第 827 号]

——破产财产分配方案经人民法院裁定认可后,由管理人执行。

【案情简介】

再审申请人河南安彩高科股份有限公司(以下简称河南安彩公司)因与被申请人华飞彩色显示系统有限公司管理人(以下简称华飞管理人)管理人责任纠纷一案,不服江苏省高级人民法院(2013)苏商终字第 0202 号民事判决,向最高人民法院申请再审。

河南安彩公司申请再审称:……(3)一、二审判决适用法律确有错误。华飞管理人调查的"一次性补助"由破产财产优先受偿错误,违反法律规定。"一次性补助"不属于《企业破产法》第四十八条第二款规定的认定职工债权的范围,不应该优先受偿。华飞管理人对河南安彩公司多次提出的职工债权异议不予合理解释,在没有债权人会议主席主持债权人会议且多数债权人退席的情况下,违法就《破产财产分配方案》表决并提请法院裁定,因此,法院是否裁定《破产财产分配方案》,不是证明华飞管理人是否勤勉尽责的证据和标准。再审申请人请求:(1)撤销江苏省南京市中级人民法院(2013)宁商

---

① 参见李国光主编:《新企业破产法理解与适用》,人民法院出版社 2006 年版,第 533 页。

初字第 20 号民事判决。(2)撤销江苏省高级人民法院(2013)苏商终字第
0202 号民事判决。(3)将本案再审改判,支持河南安彩公司的诉讼请求。
(4)一、二审诉讼费用由华飞管理人承担。

【裁判要点】

对于破产财产的分配方案,根据《企业破产法》的规定,原则上由债权人
会议通过意思自治的方式予以通过,即由出席会议的有表决权的债权人过半
数通过,并且其所代表的债权额占无财产担保债权总额的二分之一以上;债
权人如认为债权人会议的决议违反法律规定,损害其利益的,有权请求人民
法院撤销该决议并责令债权人会议依法重新作出决议;债权人会议的决议,
对于全体债权人均有约束力。债权人会议通过破产财产分配方案后,由管理
人将该方案提请人民法院裁定认可;法院裁定认可后由管理人执行。本案所
涉华飞公司《破产财产分配方案》,业经华飞公司债权人会议讨论通过和人
民法院裁定后予以执行,并无不当。华飞管理人依据《企业破产法》第一百
一十六条的规定执行该《破产财产分配方案》,于法有据。原审判决以南京
市中级人民法院亦已裁定确认华飞管理人制定的《破产财产分配方案》,认
定河南安彩公司关于华飞管理人未能勤勉尽责的上诉理由不能成立,符合法
律规定。河南安彩公司关于债权人会议没有债权人会议主席主持且多数债
权人退席,违法进行表决并提请法院裁定,以及法院是否裁定《破产财产分
配方案》,不是证明华飞管理人是否勤勉尽责的证据和标准的申请再审理
由,本院不予支持。鉴于参加破产财产分配的债权人、债权额以及破产财产
分配的顺序等事项,均是破产财产分配方案中的主要表决通过事项,故债权
人均应根据《企业破产法》的相关规定行使其异议权和表决权。本案河南安
彩公司主张华飞管理人未勤勉尽责,忠实执行职务,缺乏事实和法律依据,原
审判决驳回其诉讼请求,符合法律规定。

【案例来源】

中国裁判文书网,https://wenshu.court.gov.cn。

编者说明

实务中,对于"无产可破"或债务人财产不足以支付破产费用的案件,不存在
分配程序。对于普通案件而言,分配程序一般采用一次分配的方式。而对于重
大复杂的案件,可能采取多次分配的方式。例如,闽发证券有限责任公司破产清
算案中通过三次破产财产分配方案实施共计四次支付,最终完成破产财产分配。

第一百一十七条 【附条件债权的分配】对于附生效条件或者解除条件的债权,管理人应当将其分配额提存。

管理人依照前款规定提存的分配额,在最后分配公告日,生效条件未成就或者解除条件成就的,应当分配给其他债权人;在最后分配公告日,生效条件成就或者解除条件未成就的,应当交付给债权人。

【立法·要点注释】

对于附条件的债权,管理人应当将其分配额进行提存。在破产分配时,管理人将附条件的债权的分配额提存以后,即视为已经向附条件债权的债权人履行了清偿义务,债权人只能按照法律的规定向提存部门主张领回提存标的物,而不能再向破产人要求破产清偿。关于提存的附条件债权分配额的处理,以最后分配公告日为时间节点,在该公告日生效条件未成就或者解除条件成就的,债权不成立,提存的分配额应当分配给其他债权人;在最后分配公告日,生效条件成就或者解除条件未成就的,债权成立,提存的分配额应当交付给债权人。

【相关立法】

《中华人民共和国民法典》(2020年5月28日第十三届全国人民代表大会第三次会议通过,2021年1月1日)

第一百五十八条 民事法律行为可以附条件,但是根据其性质不得附条件的除外。附生效条件的民事法律行为,自条件成就时生效。附解除条件的民事法律行为,自条件成就时失效。

第一百五十九条 附条件的民事法律行为,当事人为自己的利益不正当地阻止条件成就的,视为条件已经成就;不正当地促成条件成就的,视为条件不成就。

第五百六十二条 当事人协商一致,可以解除合同。

当事人可以约定一方解除合同的事由。解除合同的事由发生时,解除权人可以解除合同。

编者说明

　　附条件的债权分为附生效条件的债权和附解除条件的债权,附条件的债权在条件未达成时处于不确定状态,最终是否能从提存的分配额参与清偿以附条件的债权在最后分配公告日时的状态为准。(1)对于附解除条件的债权,在破产管理人实施最后一次破产分配并进行公告的时候,解除条件尚未成就的,此时的债权为有效成立的债权,应当将提存的分配额交付给债权人;如果在最后分配公告之日,解除条件已经成就,此时债权债务关系解除,附解除条件债权的债权人不再是破产债权人,提存的分配额应当分配给其他债权人。(2)对于附生效条件的债权,在破产管理人实施最后一次破产分配并进行公告的时候,生效条件尚未成就的,此时债权债务关系尚未有效成立,提存的分配额应当分配给其他债权人;如果在最后分配公告之日,生效条件成就,此时的债权为有效确定的债权,提存的分配额应当交付给债权人。

　　第一百一十八条　【未受领的破产财产的分配】债权人未受领的破产财产分配额,管理人应当提存。债权人自最后分配公告之日起满二个月仍不领取的,视为放弃受领分配的权利,管理人或者人民法院应当将提存的分配额分配给其他债权人。

【立法·要点注释】

　　实施破产财产分配时,管理人要进行公告,将本次分配的时间、地点以及分配的财产数额和债权额通知破产债权人。破产债权人应当按照公告和破产财产分配方案规定的时间,到指定的地点接受破产财产的分配。债权人未按照规定时间受领破产财产分配的,管理人应当将其分配额进行提存。管理人将分配额提存后,应当通知债权人及时领取。如果债权人在最后分配公告之日起满两个月仍不领取的,视为债权人放弃受领分配的权利,管理人或者人民法院应当将提存的债权分配额分配给其他债权人。

【相关立法】

　　《中华人民共和国民法典》(2020年5月28日第十三届全国人民代表大

会第三次会议通过,2021 年 1 月 1 日)

第五百七十条 有下列情形之一,难以履行债务的,债务人可以将标的物提存:

(一)债权人无正当理由拒绝受领;

(二)债权人下落不明;

(三)债权人死亡未确定继承人、遗产管理人,或者丧失民事行为能力未确定监护人;

(四)法律规定的其他情形。

标的物不适于提存或者提存费用过高的,债务人依法可以拍卖或者变卖标的物,提存所得的价款。

第五百七十一条 债务人将标的物或者将标的物依法拍卖、变卖所得价款交付提存部门时,提存成立。

提存成立的,视为债务人在其提存范围内已经交付标的物。

第五百七十二条 标的物提存后,债务人应当及时通知债权人或者债权人的继承人、遗产管理人、监护人、财产代管人。

第五百七十三条 标的物提存后,毁损、灭失的风险由债权人承担。提存期间,标的物的孳息归债权人所有。提存费用由债权人负担。

第五百七十四条 债权人可以随时领取提存物。但是,债权人对债务人负有到期债务的,在债权人未履行债务或者提供担保之前,提存部门根据债务人的要求应当拒绝其领取提存物。

债权人领取提存物的权利,自提存之日起五年内不行使而消灭,提存物扣除提存费用后归国家所有。但是,债权人未履行对债务人的到期债务,或者债权人向提存部门书面表示放弃领取提存物权利的,债务人负担提存费用后有权取回提存物。

编者说明

若债权人在最后分配公告之日起两个月内没有领取提存的分配额,在这一除斥期间后,能否以破产债权人的身份参加提存财产的追加分配? 实践中对此采取肯定态度。主要理由在于:债权人在除斥期间不领取提存财产,丧失的只是以受领分配债权人的身份受领该提存财产的权利,但是当提存财产变为可供再次分配的财产时,未受领提存财产的债权人作为破产债权人仍然享有参与分配的权利。破产管理人或者人民法院在以提存的分配额进行破产财产的追加分配时,也应当通知未领取提存财产的破产债权人参加分配。

第一百一十九条　**【诉讼或仲裁未决债权的分配】** 破产财产分配时,对于诉讼或者仲裁未决的债权,管理人应当将其分配额提存。自破产程序终结之日起满二年仍不能受领分配的,人民法院应当将提存的分配额分配给其他债权人。

【立法·要点注释】

根据本法的规定,诉讼或者仲裁未决的债权也可以进行申报,并且在破产程序进行过程中,债权人、债务人对债权表记载的债权有异议的,也可以向受理破产案件的人民法院提起确认债权的诉讼,在进行破产财产分配时由管理人将其分配额提存。在破产程序终结之日起满二年,债权人仍不能受领分配的,不管其不能受领是因为诉讼或者仲裁的结果未出或是其他原因,人民法院都应当将提存的分配额重新归入破产财产,实施追加分配,分配给其他破产债权人。

【参考观点】

实践中,由于对债务人破产案件与有关债务人财产纠纷的案件分别审理,两者的审判程序往往不能同步进行。如有关债务人财产纠纷案件先行完成,已经确认的债权当然可以参加破产财产分配。但如果债务人破产清算提前完成,至破产财产分配时,相关债务纠纷案件仍未审结,此时对于诉讼或者仲裁未决的债权,管理人应当预留分配额,并依据该条规定将其提存,自破产程序终结之日起满二年仍不能受领分配的,人民法院应当将提存的分配额分配给其他债权人。[①]

---

① 参见宋晓明、张勇健、刘敏:《〈关于〈中华人民共和国企业破产法〉施行时尚未审结的企业破产案件适用法律若干问题的规定〉的理解与适用》,载杜万华主编:《最高人民法院企业破产与公司清算案件审判指导》,中国法制出版社 2017 年版,第 252 页。

第三节　破产程序的终结

第一百二十条　【破产程序的终结及公告】破产人无财产可供分配的,管理人应当请求人民法院裁定终结破产程序。

管理人在最后分配完结后,应当及时向人民法院提交破产财产分配报告,并提请人民法院裁定终结破产程序。

人民法院应当自收到管理人终结破产程序的请求之日起十五日内作出是否终结破产程序的裁定。裁定终结的,应当予以公告。

【立法·要点注释】

破产程序的终结,是指破产程序的目的已经达到或者不能达到,导致继续进行破产程序已无必要,而由人民法院裁定结束破产程序。本条规定了破产人无财产可供分配和最后分配完毕而终结破产程序的两种情形,该两种情形达成时,管理人应当向人民法院申请裁定终结破产程序。人民法院应当自收到管理人终结破产程序的申请之日起十五日内作出是否终结破产程序的裁定。裁定终结的,应当予以公告。

【司法解释】

1.《最高人民法院关于适用〈中华人民共和国企业破产法〉若干问题的规定(二)》(法释〔2013〕22 号,2013 年 9 月 16 日;法释〔2020〕18 号修正,2021 年 1 月 1 日)

第八条　人民法院受理破产申请后至破产宣告前裁定驳回破产申请,或者依据企业破产法第一百零八条的规定裁定终结破产程序的,应当及时通知原已采取保全措施并已依法解除保全措施的单位按照原保全顺位恢复相关保全措施。

在已依法解除保全的单位恢复保全措施或者表示不再恢复之前,受理破产申请的人民法院不得解除对债务人财产的保全措施。

2.《最高人民法院关于债权人对人员下落不明或者财产状况不清的债务

申请破产清算案件如何处理的批复》(法释〔2008〕10 号,2008 年 8 月 18 日)

贵州省高级人民法院:

你院《关于企业法人被吊销营业执照后,依法负有清算责任的人未向法院申请破产,债权人是否可以申请被吊销营业执照的企业破产的请示》(〔2007〕黔高民二破请终字 1 号)收悉。经研究,批复如下:

债权人对人员下落不明或者财产状况不清的债务人申请破产清算,符合企业破产法规定的,人民法院应依法予以受理。债务人能否依据企业破产法第十一条第二款的规定向人民法院提交财产状况说明、债权债务清册等相关材料,并不影响对债权人申请的受理。

人民法院受理上述破产案件后,应当依据企业破产法的有关规定指定管理人追收债务人财产;经依法清算,债务人确无财产可供分配的,应当宣告债务人破产并终结破产程序;破产程序终结后二年内发现有依法应当追回的财产或者有应当供分配的其他财产的,债权人可以请求人民法院追加分配。

债务人的有关人员不履行法定义务,人民法院可依据有关法律规定追究其相应法律责任;其行为导致无法清算或者造成损失,有关权利人起诉请求其承担相应民事责任的,人民法院应依法予以支持。

此复

【司法文件】

《最高人民法院关于印发〈全国法院破产审判工作会议纪要〉的通知》(法〔2018〕53 号,2018 年 3 月 4 日)

30. 破产清算程序的终结。人民法院终结破产清算程序应当以查明债务人财产状况、明确债务人财产的分配方案、确保破产债权获得依法清偿为基础。破产申请受理后,经管理人调查,债务人财产不足以清偿破产费用且无人代为清偿或垫付的,人民法院应当依管理人申请宣告破产并裁定终结破产清算程序。

【参考观点】

实践中有一种终结破产程序的特殊情形,对于债务人人员下落不明或者财产状况不清的破产案件,在穷尽了既有手段后,如债务人仍不能或拒不向人民法院提交有关材料的,人民法院可以以此为由裁定终结破产清算程序。但需要注意的是,依照《企业破产法》的规定依法清算,债务人确无财产可供分配导致的终结破产清算程序和因无法清算导致的终结破产清算程序,法律后果是截然不同的。因依法清算债务人确无财产可供分配时终结破产清算程序的结果,对债务人而言是免责的结果,债务人仅以其破产财产为限承担责任。债务人破产清算程序终结后,除破产程序终结之日起二年内发现有依法应当追回的财产或者债务人有应当供分配的其他财产的,可以追加分配外,对于债务人未能依破产程序清偿的债务,原则上不再予以清偿。而因债务人的清算义务人怠于履行义务,导致债务人主要财产、账册、重要文件等灭失无法清算而终结的,虽然债务人的法人资格因清算程序终结而终止,但其既有的民事责任并不当然消灭,而是应当由清算义务人承担偿还责任。①

编者说明

在破产清算程序中,破产程序终结可分为四种情况:一是债务人财产不足以清偿破产费用的;二是债务获得清偿或有足额担保,即第三人为债务人提供足额担保或者为债务人清偿全部到期债务或债务人已清偿全部到期债务的;三是债务人与债权人自行达成债权债务处理协议的;四是因破产清算完毕,已实施分配,破产人已无可供分配财产而终结的。

第一百二十一条 【破产人的注销登记】 管理人应当自破产程序终结之日起十日内,持人民法院终结破产程序的裁定,向破产人的原登记机关办理注销登记。

【立法·要点注释】

破产程序终结后,管理人应当办理注销登记。注销登记是企业法人消亡的法定程序,是终止企业法人的权利能力和行为能力,即取消企业的民事主体资格的法律形式。破产企业的注销登记,是将企业法人资格消灭的事实,

---

① 参见宋晓明、张勇健、刘敏:《〈最高人民法院关于债权人对人员下落不明或者财产状况不清的债务人申请破产清算案件如何处理的批复〉的理解与适用》,载杜万华主编:《最高人民法院企业破产与公司清算案件审判指导》,中国法制出版社2017年版,第240页。

提交有关企业登记主管部门进行法律上的确认。

【相关立法】

《中华人民共和国民法典》(2020 年 5 月 28 日第十三届全国人民代表大会第三次会议通过,2021 年 1 月 1 日)

第七十三条　法人被宣告破产的,依法进行破产清算并完成法人注销登记时,法人终止。

【行政法规】

《中华人民共和国市场主体登记管理条例》(中华人民共和国国务院令第 746 号,2022 年 3 月 1 日)

第三十一条　市场主体因解散、被宣告破产或者其他法定事由需要终止的,应当依法向登记机关申请注销登记。经登记机关注销登记,市场主体终止。

市场主体注销依法须经批准的,应当经批准后向登记机关申请注销登记。

第三十四条　人民法院裁定强制清算或者裁定宣告破产的,有关清算组、破产管理人可以持人民法院终结强制清算程序的裁定或者终结破产程序的裁定,直接向登记机关申请办理注销登记。

【部门规章及规范性文件】

1.《中华人民共和国市场主体登记管理条例实施细则》(国家市场监督管理总局令第 52 号,2022 年 3 月 1 日)

第四十四条　市场主体因解散、被宣告破产或者其他法定事由需要终止的,应当依法向登记机关申请注销登记。依法需要清算的,应当自清算结束之日起 30 日内申请注销登记。依法不需要清算的,应当自决定作出之日起 30 日内申请注销登记。市场主体申请注销后,不得从事与注销无关的生产经营活动。自登记机关予以注销登记之日起,市场主体终止。

第四十六条　申请办理注销登记,应当提交下列材料:

（一）申请书；

（二）依法作出解散、注销的决议或者决定，或者被行政机关吊销营业执照、责令关闭、撤销的文件；

（三）清算报告、负责清理债权债务的文件或者清理债务完结的证明；

（四）税务部门出具的清税证明。

除前款规定外，人民法院指定清算人、破产管理人进行清算的，应当提交人民法院指定证明；合伙企业分支机构申请注销登记，还应当提交全体合伙人签署的注销分支机构决定书。

个体工商户申请注销登记的，无需提交第二项、第三项材料；因合并、分立而申请市场主体注销登记的，无需提交第三项材料。

2.《国家税务总局关于深化"放管服"改革更大力度推进优化税务注销办理程序工作的通知》（税总发〔2019〕64 号，2019 年 7 月 1 日）

一、进一步扩大即办范围

……

（三）经人民法院裁定宣告破产的纳税人，持人民法院终结破产程序裁定书向税务机关申请税务注销的，税务机关即时出具清税文书，按照有关规定核销"死欠"。

编者说明

根据《中华人民共和国市场主体登记管理条例》及《中华人民共和国市场主体登记管理条例实施细则》的有关规定，管理人办理破产人的注销登记应向市场监督管理部门提交的文件包括注销登记申请书、破产人的企业法人营业执照正副本、人民法院终结破产程序的裁定书以及法律、法规规定应当提交的其他文件。其中注销登记申请书应当由管理人出具并载明企业的名称、企业类别、营业执照号码以及有效期限、注销的原因等。在注销登记办理完毕后，市场监督管理部门将发布公告。破产人注销登记办理完结后，管理人应当及时向人民法院报告办理注销登记的情况。

根据本条规定，管理人应当自破产程序终结之日起十日内，持人民法院终结破产程序的裁定，向破产人的原登记机关办理注销登记。在实践中，管理人向破产企业登记机关申请办理注销登记时，除了法院裁定，还须根据市场监督管理机关的要求，提供一系列的相关文件，其中税务注销证明很难取得。税务注销证明是税务机关,包括税务、海关出具的,证明破产企业已经办理完结税务注销手续的证明文件。根据税务机关的规定,办理企业的税务注销,需要由税务机关进行专项税务审计。由于破产企业在账册编制、债务清偿比例及顺序、税款滞纳金的处理等问题上与一般企业有很大不同,破产企业的税务审计又没有统一可操作的规范,税务机关基本无法完成对破产企业的税务审计,导致管理人无法获得税务机关出具的税务注销证明,从而无法办理破产企业注销登记。

破产企业注销登记的实质要件之一是该企业的债权债务已经全部清算完结,税款债权只是诸多类型的债权中的一种,只要管理人能够提供证明破产企业全部债权债务已经清算完毕的材料,该实质要件就已满足。并且,企业进入破产清算程序,其破产财产势必不能清偿全部债务,破产法对于各类债权的受偿顺序作出规定,体现了破产法公平偿债、保护债权人权益的立法宗旨。在这种情况下,企业欠缴的税款很有可能无法得到足额清偿,但只要清算活动严格按照破产法的规定执行,即使税款不能足额偿还,也不能以欠付税款为由拒绝办理注销登记。

2019 年 5 月 9 日,国家税务总局发布《国家税务总局关于深化"放管服"改革更大力度推进优化税务注销办理程序工作的通知》(税总发〔2019〕64 号),自 2019 年 7 月 1 日起施行。其中规定,依法破产的纳税人可持人民法院出具的终结破产程序裁定书向税务机关申请办理税务注销,税务机关即时出具清税文书。对于纳税人仍存在的欠税,税务机关按照规定进行"死欠"核销处理,更大力度地优化了税务注销办理程序。同时,深圳等地也在探索破产企业免于办理税务注销的做法。

第一百二十二条 【管理人执行职务的终止】管理人于办理注销登记完毕的次日终止执行职务。但是,存在诉讼或者仲裁未决情况的除外。

【立法·要点注释】

管理人的工作是以对破产财产的接收、保管、处分、变价和分配为中心展开的,当人民法院裁定破产程序终结,管理人办理完破产人的注销登记,表明管理人已完成了全部法定工作,其职务应当终止。管理人于办理注销登记完毕的次日终止执行职务。但是,如果存在诉讼或者仲裁未决情况的,管理人应当继续履行职务。

【参考观点】

理解该条规定时,应当注意两点:一是管理人终止执行职务以办理完毕破产企业的工商登记注销手续为原则标志。破产程序终结后,实质性的破产程序已经完成,但并不意味着所有的破产事宜均已完成,仍然存在需要处理的事务,例如根据《企业破产法》的规定,管理人需要持人民法院终结破产程序的裁定向破产企业的原登记机关办理企业的工商登记的注销手续,从而从法律上消灭破产人的法人人格身份。如果从法律上彻底消灭了破产人作为企业的法人人格后,债务人作为民事主体的地位不再存在,就不可能发生债务人的内外事务,管理人也就不需要也不可能代表债务人行使权利、承担义务或者参加民事活动。管理人的职务行为至此就应当终止。因此,本条规定,管理人于办理注销登记完毕的次日起终止执行职务。二是存在诉讼或者仲裁未决情况时,管理人应当继续履行职务,不得终止执行职务。① 本法第二十五条规定,代表债务人参加诉讼或者仲裁,是管理人的职责之一。这些诉讼和仲裁包括人民法院受理破产申请后,已经开始而尚未终结的有关债务人财产的民事诉讼或者仲裁,以及在破产程序进行中,因债务人财产发生争议而提起的诉讼。在破产程序终结后,如果没有人代表债务人参加未决的诉讼或者仲裁,会给破产财产的善后管理和诉讼、仲裁活动带来诸多不便。因此,在人民法院终结破产程序后,如果仍存在未决的诉讼或者仲裁,即使破产人的注销登记手续已办理完毕,作为代表债务人参加诉讼或者仲裁的管理人的职务并不终止,而应当继续执行其职务。

【最高人民法院裁判案例】

1. 常州长江客车制造有限公司破产清算组与上海巴士永达汽车销售有限公司等协议效力确认纠纷案[最高人民法院(2012)民提字第 172 号]

——在破产程序终结、破产企业注销的情况下,管理人仍然可以依法代表债务人处理诉讼或仲裁未决的事宜。

---

① 参见李国光主编:《新企业破产法理解与适用》,人民法院出版社 2006 年版,第543 页。

【案情简介】

常州长江客车制造有限公司破产清算组(以下简称长江公司清算组)为与上海巴士永达汽车销售有限公司(以下简称巴士永达公司)、上海宝山巴士公共交通有限公司、上海巴士弘盛汽车配件供应有限公司、常州长江客车集团有限公司破产清算组(以下简称长江集团清算组)协议效力确认纠纷一案,不服江苏省高级人民法院(2009)苏民二终字第0174号民事判决,向最高人民法院申请再审。

再审被申请人巴士永达公司在再审期间提交以下新证据:(1)长江公司与长江集团的工商登记情况。该查询资料显示:长江公司于2009年3月2日核准注销,长江集团于2012年4月23日核准注销。(2)长江公司破产清算组2008年5月9日就本案一审起诉时的民事起诉状。该起诉书显示:长江公司清算组的印章是完整无缺口的。而现申请再审书上长江公司清算组的印章有缺口,系使用的切割过的印章。长江公司已于2008年9月25日破产终结,2009年3月2日注销,长江公司清算组现已撤销,申请再审书上使用的印章是作废后切割过的,是没有效力的,故现长江公司清算组已无诉讼主体资格。

【裁判要点】

关于长江公司清算组是否具备申请再审的诉讼主体资格问题,最高人民法院认为本案一审诉讼时间为2008年5月9日,长江公司2008年9月25日破产程序终结后于2009年3月2日注销。根据《企业破产法》第一百二十二条"管理人于办理注销登记完毕的次日终止执行职务。但是,存在诉讼或者仲裁未决情况的除外"的规定,在破产程序终结、破产企业注销的情况下,管理人仍然可以依法代表债务人处理诉讼或仲裁未决的事宜。故长江公司清算组可以在破产企业注销后继续处理开始于破产程序中的未决诉讼,且长江公司清算组至今未解散,故对于巴士永达公司提出的长江公司清算组不具有诉讼主体资格的主张,本院不予支持。

【案例来源】

无讼网,http://www.itslaw.com。

2. 麟游县粮油贸易公司与甘肃省平凉市工商行政管理局撤销企业注销决定案[最高人民法院(2017)最高法行申7966号]

——管理人于办理注销登记完毕的次日终止执行职务。但是,存在诉讼或者仲裁未决情况的除外。

【案情简介】

2009年6月22日,平凉市崆峒区人民政府作出《关于关停四十里铺粮管所等七户国有粮食企业的批复》(知字〔2009〕12号),同意关停平凉市四十里铺粮食管理所等七户国有粮食企业。2009年6月26日,平凉市工商局崆峒分局作出《准予注销登记通知书》,办理了该七户企业的注销登记。其后由于上述关停的七户国有粮食企业中的峡门粮食管理所与麟游县粮油贸易公司之间存在债权债务关系,麟游县粮油贸易公司以平凉市崆峒区粮食局等为被告提起民事诉讼。2011年3月15日,陕西省宝鸡市金台区人民法院作出(2010)金民初字第425号民事判决,判决平凉市崆峒区粮食局支付麟游县粮油贸易公司货款1471171.24元及利息。平凉市崆峒区粮食局不服,提起上诉。2011年6月29日,陕西省宝鸡市中级人民法院作出(2011)宝市中法民一终字第229号民事判决,判决驳回上诉,维持原判。2010年,平凉市工商局在企业登记监管中,发现下属的平凉市工商局崆峒分局为平凉市四十里铺粮食管理所等七户企业办理的注销登记不符合相关法律法规的规定,于2010年12月10日作出《关于撤销对平凉市四十里铺粮食管理所等七户企业注销登记的决定》(平工商发〔2010〕127号,以下简称127号撤销决定),决定撤销对该七户企业的注销登记。麟游县粮油贸易公司于2016年1月向甘肃省白银市中级人民法院提起行政诉讼,要求撤销平凉市工商局作出的127号撤销决定,赔偿经济损失400万元。一审法院驳回麟游县粮油贸易公司的起诉,二审法院驳回上诉,维持原裁定。麟游县粮油贸易公司不服,向最高人民法院申请再审。麟游县粮油贸易公司申请再审时称,一、二审裁定违反法律规定的诉讼程序,将办理注销登记完毕、应当终止执行职务的七家破产清算组错列为第三人,影响公正审判。

【裁判要点】

最高人民法院认为,《企业破产法》第一百二十二条规定:"管理人于办理注销登记完毕的次日终止执行职务。但是,存在诉讼或者仲裁未决情况的除外。"一、二审法院通知与本案有利害关系的平凉市七粮食管理所破产清算组作为第三人参加诉讼,符合法律规定。麟游县粮油贸易公司申请再审提出的一、二审裁定违反法律规定的诉讼程序、影响公正审判的理由不能成立,本院对其相关主张不予支持。

【案例来源】

中国裁判文书网,https://wenshu. court. gov. cn。

第一百二十三条　【破产程序终结后的追加分配】 自破产程序依照本法第四十三条第四款或者第一百二十条的规定终结之日起二年内,有下列情形之一的,债权人可以请求人民法院按照破产财产分配方案进行追加分配:

(一)发现有依照本法第三十一条、第三十二条、第三十三条、第三十六条规定应当追回的财产的;

(二)发现破产人有应当供分配的其他财产的。

有前款规定情形,但财产数量不足以支付分配费用的,不再进行追加分配,由人民法院将其上交国库。

【立法·要点注释】

追加分配,是在破产程序终结以后,对于新发现的属于破产人的可用于破产分配的财产,由人民法院按照破产分配方案对尚未获得完全清偿的债权人所进行的补充分配。破产程序终结后,除存在诉讼或者仲裁未决的情况外,管理人已经终止执行职务,因此,追加分配由人民法院实施。债权人发现破产人还有可供分配的财产时,可以请求人民法院进行追加分配,人民法院应当依债权人的请求追回财产并进行分配。人民法院也可以依职权进行追加分配。

【参考观点】

根据本条规定,自破产清算程序终结之日起二年内,发现可供分配的破产财产的,债权人可以请求法院按照破产财产分配方案进行追偿。实践中,对于超过二年后发现的破产财产能否追加分配存在争议。《企业破产法》规定的二年为除斥期间,不得延长或中止,如果允许二年后仍可追加分配,虽然有利于债权人利益的保护,但不利于交易安全,更会造成追加分配的不可知性和程序的复杂性;如果允许债权人追回后用于自身债权的清偿,不仅会助长个别债权人的追讨行为,加剧程序的不稳定性,而且也容易产生破产人与个别债权人相互串通的道德风险。因此,《破产审判会议纪要》对于破产清算程序终结二年后的追加分配问题未予补充规定,以确保程序终结后法律关系的稳定性,督促管理人在破产程序中穷尽一切手段去追收债务人财产。①

第一百二十四条 【对未受领债权的清偿责任】 破产人的保证人和其他连带债务人,在破产程序终结后,对债权人依照破产清算程序未受清偿的债权,依法继续承担清偿责任。

【立法·要点注释】

企业法人因破产程序终结而终止,对未清偿的债务已无法再清偿。但债务人破产并非债权消灭的原因,债权人依照破产程序未得到全部清偿的债权,并不排除从第三人处得到清偿,债务人的保证人和其他连带债务人并不因债务人破产而免除其连带责任。破产程序终结后,债权人可以以其未受清偿的债权,向破产人的保证人和其他连带债务人要求清偿。

【相关立法】

《中华人民共和国民法典》(2020年5月28日第十三届全国人民代表大会第三次会议通过,2021年1月1日)

第一百七十八条 二人以上依法承担连带责任的,权利人有权请求部分或者全部连带责任人承担责任。

连带责任人的责任份额根据各自责任大小确定;难以确定责任大小的,平均承担责任。实际承担责任超过自己责任份额的连带责任人,有权向其他连带责任人追偿。

连带责任,由法律规定或者当事人约定。

---

① 参见贺小荣、葛洪涛、郁琳:《破产清算、关联企业破产以及执行与破产衔接的规范与完善——〈全国法院破产审判工作会议纪要〉的理解与适用(下)》,载《人民司法·应用》2018年第16期。

第三百九十二条　被担保的债权既有物的担保又有人的担保的,债务人不履行到期债务或者发生当事人约定的实现担保物权的情形,债权人应当按照约定实现债权;没有约定或者约定不明确,债务人自己提供物的担保的,债权人应当先就该物的担保实现债权;第三人提供物的担保的,债权人可以就物的担保实现债权,也可以请求保证人承担保证责任。提供担保的第三人承担担保责任后,有权向债务人追偿。

第五百一十八条　债权人为二人以上,部分或者全部债权人均可以请求债务人履行债务的,为连带债权;债务人为二人以上,债权人可以请求部分或者全部债务人履行全部债务的,为连带债务。

连带债权或者连带债务,由法律规定或者当事人约定。

【司法解释】

《最高人民法院关于适用〈中华人民共和国民法典〉有关担保制度的解释》(法释〔2020〕28 号,2021 年 1 月 1 日)

第二十三条　人民法院受理债务人破产案件,债权人在破产程序中申报债权后又向人民法院提起诉讼,请求担保人承担担保责任的,人民法院依法予以支持。

担保人清偿债权人的全部债权后,可以代替债权人在破产程序中受偿;在债权人的债权未获全部清偿前,担保人不得代替债权人在破产程序中受偿,但是有权就债权人通过破产分配和实现担保债权等方式获得清偿总额中超出债权的部分,在其承担担保责任的范围内请求债权人返还。

债权人在债务人破产程序中未获全部清偿,请求担保人继续承担担保责任的,人民法院应予支持;担保人承担担保责任后,向和解协议或者重整计划执行完毕后的债务人追偿的,人民法院不予支持。

第二十四条　债权人知道或者应当知道债务人破产,既未申报债权也未通知担保人,致使担保人不能预先行使追偿权的,担保人就该债权在破产程序中可能受偿的范围内免除担保责任,但是担保人因自身过错未行使追偿权的除外。

【司法文件】

《最高人民法院关于印发〈全国法院破产审判工作会议纪要〉的通知》（法〔2018〕53号，2018年3月4日）

31. 保证人的清偿责任和求偿权的限制。破产程序终结前，已向债权人承担了保证责任的保证人，可以要求债务人向其转付已申报债权的债权人在破产程序中应得清偿部分。破产程序终结后，债权人就破产程序中未受清偿部分要求保证人承担保证责任的，应在破产程序终结后六个月内提出。保证人承担保证责任后，不得再向和解或重整后的债务人行使求偿权。

【请示答复】

1.《最高人民法院对〈关于担保期间债权人向保证人主张权利的方式及程序问题的请示〉的答复》（民二他字〔2002〕第32号，2002年11月22日）

青海省高级人民法院：

你院〔2002〕青民二字第10号《关于担保期间债权人向保证人主张权利的方式及程序问题的请示》收悉。经研究，答复如下：

1. 本院2002年8月1日下发的《关于处理担保法生效前发生保证行为的保证期间问题的通知》第一条规定的"向保证人主张权利"和第二条规定的"向保证人主张债权"，其主张权利的方式可以包括"提起诉讼"和"送达清收债权通知书"等。其中"送达"既可由债权人本人送达，也可以委托公证机关送达或公告送达（在全国或省级有影响的报纸上刊发清收债权公告）。

2. 该《通知》第二条的规定的意义在于，明确当主债务人进入破产程序时，在"债权人没有申报债权"或"已经申报债权"两种不同情况下，债权人应当向保证人主张权利的期限。根据《最高人民法院关于适用〈中华人民共和国担保法〉若干问题的解释》①第四十四条第一款的规定，在上述情况下，债权人可以向人民法院申报债权，也可以向保证人主张权利。因此，对于债权人申报了债权，同时又起诉保证人的保证纠纷案件，人民法院应当受理。在具体审理并认定保证人应承担保证责任的金额时，如需等待破产程序结束的，

---

① 已废止，以下同。——编者注

可依照《中华人民共和国民事诉讼法》第一百三十六条①第一款第(五)项的规定,裁定中止诉讼。人民法院如径行判决保证人承担保证责任,应当在判决中明确应扣除债权人在债务人破产程序中可以分得的部分。

此复

2.《最高人民法院关于对云南省高级人民法院就如何适用〈关于适用《中华人民共和国担保法》若干问题的解释〉第四十四条请示的答复》

(〔2003〕民二他字第 49 号,2003 年 12 月 24 日)

云南省高级人民法院:

你院〔2003〕云高民二终字第 149 号请示收悉。经研究,答复如下:

《关于适用〈中华人民共和国担保法〉若干问题的解释》(以下简称担保法司法解释)第四十四条第二款规定的债权人应在破产程序终结后六个月内要求保证人承担保证责任的规定,仅适用于债务人在破产程序开始时保证期间尚未届满,而在债权人申报债权参加清偿破产财产程序期间保证期间届满的情形。即在上述情况下,考虑到债权人在债务人破产期间不便对保证人行使权利,债权人可以在债务人破产终结后六个月内要求保证人承担保证责任。你院请示的昆明电缆厂与交通银行昆明分行、昆明电缆股份有限公司担保借款合同纠纷案中,债权人交通银行昆明分行已经在保证期间内、债务人破产程序前要求保证人承担保证责任,因此,不适用担保法司法解释第四十四条第二款的规定。

此复

【参考观点】

根据《企业破产法》第一百二十四条的规定,破产清算程序终结后,破产人的保证人和其他连带债务人,对债权人依照破产清算程序未受清偿的债权依法继续承担责任。由于《企业破产法》未限制债权人在主债务人进入破产程序时向保证人主张保证责任,故实践中,债权人向主债务人申报债权并同时诉请保证人承担责任的情形较多,此时债权人提出的保证责任诉讼程序上应当如何处理、保证人承担保证责任后如何实现对破产主债务人的求偿,都

---

① 2021 年修正的《民事诉讼法》第一百五十三条。——编者注

是理论和实践中争议较大的问题。根据《最高人民法院对〈关于担保期间债权人向保证人主张权利的方式及程序问题的请示〉的答复》(〔2002〕民二他字第 32 号),破产程序进行中,人民法院受理债权人对保证人提起的保证责任纠纷诉讼后,可以采取中止审理或径行判决两种处理方式。由于上述处理方式最终都需等待破产程序确定债权人受偿份额,故即便直接判决保证人承担责任,通常也要等待破产程序终结后才能执行,尤其是如果破产程序审理周期较长的,会导致债权人的保证担保利益得不到及时实现。实际上,根据《企业破产法》第五十一条的规定,保证人承担责任后可以其对债务人的求偿权申报债权,如果之前债权人已经申报全部或部分债权的,保证人亦可通过申请转付相应清偿份额的方式行使求偿权。因此,《破产审判会议纪要》基于保证制度所应有的债权保障功能,将保障债权人利益的及时实现作为出发点,结合破产程序中有关保证人申报债权的相关规定,明确了破产程序终结前,已向债权人承担了保证责任的保证人,可通过申请转付相应清偿份额的方式,理顺保证人承担责任与求偿权之间的程序关系,并避免债权人获得双重受偿。此外,根据《企业破产法》第九十四条和第一百零六条的规定,为了避免存在保证担保的破产债权比其他破产债权获得更多比例的清偿,从而违反破产法同类债权平等清偿的原则,《破产审判会议纪要》亦明确了保证人承担保证责任后,不得向重整计划或和解协议执行完毕后的债务人追偿。①

【最高人民法院裁判案例】

河南省烟草公司濮阳市公司与濮阳市石油公司破产清算组、中国石油化工集团公司等追偿权纠纷案[最高人民法院(2016)最高法民申 1774 号]

——破产人的保证人和其他连带债务人,在破产程序终结后,对债权人依照破产清算程序未受清偿的债权,依法继续承担清偿责任。

【案情简介】

根据再审判决书显示,河南省烟草公司濮阳市公司(以下简称烟草公司)

① 参见贺小荣、葛洪涛、郁琳:《破产清算、关联企业破产以及执行与破产衔接的规范与完善——〈全国法院破产审判工作会议纪要〉的理解与适用(下)》,载《人民司法·应用》2018 年第 16 期。

主张对濮阳市石油公司享有债权,在濮阳市石油公司进入破产程序后,烟草公司按法律规定在破产程序中申报了债权,之后烟草公司提起诉讼,要求濮阳市石油公司履行还款义务,同时还主张中国石油化工集团公司(以下简称中石化公司)、中国石化集团河南石油总公司(以下简称中石化河南公司)对濮阳市石油公司所负债务承担连带清偿责任。双方对债权金额和债权真实性、合法性均无异议,烟草公司的债权理应在破产程序中进行受偿。经一审、二审判决后,烟草公司向最高人民法院申请再审,争议点之一即为中石化公司、中石化河南公司应否对濮阳市石油公司所负债务承担连带清偿责任。

【裁判要点】

关于中石化公司、中石化河南公司应否对濮阳市石油公司所负债务承担连带清偿责任的问题。首先,濮阳市石油公司的资产无偿划转到中石化公司,系国家对石油资源进行产业结构调整的结果,是国家行政机关行使宏观调控职能的体现,国务院及河南省政府文件虽强调"遗留问题逐步清理、妥善处理",但不能据此认定中石化公司及中石化河南公司应当承担濮阳市石油公司所负债务的连带清偿责任。濮阳市石油公司在资产划转后,其独立法人地位并未改变,亦不存在烟草公司再审申请中主张的《民法通则》第四十四条以及《最高人民法院关于审理与企业改制相关的民事纠纷案件若干问题的规定》第七条、第三十三条、第三十四条中规定的"企业分立、合并"、"以其优质财产与他人组建新公司"或"企业吸收合并或新设合并"等情形。因而,濮阳市石油公司应当对外独立承担民事责任。烟草公司再审申请中所列举的其余法律规定与本案事实亦不相符,原审法院未适用上述法律规定不属适用法律错误。

其次,烟草公司依据《企业破产法》第一百二十四条之规定,主张中石化公司及中石化河南公司应当承担濮阳市石油公司的连带清偿责任,其主张不能成立。该条规定:"破产人的保证人和其他连带债务人,在破产程序终结后,对债权人依照破产清算程序未受清偿的债权,依法继续承担清偿责任。"首先,根据本案查明事实,濮阳市石油公司目前仍在破产清算程序中,尚未终结破产程序,本案不应适用该条款;其次,上述法律规定内容系针对破产人的保证人和其他连带债务人,而本案中石化公司、中石化河南公司既非濮阳市石油公司的保证人也非连带债务人,亦不应适用该条款。

【案例来源】

中国裁判文书网,https://wenshu.court.gov.cn。

第十一章 法律责任

第一百二十五条 【破产企业董事、监事或者高级管理人员的民事责任和任职资格限制】 企业董事、监事或者高级管理人员违反忠实义务、勤勉义务,致使所在企业破产的,依法承担民事责任。

有前款规定情形的人员,自破产程序终结之日起三年内不得担任任何企业的董事、监事、高级管理人员。

【立法·要点注释】

企业董事、监事和高级管理人员应对企业承担忠实义务、勤勉义务。企业董事、监事或者高级管理人员违反忠实、勤勉义务,致使所在企业破产的,对因违反忠实、勤勉义务给企业造成的损失依法承担民事责任,同时自破产程序终结之日起三年内不得担任任何企业的董事、监事、高级管理人员。

【相关立法】

1.《中华人民共和国公司法》(2018 年 10 月 26 日第十三届全国人民代表大会常务委员会第六次会议第四次修正)

第二十一条 公司的控股股东、实际控制人、董事、监事、高级管理人员不得利用其关联关系损害公司利益。

违反前款规定,给公司造成损失的,应当承担赔偿责任。

第一百四十六条 有下列情形之一的,不得担任公司的董事、监事、高级管理人员:

(一)无民事行为能力或者限制民事行为能力;

(二)因贪污、贿赂、侵占财产、挪用财产或者破坏社会主义市场经济秩序,被判处刑罚,执行期满未逾五年,或者因犯罪被剥夺政治权利,执行期满未逾五年;

(三)担任破产清算的公司、企业的董事或者厂长、经理,对该公司、企业的破产负有个人责任的,自该公司、企业破产清算完结之日未逾三年;

(四)担任因违法被吊销营业执照、责令关闭的公司、企业的法定代表人,并负有个人责任的,自该公司、企业被吊销营业执照之日起未逾三年;

（五）个人所负数额较大的债务到期未清偿。

公司违反前款规定选举、委派董事、监事或者聘任高级管理人员的，该选举、委派或者聘任无效。

董事、监事、高级管理人员在任职期间出现本条第一款所列情形的，公司应当解除其职务。

第一百四十七条　董事、监事、高级管理人员应当遵守法律、行政法规和公司章程，对公司负有忠实义务和勤勉义务。

董事、监事、高级管理人员不得利用职权收受贿赂或者其他非法收入，不得侵占公司的财产。

第一百四十八条　董事、高级管理人员不得有下列行为：

（一）挪用公司资金；

（二）将公司资金以其个人名义或者以其他个人名义开立账户存储；

（三）违反公司章程的规定，未经股东会、股东大会或者董事会同意，将公司资金借贷给他人或者以公司财产为他人提供担保；

（四）违反公司章程的规定或者未经股东会、股东大会同意，与本公司订立合同或者进行交易；

（五）未经股东会或者股东大会同意，利用职务便利为自己或者他人谋取属于公司的商业机会，自营或者为他人经营与所任职公司同类的业务；

（六）接受他人与公司交易的佣金归为己有；

（七）擅自披露公司秘密；

（八）违反对公司忠实义务的其他行为。

董事、高级管理人员违反前款规定所得的收入应当归公司所有。

第一百四十九条　董事、监事、高级管理人员执行公司职务时违反法律、行政法规或者公司章程的规定，给公司造成损失的，应当承担赔偿责任。

第二百一十六条　本法下列用语的含义：

（一）高级管理人员，是指公司的经理、副经理、财务负责人，上市公司董事会秘书和公司章程规定的其他人员。

（二）控股股东，是指其出资额占有限责任公司资本总额百分之五十以上或者其持有的股份占股份有限公司股本总额百分之五十以上的股东；出资额或者持有股份的比例虽然不足百分之五十，但依其出资额或者持有的股份所享有的表决权已足以对股东会、股东大会的决议产生重大影响的股东。

（三）实际控制人，是指虽不是公司的股东，但通过投资关系、协议或者其他安排,能够实际支配公司行为的人。

(四)关联关系,是指公司控股股东、实际控制人、董事、监事、高级管理人员与其直接或者间接控制的企业之间的关系,以及可能导致公司利益转移的其他关系。但是,国家控股的企业之间不仅因为同受国家控股而具有关联关系。

2.《中华人民共和国商业银行法》(2015 年 8 月 29 日第十二届全国人民代表大会常务委员会第十六次会议第二次修正)

第二十七条　有下列情形之一的,不得担任商业银行的董事、高级管理人员:

(一)因犯有贪污、贿赂、侵占财产、挪用财产罪或者破坏社会经济秩序罪,被判处刑罚,或者因犯罪被剥夺政治权利的;

(二)担任因经营不善破产清算的公司、企业的董事或者厂长、经理,并对该公司、企业的破产负有个人责任的;

(三)担任因违法被吊销营业执照的公司、企业的法定代表人,并负有个人责任的;

(四)个人所负数额较大的债务到期未清偿的。

3.《中华人民共和国证券投资基金法》(2015 年 4 月 24 日第十二届全国人民代表大会常务委员会第十四次会议修正)

第十五条　有下列情形之一的,不得担任公开募集基金的基金管理人的董事、监事、高级管理人员和其他从业人员:

(一)因犯有贪污贿赂、渎职、侵犯财产罪或者破坏社会主义市场经济秩序罪,被判处刑罚的;

(二)对所任职的公司、企业因经营不善破产清算或者因违法被吊销营业执照负有个人责任的董事、监事、厂长、高级管理人员,自该公司、企业破产清算终结或者被吊销营业执照之日起未逾五年的;

(三)个人所负债务数额较大,到期未清偿的;

(四)因违法行为被开除的基金管理人、基金托管人、证券交易所、证券公司、证券登记结算机构、期货交易所、期货公司及其他机构的从业人员和国家机关工作人员;

(五)因违法行为被吊销执业证书或者被取消资格的律师、注册会计师和资产评估机构、验证机构的从业人员、投资咨询从业人员；

（六）法律、行政法规规定不得从事基金业务的其他人员。

【司法解释】

《最高人民法院关于适用〈中华人民共和国企业破产法〉若干问题的规定（二）》（法释〔2013〕22号，2013年9月16日；法释〔2020〕18号修正，2021年1月1日）

第二十条　管理人代表债务人提起诉讼，主张出资人向债务人依法缴付未履行的出资或者返还抽逃的出资本息，出资人以认缴出资尚未届至公司章程规定的缴纳期限或者违反出资义务已经超过诉讼时效为由抗辩的，人民法院不予支持。

管理人依据公司法的相关规定代表债务人提起诉讼，主张公司的发起人和负有监督股东履行出资义务的董事、高级管理人员，或者协助抽逃出资的其他股东、董事、高级管理人员、实际控制人等，对股东违反出资义务或者抽逃出资承担相应责任，并将财产归入债务人财产的，人民法院应予支持。

第二十四条　债务人有企业破产法第二条第一款规定的情形时，债务人的董事、监事和高级管理人员利用职权获取的以下收入，人民法院应当认定为企业破产法第三十六条规定的非正常收入：

（一）绩效奖金；

（二）普遍拖欠职工工资情况下获取的工资性收入；

（三）其他非正常收入。

债务人的董事、监事和高级管理人员拒不向管理人返还上述债务人财产，管理人主张上述人员予以返还的，人民法院应予支持。

债务人的董事、监事和高级管理人员因返还第一款第（一）项、第（三）项非正常收入形成的债权，可以作为普通破产债权清偿。因返还第一款第（二）项非正常收入形成的债权，依据企业破产法第一百一十三条第三款的规定，按照该企业职工平均工资计算的部分作为拖欠职工工资清偿；高出该企业职工平均工资计算的部分，可以作为普通破产债权清偿。

第四十六条　债务人的股东主张以下列债务与债务人对其负有的债务抵销，债务人管理人提出异议的，人民法院应予支持：

（一）债务人股东因欠缴债务人的出资或者抽逃出资对债务人所负的

债务；

(二)债务人股东滥用股东权利或者关联关系损害公司利益对债务人所负的债务。

【司法文件】

1.《最高人民法院办公厅转发〈关于推动和保障管理人在破产程序中依法履职进一步优化营商环境的意见〉的通知》(法办〔2021〕80号,2021年3月2日)

(三)建立破产企业相关人员任职限制登记制度。企业董事、监事或高级管理人员违反忠实勤勉义务,未履职尽责,致使所在企业破产,被人民法院判令承担相应责任的,管理人可以凭生效法律文书,通过全国企业破产重整案件信息网向市场监管、金融管理等部门申请对相关人员的任职资格限制进行登记。(最高人民法院、人民银行、市场监管总局、银保监会、证监会等按职责分工负责)

2.《最高人民法院关于正确审理企业破产案件为维护市场经济秩序提供司法保障若干问题的意见》(法发〔2009〕36号,2009年6月12日)

14. 人民法院在审理企业破产案件中,要充分调动管理人的积极性,促使其利用法律手段,努力查找和追收债务人财产,最大限度保护债权人利益。对出资不实、抽逃出资的,要依法追回;对于不当处置公司财产的行为,要依法撤销或者认定无效,并追回有关财产;对于违反法律、行政法规等规定,给公司或债权人造成损失的,要依法追究行为人的民事责任;对于发现妨碍清算行为的犯罪线索,要及时向侦查机关通报情况。

【参考观点】

一、企业董事、监事或者高级管理人员的忠实和勤勉义务

董事、监事、高级管理人员的忠实义务,是指董事、监事、高级管理人员管理公司、经营业务、履行职责时,必须代表全体股东为公司最大利益努力工作,当自身利益与公司利益发生冲突时,必须以公司利益为重,不得将自身利

益置于公司利益之上。①《公司法》第一百四十八条规定了公司董事、监事、高级管理人员违反忠实义务的具体表现形式。主要包括:(1)因自己的特殊身份而获取不当利益;(2)利用职权收受贿赂或者其他非法收入;(3)侵占和擅自处理公司的财产;(4)未经法定程序与公司进行自我交易;(5)篡夺公司的商业机会,同公司开展非法竞争;(6)擅自泄露公司秘密;(7)违反接受质询、协助监事的义务等。②此外,《公司法》第二十一条关于"公司的控股股东、实际控制人、董事、监事、高级管理人员不得利用其关联关系损害公司利益"也是对公司董事、监事、高级管理人员忠实义务的要求。

勤勉义务要求公司董事、监事、高级管理人员在行使职权时应当以一定的标准尽职尽责管理公司业务,违反该义务的董事、监事、高级管理人员应当承担相应的法律责任。③《公司法》对勤勉义务作出了概括性规定,赋予了公司董事、监事、高级管理人员承担勤勉义务的法定职责,而公司董事、监事、高级管理人员勤勉义务的内容则来源于公司章程、内部规章制度以及高管与公司签订的合同。公司董事、监事、高级管理人员违反勤勉义务的最低标准是,在管理公司事务进行经营时,不得违反法律法规的强制性和禁止性规定。④

二、破产企业董事、监事或者高级管理人员的民事责任

根据《公司法》和相关法律的规定,公司有权要求违反忠实义务的董事、高级管理人员承担以下民事责任:第一,行使归入权。公司可以要求董事、高级管理人员将违反忠实义务的收入、报酬归于公司。第二,赔偿损失。公司董事、高级管理人员违反忠实义务造成损失的,需对公司损害予以赔偿。第三,返还财产。《企业破产法》第三十六条规定,"债务人的董事、监事和高级管理人员利用职权从企业获取的非正常收入和侵占的企业财产,管理人应当追回"。第四,撤销交易。对于未经法定程序违反自我交易限制义务的行为,公司可以主张予以撤销。⑤董事、高级管理人员违反勤勉义务对公司造成损害的,公司可以要求其承担损害赔偿责任。

三、破产企业董事、监事或者高级管理人员的任职资格限制

根据《企业破产法》、《公司法》以及《审理破产案件若干规定》第一百零三条的有关规定,破产企业董事、监事、高级管理人员违反忠实、勤勉义务以

---

① ② 参见金剑锋:《公司管理层的法定义务和民事责任》,载《法律适用》2008年第Z1期。

③ ④ ⑤ 参见金剑锋:《公司管理层的法定义务和民事责任》,载《法律适用》2008年第Z1期。

致债务人破产的,除应依法追究董事、监事、高级管理人员的法律责任外,还应使其在一定期限内受到社会任职资格限制。具体措施包括:(1)建议有关部门限制破产企业的主要责任人再行开办企业;(2)在法定期限内禁止其担任公司的董事、监事、经理;(3)支持有关当事人要求确认委任无效的诉请。

编者说明

在企业发展史上,商事企业的结构随着社会经济环境的变化而不断变化。在商业领域,与企业存在关联关系的主体不当利用关联关系损害债权人利益的法律及社会问题不容忽视,迫切需要解决。借鉴其他国家和地区的相关规定,完善法人人格否认制度,并适当引入实质合并原则、衡平居次原则,会为我国破产司法实践提供新的思路。一方面,对于明显利用关联关系损害其他债权人利益的,通过审慎适用关联公司实质合并破产制度,将各个破产企业的资产和债务合并,按照统一的债权额比例清偿所有债权人,实现对关联公司所有债权人实质上的公平对待;另一方面,在控制公司可能采取尽量压低从属公司资本、增加负债等不正当方式规避法人人格否认制度,对其他债权人以及大众投资人带来损害的情况下,适用衡平居次原则要求母公司对子公司的债权次于一般的债权人和子公司的优先股股东,以实现对权利滥用的禁止和惩罚。

第一百二十六条 【有义务列席债权人会议的债务人的有关人员的法律责任】 有义务列席债权人会议的债务人的有关人员,经人民法院传唤,无正当理由拒不列席债权人会议的,人民法院可以拘传,并依法处以罚款。债务人的有关人员违反本法规定,拒不陈述、回答,或者作虚假陈述、回答的,人民法院可以依法处以罚款。

【立法·要点注释】

根据本法第十五条规定,列席债权人会议并如实回答债权人的询问,是债务人的法定代表人和其他有关人员的法定义务。债务人的有关人员违反法律规定的义务,经法院传唤,无正当理由拒不列席债权人会议,或者拒不陈述、回答,或者作虚假陈述、回答的,是扰乱和妨碍作为司法程序的破产程序正常进行的行为。对债务人有关人员实施的前述扰乱和妨害作为司法程序的破产程序正常进行的行为,法院可以依照《民事诉讼法》的有关规定,分别采取拘传并处罚款或者处以罚款的强制措施。

【相关立法】

1.《中华人民共和国企业破产法》(2006 年 8 月 27 日第十届全国人民代表大会常务委员会第二十三次会议通过,2007 年 6 月 1 日)

第十五条 自人民法院受理破产申请的裁定送达债务人之日起至破产程序终结之日,债务人的有关人员承担下列义务:

(一)妥善保管其占有和管理的财产、印章和账簿、文书等资料;

(二)根据人民法院、管理人的要求进行工作,并如实回答询问;

(三)列席债权人会议并如实回答债权人的询问;

(四)未经人民法院许可,不得离开住所地;

(五)不得新任其他企业的董事、监事、高级管理人员。

前款所称有关人员,是指企业的法定代表人;经人民法院决定,可以包括企业的财务管理人员和其他经营管理人员。

2.《中华人民共和国民事诉讼法》(2021 年 12 月 24 日第十三届全国人民代表大会常务委员会第三十二次会议第四次修正)

第一百一十八条 对个人的罚款金额,为人民币十万元以下。对单位的罚款金额,为人民币五万元以上一百万元以下。

拘留的期限,为十五日以下。

被拘留的人,由人民法院交公安机关看管。在拘留期间,被拘留人承认并改正错误的,人民法院可以决定提前解除拘留。

第一百一十九条 拘传、罚款、拘留必须经院长批准。

拘传应当发拘传票。

罚款、拘留应当用决定书。对决定不服的,可以向上一级人民法院申请复议一次。复议期间不停止执行。

【司法文件】

《最高人民法院关于印发〈全国法院民商事审判工作会议纪要〉的通知》(法〔2019〕254 号,2019 年 11 月 8 日)

118.【无法清算案件的审理与责任承担】人民法院在审理债务人相关人

员下落不明或者财产状况不清的破产案件时,应当充分贯彻债权人利益保护原则,避免债务人通过破产程序不当损害债权人利益,同时也要避免不当突破股东有限责任原则。

人民法院在适用《最高人民法院关于债权人对人员下落不明或者财产状况不清的债务人申请破产清算案件如何处理的批复》第 3 款的规定,判定债务人相关人员承担责任时,应当依照企业破产法的相关规定来确定相关主体的义务内容和责任范围,不得根据公司法司法解释(二)第 18 条第 2 款的规定来判定相关主体的责任。

上述批复第 3 款规定的"债务人的有关人员不履行法定义务,人民法院可依据有关法律规定追究其相应法律责任",系指债务人的法定代表人、财务管理人员和其他经营管理人员不履行《企业破产法》第 15 条规定的配合清算义务,人民法院可以根据《企业破产法》第 126 条、第 127 条追究其相应法律责任,或者参照《民事诉讼法》第 111 条的规定,依法拘留,构成犯罪的,依法追究刑事责任;债务人的法定代表人或者实际控制人不配合清算的,人民法院可以依据《出境入境管理法》第 12 条的规定,对其作出不准出境的决定,以确保破产程序顺利进行。

上述批复第 3 款规定的"其行为导致无法清算或者造成损失",系指债务人的有关人员不配合清算的行为导致债务人财产状况不明,或者依法负有清算责任的人未依照《企业破产法》第 7 条第 3 款的规定及时履行破产申请义务,导致债务人主要财产、账册、重要文件等灭失,致使管理人无法执行清算职务,给债权人利益造成损害。"有关权利人起诉请求其承担相应民事责任",系指管理人请求上述主体承担相应损害赔偿责任并将因此获得的赔偿归入债务人财产。管理人未主张上述赔偿,个别债权人可以代表全体债权人提起上述诉讼。

上述破产清算案件被裁定终结后,相关主体以债务人主要财产、账册、重要文件等重新出现为由,申请对破产清算程序启动审判监督的,人民法院不予受理,但符合《企业破产法》第 123 条规定的,债权人可以请求人民法院追加分配。

第一百二十七条　【不履行法定义务的直接责任人员的法律责任】债务人违反本法规定,拒不向人民法院提交或者提交不真实的财产状况说明、债务清册、债权清册、有关财务会计报告以及职工工资的支付情况和社会保险费用的缴纳情况的,人民法院可以对直接责任人员依法处以罚款。

债务人违反本法规定,拒不向管理人移交财产、印章和账簿、文书等资料的,或者伪造、销毁有关财产证据材料而使财产状况不明的,人民法院可以对直接责任人员依法处以罚款。

【立法·要点注释】

本法第十一条、第十五条规定,债务人负有向法院提交有关文件以及向管理人移交有关材料的义务。违反上述规定的债务人的直接责任人员应当承担本条规定的法律责任。由于相关行为已构成对破产程序的妨害,法院可以按照《民事诉讼法》的规定,对债务人的直接责任人员处以罚款。

【相关立法】

1.《中华人民共和国企业破产法》(2006 年 8 月 27 日第十届全国人民代表大会常务委员会第二十三次会议通过,2007 年 6 月 1 日)

第八条 向人民法院提出破产申请,应当提交破产申请书和有关证据。

破产申请书应当载明下列事项:

(一)申请人、被申请人的基本情况;

(二)申请目的;

(三)申请的事实和理由;

(四)人民法院认为应当载明的其他事项。

债务人提出申请的,还应当向人民法院提交财产状况说明、债务清册、债权清册、有关财务会计报告、职工安置预案以及职工工资的支付和社会保险费用的缴纳情况。

第十一条 人民法院受理破产申请的,应当自裁定作出之日起五日内送达申请人。

债权人提出申请的,人民法院应当自裁定作出之日起五日内送达债务人。债务人应当自裁定送达之日起十五日内,向人民法院提交财产状况说明、债务清册、债权清册、有关财务会计报告以及职工工资的支付和社会保险费用的缴纳情况。

第十五条　自人民法院受理破产申请的裁定送达债务人之日起至破产程序终结之日，债务人的有关人员承担下列义务：

（一）妥善保管其占有和管理的财产、印章和账簿、文书等资料；

（二）根据人民法院、管理人的要求进行工作，并如实回答询问；

（三）列席债权人会议并如实回答债权人的询问；

（四）未经人民法院许可，不得离开住所地；

（五）不得新任其他企业的董事、监事、高级管理人员。

前款所称有关人员，是指企业的法定代表人；经人民法院决定，可以包括企业的财务管理人员和其他经营管理人员。

2.《中华人民共和国民事诉讼法》（2021 年 12 月 24 日第十三届全国人民代表大会常务委员会第三十二次会议第四次修正）

第一百一十四条　诉讼参与人或者其他人有下列行为之一的，人民法院可以根据情节轻重予以罚款、拘留；构成犯罪的，依法追究刑事责任：

（一）伪造、毁灭重要证据，妨碍人民法院审理案件的；

（二）以暴力、威胁、贿买方法阻止证人作证或者指使、贿买、胁迫他人作伪证的；

（三）隐藏、转移、变卖、毁损已被查封、扣押的财产，或者已被清点并责令其保管的财产，转移已被冻结的财产的；

（四）对司法工作人员、诉讼参加人、证人、翻译人员、鉴定人、勘验人、协助执行的人，进行侮辱、诽谤、诬陷、殴打或者打击报复的；

（五）以暴力、威胁或者其他方法阻碍司法工作人员执行职务的；

（六）拒不履行人民法院已经发生法律效力的判决、裁定的。

人民法院对有前款规定的行为之一的单位，可以对其主要负责人或者直接责任人员予以罚款、拘留；构成犯罪的，依法追究刑事责任。

第一百一十八条　对个人的罚款金额，为人民币十万元以下。对单位的罚款金额，为人民币五万元以上一百万元以下。

拘留的期限，为十五日以下。

被拘留的人，由人民法院交公安机关看管。在拘留期间，被拘留人承认并改正错误的，人民法院可以决定提前解除拘留。

3.《中华人民共和国刑法》（2020 年 12 月 26 日第十三届全国人民代表

大会常务委员会第二十四次会议第十一次修正)

第一百六十二条 公司、企业进行清算时,隐匿财产,对资产负债表或者财产清单作虚伪记载或者在未清偿债务前分配公司、企业财产,严重损害债权人或者其他人利益的,对其直接负责的主管人员和其他直接责任人员,处五年以下有期徒刑或者拘役,并处或者单处二万元以上二十万元以下罚金。

第一百六十二条之一 隐匿或者故意销毁依法应当保存的会计凭证、会计账簿、财务会计报告,情节严重的,处五年以下有期徒刑或者拘役,并处或者单处二万元以上二十万元以下罚金。

单位犯前款罪的,对单位判处罚金,并对其直接负责的主管人员和其他直接责任人员,依照前款的规定处罚。

第一百六十二条之二 公司、企业通过隐匿财产、承担虚构的债务或者以其他方法转移、处分财产,实施虚假破产,严重损害债权人或者其他人利益的,对其直接负责的主管人员和其他直接责任人员,处五年以下有期徒刑或者拘役,并处或者单处二万元以上二十万元以下罚金。

【司法解释】

《最高人民法院关于债权人对人员下落不明或者财产状况不清的债务人申请破产清算案件如何处理的批复》(法释〔2008〕10号,2008年8月18日)
贵州省高级人民法院:

你院《关于企业法人被吊销营业执照后,依法负有清算责任的人未向法院申请破产,债权人是否可以申请被吊销营业执照的企业破产的请示》(〔2007〕黔高民二破请终字1号)收悉。经研究,批复如下:

债权人对人员下落不明或者财产状况不清的债务人申请破产清算,符合企业破产法规定的,人民法院应依法予以受理。债务人能否依据企业破产法第十一条第二款的规定向人民法院提交财产状况说明、债权债务清册等相关材料,并不影响对债权人申请的受理。

人民法院受理上述破产案件后,应当依据企业破产法的有关规定指定管理人追收债务人财产;经依法清算,债务人确无财产可供分配的,应当宣告债务人破产并终结破产程序;破产程序终结后二年内发现有依法应当追回的财产或者有应当供分配的其他财产的,债权人可以请求人民法院追加分配。

债务人的有关人员不履行法定义务,人民法院可依据有关法律规定追究其相应法律责任;其行为导致无法清算或者造成损失,有关权利人起诉请求其承担相应民事责任的,人民法院应依法予以支持。

此复

【要点注释】

关于债务人相关人员下落不明或者财产状况不清的破产案件应当如何审理,相关主体应如何承担责任的问题,实践中主要对批复第三款的理解和适用存在争议。《九民会议纪要》第 118 条基于强制清算制度与破产清算制度的不同制度目标、不同适用条件和不同规则设计,重点就此类破产清算案件中的责任主体范围、责任性质、责任承担方式等问题予以进一步明确。批复主要解决的是债权人对人员下落不明或者财产状况不清的债务人申请破产清算的案件,是否应当受理以及受理后如何审理的问题。因此,批复第三款有关债务人相关人员责任承担的规定,也应当在《企业破产法》及司法解释的规定内予以理解和把握,尤其是在判定债务人相关人员是否承担责任、承担何种责任的问题上,应当以《企业破产法》规定的相应义务是否履行为依据,不宜直接参照《公司法》及其司法解释中有关公司解散清算或强制清算的规定予以判定。①

【司法文件】

1.《最高人民法院印发〈关于推进破产案件依法高效审理的意见〉的通知》(法发〔2020〕14 号,2020 年 4 月 15 日)

五、强化强制措施和打击逃废债力度

20. 债务人的有关人员或者其他人员有故意作虚假陈述,或者伪造、销毁债务人的账簿等重要证据材料,或者对管理人进行侮辱、诽谤、诬陷、殴打、打击报复等违法行为的,人民法院除依法适用企业破产法规定的强制措施外,可以依照民事诉讼法第一百一十一条②等规定予以处理。

21. 债务人财产去向不明,或者债权人、出资人等利害关系人提供了债务人相关财产可能存在被非法侵占、挪用、隐匿等情形初步证据或者明确线

---

①　参见最高人民法院民事审判第二庭编著:《〈全国法院民商事审判工作会议纪要〉理解与适用》,人民法院出版社 2019 年版,第 593~594 页。

②　2021 年修正的《民事诉讼法》第一百一十四条。——编者注

索的,管理人应当及时对有关财产的去向情况进行调查。有证据证明债务人及其有关人员存在企业破产法第三十一条、第三十二条、第三十三条、第三十六条等规定的行为的,管理人应当依法追回相关财产。

2.《最高人民法院关于印发〈全国法院民商事审判工作会议纪要〉的通知》(法〔2019〕254 号,2019 年 11 月 8 日)

118.【无法清算案件的审理与责任承担】人民法院在审理债务人相关人员下落不明或者财产状况不清的破产案件时,应当充分贯彻债权人利益保护原则,避免债务人通过破产程序不当损害债权人利益,同时也要避免不当突破股东有限责任原则。

人民法院在适用《最高人民法院关于债权人对人员下落不明或者财产状况不清的债务人申请破产清算案件如何处理的批复》第 3 款的规定,判定债务人相关人员承担责任时,应当依照企业破产法的相关规定来确定相关主体的义务内容和责任范围,不得根据公司法司法解释(二)第 18 条第 2 款的规定来判定相关主体的责任。

上述批复第 3 款规定的"债务人的有关人员不履行法定义务,人民法院可依据有关法律规定追究其相应法律责任",系指债务人的法定代表人、财务管理人员和其他经营管理人员不履行《企业破产法》第 15 条规定的配合清算义务,人民法院可以根据《企业破产法》第 126 条、第 127 条追究其相应法律责任,或者参照《民事诉讼法》第 111 条的规定,依法拘留,构成犯罪的,依法追究刑事责任;债务人的法定代表人或者实际控制人不配合清算的,人民法院可以依据《出境入境管理法》第 12 条的规定,对其作出不准出境的决定,以确保破产程序顺利进行。

上述批复第 3 款规定的"其行为导致无法清算或者造成损失",系指债务人的有关人员不配合清算的行为导致债务人财产状况不明,或者依法负有清算责任的人未依照《企业破产法》第 7 条第 3 款的规定及时履行破产申请义务,导致债务人主要财产、账册、重要文件等灭失,致使管理人无法执行清算职务,给债权人利益造成损害。"有关权利人起诉请求其承担相应民事责任",系指管理人请求上述主体承担相应损害赔偿责任并将因此获得的赔偿归入债务人财产。管理人未主张上述赔偿,个别债权人可以代表全体债权人提起上述诉讼。

上述破产清算案件被裁定终结后,相关主体以债务人主要财产、账册、重要文件等重新出现为由,申请对破产清算程序启动审判监督的,人民法院不予受理,但符合《企业破产法》第123条规定的,债权人可以请求人民法院追加分配。

3.《最高人民法院关于正确审理企业破产案件为维护市场经济秩序提供司法保障若干问题的意见》(法发〔2009〕36号,2009年6月12日)

16. 人民法院在审理债务人人员下落不明或财产状况不清的破产案件时,要从充分保障债权人合法利益的角度出发,在对债务人的法定代表人、财务管理人员、其他经营管理人员,以及出资人等进行释明,或者采取相应罚款、训诫、拘留等强制措施后,债务人仍不向人民法院提交有关材料或者不提交全部材料,影响清算顺利进行的,人民法院就现有财产对已知债权进行公平清偿并裁定终结清算程序后,应当告知债权人可以另行提起诉讼要求有责任的有限责任公司股东、股份有限公司董事、控股股东,以及实际控制人等清算义务人对债务人的债务承担清偿责任。

编者说明

破产法律制度立法目的的实现,要求破产程序中的参与各方严格履行相关义务。实践中,债务人的有关人员不配合清算的问题具有一定普遍性,然而《企业破产法》的责任追究措施力度有限,如对于不向管理人移交财产、印章和账簿、文书等资料的,依据《企业破产法》仅能对直接责任人员处以罚款。《九民会议纪要》明确除此之外还可以采取拘留和限制出境的措施,上述责任追究措施虽系在对《下落不明或财产状况不清的债务人破产清算的批复》进行解释的语境下所规定,但其应统一适用于所有的破产案件,相信能够有效打击债务人有关人员怠于履行配合清算义务的行为。

第一百二十八条　【债务人的法定代表人和其他直接责任人员有损害债权人利益的行为的法律责任】债务人有本法第三十一条、第三十二条、第三十三条规定的行为,损害债权人利益的,债务人的法定代表人和其他直接责任人员依法承担赔偿责任。

【立法·要点注释】

根据本条规定,债务人有本法第三十一条、第三十二条、第三十三条规定的欺诈性资产转移行为和偏颇性清偿行为,损害债权人利益的,债务人的法定代表人和其他直接责任人员应当依法承担法律责任。

【相关立法】

1.《中华人民共和国企业破产法》(2006 年 8 月 27 日第十届全国人民代表大会常务委员会第二十三次会议通过,2007 年 6 月 1 日)

第三十一条　人民法院受理破产申请前一年内,涉及债务人财产的下列行为,管理人有权请求人民法院予以撤销:

(一)无偿转让财产的;

(二)以明显不合理的价格进行交易的;

(三)对没有财产担保的债务提供财产担保的;

(四)对未到期的债务提前清偿的;

(五)放弃债权的。

第三十二条　人民法院受理破产申请前六个月内,债务人有本法第二条第一款规定的情形,仍对个别债权人进行清偿的,管理人有权请求人民法院予以撤销。但是,个别清偿使债务人财产受益的除外。

第三十三条　涉及债务人财产的下列行为无效:

(一)为逃避债务而隐匿、转移财产的;

(二)虚构债务或者承认不真实的债务的。

2.《中华人民共和国民法典》(2020 年 5 月 28 日第十三届全国人民代表大会第三次会议通过,2021 年 1 月 1 日)

第一千一百六十五条　行为人因过错侵害他人民事权益造成损害的,应当承担侵权责任。

依照法律规定推定行为人有过错,其不能证明自己没有过错的,应当承担侵权责任。

【司法解释】

《最高人民法院关于适用〈中华人民共和国企业破产法〉若干问题的规定(二)》(法释〔2013〕22 号,2013 年 9 月 16 日;法释〔2020〕18 号修正,2021

年 1 月 1 日)

第十八条　管理人代表债务人依据企业破产法第一百二十八条的规定,以债务人的法定代表人和其他直接责任人员对所涉债务人财产的相关行为存在故意或者重大过失,造成债务人财产损失为由提起诉讼,主张上述责任人员承担相应赔偿责任的,人民法院应予支持。

【司法文件】

《最高人民法院关于正确审理企业破产案件为维护市场经济秩序提供司法保障若干问题的意见》(法发〔2009〕36 号,2009 年 6 月 12 日)

14. 人民法院在审理企业破产案件中,要充分调动管理人的积极性,促使其利用法律手段,努力查找和追收债务人财产,最大限度保护债权人利益。对出资不实、抽逃出资的,要依法追回;对于不当处置公司财产的行为,要依法撤销或者认定无效,并追回有关财产;对于违反法律、行政法规等规定,给公司或债权人造成损失的,要依法追究行为人的民事责任;对于发现妨碍清算行为的犯罪线索,要及时向侦查机关通报情况。

【参考观点】

一、破产欺诈行为民事责任的原理

本法对债务人的欺诈性资产转移行为和偏颇性清偿行为等作出了可撤销和无效的制度安排,但实践中存在管理人通过行使破产撤销权和主张行为无效后无法收回已被处置的债务人财产,或者即使收回了财产但仍存在其他损失的情形,无法通过撤销和无效认定实现债务人财产的完全复归,从而导致其他债权人利益无法得到有效的维护。这种情形下,作为债务人的法定代表人和相关行为的直接责任人员,如对所涉行为存在故意或者重大过失的,应当对其故意或者重大过失造成的债务人财产损失承担赔偿责任。①

---

　　①　参见最高人民法院民事审判第二庭编著:《最高人民法院关于企业破产法司法解释理解与适用——破产法解释(一)·破产法解释(二)》,人民法院出版社 2017 年版,第251 页。

二、破产欺诈行为民事责任的成立要件

承担本条规定的赔偿责任,一般应具备以下条件:(1)债务人实施了损害债权人利益的行为;(2)债权人利益受到了实际损失;(3)债务人的违法行为与债权人利益受到的损失之间有因果关系。承担的责任应以其破产欺诈行为给债权人造成的实际损失为限。①

三、追究破产欺诈责任人民事责任的法律程序

《企业破产法解释二》第十八条规定了追究破产欺诈责任人民事责任的法律程序。首先,管理人负责代表债务人追究破产欺诈责任人民事责任。让管理人依据《企业破产法》第一百二十八条的规定向"债务人的法定代表人和其他直接责任人员"提起损害赔偿之诉,更符合破产立法之宗旨,也更有利于破产程序的顺利进行。② 其次,《企业破产法解释二》中允许管理人提起民事赔偿之诉,并不意味着排除了债权人起诉之可能。在管理人不主动行使诉权来追究相应主体赔偿责任的情况下,法院可以行使释明权,让债权人通过债权人会议或者债权人委员会督促管理人履行诉讼职责,但如果管理人不履行职责,债权人向法院提起诉讼的,法院应予支持。③

第一百二十九条 【债务人的有关人员擅自离开住所地的法律责任】债务人的有关人员违反本法规定,擅自离开住所地的,人民法院可以予以训诫、拘留,可以依法并处罚款。

【立法·要点注释】

本法第十五条第一款规定,自法院受理破产申请的裁定送达债务人之日

---

① 参见最高人民法院民事审判第二庭编著:《最高人民法院关于企业破产法司法解释理解与适用——破产法解释(一)·破产法解释(二)》,人民法院出版社 2017 年版,第251~252 页。

② 参见最高人民法院民事审判第二庭编著:《最高人民法院关于企业破产法司法解释理解与适用——破产法解释(一)·破产法解释(二)》,人民法院出版社 2017 年版,第252~253 页。

③ 参见最高人民法院民事审判第二庭编著:《最高人民法院关于企业破产法司法解释理解与适用——破产法解释(一)·破产法解释(二)》,人民法院出版社 2017 年版,第253 页。

起至破产程序终结之日,债务人的有关人员未经法院许可,不得离开住所地。如果债务人的有关人员有特殊情况需要离开住所地,必须经过法院的许可,未经许可不得离开。如果债务人的有关人员违反这一规定,擅自离开住所地的,按照本条规定,法院可以予以训诫、拘留,可以并处罚款。

【相关立法】

1.《中华人民共和国企业破产法》(2006 年 8 月 27 日第十届全国人民代表大会常务委员会第二十三次会议通过,2007 年 6 月 1 日)

第十五条　自人民法院受理破产申请的裁定送达债务人之日起至破产程序终结之日,债务人的有关人员承担下列义务:

(一)妥善保管其占有和管理的财产、印章和账簿、文书等资料;

(二)根据人民法院、管理人的要求进行工作,并如实回答询问;

(三)列席债权人会议并如实回答债权人的询问;

(四)未经人民法院许可,不得离开住所地;

(五)不得新任其他企业的董事、监事、高级管理人员。

前款所称有关人员,是指企业的法定代表人;经人民法院决定,可以包括企业的财务管理人员和其他经营管理人员。

2.《中华人民共和国民事诉讼法》(2021 年 12 月 24 日第十三届全国人民代表大会常务委员会第三十二次会议第四次修正)

第一百一十八条　对个人的罚款金额,为人民币十万元以下。对单位的罚款金额,为人民币五万元以上一百万元以下。

拘留的期限,为十五日以下。

被拘留的人,由人民法院交公安机关看管。在拘留期间,被拘留人承认并改正错误的,人民法院可以决定提前解除拘留。

第一百一十九条　拘传、罚款、拘留必须经院长批准。

拘传应当发拘传票。

罚款、拘留应当用决定书。对决定不服的,可以向上一级人民法院申请复议一次。复议期间不停止执行。

【参考观点】

债务人的有关人员在破产程序中有着重要的作用,他们的配合协助能便于有关方面查明情况,保障破产程序顺利开展。因此,为了能保证债务人的有关人员随时提供协助或者到场说明情况以及防止债务人的有关人员特别是企业法人的法定代表人逃避责任,保护破产案件当事人特别是债权人的利益,债务人的有关人员不得离开住所地,若擅自离开,法院可以对其予以训诫或者拘留,同时还可以依法对其处以罚款。①

第一百三十条 【管理人的法律责任】管理人未依照本法规定勤勉尽责,忠实执行职务的,人民法院可以依法处以罚款;给债权人、债务人或者第三人造成损失的,依法承担赔偿责任。

【立法·要点注释】

勤勉尽责,就是要求管理人要恪尽职责,以一个善良管理人的注意履行职务;忠实执行职务,就是要求管理人履行职责要忠实,不弄虚作假,不得利用自己的职权牟取私利。管理人未依照本法规定勤勉尽责,忠实执行职务的,法院可以依法处以罚款。

管理人的行为给债权人、债务人或者第三人造成损失的,依法承担赔偿责任。承担本条规定的赔偿责任,应当具备以下条件:一是管理人实施了损害债权人、债务人或者第三人利益的违法行为;二是债权人、债务人或者第三人利益受到了实际损失;三是管理人具有主观上的过错,且其违法行为与债权人、债务人或者第三人利益受到的损失之间有因果关系。

【相关立法】

《中华人民共和国企业破产法》(2006 年 8 月 27 日第十届全国人民代表

---

① 参见李国光主编:《新企业破产法理解与适用》,人民法院出版社 2006 年版,第107 页。

大会常务委员会第二十三次会议通过,2007 年 6 月 1 日)

第二十五条　管理人履行下列职责:

(一)接管债务人的财产、印章和账簿、文书等资料;

(二)调查债务人财产状况,制作财产状况报告;

(三)决定债务人的内部管理事务;

(四)决定债务人的日常开支和其他必要开支;

(五)在第一次债权人会议召开之前,决定继续或者停止债务人的营业;

(六)管理和处分债务人的财产;

(七)代表债务人参加诉讼、仲裁或者其他法律程序;

(八)提议召开债权人会议;

(九)人民法院认为管理人应当履行的其他职责。

本法对管理人的职责另有规定的,适用其规定。

第二十七条　管理人应当勤勉尽责,忠实执行职务。

【司法解释】

1.《最高人民法院关于适用〈中华人民共和国企业破产法〉若干问题的规定(二)》(法释〔2013〕22 号,2013 年 9 月 16 日;法释〔2020〕18 号修正,2021 年 1 月 1 日)

第九条　管理人依据企业破产法第三十一条和第三十二条的规定提起诉讼,请求撤销涉及债务人财产的相关行为并由相对人返还债务人财产的,人民法院应予支持。

管理人因过错未依法行使撤销权导致债务人财产不当减损,债权人提起诉讼主张管理人对其损失承担相应赔偿责任的,人民法院应予支持。

第三十三条　管理人或者相关人员在执行职务过程中,因故意或者重大过失不当转让他人财产或者造成他人财产毁损、灭失,导致他人损害产生的债务作为共益债务,由债务人财产随时清偿不足弥补损失,权利人向管理人或者相关人员主张承担补充赔偿责任的,人民法院应予支持。

上述债务作为共益债务由债务人财产随时清偿后,债权人以管理人或者相关人员执行职务不当导致债务人财产减少给其造成损失为由提起诉讼,主张管理人或者相关人员承担相应赔偿责任的,人民法院应予支持。

2.《最高人民法院关于审理企业破产案件指定管理人的规定》（法释〔2007〕8 号,2007 年 6 月 1 日）

第三十九条 管理人申请辞去职务未获人民法院许可,但仍坚持辞职并不再履行管理人职责,或者人民法院决定更换管理人后,原管理人拒不向新任管理人移交相关事务,人民法院可以根据企业破产法第一百三十条的规定和具体情况,决定对管理人罚款。对社会中介机构为管理人的罚款 5 万元至 20 万元人民币,对个人为管理人的罚款 1 万元至 5 万元人民币。

管理人有前款规定行为或者无正当理由拒绝人民法院指定的,编制管理人名册的人民法院可以决定停止其担任管理人一年至三年,或者将其从管理人名册中除名。

第四十条 管理人不服罚款决定的,可以向上一级人民法院申请复议,上级人民法院应在收到复议申请后五日内作出决定,并将复议结果通知下级人民法院和当事人。

【参考观点】

一、管理人的勤勉义务和忠实义务

管理人的忠实义务常有以下表现形式:(1)管理人不得因自己的身份而受益;(2)管理人不得收受贿赂、某种秘密利益或所允诺的其他好处;(3)管理人必须严守竞业禁止原则;(4)管理人非经允许不得泄露破产企业的业务和商业秘密;(5)管理人不得侵吞破产财产及其掌握的其他财产(如别除权的标的财产);(6)管理人不得利用破产财团的信息和商事机会。①

管理人的勤勉义务的核心内容是一般注意义务。管理人注意义务本质上是一种管理性的义务。管理人的注意义务具体表现为:(1)谨慎接管债务人移交的全部财产和与财产有关的一切账册文件;(2)对破产财团的管理处分,包括保管清理破产财产、继续经营债务人事业等;(3)对破产债权的调查审查;(4)对取回权、别除权的标的物的善管义务;(5)尽心处理各种诉讼仲裁活动;(6)依法变价和分配破产财产;(7)向法院、债权人和其他利害关系

---

① 参见最高人民法院民事审判第二庭编著:《最高人民法院关于企业破产法司法解释理解与适用——破产法解释(一)·破产法解释(二)》,人民法院出版社 2017 年版,第 382 页。

人报告工作和通告信息;(8)请求召开债权人会议;(9)审慎选择委托提供相关服务的专业人士;(10)与破产程序相关的其他注意义务。①

二、管理人未勤勉尽责、忠实执行职务的处罚

在本条规定基础上,《指定管理人规定》针对管理人指定、管理人更换中未经法院许可坚持辞职、拒不向新任管理人移交相关事务的某些情形赋予法院处罚权。根据该规定,对管理人的处罚措施共有三种,具体包括罚款、暂停管理人资格和从管理人名册中除名。

三、管理人未勤勉尽责、忠实执行职务的民事赔偿责任

在我国现行的法律体系下,由于管理人是由法院指定,职权由法院规定,因此,将管理人视为"法定受托人"较为适宜。由于管理人是"法定受托人",其民事责任的认定标准和赔偿范围都是法定的,当管理人因过错行为导致破产财产受损时,应按照受托人的义务标准承担相应的民事责任。② 在本条基础上,《企业破产法解释二》明确规定了管理人因过错未依法行使撤销权时以及管理人因故意或者重大过失不当转让他人财产或者造成他人财产毁损、灭失时应当承担的法律责任。

编者说明

伴随着破产案件数量的逐年增多,管理人被诉案件屡有发生,作为破产案件的主要推动者和破产事务的具体执行者,管理人履职风险较大。面对破产程序中债务人、债权人、重整投资人等各方主体的不同利益诉求,管理人应当首先注意提升自身职业素养和执业能力,依法履职。同时,逐步形成规范、稳定和自律的行业组织,确保管理人队伍既充满活力又规范有序发展。截至 2021 年 12 月,全国已有 131 家管理人协会成立,在加强对管理人的管理和约束,维护管理人的合法权益方面发挥着积极作用。此外,在河北、浙江等部分地区已在当地管理人协会的积极推动下,探索设置专门的"破产管理人职业责任保险"险种,提升了管理人执业过程中的抗风险能力。但在实务中,个别利害关系人滥用诉权、恶意影

---

① 参见最高人民法院民事审判第二庭编著:《最高人民法院关于企业破产法司法解释理解与适用——破产法解释(一)·破产法解释(二)》,人民法院出版社 2017 年版,第382 页。

② 参见最高人民法院民事审判第二庭编著:《最高人民法院关于企业破产法司法解释理解与适用——破产法解释(一)·破产法解释(二)》,人民法院出版社 2017 年版,第377 页。

响管理人正常履职的情形亦不鲜见,因此,建议未来《企业破产法》修订时增加对管理人履职保障的相关制度。

第一百三十一条 【刑事责任】违反本法规定,构成犯罪的,依法追究刑事责任。

【立法·要点注释】

根据《刑法》的规定,违反本法规定的行为,可能构成的犯罪主要有:国有企业董事、监事或者高级管理人员可能犯国有公司、企业人员失职罪,国有公司、企业人员滥用职权罪,徇私舞弊低价折股、出售国有资产罪,贪污罪,挪用公款罪,私分国有资产罪,受贿罪,单位受贿罪等;非国有企业董事、监事或者高级管理人员可能构成职务侵占罪,挪用资金罪等;隐匿、故意销毁会计凭证、会计账簿、财务会计报告罪;虚假破产罪;妨害清算罪;虚假诉讼罪;其他犯罪。

【相关立法】

《中华人民共和国刑法》(2020 年 12 月 26 日第十三届全国人民代表大会常务委员会第二十四次会议第十一次修正)

第一百六十二条 公司、企业进行清算时,隐匿财产,对资产负债表或者财产清单作虚伪记载或者在未清偿债务前分配公司、企业财产,严重损害债权人或者其他人利益的,对其直接负责的主管人员和其他直接责任人员,处五年以下有期徒刑或者拘役,并处或者单处二万元以上二十万元以下罚金。

第一百六十二条之一 隐匿或者故意销毁依法应当保存的会计凭证、会计账簿、财务会计报告,情节严重的,处五年以下有期徒刑或者拘役,并处或者单处二万元以上二十万元以下罚金。

单位犯前款罪的,对单位判处罚金,并对其直接负责的主管人员和其他直接责任人员,依照前款的规定处罚。

第一百六十二条之二 公司、企业通过隐匿财产、承担虚构的债务或者以其他方法转移、处分财产,实施虚假破产,严重损害债权人或者其他人利益的,对其直接负责的主管人员和其他直接责任人员,处五年以下有期徒刑或者拘役,并处或者单处二万元以上二十万元以下罚金。

第一百六十八条　国有公司、企业的工作人员,由于严重不负责任或者滥用职权,造成国有公司、企业破产或者严重损失,致使国家利益遭受重大损失的,处三年以下有期徒刑或者拘役;致使国家利益遭受特别重大损失的,处三年以上七年以下有期徒刑。

国有事业单位的工作人员有前款行为,致使国家利益遭受重大损失的,依照前款的规定处罚。

国有公司、企业、事业单位的工作人员,徇私舞弊,犯前两款罪的,依照第一款的规定从重处罚。

第三百零七条之一　以捏造的事实提起民事诉讼,妨害司法秩序或者严重侵害他人合法权益的,处三年以下有期徒刑、拘役或者管制,并处或者单处罚金;情节严重的,处三年以上七年以下有期徒刑,并处罚金。

单位犯前款罪的,对单位判处罚金,并对其直接负责的主管人员和其他直接责任人员,依照前款的规定处罚。

有第一款行为,非法占有他人财产或者逃避合法债务,又构成其他犯罪的,依照处罚较重的规定定罪从重处罚。

司法工作人员利用职权,与他人共同实施前三款行为的,从重处罚;同时构成其他犯罪的,依照处罚较重的规定定罪从重处罚。

【司法文件】

1.《最高人民法院印发〈关于推进破产案件依法高效审理的意见〉的通知》(法发〔2020〕14 号,2020 年 4 月 15 日)

22. 人民法院要准确把握违法行为入刑标准,严厉打击恶意逃废债行为。因企业经营不规范导致债务人财产被不当转移或者处置的,管理人应当通过行使撤销权、依法追回财产、主张损害赔偿等途径维护债权人合法权益,追究相关人员的民事责任。企业法定代表人、出资人、实际控制人等有恶意侵占、挪用、隐匿企业财产,或者隐匿、故意销毁依法应当保存的会计凭证、会计账簿、财务会计报告等违法行为,涉嫌犯罪的,人民法院应当根据管理人的提请或者依职权及时移送有关机关依法处理。

2.《最高人民法院关于充分发挥审判职能作用切实加强产权司法保护

的意见》(法发〔2016〕27 号,2016 年 11 月 28 日)

4. 依法惩治各类侵犯产权犯罪,平等保护各种所有制经济产权。依法惩治侵吞、瓜分、贱卖国有、集体资产的犯罪,促进资产监督管理制度不断健全。加大对非公有财产的刑法保护力度,依法惩治侵犯非公有制企业产权以及侵犯非公有制经济投资者、管理者、从业人员财产权益的犯罪。对非法占有、处置、毁坏财产的,不论是公有财产还是私有财产,均依法及时追缴发还被害人,或者责令退赔。

5. 客观看待企业经营的不规范问题,对定罪依据不足的依法宣告无罪。对改革开放以来各类企业特别是民营企业因经营不规范所引发的问题,要以历史和发展的眼光客观看待,严格遵循罪刑法定、疑罪从无、从旧兼从轻等原则,依法公正处理。对虽属违法违规、但不构成犯罪,或者罪与非罪不清的,应当宣告无罪。对在生产、经营、融资等活动中的经济行为,除法律、行政法规明确禁止的,不得以犯罪论处。

6. 严格区分经济纠纷与刑事犯罪,坚决防止把经济纠纷当作犯罪处理。充分考虑非公有制经济特点,严格把握刑事犯罪的认定标准,严格区分正当融资与非法集资、合同纠纷与合同诈骗、民营企业参与国有企业兼并重组中涉及的经济纠纷与恶意侵占国有资产等的界限,坚决防止把经济纠纷认定为刑事犯罪,坚决防止利用刑事手段干预经济纠纷。对于各类经济纠纷,特别是民营企业与国有企业之间的纠纷,不论实际损失多大,都要始终坚持依法办案,排除各种干扰,确保公正审判。

3.《最高人民法院关于印发〈关于人民法院为防范化解金融风险和推进金融改革发展提供司法保障的指导意见〉的通知》(法发〔2012〕3 号,2012 年2 月 10 日)

11. 依法制裁逃废金融债务行为。在审理金融纠纷案件中,要坚持标准,认真把关,坚决依法制止那些企图通过诉讼逃债、消债等规避法律的行为。对弄虚作假、乘机逃废债务的,要严格追究当事人和相关责任人的法律责任,维护信贷秩序和金融安全。针对一些企业改制、破产活动中所存在的"假改制、真逃债"、"假破产、真逃债"的现象,各级人民法院要在党委的领导下,密切配合各级政府部门,采取一系列积极有效的措施,依法加大对"逃废金融债务"行为的制裁,协同构筑"金融安全区",最大限度地保障国有金融债权。

4.《最高人民法院关于正确审理企业破产案件为维护市场经济秩序提供司法保障若干问题的意见》(法发〔2009〕36 号,2009 年 6 月 12 日)

14. 人民法院在审理企业破产案件中,要充分调动管理人的积极性,促使其利用法律手段,努力查找和追收债务人财产,最大限度保护债权人利益。对出资不实、抽逃出资的,要依法追回;对于不当处置公司财产的行为,要依法撤销或者认定无效,并追回有关财产;对于违反法律、行政法规等规定,给公司或债权人造成损失的,要依法追究行为人的民事责任;对于发现妨碍清算行为的犯罪线索,要及时向侦查机关通报情况。

【参考观点】

法院在强调破产案件受理审理时也要严格运用破产法律规则防范借企业破产逃避债务,切实防止企业恶意逃避债务损害相关主体利益。① 对于违反法律、行政法规等规定,给公司或债权人造成损失的,要依法追究行为人的民事责任;对于发现妨碍清算行为的犯罪线索,要及时向侦查机关通报情况。

---

① 参见杨临萍:《关于当前商事审判工作中的若干具体问题(节选)》,载杜万华主编:《最高人民法院企业破产与公司清算案件审判指导》,中国法制出版社 2017 年版,第 481 页。

第十二章　附　则

第一百三十二条　【职工债权保护的特别规定】本法施行后,破产人在本法公布之日前所欠职工的工资和医疗、伤残补助、抚恤费用,所欠的应当划入职工个人账户的基本养老保险、基本医疗保险费用,以及法律、行政法规规定应当支付给职工的补偿金,依照本法第一百一十三条的规定清偿后不足以清偿的部分,以本法第一百零九条规定的特定财产优先于对该特定财产享有担保权的权利人受偿。

【立法·要点注释】

实践中,债务人进入破产程序后,其财产大多已设定担保,在担保权人行使优先受偿权后,破产财产往往所剩无几,即便职工债权享有优先受偿的顺位,但实际上经常不能获得清偿。而如果法律规定职工债权优先于担保权人受偿,又会损害担保权人的利益,影响交易安全。经过慎重研究,《企业破产法》在本条专门作出规定,职工债权在特定情况下可以在有担保的财产中优先于担保权人受偿:债务人在本法公布之日前所欠职工的工资和医疗、伤残补助、抚恤费用,所欠的应当划入职工个人账户的基本养老保险、基本医疗保险费用,以及法律、行政法规规定应当支付给职工的补偿金,依照本法第一百一十三条的规定清偿后不足以清偿的部分,以本法第一百零九条规定的特定财产优先于对该特定财产享有担保权的权利人受偿。发生在本法公布之后的职工债权,不得在担保权人之前优先受偿。

【相关立法】

1.《中华人民共和国企业破产法》(2006 年 8 月 27 日第十届全国人民代表大会常务委员会第二十三次会议通过,2007 年 6 月 1 日)

第一百一十三条　破产财产在优先清偿破产费用和共益债务后,依照下列顺序清偿:

(一)破产人所欠职工的工资和医疗、伤残补助、抚恤费用,所欠的应当划入职工个人账户的基本养老保险、基本医疗保险费用,以及法律、行政法规规定应当支付给职工的补偿金;

(二)破产人欠缴的除前项规定以外的社会保险费用和破产人所欠税款;

(三)普通破产债权。

破产财产不足以清偿同一顺序的清偿要求的,按照比例分配。

破产企业的董事、监事和高级管理人员的工资按照该企业职工的平均工资计算。

2.《中华人民共和国民法典》(2020年5月28日十三届全国人民代表大会第三次会议通过,2021年1月1日)

第三百八十六条 担保物权人在债务人不履行到期债务或者发生当事人约定的实现担保物权的情形,依法享有就担保财产优先受偿的权利,但法律另有规定的除外。

【司法解释】

《最高人民法院关于适用〈中华人民共和国企业破产法〉若干问题的规定(二)》(法释〔2013〕22号,2013年9月16日;法释〔2020〕18号修正,2021年1月1日)

第三条 债务人已依法设定担保物权的特定财产,人民法院应当认定为债务人财产。

对债务人的特定财产在担保物权消灭或者实现担保物权后的剩余部分,在破产程序中可用以清偿破产费用、共益债务和其他破产债权。

【司法文件】

《最高人民法院关于执行〈最高人民法院关于《中华人民共和国企业破产法》施行时尚未审结的企业破产案件适用法律若干问题的规定〉的通知》(法〔2007〕81号,2007年5月26日)

六、人民法院审理企业破产案件适用企业破产法第一百三十二条和《规定》第十四条时,应当注意以下几个问题:

(一)企业破产法第一百三十二条仅适用于企业破产法公布之日前所欠的职工权益,形成于企业破产法公布之日后所欠的职工权益不属本条适用的范畴,该部分职工权益只能从破产企业已经设定担保物权之外的其他财产,或者担保物权人明确放弃行使优先受偿权后的已设定担保物权的财产中受偿;

(二)企业破产法公布之日前形成的职工权益,在按照正常清偿顺序无法得到清偿时,才可从已经设定物权担保的财产中受偿。在债务人尚有其他财产可以清偿时,不得先行从已经设定物权担保的财产中清偿;

(三)在企业破产法公布之日前所欠的职工权益,依法以设定物权担保的财产进行清偿的情况下,对于企业破产案件中因按照正常清偿顺序无法实现的破产费用、共益债务以及职工的其他权益不得优先于担保物权人受偿。

第一百三十三条　【本法施行前国务院规定范围内企业破产的特别规定】在本法施行前国务院规定的期限和范围内的国有企业实施破产的特殊事宜,按照国务院有关规定办理。

【立法·要点注释】

在本法颁布时,全国还有 1800 余家国有大中型困难企业需要通过政策性破产退出市场,国务院也批准了全国国有企业关闭破产四年工作计划等政策。由于上述政策措施只适用于特定的国有企业,其范围在国务院文件中也已确定,加之这类政策具有过渡性质,故本条规定,在本法施行前国务院规定的期限和范围内的国有企业实施破产的特殊事宜,按照国务院有关规定办理。国务院规定的期限届满后,所有国有企业的破产均应当依照本法执行。

【参考观点】

国务院"优化资本结构"试点城市的国有工业企业的破产优先适用特别规定的前提是:(1)必须是国有企业,集体企业及其他任何性质的企业都不能适用国务院的特殊政策规定;(2)必须是国有工业企业,非工业企业适用这些政策必须经国家有关部门特殊批准,但一般情况下不予批准;(3)企业必须是国务院直接确定的"优化资本结构"试点城市的企业;(4)符合上述三个条件的企业还要报全国企业兼并破产和职工再就业工作领导小组批准纳入《全国企业兼并破产和职工再就业工作计划》后,才能适用相应的国家政策文件,才能享有以破产企业财产优先安置职工的优惠政策。①

截至 2006 年底,全国有 4252 户国有企业通过政策性关闭破产平稳退出了市场,837 万名职工得到了妥善安置。截至 2007 年 5 月 30 日,总体规划内还有约 1000 户困难企业需要实施政策性关闭破产,国务院相关部门已经确定 2007 年是申报项目的最后一批,总体规划内拟实施政策性关闭破产的企业都要纳入此次申报范围,今后不再组织全国性的项目申报工作。按照总体规划,到 2008 年底要全部完成政策性关闭破产工作,以后的国有企业破产将严格按照《企业破产法》的规定实施。②

【最高人民法院裁判案例】

海南巨恒房地产开发投资有限公司与国营南江机械厂破产清算纠纷案

[最高人民法院(2016)最高法民再 441 号]

——国有企业政策性破产在程序上依然应当根据《企业破产法》的相关规定操作。破产申请只要符合法律及相关司法解释规定的破产原因和申请要求,人民法院即应当依法受理。

【案情简介】

海南巨恒房地产开发投资有限公司(以下简称巨恒公司)于 2011 年依法取得对国营南江机械厂(以下简称南江厂)本金 855 万元及相应利息的债权,巨恒公司随后向海口市中级人民法院申请南江厂破产清算。该院审理认为,根据《二〇〇六年全国企业关闭破产项目表》,南江厂属于"已列入经国务院批准的全国企业政策性关闭破产总体规划的国有企业",根据《企业破产法》第一百三十三条"在本法施行前国务院规定的期限和范围内的国有企业实施破产的特殊事宜,按照国务院有关规定办理"的规定,南江厂实施破产不应适用《企业破产法》规定的破产清算程序,而应按照国务院有关国有企业政策性关闭破产的规定办理,遂作出(2015)海中法破(预)字第 11 号民事裁定,对巨恒公司提出的南江厂破产清算申请不予受理。巨恒公司不服,

---

① 参见李国光主编:《新企业破产法条文释义》,人民法院出版社 2006 年版,第 548~549 页。

② 参见《充分发挥民商事审判职能作用为构建社会主义和谐社会提供司法保障——在全国民商事审判工作会议上的讲话》(2007 年 5 月 30 日)。

向海南省高级人民法院提起上诉,该院作出(2016)琼民终 65 号民事裁定,驳回上诉,维持原裁定。巨恒公司不服二审裁定,向最高人民法院申请再审,最高人民法院作出(2016)最高法民申 2170 号民事裁定,提审本案。

【裁判要点】

国有企业政策性破产是我国在特殊历史时期给予国有企业破产的特殊政策,其特殊性在于企业债务的核销、职工安置等方面,但在程序上依然应当根据《企业破产法》的相关规定操作。在人民法院是否受理债权人提出的破产申请问题上,不能以债务人已被纳入政策性破产计划为由否定《企业破产法》的适用。破产申请只要符合法律及相关司法解释规定的破产原因和申请要求,人民法院即应当依法受理。

【案例来源】

中国裁判文书网,https://wenshu.court.gov.cn。

第一百三十四条　【金融机构破产的特别规定】商业银行、证券公司、保险公司等金融机构有本法第二条规定情形的,国务院金融监督管理机构可以向人民法院提出对该金融机构进行重整或者破产清算的申请。国务院金融监督管理机构依法对出现重大经营风险的金融机构采取接管、托管等措施的,可以向人民法院申请中止以该金融机构为被告或者被执行人的民事诉讼程序或者执行程序。

金融机构实施破产的,国务院可以依据本法和其他有关法律的规定制定实施办法。

【立法·要点注释】

商业银行、证券公司、保险公司等金融机构是依法设立的企业法人,受到本法的约束,但商业银行、证券公司、保险公司等金融机构经营的业务有其特殊性,其债权债务关系通常比一般企业更复杂和广泛,其破产给社会带来的震荡也比一般企业更大。对那些发生重大经营风险、出现破产原因,应当及时依法进行重整或破产清算的金融机构,在该金融机构及债权人均不主动提出破产申请的情况下,为了避免风险进一步扩大,由金融监管机构向人民法院提出破产申请,确有必要。

商业银行、证券公司、保险公司等金融机构的破产并非排除本法的适用,但商业银行、证券公司、保险公司等金融机构的破产存在特殊性,除本法有关特殊规定外,有关金融法律对金融机构破产作了一些特殊规定。在此基础上,为便于本法和有关金融法律对有关金融机构破产的特殊规定的具体实施,本法规定:金融机构实施破产的,国务院可以依据本法和其他有关法律的规定制定实施办法。

【相关立法】

1.《中华人民共和国民事诉讼法》(2021 年 12 月 24 日第十三届全国人民代表大会常务委员会第三十二次会议第四次修正)

第一百五十三条 有下列情形之一的,中止诉讼:

(一)一方当事人死亡,需要等待继承人表明是否参加诉讼的;

(二)一方当事人丧失诉讼行为能力,尚未确定法定代理人的;

(三)作为一方当事人的法人或者其他组织终止,尚未确定权利义务承受人的;

(四)一方当事人因不可抗拒的事由,不能参加诉讼的;

(五)本案必须以另一案的审理结果为依据,而另一案尚未审结的;

(六)其他应当中止诉讼的情形。

中止诉讼的原因消除后,恢复诉讼。

第二百六十三条 有下列情形之一的,人民法院应当裁定中止执行:

(一)申请人表示可以延期执行的;

(二)案外人对执行标的提出确有理由的异议的;

(三)作为一方当事人的公民死亡,需要等待继承人继承权利或者承担义务的;

(四)作为一方当事人的法人或者其他组织终止,尚未确定权利义务承受人的;

(五)人民法院认为应当中止执行的其他情形。

中止的情形消失后,恢复执行。

2.《中华人民共和国商业银行法》(2015 年 8 月 29 日第十二届全国人民代表大会常务委员会第十六次会议第二次修正)

第六十四条 商业银行已经或者可能发生信用危机,严重影响存款人的利益时,国务院银行业监督管理机构可以对该银行实行接管。

接管的目的是对被接管的商业银行采取必要措施,以保护存款人的利益,恢复商业银行的正常经营能力。被接管的商业银行的债权债务关系不因接管而变化。

第七十一条　商业银行不能支付到期债务,经国务院银行业监督管理机构同意,由人民法院依法宣告其破产。商业银行被宣告破产的,由人民法院组织国务院银行业监督管理机构等有关部门和有关人员成立清算组,进行清算。

商业银行破产清算时,在支付清算费用、所欠职工工资和劳动保险费用后,应当优先支付个人储蓄存款的本金和利息。

第七十二条　商业银行因解散、被撤销和被宣告破产而终止。

3.《中华人民共和国保险法》(2015 年 4 月 24 日第十二届全国人民代表大会常务委员会第十四次会议第三次修正)

第九十条　保险公司有《中华人民共和国企业破产法》第二条规定情形的,经国务院保险监督管理机构同意,保险公司或者其债权人可以依法向人民法院申请重整、和解或者破产清算;国务院保险监督管理机构也可以依法向人民法院申请对该保险公司进行重整或者破产清算。

第九十一条　破产财产在优先清偿破产费用和共益债务后,按照下列顺序清偿:

(一)所欠职工工资和医疗、伤残补助、抚恤费用,所欠应当划入职工个人账户的基本养老保险、基本医疗保险费用,以及法律、行政法规规定应当支付给职工的补偿金;

(二)赔偿或者给付保险金;

(三)保险公司欠缴的除第(一)项规定以外的社会保险费用和所欠税款;

(四)普通破产债权。

破产财产不足以清偿同一顺序的清偿要求的,按照比例分配。

破产保险公司的董事、监事和高级管理人员的工资,按照该公司职工的平均工资计算。

第九十二条　经营有人寿保险业务的保险公司被依法撤销或者被依法宣告破产的,其持有的人寿保险合同及责任准备金,必须转让给其他经营有人寿保险业务的保险公司;不能同其他保险公司达成转让协议的,由国务院保险监督管理机构指定经营有人寿保险业务的保险公司接受转让。

转让或者由国务院保险监督管理机构指定接受转让前款规定的人寿保险合同及责任准备金的,应当维护被保险人、受益人的合法权益。

第一百四十四条 保险公司有下列情形之一的,国务院保险监督管理机构可以对其实行接管:

(一)公司的偿付能力严重不足的;

(二)违反本法规定,损害社会公共利益,可能严重危及或者已经严重危及公司的偿付能力的。

被接管的保险公司的债权债务关系不因接管而变化。

第一百四十八条 被整顿、被接管的保险公司有《中华人民共和国企业破产法》第二条规定情形的,国务院保险监督管理机构可以依法向人民法院申请对该保险公司进行重整或者破产清算。

4.《中华人民共和国证券法》(2019 年 12 月 28 日第十三届全国人民代表大会常务委员会第十五次会议第二次修订)

第一百二十二条 证券公司变更证券业务范围,变更主要股东或者公司的实际控制人,合并、分立、停业、解散、破产,应当经国务院证券监督管理机构核准。

第一百三十一条 证券公司客户的交易结算资金应当存放在商业银行,以每个客户的名义单独立户管理。

证券公司不得将客户的交易结算资金和证券归入其自有财产。禁止任何单位或者个人以任何形式挪用客户的交易结算资金和证券。证券公司破产或者清算时,客户的交易结算资金和证券不属于其破产财产或者清算财产。非因客户本身的债务或者法律规定的其他情形,不得查封、冻结、扣划或者强制执行客户的交易结算资金和证券。

第一百四十三条 证券公司违法经营或者出现重大风险,严重危害证券市场秩序、损害投资者利益的,国务院证券监督管理机构可以对该证券公司采取责令停业整顿、指定其他机构托管、接管或者撤销等监管措施。

第一百四十四条 在证券公司被责令停业整顿、被依法指定托管、接管或者清算期间,或者出现重大风险时,经国务院证券监督管理机构批准,可以对该证券公司直接负责的董事、监事、高级管理人员和其他直接责任人员采取以下措施：

（一）通知出境入境管理机关依法阻止其出境；

（二）申请司法机关禁止其转移、转让或者以其他方式处分财产，或者在财产上设定其他权利。

5.《中华人民共和国信托法》（2001 年 4 月 28 日第九届全国人民代表大会常务委员会第二十一次会议通过，2001 年 10 月 1 日）

第十六条　信托财产与属于受托人所有的财产（以下简称固有财产）相区别，不得归入受托人的固有财产或者成为固有财产的一部分。

受托人死亡或者依法解散、被依法撤销、被宣告破产而终止，信托财产不属于其遗产或者清算财产。

【行政法规】

1.《期货交易管理条例》（2017 年 3 月 1 日根据中华人民共和国国务院令第 676 号《国务院关于修改和废止部分行政法规的决定》第四次修订）

第十九条　期货公司办理下列事项，应当经国务院期货监督管理机构批准：

（一）合并、分立、停业、解散或者破产；

（二）变更业务范围；

（三）变更注册资本且调整股权结构；

（四）新增持有 5% 以上股权的股东或者控股股东发生变化；

（五）国务院期货监督管理机构规定的其他事项。

前款第三项、第五项所列事项，国务院期货监督管理机构应当自受理申请之日起 20 日内作出批准或者不批准的决定；前款所列其他事项，国务院期货监督管理机构应当自受理申请之日起 2 个月内作出批准或者不批准的决定。

第五十六条　期货公司违法经营或者出现重大风险，严重危害期货市场秩序、损害客户利益的，国务院期货监督管理机构可以对该期货公司采取责令停业整顿、指定其他机构托管或者接管等监管措施。经国务院期货监督管理机构批准，可以对该期货公司直接负责的董事、监事、高级管理人员和其他直接责任人员采取以下措施：

（一）通知出境管理机关依法阻止其出境；

（二）申请司法机关禁止其转移、转让或者以其他方式处分财产，或者在财产上设定其他权利。

2.《证券公司风险处置条例》（2016 年 2 月 6 日根据中华人民共和国国务院令第 666 号《国务院关于修改和废止部分行政法规的决定》修订）

第八条 证券公司有下列情形之一的，国务院证券监督管理机构可以对其证券经纪等涉及客户的业务进行托管；情节严重的，可以对该证券公司进行接管：

（一）治理混乱，管理失控；

（二）挪用客户资产并且不能自行弥补；

（三）在证券交易结算中多次发生交收违约或者交收违约数额较大；

（四）风险控制指标不符合规定，发生重大财务危机；

（五）其他可能影响证券公司持续经营的情形。

第十二条 证券公司出现重大风险，但具备下列条件的，可以由国务院证券监督管理机构对其进行行政重组：

（一）财务信息真实、完整；

（二）省级人民政府或者有关方面予以支持；

（三）整改措施具体，有可行的重组计划。

被停业整顿、托管、接管的证券公司，具备前款规定条件的，也可以由国务院证券监督管理机构对其进行行政重组。

第三十七条 证券公司被依法撤销、关闭时，有《企业破产法》第二条规定情形的，行政清理工作完成后，国务院证券监督管理机构或者其委托的行政清理组依照《企业破产法》的有关规定，可以向人民法院申请对被撤销、关闭证券公司进行破产清算。

第三十八条 证券公司有《企业破产法》第二条规定情形的，国务院证券监督管理机构可以直接向人民法院申请对该证券公司进行重整。

证券公司或者其债权人依照《企业破产法》的有关规定，可以向人民法院提出对证券公司进行破产清算或者重整的申请，但应当依照《证券法》第一百二十九条①的规定报经国务院证券监督管理机构批准。

---

① 因立法修订，现本条对应《证券法》第一百二十二条。以下同。——编者注

第三十九条　对不需要动用证券投资者保护基金的证券公司,国务院证券监督管理机构应当在批准破产清算前撤销其证券业务许可。证券公司应当依照本条例第十八条的规定停止经营证券业务,安置客户。

对需要动用证券投资者保护基金的证券公司,国务院证券监督管理机构对该证券公司或者其债权人的破产清算申请不予批准,并依照本条例第三章的规定撤销该证券公司,进行行政清理。

第四十条　人民法院裁定受理证券公司重整或者破产清算申请的,国务院证券监督管理机构可以向人民法院推荐管理人人选。

第四十一条　证券公司进行破产清算的,行政清理时已登记的不符合国家收购规定的债权,管理人可以直接予以登记。

第四十二条　人民法院裁定证券公司重整的,证券公司或者管理人应当同时向债权人会议、国务院证券监督管理机构和人民法院提交重整计划草案。

第四十三条　自债权人会议各表决组通过重整计划草案之日起 10 日内,证券公司或者管理人应当向人民法院提出批准重整计划的申请。重整计划涉及《证券法》第一百二十九条规定相关事项的,证券公司或者管理人应当同时向国务院证券监督管理机构提出批准相关事项的申请,国务院证券监督管理机构应当自收到申请之日起 15 日内作出批准或者不予批准的决定。

第四十四条　债权人会议部分表决组未通过重整计划草案,但重整计划草案符合《企业破产法》第八十七条第二款规定条件的,证券公司或者管理人可以申请人民法院批准重整计划草案。重整计划草案涉及《证券法》第一百二十九条规定相关事项的,证券公司或者管理人应当同时向国务院证券监督管理机构提出批准相关事项的申请,国务院证券监督管理机构应当自收到申请之日起 15 日内作出批准或者不予批准的决定。

第四十五条　经批准的重整计划由证券公司执行,管理人负责监督。监督期届满,管理人应当向人民法院和国务院证券监督管理机构提交监督报告。

第四十六条　重整计划的相关事项未获国务院证券监督管理机构批准,或者重整计划未获人民法院批准的,人民法院裁定终止重整程序,并宣告证券公司破产。

第四十七条　重整程序终止,人民法院宣告证券公司破产的,国务院证券监督管理机构应当对证券公司作出撤销决定,人民法院依照《企业破产法》的规定组织破产清算。涉及税收事项,依照《企业破产法》和《中华人民共和国税收征收管理法》的规定执行。

人民法院认为应当对证券公司进行行政清理的,国务院证券监督管理机构比照本条例第三章的规定成立行政清理组,负责清理账户,协助甄别确认、收购符合国家规定的债权,协助证券投资者保护基金管理机构弥补客户的交易结算资金,转让证券类资产等。

3.《存款保险条例》(2014 年 10 月 29 日国务院第 67 次常务会议通过, 2015 年 5 月 1 日)

第十八条 存款保险基金管理机构可以选择下列方式使用存款保险基金,保护存款人利益:

(一)在本条例规定的限额内直接偿付被保险存款;

(二)委托其他合格投保机构在本条例规定的限额内代为偿付被保险存款;

(三)为其他合格投保机构提供担保、损失分摊或者资金支持,以促成其收购或者承担被接管、被撤销或者申请破产的投保机构的全部或者部分业务、资产、负债。

存款保险基金管理机构在拟订存款保险基金使用方案选择前款规定方式时,应当遵循基金使用成本最小的原则。

第十九条 有下列情形之一的,存款人有权要求存款保险基金管理机构在本条例规定的限额内,使用存款保险基金偿付存款人的被保险存款:

(一)存款保险基金管理机构担任投保机构的接管组织;

(二)存款保险基金管理机构实施被撤销投保机构的清算;

(三)人民法院裁定受理对投保机构的破产申请;

(四)经国务院批准的其他情形。

存款保险基金管理机构应当依照本条例的规定,在前款规定情形发生之日起 7 个工作日内足额偿付存款。

【司法解释】

1.《最高人民法院关于适用〈中华人民共和国民事诉讼法〉的解释》(法释〔2015〕5 号,2015 年 2 月 4 日;法释〔2020〕20 号修正,2021 年 1 月 1 日;法释〔2022〕11 号修正,2022 年 4 月 10 日)

第二百四十六条 裁定中止诉讼的原因消除,恢复诉讼程序时,不必撤销原裁定,从人民法院通知或者准许当事人双方继续进行诉讼时起,中止诉讼的裁定即失去效力。

2.《最高人民法院关于适用〈中华人民共和国企业破产法〉若干问题的规定(二)》(法释〔2013〕22 号,2013 年 9 月 16 日;法释〔2020〕18 号修正,2021 年 1 月 1 日)

第五条　破产申请受理后,有关债务人财产的执行程序未依照企业破产法第十九条的规定中止的,采取执行措施的相关单位应当依法予以纠正。依法执行回转的财产,人民法院应当认定为债务人财产。

【司法文件】

1.《最高人民法院办公厅转发〈关于推动和保障管理人在破产程序中依法履职进一步优化营商环境的意见〉的通知》(法办〔2021〕80 号,2021 年 3 月 2 日)

(七)协助配合推进破产程序。充分发挥金融机构债权人委员会、债券持有人会议等集体协商机制在企业破产中的协调、协商作用。鼓励金融机构进一步完善、明确内部管理流程,合理下放表决权行使权限,促进金融机构在破产程序中尤其是重整程序中积极高效行使表决权。金融机构破产的,管理人应当与金融管理部门加强协调沟通,维护金融稳定。(人民银行、银保监会、证监会等按职责分工负责)

2.《最高人民法院关于依法审理和执行被风险处置证券公司相关案件的通知》(法发〔2009〕35 号,2009 年 5 月 26 日)

一、为统一、规范证券公司风险处置中个人债权的处理,保持证券市场运行的连续性和稳定性,中国人民银行、财政部、中国银行业监督管理委员会、中国证券监督管理委员会联合制定发布了《个人债权及客户证券交易结算资金收购意见》。国家对个人债权和客户交易结算资金的收购,是国家有关行政部门和金融监管机构采取的特殊行政手段。相关债权是否属于应当收购的个人债权或者客户交易结算资金范畴,系由中国人民银行、金融监管机构以及依据《个人债权及客户证券交易结算资金收购意见》成立的甄别确认小组予以确认的,不属人民法院审理的范畴。因此,有关当事人因上述执行机关在风险处置过程中甄别确认其债权不属于国家收购范围的个人债权或者客户证券交易结算资金,向人民法院提起诉讼,请求确认其债权应纳入国家收购范围的,人民法院不予受理。国家收购范围之外的债权,有关权利人可以在相关证券公司进入破产程序后向人民法院申报。

二、托管是相关监管部门对高风险证券公司的证券经纪业务等涉及公众客户的业务采取的行政措施,托管机构仅对被托管证券公司的经纪业务行使经营管理权,不因托管而承继被托管证券公司的债务。因此,有关权利人仅以托管为由向人民法院提起诉讼,请求判令托管机构承担被托管证券公司债务的,人民法院不予受理。

三、处置证券类资产是行政处置过程中的一个重要环节,行政清算组依照法律、行政法规及国家相关政策,对证券类资产采取市场交易方式予以处置,在合理估价的基础上转让证券类资产,受让人支付相应的对价。因此,证券公司的债权人向人民法院提起诉讼,请求判令买受人承担证券公司债务偿还责任的,人民法院对其诉讼请求不予支持。

四、破产程序作为司法权介入的特殊偿债程序,是在债务人财产不足以清偿债务的情况下,以法定的程序和方法,为所有债权人创造获得公平受偿的条件和机会,以使所有债权人共同享有利益、共同分担损失。鉴此,根据企业破产法第十九条的规定,人民法院受理证券公司的破产申请后,有关证券公司财产的保全措施应当解除,执行程序应当中止。具体如下:

1. 人民法院受理破产申请后,已对证券公司有关财产采取了保全措施,包括执行程序中的查封、冻结、扣押措施的人民法院应当解除相应措施。人民法院解除有关证券公司财产的保全措施时,应当及时通知破产案件管理人并将有关财产移交管理人接管,管理人可以向受理破产案件的人民法院申请保全。

2. 人民法院受理破产申请后,已经受理有关证券公司执行案件的人民法院,对证券公司财产尚未执行或者尚未执行完毕的程序应当中止执行。当事人在破产申请受理后向有关法院申请对证券公司财产强制执行的,有关法院对其申请不予受理,并告知其依法向破产案件管理人申报债权。破产申请受理后人民法院未中止执行的,对于已经执行了的证券公司财产,执行法院应当依法执行回转,并交由管理人作为破产财产统一分配。

3. 管理人接管证券公司财产、调查证券公司财产状况后,发现有关法院仍然对证券公司财产进行保全或者继续执行,向采取保全措施或执行措施的人民法院提出申请的,有关人民法院应当依法及时解除保全或中止执行。

4. 受理破产申请的人民法院在破产宣告前裁定驳回申请人的破产申请,并终结证券公司破产程序的,应当在作出终结破产程序的裁定前,告知管理人通知原对证券公司财产采取保全措施的人民法院恢复原有的保全措施,有轮候保全的,以原采取保全措施的时间确定轮候顺位。对恢复受理证券公司为被执行人的执行案件,适用申请执行时效中断的规定。

五、证券公司进入破产程序后,人民法院作出的刑事附带民事赔偿或者涉及追缴赃款赃物的判决应当中止执行,由相关权利人在破产程序中以申报债权等方式行使权利;刑事判决中罚金、没收财产等处罚,应当在破产程序债权人获得全额清偿后的剩余财产中执行。

六、要进一步严格贯彻最高人民法院、最高人民检察院、公安部、中国证监会《关于查询、冻结、扣划证券和证券交易结算资金有关问题的通知》(法发〔2008〕4 号),依法执行有关证券和证券交易结算资金。

【参考观点】

一、金融司法是金融基础设施的重要组成部分,是国家金融治理体系的重要一环。人民法院在金融民商审判中维护金融市场秩序、保障金融安全、防范化解重大金融风险,与金融监管的价值取向、核心目标高度一致。强化金融治理协同,要加强重大案件、重大风险协同处理的示范效应、模式效应。人民法院在处理对金融市场有重大影响、社会关注度高的重大案件时,要了解相关的监管措施,听取监管部门意见,使重大案件的处理具有"三个效果"统一的市场示范效应。比如,包商银行风险处置和破产案就是范例。要优化行政管理与金融司法在风险处置等特殊案件中的程序关系,需要行政处置先行,或者以政府主导下行政处置先行更有利于化解风险、保护各方权益的,人民法院要把握程序节奏,做好先期配合工作,确保行政处置在法治轨道进行,并与以后的司法程序在法律适用上保持连贯性、一致性,使风险协同处置具有可推广、可遵循的模式效应。①

二、依照本法规定,监管机构有权对金融机构提出破产申请,商业银行、

---

① 参见刘贵祥:《关于金融民商事审判工作中的理念、机制和法律适用问题》,载《法律适用》2023 年第 1 期。

保险公司的监督管理机构为中国银行保险监督管理委员会,证券公司的监督管理机构为中国证监会,其他金融机构如期货公司,其监督管理机构为中国证监会,等等。国务院金融监督管理机构可以向法院提出的破产申请种类为破产重整和破产清算,不包括破产和解。①

三、国务院金融监督管理机构可以向法院提出对金融机构进行重整或者破产清算的申请,该规定并未彻底排除其他申请主体申请金融机构破产的可能性。②

四、金融机构实施破产的,国务院可以依据本法和其他有关法律的规定制定实施办法,该款属于法律的授权性规定。国务院制定实施办法时,应当考虑以下几方面:第一,金融机构申请适用破产程序的条件,例如什么情况下符合《企业破产法》第二条所规定的破产原因;第二,金融机构自己申请重整或清算的,监管机构的批准程序及批准有关的事项;第三,如果是债权人申请金融机构破产的,则金融机构或监管机构能够采取哪些相应措施;第四,监管机构在金融机构破产程序中享有何种权利;第五,金融机构破产的时候受程序支配的财产使用问题。③

【最高人民法院公报案例】

1. 闽发证券有限责任公司与北京辰达科技投资有限公司、上海元盛投资管理有限公司、上海全盛投资发展有限公司、深圳市天纪和源实业发展有限公司合并破产清算案

——人民法院对清算工作的职责定位为监督和指导,监督是全面的监督,指导是宏观的指导,不介入具体清算事务以保持中立裁判地位。

【案情简介】

闽发证券有限责任公司(以下简称闽发证券)因严重违法违规经营,2004 年 10 月 16 日中国证监会委托中国东方资产管理公司对其托管经营。2005 年 7 月 8 日,中国证监会取消了闽发证券的证券业务许可资格,责令关闭,并委托中国东方资产管理公司成立清算组对其进行行政清算。闽发证券

---

① 参见王东敏:《新破产法疑难解读与实务操作》,法律出版社 2007 年版,第 45 页。

②③ 参见李国光主编:《新企业破产法条文释义》,人民法院出版社 2006 年版,第 551 页。

进入破产清算程序后,经过清查审计。截至 2008 年 7 月 18 日,闽发证券已资不抵债,账面净资产为-6999849258.09 元。

2008 年 7 月 5 日,申请人闽发证券清算组以被申请人闽发证券资不抵债,不能清偿到期债务为由,向福州市中级人民法院(以下简称福州中院)申请宣告闽发证券破产还债,并申请将上海元盛投资管理有限公司、上海全盛投资发展有限公司、北京辰达科技投资有限公司、深圳市天纪和源实业发展有限公司纳入闽发证券破产清算程序,合并清算。

【裁判要点】

闽发证券因违法违规经营,扰乱证券市场秩序,造成巨额亏损,损害投资者的合法权益,其资产明显不足以清偿到期债务,应当宣告破产,依法清算偿债。四家关联公司由闽发证券出资设立,与闽发证券在管理上和资产上严重混同,无独立的公司法人人格,是闽发证券逃避监管,违法违规开展账外经营的工具,应当与闽发证券一并破产,合并清算。据此,2008 年 10 月 28 日,福州中院依照《企业破产法》第二条第一款的规定,裁定宣告闽发证券破产并宣告上海元盛投资管理有限公司、上海全盛投资发展有限公司、北京辰达科技投资有限公司、深圳市天纪和源实业发展有限公司与闽发证券合并破产。

鉴于闽发证券破产财产及破产债权情况复杂,为保证债权人能够得以及时受偿,闽发证券破产清算案采取了多次分配的模式。具体为:第一次破产财产分配方案于 2010 年 1 月 10 日执行,普通债权清偿率为 37.91%;第二次破产财产分配方案分别于 2010 年 7 月、2010 年 12 月、2011 年 7 月共执行三次,普通债权的清偿率分别为 12.468%、1.95%、1.22%,合计 15.638%;第三次破产财产分配方案于 2011 年 12 月 29 日执行,普通债权清偿率为 9.46%。经过三次破产财产分配方案的执行工作,闽发证券破产清算案中普通破产债权清偿率合计达到 63.008%。

【案例来源】

《中华人民共和国最高人民法院公报》2013 年第 11 期(总第 205 期)。

2. 广东国际信托投资公司破产案

——债务人经其上级主管部门同意后可以申请宣告破产。

【案情简介】

广东国际信托投资公司(以下简称广东国投公司)于 1980 年 7 月经广东

省人民政府批准在广州市工商行政管理局注册成立,系全民所有制企业法人。1983年经中国人民银行批准为非银行金融机构并享有外汇经营权;1992年以来,广东国投公司由于经营管理混乱,存在大量高息揽存、账外经营、乱拆借资金、乱投资等违规经营活动,导致不能支付到期巨额境内外债务,严重资不抵债。1998年10月6日,中国人民银行决定关闭广东国投公司,并组织关闭清算组对其进行关闭清算。自1998年10月6日至1999年1月6日为期三个月的关闭清算查明,广东国投公司的总资产为214.71亿元,负债361.65亿元,总资产负债率168.23%,资不抵债146.94亿元。1999年1月11日,广东国投公司以严重资不抵债、无法偿付到期巨额债务为由,向广东省高级人民法院申请破产。1999年1月16日,裁定广东国投公司破产还债。

【裁判要点】

破产清算组对债权人申报的债权进行了登记和审核后,将审核结果分别以确认债权或拒绝申报的方式通知各债权申报人。债权人对清算组确认的债权无异议的,清算组提请债权人会议表决通过;债权申报人对清算组的确认结果有异议的,向广东省高级人民法院提请裁定。根据债权异议人的申请,广东省高级人民法院分别对广东国投公司破产案中62件有关债权申报异议进行了公开审理,并分别作出了裁定。

对于广东国投公司的破产财产,均采取拍卖或者竞买的方式予以变现。其中:广东国投公司对广东商品展销中心100%的股权以3.89亿元的价格成功拍卖;通过竞买,广东国投公司属下4家证券交易营业部以0.8093亿元的价格转让给广发证券有限责任公司;广东国投公司对江湾新城75%的股权及债权以3.5亿元成功拍卖;广东国投公司对广东国际大厦实业有限公司100%的股权和债权以11.3亿元成功拍卖。

对广东国投公司破产财产追收和变现后,依法优先拨付了破产清算费用(含中介机构专业服务费用、评估费用及其他清算费用),于2000年10月31日、2002年6月28日和2003年2月28日分别召开债权人会议,在优先清偿广东国投公司所欠职工工资、劳动保险费用和所欠税款后,分三次按照比例清偿破产债权。经广东省高级人民法院裁定批准,破产财产分配分三次进行,分配破产财产共计25.34亿元,债权清偿率共计为12.52%。对境外债权人的债权,经征得外汇管理部门同意,一律兑换外币支付。

2003年3月8日,法院依照《企业破产法(试行)》第三十八条和《审理破产案件若干规定》第九十七条的规定裁定终结广东国投公司破产案破产程序。

【案例来源】

《中华人民共和国最高人民法院公报》2003 年第 3 期(总第 83 期)。

编者说明

金融机构作为特殊的市场主体,具有涉众性和风险外溢性,在市场退出或挽救的过程中涉及众多主体的利益,因此,与一般企业相比,金融机构的破产程序更为复杂,也存在诸多特殊问题。《企业破产法》在附则中加入了本条对于金融机构破产的原则性规定,但并没有对此作出详细规定,而是授权国务院另行制定实施办法。我国目前并没有完整统一的金融机构破产法律框架,关于金融机构风险处置及破产的部门规章类文件主要包括《金融机构撤销条例》《金融违法行为处罚办法》《外资金融机构管理条例》《外资金融机构管理条例实施细则》《存款保险条例》等规范性文件。2008 年 4 月 23 日,国务院制定了《证券公司风险处置条例》,成为证券公司行政处置及后续破产工作的重要依据。在 2004 年开始的我国证券公司综合治理工作中,法院受理证券公司破产清算案件 20 余件,比较典型的案例包括大鹏证券、南方证券、闽发证券等影响巨大的破产清算案件。①2015 年 2 月 17 日,国务院发布了《存款保险条例》,建立存款保证金制度,确立了存款保险基金的来源和运行的市场化,为破产程序中的存款人保障提供了有效途径。2017 年以来,全国法院相继审理了首例银行(包商银行)、信托公司(新华信托)、保险公司(易安财险)等金融机构破产清算或重整案件,积累了较为丰富的金融机构破产审判实践经验。2021 年以来,最高人民法院相继批复上海金融法院、北京金融法院、成渝金融法院集中管辖辖区内金融机构破产案件,可以统一裁判标准,防范金融风险。

第一百三十五条　【企业法人以外组织破产的准用规定】其他法律规定企业法人以外的组织的清算,属于破产清算的,参照适用本法规定的程序。

---

①　参见许胜锋主编:《困境企业的退出与再生之路——破产清算与重整实务研究》,人民法院出版社 2011 年版,第 153 页。

【立法·要点注释】

　　根据有关法律的规定,企业法人以外的组织解散或者终止,应当依法进行清算,其中有的清算属于法院主导下的破产清算,但有关法律并未对这些组织的破产清算程序作出具体规定,为了解决这一问题,本条规定,其他法律规定企业法人以外的组织的清算,属于破产清算的,参照适用本法规定的程序。

【相关立法】

　　1.《中华人民共和国民法典》(2020 年 5 月 28 日第十三届全国人民代表大会第三次会议通过,2021 年 1 月 1 日)

　　第一百零七条　非法人组织解散的,应当依法进行清算。

　　2.《中华人民共和国民办教育促进法》(2018 年 12 月 29 日第十三届全国人民代表大会常务委员会第七次会议第三次修正)

　　第五十八条　民办学校终止时,应当依法进行财务清算。

　　民办学校自己要求终止的,由民办学校组织清算;被审批机关依法撤销的,由审批机关组织清算;因资不抵债无法继续办学而被终止的,由人民法院组织清算。

　　3.《中华人民共和国合伙企业法》(2006 年 8 月 27 日第十届全国人民代表大会常务委员会第二十三次会议修订)

　　第九十二条　合伙企业不能清偿到期债务的,债权人可以依法向人民法院提出破产清算申请,也可以要求普通合伙人清偿。

　　合伙企业依法被宣告破产的,普通合伙人对合伙企业债务仍应承担无限连带责任。

　　4.《中华人民共和国个人独资企业法》(1999 年 8 月 30 日第九届全国人民代表大会常务委员会第十一次会议通过,2000 年 1 月 1 日)

　　第二十七条　个人独资企业解散,由投资人自行清算或者由债权人申请人民法院指定清算人进行清算。

投资人自行清算的,应当在清算前十五日内书面通知债权人,无法通知的,应当予以公告。债权人应当在接到通知之日起三十日内,未接到通知的应当在公告之日起六十日内,向投资人申报其债权。

第二十九条　个人独资企业解散的,财产应当按照下列顺序清偿:

(一)所欠职工工资和社会保险费用;

(二)所欠税款;

(三)其他债务。

第三十条　清算期间,个人独资企业不得开展与清算目的无关的经营活动。在按前条规定清偿债务前,投资人不得转移、隐匿财产。

第三十一条　个人独资企业财产不足以清偿债务的,投资人应当以其个人的其他财产予以清偿。

第三十二条　个人独资企业清算结束后,投资人或者人民法院指定的清算人应当编制清算报告,并于十五日内到登记机关办理注销登记。

【司法解释】

1.《最高人民法院关于个人独资企业清算是否可以参照适用企业破产法规定的破产清算程序的批复》(法释〔2012〕16 号,2012 年 12 月 18 日)

贵州省高级人民法院:

你院《关于个人独资企业清算是否可以参照适用破产清算程序的请示》(〔2012〕黔高研请字第 2 号)收悉。经研究,批复如下:

根据《中华人民共和国企业破产法》第一百三十五条的规定,在个人独资企业不能清偿到期债务,并且资产不足以清偿全部债务或者明显缺乏清偿能力的情况下,可以参照适用企业破产法规定的破产清算程序进行清算。

根据《中华人民共和国个人独资企业法》第三十一条的规定,人民法院参照适用破产清算程序裁定终结个人独资企业的清算程序后,个人独资企业的债权人仍然可以就其未获清偿的部分向投资人主张权利。

2.《最高人民法院关于对因资不抵债无法继续办学被终止的民办学校如何组织清算问题的批复》(法释〔2010〕20 号,2010 年 12 月 31 日;法释〔2020〕18 号修正,2021 年 1 月 1 日)

贵州省高级人民法院:

你院《关于遵义县中山中学被终止后人民法院如何受理"组织清算"的

请示》(〔2010〕黔高研请字第1号)收悉。经研究,答复如下:

依照《中华人民共和国民办教育促进法》第十条批准设立的民办学校因资不抵债无法继续办学被终止,当事人依照《中华人民共和国民办教育促进法》第五十八条第二款规定向人民法院申请清算的,人民法院应当依法受理。人民法院组织民办学校破产清算,参照适用《中华人民共和国企业破产法》规定的程序,并依照《中华人民共和国民办教育促进法》第五十九条规定的顺序清偿。

【请示答复】

《最高人民法院关于农村合作基金会是否具备破产主体资格的复函》

(法民二〔2002〕第27号,2002年7月16日)

重庆市高级人民法院:

据中国银行反映亦经重庆市南岸区人民法院证实,该院于2001年7月10日受理了重庆市南岸区长生桥农村合作基金会破产一案,并于同年7月23日裁定该基金会破产还债,该案目前仍在审理中。

本院认为,农村合作基金会是设置在社区内不以营利为目的的资金互助组织,经依法核准登记,即取得社会团体法人资格。鉴于现有法律、法规尚无将农村合作基金会登记为企业法人的规定,因此农村合作基金会不能以资不抵债的企业法人向人民法院申请破产。为了有效防范和化解金融风险,保持农村经济和社会的稳定,各地人民政府正在根据国务院确定的统一部署、分别处理、风险自担、稳步推进的原则,对农村合作基金会进行全面清理整顿。人民法院不应受理农村合作基金会的破产案件。你院应依法督促重庆市南岸区人民法院立即撤销其受理的重庆市南岸区长生桥农村合作基金会破产案。并告知该基金会的清偿机构可以向有管辖权的人民法院提起诉讼,主张该基金会的合法债权。

请按以上意见迅速办理,并将结果书面报告我院。

【参考观点】

一、破产能力是债务人能够适用破产程序解决债务问题的资格,这种资格来源于破产法的特别规定。《企业破产法》立法时采纳了折中的处理方式,即虽然原则上规定《企业破产法》仅适用于企业法人,但是,对于企业法人以外的组织,在出现破产原因的情况下,可以参照适用《企业破产法》规定的程序进行债务清理。这是我国破产法律制度的一大进步,为将来破产法律制度的进一步发展和完善作了有益的尝试和铺垫。①

二、关于非法人企业的破产能力。非法人企业,包括依法履行工商登记或者其他营业登记,不具备法人资格的个人独资企业、合伙企业和其他经济组织,虽然我国尚未承认非法人企业的破产能力,但《企业破产法》应扩大适用到非法人企业,原因在于:我国的非法人企业已经成为市场经济主体的重要组成部分,在非法人企业的经济活动中,同样存在破产还债问题。②

三、关于非企业法人的破产能力。我国的非企业法人包括机关法人、事业单位法人和社会团体法人三类,机关法人作为公法人不应具备破产能力,事业单位法人均承担管理一定社会事务的公共职能,从本质上讲其只具有为社会利益服务的属性,故不应有破产能力,社会团体法人不得从事以营利为目的的经营性活动,因不具有经营能力,故不具有破产能力。③

四、农村合作基金会是设置在社区内不以营利为目的的基金互助组织,经依法核准登记,即取得社会团体法人资格。鉴于现行法律、法规尚无将农村合作基金会登记为企业法人的规定,因此农村合作基金会不得以资不抵债的企业法人向法院申请破产。为了有效防范和化解金融风险,保持农村经济和社会的稳定,各地政府正在根据国务院确定的统一部署、分别处理、风险自担、稳步推进的原则,对农村合作基金会进行全面清理整顿,故法院不应当受理以农村合租基金会为破产债务人的破产案件。④

五、我国的一些法律虽然规定了企业法人以外的组织解散或终止时必须进行清算,但对于如何清算,没有明确的规定,因此导致相关组织在清算中实

---

①　参见宋晓明、张勇建、刘敏:《〈最高人民法院关于个人独资企业清算是否可以参照适用企业破产法规定的破产清算程序的批复〉的理解与适用》,载最高人民法院民事审判第二庭编著:《最高人民法院关于企业破产法司法解释理解与适用——破产法解释(一)·破产法解释(二)》,人民法院出版社 2017 年版,第 649~650 页。

②　参见李国光主编:《新企业破产法条文释义》,人民法院出版社 2006 年版,第 558~559 页。

③　参见李国光主编:《新企业破产法条文释义》,人民法院出版社 2006 年版,第 559~560 页。

④　参见姜伟:《农村合租基金会不具备破产主体资格》,载李国光主编:《民商审判指导与参考》2002 年 2 卷(总第 2 卷),人民法院出版社 2003 年版,第 124~128 页。

施资产的处置、债权的审查确认、分配方案的制定执行等清算事务时,因清算程序和争议解决机制欠缺极易导致清算僵局或者清算混乱。因此,参照适用《企业破产法》规定的破产清算程序对相关组织进行清算,既可以保障清算程序的有序进行和债务的公平清偿(尤其是职工利益的优先保障),也可以确保企业平稳退出市场,维护社会经济秩序的稳定,具有现实必要性。①

六、参照适用破产清算程序后债务的清偿问题。其他法律规定企业法人以外的组织的清算,虽然在处置现有资产和解决清算争端中可以参照适用《企业破产法》规定的破产清算程序进行清算,但并不因此产生对未能清偿债务当然免责的法律后果。例如,个人独资企业参照适用破产清算程序终结清算程序后其尚未结清的债务,仍应当根据《个人独资企业法》的规定由投资人以其个人的其他财产予以清偿。②

【最高人民法院裁判案例】

重庆富国律师事务所申请破产清算再审审查与审判监督案[最高人民法院(2021)最高法民申1295号]

——作为不具有法人资格的专业服务机构,不能直接适用《企业破产法》进行破产清算。

【案情简介】

2001年7月30日,重庆市司法局向陈仕谟、陶益芬、叶军三人出具《重庆市司法局关于同意设立重庆富国律师事务所的批复》(渝司〔2001〕93号)。批复载明,经研究,同意由陈仕谟、陶益芬、叶军三位同志发起设立"重庆富国律师事务所"(以下简称富国律所)。该所为不占用国家编制、不要国家经费、自愿组合、自收自支、自我发展、自我约束的合作律师机构。2004年

---

① 参见宋晓明、张勇建、刘敏:《〈最高人民法院关于个人独资企业清算是否可以参照适用企业破产法规定的破产清算程序的批复〉的理解与适用》,载最高人民法院民事审判第二庭编著:《最高人民法院关于企业破产法司法解释理解与适用——破产法解释(一)·破产法解释(二)》,人民法院出版社2017年版,第650~651页。

② 参见宋晓明、张勇建、刘敏:《〈最高人民法院关于个人独资企业清算是否可以参照适用企业破产法规定的破产清算程序的批复〉的理解与适用》,载最高人民法院民事审判第二庭编著:《最高人民法院关于企业破产法司法解释理解与适用——破产法解释(一)·破产法解释(二)》,人民法院出版社2017年版,第651页。

12 月 13 日，重庆市司法局向富国律所下发《关于同意重庆富国律师事务所为公司制律师事务所试点单位的通知》。通知载明：你所《关于律师事务所组织形式运行机制试点的报告》收悉。经研究，同意你所为公司制律师事务所组织形式和运行机制试点单位。富国律所 2006 年 12 月 23 日的《公司制章程》载明：事务所实行公司制改革，事务所的内部关系(组织结构、财产关系、分配等)适用《公司法》，事务所出资人数适用《关于律师事务所登记管理的事实办法》，事务所的对外关系适用《律师法》《合同法》。富国律所以资不抵债等为由向重庆市第五中级人民法院申请破产清算。

重庆市第五中级人民法院经审理认为，富国律所不是企业法人，不能直接适用《企业破产法》进行破产清算；富国律所不是合伙企业，不能参照《合伙企业法》相关规定进行破产清算；其他法律也未规定律师事务所可以进行破产清算。因此，重庆市第五中级人民法院以富国律所不具备破产主体资格为由，裁定对申请人富国律所的破产清算申请不予受理。富国律所上诉至重庆市高级人民法院亦被驳回后，向最高人民法院提出再审申请。

【裁判要点】

最高人民法院经审理后认为，依照《企业破产法》第二条、第一百三十五条之规定，可以根据该法规定清理债务或者重整的主体，主要包括企业法人或者其他法律规定可以参照该法进行破产清算的组织。富国律所作为不具有法人资格的专业服务机构，不能直接适用《企业破产法》进行破产清算。1988 年 6 月 3 日颁布实施的《合作制律师事务所试点方案》及 1996 年 11 月 25 日颁布实施的《合作律师事务所管理办法》均已失效，以上法规的相关规定不能作为认定富国律所享有独立法人资格并可参照《企业破产法》进行破产清算的法律依据。修订后的《律师法》取消了合作律师事务所这一律师事务所组织形式，并规定合伙律师事务所的合伙人按照合伙形式对律师事务所的债务依法承担责任，设立个人律师事务所的，设立人对律师事务所的债务承担无限责任。富国律所经重庆市司法局同意进行的公司制律师事务所试点，主要指该律所可以参照公司形式进行内部管理，并不代表富国律所系法律规定的营利法人，且根据富国律所的章程，其对内适用《公司法》，对外适用《律师法》及《合同法》。目前亦并无其他法律明确规定律师事务所可以参照《企业破产法》进行破产清算。因此，富国律所不具有《企业破产法》规定的主体资格，原审法院裁定不予受理其破产清算申请，并不违反法律规定，富国律所申请再审提出的关于其是营利法人，具备破产主体资格的理由，缺乏法律依据,本院依法不予支持。

【案例来源】

中国裁判文书网,https://wenshu.court.gov.cn。

编者说明

《企业破产法》仅规定了非企业法人的破产清算参照适用《企业破产法》规定的程序。但是,重整、和解程序作为破产法律制度的重要组成部分,分别承担和发挥了《企业破产法》对债务人的挽救功能及其效率价值。随着非企业法人破产案件数量的逐渐增多,已出现了对非企业法人进行重整的呼声和探索。2019年底以来,浙江温岭呼吸病医院、泉州工程职业技术学院等非企业法人相继重整成功,在实现了良好的社会效果的同时,亦反映了当前实务界对于在非企业法人实施重整、和解的渴求。建议《企业破产法》修订时,对于非企业法人参照适用《企业破产法》规定的程序范围不限于破产清算,亦包含重整及和解程序。

第一百三十六条　【生效日期】本法自 2007 年 6 月 1 日起施行,《中华人民共和国企业破产法(试行)》同时废止。

【立法·要点注释】

本法由第十届全国人民代表大会常务委员会第二十三次会议于 2006 年 8 月 27 日审议通过,其施行日期定为 2007 年 6 月 1 日,相隔九个月的时间。主要是考虑到,本法较《企业破产法(试行)》增加了一些新的制度,各方充分熟悉、理解和掌握本法内容需要一定的时间,且制定与本法相关的配套规定亦需要花费时间。同时,本法已经取代了 1986 年制定的《企业破产法(试行)》,故本条规定,自本法施行之日起,《企业破产法(试行)》同时废止。

【司法解释】

《最高人民法院关于〈中华人民共和国企业破产法〉施行时尚未审结的企业破产案件适用法律若干问题的规定》(法释〔2007〕10 号,2007 年 6 月 1 日)

第一条　债权人、债务人或者出资人向人民法院提出重整或者和解申请,符合下列条件之一的,人民法院应予受理:

（一）债权人申请破产清算的案件，债务人或者出资人于债务人被宣告破产前提出重整申请，且符合企业破产法第七十条第二款的规定；

（二）债权人申请破产清算的案件，债权人于债务人被宣告破产前提出重整申请，且符合企业破产法关于债权人直接向人民法院申请重整的规定；

（三）债务人申请破产清算的案件，债务人于被宣告破产前提出重整申请，且符合企业破产法关于债务人直接向人民法院申请重整的规定；

（四）债务人依据企业破产法第九十五条的规定申请和解。

第二条　清算组在企业破产法施行前未通知或者答复未履行完毕合同的对方当事人解除或者继续履行合同的，从企业破产法施行之日起计算，在该法第十八条第一款规定的期限内未通知或者答复的，视为解除合同。

第三条　已经成立清算组的，企业破产法施行后，人民法院可以指定该清算组为管理人。

尚未成立清算组的，人民法院应当依照企业破产法和《最高人民法院关于审理企业破产案件指定管理人的规定》及时指定管理人。

第四条　债权人主张对债权债务抵销的，应当符合企业破产法第四十条规定的情形；但企业破产法施行前，已经依据有关法律规定抵销的除外。

第五条　对于尚未清偿的破产费用，应当按企业破产法第四十一条和第四十二条的规定区分破产费用和共益债务，并依据企业破产法第四十三条的规定清偿。

第六条　人民法院尚未宣告债务人破产的，应当适用企业破产法第四十六条的规定确认债权利息；已经宣告破产的，依据企业破产法施行前的法律规定确认债权利息。

第七条　债权人已经向人民法院申报债权的，由人民法院将相关申报材料移交给管理人；尚未申报的，债权人应当直接向管理人申报。

第八条　债权人未在人民法院确定的债权申报期内向人民法院申报债权的，可以依据企业破产法第五十六条的规定补充申报。

第九条　债权人对债权表记载债权有异议，向受理破产申请的人民法院提起诉讼的，人民法院应当依据企业破产法第二十一条和第五十八条的规定予以受理。但人民法院对异议债权已经作出裁决的除外。

债权人就争议债权起诉债务人，要求其承担偿还责任的，人民法院应当告知该债权人变更其诉讼请求为确认债权。

第十条　债务人的职工就清单记载有异议，向受理破产申请的人民法院提起诉讼的,人民法院应当依据企业破产法第二十一条和第四十八条的规定予以受理。但人民法院对异议债权已经作出裁决的除外。

第十一条 有财产担保的债权人未放弃优先受偿权利的,对于企业破产法第六十一条第一款第七项、第十项规定以外的事项享有表决权。但该债权人对于企业破产法施行前已经表决的事项主张行使表决权,或者以其未行使表决权为由请求撤销债权人会议决议的,人民法院不予支持。

第十二条 债权人认为债权人会议的决议违反法律规定,损害其利益,向人民法院请求撤销该决议,裁定尚未作出的,人民法院应当依据企业破产法第六十四条的规定作出裁定。

第十三条 债权人对于财产分配方案的裁定不服,已经申诉的,由上一级人民法院依据申诉程序继续审理;企业破产法施行后提起申诉的,人民法院应当告知其依据企业破产法第六十六条的规定申请复议。

债权人对于人民法院作出的债务人财产管理方案的裁定或者破产财产变价方案的裁定不服,向受理破产申请的人民法院申请复议的,人民法院应当依据企业破产法第六十六条的规定予以受理。

债权人或者债务人对破产宣告裁定有异议,已经申诉的,由上一级人民法院依据申诉程序继续审理;企业破产法施行后提起申诉的,人民法院不予受理。

第十四条 企业破产法施行后,破产人的职工依据企业破产法第一百三十二条的规定主张权利的,人民法院应予支持。

第十五条 破产人所欠董事、监事和高级管理人员的工资,应当依据企业破产法第一百一十三条第三款的规定予以调整。

第十六条 本规定施行前本院作出的有关司法解释与本规定相抵触的,人民法院审理尚未审结的企业破产案件不再适用。

【司法文件】

《最高人民法院关于执行〈最高人民法院关于《中华人民共和国企业破产法》施行时尚未审结的企业破产案件适用法律若干问题的规定〉的通知》(法〔2007〕81号,2007年5月26日)

一、企业破产法施行后,尚未审结的企业破产案件中,已经开始而尚未终结的有关债务人的民事诉讼案件,分别按照以下方式处理:

（一）以债务人为原告的一审案件，已经移交给受理破产案件的人民法院的，由受理破产案件的人民法院继续审理；尚未移交的，适用企业破产法第二十条的规定。

以债务人为原告的二审案件，由二审人民法院继续审理。

（二）以债务人为被告的案件，已经中止诉讼，且受理破产案件的人民法院对相关争议已经作出裁定的，不适用企业破产法的规定；尚未作出裁定的，依照企业破产法第二十条的规定继续审理。

二、根据企业破产法的规定，破产申请受理后，所有有关债务人的民事诉讼只能向受理破产申请的人民法院提起。尚未审结的企业破产案件中，债权人或者债务人的职工依据企业破产法和《规定》第九条或者第十条的规定，向人民法院提起诉讼的，受理破产案件的人民法院应当根据案件性质和人民法院内部职能分工，并依照民事诉讼法的有关规定，由相关审判庭以独任审判或者组成合议庭的方式进行审理。

三、对于有关债务人的其他民事诉讼，如债务人合同履行诉讼、追收债务人对外债权诉讼、撤销债务人处分财产行为诉讼、确认债务人处分财产行为无效诉讼、取回权诉讼、别除权诉讼和抵销权诉讼等，受理破产案件的人民法院应比照本通知第二条规定处理。

四、为保证破产程序的顺利进行，依据本通知第一条、第二条和第三条的规定审理有关债务人的民事诉讼案件的人民法院，应当在审限内尽可能加快审理有关债务人的民事诉讼案件，避免因拖延审理对相关权利人的权利造成不必要的损害。

五、尚未审结的企业破产案件中有关债务人财产行为的无效认定，适用《中华人民共和国企业破产法（试行）》的有关规定。

六、人民法院审理企业破产案件适用企业破产法第一百三十二条和《规定》第十四条时，应当注意以下几个问题：

（一）企业破产法第一百三十二条仅适用于企业破产法公布之日前所欠的职工权益，形成于企业破产法公布之日后所欠的职工权益不属本条适用的范畴，该部分职工权益只能从破产企业已经设定担保物权之外的其他财产，或者担保物权人明确放弃行使优先受偿权后的已设定担保物权的财产中受偿；

（二）企业破产法公布之日前形成的职工权益，在按照正常清偿顺序无法得到清偿时，才可从已经设定物权担保的财产中受偿。在债务人尚有其他

财产可以清偿时,不得先行从已经设定物权担保的财产中清偿;

（三）在企业破产法公布之日前所欠的职工权益,依法以设定物权担保的财产进行清偿的情况下,对于企业破产案件中因按照正常清偿顺序无法实现的破产费用、共益债务以及职工的其他权益不得优先于担保物权人受偿。

七、人民法院审理尚未审结的企业破产案件,对于尚未进行的程序,《规定》未作出规定的,原则上均应适用企业破产法的有关规定。

【请示答复】

《最高人民法院关于上诉人杨文彬与被上诉人闽发证券有限责任公司房屋买卖合同纠纷中相关法律问题请示的答复》（〔2014〕民二他字第 3 号,2014 年 5 月 13 日）

福建省高级人民法院:

你院〔2013〕闽民终字第 739 号《福建省高级人民法院关于上诉人杨文彬与被上诉人闽发证券有限责任公司房屋买卖合同纠纷中相关法律问题的请示》收悉。经研究,答复如下:

《最高人民法院关于审理企业破产案件若干问题的规定》系针对《企业破产法(试行)》作出的司法解释,现《企业破产法(试行)》已被《企业破产法》替代,且《最高人民法院关于适用〈中华人民共和国企业破产法〉若干问题的规定(二)》第二条,根据《企业破产法》对非债务人财产的范围已经重新作出界定,在无其他规定的情况下,应结合《企业破产法》及该条司法解释的规定对债务人的财产进行认定。

此复

【参考观点】

关于法院审理《企业破产法》施行前受理的、施行时尚未审结的企业破产案件具体适用法律问题:第一,《企业破产法》不论是从程序安排上,还是制度设计上,都比旧的破产法律规范更加科学、合理,原则上法院在审理尚未审结案件时应当尽可能适用《企业破产法》规定的程序;第二,因破产法多为程序性法律规范,对尚未进行的程序适用《企业破产法》不存在对原已进行行为的否定,故在此并不涉及法律适用的溯及力问题;第三,因破产案件的审理是个渐进的过程,《企业破产法》施行后,尚未审结案件已经按照旧的破产法律规范进行了的程序,即已经完成的程序性行为不适用《企业破产法》规定的程序重新进行;第四,对于破产法中个别实体性法律规范,主要是《企业破产法》关于撤销权行使和无效行为认定部分,因涉及对《企业破产法》公布前有关民事行为效力的否定,从当事人权利预期角度考虑,根据法不溯及既往的适用原则,对尚未审结案件中有关债务人行为的无效认定仍然适用《企业破产法(试行)》第十二条和第三十五条的规定。①

---

① 　参见《最高人民法院有关部门负责人就〈最高人民法院关于《中华人民共和国企业破产法》施行时尚未审结的企业破产案件适用法律若干问题的规定〉答记者问》,载最高人民法院民事审判第二庭编著:《最高人民法院关于企业破产法司法解释理解与适用——破产管理人制度·新旧破产法衔接》,人民法院出版社 2007 年版,第 26~31 页。

附 录

一、法　　律

中华人民共和国企业破产法

（2006 年 8 月 27 日第十届全国人民代表大会常务委员会第二十三次会议通过　2006 年 8 月 27 日中华人民共和国主席令第 54 号公布　自 2007 年 6 月 1 日起施行）

目　　录

第一章　总　　则

第一条　为规范企业破产程序,公平清理债权债务,保护债权人和债务人的合法权益,维护社会主义市场经济秩序,制定本法。

第二条　企业法人不能清偿到期债务,并且资产不足以清偿全部债务或者明显缺乏清偿能力的,依照本法规定清理债务。

企业法人有前款规定情形,或者有明显丧失清偿能力可能的,可以依照本法规定进行重整。

第三条　破产案件由债务人住所地人民法院管辖。

第四条　破产案件审理程序,本法没有规定的,适用民事诉讼法的有关规定。

第五条　依照本法开始的破产程序,对债务人在中华人民共和国领域外的财产发生效力。

对外国法院作出的发生法律效力的破产案件的判决、裁定,涉及债务人在中华人民共和国领域内的财产,申请或者请求人民法院承认和执行的,人民法院依照中华人民共和国缔结或者参加的国际条约,或者按照互惠原则进行审查,认为不违反中华人民共和国法律的基本原则,不损害国家主权、安全和社会公共利益,不损害中华人民共和国领域内债权人的合法权益的,裁定承认和执行。

第六条　人民法院审理破产案件,应当依法保障企业职工的合法权益,依法追究破产企业经营管理人员的法律责任。

第二章　申请和受理

第一节　申　　请

第七条　债务人有本法第二条规定的情形,可以向人民法院提出重整、和解或者破产清算申请。

债务人不能清偿到期债务,债权人可以向人民法院提出对债务人进行重整或者破产清算的申请。

企业法人已解散但未清算或者未清算完毕,资产不足以清偿债务的,依法负有清算责任的人应当向人民法院申请破产清算。

第八条　向人民法院提出破产申请,应当提交破产申请书和有关证据。

破产申请书应当载明下列事项:

(一)申请人、被申请人的基本情况;

(二)申请目的;

(三)申请的事实和理由;

(四)人民法院认为应当载明的其他事项。

债务人提出申请的,还应当向人民法院提交财产状况说明、债务清册、债权清册、有关财务会计报告、职工安置预案以及职工工资的支付和社会保险费用的缴纳情况。

第九条　人民法院受理破产申请前,申请人可以请求撤回申请。

第二节　受　　理

第十条　债权人提出破产申请的,人民法院应当自收到申请之日起五日内通知债务人。债务人对申请有异议的,应当自收到人民法院的通知之日起七日内向人民法院提出。人民法院应当自异议期满之日起十日内裁定是否受理。

除前款规定的情形外,人民法院应当自收到破产申请之日起十五日内裁定是否受理。

有特殊情况需要延长前两款规定的裁定受理期限的,经上一级人民法院批准,可以延长十五日。

第十一条　人民法院受理破产申请的,应当自裁定作出之日起五日内送达申请人。

债权人提出申请的,人民法院应当自裁定作出之日起五日内送达债务人。债务人应当自裁定送达之日起十五日内,向人民法院提交财产状况说明、债务清册、债权清册、有关财务会计报告以及职工工资的支付和社会保险费用的缴纳情况。

第十二条　人民法院裁定不受理破产申请的,应当自裁定作出之日起五日内送达申请人并说明理由。申请人对裁定不服的,可以自裁定送达之日起十日内向上一级人民法院提起上诉。

人民法院受理破产申请后至破产宣告前,经审查发现债务人不符合本法第二条规定情形的,可以裁定驳回申请。申请人对裁定不服的,可以自裁定送达之日起十日内向上一级人民法院提起上诉。

第十三条　人民法院裁定受理破产申请的,应当同时指定管理人。

第十四条　人民法院应当自裁定受理破产申请之日起二十五日内通知已知债权人,并予以公告。

通知和公告应当载明下列事项:

(一)申请人、被申请人的名称或者姓名;

(二)人民法院受理破产申请的时间;

(三)申报债权的期限、地点和注意事项;

(四)管理人的名称或者姓名及其处理事务的地址;

(五)债务人的债务人或者财产持有人应当向管理人清偿债务或者交付财产的要求;

(六)第一次债权人会议召开的时间和地点;

(七)人民法院认为应当通知和公告的其他事项。

第十五条　自人民法院受理破产申请的裁定送达债务人之日起至破产程序终结之日,债务人的有关人员承担下列义务:

(一)妥善保管其占有和管理的财产、印章和账簿、文书等资料;

(二)根据人民法院、管理人的要求进行工作,并如实回答询问;

(三)列席债权人会议并如实回答债权人的询问;

(四)未经人民法院许可,不得离开住所地;

(五)不得新任其他企业的董事、监事、高级管理人员。

前款所称有关人员,是指企业的法定代表人;经人民法院决定,可以包括企业的财务管理人员和其他经营管理人员。

第十六条　人民法院受理破产申请后,债务人对个别债权人的债务清偿无效。

第十七条　人民法院受理破产申请后,债务人的债务人或者财产持有人应当向管理人清偿债务或者交付财产。

债务人的债务人或者财产持有人故意违反前款规定向债务人清偿债务或者交付财产,使债权人受到损失的,不免除其清偿债务或者交付财产的义务。

第十八条　人民法院受理破产申请后,管理人对破产申请受理前成立而债务人和对方当事人均未履行完毕的合同有权决定解除或者继续履行,并通知对方当事人。管理人自破产申请受理之日起二个月内未通知对方当事人,或者自收到对方当事人催告之日起三十日内未答复的,视为解除合同。

管理人决定继续履行合同的,对方当事人应当履行;但是,对方当事人有权要求管理人提供担保。管理人不提供担保的,视为解除合同。

第十九条　人民法院受理破产申请后,有关债务人财产的保全措施应当解除,执行程序应当中止。

第二十条　人民法院受理破产申请后,已经开始而尚未终结的有关债务人的民事诉讼或者仲裁应当中止;在管理人接管债务人的财产后,该诉讼或者仲裁继续进行。

第二十一条　人民法院受理破产申请后,有关债务人的民事诉讼,只能向受理破产申请的人民法院提起。

第三章　管理人

第二十二条　管理人由人民法院指定。

债权人会议认为管理人不能依法、公正执行职务或者有其他不能胜任职务情形的,可以申请人民法院予以更换。

指定管理人和确定管理人报酬的办法,由最高人民法院规定。

第二十三条　管理人依照本法规定执行职务,向人民法院报告工作,并接受债权人会议和债权人委员会的监督。

管理人应当列席债权人会议,向债权人会议报告职务执行情况,并回答询问。

第二十四条 管理人可以由有关部门、机构的人员组成的清算组或者依法设立的律师事务所、会计师事务所、破产清算事务所等社会中介机构担任。

人民法院根据债务人的实际情况,可以在征询有关社会中介机构的意见后,指定该机构具备相关专业知识并取得执业资格的人员担任管理人。

有下列情形之一的,不得担任管理人:

(一)因故意犯罪受过刑事处罚;

(二)曾被吊销相关专业执业证书;

(三)与本案有利害关系;

(四)人民法院认为不宜担任管理人的其他情形。

个人担任管理人的,应当参加执业责任保险。

第二十五条 管理人履行下列职责:

(一)接管债务人的财产、印章和账簿、文书等资料;

(二)调查债务人财产状况,制作财产状况报告;

(三)决定债务人的内部管理事务;

(四)决定债务人的日常开支和其他必要开支;

(五)在第一次债权人会议召开之前,决定继续或者停止债务人的营业;

(六)管理和处分债务人的财产;

(七)代表债务人参加诉讼、仲裁或者其他法律程序;

(八)提议召开债权人会议;

(九)人民法院认为管理人应当履行的其他职责。

本法对管理人的职责另有规定的,适用其规定。

第二十六条 在第一次债权人会议召开之前,管理人决定继续或者停止债务人的营业或者有本法第六十九条规定行为之一的,应当经人民法院许可。

第二十七条 管理人应当勤勉尽责,忠实执行职务。

第二十八条 管理人经人民法院许可,可以聘用必要的工作人员。

管理人的报酬由人民法院确定。债权人会议对管理人的报酬有异议的,有权向人民法院提出。

第二十九条 管理人没有正当理由不得辞去职务。管理人辞去职务应当经人民法院许可。

第四章　债务人财产

第三十条　破产申请受理时属于债务人的全部财产，以及破产申请受理后至破产程序终结前债务人取得的财产，为债务人财产。

第三十一条　人民法院受理破产申请前一年内，涉及债务人财产的下列行为，管理人有权请求人民法院予以撤销：

（一）无偿转让财产的；

（二）以明显不合理的价格进行交易的；

（三）对没有财产担保的债务提供财产担保的；

（四）对未到期的债务提前清偿的；

（五）放弃债权的。

第三十二条　人民法院受理破产申请前六个月内，债务人有本法第二条第一款规定的情形，仍对个别债权人进行清偿的，管理人有权请求人民法院予以撤销。但是，个别清偿使债务人财产受益的除外。

第三十三条　涉及债务人财产的下列行为无效：

（一）为逃避债务而隐匿、转移财产的；

（二）虚构债务或者承认不真实的债务的。

第三十四条　因本法第三十一条、第三十二条或者第三十三条规定的行为而取得的债务人的财产，管理人有权追回。

第三十五条　人民法院受理破产申请后，债务人的出资人尚未完全履行出资义务的，管理人应当要求该出资人缴纳所认缴的出资，而不受出资期限的限制。

第三十六条　债务人的董事、监事和高级管理人员利用职权从企业获取的非正常收入和侵占的企业财产，管理人应当追回。

第三十七条　人民法院受理破产申请后，管理人可以通过清偿债务或者提供为债权人接受的担保，取回质物、留置物。

前款规定的债务清偿或者替代担保，在质物或者留置物的价值低于被担保的债权额时，以该质物或者留置物当时的市场价值为限。

第三十八条　人民法院受理破产申请后，债务人占有的不属于债务人的财产，该财产的权利人可以通过管理人取回。但是，本法另有规定的除外。

第三十九条　人民法院受理破产申请时，出卖人已将买卖标的物向作为买受人的债务人发运,债务人尚未收到且未付清全部价款的,出卖人可以取回在运途中的标的物。但是,管理人可以支付全部价款,请求出卖人交付标的物。

第四十条　债权人在破产申请受理前对债务人负有债务的,可以向管理人主张抵销。但是,有下列情形之一的,不得抵销:

(一)债务人的债务人在破产申请受理后取得他人对债务人的债权的;

(二)债权人已知债务人有不能清偿到期债务或者破产申请的事实,对债务人负担债务的;但是,债权人因为法律规定或者有破产申请一年前所发生的原因而负担债务的除外;

(三)债务人的债务人已知债务人有不能清偿到期债务或者破产申请的事实,对债务人取得债权的;但是,债务人的债务人因为法律规定或者有破产申请一年前所发生的原因而取得债权的除外。

第五章　破产费用和共益债务

第四十一条　人民法院受理破产申请后发生的下列费用,为破产费用:

(一)破产案件的诉讼费用;

(二)管理、变价和分配债务人财产的费用;

(三)管理人执行职务的费用、报酬和聘用工作人员的费用。

第四十二条　人民法院受理破产申请后发生的下列债务,为共益债务:

(一)因管理人或者债务人请求对方当事人履行双方均未履行完毕的合同所产生的债务;

(二)债务人财产受无因管理所产生的债务;

(三)因债务人不当得利所产生的债务;

(四)为债务人继续营业而应支付的劳动报酬和社会保险费用以及由此产生的其他债务;

(五)管理人或者相关人员执行职务致人损害所产生的债务;

(六)债务人财产致人损害所产生的债务。

第四十三条　破产费用和共益债务由债务人财产随时清偿。

债务人财产不足以清偿所有破产费用和共益债务的,先行清偿破产费用。

债务人财产不足以清偿所有破产费用或者共益债务的,按照比例清偿。

债务人财产不足以清偿破产费用的,管理人应当提请人民法院终结破产程序。人民法院应当自收到请求之日起十五日内裁定终结破产程序,并予以公告。

第六章　债权申报

第四十四条　人民法院受理破产申请时对债务人享有债权的债权人,依照本法规定的程序行使权利。

第四十五条　人民法院受理破产申请后,应当确定债权人申报债权的期限。债权申报期限自人民法院发布受理破产申请公告之日起计算,最短不得少于三十日,最长不得超过三个月。

第四十六条　未到期的债权,在破产申请受理时视为到期。

附利息的债权自破产申请受理时起停止计息。

第四十七条　附条件、附期限的债权和诉讼、仲裁未决的债权,债权人可以申报。

第四十八条　债权人应当在人民法院确定的债权申报期限内向管理人申报债权。

债务人所欠职工的工资和医疗、伤残补助、抚恤费用,所欠的应当划入职工个人账户的基本养老保险、基本医疗保险费用,以及法律、行政法规规定应当支付给职工的补偿金,不必申报,由管理人调查后列出清单并予以公示。职工对清单记载有异议的,可以要求管理人更正;管理人不予更正的,职工可以向人民法院提起诉讼。

第四十九条　债权人申报债权时,应当书面说明债权的数额和有无财产担保,并提交有关证据。申报的债权是连带债权的,应当说明。

第五十条　连带债权人可以由其中一人代表全体连带债权人申报债权,也可以共同申报债权。

第五十一条　债务人的保证人或者其他连带债务人已经代替债务人清偿债务的,以其对债务人的求偿权申报债权。

债务人的保证人或者其他连带债务人尚未代替债务人清偿债务的,以其对债务人的将来求偿权申报债权。但是,债权人已经向管理人申报全部债权的除外。

第五十二条　连带债务人数人被裁定适用本法规定的程序的,其债权人有权就全部债权分别在各破产案件中申报债权。

第五十三条　管理人或者债务人依照本法规定解除合同的,对方当事人以因合同解除所产生的损害赔偿请求权申报债权。

第五十四条　债务人是委托合同的委托人,被裁定适用本法规定的程序,受托人不知该事实,继续处理委托事务的,受托人以由此产生的请求权申报债权。

第五十五条　债务人是票据的出票人,被裁定适用本法规定的程序,该票据的付款人继续付款或者承兑的,付款人以由此产生的请求权申报债权。

第五十六条　在人民法院确定的债权申报期限内,债权人未申报债权的,可以在破产财产最后分配前补充申报;但是,此前已进行的分配,不再对其补充分配。为审查和确认补充申报债权的费用,由补充申报人承担。

债权人未依照本法规定申报债权的,不得依照本法规定的程序行使权利。

第五十七条　管理人收到债权申报材料后,应当登记造册,对申报的债权进行审查,并编制债权表。

债权表和债权申报材料由管理人保存,供利害关系人查阅。

第五十八条　依照本法第五十七条规定编制的债权表,应当提交第一次债权人会议核查。

债务人、债权人对债权表记载的债权无异议的,由人民法院裁定确认。

债务人、债权人对债权表记载的债权有异议的,可以向受理破产申请的人民法院提起诉讼。

第七章　债权人会议

第一节　一般规定

第五十九条　依法申报债权的债权人为债权人会议的成员,有权参加债权人会议,享有表决权。

债权尚未确定的债权人,除人民法院能够为其行使表决权而临时确定债权额的外,不得行使表决权。

对债务人的特定财产享有担保权的债权人,未放弃优先受偿权利的,对于本法第六十一条第一款第七项、第十项规定的事项不享有表决权。

债权人可以委托代理人出席债权人会议,行使表决权。代理人出席债权人会议,应当向人民法院或者债权人会议主席提交债权人的授权委托书。

债权人会议应当有债务人的职工和工会的代表参加,对有关事项发表意见。

第六十条 债权人会议设主席一人,由人民法院从有表决权的债权人中指定。

债权人会议主席主持债权人会议。

第六十一条 债权人会议行使下列职权:

(一)核查债权;

(二)申请人民法院更换管理人,审查管理人的费用和报酬;

(三)监督管理人;

(四)选任和更换债权人委员会成员;

(五)决定继续或者停止债务人的营业;

(六)通过重整计划;

(七)通过和解协议;

(八)通过债务人财产的管理方案;

(九)通过破产财产的变价方案;

(十)通过破产财产的分配方案;

(十一)人民法院认为应当由债权人会议行使的其他职权。

债权人会议应当对所议事项的决议作成会议记录。

第六十二条 第一次债权人会议由人民法院召集,自债权申报期限届满之日起十五日内召开。

以后的债权人会议,在人民法院认为必要时,或者管理人、债权人委员会、占债权总额四分之一以上的债权人向债权人会议主席提议时召开。

第六十三条 召开债权人会议,管理人应当提前十五日通知已知的债权人。

第六十四条 债权人会议的决议,由出席会议的有表决权的债权人过半数通过,并且其所代表的债权额占无财产担保债权总额的二分之一以上。但是,本法另有规定的除外。

债权人认为债权人会议的决议违反法律规定,损害其利益的,可以自债权人会议作出决议之日起十五日内,请求人民法院裁定撤销该决议,责令债权人会议依法重新作出决议。

债权人会议的决议,对于全体债权人均有约束力。

第六十五条　本法第六十一条第一款第八项、第九项所列事项,经债权人会议表决未通过的,由人民法院裁定。

本法第六十一条第一款第十项所列事项,经债权人会议二次表决仍未通过的,由人民法院裁定。

对前两款规定的裁定,人民法院可以在债权人会议上宣布或者另行通知债权人。

第六十六条　债权人对人民法院依照本法第六十五条第一款作出的裁定不服的,债权额占无财产担保债权总额二分之一以上的债权人对人民法院依照本法第六十五条第二款作出的裁定不服的,可以自裁定宣布之日或者收到通知之日起十五日内向该人民法院申请复议。复议期间不停止裁定的执行。

第二节　债权人委员会

第六十七条　债权人会议可以决定设立债权人委员会。债权人委员会由债权人会议选任的债权人代表和一名债务人的职工代表或者工会代表组成。债权人委员会成员不得超过九人。

债权人委员会成员应当经人民法院书面决定认可。

第六十八条　债权人委员会行使下列职权:

(一)监督债务人财产的管理和处分;

(二)监督破产财产分配;

(三)提议召开债权人会议;

(四)债权人会议委托的其他职权。

债权人委员会执行职务时,有权要求管理人、债务人的有关人员对其职权范围内的事务作出说明或者提供有关文件。

管理人、债务人的有关人员违反本法规定拒绝接受监督的,债权人委员会有权就监督事项请求人民法院作出决定;人民法院应当在五日内作出决定。

第六十九条　管理人实施下列行为,应当及时报告债权人委员会:

(一)涉及土地、房屋等不动产权益的转让;

（二）探矿权、采矿权、知识产权等财产权的转让；

（三）全部库存或者营业的转让；

（四）借款；

（五）设定财产担保；

（六）债权和有价证券的转让；

（七）履行债务人和对方当事人均未履行完毕的合同；

（八）放弃权利；

（九）担保物的取回；

（十）对债权人利益有重大影响的其他财产处分行为。

未设立债权人委员会的，管理人实施前款规定的行为应当及时报告人民法院。

第八章　重　　整

第一节　重整申请和重整期间

第七十条　债务人或者债权人可以依照本法规定，直接向人民法院申请对债务人进行重整。

债权人申请对债务人进行破产清算的，在人民法院受理破产申请后、宣告债务人破产前，债务人或者出资额占债务人注册资本十分之一以上的出资人，可以向人民法院申请重整。

第七十一条　人民法院经审查认为重整申请符合本法规定的，应当裁定债务人重整，并予以公告。

第七十二条　自人民法院裁定债务人重整之日起至重整程序终止，为重整期间。

第七十三条　在重整期间，经债务人申请，人民法院批准，债务人可以在管理人的监督下自行管理财产和营业事务。

有前款规定情形的，依照本法规定已接管债务人财产和营业事务的管理人应当向债务人移交财产和营业事务，本法规定的管理人的职权由债务人行使。

第七十四条　管理人负责管理财产和营业事务的，可以聘任债务人的经营管理人员负责营业事务。

第七十五条　在重整期间,对债务人的特定财产享有的担保权暂停行使。但是,担保物有损坏或者价值明显减少的可能,足以危害担保权人权利的,担保权人可以向人民法院请求恢复行使担保权。

在重整期间,债务人或者管理人为继续营业而借款的,可以为该借款设定担保。

第七十六条　债务人合法占有的他人财产,该财产的权利人在重整期间要求取回的,应当符合事先约定的条件。

第七十七条　在重整期间,债务人的出资人不得请求投资收益分配。

在重整期间,债务人的董事、监事、高级管理人员不得向第三人转让其持有的债务人的股权。但是,经人民法院同意的除外。

第七十八条　在重整期间,有下列情形之一的,经管理人或者利害关系人请求,人民法院应当裁定终止重整程序,并宣告债务人破产:

(一)债务人的经营状况和财产状况继续恶化,缺乏挽救的可能性;

(二)债务人有欺诈、恶意减少债务人财产或者其他显著不利于债权人的行为;

(三)由于债务人的行为致使管理人无法执行职务。

第二节　重整计划的制定和批准

第七十九条　债务人或者管理人应当自人民法院裁定债务人重整之日起六个月内,同时向人民法院和债权人会议提交重整计划草案。

前款规定的期限届满,经债务人或者管理人请求,有正当理由的,人民法院可以裁定延期三个月。

债务人或者管理人未按期提出重整计划草案的,人民法院应当裁定终止重整程序,并宣告债务人破产。

第八十条　债务人自行管理财产和营业事务的,由债务人制作重整计划草案。

管理人负责管理财产和营业事务的,由管理人制作重整计划草案。

第八十一条　重整计划草案应当包括下列内容:

(一)债务人的经营方案;

(二)债权分类;

（三）债权调整方案；

（四）债权受偿方案；

（五）重整计划的执行期限；

（六）重整计划执行的监督期限；

（七）有利于债务人重整的其他方案。

第八十二条　下列各类债权的债权人参加讨论重整计划草案的债权人会议，依照下列债权分类，分组对重整计划草案进行表决：

（一）对债务人的特定财产享有担保权的债权；

（二）债务人所欠职工的工资和医疗、伤残补助、抚恤费用，所欠的应当划入职工个人账户的基本养老保险、基本医疗保险费用，以及法律、行政法规规定应当支付给职工的补偿金；

（三）债务人所欠税款；

（四）普通债权。

人民法院在必要时可以决定在普通债权组中设小额债权组对重整计划草案进行表决。

第八十三条　重整计划不得规定减免债务人欠缴的本法第八十二条第一款第二项规定以外的社会保险费用；该项费用的债权人不参加重整计划草案的表决。

第八十四条　人民法院应当自收到重整计划草案之日起三十日内召开债权人会议，对重整计划草案进行表决。

出席会议的同一表决组的债权人过半数同意重整计划草案，并且其所代表的债权额占该组债权总额的三分之二以上的，即为该组通过重整计划草案。

债务人或者管理人应当向债权人会议就重整计划草案作出说明，并回答询问。

第八十五条　债务人的出资人代表可以列席讨论重整计划草案的债权人会议。

重整计划草案涉及出资人权益调整事项的，应当设出资人组，对该事项进行表决。

第八十六条　各表决组均通过重整计划草案时，重整计划即为通过。

自重整计划通过之日起十日内，债务人或者管理人应当向人民法院提出批准重整计划的申请。人民法院经审查认为符合本法规定的，应当自收到申请之日起三十日内裁定批准,终止重整程序,并予以公告。

第八十七条　部分表决组未通过重整计划草案的,债务人或者管理人可以同未通过重整计划草案的表决组协商。该表决组可以在协商后再表决一次。双方协商的结果不得损害其他表决组的利益。

未通过重整计划草案的表决组拒绝再次表决或者再次表决仍未通过重整计划草案,但重整计划草案符合下列条件的,债务人或者管理人可以申请人民法院批准重整计划草案:

(一)按照重整计划草案,本法第八十二条第一款第一项所列债权就该特定财产将获得全额清偿,其因延期清偿所受的损失将得到公平补偿,并且其担保权未受到实质性损害,或者该表决组已经通过重整计划草案;

(二)按照重整计划草案,本法第八十二条第一款第二项、第三项所列债权将获得全额清偿,或者相应表决组已经通过重整计划草案;

(三)按照重整计划草案,普通债权所获得的清偿比例,不低于其在重整计划草案被提请批准时依照破产清算程序所能获得的清偿比例,或者该表决组已经通过重整计划草案;

(四)重整计划草案对出资人权益的调整公平、公正,或者出资人组已经通过重整计划草案;

(五)重整计划草案公平对待同一表决组的成员,并且所规定的债权清偿顺序不违反本法第一百一十三条的规定;

(六)债务人的经营方案具有可行性。

人民法院经审查认为重整计划草案符合前款规定的,应当自收到申请之日起三十日内裁定批准,终止重整程序,并予以公告。

第八十八条　重整计划草案未获得通过且未依照本法第八十七条的规定获得批准,或者已通过的重整计划未获得批准的,人民法院应当裁定终止重整程序,并宣告债务人破产。

第三节　重整计划的执行

第八十九条　重整计划由债务人负责执行。

人民法院裁定批准重整计划后,已接管财产和营业事务的管理人应当向债务人移交财产和营业事务。

第九十条　自人民法院裁定批准重整计划之日起,在重整计划规定的监督期内,由管理人监督重整计划的执行。

在监督期内,债务人应当向管理人报告重整计划执行情况和债务人财务状况。

第九十一条　监督期届满时,管理人应当向人民法院提交监督报告。自监督报告提交之日起,管理人的监督职责终止。

管理人向人民法院提交的监督报告,重整计划的利害关系人有权查阅。

经管理人申请,人民法院可以裁定延长重整计划执行的监督期限。

第九十二条　经人民法院裁定批准的重整计划,对债务人和全体债权人均有约束力。

债权人未依照本法规定申报债权的,在重整计划执行期间不得行使权利;在重整计划执行完毕后,可以按照重整计划规定的同类债权的清偿条件行使权利。

债权人对债务人的保证人和其他连带债务人所享有的权利,不受重整计划的影响。

第九十三条　债务人不能执行或者不执行重整计划的,人民法院经管理人或者利害关系人请求,应当裁定终止重整计划的执行,并宣告债务人破产。

人民法院裁定终止重整计划执行的,债权人在重整计划中作出的债权调整的承诺失去效力。债权人因执行重整计划所受的清偿仍然有效,债权未受清偿的部分作为破产债权。

前款规定的债权人,只有在其他同顺位债权人同自己所受的清偿达到同一比例时,才能继续接受分配。

有本条第一款规定情形的,为重整计划的执行提供的担保继续有效。

第九十四条　按照重整计划减免的债务,自重整计划执行完毕时起,债务人不再承担清偿责任。

第九章　和　　解

第九十五条　债务人可以依照本法规定,直接向人民法院申请和解;也可以在人民法院受理破产申请后、宣告债务人破产前,向人民法院申请和解。

债务人申请和解,应当提出和解协议草案。

第九十六条　人民法院经审查认为和解申请符合本法规定的,应当裁定和解,予以公告,并召集债权人会议讨论和解协议草案。

对债务人的特定财产享有担保权的权利人,自人民法院裁定和解之日起可以行使权利。

第九十七条　债权人会议通过和解协议的决议,由出席会议的有表决权的债权人过半数同意,并且其所代表的债权额占无财产担保债权总额的三分之二以上。

第九十八条　债权人会议通过和解协议的,由人民法院裁定认可,终止和解程序,并予以公告。管理人应当向债务人移交财产和营业事务,并向人民法院提交执行职务的报告。

第九十九条　和解协议草案经债权人会议表决未获得通过,或者已经债权人会议通过的和解协议未获得人民法院认可的,人民法院应当裁定终止和解程序,并宣告债务人破产。

第一百条　经人民法院裁定认可的和解协议,对债务人和全体和解债权人均有约束力。

和解债权人是指人民法院受理破产申请时对债务人享有无财产担保债权的人。

和解债权人未依照本法规定申报债权的,在和解协议执行期间不得行使权利;在和解协议执行完毕后,可以按照和解协议规定的清偿条件行使权利。

第一百零一条　和解债权人对债务人的保证人和其他连带债务人所享有的权利,不受和解协议的影响。

第一百零二条　债务人应当按照和解协议规定的条件清偿债务。

第一百零三条　因债务人的欺诈或者其他违法行为而成立的和解协议,人民法院应当裁定无效,并宣告债务人破产。

有前款规定情形的,和解债权人因执行和解协议所受的清偿,在其他债权人所受清偿同等比例的范围内,不予返还。

第一百零四条　债务人不能执行或者不执行和解协议的,人民法院经和解债权人请求,应当裁定终止和解协议的执行,并宣告债务人破产。

人民法院裁定终止和解协议执行的,和解债权人在和解协议中作出的债权调整的承诺失去效力。和解债权人因执行和解协议所受的清偿仍然有效,和解债权未受清偿的部分作为破产债权。

前款规定的债权人,只有在其他债权人同自己所受的清偿达到同一比例时,才能继续接受分配。

有本条第一款规定情形的,为和解协议的执行提供的担保继续有效。

第一百零五条　人民法院受理破产申请后,债务人与全体债权人就债权债务的处理自行达成协议的,可以请求人民法院裁定认可,并终结破产程序。

第一百零六条　按照和解协议减免的债务,自和解协议执行完毕时起,债务人不再承担清偿责任。

第十章　破产清算

第一节　破产宣告

第一百零七条　人民法院依照本法规定宣告债务人破产的,应当自裁定作出之日起五日内送达债务人和管理人,自裁定作出之日起十日内通知已知债权人,并予以公告。

债务人被宣告破产后,债务人称为破产人,债务人财产称为破产财产,人民法院受理破产申请时对债务人享有的债权称为破产债权。

第一百零八条　破产宣告前,有下列情形之一的,人民法院应当裁定终结破产程序,并予以公告:

(一)第三人为债务人提供足额担保或者为债务人清偿全部到期债务的;

(二)债务人已清偿全部到期债务的。

第一百零九条　对破产人的特定财产享有担保权的权利人,对该特定财产享有优先受偿的权利。

第一百一十条　享有本法第一百零九条规定权利的债权人行使优先受偿权利未能完全受偿的,其未受偿的债权作为普通债权;放弃优先受偿权利的,其债权作为普通债权。

第二节　变价和分配

第一百一十一条　管理人应当及时拟订破产财产变价方案,提交债权人会议讨论。

管理人应当按照债权人会议通过的或者人民法院依照本法第六十五条第一款规定裁定的破产财产变价方案,适时变价出售破产财产。

第一百一十二条　变价出售破产财产应当通过拍卖进行。但是,债权人会议另有决议的除外。

破产企业可以全部或者部分变价出售。企业变价出售时,可以将其中的无形资产和其他财产单独变价出售。

按照国家规定不能拍卖或者限制转让的财产,应当按照国家规定的方式处理。

第一百一十三条　破产财产在优先清偿破产费用和共益债务后,依照下列顺序清偿:

(一)破产人所欠职工的工资和医疗、伤残补助、抚恤费用,所欠的应当划入职工个人账户的基本养老保险、基本医疗保险费用,以及法律、行政法规规定应当支付给职工的补偿金;

(二)破产人欠缴的除前项规定以外的社会保险费用和破产人所欠税款;

(三)普通破产债权。

破产财产不足以清偿同一顺序的清偿要求的,按照比例分配。

破产企业的董事、监事和高级管理人员的工资按照该企业职工的平均工资计算。

第一百一十四条　破产财产的分配应当以货币分配方式进行。但是,债权人会议另有决议的除外。

第一百一十五条　管理人应当及时拟订破产财产分配方案,提交债权人会议讨论。

破产财产分配方案应当载明下列事项:

(一)参加破产财产分配的债权人名称或者姓名、住所;

(二)参加破产财产分配的债权额;

(三)可供分配的破产财产数额;

(四)破产财产分配的顺序、比例及数额;

(五)实施破产财产分配的方法。

债权人会议通过破产财产分配方案后,由管理人将该方案提请人民法院裁定认可。

第一百一十六条　破产财产分配方案经人民法院裁定认可后,由管理人执行。

管理人按照破产财产分配方案实施多次分配的,应当公告本次分配的财产额和债权额。管理人实施最后分配的,应当在公告中指明,并载明本法第一百一十七条第二款规定的事项。

第一百一十七条　对于附生效条件或者解除条件的债权,管理人应当将其分配额提存。

管理人依照前款规定提存的分配额,在最后分配公告日,生效条件未成就或者解除条件成就的,应当分配给其他债权人;在最后分配公告日,生效条件成就或者解除条件未成就的,应当交付给债权人。

第一百一十八条　债权人未受领的破产财产分配额,管理人应当提存。债权人自最后分配公告之日起满二个月仍不领取的,视为放弃受领分配的权利,管理人或者人民法院应当将提存的分配额分配给其他债权人。

第一百一十九条　破产财产分配时,对于诉讼或者仲裁未决的债权,管理人应当将其分配额提存。自破产程序终结之日起满二年仍不能受领分配的,人民法院应当将提存的分配额分配给其他债权人。

第三节　破产程序的终结

第一百二十条　破产人无财产可供分配的,管理人应当请求人民法院裁定终结破产程序。

管理人在最后分配完结后,应当及时向人民法院提交破产财产分配报告,并提请人民法院裁定终结破产程序。

人民法院应当自收到管理人终结破产程序的请求之日起十五日内作出是否终结破产程序的裁定。裁定终结的,应当予以公告。

第一百二十一条　管理人应当自破产程序终结之日起十日内,持人民法院终结破产程序的裁定,向破产人的原登记机关办理注销登记。

第一百二十二条　管理人于办理注销登记完毕的次日终止执行职务。但是,存在诉讼或者仲裁未决情况的除外。

第一百二十三条　自破产程序依照本法第四十三条第四款或者第一百二十条的规定终结之日起二年内,有下列情形之一的,债权人可以请求人民法院按照破产财产分配方案进行追加分配:

(一)发现有依照本法第三十一条、第三十二条、第三十三条、第三十六条规定应当追回的财产的;

(二)发现破产人有应当供分配的其他财产的。

有前款规定情形,但财产数量不足以支付分配费用的,不再进行追加分配,由人民法院将其上交国库。

第一百二十四条　破产人的保证人和其他连带债务人,在破产程序终结后,对债权人依照破产清算程序未受清偿的债权,依法继续承担清偿责任。

第十一章　法律责任

第一百二十五条　企业董事、监事或者高级管理人员违反忠实义务、勤勉义务,致使所在企业破产的,依法承担民事责任。

有前款规定情形的人员,自破产程序终结之日起三年内不得担任任何企业的董事、监事、高级管理人员。

第一百二十六条　有义务列席债权人会议的债务人的有关人员,经人民法院传唤,无正当理由拒不列席债权人会议的,人民法院可以拘传,并依法处以罚款。债务人的有关人员违反本法规定,拒不陈述、回答,或者作虚假陈述、回答的,人民法院可以依法处以罚款。

第一百二十七条　债务人违反本法规定,拒不向人民法院提交或者提交不真实的财产状况说明、债务清册、债权清册、有关财务会计报告以及职工工资的支付情况和社会保险费用的缴纳情况的,人民法院可以对直接责任人员依法处以罚款。

债务人违反本法规定,拒不向管理人移交财产、印章和账簿、文书等资料的,或者伪造、销毁有关财产证据材料而使财产状况不明的,人民法院可以对直接责任人员依法处以罚款。

第一百二十八条　债务人有本法第三十一条、第三十二条、第三十三条规定的行为,损害债权人利益的,债务人的法定代表人和其他直接责任人员依法承担赔偿责任。

第一百二十九条　债务人的有关人员违反本法规定,擅自离开住所地的,人民法院可以予以训诫、拘留,可以依法并处罚款。

第一百三十条　管理人未依照本法规定勤勉尽责,忠实执行职务的,人民法院可以依法处以罚款;给债权人、债务人或者第三人造成损失的,依法承担赔偿责任。

第一百三十一条　违反本法规定,构成犯罪的,依法追究刑事责任。

第十二章　附　　则

第一百三十二条　本法施行后,破产人在本法公布之日前所欠职工的工资和医疗、伤残补助、抚恤费用,所欠的应当划入职工个人账户的基本养老保险、基本医疗保险费用,以及法律、行政法规规定应当支付给职工的补偿金,依照本法第一百一十三条的规定清偿后不足以清偿的部分,以本法第一百零九条规定的特定财产优先于对该特定财产享有担保权的权利人受偿。

第一百三十三条　在本法施行前国务院规定的期限和范围内的国有企业实施破产的特殊事宜,按照国务院有关规定办理。

第一百三十四条　商业银行、证券公司、保险公司等金融机构有本法第二条规定情形的,国务院金融监督管理机构可以向人民法院提出对该金融机构进行重整或者破产清算的申请。国务院金融监督管理机构依法对出现重大经营风险的金融机构采取接管、托管等措施的,可以向人民法院申请中止以该金融机构为被告或者被执行人的民事诉讼程序或者执行程序。

金融机构实施破产的,国务院可以依据本法和其他有关法律的规定制定实施办法。

第一百三十五条　其他法律规定企业法人以外的组织的清算,属于破产清算的,参照适用本法规定的程序。

第一百三十六条　本法自 2007 年 6 月 1 日起施行,《中华人民共和国企业破产法(试行)》同时废止。

中华人民共和国公司法(节录)

(1993 年 12 月 29 日第八届全国人民代表大会常务委员会第五次会议通过　根据 1999 年 12 月 25 日第九届全国人民代表大会常务委员会第十三次会议《关于修改〈中华人民共和国公司法〉的决定》第一次修正　根据 2004 年 8 月 28 日第十届全国人民代表大会常务委员会第十一次会议《关于修改〈中华人民共和国公司法〉的决定》第二次修正　2005 年 10 月 27 日第十届全国人民代表大会常务委员会第十八次会议修订　根据 2013 年 12 月 28 日第十二届全国人民代表大会常务委员会第六次会议《关于修改〈中华人民共和国海洋环境保护法〉等七部法律的决定》第三次修正　根据 2018 年 10 月 26 日第十三届全国人民代表大会常务委员会第六次会议《关于修改〈中华人民共和国公司法〉的决定》第四次修正)

第十章　公司解散和清算

第一百八十条　公司因下列原因解散:

(一)公司章程规定的营业期限届满或者公司章程规定的其他解散事由出现;

(二)股东会或者股东大会决议解散;

(三)因公司合并或者分立需要解散;

(四)依法被吊销营业执照、责令关闭或者被撤销;

(五)人民法院依照本法第一百八十二条的规定予以解散。

第一百八十一条　公司有本法第一百八十条第(一)项情形的,可以通过修改公司章程而存续。

依照前款规定修改公司章程,有限责任公司须经持有三分之二以上表决权的股东通过,股份有限公司须经出席股东大会会议的股东所持表决权的三分之二以上通过。

第一百八十二条　公司经营管理发生严重困难,继续存续会使股东利益受到重大损失,通过其他途径不能解决的,持有公司全部股东表决权百分之十以上的股东,可以请求人民法院解散公司。

第一百八十三条　公司因本法第一百八十条第(一)项、第(二)项、第(四)项、第(五)项规定而解散的,应当在解散事由出现之日起十五日内成立清算组,开始清算。有限责任公司的清算组由股东组成,股份有限公司的清算组由董事或者股东大会确定的人员组成。逾期不成立清算组进行清算的,债权人可以申请人民法院指定有关人员组成清算组进行清算。人民法院应当受理该申请,并及时组织清算组进行清算。

第一百八十四条　清算组在清算期间行使下列职权:

(一)清理公司财产,分别编制资产负债表和财产清单;

(二)通知、公告债权人;

(三)处理与清算有关的公司未了结的业务;

(四)清缴所欠税款以及清算过程中产生的税款;

(五)清理债权、债务;

(六)处理公司清偿债务后的剩余财产;

(七)代表公司参与民事诉讼活动。

第一百八十五条　清算组应当自成立之日起十日内通知债权人,并于六十日内在报纸上公告。债权人应当自接到通知书之日起三十日内,未接到通知书的自公告之日起四十五日内,向清算组申报其债权。

债权人申报债权,应当说明债权的有关事项,并提供证明材料。清算组应当对债权进行登记。

在申报债权期间,清算组不得对债权人进行清偿。

第一百八十六条　清算组在清理公司财产、编制资产负债表和财产清单后,应当制定清算方案,并报股东会、股东大会或者人民法院确认。

公司财产在分别支付清算费用、职工的工资、社会保险费用和法定补偿金,缴纳所欠税款,清偿公司债务后的剩余财产,有限责任公司按照股东的出资比例分配,股份有限公司按照股东持有的股份比例分配。

清算期间,公司存续,但不得开展与清算无关的经营活动。公司财产在未依照前款规定清偿前,不得分配给股东。

第一百八十七条　清算组在清理公司财产、编制资产负债表和财产清单后,发现公司财产不足清偿债务的,应当依法向人民法院申请宣告破产。

公司经人民法院裁定宣告破产后,清算组应当将清算事务移交给人民法院。

第一百八十八条　公司清算结束后,清算组应当制作清算报告,报股东会、股东大会或者人民法院确认,并报送公司登记机关,申请注销公司登记,公告公司终止。

第一百八十九条　清算组成员应当忠于职守,依法履行清算义务。

清算组成员不得利用职权收受贿赂或者其他非法收入,不得侵占公司财产。

清算组成员因故意或者重大过失给公司或者债权人造成损失的,应当承担赔偿责任。

第一百九十条　公司被依法宣告破产的,依照有关企业破产的法律实施破产清算。

二、司法解释

最高人民法院

关于适用《中华人民共和国企业破产法》若干问题的规定(一)

法释〔2011〕22号

(2011年8月29日最高人民法院审判委员会第1527次会议通过
2011年9月9日最高人民法院公告公布
自2011年9月26日起施行)

为正确适用《中华人民共和国企业破产法》,结合审判实践,就人民法院依法受理企业破产案件适用法律问题作出如下规定。

第一条 债务人不能清偿到期债务并且具有下列情形之一的,人民法院应当认定其具备破产原因:

(一)资产不足以清偿全部债务;

(二)明显缺乏清偿能力。

相关当事人以对债务人的债务负有连带责任的人未丧失清偿能力为由,主张债务人不具备破产原因的,人民法院应不予支持。

第二条 下列情形同时存在的,人民法院应当认定债务人不能清偿到期债务:

(一)债权债务关系依法成立;

(二)债务履行期限已经届满;

（三）债务人未完全清偿债务。

第三条　债务人的资产负债表，或者审计报告、资产评估报告等显示其全部资产不足以偿付全部负债的，人民法院应当认定债务人资产不足以清偿全部债务，但有相反证据足以证明债务人资产能够偿付全部负债的除外。

第四条　债务人账面资产虽大于负债，但存在下列情形之一的，人民法院应当认定其明显缺乏清偿能力：

（一）因资金严重不足或者财产不能变现等原因，无法清偿债务；

（二）法定代表人下落不明且无其他人员负责管理财产，无法清偿债务；

（三）经人民法院强制执行，无法清偿债务；

（四）长期亏损且经营扭亏困难，无法清偿债务；

（五）导致债务人丧失清偿能力的其他情形。

第五条　企业法人已解散但未清算或者未在合理期限内清算完毕，债权人申请债务人破产清算的，除债务人在法定异议期限内举证证明其未出现破产原因外，人民法院应当受理。

第六条　债权人申请债务人破产的，应当提交债务人不能清偿到期债务的有关证据。债务人对债权人的申请未在法定期限内向人民法院提出异议，或者异议不成立的，人民法院应当依法裁定受理破产申请。

受理破产申请后，人民法院应当责令债务人依法提交其财产状况说明、债务清册、债权清册、财务会计报告等有关材料，债务人拒不提交的，人民法院可以对债务人的直接责任人员采取罚款等强制措施。

第七条　人民法院收到破产申请时，应当向申请人出具收到申请及所附证据的书面凭证。

人民法院收到破产申请后应当及时对申请人的主体资格、债务人的主体资格和破产原因，以及有关材料和证据等进行审查，并依据企业破产法第十条的规定作出是否受理的裁定。

人民法院认为申请人应当补充、补正相关材料的，应当自收到破产申请之日起五日内告知申请人。当事人补充、补正相关材料的期间不计入企业破产法第十条规定的期限。

第八条　破产案件的诉讼费用，应根据企业破产法第四十三条的规定，从债务人财产中拨付。相关当事人以申请人未预先交纳诉讼费用为由，对破产申请提出异议的，人民法院不予支持。

第九条　申请人向人民法院提出破产申请，人民法院未接收其申请，或者未按本规定第七条执行的,申请人可以向上一级人民法院提出破产申请。

上一级人民法院接到破产申请后,应当责令下级法院依法审查并及时作出是否受理的裁定;下级法院仍不作出是否受理裁定的,上一级人民法院可以径行作出裁定。

上一级人民法院裁定受理破产申请的,可以同时指令下级人民法院审理该案件。

最高人民法院
关于适用《中华人民共和国企业破产法》
若干问题的规定(二)

法释〔2013〕22 号

(2013 年 7 月 29 日最高人民法院审判委员会第 1586 次会议通过　2013 年 9 月 5 日最高人民法院公告公布　自 2013 年 9 月 16 日起施行　根据 2020 年 12 月 23 日最高人民法院审判委员会第 1823 次会议通过的《最高人民法院关于修改〈最高人民法院关于破产企业国有划拨土地使用权应否列入破产财产等问题的批复〉等二十九件商事类司法解释的决定》修正　自 2021 年 1 月 1 日起施行)

根据《中华人民共和国民法典》《中华人民共和国企业破产法》等相关法律,结合审判实践,就人民法院审理企业破产案件中认定债务人财产相关的法律适用问题,制定本规定。

第一条　除债务人所有的货币、实物外,债务人依法享有的可以用货币估价并可以依法转让的债权、股权、知识产权、用益物权等财产和财产权益,人民法院均应认定为债务人财产。

第二条　下列财产不应认定为债务人财产:

(一)债务人基于仓储、保管、承揽、代销、借用、寄存、租赁等合同或者其他法律关系占有、使用的他人财产;

(二)债务人在所有权保留买卖中尚未取得所有权的财产;

(三)所有权专属于国家且不得转让的财产;

(四)其他依照法律、行政法规不属于债务人的财产。

第三条　债务人已依法设定担保物权的特定财产,人民法院应当认定为债务人财产。

对债务人的特定财产在担保物权消灭或者实现担保物权后的剩余部分，在破产程序中可用以清偿破产费用、共益债务和其他破产债权。

第四条　债务人对按份享有所有权的共有财产的相关份额，或者共同享有所有权的共有财产的相应财产权利，以及依法分割共有财产所得部分，人民法院均应认定为债务人财产。

人民法院宣告债务人破产清算，属于共有财产分割的法定事由。人民法院裁定债务人重整或者和解的，共有财产的分割应当依据民法典第三百零三条的规定进行；基于重整或者和解的需要必须分割共有财产，管理人请求分割的，人民法院应予准许。

因分割共有财产导致其他共有人损害产生的债务，其他共有人请求作为共益债务清偿的，人民法院应予支持。

第五条　破产申请受理后，有关债务人财产的执行程序未依照企业破产法第十九条的规定中止的，采取执行措施的相关单位应当依法予以纠正。依法执行回转的财产，人民法院应当认定为债务人财产。

第六条　破产申请受理后，对于可能因有关利益相关人的行为或者其他原因，影响破产程序依法进行的，受理破产申请的人民法院可以根据管理人的申请或者依职权，对债务人的全部或者部分财产采取保全措施。

第七条　对债务人财产已采取保全措施的相关单位，在知悉人民法院已裁定受理有关债务人的破产申请后，应当依照企业破产法第十九条的规定及时解除对债务人财产的保全措施。

第八条　人民法院受理破产申请后至破产宣告前裁定驳回破产申请，或者依据企业破产法第一百零八条的规定裁定终结破产程序的，应当及时通知原已采取保全措施并已依法解除保全措施的单位按照原保全顺位恢复相关保全措施。

在已依法解除保全的单位恢复保全措施或者表示不再恢复之前，受理破产申请的人民法院不得解除对债务人财产的保全措施。

第九条　管理人依据企业破产法第三十一条和第三十二条的规定提起诉讼，请求撤销涉及债务人财产的相关行为并由相对人返还债务人财产的，人民法院应予支持。

管理人因过错未依法行使撤销权导致债务人财产不当减损，债权人提起诉讼主张管理人对其损失承担相应赔偿责任的，人民法院应予支持。

第十条　债务人经过行政清理程序转入破产程序的，企业破产法第三十一条和第三十二条规定的可撤销行为的起算点,为行政监管机构作出撤销决定之日。

债务人经过强制清算程序转入破产程序的,企业破产法第三十一条和第三十二条规定的可撤销行为的起算点,为人民法院裁定受理强制清算申请之日。

第十一条　人民法院根据管理人的请求撤销涉及债务人财产的以明显不合理价格进行的交易的,买卖双方应当依法返还从对方获取的财产或者价款。

因撤销该交易,对于债务人应返还受让人已支付价款所产生的债务,受让人请求作为共益债务清偿的,人民法院应予支持。

第十二条　破产申请受理前一年内债务人提前清偿的未到期债务,在破产申请受理前已经到期,管理人请求撤销该清偿行为的,人民法院不予支持。但是,该清偿行为发生在破产申请受理前六个月内且债务人有企业破产法第二条第一款规定情形的除外。

第十三条　破产申请受理后,管理人未依据企业破产法第三十一条的规定请求撤销债务人无偿转让财产、以明显不合理价格交易、放弃债权行为的,债权人依据民法典第五百三十八条、第五百三十九条等规定提起诉讼,请求撤销债务人上述行为并将因此追回的财产归入债务人财产的,人民法院应予受理。

相对人以债权人行使撤销权的范围超出债权人的债权抗辩的,人民法院不予支持。

第十四条　债务人对以自有财产设定担保物权的债权进行的个别清偿,管理人依据企业破产法第三十二条的规定请求撤销的,人民法院不予支持。但是,债务清偿时担保财产的价值低于债权额的除外。

第十五条　债务人经诉讼、仲裁、执行程序对债权人进行的个别清偿,管理人依据企业破产法第三十二条的规定请求撤销的,人民法院不予支持。但是,债务人与债权人恶意串通损害其他债权人利益的除外。

第十六条　债务人对债权人进行的以下个别清偿,管理人依据企业破产法第三十二条的规定请求撤销的,人民法院不予支持:

(一)债务人为维系基本生产需要而支付水费、电费等的;

(二)债务人支付劳动报酬、人身损害赔偿金的;

(三)使债务人财产受益的其他个别清偿。

第十七条 管理人依据企业破产法第三十三条的规定提起诉讼,主张被隐匿、转移财产的实际占有人返还债务人财产,或者主张债务人虚构债务或者承认不真实债务的行为无效并返还债务人财产的,人民法院应予支持。

第十八条 管理人代表债务人依据企业破产法第一百二十八条的规定,以债务人的法定代表人和其他直接责任人员对所涉债务人财产的相关行为存在故意或者重大过失,造成债务人财产损失为由提起诉讼,主张上述责任人员承担相应赔偿责任的,人民法院应予支持。

第十九条 债务人对外享有债权的诉讼时效,自人民法院受理破产申请之日起中断。

债务人无正当理由未对其到期债权及时行使权利,导致其对外债权在破产申请受理前一年内超过诉讼时效期间的,人民法院受理破产申请之日起重新计算上述债权的诉讼时效期间。

第二十条 管理人代表债务人提起诉讼,主张出资人向债务人依法缴付未履行的出资或者返还抽逃的出资本息,出资人以认缴出资尚未届至公司章程规定的缴纳期限或者违反出资义务已经超过诉讼时效为由抗辩的,人民法院不予支持。

管理人依据公司法的相关规定代表债务人提起诉讼,主张公司的发起人和负有监督股东履行出资义务的董事、高级管理人员,或者协助抽逃出资的其他股东、董事、高级管理人员、实际控制人等,对股东违反出资义务或者抽逃出资承担相应责任,并将财产归入债务人财产的,人民法院应予支持。

第二十一条 破产申请受理前,债权人就债务人财产提起下列诉讼,破产申请受理时案件尚未审结的,人民法院应当中止审理:

(一)主张次债务人代替债务人直接向其偿还债务的;

(二)主张债务人的出资人、发起人和负有监督股东履行出资义务的董事、高级管理人员,或者协助抽逃出资的其他股东、董事、高级管理人员、实际控制人等直接向其承担出资不实或者抽逃出资责任的;

(三)以债务人的股东与债务人法人人格严重混同为由,主张债务人的股东直接向其偿还债务人对其所负债务的;

(四)其他就债务人财产提起的个别清偿诉讼。

债务人破产宣告后,人民法院应当依照企业破产法第四十四条的规定判决驳回债权人的诉讼请求。但是,债权人一审中变更其诉讼请求为追收的相关财产归入债务人财产的除外。

　　债务人破产宣告前,人民法院依据企业破产法第十二条或者第一百零八条的规定裁定驳回破产申请或者终结破产程序的,上述中止审理的案件应当依法恢复审理。

　　第二十二条　破产申请受理前,债权人就债务人财产向人民法院提起本规定第二十一条第一款所列诉讼,人民法院已经作出生效民事判决书或者调解书但尚未执行完毕的,破产申请受理后,相关执行行为应当依据企业破产法第十九条的规定中止,债权人应当依法向管理人申报相关债权。

　　第二十三条　破产申请受理后,债权人就债务人财产向人民法院提起本规定第二十一条第一款所列诉讼的,人民法院不予受理。

　　债权人通过债权人会议或者债权人委员会,要求管理人依法向次债务人、债务人的出资人等追收债务人财产,管理人无正当理由拒绝追收,债权人会议依据企业破产法第二十二条的规定,申请人民法院更换管理人的,人民法院应予支持。

　　管理人不予追收,个别债权人代表全体债权人提起相关诉讼,主张次债务人或者债务人的出资人等向债务人清偿或者返还债务人财产,或者依法申请合并破产的,人民法院应予受理。

　　第二十四条　债务人有企业破产法第二条第一款规定的情形时,债务人的董事、监事和高级管理人员利用职权获取的以下收入,人民法院应当认定为企业破产法第三十六条规定的非正常收入:

　　(一)绩效奖金;

　　(二)普遍拖欠职工工资情况下获取的工资性收入;

　　(三)其他非正常收入。

　　债务人的董事、监事和高级管理人员拒不向管理人返还上述债务人财产,管理人主张上述人员予以返还的,人民法院应予支持。

　　债务人的董事、监事和高级管理人员因返还第一款第(一)项、第(三)项非正常收入形成的债权,可以作为普通破产债权清偿。因返还第一款第(二)项非正常收入形成的债权,依据企业破产法第一百一十三条第三款的规定,按照该企业职工平均工资计算的部分作为拖欠职工工资清偿;高出该企业职工平均工资计算的部分,可以作为普通破产债权清偿。

　　第二十五条　管理人拟通过清偿债务或者提供担保取回质押物、留置物,或者与质权人、留置权人协议以质物、留置物折价清偿债务等方式,进行对债权人利益有重大影响的财产处分行为的,应当及时报告债权人委员会。未设立债权人委员会的,管理人应当及时报告人民法院。

第二十六条　权利人依据企业破产法第三十八条的规定行使取回权,应当在破产财产变价方案或者和解协议、重整计划草案提交债权人会议表决前向管理人提出。权利人在上述期限后主张取回相关财产的,应当承担延迟行使取回权增加的相关费用。

第二十七条　权利人依据企业破产法第三十八条的规定向管理人主张取回相关财产,管理人不予认可,权利人以债务人为被告向人民法院提起诉讼请求行使取回权的,人民法院应予受理。

权利人依据人民法院或者仲裁机关的相关生效法律文书向管理人主张取回所涉争议财产,管理人以生效法律文书错误为由拒绝其行使取回权的,人民法院不予支持。

第二十八条　权利人行使取回权时未依法向管理人支付相关的加工费、保管费、托运费、委托费、代销费等费用,管理人拒绝其取回相关财产的,人民法院应予支持。

第二十九条　对债务人占有的权属不清的鲜活易腐等不易保管的财产或者不及时变现价值将严重贬损的财产,管理人及时变价并提存变价款后,有关权利人就该变价款行使取回权的,人民法院应予支持。

第三十条　债务人占有的他人财产被违法转让给第三人,依据民法典第三百一十一条的规定第三人已善意取得财产所有权,原权利人无法取回该财产的,人民法院应当按照以下规定处理:

(一)转让行为发生在破产申请受理前的,原权利人因财产损失形成的债权,作为普通破产债权清偿;

(二)转让行为发生在破产申请受理后的,因管理人或者相关人员执行职务导致原权利人损害产生的债务,作为共益债务清偿。

第三十一条　债务人占有的他人财产被违法转让给第三人,第三人已向债务人支付了转让价款,但依据民法典第三百一十一条的规定未取得财产所有权,原权利人依法追回转让财产的,对因第三人已支付对价而产生的债务,人民法院应当按照以下规定处理:

(一)转让行为发生在破产申请受理前的,作为普通破产债权清偿;

(二)转让行为发生在破产申请受理后的,作为共益债务清偿。

第三十二条　债务人占有的他人财产毁损、灭失,因此获得的保险金、赔偿金、代偿物尚未交付给债务人,或者代偿物虽已交付给债务人但能与债务人财产予以区分的,权利人主张取回就此获得的保险金、赔偿金、代偿物的,人民法院应予支持。

保险金、赔偿金已经交付给债务人,或者代偿物已经交付给债务人且不能与债务人财产予以区分的,人民法院应当按照以下规定处理:

(一)财产毁损、灭失发生在破产申请受理前的,权利人因财产损失形成的债权,作为普通破产债权清偿;

(二)财产毁损、灭失发生在破产申请受理后的,因管理人或者相关人员执行职务导致权利人损害产生的债务,作为共益债务清偿。

债务人占有的他人财产毁损、灭失,没有获得相应的保险金、赔偿金、代偿物,或者保险金、赔偿物、代偿物不足以弥补其损失的部分,人民法院应当按照本条第二款的规定处理。

第三十三条 管理人或者相关人员在执行职务过程中,因故意或者重大过失不当转让他人财产或者造成他人财产毁损、灭失,导致他人损害产生的债务作为共益债务,由债务人财产随时清偿不足弥补损失,权利人向管理人或者相关人员主张承担补充赔偿责任的,人民法院应予支持。

上述债务作为共益债务由债务人财产随时清偿后,债权人以管理人或者相关人员执行职务不当导致债务人财产减少给其造成损失为由提起诉讼,主张管理人或者相关人员承担相应赔偿责任的,人民法院应予支持。

第三十四条 买卖合同双方当事人在合同中约定标的物所有权保留,在标的物所有权未依法转移给买受人前,一方当事人破产的,该买卖合同属于双方均未履行完毕的合同,管理人有权依据企业破产法第十八条的规定决定解除或者继续履行合同。

第三十五条 出卖人破产,其管理人决定继续履行所有权保留买卖合同的,买受人应当按照原买卖合同的约定支付价款或者履行其他义务。

买受人未依约支付价款或者履行完毕其他义务,或者将标的物出卖、出质或者作出其他不当处分,给出卖人造成损害,出卖人管理人依法主张取回标的物的,人民法院应予支持。但是,买受人已经支付标的物总价款百分之七十五以上或者第三人善意取得标的物所有权或者其他物权的除外。

因本条第二款规定未能取回标的物,出卖人管理人依法主张买受人继续支付价款、履行完毕其他义务,以及承担相应赔偿责任的,人民法院应予支持。

第三十六条 出卖人破产,其管理人决定解除所有权保留买卖合同,并依据企业破产法第十七条的规定要求买受人向其交付买卖标的物的,人民法院应予支持。

买受人以其不存在未依约支付价款或者履行完毕其他义务,或者将标的物出卖、出质或者作出其他不当处分情形抗辩的,人民法院不予支持。

买受人依法履行合同义务并依据本条第一款将买卖标的物交付出卖人管理人后,买受人已支付价款损失形成的债权作为共益债务清偿。但是,买受人违反合同约定,出卖人管理人主张上述债权作为普通破产债权清偿的,人民法院应予支持。

第三十七条 买受人破产,其管理人决定继续履行所有权保留买卖合同的,原买卖合同中约定的买受人支付价款或者履行其他义务的期限在破产申请受理时视为到期,买受人管理人应当及时向出卖人支付价款或者履行其他义务。

买受人管理人无正当理由未及时支付价款或者履行完毕其他义务,或者将标的物出卖、出质或者作出其他不当处分,给出卖人造成损害,出卖人依据民法典第六百四十一条等规定主张取回标的物的,人民法院应予支持。但是,买受人已支付标的物总价款百分之七十五以上或者第三人善意取得标的物所有权或者其他物权的除外。

因本条第二款规定未能取回标的物,出卖人依法主张买受人继续支付价款、履行完毕其他义务,以及承担相应赔偿责任的,人民法院应予支持。对因买受人未支付价款或者未履行完毕其他义务,以及买受人管理人将标的物出卖、出质或者作出其他不当处分导致出卖人损害产生的债务,出卖人主张作为共益债务清偿的,人民法院应予支持。

第三十八条 买受人破产,其管理人决定解除所有权保留买卖合同,出卖人依据企业破产法第三十八条的规定主张取回买卖标的物的,人民法院应予支持。

出卖人取回买卖标的物,买受人管理人主张出卖人返还已支付价款的,人民法院应予支持。取回的标的物价值明显减少给出卖人造成损失的,出卖人可从买受人已支付价款中优先予以抵扣后,将剩余部分返还给买受人;对买受人已支付价款不足以弥补出卖人标的物价值减损损失形成的债权,出卖人主张作为共益债务清偿的,人民法院应予支持。

第三十九条 出卖人依据企业破产法第三十九条的规定,通过通知承运人或者实际占有人中止运输、返还货物、变更到达地,或者将货物交给其他收货人等方式,对在运途中标的物主张了取回权但未能实现,或者在货物未达管理人前已向管理人主张取回在运途中标的物,在买卖标的物到达管理人后,出卖人向管理人主张取回的,管理人应予准许。

出卖人对在运途中标的物未及时行使取回权,在买卖标的物到达管理人后向管理人行使在运途中标的物取回权的,管理人不应准许。

第四十条　债务人重整期间,权利人要求取回债务人合法占有的权利人的财产,不符合双方事先约定条件的,人民法院不予支持。但是,因管理人或者自行管理的债务人违反约定,可能导致取回物被转让、毁损、灭失或者价值明显减少的除外。

第四十一条　债权人依据企业破产法第四十条的规定行使抵销权,应当向管理人提出抵销主张。

管理人不得主动抵销债务人与债权人的互负债务,但抵销使债务人财产受益的除外。

第四十二条　管理人收到债权人提出的主张债务抵销的通知后,经审查无异议的,抵销自管理人收到通知之日起生效。

管理人对抵销主张有异议的,应当在约定的异议期限内或者自收到主张债务抵销的通知之日起三个月内向人民法院提起诉讼。无正当理由逾期提起的,人民法院不予支持。

人民法院判决驳回管理人提起的抵销无效诉讼请求的,该抵销自管理人收到主张债务抵销的通知之日起生效。

第四十三条　债权人主张抵销,管理人以下列理由提出异议的,人民法院不予支持:

(一)破产申请受理时,债务人对债权人负有的债务尚未到期;

(二)破产申请受理时,债权人对债务人负有的债务尚未到期;

(三)双方互负债务标的物种类、品质不同。

第四十四条　破产申请受理前六个月内,债务人有企业破产法第二条第一款规定的情形,债务人与个别债权人以抵销方式对个别债权人清偿,其抵销的债权债务属于企业破产法第四十条第(二)、(三)项规定的情形之一,管理人在破产申请受理之日起三个月内向人民法院提起诉讼,主张该抵销无效的,人民法院应予支持。

第四十五条　企业破产法第四十条所列不得抵销情形的债权人,主张以其对债务人特定财产享有优先受偿权的债权,与债务人对其不享有优先受偿权的债权抵销,债务人管理人以抵销存在企业破产法第四十条规定的情形提出异议的,人民法院不予支持。但是,用以抵销的债权大于债权人享有优先受偿权财产价值的除外。

第四十六条 债务人的股东主张以下列债务与债务人对其负有的债务抵销,债务人管理人提出异议的,人民法院应予支持:

(一)债务人股东因欠缴债务人的出资或者抽逃出资对债务人所负的债务;

(二)债务人股东滥用股东权利或者关联关系损害公司利益对债务人所负的债务。

第四十七条 人民法院受理破产申请后,当事人提起的有关债务人的民事诉讼案件,应当依据企业破产法第二十一条的规定,由受理破产申请的人民法院管辖。

受理破产申请的人民法院管辖的有关债务人的第一审民事案件,可以依据民事诉讼法第三十八条的规定,由上级人民法院提审,或者报请上级人民法院批准后交下级人民法院审理。

受理破产申请的人民法院,如对有关债务人的海事纠纷、专利纠纷、证券市场因虚假陈述引发的民事赔偿纠纷等案件不能行使管辖权的,可以依据民事诉讼法第三十七条的规定,由上级人民法院指定管辖。

第四十八条 本规定施行前本院发布的有关企业破产的司法解释,与本规定相抵触的,自本规定施行之日起不再适用。

最高人民法院
关于适用《中华人民共和国企业破产法》
若干问题的规定(三)

法释〔2019〕3 号

(2019 年 2 月 25 日最高人民法院审判委员会第 1762 次会议通过　2019 年 3 月 27 日最高人民法院公告公布　自 2019 年 3 月 28 日起施行　2020 年 12 月 23 日最高人民法院审判委员会第 1823 次会议通过的《最高人民法院关于修改〈最高人民法院关于破产企业国有划拨土地使用权应否列入破产财产等问题的批复〉等二十九件商事类司法解释的决定》修正　自 2021 年 1 月 1 日起施行)

为正确适用《中华人民共和国企业破产法》,结合审判实践,就人民法院审理企业破产案件中有关债权人权利行使等相关法律适用问题,制定本规定。

第一条　人民法院裁定受理破产申请的,此前债务人尚未支付的公司强制清算费用、未终结的执行程序中产生的评估费、公告费、保管费等执行费用,可以参照企业破产法关于破产费用的规定,由债务人财产随时清偿。

此前债务人尚未支付的案件受理费、执行申请费,可以作为破产债权清偿。

第二条　破产申请受理后,经债权人会议决议通过,或者第一次债权人会议召开前经人民法院许可,管理人或者自行管理的债务人可以为债务人继续营业而借款。提供借款的债权人主张参照企业破产法第四十二条第四项的规定优先于普通破产债权清偿的,人民法院应予支持,但其主张优先于此前已就债务人特定财产享有担保的债权清偿的,人民法院不予支持。

管理人或者自行管理的债务人可以为前述借款设定抵押担保,抵押物在破产申请受理前已为其他债权人设定抵押的,债权人主张按照民法典第四百一十四条规定的顺序清偿,人民法院应予支持。

第三条　破产申请受理后,债务人欠缴款项产生的滞纳金,包括债务人未履行生效法律文书应当加倍支付的迟延利息和劳动保险金的滞纳金,债权人作为破产债权申报的,人民法院不予确认。

第四条　保证人被裁定进入破产程序的,债权人有权申报其对保证人的保证债权。

主债务未到期的,保证债权在保证人破产申请受理时视为到期。一般保证的保证人主张行使先诉抗辩权的,人民法院不予支持,但债权人在一般保证人破产程序中的分配额应予提存,待一般保证人应承担的保证责任确定后再按照破产清偿比例予以分配。

保证人被确定应当承担保证责任的,保证人的管理人可以就保证人实际承担的清偿额向主债务人或其他债务人行使求偿权。

第五条　债务人、保证人均被裁定进入破产程序的,债权人有权向债务人、保证人分别申报债权。

债权人向债务人、保证人均申报全部债权的,从一方破产程序中获得清偿后,其对另一方的债权额不作调整,但债权人的受偿额不得超出其债权总额。保证人履行保证责任后不再享有求偿权。

第六条　管理人应当依照企业破产法第五十七条的规定对所申报的债权进行登记造册,详尽记载申报人的姓名、单位、代理人、申报债权额、担保情况、证据、联系方式等事项,形成债权申报登记册。

管理人应当依照企业破产法第五十七条的规定对债权的性质、数额、担保财产、是否超过诉讼时效期间、是否超过强制执行期间等情况进行审查、编制债权表并提交债权人会议核查。

债权表、债权申报登记册及债权申报材料在破产期间由管理人保管,债权人、债务人、债务人职工及其他利害关系人有权查阅。

第七条　已经生效法律文书确定的债权,管理人应当予以确认。

管理人认为债权人据以申报债权的生效法律文书确定的债权错误,或者有证据证明债权人与债务人恶意通过诉讼、仲裁或者公证机关赋予强制执行力公证文书的形式虚构债权债务的,应当依法通过审判监督程序向作出该判决、裁定、调解书的人民法院或者上一级人民法院申请撤销生效法律文书,或者向受理破产申请的人民法院申请撤销或者不予执行仲裁裁决、不予执行公证债权文书后,重新确定债权。

第八条　债务人、债权人对债权表记载的债权有异议的,应当说明理由和法律依据。经管理人解释或调整后,异议人仍然不服的,或者管理人不予解释或调整的,异议人应当在债权人会议核查结束后十五日内向人民法院提起债权确认的诉讼。当事人之间在破产申请受理前订立有仲裁条款或仲裁协议的,应当向选定的仲裁机构申请确认债权债务关系。

第九条　债务人对债权表记载的债权有异议向人民法院提起诉讼的,应将被异议债权人列为被告。债权人对债权表记载的他人债权有异议的,应将被异议债权人列为被告;债权人对债权表记载的本人债权有异议的,应将债务人列为被告。

对同一笔债权存在多个异议人,其他异议人申请参加诉讼的,应当列为共同原告。

第十条　单个债权人有权查阅债务人财产状况报告、债权人会议决议、债权人委员会决议、管理人监督报告等参与破产程序所必需的债务人财务和经营信息资料。管理人无正当理由不予提供的,债权人可以请求人民法院作出决定;人民法院应当在五日内作出决定。

上述信息资料涉及商业秘密的,债权人应当依法承担保密义务或者签署保密协议;涉及国家秘密的应当依照相关法律规定处理。

第十一条　债权人会议的决议除现场表决外,可以由管理人事先将相关决议事项告知债权人,采取通信、网络投票等非现场方式进行表决。采取非现场方式进行表决的,管理人应当在债权人会议召开后的三日内,以信函、电子邮件、公告等方式将表决结果告知参与表决的债权人。

根据企业破产法第八十二条规定,对重整计划草案进行分组表决时,权益因重整计划草案受到调整或者影响的债权人或者股东,有权参加表决;权益未受到调整或者影响的债权人或者股东,参照企业破产法第八十三条的规定,不参加重整计划草案的表决。

第十二条　债权人会议的决议具有以下情形之一,损害债权人利益,债权人申请撤销的,人民法院应予支持:

(一)债权人会议的召开违反法定程序;

(二)债权人会议的表决违反法定程序;

(三)债权人会议的决议内容违法;

(四)债权人会议的决议超出债权人会议的职权范围。

人民法院可以裁定撤销全部或者部分事项决议,责令债权人会议依法重新作出决议。

债权人申请撤销债权人会议决议的,应当提出书面申请。债权人会议采取通信、网络投票等非现场方式进行表决的,债权人申请撤销的期限自债权人收到通知之日起算。

第十三条　债权人会议可以依照企业破产法第六十八条第一款第四项的规定,委托债权人委员会行使企业破产法第六十一条第一款第二、三、五项规定的债权人会议职权。债权人会议不得作出概括性授权,委托其行使债权人会议所有职权。

第十四条　债权人委员会决定所议事项应获得全体成员过半数通过,并作成议事记录。债权人委员会成员对所议事项的决议有不同意见的,应当在记录中载明。

债权人委员会行使职权应当接受债权人会议的监督,以适当的方式向债权人会议及时汇报工作,并接受人民法院的指导。

第十五条　管理人处分企业破产法第六十九条规定的债务人重大财产的,应当事先制作财产管理或者变价方案并提交债权人会议进行表决,债权人会议表决未通过的,管理人不得处分。

管理人实施处分前,应当根据企业破产法第六十九条的规定,提前十日书面报告债权人委员会或者人民法院。债权人委员会可以依照企业破产法第六十八条第二款的规定,要求管理人对处分行为作出相应说明或者提供有关文件依据。

债权人委员会认为管理人实施的处分行为不符合债权人会议通过的财产管理或变价方案的,有权要求管理人纠正。管理人拒绝纠正的,债权人委员会可以请求人民法院作出决定。

人民法院认为管理人实施的处分行为不符合债权人会议通过的财产管理或变价方案的,应当责令管理人停止处分行为。管理人应当予以纠正,或者提交债权人会议重新表决通过后实施。

第十六条　本规定自 2019 年 3 月 28 日起实施。

实施前本院发布的有关企业破产的司法解释,与本规定相抵触的,自本规定实施之日起不再适用。

最高人民法院
关于适用《中华人民共和国公司法》
若干问题的规定(二)

法释〔2008〕6号

(2008年5月5日最高人民法院审判委员会第1447次会议通过　2008年5月12日最高人民法院公告公布　自2008年5月19日起施行　根据2014年2月17日最高人民法院审判委员会第1607次会议通过的《最高人民法院关于修改关于适用〈中华人民共和国公司法〉若干问题的规定的决定》第一次修正　自2014年3月1日起施行　根据2020年12月23日最高人民法院审判委员会第1823次会议通过的《最高人民法院关于修改〈最高人民法院关于破产企业国有划拨土地使用权应否列入破产财产等问题的批复〉等二十九件商事类司法解释的决定》第二次修正　自2021年1月1日起施行)

为正确适用《中华人民共和国公司法》,结合审判实践,就人民法院审理公司解散和清算案件适用法律问题作出如下规定。

第一条　单独或者合计持有公司全部股东表决权百分之十以上的股东,以下列事由之一提起解散公司诉讼,并符合公司法第一百八十二条规定的,人民法院应予受理:

(一)公司持续两年以上无法召开股东会或者股东大会,公司经营管理发生严重困难的;

(二)股东表决时无法达到法定或者公司章程规定的比例,持续两年以上不能做出有效的股东会或者股东大会决议,公司经营管理发生严重困难的;

(三)公司董事长期冲突,且无法通过股东会或者股东大会解决,公司经营管理发生严重困难的;

(四)经营管理发生其他严重困难,公司继续存续会使股东利益受到重大损失的情形。

股东以知情权、利润分配请求权等权益受到损害,或者公司亏损、财产不足以偿还全部债务,以及公司被吊销企业法人营业执照未进行清算等为由,提起解散公司诉讼的,人民法院不予受理。

第二条 股东提起解散公司诉讼,同时又申请人民法院对公司进行清算的,人民法院对其提出的清算申请不予受理。人民法院可以告知原告,在人民法院判决解散公司后,依据民法典第七十条、公司法第一百八十三条和本规定第七条的规定,自行组织清算或者另行申请人民法院对公司进行清算。

第三条 股东提起解散公司诉讼时,向人民法院申请财产保全或者证据保全的,在股东提供担保且不影响公司正常经营的情形下,人民法院可予以保全。

第四条 股东提起解散公司诉讼应当以公司为被告。

原告以其他股东为被告一并提起诉讼的,人民法院应当告知原告将其他股东变更为第三人;原告坚持不予变更的,人民法院应当驳回原告对其他股东的起诉。

原告提起解散公司诉讼应当告知其他股东,或者由人民法院通知其参加诉讼。其他股东或者有关利害关系人申请以共同原告或者第三人身份参加诉讼的,人民法院应予准许。

第五条 人民法院审理解散公司诉讼案件,应当注重调解。当事人协商同意由公司或者股东收购股份,或者以减资等方式使公司存续,且不违反法律、行政法规强制性规定的,人民法院应予支持。当事人不能协商一致使公司存续的,人民法院应当及时判决。

经人民法院调解公司收购原告股份的,公司应当自调解书生效之日起六个月内将股份转让或者注销。股份转让或者注销之前,原告不得以公司收购其股份为由对抗公司债权人。

第六条 人民法院关于解散公司诉讼作出的判决,对公司全体股东具有法律约束力。

人民法院判决驳回解散公司诉讼请求后,提起该诉讼的股东或者其他股东又以同一事实和理由提起解散公司诉讼的,人民法院不予受理。

第七条 公司应当依照民法典第七十条、公司法第一百八十三条的规定,在解散事由出现之日起十五日内成立清算组,开始自行清算。

有下列情形之一,债权人、公司股东、董事或其他利害关系人申请人民法院指定清算组进行清算的,人民法院应予受理:

(一)公司解散逾期不成立清算组进行清算的;

(二)虽然成立清算组但故意拖延清算的;

(三)违法清算可能严重损害债权人或者股东利益的。

第八条 人民法院受理公司清算案件,应当及时指定有关人员组成清算组。

清算组成员可以从下列人员或者机构中产生:

(一)公司股东、董事、监事、高级管理人员;

(二)依法设立的律师事务所、会计师事务所、破产清算事务所等社会中介机构;

(三)依法设立的律师事务所、会计师事务所、破产清算事务所等社会中介机构中具备相关专业知识并取得执业资格的人员。

第九条 人民法院指定的清算组成员有下列情形之一的,人民法院可以根据债权人、公司股东、董事或其他利害关系人的申请,或者依职权更换清算组成员:

(一)有违反法律或者行政法规的行为;

(二)丧失执业能力或者民事行为能力;

(三)有严重损害公司或者债权人利益的行为。

第十条 公司依法清算结束并办理注销登记前,有关公司的民事诉讼,应当以公司的名义进行。

公司成立清算组的,由清算组负责人代表公司参加诉讼;尚未成立清算组的,由原法定代表人代表公司参加诉讼。

第十一条 公司清算时,清算组应当按照公司法第一百八十五条的规定,将公司解散清算事宜书面通知全体已知债权人,并根据公司规模和营业地域范围在全国或者公司注册登记地省级有影响的报纸上进行公告。

清算组未按照前款规定履行通知和公告义务,导致债权人未及时申报债权而未获清偿,债权人主张清算组成员对因此造成的损失承担赔偿责任的,人民法院应依法予以支持。

第十二条 公司清算时,债权人对清算组核定的债权有异议的,可以要求清算组重新核定。清算组不予重新核定,或者债权人对重新核定的债权仍有异议,债权人以公司为被告向人民法院提起诉讼请求确认的,人民法院应予受理。

第十三条 债权人在规定的期限内未申报债权,在公司清算程序终结前补充申报的,清算组应予登记。

公司清算程序终结,是指清算报告经股东会、股东大会或者人民法院确认完毕。

第十四条 债权人补充申报的债权,可以在公司尚未分配财产中依法清偿。公司尚未分配财产不能全额清偿,债权人主张股东以其在剩余财产分配中已经取得的财产予以清偿的,人民法院应予支持;但债权人因重大过错未在规定期限内申报债权的除外。

债权人或者清算组,以公司尚未分配财产和股东在剩余财产分配中已经取得的财产,不能全额清偿补充申报的债权为由,向人民法院提出破产清算申请的,人民法院不予受理。

第十五条 公司自行清算的,清算方案应当报股东会或者股东大会决议确认;人民法院组织清算的,清算方案应当报人民法院确认。未经确认的清算方案,清算组不得执行。

执行未经确认的清算方案给公司或者债权人造成损失,公司、股东、董事、公司其他利害关系人或者债权人主张清算组成员承担赔偿责任的,人民法院应依法予以支持。

第十六条 人民法院组织清算的,清算组应当自成立之日起六个月内清算完毕。

因特殊情况无法在六个月内完成清算的,清算组应当向人民法院申请延长。

第十七条 人民法院指定的清算组在清理公司财产、编制资产负债表和财产清单时,发现公司财产不足清偿债务的,可以与债权人协商制作有关债务清偿方案。

债务清偿方案经全体债权人确认且不损害其他利害关系人利益的,人民法院可依清算组的申请裁定予以认可。清算组依据该清偿方案清偿债务后,应当向人民法院申请裁定终结清算程序。

债权人对债务清偿方案不予确认或者人民法院不予认可的,清算组应当依法向人民法院申请宣告破产。

第十八条 有限责任公司的股东、股份有限公司的董事和控股股东未在法定期限内成立清算组开始清算，导致公司财产贬值、流失、毁损或者灭失，债权人主张其在造成损失范围内对公司债务承担赔偿责任的，人民法院应依法予以支持。

有限责任公司的股东、股份有限公司的董事和控股股东因怠于履行义务，导致公司主要财产、账册、重要文件等灭失，无法进行清算，债权人主张其对公司债务承担连带清偿责任的，人民法院应依法予以支持。

上述情形系实际控制人原因造成，债权人主张实际控制人对公司债务承担相应民事责任的，人民法院应依法予以支持。

第十九条 有限责任公司的股东、股份有限公司的董事和控股股东，以及公司的实际控制人在公司解散后，恶意处置公司财产给债权人造成损失，或者未经依法清算，以虚假的清算报告骗取公司登记机关办理法人注销登记，债权人主张其对公司债务承担相应赔偿责任的，人民法院应依法予以支持。

第二十条 公司解散应当在依法清算完毕后，申请办理注销登记。公司未经清算即办理注销登记，导致公司无法进行清算，债权人主张有限责任公司的股东、股份有限公司的董事和控股股东，以及公司的实际控制人对公司债务承担清偿责任的，人民法院应依法予以支持。

公司未经依法清算即办理注销登记，股东或者第三人在公司登记机关办理注销登记时承诺对公司债务承担责任，债权人主张其对公司债务承担相应民事责任的，人民法院应依法予以支持。

第二十一条 按照本规定第十八条和第二十条第一款的规定应当承担责任的有限责任公司的股东、股份有限公司的董事和控股股东，以及公司的实际控制人为二人以上的，其中一人或者数人依法承担民事责任后，主张其他人员按照过错大小分担责任的，人民法院应依法予以支持。

第二十二条 公司解散时，股东尚未缴纳的出资均应作为清算财产。股东尚未缴纳的出资，包括到期应缴未缴的出资，以及依照公司法第二十六条和第八十条的规定分期缴纳尚未届满缴纳期限的出资。

公司财产不足以清偿债务时，债权人主张未缴出资股东，以及公司设立时的其他股东或者发起人在未缴出资范围内对公司债务承担连带清偿责任的，人民法院应依法予以支持。

第二十三条 清算组成员从事清算事务时，违反法律、行政法规或者公司章程给公司或者债权人造成损失,公司或者债权人主张其承担赔偿责任的,人民法院应依法予以支持。

有限责任公司的股东、股份有限公司连续一百八十日以上单独或者合计持有公司百分之一以上股份的股东,依据公司法第一百五十一条第三款的规定,以清算组成员有前款所述行为为由向人民法院提起诉讼的,人民法院应予受理。

公司已经清算完毕注销,上述股东参照公司法第一百五十一条第三款的规定,直接以清算组成员为被告、其他股东为第三人向人民法院提起诉讼的,人民法院应予受理。

第二十四条 解散公司诉讼案件和公司清算案件由公司住所地人民法院管辖。公司住所地是指公司主要办事机构所在地。公司办事机构所在地不明确的,由其注册地人民法院管辖。

基层人民法院管辖县、县级市或者区的公司登记机关核准登记公司的解散诉讼案件和公司清算案件;中级人民法院管辖地区、地级市以上的公司登记机关核准登记公司的解散诉讼案件和公司清算案件。

最高人民法院
关于审理企业破产案件指定管理人的规定

法释〔2007〕8号

(2007年4月4日最高人民法院审判委员会第1422次会议通过
2007年4月12日最高人民法院公告公布
自2007年6月1日起施行)

为公平、公正审理企业破产案件,保证破产审判工作依法顺利进行,促进管理人制度的完善和发展,根据《中华人民共和国企业破产法》的规定,制定本规定。

一、管理人名册的编制

第一条 人民法院审理企业破产案件应当指定管理人。除企业破产法和本规定另有规定外,管理人应当从管理人名册中指定。

第二条 高级人民法院应当根据本辖区律师事务所、会计师事务所、破产清算事务所等社会中介机构及专职从业人员数量和企业破产案件数量,确定由本院或者所辖中级人民法院编制管理人名册。

人民法院应当分别编制社会中介机构管理人名册和个人管理人名册。由直辖市以外的高级人民法院编制的管理人名册中,应当注明社会中介机构和个人所属中级人民法院辖区。

第三条 符合企业破产法规定条件的社会中介机构及其具备相关专业知识并取得执业资格的人员,均可申请编入管理人名册。已被编入机构管理人名册的社会中介机构中,具备相关专业知识并取得执业资格的人员,可以申请编入个人管理人名册。

第四条 社会中介机构及个人申请编入管理人名册的,应当向所在地区编制管理人名册的人民法院提出,由该人民法院予以审定。

人民法院不受理异地申请,但异地社会中介机构在本辖区内设立的分支机构提出申请的除外。

第五条 人民法院应当通过本辖区有影响的媒体就编制管理人名册的有关事项进行公告。公告应当包括以下内容:

(一)管理人申报条件;

(二)应当提交的材料;

(三)评定标准、程序;

(四)管理人的职责以及相应的法律责任;

(五)提交申报材料的截止时间;

(六)人民法院认为应当公告的其他事项。

第六条 律师事务所、会计师事务所申请编入管理人名册的,应当提供下列材料:

(一)执业证书、依法批准设立文件或者营业执照;

(二)章程;

(三)本单位专职从业人员名单及其执业资格证书复印件;

(四)业务和业绩材料;

(五)行业自律组织对所提供材料真实性以及有无被行政处罚或者纪律处分情况的证明;

(六)人民法院要求的其他材料。

第七条 破产清算事务所申请编入管理人名册的,应当提供以下材料:

(一)营业执照或者依法批准设立的文件;

(二)本单位专职从业人员的法律或者注册会计师资格证书,或者经营管理经历的证明材料;

(三)业务和业绩材料;

(四)能够独立承担民事责任的证明材料;

(五)行业自律组织对所提供材料真实性以及有无被行政处罚或者纪律处分情况的证明,或者申请人就上述情况所作的真实性声明;

(六)人民法院要求的其他材料。

第八条 个人申请编入管理人名册的,应当提供下列材料:

(一)律师或者注册会计师执业证书复印件以及执业年限证明;

(二)所在社会中介机构同意其担任管理人的函件;

（三）业务专长及相关业绩材料；

（四）执业责任保险证明；

（五）行业自律组织对所提供材料真实性以及有无被行政处罚或者纪律处分情况的证明；

（六）人民法院要求的其他材料。

第九条　社会中介机构及个人具有下列情形之一的，人民法院可以适用企业破产法第二十四条第三款第四项的规定：

（一）因执业、经营中故意或者重大过失行为，受到行政机关、监管机构或者行业自律组织行政处罚或者纪律处分之日起未逾三年；

（二）因涉嫌违法行为正被相关部门调查；

（三）因不适当履行职务或者拒绝接受人民法院指定等原因，被人民法院从管理人名册除名之日起未逾三年；

（四）缺乏担任管理人所应具备的专业能力；

（五）缺乏承担民事责任的能力；

（六）人民法院认为可能影响履行管理人职责的其他情形。

第十条　编制管理人名册的人民法院应当组成专门的评审委员会，决定编入管理人名册的社会中介机构和个人名单。评审委员会成员应不少于七人。

人民法院应当根据本辖区社会中介机构以及社会中介机构中个人的实际情况，结合其执业业绩、能力、专业水准、社会中介机构的规模、办理企业破产案件的经验等因素制定管理人评定标准，由评审委员会根据申报人的具体情况评定其综合分数。

人民法院根据评审委员会评审结果，确定管理人初审名册。

第十一条　人民法院应当将管理人初审名册通过本辖区有影响的媒体进行公示，公示期为十日。

对于针对编入初审名册的社会中介机构和个人提出的异议，人民法院应当进行审查。异议成立、申请人确不宜担任管理人的，人民法院应将该社会中介机构或者个人从管理人初审名册中删除。

第十二条　公示期满后，人民法院应审定管理人名册，并通过全国有影响的媒体公布，同时逐级报最高人民法院备案。

第十三条　人民法院可以根据本辖区的实际情况，分批确定编入管理人名册的社会中介机构及个人。

编制管理人名册的全部资料应当建立档案备查。

第十四条 人民法院可以根据企业破产案件受理情况、管理人履行职务以及管理人资格变化等因素,对管理人名册适时进行调整。新编入管理人名册的社会中介机构和个人应当按照本规定的程序办理。

人民法院发现社会中介机构或者个人有企业破产法第二十四条第三款规定情形的,应当将其从管理人名册中除名。

二、管理人的指定

第十五条 受理企业破产案件的人民法院指定管理人,一般应从本地管理人名册中指定。

对于商业银行、证券公司、保险公司等金融机构以及在全国范围内有重大影响、法律关系复杂、债务人财产分散的企业破产案件,人民法院可以从所在地区高级人民法院编制的管理人名册列明的其他地区管理人或者异地人民法院编制的管理人名册中指定管理人。

第十六条 受理企业破产案件的人民法院,一般应指定管理人名册中的社会中介机构担任管理人。

第十七条 对于事实清楚、债权债务关系简单、债务人财产相对集中的企业破产案件,人民法院可以指定管理人名册中的个人为管理人。

第十八条 企业破产案件有下列情形之一的,人民法院可以指定清算组为管理人:

(一)破产申请受理前,根据有关规定已经成立清算组,人民法院认为符合本规定第十九条的规定;

(二)审理企业破产法第一百三十三条规定的案件;

(三)有关法律规定企业破产时成立清算组;

(四)人民法院认为可以指定清算组为管理人的其他情形。

第十九条 清算组为管理人的,人民法院可以从政府有关部门、编入管理人名册的社会中介机构、金融资产管理公司中指定清算组成员,人民银行及金融监督管理机构可以按照有关法律和行政法规的规定派人参加清算组。

第二十条 人民法院一般应当按照管理人名册所列名单采取轮候、抽签、摇号等随机方式公开指定管理人。

第二十一条 对于商业银行、证券公司、保险公司等金融机构或者在全国范围有重大影响、法律关系复杂、债务人财产分散的企业破产案件,人民法院可以采取公告的方式,邀请编入各地人民法院管理人名册中的社会中介机构参与竞争,从参与竞争的社会中介机构中指定管理人。参与竞争的社会中介机构不得少于三家。

采取竞争方式指定管理人的,人民法院应当组成专门的评审委员会。

评审委员会应当结合案件的特点,综合考量社会中介机构的专业水准、经验、机构规模、初步报价等因素,从参与竞争的社会中介机构中择优指定管理人。被指定为管理人的社会中介机构应经评审委员会成员二分之一以上通过。

采取竞争方式指定管理人的,人民法院应当确定一至两名备选社会中介机构,作为需要更换管理人时的接替人选。

第二十二条　对于经过行政清理、清算的商业银行、证券公司、保险公司等金融机构的破产案件,人民法院除可以按照本规定第十八条第一项的规定指定管理人外,也可以在金融监督管理机构推荐的已编入管理人名册的社会中介机构中指定管理人。

第二十三条　社会中介机构、清算组成员有下列情形之一,可能影响其忠实履行管理人职责的,人民法院可以认定为企业破产法第二十四条第三款第三项规定的利害关系:

(一)与债务人、债权人有未了结的债权债务关系;

(二)在人民法院受理破产申请前三年内,曾为债务人提供相对固定的中介服务;

(三)现在是或者在人民法院受理破产申请前三年内曾经是债务人、债权人的控股股东或者实际控制人;

(四)现在担任或者在人民法院受理破产申请前三年内曾经担任债务人、债权人的财务顾问、法律顾问;

(五)人民法院认为可能影响其忠实履行管理人职责的其他情形。

第二十四条　清算组成员的派出人员、社会中介机构的派出人员、个人管理人有下列情形之一,可能影响其忠实履行管理人职责的,可以认定为企业破产法第二十四条第三款第三项规定的利害关系:

(一)具有本规定第二十三条规定情形;

(二)现在担任或者在人民法院受理破产申请前三年内曾经担任债务人、债权人的董事、监事、高级管理人员;

(三)与债权人或者债务人的控股股东、董事、监事、高级管理人员存在夫妻、直系血亲、三代以内旁系血亲或者近姻亲关系；

（四）人民法院认为可能影响其公正履行管理人职责的其他情形。

第二十五条 在进入指定管理人程序后，社会中介机构或者个人发现与本案有利害关系的，应主动申请回避并向人民法院书面说明情况。人民法院认为社会中介机构或者个人与本案有利害关系的，不应指定该社会中介机构或者个人为本案管理人。

第二十六条 社会中介机构或者个人有重大债务纠纷或者因涉嫌违法行为正被相关部门调查的，人民法院不应指定该社会中介机构或者个人为本案管理人。

第二十七条 人民法院指定管理人应当制作决定书，并向被指定为管理人的社会中介机构或者个人、破产申请人、债务人、债务人的企业登记机关送达。决定书应与受理破产申请的民事裁定书一并公告。

第二十八条 管理人无正当理由，不得拒绝人民法院的指定。

管理人一经指定，不得以任何形式将管理人应当履行的职责全部或者部分转给其他社会中介机构或者个人。

第二十九条 管理人凭指定管理人决定书按照国家有关规定刻制管理人印章，并交人民法院封样备案后启用。

管理人印章只能用于所涉破产事务。管理人根据企业破产法第一百二十二条规定终止执行职务后，应当将管理人印章交公安机关销毁，并将销毁的证明送交人民法院。

第三十条 受理企业破产案件的人民法院应当将指定管理人过程中形成的材料存入企业破产案件卷宗，债权人会议或者债权人委员会有权查阅。

三、管理人的更换

第三十一条 债权人会议根据企业破产法第二十二条第二款的规定申请更换管理人的，应由债权人会议作出决议并向人民法院提出书面申请。

人民法院在收到债权人会议的申请后，应当通知管理人在两日内作出书面说明。

第三十二条 人民法院认为申请理由不成立的，应当自收到管理人书面说明之日起十日内作出驳回申请的决定。

人民法院认为申请更换管理人的理由成立的，应当自收到管理人书面说明之日起十日内作出更换管理人的决定。

第三十三条 社会中介机构管理人有下列情形之一的,人民法院可以根据债权人会议的申请或者依职权迳行决定更换管理人:

(一)执业许可证或者营业执照被吊销或者注销;

(二)出现解散、破产事由或者丧失承担执业责任风险的能力;

(三)与本案有利害关系;

(四)履行职务时,因故意或者重大过失导致债权人利益受到损害;

(五)有本规定第二十六条规定的情形。

清算组成员参照适用前款规定。

第三十四条 个人管理人有下列情形之一的,人民法院可以根据债权人会议的申请或者依职权迳行决定更换管理人:

(一)执业资格被取消、吊销;

(二)与本案有利害关系;

(三)履行职务时,因故意或者重大过失导致债权人利益受到损害;

(四)失踪、死亡或者丧失民事行为能力;

(五)因健康原因无法履行职务;

(六)执业责任保险失效;

(七)有本规定第二十六条规定的情形。

清算组成员的派出人员、社会中介机构的派出人员参照适用前款规定。

第三十五条 管理人无正当理由申请辞去职务的,人民法院不予许可。正当理由的认定,可参照适用本规定第三十三条、第三十四条规定的情形。

第三十六条 人民法院对管理人申请辞去职务未予许可,管理人仍坚持辞去职务并不再履行管理人职责的,人民法院应当决定更换管理人。

第三十七条 人民法院决定更换管理人的,原管理人应当自收到决定书之次日起,在人民法院监督下向新任管理人移交全部资料、财产、营业事务及管理人印章,并及时向新任管理人书面说明工作进展情况。原管理人不能履行上述职责的,新任管理人可以直接接管相关事务。

在破产程序终结前,原管理人应当随时接受新任管理人、债权人会议、人民法院关于其履行管理人职责情况的询问。

第三十八条 人民法院决定更换管理人的,应将决定书送达原管理人、新任管理人、破产申请人、债务人以及债务人的企业登记机关,并予公告。

第三十九条 管理人申请辞去职务未获人民法院许可,但仍坚持辞职并不再履行管理人职责,或者人民法院决定更换管理人后,原管理人拒不向新任管理人移交相关事务,人民法院可以根据企业破产法第一百三十条的规定和具体情况,决定对管理人罚款。对社会中介机构为管理人的罚款 5 万元至 20 万元人民币,对个人为管理人的罚款 1 万元至 5 万元人民币。

管理人有前款规定行为或者无正当理由拒绝人民法院指定的,编制管理人名册的人民法院可以决定停止其担任管理人一年至三年,或者将其从管理人名册中除名。

第四十条 管理人不服罚款决定的,可以向上一级人民法院申请复议,上级人民法院应在收到复议申请后五日内作出决定,并将复议结果通知下级人民法院和当事人。

最高人民法院
关于审理企业破产案件确定管理人报酬的规定

法释〔2007〕9 号

(2007 年 4 月 4 日最高人民法院审判委员会第 1422 次会议通过
2007 年 4 月 12 日最高人民法院公告公布
自 2007 年 6 月 1 日起施行)

为公正、高效审理企业破产案件,规范人民法院确定管理人报酬工作,根据《中华人民共和国企业破产法》的规定,制定本规定。

第一条　管理人履行企业破产法第二十五条规定的职责,有权获得相应报酬。

管理人报酬由审理企业破产案件的人民法院依据本规定确定。

第二条　人民法院应根据债务人最终清偿的财产价值总额,在以下比例限制范围内分段确定管理人报酬:

(一)不超过一百万元(含本数,下同)的,在 12% 以下确定;

(二)超过一百万元至五百万元的部分,在 10% 以下确定;

(三)超过五百万元至一千万元的部分,在 8% 以下确定;

(四)超过一千万元至五千万元的部分,在 6% 以下确定;

(五)超过五千万元至一亿元的部分,在 3% 以下确定;

(六)超过一亿元至五亿元的部分,在 1% 以下确定;

(七)超过五亿元的部分,在 0.5% 以下确定。

担保权人优先受偿的担保物价值,不计入前款规定的财产价值总额。

高级人民法院认为有必要的,可以参照上述比例在 30% 的浮动范围内制定符合当地实际情况的管理人报酬比例限制范围,并通过当地有影响的媒体公告,同时报最高人民法院备案。

第三条　人民法院可以根据破产案件的实际情况,确定管理人分期或者最后一次性收取报酬。

  第四条 人民法院受理企业破产申请后,应当对债务人可供清偿的财产价值和管理人的工作量作出预测,初步确定管理人报酬方案。管理人报酬方案应当包括管理人报酬比例和收取时间。

  第五条 人民法院采取公开竞争方式指定管理人的,可以根据社会中介机构提出的报价确定管理人报酬方案,但报酬比例不得超出本规定第二条规定的限制范围。

  上述报酬方案一般不予调整,但债权人会议异议成立的除外。

  第六条 人民法院应当自确定管理人报酬方案之日起三日内,书面通知管理人。

  管理人应当在第一次债权人会议上报告管理人报酬方案内容。

  第七条 管理人、债权人会议对管理人报酬方案有意见的,可以进行协商。双方就调整管理人报酬方案内容协商一致的,管理人应向人民法院书面提出具体的请求和理由,并附相应的债权人会议决议。

  人民法院经审查认为上述请求和理由不违反法律和行政法规强制性规定,且不损害他人合法权益的,应当按照双方协商的结果调整管理人报酬方案。

  第八条 人民法院确定管理人报酬方案后,可以根据破产案件和管理人履行职责的实际情况进行调整。

  人民法院应当自调整管理人报酬方案之日起三日内,书面通知管理人。管理人应当自收到上述通知之日起三日内,向债权人委员会或者债权人会议主席报告管理人报酬方案调整内容。

  第九条 人民法院确定或者调整管理人报酬方案时,应当考虑以下因素:

  (一)破产案件的复杂性;

  (二)管理人的勤勉程度;

  (三)管理人为重整、和解工作做出的实际贡献;

  (四)管理人承担的风险和责任;

  (五)债务人住所地居民可支配收入及物价水平;

  (六)其他影响管理人报酬的情况。

  第十条 最终确定的管理人报酬及收取情况,应列入破产财产分配方案。在和解、重整程序中,管理人报酬方案内容应列入和解协议草案或重整计划草案。

第十一条　管理人收取报酬,应当向人民法院提出书面申请。申请书应当包括以下内容:

(一)可供支付报酬的债务人财产情况;

(二)申请收取报酬的时间和数额;

(三)管理人履行职责的情况。

人民法院应当自收到上述申请书之日起十日内,确定支付管理人的报酬数额。

第十二条　管理人报酬从债务人财产中优先支付。

债务人财产不足以支付管理人报酬和管理人执行职务费用的,管理人应当提请人民法院终结破产程序。但债权人、管理人、债务人的出资人或者其他利害关系人愿意垫付上述报酬和费用的,破产程序可以继续进行。

上述垫付款项作为破产费用从债务人财产中向垫付人随时清偿。

第十三条　管理人对担保物的维护、变现、交付等管理工作付出合理劳动的,有权向担保权人收取适当的报酬。管理人与担保权人就上述报酬数额不能协商一致的,人民法院应当参照本规定第二条规定的方法确定,但报酬比例不得超出该条规定限制范围的10%。

第十四条　律师事务所、会计师事务所通过聘请本专业的其他社会中介机构或者人员协助履行管理人职责的,所需费用从其报酬中支付。

破产清算事务所通过聘请其他社会中介机构或者人员协助履行管理人职责的,所需费用从其报酬中支付。

第十五条　清算组中有关政府部门派出的工作人员参与工作的不收取报酬。其他机构或人员的报酬根据其履行职责的情况确定。

第十六条　管理人发生更换的,人民法院应当分别确定更换前后的管理人报酬。其报酬比例总和不得超出本规定第二条规定的限制范围。

第十七条　债权人会议对管理人报酬有异议的,应当向人民法院书面提出具体的请求和理由。异议书应当附有相应的债权人会议决议。

第十八条　人民法院应当自收到债权人会议异议书之日起三日内通知管理人。管理人应当自收到通知之日起三日内作出书面说明。

人民法院认为有必要的,可以举行听证会,听取当事人意见。

人民法院应当自收到债权人会议异议书之日起十日内,就是否调整管理人报酬问题书面通知管理人、债权人委员会或者债权人会议主席。

三、司法文件

最高人民法院

关于印发《全国法院破产审判工作会议纪要》的通知

2018 年 3 月 4 日　　　　　　　　　　　　法〔2018〕53 号

各省、自治区、直辖市高级人民法院，解放军军事法院，新疆维吾尔自治区高级人民法院生产建设兵团分院：

现将《全国法院破产审判工作会议纪要》印发给你们，请认真遵照执行。

全国法院破产审判工作会议纪要

为落实党的十九大报告提出的贯彻新发展理念、建设现代化经济体系的要求，紧紧围绕高质量发展这条主线，服务和保障供给侧结构性改革，充分发挥人民法院破产审判工作在完善社会主义市场经济主体拯救和退出机制中的积极作用，为决胜全面建成小康社会提供更加有力的司法保障，2017 年 12 月 25 日，最高人民法院在广东省深圳市召开了全国法院破产审判工作会议。各省、自治区、直辖市高级人民法院、设立破产审判庭的市中级人民法院的代表参加了会议。与会代表经认真讨论，对人民法院破产审判涉及的主要问题达成共识。现纪要如下：

一、破产审判的总体要求

会议认为，人民法院要坚持以习近平新时代中国特色社会主义经济思想为指导，深刻认识破产法治对决胜全面建成小康社会的重要意义，以更加有

力的举措开展破产审判工作,为经济社会持续健康发展提供更加有力的司法保障。当前和今后一个时期,破产审判工作总的要求是:

一要发挥破产审判功能,助推建设现代化经济体系。人民法院要通过破产工作实现资源重新配置,用好企业破产中权益、经营管理、资产、技术等重大调整的有利契机,对不同企业分类处置,把科技、资本、劳动力和人力资源等生产要素调动好、配置好、协同好,促进实体经济和产业体系优质高效。

二要着力服务构建新的经济体制,完善市场主体救治和退出机制。要充分运用重整、和解法律手段实现市场主体的有效救治,帮助企业提质增效;运用清算手段促使丧失经营价值的企业和产能及时退出市场,实现优胜劣汰,从而完善社会主义市场主体的救治和退出机制。

三要健全破产审判工作机制,最大限度释放破产审判的价值。要进一步完善破产重整企业识别、政府与法院协调、案件信息沟通、合法有序的利益衡平四项破产审判工作机制,推动破产审判工作良性运行,彰显破产审判工作的制度价值和社会责任。

四要完善执行与破产工作的有序衔接,推动解决"执行难"。要将破产审判作为与立案、审判、执行既相互衔接、又相对独立的一个重要环节,充分发挥破产审判对化解执行积案的促进功能,消除执行转破产的障碍,从司法工作机制上探索解决"执行难"的有效途径。

二、破产审判的专业化建设

审判专业化是破产审判工作取得实质性进展的关键环节。各级法院要大力加强破产审判专业化建设,努力实现审判机构专业化、审判队伍专业化、审判程序规范化、裁判规则标准化、绩效考评科学化。

1. 推进破产审判机构专业化建设。省会城市、副省级城市所在地中级人民法院要根据最高人民法院《关于在中级人民法院设立清算与破产审判庭的工作方案》(法〔2016〕209号),抓紧设立清算与破产审判庭。其他各级法院可根据本地工作实际需求决定设立清算与破产审判庭或专门的合议庭,培养熟悉清算与破产审判的专业法官,以适应破产审判工作的需求。

2. 合理配置审判任务。要根据破产案件数量、案件难易程度、审判力量等情况,合理分配各级法院的审判任务。对于债权债务关系复杂、审理难度大的破产案件,高级人民法院可以探索实行中级人民法院集中管辖为原则、基层人民法院管辖为例外的管辖制度;对于债权债务关系简单、审理难度不大的破产案件,可以主要由基层人民法院管辖,通过快速审理程序高效审结。

3. 建立科学的绩效考评体系。要尽快完善清算与破产审判工作绩效考评体系,在充分尊重司法规律的基础上确定绩效考评标准,避免将办理清算破产案件与普通案件简单对比、等量齐观、同等考核。

三、管理人制度的完善

管理人是破产程序的主要推动者和破产事务的具体执行者。管理人的能力和素质不仅影响破产审判工作的质量,还关系到破产企业的命运与未来发展。要加快完善管理人制度,大力提升管理人职业素养和执业能力,强化对管理人的履职保障和有效监督,为改善企业经营、优化产业结构提供有力制度保障。

4. 完善管理人队伍结构。人民法院要指导编入管理人名册的中介机构采取适当方式吸收具有专业技术知识、企业经营能力的人员充实到管理人队伍中来,促进管理人队伍内在结构更加合理,充分发挥和提升管理人在企业病因诊断、资源整合等方面的重要作用。

5. 探索管理人跨区域执业。除从本地名册选择管理人外,各地法院还可以探索从外省、市管理人名册中选任管理人,确保重大破产案件能够遴选出最佳管理人。两家以上具备资质的中介机构请求联合担任同一破产案件管理人的,人民法院经审查符合自愿协商、优势互补、权责一致要求且确有必要的,可以准许。

6. 实行管理人分级管理。高级人民法院或者自行编制管理人名册的中级人民法院可以综合考虑管理人的专业水准、工作经验、执业操守、工作绩效、勤勉程度等因素,合理确定管理人等级,对管理人实行分级管理、定期考评。对债务人财产数量不多、债权债务关系简单的破产案件,可以在相应等级的管理人中采取轮候、抽签、摇号等随机方式指定管理人。

7. 建立竞争选定管理人工作机制。破产案件中可以引入竞争机制选任管理人,提升破产管理质量。上市公司破产案件、在本地有重大影响的破产案件或者债权债务关系复杂,涉及债权人、职工以及利害关系人人数较多的破产案件,在指定管理人时,一般应当通过竞争方式依法选定。

8. 合理划分法院和管理人的职能范围。人民法院应当支持和保障管理人依法履行职责,不得代替管理人作出本应由管理人自己作出的决定。管理人应当依法管理和处分债务人财产,审慎决定债务人内部管理事务,不得将自己的职责全部或者部分转让给他人。

9. 进一步落实管理人职责。在债务人自行管理的重整程序中,人民法院要督促管理人制订监督债务人的具体制度。在重整计划规定的监督期内，管理人应当代表债务人参加监督期开始前已经启动而尚未终结的诉讼、仲裁活动。重整程序、和解程序转入破产清算程序后，管理人应当按照破产清算程序继续履行管理人职责。

10. 发挥管理人报酬的激励和约束作用。人民法院可以根据破产案件的不同情况确定管理人报酬的支付方式，发挥管理人报酬在激励、约束管理人勤勉履职方面的积极作用。管理人报酬原则上应当根据破产案件审理进度和管理人履职情况分期支付。案情简单、耗时较短的破产案件，可以在破产程序终结后一次性向管理人支付报酬。

11. 管理人聘用其他人员费用负担的规制。管理人经人民法院许可聘用企业经营管理人员，或者管理人确有必要聘请其他社会中介机构或人员处理重大诉讼、仲裁、执行或审计等专业性较强工作，如所需费用需要列入破产费用的，应当经债权人会议同意。

12. 推动建立破产费用的综合保障制度。各地法院要积极争取财政部门支持，或采取从其他破产案件管理人报酬中提取一定比例等方式，推动设立破产费用保障资金，建立破产费用保障长效机制，解决因债务人财产不足以支付破产费用而影响破产程序启动的问题。

13. 支持和引导成立管理人协会。人民法院应当支持、引导、推动本辖区范围内管理人名册中的社会中介机构、个人成立管理人协会，加强对管理人的管理和约束，维护管理人的合法权益，逐步形成规范、稳定和自律的行业组织，确保管理人队伍既充满活力又规范有序发展。

四、破产重整

会议认为，重整制度集中体现了破产法的拯救功能，代表了现代破产法的发展趋势，全国各级法院要高度重视重整工作，妥善审理企业重整案件，通过市场化、法治化途径挽救困境企业，不断完善社会主义市场主体救治机制。

14. 重整企业的识别审查。破产重整的对象应当是具有挽救价值和可能的困境企业；对于僵尸企业，应通过破产清算，果断实现市场出清。人民法院在审查重整申请时，根据债务人的资产状况、技术工艺、生产销售、行业前景等因素，能够认定债务人明显不具备重整价值以及拯救可能性的，应裁定不予受理。

15. 重整案件的听证程序。对于债权债务关系复杂、债务规模较大，或者涉及上市公司重整的案件，人民法院在审查重整申请时，可以组织申请人、被申请人听证。债权人、出资人、重整投资人等利害关系人经人民法院准许，也可以参加听证。听证期间不计入重整申请审查期限。

16. 重整计划的制定及沟通协调。人民法院要加强与管理人或债务人的沟通，引导其分析债务人陷于困境的原因，有针对性地制定重整计划草案，促使企业重新获得盈利能力，提高重整成功率。人民法院要与政府建立沟通协调机制，帮助管理人或债务人解决重整计划草案制定中的困难和问题。

17. 重整计划的审查与批准。重整不限于债务减免和财务调整，重整的重点是维持企业的营运价值。人民法院在审查重整计划时，除合法性审查外，还应审查其中的经营方案是否具有可行性。重整计划中关于企业重新获得盈利能力的经营方案具有可行性、表决程序合法、内容不损害各表决组中反对者的清偿利益的，人民法院应当自收到申请之日起三十日内裁定批准重整计划。

18. 重整计划草案强制批准的条件。人民法院应当审慎适用企业破产法第八十七条第二款，不得滥用强制批准权。确需强制批准重整计划草案的，重整计划草案除应当符合企业破产法第八十七条第二款规定外，如债权人分多组的，还应当至少有一组已经通过重整计划草案，且各表决组中反对者能够获得的清偿利益不低于依照破产清算程序所能获得的利益。

19. 重整计划执行中的变更条件和程序。债务人应严格执行重整计划，但因出现国家政策调整、法律修改变化等特殊情况，导致原重整计划无法执行的，债务人或管理人可以申请变更重整计划一次。债权人会议决议同意变更重整计划的，应自决议通过之日起十日内提请人民法院批准。债权人会议决议不同意或者人民法院不批准变更申请的，人民法院经管理人或者利害关系人请求，应当裁定终止重整计划的执行，并宣告债务人破产。

20. 重整计划变更后的重新表决与裁定批准。人民法院裁定同意变更重整计划的，债务人或者管理人应当在六个月内提出新的重整计划。变更后的重整计划应提交给因重整计划变更而遭受不利影响的债权人组和出资人组进行表决。表决、申请人民法院批准以及人民法院裁定是否批准的程序与原重整计划的相同。

21. 重整后企业正常生产经营的保障。企业重整后，投资主体、股权结构、公司治理模式、经营方式等与原企业相比，往往发生了根本变化，人民法院要通过加强与政府的沟通协调，帮助重整企业修复信用记录，依法获取税收优惠，以利于重整企业恢复正常生产经营。

22. 探索推行庭外重组与庭内重整制度的衔接。在企业进入重整程序之前，可以先由债权人与债务人、出资人等利害关系人通过庭外商业谈判，拟定重组方案。重整程序启动后,可以重组方案为依据拟定重整计划草案提交人民法院依法审查批准。

五、破产清算

会议认为,破产清算作为破产制度的重要组成部分,具有淘汰落后产能、优化市场资源配置的直接作用。对于缺乏拯救价值和可能性的债务人,要及时通过破产清算程序对债权债务关系进行全面清理,重新配置社会资源,提升社会有效供给的质量和水平,增强企业破产法对市场经济发展的引领作用。

23. 破产宣告的条件。人民法院受理破产清算申请后,第一次债权人会议上无人提出重整或和解申请的,管理人应当在债权审核确认和必要的审计、资产评估后,及时向人民法院提出宣告破产的申请。人民法院受理破产和解或重整申请后,债务人出现应当宣告破产的法定原因时,人民法院应当依法宣告债务人破产。

24. 破产宣告的程序及转换限制。相关主体向人民法院提出宣告破产申请的,人民法院应当自收到申请之日起七日内作出破产宣告裁定并进行公告。债务人被宣告破产后,不得再转入重整程序或和解程序。

25. 担保权人权利的行使与限制。在破产清算和破产和解程序中,对债务人特定财产享有担保权的债权人可以随时向管理人主张就该特定财产变价处置行使优先受偿权,管理人应及时变价处置,不得以须经债权人会议决议等为由拒绝。但因单独处置担保财产会降低其他破产财产的价值而应整体处置的除外。

26. 破产财产的处置。破产财产处置应当以价值最大化为原则,兼顾处置效率。人民法院要积极探索更为有效的破产财产处置方式和渠道,最大限度提升破产财产变价率。采用拍卖方式进行处置的,拍卖所得预计不足以支付评估拍卖费用,或者拍卖不成的,经债权人会议决议,可以采取作价变卖或实物分配方式。变卖或实物分配的方案经债权人会议两次表决仍未通过的,由人民法院裁定处理。

27. 企业破产与职工权益保护。破产程序中要依法妥善处理劳动关系,推动完善职工欠薪保障机制,依法保护职工生存权。由第三方垫付的职工债权,原则上按照垫付的职工债权性质进行清偿;由欠薪保障基金垫付的,应按照企业破产法第一百一十三条第一款第二项的顺序清偿。债务人欠缴的住房公积金,按照债务人拖欠的职工工资性质清偿。

28. 破产债权的清偿原则和顺序。对于法律没有明确规定清偿顺序的债权,人民法院可以按照人身损害赔偿债权优先于财产性债权、私法债权优先于公法债权、补偿性债权优先于惩罚性债权的原则合理确定清偿顺序。因债务人侵权行为造成的人身损害赔偿,可以参照企业破产法第一百一十三条第一款第一项规定的顺序清偿,但其中涉及的惩罚性赔偿除外。破产财产依照企业破产法第一百一十三条规定的顺序清偿后仍有剩余的,可依次用于清偿破产受理前产生的民事惩罚性赔偿金、行政罚款、刑事罚金等惩罚性债权。

29. 建立破产案件审理的繁简分流机制。人民法院审理破产案件应当提升审判效率,在确保利害关系人程序和实体权利不受损害的前提下,建立破产案件审理的繁简分流机制。对于债权债务关系明确、债务人财产状况清楚的破产案件,可以通过缩短程序时间、简化流程等方式加快案件审理进程,但不得突破法律规定的最低期限。

30. 破产清算程序的终结。人民法院终结破产清算程序应当以查明债务人财产状况、明确债务人财产的分配方案、确保破产债权获得依法清偿为基础。破产申请受理后,经管理人调查,债务人财产不足以清偿破产费用且无人代为清偿或垫付的,人民法院应当依管理人申请宣告破产并裁定终结破产清算程序。

31. 保证人的清偿责任和求偿权的限制。破产程序终结前,已向债权人承担了保证责任的保证人,可以要求债务人向其转付已申报债权的债权人在破产程序中应得清偿部分。破产程序终结后,债权人就破产程序中未受清偿部分要求保证人承担保证责任的,应在破产程序终结后六个月内提出。保证人承担保证责任后,不得再向和解或重整后的债务人行使求偿权。

六、关联企业破产

会议认为,人民法院审理关联企业破产案件时,要立足于破产关联企业之间的具体关系模式,采取不同方式予以处理。既要通过实质合并审理方式处理法人人格高度混同的关联关系,确保全体债权人公平清偿,也要避免不当采用实质合并审理方式损害相关利益主体的合法权益。

32. 关联企业实质合并破产的审慎适用。人民法院在审理企业破产案件时,应当尊重企业法人人格的独立性,以对关联企业成员的破产原因进行单独判断并适用单个破产程序为基本原则。当关联企业成员之间存在法人人格高度混同、区分各关联企业成员财产的成本过高、严重损害债权人公平清偿利益时,可例外适用关联企业实质合并破产方式进行审理。

33. 实质合并申请的审查。人民法院收到实质合并申请后,应当及时通知相关利害关系人并组织听证,听证时间不计入审查时间。人民法院在审查实质合并申请过程中,可以综合考虑关联企业之间资产的混同程序及其持续时间、各企业之间的利益关系、债权人整体清偿利益、增加企业重整的可能性等因素,在收到申请之日起三十日内作出是否实质合并审理的裁定。

34. 裁定实质合并时利害关系人的权利救济。相关利害关系人对受理法院作出的实质合并审理裁定不服的,可以自裁定书送达之日起十五日内向受理法院的上一级人民法院申请复议。

35. 实质合并审理的管辖原则与冲突解决。采用实质合并方式审理关联企业破产案件的,应由关联企业中的核心控制企业住所地人民法院管辖。核心控制企业不明确的,由关联企业主要财产所在地人民法院管辖。多个法院之间对管辖权发生争议的,应当报请共同的上级人民法院指定管辖。

36. 实质合并审理的法律后果。人民法院裁定采用实质合并方式审理破产案件的,各关联企业成员之间的债权债务归于消灭,各成员的财产作为合并后统一的破产财产,由各成员的债权人在同一程序中按照法定顺序公平受偿。采用实质合并方式进行重整的,重整计划草案中应当制定统一的债权分类、债权调整和债权受偿方案。

37. 实质合并审理后的企业成员存续。适用实质合并规则进行破产清算的,破产程序终结后各关联企业成员均应予以注销。适用实质合并规则进行和解或重整的,各关联企业原则上应当合并为一个企业。根据和解协议或重整计划,确有需要保持个别企业独立的,应当依照企业分立的有关规则单独处理。

38. 关联企业破产案件的协调审理与管辖原则。多个关联企业成员均存在破产原因但不符合实质合并条件的,人民法院可根据相关主体的申请对多个破产程序进行协调审理,并可根据程序协调的需要,综合考虑破产案件审理的效率、破产申请的先后顺序、成员负债规模大小、核心控制企业住所地等因素,由共同的上级法院确定一家法院集中管辖。

39. 协调审理的法律后果。协调审理不消灭关联企业成员之间的债权债务关系,不对关联企业成员的财产进行合并,各关联企业成员的债权人仍以该企业成员财产为限依法获得清偿。但关联企业成员之间不当利用关联关系形成的债权,应当劣后于其他普通债权顺序清偿,且该劣后权人不得就其他关联企业成员提供的特定财产优先受偿。

七、执行程序与破产程序的衔接

执行程序与破产程序的有效衔接是全面推进破产审判工作的有力抓手,

也是破解"执行难"的重要举措。全国各级法院要深刻认识执行转破产工作的重要意义,大力推动符合破产条件的执行案件,包括执行不能案件进入破产程序,充分发挥破产程序的制度价值。

40. 执行法院的审查告知、释明义务和移送职责。执行部门要高度重视执行与破产的衔接工作,推动符合条件的执行案件向破产程序移转。执行法院发现作为被执行人的企业法人符合企业破产法第二条规定的,应当及时询问当事人是否同意将案件移送破产审查并释明法律后果。执行法院作出移送决定后,应当书面通知所有已知执行法院,执行法院均应中止对被执行人的执行程序。

41. 执行转破产案件的移送和接收。执行法院与受移送法院应加强移送环节的协调配合,提升工作实效。执行法院移送案件时,应当确保材料完备,内容、形式符合规定。受移送法院应当认真审核并及时反馈意见,不得无故不予接收或暂缓立案。

42. 破产案件受理后查封措施的解除或查封财产的移送。执行法院收到破产受理裁定后,应当解除对债务人财产的查封、扣押、冻结措施;或者根据破产受理法院的要求,出具函件将查封、扣押、冻结财产的处置权交破产受理法院。破产受理法院可以持执行法院的移送处置函件进行续行查封、扣押、冻结,解除查封、扣押、冻结,或者予以处置。

执行法院收到破产受理裁定拒不解除查封、扣押、冻结措施的,破产受理法院可以请求执行法院的上级法院依法予以纠正。

43. 破产审判部门与执行部门的信息共享。破产受理法院可以利用执行查控系统查控债务人财产,提高破产审判工作效率,执行部门应予以配合。

各地法院要树立线上线下法律程序同步化的观念,逐步实现符合移送条件的执行案件网上移送,提升移送工作的透明度,提高案件移送、通知、送达、沟通协调等相关工作的效率。

44. 强化执行转破产工作的考核与管理。各级法院要结合工作实际建立执行转破产工作考核机制,科学设置考核指标,推动执行转破产工作开展。对应当征询当事人意见不征询、应当提交移送审查不提交、受移送法院违反相关规定拒不接收执行转破产材料或者拒绝立案的,除应当纳入绩效考核和业绩考评体系外,还应当公开通报和严肃追究相关人员的责任。

八、破产信息化建设

会议认为,全国法院要进一步加强破产审判的信息化建设,提升破产案件审理的透明度和公信力,增进破产案件审理质效,促进企业重整再生。

45. 充分发挥破产重整案件信息平台对破产审判工作的推动作用。各级法院要按照最高人民法院相关规定,通过破产重整案件信息平台规范破产案件审理,全程公开、步步留痕。要进一步强化信息网的数据统计、数据检索等功能,分析研判企业破产案件情况,及时发现新情况,解决新问题,提升破产案件审判水平。

46. 不断加大破产重整案件的信息公开力度。要增加对债务人企业信息的公开内容,吸引潜在投资者,促进资本、技术、管理能力等要素自由流动和有效配置,帮助企业重整再生。要确保债权人等利害关系人及时、充分了解案件进程和债务人相关财务、重整计划草案、重整计划执行等情况,维护债权人等利害关系人的知情权、程序参与权。

47. 运用信息化手段提高破产案件处理的质量与效率。要适应信息化发展趋势,积极引导以网络拍卖方式处置破产财产,提升破产财产处置效益。鼓励和规范通过网络方式召开债权人会议,提高效率,降低破产费用,确保债权人等主体参与破产程序的权利。

48. 进一步发挥人民法院破产重整案件信息网的枢纽作用。要不断完善和推广使用破产重整案件信息网,在确保增量数据及时录入信息网的同时,加快填充有关存量数据,确立信息网在企业破产大数据方面的枢纽地位,发挥信息网的宣传、交流功能,扩大各方运用信息网的积极性。

九、跨境破产

49. 对跨境破产与互惠原则。人民法院在处理跨境破产案件时,要妥善解决跨境破产中的法律冲突与矛盾,合理确定跨境破产案件中的管辖权。在坚持同类债权平等保护的原则下,协调好外国债权人利益与我国债权人利益的平衡,合理保护我国境内职工债权、税收债权等优先权的清偿利益。积极参与、推动跨境破产国际条约的协商与签订,探索互惠原则适用的新方式,加强我国法院和管理人在跨境破产领域的合作,推进国际投资健康有序发展。

50. 跨境破产案件中的权利保护与利益平衡。依照企业破产法第五条的规定,开展跨境破产协作。人民法院认可外国法院作出的破产案件的判决、裁定后,债务人在中华人民共和国境内的财产在全额清偿境内的担保权人、职工债权和社会保险费用、所欠税款等优先权后,剩余财产可以按照该外国法院的规定进行分配。

最高人民法院
关于印发《全国法院民商事审判工作会议纪要》的通知

2019 年 11 月 8 日   法〔2019〕254 号

各省、自治区、直辖市高级人民法院,解放军军事法院,新疆维吾尔自治区高级人民法院生产建设兵团分院:

《全国法院民商事审判工作会议纪要》(以下简称《会议纪要》)已于2019 年 9 月 11 日经最高人民法院审判委员会民事行政专业委员会第 319 次会议原则通过。为便于进一步学习领会和正确适用《会议纪要》,特作如下通知:

一、充分认识《会议纪要》出台的意义

《会议纪要》针对民商事审判中的前沿疑难争议问题,在广泛征求各方面意见的基础上,经最高人民法院审判委员会民事行政专业委员会讨论决定。《会议纪要》的出台,对统一裁判思路,规范法官自由裁量权,增强民商事审判的公开性、透明度以及可预期性,提高司法公信力具有重要意义。各级人民法院要正确把握和理解适用《会议纪要》的精神实质和基本内容。

二、及时组织学习培训

为使各级人民法院尽快准确理解掌握《会议纪要》的内涵,在案件审理中正确理解适用,各级人民法院要在妥善处理好工学关系的前提下,通过多种形式组织学习培训,做好宣传工作。

三、准确把握《会议纪要》的应用范围

纪要不是司法解释,不能作为裁判依据进行援引。《会议纪要》发布后,人民法院尚未审结的一审、二审案件,在裁判文书"本院认为"部分具体分析法律适用的理由时,可以根据《会议纪要》的相关规定进行说理。

对于适用中存在的问题,请层报最高人民法院。

全国法院民商事审判工作会议纪要(节录)

十、关于破产纠纷案件的审理

会议认为,审理好破产案件对于推动高质量发展、深化供给侧结构性改革、营造稳定公平透明可预期的营商环境,具有十分重要的意义。要继续深入推进破产审判工作的市场化、法治化、专业化、信息化,充分发挥破产审判公平清理债权债务、促进优胜劣汰、优化资源配置、维护市场经济秩序等重要功能。一是要继续加大对破产保护理念的宣传和落实,及时发挥破产重整制度的积极拯救功能,通过平衡债权人、债务人、出资人、员工等利害关系人的利益,实现社会整体价值最大化;注重发挥和解程序简便快速清理债权债务关系的功能,鼓励当事人通过和解程序或者达成自行和解的方式实现各方利益共赢;积极推进清算程序中的企业整体处置方式,有效维护企业营运价值和职工就业。二是要推进不符合国家产业政策、丧失经营价值的企业主体尽快从市场退出,通过依法简化破产清算程序流程加快对"僵尸企业"的清理。三是要注重提升破产制度实施的经济效益,降低破产程序运行的时间和成本,有效维护企业营运价值,最大程度发挥各类要素和资源潜力,减少企业破产给社会经济造成的损害。四是要积极稳妥进行实践探索,加强理论研究,分步骤、有重点地推进建立自然人破产制度,进一步推动健全市场主体退出制度。

107.【继续推动破产案件的及时受理】 充分发挥破产重整案件信息网的线上预约登记功能,提高破产案件的受理效率。当事人提出破产申请的,人民法院不得以非法定理由拒绝接收破产申请材料。如果可能影响社会稳定的,要加强府院协调,制定相应预案,但不应当以"影响社会稳定"之名,行消极不作为之实。破产申请材料不完备的,立案部门应当告知当事人在指定期限内补充材料,待材料齐备后以"破申"作为案件类型代字编制案号登记立案,并及时将案件移送破产审判部门进行破产审查。

注重发挥破产和解制度简便快速清理债权债务关系的功能,债务人根据《企业破产法》第 95 条的规定,直接提出和解申请,或者在破产申请受理后宣告破产前申请和解的,人民法院应当依法受理并及时作出是否批准的裁定。

108.【破产申请的不予受理和撤回】 人民法院裁定受理破产申请前,提出破产申请的债权人的债权因清偿或者其他原因消灭的,因申请人不再具备申请资格,人民法院应当裁定不予受理。但该裁定不影响其他符合条件的主体再次提出破产申请。破产申请受理后,管理人以上述清偿符合《企业破产法》第 31 条、第 32 条为由请求撤销的,人民法院查实后应当予以支持。

人民法院裁定受理破产申请系对债务人具有破产原因的初步认可,破产申请受理后,申请人请求撤回破产申请的,人民法院不予准许。除非存在《企业破产法》第 12 条第 2 款规定的情形,人民法院不得裁定驳回破产申请。

109.【受理后债务人财产保全措施的处理】 要切实落实破产案件受理后相关保全措施应予解除、相关执行措施应当中止、债务人财产应当及时交付管理人等规定,充分运用信息化技术手段,通过信息共享与整合,维护债务人财产的完整性。相关人民法院拒不解除保全措施或者拒不中止执行的,破产受理人民法院可以请求该法院的上级人民法院依法予以纠正。对债务人财产采取保全措施或者执行措施的人民法院未依法及时解除保全措施、移交处置权,或者中止执行程序并移交有关财产的,上级人民法院应当依法予以纠正。相关人员违反上述规定造成严重后果的,破产受理人民法院可以向人民法院纪检监察部门移送其违法审判责任线索。

人民法院审理企业破产案件时,有关债务人财产被其他具有强制执行权力的国家行政机关,包括税务机关、公安机关、海关等采取保全措施或者执行程序的,人民法院应当积极与上述机关进行协调和沟通,取得有关机关的配合,参照上述具体操作规程,解除有关保全措施,中止有关执行程序,以便保障破产程序顺利进行。

110.【受理后有关债务人诉讼的处理】 人民法院受理破产申请后,已经开始而尚未终结的有关债务人的民事诉讼,在管理人接管债务人财产和诉讼事务后继续进行。债权人已经对债务人提起的给付之诉,破产申请受理后,人民法院应当继续审理,但是在判定相关当事人实体权利义务时,应当注意与企业破产法及其司法解释的规定相协调。

上述裁判作出并生效前,债权人可以同时向管理人申报债权,但其作为债权尚未确定的债权人,原则上不得行使表决权,除非人民法院临时确定其债权额。上述裁判生效后,债权人应当根据裁判认定的债权数额在破产程序中依法统一受偿,其对债务人享有的债权利息应当按照《企业破产法》第 46 条第 2 款的规定停止计算。

人民法院受理破产申请后,债权人新提起的要求债务人清偿的民事诉讼,人民法院不予受理,同时告知债权人应当向管理人申报债权。债权人申报债权后,对管理人编制的债权表记载有异议的,可以根据《企业破产法》第58条的规定提起债权确认之诉。

111.【债务人自行管理的条件】重整期间,债务人同时符合下列条件的,经申请,人民法院可以批准债务人在管理人的监督下自行管理财产和营业事务:

(1)债务人的内部治理机制仍正常运转;

(2)债务人自行管理有利于债务人继续经营;

(3)债务人不存在隐匿、转移财产的行为;

(4)债务人不存在其他严重损害债权人利益的行为。

债务人提出重整申请时可以一并提出自行管理的申请。经人民法院批准由债务人自行管理财产和营业事务的,企业破产法规定的管理人职权中有关财产管理和营业经营的职权应当由债务人行使。

管理人应当对债务人的自行管理行为进行监督。管理人发现债务人存在严重损害债权人利益的行为或者有其他不适宜自行管理情形的,可以申请人民法院作出终止债务人自行管理的决定。人民法院决定终止的,应当通知管理人接管债务人财产和营业事务。债务人有上述行为而管理人未申请人民法院作出终止决定的,债权人等利害关系人可以向人民法院提出申请。

112.【重整中担保物权的恢复行使】重整程序中,要依法平衡保护担保物权人的合法权益和企业重整价值。重整申请受理后,管理人或者自行管理的债务人应当及时确定设定有担保物权的债务人财产是否为重整所必需。如果认为担保物不是重整所必需,管理人或者自行管理的债务人应当及时对担保物进行拍卖或者变卖,拍卖或者变卖担保物所得价款在支付拍卖、变卖费用后优先清偿担保物权人的债权。

在担保物权暂停行使期间,担保物权人根据《企业破产法》第75条的规定向人民法院请求恢复行使担保物权的,人民法院应当自收到恢复行使担保物权申请之日起三十日内作出裁定。经审查,担保物权人的申请不符合第75条的规定,或者虽然符合该条规定但管理人或者自行管理的债务人有证据证明担保物是重整所必需,并且提供与减少价值相应担保或者补偿的,人民法院应当裁定不予批准恢复行使担保物权。担保物权人不服该裁定的,可以自收到裁定书之日起十日内,向作出裁定的人民法院申请复议。人民法院裁定批准行使担保物权的,管理人或者自行管理的债务人应当自收到裁定书之日起十五日内启动对担保物的拍卖或者变卖,拍卖或者变卖担保物所得价款在支付拍卖、变卖费用后优先清偿担保物权人的债权。

113.【重整计划监督期间的管理人报酬及诉讼管辖】 要依法确保重整计划的执行和有效监督。重整计划的执行期间和监督期间原则上应当一致。二者不一致的,人民法院在确定和调整重整程序中的管理人报酬方案时,应当根据重整期间和重整计划监督期间管理人工作量的不同予以区别对待。其中,重整期间的管理人报酬应当根据管理人对重整发挥的实际作用等因素予以确定和支付;重整计划监督期间管理人报酬的支付比例和支付时间,应当根据管理人监督职责的履行情况,与债权人按照重整计划实际受偿比例和受偿时间相匹配。

重整计划执行期间,因重整程序终止后新发生的事实或者事件引发的有关债务人的民事诉讼,不适用《企业破产法》第21条有关集中管辖的规定。除重整计划有明确约定外,上述纠纷引发的诉讼,不再由管理人代表债务人进行。

114.【重整程序与破产清算程序的衔接】 重整期间或者重整计划执行期间,债务人因法定事由被宣告破产的,人民法院不再另立新的案号,原重整程序的管理人原则上应当继续履行破产清算程序中的职责。原重整程序的管理人不能继续履行职责或者不适宜继续担任管理人的,人民法院应当依法重新指定管理人。

重整程序转破产清算案件中的管理人报酬,应当综合管理人为重整工作和清算工作分别发挥的实际作用等因素合理确定。重整期间因法定事由转入破产清算程序的,应当按照破产清算案件确定管理人报酬。重整计划执行期间因法定事由转入破产清算程序的,后续破产清算阶段的管理人报酬应当根据管理人实际工作量予以确定,不能简单根据债务人最终清偿的财产价值总额计算。

重整程序因人民法院裁定批准重整计划草案而终止的,重整案件可作结案处理。重整计划执行完毕后,人民法院可以根据管理人等利害关系人申请,作出重整程序终结的裁定。

115.【庭外重组协议效力在重整程序中的延伸】 继续完善庭外重组与庭内重整的衔接机制,降低制度性成本,提高破产制度效率。人民法院受理重整申请前,债务人和部分债权人已经达成的有关协议与重整程序中制作的重整计划草案内容一致的,有关债权人对该协议的同意视为对该重整计划草案表决的同意。但重整计划草案对协议内容进行了修改并对有关债权人有不利影响,或者与有关债权人重大利益相关的,受到影响的债权人有权按照企业破产法的规定对重整计划草案重新进行表决。

116.【审计、评估等中介机构的确定及责任】要合理区分人民法院和管理人在委托审计、评估等财产管理工作中的职责。破产程序中确实需要聘请中介机构对债务人财产进行审计、评估的,根据《企业破产法》第28条的规定,经人民法院许可后,管理人可以自行公开聘请,但是应当对其聘请的中介机构的相关行为进行监督。上述中介机构因不当履行职责给债务人、债权人或者第三人造成损害的,应当承担赔偿责任。管理人在聘用过程中存在过错的,应当在其过错范围内承担相应的补充赔偿责任。

117.【公司解散清算与破产清算的衔接】要依法区分公司解散清算与破产清算的不同功能和不同适用条件。债务人同时符合破产清算条件和强制清算条件的,应当及时适用破产清算程序实现对债权人利益的公平保护。债权人对符合破产清算条件的债务人提起公司强制清算申请,经人民法院释明,债权人仍然坚持申请对债务人强制清算的,人民法院应当裁定不予受理。

118.【无法清算案件的审理与责任承担】人民法院在审理债务人相关人员下落不明或者财产状况不清的破产案件时,应当充分贯彻债权人利益保护原则,避免债务人通过破产程序不当损害债权人利益,同时也要避免不当突破股东有限责任原则。

人民法院在适用《最高人民法院关于债权人对人员下落不明或者财产状况不清的债务人申请破产清算案件如何处理的批复》第3款的规定,判定债务人相关人员承担责任时,应当依照企业破产法的相关规定来确定相关主体的义务内容和责任范围,不得根据公司法司法解释(二)第18条第2款的规定来判定相关主体的责任。

上述批复第3款规定的"债务人的有关人员不履行法定义务,人民法院可依据有关法律规定追究其相应法律责任",系指债务人的法定代表人、财务管理人员和其他经营管理人员不履行《企业破产法》第15条规定的配合清算义务,人民法院可以根据《企业破产法》第126条、第127条追究其相应法律责任,或者参照《民事诉讼法》第111条的规定,依法拘留,构成犯罪的,依法追究刑事责任;债务人的法定代表人或者实际控制人不配合清算的,人民法院可以依据《出境入境管理法》第12条的规定,对其作出不准出境的决定,以确保破产程序顺利进行。

上述批复第3款规定的"其行为导致无法清算或者造成损失",系指债务人的有关人员不配合清算的行为导致债务人财产状况不明，或者依法负有清算责任的人未依照《企业破产法》第7条第3款的规定及时履行破产申请义务，导致债务人主要财产、账册、重要文件等灭失，致使管理人无法执行清算职务，给债权人利益造成损害。"有关权利人起诉请求其承担相应民事责任"，系指管理人请求上述主体承担相应损害赔偿责任并将因此获得的赔偿归入债务人财产。管理人未主张上述赔偿，个别债权人可以代表全体债权人提起上述诉讼。

上述破产清算案件被裁定终结后，相关主体以债务人主要财产、账册、重要文件等重新出现为由，申请对破产清算程序启动审判监督的，人民法院不予受理，但符合《企业破产法》第123条规定的，债权人可以请求人民法院追加分配。

最高人民法院
印发《关于审理上市公司破产重整案件工作座谈会纪要》的通知

2012 年 10 月 29 日　　　　　　　　　　法〔2012〕261 号

各省、自治区、直辖市高级人民法院,解放军军事法院,新疆维吾尔自治区高级人民法院生产建设兵团分院:

现将最高人民法院《关于审理上市公司破产重整案件工作座谈会纪要》印发给你们,请结合审判工作实际,遵照执行。

关于审理上市公司破产重整案件工作座谈会纪要

《企业破产法》施行以来,人民法院依法审理了部分上市公司破产重整案件,最大限度地减少了因上市公司破产清算给社会造成的不良影响,实现了法律效果和社会效果的统一。上市公司破产重整案件的审理不仅涉及到《企业破产法》《证券法》《公司法》等法律的适用,还涉及司法程序与行政程序的衔接问题,有必要进一步明确该类案件的审理原则,细化有关程序和实体规定,更好地规范相关主体的权利义务,以充分保护债权人、广大投资者和上市公司的合法权益,优化配置社会资源,促进资本市场健康发展。为此,最高人民法院会同中国证券监督管理委员会,于 2012 年 3 月 22 日在海南省万宁市召开了审理上市公司破产重整案件工作座谈会。与会同志通过认真讨论,就审理上市公司破产重整案件的若干重要问题取得了共识。现纪要如下:

一、关于上市公司破产重整案件的审理原则

会议认为,上市公司破产重整案件事关资本市场的健康发展,事关广大

投资者的利益保护,事关职工权益保障和社会稳定。因此,人民法院应当高度重视此类案件,并在审理中注意坚持以下原则:

(一)依法公正审理原则。上市公司破产重整案件参与主体众多,涉及利益关系复杂,人民法院审理上市公司破产重整案件,既要有利于化解上市公司的债务和经营危机,提高上市公司质量,保护债权人和投资者的合法权益,维护证券市场和社会的稳定,又要防止没有再生希望的上市公司利用破产重整程序逃废债务,滥用司法资源和社会资源;既要保护债权人利益,又要兼顾职工利益、出资人利益和社会利益,妥善处理好各方利益的冲突。上市公司重整计划草案未获批准或重整计划执行不能的,人民法院应当及时宣告债务人破产清算。

(二)挽救危困企业原则。充分发挥上市公司破产重整制度的作用,为尚有挽救希望的危困企业提供获得新生的机会,有利于上市公司、债权人、出资人、关联企业等各方主体实现共赢,有利于社会资源的有效利用。对于具有重整可能的企业,努力推动重整成功,可以促进就业,优化资源配置,促进产业结构的调整和升级换代,减少上市公司破产清算对社会带来的不利影响。

(三)维护社会稳定原则。上市公司进入破产重整程序后,因涉及债权人、上市公司、出资人、企业职工等相关当事人的利益,各方矛盾比较集中和突出,如果处理不当,极易引发群体性、突发性事件,影响社会稳定。人民法院审理上市公司破产重整案件,要充分发挥地方政府的风险预警、部门联动、资金保障等协调机制的作用,积极配合政府做好上市公司重整中的维稳工作,并根据上市公司的特点,加强与证券监管机构的沟通协调。

二、关于上市公司破产重整案件的管辖

会议认为,上市公司破产重整案件应当由上市公司住所地的人民法院,即上市公司主要办事机构所在地法院管辖;上市公司主要办事机构所在地不明确、存在争议的,由上市公司注册登记地人民法院管辖。由于上市公司破产重整案件涉及法律关系复杂,影响面广,对专业知识和综合能力要求较高,人力物力投入较多,上市公司破产重整案件一般应由中级人民法院管辖。

三、关于上市公司破产重整的申请

会议认为,上市公司不能清偿到期债务,并且资产不足以清偿全部债务或者明显缺乏清偿能力,或者有明显丧失清偿能力可能的,上市公司或者上市公司的债权人、出资额占上市公司注册资本十分之一以上的出资人可以向人民法院申请对上市公司进行破产重整。

申请人申请上市公司破产重整的，除提交《企业破产法》第八条规定的材料外，还应当提交关于上市公司具有重整可行性的报告、上市公司住所地省级人民政府向证券监督管理部门的通报情况材料以及证券监督管理部门的意见、上市公司住所地人民政府出具的维稳预案等。上市公司自行申请破产重整的，还应当提交切实可行的职工安置方案。

四、关于对上市公司破产重整申请的审查

会议认为，债权人提出重整申请，上市公司在法律规定的时间内提出异议，或者债权人、上市公司、出资人分别向人民法院提出破产清算申请和重整申请的，人民法院应当组织召开听证会。

人民法院召开听证会的，应当于听证会召开前通知申请人、被申请人，并送达相关申请材料。公司债权人、出资人、实际控制人等利害关系人申请参加听证的，人民法院应当予以准许。人民法院应当就申请人是否具备申请资格、上市公司是否已经发生重整事由、上市公司是否具有重整可行性等内容进行听证。

鉴于上市公司破产重整案件较为敏感，不仅涉及企业职工和二级市场众多投资者的利益安排，还涉及与地方政府和证券监管机构的沟通协调。因此，目前人民法院在裁定受理上市公司破产重整申请前，应当将相关材料逐级报送最高人民法院审查。

五、关于对破产重整上市公司的信息保密和披露

会议认为，对于股票仍在正常交易的上市公司，在上市公司破产重整申请相关信息披露前，上市公司及其债权人、出资人等利害关系人应当按照法律、行政法规、证券监管机构的部门规章及证券交易所上市规则做好信息保密工作。

上市公司的债权人提出破产重整申请的，人民法院应当要求债权人提供其已就此告知上市公司的有关证据。上市公司应当按照相关规则及时履行信息披露义务。

上市公司进入破产重整程序后，由管理人履行相关法律、行政法规、部门规章和公司章程规定的原上市公司董事会、董事和高级管理人员承担的职责和义务，上市公司自行管理财产和营业事务的除外。管理人在上市公司破产重整程序中存在信息披露违法违规行为的，应当依法承担相应的责任。

六、关于上市公司破产重整计划草案的制定

会议认为，上市公司或者管理人制定的上市公司重整计划草案应当包括详细的经营方案。有关经营方案涉及并购重组等行政许可审批事项的，上市公司或管理人应当聘请经证券监管机构核准的财务顾问机构、律师事务所以及具有证券期货业务资格的会计师事务所、资产评估机构等证券服务机构按照证券监管机构的有关要求及格式编制相关材料，并作为重整计划草案及其经营方案的必备文件。

控股股东、实际控制人及其关联方在上市公司破产重整程序前因违规占用、担保等行为对上市公司造成损害的，制定重整计划草案时应当根据其过错对控股股东及实际控制人支配的股东的股权作相应调整。

七、关于上市公司破产重整中出资人组的表决

会议认为，出资人组对重整计划草案中涉及出资人权益调整事项的表决，经参与表决的出资人所持表决权三分之二以上通过的，即为该组通过重整计划草案。

考虑到出席表决会议需要耗费一定的人力物力，一些中小投资者可能放弃参加表决会议的权利。为最大限度地保护中小投资者的合法权益，上市公司或者管理人应当提供网络表决的方式，为出资人行使表决权提供便利。关于网络表决权行使的具体方式，可以参照适用中国证券监督管理委员会发布的有关规定。

八、关于上市公司重整计划草案的会商机制

会议认为，重整计划草案涉及证券监管机构行政许可事项的，受理案件的人民法院应当通过最高人民法院，启动与中国证券监督管理委员会的会商机制。即由最高人民法院将有关材料函送中国证券监督管理委员会，中国证券监督管理委员会安排并购重组专家咨询委员会对会商案件进行研究。并购重组专家咨询委员会应当按照与并购重组审核委员会相同的审核标准，对提起会商的行政许可事项进行研究并出具专家咨询意见。人民法院应当参考专家咨询意见，作出是否批准重整计划草案的裁定。

九、关于上市公司重整计划涉及行政许可部分的执行

会议认为，人民法院裁定批准重整计划后，重整计划内容涉及证券监管机构并购重组行政许可事项的，上市公司应当按照相关规定履行行政许可核准程序。重整计划草案提交出资人组表决且经人民法院裁定批准后，上市公司无须再行召开股东大会，可以直接向证券监管机构提交出资人组表决结果

及人民法院裁定书,以申请并购重组许可申请。并购重组审核委员会审核工作应当充分考虑并购重组专家咨询委员会提交的专家咨询意见。并购重组申请事项获得证券监管机构行政许可后,应当在重整计划的执行期限内实施完成。

　　会议还认为,鉴于上市公司破产重整案件涉及的法律关系复杂,利益主体众多,社会影响较大,人民法院对于审判实践中发现的新情况、新问题,要及时上报。上级人民法院要加强对此类案件的监督指导,加强调查研究,及时总结审判经验,确保依法妥善审理好此类案件。

最高人民法院
印发《关于执行案件移送破产审查
若干问题的指导意见》的通知

2017 年 1 月 20 日 法发〔2017〕2 号

各省、自治区、直辖市高级人民法院,解放军军事法院,新疆维吾尔自治区高级人民法院生产建设兵团分院:

现将《最高人民法院关于执行案件移送破产审查若干问题的指导意见》印发给你们,请认真遵照执行。

最高人民法院
关于执行案件移送破产审查若干问题的指导意见

推进执行案件移送破产审查工作,有利于健全市场主体救治和退出机制,有利于完善司法工作机制,有利于化解执行积案,是人民法院贯彻中央供给侧结构性改革部署的重要举措,是当前和今后一段时期人民法院服务经济社会发展大局的重要任务。为促进和规范执行案件移送破产审查工作,保障执行程序与破产程序的有序衔接,根据《中华人民共和国企业破产法》《中华人民共和国民事诉讼法》《最高人民法院关于适用〈中华人民共和国民事诉讼法〉的解释》等规定,现对执行案件移送破产审查的若干问题提出以下意见。

一、执行案件移送破产审查的工作原则、条件与管辖

1. 执行案件移送破产审查工作,涉及执行程序与破产程序之间的转换衔接,不同法院之间、同一法院内部执行部门、立案部门、破产审判部门之间,应坚持依法有序、协调配合、高效便捷的工作原则,防止推诿扯皮,影响司法效率,损害当事人合法权益。

2. 执行案件移送破产审查,应同时符合下列条件:

（1）被执行人为企业法人；

（2）被执行人或者有关被执行人的任何一个执行案件的申请执行人书面同意将执行案件移送破产审查；

（3）被执行人不能清偿到期债务，并且资产不足以清偿全部债务或者明显缺乏清偿能力。

3. 执行案件移送破产审查，由被执行人住所地人民法院管辖。在级别管辖上，为适应破产审判专业化建设的要求，合理分配审判任务，实行以中级人民法院管辖为原则、基层人民法院管辖为例外的管辖制度。中级人民法院经高级人民法院批准，也可以将案件交由具备审理条件的基层人民法院审理。

二、执行法院的征询、决定程序

4. 执行法院在执行程序中应加强对执行案件移送破产审查有关事宜的告知和征询工作。执行法院采取财产调查措施后，发现作为被执行人的企业法人符合破产法第二条规定的，应当及时询问申请执行人、被执行人是否同意将案件移送破产审查。申请执行人、被执行人均不同意移送且无人申请破产的，执行法院应当按照《最高人民法院关于适用〈中华人民共和国民事诉讼法〉的解释》第五百一十六条①的规定处理，企业法人的其他已经取得执行依据的债权人申请参与分配，人民法院不予支持。

5. 执行部门应严格遵守执行案件移送破产审查的内部决定程序。承办人认为执行案件符合移送破产审查条件的，应提出审查意见，经合议庭评议同意后，由执行法院院长签署移送决定。

6. 为减少异地法院之间移送的随意性，基层人民法院拟将执行案件移送异地中级人民法院进行破产审查的，在作出移送决定前，应先报请其所在地中级人民法院执行部门审核同意。

7. 执行法院作出移送决定后，应当于五日内送达申请执行人和被执行人。申请执行人或被执行人对决定有异议的，可以在受移送法院破产审查期间提出，由受移送法院一并处理。

8. 执行法院作出移送决定后，应当书面通知所有已知执行法院，执行法院均应中止对被执行人的执行程序。但是，对被执行人的季节性商品、鲜活、易腐烂变质以及其他不宜长期保存的物品，执行法院应当及时变价处置，处置的价款不作分配。受移送法院裁定受理破产案件的，执行法院应当在收到裁定书之日起七日内，将该价款移交受理破产案件的法院。

---

① 2022 年修正的《民事诉讼法解释》第五百一十四条。——编者注

案件符合终结本次执行程序条件的,执行法院可以同时裁定终结本次执行程序。

9. 确保对被执行人财产的查封、扣押、冻结措施的连续性,执行法院决定移送后、受移送法院裁定受理破产案件之前,对被执行人的查封、扣押、冻结措施不解除。查封、扣押、冻结期限在破产审查期间届满的,申请执行人可以向执行法院申请延长期限,由执行法院负责办理。

三、移送材料及受移送法院的接收义务

10. 执行法院作出移送决定后,应当向受移送法院移送下列材料:

(1)执行案件移送破产审查决定书;

(2)申请执行人或被执行人同意移送的书面材料;

(3)执行法院采取财产调查措施查明的被执行人的财产状况,已查封、扣押、冻结财产清单及相关材料;

(4)执行法院已分配财产清单及相关材料;

(5)被执行人债务清单;

(6)其他应当移送的材料。

11. 移送的材料不完备或内容错误,影响受移送法院认定破产原因是否具备的,受移送法院可以要求执行法院补齐、补正,执行法院应于十日内补齐、补正。该期间不计入受移送法院破产审查的期间。

受移送法院需要查阅执行程序中的其他案件材料,或者依法委托执行法院办理财产处置等事项的,执行法院应予协助配合。

12. 执行法院移送破产审查的材料,由受移送法院立案部门负责接收。受移送法院不得以材料不完备等为由拒绝接收。立案部门经审核认为移送材料完备的,应以"破申"作为案件类型代字编制案号登记立案,并及时将案件移送破产审判部门进行破产审查。破产审判部门在审查过程中发现本院对案件不具有管辖权的,应当按照《中华人民共和国民事诉讼法》第三十六条①的规定处理。

四、受移送法院破产审查与受理

13. 受移送法院的破产审判部门应当自收到移送的材料之日起三十日内作出是否受理的裁定。受移送法院作出裁定后,应当在五日内送达申请执行人、被执行人,并送交执行法院。

14. 申请执行人申请或同意移送破产审查的,裁定书中以该申请执行人

---

① 2021年修正的《民事诉讼法》第三十七条。——编者注

为申请人,被执行人为被申请人;被执行人申请或同意移送破产审查的,裁定书中以该被执行人为申请人;申请执行人、被执行人均同意移送破产审查的,双方均为申请人。

15. 受移送法院裁定受理破产案件的,在此前的执行程序中产生的评估费、公告费、保管费等执行费用,可以参照破产费用的规定,从债务人财产中随时清偿。

16. 执行法院收到受移送法院受理裁定后,应当于七日内将已经扣划到账的银行存款、实际扣押的动产、有价证券等被执行人财产移交给受理破产案件的法院或管理人。

17. 执行法院收到受移送法院受理裁定时,已通过拍卖程序处置且成交裁定已送达买受人的拍卖财产,通过以物抵债偿还债务且抵债裁定已送达债权人的抵债财产,已完成转账、汇款、现金交付的执行款,因财产所有权已经发生变动,不属于被执行人的财产,不再移交。

五、受移送法院不予受理或驳回申请的处理

18. 受移送法院做出不予受理或驳回申请裁定的,应当在裁定生效后七日内将接收的材料、被执行人的财产退回执行法院,执行法院应当恢复对被执行人的执行。

19. 受移送法院作出不予受理或驳回申请的裁定后,人民法院不得重复启动执行案件移送破产审查程序。申请执行人或被执行人以有新证据足以证明被执行人已经具备了破产原因为由,再次要求将执行案件移送破产审查的,人民法院不予支持。但是,申请执行人或被执行人可以直接向具有管辖权的法院提出破产申请。

20. 受移送法院裁定宣告被执行人破产或裁定终止和解程序、重整程序的,应当自裁定作出之日起五日内送交执行法院,执行法院应当裁定终结对被执行人的执行。

六、执行案件移送破产审查的监督

21. 受移送法院拒绝接收移送的材料,或者收到移送的材料后不按规定的期限作出是否受理裁定的,执行法院可函请受移送法院的上一级法院进行监督。上一级法院收到函件后应当指令受移送法院在十日内接收材料或作出是否受理的裁定。

受移送法院收到上级法院的通知后,十日内仍不接收材料或不作出是否受理裁定的,上一级法院可以径行对移送破产审查的案件行使管辖权。上一级法院裁定受理破产案件的,可以指令受移送法院审理。

最高人民法院
印发《关于审理公司强制清算案件工作座谈会纪要》的通知

2009 年 11 月 4 日   法发〔2009〕52 号

各省、自治区、直辖市高级人民法院,解放军军事法院,新疆维吾尔自治区高级人民法院生产建设兵团分院:

现将最高人民法院《关于审理公司强制清算案件工作座谈会纪要》印发给你们,请结合审判工作实际,遵照执行。

关于审理公司强制清算案件工作座谈会纪要

当前,因受国际金融危机和世界经济衰退影响,公司经营困难引发的公司强制清算案件大幅度增加。《中华人民共和国公司法》和最高人民法院《关于适用〈中华人民共和国公司法〉若干问题的规定(二)》(以下简称公司法司法解释二)对于公司强制清算案件审理中的有关问题已作出规定,但鉴于该类案件非讼程序的特点和目前清算程序规范的不完善,有必要进一步明确该类案件审理原则,细化有关程序和实体规定,更好地规范公司退出市场行为,维护市场运行秩序,依法妥善审理公司强制清算案件,维护和促进经济社会和谐稳定。为此,最高人民法院在广泛调研的基础上,于 2009 年 9 月 15 日至 16 日在浙江省绍兴市召开了全国部分法院审理公司强制清算案件工作座谈会。与会同志通过认真讨论,就有关审理公司强制清算案件中涉及的主要问题达成了共识。现纪要如下:

一、关于审理公司强制清算案件应当遵循的原则

1. 会议认为,公司作为现代企业的主要类型,在参与市场竞争时,不仅要严格遵循市场准入规则,也要严格遵循市场退出规则。公司强制清算作为公司退出市场机制的重要途径之一,是公司法律制度的重要组成部分。人民法院在审理此类案件时,应坚持以下原则:

第一,坚持清算程序公正原则。公司强制清算的目的在于有序结束公司存续期间的各种商事关系,合理调整众多法律主体的利益,维护正常的经济秩序。人民法院审理公司强制清算案件,应当严格依照法定程序进行,坚持在程序正义的基础上实现清算结果的公正。

第二,坚持清算效率原则。提高社会经济的整体效率,是公司强制清算制度追求的目标之一,要严格而不失快捷地使已经出现解散事由的公司退出市场,将其可能给各方利益主体造成的损失降至最低。人民法院审理强制清算案件,要严格按照法律规定及时有效地完成清算,保障债权人、股东等利害关系人的利益及时得到实现,避免因长期拖延清算给相关利害关系人造成不必要的损失,保障社会资源的有效利用。

第三,坚持利益均衡保护原则。公司强制清算中应当以维护公司各方主体利益平衡为原则,实现公司退出环节中的公平公正。人民法院在审理公司强制清算案件时,既要充分保护债权人利益,又要兼顾职工利益、股东利益和社会利益,妥善处理各方利益冲突,实现法律效果和社会效果的有机统一。

二、关于强制清算案件的管辖

2. 对于公司强制清算案件的管辖应当分别从地域管辖和级别管辖两个角度确定。地域管辖法院应为公司住所地的人民法院,即公司主要办事机构所在地法院;公司主要办事机构所在地不明确、存在争议的,由公司注册登记地人民法院管辖。级别管辖应当按照公司登记机关的级别予以确定,即基层人民法院管辖县、县级市或者区的公司登记机关核准登记公司的公司强制清算案件;中级人民法院管辖地区、地级市以上的公司登记机关核准登记公司的公司强制清算案件。存在特殊原因的,也可参照适用《中华人民共和国企业破产法》第四条、《中华人民共和国民事诉讼法》第三十七条①和第三十九条的规定,确定公司强制清算案件的审理法院。

三、关于强制清算案件的案号管理

3. 人民法院立案庭收到申请人提交的对公司进行强制清算的申请后,应当及时以"(××××)××法×清(预)字第×号"立案。立案庭立案后,应当将

---

① 2021 年修正的《民事诉讼法》第三十八条。——编者注

申请人提交的申请等有关材料移交审理强制清算案件的审判庭审查,并由审判庭依法作出是否受理强制清算申请的裁定。

4. 审判庭裁定不予受理强制清算申请的,裁定生效后,公司强制清算案件应当以"(××××)××法×清(预)字第×号"结案。审判庭裁定受理强制清算申请的,立案庭应当以"(××××)××法×清(算)字第×号"立案。

5. 审判庭裁定受理强制清算申请后,在审理强制清算案件中制作的民事裁定书、决定书等,应当在"(××××)××法×清(算)字第×号"后依次编号,如"(××××)××法×清(算)字第×-1 号民事裁定书"、"(××××)××法×清(算)字第×-2 号民事裁定书"等,或者"(××××)××法×清(算)字第×-1 号决定书"、"(××××)××法×清(算)字第×-2 号决定书"等。

四、关于强制清算案件的审判组织

6. 因公司强制清算案件在案件性质上类似于企业破产案件,因此强制清算案件应当由负责审理企业破产案件的审判庭审理。有条件的人民法院,可由专门的审判庭或者指定专门的合议庭审理公司强制清算案件和企业破产案件。公司强制清算案件应当组成合议庭进行审理。

五、关于强制清算的申请

7. 公司债权人或者股东向人民法院申请强制清算应当提交清算申请书。申请书应当载明申请人、被申请人的基本情况和申请的事实和理由。同时,申请人应当向人民法院提交被申请人已经发生解散事由以及申请人对被申请人享有债权或者股权的有关证据。公司解散后已经自行成立清算组进行清算,但债权人或者股东以其故意拖延清算,或者存在其他违法清算可能严重损害债权人或者股东利益为由,申请人民法院强制清算的,申请人还应当向人民法院提交公司故意拖延清算,或者存在其他违法清算行为可能严重损害其利益的相应证据材料。

8. 申请人提交的材料需要更正、补充的,人民法院应当责令申请人于七日内予以更正、补充。申请人由于客观原因无法按时更正、补充的,应当向人民法院予以书面说明并提出延期申请,由人民法院决定是否延长期限。

六、关于对强制清算申请的审查

9. 审理强制清算案件的审判庭审查决定是否受理强制清算申请时,一般应当召开听证会。对于事实清楚、法律关系明确、证据确实充分的案件,经书面通知被申请人,其对书面审查方式无异议的,也可决定不召开听证会,而采用书面方式进行审查。

10. 人民法院决定召开听证会的,应当于听证会召开五日前通知申请人、被申请人,并送达相关申请材料。公司股东、实际控制人等利害关系人申请参加听证的,人民法院应当准许。听证会中,人民法院应当组织有关利害关系人对申请人是否具备申请资格、被申请人是否已经发生解散事由、强制清算申请是否符合法律规定等内容进行听证。因补充证据等原因需要再次召开听证会的,应在补充期限届满后十日内进行。

11. 人民法院决定不召开听证会的,应当及时通知申请人和被申请人,并向被申请人送达有关申请材料,同时告知被申请人若对申请人的申请有异议,应当自收到人民法院通知之日起七日内向人民法院书面提出。

七、关于对强制清算申请的受理

12. 人民法院应当在听证会召开之日或者自异议期满之日起十日内,依法作出是否受理强制清算申请的裁定。

13. 被申请人就申请人对其是否享有债权或者股权,或者对被申请人是否发生解散事由提出异议的,人民法院对申请人提出的强制清算申请应不予受理。申请人可就有关争议单独提起诉讼或者仲裁予以确认后,另行向人民法院提起强制清算申请。但对上述异议事项已有生效法律文书予以确认,以及发生被吊销企业法人营业执照、责令关闭或者被撤销等解散事由有明确、充分证据的除外。

14. 申请人提供被申请人自行清算中故意拖延清算,或者存在其他违法清算可能严重损害债权人或者股东利益的相应证据材料后,被申请人未能举出相反证据的,人民法院对申请人提出的强制清算申请应予受理。债权人申请强制清算,被申请人的主要财产、账册、重要文件等灭失,或者被申请人人员下落不明,导致无法清算的,人民法院不得以此为由不予受理。

15. 人民法院受理强制清算申请后,经审查发现强制清算申请不符合法律规定的,可以裁定驳回强制清算申请。

16. 人民法院裁定不予受理或者驳回受理申请,申请人不服的,可以向上一级人民法院提起上诉。

八、关于强制清算申请的撤回

17. 人民法院裁定受理公司强制清算申请前,申请人请求撤回其申请的,人民法院应予准许。

18. 公司因公司章程规定的营业期限届满或者公司章程规定的其他解散事由出现,或者股东会、股东大会决议自愿解散的,人民法院受理强制清算申请后,清算组对股东进行剩余财产分配前,申请人以公司修改章程,或者股东会、股东大会决议公司继续存续为由,请求撤回强制清算申请的,人民法院应予准许。

19. 公司因依法被吊销营业执照、责令关闭或者被撤销,或者被人民法院判决强制解散的,人民法院受理强制清算申请后,清算组对股东进行剩余财产分配前,申请人向人民法院申请撤回强制清算申请的,人民法院应不予准许。但申请人有证据证明相关行政决定被撤销,或者人民法院作出解散公司判决后当事人又达成公司存续和解协议的除外。

九、关于强制清算案件的申请费

20. 参照《诉讼费用交纳办法》第十条、第十四条、第二十条和第四十二条关于企业破产案件申请费的有关规定,公司强制清算案件的申请费以强制清算财产总额为基数,按照财产案件受理费标准减半计算,人民法院受理强制清算申请后从被申请人财产中优先拨付。因财产不足以清偿全部债务,强制清算程序依法转入破产清算程序的,不再另行计收破产案件申请费;按照上述标准计收的强制清算案件申请费超过30万元的,超过部分不再收取,已经收取的,应予退还。

21. 人民法院裁定受理强制清算申请前,申请人请求撤回申请,人民法院准许的,强制清算案件的申请费不再从被申请人财产中予以拨付;人民法院受理强制清算申请后,申请人请求撤回申请,人民法院准许的,已经从被申请人财产中优先拨付的强制清算案件申请费不予退回。

十、关于强制清算清算组的指定

22. 人民法院受理强制清算案件后,应当及时指定清算组成员。公司股东、董事、监事、高级管理人员能够而且愿意参加清算的,人民法院可优先考虑指定上述人员组成清算组;上述人员不能、不愿进行清算,或者由其负责清算不利于清算依法进行的,人民法院可以指定《人民法院中介机构管理人名册》和《人民法院个人管理人名册》中的中介机构或者个人组成清算组;人民法院也可根据实际需要,指定公司股东、董事、监事、高级管理人员,与管理人名册中的中介机构或者个人共同组成清算组。人民法院指定管理人名册中的中介机构或者个人组成清算组,或者担任清算组成员的,应当参照适用最高人民法院《关于审理企业破产案件指定管理人的规定》。

23. 强制清算清算组成员的人数应当为单数。人民法院指定清算组成员的同时,应当根据清算组成员的推选,或者依职权,指定清算组负责人。清算组负责人代行清算中公司诉讼代表人职权。清算组成员未依法履行职责的,人民法院应当依据利害关系人的申请,或者依职权及时予以更换。

十一、关于强制清算清算组成员的报酬

24. 公司股东、实际控制人或者股份有限公司的董事担任清算组成员的,不计付报酬。上述人员以外的有限责任公司的董事、监事、高级管理人员,股份有限公司的监事、高级管理人员担任清算组成员的,可以按照其上一年度的平均工资标准计付报酬。

25. 中介机构或者个人担任清算组成员的,其报酬由中介机构或者个人与公司协商确定;协商不成的,由人民法院参照最高人民法院《关于审理企业破产案件确定管理人报酬的规定》确定。

十二、关于强制清算清算组的议事机制

26. 公司强制清算中的清算组因清算事务发生争议的,应当参照公司法第一百一十二条的规定,经全体清算组成员过半数决议通过。与争议事项有直接利害关系的清算组成员可以发表意见,但不得参与投票;因利害关系人回避表决无法形成多数意见的,清算组可以请求人民法院作出决定。与争议事项有直接利害关系的清算组成员未回避表决形成决定的,债权人或者清算组其他成员可以参照公司法第二十二条的规定,自决定作出之日起六十日内,请求人民法院予以撤销。

十三、关于强制清算中的财产保全

27. 人民法院受理强制清算申请后,公司财产存在被隐匿、转移、毁损等可能影响依法清算情形的,人民法院可依清算组或者申请人的申请,对公司财产采取相应的保全措施。

十四、关于无法清算案件的审理

28. 对于被申请人主要财产、账册、重要文件等灭失,或者被申请人人员下落不明的强制清算案件,经向被申请人的股东、董事等直接责任人员释明或采取罚款等民事制裁措施后,仍然无法清算或者无法全面清算,对于尚有部分财产,且依据现有账册、重要文件等,可以进行部分清偿的,应当参照企业破产法的规定,对现有财产进行公平清偿后,以无法全面清算为由终结强制清算程序;对于没有任何财产、账册、重要文件,被申请人人员下落不明的,应当以无法清算为由终结强制清算程序。

29. 债权人申请强制清算,人民法院以无法清算或者无法全面清算为由裁定终结强制清算程序的,应当在终结裁定中载明,债权人可以另行依据公司法司法解释二第十八条的规定,要求被申请人的股东、董事、实际控制人等清算义务人对其债务承担偿还责任。股东申请强制清算,人民法院以无法清算或者无法全面清算为由作出终结强制清算程序的,应当在终结裁定中载明,股东可以向控股股东等实际控制公司的主体主张有关权利。

十五、关于强制清算案件衍生诉讼的审理

30. 人民法院受理强制清算申请前已经开始,人民法院受理强制清算申请时尚未审结的有关被强制清算公司的民事诉讼,由原受理法院继续审理,但应依法将原法定代表人变更为清算组负责人。

31. 人民法院受理强制清算申请后,就强制清算公司的权利义务产生争议的,应当向受理强制清算申请的人民法院提起诉讼,并由清算组负责人代表清算中公司参加诉讼活动。受理强制清算申请的人民法院对此类案件,可以适用民事诉讼法第三十七条和第三十九条的规定确定审理法院。

上述案件在受理法院内部各审判庭之间按照业务分工进行审理。人民法院受理强制清算申请后,就强制清算公司的权利义务产生争议,当事人双方就产生争议约定有明确有效的仲裁条款的,应当按照约定通过仲裁方式解决。

十六、关于强制清算和破产清算的衔接

32. 公司强制清算中,清算组在清理公司财产、编制资产负债表和财产清单时,发现公司财产不足清偿债务的,除依据公司法司法解释二第十七条的规定,通过与债权人协商制作有关债务清偿方案并清偿债务的外,应依据公司法第一百八十八条①和企业破产法第七条第三款的规定向人民法院申请宣告破产。

33. 公司强制清算中,有关权利人依据企业破产法第二条和第七条的规定向人民法院另行提起破产申请的,人民法院应当依法进行审查。权利人的破产申请符合企业破产法规定的,人民法院应当依法裁定予以受理。人民法院裁定受理破产申请后,应当裁定终结强制清算程序。

34. 公司强制清算转入破产清算后,原强制清算中的清算组由《人民法院中介机构管理人名册》和《人民法院个人管理人名册》中的中介机构或者个人组成或者参加的,除该中介机构或者个人存在与本案有利害关系等不宜担任管理人或者管理人成员的情形外,人民法院可根据企业破产法及其司法

---

① 2018年修正的《公司法》第一百八十七条。——编者注

解释的规定,指定该中介机构或者个人作为破产案件的管理人,或者吸收该中介机构作为新成立的清算组管理人的成员。

上述中介机构或者个人在公司强制清算和破产清算中取得的报酬总额,不应超过按照企业破产计付的管理人或者管理人成员的报酬。

35. 上述中介机构或者个人不宜担任破产清算中的管理人或者管理人的成员的,人民法院应当根据企业破产法和有关司法解释的规定,及时指定管理人。原强制清算中的清算组应当及时将清算事务及有关材料等移交给管理人。公司强制清算中已经完成的清算事项,如无违反企业破产法或者有关司法解释的情形的,在破产清算程序中应承认其效力。

十七、关于强制清算程序的终结

36. 公司依法清算结束,清算组制作清算报告并报人民法院确认后,人民法院应当裁定终结清算程序。公司登记机关依清算组的申请注销公司登记后,公司终止。

37. 公司因公司章程规定的营业期限届满或者公司章程规定的其他解散事由出现,或者股东会、股东大会决议自愿解散的,人民法院受理债权人提出的强制清算申请后,对股东进行剩余财产分配前,公司修改章程或者股东会、股东大会决议公司继续存续,申请人在其个人债权及他人债权均得到全额清偿后,未撤回申请的,人民法院可以根据被申请人的请求裁定终结强制清算程序,强制清算程序终结后,公司可以继续存续。

十八、关于强制清算案件中的法律文书

38. 审理强制清算的审判庭审理该类案件时,对于受理、不受理强制清算申请、驳回申请人的申请、允许或者驳回申请人撤回申请、采取保全措施、确认清算方案、确认清算终结报告、终结强制清算程序的,应当制作民事裁定书。对于指定或者变更清算组成员、确定清算组成员报酬、延长清算期限、制裁妨碍清算行为的,应当制作决定书。

对于其他所涉有关法律文书的制作,可参照企业破产清算中人民法院的法律文书样式。

十九、关于强制清算程序中对破产清算程序的准用

39. 鉴于公司强制清算与破产清算在具体程序操作上的相似性,就公司法、公司法司法解释二,以及本会议纪要未予涉及的情形,如清算中公司的有关人员未依法妥善保管其占有和管理的财产、印章和账簿、文书资料,清算组未及时接管清算中公司的财产、印章和账簿、文书,清算中公司拒不向人民法院提交或者提交不真实的财产状况说明、债务清册、债权清册、有关财务会计报告以及职工工资的支付情况和社会保险费用的缴纳情况,清算中公司拒不向清算组移交财产、印章和账簿、文书等资料,或者伪造、销毁有关财产证据材料而使财产状况不明,股东未缴足出资、抽逃出资,以及公司董事、监事、高级管理人员非法侵占公司财产等,可参照企业破产法及其司法解释的有关规定处理。

二十、关于审理公司强制清算案件中应当注意的问题

40. 鉴于此类案件属于新类型案件,且涉及的法律关系复杂、利益主体众多,人民法院在审理难度大、涉及面广、牵涉社会稳定的重大疑难清算案件时,要在严格依法的前提下,紧紧依靠党委领导和政府支持,充分发挥地方政府建立的各项机制,有效做好维护社会稳定的工作。同时,对于审判实践中发现的新情况、新问题,要及时逐级上报。上级人民法院要加强对此类案件的监督指导,注重深入调查研究,及时总结审判经验,确保依法妥善审理好此类案件。

最高人民法院

关于开展认可和协助香港特别行政区破产程序试点工作的意见

2021 年 5 月 11 日　　　　　　　　　　　法发〔2021〕15 号

为贯彻落实《中华人民共和国香港特别行政区基本法》第九十五条的规定,进一步完善内地与香港特别行政区司法协助制度体系,促进经济融合发展,优化法治化营商环境,最高人民法院与香港特别行政区政府结合司法实践,就内地与香港特别行政区法院相互认可和协助破产程序工作进行会谈协商,签署《最高人民法院与香港特别行政区政府关于内地与香港特别行政区法院相互认可和协助破产程序的会谈纪要》。按照纪要精神,最高人民法院依据《中华人民共和国民事诉讼法》《中华人民共和国企业破产法》等相关法律,制定本意见。

一、最高人民法院指定上海市、福建省厦门市、广东省深圳市人民法院开展认可和协助香港破产程序的试点工作。

二、本意见所称"香港破产程序",是指依据香港特别行政区《公司(清盘及杂项条文)条例》《公司条例》进行的集体清偿程序,包括公司强制清盘、公司债权人自动清盘以及由清盘人或者临时清盘人提出并经香港特别行政区高等法院依据香港特别行政区《公司条例》第 673 条批准的公司债务重组程序。

三、本意见所称"香港管理人",包括香港破产程序中的清盘人和临时清盘人。

四、本意见适用于香港特别行政区系债务人主要利益中心所在地的香港破产程序。

本意见所称"主要利益中心",一般是指债务人的注册地。同时,人民法院应当综合考虑债务人主要办事机构所在地、主要营业地、主要财产所在地等因素认定。

在香港管理人申请认可和协助时,债务人主要利益中心应当已经在香港特别行政区连续存在 6 个月以上。

五、债务人在内地的主要财产位于试点地区、在试点地区存在营业地或者在试点地区设有代表机构的,香港管理人可以依据本意见申请认可和协助香港破产程序。

依据本意见审理的跨境破产协助案件,由试点地区的中级人民法院管辖。

向两个以上有管辖权的人民法院提出申请的,由最先立案的人民法院管辖。

六、申请认可和协助香港破产程序的,香港管理人应当提交下列材料:

(一)申请书;

(二)香港特别行政区高等法院请求认可和协助的函;

(三)启动香港破产程序以及委任香港管理人的有关文件;

(四)债务人主要利益中心位于香港特别行政区的证明材料,证明材料在内地以外形成的,还应当依据内地法律规定办理证明手续;

(五)申请予以认可和协助的裁判文书副本;

(六)香港管理人身份证件的复印件,身份证件在内地以外形成的,还应当依据内地法律规定办理证明手续;

(七)债务人在内地的主要财产位于试点地区、在试点地区存在营业地或者在试点地区设有代表机构的相关证据。

向人民法院提交的文件没有中文文本的,应当提交中文译本。

七、申请书应当载明下列事项:

(一)债务人的名称、注册地以及香港管理人所知悉的债务人主要负责人的姓名、职务、住所、身份证件信息、通讯方式等;

(二)香港管理人的姓名、住所、身份证件信息、通讯方式等;

(三)香港破产程序的进展情况和计划;

(四)申请认可和协助的事项和理由;

(五)债务人在内地的已知财产、营业地、代表机构和债权人情况;

(六)债务人在内地涉及的诉讼、仲裁以及有关债务人财产的保全措施、执行程序等情况;

(七)其他国家或者地区针对债务人进行破产程序的相关情况;

(八)其他应当载明的事项。

八、人民法院应当自收到认可和协助申请之日起五日内通知已知债权人等利害关系人，并予以公告。利害关系人有异议的，应当自收到通知或者发布公告之日起七日内向人民法院书面提出。

人民法院认为有必要的，可以进行听证。

九、在人民法院收到认可和协助申请之后、作出裁定之前，香港管理人申请保全的，人民法院依据内地相关法律规定处理。

十、人民法院裁定认可香港破产程序的，应当依申请同时裁定认可香港管理人身份，并于五日内公告。

十一、人民法院认可香港破产程序后，债务人对个别债权人的清偿无效。

十二、人民法院认可香港破产程序后，已经开始而尚未终结的有关债务人的民事诉讼或者仲裁应当中止；在香港管理人接管债务人的财产后，该诉讼或者仲裁继续进行。

十三、人民法院认可香港破产程序后，有关债务人财产的保全措施应当解除，执行程序应当中止。

十四、人民法院认可香港破产程序后，可以依申请裁定允许香港管理人在内地履行下列职责：

（一）接管债务人的财产、印章和账簿、文书等资料；

（二）调查债务人财产状况，制作财产状况报告；

（三）决定债务人的内部管理事务；

（四）决定债务人的日常开支和其他必要开支；

（五）在第一次债权人会议召开之前，决定继续或者停止债务人的营业；

（六）管理和处分债务人的财产；

（七）代表债务人参加诉讼、仲裁或者其他法律程序；

（八）接受内地债权人的债权申报并进行审核；

（九）人民法院认为可以允许香港管理人履行的其他职责。

香港管理人履行前款规定的职责时，如涉及放弃财产权益、设定财产担保、借款、将财产转移出内地以及实施其他对债权人利益有重大影响的财产处分行为，需经人民法院另行批准。

香港管理人履行职责，不得超出《中华人民共和国企业破产法》规定的范围，也不得超出香港特别行政区法律规定的范围。

十五、人民法院认可香港破产程序后，可以依香港管理人或者债权人的申请指定内地管理人。

指定内地管理人后，本意见第十四条规定的职责由内地管理人行使，债务人在内地的事务和财产适用《中华人民共和国企业破产法》处理。

两地管理人应当加强沟通与合作。

十六、人民法院认可香港破产程序后,可以依申请裁定对破产财产变价、破产财产分配、债务重组安排、终止破产程序等事项提供协助。

人民法院应当自收到上述申请之日起五日内予以公告。利害关系人有异议的,应当自发布公告之日起七日内向人民法院书面提出。

人民法院认为有必要的,可以进行听证。

十七、发现影响认可和协助香港破产程序情形的,人民法院可以变更、终止认可和协助。

发生前款情形的,管理人应当及时报告人民法院并提交相关材料。

十八、利害关系人提供证据证明有下列情形之一的,人民法院审查核实后,应当裁定不予认可或者协助香港破产程序:

(一)债务人主要利益中心不在香港特别行政区或者在香港特别行政区连续存在未满6个月的;

(二)不符合《中华人民共和国企业破产法》第二条规定的;

(三)对内地债权人不公平对待的;

(四)存在欺诈的;

(五)人民法院认为应当不予认可或者协助的其他情形。

人民法院认为认可或者协助香港破产程序违反内地法律的基本原则或者违背公序良俗的,应当不予认可或者协助。

十九、香港特别行政区和内地就同一债务人或者具有关联关系的债务人分别进行破产程序的,两地管理人应当加强沟通与合作。

二十、人民法院认可和协助香港破产程序的,债务人在内地的破产财产清偿其在内地依据内地法律规定应当优先清偿的债务后,剩余财产在相同类别债权人受到平等对待的前提下,按照香港破产程序分配和清偿。

二十一、人民法院作出裁定后,管理人或者利害关系人可以自裁定送达之日起十日内向上一级人民法院申请复议。复议期间不停止执行。

二十二、申请认可和协助香港破产程序的,应当依据内地有关诉讼收费的法律和规定交纳费用。

二十三、试点法院在审理跨境破产协助案件过程中,应当及时向最高人民法院报告、请示重大事项。

二十四、试点法院应当与香港特别行政区法院积极沟通和开展合作。

四、部分地方法规及地方法院规定

深圳经济特区个人破产条例

（2020年8月26日深圳市第六届人民代表大会常务委员会第四十四次会议通过
2020年8月31日深圳市六届人大常委会公告第208号公布
自2021年3月1日起施行）

第一章 总 则

第一条 为了规范个人破产程序，合理调整债务人、债权人以及其他利害关系人的权利义务关系，促进诚信债务人经济再生，完善社会主义市场经济体制，根据法律、行政法规的基本原则，结合深圳经济特区实际，制定本条例。

第二条 在深圳经济特区居住，且参加深圳社会保险连续满三年的自然人，因生产经营、生活消费导致丧失清偿债务能力或者资产不足以清偿全部债务的，可以依照本条例进行破产清算、重整或者和解。

第三条 依照本条例清理债权债务，应当遵循诚实信用、公平保护、公正高效的原则。

第四条 自然人债务人（以下简称债务人）经过破产清算、重整或者和解后，依照本条例规定免除其未清偿债务。

第五条 适用本条例审理的个人破产案件由市中级人民法院管辖，但经依法指定由基层人民法院管辖的除外。

第六条 个人破产事务的行政管理职能由市人民政府确定的工作部门或者机构(以下称破产事务管理部门)行使。

第七条 建立个人破产登记制度,及时、准确登记个人破产重大事项,并依法向社会公开个人破产相关信息。

第二章 申请和受理

第一节 申 请

第八条 符合本条例第二条规定的债务人,可以向人民法院提出破产申请,包括申请破产清算、重整、和解。

债务人提出破产申请的,应当向人民法院提交下列材料:

(一)破产申请书、破产原因及经过说明;

(二)收入状况、社保证明、纳税记录;

(三)个人财产以及夫妻共同财产清册;

(四)债权债务清册;

(五)诚信承诺书。

债务人依法承担扶养义务的未成年人和丧失劳动能力且无其他生活来源的成年近亲属(以下简称所扶养人),应当提供所扶养人的基本情况等有关材料。

债务人合法雇用他人的,还应当提交其雇用人员工资支付和社会保险费用缴纳情况的相关材料。

第九条 当债务人不能清偿到期债务时,单独或者共同对债务人持有五十万元以上到期债权的债权人,可以向人民法院提出破产申请,申请对债务人进行破产清算。

债权人申请对债务人进行破产清算的,应当向人民法院提交下列材料:

(一)破产清算申请书;

(二)被申请人基本信息材料;

(三)到期债权证明;

(四)经书面或者法定程序要求债务人清偿债务的证明等相关材料;

(五)诚信承诺书。

第十条　人民法院应当自收到破产申请之日起五日内通知已知债权人、债务人和破产事务管理部门,并公开破产申请。

债务人对债权人的申请有异议的,应当自收到人民法院通知之日起七日内向人民法院提出。

第二节　受　理

第十一条　人民法院裁定受理破产申请前,申请人可以请求撤回申请。

人民法院裁定准许撤回申请的,申请人无正当理由,不得在撤回申请之日起一年内再次申请同一债务人破产。

第十二条　人民法院审查破产申请,一般以书面调查的方式进行;案情复杂的,可以进行听证调查。

人民法院进行听证调查的,应当提前三日通知债务人和已知债权人,必要时可以通知其他利害关系人参加。

第十三条　人民法院应当自收到破产申请之日起三十日内裁定是否受理。如有特殊情况需要延长的,经本院院长批准,可以延长十五日。

第十四条　人民法院审查破产申请时,发现有下列情形之一的,应当裁定不予受理;人民法院已经受理但尚未宣告破产的,应当裁定驳回申请:

(一)债务人不符合本条例第二条规定,或者债权人申请对债务人进行破产清算不符合本条例第九条第一款规定的;

(二)申请人基于转移财产、恶意逃避债务、损害他人信誉等不正当目的申请破产的;

(三)申请人有虚假陈述、提供虚假证据等妨害破产程序行为的;

(四)债务人依照本条例免除未清偿债务未超过八年的。

申请人不服裁定的,可以自裁定书送达之日起十日内向上一级人民法院提起上诉。

申请人因本条第一款第二项、第三项情形造成他人损失的,应当承担赔偿责任。

第十五条　债务人提出破产申请,人民法院裁定受理的,应当自受理之日起五日内将裁定书送达债务人。

债权人申请对债务人进行破产清算,人民法院裁定受理的,应当自受理之日起五日内将裁定书同时送达债权人和债务人。债务人自裁定书送达之日起十五日内,应当向人民法院提交本条例第八条规定的相关材料。

第十六条 自人民法院公开破产申请之日起十五日内,债权人可以单独或者共同向人民法院推荐破产管理人(以下简称管理人)人选。

第十七条 人民法院同意债权人推荐的管理人人选的,应当在裁定受理破产申请时同时作出指定管理人的决定。管理人执行职务的费用由其推荐人预付。

多名债权人推荐不同的管理人人选的,人民法院可以从中指定一名或者多名管理人。

第十八条 债权人未推荐管理人人选或者人民法院认为债权人推荐的人选不适宜担任管理人的,人民法院应当在裁定受理破产申请时,通知破产事务管理部门五日内提出管理人人选;破产事务管理部门提出人选后,人民法院应当在五日内作出指定管理人的决定。

第十九条 人民法院裁定受理破产申请的,应当依照本条例第二十三条规定同时作出限制债务人行为的决定,将决定书送达债务人,并通知破产事务管理部门。

第二十条 人民法院应当自裁定受理破产申请之日起二十日内发布受理公告。公告应当载明下列事项:

(一)申请人、被申请人的姓名或者名称;

(二)人民法院裁定受理破产申请的时间和适用程序;

(三)限制债务人行为的决定;

(四)债权申报的期限、方式和注意事项;

(五)管理人姓名或者名称及其地址;

(六)对债务人负有债务的人或者债务人财产的持有人向管理人清偿债务或者交付财产的方式;

(七)第一次债权人会议召开的时间、地点和方式;

(八)人民法院认为需要公告的其他事项。

第三节 破产受理的效力

第二十一条 自人民法院裁定受理破产申请之日起至依照本条例裁定免除债务人未清偿债务之日止,债务人应当承担下列义务:

(一)按照人民法院、破产事务管理部门、管理人要求提交或者补充相关

材料,并配合调查;

（二）列席债权人会议并接受询问;

（三）当债务人的姓名、联系方式、住址等个人信息发生变动或者需要离开居住地时,及时向破产事务管理部门、管理人报告;

（四）未经人民法院同意,不得出境;

（五）按时向人民法院、破产事务管理部门登记申报个人破产重大事项,包括破产申请、财产以及债务状况、重整计划或者和解协议、破产期间的收入和消费情况等;

（六）借款一千元以上或者申请等额信用额度时,应当向出借人或者授信人声明本人破产状况;

（七）配合人民法院、破产事务管理部门和管理人开展与破产程序有关的其他工作。

第二十二条　债务人的配偶、子女、共同生活的近亲属、财产管理人以及其他利害关系人,应当配合人民法院、破产事务管理部门和管理人调查,协助管理人进行财产清查、接管和分配。

第二十三条　自人民法院作出限制债务人行为的决定之日起至作出解除限制债务人行为的决定之日止,除确因生活和工作需要,经人民法院同意外,债务人不得有下列消费行为:

（一）乘坐交通工具时,选择飞机商务舱或者头等舱、列车软卧、轮船二等以上舱位、高铁以及其他动车组列车一等以上座位;

（二）在夜总会、高尔夫球场以及三星级以上宾馆、酒店等场所消费;

（三）购买不动产、机动车辆;

（四）新建、扩建、装修房屋;

（五）供子女就读高收费私立学校;

（六）租赁高档写字楼、宾馆、公寓等场所办公;

（七）支付高额保费购买保险理财产品;

（八）其他非生活或者工作必需的消费行为。

第二十四条　人民法院裁定受理破产申请后,债务人不得向个别债权人清偿债务。但是,个别清偿使债务人财产受益或者属于债务人正常生活、工作所必需的除外。

第二十五条　人民法院裁定受理破产申请后,对债务人负有债务的人或者债务人财产的持有人应当向管理人清偿债务或者交付财产。

对债务人负有债务的人或者债务人财产的持有人故意违反前款规定向债务人清偿债务或者交付财产,造成债权人损失的,不免除其向管理人清偿债务或者交付财产的义务。

第二十六条 人民法院裁定受理破产申请后,管理人对破产申请受理前成立但债务人和对方当事人均未履行完毕的合同,有权决定解除或者继续履行,并通知对方当事人。

管理人自破产申请受理之日起二个月内未通知对方当事人,或者自收到对方当事人催告之日起三十日内未答复的,视为解除合同。

管理人决定继续履行合同的,对方当事人应当履行,但是,对方当事人有权要求提供相应担保。管理人不提供担保的,视为解除合同。

第二十七条 人民法院裁定受理破产申请后,对债务人财产采取的保全措施应当解除,执行程序应当中止。除本条例第一百一十条规定的情形外,为实现有财产担保债权或者其他法定优先权而对特定财产的执行可以不中止。

第二十八条 对债务人的特定财产享有担保权的权利人,可以随时向管理人主张就该特定财产变价处置,行使优先受偿权。

处置有担保权的特定财产时,管理人和担保权人不得损害其他债权人利益。因处置不当给其他债权人造成损失的,应当承担赔偿责任。

担保权人行使优先受偿权未能完全受偿的,其未受偿的债权作为普通债权;担保权人放弃优先受偿权的,其债权作为普通债权。

第二十九条 人民法院裁定受理破产申请并作出指定管理人的决定后,已经开始但尚未终结的涉及债务人财产权利的民事诉讼或者仲裁,应当由管理人代为参加。法律另有规定的,从其规定。

第三十条 自人民法院裁定受理破产申请之日起至终结破产程序之日止,涉及债务人财产权利的民事诉讼,应当由裁定受理破产申请的人民法院管辖。法律另有规定的,从其规定。

第三十一条 人民法院裁定受理破产申请后,债务人死亡的,其遗产继承人一致同意继续进行破产程序或者没有遗产继承人的,由管理人依照本条例相关规定对其遗产进行接管、变价和分配后,由人民法院裁定终结破产程序。

债务人的遗产继承人在债务人死亡之日起三十日内无法达成一致意见的,人民法院应当裁定终结破产程序。管理人以债务人财产或者遗产清偿已经发生的破产费用和共益债务后,依照《中华人民共和国民法典》有关继承的规定处理。

第三章　债务人财产

第一节　财产申报

第三十二条　人民法院裁定受理破产申请时属于债务人的财产和依照本条例裁定免除未清偿债务之前债务人所取得的财产,为债务人财产。

第三十三条　债务人应当自人民法院受理破产申请裁定书送达之日起十五日内向人民法院和管理人如实申报本人及其配偶、未成年子女以及其他共同生活的近亲属名下的财产和财产权益:

(一)工资收入、劳务所得、银行存款、现金、第三方支付平台账户资金、住房公积金账户资金等现金类资产;

(二)投资或者以其他方式持有股票、基金、投资型保险以及其他金融产品和理财产品等享有的财产权益;

(三)投资境内外非上市股份有限公司、有限责任公司,注册个体工商户、个人独资企业、合伙企业等享有的财产权益;

(四)知识产权、信托受益权、集体经济组织分红等财产权益;

(五)所有或者共有的土地使用权、房屋等财产;

(六)交通运输工具、机器设备、产品、原材料等财产;

(七)个人收藏的文玩字画等贵重物品;

(八)债务人基于继承、赠与、代持等依法享有的财产权益;

(九)债务人在破产申请受理前可期待的财产和财产权益;

(十)其他具有处置价值的财产和财产权益。

债务人在境外的前款财产和财产权益,也应当如实申报。

第三十四条　债务人依照本条例第三十三条规定申报财产和财产权益有下列情形之一的,应当在申报时予以说明:

(一)财产或者财产权益为债务人成年子女所有,但取得时该子女尚未成年;

(二)债务人财产已出租、已设立担保物权等权利负担,或者存在共有、权属争议等情形；

（三）债务人的动产由第三人占有；

（四）债务人的不动产、特定动产或者其他财产权等登记在第三人名下。

第三十五条 自人民法院裁定受理破产申请之日前二年内，债务人财产发生下列变动的，债务人应当一并申报：

（一）赠与、转让、出租财产；

（二）在财产上设立担保物权等权利负担；

（三）放弃债权或者延长债权清偿期限；

（四）一次性支出五万元以上大额资金；

（五）因离婚而分割共同财产；

（六）提前清偿未到期债务；

（七）其他重大财产变动情况。

第二节　豁免财产

第三十六条 为保障债务人及其所扶养人的基本生活及权利，依照本条例为其保留的财产为豁免财产。豁免财产范围如下：

（一）债务人及其所扶养人生活、学习、医疗的必需品和合理费用；

（二）因债务人职业发展需要必须保留的物品和合理费用；

（三）对债务人有特殊纪念意义的物品；

（四）没有现金价值的人身保险；

（五）勋章或者其他表彰荣誉的物品；

（六）专属于债务人的人身损害赔偿金、社会保险金以及最低生活保障金；

（七）根据法律规定或者基于公序良俗不应当用于清偿债务的其他财产。

前款规定的财产，价值较大、不用于清偿债务明显违反公平原则的，不认定为豁免财产。

除本条第一款第五项、第六项规定的财产外，豁免财产累计总价值不得超过二十万元。本条第一款第一项、第二项的具体分项和各分项具体价值上限标准由市中级人民法院另行制定。

第三十七条 债务人应当自人民法院受理裁定书送达之日起十五日内

向管理人提交豁免财产清单,并列明财产对应的价值或者金额。

第三十八条　管理人应当在债务人提交财产申报和豁免财产清单之日起三十日内,审查制作债务人财产报告,对其中的豁免财产清单提出意见,并提交债权人会议表决。

债务人的豁免财产清单未获债权人会议表决通过的,由人民法院裁定。

第三十九条　除本条例第一百零九条规定的情形外,管理人应当接管债务人除豁免财产以外的全部财产。

第三节　财产交易行为

第四十条　破产申请提出前二年内,涉及债务人财产的下列处分行为,管理人有权请求人民法院予以撤销:

(一)无偿处分财产或者财产权益;

(二)以明显不合理的条件进行交易;

(三)为无财产担保的债务追加设立财产担保;

(四)以自有房产为他人设立居住权;

(五)提前清偿未到期的债务;

(六)豁免债务或者恶意延长到期债权的履行期限;

(七)为亲属和利害关系人以外的第三人提供担保。

第四十一条　破产申请提出前六个月内,债务人对个别债权人进行清偿的,或者破产申请提出前二年内,债务人向其亲属和利害关系人进行个别清偿的,管理人有权请求人民法院予以撤销,但个别清偿使债务人财产受益或者属于债务人正常生活所必需的除外。

第四十二条　涉及债务人财产的下列行为无效:

(一)为逃避债务而隐匿、转移、不当处分财产和财产权益的;

(二)虚构债务或者承认不真实债务的。

第四十三条　因本条例第四十条、第四十一条、第四十二条规定的行为而取得债务人财产的,管理人有权追回。

明知或者应当知道债务人处于破产状态或者濒临破产,仍然与债务人实施本条例第四十条、第四十一条、第四十二条规定的行为,造成债权人经济损失的,应当承担赔偿责任。

第四十四条　人民法院裁定受理破产申请后,管理人可以通过清偿债务或者约定提供担保,取回质物、留置物。

前款规定的清偿债务或者替代担保,在质物或者留置物的价值低于被担保的债权额时,以该质物或者留置物当时的市场价值为限。

第四十五条 除本条例第一百一十一条规定的情形外,人民法院裁定受理破产申请后,债务人占有的财产属于他人的,该财产的权利人可以向管理人取回。

第四十六条 人民法院裁定受理破产申请时,出卖人已将买卖标的物向作为买受人的债务人发运,债务人尚未收到且未付清全部价款的,出卖人可以取回在运途中的标的物;管理人也可以支付全部价款,请求出卖人交付标的物。

第四十七条 债权人在破产申请受理前对债务人负有债务的,可以向管理人主张抵销。但是,有下列情形之一的,不得抵销:

(一)对债务人负有债务的人在破产申请受理后取得他人对债务人的债权的;

(二)债权人已知债务人有不能清偿到期债务或者申请破产的事实,仍然对债务人负担债务的,但是,债权人因为法律规定或者有破产申请二年前所发生的原因而负担债务的除外;

(三)对债务人负有债务的人已知债务人有不能清偿到期债务或者申请破产的事实,仍然对债务人取得债权的,但是,对债务人负有债务的人因为法律规定或者有破产申请二年前所发生的原因而取得债权的除外。

第四章 债权申报

第一节 申报程序

第四十八条 人民法院裁定受理破产申请后,对债务人持有债权的债权人,可以依照本条例规定的程序行使权利。法律另有规定的,从其规定。

第四十九条 人民法院裁定受理破产申请时,应当确定债权人申报债权的期限。债权申报期限自发布受理破产申请公告之日起计算,最短不得少于三十日,最长不得超过六十日。

管理人应当通知已知债权人申报债权。

　　第五十条　债权人应当在人民法院确定的债权申报期限内向管理人申报债权。债权人因不可归责于自身的事由未申报债权的,应当在该事由消除之日起十日内申报债权。

　　第五十一条　债权人申报债权时,应当书面说明债权的金额和有无财产担保,并提交相关证据。申报的债权属于连带债权的,应当予以说明。

　　第五十二条　连带债权人可以由其中一人代表全体连带债权人申报债权,也可以共同申报债权。

　　第五十三条　债务人的保证人或者其他连带债务人已经代替债务人清偿债务的,以其对债务人的求偿权申报债权。

　　债务人的保证人或者其他连带债务人尚未代替债务人清偿债务的,以其对债务人的将来求偿权申报债权。但是,债权人已经向管理人申报全部债权的除外。

　　第五十四条　连带债务人中数人经裁定适用本条例规定程序的,其债权人有权就全部债权分别在各个破产程序中申报债权,并如实说明已申报情况、相关破产案件信息和已获清偿的金额。

　　第五十五条　在人民法院确定的债权申报期限内,债权人非因不可归责于自身的事由未申报债权的,不得依照本条例规定的程序行使权利。

　　前款规定的债权人,在债权申报期限内未申报债权的,可以在破产财产最后分配时或者重整计划执行完毕前补充申报;但是,此前已分配或者执行完毕的部分,不再对其补充分配。

　　因审查和确认补充申报债权产生的费用,由补充申报的债权人承担。

　　第五十六条　债权人在破产财产最后分配时或者重整计划执行完毕前仍未申报债权的,人民法院依照本条例裁定免除债务人未清偿债务后,债务人不再承担清偿责任。但是,本条例第九十七条规定不得免除的债务除外。

第二节　可申报债权

　　第五十七条　债权人申报的债权应当为其对债务人合法持有的债权。

　　第五十八条　债权人可以申报附条件、附期限的债权和诉讼、仲裁未决的债权。

　　第五十九条　未到期的债权,自人民法院裁定受理破产申请之日起视为到期债权;附利息的债权,自人民法院裁定受理破产申请之日起停止计息。

第六十条 债务人依法应当承担的赡养费、抚养费、扶养费无需申报,由管理人根据债务人提供的信息调查核实后,予以公示。

债务人所欠雇用人员的工资和医疗、伤残补助、抚恤费用,包括应当缴入雇用人员个人账户的基本养老保险、基本医疗保险等社会保险费用,以及依法应当支付给雇用人员的补偿金等无需申报,由管理人调查核实后予以公示。

前款雇用人员对公示内容有异议的,可以要求管理人更正;管理人不予更正的,雇用人员可以向人民法院提起诉讼。

第六十一条 管理人依照本条例第二十六条规定解除合同的,对方当事人可以以因合同解除产生的损害赔偿请求权申报债权。

第六十二条 债务人作为委托合同的委托人,受托人不知道人民法院已经裁定受理该债务人提起的或者债权人对该债务人提起的破产申请,继续处理委托事务的,受托人可以以因此产生的请求权申报债权。

第六十三条 债务人作为票据出票人,经裁定受理破产申请,该票据的付款人继续付款或者承兑的,付款人可以以因此产生的请求权申报债权。

第三节 债权审核

第六十四条 管理人收到债权申报材料后,应当登记造册,对申报的债权进行审查,并编制债权表。

第六十五条 管理人应当自债权申报期限届满之日起十五日内,将债权表提交债务人和第一次债权人会议核查。

债务人、债权人对债权表记载的债权均无异议的,由人民法院裁定确认。

债务人、债权人对债权表记载的债权有异议的,应当自收到债权表之日起十五日内向管理人提交异议书并说明理由和依据。经管理人复核,异议人仍然不服的,应当自收到管理人复核意见之日起十五日内向裁定受理破产申请的人民法院起诉。

第五章 破产费用和共益债务

第六十六条 人民法院裁定受理破产申请后发生的下列费用,为破产费用:

（一）破产案件的诉讼费用；

（二）管理、变价和分配债务人财产而产生的费用；

（三）管理人执行职务的费用、报酬。

第六十七条　人民法院裁定受理破产申请后发生的下列债务，为共益债务：

（一）管理人或者债务人请求对方当事人履行双方均未履行完毕的合同所产生的债务；

（二）债务人财产受无因管理所产生的债务；

（三）债务人因不当得利产生的债务；

（四）管理人执行职务致人损害所产生的债务；

（五）债务人财产致人损害所产生的债务；

（六）为债务人重整提供融资或者担保所产生的债务；

（七）为债务人继续营业支付劳动报酬、社会保险所产生的债务以及由此产生的其他债务。

第六十八条　破产费用和共益债务以债务人财产随时清偿。

债务人可供分配的财产不足以清偿所有破产费用和共益债务的，先行清偿破产费用。

债务人可供分配的财产不足以清偿同一顺序所有破产费用或者共益债务的，按照比例清偿。

第六章　债权人会议

第一节　组织形式

第六十九条　依法申报债权并经管理人审查编入债权表的债权人有权参加第一次债权人会议，核查债权并行使表决权。

经人民法院裁定确认或者经确权诉讼判决确认的债权人为债权人会议成员，有权参加债权人会议并行使表决权。

仅有一位债权人申报债权或者债权被确认的，由其行使债权人会议的职权。

第七十条　债权尚未确定的债权人，除人民法院为其行使表决权而临时确定债权额外,不得行使表决权。

债权人可以委托代理人出席债权人会议,行使表决权。债权人的代理人出席债权人会议,应当提交债权人的授权委托书。

第七十一条 在破产清算程序中,对债务人的特定财产享有担保权的债权人,未放弃优先受偿权利的,不参加审议破产财产分配方案的表决。

在重整程序中,权益未受重整计划草案影响的债权人,不参加审议重整计划草案的表决。

第七十二条 债权人会议可以设主席一人,由人民法院从债权人中指定。

债权人会议主席主持债权人会议。

第七十三条 债权人会议行使下列职权:

(一)核查债权;

(二)监督管理人;

(三)向人民法院申请更换管理人;

(四)审查管理人的费用和报酬;

(五)授权管理人在一定额度内处分债务人的财产和财产权益;

(六)选任和更换债权人委员会成员;

(七)审议通过豁免财产清单;

(八)审议通过重整计划;

(九)审议通过债务人财产管理方案;

(十)审议通过破产财产分配方案;

(十一)审议通过债务人预期外收入分配方案;

(十二)就本条例规定或者人民法院要求由债权人会议审议的其他事项作出决议。

债权人会议应当对所议事项作出决议并形成会议记录。

第七十四条 债权人会议可以决定设立债权人委员会。债权人委员会由债权人会议选任的债权人代表组成。债权人委员会成员为单数且不得超过九人。

债权人委员会成员应当经人民法院书面确认。

第七十五条 债权人委员会行使下列职权:

(一)监督债务人财产的管理和处分;

(二)监督债务人可供分配财产的分配;

（三）提议召开债权人会议；

（四）债权人会议委托的其他职权。

债权人委员会执行职务时，有权在前款职权范围内要求管理人、债务人对相关事项作出说明并提供相关材料。

第七十六条 管理人、债务人拒绝接受监督的，债权人会议或者债权人委员会有权就监督事项请求人民法院作出决定。人民法院应当在五日内作出决定。

第七十七条 管理人实施下列涉及债务人财产的行为，应当及时报告债权人委员会：

（一）转让土地、房屋、知识产权等财产或者财产权益；

（二）借款；

（三）设定财产担保；

（四）转让债权和有价证券；

（五）履行债务人和对方当事人均未履行完毕的合同；

（六）放弃权利；

（七）取回担保物；

（八）对债权人利益有重大影响的其他财产处分行为。

未设立债权人委员会的，管理人实施前款规定的行为应当及时报告人民法院。

第二节　召开会议和表决

第七十八条 债权人会议可以以现场、书面或者网络形式召开并进行表决。

第七十九条 第一次债权人会议由人民法院召集，自债权申报期限届满之日起十五日内召开。

后续的债权人会议，在人民法院认为必要时，或者管理人、债权人委员会、所代表债权额占债权总额四分之一以上的债权人提议时召开。

第八十条 召开债权人会议，管理人应当提前十五日通知已知债权人。

第八十一条 债权人会议的决议，由出席会议的有表决权的债权人过半数通过，并且其所代表的债权额占对表决事项有表决权的债权总额的二分之一以上。但本条例另有规定的除外。

债权人认为债权人会议的决议违反法律规定，损害其合法权益的，可以自债权人会议作出决议之日起十五日内，请求人民法院裁定撤销该决议并责令债权人会议依法重新作出决议。

债权人会议的决议对全体债权人均有约束力。

第八十二条 经债权人会议表决未获通过的债务人财产管理方案、破产财产分配方案，由人民法院裁定，并通知债权人。

第八十三条 债权人对人民法院依照本条例第八十二条规定作出的裁定不服，且其所代表的债权额占对表决事项有表决权的债权总额的四分之一以上的，可以自收到裁定书之日起十五日内申请复议。复议期间不停止裁定执行。

第七章 破产清算

第一节 破产宣告

第八十四条 债务人财产报告、豁免财产清单以及债权人的债权申报经债权人会议核查或者通过，并经人民法院裁定确认后，债务人或者管理人可以向人民法院申请宣告债务人破产。

人民法院认为债务人符合宣告破产条件的，应当裁定宣告债务人破产。人民法院应当自裁定作出之日起五日内将裁定书送达债务人和管理人，并予以公告。

债务人被宣告破产后，债务人财产为破产财产。

第八十五条 破产宣告前，有下列情形之一的，人民法院应当裁定终结破产程序，并予以公告：

（一）债务人已清偿全部到期债务的；

（二）第三人为债务人清偿全部到期债务的。

人民法院依照前款规定裁定终结破产程序的，应当同时作出解除限制债务人行为的决定，将决定书送达债务人，并通知破产事务管理部门。

第八十六条 自人民法院宣告债务人破产之日起至依照本条例裁定免除债务人未清偿债务之日止，债务人不得担任上市公司、非上市公众公司和金融机构的董事、监事和高级管理人员职务。

第八十七条 管理人处置破产财产应当按照人民法院关于拍卖和变价的有关规定,以网络拍卖等方式在公开的交易平台进行。

财产拍卖底价应当参照市场价格确定,也可以通过定向询价、网络询价确定。网络拍卖两次流拍的,管理人可以通过网络变价等方式进行处置。但是,债权人会议另有决议或者法律、行政法规另有规定的除外。

第八十八条 破产财产因变现费用高于财产价值等原因,不宜进行处置和分配的,经债权人会议表决通过,可以放弃处置并归还债务人。

第八十九条 破产财产在优先清偿破产费用和共益债务后,其他债务依照下列顺序清偿:

(一)债务人欠付的赡养费、抚养费、扶养费和专属于人身赔偿部分的损害赔偿金;

(二)债务人所欠雇用人员的工资和医疗、伤残补助、抚恤等费用,应当缴入雇用人员个人账户的基本养老保险、基本医疗保险等社会保险费用,以及依法应当支付给雇用人员的补偿金;

(三)债务人所欠税款;

(四)普通破产债权,其中债务人的配偶以及前配偶、共同生活的近亲属以及成年子女不得在其他普通破产债权人未受完全清偿前,以普通债权人身份获得清偿;

(五)因违法或者犯罪行为所欠的罚金类款项。

破产财产不足以清偿同一顺序债权的,按照比例分配。

第九十条 管理人应当及时拟订破产财产分配方案,提交债权人会议审议。

破产财产分配方案应当载明下列事项:

(一)参加财产分配的债权人姓名或者名称、住所;

(二)参加财产分配的债权额;

(三)可供分配的财产数额;

(四)财产分配的顺序、比例及数额;

(五)实施财产分配的方式;

(六)债务人未来收入的分配方式。

债权人会议通过破产财产分配方案后,由管理人将该方案提请人民法院裁定认可。

人民法院裁定认可破产财产分配方案的,应当同时裁定终结破产清算程序,并予以公告。

第二节 财产分配

第九十一条 管理人负责破产财产分配方案的执行。

管理人按照破产财产分配方案实施多次分配的,应当公告当次分配的财产额和债权额。管理人实施最后一次分配的,应当在公告中指明,并载明分配额提存的相关事项。

第九十二条 对于附生效条件或者解除条件的债权,管理人应当将其分配额提存。

管理人依照前款规定提存的分配额,在最后分配公告日,生效条件未成就或者解除条件成就的,应当分配给其他债权人;在最后分配公告日,生效条件成就或者解除条件未成就的,应当交付给债权人。

第九十三条 债权人未领取的破产财产分配额,管理人应当提存。债权人自最后分配公告之日起满二个月仍未领取的,视为放弃受领分配的权利,管理人应当将提存的分配额分配给其他债权人。

第九十四条 分配破产财产时,对于诉讼或者仲裁未决的债权,管理人应当将其分配额提存。自人民法院裁定破产清算程序终结之日起满二年仍未受领的,管理人应当将提存的分配额分配给其他债权人。

第三节 免责考察

第九十五条 自人民法院宣告债务人破产之日起三年,为免除债务人未清偿债务的考察期限(以下简称考察期)。

第九十六条 债务人在考察期内应当继续履行人民法院作出的限制行为决定规定的义务,并履行本条例规定的债务人其他义务。

债务人违反前款规定的,人民法院可以决定延长考察期,但延长期限不超过二年。

第九十七条 下列债务不得免除,但债权人自愿放弃或者法律另有规定的除外:

(一)因故意或者重大过失侵犯他人身体权或者生命权产生的损害赔偿金;

（二）基于法定身份关系产生的赡养费、抚养费和扶养费等；

（三）基于雇用关系产生的报酬请求权和预付金返还请求权；

（四）债务人知悉而未记载于债权债务清册的债务，但债权人明知人民法院裁定宣告债务人破产的除外；

（五）恶意侵权行为产生的财产损害赔偿金；

（六）债务人所欠税款；

（七）因违法或者犯罪行为所欠的罚金类款项；

（八）法律规定不得免除的其他债务。

前款规定的债务，因债务人丧失或者部分丧失劳动能力，不予免除将导致债务人及其所扶养人生活长期极其困难的，债务人或者管理人可以向人民法院申请部分或者全部免除。

第九十八条　债务人存在下列情形之一的，不得免除未清偿债务：

（一）故意违反本条例第二十三条、第八十六条关于债务人行为限制的规定；

（二）故意违反本条例第二十一条关于债务人应当遵守的义务，以及第三十三至第三十五条关于债务人财产申报义务的规定；

（三）因奢侈消费、赌博等行为承担重大债务或者引起财产显著减少；

（四）隐匿、毁弃、伪造或者变造财务凭证、印章、信函文书、电子文档等资料物件；

（五）隐匿、转移、毁损财产，不当处分财产权益或者不当减少财产价值；

（六）法律规定不得免除的其他情形。

第九十九条　在考察期内，债务人应当每月在破产事务管理部门的破产信息系统登记申报个人收入、支出和财产状况等信息。

管理人负责监督债务人考察期内的相关行为，审核债务人提交的年度个人收入、支出和财产报告，按照破产财产分配方案对债务人年度新增或者新发现的破产财产进行接管分配。

破产事务管理部门应当对债务人的收入、支出、财产等的变动情况以及管理人履行职责行为进行检查监督，并依法予以公开。

第一百条　考察期届满，债务人可以依照本条例相关规定向人民法院申请免除其未清偿的债务。

债务人符合下列情形之一的，视为考察期届满：

（一）债务人清偿剩余债务或者债权人免除债务人全部清偿责任的；

（二）债务人清偿剩余债务达到三分之二以上，且考察期经过一年的；

（三）债务人清偿剩余债务达到三分之一以上不足三分之二，且考察期经过二年的。

第一百零一条 考察期届满，债务人申请免除未清偿债务的，管理人应当对债务人是否存在不得免除的债务以及不得免除未清偿债务的情形进行调查，征询债权人和破产事务管理部门意见，并向人民法院出具书面报告。

人民法院根据债务人申请和管理人报告，裁定是否免除债务人未清偿债务，同时作出解除对债务人行为限制的决定。

第一百零二条 人民法院裁定免除债务人未清偿债务的，应当将裁定书送达债权人和债务人，并予以公告。债权人不服的，可以自裁定书送达之日起十五日内申请复议。

人民法院裁定不免除债务人未清偿债务的，债务人可以自裁定书送达之日起十五日内申请复议。

免除未清偿债务裁定的效力及于已申报和未申报的全体债权人。债务人的保证人和其他连带债务人尚未承担保证责任或者连带责任的，在人民法院依照本条例裁定免除债务人未清偿债务后对债权人依照破产清算程序未受清偿的债权，依法继续承担清偿责任。

第一百零三条 债权人或者其他利害关系人发现债务人通过欺诈手段获得免除未清偿债务的，可以申请人民法院撤销免除未清偿债务的裁定。

第一百零四条 人民法院撤销免除债务人未清偿债务裁定的，应当将撤销裁定书送达债务人和债权人，并予以公告。债务人对撤销裁定不服的，可以自撤销裁定书送达之日起十五日内申请复议。

第一百零五条 人民法院裁定不免除债务人未清偿债务的，或者撤销免除债务人未清偿债务裁定的，债权人可以向债务人继续追偿债务。

第八章　重　　整

第一节　重整申请与期间

第一百零六条 有未来可预期收入的债务人，可以依照本条例向人民法院申请重整。

　　申请重整的,除提交本条例第八条规定的材料外,还应当提交重整可行性报告或者重整计划草案。

　　债权人申请对债务人进行破产清算,债务人申请重整,人民法院认为符合重整受理条件的,应当裁定受理重整申请。

　　第一百零七条　在人民法院裁定受理债权人对债务人的破产清算申请后至裁定宣告破产前,债务人也可以向人民法院申请重整。人民法院认为符合重整受理条件的,应当裁定转入重整程序。

　　第一百零八条　自人民法院裁定受理重整申请之日起至重整程序终结,为重整期间,重整期间不超过六个月。

　　第一百零九条　在重整期间,债务人在管理人的监督下自行管理财产和营业事务。

　　确需管理人接管债务人财产和营业事务的,经债权人或者管理人申请,由人民法院决定。

　　第一百一十条　在重整期间,对债务人特定财产享有担保权,且该财产为重整所必需的,该担保权暂停行使。但是,担保物有损坏或者价值明显减少的可能,足以损害担保权人权利的,担保权人可以向人民法院请求恢复行使担保权,也可以要求债务人另外提供担保。

　　在重整期间,债务人为增加其未来收入而借款的,可以为该借款设定担保。

　　第一百一十一条　债务人合法占有他人财产,该财产的权利人在重整期间要求取回的,应当符合事先约定的条件。

　　第一百一十二条　在重整期间,债务人有下列情形之一的,管理人应当在五日内告知债权人,债权人或者管理人可以向人民法院申请裁定终结重整程序并宣告债务人破产:

　　(一)债务人财产状况继续恶化,缺乏重整的可能性;

　　(二)债务人有欺诈、恶意减少债务人财产或者有其他显著减损债权人财产权益的行为;

　　(三)债务人的行为致使管理人无法执行职务。

第二节　重整计划制定和批准

　　第一百一十三条　债务人或者管理人应当自人民法院裁定受理重整申

请之日起三十日内,向人民法院和债权人会议提交重整计划草案。

前款期限届满,经债务人或者管理人申请,有正当理由的,人民法院可以裁定延期三十日。

债务人或者管理人无法形成重整计划草案并提交表决的,管理人应当在五日内向人民法院申请终结重整程序。

第一百一十四条 重整计划草案应当包括下列内容:

(一)债权分类;

(二)依照本条例第九十七条规定不得免除的债务;

(三)债权调整方案;

(四)债务清偿方案;

(五)可预期收入与预期外收入分配方案;

(六)重整计划的执行期限;

(七)有利于债务人重整的其他措施。

债务人及其所扶养人居住的房屋上有未清偿完毕的房屋抵押贷款的,债务人可以与抵押权人就该抵押贷款的本金、利息、清偿期限和方式等内容达成家庭住宅抵押贷款方案,作为重整计划草案的组成部分一并提交。

第一百一十五条 重整计划草案应当符合下列要求:

(一)除家庭住宅抵押贷款方案外,重整计划执行期限不超过五年,每次债务清偿间隔不超过三个月;

(二)不损害担保权人的担保权利,并对其因延期受偿的损失予以公平补偿;

(三)债务清偿顺序符合本条例第八十九条规定,同类债权按比例清偿;

(四)清偿比例不低于破产清算状态下的清偿比例;

(五)不损害国家利益、社会公共利益或者他人合法权益。

债权人自愿放弃权利的,可以不受前款规定限制。

第一百一十六条 债权人应当依照下列债权所属分类,按照分组在债权人会议上讨论和表决重整计划草案:

(一)对债务人的特定财产享有担保权的债权;

(二)债务人欠付的赡养费、抚养费、扶养费和专属于人身赔偿部分的损害赔偿金等;

(三)债务人所欠雇用人员的工资和医疗、伤残补助、抚恤等费用,应当缴入雇用人员个人账户的基本养老保险、基本医疗保险等社会保险费用,以及依法应当支付给雇用人员的补偿金；

（四）税款、罚金类款项；

（五）普通债权。

必要时，人民法院可以在普通债权组增设小额债权组。

第一百一十七条 人民法院应当自收到重整计划草案之日起十五日内召开债权人会议，对重整计划草案进行表决。

第一百一十八条 人民法院裁定受理重整申请前，债权人和债务人就债务清偿达成书面协议的，债务人可以将其纳入重整计划草案提交债权人会议进行表决。

重整计划草案未修改前款协议内容的，或者经人民法院审查修改未实质性减损债权人权益的，视为该债权人对该内容表决同意，其所代表的债权额计入表决通过的债权额。

第一百一十九条 出席债权人会议同一表决组的债权人过半数同意重整计划草案，并且其所代表的债权额占该组债权总额的三分之二以上的，即为该组通过重整计划草案。

各表决组均通过重整计划草案的，重整计划草案即为通过。自重整计划草案通过之日起十日内，债务人或者管理人可以向人民法院申请批准。

人民法院经审查认为符合本条例规定的，应当自收到申请之日起十五日内裁定批准重整计划并终结重整程序，予以公告。

第一百二十条 重整计划草案未通过或者部分表决组未通过的，债务人可以与债权人协商修改重整计划草案，自表决未通过之日起十五日内，重新提交债权人会议表决。权益未受影响的表决组或者债权人不再参加表决。

前款规定的重新提交表决的次数不得超过两次。

第一百二十一条 部分表决组未通过重整计划草案，但重整计划草案符合本条例第一百一十四条、第一百一十五条规定的，债务人或者管理人可以自表决之日起十日内，申请人民法院批准重整计划草案。

人民法院经审查认为重整计划草案符合前款规定的，应当自收到申请之日起三十日内裁定批准重整计划并终结重整程序，予以公告。

第一百二十二条 重整计划草案自人民法院裁定受理重整申请之日起六个月内未获得通过且未依照本条例的规定获得批准，或者已通过的重整计划未获得批准的，人民法院应当裁定终结重整程序。

经债务人或者债权人申请，人民法院认为债务人符合破产条件的，应当裁定宣告债务人破产,对其进行破产清算。

之前已经发生与破产清算有关的行为继续有效,重整管理人继续担任破产清算管理人。

第一百二十三条　经人民法院裁定批准的重整计划,对债务人和全体债权人均有约束力。

债权人对债务人的保证人和其他连带债务人所享有的权利,不受重整计划的影响,债权人自愿放弃的除外。

第一百二十四条　人民法院裁定批准重整计划的,应当同时作出解除限制债务人行为的决定,将决定书送达债务人,并通知破产事务管理部门。

第三节　重整计划执行

第一百二十五条　重整计划由债务人负责执行。

自人民法院裁定批准重整计划之日起,在重整计划规定的期限内,由管理人协助和监督重整计划的执行。

债务人应当每月向破产事务管理部门、管理人报告重整计划执行期间的收入、支出以及债务清偿情况。破产事务管理部门应当予以登记并依法公开。

第一百二十六条　重整计划执行期限届满之日起十日内,管理人应当向人民法院和破产事务管理部门提交执行报告,重整利害关系人有权查阅该报告。

第一百二十七条　经批准的重整计划因不可归责于债务人的原因导致无法按期执行的,经债务人申请,人民法院可以批准延长执行期限,但最长不得超过二年。债权人因延期清偿所受的损失应当得到合理补偿。

第一百二十八条　经批准的重整计划因不可抗力、意外事件等原因导致无法执行,且债务人按照重整计划清偿各类债务均达到四分之三以上的,经债务人申请,人民法院可以裁定免除未清偿债务,并终止重整计划的执行。

第一百二十九条　自重整计划执行完毕之日起十五日内,债务人可以向人民法院申请免除其未清偿的债务。

第一百三十条　债务人不执行或者不能执行重整计划,或者债务人存在欺诈行为的,债权人可以向人民法院申请终止重整计划执行,并对债务人进行破产清算。人民法院应当裁定终止重整计划执行,并宣告债务人破产。重整中已经发生的与破产清算有关的行为继续有效,重整管理人继续担任破产清算管理人。

第一百三十一条　人民法院依照本条例第一百三十条规定裁定终止重整计划执行的,债权人在重整计划中的债权调整承诺失效。债权人因执行重整计划所受的清偿仍然有效,债权未受清偿的部分作为破产债权。

前款规定的债权人,只有在其他同顺位债权人同自己所受的清偿达到同一比例时,才能继续接受分配。

第一百三十二条　人民法院依照本条例第一百三十条规定裁定终止重整计划执行的,在重整期间设定的担保继续有效。

第九章　和　　解

第一节　和解申请

第一百三十三条　债务人可以依照本条例直接向人民法院申请和解。

债务人申请和解的,除提交本条例第八条规定的材料外,还应当提交和解可行性报告。

第一百三十四条　在人民法院裁定受理破产清算申请后、宣告债务人破产前,债务人或者债权人可以向人民法院申请和解。人民法院认为有和解可能的,应当自收到和解申请之日起五日内裁定转入和解程序。

第一百三十五条　人民法院可以委托人民调解委员会、特邀调解员、特邀调解组织或者破产事务管理部门等组织和解。

委托和解期限不超过二个月。委托和解期限内,债务人与全体债权人达成和解协议的,可以申请人民法院认可和解协议。

人民法院决定委托和解时尚未指定管理人的,可以暂不指定管理人。

第一百三十六条　债务人与全体债权人可以就债务清理在庭外自行委托人民调解委员会、特邀调解员、特邀调解组织或者破产事务管理部门等组织进行和解,达成和解协议的,可以直接请求人民法院裁定认可和解协议。

第二节　和解协议认可

第一百三十七条　债务人向人民法院申请认可和解协议的,应当向人民法院提交下列材料:

(一)和解协议;

(二)和解情况说明;

(三)债权人名册;

(四)债务人财产及债务说明;

(五)人民法院认为需要提交的其他材料。

第一百三十八条　和解协议应当包括下列内容:

(一)债务人基本信息、财产和收入状况;

(二)债权人名册及债权数额;

(三)债权清偿方案;

(四)债务减免方案;

(五)和解协议执行期限;

(六)人民法院要求载明的其他事项。

第一百三十九条　达成和解协议,除应当符合本条例第一百三十八条规定外,还应当满足下列条件:

(一)和解意思表示真实;

(二)和解信息充分公开、程序规范完整、过程公正透明、表决真实有效;

(三)和解协议未损害国家利益、社会公共利益或者他人合法权益;

(四)不违反法律、行政法规的强制性规定。

第一百四十条　人民法院应当将和解协议予以公告。债权人、利害关系人对和解协议有异议的,应当自公告发布之日起十五日内向人民法院提出。

第一百四十一条　人民法院应当对和解协议进行审查。

人民法院审查和解协议应当进行听证调查,并提前三日通知债务人、参与和解的债权人以及提出异议的利害关系人参加。

第一百四十二条　人民法院经审查认为和解协议符合本条例规定的,应当裁定认可和解协议并终结和解程序。上述裁定书自裁定作出之日起五日内送达债务人、参与和解的债权人,并予以公告。

自和解协议执行完毕之日起十五日内,债务人可以向人民法院申请免除其未清偿的债务。

第一百四十三条　参与和解的债权人对债务人的保证人和其他连带债务人所享有的权利,不受和解协议的影响,但债权人自愿放弃的除外。

第一百四十四条　委托和解期限届满,无法达成和解协议的,或者和解协议未获得人民法院认可的,人民法院应当裁定终结和解程序。

第一百四十五条　委托和解期限届满,无法达成和解协议的,或者和解协议未获得人民法院认可的,经债务人或者债权人申请,人民法院认为债务人符合破产条件的,应当宣告债务人破产,对其进行破产清算。

之前已经发生与破产清算有关的行为继续有效,已经指定管理人的,由其继续担任破产清算管理人。

第一百四十六条　自和解程序终结之日起一年内,债务人不得再次提出和解申请。

第一百四十七条　在破产程序中,债务人与全体债权人自行就债权债务的处理达成和解协议的,可以向人民法院申请终结破产程序。

第十章　简易程序

第一百四十八条　人民法院审理个人破产案件,债权债务关系明确、债务人财产状况清楚、案情简单的,可以由合议庭适用简易程序审理。债务人债务不超过二十万元的,可以由法官一人独任审理。

第一百四十九条　人民法院决定适用简易程序审理的案件,应当在裁定受理时告知债权人、债务人。

适用简易程序审理的案件,人民法院应当在裁定受理破产申请之日起三个月内审结。

第一百五十条　适用简易程序审理的案件,债权申报期限自发布受理破产申请公告之日起计算,最长不得超过三十日。

第一百五十一条　适用简易程序审理的案件,在第一次债权人会议上,除核查债权表以外,管理人可以将财产分配方案等事项一并提交债权人会议表决。

管理人按照前款规定表决通过的方案进行财产分配和追加分配,无需再次表决。

第一百五十二条　适用简易程序审理的案件,管理人应当按照下列期限要求办理有关事项：

（一）自接受指定之日起十五日内通知已知债权人申报债权，在三十日内完成并提交债务人财产状况调查报告；

（二）在第一次债权人会议召开前三日将会议内容及表决事项告知已知债权人；

（三）债务人有财产可供分配的，应当在破产财产最后分配完结十日内向人民法院提交破产财产分配报告。

第一百五十三条　适用简易程序审理的案件，符合终结破产程序条件的，人民法院应当自收到管理人终结破产程序的申请之日起十日内作出裁定，并予以公告。

第一百五十四条　人民法院适用简易程序审理个人破产案件，发现不宜适用简易程序，或者无法在三个月内审结的，应当裁定转为普通程序，已经进行的破产程序继续有效。

第十一章　破产事务管理

第一节　破产事务管理部门

第一百五十五条　市破产事务管理部门应当履行下列职责：

（一）确定管理人资质，建立管理人名册；

（二）依照本条例第十八条规定提出管理人人选；

（三）管理、监督管理人履行职责；

（四）提供破产事务咨询和援助服务；

（五）协助调查破产欺诈和相关违法行为；

（六）实施破产信息登记和信息公开制度；

（七）建立完善政府各相关部门办理破产事务的协调机制；

（八）其他与本条例实施有关的行政管理职责。

第一百五十六条　除依法不公开的信息外，破产事务管理部门应当及时登记并公开破产申请、行为限制决定、财产申报、债权申报、分配方案、重整计划、和解协议、免责考察等相关信息，供有关单位和个人依法查询。

第二节　管理人

第一百五十七条　管理人由符合条件的个人或者机构担任。

律师、注册会计师以及其他具有法律、会计、金融等专业资质的个人或者相关中介服务机构,经破产事务管理部门认可,可以担任管理人。

管理人的任用、履职和报酬管理具体办法,由市人民政府制定。

第一百五十八条　个人或者机构有下列情形之一的,不得担任管理人:

(一)因故意犯罪受过刑事处罚;

(二)曾被吊销相关专业执业证书;

(三)与案件有利害关系;

(四)法律、行政法规规定或者人民法院、破产事务管理部门认为不宜担任管理人的其他情形。

第一百五十九条　管理人依照本条例规定执行职务,接受人民法院、破产事务管理部门、债权人会议及债权人委员会的监督。

管理人应当列席债权人会议,并向债权人会议报告履行职责情况,回答询问。

第一百六十条　债权人会议认为管理人不能依法、公正执行职务或者有其他不能胜任职务情形的,可以申请人民法院予以更换。

第一百六十一条　管理人应当勤勉尽责,忠实履行下列职责:

(一)调查核实债务人及其所扶养人、雇用人员的基本情况;

(二)通知已知债权人申报债权并审查债权情况;

(三)接管与债务人财产状况相关的财产清单、凭证以及债权债务清册等资料;

(四)调查债务人财产状况和人民法院裁定受理破产申请之日起前二年的财产变动情况,制作债务人财产报告;

(五)提出对债务人豁免财产清单的意见,调查、接管债务人可供分配的财产;

(六)拟定破产财产分配方案并实施分配;

(七)代表债务人提起、参加涉及债务人财产的诉讼、仲裁等活动;

(八)提议、协调召开债权人会议;

(九)管理、监督、协助重整计划或者和解协议的执行;

（十）管理、监督债务人在考察期的行为；

（十一）人民法院、破产事务管理部门依照本条例以及其他规定要求管理人履行的其他职责。

第一百六十二条 管理人可以持人民法院的指定管理人决定书,向公安、民政、社会保障、税务、市场监管等部门和金融、征信机构等查询调取债务人、债权人相关信息资料,有关部门和机构应当予以协助。必要时,管理人可以申请人民法院签发调查令。

第一百六十三条 管理人负责保管债务人财产状况报告、债权申报材料、债权人会议决议、债权人委员会决议、管理人监督报告等相关材料,供债权人和利害关系人查阅。管理人无正当理由不予提供的,查阅人可以请求人民法院决定;人民法院应当在五日内作出决定。

前款材料涉及商业秘密的,查阅人应当依法承担保密义务或者签署保密协议。涉及个人隐私或者国家秘密的,依照相关法律、行政法规规定处理。

第一百六十四条 管理人在履行职责过程中发现债务人、债权人或者其他相关人员涉嫌犯罪的,应当及时向有关机关报告。

第一百六十五条 管理人无正当理由不得辞去职务。管理人辞去职务应当经债权人会议或者破产事务管理部门同意并提请人民法院决定。

第一百六十六条 管理人履行个人破产案件管理职责,由人民法院依照有关规定确定其报酬。

管理人应当按照规定为破产财产不足以支付破产费用的案件提供破产事务公益服务。

第十二章 法律责任

第一百六十七条 债务人违反本条例规定,有下列行为之一的,由人民法院依法予以训诫、拘传、罚款、拘留;构成犯罪的,依法追究刑事责任:

（一）拒不配合调查,拒不回答询问,或者拒不提交相关资料的;

（二）提供虚假、变造资料,作虚假陈述或者误导性陈述的;

（三）故意隐匿、转移、毁损、不当处分财产或者财产权益,或者其他不当减少财产价值的;

（四）虚构债务,或者承认不真实债务的;

（五）隐匿、毁弃、伪造,或者变造财务凭证、印章、信函文书、电子文件等资料物件的；

（六）无正当理由拒不执行重整计划或者和解协议，损害债权人利益的；

（七）其他妨害破产程序的行为。

第一百六十八条　债务人的配偶、共同生活的近亲属等利害关系人违反本条例规定，有下列行为之一的，由人民法院依法予以训诫、拘传、罚款、拘留；构成犯罪的，依法追究刑事责任：

（一）拒不协助人民法院或者管理人调查债务人的财产及收入状况，或者提供虚假资料、作虚假陈述的；

（二）帮助、包庇债务人故意隐匿、转移、毁损、不当处分财产或者财产权益，或者其他不当减少财产价值的；

（三）帮助、包庇债务人虚构债务或者承认不真实债务的；

（四）帮助、包庇债务人违反本条例关于债务人义务规定和限制债务人行为决定的；

（五）其他妨害破产程序的行为。

第一百六十九条　债权人、利害关系人违反本条例规定，有下列行为之一的，由人民法院依法予以训诫、拘传、罚款、拘留；构成犯罪的，依法追究刑事责任：

（一）基于不正当理由申请债务人破产的；

（二）虚构债权，虚假申报，或者主张虚假的取回权、抵销权的；

（三）明知人民法院已经裁定受理破产申请，仍然向债务人及其近亲属追索债权或者取得债务人财产或者财产权益的；

（四）恶意串通行使表决权，损害他人合法权益的；

（五）其他妨害破产程序的行为。

第一百七十条　管理人未依照本条例规定勤勉尽责、忠实执行职务，给债务人、债权人或者其他利害关系人造成损失的，应当依法承担赔偿责任。

管理人怠于履行或者不当履行职责的，由人民法院责令改正，并可以采取降低管理人报酬、依职权更换管理人等措施；破产事务管理部门可以暂停其任职资格或者将其从管理人名册中除名。

管理人与他人恶意串通，妨害破产程序的，由人民法院依法予以训诫、拘传、罚款、拘留；构成犯罪的，依法追究刑事责任。

第十三章 附 则

第一百七十一条 符合本条例规定的债务人,其配偶可以选择同时适用本条例进行破产清算、重整或者和解。

第一百七十二条 本条例没有规定的,适用《中华人民共和国民事诉讼法》、《中华人民共和国企业破产法》和其他法律、行政法规的有关规定。

第一百七十三条 本条例自 2021 年 3 月 1 日起施行。

北京市第一中级人民法院

关于印发《北京破产法庭破产重整案件
办理规范(试行)》的通知

2019 年 12 月 30 日　　　　　　　　　京一中法发〔2019〕437 号

各部门：

为深入贯彻落实中央、市委、最高法院和市高院优化法治化营商环境的部署要求,进一步加强破产审判工作,提升破产重整案件审判专业化、规范化水平,保障破产重整程序市场化、法治化推进,助力持续优化首都营商环境,北京破产法庭结合工作实际,制定《北京破产法庭破产重整案件办理规范(试行)》,并经我院 2019 年第十一次审判委员会审议通过,现予印发,请各部门遵照执行。

特此通知。

北京破产法庭破产重整案件办理规范(试行)

目　　录

第一章　总　　则

第一条　为正确适用法律,规范审理破产重整案件,保护债权人、债务人等破产重整参与人的合法权益,维护社会主义市场经济秩序和公共利益,充分发挥破产重整制度功能,持续优化营商环境,根据《中华人民共和国企业破产法》《中华人民共和国公司法》《中华人民共和国民事诉讼法》等法律及相关司法解释的规定,结合本市破产重整审判实际,制定本规范。

第二条　北京破产法庭应充分运用破产重整制度,积极拯救具有重整价值和重整可能的困境企业。

第三条　审理破产重整案件应当坚持依法、公平、高效的原则,并应当尊重商业规律和市场主体意思自治,切实发挥能动司法理念和创新精神。

第四条　北京破产法庭管辖债务人住所地位于本市的企业法人破产重整案件。

关联企业实质合并重整案件,关联企业中的核心控制企业住所地位于本市的,由北京破产法庭管辖。核心控制企业不明确,本市为关联企业主要财产所在地的,由北京破产法庭管辖。

人民法院之间对管辖权发生争议的,应当报请共同的上级人民法院指定管辖。

第二章　申请审查

第一节　重整申请

第五条　债务人具有下列情形之一的,即具有重整原因,可以依照企业破产法的规定进行重整:

(一)不能清偿到期债务,并且资产不足以清偿全部债务;

(二)不能清偿到期债务,并且明显缺乏清偿能力;

(三)有明显丧失清偿能力的可能。

第六条　债务人不能清偿到期债务,债权人可以向人民法院提出对债务人进行重整的申请。

债务人具备重整原因的,可以向人民法院提出重整申请。

上市公司具备重整原因的,持有上市公司十分之一以上股份的股东可以向人民法院申请对上市公司进行重整。

第七条　破产清算申请受理后、破产宣告前,债权人、债务人或者出资额占债务人注册资本十分之一以上的出资人,可以向人民法院申请重整。

第八条　商业银行、证券公司、保险公司等金融机构具备重整原因的,该金融机构、国务院金融监督管理机构可以向人民法院提出对该金融机构进行重整的申请。

第九条　债权人向人民法院提出重整申请的,应当提交下列材料:

(一)破产重整申请书,并应当列明申请人和被申请人基本情况、申请重整的事实和理由等;

(二)申请人和被申请人的主体资格证明;

(三)债权发生的事实,以及债权性质、数额、有无担保的证据;

(四)债务人不能清偿到期债务的证据;

(五)债务人具有重整价值和重整可能的说明材料;

(六)申请上市公司重整的,还应当提交关于上市公司具有重整可能的报告、上市公司住所地省级人民政府向证券监督管理部门的通报情况材料以及证券监督管理部门的意见、上市公司住所地人民政府出具的维稳预案等材料,以及债权人已将申请事项告知上市公司的有关证据;

（七）其他与申请事实、理由有关的材料。

第十条 债务人向人民法院提出重整申请的,应当提交下列材料：

（一）破产重整申请书,并应当列明申请人基本情况、申请重整的事实和理由等；

（二）债务人主体资格证明,以及最近一个年度的企业年度报告材料；

（三）债务人股东会或股东大会等权力机构同意申请重整的文件。债务人为外商投资企业的,可依照法律法规及企业章程的规定提交董事会等同意申请重整的文件。

债务人为国有独资企业、国有独资公司的,还应当提交对债务人履行出资人职责的机构同意申请重整的文件；

（四）债务人的法定代表人或者主要负责人名单、联系方式,以及债务人董事、监事、高级管理人员和其他管理部门负责人名单、联系方式；

（五）财产状况说明；

（六）债务清册,并应当列明相应债权人名称、住所、联系方式、债务数额、债务性质、债务成立时间和被催讨情况；

（七）债权清册,并应当列明相应债务人名称、住所、联系方式、债权数额、债权性质、债权成立时间和催讨情况；

（八）有关财务会计报告；

（九）有关诉讼、仲裁、执行情况；

（十）企业职工情况和职工安置预案,并应当列明债务人解除职工劳动关系后依法对职工的补偿方案。债务人为国家出资企业的,职工安置预案应列明拟安置职工基本情况、安置障碍及主要解决方案等,并提交职工安置预案报对债务人履行出资人职责的机构备案的材料；

（十一）企业职工、高级管理人员工资的支付和社会保险费用、住房公积金的缴纳情况；

（十二）具有重整价值和重整可能的证明材料；

（十三）上市公司申请重整的,还应当提交关于上市公司具有重整可能的报告、上市公司住所地省级人民政府向证券监督管理部门的通报情况材料以及证券监督管理部门的意见、上市公司住所地人民政府出具的维稳预案等材料；

（十四）其他与申请事实、理由有关的材料。

第十一条 债务人的出资人申请重整的,参照债务人申请重整的情形向人民法院提交材料。

第十二条　商业银行、证券公司、保险公司等金融机构或者其出资人提出对该金融机构进行重整申请的,除分别依照本规范第十条、第十一条的规定提交材料外,还应当提交国务院金融监督管理机构等同意或批准的意见。

第二节　重整识别审查

第十三条　有证据证明债务人具备下列情形之一的,应当认定债务人符合本规范第五条第三项所称"有明显丧失清偿能力的可能":

(一)已经资不抵债且难以持续经营;

(二)即将因清偿大额到期债务、接受强制执行等原因出现持续无法清偿债务情形;

(三)由于市场、政策、人员等原因,经营即将发生困难且不通过重整程序无法脱困;

(四)有明显丧失清偿能力的其他合理可能。

第十四条　申请审查期间,人民法院根据现有材料和现有情况,查明债务人是否具有重整原因,并初步判断债务人是否具有一定的重整价值和重整可能。

第十五条　对于债务人是否具有重整价值和重整可能,人民法院可以通过审查材料、调查询问、组织听证等方式进行判断,也可以通过掌握专业技术知识、了解行业市场情况、具备商业判断能力的专业社会中介机构或专业人员等第三方出具的有关意见进行判断。经过预重整的,还可以通过预重整管理人提交的预重整工作报告进行判断。

第十六条　在考虑了重整成本的情况下,债务人的继续经营价值仍然大于清算价值,可以认定债务人具有重整价值。债务人具有下列情形之一的,可以认定其不具有重整价值:

(一)根据市场、资源、社会公共功能等,可以合理判断债务人已经丧失经营价值或继续经营价值极低;

(二)重整成本明显过高;

(三)重整后债务人的所属行业根据国家产业政策或首都区位功能等需要,属于应当淘汰、疏解的产能、产业;

(四)其他不具有重整价值的情形。

第十七条　债务人具有下列情形之一的,一般应当认定其不具有重整可能:

（一）重整具有无法克服的法律障碍;

（二）经营计划明显不具有商业可行性;

（三）其他不具有重整可能的情形。

第三节　登记立案

第十八条　北京破产法庭负责接收重整申请材料并出具书面凭证。

第十九条　北京破产法庭对重整申请材料依法进行形式审查。经审查认为符合法律规定的,以"破申"作为案件类型代字编制案号登记立案。不符合法律规定的,应一次性告知申请人限期补充、补正材料,补充、补正材料期间不计入重整申请审查期限。

第二十条　人民法院应当自登记立案之日起五日内将合议庭组成情况通知重整申请人。申请人不是债务人的,应当自登记立案之日起五日内将重整申请及合议庭组成情况通知债务人。

第二十一条　债权人提出重整申请,债务人对申请有异议的,自收到人民法院通知之日起七日内,可以就立案法院的管辖权、申请人的申请资格、债务人的主体资格和重整原因等事由向人民法院提出书面异议。

第二十二条　重整申请受理前,申请人请求撤回重整申请的,由人民法院作出是否准许的裁定。

第二十三条　申请审查期间,人民法院可就重整申请组织听证。符合下列情形之一的,人民法院一般应当组织听证:

（一）上市公司、金融机构重整;

（二）关联企业重整;

（三）决定是否预重整;

（四）判断是否存在重整原因、重整可能或重整价值存在困难;

（五）债务人重整涉及国家利益或社会公共利益。

第二十四条　听证一般由下列人员参加:

（一）申请人;

（二）被申请人的法定代表人、财务管理人员和其他经营管理人员;

（三）预重整临时管理人;

(四)重整投资人;

(五)人民法院认为应当参加听证的其他人员。

经人民法院准许,债务人的有关监督管理部门、能够提供专业意见的人员或机构、债权人、出资人、实际控制人及其他利害关系人可以参加听证。

第二十五条 听证应当制作会议记录,由审判人员、参加人员签字。

第二十六条 听证期间不计入重整申请审查期限。

第三章 预重整

第二十七条 本规范所称"预重整",系指为了准确识别重整价值和重整可能、降低重整成本、提高重整成功率,人民法院在以"破申"案号立案后、受理重整申请前指定临时管理人履行本规范第三十六条规定的职责,债务人自愿承担本规范第三十八条规定的义务,由临时管理人组织债务人、债权人、出资人、重整投资人等利害关系人拟定预重整方案的程序。

第二十八条 本规范所称"预重整方案",系指在预重整程序中,债务人与债权人、出资人、重整投资人等利害关系人通过自愿平等商业谈判拟定的有关债权分类、债权调整和清偿、出资人权益调整、债务人治理和经营以及其他有利于债务人重整内容的协议。预重整方案应当参照本规范第九十七条第一款、第二款的规定制定。

第二十九条 申请审查期间,债务人书面承诺接受预重整程序中临时管理人的调查和监督、履行预重整相关义务的,人民法院可以决定对债务人进行预重整。

第三十条 包括全体债权人在内的各方预重整参与人一致同意预重整方案,申请人请求撤回重整申请,由各方自行庭外重组的,人民法院一般应当裁定准许。

第三十一条 破产清算期间不适用本节有关预重整的规定。破产清算期间债权人、债务人或其出资人拟申请重整程序的,管理人可以开展引进投资人、组织各方协商拟定与重整有关的协议、准备重整申请文件等工作。

第三十二条 决定预重整的,人民法院应当指定临时管理人,并参照重整程序指定管理人制作决定书,向临时管理人、重整申请人及债务人送达。

第三十三条 自人民法院决定预重整之日起至临时管理人提交预重整工作报告之日止,为预重整期间。预重整期间不计入重整申请审查期限。

第三十四条 预重整程序中临时管理人的指定,参照适用本规范第五十八条、第五十九条、第六十条的规定。

第三十五条 在人民法院通过随机方式或竞争方式指定临时管理人前,债务人、主要债权人和重整投资人协商一致,推荐北京市企业破产案件管理人名册中的中介机构担任临时管理人,不违反企业破产法第二十四条的规定的,人民法院可以指定被推荐的中介机构担任临时管理人。

企业破产法第一百三十四条第一款规定的金融机构重整案件中,国务院金融监督管理机构推荐临时管理人的,可以参照前款规定处理。

第三十六条 预重整期间,临时管理人履行下列职责:

(一)全面调查债务人的基本情况、资产负债情况、涉诉涉执情况;

(二)执行案件移送破产重整审查的,应当及时通知所有已知执行法院中止对债务人财产的执行程序;

(三)查明债务人是否具有重整价值和重整可能;

(四)监督债务人履行本规范第三十八条规定的义务,并及时报告人民法院;

(五)明确重整工作整体方向,组织债务人与其出资人、债权人、(意向)重整投资人等利害关系人协商拟定预重整方案;

(六)根据需要指导和辅助债务人引进重整投资人;

(七)根据情况向人民法院提交终结预重整程序的申请或预重整工作报告。

第三十七条 预重整期间,临时管理人应当勤勉尽责,依法忠实执行职务,向人民法院汇报工作。预重整各方参与人认为临时管理人具有违反法律规定、不公正执行职务或者其他不能胜任职务情形的,可以向人民法院提出。

债务人、债权人可以向人民法院书面提出更换临时管理人的申请,临时管理人可以就上述申请内容进行解释说明,是否准许更换由人民法院决定。

第三十八条 预重整期间,债务人履行下列义务:

(一)妥善保管财产、印章和账簿、文书等资料,配合人民法院依照本规范第三十九条第一款的规定采取财产保全措施;

(二)继续经营的,妥善决定经营事务和内部管理事务;

(三)配合临时管理人的调查,及时向临时管理人报告对财产可能产生重大影响的行为和事项,接受临时管理人的监督;

(四)如实披露可能影响利害关系人就预重整方案作出决策的信息,就预重整方案作出说明并回答有关询问；

（五）停止清偿债务，但清偿行为使债务人财产受益的，或经诉讼、仲裁、执行程序清偿的除外；

（六）与出资人、债权人、（意向）重整投资人等利害关系人协商拟定预重整方案；

（七）其他依法应当履行的义务。

第三十九条 预重整期间，对于因有关利害关系人的行为或者其他原因，可能影响重整程序依法进行的，人民法院可以根据临时管理人、债务人、债权人的申请，裁定对债务人的全部或者部分财产采取保全措施。

债权人申请的，人民法院可以要求其提供担保，不提供担保的，裁定驳回申请。

申请有错误的，申请人应当赔偿债务人因保全所遭受的损失。

第四十条 在债权人众多的大型企业重整案件中，为便于开展征集意见、披露信息等预重整相关工作，临时管理人可以参照企业破产法有关债权人会议的规定，组织债权人成立临时债权人委员会。临时管理人认为有必要的，可以在预重整期间申请人民法院组织听证调查。

第四十一条 预重整方案涉及出资人权益调整事项的，出资人有义务如实披露其出资权益的涉诉情况，债务人、出资人有义务如实披露出资权益上设定的质押、被保全等权利负担情况。

第四十二条 预重整参与人在预重整程序中披露的信息，其他参与人或临时管理人违反法律规定或当事人约定的保密义务对外披露，造成他人损失的，依法承担赔偿责任。

第四十三条 预重整期间，临时管理人经调查发现下列情形之一的，应当及时向人民法院提交终结预重整程序的申请，并载明查明的事实和理由，人民法院经审查可以决定终结预重整程序，并在法定期限内作出是否受理重整申请的裁定：

（一）债务人不具有重整原因；

（二）债务人不具有重整价值；

（三）债务人不具有重整可能；

（四）债务人具有企业破产法第三十一条、第三十二条、第三十三条规定的情形，以及可能严重损害债权人利益的其他情形；

（五）债务人拒不履行本规范第三十八条规定的义务，导致预重整目的

无法实现;

(六)债务人无法支付预重整必要费用,且无人垫付。

第四十四条 除本规范第四十三条规定的情形外,临时管理人应当在预重整工作完成后向人民法院提交预重整工作报告。预重整工作报告应当载明预重整期间临时管理人的履职情况,并且至少应当包括下列内容:

(一)临时管理人对债务人调查的情况,以及对债务人出现困境原因的分析;

(二)对债务人重整价值和重整可能的分析判断,临时管理人认为债务人具有重整价值和重整可能的,应当提出重整失败的主要风险及相关应对建议;

(三)预重整方案的相关内容和协商情况,或未形成预重整方案的原因。

第四十五条 人民法院在收到预重整工作报告后,应当在法定期限内作出是否受理重整申请的裁定。

第四十六条 重整申请受理后,债务人或者管理人一般应当以预重整方案为依据拟定重整计划草案,向人民法院和债权人会议提交。

第四十七条 预重整方案与重整程序中制作的重整计划草案内容一致的,有关出资人、债权人对预重整方案的同意视为对该重整计划草案表决同意,但下列情形除外:

(一)重整计划草案对预重整方案的内容进行了修改并对有关权利人有不利影响的,受到影响的权利人有权对重整计划草案重新表决;

(二)预重整方案表决前债务人隐瞒重要信息、披露虚假信息,或者预重整方案表决后出现重大变化,有可能影响权利人表决的,相应权利人有权对重整计划草案重新表决。

出资人、债权人对预重整方案作出是否同意的意思表示前,临时管理人应当告知其前款规定的内容。

第四十八条 重整申请受理后,人民法院可以指定临时管理人为重整案件管理人,但临时管理人存在《最高人民法院关于审理企业破产案件指定管理人的规定》第三十三条、第三十四条规定情形的,或者存在其他证据证明临时管理人不能依法、公正执行职务或者有其他不能胜任职务情形的,人民法院应当重新指定管理人。

第四十九条 预重整期间,临时管理人可以委托本规范第十五条规定的第三方专业机构或人员,辅助分析判断债务人的重整价值和重整可能、预重整方案的可行性,上述人员可以参与预重整方案协商。需要支付费用的,由临时管理人与预重整参与人协商负担;协商不成的,由临时管理人自行负担。

临时管理人可以委托前款规定的第三方引进重整投资人,需要支付费用的,由重整投资人负担。

第五十条　预重整期间,临时管理人执行职务的必要费用,由临时管理人与预重整参与人协商负担;协商不成的,由债务人随时支付。债务人未及时支付或债务人财产不足以支付,临时管理人或其他人在重整申请受理前垫付的,重整申请受理后经相应权利人主张,可以列入破产费用,由债权人会议审查。

第五十一条　预重整期间,临时管理人不提取预重整报酬。

预重整程序终结后,人民法院裁定受理重整申请的,管理人报酬经债权人会议审查后,人民法院在确定或者调整管理人报酬方案时,应当参照《最高人民法院关于审理企业破产案件确定管理人报酬的规定》第九条的规定,根据临时管理人在预重整期间的实际履职情况和效果等因素综合确定。管理人报酬方案内容应列入重整计划草案。

人民法院裁定受理重整申请时重新指定管理人的,预重整报酬由人民法院确定。预重整报酬属于企业破产法第四十一条规定的破产费用。

预重整程序终结后,人民法院裁定不予受理重整申请的,或者预重整程序中人民法院裁定准许申请人撤回重整申请的,临时管理人工作酬劳依其与预重整参与人事先或事后的协商确定。

第四章　重整期间

第一节　裁定重整

第五十二条　债权人提出重整申请的,人民法院应当自债务人异议期满之日起十日内裁定是否受理。

除前款规定的情形外,人民法院应当自收到重整申请之日起十五日内裁定是否受理。

有特殊情况需要延长前两款规定的期限的,经上一级人民法院批准,可以延长十五日。申请审查期间,申请人补充、补正材料的期间、人民法院组织听证的期间、指定管理人的期间以及预重整期间，不计入前两款规定的裁定受理期限。

第五十三条　债务人与各方利害关系人可以通过自主自愿协商的方式进行庭外重组。人民法院经审查认为破产申请受理前的庭外重组达成的有关协议符合法律及本规范第九十七条规定的，可以裁定受理重整申请。

第五十四条　人民法院经审查认为重整申请具有下列情形之一的，应当裁定不予受理重整申请：

（一）申请人不具备破产申请资格，或债务人不具备破产主体资格；

（二）重整申请未经有关机关依法批准或同意；

（三）债务人不具有重整原因；

（四）债务人明显不具有重整价值；

（五）债务人明显不具有重整可能。

第五十五条　人民法院裁定不予受理重整申请的，应当自裁定作出之日起五日内送达申请人并说明理由。申请人对裁定不服的，可以自裁定送达之日起十日内向上一级人民法院提起上诉。

第五十六条　除本规范第五十四条规定的情形外，人民法院应当依法作出受理重整申请的裁定，并自裁定作出之日起五日内送达申请人。申请人不是债务人的，人民法院还应当自裁定作出之日起五日内送达债务人。

第五十七条　人民法院裁定受理重整申请的，应当同时指定管理人。

第五十八条　管理人一般通过随机方式在管理人名册中指定。在本市完成管理人分级管理后，一般应当在一级管理人中随机指定；简单重整案件，也可以在二级管理人中随机指定。

第五十九条　对于影响重大、法律关系复杂、涉及利害关系人人数众多的重整案件，可以通过公开竞争方式指定管理人。

第六十条　除重整申请受理前，根据有关法律规定已经成立金融机构的行政清理组，或公司强制清算程序中人民法院已经指定成立社会中介机构清算组的案件以外，人民法院应当在管理人名册中指定管理人。

第六十一条　经过预重整程序的，适用本规范第四十八条的规定指定重整案件管理人。

第六十二条　破产清算申请受理后、破产宣告前裁定受理重整申请的，破产清算期间的管理人可作为重整期间的管理人。

第六十三条　自人民法院裁定受理重整申请之日起至重整程序终止，为重整期间。

第六十四条　申请人不是债务人的,管理人应当通知债务人自受理重整申请的裁定送达之日起十五日内,向人民法院提交财产状况说明、债务清册、债权清册、有关财务会计报告以及职工工资的支付和社会保险费用的缴纳情况。

第六十五条　重整申请受理后,申请人请求撤回申请的,人民法院不予准许。

第六十六条　人民法院受理债权人对债务人的重整申请,重整期间人民法院经审查发现债务人不符合本规范第五条规定的情形的,可以裁定驳回申请。申请人对裁定不服的,可以自裁定送达之日起十日内向上一级人民法院提起上诉。

第二节　重整期间的经营与治理

第六十七条　人民法院裁定债务人重整的,管理人应当依法履行财产调查、债权审核、提议和组织召开债权人会议、代表债务人参加诉讼等破产案件中管理人的一般性职责。

第六十八条　重整期间,债务人申请在管理人的监督下自行管理财产和营业事务的,管理人应当就债务人是否具备相对完善的内部治理结构和机制,是否具有自行管理的实际可行措施,是否可能具有企业破产法第三十一条、第三十二条、第三十三条规定的行为和其他严重损害债权人利益的行为等情况向人民法院提出书面意见。

第六十九条　债务人申请自行管理,符合下列条件的,人民法院可以批准:

(一)债务人的内部治理机制仍正常运转;

(二)债务人自行管理有利于债务人继续经营;

(三)管理人的监督方案和债务人的自行管理方案切实可行;

(四)债务人不存在隐匿、转移财产或者其他不配合重整的行为;

(五)债务人不存在其他严重损害债权人利益的行为。

人民法院批准或驳回债务人自行管理的申请,应当出具决定书。

第七十条　人民法院批准债务人自行管理,管理人已经接管债务人财产和营业事务的,应当及时向债务人移交。关于市场经营和企业治理等事宜,

自行管理的债务人的权力机构、执行机构继续行使职权、履行义务,但下列情形除外:

（一）债务人和管理人划分职权分工管理,经人民法院批准的;

（二）法律规定或人民法院依法认为相应职权应由人民法院、债权人会议、债权人委员会或管理人行使的;

（三）人民法院认为不适宜由自行管理的债务人行使的其他权利。

前款第一项规定的分工管理方案,不得将财产状况调查、债权审查、提议召开债权人会议、行使破产撤销权和确认行为无效请求权、追缴出资人出资、追究董事、监事、高级管理人员责任的职权移交给债务人行使。

第七十一条 债务人自行管理的,管理人除履行本规范第六十七条规定的一般性职责之外,还应当履行下列职责:

（一）要求变更债务人自行管理的方案并申请人民法院批准;

（二）监督债务人的经营治理,监督债务人防范重大财产风险;

（三）为重整计划草案的协商和制作提供有利条件;

（四）指导、督促债务人依法制作、提交重整计划草案;

（五）法律规定、当事人约定或人民法院认为管理人应当履行的其他职责。

第七十二条 人民法院批准债务人自行管理的,管理人应当制定具体的监督制度。管理人可以不必开立管理人账户,但仍应当刻制管理人印章。

人民法院可以根据债务人的申请和管理人的审核意见,批准债务人和管理人分工管理。

债务人未申请自行管理,或者申请自行管理未获批准的,由管理人负责重整期间的财产管理和营业事务。

第七十三条 管理人负责重整期间的财产管理和营业事务的,债务人原有的权力机构不再行使职权。

第七十四条 管理人或自行管理的债务人拟于第一次债权人会议召开之后实施下列行为,应当事先制作财产管理或者变价方案并提交债权人会议讨论表决:

（一）涉及土地、房屋等不动产权益的转让;

（二）探矿权、采矿权、知识产权等财产权的转让;

（三）全部库存或者营业的转让;

（四）借款;

（五）设定财产担保；

（六）债权和有价证券的转让；

（七）履行债务人和对方当事人均未履行完毕的合同；

（八）放弃权利；

（九）担保物的取回；

（十）对债权人利益有重大影响的其他财产处分行为。

债权人会议表决未通过债务人财产管理或者变价方案的，由人民法院裁定。

第一次债权人会议召开之前，管理人需要实施本条第一款规定的行为的，应当经人民法院许可。

第七十五条　管理人或自行管理的债务人实施本规范第七十四条第一款规定的处分行为前，应当提前书面报告债权人委员会；未设立债权人委员会的，应当提前书面报告人民法院。债权人委员会、人民法院有权要求管理人、债务人的有关人员对其职权范围内的事务作出说明或提供有关文件。

债权人委员会认为处分行为不符合财产管理或变价方案的，有权要求实施相应行为的债务人或管理人纠正；拒绝纠正的，债权人委员会可以请求人民法院作出决定。

人民法院认为处分行为不符合财产管理或变价方案的，应当责令停止处分行为，实施相应行为的债务人或管理人应当予以纠正，或者提交债权人会议重新表决通过，或者由人民法院裁定后再行实施。

第七十六条　管理人发现自行管理的债务人存在严重损害债权人利益的行为或者有其他不适宜自行管理情形的，应当申请人民法院作出终止债务人自行管理的决定。人民法院决定终止的，应当通知管理人接管债务人财产和营业事务。

债务人有前款情形而管理人未申请的，债权人等利害关系人可以向人民法院提出申请。

第七十七条　第一次债权人会议召开之前，管理人或自行管理的债务人应当遵循有利于重整目的实现的原则，决定继续或者停止债务人的营业，并应当向人民法院提交分析报告，由人民法院批准许可。

第七十八条　第一次债权人会议召开之后，由债权人会议决定继续或者停止债务人的营业。

第七十九条　管理人或者自行管理的债务人经人民法院许可，可以聘用必要的工作人员,聘用费用列入破产费用的,应当提交债权人会议审查。

第八十条 管理人负责管理债务人财产和营业事务的,经人民法院许可,可以聘任债务人的经营管理人员负责营业事务。律师事务所、会计师事务所通过聘请本专业的其他社会中介机构或者人员协助履行管理人职责的,所需费用从其报酬中支付。破产清算事务所通过聘请其他社会中介机构或者人员协助履行管理人职责的,所需费用从其报酬中支付。

第八十一条 人民法院在确定或者调整管理人报酬方案时,对于管理人负责管理债务人财产和营业事务的,管理人报酬一般应当高于债务人自行管理的情形。

第八十二条 重整期间,债务人的出资人不得请求投资收益分配。管理人应当监督自行管理的债务人不得分配投资收益。

第八十三条 重整期间,债务人的董事、监事、高级管理人员申请向董事、监事、高级管理人员以外的第三人转让股权的,管理人应当向人民法院提出书面审查意见和理由,由人民法院批准;未经人民法院同意,不得转让。

第八十四条 管理人或者自行管理的债务人应当在重整期间及时确定设定有担保物权的债务人财产是否为重整所必需。

第八十五条 管理人或者自行管理的债务人认为担保物为债务人重整所必需的,担保权应暂停行使,但担保权人认为担保物有损坏或者价值明显减少的可能,足以危害其权利的,可以向人民法院请求恢复行使担保权。管理人可以组织利害关系人与担保权人协商暂缓实现担保权。

担保权人依照前款规定请求恢复行使担保权的,人民法院应当自收到申请之日起三十日内作出裁定。

第八十六条 管理人或自行管理的债务人有证据证明担保物是重整所必需,且不存在危害担保权的情况,或者虽存在危害担保权的情况但管理人或自行管理的债务人提供了与减少价值相应的担保或补偿的,人民法院应当自收到恢复行使担保权申请之日起三十日内裁定不予批准。担保权人不服该裁定的,可以自收到裁定书之日起十日内,向作出裁定的人民法院申请复议一次。

第八十七条 管理人或者自行管理的债务人认为担保物并非债务人重整所必需的,或者人民法院裁定批准恢复行使担保权的,管理人或债务人应当及时制作财产变价方案提交债权人会议表决,并及时执行债权人会议决议或人民法院裁定。担保物处置变价所得价款在支付相关费用后优先清偿担保权人的债权。

　　管理人或自行管理的债务人在制定变价方案时,应当以实现债务人财产价值最大化为原则,并充分听取担保权人的意见。

　　第八十八条　债务人合法占有的他人财产,该财产的权利人在重整期间要求取回的,应当符合事先约定的条件。

　　权利人主张取回的财产为重整所必需的,管理人可以组织利害关系人与取回权人协商保留相应财产并予以合理补偿。

　　第八十九条　在重整期间,管理人或自行管理的债务人可以依照本规范第七十四条的规定,为继续经营或其他使债务人财产受益的目的而借款。出借人依据借款合同主张参照企业破产法第四十二条第四项关于共益债务的规定清偿的,人民法院应予支持。管理人或债务人清偿共益债务前应当依照本规范第七十五条的规定及时报告债权人委员会或人民法院。

　　第九十条　管理人或自行管理的债务人为继续营业而借款的,可以为该借款设定担保。

　　第九十一条　管理人、债务人、债权人等重整利害关系人都可以通过协商推荐或引进重整投资人。人民法院、管理人或自行管理的债务人亦可根据需要决定向社会公开招募重整投资人。

　　第九十二条　有意向参与重整的投资主体,应当提交具体的重整预案。重整投资人最终选定后,其在重整预案中所作承诺对其产生约束力。重整预案中应当包括重整失败后的处理方案。

第五章　重整计划的制定和批准

第一节　重整计划草案的制定和表决

　　第九十三条　债务人自行管理财产和营业事务的,由债务人制作重整计划草案,管理人除履行监督职责外应当给予必要的指导和辅助。重整计划草案制作过程中,管理人认为草案违法或不具有可行性的,应当向债务人提出修改意见。

　　管理人负责管理财产和营业事务的,由管理人制作重整计划草案。

　　第九十四条　管理人或者自行管理的债务人应当自裁定重整之日起六

个月内,同时向人民法院和债权人会议提交重整计划草案。

前款规定的期限届满,经债务人或者管理人请求,有正当理由的,人民法院可以裁定延期三个月。

在前两款规定的期限届满前最后一个月内,自行管理的债务人未提出重整计划草案的,管理人有权在法定期限内提出重整计划草案,并同时向人民法院和债权人会议提交。

对于自行管理的债务人提交的重整计划草案,人民法院认为违法或明显不具有可行性的,或者有表决组未通过该重整计划草案的,管理人有权在法定期限内提出重整计划草案。

第九十五条 管理人或债务人制作重整计划草案,应当与债权人、出资人、重整投资人等利害关系人充分协商,并充分听取企业管理人员、实际控制人、职工代表或工会等的意见。有必要的,可以邀请有关单位,或者委托外部专业机构、人员对特定事项发表意见。

第九十六条 债务人制作的重整计划草案提交时,管理人应当同时就重整计划草案的合法性和可行性,以及是否侵害利害关系人的合法权益,向人民法院提交分析意见。

第九十七条 重整计划草案应当包括下列内容:

(一)债务人的资产和负债情况;

(二)债务人的经营方案;

(三)债权分类;

(四)债权调整方案;

(五)债权受偿方案;

(六)重整计划的执行期限;

(七)重整计划执行的监督期限;

(八)有关重整计划执行的重大不确定事项;

(九)有利于债务人重整的其他方案。

前款第四项应当明确指出按照重整计划草案权益未受到调整或影响的表决组;第五项应当包括重整和清算状态下债权的清偿情况比较分析;第七项规定的期限应当不短于第六项规定的期限。有重整投资人的,重整计划草案应当对重整失败情况下的投资款及相关责任作出具体安排。重整计划草案一般还应当明确重整案件诉讼费用的负担。

重整计划草案涉及出资人权益调整事项的,参加表决的出资人有义务如实披露其出资权益的涉诉情况,以及出资权益上设定的质押、被保全等权利负担情况。其他在表决时能够影响债权人、出资人合理决策的信息,没有纳入重整计划草案的,管理人、债务人应当在表决前予以充分说明,并在债权人会议上回答相关询问。

第九十八条 重整和清算状态下债权清偿情况的比较和分析,应当同时考虑因延期清偿给债权人造成的损失。

第九十九条 下列各类债权的债权人参加讨论重整计划草案的债权人会议,依照下列债权分类,分组对重整计划草案进行表决:

(一)对债务人的特定财产享有担保权的债权;

(二)债务人所欠职工的工资和医疗、伤残补助、抚恤费用,所欠的应当划入职工个人账户的基本养老保险、基本医疗保险费用,以及法律、行政法规规定应当支付给职工的补偿金;

(三)债务人所欠税款;

(四)普通债权。

债权系因债务人侵权行为造成的人身损害赔偿,除其中涉及的惩罚性赔偿外,可以列入前款第二项规定的表决组进行表决。

第一百条 重整计划草案为普通债权中的小额债权单独设置更高清偿率的,或者有其他必要情形的,人民法院可以决定在普通债权组中设小额债权组。

重整计划草案对全部普通债权根据债权额按不同比例分段清偿的,人民法院一般不再设小额债权组。

第一百零一条 债权依照法律规定,具有不同于本规范第九十九条规定的性质的,人民法院可以根据实际情况设置相应表决组。

第一百零二条 重整计划不得规定减免债务人欠缴的本规范第九十九条第一款第二项规定以外的社会保险费用。

第一百零三条 债权人未在债权申报期限内申报债权,但其在重整计划草案提交债权人会议表决前补充申报债权的,管理人应当予以审查,并提交债权人会议核查。人民法院裁定终止重整程序前经核查无异议的,管理人应当及时提请人民法院裁定确认。

第一百零四条 债务人的出资人代表可以列席讨论重整计划草案的债权人会议。

重整计划草案涉及出资人权益调整事项的,应当设出资人组,对该事项进行表决。出资人权益调整事项，可以包括要求出资人出让股权、要求出资人增资，或调整出资人在董事会中的代表权等内容。

第一百零五条　债权人在重整期间转让债权的，应当通知管理人。受让人自债权转让通知管理人之日起，可以以自己的名义在重整程序中行使原债权人的权利，但原债权人已经发表的意见继续有效。债权人为控制表决结果，将同一笔债权向多个受让人转让的，人民法院仍然按照转让前的债权状态确定其表决权。

第一百零六条　对特定财产享有担保权的债权人，经评估等方式能够判断其优先受偿权利不能完全受偿的，债权人可以就剩余债权金额在其他组别表决。

表决前担保财产价值是否足以清偿担保债权暂不确定的，除人民法院能够为其在其他组别行使表决权而临时确定债权额的以外，该债权人只得以全部债权额在有担保债权组表决。

第一百零七条　人民法院应当自收到重整计划草案之日起三十日内召开债权人会议，对重整计划草案进行表决。管理人应当提前十五日通知各方参会。

前款规定的债权人会议召开前，人民法院一般应当先行裁定确认无异议债权。

个别债权人有正当理由不能按期表决的，管理人可以准许其延期表决，但延长期限一般不超过三十日。

第一百零八条　讨论重整计划草案的债权人会议，可以采取现场或网络等方式召开。采取非现场形式召开的，应当保障有权参会人员的知情权。审理重整案件的合议庭或由合议庭委派的承办法官应当出席债权人会议。

第一百零九条　表决重整计划草案，除采取现场方式外，可以由管理人事先将相关决议事项告知债权人，采取通信、网络投票等非现场方式进行表决。采取非现场方式进行表决的，管理人应当在债权人会议召开后的三日内，以信函、电子邮件、公告等方式将表决情况告知表决者。

第一百一十条　出席债权人会议的同一表决组的债权人过半数同意重整计划草案，并且其所代表的债权额占该组债权总额的三分之二以上的，即为该组通过重整计划草案。

第一百一十一条　权益未受到调整或者影响的债权人或者出资人，不参加重整计划草案的表决。

第一百一十二条 出资人组就出资人权益调整事项的表决结果,满足下列条件的即为通过:

(一)有限责任公司代表三分之二以上表决权的股东同意重整计划草案;

(二)股份有限公司出席会议的股东所持表决权的三分之二以上同意重整计划草案。

第一百一十三条 出资人组会议可以与债权人会议共同或分别召开。债务人的股东会、股东大会或其他权力机构已对重整计划草案中的出资人权益调整事项作出决议的,可以不再召开出资人组会议进行表决。

第二节 重整计划的批准

第一百一十四条 各表决组均通过重整计划草案时,重整计划即为通过。

所有表决组的权益均未受到调整或者影响的,等同于前款情形。

第一百一十五条 自重整计划通过之日起十日内,债务人或者管理人应当向人民法院提出批准重整计划的申请。人民法院经审查认为符合下列条件的,应当自收到申请之日起三十日内裁定批准,终止重整程序,并予以公告:

(一)重整计划的内容不违反法律规定,且符合本规范第九十七条第一款、第二款的规定;

(二)债权人会议召开、表决程序,以及重整计划草案的提交程序符合本规范的规定;

(三)债权人、出资人的分组符合本规范的规定;

(四)管理人、自行管理的债务人对于重整计划草案的解释说明和以其他方式进行的信息披露不存在不客观不充分,可能损害表决者利益的情形;

(五)重整计划的实施具有可行性;

(六)重整计划的内容能够保证各表决组中反对者至少可以获得其权益在重整计划草案被提请批准时的清算价值。

第一百一十六条 部分表决组未通过重整计划草案的,管理人或自行管理的债务人可以同未通过重整计划草案的表决组协商,但协商结果不得损害其他表决组的利益。

第一百一十七条 未通过的表决组中，超过该组重整计划草案通过条件的债权人或出资人同意再次表决并出席再次表决的会议的，方可形成表决结果。表决方式参照本规范第一百零九条的规定进行，表决通过的条件与前次表决相同，但债权人或出资人明确拒绝协商或拒绝再次表决，且未出席再次表决会议的，视为不同意重整计划草案。

第一百一十八条 未通过的表决组中，同意再次表决的债权人或出资人未达到该组通过重整计划草案条件的，即为该组拒绝再次表决。

第一百一十九条 未通过重整计划草案的表决组拒绝再次表决或者再次表决仍未通过重整计划草案，但重整计划草案符合本规范第一百一十五条的规定，并且符合下列条件的，管理人或者自行管理的债务人可以申请人民法院批准重整计划草案：

（一）除权益未受到调整或者影响的表决组之外，至少有一个表决组已经通过重整计划草案；

（二）按照重整计划草案，对债务人的特定财产享有担保权的债权就该财产将获得全额清偿，其因延期清偿所受的损失将得到公平补偿，并且其担保权未受到实质性损害，或者该表决组已经通过重整计划草案；

（三）按照重整计划草案，本规范第九十九条第一款第二项、第三项所列债权将获得全额清偿，或者相应表决组已经通过重整计划草案；

（四）按照重整计划草案，普通债权所获得的清偿比例，不低于其在重整计划草案被提请批准时依照破产清算程序所能获得的清偿比例，或者该表决组已经通过重整计划草案；

（五）重整计划草案对出资人权益的调整公平、公正，或者出资人组已经通过重整计划草案；

（六）重整计划草案公平对待同一表决组的成员，但债权人为提高受偿比例而将同一笔债权向多个受让人转让，重整计划草案限制受让人清偿比例的除外；

（七）根据重整计划草案，未通过的表决组未获完全清偿的，依照企业破产法规定，比其顺位更低的表决组不得获得任何清偿。

第一百二十条 人民法院可以就是否批准重整计划草案组织召开听证调查，重点听取和审查反对意见是否具有事实和法律依据。

第一百二十一条 人民法院经审查认为重整计划草案符合本规范第一百一十九条规定的，应当自收到申请之日起三十日内裁定批准，终止重整程序,并予以公告。

第一百二十二条　在重整期间,有下列情形之一的,经管理人或者利害关系人请求,人民法院应当裁定终止重整程序,并宣告债务人破产:

(一)债务人的经营状况和财产状况继续恶化,缺乏挽救的可能性;

(二)债务人有欺诈、恶意减少债务人财产或者其他显著不利于债权人的行为;

(三)由于债务人的行为致使管理人无法执行职务;

(四)重整计划草案未获得通过,且无法符合本规范第一百一十九条的规定。

在重整期间,管理人发现前款所列情形之一的,应当请求人民法院裁定终止重整程序。

第一百二十三条　重整期间发生下列情形之一的,人民法院应当裁定终止重整程序,并宣告债务人破产:

(一)管理人或自行管理的债务人不能依照本规范第九十四条的规定提出重整计划草案;

(二)重整计划草案未获得通过且未获得批准,或者已通过的重整计划未获得批准。

第一百二十四条　人民法院依照本规范第一百一十五条、第一百二十一条、第一百二十二条、第一百二十三条的规定裁定终止重整程序的,应当自裁定作出之日起五日内送交债务人的执行法院,因重整程序中止的执行程序应当终结执行。

第一百二十五条　人民法院裁定终止重整程序并宣告债务人破产后,管理人应当按照破产清算程序继续履行管理人的职责,管理人报酬根据债务人在重整和清算程序中最终清偿的无担保财产价值总额确定,但其不能继续履行职责或者不适宜继续担任管理人的,人民法院应当依法重新指定管理人。

依照前款规定重新指定管理人的,重整程序管理人和清算程序管理人的报酬总额由人民法院根据债务人在重整和清算程序中最终清偿的无担保财产价值总额确定,报酬分配方案由管理人之间协商后报请人民法院确定;协商不成的,由人民法院根据实际情况参照管理人报酬的规定确定。

第六章　重整计划的执行和监督

第一百二十六条　经人民法院裁定批准的重整计划,对债务人和全体债权人均有约束力。重整计划规定的出资人权益调整的内容,对债务人的全体出资人均有约束力。

第一百二十七条　债务人负责执行重整计划,并向管理人报告重整计划执行情况和债务人财务状况,管理人负责监督重整计划的执行,重整计划另有约定的除外。

重整计划约定由管理人或其他人执行,管理人或其他人不执行或不能执行的,依照本规范第一百四十三条的规定处理。

第一百二十八条　自人民法院裁定批准重整计划之日起,在重整计划规定的监督期内,管理人应当制定监督计划,明确监督方式、监督事项和监督职责并报人民法院备案,已接管财产和营业事务的管理人应当及时妥善向债务人移交财产和营业事务。

第一百二十九条　债权人在债权申报期限届满后申报债权,其债权在表决重整计划草案的债权人会议召开前未经人民法院裁定确认的,除重整计划为此等债权预留了清偿份额的情形外,相应债权人在重整计划执行期间不得行使对债务人要求清偿、提起新的财产给付之诉,或申请强制执行债务人财产等权利。

前款规定的债权人,在重整计划执行完毕后,可以按照重整计划规定的同类债权的清偿条件行使权利。

第一百三十条　债权人对债务人的保证人和其他连带债务人所享有的权利,不受重整计划的影响。

第一百三十一条　按照重整计划减免的债务,自重整计划执行完毕时起,债务人不再承担清偿责任。

第一百三十二条　重整计划执行期间,出资人、债权人等无正当理由拒不配合办理出资权益变更手续的,人民法院可以根据管理人、利害关系人的申请向有关单位发出协助执行通知书。

第一百三十三条　重整计划执行期间,管理人、利害关系人可就重整计划的执行向人民法院申请必要的协助。人民法院可以根据申请,向有关单位发出协助执行通知书,但不得强制执行重整计划的清偿方案。

第一百三十四条　重整计划执行期间,因重整程序终止后新发生的事实或事件引发的有关债务人的民事诉讼,不适用企业破产法第二十一条有关集中管辖的规定。

第一百三十五条　重整计划执行期间,因重整程序终止后新发生的事实或事件引发的有关债务人的民事诉讼,不再由管理人代表债务人进行诉讼,但重整计划有明确约定的除外。

前款规定的债权债务,不受重整计划的调整和约束,但当事人另有约定的除外。

第一百三十六条　重整计划执行期间,因出现国家政策调整、法律修改变化等重整计划制定阶段不能合理预见的特殊情况,导致原重整计划无法执行的,可由管理人召集债权人会议,或由债务人向人民法院申请召开债权人会议,就是否同意变更重整计划进行表决。

第一百三十七条　债权人会议决议同意变更重整计划的,管理人或债务人应自决议通过之日起十日内提请人民法院批准。申请变更重整计划限于一次,债权人会议决议不同意或者人民法院不批准变更申请的,参照本规范第一百四十三条的规定处理。

第一百三十八条　人民法院裁定批准变更重整计划的,债务人或者管理人应当在六个月内提出新的重整计划,在此期间,债务人不存在严重损害债权人利益的行为或者有其他不适宜自行管理情形的,应由债务人自行负责管理财产和营业事务,并制作变更的重整计划,管理人参照重整期间履行职责。

除当事人另有约定外,为原重整计划的执行提供的担保,在原担保范围和期限内,不因人民法院裁定批准变更而无效。

第一百三十九条　变更后的重整计划应提交给因重整计划变更而遭受不利影响的债权人组和出资人组进行表决。债权人按照重整计划所受的清偿仍然有效,但债权已受偿部分不享有表决权。表决、申请人民法院批准以及人民法院裁定是否批准的程序与重整期间相同。

变更后的重整计划经人民法院裁定批准,加重了为原重整计划的执行提供担保的负担的,担保人对加重的部分不承担担保责任,但当事人另有约定的除外。

第一百四十条　经管理人申请,人民法院可以裁定延长重整计划执行的监督期限。

第一百四十一条　重整计划执行期间届满前三十日内,债务人可以申请延长执行期限。延长执行期限涉及延期清偿的,债务人应当给予相应权利人公平补偿。管理人应当对该申请进行审查,并向人民法院出具专项监督报告,认为延期执行并非出于债务人不执行重整计划的原因,且重整计划仍可继续执行的,应当向人民法院同时申请延长重整计划执行的监督期限。人民法院经审查认为申请不违反法律规定的,可以裁定延长重整计划的执行期限和重整计划执行的监督期限。

第一百四十二条　监督期届满时,管理人应当向人民法院提交监督报告。自监督报告提交之日起,管理人的监督职责终止。

管理人向人民法院提交的监督报告,重整计划的利害关系人有权查阅。利害关系人对监督报告有异议的,管理人、债务人应当回答有关询问。

第一百四十三条　债务人不能执行或者不执行重整计划的,人民法院经管理人或者利害关系人请求,应当裁定终止重整计划的执行,宣告债务人破产,并依照本规范第一百二十五条的规定处理。

人民法院裁定终止重整计划执行的,债权人在重整计划中作出的债权调整的承诺失去效力。债权人因执行重整计划所受的清偿仍然有效,债权未受清偿的部分作为破产债权。

前款规定的债权人,只有在其他同顺位债权人同自己所受的清偿达到同一比例时,才能继续接受分配。

第一百四十四条　人民法院裁定终止重整计划执行的,为重整计划的执行提供的担保继续有效,债务人在裁定重整后至裁定终止重整计划的执行期间所作的法律行为,不因重整的终止而失去法律效力。

第一百四十五条　重整计划执行完毕后,人民法院可以根据管理人、债务人的申请,作出重整程序终结的裁定。

第一百四十六条　重整计划执行完毕后发生的债权债务纠纷,不适用企业破产法的规定。

第七章　附　　则

第一百四十七条　本规范由北京市第一中级人民法院审判委员会负责解释。

第一百四十八条　本规范自发布之日起试行。

广东省高级人民法院

关于印发《广东省高级人民法院关于审理
企业破产案件若干问题的指引》的通知

2019 年 11 月 29 日　　　　　　　　　粤高法发〔2019〕6 号

全省各级人民法院：

　　《广东省高级人民法院关于审理企业破产案件若干问题的指引》已于 2019 年 10 月 23 日经广东省高级人民法院审判委员会 2019 年第 57 次会议审议通过。现印发给你们，自印发之日起请参照执行。

广东省高级人民法院关于审理企业破产案件若干问题的指引

　　为公平公正审理企业破产案件，规范破产程序，提高审判质效，根据《中华人民共和国企业破产法》《中华人民共和国民事诉讼法》等法律、司法解释的规定，结合全省破产审判工作实际，制定本指引。

一、申请和受理

　　第一条　【地域管辖】破产案件由债务人住所地人民法院管辖。债务人住所地是指债务人主要办事机构所在地。债务人主要办事机构所在地不能确定或无主要办事机构的，由注册地或登记地人民法院管辖。

　　第二条　【实质合并审理的地域管辖及案件协调】关联企业实质合并破产案件，由核心控制企业住所地人民法院管辖。核心控制企业不明确的，由主要财产所在地人民法院管辖。

　　债务人进入破产程序后，债权人、债务人以及利害关系人等提出将关联企业实质合并破产申请的，按照前款规定确定管辖。裁定实质合并破产后，先进入破产程序的破产案件，移送裁定实质合并破产的人民法院审理。

裁定实质合并破产的人民法院不宜审理或其他人民法院审理更有利于案件处理的,可以依照民事诉讼法第三十七条的规定,报请上级人民法院指定管辖。

第三条 【级别管辖】破产案件原则上由中级人民法院管辖;影响重大的疑难、复杂、新类型案件,可以由省法院管辖。

破产案件较多的中级人民法院经省法院批准,可以指定部分基层人民法院管辖本辖区的破产案件。但金融机构、上市公司破产案件以及关联企业实质合并破产案件不得指定基层人民法院管辖。

第四条 【管辖权调整】上级人民法院审理下级人民法院管辖的破产案件,或者将所管辖的破产案件移交下级人民法院审理,以及下级人民法院需要将所管辖的破产案件交由上级人民法院审理的,按照民事诉讼法第三十八条的规定办理。

因特殊情况需对破产案件的地域管辖作调整的,须经共同上级人民法院批准。

有管辖权的人民法院由于特殊原因,不能行使破产案件管辖权的,可以报请上级人民法院指定管辖。

第五条 【管辖权争议解决程序】人民法院之间因破产案件管辖权发生争议的,应当先行协商解决;协商不成的,逐级报请共同上级人民法院指定管辖。

人民法院指定管辖的,应当作出裁定。

报请指定管辖后、指定管辖裁定作出前,除情况紧急经上级人民法院批准外,不得就破产事项作出裁定、决定。

第六条 【管辖恒定原则】人民法院裁定受理破产申请后不得以债务人的住所地、登记注册机构、行政区划等发生变更导致没有管辖权为由移送管辖或裁定驳回申请。

第七条 【债权人申请】债权人所享有的债权符合下列条件的,可以向人民法院申请债务人破产清算、重整:

(一)具有财产给付内容的到期债权;

(二)未过诉讼时效或执行时效;

(三)未清偿或未完全清偿。

债务人以债权未经生效法律文书确认为由提出异议的,人民法院不予支持。

第八条 【担保权人申请】第三人提供物的担保,担保物权人申请担保人破产的,人民法院不予受理。已经受理的,裁定驳回申请。

对债务人特定财产享有担保物权的债权人申请债务人破产,债务人以债权存在担保为由提出异议的,人民法院不予支持。

债权人申请连带责任保证人破产,保证人以主债务人具备清偿能力为由提出异议的,人民法院不予支持。

第九条　【优先债权人、公法债权人申请】 税款债权人、社保债权人等优先于普通债权的债权人,可以申请债务人破产。

民事惩罚性赔偿金、行政罚款、刑事罚金等惩罚性债权的债权人申请债务人破产的,人民法院不予支持。

第十条　【债务人申请】 债务人向人民法院申请破产,应当提交债务人盖章或法定代表人签字的申请书以及有关机关、出资人同意或股东会(股东大会)决议同意文件。

执行法院在征询"执行案件移送破产审查"意见时,经债务人盖章、法定代表人或有特别授权的代理人同意即可以认定为债务人同意。

第十一条　【清算义务人申请】 企业法人已解散但未成立清算组清算,资产不足以清偿全部债务的,有限责任公司的股东和股份有限公司的董事、控股股东、实际控制人可以向人民法院申请破产清算。

企业法人解散后成立清算组清算,资产不足以清偿债务的,清算组应当向人民法院申请破产清算。清算组未提出破产清算申请的,有限责任公司的股东和股份有限公司的董事、控股股东、实际控制人可以提出申请。

第十二条　【破产申请登记以及材料补充、补正】 申请人提交破产申请材料的,人民法院立案部门应当在核对原件后出具书面接收凭证,将相关信息录入全国企业破产重整信息网,以"破申"案号登记,并在 2 个工作日内移送破产审判业务部门审查。

申请人提供或执行法院移送的材料不符合规定的,人民法院破产审判业务部门应以书面形式一次性告知需补充、补正的材料。申请人或执行法院应在 10 日内补交,无正当理由未按要求补充、补正的,可以裁定不予受理。

第十三条　【区分通知和送达】 企业破产法及司法解释规定法律文书应当"通知"当事人的,人民法院应当向当事人发送有关文书;规定应当"送达"当事人的,人民法院按照民事诉讼法有关送达的规定办理。

第十四条　【审查形式】 破产申请的审查原则上采取书面形式。申请重整、和解、实质合并破产以及证券公司、银行、保险公司等金融机构、上市公司破产清算的,人民法院应当组织申请人、债权人代表、债务人以及其他利害关系人听证。

通知申请人听证,申请人无正当理由拒不参加听证的,按撤回申请处理。

听证通知发出至听证结束,为听证期间。听证期间原则上不得超过30日。

第十五条 【破产上诉案件的审查期间】 申请人对不予受理或驳回申请裁定上诉的,上一级人民法院应当自立案之日起30日内作出裁定。

第十六条 【审查期间的扣除】 下列期间不计入破产案件的审查期间:

(一)竞争选任管理人的期间;

(二)通知补充、补正材料的期间;

(三)听证期间;

(四)申请人与被申请人协商、和解的期间;

(五)有关事项依照法律、司法解释规定需报上级人民法院批准的报批期间。

第十七条 【管辖异议及移送】 申请人向没有管辖权的人民法院提出破产申请的,应引导其撤回申请后向有管辖权的人民法院提出。

债权人提出破产申请,债务人对人民法院管辖权有异议的,应在审查裁定作出前以债务人异议的方式提出。人民法院经审查认为异议不成立并裁定受理破产案件的,债务人不得上诉。

破产案件受理后,人民法院经审理发现不属于受理人民法院管辖的,应当按照民事诉讼法的规定移送有管辖权的人民法院审理。

第十八条 【债权人资格确认】 申请人的债权经生效法律文书确认,债务人对债权真实性提出异议的,人民法院不予支持。

申请人的债权未经生效法律文书确认,债务人对债权真实性提出异议,或提出诉讼时效超过,能提供相应证据的,人民法院应裁定不予受理,并告知申请人可以通过诉讼或仲裁的方式解决债权问题。

第十九条 【破产申请之后的履行】 债权人提出破产申请,在破产受理裁定作出前,债务人清偿申请人债务或与申请人达成延期债务清偿协议的,可以认定为不符合"不能清偿到期债务"条件。

第二十条 【受理前撤回申请】 破产受理裁定作出前,申请人请求撤回申请的,人民法院应予以准许,并在收到申请之日起7日内作出裁定。

申请人不服人民法院作出的不予受理或驳回申请的裁定提起上诉,上一级人民法院作出裁定前,申请人撤回上诉或撤回申请的,应予以准许,并在收到请求之日起7日内作出裁定。

第二十一条 【受理后撤回申请】 破产申请受理后,申请人请求撤回申请的,人民法院不予准许。申请人以债务人与全体债权人就债权债务的处理自行达成协议为由申请撤回的,可以按照企业破产法第一百零五条的规定办理。

　　第二十二条　【不同申请的处理】不同申请人对同一企业申请破产清算、重整或和解的,人民法院可以并案审查,并结合申请人的请求和所依据的事实、理由进行审查。经审查符合重整或和解受理条件的,人民法院应当在同一裁定书中裁定受理重整或和解申请,同时裁定不予受理破产清算申请。提出破产清算申请人对裁定不服提出上诉的,人民法院不予准许,并告知其通过申报债权参与重整或和解程序的方式解决。

　　申请人提出破产申请后,债务人另案进入破产程序的,人民法院应当裁定终结审查程序,告知申请人通过向受理法院申请转换程序或依法申报债权解决。

　　债权人提出的破产清算申请受理后、宣告破产前,当事人依据企业破产法第七十条第二款、第九十五条第一款的规定申请重整、和解的,人民法院应当在企业破产法第十条第二款、第三款规定的期限内作出裁定。裁定不予受理的,申请人可以在裁定书送达之日起 10 日内向上级人民法院提起上诉。

　　第二十三条　【债务人下落不明或财产状况不清不构成受理障碍】债权人对人员下落不明或者财产状况不清的债务人申请破产,符合企业破产法第二条规定的,人民法院应当受理。人民法院不得以债务人未能提交财产状况、债权债务清册等相关材料为由不予受理。

　　第二十四条　【破产费用不构成受理障碍】破产案件的受理费、管理人报酬等费用,应根据企业破产法第四十三条的规定,从债务人财产中拨付,人民法院不得以申请人未预先交纳费用为由不予受理破产申请。

　　第二十五条　【债权人申请解散、清算中的债务人破产】企业法人已解散或正在清算,债权人申请债务人破产的,除债务人或清算组在法定异议期限内举证证明其未出现破产原因外,人民法院应当受理。

　　第二十六条　【破产申请审查期间的保全措施】破产申请审查期间,发现被申请人财产、印章和账簿、文书等可能被隐匿、转移、处分或者销毁的,申请人可以向人民法院申请对被申请人财产、印章和账簿、文书等采取保全措施。

　　采取保全措施前,人民法院认为必要的,可以责令申请人提供担保。申请人提供担保的,破产申请受理后,应当解除担保。

　　第二十七条　【裁定受理】受理破产申请的,应以"破申"案号作出受理裁定。破产受理裁定自作出之日起生效,并应在 5 日内送达申请人和被申请人。

　　上级人民法院裁定指令下级人民法院受理破产申请的,自裁定作出之日起生效,并应在 5 日内送达申请人和被申请人。

受理破产申请裁定作出日期为破产案件受理日期。裁定作出后,应当及时交立案部门以"破"字号立案。

第二十八条　【违反受理规定的救济程序】人民法院未接收申请人的申请,或未按照《最高人民法院关于适用〈中华人民共和国企业破产法〉若干问题的规定(一)》第七条规定执行的,申请人向上一级人民法院提出破产申请的,上一级人民法院接到破产申请后,应当责令下级人民法院依法审查并在 15 日内作出是否受理的裁定;下级人民法院未按照期限作出裁定的,上一级人民法院可以径行裁定。

上级人民法院裁定受理破产申请的,可以直接审理,也可以指令下级人民法院审理。

第二十九条　【申请实质合并破产的案号及处理】债权人申请多个债务人实质合并破产或者多个债务人提出实质合并破产申请的,人民法院应当针对不同债务人分别编立"破申"案号。

人民法院应当结合单个债务人是否符合破产条件、是否达到实质合并条件等进行审查。符合实质合并条件的,裁定受理实质合并破产申请;不符合实质合并破产条件的,裁定驳回实质合并申请。单个债务人符合破产条件且审查法院有管辖权的,经申请人同意后,也可以就单个债务人破产作出受理裁定。

第三十条　【实质合并破产的救济】申请人、被申请人不服实质合并破产申请裁定的,可以自裁定书送达之日起 15 日内向上一级人民法院申请复议。上级人民法院应当在受理之日起 30 日内作出复议裁定。

第三十一条　【受理通知、公告】破产案件受理后,人民法院应当在 25 日内自行或委托管理人向已知债权人发出书面受理通知,并予以公告。

已知债权人的范围可以结合债务人提交的债务清册或清算责任人提交的财务报告、清算报告及债务人作为被执行人的案件等有关材料确定。

第三十二条　【通知债务人停止清偿债务】破产案件受理后,人民法院应立即通知债务人停止向债权人清偿债务。债务人日常开支和其他必要开支,由管理人决定或人民法院审查批准。

破产案件受理后,债务人对个别债权人的债务清偿无效。但个别清偿使债务人财产受益的情形除外。

第三十三条　【破产保全措施】破产申请受理后,可能因有关利益相关人的行为或者其他原因,影响破产程序依法进行的,受理破产申请的人民法院可以根据管理人申请或者依职权,对债务人的全部财产或部分财产采取保全措施。

重整案件受理后,对于债务人的股东股权,管理人可以申请人民法院查封。

第三十四条　【受理后债务人的行为效力】受理破产申请后,债务人有关人员以债务人名义对外行为,未经人民法院许可或者未经管理人同意,且管理人事后也不予追认的,对债务人不发生法律效力。造成债务人或相对人损失的,由行为人承担相应民事责任。

第三十五条　【接管债务人】人民法院指定管理人后,管理人应当及时接管债务人财产、印章和账簿、文书等资料。债务人或债务人的法定代表人、董事、经理等高级管理人员不予配合的,管理人可以申请人民法院依法采取强制措施。

第三十六条　【管理人对未履行完毕合同处理】破产受理前成立,债务人未履行完毕,对方当事人履行完毕的合同,自破产受理之日解除;债务人履行完毕,对方当事人未履行完毕的合同,管理人可以要求对方当事人继续履行。双方均未履行完毕的合同,按照企业破产法第十八条的规定处理。

破产案件受理后,管理人继续履行或接受相对方履行合同后,主张合同解除的,人民法院不予支持。

第三十七条　【未履行完毕合同解除后的处理】双方均未履行完毕的合同解除后,债务人交付的财产或已支付的价款,相对人应当返还;不能返还或有其他损失的,相对人应当赔偿。

相对人交付的财产,能够返还原物的,可以向管理人主张取回;不能返还原物的,基于损害赔偿或支付的价款返还而形成的债权,可以向管理人申报债权。

第三十八条　【解除保全措施】受理破产案件裁定作出后,除本指引第三十三条规定情形外,人民法院及有关单位不得对债务人财产采取新的保全措施。

破产案件受理前采取保全措施的,破产受理法院应当向采取保全措施的有关单位发出解除保全措施通知,并附破产受理裁定。采取保全措施的有关单位收到通知或知悉破产申请受理后,应当解除或者出具函件委托破产案件受理法院解除保全措施。

执行法院知悉破产申请受理后不予解除或不出具委托解除函的,破产案件受理法院可以出具协助执行通知书,要求有关协助执行单位解除,并报告共同上级人民法院。

第三十九条　【中止、终结执行程序】破产案件受理前已经开始但尚未完毕的针对债务人财产的执行程序应当中止。破产受理法院应当向已知执行机关发出中止执行的通知,并附破产受理裁定。执行机关收到通知或知悉破产申请受理后,应当立即中止执行。

破产案件受理后,执行法院继续执行债务人财产的,管理人有权向执行法院申请执行回转。

裁定宣告债务人破产、裁定批准重整计划或和解协议后,执行法院应当终结对债务人财产的执行程序。

第四十条 【未结民事诉讼或仲裁的中止与恢复】破产申请受理后,已经开始但尚未终结的有关债务人的民事诉讼或者仲裁应当中止。管理人接管财产或者虽未完全接管但不影响诉讼、仲裁进行的,应当及时申请恢复诉讼或仲裁。

诉讼判决或仲裁裁决债务人承担给付义务的,债权人应依生效裁判向管理人申报债权。

第四十一条 【受理破产后民事案件的管辖】人民法院受理破产案件后,以债务人为当事人新提起的民事诉讼,不适用民事诉讼法、海事特别诉讼法以及有关司法解释关于地域管辖、级别管辖和专属管辖的规定,由受理破产申请的人民法院管辖。

海事纠纷、专利纠纷、证券期货纠纷、申请撤销和不予执行仲裁裁决案件,破产受理法院不能行使管辖权的,报请上级人民法院指定管辖。职工债权确认纠纷、适用小额诉讼程序审理的案件、房地产企业破产中购房合同纠纷案件,可以在开庭前径行裁定交下级法院审理。

与债务人相关民事纠纷,当事人在破产案件受理前就争议的解决约定明确有效仲裁条款的,应当通过仲裁方式解决。

人民法院受理破产申请后,与债务人有关的行政诉讼、刑事诉讼以及特别程序案件,按照行政诉讼法、刑事诉讼法以及民事诉讼法的有关规定确定管辖。

第四十二条 【债务人诉讼费的缓交】破产案件受理后,债务人提起诉讼,管理人申请缓交案件受理费、保全费等诉讼费用的,应予准许。

第四十三条 【有关债务人诉讼的当事人】破产案件受理后,管理人职责终止之前,有关债务人的诉讼,除本指引第五十五条规定的情形外,由债务人作为诉讼主体,管理人作为诉讼代表人参加诉讼。

重整计划被裁定批准后,执行完毕前,债务人自主管理企业的,有关债务人的新的诉讼,由法定代表人参加诉讼,但重整计划监督期开始前已启动而尚未终结的诉讼除外。

第四十四条　【破产涉及执行行为的救济程序】破产案件受理之前的执行行为,当事人提出执行异议、复议、监督以及执行异议之诉的,按照民事诉讼法及相关司法解释的规定处理。但涉及债务人尚未处置财产的处置、分配等执行行为的,人民法院不予受理;已经受理的,终结程序。

破产案件受理之后,执行法院未中止执行的,管理人可以代表债务人通过申请执行异议、复议的方式处理。

第四十五条　【仲裁裁决、公证文书在破产程序中的效力】破产案件受理前,当事人已经向人民法院申请撤销或不予执行仲裁裁决、不予执行公证债权文书,或者依法提起诉讼,尚未终结审查或审理的,参照本指引第四十条规定处理。

破产案件受理后,管理人、案外人依法申请撤销或不予执行仲裁裁决、不予执行公证债权文书,或当事人按照有关规定提出诉讼的,由破产案件受理法院管辖。

第四十六条　【不予执行仲裁裁决、公证债权文书的处理】破产案件受理前执行法院作出不予执行仲裁裁决、仲裁调解书或公证债权文书裁定的,对于仲裁裁决、公证债权文书确定的债权,管理人可以不予确认。破产案件受理后,当事人可以根据仲裁协议重新申请仲裁,也可以向破产案件受理法院起诉。

破产案件受理前执行法院驳回不予执行仲裁裁决、仲裁调解书或公证债权文书申请,管理人认为债权人据以申报债权的生效法律文书确定的债权错误的,按照民事诉讼法、仲裁法及有关司法解释的相关规定办理。

二、管理人

第四十七条　【指定管理人负责人】指定中介机构或清算组担任管理人的,被指定的机构或清算组应当在 3 个工作日内依法指定案件的管理人负责人,并书面告知案件受理人民法院。

第四十八条　【拒绝指定或辞去职务】管理人不得拒绝指定或辞去职务,但管理人存在不能依法、公正执行职务或其他不能胜任职务情形,并经人民法院许可的除外。

管理人拒绝指定或辞去职务的,应当向人民法院提出申请,并说明理由。人民法院应当自收到申请之日起 10 日内作出决定。理由成立的,应当同时指定新的管理人,并将决定书送达原管理人、新管理人、破产申请人、债务人以及债务人的企业登记机关,并予以公告。驳回申请的,应当将决定书送达管理人。

第四十九条 **【管理人的更换】**管理人存在不能依法、公正执行职务或其他不能胜任职务的情形,人民法院可以依据债权人会议申请或依职权决定更换管理人。

债权人会议申请更换管理人的,应当提交书面决议。人民法院接到申请后,应当通知管理人在 2 个工作日内作出说明,并在 15 日内作出是否更换的决定。

人民法院决定更换的,应当指定新的管理人,并将决定书送达原管理人、新管理人、破产申请人、债务人及债务人企业的登记机关,并予以公告。驳回申请的,应当将决定书送达管理人、债权人会议主席。

第五十条 **【新旧管理人的交接】**指定新管理人的,原管理人应当自收到决定书之日起 5 个工作日内,在人民法院的监督下向新管理人移交全部资料、财产、营业事务以及管理人印章,并向新管理人书面说明工作进展情况。在破产程序终结前,原管理人应当随时接受新管理人、债权人会议、人民法院关于其履行职责情况的询问。

第五十一条 **【管理人印章】**管理人收到刻制印章通知书后,应当在 5 个工作日内持受理破产申请裁定书、指定管理人决定书和刻制印章通知书,到公安机关刻制管理人印章。

管理人印章交人民法院备案后启用,只能用于所涉破产事务。管理人根据企业破产法第一百二十二条规定终止执行职务后,应当将管理人印章交公安机关销毁,销毁证明或记录应当存卷。

第五十二条 **【报酬方案】**管理人报酬按照最高人民法院有关规定,参照管理人工作量、工作效果、工作质量和效率确定。采取竞争方式确定管理人的,还应当参照竞争选任过程中管理人的报酬承诺方案。

三、债务人财产

第五十三条 **【债务人财产的范围】**破产案件受理时债务人的全部财产以及破产申请受理后至破产程序终结前债务人取得的财产,为债务人财产。债务人财产不以债务人实际占有为条件。

重整与和解案件转入破产清算的,债务人执行重整计划或和解协议取得的财产,按照重整计划与和解协议的规定确定财产归属,未作出规定的,认定为破产财产。

第五十四条 **【担保财产毁损灭失后的处理】**破产案件审理中,因担保财产毁损、灭失而获得的保险金、赔偿金、代偿物,担保权人可以主张按照企业破产法第一百零九条的规定优先受偿。

第五十五条　【撤销诉讼的提起】管理人发现债务人存在企业破产法第三十一条、第三十二条、第三十三条规定情形之一的,有权以自己的名义,以受益人或相对人为被告,向受理破产案件人民法院提起破产撤销权诉讼或确认债务人行为无效诉讼。

管理人提起前款诉讼,应当将原告列为"XX公司管理人",管理人负责人作为代表人参加诉讼。

第五十六条　【破产撤销权的行使】行使破产撤销权是管理人的职责,无需债权人会议表决或授权。

债务人存在企业破产法第三十一条、第三十二条规定情形之一,管理人认为不宜提起破产撤销权诉讼的,应当向债权人会议报告并说明理由,由债权人会议决定是否提起诉讼。

第五十七条　【民事撤销权和破产撤销权的竞合】破产申请受理后,管理人无法依照企业破产法第三十一条、第三十二条规定行使撤销权,代表债务人依据民法总则、合同法等关于可撤销法律行为的规定请求撤销并追回财产的,人民法院应当受理。

第五十八条　【银行自动抵扣到期债权的撤销】破产受理前6个月内,银行自动扣划债务人账户内存款偿还到期债权,如扣划时债务人存在企业破产法第二条第一款规定情形的,管理人可以行使撤销权。

第五十九条　【借新还旧的撤销】以偿还债务为目的签订新借款合同,债务人为新借款合同提供物的担保,所偿还的债务没有担保物或虽有担保物但价值低于新借款合同担保物的,管理人可以依据企业破产法第三十一条关于"为没有担保债务提供财产担保行为"的规定,对新设或增设担保主张撤销。

第六十条　【破产取回权】破产案件受理后,债务人占有的不属于债务人的财产,该财产的权利人应当及时向管理人主张取回。管理人经审查予以认可的,将该财产返还,并报告债权人委员会或债权人会议。管理人不予认可的,权利人可以以债务人为被告提起诉讼,请求行使取回权。

第六十一条　【破产抵销权的行使】债权人行使抵销权的,应当向管理人主张。债权人依法享有抵销权的,管理人经审查无异议或无正当理由在异议期内没有提出确认抵销无效诉讼的,抵销自管理人收到通知之日起生效。管理人无正当理由未行使异议权导致抵销生效,造成债务人损失的,应当承担赔偿责任。

管理人行使抵销权的,应当向债权人会议或向债权人委员会报告行使抵销权的理由。债权人会议或债权人委员会提出异议的,管理人不得行使抵销权。

破产抵销权,应当在破产财产分配方案或者和解协议、重整计划草案经债权人会议表决通过前行使。

第六十二条 【约定排除抵销、劣后债权的抵销】当事人约定不得抵销的债权,债权人在破产程序中主张抵销权的,可以允许。

清偿顺序在普通债权之后的债权,债权人主张与其对债务人债务抵销的,人民法院不予支持。

四、破产债权

第六十三条 【债权申报期限、地点】破产案件受理后,债权人应当按照受理通知、公告要求向管理人申报债权。债权人主张因破产申请的提出而发生申报效力的,人民法院不予支持。

债权申报期限、地点由破产受理人民法院根据案件实际情况依法确定。债权申报地点可以是管理人处理事务的地址、债务人住所地,或者是经管理人报人民法院同意的专门申报地点。

第六十四条 【补充申报】债权人未在确定的期限内申报债权的,可以在人民法院裁定认可最后分配方案之前,或者和解协议、重整计划草案执行完毕之前,补充申报。为审查和确认补充申报债权的费用,由补充申报人承担。

债权人补充申报时,经人民法院批准,管理人可以要求债权人预交补充申报费用。债权人不预交的,管理人可以不予审查和确认。

第六十五条 【未按照规定申报的法律后果】债权人未按照企业破产法规定申报债权的,不得依照破产程序行使权利。

破产清算程序中,债权人在破产财产最后分配前补充申报的,此前已进行的分配,不再对其补充分配。

第六十六条 【债权申报公告】债权申报公告应当根据案件影响范围,按照以下原则确定刊载媒体:

(一)债务人财产价值或债务不足500万元且普通债权人人数不足50人的破产清算案件在全国企业破产重整案件信息网发布;

(二)上市公司破产案件,应当在监管部门要求的信息披露媒体上发布;

(三)其他案件在人民法院所在地发行的报纸或人民法院报上发布。

上述(二)、(三)项公告应当同时录入全国企业破产重整案件信息网相应栏目。

第六十七条 【债权申报方式及内容】债权人可以在全国企业破产重

整案件信息网上申报债权,也可以以书面形式现场向管理人申报债权。网上申报的,应当在全国企业破产重整案件信息网实名注册,并提交有关证据的电子文档。

债权申报文件包括以下内容:债权人基本情况、债权形成过程、债权数额及计算方式、有无财产担保、是否属于连带债权、债权的到期日等,并附相关证据。

申报债权时,债权人应当填写联系电话、邮寄地址以及联系人或收件人。破产程序中,按照申报时填写的联系方式发出的文件或通知,视为债权人收到。

第六十八条　【职工债权】企业破产法第一百一十三条第一项规定的职工债权不必申报,债权人申报的,管理人应当予以登记。

管理人制作职工债权表后,应当在债权申报地点、债务人住所地以及全国企业破产重整案件信息网予以公示,并发送职工债权人。职工对清单记载有异议的,应当向管理人申请更正或调整,并说明理由。职工仍有异议的,应当通过提起债权确认之诉的方式解决。

债务人所欠职工的住房公积金、住房补贴以及董事、监事、高管因返还非正常收入后形成的债权,参照前两款规定办理。

第六十九条　【税收、社会保险等债权的申报】税收、社会保险费、住房公积金债权,征管机关应当向管理人申报,并附计算方式和依据。债务人、债权人对核查结果有异议的,可以向破产受理法院提出债权确认之诉。

第七十条　【解除合同赔偿的申报】管理人解除破产案件受理前成立但未履行或未完全履行的合同的,对方当事人以合同解除的损害赔偿请求权申报债权。损害赔偿额的计算,按照合同法等有关法律规定处理,但依照企业破产法第十八规定解除合同的,以实际损失为原则,合同约定的违约金或定金条款不再适用。

第七十一条　【外汇债权的申报】申报的债权以外币结算的,应当以破产申请受理日公布的同一币种的汇率折算为人民币计算债权额,进行申报。

第七十二条　【保证人破产程序终结后债权人未申报的效力】债权人未申报债权,保证人被宣告破产的,保证责任自破产清算程序终结之日起终止。重整计划与和解协议执行完毕的,债权人可以向保证人主张保证责任,但不得高于重整计划与和解协议中与所担保债权同类的债权受偿比例。

第七十三条　【受托人的申报】委托人破产的,受托人知道后,应当停止代理事务。未停止代理事务而产生的费用,不得向债务人主张受偿,但紧急情况下继续代理事务而产生的费用等实际支出可以作为共益债务处理。

受托人不知道委托人破产,继续代理委托事务而产生的费用等实际支出可以作为共益债务处理。

第七十四条 【债权申报的登记】 管理人应当对债权申报提交的材料进行形式审查,材料符合要求的予以登记。

申报材料经审查不符合形式要求的,管理人应当通知申报人限期补充。申报人逾期不补充或补充后债权申报材料仍不符合要求的,管理人可以不予登记。

管理人不予登记的,债权人可以提起债权确认之诉。

第七十五条 【债权申报登记册】 管理人应当对申报材料符合要求的债权申报进行登记,编制债权申报统计表。

同一债权人申报多笔债权的,管理人应当分别登记。

第七十六条 【债权申报的审查】 管理人应当结合债权人申报材料和债务人提供的材料对债权是否成立、债权性质、债权数额、是否超过诉讼时效、是否超过申请执行期间、担保情况等进行实质性审查。必要时,管理人可以通知债权人补充材料或者说明情况,也可以通知债务人有关人员说明情况或到场配合审查。

债权申报的审查,应当依据企业破产法以及民法总则、合同法等有关法律、行政法规、司法解释的规定。

第七十七条 【暂缓认定的债权】 暂缓认定的债权,包括管理人尚未作出审查结论或复核结论的债权、管理人作出审查结论或者复核结论后债权人提出诉讼的债权、附条件但条件尚未成就的债权等。

暂缓认定的债权,债权人、管理人可以向人民法院申请赋予临时表决权。

第七十八条 【有异议债权的处理】 债权人、债务人对债权表记载的债权有异议的,应当说明理由和依据。经管理人解释或调整后,异议人不服的,应当在债权人会议核查结束后 15 日内提起债权确认之诉或按照当事人约定申请仲裁。

债权人、债务人在债权人会议核查结束后 15 日后提出诉讼的,人民法院一般不予受理。因不可抗拒的事由或其他正当理由耽误期限的,可以依照《中华人民共和国民事诉讼法》第八十三条的规定申请顺延。

债权未确认且债权人未按照规定提起诉讼的,重整计划与和解协议执行完毕后,债权人主张按照同类债权受偿比例清偿的,人民法院不予支持。

第七十九条 【异议债权确认之诉】 债务人对债权表记载的债权有异议向人民法院提起诉讼或申请仲裁的,应当列债务人为原告,被异议的债权人为被告。债权人对债权表记载的他人债权有异议的,原则上列被异议债权人和债务人为共同被告;未将债务人列为共同被告的,不构成程序严重违法,当事人据此申请再审的,人民法院应当驳回。

异议债权确认诉讼案件的诉讼费按照有异议部分的数额根据财产案件受理标准收取。对债权数额无异议,但对债权的清偿顺序有异议而提起诉讼的,按照争议所涉及债权的金额计算受理费。

第八十条　【破产受理后对债务人给付之诉的禁止】破产申请受理后,债务人的债权人对债务人提起新的给付之诉的,人民法院不予受理。已经受理的,应当裁定驳回起诉,并告知债权人向管理人申报债权。

第八十一条　【未申报债权即提起确认之诉的处理】破产申请受理后,债权人未申报债权或申报后管理人作出审查意见前直接提起诉讼请求确认债权的,人民法院不予受理。已经受理的,应当驳回起诉。

第八十二条　【共益债务的清偿程序】共益债务清偿,应当向管理人提出。管理人对共益债务不予确认的,债权人可以向破产受理法院提出债权确认之诉。

五、重整程序

第八十三条　【自行管理】重整程序中债务人的财产和营业事务,符合下列条件的,债务人可以向人民法院申请自行管理:

(一)未发现债务人有企业破产法第三十一条、第三十二条、第三十三条规定的行为;

(二)债务人内部治理结构足以使企业正常运作;

(三)债务人的董事会、股东会(股东大会)决议同意债务人自行管理的。

第八十四条　【自行管理决定程序】债务人申请自行管理的,人民法院可以召开听证会进行审查。

重整案件受理前,债务人申请自行管理,人民法院裁定受理重整案件的,应当同时决定是否准许债务人自行管理。重整案件受理后,债务人提出自行管理申请的,人民法院应自收到申请之日起15日内作出是否准许的决定

第八十五条　【债务人管理行为的决定程序】债务人自行管理财产和营业事务期间,需要实施企业破产法第六十九条规定的财产处分行为的,应当报告管理人。管理人应当按照《最高人民法院关于适用〈中华人民共和国企业破产法〉若干问题的规定(三)》第十五条的规定办理。

债务人需要实施变更公司业务或经营方案、重要人事任免等行为,可以由债务人自行决定,但应提前报告管理人。管理人不同意债务人决定的,应报人民法院决定。

第八十六条 【债务人自行管理之撤销】债务人自行管理期间,有下列情形之一的,经管理人、债权人会议或者债权人委员会申请,人民法院可以撤销债务人自行管理:

(一)债务人的经营状况和财产状况继续恶化;

(二)债务人有欺诈、恶意减少债务人财产或者其他不利于债权人的行为。

债务人申请撤销自行管理的,人民法院应当同意。

自行管理撤销后,负责管理的有关人员存在故意或过失损害债务人利益的,应当依法承担赔偿责任。

第八十七条 【管理人聘任债务人有关人员的费用】重整期间,管理人负责管理财产和营业事务的,可以聘任债务人的经营管理人员负责营业事务。聘用人员的工资、社保费等,可以作为破产费用处理。

第八十八条 【继续营业所负债务的处理】重整期间或重整计划、和解协议的执行期间,债务人和管理人为债务人营业所负债务可以优先于普通债权受偿,重整计划、和解协议另有安排或担保债权人同意使用担保财产清偿的除外。

第八十九条 【重整投资人的选定】选任重整投资人,可以采取定向邀请、协商、公开遴选等方式进行。

第九十条 【庭外重组与重整的衔接】重整程序启动前,债权人、债务人、出资人、重整投资人等利害关系人通过庭外谈判,协商拟定重组方案。重整申请受理后,管理人或债务人根据重组方案制定重整计划草案,符合下列条件的,债权人、债务人、出资人对重组方案的表决意见视为对重整计划草案的表决意见:

(一)重组方案表决前,向参与表决的债权人、债务人、出资人如实披露信息;

(二)债权人、债务人、出资人对重组方案的表决意见为同意;

(三)重整计划草案与重组方案的基本内容一致,或者重整计划草案的修改未实质影响债权人、债务人、出资人权益。

重整投资人违反重组方案中有关承诺的,应当按照重组方案的约定承担赔偿责任。但重整计划草案对重组方案作出实质性变更的除外。

第九十一条 【重整计划草案的提出】债务人自行管理财产和营业事务的,由债务人制作重整计划草案;管理人管理财产和营业事务的,由管理人制作重整计划草案。

债务人、管理人制定重整计划草案时,可以与债权人、出资人、重整投资人等利害关系人协商,听取对重整计划草案的建议。

第九十二条　**【中介机构协助制定重整计划草案】**债务人自行管理的,经债权人会议同意或人民法院批准,可以根据实际情况聘请法律顾问、财务顾问等中介机构协助处理制定重整计划草案等相关事务,顾问费用按照共益债务处理。

第九十三条　**【重整计划草案的说明】**重整计划草案交付表决前,草案制作人应当通过会议、电话、邮件、传真等有效方式向债权人等利害关系人作出详尽说明,并如实回答提问。

第九十四条　**【重整计划草案的分组表决】**债权人依照企业破产法第八十二条第一款的规定,按照债权性质的不同进行分组表决。经管理人申请,人民法院可以决定对普通债权人按照债权性质、清偿条件或债权额等进行分组。

第九十五条　**【未通过后的再次表决】**部分表决组未通过重整计划草案的,债务人或管理人可以同该表决组协商后再表决一次,协商结果不得损害其他表决组利益。再次表决原则上应在第一次表决后 3 个月内完成。

第九十六条　**【通过计划的批准】**自重整计划通过之日起 10 日内,债务人或管理人应当向人民法院申请批准重整计划。人民法院经审查符合企业破产法第八十七条第二款规定条件的,应当裁定批准;不符合条件的,应当裁定终止重整程序,宣告债务人破产。

第九十七条　**【强制批准重整计划】**重整计划草案符合企业破产法第八十七条第二款规定的条件,具有可行性,同时应当至少有一组表决组已经通过重整计划草案,且各表决组中反对者能够获得的清偿利益不低于依照破产清算程序所能获得的利益时,人民法院可以强制批准重整计划。

第九十八条　**【债务人股权的处置】**涉及调整债务人股权的,管理人或债务人在重整计划草案制定时应当与股东、对股权采取保全措施的权利人、对股权享有担保物权的权利人进行协商处置。协商不一致的,管理人或债务人应当在重整计划草案中提出股权处理意见。

人民法院批准重整计划时,应当结合债务人资产价值、负债情况、重整计划中债务人受偿比例、调整后原股东保留权益大小等进行审查。经审查批准的,应当按照重整计划的规定执行。对股权采取查封措施的人民法院或登记机关不予执行的,管理人可以向人民法院申请协助执行。

第九十九条　**【重整企业信用修复】**重整计划执行期间,根据债务人或管理人申请,人民法院可以协调政府相关部门帮助重整企业修复信用记录、恢复营业执照、依法获取税收优惠等,以利于重整企业恢复正常生产经营。

重整计划执行完毕,债务人的信用记录、税收、营业执照等未恢复至正常状态的,债务人或管理人可以向有关机关申请恢复。

第一百条 【重整计划、投资人的变更】因出现国家政策调整、法律修改等特殊情况,债务人无法执行原重整计划的,债务人或管理人可以申请变更重整计划一次。变更后的重整计划,应经因重整计划变更而遭受不利影响的债权人组、出资人组进行表决,并经人民法院裁定批准。

重整计划执行过程中,重整投资人不履行重整计划的,经债权人会议同意,管理人可以向人民法院申请由新的投资人承接原投资人的权利义务。

六、清算程序

第一百零一条 【破产清算申请的宣告】破产清算申请受理后,第一次债权人会议结束前无人提出重整或和解申请,破产受理时具备下列情形之一的,除存在依法应当终结破产程序的情形外,管理人应当及时向人民法院提出破产宣告申请:

(一)债务人不能清偿到期债务,且资产不足以清偿债务;

(二)债务人不能清偿到期债务,且明显缺乏清偿能力。

第一百零二条 【程序转化的宣告】债务人符合企业破产法第二条规定情形,受理破产重整、和解申请后,债务人出现应当宣告破产的法定原因时,人民法院应当依法裁定终止重整或和解程序,及时宣告债务人破产。

第一百零三条 【财产不足以清偿破产费用、共益债务的处理】破产申请受理后,债务人财产不足以清偿破产费用,应当裁定终结破产程序。有债权人申报债权或存在共益债务的,应当同时宣告债务人破产。

破产清算程序中,债务人财产不足以清偿共益债务的,视为无财产可供分配的情形,应当裁定宣告债务人破产,并终结破产程序。

第一百零四条 【终结裁定的效力】人民法院裁定宣告破产并终结破产程序的,管理人应当持终结裁定办理相应的注销手续。债权人、债务人或利害关系人要求恢复破产程序的,人民法院不予支持;另行提出破产申请的,人民法院不予受理。

破产程序终结后,发现有依法应当追回的财产或者有应当供分配的其他财产的,债权人可以依据企业破产法第一百二十三条的规定请求人民法院按照破产财产分配方案进行追加分配。

第一百零五条 【拍卖、审计、评估等事项的处理】涉及拍卖、审计、评估的机构选任、操作规则等事项,由管理人提出方案,交债权人会议决定。债权人会议无法形成有效决议的,参照执行程序有关拍卖、审计和评估的规定执行。第一次债权人会议之前,确有必要开展拍卖、审计、评估事项的,管理人可以依据公开、公平、公正的原则提出方案,报人民法院批准后执行。

重整、和解程序中的拍卖、审计、评估,参照前款规定执行。

第一百零六条　【破产财产的变价】破产财产的变价以拍卖为原则,具备网络拍卖条件的,优先考虑网络拍卖。

拍卖所得不足以支付有关费用或债权人会议决议不拍卖的,可以作价变卖或实物分配。

法律、行政法规明确规定了财产转让方式的,应当从其规定,债权人会议不得以决议排除其适用。

第一百零七条　【有优先购买权的拍卖】拍卖的破产财产上存在优先购买权的,应通知优先购买权人参加拍卖。拍卖过程中,有最高应价时,优先购买权人表示以该最高价买受,如无更高应价,则拍归优先购买权人;如有更高应价,而优先购买权人未明确表示购买的,拍归应价人。

顺序相同的多个优先购买权人表示买受的,应当以有利于破产财产价值最大的原则确定买受人。以同一价格表示买受的,可以由竞买人协商。协商不成,管理人可以结合竞买人的履行能力选择买受人。

第一百零八条　【对外投资的收回】债务人对外股权投资及收益属于债务人的财产。破产企业的对外投资应当通过拍卖或者协议转让股权的方式予以收回。

管理人拍卖或者协议转让债务人持有的有限责任公司股权的,应当依法通知公司及全体股东;管理人拍卖或者协议转让债务人投资的股份有限公司股权的,应当依法通知公司。

第一百零九条　【处置前对外投资权利的行使】破产案件受理后,债务人作为投资人的权利,由管理人行使。管理人行使投资权利可能造成投资权益减损的,行使权利时,应当经债权人会议同意。

第一百一十条　【债权追收以及直接分配债权】债务人对外债权属于债务人的财产,管理人应当追收。债务人享有的债权诉讼时效自人民法院受理破产申请之日起中断。

债权追收成本过高的,经债权人会议决议,可以放弃债权,亦可以选择拍卖或分配债权。

债权人会议决议分配债权的,由管理人向债权人出具债权分配书,债权人可以凭债权分配书向债务人的债务人要求履行。

第一百一十一条　【买受人物权期待权的破产保护】破产案件受理前债务人出售不动产,符合下列条件的,买受人可以要求管理人协助办理过户

手续:

(一)破产案件受理之前已经签订合法有效的书面买卖合同,且合同签订时不动产未被采取保全措施的;

(二)破产案件受理之前已经合法占有该不动产;

(三)已经支付全部价款或已经按照合同约定支付部分价款且同意将剩余价款交付管理人;

(四)非因买受人的原因未办理过户登记。

第一百一十二条　【生存权的保护】破产案件受理前债务人出售商品房,符合下列条件且房屋具备过户条件的,买受人可以将剩余价款交付给管理人并要求管理人协助办理过户手续;破产程序终结前,房屋不具备过户条件的,买受人可以就变价款行使优先受偿权:

(一)破产案件受理之前已经签订合法有效的书面买卖合同,且合同签订时不动产未被采取保全措施的;

(二)所购商品房系用于居住且买受人名下无其他用于居住的房屋;

(三)已支付的价款超过合同约定的总价款的百分之五十。

第一百一十三条　【担保物权的特殊处理】买受人依据本指引第一百一十一条、第一百一十二条规定取得所有权的,附着在标的物上的担保物权消灭,担保物权人可以就买受人支付的剩余价款优先受偿。

第一百一十四条　【抵押权预告登记】破产案件受理前办理抵押预告登记,破产受理后债权人主张在预告登记抵押物价值范围内优先于普通债权受偿的,人民法院不予支持。

第一百一十五条　【担保债权与税收债权的顺位】破产清算程序中,税收债权人以税收债权先于担保物权成立为由,主张对担保物享有优先于担保权人受偿权利的,人民法院不予支持。

第一百一十六条　【多次分配】管理人按照破产财产分配方案实施多次分配的,应当公告本次分配的财产额和债权额。

管理人实施最后分配的,应当在公告中指明,并依企业破产法第一百一十七条第二款载明对附条件债权的处理。

第一百一十七条　【办理注销手续】人民法院作出宣告破产裁定的,管理人应当自破产程序终结之日起 10 日内,持人民法院终结破产程序的裁定,向债务人的登记机关办理工商、税务等注销登记。

第一百一十八条　【管理人终止执行职务】管理人办理完债务人注销登记手续后,应向人民法院报告,并于注销完毕的次日终止执行职务。

存在诉讼或者仲裁未决情况的,管理人自诉讼或者仲裁程序所涉事项全部办理完毕之次日终止执行职务。

第一百一十九条 【追加分配】破产程序终结之日起 2 年内追回的破产财产,债权人或管理人可以请求按照破产财产分配方案进行追加分配。追回财产和追加分配有关工作,由人民法院通知原管理人恢复职务办理;原管理人因故不能继续履行职务的,可以另行指定管理人办理。

七、破产程序与刑事程序的协调

第一百二十条 【破产程序与刑事诉讼程序的协调】债务人涉嫌犯罪,申请人申请该企业法人破产,符合企业破产法第二条规定的,人民法院应当受理。犯罪行为所涉财产可以暂缓处置,待刑事诉讼终结后再行恢复;其他权益、财产处理继续进行。

破产案件受理后,有关主体以债务人涉嫌虚假破产罪为由,申请终结或中止破产程序的,人民法院不予支持。经审查,发现债务人不存在企业破产法第二条规定情形的,驳回破产申请。

第一百二十一条 【刑事裁判财产罚的处理】破产案件受理后,针对债务人财产生效刑事裁判的执行应当中止。

生效刑事判决对债务人处以罚金、没收财产的,执行法院可以持判决书向管理人申报债权。

第一百二十二条 【被害人救济与破产程序的协调】生效刑事判决认定债务人返还受害人赃款、赃物,破产案件受理前,赃款在刑事程序中已经特定化、赃物与破产财产区分的,受害人可以向管理人主张取回。

破产案件受理时,刑事程序并未以查封、扣押等措施将赃款特定化,赃物无法与破产财产区分的,受害人可以赃款、赃物的价值向管理人申报债权并主张优先受偿。破产案件受理时赃物与破产财产可以区分,因管理人或相关人员执行职务导致无法区分,受害人主张债务人赔偿赃款、赃物的价值并作为共益债务处理的,人民法院应予支持。

八、破产程序中的法律责任

第一百二十三条 【管理人民事责任】管理人应当勤勉尽责、忠实执行职务,审慎合理、积极高效地履行管理义务,依法管理和处分债务人财产,审慎决定债务人内部管理事务,不得违反规定将自己的职责全部或者部分转让给他人。

管理人不履行、不当履行或怠于履行职务给债权人、债务人或第三人造成损失的,应当依法承担民事责任。管理人以已经向人民法院告知有关事项或人民法院对有关事项作出决定为由,主张减轻或免除责任的,人民法院不予支持。

第一百二十四条 【不履行法定义务的人员的强制措施】债务人的法定代表人、财务管理人员以及其他经营管理人员有下列情形之一的,经管理人书面申请,人民法院审查后,视情节轻重可以单独或综合采取拘传、罚款、限制出境、司法拘留、限制高消费、失信惩戒等措施:

(一)经人民法院传唤,无正当理由拒不列席债权人会议的;

(二)列席债权人会议人员拒不陈述、回答,或者作虚假陈述、回答的;

(三)违反企业破产法的规定,拒不向人民法院提交或者提交不真实的财产状况说明、债务清册、债权清册、有关财务会计报告以及职工工资的支付情况和社会保险费用的缴纳情况,人民法院责令提交后仍不提交的;

(四)违反企业破产法规定,拒不向管理人移交或者隐匿债务人财产、印章和会计报告、账簿、文书等资料,或者伪造、销毁有关证据材料而使财产状况不明的;

(五)未经人民法院许可,擅自离开住所地的;

(六)不履行协助、配合义务可能影响破产程序进行的其他情形。

第一百二十五条 【妨害破产的刑事责任】破产案件受理后,管理人发现债务人及有关人员存在隐匿财产、对资产负债表或者财产清单作虚假记载或者在未清偿债务前分配财产、隐匿或销毁依法应当保存的凭证等行为涉嫌犯罪的,应当及时向公安机关报案,追究有关人员的刑事责任。

深圳市中级人民法院

关于印发《审理企业重整案件的工作指引(试行)》的通知

2019 年 3 月 25 日　　　　　　　　　　　　深中法发〔2019〕3 号

各基层人民法院、本院各部门：

　　《深圳市中级人民法院审理企业重整案件的工作指引(试行)》已经 2019 年 3 月 14 日本院审判委员会民事执行专业委员会 2019 年第 3 次会议讨论通过。现印发给你们《深圳市中级人民法院企业破产重整案件审理规程(试行)》(2009 年 6 月 18 日起公布施行)已经失效。请相关部门认真学习《深圳市中级人民法院审理企业重整案件的工作指引(试行)》并遵照执行。执行情况和遇到的问题请及时反馈本院破产法庭。

　　特此通知。

深圳市中级人民中院审理企业重整案件的工作指引(试行)

目　　录

第一章　总　　则

第一条　为正确适用破产重整相关法律规定,规范审理破产重整案件,提升审判质效,根据《中华人民共和国企业破产法》《中华人民共和国公司法》等法律及相关司法解释的规定,结合本院审判实际情况,制定本指引。

第二条　本院鼓励、支持、引导对具有挽救价值与重整可能的债务人进行重整。

第三条　审理企业破产重整案件,应当保护债权人和债务人的合法权益,兼顾出资人、重整投资人及其他利害关系人的正当利益,注重维护社会整体利益。

第四条　审理企业破产重整案件,应当坚持高效原则,依法及时公正处理各项事务。

第五条　本院管辖债务人住所地在深圳市的企业破产重整案件,但基层法院管辖的执行转破产案件除外。

第二章　重整申请和审查

第一节　申　　请

第六条　债务人具备重整原因的,债权人可以向本院申请对债务人进行重整,债务人也可以自行提出重整申请。

债务人具有下列情形之一的,应当认定其具有重整原因:

(一)不能清偿到期债务,并且资不抵债;

(二)不能清偿到期债务,并且明显缺乏清偿能力;

(三)有明显丧失清偿能力可能。

第七条　国务院金融监督管理机构可以依照《中华人民共和国企业破产法》第一百三十四条的规定,对商业银行、证券公司、保险公司等金融机构申请重整。

第八条　债权人申请对债务人进行破产清算的,在破产申请受理后,宣告债务人破产前,债权人、债务人或者出资额占债务人注册资本十分之一以上的出资人,可以申请对债务人进行重整。

第九条　债务人自行提出重整申请的,应当按照法律法规或者公司章程规定,事先经过股东会(或股东大会)、董事会、主管部门或投资人的同意。

第十条　债权人申请重整的,应当提交下列材料:

(一)重整申请书。记明申请人和被申请人的基本信息、申请事项、申请的事实和理由;

(二)申请人的主体资格证明;

(三)债务人的主体资格证明和最新工商登记材料;

(四)债务人不能清偿到期债务的证据;

(五)债务人具有重整价值的证据。

第十一条　债务人申请重整的,应当提交下列材料:

(一)本指引第九条、第十条第(一)、(二)、(四)、(五)项列明的材料;

(二)资产及负债明细;

(三)有关财务会计报告;

(四)债权、债务及担保情况表;

(五)诉讼、仲裁及执行情况清单;

(六)职工安置预案;

(七)重整可行性分析报告。

第十二条　债务人的出资人申请重整的,应当提交下列材料:

(一)本指引第十条列明的材料;

(二)债务人资产及负债明细;

(三)债务人有关财务会计报告;

(四)债务人职工安置预案;

(五)债务人重整可行性分析报告。

第十三条　上市公司债权人、上市公司及其出资人申请对该上市公司重整的,除分别依照本指引第十条至第十二条规定提交材料外,还应当提交上市公司住所地省级人民政府向证券监督管理部门的通报材料、证券监督管理部门的意见以及上市公司住所地人民政府出具的维稳预案。

第十四条　商业银行、证券公司、保险公司等金融机构债权人、金融机构及其出资人申请对该金融机构重整的,除分别依照本指引第十条至第十二条规定提交材料外,还应当提交国务院金融监督管理机构同意或批准的意见。

第十五条　申请人可以在重整申请受理前撤回重整申请。

重整申请在破产清算受理后、宣告破产前提出又撤回的,破产清算程序继续进行。

第二节 审 查

第十六条 立案部门负责重整申请的形式审查。

申请人提交的材料符合本指引规定的,立案部门依照《深圳市中级人民法院破产案件立案规程》的规定以"破申"字号登记立案。

第十七条 深圳破产法庭对立案部门移送的重整申请,应当组成合议庭,进行听证调查。组织听证调查的时间不计入重整申请的审查期间。

第十八条 申请人在破产清算受理后、宣告债务人破产前申请重整的,应当向审理破产清算案件的合议庭提出,由该合议庭进行听证调查。

第十九条 合议庭应当在听证调查三日前通知下列人员参加:

(一)申请人;

(二)债务人的法定代表人、财务人员和职工代表;

(三)合议庭认为应当参加听证调查的其他人员。

债务人的债权人、出资人、重整投资人等利害关系人经合议庭准许,可以参加听证调查。

第二十条 听证调查按照下列顺序进行:

(一)申请人陈述申请的事实和理由,并出示相关证据;

(二)债务人有关人员针对重整申请发表意见;

(三)合议庭对债务人是否具备重整原因、重整价值、重整可行性和是否存在重整障碍等相关情况进行询问;

(四)申请人、被申请人发表最后意见。

第二十一条 合议庭应当根据听证调查的情况,及时对申请人的主体资格、重整原因、重整价值、重整可行性等逐一进行评议,并就是否受理作出裁定。

第二十二条 债务人具有重整价值是指,债务人的继续经营价值大于清算价值。

判断债务人的重整价值,应当综合考虑下列因素:

(一)债务人的行业地位和行业前景,包括债务人的市场认可度、产能先进性等;

(二)债务人的经营情况,包括债务人经营模式的成熟程度、经营团队的稳定性和经营管理的运行情况等;

（三）债务人的资质价值，包括债务人的资本价值、特许经营权或者生产资质等；

（四）债务人的品牌价值，包括债务人的营销网络、客户关系、品牌效应及其商誉等；

（五）债务人的社会公共价值，包括债务人对国计民生及公共利益的重大影响等；

（六）能够体现债务人重整价值的其他情形。

社会中介机构、预重整管理人出具的报告可以作为判断债务人重整价值的参考。

第二十三条　债务人具有重整可行性是指，债务人的现有资源和条件能够保证重整计划的执行。

判断债务人的重整可行性，应当综合考虑下列因素：

（一）债务人的重整意愿及其配合程度；

（二）主要债权人支持重整的情况；

（三）重整方案及重整投资人情况；

（四）法律与政策障碍情况；

（五）重整与清算模式下的清偿率情况。

社会中介机构、预重整管理人出具的报告可以作为判断债务人重整可行性的参考。

第二十四条　审查重整申请时，合议庭可以根据案件情况，征询市场监管部门、企业主管部门、行业协会以及行业专家的意见。

第二十五条　国有独资企业或国有资本控股企业申请重整的，应当经履行出资人职责的国有资产监督管理机构或国有企业上级主管部门同意，且企业职工已妥善安置或已制定切实可行的员工安置方案。

债权人申请对国有独资企业或国有资本控股企业进行重整的，合议庭应当将申请情况告知履行出资人职责的国有资产监督管理机构或国有企业上级主管部门，并说明相应法律责任。

第二十六条　受理对商业银行、证券公司、保险公司等金融机构以及上市公司重整申请的，应逐级呈报最高人民法院审核批准。

第三章　预重整

第二十七条　受理重整申请前，对于具有重整原因的债务人，为识别其重整价值及重整可行性，提高重整成功率，经债务人同意，合议庭可以决定对债务人进行预重整。

合议庭决定对债务人进行预重整的,债务人应当在预重整期间制作重整方案,并征集利害关系人意见。

第二十八条 债务人符合下列情形之一的,可以进行预重整:

(一)需要安置的职工超过五百人的;

(二)债权人两百人以上的;

(三)涉及超过一百家上下游产业链企业的;

(四)直接受理重整申请可能对债务人生产经营产生负面影响或者产生重大社会不稳定因素的。

受理破产清算申请后、宣告债务人破产前申请重整的,不适用预重整。

第二十九条 预重整期间为三个月,自合议庭作出预重整决定之日起计算。有正当理由的,经管理人申请,可以延长一个月。

第三十条 合议庭决定进行预重整的,应当同时指定管理人。

管理人一般通过摇珠方式在一级管理人中选定,也可以在债务人及其出资人、主要债权人共同推荐或者有关监管部门、机构推荐的已编入管理人名册的机构中指定。

受理重整申请后,应当指定预重整管理人为债务人管理人。

第三十一条 在预重整期间,管理人履行下列职责:

(一)调查债务人的基本情况、资产及负债情况;

(二)推动债务人与其出资人、债权人、意向投资人等利害关系人进行协商,引导各方就重整方案达成共识;

(三)债务人继续经营的,监督债务人的经营。

第三十二条 在预重整期间,债务人承担下列义务:

(一)配合管理人调查,根据询问如实回答并提交材料;

(二)勤勉经营管理,妥善维护资产价值;

(三)及时向管理人报告经营中的重大事项;

(四)不得对外清偿债务,但维系基本生产必要的开支除外;

(五)未经允许,不得对外提供担保;

(六)积极与出资人、债权人、意向投资人协商,制作重整方案;

(七)完成与预重整相关的其他工作。

第三十三条 在预重整期间,对于可能因有关利害关系人的行为或者其他原因,影响破产程序依法进行的,合议庭可以根据管理人的申请或者依职权,对债务人的全部或者部分财产采取保全措施。

在预重整期间,合议庭应当及时通知执行部门中止对债务人财产的执行。已经采取保全措施的执行部门应当中止对债务人财产的执行。

第三十四条　在预重整期间，债务人可以在信息充分披露的前提下，就制作的重整方案征求出资人、债权人、意向投资人等利害关系人的意见。符合下列情形之一的，债权人、出资人与债务人达成的协议，以及债权人、出资人作出的同意意见，在重整申请受理后继续有效：

（一）债权人、出资人承诺或者同意的内容与重整计划草案的基本内容一致；

（二）重整计划草案对债权人、出资人承诺或者同意内容的修改未实质影响到债权人、出资人利益，且相关债权人、出资人同意不再对重整计划草案进行表决。

债务人制作的重整方案应当包括《中华人民共和国企业破产法》第八十一条规定的主要内容。重整申请受理后，债务人可以在重整方案的基础上制作重整计划草案，并提请合议庭召开债权人会议进行表决。

第三十五条　债务人应当按照下列标准进行信息披露：

（一）全面披露。披露内容应当包括表决所必要的全部信息，如导致破产申请的事件、经营状况、相关财务状况、履约能力、可分配财产状况、负债明细、重大不确定诉讼、模拟破产清算状态下的清偿能力、重整计划草案重大风险等；

（二）准确披露。信息披露应当措辞明确，以突出方式引起注意，不得避重就轻、缩小字体或者故意诱导作出同意的意思表示；

（三）合法披露。披露程序应当符合法律规定的要求。

第三十六条　在预重整期间，债务人因持续经营需要，经合议庭批准，可以对外借款。受理重整申请后，该借款可参照《中华人民共和国企业破产法》第四十二条第（四）项的规定清偿。

第三十七条　在预重整期间，管理人支出的差旅费、调查费等执行职务费用由债务人财产随时支付。债务人未及时支付的，受理重整申请后，列入破产费用。

管理人在预重整期间付出合理劳动的，可以在完成预重整工作报告后向债务人收取适当报酬。报酬数额由管理人和债务人协商确定，原则上不超过50万元。协商不成的，由合议庭根据实际工作情况确定。但受理重整申请的，预重整期间付出的劳动可作为管理人报酬上浮的参考因素，管理人不另行收取预重整报酬。

第三十八条　债务人不履行本指引第三十二条规定的义务且不予纠正的，经管理人申请，合议庭可以决定终结预重整，并及时对是否受理重整作出裁定。

第三十九条　预重整工作完成或者预重整期间届满,管理人应当提交预重整工作报告。

预重整工作报告一般包括下列内容:

(一)债务人的基本情况;

(二)债务人出现经营或财务困境的原因;

(三)债务人的资产、负债状况;

(四)债务人的生产经营状况;

(五)债务人重整价值的分析意见;

(六)债务人重整可行性的分析意见;

(七)是否形成重整方案以及重整方案的协商情况;

(八)进行重整的潜在风险及相关建议。

第四十条　合议庭应当自收到预重整工作报告之日起十日内裁定是否受理重整申请。裁定不予受理重整申请但查明债务人具备破产原因的,可以告知申请人依法提出破产清算申请。

第四十一条　受理重整申请前,债务人通过庭外商业谈判拟定重组方案的,应当按照本指引规定进行信息披露并征集债权人、出资人意见。

重整程序启动后,债务人可以在重组方案的基础上制作并提交重整计划草案。合议庭应当自收到重整计划草案之日起十五日内召开债权人会议进行表决。但是,债务人在债权申报期届满前提交重整计划草案的,合议庭应当在债权申报期届满后的十五日内召开债权人会议进行表决。

第四章　裁定重整和重整期间

第一节　裁定重整

第四十二条　受理重整申请的,应当在裁定作出之日起五日内向申请人、被申请人送达,并在十五日内参照本院《破产案件债权审核认定指引》第十条的规定发布受理公告。

第四十三条　受理重整申请的,应当同时指定债务人管理人。预重整期间已经指定管理人的,指定预重整管理人为债务人管理人。

在受理破产清算后、宣告债务人破产前裁定对债务人进行重整的,破产清算期间的管理人即为重整期间的管理人。

第四十四条　关联企业均被本院裁定受理重整申请的,应当以尊重企业法人人格的独立性为原则进行协调审理。

关联企业成员之间不当利用关联关系形成的债权劣后于其他普通债权顺序清偿,且该劣后债权人不得就其他关联企业成员提供的特定财产优先受偿。

第四十五条　关联企业成员之间法人人格高度混同,严重损害债权人公平受偿利益的,或者关联企业实质合并重整有利于增加重整价值,使全体债权人受益的,关联企业成员、关联企业成员的出资人、债权人、已经进入破产程序的关联企业成员的管理人,可以申请对具有重整原因的多个关联企业成员进行合并重整,还可以申请将关联企业成员并入重整程序。

关联企业个别成员已经进入重整程序,没有申请人对其他成员企业提出合并重整申请的,不适用合并重整。

重整计划已经被批准或者已经宣告破产的关联企业成员,不参与其他关联企业的合并重整。

第四十六条　关联企业成员持续、普遍存在下列情形的,可以认定法人人格高度混同:

(一)主要经营性财产难以区分;

(二)财务凭证难以区分或者账户混同使用;

(三)生产经营场所未明确区分;

(四)主营业务相同,交易行为、交易方式、交易价格等受控制企业支配;

(五)相互担保或交叉持股;

(六)董事、监事或高级管理人员交叉兼职;

(七)受同一实际控制人控制,关联企业成员对人事任免、经营管理等重大决策事项不履行必要程序;

(八)其他导致关联企业成员丧失财产独立性且无法体现独立意志的情形。

第四十七条　申请人提出实质合并重整申请的,合议庭应当自收到申请之日起五日内通知已知利害关系人,并将申请事项予以公告,公告期不少于十日。

关联企业成员及其出资人、债权人、管理人等利害关系人对申请有异议的,应当在公告期届满前以书面方式提出。利害关系人提出异议的,合议庭应当组织听证调查。

第四十八条　申请人应当对实质合并重整的要件事实承担举证责任。

债务人、管理人、出资人申请实质合并重整的,应当提供能够证明关联企业不当利用关联关系,导致关联企业成员之间法人人格高度混同,损害债权人公平受偿利益的初步证据。

债权人申请合并重整的,应当提供能够证明存在合理理由信赖其交易对象并非单个关联企业成员、单独破产损害其公平受偿利益的证据。

第四十九条 异议人对其提出的主张,应当提供相应的证据予以证明。

申请人有证据证明异议人持有与证明人格混同相关的账簿、账户变动资料、股东会或董事会会议记录等材料,但异议人无正当理由拒不提供的,由异议人承担不利后果。

第五十条 关联企业的核心控制企业住所地,或者控制关联企业主要资产的成员企业住所地位于本市的,本市法院可以受理申请人的合并重整申请。本市法院与其他法院对该类案件的管辖权发生争议的,报请共同的上级法院指定。

第五十一条 合议庭应当对实质合并重整的下列要件事实进行审查,谨慎适用实质合并重整:

(一)实质合并主体属关联企业成员;

(二)关联企业成员均具备破产原因或者部分企业成员虽不具备破产原因,但与其他具备破产原因的企业成员人格高度混同;

(三)关联企业成员之间法人人格高度混同;

(四)法人人格高度混同对债权人公平受偿造成严重损害。

第五十二条 本院决定实质合并重整的,应当及时作出合并重整裁定,并报庭长审批。

关联企业成员及其出资人、债权人、管理人等利害关系人可以自裁定书送达之日起十五日内向广东省高级人民法院申请复议。

第五十三条 采用实质合并方式审理重整案件的,各关联企业成员之间的债权债务归于消灭,各成员的财产作为统一的破产财产,各成员的债权人按照法定顺序一并受偿。

重整计划草案应当制定统一的债权调整和债权受偿方案。

第五十四条 裁定适用实质合并重整的,合并前关联企业成员破产案件中已经完成的债权申报、资产评估等继续有效。

合并前发生的破产费用、共益债务,作为实质合并重整案件的破产费用和共益债务。

合并前已经经过的重整计划草案提交期限,经管理人或者债务人申请,可以重新起算。

第二节　　重整期间

第五十五条　在重整期间,对于可能因债务人、债务人出资人、债权人的行为或者其他原因使重整计划难以执行的,根据管理人、债务人或者债务人出资人的申请,合议庭可以对出资人持有的债务人股权进行保全。

第五十六条　在重整期间,债务人可以申请自行管理财产和营业事务。管理人应当对债务人自行管理的申请进行审查并提出意见。

债务人有下列情形之一的,对其自行管理申请不予批准:

(一)法人治理结构存在问题的;

(二)有《中华人民共和国企业破产法》第三十一条至第三十三条规定的行为,情节严重的;

(三)存在其他不适合自行管理情形的。

第五十七条　合议庭批准债务人自行管理的,应当出具《批准自行管理决定书》。

债务人在预重整后申请自行管理的,合议庭可以在裁定受理重整申请的同时,决定是否批准债务人自行管理。

第五十八条　债务人未申请自行管理,或者申请自行管理未获批准的,由管理人负责重整期间的财产管理和营业事务。

第五十九条　债务人自行管理的,管理人应当及时制定债务人与管理人职责分工方案,并向债务人移交已经接管的财产和营业事务。

第六十条　债务人自行管理的,应当履行下列职责:

(一)负责营业事务;

(二)管理债务人的财产、账簿和文书等资料;

(三)建立债务人日常管理的制度架构,制定相关规范文件;

(四)决定债务人内部管理事务;

(五)决定债务人的留用人员;

(六)按财务管理制度决定日常开支和其它必要开支;

(七)向债权人会议报告财产状况;

(八)接受管理人监督,向管理人提交预决算表,定期对账;

(九)制定重整计划草案及其说明文件;

(十)相关法律或职责分工方案规定的债务人其他职责。

债务人签订新的合同、继续履行合同以及实施涉及财产、经营和人员的其他重大处分行为的,应当提请管理人审核。

第六十一条 债务人自行管理的,管理人应当履行下列职责:

(一)调查债务人资产、负债状况;

(二)受理、审查债权申报,审查取回权、抵销权主张;

(三)根据《中华人民共和国企业破产法》第三十一条至第三十三条规定追回财产;

(四)组织召开债权人会议及关系人会议;

(五)代表债务人参加诉讼、仲裁或者其他法律程序;

(六)督促债务人按期制作重整计划草案;

(七)相关法律或职责分工方案规定的管理人其他职责。

第六十二条 审查债务人实施的涉及财产、经营和人员重大处分行为的,应当遵循以下原则:

(一)维持债务人生产经营所必要,且不损害全体债权人合法权益;

(二)维护债务人重整价值所必要;

(三)有利于实现全体债权人的合法权益。

第六十三条 债务人自行管理期间出现下列情形之一的,管理人应当申请终止债务人的自行管理:

(一)债务人存在本指引第五十六条第二款规定的情形;

(二)债务人违反忠实义务,存在欺诈、恶意减少财产或者其他不利于债权人的行为;

(三)债务人违反勤勉注意义务,造成程序迟延或产生其他严重不利后果;

(四)债权人会议认为债务人自行管理损害债权人合法权益,并作出撤销债务人自行管理决议;

(五)其他不应当继续由债务人自行管理的情形。

合议庭决定终止债务人自行管理的,应当要求管理人及时实施接管,由管理人负责管理债务人财产和营业事务。

第六十四条 因重整需要裁减职工二十人以上或者裁减职工占职工总数百分之十以上的,债务人或者管理人应当依照《中华人民共和国劳动合同法》第四十一条的规定办理。

第六十五条 在重整期间,债务人的董事、监事、高级管理人员请求向第三人转让其持有的债务人的股权的,不予准许,但转让股权有利于重整,且不损害其他利害关系人合法权益的除外。

第六十六条 在重整期间,自行管理的债务人可以聘请法律顾问、财务顾问等社会中介机构提供重整所必需的中介服务。经债务人申请,也可以在重整期间继续履行已经签订的顾问协议。顾问费在重整计划草案中予以通报后可以列入共益债务,在重整计划执行阶段一次性支付。

重整计划未获批准或者未能执行完毕的,顾问协议约定的顾问费金额应当在管理人报酬的百分之二十幅度内予以把握,职工债权无法全额受偿的,约定的金额不得超过管理人报酬的百分之十。

第六十七条　管理财产和营业事务的管理人可以在必要时聘任债务人经营管理人员。

管理人聘任债务人经营管理人员负责营业事务的,应当定岗定责,聘用费用参照深圳市同行业同职位人员的工资标准合理确定。

第六十八条　担保权人以担保物有损坏或者价值明显减少可能、足以危害其权利为由,申请恢复行使担保权的,应当提交书面申请并附相应证据。担保物为维持重整价值所必需的,管理人可以组织利害关系人与担保权人协商暂缓实现担保权并采取措施维护担保物的价值。

取回权人主张取回的标的物为维持重整价值所必需的,管理人可以组织利害关系人与取回权人协商保留取回物并予以合理补偿。协商时间一般不超过三十日,协商期间不计入管理人审查期限。

第六十九条　在重整期间,为债务人继续营业或维持重整价值而向债务人提供必要借款的,可以按照共益债务处理。

第七十条　重整期间转让破产债权的,自债权转让通知管理人之日起,债权受让人行使原债权人在重整程序中的权利,但原债权人已经发表的表决意见继续有效。债权人为增加表决权数量将同一笔债权向多个受让人转让的,按一个债权主体行使表决权。

第五章　重整投资人

第七十一条　重整投资人是指在重整程序中,债务人无力自行摆脱经营及债务困境时,为债务人提供资金或者其他资源,帮助债务人清偿债务、恢复经营能力的自然人、法人或者其他组织。

重整投资人可以是单一的自然人、法人或者其他组织,也可以是两个以上自然人、法人或者其他组织组成的联合体。

重整投资人可以由债务人或管理人通过协商和公开招募的方式引进,也可以由债权人推荐。

第七十二条　债务人自行管理财产和营业事务的,债务人可以通过协商引进重整投资人。

自第一次债权人会议召开之日起一个月内,或者自裁定对破产清算的债务人进行重整之日起一个月内,债务人不能就债务清偿及后续经营提出可行性方案的,管理人可以向社会公开招募重整投资人。

第七十三条 管理人负责管理财产和营业事务的,重整投资人由管理人向社会公开招募。

经审查存在下列情形的,管理人可以申请协商确定重整投资人:

(一)债务人与意向投资人已在预重整或者债务人自行经营管理期间初步形成可行的债务清偿方案和出资人权益调整方案的;

(二)在重整申请受理时,债务人已确定意向投资人,该意向投资人已经持续为债务人的继续营业提供资金、代偿职工债权,且债务人已经就此制订出可行的债务清偿和出资人权益调整方案的;

(三)重整价值可能急剧丧失,需要尽快确定重整投资人的;

(四)存在其他不适宜公开招募重整投资人的情形,并经债权人会议或者债权人委员会同意的。

第七十四条 管理人公开招募重整投资人的,应当在债务人资产评估工作完成后及时启动。管理人也可以根据重整案件实际情况,提前启动公开招募。

在受理破产清算后、宣告债务人破产前裁定对债务人进行重整的,管理人应当自重整裁定作出之日起三十日内招募重整投资人。

第七十五条 公开招募重整投资人的,管理人应当及时制作招募方案并提交合议庭备案。招募方案应当包括招募启动时间、公告期限、招募文件主要内容等。

第七十六条 公开招募重整投资人的,由管理人在全国企业破产重整案件信息网、本市有影响的媒体发布公告期不少于十五日的招募公告。

招募公告应当载明下列事项:

(一)案件基本情况;

(二)意向重整投资人应当具备的资格条件;

(三)参加招募程序的报名方式及期限;

(四)获取招募文件的方式及期限。

第七十七条 管理人应当在招募公告发布之前完成招募文件的制作。

招募文件应当包括下列内容:

(一)债务人的资产、负债等基本情况;

(二)意向重整投资人缴纳保证金的要求;

(三)意向重整投资人应当提交的参选材料及截止时间;

（四）确定重整投资人的标准和程序；

（五）对重整投资人及其重整预案的特定要求。

第七十八条　意向重整投资人参加公开招募的，一般需要提供下列材料：

（一）有效的主体资格证明文件；

（二）资质、财务、业绩介绍及相关证明材料；

（三）重整预案，包括重整资金来源、出资人权益调整、债权调整、债权清偿及后续经营方案等；

（四）招募文件要求意向重整投资人提供的其他材料。

第七十九条　意向重整投资人要求查阅有关债务人的财产调查报告、资产评估报告、偿债能力分析报告、审计报告以及债权表等资料的，管理人应当准许。

意向重整投资人要求详细了解债务人相关情况的，管理人应当在意向重整投资人与其签署保密协议后予以配合。

第八十条　经管理人初步审查，意向重整投资人符合招募公告规定的资格条件且参选材料不违反法律规定的，应当按照管理人的要求签订保证金协议，并缴纳重整保证金。

第八十一条　多家意向重整投资人经初步审查合格并缴纳保证金的，由债权人会议选定重整投资人。选定规则为：

（一）经出席会议的有表决权的债权人过半数同意，并且其所代表的债权额占无财产担保债权总额二分之一以上的，该意向重整投资人即为重整投资人；

（二）经表决所有意向重整投资人均不符合第（一）项规定的标准，但其中一家意向重整投资人获得同意的表决人数、债权额比例均超过其他意向重整投资人的，该意向重整投资人即为重整投资人；

（三）经表决所有意向重整投资人均不符合第（一）、（二）项规定的标准，但仅有两家意向重整投资人参与表决的，获得较多债权人支持的即为重整投资人；超过两家意向重整投资人参与表决的，由债权人会议对最多债权人和最多债权额同意的两家意向重整投资人按照本条规则再次表决。

经合议庭同意，债权人会议可以另行通过符合案件特点的选定规则。

第八十二条　在招募期间，仅有一家意向重整投资人提交参选材料且其重整预案经管理人审查合格的，该意向重整投资人即为重整投资人。

上述意向重整投资人提交的重整预案不符合遴选要求，又拒不调整，或者未在指定期限内再次提交重整预案，或者再次提交的重整预案仍不符合要求的,经管理人申请,可以裁定终止重整程序,并宣告债务人破产;但管理人在重整计划草案提交期限届满四十五日前申请再次公开招募重整投资人的,可以准许。

第六章　重整计划

第一节　重整计划的制定和批准

第八十三条　债务人或者管理人在制作重整计划草案过程中,应当征求债权人意见。重整计划草案涉及出资人权益调整的,还应当征求出资人意见。

第八十四条　债务人或者管理人应当在法定期限内提交重整计划草案。因重大诉讼、仲裁未决影响重整计划草案制作的,诉讼、仲裁审理期间不计入法定提交期限。

债务人或者管理人申请延长重整计划草案提交期限的,应当在期限届满十五日前提出。

预重整期间已经完成表决意见征集的,债务人可以在合议庭受理重整申请的同时,一并提交重整计划草案。

第八十五条　重整计划草案除包含《中华人民共和国企业破产法》第八十一条第(一)至(七)项规定的内容外,还应当全面披露债务人的破产原因、资产和负债状况、清算和重整状态下普通债权的清偿率比较以及有关债务人资产的重大不确定事项等。

第八十六条　普通债权不能获得全额清偿的,重整计划草案应当包含出资人权益调整的内容。

第八十七条　上市公司重整计划草案的经营方案涉及并购重组等行政许可审批事项的,债务人或者管理人应当聘请经证券监管机构核准的财务顾问机构、律师事务所以及具有证券期货业务资格的证券服务机构按照证券监管机构的有关要求及格式编制相关材料,作为重整计划草案的必备文件。

第八十八条　管理人应当对债务人制作的重整计划草案提出分析意见。重整计划草案的合法性或可行性存在问题,可能损害债权人合法权益的,管理人应当要求债务人进行修改。

第八十九条　重整计划草案经合议庭同意提交债权人会议表决的,债权人会议应当在三十日内召开。

第九十条　重整计划草案对普通债权根据债权额大小作出分类调整的,合议庭应当依据债务人或者管理人的申请,设置相应表决组。

合议庭可以将享有建设工程价款、船舶和航空器等法定优先权的债权人列人对债务人特定财产享有担保权的债权表决组,也可以根据上述优先权的性质设置其他优先权表决组。

第九十一条　经评估的担保财产价值不足以清偿担保债权,对该财产享有担保权的债权人同意对超出评估值以外的债权按普通债权清偿的,可以将评估值作为该笔债权在担保债权组的表决额,剩余金额作为其在普通债权组的表决额。

第九十二条　表决重整计划草案,可以采取现场或者网络等方式进行。现场会议由债权人会议主席主持,合议庭给予指导。表决程序按照下列顺序进行:

(一)债务人或管理人对重整计划草案进行说明;

(二)管理人或债务人对重整计划草案发表意见;

(三)债务人或管理人回答债权人对重整计划草案的询问;

(四)各表决组投票表决。

第九十三条　表决出资人权益调整事项的,应当召开出资人组会议并提前十五日通知全体出资人。

上市公司等股东人数较多的公众公司出资人组表决重整计划草案的,可以采取网络或者现场方式进行。网络表决权的行使方式,参照适用中国证券监督管理委员会发布的有关规定。

债务人的股东会(或股东大会)已对出资人权益调整作出决议的,可以不再另行召开出资人组会议进行表决。

第九十四条　有限责任公司的出资人权益调整事项经股东所持表决权的三分之二以上同意,即为通过。

股份有限公司的出资人权益调整事项经出席出资人组会议的股东所持表决权的三分之二以上同意,即为通过。

第九十五条　债权人有正当理由不能按期表决的,管理人可以准许其延期表决,但延长期限一般不超过三十日。

第九十六条　未通过重整计划草案的表决组中过半数债权人明确反对再次表决或者在指定时间无正当理由不进行协商,并且其所代表的债权额超过该组债权总额三分之一的,不得再次进行表决。

超过三分之一表决权的出资人明确反对对出资人权益调整事项再次表决或者在指定时间无正当理由不进行协商的,不得再次进行表决。

债务人或者管理人申请再次表决的,应当在第一次表决后的三个月内提出。协商后的重整计划草案损害已通过表决组的利益的,合议庭应当驳回再次表决申请。

第九十七条 债务人或者管理人申请批准重整计划的,合议庭应当在收到申请之日起三十日内完成对重整计划内容以及表决程序的审查。债务人申请批准根据预重整阶段重整方案制作的重整计划草案的,合议庭还应当对信息披露以及意见征集程序进行审查。

第九十八条 上市公司重整计划涉及证券监督管理机构行政许可事项的,应当层报最高人民法院启动与中国证券监督管理委员会的会商机制。中国证券监督管理委员会并购重组专家咨询委员会对会商的行政许可事项出具的专家咨询意见,应当作为批准重整计划的参考。

第九十九条 合议庭应当按照下列原则审查批准重整计划:

(一)程序合法原则,即重整计划的制订和表决程序符合法律规定;预重整期间通过的重整计划,意见征集以充分信息披露为前提;

(二)公平原则,即公平对待同一表决组成员;

(三)绝对优先原则,即破产清算程序的法定清偿顺序同样适用于重整程序;

(四)最大利益原则,即持反对意见的债权人依据重整计划可获得的清偿比例不低于其在破产清算中可获得的清偿比例;

(五)可行性原则,即经营方案以及重整计划的执行方式均不存在可能导致无法执行或者破产清算的法律及事实障碍。

重整计划符合上述原则的,合议庭应当裁定批准并终止重整程序,予以公告。

第一百条 未通过重整计划草案的表决组拒绝再次表决,或者再次表决仍未通过,债务人或者管理人申请强制批准重整计划草案的,应当同时具备下列前提条件:

(一)至少有一组表决通过重整计划草案;

(二)重整计划草案对出资人权益进行了调整。

第一百零一条 管理人或债务人申请强制批准重整计划草案,合议庭认为需要听取重整计划草案的反对意见的,可以通知未通过表决组,告知其于收到通知之日起十日内提出书面意见并附相关证据材料。

第一百零二条 合议庭可以就是否强制批准重整计划草案进行听证调查。债务人、管理人、未通过表决组代表应当参加听证。

经合议庭准许,书面提出反对意见的债权人及出资人代表也可以参加听证。组织听证的期间不计入审查期限。

听证调查应当对反对意见及其理由进行审查,并围绕重整计划草案的合法性及可行性进行。

第一百零三条　审查出资人权益调整事项时,股权质押权人以出资人权益调整损害其担保权为由提出异议的,不影响重整计划草案的批准。

第一百零四条　合议庭应当结合申请人的申请材料、反对者的异议以及听证情况,依照《中华人民共和国企业破产法》第八十七条第二款以及本指引第九十九条规定的标准,对强制批准重整计划草案的申请进行全面、审慎审查。

第一百零五条　在重整期间,出现下列情形之一的,合议庭可以裁定终止重整程序,并宣告债务人破产:

(一)经营、财产状况持续恶化等原因,导致债务人丧失重整价值、缺乏挽救的可能性;

(二)债务人有欺诈、恶意减少债务人财产或者其他显著不利于债权人的行为;

(三)不能在法定期限内提出重整计划草案;

(四)重整计划未获批准或者重整计划草案未获强制批准。

裁定终止重整程序并宣告债务人破产后,管理人应当及时接管债务人自行管理的财产和营业事务,并尽快开展破产清算工作。

第二节　重整计划的执行和监督

第一百零六条　重整计划经本院批准后,债务人为重整计划执行人。已接管财产和营业事务的管理人应当及时向债务人移交财产和营业事务。

债务人应当全面、适当执行重整计划。执行债权受偿方案时因客观原因无法同时对全体债权人清偿的,按照法定顺序清偿。

第一百零七条　管理人应当监督重整计划的执行,并制订监督方案。

管理人的监督职责主要包括:

(一)定期听取债务人财务状况及重整计划执行情况报告;

(二)及时发现并纠正债务人执行重整计划过程中的违法或不当行为;

(三)审查债务人提出的延长重整计划执行期限申请。

重整计划执行完毕后,管理人应当向合议庭提交监督报告。

第一百零八条　重整计划因客观原因未能在规定期限内执行完毕,债务人申请延长重整计划执行期限的,合议庭可以裁定准许。管理人同时申请延长监督期限至重整计划执行期限届满的,合议庭应当一并裁定准许。

第一百零九条 重整计划对债务人、全体债权人有约束力。重整计划涉及出资人权益调整的事项,对债务人的全体出资人均有约束力。

债务人资不抵债,重整计划所调整的股权已设定质押的,质押权人应当配合办理解除股权质押手续。

第一百一十条 重整计划所调整的股权未被质押与冻结,但出资人拒不配合办理股权转让手续的,合议庭可以根据债务人的申请向有关单位发出协助执行通知书。

第一百一十一条 重整计划执行期间,合议庭可依据债务人的申请,协调办理债务人恢复正常生产经营的相关手续,包括移除经营异常名录、恢复营业执照、删除征信不良记录、移除纳税失信名单、删除失信被执行人信息等。

第一百一十二条 因客观原因导致重整计划无法执行的,债务人或者管理人可以申请对重整计划予以变更。

变更申请不得迟于重整计划执行期限届满前十日提出,且限于一次。

第一百一十三条 债务人或者管理人申请对重整计划予以变更的,应当经债权人会议表决同意。债权人会议的表决规则适用《中华人民共和国企业破产法》第六十四条第一款的规定。

债权人会议同意变更重整计划的,债务人或者管理人应当自决议作出之日起十日内向合议庭提交《批准变更重整计划申请书》,并附债权人会议决议以及变更后的重整计划草案。

第一百一十四条 合议庭裁定准许变更重整计划的,变更后的重整计划草案应当提交受变更影响的债权组和出资人组进行表决。表决、申请批准、裁定批准变更后重整计划的程序与原重整计划的相同。审查原则适用本指引第九十九条、第一百条的规定。

第一百一十五条 债务人或者管理人仅申请对重整计划所涉的重整投资人予以变更,重整计划其他内容不做调整的,合议庭可以不设定新的表决期间,直接裁定批准变更后的重整计划。

第一百一十六条 债务人不执行重整计划或者因客观原因不能执行重整计划,又未申请变更重整计划,或者申请变更重整计划未获批准的,经利害关系人请求,合议庭应当裁定终止重整计划的执行并宣告债务人破产。

上款所称利害关系人,包括债权人、债务人、债务人出资人、管理人等。

第一百一十七条 终止重整计划的执行并宣告债务人破产后,管理人应当立即接管债务人的印章、账簿、财产等,并对债务人进行破产清算。

重整计划执行过程中已受清偿的破产债权,由管理人按照《中华人民共和国企业破产法》第九十三条第二款的规定予以核减;核减后破产债权依照《中华人民共和国企业破产法》第一百一十三条规定的清偿顺序和第九十三条第三款规定的清偿条件予以清偿。

第一百一十八条　重整计划执行完毕或者基本执行完毕,管理人应当申请终结重整程序,并提交监督报告。合议庭应当在收到申请之日起三日内作出裁定。

第一百一十九条　合议庭裁定终结重整程序后,对于按照重整计划减免的债务,债务人不再承担清偿责任。重整后的企业新发生的债权债务,按照正常的民事纠纷处理,不再适用《中华人民共和国企业破产法》的特别规定。

第七章　附　　则

第一百二十条　本指引自发布之日起施行。

第一百二十一条　本指引由本院审判委员会负责解释。

浙江省高级人民法院
关于印发《浙江法院个人债务集中清理
（类个人破产）工作指引（试行）》的通知

2020 年 12 月 2 日　　　　　　　　　浙高法〔2020〕142 号

本省各级人民法院、宁波海事法院：

《浙江法院个人债务集中清理（类个人破产）工作指引（试行）》已经浙江省高级人民法院审判委员会第 2820 次会议通过，现印发给你们，作为进一步探索和开展个人债务集中清理工作的业务参考，实践中如遇有问题，请及时报告我院民五庭。

浙江法院个人债务集中清理（类个人破产）工作指引（试行）

一、基本原则

1. 依法合规，开展个人债务集中清理工作，应当坚持法治思维和法治方式，在现行法律框架内，依法合规开展工作，保障各方当事人的合法权益。

2. 鼓励探索，积极探索通过附条件的债务免除、诚信财产申报、合理确定"生活必需品"以实现破产制度中豁免财产的制度目的等途径，在个人债务集中清理工作中充分探索个人破产的制度因素。

3. 府院联动，积极推动政府相关部门在财产登记、公职管理人、专项资金、信用体系建设等方面优化个人破产的制度环境。

二、管辖

4. 符合以下条件的基层人民法院可以开展个人债务集中清理工作：

（一）自然人债务人住所地、经常居住地或主要财产所在地在该基层人

民法院辖区内;

（二）该基层人民法院有以该自然人作为被执行人的强制执行案件。

5. 债务人向两个以上符合条件的人民法院申请的,由最先立案的人民法院开展个人债务集中清理工作。

三、申请和受理

6. 具有浙江省户籍,在浙江省内居住并参加浙江省内社会保险或缴纳个人所得税连续满三年的自然人不能清偿到期债务,资产不足以清偿全部债务或者明显缺乏清偿能力,可以依照本指引申请开展个人债务集中清理工作。

个体工商户可以参照本指引进行债务集中清理。

7. 债务人申请个人债务集中清理的,应当由本人提交下列材料,并现场签名:

（一）个人债务集中清理申请书;

（二）财产状况申报;

（三）债权人清册;

（四）债务方面的证据、收入和支出的证据;

（五）诚信承诺书;

（六）法院认为需要的其他材料。

8. 人民法院可以在诉讼服务中心引入管理人工作人员,就个人债务集中清理工作的受理条件、程序、法律后果等事项向债务人进行释明和引导。

9. 人民法院在个人债务集中清理案件审查受理阶段,可以召集已知债权人听证会,向债权人释明个人债务集中清理程序在引入管理人进行财产调查、债务人财产申报等方面的程序利益,引导债权人作出附条件的债务免除承诺。

人民法院可以将债权人附条件的债务免除承诺作为启动个人债务集中清理工作的条件之一。

10. 人民法院在收到符合条件的个人债务集中清理申请之日起三十日内裁定是否受理。

11. 人民法院可以自裁定受理个人债务集中清理申请之日起二十日内发布受理公告。公告可以载明下列事项:

（一）债务人姓名;

（二）人民法院裁定受理个人债务集中清理申请的时间;

（三）限制债务人行为的决定；

（四）管理人姓名或者名称及地址；

（五）债权人会议召开的时间、地点和方式；

（六）人民法院认为需要公告的其他事项。

12. 债务人申请个人债务集中清理属于主动纠正失信行为，人民法院裁定受理个人债务集中清理申请的，可以依照《最高人民法院关于公布失信被执行人名单信息的若干规定》决定提前删除失信信息。

13. 人民法院受理后，对于以进行个人债务集中清理的自然人作为被执行人的执行案件，受理个人债务集中清理申请的人民法院在浙江省范围内可以向执行案件的共同上级法院申请集中指定执行。

共同上级法院一般应当集中指定执行。

14. 自人民法院受理个人债务集中清理申请之日起至程序终结之日或者债务人行为考察期满之日止，债务人不得有以下消费行为：

（一）乘坐交通工具时，选择飞机商务舱、头等舱、列车软卧、轮船二等以上舱位、G字头高速动车组旅客列车二等及其他动车组一等以上座位；

（二）在三星级以上宾馆、酒店、夜总会、高尔夫球场等场所进行消费；

（三）购买不动产或者新建、扩建、高档装修房屋；

（四）租赁高档写字楼、宾馆、公寓等场所办公；

（五）购买机动车辆；

（六）旅游、度假；

（七）子女就读高收费私立学校；

（八）支付高额保费购买保险理财产品；

（九）其他非生活和工作必须的消费行为。

15. 债务人在依本指引进行债务清理期间，应当履行下列义务：

（一）妥善保管其占有和管理的财产、文书资料，并根据管理人要求及时完整移交，不得擅自处分其所有的财产；

（二）接受人民法院或者管理人的调查询问，如实全面申报财产及债权债务；

（三）出席债权人会议、听证会，接受债权人的质询；

（四）未经人民法院许可，不得出境；

（五）姓名、联系方式、住址等个人信息发生变动或者需要离开住所地时，及时向人民法院、管理人报告；

（六）遵守本指引第 14 条有关限制高消费的规定；

（七）不得对债权人进行个别清偿，但个别清偿使债务人财产受益的除外；

（八）人民法院认为需要履行的其他义务。

上述第（一）至第（三）项的规定，适用于与债务人共同生活的近亲属或者其他利害关系人。

16. 人民法院受理个人债务集中清理申请后，发现债务人不符合本指引第 6 条规定情形的，应当裁定驳回申请。

17. 申请个人债务集中清理，人民法院暂不收取申请费用。

有执行案件的，执行案件的申请费由债务人负担。

18. 个人债务集中清理工作中管理人执行职务的费用、报酬和聘用工作人员的费用等可以从各地设立的破产专项资金中列支。

四、财产申报

19. 债务人应当在申请时向人民法院书面报告本人及其配偶、未成年子女以及其他共同生活的近亲属名下的财产情况：

（一）收入、银行存款、现金、支付宝等第三方支付工具中的财产、理财产品、有价证券等；

（二）土地使用权、房屋等不动产；

（三）交通运输工具、机器设备、产品、原材料、个人收藏的文玩字画等动产；

（四）债权、股权、投资权益、基金份额、信托受益权、知识产权等财产性权利；

（五）其他具有处置价值的财产。

债务人的财产已出租、已设立担保物权等权利负担，或者存在共有、权属争议等情形的，应当一并申报；债务人的动产由第三人占有，债务人的不动产、特定动产、其他财产权等登记在第三人名下的，应当一并申报。

20. 自人民法院裁定受理个人债务集中清理申请之日前两年内，债务人财产发生下列变动的，债务人应当一并如实申报：

（一）赠与、转让、出租财产；

（二）在财产上设立担保物权、地役权等权利负担；

（三）放弃债权或者延长债权清偿期限；

（四）一次性支出五万元以上大额资金；

（五）因离婚、继承而分割共同财产；

（六）提前清偿未到期债务；

（七）其他重大财产变动情况。

21. 人民法院开展个人债务集中清理工作期间，债务人应当定期向人民法院申报财产变动情况。

22. 人民法院应当保留债务人及所扶养的家属的生活必需费用和必需品不受执行，人民法院可以依照《中华人民共和国民事诉讼法》第二百四十四条规定认定下列财产属于"生活必需品"：

（一）债务人及其所需要抚养、赡养和扶养的家庭成员生活、学习、医疗的必需品和合理费用；

（二）因债务人职业发展需要必须保留的物品和合理费用；

（三）对债务人有特殊纪念意义的物品；

（四）无现金价值的人身保险；

（五）勋章或者其他表彰荣誉的物品；

（六）专属于债务人的人身损害赔偿金、社会保险金以及最低生活保障金；

（七）根据法律规定或者基于公序良俗不应当用于清偿债务的其他财产。

前款规定的财产，价值较大、不用于清偿债务明显违反公平原则的，不认定为生活必需品。

23. 债务人应当自人民法院受理裁定送达之日起十五日内向管理人提交"生活必需品"清单，并列明财产对应的价值或者金额。

五、管理人

24. 个人债务集中清理工作中，可以指定列入破产管理人名册的社会中介机构及其执业律师、执业注册会计师，或者政府部门的公职管理人，担任个人债务集中清理工作的管理人。

也可以由债权人及债务人共同协商在列入名册的机构及其执业律师、执业注册会计师，或政府部门的公职人员中选定管理人。

企业破产案件中，将实际控制人、股东等的个人债务集中清理工作一并纳入的，由破产案件管理人担任个人债务集中清理工作的管理人。

25. 管理人应当勤勉尽责，忠实执行职务。

26. 管理人履行下列职责：

（一）调查核实债务人的基本情况；

（二）通知已知债权人申报债权；

（三）审查债权，并制作债权表；

（四）调查核实债务人财产申报情况，并制作债务人财产报告；

（五）提出对债务人生活必需品（豁免财产）清单的意见；

（六）拟定财产分配方案并实施分配；

（七）提议、协调召开债权人会议；

（八）管理、监督债务人在考察期的行为；

（九）人民法院认为管理人应当履行的其他职责。

27. 公职管理人原则上不另行收取报酬。

执业律师、执业注册会计师被指定为管理人的，可以在各地设立的破产专项资金中支付报酬。

企业破产案件中，将实际控制人、股东等的个人债务集中清理工作一并纳入的，管理人报酬可以按照《最高人民法院关于审理企业破产案件确定管理人报酬的规定》一并确定。

六、财产调查、核实

28. 对债务人申报的财产情况，人民法院应当及时调查核实，必要时可以组织当事人进行听证。

（一）人民法院应当通过网络执行查控系统对被执行人的存款、车辆及其他交通运输工具、不动产、有价证券等财产情况进行查询、核实；

（二）经债权人申请，根据案件实际情况，可以依法采取审计调查、公告悬赏等调查、核实措施；

（三）其他必要的调查核实措施。

29. 管理人可采取询问、查询、走访等多种方式，对债务人的财产进行全面调查核实，其中债务人居住地及存放个人财产情况应当进行调查核实。

管理人应向公安、民政、村（居）委会、工作单位、人民银行、金融机构、信息查询平台、不动产登记、车辆管理、知识产权、公积金、社会保障、市场监督管理、税务、法院执行等部门和机构调取债务人必要信息资料，具体调查工作包括但不限于以下方面：

（一）通过公安部门调查债务人家庭人口信息，包括其父母、子女、配偶、兄弟姐妹等；如与父母分户的，则进一步查询户籍的原始档案，了解当时的家庭成员情况；

（二）通过公安部门调查债务人住宿登记及出入境记录，必要时，对债务人直系亲属的住宿登记及出入境记录情况进行调查；

（三）通过民政部门调查债务人婚姻存续情况，如涉离婚，则需了解子女抚养及财产分割情况；

（四）通过村（居）委会调查债务人家庭常住人口情况、村集体经济分红情况以及拆迁补偿情况等；

（五）通过债务人工作单位调查债务人工作情况、工资水平及其福利等情况；

（六）通过人民银行调查债务人征信情况、银行开户、信用卡办理、贷款、担保、被担保情况；

（七）通过金融机构调查债务人开户情况、资金存取记录及账户余额；

（八）通过市场监督管理部门、信息查询平台调查债务人持股情况以及担任企业职务等情况；

（九）通过不动产登记部门调查债务人名下不动产情况；

（十）通过车辆管理部门调查债务人名下车辆情况；

（十一）通过知识产权部门调查债务人名下专利权、商标权、著作权等知识产权情况；

（十二）通过公积金管理部门调查债务人公积金存取记录及账户余额；

（十三）通过社会保障部门调查债务人养老保险、医疗保险缴存、领取情况；

（十四）通过税务部门调查债务人税款缴纳及欠税情况；

（十五）通过法院调查债务人涉诉案件及其执行情况；

（十六）通过上海证券交易所、深圳证券交易所调查债务人股票交易情况；

（十七）调查债务人使用支付宝、微信等第三方支付平台有关情况。必要时，对债务人近亲属的支付宝、微信等第三方支付平台有关情况进行调查。

30. 管理人需对调查获取的有关信息、资料进行全面、综合分析，重点审查以下事项，包括但不限于：

（一）根据债务人日常开支情况，审查债务人名下银行对账单、第三方支付平台账户是否存在异常收支记录；

（二）审查债务人住房公积金账户支取记录与债务人购房、装修记录是否匹配；

（三）审查财产权益状况及财产权益处置资金去向；

（四）审查债务人配偶、父母、子女等近亲属名下资产与其收入是否匹配；

（五）审查是否存在挥霍消费行为；

（六）审查是否存在未履行完毕合同；

（七）审查是否存在放弃债权、放弃债权担保、无偿转让财产等方式无偿处分财产权益，或者恶意延长其到期债权的履行期限，影响债权人利益情况；

（八）审查是否存在以明显不合理的低价转让财产、以明显不合理的高价受让他人财产或者为他人的债务提供担保，影响债权人的债权实现情况；

（九）审查是否存在虚构债务或承认不真实的债务情况；

（十）审查是否存在恶意串通，签订合同损害债权人利益情况；

（十一）审查是否存在虚假诉讼，损害债权人利益情况；

（十二）审查是否存在其他违反法律、行政法规强制性规定，损害债权人利益的行为。

31. 因管理人自身客观原因，无法调查或核实债务人财产的，可以申请由人民法院依职权调查核实或签发调查令，有关部门和机构应当配合管理人的调查。

管理人为调查事实，就债权、财产等争议，可以通知相关人员到指定场所接受询问或者提交书面陈述意见。

32. 管理人应当及时完成债务人财产状况调查报告，并对生活必需品（豁免财产）清单提出意见，财产状况调查报告提交债权人会议审查。

七、债权申报

33. 债权人申报债权时，应当书面说明债权的数额和有无财产担保，并提交有关证据。申报的债权是连带债权的，应当予以说明。

连带债权人可以由其中一人代表全体连带债权人申报债权，也可以共同申报债权。

附条件、附期限的债权和诉讼、仲裁未决的债权，债权人可以申报。

债务人的保证人或者其他连带债务人已经代替债务人清偿债务的，以其对债务人的求偿权申报债权。债务人的保证人或者其他连带债务人尚未代替债务人清偿债务的，以其对债务人的将来求偿权申报债权。但是，债权人已经向管理人申报全部债权的除外。

34. 管理人收到债权申报材料后，应当登记造册，对申报的债权进行审查,并编制债权表。

根据债权性质可分为享有特定财产担保债权、赡养费、抚养费、扶养费请求权、雇用人员债权、税收债权、普通债权。管理人应在债权表对每笔债权性质进行列示。

35. 管理人编制的债权表,应当提交债权人会议核查。

八、债权人会议

36. 第一次债权人会议由人民法院召集,以后的债权人会议,在人民法院认为必要时,或者管理人、所代表债权额占债权总额四分之一以上的债权人提议时召开。

召开债权人会议,管理人应当提前十五日通知已知债权人,并提前三日告知会议内容。

37. 第一次债权人会议自人民法院裁定受理个人债务集中清理申请之日起三十日内召开,重点对申请执行人和其他已知债权人释明以下内容:

(一)执行程序的功能主要在于对"有履行能力而拒不履行生效法律文书确定义务"的被执行人进行强制执行;

(二)债务人无履行能力的,属于市场交易风险或者是由于债务人意志以外的特定原因;

(三)个人债务集中清理程序在债务人配合、财产调查、专项资金援助等方面的优势;

(四)人民法院认为需要释明的其他事项。

38. 经过债权人会议释明,尽可能引导债权人同意或者附条件同意免除债务人的剩余债务,所附条件主要是"个人债务集中清理期间债务人如实申报财产并经处置分配"。

39. 债权人会议行使下列职权:

(一)核查债权;

(二)监督管理人;

(三)申请人民法院更换管理人,审查管理人的费用和报酬;

(四)审议生活必需品(豁免财产)清单;

(五)审议债务人财产情况报告;

(六)审议财产调查情况;

(七)审议财产分配方案;

(八)人民法院认为应当由债权人会议行使的其他职权。

债权人会议应当对所议事项的审议情况作成会议记录。

40. 债权人会议可以探索采用双重表决规则等方式,即首先由全体债权人一致同意通过一项表决规则,然后再根据通过的表决规则对财产分配方案等事项进行表决,以有效推进清理程序。

41. 债权人会议对债务人生活必需品(豁免财产)清单的审议结果,作为人民法院依据《中华人民共和国民事诉讼法》第二百四十四条确定"被执行人及其所扶养家属的生活必需品"范围、金额的重要依据。

42. 债务人应当出席债权人会议并接受质询。

债权人可以在债权人会议召开十日前,以书面方式陈述具体理由,要求管理人通知债务人的配偶及成年直系亲属列席债权人会议并接受质询。

债务人、债务人配偶及成年直系亲属经管理人通知无正当理由拒绝接受质询的,视为其具有不诚信行为,人民法院可以视情况终结个人债务集中清理程序。

九、债务清理

43. 管理人应当及时拟订债务人财产变价方案,提交债权人会议审议。变价出售债务人财产应当以价值最大化为原则,兼顾处置效率。

44. 执行案件移送个人债务集中清理的,可在执行程序中先行进行财产变价处置,但财产分配应在个人债务集中清理程序中依法进行。

债务人财产因变现费用高于财产价值等原因,不宜进行处置和分配的,管理人经报告人民法院,可以放弃处置并归还债务人。

45. 管理人通过网络拍卖的方式处置债务人财产,应当参照人民法院关于拍卖和变价的有关规定,在公开的交易平台进行。

财产拍卖底价应当参照市场价格确定,也可以通过定向询价、网络询价确定。网络拍卖两次流拍的,管理人可以通过网络变价等方式进行处置。但是,债权人会议另有决议或者法律、行政法规另有规定的除外。

46. 对债务人的特定财产享有担保权的权利人,对该特定财产享有优先受偿的权利。

债权人行使优先受偿权利未能完全受偿的,其未受偿的债权作为普通债权;放弃优先受偿权利的,其债权作为普通债权。

47. 人民法院受理个人债务集中清理申请后发生的下列费用,为清理费用:

(一)个人债务集中清理案件的申请费;

（二）管理、变价和分配债务人财产的费用；

（三）管理人执行职务的费用、报酬和聘用工作人员的费用。

48. 人民法院受理个人债务集中清理申请后发生的下列债务，为共益债务：

（一）因管理人或者债务人请求对方当事人履行双方均未履行完毕的合同所产生的债务；

（二）债务人财产受无因管理所产生的债务；

（三）因债务人不当得利所产生的债务；

（四）为债务人继续营业或者生活必需而应支付的他人的劳动报酬或者应缴纳的社会保险费用，以及由此产生的其他债务；

（五）管理人或者相关人员执行职务致人损害所产生的债务；

（六）债务人财产或者行为致人损害所产生的债务，以及其他必须由债务人承担的侵权损害赔偿债务；

（七）债务人因紧急避险所产生的债务。

49. 债务人财产在优先清偿清理费用和共益债务后，其他债务依照下列顺序清偿：

（一）债务人欠付的赡养费、抚养费、扶养费；

（二）债务人所欠雇用人员的工资和医疗、伤残补助、抚恤等费用，应当缴入雇用人员个人账户的基本养老保险、基本医疗保险等社会保险费用，以及依法应当支付给雇用人员的补偿金；

（三）债务人所欠税款；

（四）普通债权，其中债务人的配偶以及前配偶、共同生活的近亲属以及成年子女不得在其他普通债权人未受完全清偿前，以普通债权人身份获得清偿。

债务人财产不足以清偿同一顺序债权的，按照比例分配。

50. 管理人应当及时拟订债务人财产分配方案，提交债权人会议审议。债务人财产分配方案应当载明下列事项：

（一）参加债务人财产分配的债权人名称或者姓名、住所；

（二）参加债务人财产分配的债权额；

（三）可供分配的债务人财产数额，包括现有的债务人财产以及良好行为考察期内可能获得的可用于清偿债务的收入部分；

（四）债务人财产分配的顺序、比例及数额；

(五)实施债务人财产分配的方法;

(六)其他需要载入财产分配方案的内容。

债权人会议通过债务人财产分配方案后,由管理人将该方案提请人民法院裁定认可。

51. 管理人负责债务人财产分配方案的执行。分配应当以货币分配方式进行。但是,债权人会议另有决议的除外。

52. 有未来稳定可预期收入的债务人,可以通过债务重整的方式进行个人债务集中清理。

53. 债务人或者管理人可以引入金融机构等第三人作为投资人参加个人债务集中清理程序,采用向第三人融资的方式清偿原有债务。第三人可以要求债务人提供相应的担保。

十、程序终结

54. 人民法院受理个人债务集中清理申请后,发现债务人存在下列情形之一的,可以裁定终止个人债务集中清理程序:

(一)债务人在申请书或者财产申报等文件中,存在不完整、有错误或者其他误导的情况;

(二)债务人在申请前两年内,进行过低价处置财产或者恶意的偏颇性清偿行为;

(三)管理人就债务人申请中的情况询问债务人,债务人未能在规定期限内作出正式的答复;

(四)债务人存在不诚信行为等需要终止个人债务集中清理程序的其他情形。

终止个人债务集中清理程序后,符合条件的,人民法院应当依照相关规定对债务人采取纳入失信被执行人名单等强制执行措施。

55. 债务人无财产可供分配的,管理人应当请求人民法院裁定终结个人债务集中清理程序。

管理人在最后分配完毕后,应当及时向人民法院提交债务人财产分配报告,并提请人民法院裁定终结个人债务集中清理程序。

人民法院应当自收到管理人终结个人债务集中清理程序的请求之日起十五日内作出是否终结个人债务集中清理程序的裁定。

56. 人民法院裁定终结个人债务集中清理程序后,对于同意免除债务人剩余债务的执行案件,以《中华人民共和国民事诉讼法》第二百五十七条第六项为由终结对债务人的执行。

对于不同意免除债务人剩余债务的执行案件,在符合设置了五年行为考察期等条件的情况下,可以裁定终结执行。

57. 所有债权人均同意免除剩余债务并终结执行的,不设行为考察期。也可将设置行为考察期作为同意免除剩余债务的条件。

有债权人不同意免除债务人剩余债务或者将设置行为考察期作为同意免除剩余债务的条件的,行为考察期为裁定终结个人债务集中清理程序后的五年。

58. 债务人在行为考察期内应当继续履行人民法院作出的限制行为决定规定的义务。

十一、法律责任

59. 债务人或其他利害关系人违反本指引有关规定,有下列行为之一的,由人民法院依法予以训诫、拘传、罚款、拘留;构成犯罪的,依法追究刑事责任:

(一)拒不配合或协助人民法院、管理人调查,拒不回答询问,或者拒不提交相关资料;

(二)提供虚假、变造资料,作虚假陈述或者误导性陈述;

(三)故意实施或协助实施隐匿、转移、毁损、不当处分财产、财产权益及财务凭证等资料物件,或者其他不当减少财产价值的行为;

(四)其他的妨害行为。

60. 管理人未勤勉尽责、忠实执行职务,给债务人、债权人或者其他利害关系人造成损失的,参照《企业破产法》及其司法解释的有关规定依法承担赔偿责任。

61. 管理人怠于履行或者不当履行职责的,由人民法院责令改正,并可以采取降低管理人报酬、依职权更换管理人等措施;人民法院可以暂停其任职资格或者将其从管理人名册中除名。

管理人与他人恶意串通,妨害个人债务集中清理的,由人民法院依法予以训诫、拘传、罚款、拘留;构成犯罪的,依法追究刑事责任。

重庆市第五中级人民法院
关于印发《预重整工作指引(试行)》的通知

2023 年 6 月 27 日   渝五中法发〔2023〕68 号

本院各部门：

  《重庆市第五中级人民法院预重整工作指引(试行)》已经本院审判委员会 2023 年第 17 次会议讨论决定进行了修改，现将修改后的《预重整工作指引(试行)》予以印发，请遵照执行。

  特此通知。

重庆市第五中级人民法院预重整工作指引(试行)

  为探索庭外重组和庭内重整的衔接机制，节约重整成本、提高重整效率，有效实现对市场主体的救治，进一步优化营商环境，根据《中华人民共和国民法典》《中华人民共和国企业破产法》《中华人民共和国公司法》《中华人民共和国民事诉讼法》等法律及相关规定，结合破产审判工作实际，制定本指引。

  一、一般规定

  第一条 本指引所称"预重整"，指衔接庭外重组和庭内重整，对债务人与债权人等利害关系人达成的符合本指引规定的庭外重组协议在重整申请受理后予以确认的程序。

  破产申请受理前，庭外商业谈判的期间称为预重整期间；破产申请受理后，可以庭外达成的重组协议为依据拟定重整计划草案。

  第二条 预重整应当遵循市场规律，坚持依法、自治、公开、高效、司法适度介入原则。

第三条 具有挽救可能,有能力与主要债权人开展自主谈判的企业法人,可以进行预重整。

申请重整前,通过自主谈判已经达成重组协议并表决通过的,债务人可以在申请重整的同时,请求人民法院裁定批准根据该重组协议形成的重整计划草案。

债务人存在债权人人数众多、债权债务关系复杂、职工安置数量较大、影响社会稳定等情形的,债务人可以在申请重整的同时,请求人民法院在受理重整申请前,准许聘任中介机构辅助债务人准备重组协议。

第四条 预重整期间进行表决,应当按照企业破产法的规定进行分组,采用合理灵活的方式,给予参与表决的债权人、出资人充分的表决期限。

人民法院受理重整申请前,债权人、出资人等利害关系人对重组协议的同意视为对重整申请受理后的重整计划草案表决的同意。但是,重整计划草案的内容相对于重组协议发生实质改变的除外。

人民法院受理重整申请前,债务人和部分债权人已经达成的有关协议与重整程序中制作的重整计划草案内容一致的,有关债权人对该协议的同意视为对该重整计划草案表决的同意。

第五条 债务人应当向债权人、出资人、投资人等利害关系人披露对公司预重整可能产生影响的信息。披露内容包括债务人经营状况、相关财务状况、履约能力、可分配财产状况、负债明细、未决诉讼及仲裁事项、模拟破产清算状态下的清偿能力、重组协议与重整计划草案的关系、预重整的潜在风险及相关建议等。

债务人应当按照下列要求进行信息披露:

(一)及时披露。债务人应当及时披露对公司预重整可能产生影响的信息。

(二)全面披露。债务人应当披露可能对债权人表决产生影响的全部信息。

(三)准确披露。信息披露应当措辞明确,不得避重就轻或者故意诱导作出同意的意思表示。

(四)合法披露。披露程序应当符合企业破产法、公司法、证券法等法律法规及相关规定要求。

第六条 预重整期间,各类债权人可以推荐债权人代表组成债权人委员会。

重整申请受理后,预重整期间的债权人委员会成员可经债权人会议同意成为破产程序债权人委员会成员。

第七条　债权人、债务人、出资人、投资人等利害关系人在预重整期间知悉的商业秘密或者其他应当保密的信息,不得泄露或者不正当使用。泄露、不正当使用该商业秘密或者其他应当保密的信息,造成他人损失的,应当依法承担赔偿责任。

第八条　预重整期间,债务人应当开展下列工作:

(一)与债权人、出资人、投资人等利害关系人进行协商,制作重组协议;

(二)清理债务人财产,制作财产状况报告;

(三)向利害关系人进行信息披露并配合查阅披露内容;

(四)充分清查债权,通知债权人申报债权,申报标准和方式参照企业破产法的规定;

(五)进行债权核对;

(六)根据需要进行审计、评估;

(七)妥善保管其占有和管理的财产、印章、账簿、文书等资料;

(八)勤勉经营管理,妥善维护资产价值;

(九)向人民法院提交预重整终结工作报告;

(十)完成预重整相关的其他工作。

第九条　预重整期间,债务人应当与债权人积极协商,争取债权人在预重整期间暂缓对债务人财产的执行。

执行案件移送破产审查后,债务人申请预重整的,对债务人有关财产的执行应当按照《最高人民法院关于执行案件移送破产审查若干问题的指导意见》第8条的规定处理。

二、破产申请前的预重整

第十条　申请重整前,重组协议已经表决通过,债务人认为庭外重组阶段完成的各项工作符合本指引的规定,且需要继续转入重整程序的,可以请求人民法院在受理重整申请后根据本指引批准其预先制作并表决通过的重整计划草案。

第十一条　债务人请求人民法院批准已经表决通过的重组协议的,应当提交以下材料:

(一)重组协议;

（二）信息披露有关情况的说明；

（三）与债权人、出资人等利害关系人进行协商、谈判的说明；

（四）权益未受重组协议调整或者影响的债权人的名单、债权金额以及债权清偿情况的报告；

（五）权益受到重组协议调整或者影响的债权人的名单、债权金额、债权清偿情况以及表决情况的报告；

（六）权益受到调整或者影响的出资人表决情况的报告；

（七）在受理重整申请前成立的各类债权人委员会的成员名单；

（八）人民法院认为应当提交的其他材料。

第十二条　债务人申请重整并同时请求人民法院批准已经表决通过的重组协议的，人民法院应当自收到申请之日起十五日内裁定是否受理重整申请。

第十三条　人民法院应当自裁定受理重整申请之日起十五日内通知已知债权人、债务人和出资人，并予以公告。

通知和公告应当载明下列事项：

（一）申请人、被申请人的名称或者姓名；

（二）人民法院受理破产重整申请的时间；

（三）管理人的名称或者姓名及其处理事务的地址；

（四）权益受调整或者影响的债权人的债权性质、数额；

（五）权益不受调整或者影响的债权人的债权性质、数额；

（六）权益受调整或者影响的债权人对自己及他人债权提出异议的期限和注意事项；

（七）重整计划草案对出资人权益的调整或者影响；

（八）申报债权的期限、地点和注意事项；

（九）第一次债权人会议召开的时间和地点；

（十）人民法院认为应当通知和公告的其他事项。

第十四条　属于本指引第十三条第二款第四项、第五项规定的债权人，可以免于申报。管理人应当将该债权登记造册，编入债权表。

第十五条　破产受理前已经表决同意重组协议的债权人，视为对重整计划草案表决的同意；已经表决反对重组协议的债权人，以及权益受到调整或者影响但是未参与表决的债权人，可以对重整计划草案进行表决。

第十六条　人民法院经审查认为债务人提交的重整计划草案符合下列条件的，应当裁定批准，终止重整程序，并予以公告：

（一）重整计划草案的内容符合企业破产法第八十一条、第八十三条的规定；

（二）重整计划草案制作过程中，信息披露符合本指引第五条的规定；

（三）预先进行的表决分组符合企业破产法规定，参与表决的债权人、出资人表决期限充分、表决方式合理；

（四）表决结果符合企业破产法第八十四条第二款、第八十六条或者第八十七条第二款的规定；

（五）权益未受重整计划草案调整或者影响的债权人获得正常条件下的清偿。

人民法院应当在债权人会议召开后三十日内，作出是否批准重整计划的裁定。

第十七条　存在下列情形的，人民法院应当召集债权人会议，权益受到调整或者影响的债权人、出资人对重整计划草案重新进行表决：

（一）重整计划草案的内容发生实质变更；

（二）债务人认定的债权额有误，同意重整计划草案的比例未能达到企业破产法第八十四条第二款规定的标准；

（三）债务人在协商、拟定重整计划草案时披露的信息存在严重虚假、隐瞒情形，误导债权人或者出资人；

（四）预先进行的表决分组不符合企业破产法规定，或者以不当方式促成表决达到通过标准。

前款第二项、第三项情况下，可以仅召集权益因重整计划草案变更受到影响的债权人、出资人以及反对重整计划草案的债权人、出资人进行表决。

表决后的审查批准按照本指引第十六条规定执行。

第十八条　重整计划草案未获得通过且未依照企业破产法第八十七条的规定获得批准，或者已通过的重整计划未获得批准的，人民法院应当裁定终止重整程序，并宣告债务人破产。

三、破产申请审查阶段的预重整

第十九条　债务人存在本指引第三条第三款规定情形，向本院申请重整并同时提交预重整申请的，人民法院收到申请后经审查满足下列条件的，应当进行备案登记，出具预重整备案通知书：

（一）已经完成债务人财产状况、债权债务等全面调查；

（二）需要招募投资人的，已基本确定意向投资人；

（三）重组协议拟订完成并且主要债权人基本同意；

（四）重组协议合法且基本可行。

预重整备案通知书应当载明预重整期限、预重整辅助机构、债务人应开展的工作、禁止滥用预重整等内容。

第二十条 债务人经与主要债权人协商，一般应从本市管理人名册中聘任预重整辅助机构协助债务人准备重组协议；案情特别复杂、在本市或者全国范围内有重大影响的，也可以在外省、市管理人名册中协商聘任。债务人应当将聘任的预重整辅助机构报人民法院备案。

前款所称主要债权人，指已知债权人中普通债权组和担保债权组债权额占该组债权总额的二分之一以上的债权人。

第二十一条 预重整辅助机构应当履行下列职责：

（一）协助债务人开展本指引第八条规定的工作；

（二）调查债务人的基本情况；

（三）监督债务人自行管理财产和营业事务；

（四）协助债务人引入投资人；

（五）定期向人民法院报告预重整工作进展；

（六）协助债务人制作预重整终结工作报告；

（七）人民法院认为预重整辅助机构应当履行的其他职责。

预重整辅助机构需向人民法院书面承诺，债务人进入破产程序后，若未被指定为管理人，预重整辅助机构将无条件向管理人移交其掌握的债务人所有的资料。拒不出具承诺的，人民法院不得将其备案为预重整辅助机构。

第二十二条 债务人应当在重组协议表决后七日内向人民法院提交预重整终结工作报告。提交预重整终结工作报告的时间最长不得超过自人民法院出具预重整备案通知书之日起三个月。前述期限经人民法院批准，可以延长一个月。

人民法院出具预重整备案通知书之日起至债务人提交预重整终结工作报告之日止的期间不计入破产重整申请审查期限。

第二十三条 预重整终结工作报告应当载明预重整期间预重整辅助机构及债务人履行职责和开展工作情况，包括下列内容：

（一）债务人的基本情况、资产及负债情况；

（二）债务人出现经营或者财务困境的原因；

（三）债务人的自行经营状况；

（四）债务人是否具有重整价值及重组协议可行性的分析意见；

（五）重组协议提交表决的过程及结果；

（六）其他开展预重整的相关情况。

债务人不能制作重组协议的，应当及时向人民法院提交预重整终结工作报告。

第二十四条　人民法院应当自收到预重整终结工作报告之日起十日内，裁定是否受理重整申请。债务人未按本指引第二十二条第一款规定的期限提交预重整终结工作报告的，人民法院裁定不予受理重整申请。

第二十五条　债权人会议表决通过重组协议后，人民法院裁定受理重整申请的，可以指定预重整辅助机构为管理人。

债务人或者债权人会议有证据证明预重整辅助机构存在企业破产法规定的不适宜担任管理人的法定事由，申请重新指定管理人的，人民法院应当进行审查。人民法院经审查认为申请事由成立的，应当重新指定管理人。

预重整辅助机构未被指定为管理人的，应当及时向管理人移交债务人财产、资料等。

预重整辅助机构违反前款规定，人民法院禁止其在其他案件担任预重整辅助机构。

第二十六条　人民法院裁定受理重整申请时直接指定预重整辅助机构为管理人的，预重整期间预重整辅助机构履职表现可以作为确定或者调整管理人报酬的考虑因素，管理人不另行收取预重整报酬。

人民法院裁定受理重整申请后，重新指定其他社会中介机构担任管理人的，人民法院根据预重整期间预重整辅助机构的履职表现，参照企业破产法关于管理人报酬的规定适当确定预重整辅助机构的报酬，该报酬以债务人财产支付。预重整辅助机构的报酬与管理人的报酬总额不得超过《最高人民法院关于审理企业破产案件确定管理人报酬的规定》确定的管理人报酬标准。

第二十七条　预重整期间，预重整辅助机构支出的差旅费、调查费等执行职务费用由债务人财产随时支付。债务人未及时支付的，受理重整申请后，参照企业破产法关于破产费用的规定处理。

第二十八条　破产申请审查阶段进行的预重整，人民法院裁定受理重整申请后，适用本指引第十三条至第十八条的有关规定。

四、附则

第二十九条　本指引自发布之日起施行。

第一版后记

我于2001年开始律师执业生涯并专注于破产重组业务,作为一名破产律师,有幸亲历了证券公司综合治理、上市公司重整、"僵尸企业"处置等一系列中国破产实务发展进程中的大事件。近二十年来,我带领团队承办了百余宗破产案件,其中不乏在国内具有重大影响力的案件。例如,闽发证券破产清算案被业界评价为"2007年新破产法实施以来,衍生诉讼最多、审判难度最大、案情最为复杂的券商破产清算案件";中核华原钛白股份有限公司重整案与深圳中华自行车(集团)股份有限公司重整案等案例入选最高人民法院于2016年公布的关于依法审理破产案件、推进供给侧结构性改革的十大典型案例;福建安溪铁观音集团股份有限公司及其关联企业破产重整案入选最高人民法院于2018年公布的十大全国法院审理破产典型案例。在大量破产案件办理中,我不仅取得了较为丰富的实务经验,更是获得了对《企业破产法》的深入理解。

随着个人执业经历的不断丰富,我时常总结自己在工作中的经验和感悟,并将其以文字的形式记录下来,以期能够给予我的工作团队以及从事破产法律工作的同仁些许帮助和借鉴。在承办破产案件的过程中,我深切体会到破产法的博大精深、破产事务的错综复杂。破产案件的办理涉及多个部门法的交叉适用,法律关系错综复杂,而对破产法规范性文件的熟练掌握是办好破产案件的基础。正确理解与适用破产法,掌握司法审判的动态和裁判规则将使我们在办案中能够化繁为简、事半功倍,对疑难问题也往往能够另辟蹊径、有效化解。因此,我认为,将相关的立法要点注释、司法解释、司法文件、请示答复以及最高人民法院法官的专业解读等按《企业破产法》法律条文顺序进行逐条解析和梳理,辅之以最高人民法院审理或者公布的具有指导意义的案例,能够帮助我们更加快捷、准确、全面地理解和运用《企业破产法》的具体条文,对提高我们办理破产案件的能力亦将大有裨益。

2017年底,"麦读 My Read"编辑团队与我沟通这本书的编辑思路时,我第一时间表达了浓厚的兴趣,并组织团队启动了这项工作。但在具体编写的过程中,实际耗费的工作量远远超出了想象和计划。特别是在这项工作的收尾阶段,最高人民法院陆续发布了《最高人民法院关于适用〈中华人民共和国企业破产法〉若干问题的规定(三)》和《全国法院民商事审判工作会议纪要》,不得不再次对书稿进行了梳理和补充。此外,为了便于读者的理解,又增加了"编者说明",针对破产法实施过程中较为突出的疑难问题和前沿法律问题进行实务解读。因此,这本书的编写整整持续了两年多的时间。实事求是地讲,本书虽由我编著,却是中伦破产律师团队的呕心沥血之作。

在我的破产执业生涯中,感恩于所有在我成长道路上给予无私帮助和鼓励的前辈、同仁和朋友。特别是2006年底我有幸与王欣新老师共同参加了最高人民法院组织的新破产法司法解释起草的座谈会,王欣新老师在其赠书中赐字"为破产法的实施继续努力",给予我莫大的鼓励。在此,特别感谢王欣新老师在我执业生涯中给予的指导和百忙之中为本书作序。中伦律师事务所是国内最早涉足破产重组领域的律师事务所之一,经不懈努力,中伦破产重组业务近十年来持续位列"钱伯斯亚太"破产重组领域第一级别推荐,而中伦深圳办公室亦在广东省高级人民法院一级管理人名册中位列第一。借此机会,我衷心感谢中华全国律师协会副会长、中伦律师事务所创始合伙人张学兵先生、中伦律师事务所深圳办公室负责人钱伯明先生对中伦破产业务发展的大力支持和鼓励。